中華大藏經編輯局編

中華大藏經

漢文部分

六二

中華書局

圖書在版編目(CIP)數據

中華大藏經:漢文部分.第62册/《中華大藏經》編輯局編.
—北京:中華書局,1993.5(2020.4 重印)
ISBN 978-7-101-01090-9

Ⅰ.中…　Ⅱ.中…　Ⅲ.大藏經　Ⅳ.B941

中國版本圖書館CIP數據核字(2020)第037585號

内封題簽:李一氓
裝幀設計:伍端端

中華大藏經(漢文部分)
第六二册
《中華大藏經》編輯局 編
*
中華書局出版發行
(北京市豐臺區太平橋西里38號　100073)
http://www.zhbc.com.cn
E-mail:zhbc@zhbc.com.cn
三河市航遠印刷有限公司印刷
*
787×1092毫米 1/16・68½印張・2插頁
1993年5月第1版　2020年4月北京第4次印刷
定價:600.00元

ISBN 978-7-101-01090-9

中華大藏經(漢文部分)

第六十二册目録

千字文編次　既——典

一一八三　宋高僧傳三十卷

宋左街天壽寺通慧大師賜紫沙門贊寧等奉勑撰

進高僧傳表　　縣一

臣僧贊寧等言自太平興國七年伏奉勑旨俾修高僧傳與新譯經同入藏者臣等遐求事跡博採碑文今已撰集成三十卷謹詣闕庭進上益琅函而更廣延玉曆以彌長臣等誠憂誠恐兢惕之至臣等聞渾儀之外別有釋天法海之中多生僧寶釋天可則阿難記事而載言僧寶堪稱慧皎爲篇而作傳猗歟我佛號大徧知知教法之無依委帝王之有力當二千載之後屬一萬年之初伏惟應運統天睿文英武大聖至明廣孝皇帝陛下神龍在天愛日升上土疆開闢四夷請吏而貢琛時律均和百穀登敖而棲畝耕籍田而又勸賜酺飲以咸歡儒術特興玄風爰振是以麒麟非中國之物白雉非草萊之禽今遊苑囿之間且類牢籠之畜近以從澶至濮黃河牽一帶之清自古及今青史載千年之應斯蓋陛下來從不動之地示爲長壽之王翻譯成經製甚深之御序迴文作頌演無盡之法音仍降鳳書令編僧史屬此雍熙之運伸其貞觀之風合選兼才豈當末學得不擒犀截角搴翠刪毛精求出類之人取法表年之史所恨空門寡學釋胄何知或有可觀實錄聊摹於陳壽如苞深失戾經宜罪於馬遷副陛下遺賢必取之心助陛下墜典咸修之美今遇乾明聖節謹令弟子賜紫顯忠同元受勑相國寺賜紫智輪進納伏乞睿慈略賜御覽恭惟聖主是文章之主微臣非惇史之臣儻示天機令知凡例如得操北斗而斟酌或示刀圭執南箕而簸揚方除糠檜臣等冒黷天顏無任惶懼激切屏營之至謹言

端拱元年十月日左街天壽寺通慧大師賜紫臣僧贊寧上表

批答

勑通慧大師贊寧省所令左街天壽寺賜紫僧顯忠進編修有宋高僧傳三十卷事具悉一乘妙道六度玄門代有奇人迭恢聖教若無纂述何以顯揚繄爾眞流棲心法苑成茲編集頗効辛勤備觀該總之能深切歎嘉之意其所進高僧傳已令僧錄司編入大藏今賜絹三千匹至可領也故茲獎諭想宜知悉冬寒想比清休否遣書指不多及十八日勑

宋高僧傳序

臣聞賢劫緜長世間宏廓天與時而不盡地受富以無疆最靈之氣牣于中大聖之師居于上偉哉釋迦方隱彌勒未來其間出命世之人此際多分身之聖肆爲僧相喜示沙門言與行而可觀槩兼觚而爭錄是以王巾僧史孫綽道賢摹列傳以周流象世家而布濩蓋欲希顏之者慕蘭之儔成飛錫之應眞作曳山之上士時則裴子野著衆僧傳釋法濟撰高逸沙門傳陸杲述沙門傳釋寶唱立名僧傳斯皆河圖作洪範之推輪土鼓爲咸池之坏器焉知來者靡曠其人慧皎刊修用實行潛光之目道宣緝綴續高而不名之風今六百載行道之人弗墜于地者矣爰自貞觀命章之後西明絕筆已還此作蔑聞斯文將缺時有再至肅殺過而繁華來世無久虛地天泰而聖明出我應運統天睿文英武大聖至明廣孝皇帝陛下暘龍挺德斗電均威踐大道也攄黃輸執御之勞多天才也周孔行

弟子之職講信修睦崇德報功一統無遺百王有愧四海若窺於掌內萬機皆發於宸衷然而玄牝留神釋天淡慮長生授術時開太一之壇續法延期僧度倍千之戒浮圖揭漢梵夾翻華將佛國之同風與王京而合制慨茲釋侶代有其人思景行之莫聞實紀錄之彌曠臣等謬膺良選俱乏史才空門不出於董狐弱手難探於禹穴而乃循十科之舊例輯萬行之新名或案誄銘或徵志記或問輶軒之使者或詢耆舊之先民研磨將經論略同讎校與史書懸合勒成三帙上副九重列僧寶之瓌奇知佛家之富貴昔者嘉祥筆削盡美善於東南澄照纂修足英髦於關輔蓋是拘於墟也傳不習乎豈若皇朝也八極張羅舉之則無物不至四夷弭伏求之則何事不供臣等分面徵搜各塗構集如見一家之好且無諸國之殊所以成十科者易同拾取其正傳五百三十三人附見一百三十人矧復逐科盡處象史論以攄辭因事言時爲傳家之系斷厥號有宋高僧傳焉庶幾乎銅馬爲式選千里之駿駒竹編見書實六和之年表觀之者務進悟之者思齊皆登三藐之山悉入薩云之海永資聖曆俱助皇明齊愛日之炳光應嵩山之呼壽云爾時端拱元年乾明節臣僧贊寧等謹上

譯經篇第一（變梵成華通凡入聖 法輪斯轉諸佛所師）

義解篇第二（尋文見義得意忘言 三慧克全二依當轉）

習禪篇第三（修至無念善惡都亡 七共所七常住安樂）

明律篇第四（嚴而少思正而急護 嬰守三業同彼金湯）

護法篇第五（家有良吏守藏何虞 法有名師外禦其侮）

感通篇第六（逆於常理感而遂通 化于世間覩之難測）

遺身篇第七（難捨易捐施中第一 以茲漏體迴金剛身）

讀誦篇第八（十種法師此爲高大 杂枸撮花果畔亂赤）

興福篇第九（爲已爲他福生罪滅 有爲之善其利博哉）

雜科聲德十（統攝諸科同歸高尚 唱導之匠光顯佛乘）

宋高僧傳卷第一

宋左街天壽寺通慧大師賜紫沙門贊寧等奉勅撰

譯經篇第一之一（正傳三人 附見一人）

唐京兆大薦福寺義淨傳一

唐洛陽廣福寺金剛智傳二

唐京兆大興善寺不空傳三（懸朗）

唐京兆大薦福寺義淨傳

釋義淨字文明姓張氏范陽人也髫齓之時辭親落髮徧詢名匠廣探羣籍內外閑習今古博通年十有五便萌其志欲遊西域仰法顯之雅操慕玄奘之高風加以勤無棄時手不釋卷弱冠登具愈堅貞志咸亨二年年三十有七方遂發足初至番禺得同志數十人及將登舶餘皆退罷淨奮勵孤行備歷艱險所至之境皆洞言音凡遇酋長俱加禮重鷲峯雞足咸遂周遊鹿苑祇林並皆瞻矚諸有聖跡畢得追尋經二十五年歷三十餘國以天后證聖元年乙未仲夏還至河洛得梵本經律論近四百部合五十萬頌金剛座真容一鋪舍利三百粒天后親迎于上東門外諸寺緇伍具旛蓋歌樂前導勅於佛授記寺安置焉初與于闐三藏實叉難陀翻華嚴經久視之後乃自專譯起庚子歲至長安癸卯於福先寺及雍京西明寺譯金光明最勝王能斷金剛般若彌勒成佛一字呪王莊嚴王陀

羅尼長爪梵志等經根本一切有部毗柰耶尼陁那目得迦百一羯磨攝等掌中取因假設六門教授等論及龍樹勸誡頌凡二十部北印度沙門阿你真那證梵文義沙門波崙復禮慧表智積等筆受證文沙門法寶法藏德感勝莊神英仁亮大儀慈訓等證義成均太學助教許觀監護繕寫進呈天后製聖教序令標經首暨和帝神龍元年乙巳於東洛內道場譯孔雀王經又於大福先寺出勝光天子香王菩薩咒一切莊嚴王經四部沙門盤度讀梵文沙門玄傘筆受沙門大儀證文沙門勝莊利貞證義兵部侍郎崔湜給事中盧粲潤文正字秘書監駙馬都尉楊慎交監護帝深崇釋典特抽睿思製大唐龍興三藏聖教序又御洛陽西門宣示羣官新翻之經二年淨隨駕歸雍京置翻經院於大薦福寺居之三年詔入內與同翻經沙門九旬坐夏帝以昔居房部幽厄無歸祈念藥師遂蒙降祉荷茲往澤重闡鴻猷因命法徒更重傳譯於大佛光殿二卷成文曰藥師瑠璃光佛本願功德經帝御法筵手自筆受睿宗永隆元年庚戌於大薦福寺出浴像功德經毗柰耶雜事二衆戒經唯識寶生所緣釋等二十部吐火羅沙門達磨末磨中印度沙門拔弩證梵義罽賓沙門達磨難陁證梵文居士東印度首領伊舍羅證梵本沙門慧積居士中印度李釋迦度頗多語梵本沙門文綱慧沼利貞勝莊愛同思恒證義玄傘智積筆受居士東印度瞿曇金剛迦溼彌羅國王子阿順證譯修文館大學士李嶠兵部尚書韋嗣立中書侍郎趙彥昭吏部侍郎盧藏用兵部侍郎張說中書舍人李乂二十餘人次文潤色左僕射韋巨源右僕射蘇瓌監護秘書大監嗣虢王邕同監護景雲二年辛亥復於大薦福寺譯稱讚如來功德神呪等經太常卿薛崇嗣監護自天后久視迄睿宗景雲都翻出五十六部二百三十卷又別撰大唐西域求法高僧傳南海寄歸傳內法傳別說罪要行法受用三法水要法護命放生軌儀凡五部九卷又出說一切有部跋窣堵即諸律中犍度跋渠之類蓋梵音有楚夏耳約七十八卷淨雖偏翻三藏而偏攻律部譯綴之暇曲授學徒凡所行事皆尚急護漉囊滌穢特異常倫學侶傳行徧于京洛美哉亦遺法之盛事也先天二年卒春秋七十九法臘五十九葬事官供所出跋窣堵唯存眞本未暇覆疏而逼泥曰然其傳度經律與奘師抗衡比其著述淨多文性傳密咒最盡其妙二三合聲爾時方曉矣今塔在洛京龍門北之高岡焉

系曰譯之言易也謂以所有易所無也譬諸枳橘焉由易土而殖橘化爲枳枳橘之呼雖殊而辛芳幹葉無異又如西域尼拘律陁樹即東夏之楊柳名雖不同樹體是一自漢至今皇宋翻譯之人多矣晉魏之際唯西竺人來止稱尼拘耳此方參譯之士因西僧指楊柳始體言意其後東僧往彼識尼拘是東夏之柳兩土方言一時洞了焉唯西唯東二類之人未爲盡善東僧往西學盡梵書解盡佛意始可稱善傳譯者宋齊已還不無去彼迴者若入境觀風必聞其政者奘師淨師爲得

其實此二師者兩全通達其猶見璽文知是天子之書可信也周禮象胥氏通夷狄之言淨之才智可謂釋門之象胥也歟

唐洛陽廣福寺金剛智傳

釋跋日羅菩提華言金剛智南印度摩賴耶國人也華言光明其國境近觀音宮殿補陀落伽山父婆羅門善五明論爲建支王師智生數歲日誦萬言目覽心傳終身無忘年十六開悟佛理不樂習尼揵子諸論乃削染出家蓋宿植之力也後隨師往中印度那爛陀寺學修多羅阿毗達磨等洎登戒法徧聽十八部律又詣西印度學小乘諸論及瑜伽三密陀羅尼門十餘年全通三藏次復遊師子國登楞伽山東行佛誓裸人等二十餘國聞脂那佛法崇盛泛舶而來以多難故累歲方至開元已未歲達于廣府勑迎就慈恩寺尋徙薦福寺所住之刹必建大曼拏羅灌頂道場度於四衆大智大慧二禪師不空三藏皆行弟子之禮焉後隨駕洛陽其年自正月不雨迨于五月嶽瀆靈祠禱之無應乃詔智結壇祈請於是用不空鉤依菩薩法在所住處起壇深四肘躬繪七俱胝菩薩像立期以開光明日定隨雨焉帝使一行禪師謹密候之至第七日炎氣爞爞天無浮翳午後方開眉眼即時西北風生飛瓦拔樹崩雲泄雨遠近驚駭而結壇之地穿穴其屋洪注道場質明京城士庶皆云智慧一龍穿屋飛去求觀其處日千萬人斯乃生法之神驗也于時帝留心玄牝未重空門所司希旨奏外國蕃僧遣令歸國行有日矣侍者聞智智曰吾是梵僧且非蕃胡不干明勑吾終不去數日忽乘傳將之鴈門奉辭帝大驚下手詔留住初帝之第二十五公主甚鍾其愛久疾不救移卧於咸宜外館閉目不語已經旬朔有勑令智授之戒法此乃料其必終故有是命智詣彼擇取宮中七歲二女子以緋繒纏其面目卧於地使牛仙童寫勑一紙焚於他所智以密語呪之二女冥然誦得不遺一字智入三摩地以不思議力令二女持勑詣琰摩王食頃間王令公主亡保母劉氏護送公主魂隨二女至於是公主起坐開目言語如常帝聞之不俟仗衛馳騎往于外館公主奏曰冥數難移今王遣迴略覲聖顔而已可半日間然後長逝自爾帝方加歸仰焉武貴妃寵異六宮荐施寶玩智勸貴妃急造金剛壽命菩薩像又勸河東郡王於毗盧遮那塔中繪像謂門人曰此二人者壽非久矣經數月皆如其言凡先覺多此類也智理無不通事無不驗經論戒律祕呪餘書隨問剖陳如鐘虛受有登其門者智一覿其面永不忘焉至於語默興居凝然不改喜怒逆順無有異容瞻禮者莫知津涯自然率服矣自開元七年始屆番禺漸來神甸廣敷密藏建曼拏羅依法製成皆感靈瑞沙門一行欽尚斯教數就諮詢智一一指授曾無遺隱一行自立壇灌頂遵受斯法既知利物請譯流通十一年奉勑於資聖寺翻出瑜伽念誦法二卷七俱胝陀羅尼二卷東印度婆羅門大首領直中書伊舍羅譯語嵩岳沙門温古筆受十八年於大薦福寺又出曼殊室利五字心陀羅尼觀自在瑜伽法

要各一卷沙門智藏譯語一行筆受刪綴成文復覩舊隨求本中有闕章句加之滿足智所譯總持印契凡至皆驗祕密流行爲其最也兩京稟學濟度殊多在家出家傳之相繼二十年壬申八月既望於洛陽廣福寺命門人曰白月圓時吾當去矣遂禮毗盧遮那佛旋遶七帀退歸本院焚香發願頂戴梵夾并新譯教法付屬訖寂然而化壽七十一臘五十一其年十一月七日葬於龍門南伊川之右建塔旌表傳教弟子不空奏舉勑謚國師之號灌頂弟子中書侍郎杜鴻漸素所歸奉述碑紀德焉

系曰五部曼拏羅法攝取鬼物必附麗童男處女去疾除祅也絕易近世之人用是圖身口之利乃寡徵驗率爲時所慢吁正法醨薄一至於此

唐京兆大興善寺不空傳 慧朗

釋不空梵名阿目佉跋折羅華言不空金剛止行二字略也本北天竺婆羅門族幼失所天隨叔父觀光東國年十五師事金剛智三藏初導以梵本悉曇章及聲明論浹旬已通徹矣師大異之與受菩薩戒引入金剛界大曼荼羅驗以擲花知後大興教法洎登具戒善解一切有部諳異國書語師之翻經常令共譯凡學聲明論一紀之功六月而畢誦文殊普賢行願一年之限壽夕而終其敏利皆此類也欲求學新瑜伽五部三密法涉于三載師未教詔空擬迴天竺師夢京城諸寺佛菩薩像皆東行寐寤乃知空是真法器遂允所求授與五部灌頂護摩阿闍梨法及毗盧遮那經蘇悉地軌則等盡傳付之厥後師往洛陽隨侍之際遇其示滅即開元二十年矣影堂既成追謚已畢曾奉遺旨令往五天并師子國遂議遐征初至南海郡採訪使劉巨鄰懇請灌頂乃於法性寺相次度人百千萬衆空自對本尊祈請旬日感文殊現身及將登舟採訪使召誡番禺界蕃客大首領伊習賓等曰今三藏往南天竺師子國宜約束船主好將三藏并弟子含光慧𧶘等三七人國信等達彼無令疎失二十九年十二月附崑崙舶離南海至訶陵國界遇大黑風衆商惶怖各作本國法禳之無驗皆膜拜求哀乞加救護慧𧶘等亦慟哭空曰吾今有法汝等勿憂遂右手執五股菩提心杵左手持般若佛母經夾作法誦大隨求一徧即時風偃海澄又遇大鯨出水噴浪若山甚於前患衆商甘心委命空同前作法令慧𧶘誦娑竭龍王經逡巡衆難俱息既達師子國王遣使迎之將入城步騎羽衛騈羅衢路王見空禮足請住宮中七日供養日以黃金斛滿盛香水王爲空躬自洗浴次太子后妃輔佐如王之禮焉空始見普賢阿闍梨遂奉獻金寶錦繡之屬請開十八會金剛頂瑜伽法門毗盧遮那大悲胎藏建立壇法并許含光慧𧶘等同受五部灌頂空自爾學無常師廣求密藏及諸經論五百餘部本三昧耶諸尊密印儀形色像壇法幖幟文義性相無不盡源一日王作調象戲人皆登高望之無敢近者空口誦手印住於慈定當衢而立狂象數頭頓皆蹋跌舉國奇之次遊五印度境屢彰瑞應至天寶五

載還京進師子國王尸羅迷伽表及金寶瓔
珞般若梵夾雜珠白氎等奉勅權止鴻臚續
詔入內立壇爲帝灌頂後移居淨影寺是歲
終夏愆陽詔令祈雨制曰時不得賒雨不得
暴空奏立孔雀王壇未盡三日雨已浹洽帝
大悅自持寶箱賜紫袈裟一副親爲披襟仍
賜絹二百匹後因一日大風卒起詔空禳止
請銀缾一枚作法加持須臾戢靜忽因池鵝
誤觸缾傾其風又作急暴過前勅令再止隨
止隨效帝乃賜號曰智藏焉天寶八載許迴
本國乘驛騎五匹至南海郡有勅再留十二
載勅令赴河隴節度使哥舒翰所請十三載
至武威住開元寺節度使洎賓從皆願受灌
頂士庶數千人咸登道場弟子含光等亦受
五部法別爲功德使開府李元琮受法并授
金剛界大曼荼羅是日道場地震空曰羣心
之至也十五載詔還京住大興善寺至德初
鑾駕在靈武鳳翔空常密奉表起居肅宗亦
密遣使者求秘密法洎收京反正之日事如
所料乾元中帝請入內建道場護摩法爲帝

受轉輪王位七寶灌頂上元末帝不豫空以
大隨求眞言祓除至七過翼日乃瘳帝愈加
殊禮焉空表請入山李輔國宣勅令於終南
山智炬寺修功德念誦之夕感大樂薩埵舒
毫發光以相證驗位鄰悉地空曰衆生未度
吾安自度耶肅宗厭代代宗即位恩渥彌厚
譯密嚴仁王二經畢帝爲序焉頒行之日慶
雲俄現舉朝表賀永泰元年十一月一日制
授特進試鴻臚卿加號大廣智三藏大曆三
年於興善寺立道場勅賜錦繡褥十二領繡
羅旛三十二首又賜道場僧二七日齋粮勅
近侍大臣諸禁軍使並入灌頂四年冬空奏
天下食堂中置文殊菩薩爲上座制許之此
蓋慊憍陳如是小乘教中始度故也五年夏
有詔請空往五臺山修功德于時彗星出焉
法事告終星亦隨沒秋空至自五臺帝以師
子驄并御鞍轡遣中使出城迎入賜沿道供
帳六年十月二日帝誕節進所譯之經表云
爰自幼年承事先師三藏十有四載稟受瑜
伽法門復遊五印度求所未授者并諸經論

計五百餘部天寶五載却至上都上皇詔入
內立灌頂道場所齎梵經盡許翻度肅宗於
內立護摩及灌頂法累奉二聖令鳩聚先代
外國梵文或條索脫落者修未譯者譯陛下
恭遵遺旨再使翻傳利濟羣品起于天寶迄
今大曆六年凡一百二十餘卷七十七部并
目錄及筆受等僧俗名字兼略出念誦儀軌
寫畢遇誕節謹具進上勅付中外並編入一
切經目錄中李憲誠宣勅賜空錦綵絹八百
疋同翻經十大德各賜三十疋沙門潛眞表
謝僧俗弟子賜物有差又以京師春夏不雨
詔空祈請如三日內雨是和尚法力三日已
往而霈然者非法力也空受勅立壇至第二
日大雨云足帝賜紫羅衣并雜綵百匹弟子
衣七副設千僧齋以報功也空進表請造文
殊閣勅允奏貴妃韓王華陽公主同成之捨
內庫錢約三千萬計復翻孽路荼王經宣賜
相繼旁午道路至九年自春抵夏宣揚妙法
誡勗門人每語及普賢願行出生無邊法門
經勸令誦持再三歎息其先受法者偏令屬

意觀菩提心本尊大印直詮阿字了法不生證大覺身若指諸掌重重囑累一夜命弟子趙遷持筆硯來吾略出涅槃荼毗儀軌以貽後代使準此送終遷稽首三請幸乞慈悲久住不然衆生何所依乎空笑而已俄而示疾上表告辭勑使勞問賜醫藥加開府儀同三司封肅國公食邑三千戶固讓不俞空甚不悅且曰聖衆儼如舒手相慰白月圓滿吾當逝矣柰何臨終更竊名位乃以五股金剛鈴杵先師所傳者并銀盤子菩提子水精數珠留別附中使李憲誠進六月十五日香水澡沐東首倚卧北面瞻望闕庭以大印身定中而寂享年七十僧臘五十弟子慧朗次紹灌頂之位餘知法者數人帝聞輟視朝三日賜絹布雜物錢四十萬造塔錢二百餘萬勑功德使李元琮知護喪事空未終前諸僧夢千仞寶臺摧文殊新閣頹金剛杵飛上天又興善寺後池無故而涸林竹生實庭花變萎七月六日荼毗帝詔高品劉仙鶴就寺置祭贈司空謚曰大辯廣正智三藏火滅收舍利數百粒八十粒進內其頂骨不然中有舍利一顆半隱半現勑於本院別起塔焉空之行化利物居多於總持門最彰殊勝測其忍位莫定高卑始者玄宗尤推重焉嘗因歲旱勑空祈雨空曰過某日可禱之或強得之其暴可怪勑請本師金剛智設壇果風雨不止坊市有漂溺者樹木有拔仆者遽詔空止之空於寺庭中捏泥媼五六溜水作梵言罵之有頃開霽矣玄宗召術士羅公遠與空捔法同在便殿空時時反手搔背羅曰借尊師如意時殿上有花石空揮如意擊碎於其前羅再三取如意不得帝欲起取空曰三郎勿起此影耳乃舉手示羅如意復完然在手又北邙山有巨蛇樵采者往往見之矯首若丘陵夜常承吸露氣見空人語曰弟子惡報和尚如何見度每欲翻河水陷洛陽城以快所懷也空為其受歸戒說因果且曰汝以瞋心故受今那復恚恨乎吾力何及當思吾言此身必捨矣後樵子見蛇死澗下臭聞數里空凡應詔祈雨無他軌則但設一繡座手簸旋數寸木神子念呪擲之當其自立於座上已伺其吻角牙出目瞬則雨至矣又天寶中西蕃大石康三國帥兵圍西涼府詔空入帝御于道場空秉香鑪誦仁王密語二七徧帝見神兵可五百員在于殿庭驚問空空曰毗沙門天王子領兵救安西請急設食發遣四月二十日果奏云二月十一日城東北三十許里雲霧間見神兵長偉鼓角諠鳴山地崩震蕃部驚潰彼營壘中有鼠金色咋弓弩弦皆絕城北門樓有光明天王怒視蕃帥大奔帝覽奏謝空因勑諸道城樓置天王像此其始也空既終三朝所賜墨制一皆進納生榮死哀西域傳法僧至此今古少類矣嗣其法位慧朗師也御史大夫嚴郢為碑徐浩書之樹於本院焉

系曰傳教令輪者東夏以金剛智為始祖不空為二祖慧朗為三祖已下宗承所損益可知也自後岐分派別咸曰傳瑜伽大教多則多矣而少驗者何亦猶羽嘉生應龍應龍生鳳皇鳳皇已降生庶鳥矣欲無變革其可得

乎

宋高僧傳卷第一

宋高僧傳卷第一

校勘記

一 底本，清藏本。

一 一頁上二行至本頁中一一行「臣僧贊寧等……謹言」與本頁中一二行「端拱元年……贊寧上表」，徑互置。

一 一頁中一五行「有宋」，資、磧、普作「大宋」。次頁上末行同。

一 一頁中末行「三千」，資、磧、普作「三十」。

一 一頁下二行首字「宋」，資、普作「大宋」；磧作「有宋」。

一 一頁下一八行第二字「奏」，資、磧、普作「泰」。

一 二頁中一六行經名，資、普作「大宋高僧傳卷第一」；磧作「有宋高僧傳卷第一」。卷末經名同。

一 二頁中一七行撰者，資、普作「左街天壽寺通慧大師賜紫贊寧左街相國寺講經論大德賜紫智輪同奉勅撰」，磧作「左街大壽寺通慧大師賜紫贊寧左街相國寺講經論德賜紫智輪同奉勅撰」。

一 二頁中一九行至本頁下一行傳目，徑無。以下各卷篇名下傳目徑均無。

一 三頁中一行「永隆」，資、磧、普作「唐隆」。

一 三頁中七行「語梵本」，資作「讀梵本」。

一 四頁中三行「隨雨」，資、普作「降雨」。

一 五頁下一九行「踢跌」，磧作「踢趺」。

一 七頁中一〇行「空時時」，資、磧、普作「羅時時」。又「羅曰」，資、磧、普作「空曰」。

宋高僧傳卷第二　縣二

宋左街天壽寺通慧大師賜紫沙門贊寧等奉勅撰

譯經篇第一之二 正傳十五人 附見八人

唐洛京聖善寺善無畏傳 達摩掬多

釋善無畏本中印度人也釋迦如來季父甘露飯王之後梵名戍婆揭羅僧訶華言淨師子義翻為善無畏一云輸波迦羅此名無畏亦義翻也其先自中天竺因國難分王烏荼父曰佛手王以畏生有神姿宿齎德藝故歷試焉十歲統戎十三嗣位得軍民之情昆弟嫉能稱兵構亂閱牆斯甚薄伐臨戎流矢及身掉輪傷頂大倫既敗軍法宜誅大義滅親忍而曲赦乃抆淚白母及告羣臣曰向者親征恩已斷矣今欲讓國全其義焉因致位於兄固求入道母哀許之密與傳國寶珠猶諸侯之分器也南至海濱遇殊勝招提得法華三昧聚沙為塔僅一萬所黑蛇傷指而無退息復寄身商船往遊諸國密修禪誦口放白光無風三日舟行萬里屬商人遇盜危於倂命畏恤其徒侶默諷真言七俱胝尊全現身相羣盜果為他寇所殲寇乃露罪歸依指蹤夷險尋越窮荒又逾毒水纔至中天竺境即遇其王王之夫人乃畏之女兄也因問捨位之由稱歎不足是日攜手同歸慈雲布陰一境丕變畏風儀爽俊聰叡超羣解究五乘道該三學總持禪觀妙達其源藝術伎能悉聞精練初詣那爛陀寺此云施無厭也像法之泉源衆聖之會府畏乃捨傳國寶珠瑩于大像之額晝如月魄夜若曦輪焉寺有達摩掬多者掌定門之祕鑰佩如來之密印顔如四十許其實八百歲也玄奘三藏昔曾見之畏投身接足奉為本師一日侍食之次旁有一僧震旦人也畏現其鉢中見油餌尚溫粟飯猶暖愕而歎曰東國去此十萬餘里是彼朝熟而返也掬多曰汝能不言真可學焉後乃授畏總持瑜伽三密教也龍神圍遶森在目前其諸印契一時頓受即日灌頂為人天師稱曰三藏夫三藏之義者則內為戒定慧外為經律論以陀羅尼總攝之也陀羅尼者是菩提速疾之輪解脫吉祥之海三世諸佛生於此門慧照所傳一燈而已根殊性異燈亦無邊由是有百億釋迦微塵三昧菩薩以綱總攝於諸定頓升階位鄰於大覺此其旨也于時畏周行大荒徧禮聖迹不憚艱險凡所履處皆三返焉又入雞足山為迦葉剃頭受

觀音摩頂訖結夏於靈鷲有猛獸前導深入山穴穴明如晝見牟尼像左右侍者如生焉時中印度大旱請畏求雨俄見觀音在日輪中手執軍持注水於地時衆欣感得未曾有復鍛金如貝葉寫大般若經鎔中金爲窣覩波等佛身量焉毋以畏遊方日久謂爲已歿旦夕泣淚而喪其明洎附信問安朗然如故五天之境自佛滅後外道崢嶸九十六宗各專其見畏皆隨所執破滯析疑解邪縛於心門捨迷津於覺路法雲大小而均澤定水方圓而任器仆異學之旗鼓建心王之勝幢使彼以念制狂即身觀佛掬多曰善男子汝與震旦有緣今可行矣畏乃頂辭而去至迦濕彌羅國薄暮次河而無橋梁畏浮空以濟一日受請於長者家俄有羅漢降曰我小乘之人大德是登地菩薩乃讓席推尊畏施之以名衣升空而去畏復至烏萇國有白鼠馴遶日獻金錢講毗盧於突厥之庭安禪定於可敦之樹法爲金字列在空中時突厥宮人以手按乳乳爲三道飛注畏口畏乃合掌端容曰我前生之母也又途中遭寇舉刃三斫而肢體無傷揮劒者唯聞銅聲而已前登雪山大池畏不悆掬多自空而至曰菩薩身同世間不捨生死汝久離相寧有病耶言訖沖天畏洗然而愈路出吐蕃與商旅同次胡人貪貨率衆合圍畏密運心印而蕃豪請罪至大唐西境夜有神人曰此東非弟子界也文殊師利實護神州禮足而滅此亦猶迦毗羅神送連眉也畏以駝負經至西州涉于河龍陷駝足沒于泉下畏亦入泉三日止住龍宮宣揚法化開悟甚衆及牽駝出岸經無沾濕焉初畏途過北印度境而聲譽已達中國睿宗乃詔若那及將軍史獻出玉門塞表以候來儀開元初玄宗夢與真僧相見姿狀非常躬御丹青寫之殿壁及畏至此與夢合符帝悅有緣飾內道場尊爲教主自寧薛王已降皆跪席捧器焉賓大士於天宮接梵筵於帝座禮國師以廣成之道致人主於如來之乘巍巍法門於斯爲盛時有術士握鬼神之契參變化之功承詔御前角其神異畏恬然不動而術者手足無所施矣開元四年丙辰齎梵夾始屆長安勅於興福寺南院安置續宣住西明寺問勞重疊錫貺異常至五年丁巳奉詔於菩提院翻譯畏奏請名僧同參華梵開題先譯虛空藏求聞持法一卷沙門悉達譯語無著筆受綴文繕寫進內帝深加賞歎有勅畏所將到梵本並令進上昔有沙門無行西遊天竺學畢言歸方及北印不幸而卒其所獲夾葉悉在京都華嚴寺中畏與一行禪師於彼選得數本並總持妙門先所未譯十二年隨駕入洛復奉詔於福先寺譯大毗盧遮那經其經具足梵文有十萬頌畏所出者撮其要耳曰大毗盧遮那成佛神變加持經七卷沙門寶月譯語一行筆受刪綴辭理文質相半妙諧深趣上符佛意下契根緣利益要門斯文爲最又出蘇婆呼童子經三卷蘇悉地揭羅經三卷二經具足呪毗奈耶也即祕密禁戒焉若未曾入曼荼羅者不合輒讀誦猶未受具人盜聽戒律也所出虛空藏菩薩能滿諸願最勝心陀羅尼求聞持法一卷

即金剛頂梵本經成就一切義圖略譯少分耳畏性愛恬簡靜慮怡神時開禪觀獎勸初學奉儀形者蓮華敷於眼界稟言説者甘露潤於心田超然覺明日有人矣法侶請謁唯尊奉長老寶思惟三藏而已此外皆行門人之禮焉一行禪師者帝王宗重時賢所歸定慧之餘陰陽之妙有所未決亦咨稟而後行畏嘗於本院鑄銅爲塔手成模範妙出人天寺衆以銷冶至廣庭除深隘慮風至火盛災延寶坊畏笑曰無苦自當知也鼓鑄之日果大雪蔽空靈塔出鑪瑞花飄席衆皆稱歎焉又屬暑天亢旱帝遣中官高力士疾召畏祈雨畏曰今旱數當然也若苦召龍致雨必暴適足所損不可爲也帝強之曰人苦暑病矣雖風雷亦足快意辭不獲已有司爲陳請雨具旛幢螺鈸備焉畏笑曰斯不足以致雨急撤之乃盛一鉢水以小刀攪之梵言數百呪之須臾有物如龍其大如指赤色矯首瞰水面復潛于鉢底畏且攪且呪頃之有白氣自鉢而興逕上數尺稍稍引去畏謂力士曰亟去雨至矣力士馳去迴顧見白氣疾旋自講堂而西若一匹素翻空而上既而昏霾大風震電力士纔及天津橋風雨隨馬而驟街中大樹多拔焉力士入奏而衣盡霑濕矣帝稽首迎畏再三致謝又邙山有巨蛇畏見之歎曰欲決潴洛陽城耶以天竺語呪數百聲不日蛇死乃安祿山陷洛陽之兆也一説畏曾寓西明道宣律師房示爲麤相宣頗嫌鄙之至中夜宣捫蝨投于地畏連呼律師撲死佛子宣方知是大菩薩詰旦攝衣作禮焉若觀此説宣滅至開元中僅五十載矣如畏出沒無常非人之所測也二十年求還西域優詔不許二十三年乙亥十月七日右脅累足奄然而化享齡九十九僧臘八十法侶淒涼皇心震悼贈鴻臚卿遣鴻臚丞李現具威儀賓律師護喪事二十八年十月三日葬於龍門西山廣化寺之庭焉定慧所熏全身不壞會葬之日涕泗傾都山川變色僧俗弟子寶畏禪師明畏禪師滎陽鄭氏琅邪王氏痛其安仰如喪考妣焉乾元之初唐風再振二禪師刻偈諸信士營龕弟子舍于旁有同孔墓之戀今觀畏之遺形漸加縮小黑皮隱隱骨其露焉累朝旱澇皆就祈請徵驗隨生且多檀施錦繡巾帊覆之如偃息耳每一出龕置于低榻香汁浴之洛中豪右爭施禪帊淨巾澡豆以資浴事上禳禱多遣使臣往加供施必稱心願焉

唐洛京智慧傳

釋智慧者梵名般刺若也姓憍答摩氏北天竺迦畢試國人穎悟天資七歲發心違侍二親歸依三寶時從大德調伏軍教誦四阿含滿十萬頌阿毗達磨三萬頌及年應法隨師往別國納具足戒誦薩婆多近四萬頌俱舍二萬八千頌又誦大婆沙兼通其義七年於彼專習小乘後詣中天竺那爛陀寺稟學大乘唯識瑜伽中邊等論金剛般若經因明聲明醫明王律論等並依承智護進友智友三大論師復遊雙林經八塔往來瞻禮十有八年聞南北竺頗尚持明遂往諮稟彼有灌頂師名達摩耶舍見慧勤重可教授瑜伽法入

曼荼羅三密護身五部印契經于一年誦徹三千五百餘頌常聞支那大國文殊在中錫指東方誓傳佛教乃泛海東邁垂至廣州風飄却返抵執師子國之東又集資糧重修巨舶徧歷南海諸國二十二年再近番禺風濤遽作舶破人沒唯慧存焉夜至五更其風方止所齎經論莫知所之及登海壖其夾策已在岸矣於白抄內大竹筩中得之宛爲鬼物扶持而到乃歎曰此大乘理趣等經想支那人根熟矣遂東北行半月達廣州即德宗建中初也屬帝違難奉天貞元二年始屆京輦見鄉親神策軍正將羅好心即慧舅氏之子也悲喜相慰將至家中延留供養八年上表舉慧翻傳有勑令京城諸寺大德名業殊衆者同譯得罽賓三藏般若開釋梵本翰林待詔光宅寺沙門利言度語西明寺沙門圓照筆受資聖寺道液西明寺良秀莊嚴寺應眞醴泉寺超悟道岸辯空並充證義六月八日欲翻經題勑右街功德使王希遷與右神策軍大將軍王孟涉驃騎大將軍馬有鄰等送梵經出內緇伍威儀樂部相間士女觀望車騎交駢迎入西明寺翻譯即日賜錢一千貫茶三十弗香一大合充其供施開名題曰大乘理趣六波羅蜜多經成十卷又華嚴長者問佛那羅延力經般若心經各一卷皆貞元八年所譯也是歲十月繕寫畢二十八日設綵車大備威儀引入光順門進帝覽忻然慰勞勤至勑於神策軍賜齋食襯慧絹五百匹冬服一副餘人賜各有差慧表謝荅詔褒美同日請譯經奉天定難功臣開府儀同三司檢校太子詹事羅好心上表云臣表弟沙門般刺若先進大乘理趣六波羅蜜梵本經伏奉今年四月十九日勑令王希遷精選有道行僧於西明寺翻譯今經帙已終同詣光順門進上荅詔云卿之表弟早悟大乘遠自西方來遊上國宣六根之奧義演雙樹之微言念以精誠所宜欽重是令翻譯俾用流行卿夙慕忠勤職司禁衛省覽表疏具見乃懷所謝知好心以朱泚圍逼之際頗有戰功預其中兵爲帝寵重慧得好心啓導譯務有光帝製經序焉慧後終于洛陽葬龍門之西岡塔今存矣

唐玉華寺玄覺傳

釋玄覺高昌國人也西土種姓未得聞焉學慕大乘從玄奘三藏研覈經論亦於玉華宮參預翻譯及大般若經向就同請翻寶積經奘辭憫然覺因夢一浮圖莊嚴高大忽然摧倒遂驚起告奘奘曰非汝身事此吾滅之徵耳覺暗悲安做勸諸法侶競求醫藥覺後莫測終焉

唐益州多寶寺道因傳 寶暹 嵩公

釋道因姓侯氏濮陽人也稟祐居醇含章縱掊覃訏之歲粹釆多奇髫齓之辰殊姿特茂孝愛之節慈順之風率志于斯因心以極年甫七歲丁于內艱嗌粒絕漿殆乎滅性成人之德見稱州里免喪之後思酬罔極出家之志人莫我移便詣靈巖寺求師誦習曾不浹旬通涅槃經二帙舉衆驚駭謂爲神童落髮已來砥礪其行揣摩義章即講涅槃宿齒名流咸所歎服及升上品旋學律儀又於彭城

嵩法師所傳攝大乘嵩公懿德玄猷蘭薰月映門徒學侶魚貫鳧趨講室談筵爲之闐隘遂依科戒而爲節文年少沙門且令習律曉四分者方許入聽因夏臘雖幼業行攸高獨於衆中迥見推揖每數攝論即令覆講後隱泰嶽凡經四秋將詣洛中屬昏季陵夷法網嚴峻僧無徒侶弗許遊方於是杖錫出山孑焉超邁恐罹刑憲靜念觀音少選之間有僧欻至皓然白首請與偕行迨至銅街暨於金地俯仰之際莫知所在咸謂善逝之力有感斯見未幾因避難三蜀居于多寶寺好事者素聞道譽乃命開筵攝論維摩聽者千數時有寶暹法師東海人也殖藝該洽尤善大乘昔在隋朝英塵久播學徒來請接武磨肩暹公傲爾其間仰之彌峻每至固之論席肅然改容沈吟久之方用酬遣因抗音馳辯雷驚波注盡妙窮微藏牙折角益州總管酇國公竇璡行臺左僕射贊國公竇軌長史申國公高士廉范陽公盧承慶及前後首僚西南嶽牧並國華朝秀重望崇班共籍芳聲俱申虔仰乃於彭門山寺習道安居此寺徃經廢毀院宇凋弊因慨然搆懷專事營緝未移再稔蔚成淨埸又以九部微言三界式仰緬惟法盡將翳龍宮遂於寺之北巖刻書經典窮多羅之祕衮盡毗尼之正文縱堯世之洪水襄陵任趙簡之北山燎狩必無他慮與劫齊休既而清猷遠暢峻業遐昭遂簡宸衷乃紆天綍追赴京邑止大慈恩寺與玄奘法師飜譯校定梵本兼充證義奘師偏獎賞之每有難文同加忝酌新飜弗墜因有力焉慧日寺主楷法師者聰爽温贍聲藹鴻都首建法筵請開奧義帝城緇俗具來諮稟欣焉相顧得所未聞因研幾史籍尤好老莊咀其菁華含其腴潤包四始於風律綜五聲於文緒故所講訓內外該通其專業者涅槃華嚴大品維摩法華楞伽等經十地地持毗曇智度攝大乘對法佛地等論及四分等律其攝論維摩仍著章疏已而能事畢矣示疾終于長安慧日寺則顯慶三年三月十一日也春秋七十二越明年正月旋神座于益部二月八日窆于彭門光化寺石經之側道俗送葬數有數千弟子玄凝等嗣其香火至龍朔中中臺司藩大夫李儼製碑歐陽通書焉

唐波凌國智賢傳會寧

釋若那跋陀羅華言智賢南海波凌亦曰訶淩國人也善三藏學麟德年中有成都沙門會寧欲往天竺觀禮聖跡泛舶西遊路經波凌遂與智賢同譯涅槃後分二卷此於阿笈摩經內譯出說世尊焚棺收設利羅等事與大涅槃頗不相涉譯畢寄經達交州寧方之西域至儀鳳年初交州都督梁難敵遣使同會寧弟子運期奉表進經入京三年戊寅大慈恩寺沙門靈會於東宮啓請施行運期奉侍其師因心莫比師令齎經行化故無暇影隨往西域也

唐洛京白馬寺覺救傳

釋佛陀多羅華言覺救北天竺罽賓人也齎多羅夾誓化支那止洛陽白馬寺譯出大方廣圓覺了義經此經近譯不委何年且隆道爲懷務甄詐妄但眞詮不謬豈假具知年月

耶救之行迹莫究其終大和中圭峯密公著疏判解經本一卷後分二卷成部續又爲鈔演暢幽邃今東京太原三蜀盛行講演焉

唐五臺山佛陀波利傳 順貞

釋佛陀波利華言覺護北印度罽賓國人忘身徇道徧觀靈跡聞文殊師利在清涼山遠涉流沙躬來禮謁以天皇儀鳳元年丙子杖錫五臺虔誠禮拜悲泣雨淚冀覩聖容倐焉見一老翁從山而出作婆羅門語謂波利曰師何所求耶波利答曰聞文殊大士隱迹此山從印度來欲求瞻禮翁曰師從彼國將佛頂尊勝陀羅尼經來否此土衆生多造諸罪出家之輩亦多所犯佛頂神呪除罪祕方若不齎經徒來何益縱見文殊亦何能識師可還西國取彼經來流傳此土即是徧奉衆聖廣利羣生拯接幽冥報諸佛恩也師取經來至弟子當示文殊居處波利聞已不勝喜躍裁抑悲淚向山更禮舉頭之頃不見老人波利驚愕倍增虔恪遂返本國取得經迴旣達帝城便求進見有司具奏天皇賞其精誠崇斯祕典下詔鴻臚寺典客令杜行顗與日照三藏於内共譯譯訖襯絹三十匹經留在内波利垂泣奏曰委弃身命志在利人請帝流行是所望也帝愍其專切遂留所譯之經還其梵本波利得經彌復忻喜乃向西明寺訪得善梵語僧順貞奏乞重翻帝俞其請波利遂與順貞對諸大德翻出名曰佛頂尊勝陀羅尼經與前杜令所譯者呪韻經文少有同異波利所願旣畢却持梵本入于五臺莫知所之或云波利隱金剛窟今永興龍首岡有波利藏舍利之所焉大曆中南嶽雲峯寺沙門法照入五臺山禮金剛窟夜之未央剋責撲地忽見一僧長七尺許梵音朗暢稱是佛陀波利問曰阿師如此自苦得無勞乎有何願樂照對曰願見文殊曰若志力堅强眞實無妄汝可脱履於板上咫尺聖顏令子得見照遂瞑目俄已入窟見一院題額云金剛般若寺字體遒健光色閃爍其院皆是異寶莊嚴名目不暇樓觀複沓殿宇連延罘罳密緻鈴鐸交鳴可二百所間有祕藏中緘金剛般若并一切經法人物魁偉殆非常所覩也文殊大聖處位尊嚴擁從旁午宣言慰勞分茶賦食訖波利引之出去照苦乞在寺波利不許臨別勉之努力修進再來可住照還至板上躡履迴眸之際波利隱焉

系曰道家尸解說有多端或隱眞形而存假質矧以登地大士漏盡羅漢或此在他亡或分身易態皆以之爲遊戲耳以之爲利物焉其佛陀波利出沒無恒變化何極出金剛窟接法照師蓋與之有緣闖然而現故杜多迦葉久隱諸峯晉法顯往遊靈鷲見于山下焉

唐尊法傳

釋尊法西印度人也梵云伽梵達磨華云尊法遠踰沙磧來抵中華有傳譯之心堅化導之願天皇永徽之歲翻出千手千眼觀世音菩薩廣大圓滿無礙大悲心陀羅尼經一卷經題但云西天竺伽梵達磨譯不標年代推其本末疑是永徽顯慶中也又準千臂經序云智通同此三藏譯也法後不知其終

唐西京慧日寺無極高傳 阿難律木叉師 迦葉師

釋無極高中印度人梵云阿地瞿多華云無極高也出家氏族未憑書之高學窮滿字行潔圓珠精練五明妙通三藏永徽三年壬子歲正月自西印度齎梵夾來屆長安勑令慈門寺安置沙門大乘琮等十六人英公李世勣鄂公尉遲德等十二人同請高於慧日寺浮圖院建陀羅尼普集會壇所須供辦法成之日屢現靈異京中道俗咸歎希逢沙門玄楷等固請翻其法本以四年癸丑至于五年於慧日寺從金剛大道場經中撮要而譯集成一部名陀羅尼集經一十二卷玄楷筆受于時有中印度大菩提寺阿難律木叉師迦葉師等於經行寺譯功德天法編在集經第十卷內故不別出焉

唐廣州制止寺極量傳

釋極量中印度人也梵名般剌蜜帝此言極量懷道觀方隨緣濟物展轉遊化漸達支那(印度俗呼廣府為支那名帝京為摩訶支那也)乃於廣州制止道場駐錫眾知博達祈請頗多量以利樂為心因敷祕賾神龍元年乙巳五月二十三日於灌頂部中誦出一品名大佛頂如來密因修證了義諸菩薩萬行首楞嚴經譯成一部十卷烏萇國沙門彌伽釋迦(釋迦稍訛正云鑠佉此曰雲峯)譯語菩薩戒弟子前正議大夫同中書門下平章事清河房融筆受循州羅浮山南樓寺沙門懷迪證譯量翻傳事畢會本國王怒其擅出經本遣人追攝泛舶西歸後因南使入京經遂流布有惟慤法師資中沇公各著疏解之

唐洛京大徧空寺實叉難陀傳

釋實叉難陀一云施乞叉難陀華言學喜葱嶺北于闐人也智度恢曠風格不羣善大小乘旁通異學天后明揚佛日崇重大乘以華嚴舊經處會未備遠聞于闐有斯梵本發使求訪并請譯人叉與經夾同臻帝闕以證聖元年乙未於東都大內大徧空寺翻譯天后親臨法座煥發序文自運仙毫首題名品南印度沙門菩提流志沙門義淨同宣梵本後付沙門復禮法藏等於佛授記寺譯成八十卷聖曆二年功畢至久視庚子駕幸潁川三陽宮詔叉譯大乘入楞伽經天后復製序焉又於京師清禪寺及東都佛授記寺譯文殊授記等經前後總出一十九部沙門波崙玄軌等筆受沙門復禮等綴文沙門法寶恒景等證義太子中舍賈膺福監護長安四年叉以母氏衰老思歸慰覲表書再上方俞勑御史霍嗣光送至于闐暨和帝龍興有勑再徵景龍二年達于京輦帝屈萬乘之尊親迎於開遠門外傾都緇侶備旛幢導引仍飾青象令乘之入城勑於大薦福寺安置未遑翻譯遘疾彌留以景雲元年十月十二日右脇累足而終春秋五十九歲有詔聽依外國法葬十一月十二日於開遠門外古然燈臺焚之薪盡火滅其舌猶存十二月二十三日門人悲智勑使哥舒道元送其餘骸及斯靈舌還歸于闐起塔供養後人復於茶毗之所起七層塔土俗號為華嚴三藏塔焉

周西京廣福寺日照傳

釋地婆訶羅華言日照中印度人也洞明八藏博曉五明戒行高奇學業勤悴而呪術尤工以天皇時來遊此國儀鳳四年五月表請

翻度所齎經夾仍準玄奘例於一大寺別院安置幷大德三五人同譯至天后垂拱末於兩京東西太原寺西太原寺後改西崇福寺 東太原寺後改大福先寺及西京廣福寺譯大乘顯識經大乘五蘊論等凡一十八部沙門戰陀般若提婆譯語沙門慧智證梵語勅諸名德助其法化沙門道成薄塵嘉尚圓測靈辯明恂懷度證義沙門思玄復禮綴文筆受天后親敷睿藻製序冠首焉照嘗與覺護同翻佛頂深體唐言善傳佛意每進新經錫賚豐厚後終于翻經小房享年七十五天后勅葬于洛陽龍門香山塔見存焉

周洛京魏國東寺天智傳

釋提雲般若或云提雲陀若那華言天智于闐國人也學通大小解兼眞俗呪術禪門無不諳曉永昌元年來屆于此謁天后於洛陽勅令就魏國東寺後改大周東寺翻譯即以其年己丑至天授二年辛卯出華嚴經法界無差別論等六部七卷沙門處一筆受沙門復禮綴文沙門德感慧儼法明恒景等證義智終年卒地莫得而聞

周洛京佛授記寺慧智傳明佺

釋慧智其父印度人婆羅門種因使遊此方而生於智少而精勤有出俗之志天皇時從長年婆羅門僧奉勅度爲弟子本既梵人善閑天竺書語生于唐國復練此土言音三藏地婆訶羅提雲若那寶思惟等所有翻譯皆召智爲證兼令度語後至長壽二年癸巳智於東都佛授記寺自譯觀世音頌一卷不詳所終有沙門明佺者不知何許人出家隸業悉在佛授記寺尤善毗尼兼閑經論天冊萬歲元年勅令刊定經目佺所專纂錄編次持疑更與翻經大德二十餘人同共叅正號曰大周經錄焉智昇云雖云刊定繁穢尤多徒見流行寔難憑準蓋此錄支經別品雜沓不倫致爲昇公之所黜矣

周洛京寂友傳

釋彌陀山華言寂友覩貨邏國人也自幼出家遊諸印度徧學經論楞伽俱舍最爲窮覈志傳像法不悋鄉邦杖錫孤征來臻諸夏因與實叉難陀共譯大乘入楞伽經又天授中與沙門法藏等譯無垢淨光陀羅尼經一卷其經佛爲劫比羅戰茶婆羅門說延其壽命譯畢進內辭帝歸鄉天后以厚禮餞之

宋高僧傳卷第二

宋高僧傳卷第二

校勘記

一　底本，清藏本。

一　九頁上一一行及卷末「宋高僧傳」，資、磧、普作「大宋高僧傳」；南作「有宋高僧傳」。資、普卷第三至卷第五、卷第十一至卷第三十同；磧、南卷第三至卷第三十同。

一　九頁上二行撰者，資、磧、南作「左街天壽寺通慧大師賜紫贊寧左街相國寺講經論大德賜紫智輪同奉賜撰」。

一　九頁下八行第七字「現」，資作「視」。

一　一〇頁中五行首字「畏」，磧作「之」。

一　一一頁下六行第六字「上」，資、磧、普、南作「今上」。

一　一二頁上七行第一六字「策」，資、普作「葉」。

一　一二頁上八行「白抄」，資、普作「白沙」。

一　一三頁中一一行首字「楷」，磧作「相」。

一　一五頁中一一行「于闐」，資、磧、普作「于遁」。

宋高僧傳卷第三　縣三

宋左街天壽寺通慧大師賜紫沙門贊寧等奉勅撰

譯經篇第一之三 正傳十四人 附見三人

唐京師總持寺智通傳

釋智通姓趙氏本陝州安邑人也隋大業中出家受具後隸名總持寺律行精明經論該博自幼挺秀即有遊方之志因往洛京翻經館學梵書并語曉然明解屬貞觀中有北天竺僧齎到千臂千眼經梵本太宗勅搜天下僧中學解者充翻經館綴文筆受證義等通應其選與梵僧對譯成二卷天皇永徽四年復於本寺出千囀陀羅尼觀世音菩薩呪一卷觀自在菩薩隨心呪一卷清淨觀世音菩薩陀羅尼一卷共四部五卷通善其梵字復究華言敵對相翻時皆推伏又云行瑜伽祕密教大有感通後不知所終

唐京師奉恩寺智嚴傳

釋智嚴姓尉遲氏本于闐國質子也名樂受性聰利隸鴻臚寺授左領軍衛大將軍上柱國封金滿郡公而深患塵勞唯思脫屣神龍二年五月奏乞以所居宅為寺勅允題牓曰奉恩是也相次乞捨官入道十一月二十四日墨制聽許景龍元年十一月五日孝和帝誕節剃染尋奉勑於此寺翻經多證梵文諸經成部嚴有力焉嚴重譯出生無邊法門陀羅尼經後於石鼈谷行頭陀法又充終南山至相寺上座體道用和率從清謹不知其終

唐洛京天竺寺寶思惟傳

釋阿你真那華言寶思惟北印度迦濕密羅國人刹帝利種幼而捨家禪誦為業進具之後專精律品而慧解超羣學兼真俗乾文呪術尤攻其妙加以化導為心無戀鄉國以天后長壽二年屆于洛都勑於天宫寺安置即以其年創譯至中宗神龍景午於佛授記天宫福先等寺出不空羂索陀羅尼經等七部睿宗大極元年四月太子洗馬張齊賢等繕寫進内其年六月勑令禮部尚書晉國公薛稷右常侍高平侯徐彥伯等詳定入目施行那自神龍之後不務翻譯唯精勤禮誦修諸福業每於晨朝磨香為水塗浴佛像後方飲食從始洎終此為恒業衣鉢之外隨得隨施後於龍門山請置一寺制度皆依西域因名天竺焉門徒學侶同居此寺精誠所感靈應寔繁壽百有餘歲以開元九年終於寺構塔旌表焉

唐洛京長壽寺菩提流志傳

釋菩提流志南天竺國人也淨行婆羅門種姓迦葉氏年十二就外道出家事波羅奢羅學聲明僧佉等論曆數呪術陰陽讖緯靡不該通年逾耳順方乃迴心知外法之乖違悟釋門之淵默隱居山谷積習頭陀初依耶舍瞿沙三藏學諸經論其後遊歷五天徧親講肆高宗大帝聞其遠譽挹彼高風永淳二年遣使迎接天后復加鄭重令住東洛福先寺譯佛境界寶雨華嚴等經凡十一部中宗神龍二年又住京兆崇福寺譯大寶積經屬孝和厭代睿宗登極勑於北苑白蓮池甘露亭續其譯事翻度云畢御序冠諸其經舊新凡四十九會總一百二十卷先天二年四月八日進內此譯場中沙門思忠天竺大首領伊舍羅等譯梵文天竺沙門波若屈多沙門達摩證梵義沙門履方宗一慧覺筆受沙門深亮勝莊塵外無著懷迪證義沙門承禮雲觀神暕道本次文次有潤文官盧粲學士徐堅中書舍人蘇瓌給事中崔璩中書門下三品陸象先尚書郭元振中書令張說侍中魏知古儒釋二家構成全美寶積用賢既廣流志運功最多所慊者古今共譯一切陀羅尼末句云莎嚩訶皆不竊考清濁遂使命章有異或云薩婆訶或云馺皤訶等九呼不倫楷定梵音悉無本旨此非梵僧傳誦不的自是執筆之誤故剋取莎(桑巴反)嚩(無可反)訶(呼箇反)爲正矣志開元十二年隨駕居洛京長壽寺十五年十一月四日囑誡弟子五日齋時令侍人散去右脅安臥奄然而卒春秋一百五十六帝聞軫悼勑試鴻臚卿謚曰開元一切徧知三藏遣內侍杜懷信監護喪事出內庫物務令優贍用鹵簿羽儀幡幢花蓋闐塞衢路十二月一日遷窆于洛南龍門西北原起塔勒石誌之

系曰西域喪禮其太簡乎或有國王酋長傾心致重者勿過舁之火葬若東夏僧用鹵簿導喪車罕聞之矣嗚呼道尊德貴不言而邀此不其盛歟

唐羅浮山石樓寺懷迪傳(般若力 善部末摩)

釋懷迪循州人也先入法于南樓寺其山半在海涯半連陸岸乃仙聖遊居之靈府也迪久探經論多所該通七略九流粗加尋究以海隅之地津濟之前數有梵僧寓止于此迪學其書語自茲通利菩提流志初譯寶積召迪至京證義事畢南歸後於廣府遇一梵僧齎多羅葉經一夾請共翻傳勒成十卷名大佛頂萬行首楞嚴經是也迪筆受經旨緝綴文理後因南使附經入京即開元中也又乾元元年有罽賓三藏般若力中天竺婆羅門三藏善部末摩箇失密三藏舍那並慕化入朝詔以力爲太常少卿末摩爲鴻臚少卿並員外置放還本土或云各齎經至屬燕趙阻兵不遑宣譯故以官品榮之

唐京兆慈恩寺寂默傳

釋牟尼室利華言寂默其爲人也神宇高爽量度眞率德宗貞元九年發那爛陀寺擁錫東來自言從北印度往此寺出家受戒學法焉十六年至長安興善寺十九年徙崇福醴泉寺復於慈恩寺請行翻譯事乃將奘師梵本出守護國界主陀羅尼經十卷又進六塵

獸圖帝悅檀施極多元和元年六月十九日卒于慈恩寺初默說中天竺摩伽陀國那爛陀寺周圍四十八里九寺一門是九天王所造默在寺日住者萬餘以大法師處量綱任西域伽藍無如共高廣矣柰寺護國界主經是般若譯牟尼證梵本翰林待詔光宅寺智眞譯語圓照筆受鑒虛潤文澄觀證義焉

唐丘慈國蓮華寺蓮華精進傳

釋勿提羼魚華言蓮華精進本屈支城人也即龜茲國亦云丘慈正曰屈支時唐使車奉朝到彼土城西門外有蓮華寺進居此中號三藏苾芻奉朝至誠祈請開譯梵夾傳歸東夏進允之遂譯出十力經可用東紙三幅成一卷是佛在舍衛國說安西境內有前踐山山下有伽藍其水滴溜成音可愛彼人每歲一時采綴其聲以成曲調故耶婆瑟雞開元中用爲羯鼓曲名樂工最難其杖撩之術進寺近其滴水也其經是沙門悟空同十地迴向輪經共十一卷齎進貞元中請編入藏值圓照續録故述其由

唐北庭龍興寺戒法傳

釋尸羅達摩華言戒法也本于闐人學業該通善知華梵居于是國爲大法師唐貞元中悟空迴至北庭其本道節度使楊襲古與龍興寺僧請法爲譯主翻十地經法躬讀梵文幷譯語沙門大震筆受法超潤文善信證義悟空證梵文又譯迴向輪經翻傳纔畢繕寫欲終遇北庭宣慰中使段明秀事訖迴與北庭奏事官牛昕安西奏事官程鍔等相隨入朝爲沙河不通取迴鶻路其梵夾留北庭龍興寺藏齎所譯唐本至京即貞元五載也法譯事方終却迴豁丹豁丹一云于遁此皆嶺北人之呼召耳若五印度語云瞿薩怛那華言乳國亦云地乳也

唐蓮華傳

釋蓮華本中印度人也以興元元年杖錫謁德宗乞鐘一口歸天竺聲擊勑廣州節度使李復修鼓鑄畢令送於南天竺金堆寺華乃將此鐘於寶軍國毗盧遮那塔所安置後以華嚴後分梵夾附舶來爲信者般若三藏於崇福寺翻成四十卷焉一云梵夾本是南天竺烏荼國王書獻支那天子書云手自書寫華嚴經百千偈中所說善財童子五十五聖者善知識入不思議解脫境界普賢行願品謹奉進上願於龍華會中奉覲云即貞元十一年也至十二年六月詔於崇福寺翻譯罽賓沙門般若宣梵文洛京天宮寺廣濟譯語西明寺圓照筆受智柔智通綴文成都府正覺寺道恒鑒虛潤文千福寺大通證義澄觀靈邃詳定神策軍護軍中尉霍仙鳴左街功德使竇文場寫進十四年二月解座

唐大聖千福寺飛錫傳

釋飛錫未知何許人也神氣高邁識量過人初學律儀後於天台法門一心三觀與沙門楚金棲心研習天寶初遊于京闕多止終南紫閣峯草堂寺屬不空當途傳譯愼選英髦錫預其數頻登筆受潤文之任代宗永泰元年四月十五日奉詔於大明宮內道場同義學沙門良賁等十六人參譯仁王護國般若經幷密嚴經先在多羅葉時並是偈頌今所

譯者多作散文不空與錫等及翰林學士柳抗重更詳定錫充證義正員辭筆不愧斯職也

系曰錫外研儒墨其筆仍長時多請其論譔如忠國師楚金等碑與晉陵德宣吳興晝公同獵廣原不知鹿死何人之手然宣錫二公亦有不羈之失緣飾過其實如晝公合建中之體凝事得其倫唯虛與實不可同日也

唐京師大安國寺子鄰傳

釋子鄰姓范氏兗州乾封大范村人也父峻朝不喜三寶或見桑門必加咄唾有問其故即欲毆焉鄰生已數歲小字鄰兒見著袈裟者則生慕羨之意開元初東都廣愛寺慶修律師遊于代宗經范氏之舍鄰一見之喜貫顏色拜求出家問曰父母云何對曰不令堂親知知則遭箠撻矣師但先去某乃影隨律師行五里間鄰已至矣及洛寺受教之易若甘之受和焉染削已或名志鄰至十一年忽思二親辭歸寧覲其父喪明母終已三載矣因詣嶽廟求知母之幽趣即敷坐具誦法華經誓見天齊王為期其夜嶽神果召鄰問何故懇苦如是鄰曰母王氏亡來已經除服敢問大王母今何在王顧簿吏對曰王氏見繫獄受苦鄰曰我母何罪王曰生和尚時食雞卵又取白傳頭瘡坐是之故職汝之由鄰悲號委頓求王請免曰縶縻有分放釋無門然則為法師計請往鄮山禮阿育王塔或可原也鄰詰朝導途到句章山寺叩頭哀訴五輪著地禮畢投築至四萬數俄聞有呼鄰聲若蔡順之解望空見雲氣中母謝曰承汝之力得生忉利天矣故來報汝倏然不見鄰後求解經論至于關輔間外學兼通美聲籍甚以名僧之選恒入肅宗內殿應奉高其舌端精於捷對御前口占叙述皇道時輩靡及敕賜紫方袍充供奉僧代宗即位更崇釋氏永泰中不空重譯仁王護國密嚴等經鄰與千福寺法崇西明寺慧靜保壽寺圓寂分職證義丞良賁潤文鄰莫測其終先所禮塔今鄮山育王寺後峯之翠微茅庵基及井存焉井實方池其水碧色綠苔泛泛然辭人遊者詩詠絕多矣

唐醴泉寺般若傳

釋般若罽賓國人也貌質魁梧執戒嚴整在京師充義學沙門憲宗敦崇佛門深思翻譯柰何有事于蜀部劉闢阻命王承宗未平朝廷多故至元和五年庚寅詔工部侍郎歸登孟簡劉伯芻蕭俛等就醴泉寺譯出經八卷號本生心地觀此之梵夾乃高宗朝師子國所進者寫畢進上帝覽有敕朕願為序尋頒下其文冠于經首三藏賜帛證義諸沙門錫賚有差先於貞元中譯華嚴經後分四十卷此蓋烏茶國王所進者于時而賜紫衣後大中中法寶大師玄暢奏請入藏焉

唐上都章敬寺悟空傳

釋悟空京兆雲陽人姓車氏後魏拓跋之遠裔也天假聰敏志尚典墳孝悌之聲譪于鄉里屬玄宗德被遐方罽賓國願附大唐遣大首領薩婆遠斡與三藏舍利越摩於天寶九載來朝闕庭請使巡按明年敕中使張韜光將國信行官兼吏四十餘人西邁時空未出

俗名奉朝授左衛涇州四門府別將令隨使臣自安西路去至十二載至健陀羅國罽賓東都城也其王禮接唐使使迴空篤疾留健陀羅病中發願痊當出家遂投舍利越摩落髮號達摩馱都華言法界當肅宗至德二年也洎年二十九於迦濕彌羅國受具足戒文殊矢涅地爲親教師鄔不羼提爲羯磨阿遮利耶馱里巍地爲教授於蒙鞮寺諷聲聞戒習根本律儀然北天竺國皆薩婆多學也後巡歷數年徧瞻八塔爲憶君親因咨本師舍利越摩再三方允摩手授梵本十地迴向輪十力三經共一夾幷佛牙舍利以贈別空行從北路至覩貨羅國五十七蕃中有一城號骨咄國城東有小海空行次南岸地輙搖動雲陰雨暴霆擊雹飛乃奔就一大樹間時有衆商咸投其下商主告衆曰誰齎佛舍利異物殊珍耶不爾龍神何斯忿怒有則投于海中無令衆人惶怖如藏匿者自貽伊咎空爲利東夏之故潛乞龍神宥過自卯達申雨雹方霽迴及龜茲居蓮華寺遇三藏法師勿提提羼魚善於傳譯空因將十力經夾請翻之尋抵北庭大使復命空出梵夾于闐三藏戒法爲譯主空證梵文幷度語翻成十地迴向輪經事訖隨中使段明秀以貞元五年巳巳達京師勑於躍龍門使院安置進上佛牙舍利經本宣付左神策軍繕寫功德使竇文場寫畢進呈勑署空壯武將軍試太常卿乃歸章敬寺次返雲陽問二親墳樹已拱矣凡所徃來經四十年于時已六十餘所翻經三本共十一卷翻經大德圓照續開元錄皆編入藏復記空之行狀焉

唐京師滿月傳 智慧輪

釋滿月者西域人也爰來震旦務在翻傳瑜伽法門一皆貫練既多神効衆所推欽開成中進梵夾遇僞甘露事去未旋踵朝廷無復紀綱不暇翻譯時悟達國師知玄好學聲明禮月爲師情相欵密指教梵字幷音字之緣界悉曇八轉深得幽趣玄曰异哉吾體兩方之言願參象胥之末可乎因請翻諸禁呪乃與菩提嚩日羅金剛悉地等重譯出陀羅尼集四卷又佛爲毗戍陀天子說尊勝經一卷詳覈三復盡佛意此土先已有陀羅尼集十二卷新翻四卷未聞入藏月等倶不測其終次有般若斫迦三藏者華言智慧輪亦西域人大中中行大曼拏羅法已受灌頂爲阿闍梨善達方言深通密語著佛法根本宗乎大毗盧遮那爲諸佛所依法之根本者陀羅尼是也至於出生無邊法門學者修戒定慧以總持助成速疾之要無以超越又述示教指歸共一十餘言皆大教之鈴鍵也出弟子紹明咸通年中刻石記傳焉

論曰無漏海中震潮音而可怪總持言下書梵字而不常未聞者聞聞光音天之餘響未解者解解最上法之所詮聖賢飲之爲醇醪凡劣啜之成糟粕若夫有緣則遇無道則違秦獄既械其利防此無緣也漢庭肇迎其白馬斯有感焉聽彼異呼覽其橫字情可求而呼相亂字雖殊而意且同是故周禮有象胥氏通六蠻語狄鞮主七戎寄司九夷譯知八狄今四方之官唯譯官顯著者何也疑漢已

來多事北方故譯名爛熟矣又如周秦輶軒使者奏籍通別國方言今君王不出戶庭坐知絶遐異俗之語也若然者象胥知其遠也方言知其近也大約不過察異俗達遠情者矣懿乎東漢始譯四十二章經復加之爲翻也翻也者如翻錦綺背面俱花但其[十三]花有左右不同耳由是翻譯二名行焉初則梵客華僧聽言揣意方圓共鑿金石難和椀配世間擺名三昧咫尺千里覿面難通次則彼曉漢談我知梵說十得八九時有差違至若怒目看世尊彼岸度無極矣後則猛顯親往奘空兩通器請師子之膏鵝得水中之乳内竪對文王之問楊雄得絶代之文印印皆同聲聲不別斯謂之大備矣逖觀道安也論五失三不易彥琮也籍其八備明則也撰翻經儀式玄奘也立五種不翻此皆類左氏之諸凡同史家之變例今立新意成六例焉謂譯字譯音爲一例胡語梵言爲一例重譯直譯爲一例麤言細語爲一例華言雅俗爲一例直語密語爲一例也初則四句一譯字不譯音即陀羅尼是二譯音不譯字如佛胷前卐字是三音字俱譯即諸經律中純華言是四音字俱不譯如經題上几乙二字是第二胡語梵言者一在五天竺純梵語二雪山之北是胡山之南名婆羅門國與胡絶書語不同從羯霜那國字源本二十餘言轉而相生其流漫廣其書竪讀同震旦歟至吐貨羅言音漸異字本二十五言其書横讀度葱嶺南迦畢試國言字同吐貨羅已上雜類爲胡也若印度言字梵天所製本四十七言演而遂廣號青藏焉有十二章教授童蒙大成五明論大抵與胡不同五印度境彌亘既遥安無少異乎又以此方始從東漢傳譯至于隋朝皆指西天以爲胡國且失梵天之苗裔遂言胡地之經書彥琮法師獨明斯致唯徵造録痛責彌天符佛地而合阿含得之在[十四]我用胡名而迷梵種失則誅誰唐有宣公亦同鼓唱自此若聞彈舌或覩黑容印定呼爲梵僧雷同認爲梵語琮師可謂忙於執斧捕前白露之蟬瞻在迴光照後黄衣之雀既云西土有梵有胡何不南北區分是非料簡致有三失一改胡爲梵不析胡開胡還成梵失也二不善胡梵二音致令胡得爲梵失也三不知有重譯失也當初盡呼爲胡亦猶隋朝已來總呼爲梵所謂過猶不及也如據宗本而談以梵爲主若從枝末而說稱胡可存何耶自五天至嶺北累累而譯也乃疑琮公留此以待今日亦不敢讓焉三亦胡亦梵如天竺經律傳到龜茲龜茲不解天竺語呼天竺爲印特伽國者因而譯之若易解者猶存梵語如此胡梵俱有者是四二非句純華言是也第三重譯直譯者一直譯如五印夾牒直來東夏譯者是二重譯如經傳嶺北樓蘭焉耆不解天竺言且譯爲胡語如梵云鄔波陁耶疏勒云鶻社于闐云和尚又天王梵云拘均羅胡云毗沙門是三亦直亦重如三藏直齎夾牒而來路[十五]由胡國或帶胡言如覺明口誦曇無德律中有和尚等字者是四二非句即齎經三藏雖兼胡語到此不翻譯者是第四麤言細語者聲明中一蘇漫多謂汎爾平語言辭也二彥

底多謂典正言辭也佛説法多依蘇漫多意住於義不依於文又被一切故若彥底多非諸類所能解故亦名金聲者則言音分明典正此細語也半聲者則言音不分明而訛僻此麤語也一是麤非細如五印度時俗之言是二唯細非麤如法護寶雲奘師義淨洞解聲明音律用中天細語典言而譯者是三亦麤亦細如梵本中語涉麤細者是或注云此音訛僻即麤言也四二非句闕第五華言雅俗者亦云音有楚夏同也且此方言語雅即經籍之文俗乃街巷之説略同西域細即典正麤即訛僻也一是雅非俗如經中用書籍言是二是俗非雅如經中乞頭博頰等語是三亦雅亦俗非學士潤文信僧執筆其間渾金璞玉交雜相投者是四二非句闕第六直語密語者二種作句涉俗爲直涉眞爲密如婆留師是一是直非密謂婆留師翻爲惡口住以惡口人人不親近故二是密非直婆留師翻爲菩薩所知彼岸也既通達三無性理亦不爲衆生所親近故三兩亦句即同善惡

眞俗皆不可親近故四二非句謂除前相故又阿毗持呵妻（日數數得定）鬱婆提（日生起拔根弃背）婆羅（日具實雜散亂）此諸名在經論中例顯直密語義也更有胡梵文字四句易解凡諸類例括彼經詮解者不見其全牛行人但隨其老馬矣（十六）或曰翻梵夾須用此方文籍者莫招濫涉儒雅之過乎通曰言不關典非子史之言用其翻對豈可以委巷之談而糅于中耶故道安云乃欲以千載上之微言傳所合百王下之末俗斯爲不易矣或曰漢魏之際盛行斯意致使陳壽國志述臨兒國云浮屠所載與中國老子經而相出入蓋老子西出關過西域之天竺教胡爲浮屠此爲見譯家用道德二篇中語便認云與老子經互相出入也設有華人能梵語與西僧言説兩相允會可便謂此人爲天竺人耶盍窮其始末乎是知若用外書須招此謗如童壽譯法華可謂折中有天然西域之語趣矣今觀房融潤文於楞嚴僧肇徵引而造論宜當此誚焉苟參鄙俚之辭曷異屠沽之譜然則糅書勿如無書與其

典也寧俗儻深溺俗厥過不輕折中適時自存法語斯謂得譯經之旨矣故佛説法多依蘇漫多也又傳譯之興奉行之意不明本起何示將來今究其宣揚略陳梗槩夫教者不倫有三疇類一顯教者諸乘經律論也（不同瑜伽）（十七）（論中顯了教是多分大乘藏教）（縣三）二密教者瑜伽灌頂五部護摩三密曼拏羅法也（瑜伽隱密教是多分聲聞藏教）三心教者直指人心見性成佛禪法也次一法輪者即顯教也以摩騰爲始祖馬次二教令輪者即密教也以金剛智爲始祖馬次三心輪者（義加此輪）即禪法也以菩提達磨爲始祖馬是故傳法輪者以法音傳法音傳教令輪者以祕密傳祕密傳心輪者以心傳心此之三教三輪三祖自西而東化凡而聖流十五代（漢魏晉宋齊梁陳隋唐朱梁後唐石晉劉漢郭周今大宋）法門之貽厥孫謀萬二千年眞教之克昌厥後或曰譯場經館設官分職不得聞乎曰此務所司先宗譯主即齎葉書之三藏明練顯密二教者充之次則筆受者必言通華梵學綜有空相問委知然後下筆西晉僞秦已來立此員者即沙門道

舍玄賾姚嵩聶承遠父子至于帝王即姚興梁武天后中宗或躬執翰又謂爲綴文也次則度語者正云譯語也傳度轉令生解亦名傳語如翻顯識論沙門戰陀譯語是也次則證梵本者求其量果密能證知能詮不差所顯無謬矣如居士伊舍羅證譯毗奈耶梵本是也至有立證梵義一員乃明西義得失貴令華語下不失梵義也復立證禪義一員沙門大通充之次則潤文一位員數不恒令通內外學者充之良以筆受在其油素文言豈無俚俗儻不失於佛意何妨刊而正之故義淨譯場則李嶠韋嗣立盧藏用等二十餘人次文潤色也次則證義蓋證已譯之文所詮之義也如譯婆沙論慧嵩道朗等三百人者正文義唐復禮累場充任焉次則梵唄法筵肇啓梵唄前興用作先容令生物善唐永泰中方聞此位也次則校勘讎對已譯之文隋則彥琮覆疏文義蓋重慎之至也次則監護大使後周平高公侯壽爲總監撿校唐則房梁公爲奘師監護相次許觀楊慎交杜行顗等充之或用僧員則隋以明穆曇遷等十人監掌翻譯事詮定宗旨其處則秦逍遙園梁壽光殿瞻雲館魏汝南王宅又隋煬帝置翻經館其中僧有學士之名唐於廣福等寺或宮園不定又置正字字學玄應曾當是職後或置或否朝廷罷譯事自唐憲宗元和五年至于周朝相望可一百五十許歲此道寂然迨我皇帝臨大寶之五載有河中府傳顯密教沙門法進請西域三藏法天譯經于蒲津州府官表進上覽大悅各賜紫衣因勑造譯經院於太平興國寺之西偏續勑搜購天下梵夾有梵僧法護施護同參其務左街僧錄智照大師慧溫證義又詔滄州三藏道圓證梵字慎選兩街義解沙門志顯綴文令遵法定清沼筆受守巒道真知遜法雲慧超慧達可環善祐可支證義倫次綴文使臣劉素高品王文壽監護禮部郎中張洎光祿卿湯悅次文潤色進校量壽命經善惡報應經善見變化金曜童子甘露鼓等經有命授三藏天息災法天施護師號外試鴻臚少卿賜廄馬等筆受證義諸沙門各賜紫衣幷帛有差御製新譯經序冠于經首觀其佛日重光法輪發軔赤玉箱而啓祕青蓮朶以開芳聖感如然前代孰堪比也又以宣譯之者樂略樂繁隋之已前經題簡少義淨已降經目偏長古則隨取強名後則繁盡我意又舊翻祕咒少注合呼唐譯明言多詳音反受持有驗斯勝古蹤淨師大譯諸經偏精律部自高文彩最有可觀金剛智也祕藏祖師阿目佉也多經譯匠師資相接感應互彰無畏言辭且多朴實覺救加佛頂之句人無間然日照出顯識之文刃有餘地思惟罥索學喜華嚴密語斷章大人境界流志寶積菩提曼荼華胥之理致融明灌頂之風標祕遂迪公勤其筆受般若終乎譯場其餘諸公皆翻夾牒欲知狀貌聊舉喻言其猶人也人皆人也柰何姿制形儀各從所肖肖其父焉若如此大則同而小有異耳良由譯經是佛法之本本立則道生其道所生唯生釋子是以此篇冠首故曰先王將禜海必先有事于河者示不忘本也

宋高僧傳卷第三　卷三　五十

宋高僧傳卷第三

校勘記

一　底本，清藏本。

一　一八頁上二行撰者，資、磧、普、南作「左街天壽寺通慧大師賜紫贊寧左街相國寺講經論大德賜紫智輪同奉勅撰」。以下各卷同（按：磧、南卷第十九「右街相國寺」係「左街相國寺」之誤；磧卷第三十「誦經論」係「講經論」之誤）。

一　一九頁中一五行「酋長」，南作「尊長」。

一　二一頁下一八行「薩婆遠幹」，資、磧、普、南作「薩婆達幹」。

一　二一頁下末行「兼吏」，資、磧、普、南作「傔吏」。

一　二四頁上二行「住於」，資、普作「在於」。

一　二四頁下一七行「不得」，資作「可得」。

一　二五頁下一七行第一三字「大」，南作「狀」。

宋高僧傳卷第四　　縣四

宋左街天壽寺通慧大師賜紫沙門贊寧等奉勅撰

義解篇第二之一 正傳二十一人 附見七人

唐京兆大慈恩寺窺基傳

釋窺基字洪道姓尉遲氏京兆長安人也尉遲之先與後魏同起號尉遲部如中華之諸侯國入華則以部爲姓也魏平東將軍說六代孫孟都生羅迦爲隋代州西鎮將乃基祖焉考諱宗唐左金吾將軍松州都督江由縣開國公其鄂國公德則諸父也唐書有傳基母裴氏夢掌月輪吞之寤而有孕及乎盈月誕彌與羣兒弗類數方誦習神晤精爽奘師始因陌上見其眉秀目朗舉措疎略曰將家之種不謬也哉脫或因緣相扣度爲弟子則吾法有寄矣復念在印度時計迴程次就尼犍子邊占得卦甚吉師但東歸哲資生矣遂造北門將軍微諷之出家父曰伊類麤悍那勝教詔奘曰此之器度非將軍不生非某不識父雖然諾基亦強拒激勉再三拜以從命奮然抗聲曰聽我三事方誓出家不斷情欲葷血過中食也奘先以欲勾牽後令入佛智佯而肯焉行駕累載前之所欲故關輔語曰三車和尚即貞觀二十二年也一基自序云九歲丁艱漸踈浮俗若然者三車之説乃厚誣也至年十七遂預緇林及乎入法奉勅爲奘師弟子始住廣福寺尋奉別勅選聰慧頴脫者入大慈恩寺躬事奘師學五竺語解紛開結統綜條然聞見者無不歎伏凡百犍度跋渠一覽無差寧勞再憶年二十五應詔譯經講通大小乘教三十餘本創意留心勤勤著述蓋切問而近思其則不遠矣造疏計可百本奘所譯唯識論初與昉尚光四人同受潤色執筆撿文纂義數朝之後基求退焉奘問之對曰夕夢金容晨趨白馬雖得法門之糟粕然失玄源之醇粹某不願立功於參糅若意成一本受責則有所歸奘遂許之以理遣三賢獨委於基此乃量材授任也時隨受撰録所聞講周疏畢無何西明寺測法師亦俊朗之器於唯識論講場得計於閽者賂之

以金潛隱厥形聽尋聯綴亦疏通論旨猶數座方畢測於西明寺鳴椎集僧稱講此論基聞之慙居其後不勝悵快奘勉之曰測公雖造疏未達因明遂爲講陳那之論基大善三支縱橫立破述義命章前無與比又云請奘師唯爲己講瑜伽論還被測公同前盜聽先講奘曰五性宗法唯汝流通他人則否後躬遊五臺山登太行至西河古佛宇中宿夢身在半山巖下有無量人唱苦聲冥昧之間初不忍聞徙步陟彼層峯皆瑠璃色盡見諸國土仰望一城城中有聲曰住住咄基公未合到此斯須二天童自城出問曰汝見山下罪苦衆生否荅曰我聞聲而不見形童子遂投與劍一鐔曰剖腹當見矣基自剖之腹開有光兩道暉映山下見無數人受其極苦時童子入城持紙二軸及筆投之捧得而去及旦驚異未已過信夜寺中有光久而不滅尋視之數軸發光者探之得彌勒上生經乃憶前夢必慈氏令我造疏通暢厥理耳遂援毫次筆鋒有舍利二七粒而隕如吳含桃許大紅色可愛次零然而下者狀如黃粱粟粒一云行至太原傳法三車自隨前乘經論箱袠中乘自御後乘家妓女僕食饌於路間遇一老父問乘何人對曰家屬父曰知法甚精攜家屬偕恐不稱教基聞之頓悔前非翛然獨往老父則文殊菩薩也此亦卮語矣隨奘在玉華宮參譯之際三車何處安置乎基隨處化徒獲益者衆東行博陵有請講法華經遂造大疏焉及歸本寺恒與翻譯舊人往還屢謁宣律師宣每有諸天王使者執事或冥告雜務爾日基去方來宣怪其遲暮對曰適者大乘菩薩在此善神翼從者多我曹神通爲他所制故爾以永淳元年壬午示疾至十一月十三日長往于慈恩寺翻經院春秋五十一法臘無聞葬于樊村北渠祔三藏奘師塋隴焉弟子哀慟餘外執紼會葬黑白之衆盈于山谷基生常勇進造彌勒像對其像日誦菩薩戒一徧願生兜率求其志也乃發通身光瑞爛然可觀復於五臺造玉石文殊菩薩像寫金字般若經畢亦發神光焉弟子相繼取基爲折中視之如奘在焉太和四年庚戌七月癸酉遷塔於平原大安國寺沙門令儉檢校塔亭徙棺見基齒有四十根不斷玉如衆彈指言是佛之一相焉凡今天下佛寺圖形號曰百本疏主眞高宗大帝製讚一云玄宗然基魁梧堂堂有桓赳之氣而慈濟之心誨人不倦自天然也其符彩則項負玉枕面部宏偉交手十指若印契焉名諱上字多出沒不同者爲以慈恩傳中云奘師龍朔三年於玉華宮譯大般若經終筆其年十一月二十二日令大乘基奉表奏聞請御製序至十二月七日通事舍人馮義宣由此云靈基開元錄爲窺基或言乘基非也彼曰大乘基蓋慧立彥悰不全斥故云大乘基如言不聽泰耳猶謹遣大乘光奉表同也今海內呼慈恩法師焉

系曰性相義門至唐方見大備也奘師爲瑜伽唯識開創之祖基乃守文述作之宗唯祖與宗百世不除之祀也蓋功德被物廣矣大矣奘苟無基則何祖張其學乎開天下人眼

目乎二師立功與言俱不朽也然則基也鄂公猶子奘師門生所謂將家來爲法將千載一人而已故書有之厥父菑厥子乃肯播矧能肯穫其百本疏主之謂歟

唐京師西明寺道世傳

釋道世字玄惲姓韓氏厥先伊闕人也祖代因官爲京兆人焉生且渥潤漸而聰敏俄厭衆沙思忩救蟻二親鍾愛遏絶其請久而遂心時年十二於青龍寺出家從執德瓶止臨欣鑑律宗研覈書籍鑽尋特慕上乘融明實性于時籍甚三輔欽歸顯慶年中大帝以玄奘師所翻經論未幾詔入內及慈恩寺大德更代行道不替於時世亦預其選及爲皇太子造西明寺爰以英博召入斯寺時道宣律師當塗行律世且旁敷同驅五部之車共導三乘之軌人莫我及道望芬然復因講貫之餘仍覽甚深之藏以爲古今綿代製作多人雖雅趣佳辭無足於傳記由是搴文圃之菁華嗅大義之瞻蔔以類編録號法苑珠林總一百篇勒成十袠始從劫量終乎雜記部類之前各序別論令學覽之人就門隨部撿括所知如提綱焉如舉領焉世之用心周乎十稔至總章元年畢軸蘭臺郎李儼爲之都序此文行于天下又著善惡業報及信福論共二十三卷大小乘禪門觀及大乘觀共十一卷受戒儀式禮佛儀式共六卷四分律討要五卷四分律尼鈔五卷金剛經集注三卷十部都一百五十三卷世頗多著述未測其終名避太宗廟諱多行字耳故時稱玄惲焉

唐京兆大慈恩寺普光傳

釋普光未知何許人也明敏爲性受擇其木請事三藏奘師勤恪之心同列靡及至於智解可譬循環聞少證多奘師黙許未參傳譯頭角特高左右三藏之美光有功焉初奘嫌古翻俱舍義多缺然躬得梵本再譯眞文乃密授光多是記憶西印薩婆多師口義光因著疏解判一云其疏至圓暉略之爲十卷如漢之有沲歟又嘗隨奘往玉華宮譯大般若經厥功出乎禪贊也時號大乘光觀夫奘自貞觀十九年創譯訖麟德元年終于玉華宮凡二十載總出大小乘經律論七十五部一千三百三十五卷十分七八是光筆受或謂嘉光普光也若驗從辯機同參譯務即普光是也

唐京兆大慈恩寺法寶傳 莊勝

釋法寶亦三藏奘師學法之神足也性靈敏利最所先焉奘初譯婆沙論畢寶有疑情以非想見惑請益之奘別以十六字入乎論中以遮難辭寶白奘曰此二句四句爲梵本有無奘曰吾以義意酌情作耳寶曰師豈宜以凡語增加聖言量乎奘曰斯言不行我知之矣自此息休頡頏于奘之門至乎六離合釋義俱舍宗以寶爲定量矣光師往往同迦濕彌羅餘師禮記衍字也時光寶二法師若什門之融叡焉後越精義學令問孔膠長安三年於福先寺京西明寺預義淨譯場寶與法藏勝莊等證義于時頗露頭角莫之與京歟

唐京師西明寺圓測傳 薄塵 靈辯

釋圓測者未詳氏族也自幼明敏慧解縱横三藏奘師爲慈恩基師講新翻唯識論測賂

守門者隱聽歸則緝綴義章將欲罷講測於西明寺鳴鐘召衆稱講唯識基慊其有奪人之心遂讓測講訓奘講瑜伽還同前盜聽受之而亦不後基也迨高宗之末天后之初應義解之選入譯經館衆皆推挹及翻大乘顯識等經測充證義與薄塵靈辯嘉尚依方其爲所著唯識疏鈔詳解經論天下分行焉

唐京師安國寺元康傳

釋元康不詳姓氏貞觀中遊學京邑有彭亨之譽形擁腫而短然其性情酋勇聞少解多羣輩推許先居山野恒務持誦觀音求加慧解遂感鹿一首角分八岐厥形絕異康見之撫而馴伏遂豢養之乘而致遠曾無倦色以三論之文荷之于背又以小軸繫之於尾曳入上都意爲戲弄說有之徒不達空性我與輕軸碾之令悟眞理又衣大布曳納播戴竹笠笠寬丈有二尺裝飾詭異人皆駭觀既入京城見一法師盛集講經化導康造其筵近其座便就所講義申問往返數百言人咸驚康之辯給如此復戲法師曰甘桃不結實苦李壓低枝講者曰輪王千箇子巷伯勿孫兒蓋譏康之無生徒也康曰丹之藏者赤漆之藏者黑隨汝之赤者非纁絳焉入汝之黑者非鉛墨焉舉衆皆云辯理渙然可非垂跡之大士也帝聞之喜曰何代無其人詔入安國寺講此三論遂造疏解中觀之理別撰玄樞兩卷總明中百門之宗旨焉後不測其終

系曰康師曳納播者何通曰梵言立播華言褁腹衣亦云抱腹形制如偏袒一幅繞穿得手肩袖不寬著在左邊右邊施帶多貯緜絮然是禦寒之服熱國則否用此亦聖開流于東土則變成色帛而削幅綴于左右袖上垂之製曳然旌表我通贍經論一本則曳一支多則多曳未知稽古自何人始乎今單言播略立字耳全非禦寒之意翻爲我慢之衣既失元端而多濫作別形聖教以俟後賢此外無施異制以亂大倫詩曰服之不稱身之災也吁

唐簡州福聚寺靖邁傳

釋靖邁梓潼人也少孺衿持長高志操特於經論研覈造微氣性沉厚不妄交結遊必擇方抵于京輔貞觀中屬玄奘西迴勑奉爲太穆太后於京造廣福寺就彼翻譯所須吏力悉與玄齡商量務令優給遂召證義大德諳練大小乘經論爲時所尊尚者得一十一人邁預其精選即居慈恩寺也同普光寺棲玄廣福寺明濬會昌寺辯機終南山豐德寺道宣同執筆綴文翻譯本事經七卷邁後與神昉筆受於玉華宮及慈恩寺翻經院皆推適變故得經心矣後著譯經圖紀四卷銓序古今經目譯人名位單譯重翻疑僞等科一皆條理見編于藏開元中智昇又續其題目焉

唐新羅國順璟傳

釋順璟者浪郡人也本土之氏族東夷之家系故難詳練其重譯學聲教蓋出天然況乎因明之學奘師精研付受華僧尚未多達璟之克通非其宿殖之力自何而至于是歟傳得奘師眞唯識量乃立決定相違不定量於乾封年中因使臣入貢附至于時奘師長往向及二年其量云眞故極成色定離眼識自

許初三攝眼所不攝故猶如眼根良以三藏隱密周防非大智不明璟爲宗云不離於眼識自許初三攝眼所不攝故猶如眼識也如此善成他義時大乘基覽此作便見璟所不知雖然終仰邊僧識見如此故歎之曰新羅順璟法師者聲振唐蕃學包大小業崇迦葉唯執行於杜多心務薄拘恒馳聲於少欲既而蘊藝西夏傳照東夷名道日新緇素欽揖雖彼龍象不少海外時稱獨步於此量作決定相違基師念遠國之人有茲利慧攟突奘師暗中機發善成三藏之義惜哉璟在本國稍多著述亦有傳來中原者其所宗法相大乘了義教也見華嚴經中始從發心便成佛已乃生謗毀不信或云當啓手足命弟子輩扶掖下地地則徐裂璟身俄墜時言生身陷地獄焉于今有坑廣袤丈餘實坎窞然號順璟捺落迦也

系曰曲士不可以語道者束其教也是故好白者以黑爲污好黑者以白爲污焉璟怒心尤重猛利業增如射箭頃墮在地獄列高僧品次起穢以自臭邪通曰難信之法易速謗誚謗誚豈唯一人乎俾令衆所知識者直陷三塗乃知順璟眞顯教菩薩也況乎趙盾爲法受惡菩薩乃爲法亡身斯何足怪君不見尼犍外道一一謗佛而獨使提婆生陷後於法華會上受記作佛靜言思之

唐京兆大慈恩寺嘉尚傳

釋嘉尚未知何許人也慧性天資瓌奇氣質篤聚堅守性相克攻勤在進脩務於翻譯遠棲心于奘三藏門見宗廟之富窺室家之好久稽考瑜伽師地佛地論旨成唯識論深得義趣隨奘於玉華宮譯大般若經充證義綴文多能傑出及三藏有疾命尚具錄所翻經論合七十五部總一千三百三十五卷又錄俱胝畫像一千幀造十俱胝像寫經放生然燈令尚宣讀奘合掌歡喜曰吾心中願也汝代導之得沒而無悔焉奘卒著述疏鈔出雜集義門數多天后朝同薄塵靈辯等預譯場證義功績愈繁尚初侍奘師在玉華宮翻經至初會嚴淨佛土品說諸佛菩薩以神通願力盛大千界上妙珍寶諸妙香花及意樂所生五塵妙境供養莊嚴說法處與寺主慧德夜覩玉華寺內廣博嚴淨伎樂盈滿又聞三堂講法明日白奘歡喜符合尚不知所終

唐淄州慧沼傳　大願　塵外

釋慧沼不知何許人也少而警慧始預青衿依于庠序誦習該通入法脩身不違戒範乃被時諺沼闍梨焉次攻堅于經論善達翻傳自奘三藏到京恒窺壼奧後覩大乘基師更加精博及菩提流志於崇福寺譯大寶積經沼預其選充證義新羅勝莊法師執筆沙門大願塵外皆一時英秀當代象龍于時武平一充使盧藏用陸景初總預斯場中書侍郎崔湜因行香至翻經院歎曰清流盡在此矣豈應見隔因奏請乞同潤色新經初沼證義於義淨譯場多所刋正訛言舛義悉從指定無敢踰制後著諸疏義號淄州沼也

唐京兆大慈恩寺彥悰傳

釋彥悰未知何許人也貞觀之末觀光上京求法于三藏法師之門然其才不迨光寶偏

長綴習學耳於玄儒之業頗見精微辭筆之能殊超流輩有魏國西寺沙門慧立性氣烈然以護法爲已任著傳五卷專記三藏自貞觀中一行盛化及西域所歷夷險等號慈恩傳蓋取寺題也及削藁云畢慮遺諸美遂藏于地穴至疾亟命門徒掘土出之而卒其本數年流散他所搜購乃獲弟子等命悰排次之序引之或文未允或事稍虧重更伸明曰箋述是也乃象鄭司農箋毛之詁訓也或有調之曰子與隋彥悰相去幾何對曰賜也何敢望回雖長卿慕藺心宗慕於玉宗故有以也詩曰言念君子溫其如玉自許亦顏之士也或人許焉悰不知終所

唐新羅國義湘傳

釋義湘俗姓朴雞林府人也生且英奇長而出離逍遙入道性分天然年臨弱冠聞唐土教宗鼎盛與元曉法師同志西遊行至本國海門唐州界計求巨艦將越滄波倏於中塗遭其苦雨遂依道旁土龕間隱身所以避飄濕焉迨乎明旦相視乃古墳骸骨旁也天猶霢霂地且泥塗尺寸難前逗留不進又寄埏甓之中夜之未央俄有鬼物爲怪曉公歎曰前之寓宿謂土龕而且安此夜留宵託鬼鄉而多祟則知心生故種種法生心滅故龕墳不二又三界唯心萬法唯識心外無法胡用別求我不入唐却攜囊返國湘乃隻影孤征誓死無退以總章二年附商船達登州岸分衛到一信士家見湘容色挺拔留連門下既久有少女麗服靚粧名曰善妙巧媚誨之湘之心石不可轉也女調不見荅頓發道心於前矢大願言生生世世歸命和尚習學大乘成就大事弟子必爲檀越供給資緣湘乃徑趨長安終南山智儼三藏所綜習華嚴經時康藏國師爲同學也所謂知微知章有倫有要德瓶云滿藏海嬉遊乃議迴程傳法開誘復至文登舊檀越家謝其數稔供施便慕商船逡巡解纜其女善妙預爲湘辦集法服并諸什器可盈篋笥運臨海岸湘船已遠其女呪之曰我本實心供養法師願是衣篋跳入前船言訖投篋于駭浪有頃疾風吹之若鴻毛耳遥望徑跳入船矣其女復誓之我願是身化爲大龍扶翼舳艫到國傳法於是攘袂投身于海將知願力難屈至誠感神果然伸形夭矯或躍蜿蜒其舟底寧達于彼岸湘入國之後徧歷山川於駒麗百濟風馬牛不相及地曰此中地靈山秀眞轉法輪之所無何權宗異部聚徒可半千衆矣湘默作是念大華嚴教非福善之地不可興焉時善妙龍恒隨作護潛知此念乃現大神變於虛空中化成巨石縱廣一里蓋于伽藍之頂作將墮不墮之狀羣僧驚駭罔知攸趣四面奔散湘遂入寺中敷闡斯經冬陽夏陰不召自至者多矣國王欽重以田莊奴僕施之湘言於王曰我法平等高下共均貴賤同揆涅槃經八不淨財何莊田之有何奴僕之爲貧道以法界爲家以盂耕待稔法身慧命藉此而生矣湘講樹開花談叢結果登堂覩奧者則智通表訓梵體道身等數人皆啄巨殼飛出迦留羅鳥焉湘貴如說行講宣之外精勤修練莊嚴刹海靡憚暄涼又常行義淨洗穢法不用巾

恍立期乾燥而止持三法衣瓶鉢之餘曾無他物凡弟子請益不敢造次伺其怡寂而後啓發湘乃隨疑解滯必無滓核自是已來雲遊不定稱可我心卓錫而居學侶蜂屯或執筆書紳懷鉛札葉抄如結集錄似載言如是義門隨弟子爲目如云道身章是也或以處爲名如云錐穴問答等數章疏皆明華嚴性海毗盧遮那無邊契經義例也湘終于本國塔亦存焉號海東華嚴初祖也

唐京兆大慈恩寺義忠傳

釋義忠姓尹氏潞府襄垣人也年始九歲宿殖之性志願出家得淄州沼闍梨爲師若鳳巢中之生鵷鶵也少秉奇操慧解不倫沼授與大涅槃經時十三歲矣相次誦徹四十卷衆皆驚駭號空門奇童也二十登戒學四分律義理淹通旁習十二門論二本即當講演沼師知是千里之駿學恐失時聞長安基師新造疏章門生塡委聲振天下乃師資相將同就基之講肆未極五年又通二經五論則法華無垢稱及百法因明俱舍成唯識唯識道等也由茲開獎弟子繁多講樹別茂於枝條義門旁開於關竅乃著成唯識論纂要成唯識論鈔三十卷法華經鈔二十卷無垢稱經鈔二十卷百法論疏最爲要當移解二無我歸後是以掩慈恩之繁于今盛行勿過忠本所謂列翠玉貫衆花玉裝瓊樹之林花綴蜀機之錦輩流首伏聲彩悠颺況基師正照於太陽忠也旁衒於龍燭四方美譽千里歸心者不可勝筭矣傳持靡怠僅五十餘年計講諸教七十許徧至年七十二忽起懷土之心歸于昭義示同初夏誦戒行道每一坐時面向西北仰視兜率天宮冥心內院願捨壽時得見天主永離凡濁終得轉依一日晨興澡洗訖整肅容儀望空禮拜如有哀告之狀少頃結加趺坐囑付流通教法之意畢忽異香滿室彩雲垂空忠合掌仰視曰穢弱比丘何煩大聖躬來引接言盡而化鄉人道俗建塔供養全身不壞至今河東鄉里高岡存焉

唐新羅國黃龍寺元曉傳 大安

釋元曉姓薛氏東海湘州人也丱鬈之年惠然入法隨師稟業遊處無恒勇擊義圍雄橫文陣仡仡然桓桓然進無前却蓋三學之淹通彼土謂爲萬人之敵精義入神爲若此也嘗與湘法師入唐慕奘三藏慈恩之門厥緣既差息心遊往無何發言狂悖示跡乖疎同居士入酒肆倡家若誌公持金刀鐵錫或製疏以講雜華或撫琴以樂祠宇或閭閻寓宿或山水坐禪任意隨機都無定檢時國王置百座仁王經大會徧搜碩德本州以名望舉進之諸德惡其爲人譖王不納居無何王之夫人腦嬰癰腫醫工絕驗王及王子臣屬禱請山川靈祠無所不至有巫覡言曰苟遣人往他國求藥是疾方瘳王乃發使泛海入唐募其醫術溟漲之中忽見一翁由波濤躍出登舟邀使人入海覩宮殿嚴麗見龍王王名鈐海謂使者曰汝國夫人是青帝第三女也我宮中先有金剛三昧經乃二覺圓通示菩薩行也今託仗夫人之病爲增上緣欲附此經出彼國流布耳於是將三十來紙重沓散經付授使人復曰此經渡海中恐罹魔事王

令持刀裂使人腨腸而內于中用蠟紙纏縢以藥傅之其腨如故龍王言可令大安聖者銓次綴縫請元曉法師造疏講釋之夫人疾愈無疑假使雪山阿伽陀藥力亦不過是龍王送出海面遂登舟歸國時王聞而歡喜乃先召大安聖者黏次焉大安者不測之人也形服特異恒在市鄽擊銅鉢唱言大安大安之聲故號之也王命安安云但將經來不願入王宮閾安得經排來成八品皆合佛意安曰速將付元曉講餘人則否曉受斯經正在本生湘州也謂使人曰此經以本始二覺為宗為我備角乘將案几在兩角之間置其筆硯始終於牛車造疏成五卷王請剋日於黃龍寺敷演時有薄徒竊盜新疏以事白王延于三日重錄成三卷號為略疏洎乎王臣道俗雲擁法堂曉乃宣吐有儀解紛可則稱揚彈指聲沸于空曉復昌言曰昔日採百椽時雖不預會今朝橫一棟處唯我獨能時諸名德俯顏慚色伏膺懺悔焉初曉示跡無恒化人不定或擲盤而救眾或噀水而撲焚或數處現形或六方告滅亦盃渡誌公之倫歟其於解性覽無不明矣疏有廣略二本俱行本土略本流入中華後有翻經三藏改之為論焉

系曰海龍之宮自何而有經本耶通曰經云龍王宮殿中有七寶塔諸佛所說諸深義別有七寶篋滿中盛之謂十二因緣總持三昧等良以此經合行世間復顯大安曉公神異乃使夫人之疾為起教之大端者也

周京兆崇福寺神楷傳

釋神楷姓郭氏太原人也即漢末林宗之後世襲冠裳後隨父宦于泰為京兆人也昆弟六人楷居其季幼而聰敏立志弗羣不樂浮榮誓求翦落禮明恂法師為弟子即大乘恂也洎乎年滿受具於經論義理大小該通耳聞口誦譬鮮氎之易染遂講攝大乘俱舍等論頗晤聲流罕有齊駕後因講淨名經見古師判處喟然歎曰美則美矣未盡善也乃於安陸白趙山撰疏一云在越州剡石城寺述作素有巧性於剡溪南巖之下映水塑貌今有池已涸矣巖下石隙縫間幽暗然中有木棺者云是楷殯于此遊人下窺歷歷皆覩又言楷因慈恩西明等寺度公者出家及翻經論勑諸道高行才學僧並赴京師遂應詔而入配居崇業寺至天后朝方行其疏後卒於此寺弟子遷塔于南逍遙園焉實大乘基之法門猶子也

系曰楷師遺迹何京兆剡溪二處孰是令人疑惑若兩家之俱見蔚訓焉此乃古人名顯於四方因子孫南北遷徙追念先宗遂有僑置焉如晉氏渡江衣冠之家多立祖先之遺迹同也若然者剡則是楷曾遊歷之地也

周京兆廣福寺會隱傳

釋會隱不詳何許人也精明之氣緯有盈餘處于等夷若雞羣之見鶴也天皇朝慎選高學名德隱膺斯選麟德二年勑北門西龍門修書所同與西明寺玄則等一十人於一切經中略出精義玄文三十卷號禪林要鈔書成奏呈勑藏祕閣隱亦嘗預翻譯玄則頗聞著述高宗朝斯為龍象之最焉

周虎丘山寺僧瑗傳

釋僧瑗字辯空姓郁氏高平昌邑人也姬水跡源狼亭襲慶𠫵相繼昌侯之業歷載彌光少傅纂尚書之風清塵不昧瑗夙殖奇穎早擅嘉祥毋趙氏娠孕之日側侍聖賢浮空遊樂及年六歲隨毋入舍利塔見聖僧像欣然跳躍狀若舊交因啓毋出家毋以其尚幼抑而未許至年十三方遂其志依虎丘寺慧嚴法師爲弟子謙撝之操出自生知辯慧之能業稱上首以龍朔二年奉勑剃翦冥符所應還隷此山暨嚴公長往乃依慧詡禪師受具足戒聽常樂寺聰法師三論甚深無相疑滯豁除方便解脫怡然獨悟因智從心證遂詣江寧融禪師求學心法攝念坐禪衆魔斯伏勤行精進猛獸恒馴是以名稱普聞聲光八絕旗亭趨利削跡無蹤冬夏不易常披一納或滴水以充於夕渴或數粒將濟於朝飢或風雪凜凜禮誦無替於六時或炎暑爔爔經行不虧於少選稱揚歎羨容色湛如毀辱訶罵歡喜而受每蔭以長松屬思鴻遠清泉獨坐映定水以彫文虛室高栖諠禪枝而蕩慮撰武丘名僧苑一卷注郁子兩卷文集三卷蓋道俗之儀表人物之師範焉永昌元年十二月二十日見身有疾謂弟子曰吾聞屍所到處便爲穢惡出就別方乃稱雕罪爾門弟子等迎止於通波亭北靜志莊忽聞異香從空而下瑗遺訓勤切正觀叮寧滅後可依外國法言訖合掌而終春秋五十有一緇素奔慟咸悲眼滅弟子僧義玄及雉山縣尉檀信等同遵師旨如法闍維收其舍利於寺建塔勒銘于所

唐會稽山妙喜寺印宗傳

釋印宗姓印氏吳郡人也毋劉氏始娠鄰家咸見一沙門端雅徐步入印舍白劉曰願爲子焉毋夢同此再三陳讓不克父夢有饋梅檀香木童子跪授付劉劉頓厭葷羶俗間食味隔在脣吻之外及生而長從師誦通經典末最精講者涅槃經咸亨元年在京都盛揚道化上元中勑入大愛敬寺居辭不赴請於蘄春東山忍大師諮受禪法復於番禺遇慧能禪師問答之間深詣玄理還鄉地刺史王冑禮重殊倫請置戒壇命宗度人可數千百續勑召入內乃造慈氏大像所著心要集起梁至唐天下諸達者語言總録焉又奉勑江東諸寺院天柱報恩各置戒壇度人又纂百家諸儒士三教文意表明佛法者重結集之手筆逾高著述流布至先天二年二月二十一日示終囑循輪王法葬之年八十七會稽王師乾立塔銘焉

唐太原府崇福寺宗哲傳

釋宗哲西河平遙人也稚歲而有奇相聰穎天資既尋師範砥節飾躬屬玄奘三藏新翻諸經論哲就其門請益無替凡幾周星備窮諸典若指于掌於奘門下號爲得意哲猶隋慧布之題目焉後因講唱厥義曰新時謂之爲法江哲曰爲吾謝此品藻焉殊不知法海在乎大原矣所指者蓋浮丘爲滄溟也哲憫學者不達其意而師誖哉乃著義例褰海之內莫不企羨其如說佛位三事喻中沼法師言三點三目强分上下勝劣配屬太成巧誣

掐云三事俱得然無名師品量退而省之掐其得矣號之得意豈虛也乎沼師所以成餘師之說也

唐洛京佛授記寺德感傳

釋德感姓侯氏太原人也儀容瓌麗學業精贍衆典服勤於瑜伽論特振聲彩天皇大帝徵爲翻經大德又與勝莊大儀等同參義淨譯場對敭受賜言謝劉亮帝悅尋授封昌平縣開國公累井田至三千戶帝爲讃曰河汾之寶山嶽之英早袪俗累夙解塵纓緇門仰德紺宇馳聲式亞龍樹爰齊馬鳴爲時君之所貴爲若此也御製風行緇伍榮之後充河南佛授記寺都維那晚升寺任中外肅然終年六十餘著義門行于世如其七方便人迴心漸頓悟義與湛法師爲勍敵耳故交綏而退焉

唐太原崇福寺浮丘傳

釋浮丘姓張氏太原人也挺然奇表慧悟絕倫於瑜伽論差成精博旁綜羣書言分雅俗四方學者爭造其門然訥於宣剖敏於通解深藏若虛庸庸品類多所不知于時掐公露其頭角博聞强識之者懼其觝觸豈況諸餘乎掐惟神伏丘之義學故謂爲法海焉享年七十餘終于所居然未聞其有所著述矣

宋高僧傳卷第四

宋高僧傳卷第四

校勘記

一　底本，清藏本。

一　二七頁上四行至本頁中四行係本卷傳目。凡省略朝代名稱的傳目，磧、南按其相關朝代之名一一列出：如五行至一七行各條傳目冠以「唐」字；一九、二〇行各條傳目冠以「周」字；本頁中二至四行各條傳目冠以「唐」字。以下各卷例同。

一　二八頁下三行「玉如」，資作「如玉」。

一　二九頁中末行「譯記」，資作「譯訖」。

一　三〇頁下一六行「付受」，資、磧、普、南作「付授」。

一　三四頁下三行第一二字「者」，資、磧、普、南作「王」。

宋高僧傳卷第五　縣五

宋左街天壽寺通慧大師賜紫沙門贊寧等奉勅撰

義解篇第二之二 正傳十四人 附見五人

周洛京佛授記寺法藏傳 大儀

釋法藏字賢首姓康康居人也風度奇正利智絶倫薄遊長安彌露鋒穎尋應名僧義學之選屬奘師譯經始預其間後因筆受證義潤文見識不同而出譯場至天后朝傳譯首登其數實叉難陀齎華嚴梵夾至同義淨復禮譯出新經又於義淨譯場與勝莊大儀證義昔者燉煌杜順傳華嚴法界觀與弟子智儼講授此晉譯之本智儼付藏藏爲則天講新華嚴經至天帝網義十重玄門海印三昧門六相和合義門普眼境界門此諸義章皆是華嚴總別義綱帝於此茫然未決藏乃指鎮殿金師子爲喻因撰義門徑捷易解號金師子章列十門總別之相帝遂開悟其旨又爲學不了者設巧便取鑑十面八方安排上下各一相去一丈餘面面相對中安一佛像然一炬以照之互影交光學者因曉刹海涉入無盡之義藏之善巧化誘皆此類也其如宣翻之寄亦未能捨蓋帝王歸信緇伍所憑之故洎諸梵僧罷譯帝於聖曆二年己亥十月八日詔藏於佛授記寺講大經至華藏世界品講堂及寺中地皆震動都維那僧恒景具表聞奏勅云昨請敷演微言闡揚秘賾初譯之日夢甘露以呈祥開講之辰感地動以標異斯乃如來降迹用符九會之文豈朕庸虛敢當六種之震披覽來狀欣惕于懷云其爲帝王所重實稱非虛所以華嚴一宗付授澄觀推藏爲第三祖也著般若心經疏爲時所貴天下流行復號康藏國師是歟

唐荊州玉泉寺恒景傳

釋恒景姓文氏當陽人也貞觀二十二年勅度聽習三藏一聞能誦如説而行初就文綱律師隷業毗尼後入覆舟山玉泉寺追智者禪師習止觀門於寺之南十里別立精舍號龍興是也自天后中宗朝三被詔入内供養爲受戒師以景龍三年奏乞歸山勅允其請詔中書門下及學士於林光宮觀内道場設齋先時追召天下高僧兼義行者二十餘人常於内殿修福至是散齋仍送景并道俊玄奘各還故鄉帝親賦詩學士應和即中書令李嶠中書舍人李乂等數人時景等捧詩振錫而行天下榮之景撰順了義論二卷攝正法論七卷佛性論二卷學其宗者如渴之受

衆至先天元年九月二十五日卒于所住寺春秋七十九弟子奉葬于寺之西原也

系曰江陵玄奘與三藏法師形影相接相去幾何然其名同實異亦猶藺相如得强泰之所畏馬相如令揚雄之追慕然則各有所長短亦可見也

唐中嶽嵩陽寺一行傳

釋一行俗姓張鉅鹿人也本名遂則唐初佐命剡國公公謹之支孫也丱歲不羣聰黠明利有老成之風讀書不再覽已暗誦矣因遇普寂禪師大行禪要歸心者衆乃悟世幻禮寂爲師出家剃染所誦經法無不精諷寂師嘗設大會遠近沙門如期必至計逾千衆時有徵士盧鴻隱居於别峯道高學富朝廷累降蒲輪終辭不起大會主事先請鴻爲導文序讚邑社是日鴻自袖出其文置之机案鐘梵旣作鴻謂寂公曰某爲數千百言況其字僻文古請求朗儁者宣之當須面指擿而授之寂公呼行伸紙覽而微笑復置机案鴻怪其輕脱及僧聚於堂中行乃攘袂而進抗音典裁一無遺誤鴻愕視久之降歎不能已復謂寂公曰非君所能教導也當縱其遊學自是三學名師罕不諮度因往當陽值僧眞纂成律藏序深達毗尼然有陰陽讖緯之書一皆詳究尋訪筭術不下數千里知名者往詢焉末至天台山國清寺見一院古松數十步門枕流溪淡然本寂行立于門屏聞院中布筭其聲蔌蔌然僧謂侍者曰今日當有弟子自遠求吾筭法計合到門必無人導達耶即除一筭子又謂侍者曰門前水合却西流弟子當至行承其言而入稽首請法盡授其決焉門前水復東流矣自此聲振遐邇公卿籍甚玄宗聞之詔入謂行曰師有何能對曰略能記覽他無所長帝遂命中官取宫籍以示之行周覽方畢覆其本記念精熟如素所習唱數幅後帝不覺降榻稽首曰師實聖人也嗟歎良久尋乃詔對無恒占其災福若指于掌言多補益時邢和璞者道術人莫窺其際嘗謂尹愔曰一行和尚眞聖人也漢洛下閎造曆云八百歲當差一日則有聖人定之今年期畢矣屬大衍曆出正其差謬則洛下閎之言可信非聖人孰能預於斯矣又於金剛三藏學陀羅尼祕印登前佛壇受法王寶復同無畏三藏譯毗盧遮那佛經開後佛國其傳密藏必抵淵府也睿宗玄宗並請入内集賢院尋詔住興唐寺所翻之經遂著疏七卷又攝調伏藏六十卷釋氏系録一卷開元大衍曆五十二卷其曆編入唐書曆律志以爲不刊之典又造游儀黄赤二道以鐵成規於院製作次有王媪者行鄰里之老媪昔多贍行之貧及行顯遇常思報之一日拜謁云兒子殺人即就誅矣況師帝王雅重乞奏減死以供母之殘齡如是泣涕者數四行曰國家刑憲豈有論請而得免耶命侍僧給與若干錢物任去别圖媪戟手曼罵曰我居鄰周給迭互繃褓間抱乳汝長成何忘此惠耶行心慈愛終夕不樂於是運筭畢召淨人戒之曰汝曹挈布囊於某坊閑靜地午時坐伺得生類投囊速歸明日果有猳彘引㹠七箇淨人分頭驅逐猳母走矣得㹠而歸行已備巨瓮

遂一入之閉蓋以六乙泥封口誦胡語數契而止投明中官下詔入問云司天監奏昨夜北斗七座星全不見何耶對曰昔後魏曾失熒惑星至今帝車不見此則天將大儆於陛下也夫匹夫匹婦不得其所猶隕霜天旱盛德所感乃能退之感之切者其在葬枯骨乎釋門以慈心降一切魔微僧曲見莫若大赦天下玄宗依之其夜占奏北斗一星見七夜復初其術不可測也又開元中嘗旱甚帝令祈雨曰當得一器上有龍狀者方可致雨勑令中官同於内庫中徧視之皆言弗類數日後指一古鑑鼻盤龍喜曰此眞龍也乃將入壇場一日而雨其異術通感爲若此也玄宗在大明宮從容密問社稷吉凶幷祚運終畢事行對以他語帝詢之不已遂曰陛下當有萬里之行又曰社稷畢得終吉帝大悅復遺帝一金合子形若彈丸内貯物撼必有聲發之不得云有急則開帝幸蜀倉黃都忘斯事及到成都忽憶啓之則藥分中當歸也帝曰伊藥産於此師知朕違難至蜀當歸也復見萬里橋曰一行之言信其神矣命中官焚香祝之乃告謝也及昭宗初封吉王至太子德王唐爲梁滅終行之言社稷畢得終吉也開元十五年九月於華嚴寺疾篤將輿病入辭小間而止玄宗此夜夢瞰禪居見繩牀紙隔開扇曉而驗問一如所覩乃詔京城名德致大道場爲行祈福危疾微愈其寵愛如是十月八日隨駕幸新豐身無諸患口無一言忽然浴香水換衣趺坐正念怡然示滅一云辭告玄宗後自駕前東來嵩山謁禮本師即寂也時河南尹裴寬正謁寂寂云有少事未暇與大尹款話且請踟躕休息也寬乃屛從人止於旁室伺寂何爲見潔淨正堂焚香默坐如有所待斯須叩門連聲云天師一行和尚至(僧號天師始見於此言天子師也)行入頗忽切之狀禮寂之足附耳密語其貌愈恭寂但頷膺曰無不可者語訖又禮禮語者三寂唯言是是無不可者行語訖降階入南室自閉其戶寂乃徐召侍者曰速聲鐘一行已滅度左右疾走視之瞑目而坐手掩伺息已絕四衆弟子悲號沸渭撼動山谷乃停神於罔極寺自終及葬凡經三七日爪甲不變鬚髮更長形色怡悅時衆驚異帝覽奏悲愴曰禪師捨朕深用哀慕喪事官供詔葬于銅人原謚曰大慧禪師御撰塔銘天下釋子榮之

唐京兆西崇福寺智昇傳

釋智昇未詳何許人也義理懸通二乘俱學然於毗尼尤善其宗此外文性愈高博達今古每慊聶道眞道安至于明佺宣律師各著大藏目録記其翻傳年代人物者謂之晉録魏漢等録乃於開元十八年歲次庚午撰開元釋教録二十卷最爲精要何耶諸師於同本異出舊目新名多惑其文眞僞相亂或一經爲兩本或支品作別翻一一裁量少無過者如其舊録江泌女子誦出經黜而不留可謂藻鑑杜塞妖僞之源有玆獨斷後之圓照貞元録也文體意宗相岠不知幾百數里哉麟德中道宣出内典録十卷靖邁出圖紀四卷昇各續一卷經法之譜無出昇之右矣

唐中大雲寺圓暉傳　懷遠　崇廙

釋圓暉未詳何許人也關輔之間聲名籍甚精研性相善達諸宗幼於俱舍一門最爲銳意時禮部侍郎賈曾歸心釋氏好樂斯文多命暉談此宗相然其難者則非想見惑繁者則得非得章爰請暉師略伸梗槩究其光師疏義繁極難尋及聖善寺懷遠律師願心相合因節略古疏頌則再牒而釋論乃有引而具注甚爲徑捷學者易知後有崇廙著金華鈔十卷以解焉光寶二師之後暉公間出兩河間二京道江表燕齊楚蜀盛行暉疏焉

唐京兆華嚴寺玄逸傳

釋玄逸姓竇氏即玄宗神武皇帝從外父也繁柯懿葉莫我與京昆友姪弟多升朝列或以靡麗自持或以官榮相抗逸乃風神秀朗蕭灑拔俗悟色空之迹到眞寂之場隸批膏粱幺麼軒冕既而形厠緇伍學追上流祕藏香龕披閱通理一日喟然興歎曰去聖日遠編簡倒錯或止存夏五或濫在魯魚加以筆札偷行校讎喪句若犍度失其次葉循禮記脫錯後先日見乖訛迷而不復有一于此舜倫攸斁遂據古今所撰目録及勘諸經披文巳浩於杌案積卷仍溢於堂宇宇外者詳義而綸之品差者頤理而網之星霜累遷功業克著非夫心斷金石志堅冰蘖者曷登此哉既綜結其科目諒條而不紊也都爲三十卷號釋教廣品曆章焉考其大小乘經律論幷東西土賢聖集共一千八十部以蒲州共城二邑紙書校知多少縛定品次俾後世無悶焉其章頗成倫要備預不虞古之善制有樂陵尹靈琛爲序逸後不知所終

唐長安青龍寺道氤傳

釋道氤俗姓長孫長安高陵人也父容殿中侍御史母馬氏夢五色雲覆頂因有娠焉母常聽講讀大乘經曉夜不輟意行太任之胎教也逮乎誕彌異香芬馥成于童稚神氣俊秀學問詳明應進士科一舉擢第名喧日下才調清奇榮耀親里後有梵僧扣門分衛飯訖顧寓宵宿氤接之談話言皆詣理梵僧稱歎明曉辭訣方出門閃然不見氤由此無調選之心矣乞願出家將知良珠度寸雖有百仞之水不能掩其雲也何君親而能阻入道之猛利心焉乃禮京招福寺愼言律師爲師請益無替及登戒法旋學律科又隸經論如是內外偕通矣時有興善寺復禮法師善屬文謂氤曰籍汝少俊可爲余造西方讚一本遂擘紙援毫略不停綴斯須巳就其辭典麗清淨佛國境物莊嚴臨文若現前矣禮師讀訖顧左右諸德曰奇才秀句吾輩莫能測也自後服膺寤寐晝夜精勵辯給難訓善於立破禮師仰其風規嘗於稠人廣衆中宣言曰氤之論端勢若泉涌從此聞天供奉朝廷玄宗幸雒勑與良秀法修隨駕御史李竫同請氤於天宮寺講淨業障經其疏亦氤之著述也時一行禪師國之師匠過慮將來佛法誰堪扞禦誰可闡揚奏召天下英髦學兼內外者集于洛京福先寺大建論場氤爲衆推許乃首登座於瑜伽唯識因明百法等論豎立大義六科敵論諸師茫然屈伏一行驚異曰大法梁棟伊人應焉余心有憑死亦足矣及乎大駕西還勑令扈從乃有小疾上表帝降

中使賜藥弁方詔曰法師將息朕此藥弁方甚好服食必差所患痊愈早來西京其顧遇也若此仍屬此際一行遷神勑令東宮已下京官九品已上並送至銅人原藍田設齋推氤表曰法事方畢宰相張燕公說執氤手曰釋門俊彦宇内罕匹幸附口錄向所導文一本置于篋笥由是其文流行天下也開元十八年於花蕚樓對御定二教優劣氤雄論奮發河傾海注道士尹謙對答失次理屈辭殫論宗乖舛帝再三嘆羨詔賜絹伍伯匹用充法施别集對御論衡一本盛傳于代後撰大乘法寶五門名教幷信法儀各一卷唯識疏六卷法華經疏六卷御注金剛經疏六卷初玄宗注經至若有人先世罪業應墮惡道乃至罪業則為消滅雖提兔翰頗見狐疑慮貽謬解之愆或作餘師之義遂詔氤決擇經之功力剖判是非奏曰佛力經力十聖三賢亦不可測陛下曩於般若會中聞熏不一更況注想自發現行帝於是豁然若憶疇昔下筆不休終無滯礙也續宣氤造疏矣四海嚮風學徒鱗萃於青龍寺執新疏聽者數盈千計至于西明崇福二寺講堂悉用香泥築自水際至于土面莊嚴之盛京中甲焉開元二十八年有疾將終遺門弟子齎遺表云某末品輕生虛均雨露得陪緇伍許自精修雖常袒右肩無施舉袂之役而執錫舒步得躡負載之勞屬以時暢玄功德揚真化不謂勤劬慕學造次養生今月十六日苦腸忽加湯藥無救泉門自掩安沐堯風夜臺一歸寧逢舜日有定瘞於蒼隴無再謁於丹墀云時帝覽惻怛遣中使内給事賈文環將絹五十匹就院弔贈宣口勑奉問氤弟子等適聞法師遷神寂滅痛惜良深未審擬於何處安厝賜到絹帛等聖恩追悼生榮死哀光于僧伍俗壽七十三僧臘五十三以其年秋八月十二日葬于終南山陰道遥園側白塔存焉

唐京師安國寺良賁傳

釋良賁姓郭氏河中虞鄉人也世襲冠裳法門之流不標祖禰故闕如也賁識鑒淵曠風表峻越外通墳典内善經論義解之性人罕加焉永泰中不空盛行傳譯實難其人賁預其翻度代宗請爲菩薩戒師因新出仁王護國經勑令撰疏解判由盡經意以所住寺爲疏目曰青龍也原夫是經已當三譯一晉太始三年法護譯一卷名仁王般若次秦羅什出名仁王護國般若波羅蜜次梁承聖三年真諦於洪州寶因寺譯名仁王般若弁疏六卷然則晉本初翻方言尚隔梁朝所譯隱而不行僞秦之經傳流宇内奈何止言波羅蜜而闕多字則是虧其到義是以肅宗皇帝齋心沐德請不空重譯及肅皇晏駕代宗成先聖之願言詔興譯務勑軍容使魚朝恩監護於南桃園起乎告朔終乎望日帝御承明殿灌頂道場躬執舊經對譯新本而復爲序冠于經首仍勑賁造疏通經賁上表曰學孫先拊有玷清流叨接翻傳謬膺筆受幸揚天闕親奉德音令於大明宮南桃園修疏贊演宸光曲照不容避席窮玄珠於貝葉倶益慙惶捧白璧於丹墀寧勝報效仰酬皇澤術課忠勤既竭愚誠庶昭玄造賁勤勤筆削三卷克

成奏乞流行復上戕疏今年二月二十一日恩命今在内園修撰經疏微僧寡學懼不稱旨洗心滌慮扣寂求音發明起自於天言加被仰憑於佛力咸約經論演暢真宗亦猶集羣玉於崑山納大川於溟海火生於木與兩曜而俱明識轉於如體一相而等照成道者法也載法者經也釋經者疏也廣度羣有同於大通是菩提心如陛下意所撰經疏繕寫畢功文過萬言部有三卷施行竊懃於愚見裁成奧答於聖恩幷念誦儀軌一卷承明殿講密嚴經對御記一卷同進上輕塵玄覽祇畏無任答詔云法師智炬高明辭峯迥秀親憑梵夾宣闡微言幽賾真宗演成章疏開如來之秘藏示羣有之迷津貫玉聯珠鈎深致遠冊三披閱頗謂精詳傳之招提永為法寶也皇命褒揚釋門翕盛又屬章信寺初成執疏服膺者常數百衆雖紙貴如玉無以加焉其在安國寺講筵官供不匱數年之内歸學如林大曆七年正月不空奏請入目錄勑依貢於六年徙居集州敎授傳經不遑寧處至十二年三月十日無疾枕肱終于符陽春秋六十一夏臘二十九宕渠嘉川之人哀悼法梁摧折闍維收灰中舍利百餘粒遺表中進念誦儀對御記二卷以其先進者遂留在内中之故令門弟子齎之重進後於上都城東置墳塔焉即大曆十三年也貢累朝供奉應制辭辯富贍學問高深末塗淪躓同利涉之徙移若神會之流外吁哉

唐越州禮宗傳

釋禮宗俗姓宋會稽人也道氣酋壯志求玄微願遂出塵決除鞅絆聞長壽寺和尚通達禪觀往叩其關學習之心未嘗少懈師誨之曰汝之出塵有大利益可謂良玉度尺雖有十仞之土不能揜其光矣乃奮藻攄華注涅槃經懷鉛握槧周于二載挫銳解紛怡然理順遂成夾注八十卷焉及鄭卿尚書典郡聞其盛名致疏往請確然拒而不赴景龍二年有御史大夫馮思忽爾暴終入一處有二童子持簿領馮庭對判官廳按覆罪愆令望彼巨樹枝柯可覆數畝判官身旁舊識者張思義招手呼馮曰吾是汝舅曾為洛陽倉吏被長官越格誣殺兼假貸太平寺中錢及油麪于今未脫汝所坐者不合於天后宮中亂越致此暴卒可發願造涅槃經鑄鐘即聞奏判放却還人世臨行張語馮曰在閻浮一日造功德得福無量胡忍一生不修功德耶此涅槃經者禮宗大師注解從天台傳授每有善神守護時張差押馮往諸司考校輕重生處囑之曰汝去洛城道光坊内十字街第三宅是吾家家有池亭竹樹為問妻兒安否馮起尋經本未獲而又死經三日立限歸寫經鑄鐘工畢馮在世得四十八年終宗亡春秋九十七焉

唐錢塘天竺寺法詵傳

釋法詵姓孫氏母初夢吞明珠遂黜魚惡葷誕彌厥月生有異表十五辭親從師依年受具行學一集蔚為教宗卷伊呂立功之致陋黃綺肆志之適遺形理性與山木為羣故地恩貞大師囑之以華嚴經菩薩戒起信論心以靜銳智與經冥一夕夢乘大艑直截滄溟

橫山當前峻與天極不覺孤帆忒鳥戾懷襄上濟峯竦竦而忽高雲溶溶而在下既寤形若委衣流汗輕醒自此句義不思而得一部全文常現心境事事無礙之旨如貫花焉天寶六年於蘇州常樂寺續盧舍那像化示羣品大曆二年於常州龍興寺講纔登法座忽有異光如曳紅縷漸明漸大縈旋杳空久修行者會中先覩前後講大經十徧撰儀記十二卷大曆十三年十一月七日沙門慧[illegible]夢巨塔陷地二級無何說示疾而終春秋六十一慧命四十二受法弟子太初付以香鑪談柄潯陽正覺會稽神秀亦猶儒氏之有游夏焉說初講天竺寺盛闡華嚴時越僧澄觀就席決疑深得幽趣及終吴興皎然爲碑邦城肅公爲頌合揚其美哉

唐京師興善寺潛眞傳 道超

釋潛眞字義璋姓王氏太原華族後從爲夏州朔方崇道鄉人也考珍眞即仲子也年在學數業尚典墳幼好佛書抑從天性甫及弱冠投跡空門開元二十六年隸名于本城靈覺寺明年納具戒自此聽習律乘涉遊論海凡曰講筵無不探賾屬代宗朝新譯文殊師利菩薩佛刹莊嚴經勑眞造疏奏云此經凡有三譯一西晉太熙中法護翻名佛土嚴淨經文勢多古語簡理幽二天后久視中實叉難陀於清禪寺翻名文殊受記經三即今大曆六年所譯也伏惟寶應元聖文武皇帝陛下天垂帝籙人歸寶圖德厚乾坤明侔日月仁恕滋物夷狄仰德而輸誠慈惠利生正教承風而演化頃者鄜坊節度使兼御史中丞杜冕奏爲國請諸大乘經明詔下於祇園梵旨開於貝葉因請三藏不空譯此經等數十部續有勑下天下梵宇各置文殊菩薩像以旌聖功也又詔以文殊菩薩爲上座皆三藏所請三藏學究瑜伽解窮法印身口意業祕密修持戒定慧學顯通宣暢唐梵文字聲韻具知傳譯此經善符聖旨文質相兼璨然可觀潛眞識智愚昧學藝庸淺幸陪清衆謬在翻傳虛空藏經課虛潤色猥蒙驅策述疏讚揚雖文義荒蕪已傳京邑今之所作蓋有由焉有金閣寺大德道超禪師學盡法源行契心本親覩靈境密承聖慈故久在清涼屬興淨業仍於現處建窣堵波尋覲法緣來詣京國以此經爲大事以大聖爲本師顯揚聖德無過此者乃稽首三藏誓傳大聖法門不以潛眞庸虛轉祈和尚邀令述作和尚不念前之鄙陋又令讚釋此經竊恐難契眞詮敢不盡其愚訥即大曆八年十一月疏成奏過眞學通內外性相融明考覆幽玄研精教理探賾今古比校覩疎分別異同歸於一義辯猶泉涌思入虛凝直筆而書記於絶唱結成三卷以作準繩現在未來永無疑網矣又述菩提心義發菩提心戒各一卷三聚淨戒及十善法戒共一卷兼稟承不空祕教入曼拏羅登灌頂壇受成佛印顯密二教皆聞博贍關內河東代歷四朝闡揚妙旨弟子繁多加復網紀興善保壽二處伽藍懲勸僧尼眞有力也以貞乾四年戊辰五月十四日遺誡門人以疾而卧二十一日右脇累足口誦彌陀佛號終于興善寺本院春秋七十一僧夏四十

九云

唐代州五臺山清涼寺澄觀傳

釋澄觀姓夏侯氏越州山陰人也年甫十一依寶林寺（今應天山）霈禪師出家誦法華經十四遇恩得度便隸此寺觀俊朗高逸弗可以細務拘遂徧尋名山旁求祕藏梯航既具壼奧必臻乾元中依潤州棲霞寺醴律師學相部律本州依曇一隸南山律詣金陵玄壁法師傳關河三論三論之盛于江表觀之力也大曆中就瓦棺寺傳起信涅槃又於淮南法藏受海東起信疏義却復天竺詵法師門溫習華嚴大經七年往剡溪從成都慧量法師覆尋三論十年就蘇州從湛然法師習天台止觀法華維摩等經疏解從上智性自天然所學之文如昨抛捨鮑靜記井蔡邕後身信可知矣又謁牛頭山忠師徑山欽師洛陽無名師咨決南宗禪法復見慧雲禪師了北宗玄理觀自謂己曰五地聖人身證眞如棲心佛境於後得智中起世俗念學世間技藝況吾學地能忘是心遂翻習經傳子史小學蒼雅天竺悉曇諸部異執四圍五明祕呪儀軌至于篇頌筆語書蹤一皆博綜多能之性自天縱之大曆十一年誓遊五臺一一巡禮祥瑞愈繁仍往峨嵋求見普賢登險陟高備觀聖像却還五臺居大華嚴寺專行方等懺法時寺主賢林請講大經并演諸論因慨華嚴舊疏文繁義約惙然長想況文殊主智普賢主理二聖合爲毗盧遮那萬行兼通即是華嚴之義也吾既遊普賢之境界泊妙吉之鄉原不疏毗盧有辜二聖矣觀將撰疏俄於寤寐之間見一金人當陽挺立以手迎抱之無何咀嚼都盡覺即汗流自喜吞納光明徧照之徵也起興元元年正月貞元三年十二月畢功成二十軸乃飯千僧以落成也後常思付授忽夜夢身化爲龍矯首于南臺蟠尾于山北拏攫碧落鱗鬣耀日須臾蜿蜒化爲千數小龍騰躍青冥分散而去蓋取象乎教法支分流布也四年春正月寺主賢林請講新疏七年河東節度使李公自良復請於崇福寺講德宗降中使李輔光宣詔入都與罽賓三藏般若譯烏荼國王所進華嚴後分四十卷觀苦辭請明年入勑允及具行至蒲津中令梁公留安居遂於中條山棲巖寺住寺有禪客拳眉剪髮字白癡人披短褐操長策狂歌雜語凡所指斥皆多應驗觀未至之前狂僧驅衆僧洒掃曰不久菩薩來此復次壁畫散脂大將及山麋之怪往往不息觀既止此寺二事俱靜五月內中使霍仙鳴傳宣催入觀至帝頗敦重延入譯場刊正又詔令造疏遂於終南草堂寺編成十卷進呈勑令兩街各講一遍爲疏時堂前池生五枝合歡蓮華一華皆有三節人咸歎伏尋譯守護國界主經觀綴文潤色順宗在春宮嘗垂教令述了義一卷心要一卷并食肉得罪因緣泊至長安頻加禮接朝臣歸向則齊相國杭韋太常渠牟皆結交最深故相武元衡鄭絪李吉甫權德輿李逢吉中書舍人錢徽兵部侍郎歸登襄陽節度使嚴綬越州觀察使孟簡洪州韋丹咸慕高風或從戒訓以元和年卒春秋七十餘弟子傳法者一百許人餘堪講者千數

觀嘗於新創雲花寺般若閣下畫華藏世界圖相又著隨疏演義四十卷允齊相請述華嚴經綱要一卷法界玄鏡一卷三聖圓融觀一卷華嚴法華楞伽中觀論等別行小鈔疏共三十卷設無遮大會十二中其諸塑繢形像繕寫經典不可殫述門人清沔記觀平時行狀云觀恒發十願一長止方丈但三衣鉢不畜長二當代名利棄之如遺三目不視女人四身影不落俗家五未捨執受長誦法華經六長讀大乘經典普施含靈七長講華嚴大經八一生晝夜不卧九不邀名惑衆伐善十不退大慈悲普救法界觀逮盡形期恒依願而修行也

唐京師西明寺良秀傳 遊談

釋良秀姓郭氏蒲津人也年及佩觿挺然離俗乃往中條山栢梯寺披削誦通經業受具律儀誓以傳講爲己事勤苦忘疲三藏俱尋九流外贍于時籍甚執不欽崇貞元四年奉詔與罽賓國般若三藏同譯大乘理趣六波羅蜜經十卷至五年二月四日解座寫本進過尋奉德宗勑令秀造疏上表云去年十一月二十八日右街功德使王希遷奉宣令良秀等修撰新翻大乘理趣六波羅蜜經疏者伏聞至道同源聖人一貫大雄示相演妙音於獨園寶位分身霈湛恩於雙闕開佛日於聖日降絲綸於法輪所以揚化慈航致人壽域不然豈得握真符而契合應休運以感通況以此經如來之密印羣生之度門得白馬之寶函啓青龍之秘藏是第一義理去筌蹄於最後乘說無分別加以天文煥發睿思昭回真如契心已闡微於釋氏般若製序諒繢文於太宗慈雲溥潤於大根湛露垂滋於貝葉良秀等材惟末學性異生知謬寄討論伏增殞越上承嚴旨徒側管以窺天虔奉本師懼升堂而鼓瑟所修撰疏一部謹附王希遷隨表奉進伏乞聖慈許令同修疏沙門談筵於當寺讚演及流布中外所異落落真言示丹青於新學明明像教流粉澤於將來帝覽奏勑内給事毛英琦宣慰良秀談筵道恒等宜共賜絹九十四至可領取比修疏義甚大勤勞也秋熱兼問師等各平安好在秀之辭筆義端時少倫匹終没罔知時代焉

唐京師西明寺慧琳傳

釋慧琳姓裴氏踈勒國人也始事不空三藏爲室灑内持密藏外究儒流印度聲明支那詁訓靡不精奥嘗謂翻梵成華華皆典故典故則西乾細語也遂引用字林字統聲類三蒼切韻玉篇諸經雜史參合佛意詳察是非撰成大藏音義一百卷起貞元四年迄元和五載方得絶筆貯其本于西明藏中京邑之間一皆宗仰琳以元和十五年庚子卒於所住春秋八十四矣殆大中五年有奏請入藏流行近以海中高麗國雖三韓夷族偏尚釋門周顯德中遣使齎金入浙中求慧琳經音義時無此本故有闕如

宋高僧傳卷第五

宋高僧傳卷第五

校勘記

一　底本，清藏本。

一　三八頁上九行「剡國公」，資、磧、普作「郯國公」。

一　三九頁下二行「三七日」，徑作「二七日」。

一　四一頁中一五行「十二日」，資、普作「十三日」。

一　四三頁上二行「忽高」，資、磧、普作「忽焉」。

一　四三頁下一八行「貞乾」，資作「貞元」。

一　四四頁上一五行第一一字「井」，南作「并」。

一　四四頁中八行第一五字「是」，資、磧、普作「大」。

宋高僧傳卷第六　　縣六

宋左街天壽寺通慧大師賜紫沙門贊寧等奉勅撰

義解篇第二之三 正傳十四人 附見六人

唐京師崇福寺惟慤傳 慧震 弘沇

釋惟慤俗姓連氏齊大夫稱之後本馮翊人官居上黨爲潞人也九歲割愛冠年納戒毋氏昆弟歸于法門故慤從其受教瀾漪內湛威蕤外發嗜學服勤必無倦色乃辭渭陽尋師隸業或經筵首席或論集前驅或叅問禪宗或附麗律匠其志淵曠欲皆呑納之年臨不惑尚住神都因受舊相房公融宅請未飯之前宅中出經函云相公在南海知南銓預其翻經躬親筆受首楞嚴經一部留家供養今筵中正有十僧每人可開題一卷慤坐居第四舒經見富樓那問生起義覽其文婉其理玄發願撰疏疏通經義及歸院矢誓寫文殊菩薩像別誦名號計一十年厥志堅強遂有冥感忽夢妙吉祥乘猊自慤之口入由玆下筆若大覺之被善現談般若焉起大曆元年丙午也及將徹簡於卧牀中見由口而出在乎華嚴宗中文殊智也勒成三卷自謂從淺智中衍出矣于今盛行一說楞嚴經初是荊州度門寺神秀禪師在內時得本後因館陶沙門慧震於度門寺傳出慤遇之著疏解之後有弘沇法師者蜀人也作義章開釋此經號資中疏其中亦引震法師義例似有今古之說此岷蜀行之近亦流江表焉

唐京師千福寺懷感傳

釋懷感不知何許人也秉持強悍精苦從師義不入神未以爲得四方同好就霧市焉唯不信念佛少時逕生安養疑冰未泮遂謁善導用決猶豫導曰子傳教度人爲信後講爲渺茫無詣感曰諸佛誠言不信不講導曰若如所見令念佛往生豈是魔說耶子若信之至心念佛當有證驗乃入道場三七日不覩靈瑞感自恨罪障深欲絶食畢命導不許遂令精虔三年念佛後忽感靈瑞見金色玉毫便證念佛三昧悲恨宿垢業重妄搆衆愆懺悔發露乃述決疑論七卷 即羣疑論是也 臨終果有化佛來迎合掌面西而往矣

唐吴興法海傳

釋法海字文允姓張氏丹陽人少出家于鶴林寺白駒匪食其場苗金翅俄翔其海面曲從師敎周覽羣經大壑納川鄧林聚羽是以圓入一性學階空王擅當代獨悟之名剖先賢不決之義一時外學六籍該通嘗謂人曰

佛法一門極唯心地餘皆椎輪也天寶中預揚州法慎律師講肆同曇一靈一等推爲顏冉焉復與杼山晝公爲忘形之交林下之遊黑白二徒多從求益焉

唐洛京佛授記寺慧苑傳

釋慧苑京兆人也少而秀異蔚有茂才厭彼塵羸投于淨域禮華嚴法藏爲師陶神練性未幾深達法義號上首門人也有勤無惰內外該通華嚴一宗尤成精博苑依寶性論立四種教爲有四類不識如來藏如生盲人則凡夫聲聞辟支初心菩薩也一迷眞異執教當凡夫二眞一分半教當二乘三眞一分滿教當初心菩薩四眞具滿教當識如來藏者也諸師處判或依或違然其綱領教乘一家之說次以新譯之經未有音釋披讀之者取初學之流不遠求師覽無滯句旋曉字源然稟從賢首之門不負庭訓之美也

唐處州法華寺智威傳 慧威

釋智威姓蔣氏縉雲人也穎脫塵蒙心遊物表少事師于軒轅氏鍊丹山聞天台宗教盛遂負笈往沃洲石城寺親灌頂禪師求請心要既而得一融道體二居宗定慧方均寂照相半雖云自了急在利他天與多能富有辭藻著桃巖寺碑與頭陀寺碑氣度相表後以法眼付授慧威焉時傳威是徐陵後身其利智雄才斷可知矣又釋慧威姓留氏東陽人也總角之年露其舊習抉開愛網徑入空門不滯一方仍叅三益聞縉雲大威禪師盛行禪法裹足造焉刻志忘勞覩威牆奥一日千里罔不推稱至有成業時謂小威然其樂靜居山罕交人事指教門人不少傑出者左溪玄朗矣威常修止觀匪棄光陰說與行而並馳語將嘿而齊貫落落然汪汪然人無得名焉

唐台州國清寺湛然傳

釋湛然俗姓戚氏世居晉陵之荆溪則常州人也昔佛滅度後十有三世至龍樹始用文字廣第一義諦嗣其學者號法性宗元魏高齊間有釋慧文默而識之授南嶽思大師由是有三觀之學洎智者大師蔚然興於天台而其道益大以教言之則然乃龍樹之裔孫也智者之五世孫也左溪朗公之法子也家本儒墨我獨有邁俗之志童丱邈焉異於常倫年二十餘受經於左溪與之言大駭異曰謂然曰汝何夢乎然曰疇昔夜夢披僧服掖二輪游大河之中左溪曰嘻汝當以止觀二法度羣生於生死淵乎乃授以本師所傳止觀然德宇凝精神鋒奨拔其密識深行沖氣慧用方寸之間合於天倪至是始以處士傳道學者悅隨如羣流之趣於大川也天寶初年解逢掖而登僧籍遂往越州曇一律師法集廣尋持犯開制之律範焉復於吳郡開元寺敷行止觀無何朗師捐代挈密藏獨運於東南謂門人曰道之難行也我知之矣古先至人靜以觀其本動以應乎物二俱不住乃蹈于大方今之人或蕩於空或膠於有自病病他道用不振將欲取正捨予誰歸於是大啓上法旁羅萬行盡攝諸相入於無間即文字以達觀導語默以還源乃祖述所傳章句

凡十數萬言心度諸禪身不踰矩三學俱熾
羣疑日潰求珠問影之類稍見罔象之功行
止觀之盛始然之力也天寶末大曆初詔書
連徵辭疾不就當大兵大饑之際揭厲法流
學徒愈繁瞻望堂室以爲依怙然慈以接之
謹以守之大布而衣一牀而居以身誨人耆
艾不息建中三年二月五日示疾佛隴道場
顧語學徒曰道無方性無體生歟死歟其旨
一貫吾歸骨此山報盡今夕要與汝輩談道
而訣夫一念無相謂之空無法不備謂之假
不一不異謂之中在凡爲三因在聖爲三德
爇炷則初後同相涉海則淺深異流自利利
人在此而已爾其志之言訖隱几泊然而化
春秋七十二法臘三十四門人號咽奉全身
起塔祔于智者大師塋兆西南隅焉入室弟
子吳門元浩可謂邇其人近其室矣然平日
輯纂教法明決前疑開發後滯則有法華釋
籤法華疏記各十卷止觀輔行傳弘訣十卷
法華三昧補助儀一卷方等懺補闕儀二卷
略維摩疏十卷維摩疏記三卷重治定涅槃
疏十五卷金錍論一卷及止觀義例止觀大
意止觀文句十妙不二門等盛行于世詳其
然師始天寶終建中以自證之心說未聞之
法經不云乎云何於少時大作佛事然師有
焉其朝達得其道者唯梁肅學士故摛鴻筆
成絕妙之辭彼題目云嘗試論之聖人不興
其間必有命世者出焉自智者以法傳灌頂
頂再世至于左溪明道若昧待公而發乘此
寶乘煥然中興蓋受業身通者三十有九僧
搢紳先生高位崇名屈體承教者又數十人
師嚴道尊遐邇歸仁向非命世而生則何以
臻此觀夫梁學士之論儗議偕齊非此人何
以動鴻儒非此筆何以銘哲匠蓋洞入門室
見宗廟之富故以是研論矣吁吾徒往往有
不知然之道詩云維鵲有巢維鳩居之梁公
深入佛之理窟之謂歟有會稽法華山神邕
作眞讚至大宋開寶中吳越國王錢氏追重
而誄之號圓通尊者焉可不是歟

唐蘇州開元寺元浩傳

釋元浩姓秦氏字廣成吳門人也綺歲依晉
陵靈山寺慧日禪師出家具滿律戒配本州
龍興寺尋爲荆溪湛然禪師囑累弟子初受
法華止觀已得醍醐唯以裂大網感大果成
大行歸大處以爲大願宴居三昧常隨佛後
希夷自得人莫能知其祕密深遠如海印三
昧不言出處常行佛事與夫難行苦行更相
祖述默傳心要爲論爲記靈芝瑞草以爲功
德傳於後世者不同日而語矣浩注解大涅
槃經爲文首序德美圓實志願顯現蓋錄其
所證之意而見于文曰余聞先覺之大寶曰
常在宥布和之盛典曰教率土知化之歸宗
曰行交感人心之至極曰證然則以道御時
以法性合其運當應物之際與顯晦同其光
恢張至化而自他昭著者實播於鴻名欽恭
聞思恊和至極四德克彰者實存乎妙體格
變羣家歷觀諸行至典克修庶績有成者實
賴乎宗本信以授人大明宗極敷暢厥旨庶
幾有補於將來者實存乎妙用博綜羣言以
立誠訓風行十方率用歸順者實存乎妙教
矣此浩之法要如王輔嗣之法繫辭司馬遷

之自敘管仲能言輕重孟子之傳春秋雖儒釋不同其義一也以元和十二年十一月十一日示疾右脇累足入于涅槃非二乘境界真如來定也明年十一月十三日闍維起塔於蘇州西北虎丘東山南原也浩躭學味道不涉餘事常隨然師聽其言說曾無倦色分析義理派流川注必默記而暗誦一言不失數年之後人始知之然師曰回也如愚罕為人說多辭以不能及被梁田二君苦勸請之始著涅槃經解述浩與上都雲華寺華嚴澄觀法師若孔門之游夏焉其儒流受業翰林學士梁公肅蘇州刺史田公敦緇流受業者智恒子瑜道儒仲儀仲良五人持經講論傳之無窮大比丘尼識微道巽志真悟極此四人者高潔之倫深練禪觀初浩為二官所請注經預夢甚為奇特又庭階生花非人間恒所見者祥鳥飛馴五彩絕異刺史崔恭撰塔碑立于虎丘山羅漢石壇之左後有行滿道暹明曠皆著述廣天台之道歟

唐越州暨陽杭烏山智藏傳

釋智藏姓皮氏西印度種族祖父從華世居官宦後僑寓廬陵藏少入精舍覩像設之繁乃陋俗求真而於三學各所留心唯律藏也最為精敏大曆三年遊豫章因隸名天宮寺衆懇命臨壇秉度時仰烏休號為律虎每登法座提唱毗尼堂盈席滿聽受無厭辯名理析微言連環可解也貞元中遇大寂禪師篤明心要及遊會稽於杭烏山頂築小室安禪乃著華嚴經妙義宣吐亹亹學者歸焉至元和十四年二月無疾而終報齡七十九焚收舍利圓淨者建塔於院北峯焉杭烏山者越俗言訛合言杭嶋謂浙江所渡古用杭筏到岸藏杭故云嶋也

唐梓州慧義寺神清傳

釋神清字靈庾俗姓章氏綿州昌明人也生于大安山下昆季相次三人出俗皆有名望清居乎仲處胎之際母頓惡葷羶及為兒雖隨戲弄遇像禮足逢僧稽顙年十三受學於綿州開元寺辯智法師于時勑條嚴峻出家者限念經千紙方許落髮清即誦法華維摩楞伽佛頂等經有同冊理時故相喬琳為綿郡太守驚其幼俊躬而降禮請削染焉則大曆中也至年十七聽習粗通即講法華一經歲滿慧義寺依如律師受具戒夏習尸羅依學新疏辭達大宗乃詣上都後以優文贍學入內應奉暮年鍾其荼蓼歸慧義寺講導著述略無閑日以元和年中終于本寺峯頂遷神于白門蘭若即郪城北郭外也清平昔好為著述喜作編聯蓋巨富其才亦鑿深于學三教俱曉該玄鑒極彝倫咸敘萬人之敵也受業弟子黑白四方計一千餘人前後撰成法華玄箋十卷釋氏年誌三十卷新律疏要訣十卷亦謂清鈔二衆初學儀一卷有宗七十五法疏一卷亦名法源記此蓋解小乘所計五位色心心所不相應無為等法體性業用一皆詳括故云法源也識心論澄觀論俱舍義鈔數卷北山參玄語錄十卷都計百餘軸並行於代就中語錄博該三教最為南北鴻儒名僧高士之所披翫焉寺居郪城之北長平山陰故云北山統三教玄旨實而為錄

故云叅玄也觀清之述作少分明二權一實之經旨大分明小乘律論之深奥焉清貌古且奇皙白而光瑩相國崔龜從時從事東川序眞贊云與奘三藏道顔同攝物異時一體耳門人數多其出倫者義將也獨明俱舍兼善起信海内學乂望風而至開成中北山俱舍宗不泯者清之餘素乎東川涌潭僧正顏公著碑本寺講律臨壇光肇别附語録略記清言行矣

唐京師大安國寺端甫傳

釋端甫俗姓趙氏天水人也世爲秦著姓焉初母張夫人夢梵僧謂曰當生貴子即出囊中舍利使吞之及誕所夢僧白晝入其室摩其頂曰必當大興法教言訖而滅既成人高顙深目大頤方口長六尺五寸其音如鐘夫將欲荷如來之菩提鑿生靈之耳目固必有殊祥奇表歟始十歲依崇福寺道悟禪師爲沙彌十七正度爲比丘隸安國寺受具於西明寺照律師學毗尼於崇福寺昇律師傳唯識於安國寺素法師通涅槃經於福林寺崟法師甫又夢梵僧以舍利滿瑠璃器使吞之且曰三藏大教盡貯汝腹矣自是經律論無敵於當時囊括川注逢源會委滔滔然莫能濟其畔岸矣夫將欲伐株杌於情田雨甘露於法種者固必有勇智宏辯歟無何謁文殊於清涼衆聖皆現演大經於太原傾都畢會德宗皇帝聞其名徵之一見大悦常出入禁中與儒道議論賜紫方袍歲時錫施異於他等復詔侍皇太子於東朝順宗皇帝深仰其風親之若昆弟相與卧起恩禮特隆憲宗皇帝數幸其寺待之若賓友常承顧問注納偏厚而甫符彩超邁辭理響捷迎合上旨皆契眞乘雖造次應對未嘗不以闡揚爲務繇是天子益知佛爲大聖人其教有大不思議事當是時朝廷方削平區夏縛吴斡蜀瀦蔡蕩鄆而天子端拱無事詔甫率緇屬迎眞骨於靈山開法場於秘殿爲人請福親奉香燈既而刑不殘兵不黷赤子無愁聲滄海無驚波蓋參用眞宗以毗大政之明効也夫將欲顯大不思議之道輔大有爲之君固必有冥符玄契歟掌内殿法儀録左街僧事以標表淨衆者凡一十年講涅槃唯識經論處當仁傳授宗主以開誘道俗者凡一百六十座運三密於瑜伽契無生於悉地日持諸部十餘萬遍指淨土爲息肩之地嚴金經爲報法之恩前後供施數十百萬悉以崇飾殿宇窮極雕繪而方丈單牀靜慮自得貴臣盛族皆所依慕豪俠工賈莫不瞻嚮薦金寶以致誠仰端嚴而禮足日有千數不可殫書而甫即衆生以觀佛離四相以修善心下如地坦無丘陵王公輿臺皆以誠接議者以爲成就常不輕行者唯甫而已矣夫將欲駕橫海之大航拯迷途於彼岸者固必有奇功妙道歟以開成元年六月一日西向右脇而滅當暑而尊容若生終夕而異香猶鬱其年七月六日遷於長樂之南原遺命荼毗得舍利三百餘粒方熾而神光月皎既燼而靈骨珠圓賜謚曰大達塔曰玄秘俗壽六十七僧臘可數門弟子僧尼約千餘輩或講論玄言或紀綱大寺脩禪秉律分作人師五十其徒皆爲達者會昌

中相國裴公休爲碑頌德焉

唐圭峯草堂寺宗密傳圓禪師 照禪師

釋宗密姓何氏果州西充人也家本豪盛少通儒書欲干世以活生靈負俊才而隨計吏元和二年偶[縣六]謁遂州圓禪師圓未與語密欣然而慕之乃從其削染受教此年[十三]進具于拯律師尋謁荆南張張曰汝傳教人也當宣導於帝都復見洛陽照禪師照曰菩薩人也誰能識之末見上都華嚴觀觀曰毗盧華藏能隨我遊者其唯汝乎初在蜀因齋次受經得圓覺十二章深達義趣誓傳是經在漢上因病僧付華嚴句義未嘗隸習即爾講之由是乃著圓覺華嚴及涅槃金剛起信唯識盂蘭盆法界觀行願經等疏鈔及法義類例禮懺修證圖傳纂略又集諸宗禪言爲禪藏總而序之并酬答書偈議論等又四分律疏五卷鈔懸談二卷凡二百許卷圖六面皆本一心而貫諸法顯眞體而融事理超羣有於對待冥物我而獨運矣密累入内殿問其法要太和二年慶成節徵賜紫方袍爲大德尋請歸山會昌元年正月六日坐滅於興福塔院儼若平日容貌益悅七日遷于函其自證之力可知矣其月二十二日道俗等奉全身于圭峯二月十三日荼毗得舍利數十粒明白而潤大後門人泣而求諸煨中必得而歸悉斂藏于石室其無緣之慈可知矣俗齡六十二僧臘三十四遺誡令舁屍施鳥獸焚其骨而散之勿塔勿得悲慕以亂禪觀每清明上山必講道七日而後去其餘住持儀則當合律科違者非吾弟子初密道既芬馨名惟烜赫内衆慕羶既如彼朝貴答響又如此當長慶元和已來中官立功執政者孔熾内外猜疑人主危殆時宰臣李訓酷重于密及開成中僞甘露發中官率禁兵五百人出閣所遇者一皆屠戮[縣六]時王涯賈餗舒元輿[十四]方在中書會食聞難作奔入終南投密唯李訓欲求剪髮匿之從者止之訓改圖趨鳳翔時仇士良知之遣人捕密入左軍面數其不告之罪將害之密怡然曰貧道識訓年深亦知其反叛然本師教法遇苦即救不愛身命死固甘心中尉魚恒志嘉之奏釋其罪朝士聞之扼腕出涕焉或曰密師爲禪耶律耶經論耶則對曰夫密者四戰之國也人無得而名焉都可謂大智圓明自證利他大菩薩也是故裴休論譔云議者以師不守禪行而廣講經論遊名邑大都以興建爲務乃爲多聞之所役乎豈聲利之所未忘乎嘻議者焉知大道之所趣哉夫一心者萬法之總也分而爲戒定慧開而爲六度散而爲萬行萬行未嘗非一心一心未嘗違萬行禪者六度之一耳何能總諸法哉且如來以法眼付迦葉不以法行故自心而證者爲法隨願而起者爲行未必常同也然則一心者萬法之所生而不屬於萬法得之者則於法自在矣見之者則於教無礙矣本非法不可以法說本非教不可以教傳豈可以軌迹而尋哉[縣六]自迦葉至富那奢[十五]凡十祖皆羅漢所度亦羅漢馬鳴龍樹提婆天親始開摩訶衍著論釋經摧滅外道爲菩薩唱首而尊者闍夜獨以戒力爲威神尊者摩羅獨以苦行爲道跡其他諸祖或廣行法教或

專心禪寂或蟬蛻而去或火化而滅或攀樹以示終或受害而償債是乃法必同而行不必同也且循轍跡者非善行守規墨者非善巧不迅疾無以爲大牛不超過無以爲大士故師之道也以知見爲妙門寂靜爲正味慈忍爲甲盾慧斷爲劒矛破内魔之高壘陷外賊之堅陣鎭撫邪雜解釋縲籠遇窮子則叱而使歸其家見貧女則呵而使照其室窮子不歸貧女不富吾師恥之三乘不興四分不振吾師恥之忠孝不並化荷檐不勝任吾師恥之避名滯相匿我增慢吾師恥之故遑遑於濟拔汲汲於開誘不以一行自高不以一德自聳人有依歸者不俟請則往矣有求益者不俟憤則啓矣雖童幼不簡於應接雖驚很不怠於叩勵其以闡教度生助國家之化也如此故親師之法者貧則施暴則斂剛則隨戾則順昏則開墮則奮自榮者慊自堅者化徇私者公溺情者義凡士俗有捨其家與妻子同入其法分寺而居者有變活業絶血食持戒法起家爲近住者有出而修政理以救疾苦爲道者有退而奉父母以豐供養爲行者其餘憧憧而來欣欣而去揚袂而至實腹而歸所在甚衆不可以紀眞如來付囑之菩薩衆生不請之良友其四依之人乎其十地之人乎吾不識其境界庭宇之廣狹深淺矣議者又焉知大道之所趣哉其爲識達大人之所知心爲若此也密知心者多矣無如昇平相國之深者蓋同氣相求耳宣宗再闡眞乘萬善咸秩追謚曰定慧禪師塔號青蓮持服執弟子禮四衆數千百人矣

系曰河東相國之論譔所謂極其筆矣然非夫人之爲極筆於他人豈極其筆乎觀夫影響相隨未始有異也影待形起響隨聲來有宗密公則有裴相國非相國曷能知密公相續如環未嘗告盡其二公之道如然則知諦觀法王法則密公之行甚圓應以宰官身則裴相之言可度今禪宗有不達而譏密不宜講諸教典者則吾對曰達磨可不云乎吾法合了義教而寡學少知自既不能且與煩惑相應可不嫉之乎或有誚密不宜接公卿而屢謁君王者則吾對曰教法委在王臣苟與王臣不接還能興顯宗教以不佛言力輪王臣是歟今之人情見近王臣者則非之曾不知近王臣人之心苟合利名則謝君之誚也或止爲宗教親近豈不爲大乎寧免小嫌嫌之者亦嫉之耳若了如是義無可無不可吁哉

唐京師西明寺乘恩傳

釋乘恩不知何許人也肇從志學知遍尋師凡厠黌堂必窮義路常訓門人曰好學近乎智力行近乎仁仁智稍成是殊名同實趨菩薩地若下坂之走丸耳恩樂人爲學不忘講導及天寶末關中版蕩因避地姑臧旅泊之間嗟彼密邇羌虜之封極尚經論之學恩化其内衆勉其成功深染華風悉登義府自是重撰百法論疏并鈔行于西土其疏祖慈恩而宗潞府大抵同而少聞異終後弟子傳布迨咸通四年三月中西涼僧法信精研此道稟本道節度使張義朝表進恩之著述勑令兩街三學大德等詳定實堪行用勑依其僧

賜紫衣充本道大德焉

唐彭州丹景山知玄傳

釋知玄字後覺姓陳氏眉州洪雅人也曾祖圖南任梓州射洪縣人祖憲考邈皆名場不捷母魏氏夢月入于懷因而載誕雖乳哺未能言見佛像僧形必含喜色五歲祖令詠花不數步成云花開滿樹紅花落萬枝空唯餘一朶在明日定隨風祖吟歎不懌曰吾育此孫望其登甲科雪二代之恥今見孺子志矣非貽厥也已必從空門乖始望也七歲果遇法泰法師在寧夷寺講涅槃經寺與居鄰玄日就講集所一聆法語若覩前因是夕夢其寺殿佛手摩其頂寤啓祖父乞爲勤策親黨觀其必不可抑奪故聽之年十一遂其削髮乃隨師詣唐興邑四安寺授大經四十二卷遶公義疏晉空師圓旨共一百二十五萬言皆囊括深奧矣方年十三指擿緇徒露老成之氣時丞相杜公元穎作鎮西蜀聞玄名命升堂講談于大慈寺普賢閣下黑白衆日計萬許人注聽傾心駭歎無已自此蜀人弗斥其名號陳菩薩耳傳云玄前身名知鉉漢州三學山講十地經感地變瑠璃焉玄於淨衆寺辯貞律師所受具戒繞聽毗尼續通俱舍則長十山固律師之付授焉復從本師下三峽歷荆襄抵于神京資聖寺此寺四海三學之人會要之地玄敷演經論僧俗仰觀戶外之屨日其多矣文宗皇帝聞之宣入顧問甚愜皇情後學唯識論於安國信法師又研習外典經籍百家之言無不該綜玄每恨鄉音不堪講貫乃於象耳山誦大悲呪夢神僧截舌換之明日俄變秦語矣有楊茂孝者鴻儒也就玄尋究内典直欲效謝康樂注涅槃經多執卷質疑隨爲剖判致書云方今海内龍象非師而誰次揚刑部汝士高左丞元裕長安揚魯士咸造門擬結蓮社嘗一日玄宴坐見茂孝披紫服戴碧冠三禮畢乘空而去玄今人偵問茂孝其夕誡其子曰吾常欲落髮披緇汲瓶挈屨侍玄公所累者簪冕也吾蓋棺時殮以紫袈裟碧芙蓉冠至是方驗先見矣武宗御宇初尚欽釋氏後納蠱惑者議望祀蓬萊山築高臺以祈羽化雖諫官抗疏宰臣屢言終不迴上意因德陽節緇黄會麟德殿獨詔玄與道門敵言神仙爲可學不可學耶帝又手付老氏中理大國若烹小鮮義共黄冠往復玄陳帝王理道教化根本言神仙之術乃山林間匹夫獨擅高尚之事業而又必資宿因非王者所宜辭河下傾辯海横注凡數千言聞者爲之股慄大忤上旨左右莫不色沮左護軍仇士良内樞密楊欽義惜其才辯恐將有斥逐之命乃密諷貢祝堯詩玄立成五篇末章云生天本自生天業未必求仙便得仙鶴背傾危龍背滑君王且住一千年帝覽詩微解帝雖不納忠諫而嘉其識見口給也玄即歸巴岷舊山例施巾櫛而存戒檢愈更甄明方扁舟入湖湘間時楊給事漢公廉問桂嶺延止開元佛寺屬宣宗龍飛楊公自内樞統左禁軍以冊定功高請復興天竺教奏乞訪玄聲迹玄復挂壞衣歸上國寶應寺屬壽昌節講讃賜紫袈裟署爲三教首座帝以舊藩邸造法乾寺詔玄居寺之玉虛

亭大中三年誕節詔諫議李貽孫給事楊漢公緇黃鼎列論義大悅帝情因奏天下廢寺基各勑重建大興梵刹玄有力焉命畫工圖形于禁中其優重如是與相國裴公休友善同激揚中興教法事八年上章乞歸故山大行利濟受益者多廣明二年春僖宗違難西蜀後遣郭遵泰齎璽書肩輿詔赴行在帝接談論頗解上心左軍容田令孜與諸達官問道勤重帝欲旌其美令諸學士撰玄師號皆未愜旨乃揮御翰云朕以開示悟入法華之宗旨也悟者覺也明也悟達大道悟佛知見又云悟者一刹那不悟河沙劫所以悟者眞乘了然成佛之義今賜悟達國師爲號雖曰強名用表朕意玄陳讓不遂乃乞歸九隴舊廬於正月二十一日卧内見所曾遊歷聖境名跡皆見在前二月七日聞空聲曰必生淨土乃訊之云執之語耶空又譍曰佛也七月中聞戶外有格鬪之聲逡巡一菩薩降于庭前事摩滅矣漸迫僅玄身丁寧讃喻勿以此苦爲累也言訖而没又於一夕有一珠自玄左足下流去苦楚萬端諦視其珠中明明有晁錯二字乃知玄是袁盎也曾因七國反盎奏斬錯以謝吳楚諸王故爲嬰撓耳召弟子慈燈附口上遺表囑令棄屍半飼魚腹半啗鳥獸吾久與西方淨土有期如斯誣謗訖右脇面西而逝享年七十三僧臘五十四玄咸通中曾遊澤州追問小遠法師同年亦同終日月焉玄堅守禁戒少欲過中不食蔬果服唯布褐卧則蒭秆而六時行道夜卧一更餘則禪坐等視衆生無貴賤少長待之如一素結情好深者裴相國休初裴鎮荊門玄遊五臺山路出渚宮贈遺初無所取裴知其儉約密遣人沿路以供之若蘇秦遺舍人陰資奉張儀也嘗經駱谷眞符縣雍氏家抗潭潭中有大魚如龍四足而齒牙鐵利其家日飼以食已四世矣或欲網釣之意則輒雲霧晦冥焉玄扣船撫其頂瞪目而鼓躍即爲受歸依未幾乃寄夢雍氏曰我謝汝累世護念今受歸依已生天而永訣矣次爲導江玉壘山神李冰廟益昌北郭龍門神偕受戒法罷其血食歟有李商隱者一代文宗時無倫輩常從事河東柳公梓潼幕久慕玄之道學後以弟子禮事玄時居永崇里玄居興善寺義山苦眼疾慮嬰昏瞽遥望禪宮冥禱乞願玄明旦寄天眼偈三章讀終疾愈迨乎義山卧病語僧録僧徹曰某志願削染爲玄弟子臨終寄書偈决別云玄生常著如來藏經會釋疏二卷命僧徹撰法鑑以照像若十翼焉大無量壽經疏二卷僧徹著法燈類章指焉勝鬘經疏四卷僧徹著法苑以錯綜猶緯書焉又般若心經金剛經各有疏義此外秦蜀之間作釋氏雜文外篇箴論碑誌歌詩録成二十餘卷禮懺文六卷通計三十萬言後遷塔于茶籠山附聖寺矣中和二年弟子左街僧録淨光大師僧徹述傳法孫右街僧録覺輝輝弟子僞蜀祐聖國師重孫光業僧録緜緜瓜瓞皆名公也鳳翔府寫玄眞李義山執拂侍立焉

系曰玄公何云袁盎又爲知鉉二人後身耶通曰人壽百年自漢至唐玄幾經出没乎骸

山淚海斷可知矣然則玄公多才行道近古
罕聞法嗣蕃昌他莫與議也

唐京兆大安國寺僧徹傳

釋僧徹不知何許人也敏利天資高邁逸類
稚歲聰頴而恭悟達國師若顏回之肖仲尼
也既而時親函丈頗見幽微隨侍翼從未嘗
少厭窺其門墻其殆庶幾乎悟達凡有新義
別章咸囑付徹暢衍之爲如來藏經疏著法
鑑四卷大無量壽經疏著法燈二卷勝鬘師
子吼經疏著法苑十卷觀乎悟達爲疏若左
丘明之傳也徹述三法鈔猶杜服之集解歟
初居法乾内寺師資角立聲彩風行凡百官
寮無不奉仰率由徹内外兼學辭筆特高唱
予和汝同氣相求尋充左右街應制每屬誕
辰升麟德殿法座講談勑賜紫袈裟懿宗皇
帝留心釋氏頗異前朝遇八齋日必内中飯
縣六　二十三
僧數盈萬計帝因法集躬爲讚唄徹則升臺
朗詠寵錫繁博勑造栴檀木講座以賜之又
勑兩街四寺行方等懺法戒壇度僧各三七
日別宣僧尼大德二十人入咸泰殿置壇度
内福壽寺尼繕寫大藏經每藏計五千四百
六十一卷雕造眞檀像一千軀皆委徹檢校
焉以十一月十四日延慶節麟德殿召京城
僧道赴内講論爾日徹述皇猷辭辯瀏亮帝
深稱許而又恢張佛理旁懾黃冠可謂折衝
異論者當時號爲法將帝悅勑賜號曰淨光
大師咸通十一年也續錄兩街僧事初徹經
江論海勇於揭厲於青龍寺講貫既循悟達
國師義意寄呈所見蒙迴八十四字云觀君
法苑思沖虛解我眞乘刃有餘若使龍光時
可待應憐僧肇論成初五車外典知難敵九
趣多才恐不如蕭寺講軒橫淡蕩帝鄉雲樹
正扶踈幾生曾得闍踰意今日堪將貝葉書
一振微言冠千古何人執卷問吾廬覽茲弉
飾悲喜盈襟以廣明中巢寇犯闕僖宗幸蜀
其夕徹内宿明日倉黃與杜光庭先生扈從
入於岷峨再見悟達痛序艱難徹極多著述
碑頌歌詩不知所終内翰侍郎樂朋龜爲眞
讚鳳翔嘉州皆寫其眞相弟子秦蜀之間愈
多傳法者

宋高僧傳卷第六

縣六　二十四

宋高僧傳卷第六

校勘記

一　底本，清藏本。

一　四七頁中一九行「弘沇」，資、磧、普、南作「恒沇」。

一　四七頁下九行第四字「佛」，資、磧、普作「旃」。

一　四八頁中五行「相表」，資、磧、普、南作「相未」。

一　四八頁下一七行末字「病」，南作「盲」。

一　四九頁上四行「大鐵」，資、磧、普、南作「大鉞」。

一　四九頁上一二行「自利」，資、磧、普、南作「善利」。

一　四九頁上一三行第一五字「然」，資、磧、普、南作「如」。

一　四九頁下一一行末字「宗」，磧作「三」。

一　五一頁中一八行「鷩波」，資、磧、普、南作「鷩浪」。

一　五四頁上一九行「升堂」，資、磧、普、南作「升座」。

一　五四頁下一行第九字「祈」，磧、普、南作「所」。

一　五四頁下四行第三字「叉」，資、磧、普作「又」。

宋高僧傳卷第七

宋左街天壽寺通慧大師賜紫沙門贊寧等奉勅撰

義解篇第二之四 正傳二十三人附見四人

唐五臺山華嚴寺志遠傳 元堪

釋志遠，俗姓宋氏，家于汝南。其父早喪，孤侍孀親，承顏之禮匪遑晨夕。毋常念法華經，精通五卷。遠識度明敏，孤標卓然。年二十八辭親從師，歸依荷澤宗風，晤解幽旨。經營僧事，聯緜六秋，凡諸取給，未嘗混互。自爾辭師，尋禮復經八年，雖博贍兩宗，情猶繫滯。聞天台一枝該通妙理，定慧雙融，解進於行，十乘境觀起自一家，修性三德清涼盛演。因命同輩追遊五峯，棲遁林泉，履歷前蹤，曉六凡四聖之理，了開示悟入之門，百界千如包羅性相，即遮即照，破立同時，依正圓融，凡聖平等，豁開心目，物我雙亡。僅四十年，闡揚獨步。遠業精道邈，志苦神和，卧不解衣，食非别請。時歲不稔，樵炊屢乖，每掬水漱流，將期永日。體有瘡疥，手不塗摩，戒檢遵修，警慎心口。常以四種三昧鍊磨身心。至於緘札題尺，頗閑辭翰蟲篆之美。每有緇素負才學者，異其辯說，或傍搜僻隱，欲爲挫銳，伺之瑕玷，求其勝負。進雖傲然踞席，退乃蹴踖赧容，來高我山，去隨四悉。洎會昌四年，春秋七十七，僧臘四十八，忽絶食數朝，而說法罔憚。以二月十七日誡門人曰：「吾自生修進，不欺心口，今獲二種果報，卧安覺安而無痛惱。」又曰：「天台宗疏務在宣傳，法華疏十卷，本迹二門，三周記别，開近顯遠；玄文十卷，五義判釋；止觀十卷，境觀雙修，不定頓漸，八教麤妙，遮照平等，行解圓明，一多相即；一藏文句，瑩玉摐金，將踐聖階，降茲罕及。禮懺方等，必假精誠，志之永懷，副吾之意也。」于時龍象雲萃，櫛比座隅，咸讚希奇，同稱佛號。慈誨之際，奄至遷靈。風慘雲愁，山昏水咽，林巒色變，徒屬悽傷。闍維日，諸子奔馳，罔知所詣。雖學者如林，達其法者唯元堪，即扶風馬氏之裔也，氣度沖邃，道風素高，蓋遠傾其解脫之瓶注以醍醐之器可謂一燈之後復然一燈及武宗澄汰之際稟師先旨哀慟累夕以其章疏文句祕之屋壁及宣宗再闡釋門重葺舊居取其教部置之影堂六時經行儼若前製法華妙經積歲傳唱摩訶止觀久而數揚嗣繼之心已極師資之禮也

唐越州應天山寺希圓傳

釋希圓姓張氏姑蘇人也宗親豪富而獨捨家從登戒法便遊講肆不滯一方勤修三學良深歲稔尤至博通時推俊邁因命講訓光啓中屬徐約軍亂孫儒略地吳苑俶擾圓由通玄寺附商船避地于甬東其估客偕越人也篤重於圓召居會稽寶林山寺形雖幺麼性且強幹與時寡合多事宴默或問之則曰吾逍遥乎無形之場同師子遊戲耳景福中於山寺演暢經論同聲相應求法者至乃著玄中鈔數卷皆當義妙辭也恒勸人急脩上生之業且曰非知之難行之爲難汝曹勉旃圓六時禮懺未嘗少缺居小房即瑯瑘山頂是山也傳云從瑯瑘臺飛來此處先是屠坊故皆鎮于其下山之家有井井有鰻鯠焉水有應縮應大江之潮候甚多靈怪一云此處禹鑿浙江蛟蜃之屬其名曰蛆蛆有雙耳其色蒼黄或緑竹木必風雨至矣今或出石竅入僧居瀟渠中見人不驚捉則跳躍如怒狀唯偏入圓房圓手執宛轉盾就乃爲之受歸戒令勿作風雹之妖暨圓終而多暴風雨也圓之脩習願見彌勒一日講次屹然坐終于法座時衆聞異香哀音天樂鏘鏘或絕或連七日後已此眞上生之證歟則乾寧二年四月也還山之日僧衆置祭于寺門無何有人齒袍象笏拜跪愴然憾悦之間杳無蹤迹衆莫能測焉荼毗收舍利七百餘粒被四明人齎往新羅國矣

唐絳州龍興寺木塔院玄約傳

釋玄約姓張氏正平人也志韻剛潔幼萌出塵之心既諧夙志入州龍興伽藍日誦千言更無再受落髮之後滿足律儀檢察已心循其戒範精持止作未嘗穿穴自茲名節頓高流輩窺仰數稔之間律論俱贍徧求知識探賾玄文戾止長安崇聖寺以戒德之選而預臨壇講律弁俱舍共四十餘徧淵靜其性研覈靡虧著俱舍論金華鈔二十卷爲時所貴而二講登席可三百餘人皆北面受業焉傳稟門生一百許輩汾沁之間奔走學者迨乎老矣終本院小房俗壽七十六法臘五十六學法弟子道俗收焚坑舍利數百粒構甎浮圖于郡城之西焉

梁滑州明福寺彥暉傳

釋彥暉姓孫氏今東京陽武縣人也佩觽之歲聞父讀金剛般若瞪目凝聽澹然歡喜又屬家內齋僧磬梵俱作於簾幕之下合掌欣然登年十五隨師學法往太原京兆洛陽聽采忘勞年滿於嵩山少室寺受大戒肄習毗尼頗通深趣次尋經論皆討玄源且曰爲善不同同歸乎治治則戒定慧也入聖機械此三治性之極致也届洛都先達無不推伏至乎四部悉仰柔明臨鑑則戚少欣多執瓶則荷輕持重三衣之外百一之資量足而供更無餘長所行慈忍匪事覘求不畜門徒惟勞

自巳勤勤化導默默進修是故南燕之人號為佛子初寄明福寺講百法論也四海英髦風趨波委恒溢百餘且多俊邁精研論席鑽仰經宗其間碩學兼才故有分為上下十惡十惡者若八伯之號焉上十惡則洞閑性相高建法幢宗因喻三立破無滯下十惡則學包內外吟詠風騷擊論談經聲清口捷讚揚梵唄表白導宣蓋因題目之分乃極才能之際云惡則倒背之言乃是極善也其門弟子為若此也暉因明百法二論各講百許徧出弟子一百五十餘人著鈔曰滑臺盛行于世以乾化元年秋八月三日氣力薾然而奄化矣春秋七十二法臘五十二滑人追慕其德二衆三百餘人奉神柩歸葬于陽武縣側營小塔焉

梁東京相國寺歸嶼傳

釋歸嶼姓湄氏壽春人也父元旭知子敏利授以詩書誦覽記憶彌見過羣從諸子而竊願出塵父母允其頻請乃禮本郡開元寺道宗律師為力生焉未及周星念通法華仁王二經登于弱冠而全戒足矜持三行靡曠四儀習聽新章寺通講授後聞洛京三輔經論盛行結侶求師僅于十載既通性相精大小乘名數一支因明一學俱舍唯識維摩上生皆深藏若虛也復往南燕就暉公重覆所學研朱益丹猶慨義章未為盡善乃之今東京相國寺遂糅新鈔講訓克勤門生領悟時朱梁後主與嶼卝角同學庠序狎密情濃隔面年深即位半載下詔訪之嶼雖知故舊終歳不言事不可逃應召方入帝見悲喜交集宣賚豐厚時屬嘉慶節曾下勑止絕天下薦僧道恩命其年獨賜嶼紫衣仍號演法大師兩街威儀迎導至寺兼勑東塔御容院為長講院時閑帥以聖節進金剛經一藏綃三百匹盡賜嶼焉法侶榮之然覩舊鈔有所不安未極其理遂搜抉精義於三載著成二十卷號曰會要草字寫畢進呈帝覽賞歎勑令入藏嶼苦辭乃止如是十五年中唱導無怠學徒繼榮贍公相繼傳持至後唐清泰三年十月十日謂門人洪演曰余氣力惙然無常將至汝好住脩進焚香合掌初夜長逝春秋七十五僧臘五十五即以其月十八日遷塔於京東郊寺莊東岡焉

後唐洛陽長水令諲傳

釋令諲姓楊氏陝府閿鄉人也幼而履操迴求出俗得本邑之師授淨名經年既應法乃納戒律大小乘教兼而學之於名數法門染成淳粹彌陀中觀幹及膏肓聲光振發莫之與京因遊洛南長水遇歸心檀信構伽藍就中講貫一論一經三十載中宣化計各五十餘徧日別誦維摩上生以為恒課執行持心而絕瑕纇遠近宗承若望梅者得飲焉以清泰二年乙未歲終于邑寺春秋七十一法臘五十一其年遷于山麓徇西域法火葬獲舍利學人檀越共建塔焉

後唐定州開元寺貞辯傳

釋貞辯中山人也少知出塵長誓脩學剋苦之性人不堪其憂一志聽尋暇則刺血書經又鍼血畫立觀自在像慈氏像等嘗因行道困息有二天女來相撓惱辯誓之曰我心匪

石吾以神呪祓汝彼衆不容去自此道勝魔亦無蹤辯負笈抵太原城聽習時中山王氏與後唐李氏封境相接虞其覘間者并州城内不容外僧辯由此驅出遂於野外古塚間宿會武皇帝畋遊塚在圍場中辯固不知方將入城赴講見旌旗騎卒縮身還入穴中武皇疑令擒見問其故遂驗塚中敷草座案硯疏鈔羅布遂命入府供養時曹太后深加仰重辯訴於太后曰止以學法爲懷久在王宮不樂如桎械耳武皇縱其自由乃成其業洎王處直平乃歸中山講訓補故伽藍無不諧願有婦人陳氏布髮掩地請辯蹈之撰上生經鈔爲學者所貴時號辯鈔者是後終于此寺焉

後唐會稽郡大善寺虚受傳

釋虚受嘉禾禦兒人也納戒後於上都習學内外博通傳講數本大經論不憚宣導咸通中衆應奉聖節充左街鑒義輦流孰不弭伏及廣明中京闕盜據逃難遷迤抵越大善寺同好者命講涅槃維摩二經即天祐年中也因憤謙雅等師釋崇福疏繁略不中其猶以水濟水終無必濟焉遂撰義評鈔十四卷同光中方畢軸又因講俱舍論疏有賈曾侍郎序次僧圓暉序皆著鈔解之其文富贍昔曾染指知焉受於涅槃辯而非略仍多駁議小遠之疏免爲青蠅之玷餘則法華百法唯識各有别行義章受性且狷急與人不同畜弟子無一可中嘗自執爨饌齋食柴生火滅復吹又熸怒發汲水沃之終日不食而講焉及晚年眼昏甚登師子座戴竹笠而講實目不閲爍爾或譏其慢衆受亦不介意屬武肅王錢氏按部至越遂出謁見王素嚮風乃加優禮言勞再三暨乾化中於會稽開元寺度戒命之充監壇選練吴會間行此職者自受始也王表于朝廷薦其紫衣莊宗制賜行人齋至營丘時受講當上生經疏序至若洪鐘而虚受受捨麈柄言曰其得名無典實今後更爲虚受小子識之乃狀聞王王曰此僧必無恩命分何名虚受乎至同光乙酉歲受終迨海艦齋詰牒來稽其終日正到青杜果符武肅之言有文集數卷述義章三十餘卷行之于代

後唐杭州龍興寺可周傳

釋可周俗姓傳晉陵人也出家于本部建元寺循良厥性切問于勤友生勉之曰非其地樹之不生今豫章經謂之江論謂之海胡不往請業乎周感其開導挈囊達彼遇雲表法師盛集窮法華慈恩大疏日就月將幹運深趣昭宗初自江西迴台越之間命其啓發梁乾化二年受杭州龍興寺召開演黑白衆恒有半千兩浙武肅王錢氏命於天寶堂夜爲冥司講經鬼神現形扈衛往往人覩焉嘗有祭銅官祠神巫氏久請不下後附巫曰吾隨從大神去西關天寶堂聽法方迴武肅王聞而鄭重賚周中金如意并鉢紫衣一副加號精志通明焉以天成元年終于觀音院本房初周乾寧四年庚止台州松山寺講疏闕鈔遂依疏節成五卷曰評經鈔音訓五帖解宣律師法華序鈔一卷行于浙之左右弟子相繼不絶

後唐東京相國寺貞誨傳

釋貞誨姓包氏吳郡常熟人也年始十三出家於本州龍興寺其性沈靜分陰是競方踰一稔誦徹法華經如是恒業日周二部年十九於揚州擇名師受具足法自爾西之伊洛北抵晉郊凡有講筵下風求益數其經論窮其性相輩流之間罕齊馳騖至於非朋弱友弃背如也唐天祐元年至今東京相國寺寓舍講道法華經十許徧人未歸重則知奇貨之售亦有時焉及梁氏都于是京人物委輸貞明二年會宋州帥孔公仰誨風規知其道行便陳師友之禮捨俸財置長講法華經堂於西塔院從此翕然盛集誨旁讀大藏教文二時行道精進罔疲凡世伎術百家之言黜于議論之外誡門徒曰異端之說汩亂真心無記不熏何須習俗吾止願為師子吼不作野犴鳴也但專香燭塗掃以內院為息肩之地至後唐清泰二年二月十日召弟子五十餘人自具香湯澡浴令唱上生禮佛磬捨衣資為非時僧得施半齋僧訖至十一日望空合掌云勞其衆聖排空相迎滿百徒侶爾日皆聞天樂之音頃刻而卒俗壽七十三僧夏五十四臘於寺講貫三十餘年經講計三十七座覽藏經二徧修彌勒內院業以其年三月十八日葬浚郊東寺莊之原旛幢威儀緇白弟子約千餘人會送焉

後唐洛京長壽寺可止傳

釋可止姓馬氏范陽大房山高丘人也年甫十二迥有出俗之心依憫忠寺法貞律師年十五為息慈辭師往真定習學經論時大華嚴寺有仁楚法師講因明論止執卷服膺三徧精義入神衆推俊邁有老宿維摩和尚者釋門之奇士也問楚師曰門人秀拔孰者為先曰有幽州沙彌者溫故知新厲精弗懈於是求見遂質問勝軍比量隨難應變辭不可屈維摩曰後生可畏契經所謂雖小不可欺也遂率力請止開講恒陽緇素無不欽羨焉迨十九歲抵五臺山求戒於受前方便感文殊靈光爥身已而歸寧父母及師於寺敷演二十三往并部習法華經百法論景福年中至河池有請講因明後於長安大莊嚴寺化徒數載乾寧三年進詩昭宗賜紫袈裟應制內殿本道劉仁恭者據有北門控扼蕃漢聞止之名移書召歸故鄉其父與師相次物故母猶在堂止持盂乞食以供甘旨行誦青龍疏三載文徹忽有巨蟒見于房簷首顧視似有所告時同院僧居曉博物釋子也且曰蛇則目睛不瞬今其動乎得非龍也止焚香祝之曰貧道念青龍疏營齋養母苟實龍神軫念希值一檀越居數日燕師冢子曰制勝司徒召申供養時莊宗遣兵出飛狐以圍之歷乎年載百穀踴貴止頻釋憂懼未幾燕陷劉氏父子俘歸晉陽止避亂中山節度使王處直素欽名譽請於開元寺安置逐月供俸止著頓漸教義鈔一卷見行于代天成三年戊子王師問罪定州陷焉招討使王晏休得瀛王馮道書令尋止既見以車馬送至洛京河南尹秦王從榮優禮待之奏署大師號文智焉於長壽淨土院住持應順元年甲午正月二十二日忽微疾作召弟子助吾往生念彌

陀佛奄然而化俗年七十五僧臘五十六閏正月二日荼毗收遺骨至清泰二年四月八日建塔於龍門山廣化寺之東南隅止風神峭拔戒節孤高百家子史經目無遺該博之外尤所長者近體聲律詩也有贈樊川長老詩流傳人口在定州日中山與太原互相疑貳諸侯兼幷王令方欲繼好息民因命僧齋於慶雲寺會有獻白鵲者王曰燕人詩客試爲詠題止即席而成後句云不知誰會喃喃語必向王前報太平王欣然詩人李洞者風骨僻異慕賈閬仙之模式景福中在河池相遇贈止三篇時宰相孫公渥趙公鳳馬公裔孫寶學士夢徵符侍郎鄴李侍郎詳皆唱予和汝墳荒韻譜止頃在長安講罷遊終南山逍遥園是姚秦什法師譯經之地年代寖深鞠爲茂草且曰吾爲釋子忍不興乎奏昭宗乞重脩帝允仍舊賜草堂寺額後請樊川淨休禪伯聚徒談玄美及在洛也講外長誦金剛經不知紀極昔多居終南山崆峒山故有三山集詩三百五十篇盛行于時弟子修文修智修行徵見師之道焉

漢太原崇福寺巨岷傳

釋巨岷姓任氏西河人也父遊于藝而貧丘園母王氏戒受八關心歸三寶從妊岷也更好善緣復求福利而生令子及生年甫七歲志氣敦篤暫見佛像注仰欣然父母知有宿因或攜入寺意欲忘歸至本郡淨心院見宣遠論師志戀其房泣求攝受二親知不能阻其願咸皆可之年十歲誦終法華維摩二經日持十卷更無間隔如執瑠璃之器其舒徐姿制若老成焉迨圓滿足便習尸羅克通開制之科恒服欣戚之鑑自爾大乘理趣經論精窮得其師門則幷部永和三學也俾夜作晝寢案是臨不暇諸他唯研習義章修六事二因也於大般涅槃經兼因明論末年逾切又傳輸金論盡屏餘緣各講十徧仍求輔亮博覽羣書得義最精又揚具美尋稟綸言住城內天王院與弟子俱供億不虧傳持無替乾祐元年漢祖以龍潛晉土之日便仰岷名特降庭臣賜紫衣號圓智大師續有詔宣住崇福寺講堂院仍充管內僧正經年而變法於晉檢策僧徒如風偃草至乾祐二年十一月五日無疾而終于時四衆含悲一城戀德俗齡九十三法臘五十四乃遵西域荼毗禮多投香水或執旛花黑白之衆盈郊黷對之雲蔽日未容火滅皆捧寶瓶待感梁粟之形同見熏修之體時得舍利者隨自因緣或多或少別得遺骨具表奏聞漢主勑葬於西山天龍寺凡事官供起石塔勑謚號曰達識焉

漢棣州開元寺恒超傳

釋恒超姓馮氏范陽人也祖父不仕世修儒道而家富巨萬超生而聰慧居童稚羣不貪戲弄年十五早通六籍尤善風騷辭調新奇播流人口忽一日因閱佛經洗然開悟乃歎曰人生富貴喻等幻泡唯有眞乘可登運載遂投駐蹕寺出俗未周三祀方議進修晝夜不疲而屬師亡亦遵釋氏喪儀守禮無怠孝悌之名燕人所美梁乾化三年往五臺山受木叉戒由是陟遐自邇切問近思俄徵伐木之章且狎成人之友結契遠求名匠阻兩河

間兵未罷路不通南則梁祖北則莊宗抗衡於輕重之前逐鹿在存亡之際當是時也超止於本州魏博并汾之間學大小乘經律論計七本講通思於雍洛梁宋名師杳然隔絶雖然巡歷非遠宏暢殊精瓶滿見知翼飛名字是故并部息塵中山貞辯夫二人者言行俱臻證修有位一見超歎曰義龍之頭角悉完備矣待飛奮而爲霖雨焉其爲碩德題目多此類也龍德二年挂錫於無棣超曰此則全齊舊壤鄒魯善鄰遂止開元伽藍東北隅置院講諸經論二十餘年宣導各三十餘徧節操高邁舉措舒徐緇素見之無不怯懼聲無叱咤語不夸奢自然而然且非威勢凌轢之所得也前後州牧往來使臣嚮譽欽風修名執刺相禮重者止今童子辭以講貫罕曾接對初有所慊終伏其高齊魯之間道秀不遠數百里造其門以詰難諸公一覩超容傍聽議論忝乎子史證以教宗或問因明超答以詩一首辭新理妙皆悉歎降時郡守李君素重高風欲飛章舉賜紫衣超聞驚愕遂命筆爲詩云虛著褐衣老浮杯道不成誓傳經論死不染利名生猒樹遮山色憐窓向月明他時隨范蠡一棹五湖清李君復令人勸勉願結因緣超確乎不拔且曰而其復爾則吾在盧龍塞外矣鄴將聞而止又相國瀛王馮道聞其名知是鄉關宗人先遺其書序以歸向之意超曰貧道閑人早捨父母剋志修行本期彌勒知名不謂浪傳於宰衡之耳也於吾何益門人敦喻不得已而答書具陳出家之人豈得以虛名薄利而留心乎瀛王益加鄭重表聞漢祖遂就賜紫衣自此忽忽不樂以乾祐二年仲春三日微疾數辰而終于本院院衆咸聞天樂沸空乃升兜率之明證也春秋七十三僧臘三十五門人洞微與學徒百餘人持心喪傾城士庶僧尼會送城外具茶毗禮收舍利二百餘顆分施之外緘五十顆於本院起塔以葬之瀛王未知別奏賜師號曰德正乃刊勑文于石塔焉

漢洛京法林院僧照傳

釋僧照姓張氏范陽人也年十四出家投憫忠寺聰晤絶儔神儀偉秀初受經偈日誦數千百言目所覽者過於宿習吐論知見有老成之風遂度爲沙彌受具已來歷于再閏暗誦經典已踰六大部矣即最勝王大悲維摩法華等經傍加聽尋經論十數年間深文伏義藍出青矣天祐中遊方南下爰屆中山元戎王處直請住法華寺相次易帥請之太傅隴西公連表薦賜紫方袍加至眞大師次則扶風馬公請爲僧正非所好也及抵洛陽有命開法華經講止法林院況乎都闕浩穰衆龍輻湊及照之唱導翕如於下風伏膺矣以乾祐元年三月二十六日示滅于講院春秋七十僧臘五十四衆號慕侍中李公傾易定曾爲外護復守洛宅飾終喪禮悉以資奉粤四月三日遷神于城南行茶毗法收舍利紅潤可數百粒濟陽丁公爲保釐之蒞職爲樹塔于廣化之寺南崗照平昔講凡七十餘座勤勤爲法門生頗多宰臣馬公孫最所欽重前後贈詩僅數十首洛中爲美談矣

漢洛陽天宮寺從隱傳

釋從隱姓劉氏洛陽三鄉人也丱年敏慧誓欲出塵二親既聽乃投本邑竹閣院依師誦習陶練靈府尋於嵩陽受戒畢就長水聽釆纔歷數年克通百法中觀彌陀三經論焉而諲師年老深許隱之博達性相後於洛布金院赴請敷演至後唐清泰中諲付講座曰爲衆三登法席夏中長髫覽藏經一袟精進苦節人無與比乾祐二年正月示疾而終俗壽五十三僧臘三十二乃依天竺法火化收合眞體圓淨堪愛門人樹塔至今存焉次有長水縣泉院釋夢江者姓楊氏本邑人也神彩灑落超拔凡態遂願出家恒誦仁王般若進具後講百法論清泰中龍門廣化寺請爲衆開演遇帝幸其寺宣問妙辯天逸悦可上心時於御前賜紫袈裟確乎不受訓導二十餘年講罷行道禮佛日唯一食慈忍於物罕逢愠色周顯德三年疾終緇素悲慕爲其建塔矣

縣七 十八

漢杭州龍興寺宗季傳

釋宗季者俗姓俞臨安人也稚齒瑰偉心志剛直嘗天震鄰家樹季隨儸仆有姊尼抱就膝視之曰此非震死且有生候至夜未央甦而復作遂勸令出家事欣平寺僧後往衢州投巨信論師學名數論文義淹詳且難詘伏鋒芒如也迨迴杭龍興寺召講時僧正蘊讓給慧縱横兩面之敵也與閭丘方遠先生江東羅隱爲莫逆之交也見而申問季作二百語訓之讓正賞歎遂請開講四十餘年出弟子七八百人漢乾祐戊申歲疾終于本房初季講次遇一異人作胡語問西域未來之經論一衆驚然季眇二目曾夜行感神光引之常覽古師之述作曰可俯而窺也遂撰永新鈔釋般若心經暉理鈔解上生經彌勒成佛經疏鈔補猷鈔闕諸別行義章可數十卷並行於世季道行孤僻性情方正寡言語氣貌高邁誓不趨俗舍暨老懇請亦罕赴白衣家居唯屢空衎然自任而孜孜手不釋卷樂道向終至今此宗越多弟子講導不泯焉

縣七 十九

周魏府觀音院智佺傳

釋智佺姓張氏銅臺永濟人也九歲於鄴都臨清王舍城寺事師暨受具戒身器挺然八尺面色玉如行步若舒鴈言音如扣鐘人望之凜然僉曰美丈夫也恒誦諸經晝三夜三禮佛無闕本師知其法器遣往滑臺抵明福寺就暉師講肆朞月頓見諸法體用喜不自任時暉之門主息勇倖幹者數十貟皆出佺之下徇睢陽人請講未久又令東京遇信士捨宅爲萬歲百法院由此洛京陳許徐宿維青琴臺咸樂請其敷演自鳩聚檀嚫前後飯僧三十萬天雄軍戴張郭三家同建觀音院命居之佺敏利之性天資初終講百法論可百許徧登法座多不臨文懸述辯給後三過覽大藏經以輔見知其誦諷經呪也嘗闔戶外閴然有彈指聲者感鬼神讚歎歟魏帥陳君思讓篤志歸依表薦紫衣師號曰歸政殆臨八十一而尅意學歐王書體僅入能妙域問之曰吾習來生字耳顯德五年年八十三呼弟子奉旻等囑累令造木轝一所欽送闍維至其年十一月十一日奄終奉木塔舉高三丈餘縱燎時有白鶴哀鳴紫雲旋覆收拾

舍利建塔緘焉

宋秀州靈光寺皓端傳

釋皓端姓張氏嘉禾人也九歲捨家入靈光精舍師授經法如温舊業焉年登弱冠受形俱無表于四明阿育王寺遇希覺律師盛揚南山律端則一聽旋有通明義門無壅奔投金華雲法師學名數一支并法華經後受吳興緇伍所請講論焉兩浙武肅王錢氏召於王府羅漢寺演訓復令於眞身塔寺宣導于時有台教師玄燭者彼宗號爲第十祖端依附之果了一心三觀遂撰金光明經隨文釋十卷由是兩宗法要一徑路通忠獻王錢氏借賜紫衣別署大德號崇法焉後誓約不出寺門慕遠公之不渡虎溪也高尚其事僅二十餘年身無長衣口無豐味居不施關坐唯一榻以建隆二年三月十八日坐滅于本房容貌猶生三日焚之于城西得舍利於煨燼之末俗年七十二僧臘五十二凡著述傳録記讚七十許卷學得其門者止八十餘人端性耿介言無茍且一坐之間不談世論唯以佛法爲己務可謂傳翼之象王矣祕書監錢昱嘗典秀郡躬覲端之標格爲著行録焉

宋東京天清寺傳章傳

釋傳章俗姓彭氏開封東明人也厥父諱即邑甸之上農也塵務之外正見不回恒讀佛經懸解詮旨毋邢氏嘗夢入法宇手探道器因而娠焉與父知懷非常之子指腹誓令出俗年甫十一乃禮本邑唯識師祕公爲師一見異之初授淨名仁王法華三經及削髮去周羅隨祕公遊五臺禮文殊應跡之地其年受具爲息慈日便於浚郊清朗法師座下聽習法華經後於睢陽道雅法師重温前業尋學唯識於本師頗揭厲乎義津法水又親附副僧録通慧因明且臻其極章日誦三經兼二戒本講貫訓徒向二十載未嘗少輟廣順中左街僧録廣智大師薦聞于周高祖賜紫方袍大宋乾德二年左街僧録道深薦于太祖神德皇帝賜師號曰義明俄示疾而終于本院春秋五十五法歲三十六未絶之前命筆作偈警世而贈諸朋執矣所度弟子一十五人以其年十一月十六日卜京之南原用茶毗之法薪盡火滅得舌且不灰衆歎戒德門人檀信共立塔焉則開寶五年也先是厥父恒務法華經終後焚之亦舌不壞子父同驗實爲罕有相國寺清慧大師彝炳爲塔銘焉

宋并州崇福寺佛山院繼倫傳

釋繼倫姓曹氏晉陽人也弱齒而壯其志勇其心決求出家本師授法華經日念三紙時驚宿習慧察過人登戒之後至年二十一學通法華經義理幽賾唯識因明二論一覽能講由是著述其鈔至今河東盛行三講恒一百五十餘徒從其道訓又撰法華鈔三卷其爲人也慈忍成性戒範堅强人望之而心服以劉氏據有并汾酷重其道署號法寶録右街僧事寬猛相參無敢違拒以僞漢己巳歲冬十月示疾心祈口述願生知足天終後頂熱半日方冷則開寶二年也享年五十一闍維畢淘獲舍利遠近取供養焉

宋齊州開元寺義楚傳

釋義楚，俗姓裴氏，祖相州安陽人也楚七歲來省歷下臨壇大德倫進因爲出家師也進乃楚之諸父也季父省倫居香嚴院進也誦觀音普門支經向十萬徧立禮法華經字字各拜拜且徹部焉倫則青丘圭宰禪居誦大悲佛頂俱一億徧楚執柯伐木熏習相資登此近圓勤學不懈敏慧夙成俱舍一宗造微臻極遂傳講圓暉疏十許徧後該覽大藏三徧乃慨儒家爲佛教之文而多謬解解既謬歟事多悞用擬白樂天六帖纂釋氏義理文章庶事羣品以類相從建其門目總括大綱計五十部隨事別列四百四十門始從法王利見部終師子獸類部其間物類檢括周旋令供筆之時必無告乏矣一十年中孜孜罔倦起晉開運二年至顯德元年畢進呈世宗勑付史館賜紫衣仍加號明教大師以開寶中終于龍興伽藍俗壽七十四法臘五十四楚始諆此作隨得便書裒多益寡日居月諸鬱成編錄忽因本院門古石上有六帖二字天然分明覩此靈符乃知宿定搜今幹古筆不停綴時樞密相國王公朴爲楚作序冠于編首今行于寰海矣初楚著述心亦勞止而雙目丧明醫工莫療遂冥心懺過慮刪碎教文裁量差脫如是虔虔更無間息再歲還明人謂其徵感焉

宋杭州慈光院晤恩傳

釋晤恩字修已姑蘇常熟人也姓路母張氏甞夢梵僧入其家而妊焉及稚孺見沙門相必起迎逮年十三聞誦彌陀經遂求出家親黨饒愛再三沮之乃投破山興福寺受訓後唐長興中受滿分戒登往崑山慧聚寺學南山律晉天福初從檇李皓端師聽習經論懸解之性天然時輩輙難抗敵後微聞天台三觀六即之說冥符意解漢開運中造錢唐慈光院志因師講貫彌年通達法華光明經上觀論咸洞玄微尋施覆述出弟子相次角立雍熙三年八月朔日恩於中夜覩白光自井而出明滅不恒謂門人曰吾報齡極於此矣乃絕粒禁言一心念佛次夢擁納沙門執金鑪焚香三遶其室自言祖師灌頂來此相迎汝當去矣夢覺呼弟子至猶聞異香至二十五日爲弟子說止觀旨歸及觀心義辰時端坐面西而化享年七十五僧臘五十五其夜院僧有興文偃等皆聞空中絲竹嘹亮而無鞞鼓且多鈴鐸漸久漸遠依稀西去迨九月九日依西域法焚獲舍利青白圓粒無筭恩平時謹重一食不離衣鉢不畜財寶卧必右脇坐必加趺弟子輩設堂居亦同今之禪室立制嚴峻日別親視明相方許淨人施粥曾有晚飲薯蕷湯者即時擯出黌堂每一布薩則潸洒不止蓋思其大集滿洲之言耳偏誨人以彌陀淨業救生死事受教得生感祥可見者往往有之凡與人言不問賢不肖悉示以一乘圓意或怪不逗機者乃曰與作毒鼓之緣耳不喜雜交游不好言世俗事雖大人豪族未甞輙問名居況造趨其門乎先是天台宗教會昌毀廢文義殘缺談妙之辭沒名不顯恩尋繹十妙之始終研覈五重之旨趣講大玄義文句止觀二十餘周解行兼明目足雙運使法華大旨全美流于代者恩之力

也又慊昔人科節與荊溪記不相符順因著玄義文句止觀金光明金錍論科總三十五帖見行於世吁河漢中有魚泝流而上者何潛泳有所取故恩公不寬乘戒而出弟子十有七人求解而行行耳

綠七 二十五

宋天台山螺溪傳教院義寂傳

釋義寂字常照姓胡氏溫州永嘉人也母妊娠公白不喜葷血生乃首蒙紫帽而誕焉幼啓二親堅求去俗旋入開元伽藍師授法華經朞月而徹寺之耆老稱歎希有受具已往會稽學南山鈔既通律義乃造天台山研尋止觀其所易解猶河南一徧照也先是智者教迹遠則安史兵殘近則會昌焚毀零編斷簡本折枝摧傳者何憑端正甚學寂思鳩集也適金華古藏中得淨名疏而已後款告韶禪師囑人泛舟於日本國購獲僅足由是博聞多識微寂此宗學者幾握半珠為家寶歟遂於佛隴道場國清寺相繼講訓令許王錢氏在兩浙日累請開演私署淨光大師并紫方袍辭讓不卻受而不稱及興螺溪道場四方學侶霧擁雲屯太平興國五年朝廷條貫緇伍經業寂從山入州治寺寺東樓安置樓近大山夜夢刹柱陷沒于地意頗惡之自徙於西偏僧房其夜春雨甚山崩樓圮人咸謂寂先見同修報得之眼焉因受黃巖邑人請乘舟泛江放生講流水長者品至海門靈石是智者冬居道場也勸人修寺塑像入緣者繁夥今上遣高品衛紹欽入山重建壽昌寺也諸官同命受菩薩戒雍熙初永安縣請於光明寺受戒古殿像隳腹中獲發願辭即唐咸通六年沙門希皎施戒勸七鄉人裝塑尊像願捨報為男子童真出家常布褐傳法利樂衆生云觀者皆意寂之前身也四年臨海縉雲永康東陽諸邑請其施戒九月寂至自太末十月寢疾本院方丈十一月四日囑誡

二十六 綠七

門人不許哭泣祭奠應緣俗禮者非吾弟子也即窆于方丈樹小塔焉享年六十九法臘五十矣四方傳法弟子見星而舍者數百人寂平素講法華經并玄義共二十許座光明淨名梵網等經止觀金錍等論法界還源等觀禪源詮永嘉集各數徧所著止觀義例法華十妙不二門科節數卷自智者捎世六代傳法湛然師之後二百餘齡寂受遺寄最克負荷其如炎蒸講貫而無汗之霑洽曾不久聽而勝解佛乘每一談揚則擬金王應召羽商和彼九旬說妙相去幾何又嘗寓四明育王寺夢登國清寺上方有寶莊嚴幢座題曰文殊臺設柜柵闌隔求入無由俄覩觀音菩薩從堂徐出以手攘卻行馬低迂相接斯須覺已與觀音身泯合不分因而驚寤自是之來樂說無盡矣或曰入普門智乘利物悲上合佛覺證無上故下合衆生凡同體故開則羣靈混成一法得是心者非觀音而誰歟是以講談也施戒也自甌越之鄉迨三天子障民多咈戾俗尚畋獵受寂之訓也咸食椹革

二十七 綠七

音說法之功所謂善建由是堂室間可見者曰澄或曰寶翔曰義通及乎台之民庶曾受戒法迎真相來州治開元寺祭饗皆縞素哀泣天爲之變慘其慈攝之所感知州鄭公元龜爲詩悲悼焉

論曰玄黙垂文聖人俯察河雒之流有告圖書之法作程禹受斯符乃爲經緯本六十餘字訓第表明號洪範以開章得彛倫而逌敘帝王之法粲然可觀祖述之家翕爾宗此我之佛道可弗然耶教自西傳若龜馬之文乍辯聲由此盛如夏商之美惟揚及其講訓相資籤箋互出因分異轍各競顔門施巧智之莫京致慧心之懸合宜乎得正信者必開正眼見正道者必事正修倒本前因則以決擇爲主原夫能詮之教喻圖書也所詮之理喻訓第也經容緯入緯變經存今表顯之名言從體義之相（聲去）雜唯識僉推於護法成即司南婆沙奄有於餘師説同衍字良以各迷已見皆未極成正不正之説恢張玄又玄之談崛起大抵無名相法作名相説非如色法影質易尋名色交加喜生迷競又以言存一意義止一途隨情取舍之時未爲允當隨轉理門之處蓋涉無文加復教有弛張意闕詳略討尋者非英明而莫悟承領者非行位而那知在人亡書以教爲折中故論中以四種徵理理則難隱一觀待二作用三法爾四證成用斯道理義豈惑乎譬如甲氏背人而去有二三子相問曰彼去者誰邪一云乙也一云丙也此俱未是彼有識人云甲也迴面視之是甲非乙由其不識遂有多名識者一呼應聲而至覿得自體不涉異緣故曰精義無二[二十八]也因義生解解必虚通除其執情令生正解斷其迷執執情斷故所執便遣既能生解則斷障二重斷染依他清淨依他圓成故得二勝果焉不然者認相似法墮惡取空曳曲木於稠林泛膠舟於苦海又不可勝道也瑜伽論中契經體有二一文二義文是所依義是能依如是二種總名一切所知境界也夫以能化之教已翻所詮之理難悟苟非宿慧安喻經心宿慧當多世之熏方能生起經心乃大雄之意豈易尋求諺所謂老見事長佛已三祇之揚歷多言或中法從諸聖之同宣豈得以夏蟲共論其凌凘井魚互談其溦瀣此誠不可也必須近佛菩薩善慧法師四無礙居遊戲之中八辯音演自他之利秪如天親大士將世尊之一言中道圓宗成諸法之五位如龍帶涓滴而起爲雨望苗稼而施又同命包作緯於春秋鑿度爲資於大易此皆善其通變能其揣摩以利根而教鈍根以正見而誘邪見都稱爲摩訶般特伽也西域蒲塞治家子以爲裘此方俊才鬻乳人[二十九]而加水成裘則易以日見而留心免水則難以傳來而隔手昔以講人論法造疏尋宗用成實法數之名補大乘闕貞之義其有解法名目隨人見知未融六釋之端何暇三隅之反至若黎邪是報非報化人有心無心和合怖數之徒聞熏滅不滅等百有餘科並三藏四含之盤根大小兩宗之鈐鍵先賢之所不決令哲之所共疑但謂闕如所知成障及乎奘師西復梵本東傳富瑜伽之寶林開唯識之淵府摩訶衍足殺三摩明名數均著作之家立破定是非之量深山大澤必生龍蛇有大乘基爲其高足不緣宿習多見生知謂之義天則明星有爛謂之理窟則善閉無關堂堂合周髀之儀軋軋應崑崙之軸有經皆講無疏不成

權奇百本之名控壓四人之聖復次光也寶也測乎沼乎章句之學頗長釋藏之理何富世茂珠林邁編圖紀環附量度于鯨海尚綴文榮于玉華究三論極乎瑗康窮方等歸乎楷景觀公撰集華嚴命章解相入之連環且無難色通絕行之斷閣故立易功法藏從性海而遊智昇自名流而出偉歟一行所作通神實僧相之法王乃人形之菩薩忠氤琳甫貢秀詵真俱叅譯判經盡開荒闢土於爍宗密美乎湛然悟達全才徹公令範可以副人之求備哉餘諸上士擅美殊方落落英翹互有長短矧以佛之說經中經者論經由論顯論待疏通疏總義章義從師述況以闡羅縠者見猶未盡大徧知者知方得全射侯之矢易踈詐脉之求難中若非親證親說得自體三十之分明載驅縣七載馳妄他求之晻曖如攜異門分差別之相難知故智論中吾滅度後所有撰集者皆為論藏攝也俱作導師指迷人之歸路悉銜明燭照暗室之績工勳戒足以行之入定門而安矣蓋纏克斷智慧成功咸從生死之河盡度涅槃之岸此始可與言從聞且思思至而修證大圓寂者過此以往未知執名滯義問欲何為故曰精義入神以致用也既有所用則捨筌蹄而直造佛地此則深於其道者也

宋高僧傳卷第七

宋高僧傳卷第七

校勘記

一　底本，清藏本。

一　五八頁上八行「東京」，[磧]、[南]作「今東京」。一三行同。

一　五八頁中一行首字「宋」，[資]、[磧]、[普]、[南]作「大宋」。

一　五八頁中六行「傳教院」，[磧]、[南]作「道場」。

一　五九頁中一行第九字「家」，[資]作「冢」。

一　五九頁中二行「應縮」，[資]、[磧]作「盈縮」。

一　五九頁中末行「俱贍」，[南]作「俱瞻」。

一　六〇頁中二行第六字「寺」，[資]、[磧]、[普]、[南]作「尋」。

一　六〇頁下七行「戒律」，[資]、[磧]、[普]、[南]、[徑]作「戒津」。

一　六二頁上一四行「行道」，[磧]、[普]作「仁道」。

一　六三頁中一一行首字「姿」，[南]、[徑]作「恣」。

一　六三頁下四行「九十三」，[資]、[普]作「七十三」。

一　六六頁上二行首字「宋」，[資]、[磧]、[普]、[南]作「大宋」。以下傳目中「宋」字同。

一　六六頁下一八行「五十一」，[資]、[磧]、[普]作「五十二」。

一　六六頁下一九行第九字「取」，[資]、[磧]、[普]、[南]作「分取」。

一　六八頁上八行第三字「白」，[資]、[普]作「曰」。

一　六八頁上一四行「甚學」，[資]作「其學」。

一　六九頁上一七行「取舍」，[資]、[磧]作「取捨」。

一　六九頁下六行首字「治」，[磧]作「治」。

宋高僧傳卷第八

宋左街天壽寺通慧大師賜紫沙門贊寧等奉　勑撰

習禪篇第三之一 正傳十五人 附見三人

唐蘄州東山弘忍傳

釋弘忍姓周氏家寓淮左潯陽一云黃梅人也王父暨考皆于名不利貴于丘園其母始娠移月而光照庭室終夕若晝其生也灼爍如初異香襲人舉家欣駭迨能言辭氣與鄰兒弗類既成童丱絕其遊弄厥父偏愛因令誦書無記應但其宿熏真心早萌其成現一旦出門徙倚間如有所待時東山信禪師邂逅至焉問之曰何姓名乎對問朗暢區別有歸理逐言分聲隨響答信師熟視之歎曰此非凡童也具體占之止闕七大人之相不及佛矣苟預法流二十年後必大作佛事勝任荷寄乃遣人隨其歸舍具告所親喻之出家父母忻然乃曰禪師佛法大龍光被遠邇緇門俊秀歸者如雲豈伊小騃那堪擊訓若垂虛受固無留悋時年七歲也至雙峯習乎僧業不逭艱辛夜則斂容而坐恬澹自居洎受形俱戒檢精厲信每以頓漸之旨日省月試之忍聞言察理觸事忘情瘂正受壓渴方飲水如也信知其可教悉以其道授之復命建浮圖功畢密付法衣以爲質要將知齕雪山之肥膩構作醍醐滄海底之金剛樓傾巨樹擁納之侶麕至蟬聯商人不入於化城貧女大開於寶藏入其趣者號東山法門歟以高宗上元二年十月二十三日告滅報齡七十有四是日氛霧冥暗山石崩圮門弟子神秀等奉瘞全身于東山之岡也初忍於咸亨初命二三禪子各言其志神秀先出偈惠能和焉乃以法服付慧能受衣化於韶陽神秀傳法荊門洛下南北之宗自茲始矣又信禪師嘗於九江遙望雙峯見紫雲如蓋下有白氣橫開六歧信謂忍曰汝知之乎曰師之法旁出一枝相踵六世信甚然之及法融化金陵牛頭山貽厥孫謀至于慧忠凡六人號牛頭六祖此則四祖法又分枝矣然融望忍則庶孼耳安可匹嫡乎開元中太子文學閭丘均爲塔碑焉代宗勑諡大滿禪師塔曰法雨也蘄春自唐季割屬偏霸暨開寶乙亥歲王師平江南之前忍肉身墮淚如血珠焉僧徒不測乃李氏國亡之應也今每歲孟冬州人鄰邑奔集作忌齋猶成繁盛矣其諱日將近必雨霧陰慘不然霰雪交霏至日則晴朗焉

唐韶州今南華寺慧能傳

釋慧能姓盧氏南海新興人也其本世居范陽厥考諱行瑫武德中流于新州百姓終於貶所略述家系避盧亭島夷之不敏也貞觀十二年戊戌歲生能也純淑迂懷惠性間出雖蠻風獠俗漬染不深而詭行么形駮雜難測父既少失母且寡居家亦屢空業無腴產能負薪矣日售荷擔偶聞鄽肆間誦金剛般若經能凝神屬垣遲遲不去問曰誰邊受學此經曰從蘄州黃梅馮茂山忍禪師勸特此法云即得見性成佛也能聞是說若渴夫之飲寒漿也忙歸備所須留奉親老咸亨中往韶陽遇劉志略略有姑無盡藏恒讀涅槃經能聽之即爲尼辨析中義怪能不識文字乃曰諸佛理論若取文字非佛意也尼深歎服號爲行者有勸於寶林古寺修道自謂已曰本誓求師而貪住寺取乎道也何異却行歸舍乎明日遂行至樂昌縣西石窟依附智遠禪師侍座談玄遠曰行者迨非凡常之見龍吾不知吾不知之甚矣勸往蘄春五祖所印證去吾終於下風請敎也未幾造焉忍師覩能氣貌不揚試之曰汝從何至對曰嶺表來叅禮唯求作佛忍曰嶺南人無佛性能曰人有南北佛性無南北曰汝作何功德曰願竭力抱石而舂供衆而已如是勞乎井臼率淨人而在先了彼死生與涅槃而平等忍雖均養心何辨知俾秀唱予致能和汝偈辭在壁見解分岐揭厲不同淺深斯別忍密以法衣寄託曰古我先師轉相付授豈徒爾哉嗚呼後世受吾衣者命若懸絲小子識之能計迴生地隱於四會懷集之間漸露鋒穎就南海印宗法師涅槃盛集論風旛之語印宗辭屈而神伏乃爲其削椎髻於法性寺智光律師邊受滿分戒所登之壇即南宋朝求那跋摩三藏之所築也跋摩已登果位懸記云後當有肉身菩薩於斯受戒又梁末眞諦三藏於壇之畔手植菩提樹謂衆曰種此後一百二十年有開士於其下說無上乘度無量衆至是能爰宅于兹果於樹陰開東山法門皆符前讖也上元中正演暢宗風慘然不悅大衆問曰胡無情緖耶曰遷流不息生滅無常吾師今歸寂矣凶赴至而信乃移住寶林寺焉時刺史韋據命出大梵寺苦辭入雙峯曹侯溪矣大龍倏起飛雨澤以均施品物攸滋逐根荄而受益五納之客擁塞于門四部之賓圍遶其座時宣祕偈或舉契經一切普熏咸聞象藏一時登富悉握蛇珠皆由徑途盡歸圓極所以天下言禪道者以曹溪爲口實矣洎乎九重下聽萬里懸心思布露而奉迎欲歸依而適願武太后孝和皇帝咸降璽書詔赴京闕蓋神秀禪師之奏舉也續遣中官薛簡往詔復謝病不起子牟之心敢忘鳳闕遠公之足不過虎溪固以此辭非邀君也遂賜摩納袈裟一緣鉢一口編珠織成經巾綠質紅暈花綿巾絹五百匹充供養云又捨新興舊宅爲國恩寺焉神龍三年勅韶州可修能所居寺佛殿幷方丈務從嚴飾賜改額曰法泉也延和元年七月命弟子於國恩寺建浮圖一所促令速就以先天二年八月三日俄然示疾異香滿室白虹屬地飯食訖沐浴更

衣彈指不絕氣微目瞑全身永謝爾時山石傾墜川源息枯鳥連韻以哀啼猿斷腸而叫咽或唱言曰世間眼滅吾疇依乎春秋七十六矣以其年十一月遷座于曹溪之原也弟子神會若顔子之於孔門也勤勤付囑語在會傳會於洛陽荷澤寺崇樹能之眞堂兵部侍郎宋鼎爲碑焉會序宗脉從如來下西域諸祖外震旦凡六祖盡圖繢其影太尉房琯作六葉圖序又以能端形不散如入禪定後加漆布矣復次蜀僧方辯塑小樣眞肖同疇昔能曾言吾滅後有善心男子必取吾元汝曹勿怪或憶是言加鐵環纏頸焉開元十一年果有汝州人受新羅客購潛施刃其元欲函歸海東供養有聞擊鐵聲而擒之其塔下蓧藏屈眴布鬱多羅僧其色青黑碧縑複袷非人間所有物也屢經盜去迷倒却行而還褫之至德中神會遣弟子進平送牙癢和一柄朝達名公所重有若宋之問謌能著長篇有若張燕公說寄香十斤幷詩附武平一至詩云大師捐世去空留法身在願寄無礙香隨心到南海武公因門人懷讓鑄巨鐘爲撰銘讃宋之問書次廣州節度宋璟來禮其塔問弟子令韜無生法忍義宋公聞法歡喜向塔乞示徵祥須臾微風漸起異香裛人陰雨霏霏只周一寺耳稍多奇瑞追繁不録後肅宗下詔能弟子令韜韜稱疾不赴遣明象齎傳法衣鉢進呈畢給還憲宗皇帝追謚曰大鑒塔曰元和正眞也迨夫唐季劉氏稱制番禺每遇上元燒燈迎眞身入城爲民祈福大宋平南海後韶州盜周思瓊叛換盡焚其寺塔將延燎平時肉身非數夫莫舉煙熛向逼二僧對舁輕如夾紵像焉太平興國三年今上勑重建塔改爲南華寺矣

系曰五祖自何而識一介白衣便付衣耶通曰一言知心更無疑貳況復記心輪間如指之掌忍師施一味法何以在家受衣鉢乎秀師則否通曰是法寧選緇白得者則傳周封諸侯乃分分器同姓異姓別也以祖師甄別精麤以衣爲信譬如三力士射堅洛叉一摩健那射則中而不破二鉢羅塞建提破而不度三那羅延箭度而復穿餘物也非堅洛叉有强弱但由射勢力不同耳南能可謂那羅延射而獲賞焉信衣至能不傳莫同夏禹之家天下乎通曰忍言受傳衣者命若懸絲如是忍之意也又會也稟祖法則有餘行化行則不足故後致均部之流方驗能師之先覺不傳無私恪之咎矣故曰知人則哲也吁

唐荊州當陽山度門寺神秀傳

釋神秀俗姓李氏今東京尉氏人也少覽經史博綜多聞既而奮志出塵剃染受法後遇蘄州雙峯東山寺五祖忍師以坐禪爲務乃歎伏曰此眞吾師也決心苦節以樵汲自役而求其道昔魏末有天竺沙門達磨者得禪宗妙法自釋迦佛相傳授以衣鉢爲記世相傳付航海而來梁武帝問以有爲之事達磨貴傳迎門心要機教相乖若水投石乃之魏隱於嵩丘少林寺尋卒其年魏使宋雲於葱嶺見之門徒發其冢但有衣履而已以法付慧可可付粲粲付道信信付忍忍與信俱住東山故謂其法爲東山法門秀既事忍忍默

識之深加器重謂人曰吾度人多矣至於懸解圓照無先汝者忍於上元中卒秀乃往江陵當陽山居焉四海緇徒嚮風而靡道譽馨香普蒙熏灼則天太后聞之召赴都肩輿上殿親加跪禮內道場豐其供施時時問道勅於昔住山置度門寺以旌其德時王公已下京邑士庶競至禮謁望塵拜伏日有萬計洎中宗孝和帝即位尤加寵重中書令張說嘗問法執弟子禮退謂人曰禪師身長八尺厖眉秀目威德巍巍王霸之器也初秀同學能禪師與之德行相埒互得發揚無私於道也嘗奏天后請追能赴都能懇而固辭秀又自作尺牘序帝意徵之終不能起謂使者曰吾形不揚北土之人見斯短陋或不重法又先師記吾以嶺南有緣且不可違也了不度大庾嶺而終天下散傳其道謂秀宗為北能宗為南南北二宗名從此起秀以神龍二年卒士庶皆來送葬詔賜謚曰大通禪師又於相王舊邸造報恩寺岐王範燕國公張說徵士盧鴻各為碑誄服師喪者名士達官不可勝紀門人普寂義福並為朝野所重蓋宗先師之道也

系曰夫甘苦相傾氣味殊致甘不勝苦則純苦乖時苦不勝甘則純甘用事如是則為藥治病偏重必離也昔者達磨沒而微言絕五祖喪而大義乖秀也拂拭以明心能也俱非而唱道及乎流化北方尚修練之勤從是分岐南服興頓門之說由茲荷澤行于中土以頓門隋倏練之煩未移磐石將絃促象韋之著空費躁心致令各親其親同黨其黨故有盧奕之彈奏神會之從遷伊蓋施療專其一味之咎也遂見甘苦相傾之驗矣理病未効乖競先成秖宜為法重人何至因人損法二弟子濯擊師足洗垢未遑折脛斯見其是之喻歟

唐袁州蒙山慧明傳

釋慧明姓陳氏鄱陽人也本陳宣帝之孫國亡散為編甿矣明少出家于永昌寺懷道頗切扣雙峯之法高宗之世依忍禪師法席極意研尋初無證悟若喪家之犬焉忽聞五祖密付衣鉢與盧居士率同意數十許人躡迹急追至大庾嶺明最先見餘輩未及能祖見已便擲袈裟明曰我來為法非望衣鉢也時能祖便於嶺首一向指訂明皆洞達悲喜交至問能曰某宜何往能記之曰遇蒙當居逢袁可止明再拜而去便更其名以舊云道明也下嶺紿諸僧曰向陟崔嵬遠望杳無蹤跡僧即退轉一說居士擲衣鉢於磐石曰此衣為信豈可力爭邪任君拈去明遂手掀如負鈞石而無舉分拱立捨旃則咸亨四年也以明未捨家曾署諸衛故有將軍之號矣宜春太守秦琢奏謚號焉

唐洛京荷澤寺神會傳

釋神會姓高襄陽人也年方幼學厥性惇明從師傳授五經克通幽賾次尋莊老靈府廓然覽後漢書知浮圖之說由是於釋教留神乃無仕進之意辭親投本府國昌寺顥元法師下出家其諷誦羣經易同反掌全大律儀匪貪講貫聞嶺表曹侯溪慧能禪師盛揚法道學者駿奔乃敩善財南方參問裂裳裹足

以千里爲跬步之間耳及見能問會曰從何所來答曰無所從來能曰汝不歸去答曰一無所歸能曰汝太茫茫答曰身緣在路能曰由自未到答曰今已得到且無滯留居曹溪數載後徧尋名跡開元八年勑配住南陽龍興寺續於洛陽大行禪法聲彩發揮先是兩京之間皆宗神秀若不淰之魚鮪附沼龍也從見會明心六祖之風蕩其漸脩之道矣南北二宗時始判焉致普寂之門盈而後虛天寶中御史盧弈阿比於寂誣奏會聚徒疑萌不利玄宗召赴京時駕幸昭應湯池得對言理允愜勑移往均部二年勑徙荊州開元寺般若院住焉十四年范陽安祿山舉兵內向兩京版蕩駕幸巴蜀副元帥郭子儀率兵平殄然於飛輓索然用右僕射裴冕權計大府[十一]各置戒壇度僧僧稅緡謂之香水錢聚是以助軍須初洛都先陷會越在草莽時盧弈爲賊所戮羣議乃請會主其壇度于時寺宇宮觀鞠爲灰燼乃權創一院悉資苫蓋而中築方壇所獲財帛頓支軍費代宗郭子儀收復兩京會之濟用頗有力焉肅宗皇帝詔入內供養勑將作大匠併功齊力爲造禪宇于荷澤寺中是也會之敷演顯發能祖之宗風使秀之門寂寞矣上元元年囑別門人避座望空頂禮歸方丈其夜示滅受生九十三歲矣即建午月十三日也遷塔于洛陽寶應寺勑謚大師曰眞宗塔號般若焉

系曰修其教不易其俗齊其政不易其宜者貫其漸也會師自南徂北行曹溪之法洛中彌盛如能不自異外護已成則可矣況乎旁無力輪人之多僻欲無放逐其可得乎或曰其過不多何遽是乎通曰犯時之忌罪不在大失其所適過不在深後之觀此急知時事歟是以佛萬劫學化行者知化行難耳無令固已而損法慎之哉

唐潤州竹林寺曇璀傳

釋曇璀俗姓顧氏吳郡人也肇國著姓其來彌光丞相有佐命之勳尚書有挺濟之譽衣冠鼎冑太嶽峻岱峯之高令問徽猷江漢爲南國之紀星象降精靈祇効祉德備胎教香符夢徵玄珪應上聖之祥神寶畜河汾之氣特受異準生而不凡襁褓之日而童蒙來求佩觿之時而忘身殉道和敏而純素溫恭而克明神器夙昭清風漸扇遂勉節出塵栖心物表金經祕藏一日萬言不逾歲敘而大經淹通遂於晚年緬懷宗匠始事牛頭山融大師[十二]融醇懿瓌雄東夏之達磨歟梵幢寶柱大海津梁目以上根乃誨之曰色聲爲無生之鴆毒受想是至人之坑穽致遠多泥子不務乎璀默而審之直轡獨上湌甘露味飲蒲萄漿猶金翅不食異類帝釋無共鬼居廼晦跡鍾山斷其漏習養金剛定趣大能位納衣空林多歷年所時淮南導首廣陵覺禪師江左名德建業如法師咸杖錫方來降心義體握珠懷寶虛往實歸則天皇母臨朝龔行佛事高其道業周勤詔書時棲霞約法師梵門之秀傑躬以敦勸朝天抗詔皇明恐未然也璀曰岐伯辭帝舜之師干木謝文侯之命玄暢以善論而抗宋主慧遠不下山而傲齊后彼何人哉由是遁北阜踰東岡考槃雲冥後止

于竹林之隩葺宇簋缶而告老焉既而紹列聖之鴻徽繼前賢之能事翼亮皇梵保寧天人俄端然入定七日而滅春秋六十二是歲天授三年二月六日也翌日依天竺法火化遺骸收灰建塔士庶含酸悉皆號慟門弟子僧感僧顒等刻石紀事奉全師禮正議大夫使持節潤州刺史汝南郡昇衢風遐想悅而久之褒德尚賢贊成厥美焉

唐金陵延祚寺法持傳

釋法持俗姓張氏潤州江寧人也儀貌邕肅膚體至潤幼而弃俗長事明師天機內發識浪外澄年十三聞黃梅忍大師特往禮謁蒙示法要領解幽玄後歸青山重事方禪師更明宗極命其入室傳燈繼明紹迹山門大宣道化方既出山凡是學衆咸悉從其咨稟心要聲價騰遠海內聞知數年之中四部依慕時黃梅謝緣去世謂弟子玄賾曰後傳吾法者可有十人金陵法持即其一也是知兩處禪宗重代相襲後以法眼付門人智威長安二年九月五日終于延祚寺遺囑令露骸松下飼諸禽獸令得飲食血肉者發菩提心其日空中有神旛數首從西而來遶山數轉衆人咸見先居幽棲故院竹林變白報齡六十有八矣

唐越州雲門寺道亮傳

釋道亮姓朱氏越州人也厥考前刺會稽郡亮年八歲出家極通經業受具後學河中三論復講涅槃經尋入深谷破衣覆形蔬食資命不交俗務直守童真神龍元年孝和皇帝詔亮與法席宗師十人入長樂大內坐夏安居時帝命受菩薩戒睿宗及妃后送異錦衾氈席二年詔於西園問道朝廷欽貴大都督李孝逸工部尚書張錫國子監周業崔融祕書監賀知章睦州刺史康詵同心慕仰請問禪心多結師資或傳香火卒年八十二門人慧遠等建塔萬齊融為銘紀述

唐荊州碧澗寺道俊傳

釋道俊江陵人也住枝江碧澗精舍修東山無生法門即信忍二祖號其所化之法也勤潔苦行跡不出寺經四十餘載室邇人遠莫敢請謁者唯事杜默如是聲聞于天天后中宗二朝崇重高行之僧俊同恒景應詔入內供養至景龍中求還故鄉帝賜御製詩弁奘景同歸枝江卒于本寺焉

唐溫州龍興寺玄覺傳

釋玄覺字明道俗姓戴氏漢末祖侃公第五燕公九代孫諱烈渡江乃為永嘉人也總角出家齠年剃髮心源本淨智印全文測不可思解甚深義我與無我恒常固知空與不空具足皆見既離四病亦服三衣德水沐其身所以清淨良藥治其眼所以光明兄宣法師者亦名僧也弁猶子二人並預緇伍覺本住龍興寺一門歸信連影精勤定根確乎不移疑樹忽焉自壞都捐我相不污客塵覩其寺旁別有勝境遂於巖下自構禪庵滄海盪其宵青山拱其背蓬萊仙客歲月往還華蓋煙雲晨昏交集粤若功德成就佛寶響與神鐘震來妙屋化出覺居其間也絲不以衣耕不以食豈伊莊子大布為裳自有阿難甘露作飯覺以獨學孤陋三人有師與東陽策禪師

肩隨遊方詢道謁韶陽能禪師而得旨焉或曰覺振錫遶庵答對語在別録至若神秀門庭遐征問法然終得心于曹溪耳旣決所疑能留一宿號曰一宿覺猶半偈清也以先天二年十月十七日於龍興別院端坐入定怡然不動僧侶悲號以其年十一月十三日殯于西山之陽春秋四十九初覺未亡前禁足於西巖望所住寺喟然歎曰人物駢闐花鞏翁蔚何用之爲其門人吴興與師新羅國宣師數人同聞皆莫測之尋而述之曰昔有一禪師將諸弟子遊賞之次遠望一山忽而唱曰人物多矣弟子亦不測後匪久此師捨壽殯所望地也西山去寺里有餘程送殯繁擁人物沸騰其感動也若此又未終前有舒鴈千餘飛于寺西侍人曰此將何來空中有聲云爲師墓所故從海出也弟子惠操惠特等慈玄寂皆傳師之法爲時所推後李北海邕爲守括州遂列覺行録爲碑號神道焉覺唱道著明修證悟入慶州刺史魏靖都緝綴之號永嘉集是也初覺與左溪朗公爲道契朗貽書招覺山棲覺由是念朗之滯見于山拘情於講迴書激勸其辭婉靡其理明白俾其山世一如喧靜互用趣入之意暗詮于是達者韙之終勑諡號無相塔曰淨光焉

唐金陵天保寺智威傳本淨　十六

釋智威俗姓懸八陳氏江寧人也住近青山地盤嘉氣善符宿瑞維嶽降神爰在童年器殊衆識至於戲弄曾不染俗性惡浮飾人皆異焉無何一朝忽失其所父母莫知攸往乃徧歷諸寺尋訪之威已依天保寺統法師誦大乘經早數百紙聰敏超倫衆咸歎服年二十遇恩剃落隷名于幽巖寺因從持禪師諮請禪法妙達深理繼踵前脩旣獲髻珠淡然閑放形容溫潤面如滿月言辭清雅慧德蘭芳望重一期聲聞遠近江左定學往往造焉其中頓悟心源即慧忠禪師乃命嗣山門盛傳道化威自出止延祚寺說法利人廣施饒益以開元十年二月十八日終于住寺遺囑林中飼鳥獸弟子玄挺等依言奉行春秋七十七威一時夜行頭陀將值天曉有三虎遇之威截路中過了無怖色虎隨至山門四顧而去每有二兎一犬庭際遊戲各無間畏蓋大悲平等物我一均故其然也次司空山釋本淨姓張氏東平人也少入空門高其節操遊方見曹溪六祖決了疑滯開元初於南嶽司空山閑放自處人懸八不我知蔽偽之故也十七天寶中因揚庭光采藥邂逅相逢論道終日迴奏詔赴京於白蓮華亭安置帝知佛法幽深孰堪商擢勑召太平寺遠法師及兩街三學碩德發問鋒起若百矢之逐一兎焉淨舉措容與四面枝梧譬墨翟之解九攻機械矣旣而辯若建瓴訓抗之餘乃引了義教援證復說伽陀一無留滯皇情懌悅觀者歎嗟以上元二年五月五日歸寂壽齡九十五勑諡大曉禪師亦帶所居爲名曰司空山禪師也

唐睦州龍興寺慧朗傳望公

釋慧朗新定遂安人也年二十有二於衢州北山遇南宗頓教之首將請爲師乃逆相謂曰汝久積淨業吾非汝師可往天台當逢柘匠至剡溪石城寺見一禪翁莫知其來鶴髮

氷膚日如流電聲含鐘律神合太虛乃問朗曰子將何之荅曰欲往天台求佛大法因同行十數里憇林樹下而指訓之曰法常寂然彼亦如也何必隨遠當化有緣宜歸本生處無量衆言畢求之無方豁然本心悟佛知見林棲谷飲凡經數載乃却歸故邑慧安寺淨名白衣服非法服純陁工巧心如佛心驪珠尚潛師子未吼弱喪之終涉川迷津一日泰望山林嶺振動俄有大龜呈質咸相謂言此何祥也尋有禪僧曰習自會稽雲門而來身長八尺四寸高鼻大目睛光射人明大品思益維摩等經兼博通諸論衆曰神僧也大龜應乎此也朗秘菩薩行請之爲師習徵維摩經義荅曰如日照螢火海沃牛跡耳習公深器之曰眞淨名也景龍中鄕人吳川縣尉余少與宗黨新昌縣令余仁等十數家咸共宗事遁請降臨一夕忽覩神光從項而出旁燭山川盈十數里含情之類罔不歸依習公加師資之禮由茲反拜請朗登座乃先示法身徧同羣有次明徧化一切皆如道俗欣然而各歎曰昔山之震動龜之效祥非習公之應明矣至是四方學禪觀者臻萃開元四年本州牧李思絢於龍山之陽建伽藍延以居之方大設戒壇廣邀律德有光州岸公會稽超公而爲上首既而發希有心受具足戒珠圓月滿內外俱明徧臨壇爲戒師旋請益爲學士衆情加重道在益尊七年刺史韋利器深心歸向八年歙州長史許思恭請往治所朗升法座無何熊伏于前聞鐘而來衆散而去時皆驚懼虔其搏攫原其有聽法之心耳其馴猛獸也若此十三年九月二十一日告門人曰吾將去矣吾三生此州今一生矣言訖儼然而寂春秋六十四稟遺命荼毗建塔學者既多穎脫則開元寺道欽慧祐道禪龍興寺習海寧國寺進玉越州寶林寺有沛遠整杭州竹林寺一行等並傳朗之法相繼若瓜瓞然至大曆十二年新定太守蕭定述碑司馬劉長卿書刺史李揆篆額所謂俱是名公盛誇全美有矣

唐鄆州安國院巨方傳 智封

釋巨方姓曹氏安陸人也弱齡幹節立身從師稟業於州治明福院朗禪師而聽誦法華維摩二經功畢受具講述南宗論數席即拂衣而起禪會必參後造北宗秀公所銳精稽考一見默許之秀問曰白雲散處如何曰不昧也又問到此間後如何曰正見一枝生五葉秀領之數載之間入室侍對庶幾眞道罕有倫儗乃辭觀方至上黨寒嶺而居積稔之間學徒數百求請無阻凡所提唱眞妄同源遲速異劑得心助道在乎修治大較如此鄆帥吳文渙侍中欽慕其風遣使請歸府建安國院傳法化徒尚祖風者不離于席頓悟多矣鄆帥問曰今日後如何荅云地布金沙人安寶刹吳帥信伏因茲一府軍民咸加宗仰吳氏家無少長重若神明檀施豐厚方後於五臺山道化涉二十餘載入滅時告衆曰吾齒盡於此矣言訖長逝春秋八十一以開元十五年九月三日全身入塔云次河中府安國院釋智封姓吳氏懷安人也中年學道勵操謹飭行頭陀之行卯食之後水漿不度齒

焉於本州清靜寺恒法師下落髮受具綜習唯識論或人所詰責之以滯于名相憤發罷講遊行登武當山見秀師會疑冰解泮思養聖胎倏辭出蒲津安峯山禁足十年木食澗飲屬州牧衛文昇請歸城内建新安國院居之因茲奔走毳衣蔚然繁盛使君問曰某今日後如何對曰日從濛汜出照樹全無影使君初不喻旨拱葉而退少選開曉充詘于懷封來往中條山二十餘年儉薄不充得其道者不可勝紀入滅後門人於州北三十步建塔焉

唐鄆州大佛山香育傳

釋香育姓李氏濟陰人也父為兖州掾育有道性常研習莊老根器奮發俄於釋典留神決捐俗態趨滄州安定寺智元律師所乞求削染滿足戒後精力律學垂欲卒業一旦辭師觀遊聖跡陟天台登南嶽或入巖阿或棲樹下末至五臺後叅頂秀師盛化夙心相契擊節希聲秀問之育答密若隱奮一皆開釋秀默異之在藂衆間多歷年所洞徹心源則辭秀去入富水大佛山勁節安禪卯前一食州將韓闓篤欽其道堅召出山育稱疾而已因是黑白之衆渴仰歸依韓使君輜車繼運供施交駢樹造法堂嚴飾奇麗時來問道韓侯問佛法已後事如何答云如同太虛委在有力韓侯欽尚徒衆常有千計賢不肖駁雜而居往往聞有不測之僧預其聽受焉一旦説法次告衆曰善哉是會遭遇者艱須決所疑無遺虛度命水滌盥端坐而化春秋七十有三矣

唐兖州東嶽降魔藏師傳

釋藏師姓王氏趙郡人也父為亳州掾稚齒尋師居然慕法而性好獨處譙多厲鬼持魅於人藏七歲隻影閑房孤形迥野嘗無少畏至年長彌見挺拔故號降魔藏歟請列青衿于廣福院明讚禪師意其法器乃發擿之靡對辯給答出問表因留執事服勤受法俾誦法華踰月徹部登即剃落受具習律焉次講南宗論大機將發俄投麈尾九州靈跡罕不登升後往遇北宗鼎盛便誓依棲秀問曰汝名降魔我此無山精木怪汝翻作魔邪曰有佛有魔秀云汝若是魔必住不思議境界也曰是佛亦空何不思議之有時衆莫不異而欽之先是秀師懸記之汝與少皞之墟有緣尋入泰山數年學者臻萃供億克周為金輿谷朗公行化之亞也一日告門人曰吾今老朽物極有歸正是其時言訖而終春秋九十一矣

宋高僧傳卷第八

宋高僧傳卷第八

校勘記

一　底本，清藏本。

一　七一頁中六行「徙倚」，磧、普作「從倚」。

一　七三頁中一六行第六字「一」，磧無。

一　七四頁上九行末字至次行首字「庬眉」，資、磧作「尨眉」。

一　七五頁上八行「之道」，資作「之過」。

一　七五頁下末行「北昇」，資、磧、普作「北阜」。

一　七六頁下末行「策禪師」，資、磧、普、南作「榮禪師」。

一　七七頁中一六行「慧忠」，徑作「慧思」。

一　七八頁上四行「隨遠」，資、磧、普作「適遠」。

一　七八頁中一九行第五字「有」，資作「者」。

一　七八頁下一一行首字「師」，普作「師」。

一　七九頁上一三行「兖州掾」，資、磧、普、南作「兖府掾」。

宋高僧傳卷第九　　縣九

宋左街天壽寺通慧大師賜紫沙門贊寧等奉勅撰

習禪篇第三之二 正傳十四人 附見四人

唐京兆慈恩寺義福傳 思行

釋義福姓姜氏潞州銅鞮人也幼慕空門黍累世務初止藍田化感寺處方丈之室凡二十餘年未嘗出房宇之外後隸京師慈恩寺道望高峙傾動物心開元十一年從駕往東都經蒲虢二州刺史及官吏士女皆齋幡花迎之所在途路充塞拜禮紛紛瞻望無厭以二十年卒有制謚號曰大智禪師葬於伊闕之北送葬者數萬人中書侍郎嚴挺之躬行衰服若弟子焉又撰碑文神秀禪門之傑雖有禪行得帝王重之無以加者而未嘗聚徒開法也洎乎普寂始於都城傳教二十餘載人皆仰之初福往東洛召其徒戒其終期兵部侍郎張均太尉房琯禮部侍郎韋陟常所信重是日皆預造焉福乃升堂爲門人演說且曰吾没日是當爲此決別耳久之張謂房曰某風歲餌金丹未嘗臨喪言訖張遂潛去福忽謂房曰與張公遊有年矣張公將有非常之咎名節皆虧向來若終此法會足以免禍惜哉乃提房手曰必爲中興名臣其勉之言訖而終後張均陷賊庭也受其偽官而房翼戴兩朝畢立大節皆終福之言矣又釋行思姓劉氏廬陵人也濡潤厥躬貞諒其性出塵之後納戒已還破觚求圓斲雕爲朴厥志天然也往韶陽見大鑒禪師一言蔽斷猶擊蒙焉既了本心地祇迭告還復吉州闡化四方禪客繁擁其堂開元二十八年十二月十三日入滅于本生地勅謚大師號曰洪濟塔曰歸真其塔會昌中例從堙毀後法嗣者重崇樹之

唐京師興唐寺普寂傳

釋普寂姓馮氏蒲州河東人也年纔稚弱率性軒昂離俗升壇循于經律臨文摘義迥異恒流初聞神秀在荊州玉泉寺寂乃往師事凡六年神秀奇之盡以其道授焉久視中則天召神秀至東都論道因薦寂乃度爲僧及秀之卒天下好釋氏者咸師事之中宗聞秀高年特下制令普寂代本師統其法衆開元二十三年勅普寂於都城居止時王公大人競來禮謁寂嚴重少言來者難見其和悅之容遠近尤以此重之二十七年終于上都興唐寺年八十九時都城士庶謁者皆制弟子之服有制賜謚曰大慧禪師及葬河南尹裴

寬及其妻子並縗麻列于門徒之次傾城哭送閭里為之空焉裴尹之重寂職有由矣寂之闡化神異頗多裴皆目擊又得心印歸向越深時多譏誚裴日夕造謁執弟子禮曾無差脫一日詣寂寂懸知弟子一行之亡及寂之終滅裴之悲慟若喪所親縗絰徒步出城妻子同爾搢紳之譏生於是矣

系曰人之情也有愛惡焉愛之者不見可惡惡之者不見可愛矣夫萬物紛綸任其愛惡折中之道可愛而不可惡愛之者君子也惡之者小人也愛之不以道則君子之病矣裴尹冠裳在御職事在躬不避密行顯掇時謗宜哉譬諸僧躭俗務胡不捨袈裟而衣逢掖乎若實得道後終期脫屣有何不可邪寬不抽簪何悖禮於丘之門歟寬若行方外之道復何誅焉達人大觀物無不可矣

唐南嶽觀音臺懷讓傳

釋懷讓俗姓杜金州安康人也始年十歲雅好佛書炳然殊姿特有靈表識者占是出家相非染俗貴人寶來瑞國慶無疆方之麟鳳龜龍無萬數也天地無全功氣序有盈虛綱維缺壞補塞不足皆冥維密祐惟應度者乃燭厥理非庸庸所知也弱冠詣荊南玉泉寺事恒景律師便剃髮受具歎曰夫出家者為無為法天上人間無有勝者經之所謂出四衢道露地而坐也時坦禪師乃勸讓往嵩丘覲安公安啓發之因入曹侯溪覲能公能公怡然無馨無臭洪波泛臻大壑之廣乎韶濩合奏大樂之和乎讓之深入寂定住無動道場為若此也能公大事緣畢讓乃躋衡嶽止于觀音臺時有僧玄至拘刑獄舉念願讓師救護讓早知而勉之其僧脫難云是救苦觀音得斯號也亦由此焉化緣斯盡傳法弟子曰道峻曰道一皆升堂覩奧也其後一公振法鼓于洪州其門弟子曰惟寬懷暉道一大緣將訖謂寬等曰吾師之道存乎妙者也無待而常不住而至能事集矣金口所生從法而化於我為子及汝為孫一燈所傳何有盡者讓以儀鳳二年生至天寶三載八月十日終于衡嶽春秋六十八僧臘四十八一公建塔于別峯元和中寬暉至京師揚其本宗法門大啓傳百千燈京夏法寶鴻緒於斯為盛至八載衡陽太守令狐權問讓前迹權捨衣財以充忌齋自此每歲八月為觀音忌焉寶曆中勑謚大慧禪師塔號最勝輪元和年中常侍歸登撰碑云

唐京師大安國寺楞伽院靈著傳 法詵

釋靈著姓劉氏緜州巴西人也年殆志學方遂出家登戒尋師不下千里年四十精毗尼道兼講涅槃一律一經勤於付授晚歲請問大照禪師領悟宗風守志彌篤後詣長安誕敷禪法慕道求師者不減千計若魚龍之會淵澤也以天寶五載四月十日申時示滅于安國寺石楞伽經院享壽五十六僧夏三十六將終寺中亟多變怪蓋法門梁棟之頹撓也著加趺而坐怡然而化三七日後荼毗起塔于龍首崗鄰佛陀波利藏舍利之所帝女媯之墳右以其年十月十日遷入塔焉弟子朗智道珣如一追慕師德香火不絕內侍上柱國天水趙思侃命釋子善運撰碑于塔所

焉有錢塘靈智寺釋法訛俗姓馮本長樂人也隨祖官于江東遂爲錢塘人也父子通字元達世襲冠裳傳其素業然精覈百氏之餘執志慕淨名之應質談論多召禪林之士於家別室供禮願生令嗣彌久訛誕于家岐嶷之性天發端謹纔勝衣也啓父求出俗固不阻留披剃登具探賾三乘如指掌焉而性終耿介於此寺之深塢實浙江之陽也別構蘭若去伽藍夐遠終日安禪時同志者造門請益訛隨事指南多有所證以天寶二載十二月十三日天之將曉告侍者端坐奄從泥洹春秋六十五僧臘減二十年于時山鳥哀鳴雲霧蒙慘遠近檀越悲泣者如堵以其月十九日遷殯于寺側山原有弟子俞法界及子懷福猶子希秀等舊所歸心結塔營事皆出其家塔因會昌中所毀今存阯焉碑石漫没吁哉

唐潤州幽棲寺玄素傳

釋玄素字道清俗緣馬氏潤州延陵人也生有異度幼而深仁乳育安靜髫齓希尚求歸釋門父母從之出依淨域以如意年中始奉制度隸名于江寧長壽寺進具已後戒光騰燭定水澄漣思入玄微行逾人表既解色空常慕宗匠晚年乃南入青山幽棲寺因事威禪師躬歷彌載撞鐘大鳴威誨以勝法得其不刊之旨從是伏形苦節文養恬和敗納襯身寒暑不易貴賤怨親曾無喜慍時目之爲嬰兒行菩薩道業既高人希瞻禮開元年中僧汪密請至京口郡牧韋銑屈居鶴林四部歸誠充塞寺中素約衣空牀未嘗出戶王侯稽首不爲動搖顧世名利猶如幻焉忽於一日有屠者來禮謁自生感悟懺悔先罪求請素明中應供乃欣然受之降詣其舍士庶驚駭咸稱異哉素曰佛性是同無生豈別但可度者吾其度之何異之有天寶之初吴越瞻仰如想下生楊州僧希玄請至江北竊而宵遁黑月難濟江波淼然持舟擬風俄頃有白光一道引棹直渡通波獲全楚人相慶佛日再耀傾州奔赴會於津所人物拒道間無立位解衣投施積若山丘略不干其懷抱令悉充悲田之費禮部尚書李憕爲揚州牧齋心虔虔二時瞻近未幾而京口道俗思渴法音仍移牒渡江再請還郡二處紛諍莫決所從李時謂人曰本期奉道反成愛憎因任從所請卻歸南郡其感物慕德罕有與倫以天寶十一載十一月十一日中夜無疾而化春秋八十有五哀感人倫慟徹城市以其月二十一日奉全身建塔于黃鶴山西所住之地方伯邑宰盡執喪師之禮率衆申哀江湖震響素住於寺內坐禪之所高松偃覆如蓋及移他樹還互如前又當捨壽之夕房前雙桐無故自枯識者以爲雙林之變但眞乘妙理絶相難思嘉瑞靈祥應感必有經云隨緣赴感即其事也有門弟子法鑑及吴中法欽此二大士重光道原僉具別傳受菩薩戒弟子吏部侍郎齊澣廣州都督梁卿潤州刺史徐嶠京兆韋昭理給事中韓賞御史中丞李丹禮部崔令欽並道流人望咸欵師資亦嘗問道於徑山猶樂正子春於夫子洗心瞻仰天漢彌高水鑑明心悟深者衆矣洎大和中遠慕

遺風高其令德追謚大律禪師大和大寶杭之塔後人多以俗氏召之曰馬祖或以姓名兼稱曰馬素是也

系曰彌天以出家子咸姓釋氏懸合後到阿含經可不務乎素師以俗姓呼之必有由矣噫繁盛法嗣猶不能過此詭稱則知素師名翼一飛四海仰止故登俗域令警將來宜正名也

唐均州武當山慧忠傳

釋慧忠俗姓冉氏越州諸暨人也執辨甲子或謂期頤之年肌膚氷雪神宇峻爽少而好學法受雙峯默默全眞心承一印行無住相歷試名山五嶺羅浮四明天目白崖倚帝紫閣摩穹或松下安居於九旬或嵌空息慮於三昧既懸明月之戒亦淨瑠璃之心已度禪定之門不起無生之見嶷若蘇盧八風莫能動清如淨鑑萬象何所隱可止也我則武當千峯押於麋鹿可行也我則虎溪一徑分衛人間薄遊吳楚以至于順陽川焉卜居黨子之林泉四十餘祀深入法王之聖定八萬廣門道聲洋乎力量充矣開元年中刺史前中書侍郎開國公王琚司馬太常少卿趙頤貞信潭以清聞風而悅秘駕扣寂杳然虛空禮足散金銀之華不異彌伽長者執手見微塵之佛等毗目仙人上奏玄宗徵居香刹則龍興寺也由是罷相節使王公大人罔不膜拜順風從而問道忠博達詁訓廣窮經律降魔制外孰之與京不可以威畏不可以利動暾日而食對月澄心清風飛霜勁節凌竹辭檢理詰折彼慢幢論頓也不留朕迹語漸也返常合道得之於心伊蘭作栴檀之樹失之於指甘露乃蒺藜之園妙不可傳花多果少世有執礫水中若獲瑠璃之寶掬泡瓶內謂得摩尼之珠忠所以訶之止之不能已矣故有超毗盧之說令其不著佛求越法身之談俾夫無染正性豈毗盧之可越而法身之可超哉是以虛空之心合虛空之理纖妄若雲翳宗通如日月朝郎結駟而至安禪不動受其頂謁儼如也蓋所謂昔人不迎七步以福於萬乘之君豈止百寮而已哉肅宗皇帝載定區夏聞其德高以上元二年正月十六日勑內給事孫朝進馹騎迎請其手詔曰皇帝信問朕聞調御上乘以安中土利他大士共濟羣生師以法鑑高懸一音演說藏開祕密境入圓明大悲不惓於津梁至善必明於兼濟尊雄付囑實在朕躬思與道安宣揚妙用廣滋福潤以及大千傳罔象之玄珠拔沉迷之毒箭良緣斯在匆以爲勞仗錫而來京師非遠齋心已久副朕虛懷春寒師得平安好遣書指不多及忠常以道無不在華野莫殊遂萬步入宮引登正殿霜杖初下日照龍衣天香以焚風飄羽蓋時忠驤首接武神儀肅若天子欽之待以師禮奏理人治國之要暢唐堯虞舜之風帝聞竦然膝之前席九龍灑蓮華之水萬乘飲醍醐之味從是肩舁上殿坐而論道不拘彝典也尋令驃騎朱光輝宣旨住千福寺相國崔渙從而問津理契於心談之朝野識眞之士往往造焉洎夫寶應臨御以孝理國匪移前睠劃開萬里之天若見三江之月又勑內侍秉守宏迎近關下光宅寺

安置香飯雲來紫衣天降雖使臣擁禪門而不進御府列玉帛而盈庭了之如泡觀之若夢澹然閑任自樂天倪亦可羅浮不歸方名宴坐雙峯長往始契無生者哉成聖元胎於是乎在固所以萬行齊發千門不累於心矣則兜率之鼓無形乃聲脩羅之琴不撫而韻香傳天主花雨空王見之於忠矣常以思大師有言若欲得道衡嶽武當因奏武當山請置太一延昌寺白崖山黨子谷置香嚴長壽寺各請藏經一本度僧護持二聖御影鎮彼武當王言惟允有司承式猴江鴈塔雖未飾於中峯茅棟柴扉便以名於梵宇睿札題額鸞迴鵲飛山川光煌黑白抃躍想金殿之可期覩瑶臺之非遠至大曆八年又奏度天下名山僧中取明經律禪法者添滿三七人道門因之羽服緇裳罔不慶懌數盈萬計用福九重也忠往在南陽陷於賊境固請迴避皆不允之臨白刃而辭色無撓據青雲而安坐不屈魁帥覩其禪德淡若風韻高逸投劒羅拜請師事焉于時避寇遇寇者衆矣無何羣盜又至乃曰未可以踵前也遂杖錫發趾沿江而去有數其先蹤堅住不避者盡被誅戮則知雲物氣象有如先覺存而不論道何深也金籍曰般若無知而無不知斯之謂歟内德既充外應彌廣自藏珍寶人莫之窺於戲論龍奮迅而麵多不知物利雨花而明徹莫識前賢厭世正眼隨滅不亦悲夫忽疾將亟國醫罔効自知去辰衆問後事乃曰佛有明教依而行之則無累矣吾何言哉粤十年十二月九日子時右脇纍足泊然長往所司聞奏皇情憫焉中使臨弔賻贈甚厚勑謚號曰大證禪師有詔歸葬于黨子之香嚴寺循其本也威儀手力所在支給具飾終之禮哀慟梵場也勑常修功德使檢校殿中監興唐寺沙門大濟早接道論豁如披雲雖非門人哀逾法嗣凡有敷奏聖皆允焉在家弟子開府孫知古弁弟内常侍朝進居士景超昆季等僧弟子千福寺志誠光宅寺智德香嚴寺主道密等凡數萬人痛石室之末籌悲雲峯之聳塔晨鐘徒擊於高殿夕梵空奏於前山哲人云亡疇將倣仰譯經沙門飛錫爲碑紀德焉

唐太原甘泉寺志賢傳

釋志賢姓江建陽人也夙心剛整幼且成規既遂出家尋加戒品霑嘗漸教守護諸根抗節修心不違律範大寶元年於本州佛跡巖承事道一禪師曾無間然汲水拾薪惟務勤苦遊方見金華山赤松洞是黃初平叱石羊之地鬱林峻嶺泉湖百步許意樂幽奇既棲巔頂野老負香杭蔬茹以供之時天大旱賢望空擊石曼罵諸龍曰若業龍無能爲也其菩薩龍王胡不遵佛勑救百姓乎敲石纔畢霈然而作婺人咸悅後遊長安名公碩德列請爲大寺功德之師賢悚然不顧明日遂行登五臺尋止太原甘泉寺道俗請學禪理者繼至無疾而終勑謚大遠禪師旌乎厥德矣

唐黃龍山惟忠傳

釋惟忠姓童氏成都府人也幼從業於大光山道願禪師神驥伏櫪雖止也發蹄則超忽千里焉遊嵩嶽見神會禪師折疑沈默處于

大方觀覽聖跡見黃龍山欝翠而奇異乃營茅舍其窮溪極谷而多毒龍噴氣濛濛山民犯者多如中瘴焉醫工寡効忠初不知獨居禪寂澗飲木食其怪物皆卷而懷矣山民無害或聞空中聲云得師居此民之多幸令我解脫也鄉人因號是山爲伏龍言忠弭伏鱗蟲之長故此名焉以建中三年入滅報齡七十八其年九月遷塔云

唐南嶽石頭山希遷傳

釋希遷姓陳氏瑞州高安人也母方懷孕不喜葷血及生岐嶷雖在孩提不煩保母既冠然諾自許未嘗以氣色忤人其鄉洞獠民畏鬼神多淫祀率以牛酒祚作聖望遷輒往毀叢祠奪牛而歸歲盈數千鄉老不能禁其理焉聞大鑒禪師南來學心相踵遷乃直往大鑒術然持其手且戲之曰苟爲我弟子當肖遷逌爾而笑曰諾既而靈機一發廓若初霽自是上下羅浮往來三峽間開元十六年羅浮受具戒是年歸就山夢與大鑒同乘一龜泳於深池覺而占曰龜是靈智也池是性海也吾與師乘靈智遊性海久矣又何夢邪後聞廬陵清涼山思禪師爲曹溪補處又攝衣從之當時思公之門學者麏至及遷之來乃曰角雖多一麟足矣天寶初始造衡山南寺寺之東有石狀如臺乃結庵其上杼載絶岳衆仰之號曰石頭和尚焉初嶽中有固瓚讓三禪師皆曹溪門下僉謂其徒曰彼石頭眞師子吼必能使汝眼清涼由是門人歸慕焉或問解脫曰誰能縛汝問淨土曰誰能垢汝其答對簡速皆此類也廣德二年門人請下于梁端自江西主大寂湖南主石頭往來憧憧不見二大士爲無知矣貞元六年庚午歲十二月二十五日順化春秋九十一僧臘六十三門人慧朗振朗波利道悟道銑智舟相與建塔于東嶺塔成三十載國子博士劉軻素明玄理欽尚祖風與道銑相遇盛述先師之道軻追仰前烈爲碑紀德長慶中也勑謚無際大師塔曰見相焉

唐成都府淨衆寺神會傳

釋神會俗姓石本西域人也祖父徙居因家于岐遂爲鳳翔人矣會至性懸解明智內發大璞不耀時未知之年三十方入蜀謁無相大師利根頓悟冥契心印無相歎曰吾道今在汝矣爾後德充慧廣鬱爲禪宗其大略寂照滅境超證離念即心是佛不見有身當其凝閉無象則土木其質及夫妙用默濟雲行兩施蚩蚩羣甿陶然知化覩貌遷善聞言革非至於廓蕩昭洗執縛上中下性隨分令入以貞元十年十一月十二日示疾儼然加趺坐滅春秋七十五法臘三十六沙門那提得師之道傳授將來以十二年二月二十二日門人弟子緇俗遷座于本院之北隅孺慕師德號哭之聲山林爲之變色初會傳法在坤維四遠禪徒臻萃于寺時南康王韋公皋最歸心于會及卒哀咽追仰蓋粗入會之門得其禪要爲立碑自撰文并書禪宗榮之

唐杭州徑山法欽傳

釋法欽俗姓朱氏吳郡崑山人也門地儒雅祖考皆達玄儒而傲睨林藪不仕欽託孕母管氏忽夢蓮華生於庭際因折一房繫於衣

裳既而覺已便惡葷羶及迄誕彌歲在於髫辮則好爲佛事立性温柔雅好高尚服勤經史便從鄉舉年二十有八俶裝赴京師路由丹徒因遇鶴林素禪師默識玄鑒知有異操乃謂之曰觀子神府温粹幾乎生知若能出家必會如來知見欽聞悟識本心素乃躬爲剃髮謂門人法鑑曰此子異日大興吾教與人爲師尋登壇納戒鍊行安禪領徑直之一言越周旋之三學自此辭素南征素曰汝乘流而行逢徑即止後到臨安視東北之高巒乃天目之分徑偶問樵子言是徑山遂謀挂錫於此見苫蓋覆罝網屑近而宴居介然而坐時雨雪方霽旁無煙火獵者至將取其物頗甚驚異嘆嗟皆焚網折弓而知止殺焉下山募人營小室請居之近山居前臨海令吳貞捨別墅以資之自茲盛化參學者衆代宗睿武皇帝大曆三年戊申歲二月下詔曰朕聞江左有蘊道禪人德性氷霜淨行林野朕虛心瞻企渴仰懸懸有感必通國亦大慶願和尚遠降中天盡朕歸向不違願力應物見形今遣內侍黃鳳宣旨特到詔迎速副朕心春暄師得安否遣此不多及勑令本州供送凡到州縣開淨院安置官吏不許謁見疲師心力弟子不筭多少聽其隨侍帝見鄭重咨問法要供施勤至司徒楊綰篤情道樞行出人表一見欽[卌九]於衆退而嘆曰此實[十六]方外之高士也難得而名焉帝累賜以縑繒陳設御饌皆拒而不受止布衣蔬食悉令弟子分衛唯用陶器行少欲知足無以儔比帝聞之更加仰重謂南陽忠禪師曰欲錫欽一名手詔賜號國一焉德宗貞元五年遣使齎璽書宣勞并慶賜豐厚欽之在京及迴浙令僕公王節制州邑名賢執弟子禮者相國崔渙裴晉公度第五琦陳少遊等自淮而南婦人禮乞號皆目之爲功德山焉六年州牧王顏請出州治龍興寺淨院安置婉避韓滉之廢毀山房也八年壬申十二月示疾說法而長逝報齡七十九法臘五十德宗賜謚曰大覺所度弟子崇惠禪師次大祿山顏禪師參學范陽杏山悟禪師次清陽廣敷禪師于時奉葬禮者弟子實相常覺等以全身起塔于龍興淨院初欽在山猛獸鷙鳥馴狎有白兎二跪于杖屨之間又甞養一雞不食生類隨之若影不遊他所及其入長安長鳴三日而絶今雞冢在山之椒欽形貌魁岸身裁七尺骨法奇異今塔中塑師之[卌九]貌凭机猶生焉杭[十七]之錢氏爲國當天復壬戌中叛徒許思作亂兵士雜宣城之卒發此塔謂其中有寶貨見二甕上下合藏肉形全在而髮長覆面兵士合甕而去刺史王顏撰碑述德比部郎中崔元翰湖州刺史崔玄亮故相李吉甫丘丹各有碑碣焉

唐壽春三峯山道樹傳

釋道樹姓聞氏唐州人也少以辯智沉靜虛豁躭嗜經籍曾無少懈其爲人也貞固足以幹事隱括足以矯時偶遇僧敦喻遂誓出塵自慨年近不惑求法淹遲禮本部明月山大光院惠文爲授業登即剃染二年受具乃覲方向道天台南岳無所不遊後迴東洛遇秀宗裔如芙蓉開通達安靜至壽州三峯結茅而居常有野人服色朴素言談異常於言笑

之外化作佛形仙形菩薩羅漢或放神光或呈聲響如是涉一十年學侶觀之不測端緒後皆寂爾樹告衆曰野人作多色伎倆眩惑於人只消老僧不見不聞伊伎倆有窮吾不見不聞無盡所謂作僞心勞而日拙其自知之卷蓋懷拙而去追無朕迹矣樹於寶曆初年示疾而終報齡九十二明年正月遷塔焉

系曰大鈞播物物類紛錯窮數達變因形移易者謂之化謂之幻知幻化之不異生也始窮幻化矣吾與汝俱幻也推之於實則幻化或虛置之於虛則幻化時實實虛理齊不自我之先後歟體道無心物我均矣故佛言凡所見相唯所見心又云若見諸相非相則見如來樹師有焉

唐陝州迴鑾寺慧空傳 觀开

釋慧空姓崔江陵人也家世儒雅弈葉纓緌父任陝服靈寶縣空丁艱天屬堅請入空門庸報乳哺重恩乃投迴鑾寺恒超下授受經業三載誦通及格蒙度聽習敏利因入嵩少遇寂師禪會豁如開悟乃迴三峯於仙掌間有道流綢繆論道薄暮方散非止一遍州帥元公頗知歸向召之多以疾辭或至必登元席代宗皇帝聞其有道下詔俾居京師廣福寺朝廷公卿罔不傾信後終于寺春秋七十八大曆八年癸丑九月四日全身堅固而遷塔焉次南嶽東臺釋元觀姓秦氏長安人也父爲河中府掾毋兄爲沙門甚敦道化見觀幼齡聰慧風標秀舉有成人之度因勸其出家乃投興善寺誦經通利五年得度乃於律部俱舍二本渙然條理後出遊方登諸禪會明悟眞性如醒宿酲遂趨衡山於東臺而止其道彌昌冥有所感恒得神人密送供施隨其衆寡不闕有閑忽一日神現形再拜曰我是此山檀越常送薄供者我身是也觀問汝何業所致曰我前身曾稱知識體悟匪全妄受信施坐此爲神偶師居此我曹饋粮粗副私願今二十年已足得遂超度故來決別也觀化緣斯極囑累禪徒而終春秋七十九大和四年十月二日遷塔焉

唐洛京龍興寺崇珪傳 植全

釋崇珪姓姜氏郊城人也門傳儒素相綴簪裾自天寶已來安史之亂侵敗王略家族遷蕩父爲商賈趨利遵塗於鞏洛間父亡于逆旅珪慨責曰少遭不造子遺哀煢遂議出家至年十八經業蔚通得度俄有雲水之興遊南嶽棲息數齡起迴樂南徐茅山乃依棲霞寺珪已登徑門道聲洋溢會贊皇李公德裕廉問是邦延諸慈和寺一交雅談如遊形器之外曰吾有幽憂之疾非是居侯藩聚落之人也明歲遂行直抵嵩少居于嶽寺大和戊申歲洛下亢陽唯嶽中雨信相繼或謂爲珪之德動龍神之故也開成元年贊皇公攝冢宰請珪於洛龍興寺化徒兩京緇白往來問道檀施交駢其所談法宗秀之提唱獲益明心者多矣忽告衆決別入方丈而滅春秋八十六白侍郎撰塔銘會昌元年辛酉八月十日入塔云次淮南都梁山釋全植姓芮光州人也少稟異朵自言學作佛度生去忽投本州崇光禪院大智下求度師頗嚴謹約其誦經受具後至洛陽參問禪法徹了無疑辭師

觀方至淮南都梁山建立茅舍太守衛文卿命於州治長壽寺化徒衛侯問將來佛法隆替若何植曰眞實之物無振自古于今往復軌躅有爲之法四相遷流法當陻厄君侯翹足可見預言[十九]武宗毁教也植終年[二十]九十三門人建塔立碑會昌四年甲子九月七日入浮圖焉

宋高僧傳卷第九

宋高僧傳卷第九

校勘記

一　底本，清藏本。

一　八四頁中一〇行「慢幢」，資、磧、普、南作「幔幢」。

一　八五頁下六行「大寶」，資作「天寶」。

一　八五頁下八行「叱石羊」，磧、普作「吒石羊」。

一　八六頁上四行「木食」，資、磧、普、南作「水食」。

一　八六頁上一〇行「高安」，資、磧、普作「高要」。

一　八六頁上一四行「數千」，資、南作「數十」。

一　八七頁上一一行「偶問」，磧、南作「隅問」。

一　八九頁上二行末字至次行首字「隆替」，南作「凌替」。

宋高僧傳卷第十

宋左街天壽寺通慧大師賜紫沙門贊寧等奉　勅撰

習禪篇第三之三　正傳十六人　附見八人

唐洪州開元寺道一傳　智藏

釋道一姓馬氏漢州人也華以腧性不植於高原浪以辯識發明於溟海生而凝重虎視牛行舌過鼻準足文大字根塵雖同於法體相表特異於幻形旣云在凡之境亦應隨機之教年方稚孺猒視塵躅脫落愛取遊步恬曠削髮於資州唐和尚受具於渝州圓律師示威儀之旨曉開制之端浣衣鍛金觀門都錯大龍香象羈絆則難權變無方機緣有待聞衡嶽有讓禪師即曹溪六祖之前後也於是出岷峨玉壘之深阻詣靈桂貞篁之幽寂一見讓公泯然無際頓門不俟於三請作者是齊於七人以爲法離文字猶傳鷰露聖無方所亦寄清源遂於臨川棲南康龔公二山所遊無滯隨攝而化先是此峯岫閒魑魅叢居人莫敢近犯之者災釁立生嘗一宴息于是有神衣紫玄冠致禮言捨此地爲清淨梵場語終不見自爾猛鷙毒螫變心馴擾沓貪背憎即革廉讓郡守河東裴公家奉正信躬勤諮稟降英明簡貴之重窮智術慧解之能每至海霞斂空山月凝照心與境寂道隨悟深自明者在乎周物博施者期乎濟衆居無何裴公移典廬江壽春二牧於其進脩惟勤率化不墜大曆中聖恩溥洽隸名於開元精舍其時連率路公聆風景慕以鍾陵之壤巨鎭輿區政有易柱之絃人同湊轂禪宗戾止降祥則多順而無違居僅十祀日臨扶桑高山先照雲起膚寸大雨均霑建中中有詔僧如所隸將歸舊壤元戎鮑公密留不遣至戊辰歲舉措如常而請沐浴訖儼然加趺歸寂享年八十僧臘五十先於建昌鄡山名石門環以絕巘呀爲洞壑平坦在中幽偏自久是謀薪火塵劫之會非議岡阜地靈之吉亞相觀察使隴西李公藩寄嚴厲素所欽承于以率徒依歸緬懷助理爰用營福道在觀化情存飾終轂諸侯之旌旗資釋子之幢蓋其時日變明晦人萃遐邇纖覆水而爲陸炬通宵而成晝山門子來財施如積邑里僧供飯香普熏自昔華嚴歸眞於嵩陽善導瘞塔於秦嶺禮視齊斬人傾國城哀送之盛今則三之初於林中經行座下開示平等垂法不標於

四科安恬告盡刻期於二月此明一終之先兆也示疾云逝俾葬遠山凡百攀援願留近郭終遂窮僻式遵理命此又明一晦跡之素誠也將歸靈龕爰泝淺瀨人力未濟舟行為遲膏雨驟下於遠空窮溪遄變於深涉此又明一通神之應感也惟一知眞在空無我於有是二俱離假一為乘示生死者人能作佛辨邪正者魔亦似聖現身不留於大士負手俄萎於指人弟子智藏鎬英崇泰等奉其喪紀憲宗追謚曰大寂禪師丹陽公包佶為碑紀述權德輿為塔銘今海昏縣影堂存焉又唐虔州西堂釋智藏姓廖氏虔化人也生有奇表親黨異其偉器八歲從師道趣高邈隨大寂移居龔公山後謁徑山國一禪師與其談論周旋人皆改觀屬元戎路嗣恭請大寂居府藏乃迴郡得大寂付授納袈裟時亞相李公兼國相齊公映中郎裴公通皆傾心順教元和九年四月八日終春秋八十夏臘五十五即還于塔諫議大夫韋綬追問藏言行編入圖經太守李滲請旌表至長慶元年謚大覺禪師云

唐宣州靈湯泉蘭若志滿傳

釋志滿姓康氏洛陽人也幼少之年屬其家命沙門陳佛會滿意樂不捨遂投潁川龍興寺出家聞洛下神會禪師法席繁盛得了心要南遊到黃山靈湯泉所結茅茨[四]而止後采黃連鄉人見滿喜躍滿問此何處耶鄉人曰黃連山屬宣城也願師鎮此柰何虎豹多害滿曰虎亦有佛性乃焚香祝厭之由玆弭息遂成大禪院後示寂春秋九十一永貞元年入塔焉

唐沂州寶眞院光瑶傳（道堅）

釋光瑶姓周氏北京人也幼鍾荼蓼都不勝情誓志出家捨講肆入禪林凡嚮宗師悉從求益末遭會禪師金錍抉瞙明視十方後到沂水蒙山結草成庵怡然宴坐郤費之人翕然從化時愼邑大夫知重首創禪宮次兗州節使王僚尚書躬請入州行化奏署額號寶眞學侶憧憧多霑大利元和二年示滅享年九十二云又唐襄州慈恩寺釋道堅姓王氏丹陽人也初發心於牛頭山慧忠禪祖大曆元年栖隱池州南泉山後詣襄漢泊慈恩寺元和初載相國燕公鎮于漢南深相欽重問道周勤施供繁沓遂於鳳林關外造寺請居二年示滅春秋七十三云

唐揚州華林寺靈坦傳[五]

釋靈坦姓武氏太原文水人也則天太后姪孫父諱宣洛陽縣令母夏侯氏初妊坦也夢神僧授與寶鑑表裏瑩然且曰吾以此寄汝善保護之及誕覯無所苦年甫七歲誦習畢通應童子舉十三從官旋升太子通事舍人如是悅學不休三教之書彌增洞達然而恒嗟朽宅誓入空門已備大乘之資糧終到涅槃之境域于時洛都盛化荷澤寺神會禪師也方遮普寂之光漸沒秀師之道坦往叅焉會施善誘頓見其心默而許之容其執侍父母不能迴其意飛颺莫繫始末研磨得破疑滯天寶初載召坦曰吾有一句是祖祖相傳至曹溪曹溪付吾汝諦受之吾當有留難遂辭遊方焉未幾果敕移會于弋陽坦遂向廬

州浮槎寺覽大藏經後聞忠國師自南陽詔入於大曆五年禮覲之八年欲出關忠奏曰此人是貧道同門俱神會弟子勑賜號曰大悲兼齋墨勑行化至梁園時相國田公神功供養邐迤適維揚六合方嘆大法淩夷忽聞空中聲云開心地即見菩薩如文殊像曰與汝印驗令舉項以掌按之尋覲有四指赤痕其印迹恒現又止潤州江中金山今澤心也其山北面有一龍穴常吐毒氣如雲有近者多病或斃坦居之毒雲滅迹又於江陰定山結庵俄聞有讚嘆之聲視之則白龜二坦為受皈戒又見二大白蛇身長數丈亦為受戒懺悔如是却往吳興林山造一蘭若有三丈夫衣金紫趨步徐正稱嘆道場唯善村落之民多弃罟網元和五年相國李公鄘之理廣陵也以峻法操下剛決少恩一見坦鄭重加禮召居華林寺寺內有大將軍張遼墓寺僧多為鬼物惑亂坦居愀然無睽矣又揚州人多患山妖木怪之所熒惑坦皆遏禦焉人爭歸信至十年忽見二胡人稱目龜玆國來彼無至教遠請和尚敷演十一年五月十三日於荷澤忌齋告衆吾赴遠請七月示疾九月將滅斯預告也至季秋八日果寂爾而終遷塔于揚州西馴翟坊之南岡越州掾鄭詹建塔報齡一百八歲僧臘八十四焉坦即曹溪之孫荷澤之子也

唐唐州紫玉山道通傳

釋道通姓何氏廬江人其為童也持重寡辭見佛形像必對禮嘆詠不捨因父官于泉州南安便求捨丱披緇誦經合格勑度之當天寶初載也時道一禪師聲化建陽佛跡巖聚徒通往焉一師於臨川南康龔公山亦影隨而去然誓遊方吳越之間台明山谷靡不登陟迨乎迴錫江西泐潭山門勵心僧務不憚勤苦貞元二年往南嶽見石頭禪師猶采縷加朱藍之色也四年大寂禪師垂欲歸化昌言曰夫玉石潤山秀利益汝道業遇可居之通聞此言且同隱讖殊不詳練其年秋與伏牛山自在禪師同遊京洛迴至唐州西有山峯孤林峇四絕人煙實有塵外之趣乃問鄉人云此山是紫玉山通方憶大寂之懸記我合居是峯也乃陟崔嵬見山脊有石方正其色紫玉瑩然嘆曰號紫玉者合其稱也先師之言非虛記也挂錫解囊參學之徒霧集始則誅茅構舍刺史李道古作意為建禪宮焉元和八年弟子金藏出參禮百丈山海禪師迴見通通愀然作色汝其來矣此山有主也曳杖徑去襄州道俗皆迎至七月十五日無疾而終春秋八十三一云故相國于頔最所歸心尚書李翺禮重焉

唐雍京章敬寺懷暉傳

釋懷暉姓謝氏泉州人也宿植根深出塵志遠迨乎進具乃尚雲遊貞元初禮洪州大寂禪師頓明心要時彭城劉濟頗德暉互相推證後潛岨崍山次寓齊州靈巖寺又移卜百家巖泉石幽奇苦於禪子請問繁雜上中條山行禪法為法者躡跡而往蒲津人皆化之元和三年憲宗詔入於章敬寺毗盧遮那院安置則大曆中勑應天下名僧大德三學通贍者並叢萃其中屬誕辰多於此修齋度僧

馬暉既居上院爲人説禪要朝寮名士日來參問復詔入麟德殿賜齋推居上座元和十年乙未冬示疾十二月十一日滅度春秋六十二越明年二月門人智朗志操等奉全身葬于灞橋北原勑謚大宣教禪師立碑于寺門嶽陽司倉賈島爲文述德焉

唐京兆興善寺惟寬傳

釋惟寬姓祝氏衢州信安人也祖曰安考曰皎生十三歲見殺生者盭然不忍食退而出家求翦髮於僧曇受尸羅於僧崇學毗尼於僧如證大乘法於止觀成最上乘於大寂道一貞元六年始行化於閩越間歲餘而迴心改服者百數七年伏猛虎於會稽作滕家道場八年與山神受歸戒於鄱陽作迴向道場十三年感非人於少林寺二十一年作有爲功德於衛國寺明年施無爲功德於天宫寺元和四年憲宗章武皇帝詔於安國寺五年問道於麟德殿其年復靈泉於不空三藏池十二年二月晦大説於傳法堂訖奄然而化報齡六十三僧夏三十九歸葬于灞陵西原詔謚曰大徹禪師塔號元和正真初寬説心要法三十年度黑白衆殆及百千萬應病授藥安可既乎白樂天爲宫贊時遇寬四詣法堂每來垂一問寬答如流白君以師事之門弟子殆千餘得法者三十九入室受遺寄者曰義崇圓照焉唐羅浮山釋寶脩俗姓周資州人也從師於純德寺志求玄理於蘄州忍大師法裔決了重疑後愛羅浮山石室安止檀越爲造梵宇蔚成大寺一日告門人曰因緣相偪愀然不樂衆咸莫測順宗皇帝深重佛宗知脩之名詔入京與三藏擊問并答翻譯之意朗暢如流乃留居輦下三年終于京寺云

唐天台山佛窟巖遺則傳

釋遺則俗氏長孫京兆長安人也祖洌鄂州司馬考利涉隱居金陵則弱不雜俗恬恬終日而無所營始從張懷瓘學草書獨盡筆妙雅躭經史尤樂佛書以爲得吾心一朝捐家業從牛頭山慧忠忠所謂牛頭六祖也始天竺達磨以釋氏心要至傳其道者有曹溪能嵩山秀學能者謂之南宗學秀者謂之北宗學而信祖又以其道傳慧融融得之居牛頭山弟子以傳授由是達磨心法有牛頭學則既傳忠之道精觀久之以爲天地無物也我無物也雖無物未嘗無物也此則聖人如影百姓如夢孰爲死生哉至人以是能獨照能爲萬物主吾知之矣遂南遊天台至佛窟巖苫薜荔蔦落葉而尸居飲山流飯木實而充虚虎豹以爲賓麋鹿以爲徒兀然如枯其後劖木者見之轉相告有慕其道者曰道者未有弟子相率爲築室圖佛安僧蔚爲精舍焉故元和已來傳則道者又自以爲佛窟學佛窟之號自則始也一坐四十年大官名侯齎書問訊檀捨則未嘗有報謝禮拜者未嘗而作起時歲在庚戌季夏十有三日召弟子曰汝其勉之至十五日夜遂坐歿是夜山下人聞若山崩旦望之則綵雲翔泊於巖上父老皆泣曰師死矣已而視之果然凡則二十歲爲僧臘五十有八而終善屬文始授道於鍾山序集融祖師文三卷爲寶誌釋題二十

四章南遊傳大士遺風序又無生等義凡所著述辭理粲然其他歌詩數十篇皆行於世則元居瀑布泉西佛窟本院建龕塔會昌中例毀之其院爲道門所有後開元寺僧正法光於咸通乙酉歲遂徙碑于今所河南尹韓乂爲碑文

唐婺州五洩山靈默傳 閩志

釋靈默俗姓宣毗陵人也本成立之歲恍學忘疲約以射策登第以榮親里承豫章馬大師聚衆敷演造禪關馬師振容而示相默密契玄機便求披剃若熟癰之待剌耳受具之後苦練行門確乎不拔貞元初入天台山中有隋智者蘭若一十二所懸記之曰此地嚴妙非雜器所棲若能居此與吾無異默因住白砂道場經于二載猛虎來馴近林產于意有所依又住東道場地僻人稀山神一夜震雷暴雨懸崖委墜投明大樹倒欹庵側樹枝交絡茅苫略無少損遐邇聞旃皆來觀嘆後遊東白山俄然中毒而不求醫閉關宴坐未幾毒化流汗而滴乃復常矣行次浦陽感化有陽靈戍將李望請默居五洩焉元和初亢陽田畯惶惶默沿澗見青蛇夭矯瞪目如視行人不動咄之曰百姓溪竭苗死汝胡不施雨救民邪至夜果大雨合境云足民荷其賜屬平昌孟簡中丞廉問浙東廢管內蘭若學徒散逸時暨陽令李胄狀舉靈山許重造院十三年三月二十三日澡沐焚香端坐繩牀囑累時衆溘然而絕壽齡七十二法臘四十一高僧志閑道行峭拔文辭婉麗亦江左之英達爲默行錄焉

唐荆州天皇寺道悟傳 信棠

釋道悟姓張氏婺州東陽人也受天粹氣爲王子生而神儁長而謹愿年十四金翅始毛麒麟方角啓白尊老將求出家慈愛之旨不見聽許輒損薄常膳日唯一食雖體腹羸餒彌年益堅父母不獲已而許之遂往明州大德剃落年二十五依杭州竹林寺大德具戒以勇猛力扶牢强心於六度門修諸梵行常以爲癈膏肓者資上妙藥開暗冥者求善知識不假舟檝其濟渡乎遂蹶然振策投徑山國一禪師悟禮足始畢密受宗要於語言處識衣中珠身心豁然真妄皆遣斷諸疑滯無畏自在直見佛性中無緇磷服勤五載隨亦印可俾其法雨潤諸叢林悟蓄力向晦采入深阻實異一飛摩霄乃轉遁於餘姚大梅山是時大曆十一年也層崖絕壑天籟蕭瑟夐無鄰落七日不食至誠則通物感延靈猱狖斅攫更饋橡栗異日野夫操斧言伐其楚偶所遭覩駭動悚息馳諭朋曹謂爲神奇曾不旬朔詣者成市憑嵌倚峭且構危棟貲粮供具環遶方丈猛虎眈眈侶出族遊一來座側斂折肢體其類馴擾可知也夫語法者無階漸涉功者有淺深木踰鑽而見火鑑勤磨而照膽理必然矣是以掃塵累遯巖藪服形體遺晝夜精嚴不息趣無上道其有旨哉如是者三四年矣將翔雲表應羽毛之頹鎩欲歸寶所疑道塗之乖錯故重有諮訪會其真宗建中初詣鍾陵馬大師二年秋謁石頭上士於戲自徑山抵衡嶽凡三遇哲匠矣至此即造父習御郢人運斤兩虛其心相與脗合白

月映太陽齊照洪河注大海一味仲尼謂顔子亞聖然燈與釋迦授記根果成熟名稱普聞如須彌山特立大海繇是近佛恢張勝因凡諸國土緣會則答始卜于澧陽次居于瀼口終棲于當陽柴紫山即五百羅漢翱翔地也樫松蓊鬱以含風崖巘巉巖而造天駕瀲灧之紫霞枕清泠之玉泉鸞鳳不集於蓬藋至人必宅於勢勝誠如是也洪鍾待叩童蒙求我川流星聚虛往實歸或接武於林樾或駢肩於廬舍戶外之屨爛其室盈矣荊州雄藩也都人士女動億萬計莫不擎跪稽首嚮風作爲崇業上首以狀于連帥而邀之不違願力聿來赴請屬及於虛落錫及於都城白黑爲之步驟幡幢爲之轇轕生難遭想得未曾有彼優波鞠多者夫何足云有天皇寺者據郡之左標異他剎號爲名藍因於人火蕩爲煨燼僧坊主靈鑒族而謀之以爲湍人攸居必能福我夫荷擔大事蔑弃小瑕乃中宵默往肩舉而至二寺夕有所失朝有所得諍論鋒起遂于尊官重於返復畢安其處江陵尹右僕射裴公搢紳清重擁旄統衆風望聆睞當時準程驅車盛禮問法勤至悟神氣灑落安詳自處徐以軟語爲之獻酬必中精微洞過肯綮又常秉貞操不修逢迎一無卑貴坐而揖對裴公訝其峻拔徵其善趣謂抗俗之志當徑挺如是邪悟以爲是法平等不見主客豈効世諦與人居而局狹邪裴公理冥意會投誠歸命旣見仁者我心則降如熱得濯躁憤冰散自是禪宗之盛無如此者元和丁亥歲有背痛疾命弟子先期告終以夏四月晦奄然入滅春秋六十僧臘三十五以其年八月五日葬之郡東隅靈龕建塔從僧禮也悟身長七尺神韻孤傑手文魚躍頂骨犀起行在於瓔珞志在於華嚴度人說法雄健猛利其一旨云垢淨共住水波同體觸境迷著浩然忘歸三世平等本來清淨一念不起即見佛心其悟解超頓爲若此也先是煙燄之末殿宇不立顧緇褐且虧贍禮寀念結構罔知權輿禪宴之際若值神物自道祠舍濵江水爲凡我疆畛富於松梓悉願傾倒施僧伽藍命工覘之宛若符契於是斬巨棟幹脩楹撐崖拄壑雲屯井構時維秋杪水用都涸徒衆斂手塊然無謀會一夕雨至萬株並進晨發江滸暮抵寺門剞劂之際動無乏者其餘廊廡牀案靡非幽贊事鄰語怪闕而不書其感攝靈祇皆此類也比丘慧眞文賁等禪子幽閑皆入室得悟之者或繼坐道場或分枝化導時太常協律符載著文頌德焉世號天皇門風也又唐澧州龍潭禪院釋崇信未詳氏族信在俗爲渚宮胡餅師之子弱齡宛異神府寬然昔天皇寺悟禪師隱耀藏光人莫我測信家居寺巷恒日提餅笥饋悟公齋食食畢且留一餅曰吾惠汝以蔭子孫信一日自念曰餅是我持去何以返遺我邪莫別有旨乎遂拱手問焉悟公曰是汝持來復汝何咎信聞似有驚怪因勸出家便求攝受曰爾昔崇福善今信吾言故名之也由是躬于井臼供億服勤乃問悟云未蒙指示心要悟公云時時相示信飡稟斯言如遊子之還家若貧人之得寶直從荊渚乃詣澧陽龍潭棲

止因李翺尚書激揚時乃出世後德山鑒師出其門宗風大盛矣

唐鄭都圓寂傳（摇多）

釋圓寂不知何許人也恒以禪觀爲務勤修匪懈就嵩山老安禪師請決心疑一皆明煥寂化行相部依附者多久居天平等山稠禪師往跡無不徧尋時大司空嚴綬傾心信重享壽一百五十五歲咸亨二年巳巳歲生（按咸亨二年辛未合云總章二年己巳也）世號無生和尚是歟寂之高岸恒不欲人致禮邀請必有不可犯之色時或非之然則志意修則驕富貴道義重則輕王公非其傲誕勢使然也釋摇多者印度人也從踰沙磧向慕神州不問狄鞮旋通華語而尚禪定經謁曹溪能師機教相接猶弱喪還家焉多遊五臺路由定襄歷村見一禪者結庵獨坐問之曰子在此奚爲曰吾觀靜多曰觀者何人靜者何物得非勞子之形役子之慮乎其僧茫昧拱默而已作禮數四請垂啓發多曰子出誰門邪曰神秀大師多曰我西域異道寔繁有徒最下劣者不墮此見兀然空坐蓐爛身疲初無深益于莫起如是見立如是論早往韶陽請決所疑能曰子何不自觀自靜邪不觀相不觀如于遊歷日用自然安樂也一如多所言略無少異伊僧抉開羅網多後莫知攸往

唐袁州陽岐山甄叔傳 十六

釋甄叔不知何許人也幼而聰敏倜儻不羈心目融明具大人相覩生死輪上見九地羣迷猶如蠢蝡處在蚊蝱受勝妙欲似嚼蠟無味遂投簪削頂具佛幖幟求正覺了義扣大寂禪師一造玄機萬慮都寂乃曰羣靈本源假名爲佛體竭形消而不滅金流朴散而常存性海無風驚波自湧心虛絕兆萬象齊照體斯理者不言而徧歷沙界不用而功益玄化如何背覺反合塵勞於陰界中妄自囚繫於是形同水月流浪人天哉叔見宜春陽岐山羣峯四合歎曰坤元作鎮造我法城纔發一言千巖響答松開月殿星布雲廊青嵐域中化出金界始從宴坐四十餘年滿室金光晝夜常照於是化緣已畢機感難留元和庚子歲正月十三日忽棄塵區還歸大定門弟子如坦良寶等心汲悲海哀聲動山如月隱天羣星失耀大集衆木積爲香樓用作茶毗獲舍利七百粒於東峯下建窣堵波上足任運者命志閑爲碑紀述矣

唐新吴百丈山懷海傳 十七

釋懷海閩人也少離朽宅長遊頓門稟自天然不由激勸聞大寂始化南康操心依附虛往實歸果成宗匠後檀信請居新吴界有山峻極可千尺許號百丈歟海既居之禪客無遠不至堂室隘矣且曰吾行大乘法豈宜以諸部阿笈摩教爲隨行邪或曰瑜伽論瓔珞經是大乘戒律胡不依隨乎海曰吾於大小乘中博約折中設規務歸於善焉乃創意不循律制別立禪居初自達磨傳法至六祖已來得道眼者號長老同西域道高臘長者呼須菩提也然多居律寺中唯別院異耳又令不論高下盡入僧堂堂中設長連牀施椸架挂搭道具卧必斜枕牀脣謂之帶刀睡爲其坐禪既久略偃亞而已朝參夕聚飲食隨宜

示節儉也行普請法示上下均力也長老居方丈同維摩之一室也不立佛殿唯樹法堂表法超言象也其諸制度與毗尼師一倍相翻天下禪宗如風偃草禪門獨行由海之始也以元和九年甲午歲正月十七日歸寂享年九十五矣穆宗長慶元年勑謚大智禪師塔曰大寶勝輪焉

系曰自漢傳法居處不分禪律是以通禪達法者皆居一寺中院有別耳至乎百丈立制出意用方便亦頭陀之流也矯枉從端乃簡易之業也所言自我作古古故也故事也如立事克成則云自此始也不成則云無自立辟今海公作古天下隨之者益多而損少之故也謚海公爲大智不其然乎語曰利不百不變格將知變斯格厥利多矣彌沙塞律有諸雖非佛制[縣十]諸方爲清淨者[十八]不得不行也

唐潭州翠微院恒月傳[亮真]

釋恒月姓韓氏上黨人也厥父爲上監商西江往還伐遇剽略溺死月雖幼弱念父葬于魚腹母又再行乃決志出家求報恩育受教於聖善寺慧初得度已造嵩山禪會便啓發心要後訪道尋師靡憚夷險抵望湖山翠微巖下古院挂錫四方學者如蜂得王翕然盛化建中元年示疾而終春秋七十九其年三月十二日遷塔焉洛京廣愛寺釋眞亮姓侯氏景城人也家訓儒雅辭彩粲然潔素持操與羣少年有異忽以樊籠爲厭且曰去情除鍾是所願也遂於本州開元寺智体師下披染服然其刈薪汲水率先於人習行頭陀行受具已遊嵩少遇普寂獎訓頓開蒙昧入龍門山居而禪默問津者交集聲望日隆屬留守尚書王公鐸保釐聞而欽奉召入廣愛寺別住居焉示人禪觀匪倦教詔得道者亦多矣以貞元四年十一月三日忽告門人以桑榆末照[縣十]誠難久留囑累而終年八十[十九]八焉

唐襄州夾石山思公傳[曇真]

釋思公姓李氏恒陽人也早出家于本府龍興寺得度後遊伊洛間見普寂禪師開暢禪法寂始見提誘尋徹鉤深至南雍隱夾石山翛然自處屬牛公觀政漢南聞其聲績請入城謝病不應其命牛師亦不奪其志檀施相望學衆侁侁若栴檀之園遶焉以興元初年示疾歸滅春秋八十四焉亳州安國院釋曇眞姓陳維青人也少小隨父往彭門鬻棗於逆旅而亡所怙眞嘆恨無依乃投徐大雲寺爲僧其土是嵩法師之後經論數澤眞翫習該通後遊勝境入嵩山學禪觀已至任城邂逅李中丞諷赴職譙郡接眞談道抵掌盱衡如披雲霧李恨相識之晩請以司行時聚風亭月觀談道達旦李後入爲京尹因從容稱奏眞道盛德至德皇下詔徵而不奉詔貞元七年四月示滅門人建塔云

唐定州大像山定眞院石藏傳

釋石藏姓呂漢東人也年鄰小學露成人之度跪告堂親願爲佛子遂志入開元寺削染受戒剋願禮嵩山寂禪師豁悟禪法至中山大像峯間石室孤坐宴寂數夏安然同好者望風而至蔚成叢衆陶化博陵人咸欣戴會州帥李公卓翹仰之切命入城住貴親玄論謝云野性難拘不閑禮法恐玷威稜卓躬登

山訪問欸密交談深闢昏昧遂奏院題額曰定眞焉藏預白衆訣別明日坐亡春秋八十三貞元十六年正月入塔立碑頌德云

宋高僧傳卷第十 盈十

二十

宋高僧傳卷第十

校勘記

一 底本，清藏本。

一 九〇頁中一八行第二字「憎」，徑作「僧」。

一 九一頁中一五行第一〇字「抉」，磧、普作「决」。

一 九一頁中一八行第一四字「署」，徑作「著」。

一 九一頁中一九行「二年」，磧作「三年」。

一 九二頁下三行第三字「玉」，普作「且」。

一 九三頁下一五行「三日」，磧作「二日」。

一 九五頁中五行「善趣」，普作「義趣」。

一 九六頁中四行末字「抉」，磧作「起」。

一 九七頁上一八行「土監商」，磧、普作「土鹽商」。

一 九七頁下四行「彭門」，徑作「彭城」。

一 九八頁上三行首字「三」，磧、普作「二」。

宋高僧傳卷第十一　家一

宋左街天壽寺通慧大師賜紫沙門賛寧等奉勅撰

習禪篇第三之四 正傳二十一人 附見四人

唐洛京伏牛山自在傳 一鉢和尚南印

釋自在俗姓李吳興人也生有奇瑞稍長坐則加趺親黨異之辭所愛投徑山出家於新定登戒及諸方參學從南康道一禪師法席懸解真宗逸蹤流輩道譽孔昭行止優游多隱山谷四方禪侶叢萃其門元和中居洛下香山與天然禪師爲莫逆之交所遊必好古思得前賢遺跡以快逸觀龍門山得後魏三藏翻經處王屋山得稠禪師解虎關處此山飲甘泉改爲甘泉寺嵩山得梵法師馬跑泉居無戀著所著三傷歌辭理俱美警發迷蒙有益於代前蜀王氏僞乾德初有小軍使陳公娶高中令駢諸孫女若人持不殺二十餘年後在蜀爲男婚娶禮須屠宰高初不欲親戚言自巳持戒行禮酒筵將何以娛賓也依違之際遂多庖割俄未浹旬得疾頗異口但慌言巳而三宿還蘇述冥間之事初被黑衣使者追攝入岐府城隍廟廟神峩冠大袖與一金甲武士晤坐使者領高見神武士言語紛紜譏高破戒仍扼腕罵曰吾護戒神將也爲汝二十年食寢不退豈期忽起殺心頓虧戒檢命雖未盡罪亦頗深須送冥司懲其故犯城隍神問高曰汝更修何善追贖過尤乎高常誦持上生經其數巳多于時懵然都無記憶恐懼之間白曰誦得三傷頌一鉢和尚歌遂合掌向神厲聲而念神與武士聳耳攀拳立聽顔色漸怡及卒章神皆涕淚乃謂高曰且歸人間宜切營善拜辭未畢颯然起坐備陳厥事自此三傷一鉢之歌頌人皆傳寫諷誦焉一鉢和尚者歌詞叶理激勸憂思之深然文體涉里巷豈加三傷之典雅乎在遺弟子去江南選山水之最者吾願往中終若到江州都昌縣有好林泉廻報在行至葉縣道俗所留往隋州開元寺示滅年八十一則長慶元年也

系曰稽諸律藏出家者犯戒則招二罪一違

制二業道也高氏在家素不受戒無違制僣俗容有業道罪寧得有護戒神邪況高氏既持不殺則冥然感止持無作之善生焉因鮮克有終致遭幽責告諸五衆當畏護戒之神夫如是明則有戒法幽則有鬼神歟

次成都府元和聖壽寺釋南印姓張氏明寤之性受益無猒得曹溪深旨無以爲證見淨衆寺會師所謂落機之錦濯以增妍街燭之龍行而破暗印自江陵入蜀於蜀江之南壖薙草結茆衆皆歸仰漸成佛宇貞元初年也高司空崇文平劉闢之後改此寺爲元和聖壽初名寶應也印化緣將畢於長慶初示疾入滅營塔葬于寺中會昌中毀塔大中復於江北寶應舊基上創此寺還名聖壽印弟子傳嗣有義俛復興禪法焉

唐汾州開元寺無業傳

釋無業姓杜氏商州上洛人也其母李氏忽聞空中言曰寄居得否已而方娠誕生之夕異光滿室及至成童不爲戲弄行必直視坐即加趺商於緇徒見皆驚歎此無上法器速令出家絡隆三寶年至九歲啓白父母依止本郡開元寺志本禪師乃授與金剛法華維摩思益華嚴等經五行俱下一誦無遺年十二得從剃落凡緜講肆聊聞即解同學有所未曉隨爲剖析皆造玄關至年二十受具足戒於襄州幽律師其四分律疏一夏肆習便能敷演兼爲僧衆講涅槃經法筵長開冬夏無倦可謂生肇不泯琳遠復興後聞洪州大寂禪門之上首特往瞻禮業身逾六尺屹若山立顧必凝睇聲仵洪鐘大寂一見異之笑而言曰巍巍佛堂其中無佛業於是禮跪而言曰至如三乘文學粗窮其旨嘗聞禪門即心是佛實未能了大寂曰只未了底心即是別物更無不了時即是迷若了即是悟迷即衆生悟即是佛道不離衆生豈別更有佛亦猶手作拳拳全手也業言下豁然開悟涕淚悲泣向大寂曰本謂佛道長遠勤苦曠劫方始得成今日始知法身實相本自具足一切萬法從心所生但有名字無有實者大寂曰如是如是一切法性不生不滅一切諸法本自空寂經云諸法從本來常自寂滅相又云畢竟空寂舍又云諸法空爲座此即諸佛如來住此無所住處若如是知即住空寂舍坐空法座舉足下足不離道場言下便了更無漸次所謂不動足而登涅槃山者也業既傳心印尋詣曹溪禮祖塔廻游廬嶽天台及諸名山偏尋聖跡自洛抵雍憩西明寺僧衆咸欲舉請充兩街大德業默然歎曰親近國王大臣非予志也於是至上黨節度使相國李抱眞與馬燧累有戰功又激發王武俊同破朱泚功多勢盛然好聞賢善雖千里外必持幣致之深重業名行旦夕瞻禮麾幢往來常有倦色謂門人曰吾本避上國浩穰名利今此又煩接君侯豈娛心哉言訖逍遥緜上抱腹山又往清涼山於金閣寺讀大藏經星八周天斯願方畢復振錫南下至于西河初止衆香佛刹州牧董叔纏請住開元精舍業謂弟子曰吾自至此不復有遊方之意豈吾緣在此邪於是撞鐘告衆作師子吼雨大法雨垂二十年并汾之人悉皆向化憲宗皇帝御

宇十有四年素嚮德音乃下詔請入內辭疾不行明年再降綸旨稱疾如故穆宗皇帝即位之年聖情虔虔思一瞻禮乃命兩街僧錄靈準公遠賫勅旨迎請準至作禮白之曰知師絶塵物表糠粃世務法委國王請師熟慮此迴恩旨不比常時願師必順天心不可更辭以疾相時而動無累後人業笑曰貧道何德累煩聖主行即行矣道途有殊於是剃髮澡浴至中夜告弟子慧憎等曰汝等見聞覺知之性與太虛同壽不生不滅一切境界本自空寂無一法可得迷者不了即為境惑一為境惑流轉不窮汝等當知心性本自有之非因造作猶如金剛不可破壞一切諸法如影如響無有實者故經云唯有一事實餘二則非眞常了一切空無一物當情是諸佛同用心處汝等勤而行之言訖加趺而坐奄然歸寂嗚呼可謂於生死得自在也俗齡六十二僧臘四十二道俗號慕如喪考妣乃備香華幢幡還全身就于城西練若積香薪而行荼毗乃有卿雲自天五色凝空異香西來郁馥氛氳闔境士庶咸皆聞覩及薪盡火滅獲設利羅璨若珠玉弟子慧憎行勤虔縱義幽元度恒泰等泣血收之殮以金棺乃命郢匠琢石為塔以長慶三年十二月二十一日安葬于練若之庭業遷化之歲州牧楊潛得僧錄準公具述其事遂為碑頌勅謚大達國師塔號澄源焉

唐長沙東寺如會傳

釋如會韶州始興人也大曆八年止國一禪師門下後歸大寂法集時禪客仰慕決求心要僧堂之內牀榻為之陷折時號折牀會猶言鑿佛牀也後徇請居長沙東寺為自大寂去世其法門鼎盛時無可敵諺謂東寺為禪窟斷可知矣時相國崔公群慕會之風來謁于門答對瀏亮辭咸造理自爾為師友之契初群與皇甫鎛議上憲宗尊號因被鎛搆出為湖南觀察閑豫歸心于會也至穆宗長慶癸卯歲終于寺春秋八十時井泉頓枯異香馝馥遷塔于城南廉使李翺盡毀近城墳塔唯留會所瘞浮圖以筆題曰獨留此塔以別賢愚矣劉膳部軻著碑焉勅謚傳明大師塔曰永際亦呼所居為夾山和尚是歟

唐南陽丹霞山天然傳

釋天然不知何許人也少入法門而性梗槩謁見石頭禪師默而識之思召其自體得實若為立名天然也乃躬執爨凡三年始遂落飾後於嶽寺希律師受其戒法造江西大寂會寂以言誘之譍答雅正大寂甚奇之次居天台華頂三年又禮國一大師元和中上龍門香山與伏牛禪師為物外之交後於慧林寺遇大寒然乃焚木佛像以禦之人或譏之曰吾荼毗舍利曰木頭何有然曰若爾者何責我乎元和三年晨過天津橋橫卧會留守鄭公出呵之不去乃徐仰曰無事僧留守異之乃奉束素衣兩襲月給米麪洛下翕然歸信至十五年春言吾思林泉乃入南陽丹霞山結庵以長慶四年六月告門人曰備沐浴吾將欲行矣乃戴笠策杖入屨垂一足未及地而卒春秋八十六膳部員外郎劉軻撰碑紀德焉勅謚智通禪師塔號妙覺

唐常州芙蓉山太毓傳

釋太毓姓范氏金陵人也年纔一紀志在出家乃禮牛頭山忠禪師而師事焉於是勇猛精進求其玄旨法器外朗神襟內融雖明了一乘而具足萬行往雍京安國寺進受具戒褎然出衆加復威儀整肅妙相殊特如大海之不可測如虛空之不可量巡禮道場攝心淨域雖智能通達不假因師而印可證明必從先覺遂謁洪井大寂禪師覩相而了達法身剎那而頓成大道于時天下佛法極盛無過洪府座下賢聖比肩得道者其數頗衆毓與大徹禪師大宣教禪師大智禪師皆昆仲也既而南北觀方曾無告憚俾廣聞見閑養聖胎耳元和十三年止於毗陵義興芙蓉山故得名于山焉毓爲緣作因有應無著故所居感化所至悅隨道俗相望動盈萬數自此江南之人悟禪理者多矣時相國崔公群坐失守出分司後爲華州由三峯出鎮宣城其地雖邇其人則遐崔公深樂禮謁致命誠請毓以感念而現大悲爲心莫不果欲隨緣遊方順命寶歷元年至于死陵禪定寺所以隨順而揚教也至明年告歸齊雲山九月合朔色相不動而示滅于山之院享年八十僧臘五十八是日也天地如慘草木如摧鳥獸悲啼雲泉斷咽緇徒士庶孺慕充窮十月棲神于院之庭從其宜也弟子至孚契眞清幹等慨吾師示滅而後學徒存大和二年相國韋處厚素尚玄風道心惇篤以事奏聞天子爰降德音褎以殊禮追謚號塔名越州刺史陸亘擒翰論譔焉

唐南嶽西園蘭若曇藏傳 靈彖 超岸

釋曇藏不知何許人也得禪訣於大寂之門後見石頭希遷禪師所謂再染謂之赬也貞元二年嘉遁于衡嶽棲止峯之絕頂晚年苦於脚疾移下西園結茅參請者繁熾大和元年終于嶽中享齡七十先是藏養一犬尤靈嘗夜經行息坐次其犬銜藏之衣歸房乃於門閫旁伏守而吠聲不絕頻奮身作猛噬之勢詰旦視之東廚有大蟒蛇身長數丈蟠繞小舍爲之岌嶪呀張其口噓闞其聲毒氣漫然侍者白藏亟去迴避藏曰死而可逃何遠之有彼以毒來我以慈受毒無自性激發則強慈苟無緣寃親一揆無人無我法性俱空言訖其蟒蛇按首徐行閃然不見又嘗一夜有群盜其犬亦銜藏衣藏語盜曰諸君山叟茅舍有中意物任拈去終無少悋之分盜感其言散分下山矣又荊州永泰寺釋靈彖姓蕭氏蘭陵人也其胄裔則後梁爲周所滅支屬星分彖父居長沙爲編戶矣生彖究有出塵之誓遍諸禪會罕不登臨止泊維青優遊自得長慶元年住百家巖寺未幾徙步江陵太守王潛請居永泰寺大和三載六月二十三日終于住寺春秋七十五建塔于州北存焉又釋超岸丹陽人也先遇鶴林素禪師處衆拱默而已天寶二載至撫州蘭若得大寂開發四方毳侶依之

唐鄂州大寂院無等傳

釋無等姓李氏今東京尉氏人也負志卓犖辭氣貞正少隨父官于南康頻遊梵剎向僧瞻像往即忘歸既作沙門遇道一禪師在龔

公山學侶螘慕等求法於其間挺然出類元和七年遊漢上後至武昌覩郡西黃鵠山奇秀遂結茅分衛由此巴蜀荆襄尚玄理者無遠不至矣大和元載屬相國牛公僧孺出鎮三江聞等道香普熏邀迴命駕枉問風虎相須爲法重人牛公慮其蘭若不隸名籍特爲奏題曰大寂也憧憧往來堂無虛位至四年十月示滅年八十二弟子普通奉全身入塔焉

唐天目山千頃院明覺傳

釋明覺俗姓歐河內人也祖爲官嶺南後徙居爲建陽人也覺儒家之子風流蘊藉好問求知曾無倦懈宿懷道性聞道一禪師於佛跡嶺行禪法往造焉遂依投剃染由此卽願觀方衡嶽天台四明徧嘗法味復於徑山留心請決數夏負薪面黯手胝下山至杭州大雲寺禁足院門續移止湖畔青山頂結庵而止屬范陽盧中丞鸞風躬謁召歸州治大雲寺住持元和十五年避嫌遠竄隱天目山是山也特秀基墟跨涉四郡有上下龍潭深不可測怪物往往出于中有白鹿毛質詭異土人謂爲山神也覺道是中檀信爲禪宇長慶三年春及冬至明年二月大旱野火蔓延欲燒院僧惶懅覺曰吾與此山有緣火當速滅少選雷雨驟作其火都滅遠近驚歎以大和五年七月十九日示疾而亡

唐杭州秦望山圓脩傳

釋圓脩姓潘氏福州閩人也生而岐嶷長而俊邁忽思拔俗尋事名師剔髮變衣年滿於嵩陽會善寺納戒既而儀表容與日新厥德研窮經論俄約觀方遇百丈山海禪師根教相符遂明心要持盂振錫而抵于杭見秦望山峻極之勢有長松枝繁結蓋遂棲止于松巔時感鵲復巢於横枝物我都忘羽族馴狎由茲不下近四十秋每一太守到任則就瞻仰號鳥窠禪師焉洎元和初邦伯裴常棣酷重其道請下結庵者至于三四或爲參請者說法裴侯命八屬宰官同力造伽藍移廢額曰招賢以居之大和七年癸丑歲九月二十二日端坐怡然歸寂享年九十九僧臘八十杭之累政良守無不傾重税駕樹陰請談玄極不覺更僕移辰矣今塔在石甑山下南嶽僧唯貞爲塔銘焉近有盜發其塔且多怪異止收得銘誌而已

唐池州南泉院普願傳

釋普願俗姓王鄭州新鄭人也其宗嗣於江西大寂大寂師南嶽觀音讓讓則曹溪之冢子也於願爲太父其高曾可知也則南泉之禪有自來矣願在孕母不喜葷血至德二年跪請於父母乞出家脫然有去羈鞅之色乃投密縣大隗山大慧禪師受業苦節篤勵胼胝皸瘃不敢爲身主其師異之大曆十二年願春秋三十矣詣嵩山會善寺暠律師受具習相部舊章究毗尼篇聚之學後遊講肆上楞伽頂入華嚴海會抉中百門觀之關鑰領玄機於疏論之外當其鋒者皆旗靡轍亂大寂門下八百餘人每參聽之後尋繹師說是非紛錯願或自默而語群論皆弭曰夫人不言乃言爾耳自後含景匿耀似不能言者人以其無法說或扣其關亦堅拒不洩時有密

皡其機者微露頭角乃知其非無法說時未至矣貞元十一年挂錫池陽南泉山煙谷刊木以構禪宇簑笠飯牛溷于牧童斫山畬田種食以饒足不下南泉三十年矣夫洪鐘不爲莛撞發聲聲之者故有待矣大和年初宣使陸公亘前池陽太守皆知其抗迹塵外爲四方法眼與護軍彭城劉公同迎請下山北面申禮不經再歲毳衣之子奔走道途不下數百人大和甲寅歲十月二十一日示疾十二月二十三日有白虹貫於禪室後峯占之者得非南泉謝世乎是日西峯巨石崩聲數十里當晝有乳虎遶禪林而號衆咸異之二十五日東方明告門人曰星翳燈幻亦久矣勿謂吾有去來也言訖而謝春秋八十七僧臘五十八契元文暢等凡九百人皆布衣墨巾泣血于山門赴喪會葬者相繼於路哀號之聲震于崖谷乙卯歲門人奉全身於靈塔從其教也膳部員外郎史館修撰劉軻欽若前烈追德頌美焉

唐澧陽雲巖寺曇晟傳

釋曇晟俗姓王氏鍾陵建昌人也始生有自然胎衣右袒猶緇服焉遂請出家於石門年滿具法參見百丈山海禪師二十年爲侍者職同慶喜法必我聞身若中涓心居散位續受藥山舉發全了無疑化徒孔勤受益者衆以大和三年己酉十月二十七日示滅勑諡大師號無相塔名淨勝焉

系曰商那和脩華言胎衣也以其生帶衣而誕以繒肉而非幻爲綳褓長且稱身出家成法服至入滅闍維方爲煨燼焉晟師之有胎衣止不及爲嬰兒已往之服耳此近叔離尼商那尊者也思過半矣何邪晟師去聖懸遠和修佛滅百年將胎衣示有行果之徒也今晟以胞袒絡化其教理之世不其難乎故曰思過半矣

唐荊州福壽寺甄公傳

釋甄公姓魯氏江陵人也少而警慧七歲誦通詩雅遂應州舉三上中第末釋褐與沙門議論玄理乃願披緇投福壽寺辯初法師以爲模範後於洛京昭成寺講法數座因禮嵩山禪師通暢心決方至丹陽茅山尋挂錫於蘇州楞伽山四遠叅玄者駢肩疊足矣時白樂天牧是郡接其談道不覺披襟解帶心遊無物之場得甄之閫閾矣遂堅請出水流寺不樂安止以山水爲娛情之趣耳大和三年示疾云終九十歲以其年四月十七日入塔焉

唐趙州東院從諗傳

釋從諗青州臨淄人也童稚之歲孤介弗群越二親之羈絆超然離俗乃投本州龍興伽藍從師翦落尋往嵩山瑠璃壇納戒師勉之聽習於經律但染指而已聞池陽願禪師道化翕如諗執心定志鑚仰忘疲南泉密付授之滅跡匿端坦然安樂後於趙郡開物化迷大行禪道以眞定帥王氏阻兵封疆多梗朝廷患之王氏抗拒過制而偏歸心於諗諗甞寄塵拂上王氏曰王若問何處得此拂子答道老僧平生用不盡者物凡所舉揚天下傳之號趙州法道語録大行爲世所貴也

唐京兆華嚴寺智藏傳

釋智藏姓黃氏豫章上高人也父爲洪州掾藏隨父入報國寺見供奉皓月講涅槃經微體經意樂入佛門年甫十三剖恩愛辭父母於開元寺宗法師所受學後修禪法證大寂一公宗要矣建中元年入長安盧元顥素奉其道舉奏入內供養勅令住華嚴寺葺皷之間玄學者孔熾就藏之門若海水之歸投琴之壑矣大和九年終于住寺三月十二日入塔焉

唐潭州道吾山圓智傳

釋圓智俗姓張豫章海昏人也總丱之年頓求出離禮涅槃和尚躬執缾屨爰登戒地誓叩禪門見乎藥山示其心決後居長沙道吾山海衆相從猶蜂蟻之附王焉以大和九年乙卯九月十一日長逝享年六十七闍維得不灰之骨數片腦蓋一節特異而清瑩其色如金其響如銅乃建塔于石霜山勅謚脩一大師寶相之塔得其道者則普會焉智公初領悟藥山宗旨儼師誨之曰吾無實玉大弓以爲分器今賞汝犢鼻一膺雖云微末而表親褻歟南嶽僧玄泰著碑頌

唐明州大梅山法常傳

釋法常俗姓鄭襄陽人也稚歲從師於荊之玉泉寺凡百經書一覽必晴誦更無遺忘冠年受具足品於龍興寺容貌清峻性度剛敏納衣囊鉢畢志夘齋貞元十二年自天台之于四明餘姚之南七十里寓仙尉梅子眞之舊隱焉昔梅福初入山也見多龍穴神蛇每吐氣成樓閣雲雨晦冥邊有石庫內貯仙藥神仙經籍常寄宿于房乃夢神人語之曰君非凡夫因話及石庫中聖書懸記旣往將來之事受之者爲地下主不然爲帝王之師傅矣常謂之曰石庫之書非吾所好昔僧稠不顧仙經其卷自亡吾以涅槃爲樂厭壽何止與天偕老邪神曰此地靈府俗氣之人輒難居此立致變怪常曰吾寓跡於梅尉之鄉非久據焉因號梅山也由是編苫伐木作覆形之調居僅四十年驗實非常之人也開成年初院成徒侶輻湊請問決疑可六七百衲徒矣四年常忽示疾九月十九日山林搖盪鳥獸悲鳴辭衆而逝報齡八十八戒臘六十九十月十九日焚于南澗收舍利五色璨然圓轉焉常先隱梅嶺有僧求拄杖見之白鹽官安禪師曰梅子熟矣汝曹往尋幸能療渴也進士江積爲碑云爾

唐揚州慧照寺崇演傳

釋崇演姓段氏東平人也出家于本州龍興寺慧超法師之門遊方問道見嵩陽善寂禪師示其心法後居都梁山當于淮浦四面來商氂客影附焉相國李公紳鎮撫廣陵而性剛嚴少所接與偏輕釋子或允相見必問難鋒起祇應不供者多咄叱而出紳遣衙吏章幼成傳意召演入府詶對詣理談論鏗然紳惘然翻不測其畛域特加歸信請居慧照寺化導同聲相應僅于千衆開成二年終于淨院春秋八十四以十月二十三日全身入塔云

唐杭州鹽官海昌院齊安傳

釋齊安俗姓李實唐帝系之英先人播越故生于海門郡焉潔避世榮終祕氏族安在胎

母夢日兆祥既誕而神光下燭數歲有異僧欵門召見摩頂曰鳳穴振儀龍宮藏寶紹終之業其在斯乎及臻丱角亟請出家父母訶止安曰禄利之養止於親爾冥報之利不其遠邪珪組之榮止於家爾濟拔之益不其廣邪二親感其言而順從遂依本郡雲琮禪師雖勤勞謙黙和光同塵而螢月殊暉雞鶴異態年滿登具乃詣南嶽智嚴律師外撿律儀内照實相後聞南康龔公山大寂禪師隨化度人慈緣幽感褰足振錫一日造焉大寂欣其相依論持不倦及其蜕去安盡力送終元和末安春秋已逾七十而遊越之蕭山法樂寺以其古製垣屋靡完補壞扶傾不克宴坐時海昌有法昕者緇林翹楚於放生池壖廢地肇葺禪居焉昕謙而不自有延請安主之四海參學者宋一麏至焉道化之盛十八翕然推伏安不言寒暑不下堂廡無流眄無傾聽如此者蓋有年矣而又挺身魁岸相好莊嚴眉毫紺垂顱骨圓聳望之者如仰嵩華而挹滄溟曾無測其高深也以會昌二年壬戌十二月二十二日泊然宴坐俄爾示滅先時竹栢盡死至是精彩益振爰有清響叩户祥光滿室如環佩之鏘鳴若劒戟之交射瑞相尤繁事形別錄又安懸知宣宗皇帝隱曜緇行將來法會預誡知事曰當有異人至此禁雜言止橫事恐累佛法明日行脚僧數人參禮安黙識帝遂令維那高位安置禮殊他等安每接談話益知貴氣乃曰貧道謬為海衆圍遶患齋不供就上座邊求一供疏帝為操翰攄辭安覽驚悚知供養僧賫去所獲豐厚殆與常廖不同乃語帝曰時至矣無滯泥蟠以佛法後事而去帝本憲宗第四子穆宗異母弟也武宗恒憚忌之沉之于宮廁宦者仇公武潛施拯護俾髡髮為僧縱之而逸周遊天下險阻備嘗因緣出授江陵少尹實惡其在朝耳武宗崩左神策宋一軍中尉楊公十九諷宰臣百官迎而立之聞安已終愴悼久之勅謚大師曰悟空乃以御詩追悼後右貂盧簡求為建塔焉

唐京師聖壽寺恒政傳

釋恒政姓周氏平原人也未入法前隨入鄉校殊不嗜書籍或見佛經躭味不捨後棄俗從師就本州延和寺詮澄法師下受誦經法既登戒已問道于嵩少決了無壅滯跡三峯放蕩自在無幾入太一山中南行風教學人螘慕大和中文宗皇帝酷嗜蠶蛤沿海官吏先時遞進人亦勞止一日御饌中盈柈而進有擘不張呀者帝觀其異即焚香祝之俄為菩薩形梵相克全儀容可愛遂致於金粟檀香合以玉緜錦覆之賜興善寺令致禮之始宣問群臣斯何瑞也相國李公德裕奏曰臣不足知唯知聖德昭應其諸佛理聞終南山有恒政禪師大明佛法博聞強識詔入宣問政曰貧道聞物無虚應此乃啓沃陛下之信心耳故契經中應以此身得度者即現此身而為說法也帝曰菩薩身已見未聞說法政曰陛下覩此為常非常耶信非信耶帝曰希奇事朕深信焉政曰陛下已聞說法了皇情悅豫得未曾有勅天下寺院各立觀音像以答殊休其菩薩至會昌毀佛舍乃亡所在因留政内道場中累辭入山宣住聖壽寺至武

宗即位忽入終南或問其故曰吾避仇烏可已乎哉後終山舍年八十七闍維收舍利四十九粒以會昌三年九月四日入塔後有廢教之勑政之先見若合符節焉

系曰蜃蛤中胡得菩薩像乎通曰有所警發時一現耳近聞僞唐李氏國境荐饑陂湖間多生蠃蚌百姓競取而食其年免殍仆者十有七八明年豐民猶采之無何有獲巨蚌可二尺餘提歸擘磔盪滌曾無少損其人呪垂放之俄自開張吐出佛像長僅尺許相好具全若眞珠色號曰珠佛焉獻李氏後遺與梵僧焉此意所不及處現形者蓋經中化肉山魚米以資饑饉歲既豐登胡不屬厭故現相止足之地

唐大溈山靈祐傳

釋靈祐俗姓趙祖父俱福州長溪人也祐卝年戲于前庭仰見瑞氣祥雲徘徊盤鬱又如天樂清奏眞身降靈衢巷諦觀者艾莫測俄有華巔之叟狀類厖眉之人謂家老曰此群靈衆聖標異此童佛之眞子也必當重光佛法乆之彈指數四而去祐以椎髻短褐依本郡法恒律師執勞每倍於役冠年剃髮三年具戒時有錢塘上士義賓授其律科及入天台遇寒山子於途中乃謂祐曰千山萬水遇潭即止獲無價寶賑䘏諸子祐順途而念危坐以思旋造國清寺遇異人拾得申繫前意信若合符遂詣泐潭謁大智師頓了祖意元和末隨緣長沙因過大溈山遂欲棲止山與郡郭十舍而遙夐無人煙比爲獸窟乃雜猨猱之間橡栗充食洎有山民見之群信共營梵宇時襄陽連率李景讓統攝湘潭願預良緣乃奏請山門號同慶寺後相國裴公相親道合祐爲遭會昌之澄汰又遇相國崔公愼由崇重加禮以大中癸酉歲正月九日盥漱畢敷座瞑目而歸滅焉享年八十三僧臘五十九遷葬于山之右梔子園也四鎭北庭行軍涇原等州節度使右散騎常侍盧簡求爲碑李商隱題額焉

唐黃州九井山玄策傳

釋玄策俗姓魯會稽人也幼隨父商估赴天台山光明會乃隋朝智顗禪師立教年別光月遠近州邑黑白二衆鳩聚策覩殊異遂於禪林寺智廣師下出家遊方見江西大寂頓開翳障及徧參問覩黃陂九井山奇秀乃結茅爲舍學侶若蟬之走明也或慰策曰師之耐寂寞如此乎策曰致道者忘心矣吾樂甚哉以大中八年現疾而滅續勑謚大師曰圓寂塔名智覺焉

宋高僧傳卷第十一

宋高僧傳卷第十一

校勘記

一　底本，清藏本。

一　一〇〇頁上一〇行第四字「茆」，磧作「苑」。

一　一〇〇頁下五行第一二字「山」，磧作「上」。

一　一〇〇頁下末行第一一字「向」，資、磧、普、南作「嚮」。

一　一〇一頁上一二行第一〇字「當」，資、磧、普、徑作「常」。

一　一〇一頁中一二行第四字「牀」，資、磧、普作「休」。

一　一〇一頁中一五行第六字「亮」，磧、普作「穴」。

一　一〇一頁下一六行第一三字「入」，資、磧、普、南作「卜」。

一　一〇二頁中六行「至乎」，磧、南作「志乎」。

一　一〇二頁下一四行末字「處」，磧作「愛」。

一　一〇三頁中一行末字「土」，南作「上」。

一　一〇三頁中一二行第八字「盂」，資、磧、普、南、徑作「盃」。

一　一〇三頁中一七行末字「者」，磧作「去」。

一　一〇三頁下一九行第八字「含」，資、磧、普作「舍」。

一　一〇四頁上二行第一五字「煙」，徑作「堙」。

一　一〇四頁下四行「水流寺」，資、磧、普、南作「流水寺」。

一　一〇五頁上五行「盧元顥」，南作「盧元顥」。

一　一〇六頁中一行第二字「二」，資、普作「一」。

一　一〇六頁下四行「自在」，資作「自任」。

一　一〇七頁上一四行末字「地」，資、南作「也」。

一　一〇七頁下一行末字「光」，資、磧、普、南、徑作「九」。

宋高僧傳卷第十二

宋左街天壽寺通慧大師賜紫沙門贊寧等奉勅撰

習禪篇第三之五 正傳二十人 附見四人

唐杭州大慈山寰中傳

釋寰中姓盧氏河東蒲坂人也稟靈特異挺質殊倫身支牖亭頂骨圓峻其聲若鐘響其色猶脂凝學通終古辭實豐贍年二十五隨計中甲科然未塞其懷復思再捷無何遭母之憂遂廬于墓所及服闋徑往北京童子寺出家二稔未周諸經皆覽明年往嵩嶽登戒肆習律部於玆慱通忽慕上乘決往百丈山深得玄旨後隱南嶽常樂寺結茅于山椒諫議大夫崔公深重其操因別立方丈虞淵景晞一飯永日然其乏水羸瓶遠求俄爾深宵有虎嗥嘯廬側詰旦視之果濫泉坼地而湧足其汲用後之杭浙江之北有山號大慈居未久檀信爰臻旋成巨院四方僧侶參禮如雲屬武宗廢教中衣短褐或請居戴氏別墅焉大中壬申歲太守劉公首命剃染重盛禪林壬午歲二月十五日囑累聲畢而終時漸溽暑驗其身一無變異而頂門燠潤冬空于塔所享年八十三法臘五十四有說常樂寺山虎跑泉當中公滅日忽焉乾涸異哉止貲中之受用耳至乾符丁酉歲勑謚大師號性空塔名定慧也縉雲太守段成式爲眞讚焉

唐洛陽韶山寰普傳

釋寰普者不知何許人也稟形淳粹克性謙沖居于醜夷下風請業汪汪然其識度輒難擬議具戒之後經論温尋然後杖錫南遊澧陽遇夾山而得心契有參學舉問垂手攜歸不使一機失其開誘其所不薦勸令披覽經法亦近秀寂之遺風耳

唐衡山昂頭峯日照傳

釋日照姓劉氏岐下人也家世豪盛幼承庭訓博覽經籍復於莊老而宿慧發揮思從釋子即往長安大興善寺曇光法師下稟學納戒傳受經法靡所不精因遊嵩嶽問圓通之訣欣然趣入後遊南嶽登昂頭峯直拔蒼翠便有終焉之志庵居二十載屬會昌武宗毀教照深入嚴窟飯栗飲流而延喘息大中宣

宗重興佛法率徒六十許人還就昂頭山舊基結苫蓋構舍宇復居一十五年學人波委咸通中示滅春秋一百八歲至三年二月三日入塔立碑存焉天下謂其禪學爲昂頭照是歟

唐朗州德山院宣鑒傳

釋宣鑒姓周氏劒南人也生惡葷羶少多英敏宿賫異操懇願出塵大龍不屈於小庭俊鶚必騰其層漢既除美飾當預僧流從受近圓即窮律藏其諸性相貫習偕通聞重湖間禪道大興乃抗志雲遊造龍潭信禪師則石頭宗師之二葉也始唯獨居一室鑒强供侍之一夕龍潭持一枝火授鑒鑒接而行數步且曰久聞龍潭到來龍之與潭俱不見歟信曰子親到矣機與教符日親丈室三十餘年後止澧陽居無何屬武宗搜揚洎大中還復法儀咸通初武陵太守薛延望堅請始居德山其道芬馨四海禪徒輻湊伏臘堂中常有半千人矣其於訓授天險海深難窺邊際雪峯夯見鑒深肯重以咸通六年乙酉歲十二月三日忽告諸徒曰捫空追響勞汝神邪夢覺覺非復有何事言訖安坐而化春秋八十四僧臘六十五身據牀坐卓然七日如生在焉天下言激箭之禪道者有德山門風焉今襄鄧漢東法孫極盛者是

唐明州棲心寺藏奐傳

釋藏奐俗姓朱氏蘇州華亭人也母方娠及誕常聞異香爲兒時嘗墮井有神人接持而出丱歲出家禮道曠禪師及弱冠詣嵩嶽受具毋每思念涕泣因一目不視迨其歸省即日而明毋喪哀毀廬墓間頗有徵祥孝感如是由此顯名尋遊方訪道復詣五洩山遇靈默大師一言辨析旨趣符合顯晦之道日月之所然也會昌人中衰而復盛唯奐居之熒不能惑焚不能熱溺不能濡者也洎周洛再構長壽寺勅度居焉時內典焚毀梵夾煨燼手緝散落實爲大藏尋南海楊公收典姑蘇請奐歸于故林以建精舍大中十二年鄞水檀越任景求捨宅爲院迎奐居之剡冦求甫率徒二千執兵晝入奐瞑目宴坐色且無撓盜衆皆悸慴叩頭謝過冦平州奏請改額爲棲心寺以旌奐之德焉凡一動止禪者必集環堂擁榻堵立雲會奐學識泉涌指鑒岐分詰難排縱之衆攻堅索隱之士皆立褰苦霧坐泮堅氷一言入神永破沈惑以咸通七年秋八月三日現疾告終享年七十七僧臘五十七預命香水剃髮謂弟子曰吾七日在矣及期而滅門人號慕乃權窆天童巖巳周三載一日異香凝空遠近郁烈弟子相謂曰昔師囑累令三載後當焚我身今異香若此乃發塔視之儼若平生以其年八月三日依西域法焚之獲舍利數千粒其色紅翠十三年弟子戒休賫舍利述行狀詣闕請謚奉勅褒謚易名曰心鑑塔曰壽相奐在洛下長壽寺謂衆曰昔四明天童山僧曇粹是吾前生也有墳塔存焉相去遼遠人有疑者及追驗事實皆如其言初任生將迎奐人或難之對曰治宅之始有異僧令大其門二十年之後當有聖者居之比奐至止果二十年矣又奐將離姑蘇爲徒衆留擁乃以椶拂與之曰吾在

此矣汝何疑焉暨乎潛行衆方諭其深旨又令寺之西北隅可為五百墩以鎮之或曰力何可致矣曰不然作一墩植五株栢可也凡徵言與旨皆此類也刺史崔琪撰塔碑金華縣尉邵朗題額焉

唐眞定府臨濟院義玄傳

釋義玄俗姓邢曹州南華人也參學諸方不憚艱苦因見黃蘗山運禪師鳴啄同時了然通徹乃北歸鄉土俯徇趙人之請住子城南臨濟焉罷唱經論之徒皆親堂室示人心要頗與德山相類以咸通七年丙戌歲四月十日示滅勅謚慧照大師塔號澄虛言教頗行于世今恒陽號臨濟禪宗焉

唐洛京廣愛寺從諫傳 鑒宗

釋從諫姓張氏本南陽人也徙居廣陵生于淮甸焉爲性倜儻器宇崇峙於閭里間爲時畏服遇相工曰子身長八尺眉目秀朗他日必荷榮寄諫曰心不願仕於榮寄何有相工曰所寄荷不可測也越壯室之年忽深信佛理遂捨妻孥求僧披剃焉甫登戒地頗護心珠因悟禪那頓了玄理方數十載同好之者自遠而來請問諫一一指訂俾其開覺尋遊洛下廣愛寺挂錫時禪客鱗集如孝子之事父母焉洛中有請諫設食必排位對賓頭盧尊者其爲人之欽奉皆此類矣屬會昌四年詔廢佛塔廟令沙門復桑梓亦例澄汰乃烏帽麻衣潛于皇甫氏之温泉別業後岡上喬木駢欝巨石砥平諫於夏中常就此入定或補毳事忽遇頹雲駛雨霆雷擊石烈風兼至凡在此者驚奔恐慴諫唯欣然加趺而坐若無所聞者或問諫曰惡畜生何爾大中初宣皇詔興釋氏諫還歸洛邑舊居其子一日自廣陵來覲適與諫遇于院門威貌嚴莊不復可識乃問曰從諫大德所居諫指之東南可尋其子既去遂闔門不出其割裂愛網又若此也咸通七年丙戌歲夏五月忽出詣檀越家辭別曰善建福業貧道秋初當遠行故相聞耳至秋七月朔旦盥手焚香念慈氏如來已右脇而卧呼門人玄章誡之曰人身難得而易失急急於物無心無爲流轉無生滅法一切現存今乃生也有涯暫與爾別是日無疾而化行年八十餘矣玄章等奉遺旨送屍于建春門外尸陀林中施諸鳥獸三日復視之肌貌如生一無近者遂以餅餌覆之經宿有狐狼迹唯啖所覆身且儼如乃議用外國法焚之收合餘燼起白塔于道傍人尤歸信香火不絕焉次有杭州徑山院釋鑒宗湖州長城人也姓錢氏即禮部侍郎徽之孫父晟有疾宗割股肉饋啖之紿云他畜之肉未幾病間孝譽聞于親里乃求出家時州開元寺有上都臨壇十望大德內供奉高閑聞善草隸嘗對懿宗御前書甚高華望宗誓禮爲師後出學涉通淨名思益經遂常講習開公亦示其筆法漸得鳳毛焉倏往謁鹽官悟空大師隨衆參請頓徹心源却復故鄉勸人營福咸通三年辛巳巡歷名山遂止天目東峯徑山焉道俗歸心恢揚法教出弟子尤者天童山咸啓勅賜紫衣背山行滿皆分枝化物至七年丙戌閏三月五日示滅遷塔于大寂巖下梁乾化五年吳越國王尚父錢氏表請

追謚大師曰無上祖門傳號爲徑山第二祖時吳興沈脩者自號白牙先生述德爲讃記焉

唐洪州洞山良价傳 二

釋良价俗姓俞氏會稽諸暨人也少孺從師于五洩山寺年至二十一方往嵩山具戒焉登即遊方見南泉禪師深領玄契續造雲巖疑滯頓寢大中末於斯豐山大行禪法後盛化豫章高安洞山今筠州也价以咸通十年巳丑三月朔旦命剃髮披衣令鳴鐘奄然而往時弟子輩悲號价忽開目而起曰夫出家之人心不依物是眞脩行勞生息死於悲何有諭喪於情太𪉈著乎召主事僧令營齋齋畢吾其逝矣然衆心戀慕從延其日至于七辰食具方備价亦隨齋謂衆曰此齋名愚癡也蓋責其無般若歟及僧唱隨意曰僧家勿事大率臨行之際喧動如斯至八日浴訖端坐而絶春秋六十三法臘四十二勑謚禪師曰悟本塔號慧覺矣

系曰其卻留累日古亦有之如价之來去自由者近世一人而已

唐蘇州藏廙傳

釋藏廙俗姓程衢州信安人也幼歲神氣朗暢貌質魁然元和中告親求出家志不可卻直造長沙嶽麓投靈智律師請事剃染智師察其強頴不群乃攝受之既披法服尋於武陵開元寺智總律師受具足尸羅當長慶三年也因聽律範旋窮篇聚語同業曰教門繁廣然有總門總門之急勿過捨筏遂徧參禪宗遇馬素門下高足住龍牙山知廙法器異日告之曰蘊界不眞佛生非我子之正本當何所名復從誰得廙一言領會千轍同歸龍牙曰我法眼不蒙掩矣既遂所求大得安靜卻迴柯山蓋避會昌之搜揚也至大中六年郡牧崔公壽重之於州龍興寺別構禪室延居之數年北至嘉禾信士歸依請留住至德伽藍又往姑蘇時崔公鈞作守此郡聞廙名乆請居南禪院咸通八年浙西廉使周公寶命住招隱寺其年秋卻返嘉禾信士呂京捨別墅造今永安院時乾符中群冦紛紜禪侶分散廙曰盜終不至此及期冦從別道行果無所損其先見如此五年十月十二日滿院陰雲雉鳴嗚噪安坐而化弟子號哭卻穌至六年三月中及前別衆後終享年八十二僧臘五十六時澄交爲廙作眞讃至乾寧中僧神贇進狀乞追謚號塔名名士吳重裕書碑

唐福州怡山院大安傳

釋大安姓陳氏閩城人也幼年入道頓拂塵蒙元和十二年勑建州浦城縣乾元寺置兜率壇始全戒足時天雨桂子及地生朱草刺史元錫手疏其瑞上達冕旒遂迴御禮詔改鳳棲寺號靈感壇焉安因往洪井路出上元忽逢一老父曰子往南昌必有所得及咨叅律學夜聞二僧談論遽了三乘之旨乃以所習付之同人之臨川見石鞏山慧藏禪師藏之提唱必持弓弩以擬學人安服拜未興唱曰看箭安神色不撓答對不差石鞏乃投弩曰幾年射始中半人也矣安遊五臺入龍池沐浴雖乆寖漣漪殊無奮暴雨雹之怪觀者驚悚後止潙山禮大圓禪師復證前聞而爲

量果也時豫章廉使贈太尉崔貞孝公則魏公之季父深契玄機敦安之道飛疏召之厥譽愈昌咸通十四年詔宜號延聖大師賜紫袈裟一副中和二年示疾所止法堂巨梁中折三年癸卯十月二十二日坐化于怡山丈室春秋九十一臘六十七續詔贈圓智大師塔號證眞安不嘗唾地不處温房隨化而衣天雨而浴諸法弟子慧長入關揚安之德故有追謚也博陵司空相國仰慕前烈遂著文頌德詩人周朴篤重安時入山致禮焉

唐長沙石霜山慶諸傳 洪諲 令達

釋慶諸俗姓陳廬陵新淦玉笥鄉人也乃祖厥考咸不爲吏清言放蕩焉諸始十三禮紹鑾禪翁爲師於洪井西山剃髮二十三往嵩山受具戒便就東洛學毗奈耶既知聽制終謂漸宗迴抵南嶽入大溈山次届雲巖遇道吾垂問知意方爲二夏之僧得石霜山便議終焉之志道吾躬至石霜山日勤執侍往還問答語在別録諸貌古氣眞世無能識時洞山新滅俄爲遠方禪侶圍遶因入深山無人之境結茅宴坐時衆追尋倏有見者皆號哭交請出爲吾曹諸將安往由是晨夕被遊學者扣擊可無希聲以應之乎如是二十年間堂中老宿長坐不卧屹若楹杌天下謂之石霜枯木衆是也南方謂之叢林者翻禪那爲功德叢林也爲四方清則者無出其右以光啓四年戊申歲二月巳亥示疾終于山院享齡八十二僧臘五十九越三月十五日葬于寺西北隅二百許步門弟子等結壙塔作螺髻形夏四月一日廣化寺釋子處訥追慕往德恐遺美聲命南嶽玄泰纂録言行諸方弟子分行其道焉勑謚普會大師塔曰法相次餘杭徑山院釋洪諲俗姓吳吳興人也年纔十九於開元寺禮無上大師出家落飾精加佛事罔怠巾缾二十二遣往嵩嶽會善寺受滿足律儀俾誦大比丘戒匝七日念終遂習毗尼尋傳經講自謂爲僧有逸群事業而歸禮本師曰汝於十二時中將何報答四恩三有諲聞斯詰憮然失措三日忘食本師却招誘提耳方明本事如是往還雲巖次溈山各爲切磋蔚成匠手俄而會昌中例遭黜退衆人悲泣者惋歎者諲晏如也曰大丈夫鍾此厄會豈非命也夫何作兒女之情乎時於長沙遇信士羅晏召居家供施蓋諲執白衣比丘法初無差失涉于二載若門賓焉大中初除滅法之律乃復厥議還故鄉西峰院至咸通六年上徑山覲本師明年無上大師遷神衆請諲嗣其法位始唯百許僧後盈千數于時四衆共居肅然無過僖宗皇帝賜院額曰乾符鎮國中和三年仍賜紫袈裟景福二年吳越國王尚父錢氏奏舉登賜法濟大師光化四年九月二十八日辭衆而卒雲溪處長史寫貌武肅王爲眞讚傳法弟子廬山栖賢寺寂公臨川義直功臣院令達達於兩浙大行道化卒謚歸寂大師焉初諲有先見之明武肅王家居石鑑山及就戍應募爲軍諲一見握手屏左右而謂之曰好自愛他日貴極當與佛法爲主後累立戰功爲杭牧故奏署諲師號見必拜跪檀施豐厚異於常數終時執喪禮念微時之言矣

唐洪州雲居山道膺傳

釋道膺姓王氏薊門玉田人也生而特異神彩朗然處于童丱崆峒禀氣宿心拔俗爭離火宅之門拭目尋師遂攝鍛金之子師授經法誦徹復求年偶踰跎二十五方於范陽延壽寺受具足戒乃令習聲聞律儀膺歎曰大丈夫可爲桎梏所拘邪由是擁線衲振錫環詣翠微山問道三載宴居忽覩二使者冠服頗異勉膺曰胡弗南方參知識邪未幾有僧自豫章至盛稱洞上禪師言要膺感動神機遂專造焉如是洞上垂接復能領會曾問曰我聞思大禪師向倭國爲王虛耶實耶對曰若是思師佛亦不作況國王乎自爾洞上印許初住三峯後就雲居提唱時唐之季鍾氏據有洪井傾委信誠每一延請入州則預潔甘于堂以禮之乃表于昭宗賜紫袈裟一副并師號焉都不留意所化之徒寒暑相交不下一千餘衆牛頭香樹圍遶者皆是栴檀金翅鳥王軒翔者不齊尺鷃四方饋供千里風從如荆南帥成汭遣賫檀施動盈鉅萬以天復元年辛酉秋示疾至明年正月三日而化焉豫章南平王鍾氏供其喪葬時諸道禪子各依鄉土所尚者隨靈龕到處列花樹帳幔粉麪之饌謂之卓祭一期凶禮之盛勿過于時也猗歟膺出世度人滿足三十年遺愛可知也

唐縉雲連雲院有緣傳

釋有緣俗姓馮東川梓潼人也小學之年往成都福感寺事定蘭開士即宣宗師矣隨侍出入多在内中一旦宣召帝以筆書其衫背云此童子與朕有緣由兹召體矣大中九年遇白公敏中出鎮益部開戒壇即於淨衆寺具尸羅也續於京輦聽習經律五臘後身披布褐手執墨勑海内遊行恭見小馬神照凡同時叢林禪祖無不禮謁者乃居除州華山及南遊至武夷山時廉使李誨爲築禪室乾符三年至縉雲龍泉大賽山立院因奏祠部給額號龍安勑度七僧住十八載安而能遷止連雲院焉太守盧約者以諶諒之誠請入州開元寺別院四事供施焉天祐丁卯歲四月八日示疾至六月朔日終于廨署報齡七十三臘五十二遺旨囑制置楊習司空主喪務於寺南園荼毗火滅散分舍利數百粒後收四十九粒并遺骨一缾瘞于石塔晉開運三年乙巳歲文泰偉師撰塔碑焉

唐福州雪峯廣福院義存傳

釋義存長慶二年壬寅生於泉州南安縣曾氏自王父而下皆友僧親佛清淨謹愿存生而鼻逆葷血乳抱中或聞鐘磬或見僧像其容必動以是別垂愛於膝下九歲請出家怒而未允十二從家君遊蒲田玉潤寺有律師慶玄持行高潔遽拜之曰我師也遂留爲童侍焉十七落髮來謁芙蓉山恒照大師見而奇之故止其所至宣宗中興釋氏其道也湼而不緇其身也衮然而出北遊呉楚梁宋燕秦受具足戒於幽州寶刹寺訖巡名山扣諸禪宗突兀飄颻雲翔鳥逝爰及武陵一面德山止於珍重而出其徒數百咸莫測之德山曰斯無階也吾得之矣咸通六年歸于芙蓉之故山其年圓寂大師亦自潙山擁徒至于

怡山王眞君上昇之地其徒執（執師已嗣德山）纍纍而疑關存拒而久之則有行實者始以存同而議曰我之道巍巍乎法門圜遶之所不可造次其地宜若布金之形勝可矣府之西二百里有山焉環控四邑峭拔萬仞嶜崒以支圓碧培塿以覷群青怪石古松棲蟄龜鶴靈湫邃壑隱見龍雷山之巔先冬而雪盛夏而寒其樹皆別垂藤蘿莘茸而以爲之衣交錯而不呈其形奇姿異景不可殫狀雖霍童武夷無以加之實閩越之神秀而古仙之未攸居誠有待於我也祈以偕行去秋七月穿雲躡蘚陟險昇幽將及之存曰眞吾居也其夕山之神果效靈翌日巖谷爽朗煙霞飛動雲庵既立月構旋隆繇是梲法輪於無爲樹空門於有地行實乃請名其山曰雪峯以其冬雪夏寒取鷲嶺猴江之義斯則庚寅逮于乙未存以山而道任山以存而名出天下之釋子不計華夏趨之若召乾符中觀察使京兆韋公中和中司空潁川陳公每渴醍醐而不克就飲交使馳懇存爲之入府從人願也其時內官有復命于京語其道其儕之拔俗悟空者請蛻浮華而來脫屣僖宗皇帝聞之翰林學士訪於閩人陳延効得其實奏於是乃錫眞覺大師之號仍以紫袈裟俾延効授焉存受之如不受衣之如不衣居累夏辛亥歲朔遽然杖屨其徒啓而不答雲以隨之東浮于丹丘四明明年屬王侍中之始據閩越乃洗兵於法雨致禮於禪林馥存之道常東望頂手後二年自吳還閩大加禮異及閩王王氏誓衆養民之外雅隆其道凡齋僧構剎必請問焉爲之增宇設像鑄鐘以嚴其山優施以充其衆時則迎而館之于府之東西甲第每將儼油幢聆法論未嘗不移時僅乎一紀勤勤懇懇熊羆之士因之投跡檀那漁獵之逸其或弭心鱗羽戊辰年春三月示疾閩王走醫醫至粒藥以授存曰吾非疾也不可罔子之工卒不餌之其後札偈以遺法子函翰以別王庭夏五月二日鳥獸悲鳴雲木慘悴其夜十有八刻時滅度俗壽八十有七僧臘五十有九以其月十五日塔而藏之爾日奔走閩之僧尼士庶巷無居人閩王漣如出涕且曰師其捨予一何遽乎遣子延稟躬祭奠之復齋僧焉存之行化四十餘年四方之僧爭趨法席者不可勝算矣冬夏不減一千五百徒之環足其趨也馳而愈離辯而愈惑其庶幾者一曰師備擁徒于玄沙（今安國也）次曰可休擁徒于越州洞巖次曰智孚擁徒于信州鵝湖其四曰惠稜擁徒于泉州招慶其五曰神晏住福州之鼓山分燈化物皆膺聖獎賜紫袈裟而玄沙紹宗一大師焉

系曰雪峯道也恢廓乎駿奔四海學人所出門生形色不類何邪玄沙乘楞嚴而入道識見天殊其猶諺曰青成藍藍謝青師何常在明經故有過師之說一則雪峯自述塔銘已盡其致也一則玄沙安立三句決擇群見極成洞過歟今江表多尚斯學此學虛通無繫了達逍遙勿拘知乘急也雪峯化衆切乎杜嘿禪坐知戒急也其能各捨一緩以成一全則可乎

唐澧州蘇溪元安傳

釋元安俗姓淡鳳翔遊麟人也丱年於岐陽懷恩寺從兄祐律師出家唯經與論無不窮核乃問道翠微次臨濟各貪法味若飫香積之盂也斷彫復朴逍遥自如聞夾山道盛德至造澧陽當稽問鑿轄又增明淨後開樂普山尋居蘇溪答訓請益多偶句華美爲四海傳爲以昭宗光化元年戊午十二月遷滅享壽六十五法臘四十六矣臨終告衆頗多警策辭句云

唐明州雪竇院恒通傳 招賢岑師

釋恒通俗姓李邢州平恩人也家傳士族幼而知學蘇秦顯達猶懷二頃之田元亮孤高不羨五斗之祿縱越掞天擲地拖紫腰金瞬息浮華豈禪來業父母終禮年甫十三潜入鵲山訪道依師既罷丘墳唯披釋典精虔懺誦懸侍巾瓶 宋二 不弭初終蒙恩剃度 十八 年二十於本州開元寺具戒後往京兆薦福寺聽習經律七八年問尋窮藏教乃曰摩騰入漢譯著斯文聖胄來梁復明何事因辭北闕逕詣南方遇招賢岑大師大師問曰何處人也曰邢州人也招賢曰我道不從彼來通曰和尚還住此無於是有滯皆伸無疑不決後指洞山石霜皆往參焉招賢示滅通以弟子禮事之咸通末遊宣城尚書崔寓素奉禪門搴迎莊肅覩通儀表拔俗問答往還崔甚悅服於謝仙山奏置禪院號瑞聖請以居之四方毳衲之徒不邀自聚博陵方議奏薦師號堅讓遂寢中和末文德初群冠競起通領徒至四明大順二年郡牧黃君晟請留居雪竇焉蔚然盛化天祐二年七月示疾越九日躬入浴室却坐繩牀集衆焚香勤勤付囑合掌而逝春秋七十二夏臘五十二以其年八月七日遷石塔于院之西南二百餘步或曰通臨終言我龐勛也此非也高僧無作爲行錄而無此說若觀年臘 宋二 龐勛豈正弱冠來 十九 逃難耶

唐袁州仰山慧寂傳

釋慧寂俗姓葉韶州湞昌人也登年十五懇請出家父母都不聽允止十七再求堂覩猶豫未決其夜有白光二道從曹溪發來直貫其舍時父母乃悟是子至誠之所感也寂乃斷左無名指及小指器藉跪致堂階曰答謝劬勞如此父母其不可留捨之依南華寺通禪師下削染年及十八尚爲息慈營持道具行尋知識先見耽源數年良有所得後參大潙山禪師提誘哀之樓泊十四五載而足跛時號跛脚驅烏凡於商攉多示其相時韋胄就寂請伽陀乃將紙畫規圓相圓圍下注云思而知之落第二頭云不思而知落第三首乃封呈達自爾有若干勢以示學人謂之仰山門風也海衆摳衣得道者不可勝計往往有神異之者倏來忽去人皆不測後勑追謚大師曰智通塔號妙光矣今傳仰山法示成圖相行于代也

唐天台紫凝山慧恭傳

釋慧恭俗姓羅氏福州閩人也家傳儒素不交非類母妊之初夢所居湧出浮圖上參于天迨恭誕生嶷然聰悟年十七舉進士名隨計車將到京闕因遊終南山奉日寺目祖師遺像釋然世綱遂求出家操執僧事備歷艱辛二十有二適值新創安國寺受具足戒尋

乃遊方緣嶮涉荒而無難色甞遇黑蛇傷指不求醫而毒螫自銷見魑魅占山諭罪福而妖物遏息至武陵德山詣宣鑒禪師領會風飛由茲道合因挂錫施門人禮鑒公順世後遊玉山至信州刺史嘗西禪院而禮之其徒數百人居歲餘以郛郭喧繁復入福州長溪馬冠山自馬冠抵泉州富陽山所至之所檀施臻集徒侶解鉢禪坊立就其爲士庶嚮奉如此景福三年與門人遊天台州牧京兆杜雄留之而止杜因創瑞龍院於紫凝山祈恭興揚法席以悟淪迷緇俗雲馳香華山積天復三年癸亥十二月午時命衆聲鐘顧瞻左右促言云去加趺瞑目儼然而化春秋八十四僧夏六十二闡圓頓之宗居道德之最歿無易名塔無題牓足見浮名爲桎梏耳門人上足師遂植松負土力崇塔廟所謂法空不壞因緣矣因緣有之孝行曷傷于道云

唐杭州龍泉院文喜傳

釋文喜姓朱氏嘉禾禦兒人也母氏方娠夢吞桃三蒂至誕彌不味葷羶七歲誦本邑常樂寺僧清國下出家國即喜之渭陽也勤誦經并懺又十卷方遂削染往越州開元寺學法華經集天台文句即時敷演則救螘分中便能講訓也開成二年屆越郡受近圓登習四分律屬會昌澄汰變素服內祕之心無改遇大中初年例重懺度於鹽官齊豐寺講說後往禮大慈山性空禪師誨之曰子何不學善財徧參乎咸通壬午歲至豫章觀音院見仰山喜於言下了其心契仰山令典常住一日有異貌僧就求齋食喜減己食饋之仰山預知故問曰此果位僧求食汝供給周旋否答曰輟己分迴施曰汝大得利益七年旋浙右止千頃山築室居之十年餘杭劉嚴合馬徵請居龍泉古城院凡十一年乾符己亥歲巢寇杭地至餘杭喜避地湖州餘不亭刺史杜孺休請住仁王院光啓三年武肅王錢氏始牧杭郡降疏請住龍泉廨署今慈光院是也大順元年威勝軍節使董昌武肅王同年發表薦論兩賜紫衣乾寧四年奏師號曰無著光化三年示疾十月二十七日加趺坐而終于州郭廨署春秋八十僧夏六十終時方丈上發白色光竹樹變白十一月二十二日遷塔于靈隱山西塢喜形貌古朴骨強而瘦戒德禪門真知識也初喜寓居雲川廣明元年夏有蝗飛翳天下食田苗喜自將拄杖懸挂袈裟標于畎會中其蟲將下遂厲聲叱之悉翻飛而去十頃之苗斯年獨稔其感通如此或云所傳得馬祖細衲袈裟以爲信寶矣遷葬之後天復二年壬戌八月中宣城帥田頵應杭將許思叛渙縱兵大掠發喜塔見肉身不壞如入禪定髮爪俱長武肅王奇之遣裨將邵志祭後重封瘞焉

唐明州伏龍山唯靖傳

釋唯靖吳門人也年三十許形奇貌古且類憨癡入國寧寺巡僧房唱曰要人出家請留下至經藏院見二衆闍黎大德慧政便跪拜伸誠願容執侍政公允納與翦飾於天台受具暫歸謝政便尋訪名山有知識處必經寒燠自爾勤於禪法未嘗發言即居定光禪師廢金地道場侵星赴禪林寺晨粥而多虎豹

隨到寺門虎踞地若伺候靖出復隨至金地
暹明巨迹極多靖恐人知以鋤滅虎跡俄患
背疽困睡有鵂鳥糞于瘡所非久全愈又虞
氷雪備粳粒半斗每日以銚合菜煑食寘粳
於地窖中過期用米常滿不耗靖乃築之而
云吾被此物知非理也尋居伏龍山山可瞰
海峯勢岧嶢昔僧鑒諸曾隱于是諸即唐王
相國之毋弟也能文習道刺史多往謁之靖
續遁此山刺史黄晟常請出州供施繁委未
於奉川北山置院示疾坐終享齡七十餘窆
于山下壘塔存焉

宋高僧傳卷第十二

宋高僧傳卷第十二

校勘記

一　底本，清藏本。

一　一〇九頁上一一行第八字「得」，磧、南作「傳」。

一　一〇九頁中九行「比京」，資、磧、普、南、徑作「北京」。

一　一〇九頁下末行第五字「嚴」，資、磧、普、徑作「巖」。

一　一一〇頁中一四行「人中」，資、普作「大中」。

一　一一〇頁中末行第七字「盡」，資、普、南、徑作「晝」；磧作「畫」。

一　一一一頁上一五行「徙居」，普作「徒居」。

一　一一一頁下六行第一六字「尤」，資、磧、普、南作「先」。

一　一一一頁下一八行「背山行滿」，資作「背山行真大慈山行滿」。

一　一一二頁上一行第一〇字「傳」，資作「傳法」。

一　一一二頁上八行第七字「未」，資、磧、普、南、徑作「末」。

一　一一二頁下三行第五字「鳴」，資、磧、普、南、徑作「烏」。

一　一一二頁下一一行「御禮」，資、普作「御札」。

一　一一二頁下一六行「服拜」，資、普作「膜拜」。

一　一一三頁下一〇行「三年」，資、普作「二年」。

一　一一四頁中一五行「除州」，資作「滁州」。

一　一一四頁中末行第四字「寺」，磧作「等」。

一　一一五頁下一三行第一六字「常」，徑作「嘗」。

一　一一六頁上一三行「五斗」，磧作「五科」。

一　一一六頁下六行第三字「跋」，資、南、徑作「跛」。

一　一一七頁中二行第四字「又」，資作「文」。

一　一一七頁中一五行「杭地」，資、磧、普、南、徑作「掠地」。

一　一一七頁下五行「拄杖」，磧作「挂杖」。

一　一一七頁下六行第七字「會」，資、磧、普、南、徑作「澮」。

一　一一七頁下一〇行第五字「計」，資作「許」。又第八字「涣」，磧、南作「换」。

宋高僧傳卷第十三　家三

宋左街天壽寺通慧大師賜紫沙門贊寧等奉勅撰

習禪篇第三之六 正傳十七人 附見六人

唐東京封禪寺圓紹傳

釋圓紹姓孫氏其先富陽人也祖官于南燕因爲滑臺白馬人焉年及識環天然俊邁鄰兒戲玩我且恬然群從追隨我惟閑靜年當十八方遂志出家師事明福寺正覺禪師覺見而異之訓諸徒弟獨許紹耳曰真空門之偉器也至年二十二於相州義檀香燈律師邊受具登即尋師訪道效祖叅玄二翼之餘一盂之外必無他物唯荅禪宗立雪傳衣是其素望也至于三湘五嶺二蜀兩京凡曰叢林一皆叅禮既探至賾頓了心機乃挂錫於夷門即倉垣水南寺今爲開寶也大中十年適遇唐相國裴公休罷調商鼎來鎮魏郊同氣相求一言道合即命居今東上方院也紹將聚禪徒患其迫窄遂開上院之西損上益下時檀施臻萃倏成巨院擁納之流數盈二百横跨夷門山之峻嶺焉紹即七祖荷澤神會禪師五葉法孫也演其無念示以真心了達磨之密傳極南能之深趣時叅學之衆擁從且繁遇元帥相國王晉公鐸以紹道行通感神祇効靈降甘露於玄穹法嘉瑞於青檜奏僖宗賜院額曰雙林師號曰法濟別勅令度侍者七人其間法會興盛士庶歸心僅四十載所化人可萬計僧尼弟子五百餘人以乾寧二年乙卯七月四日謂衆曰急急自了去本爲逃生死若不解玄旨何時得脫吾景逼崦嵫此爲最後之言也於方丈中寂然而化俗壽八十五法臘六十三勅許於本院西南隅建塔焉越五年二月二日重開塔髮長半寸儀貌如生乃以香華供養七日遠近瞻禮稱歎希奇已而行荼毗火中迥出五色神光收舍利百餘粒四散隨心淘選近一千粒溫潤玉潔璨爛珠圓驗五分之熏成匪一生之構集四衆虔仰復迎入塔即昭宗皇帝戊午歲也睢陽相國袁象先理于浚郊弟子惠靄等異終法乳列狀乞舉行謚禮梁乾化三年癸酉太祖勅易名曰定覺塔曰靈化至貞明四年九月惠靄等欲旌表師德立碑勅允開封尹王公瓚之文也

唐蘄州黃岡山法普傳 休靜

釋法普姓潘氏廬江人也貌古情寬擁敗納觀方元和中因見黃崗山色奇秀其峯巉崪共林鬱密中有石壇平坦而高峙乃放囊掛錫于中班荊火之尋附樹架蓬茨僅容身而已未幾有人自小徑而至見普驚怪問云何緣至此曰其本行中麓見巔頂騰漲紫氣盤紆可愛意此山有尤物故來耳諦視普遲迴而去山下行者聞而尋焉禪學之徒不數年遽盈百數普却之曰老僧獨居無物利人君等亦無所乏由是星居之庵多矣弟子廣嚴等構成大院禪客翕如傳其法者無筭一日集衆辭云吾其終矣汝曹善住珍惜加趺坐胡牀而卒其身不壞散後以香泥塗繢之至乾符中重立碑頌云次洛京華嚴寺釋休靜不知何許人也屬洞山禪道風行靜往造之扶摘所疑若雷復于本位焉北返於洛邑開演因赴內齋諸名公皆執經諷讀唯靜并其徒俱默坐帝宣問胡不轉經詶答響應仍皆屬對悅可帝情尋迴平陽示滅收舍利四處樹浮圖勑謚寶智大師塔號無爲也

梁鄧州香嚴山智閑傳　大同

釋智閑青州人也身裁七尺博聞強記有幹略親黨覩其所以謂之曰汝加力學則他後成佐時之良器也俄爾辭親出俗既而慕法心堅至南方禮溈山大圓禪師盛會咸推閑爲俊敏溈山一日召對茫然將諸方語要一時煨燼曰畫餅弗可充飢也便望南陽忠國師遺跡而居偶芟除草木擊瓦礫失笑冥有所證抒頌唱之由茲盛化終後勑謚襲燈大師塔號延福焉次舒州桐城投子山釋大同姓劉氏舒州懷寧人也幼性剛正有老成氣度因投洛下保唐滿禪師出俗初習安般觀業垂成遂求華嚴性海復負錫謁翠微山法會同伏牛元通激發請益大明祖意由是放蕩周遊還歸故土隱投子山結茅茨棲泊以求其志中和中巢寇蕩覆京畿天下悖亂有賊徒持刃問同曰住此何爲對以佛法魁渠聞而膜拜脫身服裝而施之下山以梁乾化四年甲戌四月六日加趺坐亡春秋九十六法臘四十六凡居化此山三十餘載云

梁撫州疎山光仁傳　本仁　居遁

釋光仁不知何許人也其形矬而幺麼幼則氣槩凌物精爽殆與常不同早叅洞山深入玄奧其辯給又多於人也嘗問香嚴禪師答微有偏負曰其累繭重胝而至得無勞乎唾地而去後居臨川疎山毳客趨請頗有言辭著四大等頌略華嚴長者論行于世終入龕中已有白鹿至靈前屈膝而起時衆謂爲作弔焉次筠州白水院釋本仁不知何許人也得心於洞山法席仁罕談道而四方之人若影之附形却之還至乃徇丹陽人請住無幾時天復中至洪井高安白水院聚徒垂欲入滅先觸處告違乃集衆焚香曰至香煙盡處是其涅槃時如其言端坐而化次龍牙山釋居遁姓郭氏臨川南城人也年殆十四警世無常而守恬淡白親往求出家于廬陵滿田寺於嵩山受具戒已思其擇木乃叅翠微禪會迷復未歸莫知投詣聞洞上言玄格峻而躬造之遁少進問曰何謂祖意答曰若洞水逆流即當爲說而於言下體解玄微隱衆栖

息七八年間孜孜戢曜時不我知久則通矣天策府楚王馬氏素藉芳音奉之若孝悌之門稟昆長矣乃請居龍牙山妙濟禪院侁侁徒侶常聚半千爰奏舉詔賜紫袈裟并師號證空焉則梁貞明初也方嶽之下號為禪窟闢其室得其門者亦相繼矣至龍德三年癸未歲八月遘疾彌留九月十三日歸寂遁出世近四十餘齡語詳別錄

梁福州玄沙院師備傳

釋師備俗姓謝閩人也少而慤黠酷好垂釣往往泛小艇南臺江自娛其舟若虛同類不我測也一日忽發出塵意投釣棄舟上芙蓉山出家咸通初年也後於豫章開元寺具戒還歸故里山門力役無不率先布衲添麻芒屨續草減食而食語默有常人咸畏之汪汪大度雖研桑巧計不能量也備同學法兄則雪峯存師也一再相逢存多許與故目之為備頭陀焉有日詭之曰頭陀何不徧參去備對曰達磨不來東土二祖不往西天存深器重之光開荒雪峯備多率力王氏始有閩土奏賜紫衣號宗一大師以開平二年戊辰十一月二十七日示疾而終春秋七十四僧臘四十四閩越忠懿王王氏樹塔備三十年演化禪侶七百許人得其法者衆推桂琛為神足矣至今浙之左右山門盛傳此宗法嗣繁衍矣其於建立透過大乘初門江表學人無不乘風偃草歟

梁河中府棲巖山存壽傳

釋存壽不知何許人也清標勝範造次奚及罷尋經論勇冠輩流往問津於石霜禪師決了前疑虛舟不繫乃為枯木衆之楷杌矣後還蒲坂緇素歸心時冀王友謙受封屏翰好奇倘異聞人一善厚禮下之王召入府齋論道談玄不覺膝之前席頗增奉仰續為菩薩戒師供施更蕃度門人四百許員尼衆百數壽平日罕言言必利物喜慍之色人未嘗見望之若孤松凌雪焉終時春秋九十三加趺而坐一月後髭髮再生重剃入塔塔之亭每有虎旋遶風迹時繁勅謚為真寂大師焉

梁台州瑞巖院師彥傳

釋師彥姓許氏閩越人也早悟羈縻忽求拔俗循乎戒檢俄欲觀方見巖頭禪師領會無疑初樂杜默似不能言者後為所知敦喻允請住台州瑞巖山院時道恷往參問答對響捷恷公神伏後二衆同居彥之威德凜若嚴霜糾正僧尼無容舛悞故江表言御衆翦齊者瑞巖為最嘗有三僧胡形清峭目睛轉若流電焉差肩並足致禮彥問曰子從何來曰天竺來何時發曰朝行適至彥曰得無勞乎曰為法忘勞乃諦視之足皆不蹈地彥令入堂上位安置明旦忽焉不見云是辟支迦果人然莫知階級時有不測人入法會非止一過彥參學時號為小彥長老兩浙武肅王錢氏累召方肯來儀終苦辭去寺倉常滿嘗有村媼來參禮彥曰汝休拜跪不如疾歸家救取數十百物命大有利益媼忩忙到舍見婦提竹器拾田螺正歸媼接取放諸水濆又數家召齋一一同日見彥來食至終闍維有巨蛇緣樹杪投身火聚當乎薪盡舍利散飛或風動草木上紛紛而墜神異絕繁具如別錄

梁撫州曹山本寂傳

釋本寂姓黃氏泉州莆田人也其邑唐季多衣冠士子僑寓儒風振起號小稷下焉寂少染魯風率多强學自爾淳粹獨凝道性天發年惟十九二親始聽出家入福州雲名山年二十五登于戒足凡諸舉措若老苾芻咸通之初禪宗興盛風起於大潙也至如石頭藥山其名寢頓會洞山憫物高其石頭往來請益學同洙泗寂處衆如愚發言若訥後被請住臨川曹山參問之者堂盈室滿其所訓對激射匪停特爲毳客標準故排五位以銓量區域無不盡其分齊也復注對寒山子詩流行寓內蓋以寂素修舉業之優也文辭遒麗號富有法才焉尋示疾終于山春秋六十二僧臘三十七弟子奉龕窆而樹塔後南嶽玄泰著塔銘云

後唐漳州羅漢院桂琛傳

釋桂琛俗姓李氏常山人也甫作童兒篤求遠俗齋茹一飡調息終日秉心唯確鄉黨所欽二親愛縛而莫辭群從情纏而難脫既冠繼踰城之武求師得解虎之儔乃事本府萬歲寺無相大師矣初登戒地例學毗尼爲衆升臺宣戒本畢將知志大安拘之於小道乎乃自誨曰持犯束身非解脫也依文作解豈發聖乎於是誓訪南宗程僅萬里初謁雲居後詣雪峯玄沙兩會參訊勤恪良以嗣緣有在得旨於宗一大師明暗色空廓然無惑密行累載處衆韜藏雖夜光所潛而寶器終異遂爲故漳牧太原王公誠請於閩城西石山建蓮宮而止駐錫一紀有半來往二百衆琛以秘重妙法罔輕示徒有密學懇求者時爲開演後龍溪爲軍倅勤州太保瑯瑘公志請於羅漢院爲衆宣法謙讓不獲遂開方便不數載南北參徒裹疑而往者不可殫數有角立者撫州曹山文益江州東禪休復咸傳琛旨各爲一方法眼視其子則知其父矣以天成三年戊子秋復戒閩城舊止徧翫近城梵宇已俄示疾數日安坐告終春秋六十有二僧臘四十遺戒勿遵俗禮而棺而墓於是荼毗於城西院之東岡收其舍利建塔于院之西稟遺教也則清泰二年十二月望日也琛得法密付授耳時神晏大師王氏所重以言事會令拾玄沙嗣雪峯確乎不拔終爲晏讒而淩轢惜哉

後唐福州長慶院慧稜傳

釋慧稜杭州海鹽人也俗姓孫氏初誕纏紫色胎衣爲童戲日俊朗抗節於吳苑通玄寺登戒已聞南方有禪學遂遊閩嶺謁雪峯提耳指訂頓明本性乃述偈云昔時謾向途中學今日看來火裏冰如是親依不下峯頂計三十許載冥循定業謹攝矜莊泉州刺史王延彬召稜住昭慶院禪子委輸唯虞後至及於長樂府居長慶院二十餘年出世不減一千五百衆稜性地慈忍不妄許人能反三隅方加印可以長興三年壬辰五月十七日長往春秋七十九僧臘六十閩國王氏私諡之大師號超覺塔葬皆出官供判官林文盛爲碑紀德云

後唐杭州龍冊寺道怤傳

釋道怤俗姓陳永嘉人也丱總之年性殊常

準而惡鯉血之氣親黨强唉以枯魚且虞嘔噦求出家于開元寺具戒已遊閩入楚言叅問善知識要決了生死根源見臨川曹山寂公大有徵詰若曇訽之間僧稠也終頓息疑於雪峯閩中謂之小怤布納時太原同名年臘之高故暨迴浙住越州鑑清院時皮光業者日休之子辭學宏贍探賾禪門嘗深擊難焉退而謂人曰怤公之道崇論閎議莫臻其極武肅王錢氏欽慕命居天龍寺私署順德大師次文穆王錢氏創龍冊寺請怤居之吳越禪學自此而興以天福丁酉歲八月示滅春秋七十茶毗于大慈山塢收拾舍利起塔於龍姥山前故僧主彙征撰塔銘今舍利院弟子主之香火相綴焉

晉會稽清化院全付傳

釋全付吳郡崐山人也幼隨父商十一于豫章聞禪寂之說乃有厭世之志白求出家父愠形于色愠止復白者三父異其誠率略許之遂詣江夏投清平大師問曰爾來何求付曰志求法也清平師憐其幼而抱器撫以納之夙興夜寐殊於群童及長爲之落飾尋登戒度奉師彌謹檢身彌至問法無厭飫見性不齪齪清平頷而許之一旦謂人曰吾聞學無常師吾非匏瓜豈繫於此而曠於彼乎遂辭師而抵宜春之仰山禮南塔涌禪師應對言語深詣仰山之勢頓了直下之心仰山颙然器重之拳拳伏膺棲神累載後遊于廬陵安福縣宰楊公建應國禪院請付居之禪徒子來堂室叟滿楊宰罷任其鄉人復於鴿湖山建院迎以居之廉使上聞錫名曰清化禪院禪徒麏至請問者墻進皆不我屈豈多讓于前輩乎有同里僧謂付曰父母之鄉胡可棄也任緣徇世顧師歸歟遂別鴿湖而還故國時吳越文穆王錢氏命升階賜之衣衾鉢器有加禮焉丁酉歲錢城戍將闢雲峯山建清化禪院召以居之次忠獻王錢氏遣使錫以紫袈裟付上章累讓再賜之又讓之遂故以納衣付曰吾非榮其賜而飾讓也恐後人之倣吾而逞欲矣尋賜號曰純一禪師又固讓之付不以情忘情故情眞不以道求道故道直所居院之殿宇堂室人競崇建之鑄鐘千餘斤新額曰雲峯清化禪院雲水之侶輻湊瞻睠不欲捨旃開運四年丁未歲秋七月示疾謂衆曰生也法起歿也法滅起滅非言論所及也安然而逝有大雨疾風以震林木拔矣享年六十六臘四十有五歸窆十二于山之北塢弟子應清等十餘人奉師遺訓不墜其道焉僧主彙征爲塔銘建隆二年立

晉永興永安院善靜傳靈照

釋善靜俗姓王氏長安金城人也父朗唐威州刺史母李氏因夢聖容煥爛金色遂爾娠焉及生岐嶷殆乎知學博通群言因掌書奏于神策軍中尉器重之忽猒浮幻潛詣終南豐德寺禮廣度禪師時年二十七也洎乎削染受具天復中南遊樂普見元安禪裔乃融心要北還化徒于故里結廬于終南雲居山道俗歸之如市又起遊峨嵋禮普賢銀色世界迴與元連帥王公禮重留之後還故鄉巳黍離矣留守王公營永安禪院以居之以開運丙午歲冬鳴椎集僧囑累還方丈東向右

脇而化俗壽八十九僧臘六十黒白之衆若喪嚴親明年正月八日茶毗於城南獲舍利數千粒漢乾祐三年庚戌八月八日遷塔于長安義陽鄉石塔歸然初靜率多先覺往遊樊道避昭宗之蒙塵又生平洗沐舍利隕落皆收秘不許弟子示人又嘗禪寂次窻外無何有白鶴馴狎于庭若有聽法之意靜令人驅斥之凡此殊徵有而不有晉昌軍府主鄭公歸信焉嘗構禪院命以居之翰林學士魚崇諒爲塔銘述德焉次杭州龍華寺釋靈照本高麗國人也重譯而來學其祖法入乎閩越得心於雪峯苦志叅陪以節儉勤于衆務號照布納焉千衆畏服而言語似涉島夷性介特以恬淡自持初住齊雲山次居越州鑑清院嘗祇對副使皮光業語不相投被擧擯徙龍興焉及湖州太守錢公造報慈院請住禪徒翕然吳會間僧捨三衣披五納者不可勝計忠獻王錢氏造龍華寺迎取金華傅翕大士靈骨道具寘于此寺樹塔命照住持焉終于此寺遷塔大慈山之峯

周金陵清涼文益傳

釋文益姓魯氏餘杭人也年甫七齡挺然出俗削染于新定智通院依全偉禪伯弱年得形俱無作法於越州開元寺于時謝俗累以拂衣出樊籠而矯翼屬律匠希覺師盛化其徒于鄮山育王寺甚得持犯之趣又遊文雅之場覺師許命爲我門之游夏也尋則玄機一發雜務俱捐振錫南遊止長慶禪師法會已決疑滯更約伴西出湖湘爾日暴雨不進暫望西院寄度信宿避溪漲之患耳遂叅宣法大師曾住漳浦羅漢閩人止呼羅漢羅漢素知益在長慶頴脫鋭意接之唱導之由玄沙與雪峯血脉殊異益疑山頓摧正路斯得欣欣然挂囊栖止變塗迴軌確乎不拔尋遊方却抵臨川州伯命居崇壽四遠之僧求益者不減千計江南國主李氏始祖知重迎住報恩禪院署號淨慧厥後微言欲絶大夢誰醒既傳法而有歸亦同凡而示滅以周顯德五年戊午歲秋七月十七日有恙國主紆于方丈問疾閏月五日剃髮澡身與衆言別加趺而盡顏貌如生俗年七十四臘五十五私謚曰大法眼塔號無相俾城下僧寺具威儀禮迎引奉全身於江寧縣丹陽鄉起塔焉益好爲文筆持慕支湯之體時作偈頌真讚別形纂録法嗣弟子天台德韶慧明漳州智依鐘山道欽潤州光逸吉州文遂江南後主爲碑頌德韓熙載撰塔銘云

周廬山佛手巖行因傳 潜道

釋行因不詳姓氏鴈門人也遊方問道于江唯見廬山北有巖遥望如垂手焉手下則深邃可三五丈許因獨棲禪觀于其中僞唐主元宗聞之三徵召不起巖中夜闌有異鹿一卧于因之石屋之側又錦囊鳥一伏宿于石壁下二物都無驚怖因不度弟子有鄰庵僧爲之供侍一日小疾謂侍僧曰卷上簾我去去簾方就鉤下牀三數步間立屹然而化春秋七十許元宗命畫工寫真而闍維收遺骨白塔在巖背焉初因傳禪法于襄陽鹿門山尋爲元宗堅請於棲賢寺開堂唱道不及朞月潛歸巖窟初巖如五指中指上有松一株

因終之日此亦枯瘁因有經籍之學有問則指擿先儒得失章句是非談論不滯於方隅開諭必合於教化實得道之良士也

系曰凡夫捨報尸必一同也佛則右脇果位坐亡首楞地者現通身立中者彰異其惟欲行步而化者除後僧會外則因公有焉

次錢塘慧日永明寺釋道潛俗姓武蒲津人也生而强壯容姿端雅成立則身長七尺許胷前黑子七點若斗之網魁焉投中條山棲巖大通禪院禮真寂禪師爲親教也戒檢嚴明訥言敏行師亡之後誓入鴈門五臺山以精恪之故躬覩文殊聖容後諸方無定遊處末到臨川見崇壽益禪師頓明心決次棲衢州古寺覽閱藏經嘗宴坐中見文殊現形不覺起而作禮及詣杭禮阿育王塔跪而頂戴淚下如雨問掌塔僧曰舍利人不目擊還實有否僧曰按傳記云藏在内角中望若懸鍾焉潛疑未已遂苦到跪禮更無間然俄見舍利紅色在懸鍾之外蠢瞤而行潛悲喜交集又光文大師彙征迥然肯重自爲檀越請於山齋行三七日普賢懺忽見徧吉御象在塔寺三門亭下其象鼻直枕行懺所漢南國王錢氏命入王府受菩薩戒造大伽藍號慧日永明請以居之假號曰慈化定慧禪師別給月俸以施之加優禮也建隆二年辛酉九月十八日示疾而終入棺之際有白光晝發孛瑩然時衆皆覩至十月内於龍井山茶毗所收舍利數多有屠者自惟惡業屢襟就火聚乞求斯須獲七顆屠家持於印氏塔中至開寶庚午歲天台韶禪師建石塔緘其眞骨癸酉歲塔頂放白光焉

宋廬山圓通院緣德傳

釋緣德俗姓黄錢塘人也父超修學儒術而長於繢畫傳周昉佛粉本受筆法於吳興李沼長史德幼有出家之志心性孤僻而寡合遂往天台受具習禪法於天龍寺道怤禪師尋往江西問道自雲居往廬阜孤節高岸實不見有所欲江南國主李氏召入内道場安置慮其不群別構羅漢院處之苦求入山請住廬山新院乃列威儀導引焉德且裝衣荷檐而入然後升座對答叅問焉其國主賜賚未嘗以表牋報謝有國老宋齊丘者禮以師道以開寶中卒于山院德一生服用熟韋袴襪而已行杜多法供億諸禪侶厨無匱乏或謂德有黄白術焉

宋天台山德韶傳

釋德韶者姓陳氏縉雲人也幼出家于本郡登戒後同光中舉訪名山叅見知識屈指不勝其數初發心於投子山和尚後見臨川法眼禪師重了心要遂承嗣焉始入天台山建寺院道場無幾韶大與玄沙法道歸依者衆漢南國王錢氏嘗理丹丘韶有先見之明謂曰他日爲國王當興佛法其言信矣遣使入山旁午後署大禪師號每有言時無不符合蘇州節使錢仁奉有疾遣人賫香往乞願焉乃題蹝云令公八十一仁奉得之甚喜曰我壽八十一也其年八月十一日卒焉凡多此類韶未終之前也華頂石崩振驚百里山如野燒蔓延果應韶終焚舍利繁多營塔命都僧正贊寧爲塔碑焉享年八十二法臘六十

四卽開寶五年壬申歲六月二十八日也語録大行出弟子傳法百許人其又興智者道場數十所功成不宰心地坦夷術數尤精利人爲上至今江浙間謂爲大和尚焉

論曰梵語禪那華言念修也以其觸情念而無念終日修而無修又云正定也正受也正則廓然寘而定矣正受簡邪思惟增徧計故所以奢摩他以寂靜故三摩提以觀如幻故若禪那者俱離靜幻故始云菩薩不住此岸不住彼岸而度衆生令登彼岸也若然者諸聖住處既如彼諸聖度生復若何稽夫法演漢庭極證之名未著風行廬阜禪那之學始萌佛陀什秦擯而來般若多晉朝而至時遠公也密傳坐法深斡玄機漸染施行依違祖述吳之僧會亦示有緣俱未分明肆多隱秘及乎慧文大士肇尋龍樹之宗思大禪翁繼傳三觀之妙天台智者引而伸之化導陳隋名題止觀粤有中天達磨哀我群生知梵夾之雖傳爲名相之所溺認指忘月得魚執筌但矜誦念以爲功不信己躬之是佛是以倡言曰吾直指人心見性成佛不立文字也此乃乘方便波羅蜜徑直而度免無量之迂迴焉嗟乎經有曲指曲指則漸修也見性成佛者頓悟自心本來清淨元無煩惱無漏智性本自具足此心卽佛畢了無異如此修證是最上乘禪也不立文字者經云不著文字不離文字非無文字能如是修不見修相也又達磨立法要唯二種謂理也行也然則直而不迫不速而疾云不立文字乃反權合道也爾時梁武不知魏人未重向少林而面壁唯慧可以神交亦猶白雪雖歌已童寡和後則臨沂牧圉子孫終號於强秦避狄岐邠文武乃成其王道可生璨璨生信信下分二枝一忍二融融牛頭也忍生秀與能能傳信衣若諸侯付子孫之分器也厥後此宗越盛焉蔭車百輛尼拘樹而展轉垂枝施兩萬方阿耨龍而連進布潤當是時也應其懸記屬于此人後來得道無央數是歟重之曰夫禪之爲物也其大矣哉諸佛得之昇等妙雌龍得之破障纏率由速疾之門無過此故今之像末鬬諍復生師足既傷資爭未已如聞此心是佛便言三十二相何無或聞一路涅槃則曰八萬法門何在曾不知經中發菩提心此見佛性也云何修菩薩行此行布修行也因信不及無明所迷溺喪忘歸何由復業或舉經以示之則對曰此性宗法或謂之曰莫是魔說還可焚毁否且置而勿論又欲棄之又欲存之不其惑乎昔者于闐諸部謂道行經爲婆羅門書烏荼小乘謗大乘學作空華外道西乾尚爾此何驚乎良以六代宗師一期舉唱但破百年之暗靡啻一室之燎殊不知禪有理焉禪有行焉脫或戒乘俱急目足更資行不廢而理逾明法無偏而功兼濟然後如可與言禪已矣其如玄學多斥講家目爲數寳之人終困曩空之室那不見經是佛言禪是佛意諸佛心口定不相違施設逗根用有時處況以經江高國紀之名論海總朝宗之會毗尼一學軌範千途授形俱染釋子之基唱隨行淨沙門之業擬捐三事何駕一乘終包不足之羞豈倒轉依之地通人不謂豎子

何知佛事門中不捨一法吹聲貽責還怒傷人因擊鼠以破盆爲爭搏而嗌主自他俱有彼我須均縱橫盡而成一案氣劑和而成一味者也今從貞觀及于宋朝於山選山露須彌而出海於羽求羽放金翅以騰空令其鑽仰之儔慕此堅高之道矣吾徒通達無相奪倫譬若文武是一人之藝不能兼者互相非斥耳若相推重佛法增明酬君王度已之恩答我佛爲師之訓慎之哉慎之哉

宋高僧傳卷第十三

宋高僧傳卷第十三

校勘記

一　底本，清藏本。

一　一二〇頁上一九行首字「宋」，磧、南作「大宋」。

一　一二〇頁中一行「東京」，資、磧、普、南作「今東京」。

一　一二一頁上六行第八字「中」，資、磧、普、南、徑作「山」。

一　一二一頁上一三行「績之」，磧、普作「續之」。

一　一二一頁上一八行「詶答」，磧作「訓答」。

一　一二一頁中一六行「蕩履」，資、普作「蕩覆」。

一　一二二頁上末行第三字「光」，資、南、徑作「先」。

一　一二二頁中一五行第五字「更」，資、磧、普作「便」。又第七字「度」，磧、普作「席」。

一　一二二頁下六行「舛悞」，資、普、徑作「舛悟」。

一　一二三頁中六行「雪峯」，磧作「雷峰」。

一　一二三頁中七行「色空」，磧、普作「塞空」。

一　一二三頁下末行末字「常」，磧作「當」。

一　一二四頁上四行「之間」，資作「之門」。

一　一二四頁中一七行「故以」，資作「改以」。

一　一二四頁下一一行「因夢」，普作「固夢」。

一　一二五頁中一行「清涼」，資、磧、普作「清涼院」。

一　一二五頁中八行第六字「損」，資、磧、普、南作「捐」。

一　一二五頁下一〇行首字「唯」，資、磧、普、南、徑作「淮」。

一　一二五頁下一一行首字「遼」，磧作「還」。

一　一二五頁下一八行第一二字「干」，

資、磧、普、南、徑作「于」。

一　一二六頁上一三行首字「末」，普、徑作「未」。

一　一二六頁中一二行首字「宋」，資、磧、普、南作「大宋」。本頁下六行首字同。

一　一二七頁中一一行第一二字「巳」，資、磧、普、南、徑作「巴」。

一　一二七頁中一二行「岐邠」，資、磧、普作「岐郤」。

一　一二七頁中一六行第一三字「兩」，資、磧、普、南、徑作「雨」。

一　一二七頁下一三行末字「如」，資作「始」。

一　一二八頁上末行「卷第十三」下，資、磧、普、南有夾註「習禪篇第三之六」。

宋高僧傳卷第十四

家四

宋左街天壽寺通慧大師賜紫沙門贊寧等奉勅撰

明律篇第四之一 正傳二十八人 附見五人

唐京兆西明寺道宣傳 大慈

釋道宣姓錢氏丹徒人也一云長城人其先出自廣陵太守讓之後洎太史令樂之撰天文集占一百卷考諱申府君陳吏部尚書皆高矩令猷周仁全行盛德百代君子萬年毋娠而夢月貫其懷復夢梵僧語曰汝所娠者即梁朝僧祐律師祐則南齊剡溪隱嶽寺僧護也宜從出家崇樹釋教云凡十二月在胎四月八日降誕九歲能賦十五厭俗誦習諸經依智顗律師受業洎十六落髮所謂除結非欲染衣便隸日嚴道場弱冠極力護持專精克念感舍利現于寶函隋大業年中從智首律師受具武德中依首習律纔聽一徧方議修禪顗師訶曰夫適遐自邇因微知章修捨有時功願須滿未宜即去律也抑令聽二十徧已乃坐山林行定慧晦迹於終南倣掌之谷所居之水神人指之穿地尺餘其泉迸涌時號爲白泉寺猛獸馴伏每有所依名華芬芳奇草蔓延隋末徙崇義精舍載遷豐德寺嘗因獨坐護法神告曰彼清宮村故淨業寺地當寶勢道可習成聞斯卜焉焚功德香行般舟定時有羣龍禮謁若男若女化爲人形沙彌散心顧盻邪視龍赫然發怒將摶攫之尋追悔吐毒井中具陳而去宣乃令封閉人或潛開往往煙上審其神變或送異華一奩形似棗華大如榆莢香氣郁毓數載宛然又供奇果李孟梨柰然其味甘其色潔非人間所遇也門徒嘗欲舉陰事先是潛通以定觀根隨病與藥皆此類者有處士孫思邈嘗隱終南山與宣相接結林下之交每一往來議論終夕時天旱有西域僧於昆明池結壇祈雨詔有司備香燈供具凡七日池水日漲數尺有老人夜詣宣求救頗形倉卒之狀曰弟子即昆明池龍也時之無雨乃天意也非由弟子今胡僧取利於弟子而欺天子言祈雨命在旦夕乞和尚法力加護宣曰吾無能救爾爾可急求孫先生老人至思邈石室宛

訴再三云宣律師示我故敢相投也遡曰我知昆明池龍宮有仙方三十首能示余余乃救爾老人曰此方上界不許輙傳今事急矣固何所悋少選捧方而至遡曰爾速還無懼胡僧也自是池水大漲數日溢岸胡僧術將盡矣無能爲也及西明寺初就詔宣充上座三藏奘師至止詔與翻譯又送真身往扶風無憂王寺遇勑令僧拜等上啓朝宰護法又知此者撰法門文記廣弘明集續高僧傳三寶録羯磨戒疏行事鈔義鈔等二百二十餘卷三衣皆紵一食唯菽行則杖策坐不倚牀蚤蝨從遊居然除受土木自得固已亡身嘗築一壇俄有長眉僧談道知者其實賓頭盧也復三果梵僧禮壇讃曰自佛滅後像法住世興發毗尼唯師一人也乾封二年春冥感天人來談律相言鈔文輕重儀中舛悞皆譯之過非師之咎請師改正故今所行著述多是重修本是也又有天人云曾撰祇洹圖經計人間紙帛一百許卷宣苦告口占一一抄記上下二卷又口傳偈頌號付囑儀十卷是也貞觀中曾隱沁部雲室山人睹天童給侍左右於西明寺夜行道足跌前階有物扶持履空無害熟顧視之乃少年也宣遽問何人中夜在此少年曰某非常人即毗沙門天王之子那吒也護法之故擁護和尚時之久矣宣曰貧道修行無事煩太子太子威神自在西域有可作佛事者願爲致之太子曰某有佛牙寶掌雖久頭目猶捨敢不奉獻俄授于宣宣保録供養焉復次庭除有一天來禮謁謂宣曰律師當生覩史天宮持物一苞云是棘林香爾後十旬安坐而化則乾封二年十月三日也春秋七十二僧臘五十二累門人窆于壇谷石室其後樹塔三所高宗下詔令崇飾圖寫宣之真相匠韓伯通塑繢之蓋追仰道風也宣從登戒壇及當泥曰其間受法傳教弟子可千百人其親度曰大慈律師授法者文綱等其天人付授佛牙密令文綱掌護持去崇聖寺東塔大和初丞相韋公處厚建塔於西廊焉宣之持律聲振竺乾宣之編修美流天下是故無畏三藏到東夏朝謁帝問自遠而來得無勞乎欲於何方休息三藏奏曰在天竺時常聞西明寺宣律師秉持第一願往依止焉勑允之宣持禁堅牢捫蝨以緜紙裹投于地三藏曰撲有情于地之聲也凡諸密行或制或遮良可知矣至代宗大曆二年勑此寺三綱如聞彼寺有大德道宣律師傳授得釋迦佛牙及肉舍利宜即詣右銀臺門進來朕要觀禮至十一年十月勑每年內中出香一合送西明寺故道宣律師堂爲國焚之禱祝至懿宗咸通十年左右街僧令霄玄暢等上表乞追贈其年十月勑謚曰澄照塔曰淨光先所居久在終南故號南山律宗焉天寶元載靈昌太守李邕會昌元年工部郎中嚴厚本各爲碑頌德云

系曰律宗犯即問心心有虛實故如未得道起覆想說則宜犯重矣若實有天龍來至我所而云犯重招謗還婆羅漢同也宣屢屢有天之使者或送佛牙或充給使非宣自述也如遺龍去孫先生所豈自言邪至于乾封之際天神合沓或寫祇洹圖經付囑儀等且非

寫言於鬼物乎君不見十誦律中諸比丘尚揚言目連犯妄佛言目連隨心想説無罪佛世猶爾像季嫉賢斯何足怪也又無畏非開元中者貞觀顯慶已來莫别有無畏否

唐京兆恒濟寺道成傳

釋道成者不知何許人也居于天邑演彼律乘戒月揚光圓而不缺德瓶告實滿而不傾當顯慶中敷四分一宗有同霧市時文綱律匠雖先依澄照大師後習律文乃登成之堂奥矣又懐素著述皆出其門垂拱中日照三藏譯顯識等經天后詔名德十員助其法化成與明恂嘉尚同預證義由是聲飛神甸位首方壇謂之梧桐多棲鳳鳥謂之芳沚頗秀蘭叢門生孔多無過此集然不詳終所

系曰成公與隋蔣州道成同號而異實二者奚先通曰隋成也精乎十誦著述尤多唐成也傳乎四分譯講偕妙然其撰集則開悟迷淪究其翻傳則陶甄教道譬猶後皎靡及乎前光似寶或慙乎真寶亙有長短用則無遺也

唐京師崇聖寺文綱傳

釋文綱姓孔氏會稽人也曾祖範陳都官尚書祖模桐部侍郎考頂生逃海避隋擇木歸舜貞觀始拜尚乘直長咸光復儒業旁通釋教是故綱也植宿根從習氣慈母懷孕離食棄捐有婆羅門僧頭陀語其母曰若此男終紹三寶自爾每聞空中多異香雜仙樂及誕育之日白鶴翔集若臨視焉比襁褓中午後不受乳哺猶堅持齋者童齔隨師訪道十二出家冠年受具精處苦行專念息心貎羨樸根麻衣草屨操有憂檢口無溢言尋詣京兆沙門道成律師稟毗尼藏二十五講律三十登壇每勤修深思疑視反聽淨如止水疑若斷山或風雨宴居或晝夜獨得故能吉祥在手不捨其缾威德迎風不絶於氣出籠瘠鴈坐致虛空起屋下留自然成就唯甘露之滌口踰利劍之傷人慎之重之廣矣至矣由是八方來學四分永流請益者舉袂雲臨讃歎者發聲雷駭久視中天作滛雨人有憂色綱愍之乃端坐思惟卻倚屋壁奄至中夕欻爾半傾唯餘皆閒疑然山立識者以爲得神通因定力故日月靈迹幽明潛感兆於集事應乎遺言左右怪之綱曰夫真實無相塵色本空正覺圓常大悲湛定不可取也是以一時法主四朝帝師同迦葉之入城遇匿王之説戒竹園門外别有沙彌畢樹枝間廣聞鵜鳥所以受潤者傳入見者深萬病已痊獲歡喜之藥一心不染解煩惱之縄又恭承絲綸京都翻譯追論惠用遠契如因翹誠滿朝檀施敬國但依布薩盡用莊嚴累歷伽藍二十餘所凡是塔廟各已華豐猶且刺血書經向六百卷登壇受具僅數千人至苦至勤納無我之海不寢不食種無生之田長安四年奉勅往岐州無憂王寺迎舍利景龍二載中宗孝和皇帝延入内道場行道送真身舍利往無憂王寺入塔其年於乾陵宫爲内尼受戒復於宫中坐夏爲二聖内尼講四分律一徧中宗嘉尚爲度弟子賜什物絲帛三千四因奏道場靈感之事六月七日御札題牓爲靈感寺是也諸寺碑碩德以隸爲夫其左黴宿右

上林南臺終山北池渭水千門宮闕化出雲霄萬乘旌旗天迴原隰先天載睿宗聖眞皇帝又於別殿請爲菩薩戒師妃主環階侍從羅拜兜率天上親聽法言王舍城中普聞淨戒恩旨賜絹三千餘疋綱悉付常住隨事修營或金地繚垣用增上價或寶坊飛閣克壯金模或講堂經樓舍利淨土或軒廊器物尉摩園林皆信施法財周給僧寶方將示迷津引覺路濯熱火宅拯溺毒流而乃奄忽神遷斯須薪盡雖有應化何其速歟以開元十五年八月十五日怡然長往時春秋九十有二其年九月四日塔于寺側爲聞哀奔喪執紼會葬香華幢蓋緇素華夷塡城塞川箳雲翳景蓋數萬人有若法侶京兆懷素滿意承禮襄陽崇拔扶風鳳林江陵恒景淄川名恪等百餘人咸曰智河舟還法宇棟橈而已哉有若弟子淮南道岸蜀川神積岐隴慧顗京兆神慧思義紹覺律藏恒還崇業等五十餘人並目以悉眼入於度門金棺不追灰骨罔答乃請滑臺太守李邕爲碑邕彖彼馬遷法其班氏以二人而同傳必百行以齊肩不忝懷素前不愧宣師後李北海題品不其韙乎有淄州名恪律師者精執律範切勤求解嘗厠宣師法筵躬問鈔序義宣師親録隨喜靈感壇班名于經末又附麗文網之門也

唐京師恒濟寺懷素傳（賓律師）

釋懷素姓范氏其先南陽人也曾祖嶽高宗朝選調爲絳州曲沃縣丞祖徽延州廣武縣令父强左武衛長史乃爲京兆人也母李氏夢雲雷震駭因而娠焉誕育之辰神光滿室見者求占此子貴極當爲王者之師傅也幼齡聰黠器度寬然識者曰學必成功才當逸格耳聞口誦皆謂老成年及十歲忽發出家之意猛利之性二親難沮貞觀十九年玄奘三藏方西域迴誓求爲師雲與龍而同物星將月以共光俱懸釋氏之天悉麗著明之象初尋經論不費光陰受具已來專攻律部有鄴郡法礪律師一方名器五律宗師迷方皆俟其指南得路咸推其鄉導著疏十卷別是命家見接素公知成律匠研習三載乃見諸瑕喟然歎曰古人義章未能盡善咸亨元年發起勇心別述開四分律記至上元三年丙子歸京奉詔住西太原寺傍聽道成律師講不輟緝綴永淳元年十軸畢功一家新立彈糾古疏十有六失焉新義半千百條也傳翼之彪持獲而有知皆畏乘風之震砰輷而無遠不聞所化翕然所傳多矣復著俱舍論疏一十五卷遺敎經疏二卷鈔三卷新疏拾遺鈔二十卷四分僧尼羯磨文兩卷四分僧尼戒本各一卷日誦金剛經三十卷講大律已疏計五十餘徧其餘書經畫像不可勝數於本寺別院忽示疾力且蘭然告秀章曰余律行多缺一報將終時空中有天樂瀏亮奄然而逝俗齡七十四法臘五十三葬日有鴻鶴遶塔悲鳴至暮方散素所撰述宗薩婆多何邪以法密部緣化地部出化地從有部生故出受體以無表色也又斥二宗云相部無知則大開量中得自取大小行也南山犯重則與天神言論是自言得上人法也大抵素疏出謂之新章焉開元中嵩山賓律師造飾宗

記以解釋之對礪舊疏也又謂爲東西塔律宗因傳習處爲名耳大曆中相國元公載奏成都寶園寺置戒壇傳新疏以俸錢寫疏四十本法華經疏三十本委寶園光翌傳行之後元公命如淨公爲素作傳韋南康皐作靈壇傳授毗尼新疏記有承襲者刊名于石其辭酋麗其翰兼美爲蜀中口實焉

唐光州道岸傳

釋道岸姓唐氏世居頴川是爲大族漢尚書令琳司空珍具尚書僕射固雍州刺史彬涼鎭北將軍瑶之後也永嘉南度遷于光州衣冠人物暉映今古岸生而不群少而奇桀爰在髫亂有若老成齒胄膠庠徇齊墳典猶恐聞見未博藝業有遺遂浮江淮達洙泗探禹穴升孔堂多歷年所矣操翰林之鼓吹游學海之波瀾討論百家商攉三教乃歎曰學古入官紆金拾紫儒教也餐松餌栢駕鶴乘龍道教也不出輪迴之中俱非栰喻之義豈若三乘妙旨六度宏功錙銖世間掌握沙界哉遂落髮出家洗心訪道一音克舉四句精通堅修律儀深入禪慧夜夢迦葉來爲導師朝閱貝經究契冥牒由是聲名籍甚遠近吹嘘爲出世之津梁固經行之領袖十方龍象罔不師範焉萬國鵷鷺無敢訓對者向若迴敍妙識適彼殊途議才必總於四科濟世雅符於三傑有若越中初法師者秘藏精微罔不明練道高寰宇德重丘山岸聞善若驚同聲相應乘杯去楚杖錫遊吳雲霧一披鐘鼓齊振期牙合契澄什聯芳由是常居會稽龍興寺焉揚越黎庶江淮釋子輻輳烏合巷少居人罕登元禮之門且覩公超之市岸身遺纏蓋心等虛空不擇賢愚無論貴賤溫顏接待善誘克勤明鑑莫疲洪鐘必應皆窺天挹海虛往實歸其利博哉無得稱也時號爲大和尚登無畏座講木叉律容止端嚴辭辯清暢連環冰釋理窟毫分瞻仰者皆悉由衷聽受者得未曾有於是高僧大士心醉神傾捐棄舊聞佩服新義江介一變其道大行孝和皇帝精貫白業遊藝玄樞聞而異焉遣使徵召前後數介然始入朝與大德數人同居內殿帝因朝暇躬閱清言雖天睠屢迴而聖威難犯凡厥目對靡不魂驚皆向日趨風滅聽收視岸人望雖重僧臘未高猶淪居下筵累隔先輩惜帝有輪王之位不起承迎以吾爲舍那之後晏然方坐皇帝覩其高尚伏以尊嚴偏賜衣鉢特彰榮寵因請如來法味屈爲菩薩戒師親率六宮圍遶供養仍圖畫於林光宮御製畫讚辭曰戒珠皎潔慧流清淨身局五篇心融八定學綜貝典觀通實性維持法務綱統僧政律藏與兮傳芳象教因乎光盛比夫靈臺影像麟閣丹青功德義殊師臣禮異銓擇綱管統帥僧徒者有司之任也以岸盛德廣大至行高邈恩徧雨露持變章程所歷都白馬中興莊嚴薦福罔極等寺綱維總務皆承勅命深契物心天下以爲榮古今所未有中宗有懷罔極追福因心先於長安造薦福寺事不時就作者煩勞勅岸與工部尚書張錫同典其任廣開方便博施慈悲人或子來役無留務費約功倍帝甚嘉之頻邀賞揚何間昏曉既荷天澤言酬恩地遂還光州

度人置寺於是祇阤苑囿欝起僧坊拘鄰比丘便爲人寶能事斯畢夫何恨哉江海一辭星霜二紀每懷成道之所更迫鐘漏之期遂去上京還至本處將申顧命精擇門人僧行超玄儼者是稱上足也克傳珠髻之寶俾賜金口之言右脇[家四]而卧示其泡幻也[十三]以開元五年歲次丁巳八月十日滅度於會稽龍興道場時年六十有四海竭何依山崩安仰天人感慟道俗哀號執紼衣縗動盈萬計弟子龍興寺慧武寺主義海都維那道融大禹寺懷則大善寺道超齊明寺思一雲明寺慧周洪邑寺懷瑩香嚴寺懷彥平原寺道綱湖州大雲寺子瑀興國寺慧纂等秀稟珪璋器承磨琢荷導蒙之力懷栝羽之恩思播芳塵必題貞石乃請禮部侍郎姚弈爲碑紀德初岸本文綱律師高足也及孝和所重其道克昌以江表多行十誦律東南僧堅執罔知四分岸請帝墨勑執行南山律宗伊宗盛于江淮間者岸之力也

唐百濟國金山寺真表傳

釋真表者百濟人也家在金山世爲弋獵表多蹻捷弓矢最便當開元中逐獸之餘憩于田畎間折柳條貫蝦蟇成串置于水中擬爲食調遂入山網捕因逐鹿由山北路歸家全忘取貫蟇歟至明年春獵次聞蟇鳴就水見去載所貫三十許蝦蟇猶活表于時歎惋自責曰苦哉何爲口腹令彼經年受苦乃絕柳條徐輕放縱因發意出家自思惟曰我若堂下辭親室中割愛難離慾海莫揭愚籠由是逃入深山以刀截髮苦到懺悔舉身撲地志求戒法誓願要期彌勒菩薩授我戒法也夜倍日功遶旋叩搕心心無間念念翹勤經于七宵詰旦見地藏菩薩手搖金錫爲表策發教發戒緣作受前方便感斯瑞應歡喜徧身勇猛過前二七[家四]日滿有大鬼現可怖[十四]相而推表墜于巖下身無所傷匍匐就登石壇上加復魔相未休百端千緒至第三七日質明有吉祥鳥鳴曰菩薩來也乃見白雲若浸粉然更無高下山川平滿成銀色世界兜率天主逶迤自在儀衛陸離圍遶石壇香風華雨且非凡世之景物焉爾時慈氏徐步而行至于壇所垂手摩表頂曰善哉大丈夫求戒如是至于再至于三蘇迷盧可手攘而却爾心終不退乃爲授法表身心和悅猶如三禪意識與樂根相應也四萬二千福河常流一切功德尋發天眼焉慈氏躬授三法衣瓦鉢復賜名曰真表又於膝下出二物非牙非玉乃籤檢之制也一題曰九者一題曰八者各二字付度表云若人求戒當先悔罪罪福則持犯性也更加一百八籤籤上署百八煩惱名目如來戒人或九十日或四十日或三七日行懺苦到精進期滿限終將九八二籤參合百八者佛前望空而擲其籤墮地以驗罪滅不滅之相若百八籤飛逗四畔唯八九二籤卓然壇心而立者即得上上品戒焉若衆籤雖遠或一二來[家四]觸九八籤拈觀是[十五]何煩惱名抑令前人重覆懺悔已正將重悔煩惱籤和九八者擲其煩惱籤去者名中品戒焉若衆籤埋覆九八者則罪不滅不得戒也設加懺悔過九十日得下品戒焉慈氏重告誨云八者

新熏也九者本有焉爲累巳天伏既迴山川雲霽於是持天衣執天鉢猶如五夏比丘徇道下山草木爲其低垂覆路殊無溪谷高下之別飛禽鷙獸馴伏步前又聞空中唱告村落聚邑言菩薩出山來何不迎接時則人民男女布髮掩泥者脫衣覆路者氈罽氍毹承足者華絪美褥填坑者表咸曲副人情一一迪踐有女子提半端白氎覆于途中表似驚忙之色迴避別行女子恠其不平等表曰吾非無慈不均也適觀氎縷間皆是猪子吾慮傷生避其惧犯耳原其女子本屠家販買得此布也自爾常有二虎左右隨行表語之曰吾不入邪郭汝可導引至可修行處則乃緩步而行三十來里就一山坡蹲踞于前時則挂錫樹枝敷草端坐四望信士不勸自來同造伽藍號金山寺焉後人求戒年年懺罪者絕多今影堂中道具存焉

系曰表公華心變行一日千里果得慈氏爲授戒法此五十受中何受邪通曰近上法見諦自誓也發天眼通是證初二果也非諦理現觀而何專據石壇與多子塔前自誓同也或曰所授籤檢以驗罪滅之相諸聖教無文莫同諸天傳授或魔鬼所爲不可爲後法乎通曰若彰善癉惡利益不殊彌勒天主是天傳授非魔必矣諸聖教中有懺罪求徵祥證其罪滅不滅然其佛滅度彌勒降閻浮說瑜伽豈可不爲後世法耶十誦律云雖非佛制諸方爲清淨者不得不行也

唐安州十力寺秀律師傳

釋秀公者齊安人也髫年天然有離俗之意焉既丁荼蓼便往蜀郡禮興律師諷誦經典易若溫尋又依之進具果通達毗尼乃爲興公傳律上足弟子歎如是四載入長安造宣律師門爲依止之客勤以忘勞涉十六年不離函丈窮幽諸部陶練數家將首疏爲宗本然向黃州報所生地次往安陸大揚講訓聲美所聞諸王牧守攸共遵承正化緇徒咸慕細行有貞固律師居于上席解冠諸生最顯清名餘皆後殿其諸成業不可勝筭春秋七十餘卒于十力寺本房焉

唐京師崇聖寺靈㟧傳

釋靈㟧者不知何許人也勤乎切問靡憚尋師乾封中於西明寺躬預南山宣師法席然其不拘常所或近文綱或親大慈皆求益也末塗懼失宣意隨講收采所聞號之曰記以解刪補鈔也若欽者推究造義章之始唯慈與㟧也又別撰輕重訣故苑陵玄冑親覩其文故援引之以解量處輕重儀焉金華之故其訣湮滅無復可尋矣

唐京兆崇福寺滿意傳

釋滿意不知何許人也風神峭拔識量寬和經論旁通專於律學武德末所遇鄴都法礪律師作疏解曇無德律遂往摳衣明其授受如是講導三十許年乃傳付觀音寺大亮律師亮方授越州曇一盛化之間出龍象之資無過意之門也矣

唐京兆西明寺崇業傳

釋崇業不知何許人也初同弋陽道岸學毗尼于文綱之法集業之服勤淬礪罔怠贊肆之間推居元長與淄州名恪齊名挺拔剛毅

過之美聲洋洋達于禁闈睿宗聖真皇帝操心履道勑以舊邸造安國寺有詔業入承明熏修別殿爲帝授菩薩戒施物優渥僉迴捨修菩提寺殿宇抑由先不畜盈長之故也開元中微疾囑弟子曰吾化窮數盡汝曹堅以防川無令放逸語訖終于所居寺之別院業即南山之嗣孫矣

唐越州法華山寺玄儼傳融濟

釋玄儼俗姓徐氏晉室南遷因官諸暨遂爲縣族年始十二辭親從師事富春僧暉證聖元年恩制度人始隸僧數隸懸溜寺儼幼而明敏長則詔令標格峻整風儀凜然迨于弱冠乃從光州岸師諮受具戒後乃遊詣上京探賾律範遇崇福意律師并融濟律師皆名匠一方南山上足咸能昇堂睹奧共所印可由是道尊戒潔名動京師安國授記並充大德後還江左偏行四分因著輔篇記十卷羯磨述章三篇至今僧徒遠近傳寫初光州岸公甞因假寐忽夢神僧謂曰玄儼當爲法器云何教以小乘後乃命宣般若由是研精覃思採摭舊學撰金剛義疏七卷古德所不解先達所未詳我則發揮光明若指諸掌誓以一生宣講百徧越邑精舍時稱法華晉沙門曇翼曾結庵山巔入是法三昧感徧吉菩薩徙觀其塔頻多寶涌出以證經官如轉輪飛行而聽法雙鳥所以示兆今尚翔鳴六象所以呈奇時猶隱現不可得而思議者蓋斯之謂歟信如來之福庭是菩薩之隱岳儼乃考盤是卜東鉢深棲建置戒壇招集律行若夫秦衡上士燕代高僧數若稻麻簇同竹葦伏膺請益躡屩擔簦宴坐不出幾三十載開元二十四年帝親注金剛般若經詔頒天下普令宣講都督河南元彥沖躬請儼重光聖日遂闡揚幽贊允合天心令盲者見日月之光聾者聞雷霆之響儼之演暢蓋有力焉夫樂小法者迷自我而爲病通大方者懵開空之法道若夫會三歸一觸理冥事自優波離已下猶或病諸而儼綱紀小乘演暢大法晤佛境之非有識魔界之爲空故能使涅槃將生死一如煩惱與菩提齊致發心而登佛地非我而誰白黑歸依當仁不讓昔僧護法師常居石城宴坐青壁仰其中峯如有佛像願造十丈以圖兜率良願未諧護公長逝梁武皇帝詔僧祐律師馳傳經理規模刻劃意匠纔施俄而山塚崒崩全身坐現合高百餘尺雖金石絲竹四天之供施常聞功德莊嚴十地之瑚鏻尚闕儼乃內傾衣鉢外率檀那布以黃金之色鎔以白銀之相銅錫鉛錯球琳琅玕七寶由是渾成八珍於焉具足雖寶積獻蓋界現三千迦葉貢衣金踰十萬如須彌之現于大海若杲日之出于高山此又儼之功德不可思議者也故洛州刺史徐嶠工部尚書徐安貞咸以宗室設道友之禮國子司業康希銑太子賓客賀知章朝散大夫杭州臨安縣令朱元眘亦以鄉曲具法朋之契開元二十六載恩制度人採訪使潤州刺史齊澣越州都督景誠採訪盧見義泗州刺史王弼無不停旟淨境稟承法訓齊公乃方舟結乘奉迎儼於丹陽餘杭吳興諸郡令新度釋子躬授具戒自廣陵迄于信安地方千里道俗

受法者殆出萬人凡禮佛名經一百徧設無遮大會十建而入境住持舉無與比夫秉法傳授從佛口生有門人法華曇俊崇默龍興崇一開元智符稱心崇義香嚴懷節寶林洪霈覺引灌頂皆不傾油鉢無漏浮囊經不云乎如栴檀林栴檀圍遶如師子王師子圍遶信儼之威神有在而法主之功德不刋將知三界無安百靈共盡此生已適於後息他世應見于前心以天寶元載歲次壬午緣化已畢十一月三日現疾于繩牀七日午時坐終于戒壇院春秋六十有八粤其月二十五日窆于寺南秦山之下高樹雙塔光明踰於白雲列植千松秀色羅於明月經始則神邕崇曉住持則唯湛道昭並躬護聖場親傳智印其餘三千門人五百弟子承般若之深法受毗尼之密行盡號顓門無待彌勒天寶十五載歲次景申萬齊融述頌德碑焉

唐杭州靈智寺德秀傳

釋德秀俗姓孫氏富陽人也少出塵區早棲梵宇當圓戒檢正護浮囊匪定常師留神律府講談之外嘗哀鬼神乏食恒以深更施其飲食淅汭之民傾誠畏服及終于定山頗多靈異則天寶初載也遷神座入塔時天降舍利七顆門人以餅盛之緘于其塔或發之見秀齒上生舍利紛紛而墜後人還累甃成浮圖鄉人云恒有白蛇蟠屈守塔樵牧之童無敢近者

唐開業寺愛同傳 通玄

釋愛同俗姓趙氏本天水人也代襲冠冕弱齡挺拔惠然肯來為佛家子具戒後講彌沙塞律遠近師稟若鱗羽宗乎鯤鳳也昔南宋朝罽賓三藏覺壽譯成此律因出羯磨一卷時運遷移其本零落尋求不獲學者無依同遂於大律之內抄出羯磨一卷彼宗學者盛傳流布被事方全孝和之世神龍中盛重翻宣同與文綱等參預譯場推為證義義淨所出之經同有力焉著五分律䟽十卷復遺囑西明寺玄通律師重施潤色後安史倣擾焚燎喪寺今無類矣

唐五臺山詮律師傳

釋詮律師者五臺縣人也綵服出家冠年受戒儀則清雅衆稟綱紀習毗尼宗秘菩薩行詮除訓徒外守默無撓遠近有事靡不豫知人謂為得他心通也一食終日弊衣遮體不貯顆粒房無纊綵其強本節用造次不可及也入滅之日祥雲彰密天樂錚摐闔寺僧徒皆聞異香酚馥乃召集寺衆執手告辭囑累門人加趺而滅云

唐揚州龍興寺法慎傳

釋法慎姓郭氏江都人也孩抱之歲誓齒空門親愛所鍾志不可奪從瑤臺成律師受具戒依太原寺東塔體解律文絶其所疑時賢推服或一言曲分於象表精理自得於環中聲振京師如睎愛日諸寺衆請綱領乃默然而東歸既還楊都倅允郡頋恒誦金剛般若經如意輪般若佛心我得此心衆生亦得如意勝願我如此願衆生亦如謂天台止觀包一切經義東山法門是一切佛乘色空兩亡定慧雙照不可得而稱也慎暑不攝齊食不求飽居不易坐四方捨施歸於大衆一身有

無均於最下朝廷之士銜命往還路出維揚終歲百數不踐門閾以為大羞仰承一眄如洗飢渴慎與人子言依於孝與人臣言依於忠與人上言依於仁與人下言依於禮佛教儒行合而為一學者流誤故親校經論延來者聽受故大起僧坊將警群迷故廣圖菩薩因地善讚諸命故曲濟衆生壽量以文字度人故工於翰墨以法皆佛法故兼采儒流以我慢為防故自負衣鉢以規矩為任故綱正緇林以發揮道宗故上行恭禮以感慕遺迹故不遠他邦以龍象恭議故再至京國以執度端明故研精律部與黃門侍郎盧藏用才高名重罕於推挹一見于慎慕味循環不能離坐退而歎曰宇宙之內信有高人黃門於院中置以經藏嚴以香燈天地無疆像法常在太子少保陸象先兵部尚書畢構少府監陸餘慶吏部侍郎嚴挺之河南尹崔希逸太尉房琯中書侍郎平章事崔渙禮部尚書李憕辭人王昌齡著作郎綦毋潛僉所瞻奉願同灑掃感動朝宰如此以天寶七載十月十四日晨興盥漱就胡牀加趺心奉西方既瞑而滅於龍興寺別院春秋八十三夏六十二緇素弟子北距泗沂南踰嶺徼望哭者千族會葬者萬人其上首曰會稽曇一閩僧懷一南康崇敎晉陵義宣錢塘譚山寺惠鸞洛京法瑜崇元鶴林寺法勵法海維揚惠凝明幽靈祐靈一等罔不成樂說辯才入法華三昧衆所知識物之依怙天上甘露正味調柔人中象王利根成熟音樂樹下長流福慧之泉雪山峯頂仰見清涼之月金剛決定煩惱無餘優曇開敷香潔盈滿法施之恩郡居之感哀奉色身經始靈塔于蕪城西岡岡之原像教也幽公自幼及衰恒所親侍後請吏部員外郎趙郡李華為碑紀述大曆八年癸丑十二月也大理司直張從申書趙郡李陽冰題額其塔亦幽公經度建塔之地廣袤如素高甲得中周臨四衢平視千里門人環時列栢薦以名香其塔屬會昌中例皆毀焉

唐杭州華嚴寺道光傳

釋道光姓褚氏踰亂出家方冠受具詣光州和尚學道毗尼于時夏淺德崇壇場屬望蓋天資眞士為東南義虎雲雨慈味笙鏞道聲光持法華經創塔廟洎沒身不息也上元元年庚子仲秋示疾終于本寺春秋七十九法臘五十八是日馳陽昧昧淫雨淒淒烈風崇朝嘉木為折乃東土福盡之徵也俄然喜氣五色亭亭如蓋移晷不散偏映精廬即西方往生之意也初光未歿其月三日質明支疾凝神俟色身觀彌陀具相現在其前滿庭碧華昔所未覩者四日昧爽有異人請光為和尚遂開目彈指曰但發菩提心至五日曼陀羅華自天而雨門人神烈義津追慕弗逞各分法味流布行化香火無窮云

唐揚州大雲寺鑒眞傳

釋鑒眞姓淳于氏廣陵江陽縣人也總丱俊明器度宏博能與諷矣隨父入大雲寺見佛像感動夙心因白父求出家父奇其志許焉登便就智滿禪師循其獎訓屬天后長安元年詔於天下度僧乃為息慈配住本寺後改為龍興殆中宗孝和帝神龍元年從道岸律

師受菩薩戒景龍元年詣長安至二年三月二十八日於實際寺依荊州恒景律師邊得戒雖斯發意有老成風觀光兩京名師陶誘三藏教法數稔該通動必研幾曾無矜伐言旋淮海以戒律化誘鬱爲一方宗首冰池印月適足清明猊座揚音良多響答時日本國有沙門榮叡普照等東來募法用補缺然於開元年中達于揚州爰來請問禮眞足曰我國在海之中不知距齊州幾千萬里雖有法而無傳法人譬猶終夜有求於幽室非燭何見乎願師可能輟此方之利樂爲海東之導師乎眞觀其所以察其懇勤乃問之曰昔聞南岳思禪師生彼爲國王興隆佛法是乎又聞彼國長屋曾造千袈裟來施中華名德復於衣緣繡偈云山川異域風月同天寄諸佛子共結來緣以此思之誠是佛法有緣之地也默許行焉所言長屋者則相國也眞乃募比丘思託等一十四人買舟自廣陵齎經律法離岸乃天寶二載六月也至越州浦止署風山眞夜夢甚靈異繞出洋遇惡風濤舟人顧其垂没有投棄櫁香木者聞空中聲云勿投棄時見舳艫各有神將介甲操仗焉尋時風定俄漂入蛇海其蛇長三丈餘色若錦文後入魚海魚長尺餘飛滿空中次一洋純見飛鳥集于舟背壓之幾没泊出鳥海乏水俄泊一島池且泓澄人飲甘美相次達于日本其國王歡喜迎入城大寺安止初於盧遮那殿前立壇爲國王授菩薩戒次夫人王子等然後教本王有德沙門足滿十員度沙彌澄脩等四百人用白四羯磨法也又有王子一品親田捨宅造寺號招提施水田一百頃自是已來長敷律藏受教者多彼國號大和尚傳戒律之始祖也以日本天平寶字七年癸卯歲五月五日無疾辭衆坐亡身不傾壞乃唐代宗廣德元年矣春秋七十七至今其身不施苧漆國王貴人信士時將實香塗之僧思託著東征傳詳述焉

唐杭州天竺山靈隱寺守直傳

釋守直字堅道錢塘人也姓范氏齊信安太守理之八葉禮既冠衆君子器之夙有丘園之期不顧玄纁之錫遂詣蘇州支硎寺圓大師所受具足律儀是夜眼中光現長一丈餘待久方滅蓋得戒之驗也後抵江陵依眞公三年練行尋禮天下二百餘郡聖跡所至無不至焉見無畏三藏爲受菩薩戒聞普寂大師傳楞伽心印講起信宗論二十餘徧南山律鈔四十徧平等一雨大小雙機在乎圓音未嘗少異乃立願誦華嚴經還於中宵夢神人施珠一顆及覺惘惘然如珠在握是歲入五臺山轉華嚴經二百徧追夙心也宏覽大藏經三過廣正見也至開元二十六年有制舉高行道俗請正名隸大林寺後移籍天竺住靈隱峯時大曆二年也至五年三月寓于龍興淨土院謂左右曰夫至人乘如而來乘如而去示其心然也而愚夫欲以長繩繫彼白日安可得乎吾景落桑榆豈淹久也以其年此月二十九日告終春秋七十一僧臘四十五其間臨壇度人多矣顯名者洞庭辯秀湖州皎然惠普道莊會稽清江清源杭州擇鄰神偃常州道進晝公著塔銘云

唐洪州大明寺嚴峻傳

釋嚴峻姓樊氏灘州人也父任硤州長史昭王府司馬峻性地夷然學習明利年及十九應進士舉倏罹荼蓼思報劬勞投南陽佛寺後抵荆州玉泉山蘭若遇眞禪師示其禪觀入城泊大雲寺峻秉持戒印用之不刓憑附浮囊渡之攸往衆請臨壇復舉律之宗主僶俛承命忽逢觀淨禪師頓明心法大曆元年思往清涼山未達廬陵見顏魯公一言相契膠漆如也二年春宜春太守俾僧正馳疏請召四年春洪州刺史李華員外延入大明寺住止三月中俄命沐浴換衣舉望空虛合掌而逝春秋五十九遷塔弟子圓約等於寺前大泉池立碑存焉

唐會稽開元寺曇一傳

釋曇一姓張氏蓋韓人也其先軒轅賦姓至良佐漢侯于留魏晉已還衣冠繼代曾祖恒隋太常卿扈蹕楊都遂家于越恒生孝廉翼翼生處士蔵蔵生一令聞江南令四葉矣一宿植淨因生知慧性弱而敏悟長而聰明年十五從李洎先生習詩禮終日不違十六聽雲門寺茂亮法師經論一聞懸解法師異之謂其母孟氏曰此佛子也可令削髮當與授記亮即孝和皇帝菩薩戒師也一聞而歡喜有度世之志景龍中承恩出家隸在僧録年[宋四]滿受具於丹陽玄䋣律師學通事鈔於當陽[二十八]曇勝律師既而鑽木見煙窺牆覩奧開元五年西遊長安依觀音寺大亮律師傳毗尼藏崇聖寺檀子法師學唯識俱舍等論安國寺印度沙門受菩薩戒於是蓮華不染之義甘露甚深之旨一傳慧炬了作梵雄遠近瞻仰如宗師矣然刃有餘地時兼外學常問周易於左常侍褚無量論史記於國子司業馬貞遂漁獵百氏囊括六籍增廣聞見自是儒家調御人天皆因佛事公卿響慕京師籍甚時丞相燕國公張說廣平宋璟尚書蘇瓌兗國陸象先秘書監賀知章宣州涇縣令萬齊融皆以同聲並爲師友雖支許之會虛嘉宗雷之集廬岳未云多也四分律者後秦三藏法師梵僧佛陀耶舍傳誦中華與羅什法師共爲翻譯今之講授自此具來魏法聰律師始爲演說聰授道覆覆授光洎隋朝相部勵律師作疏十卷西京崇福寺滿意律師盛傳此疏付授亮律師其所傳授一一依勵律師疏及唐初終南宣律師四分律鈔三卷詳略同異自著發[宋四]正義記十卷明兩宗之踳駮[二十九]發五部之鈐鍵後學開悟夜行得燭前疑泮釋陽和解冰佛日昭晰而再中法棟崢嶸以高峙發正記中斥破南山持犯中可見也二十五年仗錫東歸明年詔置開元寺長史張楚舉爲寺主因而居焉一聲振京華道高吳會布大慈以攝衆修萬行以表儀順風問道者轂擊肩摩函丈請益者波委雲華虛受之量隨而演說故前後講四分律三十五徧删補鈔二十餘徧爲江淮釋子受木叉者非一登壇即不爲得法從持僧律蓋度人十萬計矣王德之際國步多艱緇徒慢法罕率經教國相王公出鎮于越以一德名素高請爲僧統一變清淨大闡熏修浹旬之間廻邪入正善誘潛化皆此類焉始者一入關謁明達法師目

之曰汝人中師子也又遇遵善寺尼慈和歌曰曇一師解毗尼大聰明更無疑爲達人之所譽多矣天寶十四載浙河潮水南激錢塘大雲伽藍當茲湍悍因請一講律學徒千人咸發大願每上念摩訶般若乃止濤激以福伍胥龍王用茲莊嚴祈於衛護五月晦夜惚怳之間見一神人衣冠甚偉稽首謝曰蒙垂法施即改波流未逾九十日漲沙五十里道俗驚歎得未曾有一蔚爲法主大揚教跡發明前佛之付囑保證後佛之護念四句作偈受持者了於未了一音演法諦聽者聞所不聞非夫天地淳精江山粹靈與法作程間世而生孰能玄通審證如此其大者乎寺中洪鐘一所作也遠徵鳧氏近法雷門生存累年匠其規制歿後三日成於鎔造聲應百里扛乎萬鈞蒲牢吽而地震師子吼而山叢警悟聾俗導引迷方胡可言也法謝形離薪盡火滅以大曆六年十一月十七日遷化於寺之律院報齡八十僧臘六十一即以明年十一月二十四日遷座於秦望山從先和尚之塋

宋四 三十

也一春秋已高精與道勵既不衰憊初無疾苦忽謂侍者曰吾將掃禮墳塔歸骨於此數日之後奄然而終江淮之南河洛之表衣纈制服執紼送喪號哭滿山旛華蔽野比夫劇孟之母送車千乘孔丘之墓栽樹萬株可同年哉門人越州妙喜寺常照建法寺清源湖州龍興寺神玩宣州隱靜寺道昂杭州龍興寺義賓台州國清寺湛然蘇州開元寺辯秀潤州栖霞寺昭亮常州龍興寺法俊等早發童蒙咸承訓誘三千弟子仰梁木而增悲八萬門人望栴檀而不及時會稽徐公浩素敦鄉里之舊爲碑頌德焉大曆十一年也

宋高僧傳卷第十四

宋高僧傳卷第十四

校勘記

一　底本，清藏本。

一　一三〇頁上七行小字「賓師」，磧、南作「賓律師」。

一　一三〇頁下三行「清宮村」，資、磧、普、南、徑作「清官村」。

一　一三一頁中一三行第二字「干」，資、磧、普、南、徑作「于」。

一　一三四頁下一九行第一五字「頻」，徑作「頓」。

一　一三四頁下末行首字「揚」，資、磧、普、南、徑作「錫」。

一　一三五頁下一一行第二字「來」，資、磧、普、南作「求」。

一　一三五頁下一七行第九字「正」，資、磧、普作「止」。

一　一三六頁上一行第一二字「天」，磧作「大」。

一　一三六頁中一一行第九字「郡」，資、磧、普作「部」。

一　一三九頁上九行「規規」，磧、南作「規矩」。

一　一四〇頁中九行第五字「王」，資、磧、普、南、徑作「土」。

一　一四〇頁下三行首字「待」，資、磧、普、徑作「持」。

一　一四一頁下一五行「二十」，南作「一十」。

一　一四二頁中五行第一二字「栽」，資、磧、普、南、徑作「栽」。

宋高僧傳卷第十五　家五

宋左街天壽寺通慧大師賜紫沙門贊寧等奉勅撰

明律篇第四之二　正傳十九人　附見三人

唐餘杭宜豐寺靈一傳

釋靈一姓吳氏廣陵人也神清氣和方寸地虛與大和元精合其純粹年肇九歲僻嫌朽宅決入梵園墮息慈之倫稟出家之制暨乎始冠受其具足學習無倦律儀是修示見談笑欲明解脫示人文藝以誘世智初不計身中有我我中有身德全道成緣斷形謝以寶應元年冬十月十六日寂滅于杭州龍興寺春秋三十五凡臘十五安居臨終顧謂弟子行茶毗法樹小浮圖焉時左衛兵叅軍李紓嘉興縣令李湯左金吾衛兵曹叅軍獨孤及相與悼梁木之既壞慮陵谷之當遷後之人禮應眞之塔婆昧應眞之德行故刻石于武林山東峯之陽也一家富貨殖既而削髮推千金之產悉讓諸孤昆弟所取者惟納衣錫杖自爾叩維揚法愼師學相部律造乎微而臻乎極友善者慧凝明幽靈祐會稽曇一晉陵義宣同門三益作者七人也一咳唾塵境繼日經行宴坐必擇山椒樹下初舍于會稽山南懸溜寺接禪者隱空乾靖討論第一義諦或遊慶雲寺復居餘杭宜豐寺寺鄰生丹山門對佳境冏然獨往暴風偃山正智不動巨浪沃日浮囊不飄於是著法性論以究眞諦此一之了語也每禪誦之隙輒賦詩歌事思入無間興含飛動潘阮之遺韻江謝之闕文必能綴之無愧古人循循善誘門弟子受教若良田之納膏雨焉一跡不入族姓之門與天台道士潘志清襄陽朱放南陽張繼安定皇甫曾范陽張南史吳郡陸迅東海徐嶷景陵陸鴻漸爲塵外之友講德味道朗詠終日其終篇必傳之以文約之以脩量其根之上下而授之藥焉一居寺高隅初無井泉一旦呀然而涌噴金砂之溜于庭之左右挹之彌清斛之無竭蓋精至之感矣詩行于世有選其尤者入間氣集焉

唐吳郡東虎丘寺齊翰傳

釋齊翰字等至吳興沈氏之子高祖陳國子祭酒曾祖隋魏州司馬祖考三世不仕翰綺

歲從父至山寺路高靜無塵之躅惻然有宿命之知固請捨家至天寶八載八月五日奉制度配名永定寺九載十月躋五分壇納形俱戒移名開元大曆中轉隸武丘皆兩州道俗所請從命也翰道性淵默外則淡然迹不近名身不關事長在一室寂如無人豈比夫騈行鼓篋之士哉顓門相部義疏精敏罕儔明法華經主蘇湖戒壇每當請首則今時所謂壇長也大曆十年入流水念佛道場是夜西方念中頓現蓋純誠之所致也即以其年終于本院春秋六十八法臘二十六輸遇疾之日謂門弟子曰有鶴從空飛下迴翔我前爾曹見乎必謝之期小聖猶病安能免哉受業門人如隱戒壇宣允等與吳興皎然結法門昆弟之交俱高潔難可輕慕焉

唐潤州招隱寺朗然傳

釋朗然俗姓魏世襲冠冕其先隨東晉南渡則爲南徐人也開元中入道受業於丹陽開元寺齊大師天寶初受具于杭州華嚴寺光律師後從靈隱寺依遠律師通四分律鈔重稟越州曇一律師精研律部講訓生徒四遠嚮應肅宗至德二年恩命舉移隸名於慈和寺上元中刺史韋儇又請爲招隱統領大德即以其年講授之暇著古今決十卷解釋四分律鈔數十萬言繁雜義例條貫甚明大行於世觀其先列古人之義有所不安則判斷之故號決也決中自序初依天竺威律師學習復從遠一二師也凡戒壇則二十六登皆爲壇席之主律鈔凡二十八過講有餼遺者隨豐薄受而轉施悲信二田凡於教理披文究義皆言宿習之力也執持戒檢斯須不違大曆十二年冬癸卯趺坐如常恬然化滅時年五十四僧臘三十五越十三年春辛酉建塔于山西原縗麻之徒泣血千計高行弟子清浩擇言等請益弟子御史中丞洪府觀察使韋儇吏部員外李華潤州刺史韓賁湖州刺史韋損御史大夫劉暹潤州刺史樊晃皆歸心奉信屯田員外郎柳識爲碑頌焉

唐越州稱心寺大義傳

釋大義字元貞俗姓徐氏會稽蕭山人也以天授二年五月五日特稟神異生而秀朗七歲父訓之以經典日可誦數千言年十二請詣山陰靈隱寺求師因習內法開卷必通人咸歎之屬中宗正位恩制度人都督胡元禮考試經義格中第一削染配昭玄寺自茲聽習旁瞻玄儒開元初從吳郡圓律師受具復依本州開元寺深律師學四分律指訓義因遊長安深公已亡乃摳衣法華寺玄儼律師其後邁出倫儼云于今傳法非子而誰及稱心本寺超律師請爲寺任開元中喪親誓入天台佛隴轉藏經答劬勞也天寶中遂築北塢之室即支遁沃州之地也初夢二梵僧曰汝居此與二十日至寶應初復夢曰本期二十日今滿矣魔賊將至不宜更處無何海賊袁晁竊據剡邑至于丹丘義因與大禹寺迴律師同詣左谿朗禪師所學止觀而多精達前後朝貴歸心者相國杜鴻漸尚書薛兼訓中丞獨孤峻洺州刺史徐嶠次徐浩皆宗人也以大曆己未歲五月終于本院春秋八十九僧臘六十三殯于寺之北塢舊居因造塔

焉義前後戒壇計二十七登受戒弟子三萬餘人終時室中聞天樂聲驗乎生誦法華經大涅槃經小大乘戒本以爲口業德行非歸兜率不往淨土未可議其生處也

唐常州興寧寺義宣傳

釋義宣者晉陵人也宿植利根翛然出俗不煩師訓砥礪厥心納法後孜孜律科時無虛度玄儒旁綜長在篇章卒問捷給而稟延陵恭讓之風雅得毗尼之體初揚州法慎傳于舊章淮甸之間推爲碩匠天寶初宣敏衽摳衣諮詢彌久肇流率服慎且歎賞曰可畏乎宣講終南事鈔請業于周律師之庭考覈允精乃著折中記六卷以解之蓋懷融濬學勝諸師有所紕謬故也使是非各盡其分人免據宗而阿比從此立稱耳毗陵多出名士僧有三宣慧德義是歟時於江都習業與會稽曇一閩川懷一慶雲靈一同門爲朋也晉陵既有三宣愼門復出三一焉江表資爲美談宣天寶末盛行化導罔究其終

系曰夫名以制義所出無窮柰何師資踵武而犯教祖之諱乎通曰春秋貴賤不嫌同號也或曰滕齊不敵俱書侯乃曰不嫌同號號與名豈得例諸通曰號大不嫌名小豈嫌乎矧以義宣始爲名者安知弟子成事於南山之門邪然出家者必也無妨一則姓既以華從梵咸稱釋氏一則西域無諱此合從旃具諱者周人以事鬼神夏商無諱明矣況乎宣師已生兜率小爲天人大爲菩薩豈宜以鬼神事之致令唐初高德勝士往往止存一字名職由諱之極矣屬令修撰乃闕文也乃知眞諦無諱俗諦聞似則懼或曰今沙門姓既爲釋名復不諱言我不隨俗諦云何對君主稱臣莫西域有否通曰姓名不對王者臣妾表疏合然昔齊帝問王儉遂令對見稱名自漢至唐肅宗朝始見稱臣由此沿而不革良以沙門德薄日就衰微一往無復矣又以法委國王誠難改作王謂爲是楷定莫移故佛言雖非我制諸方爲清淨者不得不行也

唐蘇州開元寺辯秀傳

釋辯秀俗姓劉氏漢楚王交三十一代孫也秀幼孤諸父哀宇禮如教立孝自天生而宿植緣深心田欲稔因請伯氏出家長行哀而捨旃事靈隱諶禪師便能問津圖入道之意所聞指訓如涼風入懷醒然清悟天寶四年受戒於東海鑒眞大師傳律於會稽曇一至德中舉高行隸名於吳郡開元寺乾元中下詔天下二十五寺各定大德七人長講戒律秀應其數也頃年於淨土一門不怠于念嘗謂人曰昔聞西方之行是有相大乘此乃蓬心不直非達觀之説何邪夫出言即性發意皆如而一色一香無非中道況我正念乎秀壇場一十六番度人孤制律樞正持僧綱自肯湖南北皆宗仰焉以建中元年六月十五日寢疾而終春秋六十七法臘三十五當其逝日有庭樹一本枝葉扶踈朝華正敷而遽萎瘁其年七月五日遷靈龕於武丘西寺松門之右門人道亮道該清會偕適栴檀之香樹也故觀察使韋元甫李棲筠虢州刺史李紓御史中丞李道昌盡欽慕往德亦林下之交雲書爲碑頌焉

唐京師安國寺如淨傳

釋如淨不詳何許人也甫叅法位當納戒律明練毗尼砥礪名節時恒講昂徒侶雲屯辭筆偕長博達儒典先是關中行智首律師四分律疏魏郡法礪律師著疏別行爾時關輔河北各競宗泒微似參辰隋末唐初道宣律師以首大疏為本造刪補律鈔三卷稍為會要行事逗機貞觀已來三輔江淮岷蜀多傳唱之次奘三藏弟子懷素者先習鈔宗後乖棄宣礪之學於咸亨年中別述開四分律記後號新章歟至代宗大曆中新章舊疏互相長短十三年勅集三宗律匠重定二家隆殺時淨推為宗主語在圓照傳至建中二年奏二疏並行淨之力也蓋以國相元公載篤重素公宗其律教乃命淨為新疏主作傳焉

唐漢州開照寺鑑源傳　慧觀

釋鑑源者不知何許人也素行甄明範圍律道苾芻表率何莫由斯後講華嚴經號為勝集日供千人粥食其倉箄中米粟纔數百斛取之不竭沿夏涉秋未甞告匱其冥感如此其山寺越多徵應有慧觀禪師見三百餘僧持蓮燈凌空而去歷歷如流星焉開元中崔異公寧疑其妖妄躬自入山宿預禁山四方面各三十里火光至第三夜有百餘支燈現兼紅光可千尺餘與公覽然作禮歎未曾有時松間出金色手長七尺許有二菩薩黃白金色閃爍然復庭前栢樹上晝現一燈其明如日橫布玻瓈山可三里所寶珠一顆圓一丈熠爚可愛西嶺山門懸大虹橋橋上梵僧老叟童子間出有二炬爛然空中如相迎送交過之狀下有四菩薩兩兩偶立放通身光可高六七十尺復見大松林後忽有寺額篆書三學字又燈下垂繡帶二條東林之間夜出金山月當午金銀二色燈列於知鉉師墳側韋南康臯每三月就寺設三百菩薩大齋菩薩現形捧燈僧持香燈引抱之鑪在寺門矣白中令敏中覩瑞興立此寺大中八年改額曰開照源律師道化與地俱靈哉弟子傳講東川所宗也

唐吳郡雙林寺志鴻傳

釋志鴻俗姓錢氏湖州長城下若人本名儼志鴻字也少出俗于石門鄉寺則梁靜林也削染受具訖往茂苑親道恒師盛集研覈精微時曇清省躬互相切磋卒成洪緒然慊先德釋南山鈔商略不均否臧無准捕蟬忘後補衮不完囊括大慈靈岸巳下四十餘師記鈔之玄勸成二十卷號搜玄錄大曆中華嚴疏主澄觀披尋乃為序冠于首然其解判不無所長其如科節繁碎是其短也春秋一百有八歲勅署為長壽大師為近世止行其宇而巳今雙林累遭兵革加以水潦碑碣失蹤闕於言行也吁其儼公氏族本生必與南山宣律師相同亦為美事矣

唐京兆安國寺乘如傳

釋乘如未詳氏族精研律部頗善講宣繩準緇徒罔不循則代宗朝翻經如預其任應左右街臨壇度人弟子千數先是五衆身亡衣資什具悉入官庫然歷累朝曷由釐革如乃援引諸律出家比丘生隨得利死利歸僧言其來往本無物也比丘貪畜自玆而始者職

由於此令若歸官例同籍没前世遺事闕人舉揚今屬文明乞循律法斷其輕重大曆二年十一月二十七日勑下今後僧亡物隨入僧仍班告中書門牒天下宜依如之律匠非止訓二衆而已抑亦奮内衆之遺事立功不朽如公是乎終西明安國二寺上座有文集三卷圓照鳩聚流布焉

唐襄州辯覺寺清江傳

釋清江會稽人也不詳氏族幼悟幻泡身拘羈靮因人精舍便戀空門父母沮勸建乎難拔禮曇一律主爲親教師諷誦經法寓目俱通長者品量之曰釋門千里駒也於浙陽天竺戒壇求法與同學清源從守直和尚下爲弟子還聽習一公相跣并南山律鈔間歲精義入神舉皆通暢而善篇章儒家筆語體髙辭典又擅一隅之美時少倫儗其褊悻之性不與人類嘗於一公少因不足亦有捨和尚之譏由是遊方服勤凡云律匠無不預者自責己曰天下行半少有如我本師者還會稽一公猶老當其僧大集時擊木唱其再投和尚攝受時一公詬罵江雨淚而懺悔曰前念無知後心有悟望和尚大慈施與歡喜苟不許收則越人不可以强售章甫也一公憫其數四求哀乃曰爲汝舍垢遂爲師資如初江有禪觀之學大曆八年於汝瀆遇忠國師因弟子說自忠曰此律師是和尚鄉人乃欣然相會尋往南陽再謁國師密傳心要焉系曰江嘗爲七夕詩或謂之四背中一背也通曰詩人與詠用意不倫慧休怨別陸機牽牛星屈原湘夫人豈爲色邪皆當時寓言興類而已若然者言火則焚口說食則療飢也矣江之捨師後乃揚師之美反權合道也實爲此詩警世無常引令入佛智焉其故何也詳江遇忠國師大明玄理無以域中小乘法拘之哉

唐會稽雲門寺靈澈傳

釋靈澈不知何許人也禀氣貞良執操無革而吟詠性情尤見所長居越谿雲門寺成立之歲爲文之譽襲遠講貫無倦生徒戾止如闤闠焉故秘書郎嚴維劉隋州長卿前殿中侍御史皇甫曾覩面論心皆如膠固分聲唱和名散四陬澈遊吳與與杼山晝師一見爲林下之遊互相擊節晝與書上包佶中丞盛標揀其警句最所重者歸湘南作則有山邊水邊待月明暫向人間借路行如今還向山邊去唯有湖水無行路句此僧諸作皆妙獨此一篇使老僧見欲棄筆硯伏冀中丞高鑒深量其進諸乎其捨諸乎方今天下有故大賢勤王輙以非急干請視聽亦昭愚老僧不達時也然澈公秉心立節不可多得其道行空慧無慙安遠復著律宗引源二十一卷爲緇流所歸至於玄言道理應接靡滯風月之間亦足以助君子之高興也其爲同曹所重也如此晝又賚詩附澈去見信禮遇非輕又權德輿聞澈之譽書問晝公迴簡極筆稱之建中貞元已來江表諺曰越之澈洞冰雪可謂一代勝士與杭標霅晝分鼎足矣不測其終

唐揚州慧照寺省躬傳

釋省躬睦州桐廬人也爲童强識耆宿呼語

怪其志大而言高每厭樊籠忽投聖德寺慕道從師勅恩得度性靈天發於毗尼道學如温習復擇名師得姑蘇開元道恒師恒曰甚矣吾得躬也門人曰益親及乎探賾精微愈征愈遠時有擊論互指爲迷者必請見躬爲其判之坐分[宋五]曲直謗曰義盡省躬言[十三]到躬義無不盡也其博綜律乘扞禦師門也若此恒曰自吾有躬也惡言不聞矣躬避席葉拱而對曰其不佞也仰師之道若采扶桑以啖蠡蠶所患者未能嘔繁絲以報主耳恒曰視子吐園客五色絲可供黼繡之資言大謙矣晚赴維揚之召廣訓徒焉然其滿口雌黃品藻否臧古今之義生徒明敏者各録之都加潤色號順正記十卷行之復著分輕重物儀别行沿襲十三章門條例外加近世現有物之重輕頗爲要用躬復高儒學作碑頌越多以其曾化邪溝故呼淮南記主自號清冷山沙門焉

唐吳郡包山神皓傳 維亮

釋神皓字恒度姓徐氏八代祖擒齊竟陵王西邸學士于陵梁尚書左僕射其文與庚子山齊名追陳國亡因佐吳邑遂家姑蘇皓乃爲吳郡人也天性耿潔風韻朗邁幼負脫俗之姿爭依錢塘龍泉道場一公出家天寶六年降版詔精擇貫行一州許度三人皓居薦首因隸僧籍于包山福願道場初進具於興大師次通律鈔於曇一後士講律鈔五昇壇場遂乘舟歸包山使野叟誅茅山童掃石逍遥棲息旋增修屋宇乾元元祀有詔天下二十七寺各奏大德七人長講戒律因請住開元寺欲果其願且懼簡書遂僶俛從命奉戒弟子開州刺史陸向前給事中嚴涚服道弟子禮部侍郎劉太真前大理評事張象欽風弟子前廉使亞相李棲筠請綱任海隅一邑緇伍三變至于道末年工於圓宗别置西方法社誦法華經[宋五]九千餘部貞元六年[十四]十月開元寺遇疾至十二月顧囑弟子維亮曰我棄世後可歸洞庭故山置塔説法而終是夜瑠璃色天星霣如雨西方兆朕容現于前春秋七十五僧臘四十三門人維亮有文有道獨步當時執師之喪不以證而廢教也傳法弟子道超靈俊道濬道稜維讓維誠皆一時英邁雲書爲墳塔碑頌美云

唐京師安國寺藏用傳

釋藏用不詳何許人也從其拔俗依棲嵩山空公爲師及乎年當應法即於汾川炬律師所受上品形俱法登詣洛中業公講肆研覈律文循其奧妙無所不臻洎聞有禪觀之學遂登廬陟霍涉漢泛湘望雙峯之叢林又歸開法京輦道既精粹訓且均敷藹然爲物楷模嚮風宗重當建中巳全三十許臘尋應詔充臨壇首席相繼度弟子越多及居東城化塔乃代宗之邸第也推用主其綱任苾芻至息慈皆遵畏愛焉席熊延客揮麈開談指衡山石也有以識前身傳曹谿鉢也有以知後際是以門[宋五]多長者之轍[十五]室滿度人之籌益物良深坐鎮雅俗貞元中左司正郎王銷南臺崔公繼和之如是數公將議標題兵部正郎程浩作都序職方正郎知制誥吳通微書之四年戊辰歲也用公長於律學急護任持

爲上都之表則也

唐湖州八聖道寺眞乘傳

釋眞乘姓沈氏德清人也厥父玄望孝廉舉調兗州司馬母氏妊乘有神光異氣之祥識者言沈氏必大其閥閱暨誕生也瓌偉長與宗族諸子雜處若群草中之琪樹焉總卝之後司馬以文學榆之令修官業且愀然如有不得已之色居處翫戲則以佛像班布父觀其宿習果請出家屬顏魯公許試經得度時已暗誦五百紙比令口諷一無差跌大見褒異落髮配住八聖道寺得戒後於通玄寺常進師所綜習毗尼進公見其俊邁也誡同門曰乘雖少齡不可以伯仲齒之後西上京師雲華寺學法華天台疏義大著聲望又章信寺衆僧辟其講發辭千日者一聽而自醒迷終身者蹔聞而永悟經宗律柄兼講無虧籍甚緇行烜赫京邑貞元十一年功德使梁大夫以德宗巫幸安國寺奏乘移隸以備應對充供奉大德數焉時本師無滯亦以道業實蒙恩遲奏舉乘爲國祈福無滯忽夢乘捧一白蓮華南去無何乘果疾乞歸田閭勅允既還鄉里本郡守李公錡田公敦淅東率薛公戒或踵門而勸登法座或馳簡而延莅戒壇乘迫以法緣悉所勉强以是八爲律學座主四爲臨壇正員凡訓授度人或巾屨結緣一無所受遊〔宋五〕五臺山禮文殊聖容所見瑞〔十六〕相不可勝言後在護國寺禮佛名經一百周懺法之餘撰法華經解疏記十卷以元和十五年冬十月示疾而終于本寺乘精于律法長於演說以長慶二年十月十三日焚身于韶村西隅遵遺命也萬年縣尉王甄爲碑述德焉

唐杭州靈隱山道標傳

釋道標富陽人也俗姓秦氏其遠祖與嬴同姓世爲汧隴大族及晋東渡衣冠隨之後爲杭人也其高曾至王父皆沿以儒素不甘爲吏故州里尊奉之標生則孤明長而深趣老而堅固蓋良善之因有自來矣年七歲時神清氣茂不雜凡童倏有大沙門手摩其頂曰此孺子目秀如青蓮得非我釋氏之威鳳乎苟能捨家必有善稱不然乘雲霓薄天漢吾不可得而知也父允其請遂爲靈隱山白雲峯海和尚弟子妙高之上唯日月是麗娑竭之宮固雲雷斯蓄至德二年詔白衣通佛經七百紙者命爲比丘標首中其選即日得度蒙配天竺寺爲永泰初受具品於靈光寺顗律師登以護〔宋五〕戒嚴謹爲時所推毗〔十七〕奈多羅之言罔不該貫凡度人戒計六壇爲衆糾繩經一十二載置田畝歲收萬斛置無盡財與衆共之貞元中以寺務克豐我宜宴息乃擇高爽得西嶺之下葺茅爲堂不干人事用養浩氣爲標經行之外尤練詩章辭體古健比之潘劉當時吳興有晝會稽有靈澈相與酬唱遞作笙簧故人諺云霅之晝能清秀越之澈洞冰雪杭之標摩雲霄每飛章寓韻竹夕華時彼三上人當四面之敵所以辭林樂府常采其聲詩由是右庶子姑臧李公益書云重名之下果有斯文西還京師有以誇耀又景陵子陸羽云夫日月雲霞爲天標山川草木爲地標推能歸美爲德標居閑趣寂爲道標名實兩全品藻斯當爾後聲價軼於公卿間

故與之深者有相國李公吉甫大司空嚴公綬右僕射韓公皐禮部侍郎呂公渭滑臺節制盧公群襄陽節制孟公簡同州刺史李公歎鳳翔尹孫公璹浙東廉使賈公全中書舍人白公居易隋州刺史劉公長卿戶部侍郎丘公丹外郎裴樞祕閣嚴維小諫朱放越廉問薛戎夕拜盧元輔常州釋元浩潤州釋南容金華釋乾輔具門釋光嚴上都釋智崇等並心交塵外分契林中萬境在空驅之爲射御五峯滿眼立之爲疆場文雄而再鼓不衰神王而一戰自勝者也以長慶三年示有微疾六月七日歸滅于所居蘭若至冬十月三日葬于舊山春秋八十有四法臘五十八弟子如玢如詧行儉省言常儉智猷日起等皆得師之法傚仰不逞空圖遠於栴檀恨滿盈於石室至今杭民謂之西嶺和尚矣開成五年中鄭素御錄德行刊碑頌立于天竺山之東墟存焉

唐衡嶽寺曇清傳

釋曇清未詳何許人也幼持邊幅罔或迷方以謹昏呶究窮佛旨乃負笈來吳北院道恒宗師法會與省躬猶勝辟之前後也旋留南嶽化徒適會元和中閬州龍興寺結界時義嵩講素新疏傑出輩流因云僧祇律云齊七樹相去爾所作羯磨者名善作羯磨準此四面皆取六十三步等如是自然界約令作法界上僧須盡集時清遂廣徵難如是往返經州涉省下兩街新舊章南山三宗共定奪嵩公虧理時故相令狐楚猶爲禮部外郎判轉牒據兩街傳律斷曇清義爲正天下聲唱勇執紀綱清能干城矣後著記號顯宗焉

系曰清公南山宗崛起別峯人咸景仰與嵩悟二公遇于必爭之地清果得雋矧夫閬苑也僻用律文三隅不反既成圖狀學者流傳致其萬公如塡海底至大中中玄暢公荐加褒貶嵩又轉沈尾閭中矣

唐京師西明寺圓照傳

釋圓照姓張氏京兆藍田人也年方十歲篤願依西明寺景雲律師雲亦一方匠手四部歸心照當應法乃受近圓謹愿執持如懷寶器尋究經論訪問師承維摩法華因明唯識涅槃中觀華嚴新經或深入堂皇或略從染指仍旁求於儒墨兼擅美於風騷律藏珠珍專探日用後則霜壇秉法鴈序奧人洎乎開元年中勅選名德僧衆其譯務照始預焉至代宗大曆十三年承詔兩街臨壇大德一十四人齊至安國寺定奪新舊兩疏是非蓋以二宗俱盛兩壯必爭彼擒翻利於漁人互擊定傷於師足既頻言競多達帝聰有勅令將二本律疏定行一家者時照等序奏云按四分律部主梵云曇無德秦言法藏自姚秦弘始五年壬寅歲罽賓三藏佛陀耶舍秦言覺明諷出梵文沙門竺佛念聽而筆受成四十五卷至十一年歲次戊申支法領又從西國將梵本來於長安中寺重讎校殆十四年辛亥譯畢沙門慧辯等筆受成六十二卷後有魏朝道覆律師於法聰講下纂成疏六卷北齊慧光律師造疏二本次道雲律師修疏九卷次道暉撰疏七卷隋朝法願裁疏十卷自唐平一天下也四方昌阜三寶增明有智首

律師述䟽二十一卷次慧滿律師造䟽二十卷事各一時流通絶矣當武德元年戊寅歲有相州日光寺法礪律師製䟽至九年丙戌歲成十卷宗依成實論今稱舊䟽是也洎髙宗天皇大帝咸亨元年歲在庚午有西太原寺懷素律師撰開四分律宗記十卷宗依根本一切有部大毗婆沙俱舍等論稱新章䟽是也至我皇帝受佛付囑欽尚釋門信重大乘遵承密教見兩䟽傳授各擅顯門學者如林執見殊異數興諍論聖慈愍念務息其源使水乳無爭一味和合時遣內給事李憲誠宣勑勾當京城諸寺觀功德使鎮軍大將軍劉崇訓宣勑云四分律舊䟽新䟽宜令臨壇大德如淨等於安國寺律院僉定一本流行兩街臨壇大德一十四人俱集安國寺遣中官趙鳳詮勑尚食局索一千二百六十人齋食并果實解齋粥一事已上應副即於安國寺供僧慧徹如淨等十四人併一供送充九十日齋食用茶二十五串藤紙筆墨充大德如淨等僉定律䟽用兼問諸大德各得好在否又勑安國寺三綱僉定律䟽院一切僧俗輙不得入違者録名奏來云其時天長寺曇邃淨住寺崇叡西明寺道邃興泚本寺寶意神朗智劍超儕崇福寺超證薦福寺如淨青龍寺惟幹章信寺希照保壽寺慧徹圓照共奉表謝答詔云師等道著依經功超自覺承雪宮之旨奥爲火宅之涼颸四分律儀三乘扃鍵須歸總會永息多門一國三公誰執其谷初機眩曜迷復孔多爰命有司俾供資費所頌筆削屹見裁成所謝知悉其日品官楊崇一宣勑薦福溫國兩寺三綱與淨土院檢校僧等嚴飾道場命僧行道用五十四人起今月一日轉經禮佛六時行道至來年二月一日散其設齋食料一事已上令所司祇供宜各精誠問師等好在及解道場中官李憲誠宣勑語溫國寺轉念道場四分律臨壇大德等釋門三學以心印相傳無上菩提以戒法爲根本道場畢日即宜赴大安國寺楷定律䟽十道流行至二月八日勑檢校道場大德曇邃飛錫等道場定取十日散設齋外各賜絹帛其十四人律師並令赴安國寺修䟽程才品用各得其宜衆推如淨慧徹同筆削潤色圓照筆受正字寶意纂文僉定超儕筆受其崇叡已下九人證義共議篇題云勑僉定四分律䟽卷第一京城臨壇大德某等奉詔定以此爲題也照爲首唱諸公和之其間厥義非長若農夫之去草其義合理猶海客之采珠可謂名解毗尼不看他面俄屬德宗即位改元建中其年五月䟽草畢六月望勑圓照依國子學大曆新定字樣抄寫進本至十二月十二日送祠部進新僉定䟽十卷仍乞新舊兩䟽許以並行從學者所好勑宜依照務其搜集專彼研尋著大唐安國寺利涉法師傳十卷集景雲先天開元天寶誥制三卷肅宗代宗制旨碑表集共二卷不空三藏碑表集七卷隋傳法高僧信行禪師碑表集三卷兩寺上座乘如集三卷僉定律䟽一行制表集三卷般若三藏續古今翻譯圖紀三卷大乘理趣六波羅蜜多經音義二卷三教法王存沒年代本記三卷上卷明佛中道下

儒也翻經大德翰林待詔光宅寺利言集二卷再修釋迦佛法王本記一卷佛現八相身利益人天成正覺記一卷判方等道場欲受近圓沙彌懺悔滅罪辨瑞相記一卷五部律翻譯年代傳授人記一卷莊嚴寺佛牙寶塔記三卷無憂王寺佛骨塔記三卷傳法三學大德碑記集十五卷建中興元貞元制旨釋門表奏記二卷御題章信寺詩太子百寮奉和集三卷貞元續開元釋教録三卷照自序云伏以開元十八年歳在庚午沙門智昇修撰釋教録洎乎甲戌經六十五年中間三藏翻經藏内並無收管恐年代寖遠人疑僞經又先聖大曆七年許編入制文猶在時帝勑宜依至今江表多集此集中經而施用焉照於律道頗有功多肅代二朝尤爲傑立累朝應奉賜紫充臨壇兩街十望大德内供奉檢校鴻臚少卿食封一百戸後終于别院春秋八十二法臘五十八云

系曰刊正二宗會歸一見庶幾知有定分不横馳求何以諸師却請雙行不甚惑歟通曰是此舉也則元載所請帝乃曰俞究其始因乃新章也挾力輪摧相部獨存於我專利於人亦猶紀昌假遇飛衛併其箭術成我材官御大輅而廢其推輪得火生而焚其木母竊量諸德微憤不平故奏雙行同不僉定則何異乎眼頭生目匪成三點之伊必須聲後知音方驗一夔之足因排法礪三本生焉舊有南山四家出矣又如東漢季也滅一跋扈生四强臣初止政出一門末云賂歸四貴若然者駢拇懸瘤雖多無用然則吾善用多矣大集經云如是諸見不妨諸佛法界及大涅槃依之修行皆得解脱此通方之大解也哉

宋高僧傳卷第十五

宋高僧傳卷第十五

校勘記

一　底本，清藏本。

一　一四五頁上八行第五字「主」，資、磧、普、南作「王」。

一　一四五頁下末行「六十三」，資作「六十二」。

一　一四六頁上七行第一四字「料」，資、磧、普、南、徑作「科」。

一　一四六頁中六行末字「具」，資、磧、普、南作「且」。

一　一四六頁下一二行第一六字「綱」，資、磧、普、南作「綱」。

一　一四六頁下一三行首字「肯」，資、普作「胥」。

一　一四七頁中三行第一〇字「人」，資、磧、普、南、徑作「入」。次頁上一〇行第四字同。

一　一四七頁下四行第六字「射」，資、磧、普、南、徑作「躬」。

一　一四七頁下一〇行第一一字「爲」，

資、磧、普、南、徑作「焉」。

一 一四七頁下一二行「閟於」，資、普作「悶於」。

一 一四八頁下二行「吴與」，資、磧、普、南、徑作「吴興」。又「畫師」，磧作「晝師」。

一 一四九頁上一行第八字「每」，資作「既」；磧、普、南作「無」。

一 一四九頁上一七行第四字「邪」，資、普、南作「耶」。

一 一四九頁中一行第一六字「庚」，資、磧、普、南作「庚」。

一 一四九頁中一四行第五字「使」，資、普、徑作「吏」。

一 一五〇頁中三行首字「戒」，資、普、南作「戎」。

一 一五一頁上一二行末字「三」，資作「二」。

一 一五一頁下一六行「六十二」，資作「六十一」。

一 一五一頁下一九行第一三字「裁」，磧作「教」。

一 一五二頁下一八行末字「三」，磧、普、南作「二」。

宋高僧傳卷第十六

宋左街天壽寺通慧大師賜紫沙門贊寧等奉勅撰

明律篇第四之三 正傳十九人 附見二人

唐朔方龍興寺辯才傳

釋辯才姓李氏襄陽人也母氏妊之倏惡葷血冥然一食虛淡終辰及其誕彌異香盈室宗黨怪焉七歲依峴山寂禪師出家厥長者明記每受經法必以等身爲限字不重問義不再思師甚器之年十六遂削髮隸本州大雲寺次乃周遊列郡登陟名山就荊州玉泉寺納具戒聞長安安國寺懷威律師報恩寺義頒律師法門具瞻師資表率遂伏膺請業有疑必決無義不通厠于二宗推爲上首天寶十四載玄宗以北方人也稟剛氣多訛風列刹之中餘習騎射有教無類何可止息詔以才爲教誡臨壇度人至德初肅宗即位是邦也宰臣杜鴻漸奏才住龍興寺詔加朔方管內教授大德俾其訓勵革獷犹之風循毗尼之道復命爲國建法華道場及鴐迴旣復兩京累降璽書末塗尤於大乘頓教留心永泰二年賊臣僕固懷恩外招誘蕃戎內煽金革才勸勉毳裘不誅華族大曆三載追入充章信寺大德時府帥號國常公素仰才名與護戎任公時親道論十三年冬現身有疾至暮冬八日垂誡門徒已安坐繩牀默然歸滅春秋五十六越己未歲二月遷神於寺內西北隅先是有邑子石顒從役于城上其夜未渠聞管絃之聲自西至乃天樂也異香從空散下則生淨方之兆也才自長安而旋于塞上既受號公知遇大營福業成此精廬皆才之敦勸矣勅謚大師曰能覺仍賜紫衣一副追遠之榮聲聞塞外天復中廷尉評王僧爲碑頌德云

唐京師章信寺道澄傳

釋道澄姓梁氏京兆人也父涉中書舍人生而奇表輒惡葷肴出家如歸無所顧戀忽遇禪僧摩頂與立名曰道澄缾錫常隨冥合律範號律沙彌也受具之後習聽南山律於諸學處微其玷缺然性都率略住寺不恒或奉恩莊嚴草堂等寺所到便居護生爲切建中二年坐夏於雲陽山有虎哮吼入其門澄徐

語之其虎搖尾攝耳而退徙居章信寺或問其故澄曰出家者可滯一方乎西域三時分房俾無貪著觀門易立矣不然者豈通方廣恕乎貞元二年二月八日帝於寺受菩薩戒京甸傾瞻賜賚隆洽所受而迴施二田矣五年帝幸其寺問澄修心法門又勑爲妃主嬪御受菩薩戒十六年四月勑賜號曰大圓十九年九月十八日終于此寺焉

唐鍾陵龍興寺清徹傳

釋清徹未知何許人也周遊律肆密護根門即無常師唯善是與初於吳苑開元寺北院道恒律師親乎閫奧深該理致而鍾華望無不推稱憲宗元和八年癸巳中約志著記二十卷亦鳩聚諸家要當之說解南山鈔號集義焉或云後堂至十年畢簡今豫章武昌晉陵講士多行此義皆覽此記繁廣是宗徹未知其終

系曰徹公言行無乃太簡乎通曰繁略有據名實錄也昔太史公可弗欲廣三五之世事耶蓋唐虞之前史氏淳略後世何述焉今不逐宦瞻職由此也又與弗來赴告不書同也諸有繁略不均必祛誚讓焉

唐撫州景雲寺上恒傳

釋上恒姓饒氏臨川南城人也童而有知志學之年發心捨家從母黨在空門而求攝受教誦佛典日計[宋六]千言壯齒從南嶽大圓[四]大師納戒而聽涉精苦大曆中不去父母之邦請隸于景雲寺修習無虧亟淹年序南山事鈔講貫尤專貞元初從居豫章龍興寺與廬阜法眞天台靈祐荊門法裒興果神湊建昌慧璡遊也塤篪合韻水乳相資法付王臣故與姜相國公輔顏魯公眞卿楊憑韋丹四君友善提振禁防故講四分律而遷善滅罪者無央數衆坐甘露壇二十許年十有八會救拔群生剡浮東震男女得度者一萬五千餘人元和十年微云乖悆十月己亥化于廬山東林寺歸全身于南岡石墳住世七十七年安居五十五夏門人等樹松栢太原白居易爲石塔銘云

唐錢塘永福寺慧琳傳

釋慧琳字抱玉俗姓柯新安人也丱齡受業于靈隱西峯爲金和尚弟子所傳法要斷無重問大曆初受具足戒於靈山會習學三教一領無遺不樂聲華止好泉石一入天眼二十餘年天眼即[宋六]天目也其山高三[五]千丈周圍三百里與天柱廬阜等相儔匹上有二湖謂爲左右目登涉艱阻數日乃到巔頂多蛟龍池潭三所最上池人不可近氣臭逆人不可久視或說山神作白鹿形每五月與震澤龍會必暴風雨焉琳居此率多妖異而心不撓元和丁亥太守禮部員外城南杜陟請出永福寺登壇至己丑歲春刺史兵部郎中裴常棣召臨天竺寺壇度人畢歸寺講訓生徒向二十載郡守左司郎中陸則刑部侍郎楊憑給事中盧元輔中書舍人白居易太府卿李幼公刑部郎中崔鄯刑部郎中路異相繼九邦伯皆以公退至院致禮稽問佛法宗意染指性相此諸名公簪組上流辭學高度或號毗曇孔子或名勝力菩薩非琳何以感動哉太和六年四月二十五日示滅享壽八十有

三法臘六十四以其年五月十二日葬于今永安寺西山之陽碼磁坡之左石塔巋然存矣

唐江州興果寺神湊傳

釋神湊姓成氏京兆藍田人也生而奇秀丱角出塵遠慕戒律祈南嶽希操師受具復叅鐘陵大寂禪師然則志在楞嚴經行在四分律其他諸教餘力則通大曆八年制懸經論律三科策試天下出家者中等第方度湊應是選詔配九江興果精舍後從僧望移居東林寺即鴈門賈遠之舊道場也有甘露戒壇白蓮池在焉既居是祠與佛事雖經論資神終研律成務湊羸瘠視之頹然州將門人醫療而不顧進藥元和十二年九月遘疾二十六日儼然坐終于寺十月十九日門人奉全身窆于寺西道北祔鴈門墳左若僧詮葬近郭文之墓也春秋七十四夏臘五十一湊以精進心詣不退輪以勇健力揭無畏鼓故登壇秉法垂三十年一盂而食一榻而居衣縫梟麻坐薦蒿秸由玆檀施臻集于躬即迴入常住無盡財中與衆共之每夜捧鑪秉燭行道禮佛徊十二時少有廢闕如是經四十五載生常遇白樂天爲典午于郡相善及終悲悼作塔銘云本結菩提香火社共嫌煩惱電泡身不須惆悵隨師去先請西方作主人

唐京兆聖壽寺慧靈傳

釋慧靈未詳何許人也幼脫塵機勤從誦習及當應法戒品方圓銳意毗尼探賾持犯以行副解心口相符由是講訓名望僉如也人皆奉畏神明如也大中七年宣宗幸莊嚴寺禮佛牙登大塔宣問耆年乃賜紫衣其年六月勅補靈爲新寺上座矣帝望寺西北廢總持寺乃下勅曰朕以政閑賞景幸于莊嚴其寺複殿重廊連甍比棟幽房秘宇窈窕疏通密竹翠松垂陰擢秀行而迷道天下梵宮高明寡匹當建之時以京城西昆明池勢微下乃建木浮圖高三百尺藩邸之時遊此伽藍覩斯勝事其總持寺大業中立規制與莊嚴寺正同今容像則毀忍草隨荒香徑蕪侵尚存基址其寺宜許重建以副予心三月十一日令三教首座辯章句當修寺及畢工推靈爲綱任崇聖寺賜紫敬川充寺主福壽寺臨壇大德賜紫玄暢充都維那靈居寺職清衆咸序帝所欽重寺中常貢熱華蜜其色白其味愈常蠟房所取者靈居新寺終矣究其靈公如曾預代宗永泰中叅譯證義則可年百奇歲矣如不見不空良賁乃春秋夏臘無理知焉

唐吳郡破山寺常達傳

釋常達字文舉俗姓顧海隅人也發跡何陽大福山遊學江淮諸勝寺達允迪中和克完戒法專講南山律鈔後求涅槃圓音法華止觀復通陰符老莊百家之書其餘分時之舉盡二王之筆迹後隨方叅禪詣于宗極俄屬武宗滅法歎曰我生不辰不自我後由是寢默山棲委裘遁世而無悶焉宣宗重建法幢荐興精舍合境民人皆達之化導故太守韋曙特加崇重身不衣繒纊室唯蒙薛蘿四衆知歸諸方慕化其絜白鶴鷺如也咸通十二年合郭僧民請紹四衆教誨或遊遨坰牧或

嘯傲海壖不出林麓動經數載雖貴士單車詣門莫得而見於七五言詩追用元和之體著青山履道歌播人脣吻忽於自恣明辰鳩衆於長廊合掌遂申長別辭甚剛正因卧疾不起絶食七日而逝實咸通十五年九月十六日也春秋七十四僧臘五十一門人會清傳朗奉靈柩殯于寺之東南三百步後年即墳起塔頴川陳言撰塔銘邑大夫汝南周思輯爲檀信乾符四年立碑焉

唐越州開元寺丹甫傳

釋丹甫者不知何許人也性多警達言必剛直講授唯勤執持雅正會稽風土律範淵府也甫之唱導從之者若玄金之就磁石焉本習業於亘文律師法集文即省躬之游夏也甫即躬之嗣孫順正命章幹通秘賾越自曇一玄儼之後罕能追躡甫之聲塵邁于前烈然爾時允文匠手相部風行甫介于大律之間行事之時草從風偃焉咸通末出門生智章等傳講今亦法嗣存焉或聞著手記尋且未獲吁惜哉

唐吳郡嘉禾靈光寺法相傳

釋法相姓俞氏吳長水人也天寶中誕育爲嬰兒卓異七歲投師受經法三泱旬誦通法華全部弱冠往長安安國寺得滿足戒即大曆中也便於上京習毗尼道諸部同異無不該綜涉十一載蔚成其業傳法東歸請學者如林吳郡太守奏於開元寺置戒壇相預臨壇之選尋充依止兼衆推爲寺綱管恒施二衆歸戒行佩漉囊器不畜長每有鳥樓于座側馳斥不去會昌元年二月十日午時三刻告弟子清濬清高吾當滅矣儼然累足右脇而逝時衆畫閣管絃清亮乃天樂也夕覩異光春秋八十九僧臘六十九四月遷塔于來蘇鄉之原白塔是也後弟子準義州刺史曹信大理司直吳方重修塔發之見相遺骨若銅色舌相不壞若芙蓉焉齒全四十二香湯沐之重葬蓋景福二年癸丑歲五月二十二日也高弟子公靜靜弟子行蘊蘊弟子仁表表弟子玄杲杲本清白之僧也同鴻啓重修靈光一寺爲兵革殘毀之後也杲公啓公後偕隱天台習禪觀相次終于山焚之皆獲舍利焉

唐天台山國清寺文舉傳

釋文舉姓張氏婺州東陽人也年甫至學遂投師請法十九落髮始隸息慈貞元三年勅度得戒後十五年間以四分律爲學時術之晝夜翹勤遂登講訓次通法華經疏義得智者之膏腴焉舉身量六尺餘其形如山其貌如王靜若止水動如浮雲目不迴視口無戲言四威儀中無非律範丹丘二衆仰爲繩準其奔走他方聽受者與佛窟則公禪道並驅而相高也尋勅爲國清寺大德先是智者大師咨隋煬帝問立七日金光明道場每年九月遐邇征鎮侯伯差人送供事既無礙黑白二衆無遠不屆人繞填委飲食闕焉典座僧患之大和中主事僧清蘊咨謀於衆置寺莊田十二頃自此光明會不闕告之舉之功歟以會昌二年五月化去門人幼清立塔于寺之西峯春秋八十三僧夏五十五韓乂爲碑頌德也

唐會稽開元寺允文傳

釋允文字執經姓朱氏今秀州嘉禾人也權輿九歲厥父云亡然理命捨文奉佛師授維摩法華二經敏速之性再稔皆通高達之士謂之重理耳或戲問文曰爾出家之後擬營何事業乎率然對曰當陟蓮華臺而作師子吼或訶誚之曰耆宿前敢爾或曰志欲得大此子將來未易測也至十六歲削頂周羅披安陀會相次裹足西上投嵩山臨壇大德遠和尚邊獲無作法時年二十三矣是夏即就中京攻相部律宗并中觀論補衣分衛寒燠四周既扣義門必入師室玄樞律範尤見精微大和五年爲思定省忽歎歸歟既返故鄉淹時寢疾未遑講唱後聞錢塘天竺寺講大涅槃經蔚爲勝集文往學焉星歲未周鋒芒且露開成元年因遊台嶠止息越之嘉祥寺衆藉清芬甄命敷其經律文戢約聽徒頗爲嚴毅常訓之曰夫苾芻行非家法具足別解脫律儀衆同分是其自性於其形色精進故怖畏故防守故如是方疾得道果矣不然則弟子既隳師道徒施聞其警策有涕泗交橫悛心華行思過半矣會昌三年移居靜林寺專以涅槃宣導屬乎武宗澄汰例被搜揚晝披縫掖之衣夜著縵條之服罔虧僧行唯道俗識大中伊始復振空門重整法儀乃錄名開元寺三十人數七年寺之耆舊命講律乘乾符三年丙申秋罷講覽藏經以中和二年壬寅六月二十九日微疾作而長逝享齡七十有八法臘五十五其年七月十二日葬于石奇山之陽遺言不許封樹也初文講演升座學徒畏憚喑嗚之際人皆披靡乃戒威德之若是於嘉祥靜林今大善三寺講相疏二十七座大經二十五座其爲人也貌古而脩長銳頂而黖黑執持密緻振鷺在庭未足方其潔也然亦獵涉儒墨慕白傳自作誌預著方墳銘藏于篋笥門人懷益因尋閱文籍見而悲咽遂從先師之志建小塔焉後門人懷肅思寂命名德虛受增加後序贊寧登會稽曾禮文眞相見法孫可翔苦節進修叶杜多之行故熟其事迹也

梁京兆西明寺慧則傳 元表

釋慧則姓糜氏吳郡崑山人也九歲博遊才義總詭儒經善種發萌倏然厭俗以大中七年就京西明寺出家勤知諷誦皆如曾習九年於本寺承恩得度十四年棲法寶大師法席覆講當年勑補備員大德咸通三年就崇聖寺講俱舍論并喪服儀出三界圖一卷七年於祖院代暢師講十五年勑署臨壇正員廣明元年巢寇犯闕關中俶擾出華州下邽避亂中和二年至淮南高公駢召於法雲寺講罷還吳刺史楊公苦留却遊天台山國清寺挂錫乾寧元年至明州育王寺撰塔記一卷出集要記十二卷武肅王錢氏命於越州臨壇以開平二年八月八日示疾坐亡受生七十四法臘五十四窆于鄮山之岡八戒弟子刺史黃晟營塔則生常不好許直以撝謙推人爲上除講貫外輪誦經呪自法華已降可三四十本以資口業覽大藏教兩徧講鈔七十徧俱舍喪儀論語各數徧清苦執持近古罕有入室弟子希覺最露鋒穎焉又元表

者貞諒之士也言多峭直好品藻人事而高義解從習毗尼兼勤外學書史方術無不該覽早預京師西明寺法寶大師講肄迨廣明中神都版蕩遂出江表居越州大善寺講南山律鈔諸郡[宋六]學人無不趨集表義理縱橫善其談說每揮麈柄聽者忘疲號鑑[十三]水闍梨著義記五卷亦號鑑水出門人清福冠其首焉

梁蘇州破山興福寺彥偁傳壽闍黎

釋彥偁姓龔氏吳郡常熟人也揭厲戒律錙銖塵務勤求師範唯善是從末扣擊繼宗記主得其戶牖乃於本生地講導同好鳩聚律風孔扇號爲毗尼窟宅焉先是海隅巫咸氏之遺壞招眞治之舊墟古寺周圍不全垝垣而已嘗一夜有虎中獵人箭伏於寺閣哮吼不止偁憫之忙係韈秉炬下閣言欲拔之弟子輩扶遏且止者三四伺其更闌各睡乃自持炬就拔其箭虎眈耳舐矢鏃血顧偁而瞑目焉質明獵師朱德就寺尋虎偁告示其箭朱德悔心罷獵焉武肅王錢氏知重每設冥齋召行持明法時覆肩衣自肱而墮還自搭上或見鬼物隨侍焉所謂道德盛則鬼神助也以貞明六年六月終于山房年九十九歲云次壽闍黎者淮浦左右貞諒不群防護正念時少雙偶傳南山律鈔極成不看他面唐季楊氏奄有廣陵頻召供施四遠崇重食唯正命不畜盈長戶不施關及臨壇度弟子正秉羯磨末周三法忽爾坐亡于覆釜之畔聞見驚歎歟

後唐天台山福田寺從禮傳

釋從禮襄陽人也善事父母頗揚鄉里之譽迨喪偏親乃果決捨家于時年已壯矣及登具足請師傳授戒文念性殊乖卒難捨本往往睡魔相撓禮忿其昏濁作鐵錐刺額兼掌由是流血直逾半稔方遂誦通自爾精持律範造次顚沛必於是以梁乾化中遊天台乃挂錫于平田精舍[宋六]後推爲寺之上座[十四]持重安詳喜慍不形于色唯行慈忍恒示衆曰波羅提木叉是我大師須知出家非戒則若猿玃之脫鏁焉每所行持切於布薩誡衆令護惜浮囊時夏亢陽主事僧來告將營羅漢齋奈何園蔬枯悴請闍黎爲祈禱禮曰但焚香於眞君堂眞君者周靈王太子久聞仙去以仙官受任爲桐栢眞人右弼王領五嶽司侍帝晨王子喬來治此山是故天台山僧坊道觀皆塑右弼形像薦以香果而已自此俗間號爲山王土地非也時主事向仙祠而呪曰上座要雨以滋枯悴至夜雲起雨霏三日而止又僧厨闕用水槽棧而山上有赤樹中爲材來白禮禮曰某向眞君道去但庀徒具器以伺之無何大風卒起曳仆其樹取用足焉其感動鬼神率多此類兩浙武肅王錢氏聞之召入州府建金光明道場檀施僾渥迴施衆僧身唯一布納通夜不寐一食常坐且無盈長同光三年乙酉歲冬十一月入滅春秋七十九僧臘五十二[宋六]火葬收舍利[十五]立塔存焉

後唐杭州眞身寶塔寺景霄傳

釋景霄俗姓徐氏丹丘人也初之聽涉在表公門後慕守言闍黎義集敷演于丹丘執性嚴毅寡與人交狷急自持多事凌轢形器惡弱後納請往金華東白山獎訓初學時有江

西徽猷律匠出義記曰龜鑑録多學彭亨領徒到霅寺正值講次當持犯篇再三歎賞自此聲溢價高每晨滴茶一旦化爲乳焉著記二十卷號簡正言以思擇力故去邪說而簡取正義也武肅王錢氏召於臨安故鄉寧任竹林寺未幾命赴北塔寺臨壇天成二年也次命住南眞身寶塔寺終焉遷葬于大慈山塢以本受師號塔曰清涼是歟

後唐東京相國寺貞峻傳

釋貞峻姓張氏鄭州新鄭人也唐張果先生之裔孫今榮陽有張果里其墳楸櫝存焉峻風度寬裕髫齡不弄年十四忽超然離俗人莫我知雖二親褰衣昆弟截路終弗能沮之乃投相國寺歸正律師出家神機駿發乍觀可驚雖背碑覆碁彼不足多也未幾諷徹淨名仁王諸經計數萬言時同儕戲之曰汝是有脚經笥也峻辭讓斯題恭遜而已及削染爲僧形即聽俱舍論隨講誦頌八品計六百行至十八升論座年滿於嵩山會善寺戒壇院納法因楨封禪寺今號開寶律院學新章律䟽二十三策名講授長宿稱奇當大順二年亥相國寺重樓三門七寶佛殿排雲寶閣文殊殿裏廊計四百餘間都爲煨燼時寺衆惶惶莫知投跡或曰如請得峻歸寺寺可成矣乃相率往今開寶堅請峻歸充本寺上座前後數年重新廊廡殿宇增華又請爲新章宗主復開律講僧尼弟子日有五十餘人執䟽聽采峻之律行冰雪相高暑無裸意寒止袷衣食惟知量清約太過乾化元年臨壇秉法及梁朝革命所度僧尼計三千餘人以同光二年夏四月十二日微疾而終春秋七十八法臘五十八葬于寺莊祔慧雲禪師塔焉

漢錢塘千佛寺希覺傳

釋希覺字順之姓商氏世居晉陵覺生於溧陽家系儒墨屬唐季喪亂果被剽略自爾貧窶嘗傭書于給事中羅隱家偶問名居隱曰毗陵商家兒何至於此歎息再三多與顧直勸歸鄉修學至年二十五歎曰時不我與或服冕乘軒皆一期爾忽求出家于溫州開元寺文德元年也龍紀中受戒續揣摩律部㮣教于西明寺慧則律師時在天台山也則乃法寶大師之高足廣明中關中喪亂避地江表覺始窺其牆終見室家環富以則出集要記解南山鈔不稱所懷何耶古德妄相穿鑿各競師門流宕忘返覺遂著記廣之曰增暉録蓋取曹植云螢燭末光增暉日月謙言增暉集要之日月也二十卷成部浙之東西盛行斯録曁乎則公長往乃講訓于永嘉武肅王錢氏季弟鏵牧是郡深禮重焉尋爲温僧所誣塑釋而不問徒於杭大錢寺文穆王造千佛伽藍召爲寺主借紫私署曰文光大師焉四方學者騁騖而臻覺外學偏多長於易道著會釋記二十卷解易至上下繫及末文甚備常爲人敷演此經付授于都僧正贊寧及乎老病乞解見任僧職既遂所懷唯嘯傲山房以吟詠爲樂年八十一然猶抄書籍異本曾無告倦未終之前捨衣物作現前僧得施復普飯一城僧自此困憊每睡見有一人純衣紫服肌膚軟弱如綿纊焉意似相伴繞欲召弟子將至此人舒徐下牀後還如故親

向贊寧說此某知是天人耳屬託言畢而絕享年八十五生常所著擬江東讒書五卷雜詩賦十五卷注林鼎金陵懷古百韻詩雜體四十章覺之執持未嘗弛放勤於講訓切於進修學則彌老而不休官則奉身而知退可謂高尚其事名節俱全長者之風藹然如在所居號釋氏西齋慕吳兢之蘊積編簡焉

周東京相國寺澄楚傳

釋澄楚姓宗氏不知何許人也爰祖曁考偕貢丘園高踏不仕母趙氏妊楚也忽畏羶腥之臭及乎誕生之夕光爛充室鄰落咸驚洎當七歲親黨携之入寺見佛像輒嗟歎而作禮歸家問父曰唯佛獨爾餘者如何父曰蠢動皆佛何況人矣楚曰兒願學佛聊報二親劬勞其父默而許旃至十歲於相國寺禮智明爲師未幾有童子聚戲而招誘之[十八]楚曰汝何愚騃好嬉戲耶且雪山善財亦童子還如是否旁有聞者奇之曰子異日成法門偉器必矣受具已來習新章律部獨能輒入毗奈耶窟究然其擊難酬答露牙伸爪時號律虎焉王公大人請益者日巳衆矣晉高祖問而欽仰詔入内道場賜紫袈裟[十七]署大師號眞法焉自此皇宫妃主有慕法者求出家命楚落髮度戒表裏冰霜更無他物命爲新章律宗主焉以顯德六年十月十一日無疾而終首北面西示佛涅槃相也俗齡七十一僧夏五十始未臨壇度僧尼八千餘人門人慧照等依西域法焚之得碎身分搆甎塔緘藏之左街首座悟皎作舍利塔記焉

系曰楚師明律時號宗主者何通曰律有三宗礪素宣是歟宗各有主故云也觀夫是名也豈無稽古乎通曰宗主二字出阿含經也論曰原夫人有人法禁戒威儀是也天有天法光潔靜慮是也我佛利見據于大千化境斯寬法門必衆舉其會要不過戒也[十九]定也慧也此三爲路出其生死之鄉專一爲門通其涅槃之域若乃資乎急用在乎毗尼毗尼防閑三業三業皆淨六塵自袪聖賢践修何莫由斯道也故論云生死流轉者三縛縛心心難解脫當知此唯善說法律能令解脫非由惡說因是而窺禁律乃度世之檢括也且夫菩薩戒淨則彰離垢之名辟支戒完則引無師之智聲聞戒足時俱解脫而可期内衆戒堅招感人天之不墜由是觀之戒法之時大矣哉自所推能從言索理則毗尼也不又也因則聲教律焉果則別解脫焉直以時論三世諸佛咸同制也橫從界說十方淨刹悉共行之所以優波離過去七佛咸以戒律囑累之論云戒如捉賊善擒制也定如縛賊用機械也慧如殺賊清道路也以此成功立効克取究盡三菩提者決達清靜之域也戒律之功功無與比矧以此法在師而不在資唯聞佛制行内而不通外無許俗傳故曰曲授秘方賜諸内衆事有懸合物宜象求在乎家人嚴君設訓家人嗃嗃同佛制教焉婦子嘻嘻同佛聽門矣一聽一制見其猛以濟寬一陰一陽見其開物成務夫如是知戒律是佛之家法明矣大則三聚感三身於果中小則形俱持盡形於因地受既如是隨則若何有威儀焉有細行焉爲有順違乃生持犯由是繫

廣因事制宜及佛泥丸集成律藏初唯水乳相合一家之業無殊後則參辰各墟五部之分不類夢氎之占徵矣宗輪之論作焉剡浮樹高分影猶歸於月窟阿耨池溢下流須到於孟津迨夫大教東傳梵書西至甘露本天人之食漢土爭嘗金烏還海上之飛東方舊識除經已譯問律何傳起後漢靈帝建寧三年初翻義決律次有比丘諸禁律至即曹魏法時三藏遊于許洛覩魏土僧無律範於嘉平中譯羯磨僧祇戒本此乃此方戒律之始也自爾薩婆多律先化關中五分僧祇風行兩施迦葉遺部戒本獨來婆麁富羅聞名而已況乎僧祇部者法顯賫歸諸師判注云是根本大衆所傳非是百載五宗也今著傳家疑其未可耶所覽僧祇現本止三十卷文因有數疑一本小而末大(謂諸部文多僧祇卷略)二中不舍五部意三不應大集懸記也或曰此略本傳此方猶法華華嚴等經鉅萬億頌中略出一分也僧祇亦爾又說曇無德律譯有重單準僧傳止覺明口誦也若據律序有支法領重譯之文焉如此古今相競且無指歸以義交徵其辭必息尋律文本即知異同如衆學戒初題云尸叉罽賴尼如破伊蘭葉言此是覺明本也如言式叉迦羅尼如破伊羅葉即是支法領本也又一本三十卷一本六十卷謂紙墨分開不定非也分三十為六十不其太相懸謬矣若斯二譯皂白已分復次元魏已前諸受戒者用四分羯磨納戒及乎行事即依諸律為隨何異乎執左氏經本專循公羊之傳文也至魏孝文世有法聰律匠於北臺山始手披口釋道覆律師隨聽抄記遂成義䟽權輿既爾肯構繁乎天輪而只候中星大鼎而唯提附耳鄴中法礪唐世懷素新舊兩名各擅其美礪乃成實有部受體雙陳素唯尋祖薩婆開宗獨步其有終南上士澄照大師肸蠁三生逡巡千里交接天人之際優遊果證之中知無不為繩愆糾謬以護持教法為己任者實一代之偉人焉是以天下言行事者以南山為司南矣丁乎大曆新舊䟽家互相短長勑集三宗律師重加定奪時如淨為宗主判定二家當建中中始言楷正號僉定䟽是也至今東京三宗並盛至於秉法出沒不倫殊塗同歸師資尚異至若成公演化靈崿敷揚不離三輔之間俱僻百工之巧文綱道岸自北徂南發正輔篇從微至著道流吳會實賴伊人淨公作評家之師源尚致感通之瑞或抗表論沒官之物或成圖證結界之非或傑立一方或才雄七衆述鋒芒之義記出豕亥之疑文或辭帖紛拏或整齊齟齬若匪乘時之哲便應逸氣之英不令像運之中微降年唯永終使壽星之下照法命唯長道假人揚其在茲矣近以提河水味轉不如前座像塵埋仍覩更沒大小乘之交惡上中下之相凌活寄四邪行違七聚威儀既缺生善全虧謂律為不急之文放僧落自由之地馬令脫轡象闕施鉤不習律儀難調象馬遂令教法日見凌夷短則行果微亡折則年齡減少合夫洪範中凶短折也又曰慈父多敗子脫或翻惡歸善變犯成持或衆主之勸修或名師之訓導假王臣之外護必法教

之中與如是則同五福中之一壽五考終命歟又曰嚴家無格虜故云毗尼是正法之壽命焉此科所班乃是鍊金液轉還丹之手勸人服之使其近添其壽遠則昇仙故我世尊凡制一戒獲其十利功德意在令正法久住耳

宋高僧傳卷第十六

宋高僧傳卷第十六

校勘記

一 底本，清藏本。

一 一五五頁上六行「清徹」，磧、南作「清徹傳」。

一 一五五頁上一八行至末行傳目，磧、南分別冠以「後唐」二字。

一 一五七頁上一八行第四字「詣」，資、磧、普、南、徑作「脂」。

一 一五七頁中八行第一四字「頤」，徑作「頣」。

一 一五九頁上一行「會稽」，資作「越州」。

一 一五九頁下三行第一〇字「倏」，資、磧、普、南、徑作「條」。

一 一五九頁下一六行第一三字「許」，資、普、南作「許」。

一 一六〇頁下七行第三字「雨」，資、磧、普、南、徑作「兩」。

一 一六一頁下一〇行「誣塑」，資、磧、普、南作「誣愬」。

一 一六二頁上一九行第一四字「輙」，資、磧、普、南作「趣」。

一 一六三頁中一七行「糾謬」，資、磧、普、南、徑作「糾謬」。

宋高僧傳卷第十七　　宋七

宋左街天壽寺通慧大師賜紫沙門贊寧等奉勅撰

護法篇第五　正傳十八人　附見一人

唐京師大莊嚴寺威秀傳

釋威秀不知何許人也博達多能講宣是務志存負荷勇而有儀其於筆語掞張特推明敏無何天皇即位龍朔二年四月十五日勅勒僧道咸施俗拜時則僧徒惶惑罔知所裁秀嗟教道之中微歎君王之慢法乃上表稱沙門不合拜徵引諸史爰歷累朝抑挫朝纔發令夕又改圖皆非遠略也方引經律論以爲量果詞皆婉雅理必淵明如云故出家不存家人之禮出俗無霑處俗之儀其道顯然百代不易之令典也表上勅百官集中臺都議其事時朝宰五百三十九人請不拜三百五十四人請拜時大帝至六月勅不拜君而拜父母尋亦廢止秀之爲法實謂忘身乎抗表之際當年四月二十一日也時京邑僧等二百餘人往蓬萊宮申表上請時相謂秀等曰勅令詳議拜否未定可待後集秀等乃退於是大集西明寺相與謀議共投啓狀聞諸達官貴戚若救頭然時宣律師上雍州牧沛王啓別上榮國太夫人啓等秀之批鱗所謂以身許法也

唐京兆大興善寺復禮傳

釋復禮京兆人也俗姓皇甫氏少出家住興善寺性虛靜寡嗜欲遊心內典兼博玄儒尤工賦詠善於著述俗流名士皆仰慕之三藏地婆訶羅實叉難陀等譯大莊嚴華嚴等經皆勅召禮令同翻譯綴文裁義實屬斯人天皇永隆二年辛巳因太子文學權無二述釋典稽疑十條用以問禮請令釋滯遂爲答之撰成三卷名曰十門辯惑論賓主酬答剖析稽疑文出於智府義在於心外如斯答對堅陣難摧赤旛曳而魔黨降天皷鳴而脩羅退權文學所舉稽疑數義也於餘則難在禮殊易何邪蓋不知教有弛張文存權實謂爲矛盾故行弔伐之師如小偏裨須請軍門之命無二既披來論全釋舊疑乃復書云續晨危之足鑒混沌之竅百年之疑一朝頓盡永遵覺路長悟迷源藝煩惱之薪餐涅槃之飯請事斯語以卒餘年云此雖一時之解紛實爲

萬代之龜鑑也禮之義學時少比儔兼有文集行於代加復深綜玄機特明心契作眞妄頌問天下學士擊和者數人當草堂宗密師銓擇臻極唯清涼澄觀得其旨趣若盧郎之米粒矣餘未體禮師之見故唐之譯務禮爲宗匠故惠立謂之譯主譯主之名起於禮矣妙通五竺融貫三乘古今所推世罕倫匹其論二軸編入藏酬外難之攻但用此之戈盾也矣

唐京兆魏國寺惠立傳

釋惠立本名子立天皇改爲惠立俗姓趙氏天水人也遠祖因官徙寓新平故爲豳人焉爰祖及父俱馳高譽立即隋起居舍人司隸從事毅之第三子也生而岐嶷有棄俗之志年十五貞觀三年出家住豳州昭仁寺此寺即破薛舉之戰場也立識敏才俊神清道邁習林遠之高風有肇融之識量聲譽聞徹勅召充大慈恩寺翻經大德次補西明寺都維那後授太原寺主皆降綸旨令維寺任天皇之代以其博考儒釋雅著篇章妙辯雲飛益思泉湧加以直詞正色不憚威嚴赴火蹈湯無所屈撓頻召入內與黃冠對論皆愜帝旨事在別傳立以玄奘法師求經印度若無紀述季代罕聞遂撰慈恩三藏行傳未成而卒後廣福寺沙門彥悰續而成之總十卷故初題云沙門惠[宋七]立本釋彥悰箋是也[四]立削藁云畢慮遺諸美遂藏諸地府世莫得聞爾後臨終令門侍掘以啓之將出乃即終焉初立見尚醫奉御呂才妄造釋因明圖注三卷非斥諸師正義立致書責之其警句有云奉御於俗事少閑遂謂眞宗可了何異乎鼷鼠見釜竈之堪陟乃言崑丘之非難蛛蝥覩棘林之易羅亦謂扶桑之可網不量涯分何殊此焉才由茲而寢太常博士柳宣聞其事息乃歸信以書檄翻經僧衆云其外禦其侮釋門之季路也

唐洛京佛授記寺玄嶷傳

釋玄嶷俗姓杜氏幼入玄門纔通經法黃冠之侶推其明哲出類逸群號杜乂鍊師方登極籙爲洛都大恒觀主遊心七略得理三玄道術之流推爲綱領天后心崇大法揚闡釋宗又悟其食蓼非甘却行遠舍願反初服躬佛而歸遂懇求剃落詔許度之住佛授記寺尋爲寺都焉則知在草爲英在禽爲雄信有之矣續叅翻譯悉彼宗之乖謬[五]知正教之可憑或問之曰[宋七]子何信佛邪嶷曰生死飈疾宜早圖之無令臨衢整轡中流泝柎乎有若環車望斗劾鬼求仙以此用心非究盡也乃造甄正論一部指斥其失令歸正眞施設主客問答極爲省要焉嶷不知厥終

系曰知彼敵情資乎鄉導或入必爭之境免書弗地之譏又猶秉爝宵征便匪如人入闇歷聞玄嶷曾寄黃冠熟其本教及歸釋族斥彼妄源不須四月而試之巳納一城之款矣由是觀之脫有違逆之者則曰吾當說汝眞斯是之謂歟

唐江陵府法明傳

釋法明本荊楚人也博通經論外善群書辯給如流戒範堅正中宗朝入長安遊訪諸高達適遇詔僧道定奪化胡成佛經眞僞時盛

集內殿百官侍聽諸高位龍象抗禦黃冠翻覆未安繇硊難定明初不預其選出場擅美問道流曰老子化胡成佛老子爲作漢語化爲作胡語化若漢語化胡胡即不解若胡語化此經到此土便須翻譯未審此經是何年月何朝代何人誦胡語何人筆受時道流絕救無對明由此公卿歎賞則神龍元年也其年九月十四日下勑曰仰所在官吏廢此僞經刻石於洛京白馬寺以示將來勑曰朕叨居寶位惟新闡政再安宗社展恭禋之大禮降雷雨之鴻恩爰及緇黃兼申懲勸如聞天下諸道觀皆畫化胡成佛變相僧寺亦畫玄元之形兩教尊容二俱不可制到後限十日內並須除毀若故留仰當處官吏科違勑罪其化胡經累朝明勑禁斷近知在外仍頗流行自今後其諸部化胡經及諸記錄有化胡事並宜除削若有蓄者準勑科罪其月洛京大恒道觀主桓道彥等上表固執勑批曰朕以匪躬忝承丕業雖撫寧多失而平恕實專矧夫三聖重光玄元統序豈忘老教偏意釋宗朕志款還淳情存去僞理乖事舛者雖在親而亦除義符名當者雖有怨而必錄頃以萬機餘暇略尋三教之文至於道德二篇妙絕希夷之境天竺有空二諦理祕眞如之談莫不敷暢玄門闡揚至賾何假化胡之僞方盛老君之宗義有差違文無典故成佛則四人不同論弟子則多聞舛互尹喜既稱成佛已甚憑虛復云化作阿難更成烏合鬼谷北郭之輩未踐中天舍利文殊之倫妄彰東土胡漢交雜年代亦乖履水而說涅槃曾無典據蹈火而談妙法有類俳優誣詐自彰寧煩縷說經非老君所制毀之則匪曰孝虧文是鄙人所談除之則更彰先德來言雖切理實未安宜悉朕懷即斷來表明之口給當代無倫援護法門由之禦侮惡言不入耳其是之謂乎

系曰化胡經也二教不平其爭多矣無若法明一言蔽之設或凝神抒思久不可酬況復萬乘之前孰能卒對昔楊素見嵩陽觀畫化胡素曰何不化胡成道而成佛乎道士無言觀夫明之垂問義含兩意正爲化胡成佛旁豈諸天仙言語與人不同天言傳授諸經是誰辯譯其猶一箭射雙鳧又若一發兩豵之謂歟

唐潤州石圯山神悟傳

釋神悟字通性隴西李氏之子其先屬西晉版蕩遷家于吳之長水也世襲儒素幼爲諸生及冠忽嬰惡疾有不可救之狀咎心補行力將何施開元中詣溪光律師請書域之方執門人之禮師示以遣業之教一曰理懺二曰事懺此二者聖之所授行必有徵遂於菩提像前秉不屈之心蘊難捐之指于時有異光如月朧朧紺宮極苦可以感神明至精可以動天地蓋人之難事歟天寶四年受具足戒身始披緇八年舉尤異行名隸于寺逮其晚節益見苦心每置法華道場九旬入長行禮念觀佛三昧於斯現前因語門人曰夫陰薄日以何傷風運空而不動苟達於妄誰非性也方結宇於勞勞山東中據石圯達分仙徑諸猛獸馴於禪榻祥雲低於法堂中夜有

山神現形謂悟曰弟子即隋故新成侯曹世安生爲列侯死典南嶺今師至止願以此地永奉經行言訖隱而不見故吏部員外李華殿中侍御史崔益同謁悟嘗問孔老聖教優劣請陳題品對曰路伽耶典籍皆心外法味之者勞而無證其猶澤朽思華乾池映月比其釋教夫何遠乎如是往復應答如流華益拱手無以抗敵其扞護釋門疆埸疇敢侵軼乎華乃一代之文宗與蕭穎士齊名筆語過之若此之儒孰能觝角也凡諸不逞之徒疑經難法者悟必近取諸身遠喻於物如理答酬無不垂頭搭翼者十年辛卯春寢疾加趺坐而逝享齡六十三法臘二十六闍維之日獲舍利五百餘粒珠顆纍纍粲然在矚門人湛一圓一等主之遷塔焉

唐金陵鐘山元崇傳（璿禪師）

釋元崇俗姓王氏瑯瑯臨沂人也晉丞相始與文獻公子薈之後自南朝淪廢世居句容祖禰已來非賢即哲崇幼而孤秀嶷若斷山心喻芙蕖形同玉潔風塵不雜立志夷簡時年十五奉道辭家負笈洞天餐霞卧雲師範陶許精研妙句獨證微隱乃恐至理未融解脫方阻因歸心釋典大暢佛乘三教齊驅遘心世表於是聲振吳越緇素異焉採訪使潤州刺史齊平陽公聞其行業虛佇久之適會恩制度人崀充舉首以開元末年因從瓦官寺璿禪師諮受心要日夜匪懈無忘請益璿公乃揣骨千里駿足可知因授深法崇靈臺虛徹可舍百神心鑑高懸塵無私隱既而聲價光遠物望所知金陵諸德請移所配棲霞寺春秋逾紀服勤道務彜倫有叙時衆是瞻至德初並謝絕人事杖錫去郡歷于上京徧奉明師棲心閑境罕交俗流遂入終南經衛藏至白鹿下藍田於輞川得右丞王公維之別業松生石上水流松下王公焚香靜室與崇相遇神交中斷于時天地未泰犲狼構患朝賢國寶或在邁軸起居蕭舍人昕與右丞諸公並碩學雄才尊儒重道偶茲一會抗論彌日鈎深索隱襟期許與王蕭歎曰佛法有人不宜輕議也矣及言旋河洛登陟嵩少懷達磨之旨要得華嚴之會歸聲價漸高衣冠羨仰京師名德咸請住持志在無爲翛然不顧乃放浪人世追蹤道流考盤靈蹤遂東適吳越天台四明清心養素數年之後遐想鐘山飛錫舊居考以雲房道俗咸喜玉反山輝大曆五年刺史南陽樊公雅好禪寂及屬縣行春順風稽首諮請道要益加師禮矣時道俗以爲此寺靈勝遊憩者多監主護持須選名德僉議無以易禪師者崇頻告辭懇苦衆咸再三事不獲已順受彌縫其間總二十年藉四方之財因道化之力欒櫨雲構丹雘日新蓋存乎無爲無所不爲者也功成身退安禪高頂前後學徒詎可勝計至大曆十二年示疾言歸不加藥餌八月二日卒於山院春秋六十有五臨終命門人無令封樹弟子如泉澄添等奉全師教以其月八日瘞于攝山之陽依巖爲窟累石不磨不甓遵遺誥也崇身長六尺儀表端肅望之儼然即之生畏意容情恕心和行高天姿龍象生此歧嶷享齡非永惜哉弟子等共建豐碑以紀化跡樹于

寺之門首焉

唐京兆大安國寺利涉傳

釋利涉者本西域人也即大梵婆羅門之種姓夙齡彊志機警溢倫宗黨之中推其達法欲遊震旦結侶東征至金梭嶺遇玄奘三藏行次相逢禮求奘度既而群經衆論鑿竅通幽特爾遠塵歸乎正道非奘難其移轉矣奘門賢哲輻湊涉季孟於光寶之間其爲人也猶帛高座之放曠中宗最加欽重朝廷卿相感義與遊開元中於安國寺講華嚴經四衆赴堂遲則無容膝之位矣檀施繁熾利動人心有頴陽人韋玎垂拱中中第調選河中府文學遷大理評事秘校見涉講筵幣帛堆積就乞選粮所獲未厭表請釋道二教定其勝負言釋道蠹政可除玄宗詔三教各選一百人都集内殿韋玎先陟高座挫葉靜能及空門思明例皆辭屈涉次登座解疑釋結臨敵有餘與韋往返百數千言條緒交亂相次抗之棼絲自理正直有歸涉重問韋曰子先登席可非主耶未審主人何姓玎曰姓韋涉將韋字爲韻揭調長吟偈詞曰我之佛法是無爲何故今朝得有爲無韋始得三數載不知此復是何韋涉之吟作百官悚然帝果憶何韋之事凛然變色曰玎是庶人宗族敢爾輕懱朕玄元祖教及凌轢釋門玎下殿俯伏待罪叩頭言臣非庶人之屬涉貴其鉗利口以解蹤狂奏曰玎是關外之人非玄貞之族類勑貶象州百姓賜涉錢絹助造明教寺加號明教焉二教重熈涉之力也因著立法幢論一卷公卿間有言曰涉公是韋掾之膏肓也涉曰此舉也矢在弦上不得不發自此京城無不改觀言談講者以涉爲最焉晚節遭其譴謫漢東尋屬寛宥移徙南陽龍興寺時惠忠國師知重涉名聊款關相謁曰納衣小僧向前某被門徒朝要連坐于此適觀師當有貴氣可作高道國德勿同吾也乃開篋提衣物令忠師曳婁由此襄鄧之人皆驚涉如此懸記忠師道聲又光闡焉蓋涉望重之故也上元二年詔忠師入供養肅宗時入宮起居太上皇乃引忠見上皇曰此人何如利涉則知涉才業優長帝王器重復多著述大曆中西明寺翻經沙門圓照撰涉傳成一十卷足知言行之多也矣

唐越州焦山大曆寺神邕傳

釋神邕字道恭姓蔡氏東晉太尉謨即度江祖十五代孫也因官居于暨陽邕生于是邑母宣氏始娠之際率多徵異襁褓中聞唱經聲必有凝神側聽之貌丱角聰晤過人年十二辭親學道請業於法華寺俊師每覽孔釋二典一讀能誦同輩者罕不欣慕開元二十六年勑度隷諸暨香嚴寺名藉依法華寺玄儼師通四分律鈔儼識其志氣謂人曰此子數年後卒爲學者之司南矣爾其勉之儼新出輔篇律記邕抉其膏腴窮彼衢術一宗學者少能與其聯鑣方軌焉性非局促又從左溪玄朗師習天台止觀禪門法華玄疏梵網經等四教三觀等義秘犍載啓觀性知空爰至五夏果精敷演吳會間學者從之天寶中本邑郭密之請居法樂寺西坊恢拓佛舍層閣摩霄半澄江影廊宇完備後乃遊問長安

嵩安國寺公卿藉其風宇追慕者結轍而至方欲大闡禪律條遇祿山兵亂東歸江湖經歷襄陽御史中丞庾光先出鎮荆南邀留數月時給事中竇紹中書舍人苑咸鑽仰彌高俱受心要著作郎韋子春有唐之外臣也剛氣而贍學與之詶抗子春折角滿座驚服苑舍人歎曰闍梨可謂塵外摩尼論中師子時人以爲能言矣旋居故鄉法華寺殿中侍御史皇甫曾大理評事張河金吾衛長史嚴維兵曹呂渭諸暨長丘丹校書陳允初賦詩往復廬士式爲之序引以繼支許之遊爲邑中故事邕修念之外時綴文句有集十卷皇甫曾爲序自至德迄大曆中頻受請登壇度戒起丹陽洎乎金華其間釋子皆命爲親教師也又以縣南路通衢發其中百餘里殊無伽藍釋侶往來宴息無所邕顯布法橋接憩行旅遂於焦山可以爲梵場也得邑人騎都尉陳紹欽等率群信搆淨刹一紀方乃集事焉前吏部侍郎徐浩出佐明州以邦國聚落乃白廉使皇甫温奏賜額曰大曆焉先是中岳道士吳筠造邪論數篇斥毀釋教昏蒙者惑之本道觀察使陳少遊請邕決釋老二教孰爲至道乃襲世尊之攝邪見復竇琳之破魔文爰據城壍以正制狂旗鼓纔臨吳筠覆轍遂著破倒翻迷論三卷東方佛法再興實邕之力歟末遊天台又纂地誌兩卷並附於新論矣邕麻頎豐角風韻朗拔前後廉問皆延置别榻請爲僧統以加崇揖之禮貞元四年戊辰歲十一月十四日遇疾遺教門人趺坐端相而歸寂于大曆法堂焉以十二月十四日奉靈儀於寺北原遵僧制也報齡七十九法歲五十明年冬十一月方建塔矣秘書省校書郎陸淮爲其銘上首弟子智昂靈澈進明慧照等咸露鋒穎禪律互傳至十一年戶部員外郎丘上卿爲碑紀德焉

唐朗州藥山唯儼傳

釋唯儼俗姓寒絳縣人也童亂慷愷敏俊逸羣年十七從南康事湖陽西山慧照禪師大曆八年納戒于衡嶽寺希澡律師所乃曰大丈夫當離法自淨焉能屑屑事細行於布巾邪遂謁石頭禪師密證心法住藥山焉一夜明月陟彼崔嵬大笑一聲聲應澧陽東九十許里其夜澧陽人皆聞其聲盡云是東家明辰展轉尋問迭互推尋直至藥山徒衆云昨夜和尚山頂大笑是歟自兹振譽遐邇喧然元和中李翺爲考功員外郎與李景儉相善儉除諫議薦翺自代及儉獲譴翺乃坐此出爲朗州刺史翺聞來謁儼遂成警悟又初見儼執經卷不顧侍者白曰太守在此翺性褊急乃倡言曰見面不似聞名儼乃呼翺應唯曰太守何貴耳賤目翺拱手謝之問曰何謂道邪儼指天指淨缾曰雲在青天水在缾翺于時暗室已明疑冰頓泮尋有偈云鍊得身形似鶴形千株松下兩函經我來相問無餘說雲在青天水在缾又偈選得幽居愜野情終年無送亦無迎有時直上孤峯頂月下披雲笑一聲初翺與韓愈柳宗元劉禹錫爲文會之交自相與述古言法六籍爲文黜浮華尚理致言爲文者韓柳劉焉吏部常論仲尼旣没諸子異端故荀孟復之楊墨之流洗然

遺落殆周隋之世王道弗興故文中子有作應在乎諸子左右唐興房魏既亡失道尚華至有武后之弊安史之殘吾約二三子同致君復堯舜之道不可放清言而廢儒縱梵書而猾夏敢有邪心歸釋氏者有渝此盟無享人爵無永天年先聖明神是糾是殛無何翱邂逅於儼頓了本心末由戶部尚書襄州刺史充山南東道節度使復遇紫玉禪翁且增明道趣著復性書上下二篇大抵謂本性明白爲六情玷汚迷而不返今牽復之猶地雷之復見天地心矣即內教之返本還源也其書露而且隱蓋而又彰其文則象繫中庸隱而不援釋教其理則從真捨妄彰而乃顯自心弗事言陳唯萌意許也韓柳覽之歎曰吾道萎遲翶且逃矣儼陶鍊難化護法功多迴是子之心拔山扛鼎猶或云易又相國崔群常侍溫造相繼問道儼能開發道意以大和二年將欲終告衆曰法堂即頽矣皆不喻旨率人以長木而枝柱之儼撫掌大笑云都未曉吾意合掌而寂春秋七十云

系曰常覽李文公復性二篇明佛理不引佛書援證而徵取易禮而止可謂外柔順而內剛逆也故曰得象而忘言矣經云治世語言皆成正法者李公有焉儼公一笑聲徹澧鄉雖未勞目連遠尋而易例有諸隆墀永歎遠壑必盈道感如然不知其然也

唐京師章信寺崇惠傳

釋崇惠姓章氏杭州人也稚秫之年見乎器局鷙鳥難籠出塵心切往禮徑山國一禪師爲弟子雖勤禪觀多以三密教爲恒務初於昌化千頃最峯頂結茅爲庵專誦佛頂呪數稔又往鹽官硤石東山卓小尖頭草屋多歷年月復誓志於潛落雲寺遁跡俄有神白惠曰師持佛頂少結莎訶令密語不圓莎訶者成就義也今京室佛法爲外教凌轢其危若綴旒待師解救耳惠趨程西上心亦勞止擇木之故於章信寺挂錫則大曆初也三年戊申歲九月二十三日太清宮道士史華上奏請與釋宗當代名流角佛力道法勝負于時代宗欽尚空門異道憤其偏重故有是請也遂於東明觀壇前架刀成梯史華登躡如常磴道焉時緇伍互相顧望推排且無敢躡者惠聞之謁開府魚朝恩魚奏請於章信寺庭樹梯橫架鋒刃若霜雪然增高百尺東明之梯極爲低下時朝廷公貴市肆居民駢足摩肩而觀此舉時惠徒跣登級下層有如坦路曾無難色復蹈烈火手探油湯仍餐鐵葉號爲餘飣或嚼釘線聲猶脆飴史華怯懼慙惶掩袂而退時衆彈指歎嗟聲若雷響帝遣中官鞏庭玉宣慰再三便賚賜紫方袍一副焉詔授鴻臚卿號曰護國三藏勑移安國寺居之自爾聲彩發越德望峻高代宗聞是國一禪師親門高足倍加鄭重焉世謂爲巾子山降魔禪師是也

系曰或謂惠公爲幻僧歟通曰夫於五塵變現者曰神通若邪心變五塵事則幻也惠公持三密瑜伽護魔法助其正定履刃蹈炎斯何足驚乎夫何幻之有哉瑜伽論有諸三神變矣

唐洛陽同德寺無名傳

釋無名姓高氏渤海人也祖宦今西京乃爲洛陽人矣冲孺之齡舉措卓異口不嚌辛血性不狎諠譁邈矣出塵故難留滯年二十八若痩鴈之出籠投師習學依隨淥同德寺及精律藏解一字以無疑聞有禪宗思千里而請決舉領整裘開扃見路辭飛筆健思若湧泉因隨師遊方訪祖師之遺跡得會師付授心印會先語諸徒曰吾之付法無有名字因號無名也自此志歷四方周遊五嶽羅浮廬阜雙峯峞公鑪嶺牛頭剡溪若耶天台四明罔不詢問風格高遠神操朗徹博識者覩貌便伏僻見者發言必摧時德宗方納解于叔明令狐峘料簡僧尼事時名有表直諫並停尋時鮮于叔明令狐峘等流南海百姓至貞元六年往遊五臺居無定所九年十二月十二日於佛光寺先食訖儼然坐化春秋七十二臘四十三十一年閣維獲舍利一升澤潞節度使李抱真建塔於佛光寺貞元六年庚午歲也或云名著疏解彌陀經焉

唐盧山歸宗寺智常傳

釋智常者挺拔出倫操履清約徧參知識影附南泉同遊大寂之門乃見江西之道元和中駐錫廬山歸宗淨院其徒響應其法風行無何白樂天貶江州司馬最加欽重續以李渤自外元和六年隱嵩少以著作徵起杜元穎排之出爲虔州刺史南康曾未卒歲遷江州刺史渤洽聞多識百家之書無不該綜號李萬卷矣到郡喜與白樂天相遇因言潯陽廬阜山水之最人物賢哲隱淪論惠遠遺迹遂述歸宗禪師善談禪要李曰朝廷金牓早晚有嗜菜阿師名目曰若然則未識食菜阿師歟白彊勸遊二林意同見常耳及到歸宗李問曰教中有言須彌納芥子芥子納須彌如何芥子納得須彌常曰人言博士學覽萬卷書籍還是否耶李曰忝此虛名常曰摩踵至頂只若干尺身萬卷書向何處著李俛首無言再思稱歎續有東林寺僧神建講諸經論問觸目菩提常略提舉神建不體乃發狀訟常示惡境界時李判區分甚聞詣理常有異相目耀重瞳遂將藥熛手恒磨錯不覺自此俱紅號赤眼歸宗矣

系曰佛理幽邃一言蔽之者玄解之言逗福利者藥妙疾輕之驗也

唐杭州千頃山楚南傳

釋楚南閩人也俗姓張氏爰在髫齡冥然跪於父母前訴志出家投開元寺曇藹師而受訓焉當授經法目所輕覩輒誦於口執巾侍盥灑掃應對頗能謹愿迨乎冠歲乃落髮焉詣五臺登戒就趙郡學相部律往上都學淨名經一律一經略通宗旨則知頓機不甘爲漸教縛遂往芙蓉山根性未發謁黃蘗山禪師問答雖多機宜頓了倏值武宗廢教南遂深竄林谷大中興教出遇昇平相裴公休出撫宛陵請黃蘗出山南隨侍由此便詣姑蘇報恩寺專行禪定足不踰閾僅二十餘載乾符四年蘇州太守周愼嗣嚮風請住寶林院又請居支硎山至五年昌化縣令徐正元與紫溪戍將饒京同召住千頃慈雲院訓示禪徒之外唯儼然在定逾月或浹旬光啓三年前兩浙武肅王錢氏請下山供施昭宗聞其

道化賜其麂胎衣五事别賚紫衣文德六年二月忽雙虹貫堂室二鹿蹶然入寺法堂梁折至五月辭衆後於禪牀垂兩足伸二臂于膝奄然而卒春秋七十僧臘五十六遷塔于院西隅大順二年壬子歲二月宣州孫儒冠錢唐之封略兵士發塔見南全身不散爪髮俱長悔罪而去南公平昔著般若經品頌偈一卷破邪論一卷以枝梧異宗外敵見貴於時也

唐南嶽七寶臺寺玄泰傳

釋玄泰者不知何許人也性撿方正言不浪施心靜之情義而後動所居蘭若在衡山之東號七寶臺不衣蠶纊時謂泰布納欵從見德山禪師豁如自適誓不立門徒逍遥求志而於詞筆筆若有神四方後進巡禮相見皆用平懷之禮嘗以衡山之陽多被山民莫傜輩斬木燒山損害滋甚泰作畬山謡遠邇傳播達于九重勑責衡州太守禁止岳中蘭若由是得存不爲延燎泰之力也終年六十五臨逝説偈曰不用剃頭不須澡浴一堆猛炎千足萬足偈終垂一足而逝闍維收舍利祔堅固大師塔左營小浮圖焉又爲象骨偈諸禪祖塔銘歌頌等好事者編聚成集而行于代焉

唐京兆福壽寺玄暢傳

釋玄暢字申之俗姓陳氏宣城人也暢爰在弱齡便持異操戲則聚沙爲塔摘葉爲香年九歲於涇邑水西寺依清逸上人教授經法年十九削髮二十歲往福州兜率戒壇受具足戒聽掇律科深得宗旨新繒細縷一染色佳而往越中求聞異説仰京室西明寺有宣律師舊院多藏毗尼教迹因栖惠正律師法席自入京華漸萌頭角受京城三學大德益廣見聞方事講談遽鐘堙厄則會昌廢教矣時京城法侶頗甚徬徨兩街僧録靈宴辯章同推暢爲首上表論諫遂著歷代帝王録奏而弗聽由是例從俗服寧弛道情龍蛇伏蟄而待時玉石同焚而莫救殆夫武皇厭代宣宗在天坏戶重開炎崗息燼暢於大中中凡遇誕辰入内談論即賜紫袈裟充内外臨壇大德懿宗欽其宿德蕃錫屢臻乃奏修加懺悔一萬五千佛名經又奏請本生心地觀經一部八卷皆入藏暢時充追福院首領又充總持寺都維那尋署上座暢講律六十座度法者數千人撰顯正記一十卷科六帖名義圖三卷三寶五運三卷雖祖述舊聞標題新目義出意表文濟時須乾符中懿宗簡自上心特賜師號曰法寶二年三月二十一日示滅俗齡七十九僧臘五十九弟子賜紫惠柔大德師遂宗紹以其年四月二十五日窆于長安邑高陽鄉小梁村四年丁酉歲尚書禮部侍郎崔沆與暢交分殊深著碑述遺跡焉

後唐南嶽般舟道場惟勁傳

釋惟勁福州長溪人也節操精苦奉養棲約破納擁身衣無繒纊號頭陀焉初忝雪峯便探淵府乾化中入嶽住報慈東藏亦號三生藏中見法藏禪師鑑燈頓了如是廣大法界重重帝網之門因歎曰先達聖人具此不思議智慧方便非小智之所能又嶽道觀中亦設此燈往因廢教時竊移入仙壇也有遊嶽

才人達士留題頗多勁乃歎曰盧橘夏熟寧期植在於神都舜韶齊聞不覺頓忘於肉味嗟其無識不究本端盜王氏之青氊以爲舊物認嶺南之孔雀以作家禽後世安知于今區別乃作五字頌頌五章覽者知其理事相融燈有所屬屬在乎互相涉入光影含容顯華嚴性海主伴交光非道家之器用也楚王馬氏奏賜紫署寶聞大師梁開平中也勁續寶林傳蓋録貞元已後禪門祖祖相繼源脉者也別著南嶽高僧傳未知卷數亦一代禪宗達士文采可觀後終于岳中也

系曰物涉疑似難輒區分勁公誌鑑燈若遺物重獲歸家也後之人必不敢攘物歸家也故曰前事不忘後世之元龜也

周洛京福先寺道丕傳

家七　二十三

釋道丕長安貴胄里人也唐之宗室父從晏襄宗公堂五院之首母許氏爲求其息常持觀音普門品忽夢神光燭身因爾娠焉及其誕生挺然岐嶷端雅其質屬籍諸親異而愛之如天童子年始周晬父將命汾晉會軍至于霍山没王事丕雖童稚聚戲終鮮笑容七歲忽絶葷羶每遊精舍怡然忘返遂白母往保壽寺禮繼能法師尊爲軌範九歲善梵音禮讚是歲襄宗幸石門隨師往迎駕十九歲學通金剛經義便行講貫又駕遷洛京長安焚蕩遂背負其母東征華陰劉開道作亂復荷母入華山安止巖穴時穀麥勇貴每斗萬錢丕巡村乞食自專胎息唯供母食母問還食未丕對曰向外齋了恐傷母意至孝如此年二十歲母曰汝父霍山亡没戰場之地骨曝霜露汝能收取歸葬不亦孝乎遂辭老親往霍邑立草庵鳩工集聚白骨晝夜誦經呪之曰古人精誠所感滴血認骨我今志爲孝子豈無靈驗者乎儻群骨中有動轉者即我父之遺骸也如是一心注想目未輕捨數日間果有枯髏從骨聚中躍出競鶩丕前搖曳良久丕即躃踴抱持如復生在賫歸華陰是夜其母夢夫歸舍明辰骨至其孝感聲譽曰高至二十七歲遇曜州牧婁繼英招丕住洛陽福先彌勒院即晉道安翻經創浴之地也天祐三年丙寅齊陰王賜紫衣後唐莊宗署大師曰廣智丕於梁朝後主後唐莊宗明宗凡内建香壇應制談論多居元席及晉遷都今東京天福三年詔入梁苑副録左街僧事與傳法阿闍梨昭信大師俱道貌童顏號二菩薩是故朝貴士庶多請養生之術丕精勤不懈一佛一禮佛名經法華金剛仁王上生四經逐一字禮然其守杜多之行分衛時至二弟子隨行開運甲辰歲爲左街僧録雖臨僧務日課修持相國李公濤西樞容太傅王公朴翰林承旨陶公穀等無不傾心歸重至漢乾祐中謝病乞西歸未允之際屬漢室凌夷兵大連作恣行剽掠丕於廊廡之下倚壁誦念二日紛拏一無見者時京城見聞益加欽尚逃歸洛邑周太祖潛隱所重廣順元年勅召爲左街僧録不容陳讓還赴東京居于僧任世宗尹蠶府政嫌空門繁雜欲奏沙汰召丕同議時問難交發開喻其情且曰僧之清尚必不露於人前僧或凶頑而偏遊於世上必恐正施蘼蕤草和蘭茝而芟方事淘澄

家七　二十四

金逐沙泥而蕩大王儲明欲照蓄智當行爲益皇帝邪爲損君親邪若益君乎不令一物失所若損親也是壞六和福田況以天下初平瘡痍未合乞待後時搜揚未晚故老子云治大國如烹小鮮慮其動則糜爛矣世宗深然其言且從停寢及世宗登極丕謂僧曰吾皇宿昔有志汝當相警護持堅乞解歸洛陽又立禮首楞嚴經二年果勑併毀僧寺幷立僧帳蓋限之也毀教不深乃丕之力也以顯德二年乙卯六月八日微疾十日令弟子早營粥食云有首楞嚴菩薩衆多相迎令鳴椎俄然而化春秋六十七僧臘四十七緇素號哭諸寺具威儀送葬于龍門廣化寺之左立石塔焉未終之前寺鐘無故嘶嗄表剎龍首忽焉隕墜僧澄清夢寺佛殿梁折極多異兆焉

系曰周武滅佛法隋開皇辛亥歲太府丞趙文昌入冥見邕受對寄語文帝拔救周世宗澄汰毀私邑勸立僧帳故說大漸招其惡報或有入冥見之幷贊成厥事者同居負處略同周武未知是乎

論曰九重所以成深嚴七礼其能捍憂患高墉峻壘加校尉而守之犀華兕皮介將軍而戰者君既安所臣亦建功猶釋門之外侮忽來得法將之中權斯敵使其大道喪而重復玄剛絕而又張我有仲由惡言不入外禦其侮不可暫亡也嗟乎眞教東傳累更年紀受其艱否屈指可尋法繫有爲四相以之遷貿明雖無損一輪以之蝕侵桓楚無端劾莽得時而變法德輿伊始欺孤餘力而責僧頼遠公之致書因朝達之抗疏只成暴政空鯁人情元魏懷邪周邕尚辯曇始乃呈其詭迹道安盛奮其辭鋒是待秦坑能逃漢律始安二德疑其住壽應眞出沒其形扶危拯溺者矣秀也鐘其厄運憤此反常上牋若攻壘之先登爲法偶犯顏而不死復禮答權文學難詞蔚成解判惠立斥呂奉御圖注免橫窺關兩面俱通玄嶷造乎甄正一場賈勇法明定其化胡答孔老於李華名儒懾伏挫是非於韋氏辯勢首強邕也掩徐獨記於天台儼也令李成書於復性其或角史華之術因躡刀梯諫德宗之非乃俾沙汰申答而驚李敎作謠而占衡山破邪之論可宗鑑燈之頌歸我以前諸德超世卓然式遏寇讎鬩墻禦侮言其薄者則發憤忘食殊弗防其反汚其如阜原縱火蘭艾之臭同焚樹木摧風鸞鴟之巢共覆者其唯會昌滅虐我法之謂乎從漢至唐凡經數厄鍾厄爰甚莫甚武宗焉初有道士趙歸眞者授帝留年之術寵遇無比每一對揚排毀釋氏宜盡除之蓋以歸眞曾於敬宗朝出入宮掖勢若探湯及其禍纏暴弑自然事體如將京邑諸僧競生誚謗歸眞痛切心骨何日忘之還遇武皇因緣狎昵署爲兩街教授先生時諫官抗疏宰臣李德裕屢言歸眞懼其動搖奏迎羅浮鄧元起南嶽劉玄靖入帝謂神仙坐致由是共爲犄角同毀釋門意報僧譏誚之讎耳衆輕覆車群喙驚蟄須彌飄颻困其劫盡之風有頂低摧倚其宿舂之杵詎云終否當有復時大中行廢教之誅會昌非後天之老吁咄哉歸眞奇秘之術令

古所無何邪能寄喜怒於天子之心雖王晉安期俱弗如也爾時玄暢法寶大師也納兩街之請操一割之刀纂輯古今搜揚經史成其別録上其表牋逆龍鱗之手已伸探虎穴之心且勇膏肓之疾圭刀之散何施混濁之河鉄兩之膠謾解如皆畏震所謂坐看暢公手拓不周山不免共工之觸折也凡今緇伍無縱毀譏毀譏小人也及罹禍毒君子受之亦猶城門火而池魚死也儻云周武不落於阿鼻歸眞自登於仙籍宣宗誅之巳塞責矣是故比丘但自觀身行莫伺玄門非干巳事又以空門染習如然無鬭四支而傷具體各是聖人設教無相奪倫如此行時名眞護法也老氏云六親不和則有孝子如無孝子之名信六親大和也巳上諸公皆家中有競號咣諫乎因得善父母之名歟今我傳家止勸將來二教和同弗望後生學其訐直險在其中矣爲君不取然則臨機可用相事當行必任弛張勿爲膠柱然後知時名爲大法師也傳又云乎相時而動無累後人其斯之謂歟

宋高僧傳卷第十七

宋高僧傳卷第十七

校勘記

一　底本，清藏本。

一　一六五頁中一〇行第一六字「家」，磧、普作「室」。

一　一六六頁中一九行「杜叉」，資、磧、普、徑作「杜乂」。

一　一六七頁上二行第五字「卼」，資、磧、普、南、徑作「⿰危瓦」。

一　一六七頁下一二行第一四字「于」，普作「手」。

一　一六八頁上七行第四字「夫」，資、磧、普作「天」。

一　一六八頁中三行「三教」，普作「二教」。

一　一六八頁中五行「剌史」，徑作「刺史」。下同。

一　一六九頁中三行末字「何」，資、普、南作「阿」。

一　一七〇頁上一三行第一四字「澄」，資、磧、普、南、徑作「登」。

一　一七一頁中三行「語言」，資、磧、普作「諸言」。

一　一七一頁中八行「穉秋」，資作「穉昧」。

一　一七一頁中一八行「太清官」，資、磧、普、南、徑作「太清宮」。

一　一七二頁上一一行「詢問」，資、普作「詞問」。

一　一七二頁中末行「燻手」，資、普、南作「煙手」。

一　一七二頁下七行「輕覩」，資、磧、普、徑作「經覩」。

一　一七三頁上一一行第一二字「搽」，資、磧、普、徑作「叅」。

一　一七三頁上末行第一二字「藻」，資、磧、普、南、徑作「澡」。

一　一七四頁下一三行第三字「大」，資、磧、普、南、徑作「火」。

一　一七五頁上一九行第一三字「漸」，南作「慚」。

一　一七五頁中二行「七礼」，資、磧、普、南作「七札」。

一　一一七五頁中六行第二字「剛」，磧、南作「綱」。

一　一一七五頁中七行第一二字「傅」，資、磧、普、南、徑作「傳」。

一　一一七五頁下五行第一三字「汚」，徑作「汗」。

宋高僧傳卷第十八　家八

宋左街天壽寺通慧大師賜紫沙門贊寧等奉　勑撰

感通篇第六之一 正傳十五人 附見三人

後魏西涼府檀特師傳

釋檀特師者一名慧豐不知何許人也身雖剃染率略無檢制飲酒啖肉語默無常逆論來事後必如言居于武威肆意狂逸時宇文仲和為刺史請之入州歷觀廐庫乃云何意畜他官物邪仲和不諭其旨怒之不令在城未幾仲和拒不受代朝廷令獨孤信擒之仲和身死資財没官周文聞之降書召之檀特至岐州會齊神武來寇玉壁檀特曰狗豈能到龍門邪神武果不至龍門而還侯景未叛東魏之前忽捉一杖杖頭刻為獼猴形令其面常向西日夜弄旃又索一角弓牽挽之俄而侯景啓降尋復背叛歸梁皆可徵驗至大統十七年春初忽著一布帽周文左右驚問之檀特曰汝亦著王亦著也至三月而魏文帝崩復取一白絹帽戴之左右復問之檀特曰汝亦著王亦著也未幾丞相夫人薨後復戴問對同前尋丞相第二子武邑公薨其事驗多如此也俄而病卒周文命葬之

後魏晉陽河禿師傳

釋河禿師者不詳何許人也魏孝昌中於晉陽市肆間行往乍愚乍智作沙門形時人不測止呼為河禿師及齊神武誕第二子洋文宣帝也武明太后見家貧甚與親戚言及家計正憂飢凍死耳洋方生數月尚未能言欻言曰得活二字分明太后左右大驚而不敢言謂為妖恠時傳禿師神異射事多中巧誘而至太后意占其兒子早言為恠乃徧見諸子文襄魏永熙后旁以禄位歷問之至洋再三舉手指天而已口無所言若諸子皆別無舉措矣後不測其終

陳新羅國玄光傳

釋玄光者海東熊州人也少而頴悟頓厭俗塵決求名師專修梵行迨夫成長願越滄溟求中土禪法於是觀光陳國利往衡山見思大和尚開物成化神解相參思師察其所由密授法華安樂行門光利若神錐無堅不犯新猶劫貝有染皆鮮稟而奉行勤而罔忒俄證法華三昧請求印可思為證之汝之所證真實不虛善護念之令法增長汝還本土施設善權好負螟蛉皆成蜾蠃光禮而垂泣自爾返錫江南屬本國舟艦附載離岸時則綵

雲亂日雅樂沸空絳節霓旌傳呼而至空中聲云天帝召海東玄光禪師光拱手遜讓唯見青衣前導少選入宮城且非人間官府羽衛之設也無非鱗介參雜鬼神或曰今日天帝降龍王宮請師說親證法門吾曹水府蒙師利益既登寶殿次陟高臺如問而談略經七日然後王躬送別其船泛洋不進光復登船船人謂經半日而已光歸熊州翁山卓錫結茅乃成梵刹同聲相應得法者蟄戶爰開樂小迴心慕羶者蟻連倏至其如升堂受莂者一人入火光三昧一人入水光三昧二人互得其二種法門從發者彰三昧名耳其諸門生譬如衆鳥附須彌山皆同一色也光末之滅罔知攸往南嶽祖構影堂內圖二十八人光居一焉天台國清寺祖堂亦然

系曰夫約佛滅後驗入道之人以教理行果四法明之則無逃隱矣去聖彌近者修行成果位證也去聖稍遥者學教易見理親也其更緜邈者學教不精見理非諦夫一念不生前後際斷斯頓心成佛也理佛具足行布修行曾未嘗述行佛具體而微東夏自六祖已來多談禪理少談禪行焉非南能不說行且令見道如救頭然之故南嶽思師切在兼修乘戒俱急是以學者驗諸行果其如入火光三昧者處胎經中以禪定攝意入火界三昧刹土洞然愚夫謂是遭焚若入水界三昧愚夫見謂為水投物于中菩薩心如虛空不覺觸嬈者此非二乘所能究盡也斯乃急於行果焉無令口說而身意不修何由助道耶

隋江都宮法喜傳

釋法喜南海人也形容寢陋短弱迂踈可年四十許嶺表耆老咸言兒童時見識之顏貌如今無異蠻蜒間相傳云已三百歲矣亦自言舊識盧山慧遠法師說晉宋朝事歷歷如信宿前耳平素時悄默見人必語語必含深意吉凶之徵有如影響人亦不欲與喜相見懼直言災惡忤逆意也陳朝馬靜為廣州刺史方上任喜直入州上廳事畫地作馬頭形以示其子而去靜本扶風名族雄勇多武略不閑事體及臨州也每出行部從甲士數萬旌旗劒戟若虹霓映乎霜雪言以此可用威邊徼其奢僭過度王者之不若被人誣告謀反靜懼即遣妻子百餘人入朝示無圖變陳主猶惑遣臨汝侯觀其形勢曰必有反狀便可行戮實無逆謀直往代之臨汝利其財産至州不驗是非靜恃心無異束手詣臨汝便叱左右擒而斬之此畫地之明効矣喜之先見皆同此類煬帝聞之追來揚州未久宮內樹一堂新成喜忽忽升堂觀覽俄驚走下階唱言幾壓殺其日夜闇大雨堂崩斃者數人其後又於宮內環走言索羊頭帝聞惡之責以狂言勑鏁著一室數日三衛於市見喜坦率遊行還奏勑所司覆驗禁閉之處門鏁如故守當者云喜見在室內於是開戶見袈裟覆一聚白骨其鏁貫項骨不脫帝甚驚惟勑還長史王恒疾往驗之袈裟覆白骨骨皆鉤鏁相連鐵鏁縻其項骨帝聞愕然稱歎尤增信重勑令勿輕搖蕩曰聖者神變無方至暮喜還在室或言或笑守門復奏帝令脫鏁縱其所適有於一日赴數家齋食或時飲酒噉

肉都無拘忌俄而有疾常所卧牀自撤薦席襯簀而歎寢令人於下鋪炭甚熾數日而終半身焦爛葬于香山寺側後四年南海郡奏言見還在郡勑遣開棺空無所有矣

隋洺州欽師傳

釋欽師者不知何許人也大業中至廣平形神乖謬造次難知發語不常既往爰中見靈通寺樹甎浮圖五級欲務高敞工作殺雜欽望而笑謂寺衆曰造此奚為衆曰功德佛事須用壯觀法師何斯恠問耶笑曰造烽火樓也當時緇伍互相非之曰風狂輩言何可取至九年塔尚未成賊寇四起州官警嚴於浮圖上置候望烽火方信欽言不妄矣在所耆舊亦不知欽從何而來止宿之處亦無蹤跡然則時時變身在豕彘之牢即隨㹠狶群隊童子馬世達等數人覩欽始變之時乃停留伺察竟更觀其復人形也後果忽復形却於看人之後大叫曰你輩欲何所觀耶群人驚愕合掌拜之其變無常皆若此也及天下喪亂亦失欽聲迹矣

系曰魏隋之僧且多應現者何通曰菩薩作用隨類化身以神通為遊戲耳於遊戲而利益世主焉或曰魏齊陳隋與宣師耳目相接胡不入續傳耶通曰有所不知蓋闕如也亦猶大宋文軌既同土壃斯廣日有奇異良難徧知縱有其僧也其奈史氏未編傳家無據故亦闕如弗及録者留俟後賢者也

唐泗州普光王寺僧伽傳 木乂 慧儼 慧岸

釋僧伽者葱嶺北何國人也自言俗姓何氏亦猶僧會本康居國人便命為康僧會也然合有胡梵姓名既梵音姓涉華語詳其何國在碎葉國東北是碎葉附庸耳伽在本土少而出家為僧之後誓志遊方始至西涼府次歷江淮當龍朔初年也登即隸名於山陽龍興寺自此始露神異初將弟子慧儼同至臨淮就信義坊居人乞地下標誌之言決於此處建立伽藍遂穴土獲古碑乃齊國香積寺也得金像衣葉刻普照王佛字居人歎異云天眼先見吾曹安得不捨乎其碑像由貞元長慶中兩遭灾火因亡蹤矣嘗卧賀跋氏家身忽長其牀榻各三尺許莫不驚怪次現十一面觀音形其家舉族欣慶倍加信重遂捨宅焉其香積寺基即今寺是也由此奇異之蹤旋萌不止中宗孝和帝景龍二年遣使詔赴内道場帝御法筵言談造膝占對休咎契若合符仍褒飾其寺曰普光王四年庚戌示疾勑自内中往薦福寺安置三月二日儼然坐亡神彩猶生止瞑目耳俗齡八十三法臘罔知在本國三十年化唐土五十三載帝慘悼黯然于時穢氣充塞而形體宛如多現靈迹勑有司給絹三百疋俾歸塟淮上令群官祖送士庶塡闉五月五日抵于今所帝以仰慕不忘因問萬迴師曰彼僧伽者何人也對曰觀音菩薩化身也經可不云乎應以比丘身得度者故現之沙門相也初伽化行江表止嘉禾靈光寺彼澤國也民家漁梁矰弋交午伽苦敎諭其諸殺業陷墮於人宜疾別圖生計時有裂網折竿者多矣伽閑而宴息見神告曰天方亢陽百姓苗死身胡藏其嬾龍耶伽曰為之奈何神曰若今夕但小指出

窻隙外其如人何伽依之其夜霆擊異常質明視指徵有紅線脉焉伽曰吾與此壞無緣乃行抵晉陵見國祥寺荒廢乃留衣於殿梁而去後人聞異香芬馥伽嘗記之曰伊寺有人王重興去三十年後果有僧俗姓全爲檀那矣通天萬歲中於山陽衆中懸知嫌鄙伽者乃昌言曰吾有五十萬錢奉助功德勿生横議伽於淮岸招呼一舩曰汝有財施吾可寛刑獄汝所載者剽略得耳盜依言盡捨佛殿由是立成無幾盜敗拘於揚子縣獄伽乘雲下慰喻言無苦不日果赦文至免死矣昔在長安駙馬都尉武攸曁有疾伽以澡罐水噀之而愈聲振天邑後有疾者告之或以柳枝拂者或令洗石師子而瘵或擲水缾或令謝過驗非虛設功不唐捐却彼身灾則求馬也警其風厄則索扇歟或認盜夫之錢或咋黑繩之頸或尋羅漢之井或悟裴氏之溺或預知大雪或救旱飛雨神變無方測非恒度中宗勑恩度弟子三人慧岸慧儼木叉各賜衣盂令嗣香火洎乎已滅多歷年所嘗現形往漢南市漆器及商人李善信舩至寺見買齋器僧忽見塔中形像凝然而指曰正唯此僧來求買矣遠近嗟歎又嘗於洪井化易材木結筏而至焉大曆中州將勤寺知十驛俾出財供乘傳者至十五年七月甲夜現形于內殿乞免郵亭之役代宗勑中官馬奉誠宣放仍賚捨絹三百疋雜綵千段金澡鑵皇太子衣一襲令寫貌入內供養又乾元中州牧李名士有推步者云爲土宿加臨灾當惡弱伽忽現形撫李背曰吾來福至汗出灾銷後無他咎嘗於燕師求璽罽稱是泗州寺僧燕使賫所求物到認塔中形信矣遂圖貌而歸自燕薊展轉傳寫無不徧焉長慶元年夜半於州牧蘇公寢室前歌曰淮南淮北自此福焉自東自西無不熟矣其年獨臨淮境內有年耳二年寺塔皆焚唯伽遺形儼若無損咸通中龐勛者本徐州戍卒擅離桂管沿路劫掠而攻泗州圍逼其城伽於塔頂現形外寇皆睡城中偶出擊之驚竄而陷宿州以事奏聞仍錫號證聖大師也文德元年外寇侵軼州將嬰城拒敵伽現形於城西北隅寇見知堅壘難下駭而宵遁大順中彭門帥時溥令張諫攻于北城除勦戮外有五百餘人拘鞠場中諫凭椄恍惚間見僧衣紫誨之曰此輩平人何可殺耶不如捨之言畢不見諫遂縱之而逸乾寧元年太守臺蒙夢伽云寒東南少備蒙不諭旨以綿衾法服施之十二月晦夜半有兵士踰壘而入蒙初不知復夢一僧以錫杖置于心上冷徹心骨驚起蒙令動皷角賊驚奔獲首領姓韓至是方曉矣由此多於塔頂現小僧狀傾州瞻望然有吉凶表兆于時乞風者分風求子者得子今聞有躬禮者往往有全不見伽形相者或見笑容者吉不然則凶其不可爰度者如此洎乎周世宗有事于江南先攻取泗上伽寄夢於州民言不宜輕敵如是達于州牧皆未之信自爾家家夢同告之遂降全一郡生民賴伽之庇矣天下凡造精廬必立伽眞相牓曰大聖僧伽和尚有所乞願多遂人心李北海邕胡著作浩各爲碑頌德今上御宇也留心于此其年三

月有尼遊五臺山迴因見伽於塔頂作瓔孩相遂登刹柱捨身命供養太平興國七年勑高品白承睿重蓋其塔務從高敞加其累層八年遣使別送舍利寶貨同葬于下基焉其日有僧懷德預搆柴樓自持蠟炬焚身供養炎熛之中經聲不絕又將欲建浮圖有巨木三根沿淮而下至近浮橋且止收爲塔心柱焉續勑殿頭高品李庭訓主之先是此寺因囊中金像刻其佛曰普照王乃以爲寺額後避天后御名以光字代之近宣索僧伽實錄上覽已勑還其題額曰普照王寺矣弟子木叉者以西域言爲名華言解脫也自幼從伽爲剃髮弟子然則多顯靈異中和四年剌史劉讓厥父中丞忽夜夢一紫衣僧云吾有弟子木叉葬寺之西爲日從矣君能出之仍示其葬所初夢都不介意再夢如初中丞得夢中所示之處欲施斸之見有二姓占居於是饒錢市焉開穴可三尺許乃獲坐函遂啓之於骨上有舍利放光命焚之收舍利八百餘顆表進上僖宗皇帝勑以其焚之灰塑像仍賜謚曰眞相大師于今侍立于左若配饗焉

弟子慧儼未詳氏姓生所恒隨師僧伽執侍餅錫從楚州發至淮陰同勸東海裴司馬妻恪白金沙羅而墮水抵盱眙開羅漢井宿賀跋玄濟家儼侍十一面觀音菩薩旁自爾詔僧伽上京師中宗別勑度儼并慧岸木叉三人各別賜衣鉢焉

唐嵩嶽少林寺慧安傳

釋慧安姓衛氏荊州支江人也其貌端雅紺髮青目降神乃隋開皇初年也安受性寬裕不染俗塵修學法門無不該貫文帝十七年勑條括天下私度僧尼勘安云本無名姓亡入山谷大業中開通濟渠追集夫丁飢殍相望安巡乞多鉢食救其病乏存濟者衆煬帝聞之詔安遂潛入太和山至帝幸江都海內擾攘乃杖錫登衡嶽寺行頭陀法貞觀中至蘄州禮忍大師麟德元年遊終南山石壁而止時所居原谷之間旱霜傷苗稼安居處獨無四十里外皆苦青女之災矣天皇大帝聞而召焉安不奉詔永淳二年至滑臺草亭居止中坐繩牀四方坦露勑造寺以處之號招提是也如是却還家鄉玉泉寺時神秀禪師新歸寂咸請住持安弗從命天后聖曆二年四月告門人學衆曰各歸閉戶至三更有神人至扈衛森森和鈴鉠鉠風雨偕至其神旋遶其院數遭安與之語丁寧敎誡再拜而去或問其故曰吾爲嵩山神受菩薩戒也天后嘗問安甲子對曰不記也曰何不記耶乃曰生死之身如循環乎環無起盡何用記爲而又此心流注中間無間見漚起滅者亦妄想耳從初識至動相滅時亦只如此何年月可記耶天后稽顙焉聞安闕井勑爲鑿焉安曰此下有赤祥愼其傷物將及泉見蝦蟆金色蠢然出沮洳間合其懸記帝倍加欽重殆中宗神龍二年九月勑令中官賜紫袈裟并絹度弟子二七人復詔安并靜禪師入中禁受供施三年賜摩納一副便辭歸少林寺至景龍三年三月三日囑門人曰吾死已將屍向林間待野火自焚之勿違吾願俄爾萬迴和尚來見安倡狂執手言論移刻旁侍傾耳都

不體會至八日閉戶偃身而寂春秋一百三十許歲起開皇二年至景龍三年故也火焚屍畢收舍利八十粒內五粒紅紫色進內餘散施隨力造塔先天二年門人建浮圖焉

唐虢州閿鄉萬迴傳

釋萬迴俗姓張氏虢州閿鄉人也年尚弱齡白癡不語父母哀其濁氣爲隣里兒童所侮終無相競之態然口自呼萬迴因爾字焉且不言寒暑見貧賤不加其慢富貴不足其恭東西狂走終日不息或笑或哭略無定容口角恒滴涎沫人皆異之不好華侈尤少言語言必讖記事過乃知年始十歲兄戍遼陽一云安西久無消息母憂之甚乃爲設齋祈福迴條白母曰兄安極易知耳奚用憂爲因裹齋餘出門徑去際晚而歸執其兄書云平善問其所由默而無對去來萬里後時兄歸云此日與迴言適從家來因授餅餌共啗而返舉家驚喜自爾人皆改觀聲聞朝廷中宗孝和皇帝詔見崇重神龍二年勑別度迴一人而已自高宗末天后時常詔入內道場賜錦繡衣裳宮人供事先爲兒時於閿鄉與國寺纍瓦石爲佛塔入內之後其塔遂放光明因建大閣而覆之然其施作皆不可輒量出言則必有其故勑賜號爲法雲公外人莫可得見先是天后朝任酷吏行羅織事官稍高隆者日別妻子博陵崔玄暐位望俱極其母盧氏賢而憂之曰汝可一日迎萬迴此僧寶誌之流可以觀其舉止知其禍福也乃召到家母垂泣作禮兼施中金七筯一雙迴忽下階擲其七筯向堂屋上掉臂而去一家謂爲不祥經數日令升屋取之七筯下得書一卷觀之乃讖緯書也遽令焚之數日有司忽來其家大索圖讖不獲得雪時酷吏多令盜投蠱道物及僞造秘讖用以誣人還令誣告得實屠戮籍沒其家者多崔氏非聖人擲七筯何由知其僞圖讖也中宗末嘗罵韋后爲反悖逆斫爾頭去尋而誅死太平公主爲造宅於懷遠坊中與主宅前後爾又孝和親送金城公主出降吐蕃幸始平迴出迎駕時崔日用武平一宋之問沈佺期岑羲薛稷皆肅揖鄭重問訊諸公曰各欲求聖人一言以定吉凶撫沈背曰汝眞才子沈不勝其喜曰聖人與我受記諸子不可更爭又謂武曰與汝作名佛童當無憂也目羲稷有不善之色岑以馬避之目稷云此多是野狐其言何足懼也乃顧云汝亦不免及羲稷之誅人益貴重同時有僧伽化迹不恒中宗問迴曰此何人也迴曰觀音之化身也貞觀中三藏奘師西歸云天竺有石藏寺奘入時見一空房有胡牀錫杖而已因問此房大德咸曰此僧緣闕法事罰在東方國名震旦地號閿鄉于茲萬迴矣奘歸求見迴便設禮問西域宛如目矚奘將訪其家迴謂母曰有客至請備蔬食俄而奘至神異之迹多此類也正諫大夫明崇儼者道術之士謂人曰萬迴神僧也玄宗潛龍時與門人張暐等同謁迴見帝甚至褻黷將漆杖呼且逐之同往者皆被驅出曳帝入反扃其戶悉如常人更無他重撫背曰五十年天子自愛已後即不知也張公等門外歷歷聞其言故傾心翼戴焉五十年後蓋指祿山之

禍也睿宗在邸時或遊行人間迴於聚落街衢中高聲曰天子來或曰聖人來其處信宿間帝必經過徘徊也惠莊太子乃睿宗第二子也天后曾抱示迴曰此兒是西域大樹精養之宜兄弟也安樂公主玄宗之季妹附會韋后熱可炙手道路懼焉迴望車騎連唾之曰腥腥不可近也不旋踵而禍滅及之帝愈知迴非常人也出二官人日夕侍奉之特勑於集賢院圖形焉暨迴垂卒而大呼遣求本鄉河水門人徒侶求覓無所迴曰堂前即是河水何不取耶衆於階下掘井河水湧出飲畢而終迴宅坊中井皆鹹苦唯此井甘美後有假託或稱小萬迴以惑市里多至誅死焉至于終後右常侍徐彥伯爲碑立閿鄉玉澗西路矣

系曰日行萬里非人必矣爲鬼神邪爲仙術邪通曰觀行知人迴無邪行非鬼神也無故作意非仙術也此得通耳故智度論中此通有四一身能飛行如鳥無礙二移遠令近不往而到三彼沒此出四一念能至或曰四中迴具何等通曰俱有哉故號如意通矣瑜伽論神境同也云或羅漢有大堪能現三神變焉

唐齊州靈巖寺道鑒傳

釋道鑒姓馮氏吳郡人未知從來而居歷下靈巖山寺蹤迹神異不測僧也元和中有馮生者亦吳郡人也以明經調選未捷因僑寄長安一日見老僧來詣馮居謂之曰汝吾姓也因相與往還僅于歲餘遂注擬作尉于東越方務治裝鑒負錫來告去馮問師去安所詣乎鑒曰吾廬在齊州靈巖之西廡下薄遊神京至今正十年矣幸得與子遊今歸舊所故來相別然吾子尉于越鄉道出靈巖寺下當宜一訪我也馮諾之曰謹受教矣數日馮出關東之赴任至靈巖寺門立馬望曰豈非鑒師所居寺乎即入訪之時一僧在庭馮問道鑒上人廬舍安在僧曰此寺無道鑒馮疑異默而計曰鑒公純直豈欺我乎於是獨遊寺中行至西廡下忽見壁畫一僧與鑒師貌同馮大驚嗟鑒師果異人歟且能降神與我交久之視其眞相旁題云馮氏子吳郡人也年十歲學浮圖法以道行有聞卒年七十八馮閱其題方悟云汝吾姓也言非謬矣一說蘇州西去城二十許里有靈巖山寺西北廡下畫沙門形云是梁天監十五年作遊方居士狀經過山寺寓過宵宿而於僧廚借筆硯僧衆皆不留意詰旦僧徧搜索而亡有客見殿隅畫一梵僧面骨權奇膚色皴黑眉長且垂眸子電轉皆間青白昂鼻方口張唇露齒擘拳倚右肩之上身屈可長一丈五寸衣麤納袈裟臂擐大珠徒跣衆見驚懾莫測其來遠近咸格有焚香禮歎者有請福禳灾者或於晴夜殿中析窣聞有行道之聲由是鳥雀不敢汚踐簷楹之間矣然則鄉人謂之靈巖和尚或云靈巖聖僧嘗見形謂一老姥曰貧道好食茭粽疑是聖者翌日持簞入殿供養乞今年別三月三日民競送之以菰蔣葉角黍米瀹之吳人謂之茭粽也唐先天二年陸魯公子疾醫工未驗公憂慮增劇門遇一僧分衛屈入遂索水器含噀之即時病間魯公

喜贈物頗豐了不迴視遂問和尚居處何寺答曰貧道住蘇州吳縣西靈巖寺郎君爲官江表望入寺相尋斯須已去未久調補尚書祠部郎續遷桂州廉使常念當年救病之僧迂路姑蘇入靈巖寺見焉乃說其形貌合寺僧云非此所有陸盡日徘徊不忍去忽於殿中見聖者形曰往年療某者此僧也寺僧說其由致通感難知陸捨錢數萬備香火之資却留旬日供養方去又寺中淨人每於像前占燭燈添油助爐意盜油塗髮耳居無何其髮焦卷而墮傍人勸令禮懺別買麻膏增炷平復如初又武宗將廢佛教也近寺有陸宣者夢聖者云受弟子供施年深今來相別且歸西天去也宣急命畫工圖寫眞貌至會昌五年毀拆寺宇方知告別之意焉距咸通七[宋八][十八]年蝗灾爾時彌空亘野食人苗稼至于入人家食繒帛之物百姓傍徨莫能爲計時民人吳延讓等率耆艾數十百人詣像前焚香泣告即日蟲飛越境焉乾符五年寺衆當詣闕乞鐘歸寺差僧選日登途聖者先入右神策軍本局預陳囑託及正請鐘僧到見司吏恠問數日前有僧來云錄蘇州靈巖山寺其僧曰某行無伴侶後右軍胥因事遊吳見壁畫云此是七月中曾來司內計會鐘僧也然吳中極彰靈異且不測厥由曾有梵僧來禮畫像云智積菩薩何緣在此歎嗟彌久而自此號智積應身也

系曰同異之說史氏多之今詳寺曰靈巖僧畫像此爲同也州曰歷下姑蘇遇者曰陸與馮此爲異焉斯蓋見聞不齊記錄因別也原夫聖人之應身也或南或北或漢或胡或平常之形或怪差之質故令聞見必也有殊復使傳揚自然多說譬猶千里之外望日月以皆同其時邊旁雲物狀貌有異耳既是不思議應現矣則隨緣赴感肆是難同可發例云[宋八][十九]所傳聞異辭也

唐武陵開元寺慧昭傳

釋慧昭未詳何許人其爲僧也性僻而高恒修禪定貌頗衰羸好言人之休戚而皆必中與人交言且不馴狎閑關自處左右無侍童每日乞食里人有八十餘者云昭居此六十餘年其容貌無異於少時昔日也但不知其甲子元和中有陳廣者由孝廉調爲武陵官而酷好浮圖氏一日因詣寺盡訪諸僧昭見廣且悲且喜曰陳君何來之晚乎廣愕然自揣平生不識此僧何言來晚乃曰未嘗與師遊何責遲暮昭曰此非倉卒可言當爲子一夕靜話方盡此意廣甚驚異後時詣昭宿因請其事昭曰我劉氏子宋孝文帝之玄孫也曾祖鄱陽王休業祖士弘並詳於史氏先人文學自負爲齊竟陵王子良所知子良招集賢俊文學之士而先人預焉後仕齊梁之間爲會稽令吾生於梁普通七年夏五月年三十方仕於陳至宣帝時爲甲官不爲人知徒與沈彥文爲詩酒之交後長沙王叔堅與始興王叔陵皆多聚賓客大爲聲勢各恃權寵有不平心吾與彥文俱在長沙之門下及叔陵被誅吾懼不免因皆銷聲匿跡于林谷拾橡栗而食掬溪澗而飲衣一短褐雖寒暑不易以待所憂之所定無何有一老沙門至吾

所居曰子骨法甚奇當無疾耳彥文再拜請其藥曰子無劉君之壽奈何雖服吾藥亦無所補遂告別將去復謂我曰塵俗以名利相勝竟何有哉唯釋氏可以捨此矣恭納其言自是不知人事凡十五年又與彥文俱至建業時陳氏已亡宮闕盡毀臺城牢落荆榛蔽路景陽井塞結綺基頹文物衣冠蕩然而盡故老相遇相携而泣且曰一人無良已至於是隋氏所滅良可悲乎又聞後主及諸王皆入長安乃率沈挈一囊乞食於路以至關中吾長沙王之故客也恩遇甚厚聞其遷往瓜州則徑往就謁長沙王長於綺紈而早貴盛雖流放之際尚不事生業時方與沈妃酣飲吾與沈再拜於前長沙悲慟久之瀝泣而起乃謂吾曰一日家國淪亡骨肉播遷豈非天乎吾自此且留晉昌氏羌之塞數年而長沙殂又數年彥文亡吾因剔髮爲僧遁跡會稽山佛寺凡二十年時已百歲矣雖容體枯瘠而筋力不衰尚日行百里因與一僧同至長安時唐高祖已有天下建號武德至六年吾自此或居京洛或遊江左至於三蜀五嶺無不住焉殆今二百九十年矣雖烈寒酷熱未甞有微恙貞元末於此寺夢一丈夫衣冠甚盛熟視乃長沙也吾迎延坐話舊傷感如平生時而謂吾曰後十年我之六世孫廣當官於此郡師其念之乃問之曰王今何爲曰冥官極尊旣而又泣曰師存而我之六世矣悲夫吾夢覺因紀君之名於經笥中至去歲凡十年乃以君之名氏訪於郡人尚怪君之未至昨因乞食里中遇邑吏訪之果得焉及君之來又依然長沙之貌也然自夢及今十一年矣故訝君之晚也已而悲惋泣下數行因出經笥示之廣再拜願執侍錫爲弟子昭曰君且去翌日當再來廣受教而還明日至其居昭已遁去莫知其適時元和十一年也至大和初廣爲巴州掾於山南道路逢昭驚喜再拜曰願棄官請從師爲物外之遊昭亦許之其夕偕舍于逆旅至天將曙廣早起而省昭已去矣廣茫然若有所喪神情沮敗自是盡不知所往也然則昭自梁普通七年生于時歲在丙午下至唐元和十年乙未凡二百九十年則與昭言如合符契焉

系曰慧昭旣三百年住世也前不可測後未可涯與夫賓頭羅睺尊者一貫胡不念恩地之裔孫邪通曰神仙隔一塵猶未可與之遊且廣是具縛凡夫昭爲度世上士飛鳶與淵魚蹤跡相遠此何怪歟

唐岸禪師傳

釋岸禪師并州人也約淨土爲眞歸之地行方等懺服勤無缺微有疾作禪觀不虧見觀音勢至二菩薩現於空中持久不滅岸召境內畫人無能畫者忽有二人云從西京來欲往五臺自樂輸工畫菩薩形相續事畢贈鞵二緉忽隱無蹤岸知西方緣熟告諸弟子云吾今往生誰可偕行有小童子稽顙曰願隨師去乃令往辭父母父母謂爲戲言而令沐浴著淨衣入道場念佛須臾而終岸責曰何得前行時岸索筆讚二菩薩曰觀音助遠接勢至輔遥迎寶瓶冠上顯化佛頂前明俱遊十方剎持華俟九生願以慈悲手提獎共西

行述讚已別諸弟子入道場命門徒助吾念佛端坐而終春秋八十時垂拱元年正月七日也

唐會稽永欣寺後僧會傳

釋後僧會者本康居國人也以吳赤烏年中謁大帝初吳人未識僧形止曰胡人入境乃祈舍利已令帝開悟末主天紀四年會尸解真身隱焉至唐高宗永徽中見形于越稱是遊方僧而神氣環異眉高隆準頤峭眸碧而瘦露奇骨真梵容也見者悚然罔知階位時寺綱糾詰其厥由罵而驅逐會行及門乃語之曰吾康僧會也苟能留吾真體福爾伽藍躡步之間立而息絶既而青目微瞑精爽不銷舉手如迎揖焉足跨似欲行焉衆議偃其靈軀寘於筦穸人力殫矣略不傾移雖色身堅牢而殭事膠漆遷于勝地別立宗堂時越人競以香華燈明繒綵旛蓋果實衣器請祈心願多諧人意初越之軍旅多寓永欣其婦女生產兵士葷血觸汙僧藍人不堪其淹穢會乃化形往謁廉使李若初且曰君侯即領越之藩條託爲遷之軍旅語罷拂衣而去尋失蹤跡李公喜而駭且記其言後果赴是郡及上事訖便謁靈跡認于時言者則斯僧也命撤軍家勒就營幕又疋婦夜臨蓐席且無脂爓鄰無爃光俄有一僧秉爓自牖而入其夫且入永欣認會貌即是授火救產厄之僧自爾民間多就求男女焉屬會昌毀永欣也唯今大善獨留號開元矣遂移會身入是寺中大中之後有曇休律師爲會別創堂宇廣其供具又嘗就閭閻家求草屨至今越人多以芒屨油旛上獻感應肹蠁各赴人家不可周述今號超化大師從永徽至今未嘗闕其供施焉沙門虛受爲碑紀述焉

系曰蔡邕是張衡後身智威本徐陵前事驗皆昭晰理且弗虛至於聖人功用自在此亡彼出利見無方僧會揖世既遐唐來化越立逝屹然異中之異苟非應物現形如水中月孰能預於是乎

唐京兆法海寺道英傳

釋道英不知何許人也戒德克全名振天邑住寺在布政坊咸亨中見鬼物寺主慧簡嘗曰曉見二人行不踐地入英院焉簡怪而問之英曰向者秦莊襄王使使傳語飢虛甚久以師大慈欲望排食并從者三百人勿辭勞也吾以報云後日曉具饌可來專相候耳簡聞之言以酒助之及期果來侍從甚嚴坐食倉黃謂英曰弟子不食八十年矣英問其故答曰吾生來不無故悞其如滅東周絶姬祀或責以功德吾平日未有佛法可以懺度唯以赦宥矜恤惸獨塞之終爲未補以福少罪多受對未畢今此一飡更四十年方復得食因歷指座上云此是白起王翦爲殺害多罪報未終又云此陳軫以虛詐故英曰王何不從人索食而甘虛腹此奚可忍乎王曰慈心人少餘人不相見吾縁貴人不可妄行祟禍所以然也英指酒曰寺主簡公將獻深有所愧垂去謂英曰甚感此行傷費饜飫可知弟子有少物即送相償城東通化門外尖塚以其銳上而高大是吾棲神之所世人不知妄云呂不韋墓耳英曰往遭赤眉開發何有物

來曰賊取不得英曰貧道非發丘中郎是出家人無用物所必勿將來言訖長揖而去英感下趣如此罔知終畢

唐京兆法秀傳

釋法秀者未詳何許人也居于京寺遊於咸鎬之間以勸率衆緣多成善務至老未嘗休懈開元末夢人云將手巾袈裟各五百條可於迴向寺中布施覺後問左右並云無迴向寺及募人製造巾衣又徧詢老舊僧俗莫有此伽藍否時有一僧形質魁梧人都不識報云我知迴向寺處問要何所須弁人伴等答曰但賫所施物名香一斤即可矣遂依言授物與秀偕行其僧徑入終南山約行二日至極深峻初無所覩復進程見礓石一具驚曰此人迹不到何有此物乃於其上焚所賫香再三致禮哀訴從午至夕谷中霧氣彌浸咫尺不辨逡巡開霽當半崖閒有朱門粉壁綠牖琁題刹飛夭矯之牖樓亙觚稜之影少選見一寺分明雲際三門而懸巨牓曰迴向寺秀與僧喜甚攀陟遂到時已黃昏而聞鐘磬唱薩之聲門者詰其所從遲迴引入見一老僧慰問再三倡言曰唐皇帝萬福否處分令別僧相隨歷房散手巾袈裟唯餘一分指一房空榻無人有衣服坐席似有所適者既而却見老僧若綱任之首曰其往外者當已來矣其僧與秀復欲至彼授手巾等一房但空榻者亦無人也又具言之者僧笑令坐顧彼房內取尺八來至乃玉尺八也老僧曰汝見彼胡僧否曰見已曰此是將來權代汝主者京師當亂人死無數此胡名磨滅王其一室是汝主房也汝主在寺以愛吹尺八罰在人間此常所吹者也今限將滿即却來矣明日遣就齋齋訖曰汝當迴可將此尺八并袈裟手巾與汝主自收也秀禮拜而還童子送出纔數十步雲霧四合則不復見寺矣乃持手巾袈裟玉尺八進上玄宗召見具述本末帝大感悅凝神久之取笛吹之宛是先所御者後數年果有祿山之禍秀所見胡僧即祿山也秀感其所遇精進倍切不知所終世傳終南山聖寺又有迴向也

系曰昔梁武遣送袈裟入海上山法秀所詣迴向寺燕師命使尋竹林聖寺此三緣者名殊而事一莫是互相改作同截鶴續鳧否通曰聖人之作猶門內造車門外合轍雖千萬里之遠事亦符合者蓋無異路故如樵子觀仙棊爛柯非止王質有多人遇棊且姓名不同爲爛斧柯者不一今送衣入聖寺多者亦如此也

唐滑州龍興寺普明傳

釋普明不知何許人也或云西域之僧每談禪法舉擢玄微莫可測其沈寥之高遠歟大曆初年受胙縣人請居阿蘭若學者螘聚塵中往來白衣禮而施之日以千計或一覩相自然懲忿窒慾食甚懷音沿善革惡以歲計無央數也右僕射義成軍節度使賈躭者本謫仙也優游道學率略空門纔覿明也若羊祜之識舊環蔡順之見慈母焉降心延請住州寺迎引傾郭巷無居人由是爲人說法雖老不疲行疾如風質貌輕壯以貞元八年壬申閏十二月十日囑付門徒奄然坐滅生年

或云三百歲以其年百歲者見之顏容不易之故依天竺法火化收舍利二七粒堅固圓明群信於明所居禪庭立塔一所後遷座於塔下焉明亡之後十年王師西征安靜邊塞滑人有材勇者柴清因覘獫狁深入虜庭巡邏者多乃晝伏夜動迷方失路迂直不分清見明在前導若老馬之先驅焉及抵漢城忽然不見歸州就塔作禮遐邇傳之

宋高僧傳卷第十八

宋高僧傳卷第十八

校勘記

一　底本，清藏本。

一　一七八頁上六行「新羅」，磧、南作「陳新羅」。

一　一七九頁上末行末字「修」，徑作「施」。

一　一七九頁中三行「救頭」，資、磧、普作「救投」。

一　一七九頁中一五行第九字「默」，資、普、徑作「然」。

一　一八三頁中一六行第一〇字「未」，資、磧、普、南、徑作「末」。

一　一八四頁上八行第九字「官」，資、磧、普作「宮」。

一　一八四頁下一七行首字「乞」，資、磧、普、南作「迄」。

一　一八六頁上七行第四字「并」，資、普作「井」。

一　一八七頁下五行第一六字「耳」，普作「享」。

一　一八七頁下一五行「祟禍」，資、普作「崇禍」。

一　一八八頁中七行第一一字「者」，資、普作「老」。

宋高僧傳卷第十九　家九

宋左街天壽寺通慧大師賜紫沙門贊寧等奉勅撰

感通篇第六之二正傳二十一人附見八人

唐嵩嶽破竈墮傳

釋破竈墮者不知何許人也天后之世叅事嵩嶽安禪師號老安是歟通徹禪法逍遥弗羈恒理求而不見其前別塗取而莫趣其後甞遇巫氏能與人醮竈祓禳若漢武之世李少君以祠竈可以致物同也凡其解奏之時往往見鬼物形兆閭里迭畏傳于衆多殺生牢以祭之者爻午重其主竈乃旛蓋擁之秘而罕覯焉揚子所謂靈場之威宜夜矣時墮詣之始勸巫者終爲神說法已告云我聞師教決定生天乃現其形禮辭且曰蒙師提耳獲益彌深得生殊勝天言訖而隱其竈即神祠也隨而瓦解自然破落非人力也遐邇驚駭此師素不稱名由此全取他名號破竈墮也

唐嵩嶽閑居寺元珪傳

釋元珪姓李氏伊闕人也稟氣英奇寛裕閑雅既緣宿習乃誓出家於永淳二年遂登滿足乃誅名開居寺以習毗尼雖勤無懈執律唯堅後悟少林寺禪宗大通心要深入玄微遂卜廬于嶽中龐塢謂其徒仁素曰吾始居寺東嶺吾滅汝必墖吾骸于此珪安于巖阿時有峩冠袴褶部曲繁多輕步舒徐稱謁大師珪覩其貌偉精爽不倫謂之曰善來仁者胡謂而至曰師寧識我邪珪曰吾觀佛與衆生等吾一目之豈分別識也對曰我此嶽神也吾能利害生死於人師安得一目我哉珪曰汝能生死於人吾本不生汝焉能死吾視身與空等視吾與汝等汝能壞空與汝乎苟能壞空及壞汝吾則不生不滅也汝尚不能如是又焉能生死吾邪嶽神稽首再拜曰我亦聰明正直於餘神豈能知師有廣大之智辯乎願授之正戒令我度世助其威福珪曰神既乞戒即既戒也所以者何戒外無戒又何戒哉神曰此理也我聞茫昧止求師戒我身爲門弟子珪辭不獲即爲張座焚香秉鑪

正机曰付汝五戒汝能奉持即綌曰能不能即曰否神曰洗耳傾聽虚心納教珪曰汝能不婬乎神曰亦娶也曰非謂此也謂無羅欲也神曰能曰汝能不盜乎神曰何乏我也焉有盜取哉曰非謂此也謂饗而福淫不供而禍善也神曰能曰汝能不殺乎神曰政柄在躬焉曰不殺曰非謂此也謂有濫誤混疑也神曰能曰汝能不妄乎神曰我本正直焉能有妄曰非謂此也謂先後不合天心也神曰能曰汝能不遭酒敗乎神曰力能珪曰如上是爲佛戒也又言以有心奉持而無心拘執以有心爲物而無心想身能如是則先天地生不爲精後天地死不爲老終日變化而不爲動畢盡寂默而不爲休悟此則雖娶非妻也雖饗非取也雖柄非權也雖作非故也雖醉非惛也若能無心於萬物則羅欲不爲婬福淫禍善不爲盜濫誤混疑不爲殺先後違天不爲妄惛荒顛倒不爲醉是謂無心也無心則無戒無戒則無心無佛無衆生無汝及無我無我無汝孰能戒哉神曰我神通亞佛珪曰汝神通十句五能五不能佛則十句七能三不能神悚然避席跲跪頓恭曰可得聞乎曰汝能倈上帝東天行而西七曜乎曰不能又曰汝能奪地祇融五嶽而結四海乎曰不能珪曰是爲五不能也又曰佛能空一切相成萬法智而不能即滅定業佛能知群有性窮億劫事而不能化導無緣佛能度無量有情而不能盡衆生界是爲三不能也定業亦不牢久無緣亦謂一期衆生界本無增減亘無一人能主有法有法無主是謂無法無法無主是謂無心如我解佛亦無神通也但能以無心通達一切法耳作用冥現有情前也若有心有作作用必不普周焉嶽神曰我誠淺昧未聞空義願師授我戒我當奉行更何業因可拘塵界我願報慈德効我所能珪曰吾觀身無物觀無常法窟塊然更有何欲神曰師必命我爲世間事展我少小神功使已發心初發心未發心不信心必信心五等人目我神蹤知有佛有神有能有不能有自然有非自然者珪曰無爲是無爲是神曰佛亦使神護法師寧隳叛佛邪隨意垂誨珪不得已而言曰東巖寺之障也莽然無樹北岫有之而背非屏擁汝能移北樹於東嶺乎神曰已聞命矣又陳曰我必昏夜風雷擺摇震運願師無駭即鄭重作禮辭去珪門送而且觀之見儀衛逶迤如王者之行仗又復碧霧紅霞紫嵐皓氣間錯四散幢蓋環珮戈戟森森陵高霄空杳渺隱沒焉其夕果有暴風吼雷奔雲霆電隆棟壯宇岌嶪將圯定僧瞻動宿鳥聲狂互相敲磕物不安所乃謂衆僧曰無怖無怖神與我契矣詰旦和霽則北巖松栝盡移東嶺森然行植焉而珪謂其徒曰吾殁後無令外知若爲口實人將妖我也以開元四年丙辰歲囑累門人若委蛻焉春秋七十三遂營塔于嶽之東嶺影堂存于本院後十二年告成縣尉許籌追珪之德爲記焉

唐廬江灊山天柱寺惠符傳

釋惠符姓戚氏越州諸暨人也登其弱冠勇氣過人角力馳逐無能及者然其任俠且耽在家忽投香嚴寺矯迹柔心淳淑頓變納法

之後練行孤標每夜沿山據草座安禪不動復研尋經論見灊縣之霍山昔漢武嘗徙南嶽之祭于此極成勝境其中天柱寺可以棲神乃結庵居焉無幾有巨蛇張口毒火炎炎符徐語之曰汝尋宿債吾可噬也不然洗身定意如運業通來爲受戒斯須弭按蜿蜒而去果化成人形來求出家符爲之落髮披衣受訖禮辭而退後被告符私度具以實對辯符云若私度有慠甘聽其罪官吏知非常而縱之符凡見瘡癩膿流皆呪之則差至開元十八年無疾而終乃從火葬見骨節相連之狀焉

唐長安西明寺惠安傳

釋惠安未詳何許人也神龍中遊于京兆抑多先見時唐休璟既立邊功貴盛無比安往造焉曰相公甚美必有甚惡將有大禍且不遠數月然可攘去休璟素知安能厭勝諸而拜之安曰更無他術但奉一計耳豈非注擬官品出乎陶冶中請選一有才幹者用爲曹州因得張君本京官即日升之官贊相次作守定陶委之求二犬可高數尺而神俊者張君到任銳意精求得二犬如其所求以獻之休璟大悅召安視之曰極善後旬餘安却來曰事在今夕願相君嚴爲警備遂留安宿是夜休璟坐於堂之前軒命左右十數輩執弧操矢立于楊之隅休璟與安共處一榻至夜分安笑之曰相君之禍免矣可以就寢休璟喜而謝之遂撤左右俱寢迨曉安呼休璟可起矣問安曰二犬何所用乎遂尋其跡至園中見一人仆地而卒視其頸有血焉蓋爲物所嚙者又見二犬在大木下仰視之一人袒而匿身休璟驚且詰之其人泣而指死者曰其與彼俱賊也昨夕偕來欲害相國蓋遇此二犬環而且吠彼爲所噬既殞某藏匿無地天網所羅爲犬蹲守今甘萬死且命縛之曰此罪固當死然非其心也乃受制於人耳乃釋之賊拜泣而去休璟拜謝安曰非吾師不然死於二夫之手矣安曰此相國之福豈所能爲哉又休璟表弟盧軫在荊門有術士告之曰君將有災當求善禳厭者或能免矣軫知安奇術清行爲時所重致書于休璟安即與一書曰事在其中耳及書達江陵而軫已卒其家開其書徒一幅空紙焉殊無一字休璟益重之後數年適去罔知所之

唐西域安靜傳 徐果師

釋安靜本西域人也開元十五年振錫東遊至定陶直問丁居士何在鄉人報之曰終已三載葬在郊外且曰是人也乃在家菩薩專勤梵行嘗禮事嵩山普寂禪師云已得甚深法將終合掌加趺而坐儼然而絕曹城諸寺院鐘磬不擊自鳴也靜至墳所躬自發之時五色雲氣騰噴而上遂取其骨皆金色連環若鏁可五丈許鏗然響亮擐杖頭而行別樹塔重葬衆咸驚歎少頃靜瞥然滅沒焉

系曰有情遺骼引因賤果也凡夫身中節不相至十地菩薩骨節解盤龍相結佛則全身舍利焉今丁居士骨有鉤鏁形則超凡夫未階十住此乃八臂那羅延身骨節頭相鉤是歟證居士力量及此矣譬若出金之砂之謂渾不可謂爲砂也含玉之石之謂璞不可謂

爲石也矣

次又成都府大雲寺有徐果師者混物韜光人罕詳測或入三昧不失律儀或示狂癡語事多中先爲衛元嵩是難測之士坤維間往往有人謂之徐果師徐姓也果名也師通稱也此亦彊練誌公之倫類矣不知其終云

唐福州鍾山如一傳

釋如一不知何許人也開元末爲僧典牀座俄有僧徧身瘡疥衣服繿縷巡遶寺中僧衆覩之無不猒惡唯一見而憫焉延入常住别堂安置度夏夏末辭去一問去何所答曰歸庵中又問庵在何也只在大乘寺東一曰某日前方自彼來勿見庵處曰不信但來相訪某兩日後專來一遂往果見前僧在巖口相候因携手入一精舍樓閣森聳殿堂交錯且非人間景物三日遣一公下山迴首見悉是巖石方知聖寺耳一由是倍力修進願預聖流云

唐西域亡名傳

釋天竺亡名未詳何印度人也其貌惡陋纏乾陀色縵條衣穿華屣曳鐵錫化行于京輦當肅南康皐之生也纔三日其家召僧齋此僧不速自來其日僧必歷寺連名請至韋氏家僮患其長一人甚怒之以弊席坐于庭中既而齋畢韋氏令乳母負嬰兒出意請衆僧祝願焉梵僧先從座起攝衣升階視之曰别久無恙乎嬰兒若有喜色相認之意衆皆異之韋君曰此子纔生三日吾師何言别久也梵僧曰此非檀越所知也韋君固問之梵僧曰此子乃諸葛亮之後身耳武侯鼎國時爲蜀丞相君所知也緣蜀人受其賜且久今降生於世將爲蜀帥必福坤維之人吾往在劒門與此子爲善友既知其生于君門吾不遠而來此子作劒南節度二十年官極貴中書令太尉此外非我所知也父然之因以武子爲字又單字武也張鎰出爲鳳翔隴州節度奏皐權知隴州及鎰爲李楚琳所殺牛雲光請皐爲帥朱泚不得已用皐爲鳳翔帥德宗置奉義軍節以旌之績加禮部尚書興元中駕還京徵爲左金吾衛將軍貞元元年爲成都尹代張延賞到任和南蠻并戰功封南康郡王順宗即位進太尉南康在任二十一年末塗甚崇釋氏恒持數珠誦佛名所養鸚鵡教令念經及死焚之有舍利焉皐又歸心南宗禪道學心法於淨衆寺神會禪師在蜀富貴僭差重賦歛時議非之然合梵僧懸記焉

唐京兆抱玉傳

釋抱玉者行業高奇人事罕接每言來事如目擊焉見釋子大光而誨之曰汝誦經宜高揭法音徹諸天傾聽必得神人輔翼後皆符其記莂京邑歸信千計每夕獨處一室闔扉撤燭嘗有僧於門隙間窺其所以見玉口中出慶雲華彩可愛後年可九十許而終終時方大暑而尸無萎敗宰臣第五琦與玉相善及終臨喪頗哀琦以香乳灌其口隨有祥光自口而出晃然四照琦愈奇之琦乾元二年十月貶忠州刺史實應初入爲太子賓客至京尹玉皆預言榮貴轗軻相半皆如其言刻意歸信焉

唐虢州閿鄉阿足師傳

釋阿足師者莫詳出處形質癡濁精神瞢然時有所言靡不先覺雖居無定所多寓閿鄉以其踵法雲公之塵躅憧憧往來爭路禮謁檀施山積曾無顧瞻人有隱憂身嬰所苦獲其指南者其驗神速時陝州有富家翁張臻者產業且多財貨增溢少子息臻恒懼錢帛身後無嗣後產男既愚且惷手足拳攣語言謇澀唯嗜飲食殆與平人有異口如溪壑終日無厭年可十七父母鍾愛縱其須索迎醫求藥不遠千里數十年後家業罄窮或有謂其臻曰阿足師其實誌之流何不斅布腹心求救其疾乃夫妻來抵閿鄉叩頭投洟告其拯拔阿足瞋目久之謂臻曰汝宄未散尚須數年憫汝勤拳爲汝除去即令選日於河上致齋廣召衆多同觀度脫仍領引其男赴于道場時衆知阿足奇異觀者如堵少選指呼壯夫三數輩叱曳其子令投諸河隨急流而逝臻且哀且驚莫測其由阿足語臻曰爲汝除宄訖良久其子忽於流數十步外聳身水面戟手罵其父母曰與爾宄仇宿世緣業賴逢聖者遽此解紛儻或不然未期畢日挺身高呼辭理分明都無癡濁之狀須臾沉水不知其他阿足由茲傳播歸信之人如就市焉所行化導皆此類矣蓋大曆建中中也殆德宗貞元十二年丙子勑謚爲大圓禪師至今陝號之間猶崇重焉

唐天台山封干師傳木漬師寒山子拾得

釋封干師者本居天台山國清寺也剪髮齊眉布裘擁質身量可七尺餘人或借問止對曰隨時二字而已更無他語樂獨舂穀役同城旦應副齋炊嘗乘虎直入松門衆僧驚懼口唱唱道歌時衆方皆崇重及終後於先天年中在京兆行化非恒人之常調士庶見之無不傾禮以其躡萬迴師之後微亦相類風狂之相過之言則多中先是國清寺僧廚中有二苦行曰寒山子曰拾得多於僧廚執爨爨訖二人晤語潛聽者多不體解亦甚顛狂糺合相親蓋同類相求耳時閭丘胤出牧丹丘將議巾車苦頭疼羌甚醫工寡効邂逅干造云某自天台來謁使君且告之患干曰君何慮乎便索淨器呪水噴之斯須覺體中頗佳閭丘異之乃請干一言定此行之吉凶曰到任記謁文殊閭丘曰此菩薩何在曰國清寺廚執爨洗器者是及入山寺問曰此寺曾有封干禪師曰有院在何所寒山拾得復是何人時僧道翹對曰封干舊院即經藏後今閴無人止有虎豹時來此哮吼耳寒拾二人見在僧廚執役閭丘入干房唯見虎跡縱橫又問干在此有何行業曰唯事舂穀供僧粥食夜則唱歌諷誦不輟如是再三歎嗟乃入廚見二人燒柴木有圍爐之狀閭丘拜之二人連聲咄叱後執閭丘手褒之若㜷孺呵呵不已行曰封干饒舌自此二人相携手出松門更不復入寺焉干又嘗入五臺巡禮逢一老翁問曰莫是文殊否翁曰豈可有二文殊干禮之未起恍然失之

次有木漬師者多遊京邑市鄽間亦類封干人莫輕測封豐二字出沒不同韋述吏官作封疆之封閭丘序三賢作豐稔之豐未知孰是

寒山子者世謂爲貧子風狂之士弗可恒度推之隱天台始豐縣西七十里號爲寒暗二巖每於寒巖幽窟中居之以爲定止時來國清寺有拾得者寺僧令知食堂恒時收拾衆僧殘食菜滓斷巨竹爲筒投藏于内若寒山子來即負而去或廊下徐行或時叫噪凌人或望空曼駡寺僧不耐以杖逼逐翻身撫掌呵呵徐退然其布襦零落面貌枯瘁以樺皮爲冠曳大木屐或發辭氣宛有所歸歸于佛理初閭丘入寺訪問寒山沙門道翹對曰此人狂病本居寒巖間好吟詞偈言語不常或藏或否終不可知與寺行者拾得以爲交友相聚言說不可詳悉寺僧見太守拜之驚曰大官何禮風狂夫耶二人連臂笑傲出寺閭丘復往寒巖謁問并送衣裳藥物而高聲倡言曰賊我賊退便身縮入巖石穴縫中復曰報汝諸人各各努力其石穴縫泯然而合杳無蹤跡乃令僧道翹尋其遺物唯於林間綴葉書詞頌并村墅人家屋壁所抄錄得二百餘首今編成一集人多諷誦後曹山寂禪師注解謂之對寒山子詩以其本無氏族越民唯呼爲寒山子至有庭際何所有白雲抱幽石句歷然雅體令巖下有石亭亭而立號幽石焉

拾得者封干禪師先是偶山行至赤城道側仍聞兒啼遂尋之見一子可數歲已來初謂牧牛之豎委問端倪云無舍孤棄于此封干携至國清寺付與典座僧或人來認必可還之後沙門靈熠攝受之令知食堂香燈忽於一日見其登座與像對槃而飡復呼憍陳如曰小果聲聞傍若無人執筋大笑僧乃驅之靈熠咨尊宿等罷其堂任且令厨内滌器洗濯纔畢澄濾食滓以筒盛之寒山來必負而去又護伽藍神廟每日僧厨下食爲烏鳥所取狼藉拾得以杖扑土偶三二下駡曰汝食不能護安護伽藍乎是夕神附夢與闔寺僧曰拾得打我明日諸僧說夢符同一寺紛然，始知非常人也時牒申州縣郡符下云賢士隱遁菩薩應身宜用旌之號拾得爲賢士又於寺莊牧牛歌詠呼天當其寺僧布薩時拾得驅牛至僧集堂前倚門撫掌大笑曰悠悠者聚頭時持律首座咄曰風人何以喧礙說戒拾得曰我不放牛也此群牛者多是此寺知僧事人也拾得各呼亡僧法號牛各應聲而過舉衆錯愕咸思改往修來感菩薩垂跡度脫時道翹纂錄寒山文句於寺土地神廟壁見拾得偈詞附寒山集中

系曰按封干先天中遊遨京室知閭丘寒山拾得俱睿宗朝人也奈何宣師高僧傳中閭丘武臣也是唐初人閭丘序記三人不言年代使人悶焉復賜緋乃文資也夫如是乃有二同姓名閭丘也又大潙祐公於憲宗朝遇寒山子指其泐潭仍逢拾得於國清知三人是唐季葉時猶存夫封干也天台沒而京兆出寒拾也先天在而元和逢爲年壽彌長耶爲隱顯不恒耶易象有之小狐汔濟其此之謂乎

唐成都淨衆寺無相傳 智詵禪師

釋無相本新羅國人也是彼土王第三子於本國正朔年月生於郡南寺落髮登戒以開

元十六年泛東溟至于中國到京玄宗召見貅於禪定寺後入蜀資中謁智詵禪師有處寂者異人也則天曾召入宫賜磨納九條衣事必懸知且無差跌相未至之前寂曰外來之賓明當見矣汝曹宜洒掃以待閒一日果至寂公與號曰無相中夜授與摩納衣如是入深溪谷巖下坐禪有黒犢二交角盤礴於座下近身甚急毛手入其袖其冷如冰捫摸至腹相殊不傾動每入定多是五日爲度忽雪深有二猛獸來相自洗拭躶卧其前願以身施其食二獸從頭至足嗅帀而去往往夜間坐牀下搦虎鬚毛既而山居稍久衣破髮長獵者疑是異獸將射之復止後來入城市晝在冢間夜坐樹下眞行杜多之行也人漸見重爲構精舍於亂墓前長史章仇兼瓊來禮謁之屬明皇違難入蜀迎相入內殿供禮之時成都縣令楊翌疑其妖惑乃帖追至命徒二十餘人曳之徒近相身一皆戰慄心神俱失頃之大風卒起沙石飛飈直入廳事飄簾卷幕楊翌叩頭拜伏喘而不敢語懺畢風止奉送舊所由是遂勸檀越造淨衆大慈菩提寧國等寺外邑蘭若鐘塔不可悉數先居淨衆本院後號松溪是歟相至成都也忽有一力士稱捨力伐柴供僧廚用相之弟本國新爲王矣懼其却迴其位危殆將遣刺客來屠之相已冥知矣忽日供柴賢者暫來謂之曰今夜有客曰灼然又曰莫傷佛子至夜薪者持刀挾席坐禪座之側逡巡覺壁上似有物下遂躍起以刀一揮巨胡身首分於地矣後門素有巨坑乃曳去瘞之復以土拌滅其跡而去質明相令召伐柴者謝之已不見矣嘗指其浮圖前栢曰此樹與塔齊寺當毀矣至會昌廢毀樹正與塔等又言寺前二小池左羙右飯齋施時少則令淘浚之果來供設其神異多此類也以至德元年建午月十九日無疾示滅春秋七十七臨終或問之曰何人可繼住持乎乃索筆書百數字皆隱不可知諧而叶韻記莂八九十年事驗無差失先是武宗廢教成都止留大慈一寺淨衆例從除毀其寺巨鐘乃移入大慈矣洎乎宣宗中興釋氏其鐘却還淨衆以其鐘大隔江計功兩日方到明日方欲爲齋辰去迎取巳時巳至推挽之勢直若飛焉咸怪神速非人力之所致也原其相之舍利分塑眞形爾日面皆流汗上足李僧以巾旋拭有染指者其汗頗鹹乃知相之神力自曳鐘也變異如此一何偉哉後號東海大師塔焉乾元三年資州刺史韓汯撰碑至開成中李商隱作梓州四證堂碑推相爲一證也

唐揚州西靈塔寺懷信傳

釋懷信者居處廣陵別無奇迹會昌三年癸亥歲武宗爲趙歸眞排毀釋門將欲堙滅教法有淮南詞客劉隱之薄遊四明旅泊之宵夢中如泛海焉迴顧見塔一所東度見是淮南西靈寺塔其塔峻峙制度校胡太后永寧塔少分耳其塔第三層見信凭欄與隱之交談且曰蹔送塔過東海旬日而還數日隱之歸揚州即往謁信信曰記得海上相見時否隱之了然省悟後數日天火焚塔俱盡白雨傾澍傍有草堂一無所損由是觀之東海人

見永寧塔不謬矣

系曰塔焚皆云往東海海豈納煨燼耶通曰五行爲物亦七大性可弗周徧法界乎順則相生逆則相害雖逆順各時與法界同其分齊證知唯有識耳且天仙鬼物與人相反殊勝諸天則定果宮殿神仙則附物變化鬼神則歆其食氣質礙之流火化則得受用也凡塔剎嚴麗多被鬼神取旃海若川侯亦非人也如陳重雲殿天火焚東海人時見殿影焉又近馬氏霸湖南末年天冊閣爲天火焚朗州守此夜聞空中呵喝言迴避天冊閣來也雲中騰沸若千萬人舁荷重物然累日方潭州火矣若懷信見劉隱之夢信亦不可測之僧也

唐陝府辛七師[宋九]傳

釋辛七師者不顯出家之號時姓[十八]氏行次呼之既熟人耳更無別召體焉實陝人也始爲兒時甚閑謹肅不嘗狎弄少即老成其父爲陝郡守觀七師之作爲謂其母曰是子非常兒孺善宜護養之年甫十歲迥知佛法可以宗尚凡經卷冥然分其此華此梵都不緣師教及鐘荼蓼陟屺之痛愈深雖親屬勸勉益加柴毀先是郡城南有瓦窰七所一日哀號之際發狂遁去其家僮輩躡迹尋之見其入窰竈中端坐身有奇光爍若金色家僮驚就問無言懼而徒步次窺一窰復見七師同前相狀如是歷徧七窰一一見其端坐發光是以陝服之人重之若神遇之羅拜焉

唐京師大安國寺和和傳

釋和和者莫詳氏族本生其爲僧也狂而不亂愚而有知罔測其由發言多中時號爲聖安國寺中居住出入無拘撿見本寺修營殿閣未就有越國公主降榮陽鄭萬鈞雖琴瑟相諧而數年無子和因至公主家鈞焚香灑掃以待之主拜跪歸向鈞祈告之曰其自叨選尚頗得一[宋九]子爲嗣唯師能致之[十九]乎和曰易耳但遺我三千疋絹主當誕二男鈞勤重如聽佛語出絹如所求施之和取付修寺殿閣功德主乃曰主有娠矣吾令二天人下爲公主作兒所憂者公主不能併妊二子乎爲孿乳包羞耳吾俾其同年而前後誕之果如其言歲初年末各生之矣長曰潛耀次曰晦明皆美丈夫後博涉成事爲京邑之間傳揚沸渭量其位地不可輕議哉

唐揚州孝感寺廣陵大師傳

釋廣陵大師者維揚人也不言法名淮海之間競呼廣陵大師也形質寢陋性多桀黠眞率之狀與屠沽輩相類止沙門形異耳好嗜酒啖肉常衣繐裦厚重可知盛暑亦不覽脫蚤虱聚其上僑寓孝感寺獨一室每夕闔扉而寢率以爲常或狂悖性發則屠犬彘日聚惡少鬭毆或醉臥道傍揚民以是惡之貞元中有一少壯素以力聞嘗一日少壯與人賭博大師大怒以手擊碎博局少壯笑曰騃兒何敢逆壯士耶大師且罵而唾其面於是索少壯鬭擊觀者圜帀千數少壯爲大師所困迸道而逃自此人方知有神力焉亦於稠人廣衆中自負其力往往入闤闠間剽奪人錢帛市人皆畏其勇而莫敢拒後有一耆年僧召大師誡勑之曰汝胡不謹守戒法奈何食

酒肉屠犬豕彊抄市人錢物又與無賴子弟鬭競不律儀甚豈是僧人本事耶一旦衆所不容執見官吏按法治之何處逃隱且深累佛法大師怒色對之曰蝇蚋徒喋羶腥爾安知鴻鵠之志乎然則我道非爾所知也且我清中混外者豈同爾齷齪無大度乎耆年且不能屈後一日自外來歸入室閉戶有於門隙覘之見大師坐席放神光自眉間晃朗照物洞然觀者驚報少頃寺僧奔至瞻禮稱歎或有懺悔曾謗之者或有彈指讚詠之者明日群僧伺候大師出焚香致禮及開戶瞑目如入禪定已長往矣自此廣陵人寫貌供養號之爲大師焉

唐南嶽山明瓚傳

釋明瓚者未知氏族生緣初遊方詣嵩山普寂盛行禪法瓚往從焉然則默證寂之心契人罕推重尋於衡嶽閑居衆僧營作我則晏如縱被詆訶殊無愧恥時目之懶瓚也一説伊僧差越等夷或隨衆齋飡或以瓦釜煑土而食云是彌陀佛應身未知何證驗之一云好食僧之殘食故殘也(殘上聲呼)或隨逐之則時出言語皆契佛理事迹難知天寶初至南嶽寺執役盡專一寺之上夜止群牛之下曾無倦也如是經二十年相國鄴公李泌避崔李之害隱南嶽而潛察瓚所爲曰非常人也聽其中宵梵唄響徹山谷李公情頗知音能辯休戚謂瓚曰經音悽愴而後喜悅必謫墮之人時將去矣候中夜李公潛往謁焉望席門自贊而拜瓚大詬仰空而唾曰是將賊我李愈加鄭重唯拜而已瓚正發牛糞火出芋啗之良久乃曰可以席地取所啗芋之半以授焉李跪捧盡食而謝謂李公曰愼勿多言領取十年宰相李拜而退居一月刺史祭嶽修道路極嚴忽中夜風雷而一峯頹下其緣山蹬道爲大石所攔乃以數牛縻絆而挽之又以數百人鼓噪以推之物力竭而石愈固更無他術瓚曰奚用如許繁爲我始去之衆皆大笑瓚遂履石而動忽轉盤而下聲若震雷山路既開衆僧禮而踴躍一郡呼爲至聖太守奉如神明瓚悄然乃懷去意寺外虎豹忽爾成群日有殺傷無由禁止瓚曰授我一小箠爲爾驅除衆曰大石猶可推虎豹當易制遂與之荊梃皆躡後以觀之出門見一虎銜之而去瓚既去矣虎亦絶蹤矣李鄴公於天寶末肅宗北巡至靈武即位遣使訪召會泌自嵩潁奔赴行在所帝喜用之俾掌樞務權逾宰相判廣平王府司馬事肅宗曰卿爲朕師友今父子三人資卿道義尋爲崔圓李輔國害其能泌懼乞遊衡嶽詔許之絶粒數年遂見瓚焉後終居相位一如瓚之懸記矣勑謚大明禪師塔存嶽中云

唐簡州慈雲寺待駕傳(懷一)

釋待駕俗姓王氏金水縣人也冲孺出家作爲詭異其父立名待駕當天寶末也練行精進時號頭陀及玄宗巡幸果自詣府剃髮爲僧至是待駕得度其言信矣駕去縣邑二十里開逕芟茅獨居山頂後成一寺此山絶多靈跡初名石城迨明皇至劒門山神見形迎駕稱姓李氏勑賜與玄孫之稱後陝武擔東臺遠望祥雲紫氣盤結空界問左右曰此何

處對曰名城山乃悟山神扈衛之意遂改雲頂爲慈雲寺也駕後卒于此寺又福州楞伽寺釋懷一景龍中銳意於愛同寺東造精舍相度地形無水濟用方拱手而去忽山禽擊闘於地一異之命工究深尺餘甘泉沸湧此後伏臘而無加耗寺中每有休咎必暫減耗候以知之風俗謂之靈泉焉以永泰二年歸寂弟子超悟奏乞代宗題寺額上首曰智恒次行弼越州刺史皇甫政爲碑紀德襄州節度使于頔書焉

唐福州愛同寺懷道傳 智恒

釋懷道萬德高情慈忍濟物思乎達法恒爾遊方凡遇通人卑禮求益及還鄉之日禮佛勤劬收舉坐具獲珠一顆後置於文殊塑像額心安之其珠圓瑩且異蚌胎又冥然降舍利骨尋分於南澗塔中洎至德二年令弟子僧常持法華經不捨晝夜俄有白氎袈裟一領降於塔中不知其來此蓋道修練之心感于冥理也後滑臺守李邕著碑文并書相次智恒繼居法華院即懷一弟子也道行與師相埒卒後禮部侍郎劉太眞作碑頌楮長文書次有超悟行弼皆名望相齊化于閩俗無不重焉

唐昇州莊嚴寺惠忠傳 圓寂

釋惠忠俗姓王潤州上元人也初在母孕忽遇異僧謂曰所生貴子當爲天人矣誕育已來不食葷腥有異常童稟性敦厚年二十三以經業見度即神龍元年也遂配莊嚴寺志節高簡爲時輩所推聞牛頭山威禪師龔達磨蹤得佛法印遂造山禮謁威見忠乃曰山主來矣因爲說法頓悟上乘威旣得人如老氏之逢尹喜乃命入室付法傳燈并委山門之事遂出鄣聚忠即繼踵玆峯夙夜精勵常頭陀山澤飲泉藉草一食延時每用一鐺衆味同煑用畢懸於樹杪方復繩牀晏坐終日如杌衣不易時寒暑一納積四十年遂彰靈應非一州牧明賢頻詣山禮謁再請至郡施化道俗天寶初年始出止莊嚴忠以爲梁朝舊寺莊嚴最盛今已歲古凋殘興懷修葺遂於殿東擬創法堂先有古木鵲巢其頂工人將欲伐之忠曰且止待鵲移去始當伐之因至樹祝曰此地造堂當速移去言畢其鵲競銜柴遷寓他樹合郭道俗觀者如堵莫不歎異又立基未定忽有二神人爲止其處因乃定焉雖汲引無廢神曠不撓四方之侶相依日至以大曆三年山門石室前有忠挂衣藤是歲盛夏忽然枯悴靈芝仙菌且不復生至九月忠演法高座無故水出遶座而轉至四年六月十五日集衆布薩至晚乃命侍者剃髮浴軀是夜瑞雲覆刹天樂聞空十六朝怡然坐化時風雨震蕩樹木摧折和州延祚寺僧徒其夕咸見白虹直東西貫于山中鳥獸哀鳴林巒巖間哭聲數日方止岳牧韋公損聞而哀慟遣使贈賻并令上元令劉君備威儀送歸山于時炎蒸至七月七天降雨絕涼八日神柩出纖塵不飛又有群鶴徘徊疊上送至山門瘞後數日墳內放光照于山林五年春依外國法茶毗獲舍利不可勝計圓細如珠光彩瑩徹遠近道俗有恨無所尅獲咸於焚身處煨燼中至求凡百千人皆得舍利

故知法身圓應感物無窮聖力潛通光騰千古門人起木塔春秋八十七矣身逾七尺霜眉徑寸儀容殊偉鶯頷龍腮神氣孤拔色如金聚含光玉潤若梵僧所居帳幃弗張蚊蚋不犯曾居蘭若幽棲松竹深邃嘗有虎鹿並各産子馴遶人室曾無懼色開元二十七年上元令長孫逖初脫略異聞躬造山詢驗及到山半猛虎當路咆吼逖乃驚怖莫知所爲忠聞出林曉喻虎因寢聲伏于林中逖恐懾合掌禮謝而迴忠又向吳郡具戒院中有凌霄藤盛夏萎悴人擬伐之威大師曰勿翦惠忠還日其藤更生人不之信及秋忠還其藤重茂矣又昔有供僧穀倉在莊夜有强盜來竊之虎乃吼喚逐之盜棄負器而逃其類夥多良難驟述忠著見性序及行路難精旨妙密盛行于世又鄴中釋圓寂氏族生地俱不可尋初從嵩山見老安禪師道契相符莫測涯岸以高宗咸亨二年生計終歲巳一百有奇年矣襄州節度使嚴綬傾心供養亦號無生和尚焉

唐洛京天宮寺惠秀傳

釋惠秀俗姓李氏今東京陳留人也出離塵垢慕尚逍遥初以戒律飾躬後以禪定爲務於荊郢之地叅問祖師既了安然迴依洛邑天宮寺也屬則天頻幸神都而秀道聲聞于后聽屢詔入禮重其於懸記未然事合同符契長安中往資聖寺唱道化人翕然歸向忽誡禪院弟子令滅燈燭有白秀曰長明燈可留亦令滅之因說火災難測不可不備云嘗有寺家不備火燭佛殿被焚又有一寺鐘樓遭爇又有一寺經藏煨燼殊可痛惜時衆不喻其旨至夜遺火佛殿鐘樓經藏三所悉成灰炭方知秀預知垂警又玄宗在潞邸時曾與諸王俱詣問法從容留施一笛玄宗出去秀召弟子曰謹掌此笛後有要時當獻上也及受睿宗傳禪弟子達磨等方悟其言取笛以進帝悅先知迴賜豐厚秀偶示微疾告誡門人奄然歸寂享年一百歲燕國公張說素所歸心送瘞龍門山道俗數千人奔會悲悼焉

唐成都郫縣法定寺惟忠傳

釋惟忠少孺爲僧勵精自行在乎群等莫不宗焉出家法定寺本是後漢永平中佛法始流中國便有置德淨伽藍神光屢現至宋釋惠持自廬阜辭遠公法兄誓化岷蜀屬譙縱不道令數輩操刃欲屠持持乃彈指其衆驚奔僵仆隋開皇四年改名法定焉寺有彌勒聖像唐武德中忽有枯查泝江而至夜發光明因雕作像首貞觀中竇軌爲長史劒門佛首光見引達于府竇公令人迎取數百人亦不能勝乃令祝之任欲何往遂言可就法定否乃一人能舉竇遂造佛身長史高士廉葢殿以安之後有僧沉愛樹其浮圖而獲一巨蟹身足二尺餘是塔頗多靈異人或將酒肉乘醉詣聖佛前立見災禍矣忠於天寶中於寺愈加精苦無何塔爲霆震拔其塔心柱出外忽有小木承代之意衆咸怪之罔測厥由忠乃叩搕於聖彌勒像告訴天龍合加畏重何輒震擊奪塔心柱耶是知庶女叫而雷擊景公臺誠有所感一日迅雷烈風還同前震

覆覩之乃龍神送舊柱安置如故當其易柱陰雲四合有四神人以身扶翼立與塔齊忠之感物也若此會昌圻寺之前舍利七粒出相輪上白光滿空向西飛去蜀皆所目覩將倒之時赤光見于半天焉又此寺有大棗樹將毁寺之年其樹枯瘁及大中再置其棗重榮也忠後終寺

系曰教法興替得非數乎數筭已定毀刻弗移如其會昌之前舍利預飛棗樹先瘁是知當替數之彊興數必弱興不勝其替矣大中之興替不勝其興矣若不爲四相之遷非繫興替之數也教法是有爲之法詎免遷流者乎吁

宋高僧傳卷第十九

宋高僧傳卷第十九

校勘記

一　底本，清藏本。

一　一九一頁下九行第五字「雹」，磧、普作「雷」。

一　一九二頁上七行「落髮」，資作「落鬏」。

一　一九二頁上末行第八字「宮」，資、磧、普、南、徑作「官」。

一　一九二頁下一三行首字「若」，磧作「共」。

一　一九二頁下一四行第一一字「瞥」，資、磧、普、南、徑作「瞥」。

一　一九二頁下一五行「踐果」，資、磧、普作「殘果」。

一　一九四頁中七行小字右「木須師」，資、磧、普、南、徑作「木湏師」。

一　一九四頁中一八行第一四字「胤」，資、磧、普、南作「生」，並下有夾註「名犯太祖廟諱生字代之」。

一　一九四頁下一八行「吏官」，資作「史官」。

一　一九五頁上一七行「泯然」，資作「暋然」；普作「暋然」。

一　一九五頁上一九行「二百」，資作「三百」。

一　一九五頁下末行「落髮」，資、普作「落鬏」。

一　一九六頁上末行第一〇字「踹」，資作「喘」。

一　一九七頁中六行「徒步」，資、普作「徙步」。

一　一九七頁中一三行「榮陽」，資、普作「滎陽」。

一　一九九頁下四行第一三字「止」，資作「卜」；磧、普、南、徑作「上」。

一　二〇〇頁上九行第八字「因」，資作「困」。

一　二〇一頁上七行「終寺」，資、磧、普、南作「終于寺」。

一　二〇一頁上八行第一五字「罯」，資、磧、普、南、徑作「暑」。

宋高僧傳卷第二十

宋左街天壽寺通慧大師賜紫沙門贊寧等奉　勅撰

感通篇第六之三 正傳二十二人 附見四人

唐資州山北蘭若處寂傳

釋處寂俗姓周氏蜀人也師事寶修禪師服勤寡慾與物無競雅通玄奧居山北行杜多行天后聞焉詔入內賜摩納僧伽梨辭乞歸山涉四十年足不到聚落坐一胡牀宴默不寐常有虎蹲伏座下如家畜類資民所重學其道者臻萃由是頗形奇異如無相大師自新羅國將來謁詵禪師寂預識衆曰外來之賓明日當見矣宜灑掃以待之明日果有海東賓至也開元初新除太守王睞本黃冠也景雲中曾立少功刺于是郡終於釋子笣藏禍心上任處分令境內應是沙門追集唯寂人不下山或勸寂往叅免爲厲階寂謂弟子曰汝雖出家猶未識業吾之未死王睞其如吾何追乎王公上官三日緇徒畢至或曰唯處寂蔑視藩侯弗來致賀睞微怒也届諸僧升廳坐已將啓怒端問寂違拒之由慍色悖興僧皆股慄睞俄然仆地左右扶掖歸宅至廳事後屏樹如被摑頰之聲禺中氣絶自此人謂爲妄欲加諸道人一至於此寂以開元二十二年正月示滅享年八十七資中至今崇仰焉

唐代州五臺山華嚴寺無著傳

釋無著永嘉人也識度寬明秉操貞確留神大道約志遊方抵于京師雲華寺就澄觀法師研習華嚴之教凡諸經論志極旁通然於華藏海終誓遨遊以大曆二年入五臺山肆欲觀聖人之境界五月到華嚴寺掛錫始於堂中啜茶見老僧寢陋據北牀問曰子從南方來還賷數珠請看著乃躬度之迴視之間失僧之所于時神情慠悅疑喜交生曰昔僧明入此覩石臼木杵後得入聖寺獲見聖賢我願止此其爲快乎次由般若經樓見吉祥鳥羽毛蒨絢雙飛于頂上望東北鼓翼而去明日有白光兩穗入戶悠颺少頃而滅同房

僧法等見而驚怪言曰此何祥也願期再現齗衆生疑尋覩光如前因往金剛窟望中致禮方坐假寐聞叱牛三聲云飲水一翁古貌環形服麤短褐曳麻屨巾裹甚異著乃迎執其手問從何來翁曰山外求粮用來居在何地云求粮用在臺山翻質著云師何來止答曰聞此有金剛窟故來隨喜翁曰師困耶答曰否曰既不困儻何輒睡乎著曰凡夫昏沉胡可怪哉曰師若昏沉可去啜煮荈乎翁指東北見精舍相距數步餘翁牽牛前行著躡蹤而隨至寺門喚均提三聲童子膺唯開闔年可十四五垂髮齊眉衣褐襦牽牛入寺見其地盡是瑠璃堂舍廊廡皆耀金色其間華靡非人間之制度翁踞白牙牀指錦墩揖著生童子捧二甌茶對飲畢擎玳瑁器滿中酥酪各賦一匙著咽之如有所證神府明豁悟宿事焉翁曰師出家來何營何慮乎答曰有修無證大小二乘染指而已曰未知初出家時求何心著云求大乘菩提心曰師以初心修即得又問齒臘幾何三十一矣翁云師之純淑年三十八則其福根芟植此地而榮茂歟且徐徐下山好尋道路勿傷厥足吾年老朽從山外來困極欲偃息也著請寓一宵可乎曰不可緣師有兩伴相隨今夜不見師歸憂愁曷已此乃師有執情在著曰瞿曇弟子有何執處雖然有伴不顧戀他又問持三衣否曰受戒已來持之曰此是封執處著曰亦有聖教在若許住宿心念捨之脫有强緣佛故聽許曰若依小乘無難不得捨衣宜從急護翁拂襟投袂而作著亦趨行翁曰聽吾宣偈一念淨心是菩提勝造恒沙七寶塔寶塔究盡碎爲塵一念淨心成正覺著俯聽凝神謝曰蒙宣密偈若飲醍醐容入智門敢忘指決丈人可謂知言銘刻心府翁喚均提可送師去臨行拊背曰好去著再折臂與童子駢肩齊步至金剛窟前問童子此何伽藍不懸題額童子指金剛窟反問著云伊何窟乎曰先代相傳名金剛窟童子曰金剛下有何字著惟忖少選曰金剛下有般若童子莞爾適入者般若寺也著携童子手揖顧而別童子矑目視著如欲吐辭著曰遂我可以言代縞帶與玉玦乎童子遂宣偈云面上無瞋供養具口裏無瞋吐妙香心裏無瞋是珍寶無染無垢是眞常偈終恍惚之間童子及聖寺俱滅唯見山林土石悢悢盈懷歔欷不已歎曰緒言餘論若笙鏞之末響猶在乎耳諦觀山翁立處有白雲冉冉湧起去地尋常許變成五色雲霓上有大聖乘師子而諸菩薩圍遶食頃東方白雲一段漸遮菩薩面群像與雲偕滅著儵見汾州菩提寺主僧修政等六人相將還至窟前作禮忽聞山石振吼聲如霹靂諸僧奔走良久寂無所覩著遂陳遭遇六人悔責不見聖容咫尺緜邈知罪障之屛翳歟著遂隱此山而終元和中門人文一追述焉

唐眞定府普化傳

釋普化不知何許人也秉性殊常且多眞率作爲簡放言語不拘躬事盤山積禪師密容指教深入堂奥誡令保任而發狂悖甞與臨濟玄公相見乃對之以之驢鳴旁侍無不哂

笑直時歌舞或即悲號人或接之千變萬態略無恒度一日擘挾棺木巡街徇戶告辭云普化明日死去時視之知不可𥘉趙人相率隨送出城東門而揚言曰今日葬不合青烏經二日出南門人亦隨送又曰明日方吉如是西門北門出而還返人煩意怠一旦坐于郊野如入禪定焉禪宗有著述者以其發言先覺排普化爲散聖科目中言非正員也矣

唐漢州棲賢寺大川傳（法𡛿）

釋大川不知何許人也沉默自居節操彌厲戒無虧允言不浪施於漢州棲賢寺行四聖種法克苦既增川也其樂也泄泄縣竹之人無夙少率皆宗奉及乎終也卧于寺外白衣具牀榻相率舁歸寺中務營喪禮方當屍舉無何雙鹿引前若騶導焉始復門閫寺額舊然隕地遠近驚歎又此山靈異不容麤鄙有僧深藏者不謹愿多所違犯神人擲于山下可七里許唯傷足指從此無不悛革守戒者大曆初北山變成黃金色上有樓閣菩薩行道斯須之間萬形千狀川素居此寺與地俱靈留影供養如事靈祠焉次閩城法𡛿者未詳何許人也行頭陀法克苦克勤激勸閩人辭氣剛直閩海壇練門江內有巨鐘相傳云昔有人往廣州慕鑄信鼓巨艦至此忽值風濤沉溺每月望日其潮大至水退其蒲牢乃出可容一人從中穿過約其周圍徑一丈餘大曆中𡛿欲出此鐘先於開元寺設大會齋誦呪令一小僧詣龍宮乞鐘於人世擊扣以警晨昏小僧見海神曰我惜以鎮海別與小珠三顆爲信當爾時小僧有如夢覺珠在手焉

唐西域難陀傳

釋難陀者華言喜也未詳種姓何國人乎其爲人也詭異不倫恭慢無定當建中年中無何至于岷蜀時張魏公延賞之任成都喜自言我得如幻三昧嘗入水不濡投火無灼能變金石化現無窮初入蜀與三少尼俱行或大醉狂歌或聚衆說法戍將深惡之亟令擒捉喜被捉隨至乃曰貧道寄迹僧門別有藥術因指三尼曰此皆妙於歌舞戍將乃重之遂留連爲置酒肉夜宴與之飲唱乃假襦袴巾櫛三尼各施粉黛並皆列坐合睇調笑逸態絕世飲欲半酣喜謂尼曰可爲押衙踏舞乎因徐進對舞曳練迴雪迅起摩趺技又絕倫良久曲終而舞不已喜乃咄曰婦女風邪喜忽起取戍將刀衆謂酒狂坐者悉皆驚走遂斫三尼頭皆踣於地血及數丈戍將大驚呼左右縛喜喜笑曰無草草也徐舉三尼乃笻竹杖也血乃向來所飲之酒耳喜又却坐飲宴別使人斷其頭釘兩耳柱上皆無血汙身即坐於席上酒巡到即瀉入斷處面色亦赤而口能歌舞手復擊掌應節及宴散其身自起就柱取頭安之輙無瘢痕時時言人吉凶事多是謎語過後方悟成都有人供養數日喜忽不欲住乃閉關留之喜即入壁縫中及牽之漸入唯餘袈裟角逡巡不見來日見壁畫僧影其狀如日色隔日漸落經七日空有墨迹至八日墨迹已滅有人早見喜已在彭州界後終不知所之

系曰難陀之狀迹爲邪正邪而自言得如幻

三昧與無猒足王同此三昧者即諸佛之大定也唯如幻見如幻不可以言論分境界矣四神通有如幻通能轉變外事故難陀警覺庸蜀之人多尚鬼道神仙非此三昧不足以化難化之俗也

唐壽州紫金山玄宗傳

釋玄宗姓吳氏永嘉人也少時出塵氣度寬裕於本部永定山寶壽院依常靜爲師照得戒已還諸方遊學抵江陵詞朗禪師門若眞金之就冶焉決了疑貳復振錫他行見紫金山恱可自心留行禪觀此山先多虎暴或噬行商或傷樵子避苛政者哭婦堪哀從宗卜居哮闞絶迹自邇入山者無憚矣一日禪徒擁集見一老父趨及座前拜跪勤恪宗問子何人耶答云我本虎也在此山中食啖衆生因大師化此冥迴我心得脫業軀已生天道故來報謝折旋之頃了無所見以大曆二年囑別門徒溘然化矣春秋八十六二月入塔立碑存焉

唐袁州陽岐山廣敷傳

釋廣敷俗姓鄭南燕人也少依京望大德思浩下承乎法訓登戒畢遊嵩少兩京遇神會禪師大明玄旨至宜春陽岐山挂錫是中峯巒積翠洞穴涉幽芝菌之苗糸于草卉敷終日瞑目木食度辰時有峩冠羽帔馭鶴驂鸞者始則乍往倏來後則登庵造膝其仙客所到必輕雲薄霧隨步而至擁從者天丁力士令遠去對晤談論移晷其後道化既成於貞元元年三月四日入滅春秋九十一云

系曰神仙道異談論豈同乎通曰昔小有眞人能談空理方諸山神仙建浮圖者信崇佛道止不削染號在家菩薩又雪山諸仙善五明論求度者同也然其相似道必須甄簡若西域二十諦中五唯量五大與釋氏法名同所計天殊良難區別哉

唐鄧州烏牙山圓震傳

釋圓震姓陳中山人也少警悟而尚學入庠序研究五經倏遇雲遊沙門寓宵其父爲州衙吏酷有道心留是僧供施震禮奉其僧聽其談道頗覺入神捨儒典披釋經頓辭所愛往白磁山禮智幽爲師受教後遇荷澤禪師得法隱南陽烏牙山先是山中多巨蛇澤允有毒龍鄉人患之及震居此二物潛蹤曾有一人形服且異致拜乃曰我在此已二百歲今感無心之化絶慮之修吾曹冥感超昇可非師之力歟貞元六年終享齡八十六弟子奉全身入塔焉

唐池州九華山化城寺地藏傳

釋地藏姓金氏新羅國王之支屬也慈心而貌惡穎悟天然七尺成軀頂聳奇骨特高才力可敵十夫嘗自誨曰六籍寰中三清術內唯第一義與方寸合于時落髮涉海捨舟而徒振錫觀方邂逅至池陽覩九子山焉心甚樂之乃逕造其峯得谷中之地面陽而寬平其土黒壤其泉滑甘巖棲磵汲趣爾度日藏嘗爲毒螫端坐無念俄有美婦人作禮饋藥云小兒無知願出泉以補過言訖不見視坐左右間濼潸然時謂爲九子山神爲湧泉資用也其山天寶中李白遊此號爲九華焉俗傳山神婦女也其峯多冒雲霧罕曾露頂歟

藏素願持四大部經遂下山至南陵有信士爲繕寫得以歸山至德年初有諸葛節率村父自麓登岛深極無人雲日鮮明居唯藏孤然閉目石室其房有折足鼎鼎中白土和少米烹而食之群老驚歎曰和尚如斯苦行我曹山下列居之咎耳相與同構禪宇不累載而成大伽藍建中初張公嚴典是邦仰藏之高風因移舊額奏置寺爲本國聞之率以渡海相尋其徒且多無以資歲藏乃發石得土其色青白不雜如麵而供衆食其衆請法以資神不以食而養命南方號爲枯槁衆莫不宗仰龍潭之側有白墡硎取之無盡以貞元十九年夏忽召衆告别罔知攸往但聞山鳴石隕扣鐘嘶嗄加趺而滅春秋九十九其屍坐於函中洎三稔開將入塔顏貌如生舉舁之動骨節若撼金鏁焉乃立小浮圖于南臺是藏宴坐之地也時徵士石拾遺費冠卿序事存焉大中中僧應物亦紀其德哉

唐婺州金華山神暄傳

釋神暄俗姓留建陽人也幼而沈靜非問不言容遊婺女入開元寺志願出家焉無何本郡太守入寺訪其師見暄神彩朗練太守善相人也顧之數四且曰是子真出塵之器異日承受深法千衆圍遶必超上果非凡氣也乃誦七佛俱胝神呪昏曉不絕納戒畢於金華山北洞百家巖有石穴暄居中止息不構庵室作露地頭陀復無牀榻然有神人吐紫色雲氣而高覆之遐望冉冉猶獨柱觀焉其神人時來問道拱手白暄曰赤松洞之東峯有林泉卓異師可居之否暄隨請往住數年越多徵瑞貞元二年遇志賢禪師問暄如此持誦魔事必生欲滅魔怨須識身本身本既眞無魔無佛豁然開悟理事俱成神呪功倍元和八年范數中丞知仰遣使賷乳香氎罽器皿施暄並迴施現前大衆次中書舍人王仲請於大雲寺爲衆受菩薩戒十二載平昌孟簡尚書自會稽甄請不赴八月俄迴舊山人莫詳測倏云示滅春秋七十六弟子建塔焉一云暄在金華山北多寒少陽神人問曰師須何物曰吾在山之陰苦於凛冽神曰小事耳至夜聞喧鬧之聲明旦見一小峯移矣

唐澧州開元寺道行傳

釋道行姓楊桂陽人也自生已來神府聰利肌體氷雪如也年甫十二心誓慕道於南岳般若道場受學於鐘陵求訣自默證法號自在三昧由此布納蒲韈用資殘息而已就澧陽西南伐木爲室方丈而居虎豹多伏於牀榻之間後有貴材殖爲營堂宇曾未浹旬一皆周具視之寂無人焉始知鬼神捨材輸力也太守苦召居州治開元寺未久元和十五年終年六十九焚舍利建塔焉

唐徐州安豐山懷空傳

釋懷空姓梁氏閬州人也幼適本州耆闍山廣福院削染得戒之後遊方慕學於大寂禪法洸然明暢後至彭城安豐山挂錫宴默不數載間成大伽藍嘗有一僧乘空而至遶垣墻不息或躡蓮華或時履地人或瞻覩數日之後禮辭空且曰我三五稔却來依附言訖不見空以與元元年滅度春秋八十八長慶元年二月方遷入塔云

唐洛京慧林寺圓觀傳

釋圓觀不知何許人也居于洛宅率性疎簡或勤梵學而好治生獲田園之利時謂之空門猗頓也此外施爲絕異且通音律大曆末與李源爲忘形之友源父憕居守天寶末陷於賊中遂將家業捨入洛城北慧林寺即憕之別墅也以爲公用無盡財也但日給一器隨僧衆飲食而已如此三年源好服食忽約觀遊蜀青城峨嵋等山洞求藥觀欲遊長安由斜谷路李欲自荊入峽爭此二途半年未決李曰吾已不事王侯行不願歷兩京道矣觀曰行無固必請從子命遂自荊上峽行次南浦泊舟見數婦女條達錦璫負甖而汲觀俛首而泣曰某不欲經此者恐見此婦人也李曰自上峽來此徒不少奚獨泣爲觀曰其孕婦王氏者是某託身之所也已逾三載尚未解娩唯以吾未來故今既見矣命有所歸釋氏所謂循環者也請君用符呪遣其速生且少留行舟瘞吾山谷其家浴兒時亦望君訪臨若相顧一笑是識認君也後十二年當中秋月夜專於錢塘天竺寺外乃是與君相見之期也李追悔此之一行致觀到此哀慟殆絕召孕婦告以其事婦人喜躍還頃之親族畢集以枯魚濁酒饋于水濱李往授符水觀具其沐浴新其衣裝觀其死矣孕婦生焉李三日往看新兒襁抱就明果致一笑李泣具告王氏王氏厚葬觀明日李迴棹歸慧林寺詢問弟子方知已理命矣李常念杭州之約至期到天竺山寺其夜桂魄皎然忽聞葛洪井畔有牧童歌竹枝者乘牛扣角雙髻短衣徐至寺前乃觀也李趨拜曰觀公健否曰李公眞信士我與君殊途愼勿相近君俗緣未盡但且勤修不墮即遂相見李無由序語望之潸然觀又歌竹枝杳褭前去詞切調高莫知所謂歎曰眞得道之僧也咫尺懸隔聖凡路殊諒有之乎初源忿父遇害賊庭時方八歲爲群賊所虜流浪南北展轉人家凡六七年歸於近親代宗聞之授河府掾源遂絕酒肉不婚娶不役童僕常依慧林寺寓一室隨僧齋食先命穴其野以備終制時時往眠其間至於榮辱是非一皆均等也時相國李公德裕表薦之遂授諫議大夫于時源已年八十餘矣抗表不起二年而卒長慶二年也

系曰圓觀未死先寄胎者聞必不信何耶違諸聖教也嘗聞闍尼多許族姓家婦女爲兒云便來也及終有以朱題髀當日有家生子身有赤文便來二字焉此類亦多莊子所謂曲士不可與語道者束於教也其或竺乾異計有教未來佛或別會曾談見有我宗自許若然者未可定執已行之教矣其如觀也果證高深同智論中多種不思議也心思言議千里難追矣

唐江州廬山五老峯法藏傳

釋法藏俗姓周氏南康人也稺齡爽俊始研尋史籍而於醫方明得其工巧同支法存之妙用焉有門僧卧疾幾云不救藏切脉處方信宿平復其僧多接談玄自爾萌出塵之意年已長矣懇辭親投本郡平田山寶積院從願師下受教納戒後遊謁大寂禪師言喻若石之投水翛然北下廬山登五老峯愛其靈

異獨止寒林采橡栗掬溪澗聊延形氣而止數年有二仙乘雲而來終日談論或留宵宿或經月不來或繼日而至他人有見者旁說不同及乎學僧臻萃全無蹤跡又一日告辭藏云且歸山去師當好住由是道且馨香檀越共營一院寶曆中示滅年八十二其年三月四日入塔云

系曰藏隱五老峯時二仙來終日談論者何通曰昔劉向輯列仙云若干人見于內典歟又裴周桐栢三眞人弟子各半學佛法可非來問道乎詩中草蟲之應阜螽同也

唐洛陽香山寺鑑空傳

釋鑑空俗姓齊吳郡人也少小苦貧雖勤於學而寡記持壯歲爲詩不多靡麗常困遊吳楚間已四五年矣干謁侯伯所潤無幾錢或盈貫則必病生用罄方差元和初遊錢塘屬其荒儉乃議求餐於天竺寺至孤山寺西餒甚不前因臨流雪涕悲吟數聲俄有梵僧臨流而坐顧空笑曰法師秀才旅遊滋味足未空曰旅遊滋味則已足矣法師之呼一何乖謬蓋以空未爲僧時名君房也梵僧曰子不憶講法華經於同德寺乎空曰生身已四十五歲矣盤桓吳楚間未嘗涉京口又何洛中之說僧曰子應爲飢火所燒不暇憶故事遂探囊出一棗大如拳許曰此吾國所產食之者上智知過去未來事下智止於知前生事耳空飢極食棗掬泉飲之忽欠呻枕石而寢頃刻乃悟憶講經於同德寺如昨日焉因增涕泣問僧曰震和尚安在曰專精未至再爲蜀僧矣今則斷攀緣也神上人安在曰前願未滿悟法師焉在曰豈不記香山石像前戲發大願乎若不證無上菩提必願爲赳赳貴臣昨聞已得大將軍矣當時雲水五人唯吾得解脫獨汝爲凍餒之士也空泣曰某四十許年日惟一餐三十餘年擁一褐浮俗之事決斷根源何期福不完乎坐於飢凍僧曰由師子座上廣說異端使學空之人心生疑惑戒珠曾缺羶氣微存聲渾響清終不可致質傴影曲報應宜然空曰爲之奈何僧曰今日之事吾無計矣他生之事誓於吾子焉乃探鉢囊取一鑑背面皆瑩徹謂空曰要知貴賤之分脩短之期佛法興替吾道盛衰宜一鑒焉空覽照久之謝曰報應之事榮枯之理謹知之矣僧收鑑入囊遂挈而去行十餘步旋失所在空是夕投靈隱寺出家受具足戒後周遊名山愈高苦節大和元年詣洛陽於龍門天竺寺遇河東柳珵親說厥由向珵聞空之說事皆不常且甚奇之空曰我生世七十有七僧臘三十二持鉢乞食尚九年在世吾捨世之日佛法其衰乎珵詰之默然無答乃索珵筆硯題數行於經藏北垣而去曰與一沙衰恒河沙兔而罝犬而拏牛虎相交與角牙寶檀終不滅其華

系曰食梵僧之棗而知宿命者與茹雪山之藥解諸國言音同也覽鑑而知吉凶者與窺圖澄塗麻掌同也食棗臨鑑豈偶然耶非常人之遇也其空公題識而答塞柳珵之問驗在會昌之毀教矣時武宗勒僧尼反俗計二十萬七千餘人圻寺并蘭若共四萬七千有奇故云與一沙衰恒河沙兔在罝犬仍拏言

殘害之甚乙丑毀法丙寅䖍代佛法喻寶檀之樹終不絕其華藹芬馥故云也苟非異人何以藏往考來之若是乎

唐廣州羅浮山道行傳

釋道行姓梅氏會稽人也父爲越州衙吏行弱齡知書比成造秀有僧分衛行接之談道頗精禪觀遂求出家至四明山保壽院智幽所稟訓進修拾薪汲水後遊南岳閱江西大寂道化往親附焉思養聖胎見羅浮奇異高三千丈有七十石室七十二長溪仙人仙禽玉樹朱草生于上半入海中行居于石室默爾安禪然或山精水怪往往驚鳴行視之蔑如也有老人容貌端正衣冠華楚再拜稽顙云我居此中僅二百載今因師住寘感匪躬逍遥脫苦歸人趣受樂矣其感物多此類也寶曆九載疾家十終春秋九十五其十八年九月十八日入塔焉

唐潞州普滿傳

釋普滿者未知何許人也於汾晉間所爲率意不拘僧體或歌或哭莫喻其旨以言斥事往必有徵故時人以強練萬迴待之或入稽胡激勸修善至有罷弋獵者建中初於潞州佛舍中題詩數篇而亡去所記者云此水連涇水雙朱血滿川青牛將赤虎還號太平年題後人莫能知至朱泚爲涇源叛徒推擁駕幸奉天于時天下徵兵關輔賊據圍逼連戰人方解悟此水者泚也涇水者涇州來兵始亂也雙朱泚與滔也青牛者興元元年乙丑乙木青也丑牛也其年改元貞元至二年丙寅丙火赤也寅虎也至是賊始平故曰還號太平年也

唐江陵府些些傳 食油師

釋些些師又名青者蓋是不與人交狎口自言些些故號之矣德宗朝於渚宫遊衣服零落狀極憨癡而善歌河滿子縱肆所爲故無定檢嘗遇醉伍伯家十伯於塗中辱十九之抑令唱歌些便揚音揭調詞中皆訐伍伯從前隂私惡迹人所未聞事伍伯慙惶旁聽之者知是聖僧拜跪悔過焉貞元初多入市肆聚群小隨逐楚人以興笑本矣後不測其終次有僧憨狂遊行無度每斷中唯食麻油幾升如見巨器盛施之則喜荆渚一家特召啜麻膏是日又在湖南齋分身應供號食油師焉

系曰些之聲爲商爲羽耶通曰傳家采録其例有二一則按文不音二則口授知韻今得些者按文也若楚詞聲餘則蘇箇切也若山東言少則寫邪切焉此師荆楚間事也其二音以聽來教些名同鳥獸之自呼也

唐吳郡義師傳 証智鶯福寺老僧

釋義師者不知何許人也狀類風狂語言倒亂貞元初巡吳苑乞丐事多先覺人以此疑之市肆中百姓屋數間義師輒操斧斫劃其簷禁之不止其人素知其神異禮白之曰弟子藉此生活無壞我屋迴顧曰汝惜乎投斧而去其夜市火連延而燎唯所截簷屋數間存焉好止廢寺中無冬夏常積聚壞旛蓋木佛像悉代薪炭又於煨火燒炙鯉魚而多跳躍灰坌彌漫撫掌大笑不具匕筯而食面垢不靧靧之輒隂雨吳人以爲占候及將死也歙灰汁數十斛乃念佛而坐士庶觀之滿七

日而死時盛暑色不變支不摧百姓舁出郊外焚之又京兆安國寺僧事迹不常熟地而燒木佛所言人事必無虚發此亦不測之僧也復次京師永壽寺釋証智不詳生族貞元中於京寺多發神異而衆罔知或晝在張瀆蘭若治田夜歸寺中其蘭若在漢陰金州相距京甸七百里焉時號智禪師此之長足安法雲公也皆能致遠於瞬息間道家謂之縮地脉而能陡遐矣若於色塵作神變雖遠而近也次薦福寺老僧事務誦持罕有閒鈌言未兆事來如目擊大和初相國韋公處厚好重空門遂月別召名德僧食老僧見韋新登庸曰大奇相公得如此好滅度處人皆不喻後因奏對於文宗御前疾作僵仆殿階及扶舁出殿前氣已絶矣方驗老僧言死在内殿中故云好滅度處即開成中也後不知其終

唐唐州雲秀山神鑒傳

釋神鑒姓韓氏潯陽人也稚歲淳靜而不雜群童父爲齊安掾且歸心釋氏嘗於廨署陳像設命僧徒讚唄揚音法樂倶作鑒則喜色盈顔隨僧不捨求願出家父母無計阻之潜投東林寺貞素律師下修學後講通大涅槃經義乃南格豫章叅大寂禪師續於懷安西北山居焉是山先是猛獸旁午率多作害從鑒居之虎灾弭息遠近稱之忽有戴平幘男子望法座致禮勤重倏爾無蹤七日後有冠裳宛異者於方丈前升空宣言曰此大師者眞法寶也開人天眼目故來報之其徒聞見知鑒道高會昌四年入滅八月十五日藏之于塔凡得道之人地神報空神展轉至于有頂於斯見矣

唐天台山國清寺清觀傳

釋清觀字明中臨海人也姓屈氏初誕彌手足指間有幕蹼屬相著焉佛經所謂綱漫相也迨爲童孺神俊挺然乃有出塵之志遂詣國清寺投元璋律師執侍缾鉢非父母不沮之若迦樓羅鳥啄幾萬重圍矣年十八納形倶法良由善根深植悟解天然台嶺教文洞明三觀兼得深定神異通感皆莫我知必覽百家彌通三教仍善屬文長於詩筆凡其邦伯輶軒皆嚮風造謁觀則持重若嚴君焉見則畏伏秖就几杖以待貴士或施財寶皆迴入常住罄無私畜或曰貴人所施皆充別施何不已用耶對曰恨未能捨頭目況世財乎大中初天下寺刹中興觀入京請大鐘歸寺鳴擊并重懸勑額則集賢院學士柳公權書題也柳復有詩序送其東歸復請藏經歸寺大中癸酉江表荐饑殍踣相望觀遂併粮食施之又山僧物外度荒自入室禪定謂弟子曰汝如不死至禾黍熟時當以磬引我出果如其言明歲方從定起矣一旦溪南人命觀齋食可去寺二十里餘其夜溪澗泛溢無人可渡謂觀不來頃刻而至且無淹濕作用可知也人皆異之遠近瞻禮日別盈滿喧擾可猒乃逃往翠屛山蘭若獨棲續天台山衆列請爲僧正乃佯狂隱晦州牧杜雄遂奏昭宗宣賜紫衣觀聞之若愁思不樂後無疾而終焉

唐洪州黄蘗山希運傳

釋希運閩人也年及就傅鄉校推其慧利乃

剖愛投高安黃蘗山寺出家迨成長也身量減王商裁一尺所額間隆起號爲肉珠然倜儻不羈人莫輕測而乃觀方入天台偶逢一僧偕行言笑自若運偷窺之其目時閃爍爛然射人相比而行截路巨磎泛泛湧溢如是揁笠倚杖而止其僧督運渡去乃强激發之曰師要渡自渡言訖其僧褰衣躡波若履平陸曾無沾濕已到他岸矣迴顧招手曰渡來運戟手訶曰咄自了漢早知必斮汝脛其僧歎曰眞大乘法器我所不及縱能傷我只取辱焉少頃不見運懺悅自失及薄遊京闕分衞及一家門屏樹之後聞一姥曰太無猒乎運曰主不惡賓何無猒之有姥召入施食訖姥曰五障之身忝嘗禮惠忠國師來勸師可往尋百丈山禪師所惜巍巍乎堂堂乎眞大乘器也運念受二過記剃攸同乃還洪井見海禪師開了心趣聲價彌高徇命居黃蘗精舍昇平相裴公休欽重躬謁有詩贈焉曾傳達士心中印額有圓珠七尺身挂錫十年棲蜀水浮盃今日渡漳濱一千龍象隨高步萬里香華結勝因願欲事師爲弟子不知將法付何人則裴相得法出運之門以大中中終于所住寺勑謚斷際禪師塔名廣業語録而行于世

宋高僧傳卷第二十

宋高僧傳卷第二十

校勘記

一　底本，清藏本。

一　二〇二頁中四行小字「物外」，磧無。

一　二〇二頁下八行「代州」，資無。

一　二〇三頁上一五行首字「生」，資、磧、普、南、徑作「坐」。

一　二〇三頁下二行「玉玦」，資、磧、普、南、徑作「玉玦」。

一　二〇三頁下一七行第一〇字「秉」，資、磧、普作「受」。

一　二〇四頁上一行「直時」，資作「有時」。

一　二〇四頁下九行第一五字「又」，徑作「乃」。

一　二〇五頁上六行「壽州」，資無。

一　二〇五頁下一〇行末字「才」，資、普、南作「卞」。

一　二〇六頁上一七行「石拾遺」，資、磧、普、南、徑作「右拾遺」。

一　二〇六頁下一七行「人或」，資、磧、普作「人咸」。

一　二〇七頁下一三行「江州」，資無。

一　二〇九頁下六行「些者」，資、普作「此者」。

一　二一〇頁上一五行「殿前」，資、磧、普、南作「殿門」。

一　二一一頁中末行「卷第二十」下，磧、南有夾註「感通篇第六之三」。

宋高僧傳卷第二十一　給一

宋左街天壽寺通慧大師賜紫沙門贊寧等奉勅撰

感通篇第六之四 正傳十八人 附見三人

唐五臺山法華院神英傳

釋神英，罔知姓氏，滄州人也。宿緣悟道，卅歲從師，諷誦精勤，日夜匪懈。年當應法受具，後乃杖錫萍遊，尋訪知識，早通玄話，兼擅論經。相次叅神會禪師，謂英曰：汝於五臺山有緣，速宜往彼瞻禮文殊，兼訪遺跡。既承指授，以開元四年六月中旬到山，瞻禮於僧廚止泊。一日食畢，遊於西林，忽見一院，題曰法華。英遂入中，見多寶塔一座，暐曄繁華，如法華經說同也。其四門玉石功德，細妙光彩，神工罕測。後面有護國仁王樓，上有玉石文殊普賢之像。前有三門一十三間，內門兩畔有行宮道場，是文殊普賢儀仗。三門外狀臺山十寺，杳然物外，觀瞻浩蕩，神情恍惚。英試出院，又見衆僧且非恒所見者，而多詭異，疑豫未決，遂出門東行可三十步，忽閴閉戶，鏗然迴目視之，了無一物。英乃悲泣曰：此大聖警悟我邪？於此地必有緣矣。遂於髣髴多寶塔處結庵而止，乃發願曰：我依化院建置一所，住持日居月諸，信施如林，歸依者衆。遂召工匠，有高價者，誓不酬之，乃於易州千里取乎玉石，用造功德，細妙光瑩，功侔所見。其壁乃王府友吳道子之跡，六法絕妙，為世所尚。此院前後工畢，因號法華耳。英說法住持，其齊整若剪裁焉。後無疾，召門人囑付而終，春秋七十五。今墳塔存矣。

唐五臺山華嚴寺牛雲傳

釋牛雲，俗姓趙，鴈門人也。童蒙之歲，有似神不足，遣入鄉校，終日不知一字，惟見僧尼合掌，有畏憚之貌。年甫十二，二親送往五臺華嚴寺善住閣院出家，禮淨覺為師。每令負薪汲水，時衆輕其朴鈍，多以謔浪。歸之年滿受具，甚難誦習。及年三十有六，乃言曰：我聞臺上恒有文殊現形，我今跣足而去，儻見文殊，惟求聰明，學誦經法耳。時冒寒雪，情無退屈，至東臺頂，見一老人然火而坐。雲問曰：如此雪寒，從何而來？老人曰：吾從川下來。雲曰：從何道上？何無履跡？曰：吾雪前來。老人却問雲曰：有何心願，犯雪徒跣而至，豈不苦也？雲曰吾雖爲僧自恨昏鈍不能誦念經法此來欲求見文殊只乞聰明果報老人曰竒哉又曰此處不見文殊更欲何之雲曰欲上北臺去老人曰吾意亦然曰請師先行雲乃遊徧臺頂告别老人自西而去薄暮方到北臺又見老人然火而坐頗爲驚怪問曰適於東臺相别爲何先至老人曰師不知要路所以來遲雲雖承此語心乃猶豫只此老人莫應文殊也雲乃嗚足禮拜老人曰吾俗人也不應作禮唯貪設禮情屬不移良久老人云休禮㑔吾入定觀汝前身作何行業而昏鈍也老人閉目倐爾開顔語雲曰汝前生爲牛來因載藏經今得爲僧而闇鈍耳汝於龍堂邊取一钁來與汝斵却心頭淤肉即明快也雲遂得钁度與老人曰汝但閉目候吾教開即開因閉目次有似當心施钁身無痛苦心乃豁然似闇室立於明燈巨夜懸於圓月也雲開目乃見老人現文殊像語雲曰汝自後誦念經法歷耳無忘又於華嚴寺澗東院大有因緣無得退轉雲乃行悲行泣接足而禮未舉頭頃不見菩薩矣雲後下山四支無損凡曰經典目所一覽輙誦於口明年夏五月遊育王塔行道念經至更初乃見一道直光從北臺頂連瑞塔基久而不散於光明中現寶閣一所前有金牌題云善住雲憶菩薩授記之言依光中所現之閣而建置焉道化施行人咸貴重於開元二十三年無疾而終俗齡六十三法臘四十四矣雲名亡上字承文殊記識本迹爲牛故時號之焉

唐五臺山清涼寺道義傳

釋道義江東衢州人也開元中至臺山於清涼寺粥院居止典座普請運柴負重登高頗有難色義將竹鞋一緉轉貨人荷擔因披三事納衣東北而行可五里來於楞伽山下逢一老僧其貌古陋引一童子名字覺一老僧前行童子呼請義東邊寺内啜茶去乃相隨入寺徧禮諸院見大閣三層上下九間總如金色閃爍其目老僧令遣義早還所止山寒難住唯諾辭出寺行及百步迴顧唯是山林乃知化寺也却回長安大曆元載具此事由奏寶應元聖文武皇帝蒙勑置金閣寺宣十節度助緣遂召蓋造都料一僧名純陀爲度土木造金閣一寺陀元是西域那爛陀寺喜鵲院僧寺成後勑賜不空三藏焉義不測其終

唐五臺山竹林寺法照傳

釋法照不知何許人也大曆二年棲止衡州雲峯寺勤修不懈於僧堂内粥鉢中忽覩五彩祥雲雲内現山寺寺之東北五十里已來有山山下有澗澗北有石門入可五里有寺金牓題云大聖竹林寺雖目擊分明而心懷隕穫他日齋時還於鉢中五色雲内現其五臺諸寺盡是金地無有山林穢惡純是池臺樓觀衆寶莊嚴文殊一萬聖衆而處其中又現諸佛淨國食畢方滅心疑未決歸院問僧還有曾遊五臺山已否時有嘉延曇暉二師言曾到言與鉢内所見一皆符合然尚未得臺山消息暨四年夏於衡州湖東寺内有高樓臺九旬起五會念佛道場六月二日未時遥見祥雲彌覆臺寺雲中有諸樓閣閣中有

數梵僧各長丈許執錫行道衡州舉郭咸見彌陀佛與文殊普賢一萬菩薩俱在此會其身高大見之者皆深泣血設禮至酉方滅照其日晚於道場外遇一老人告照云師先發願往金色世界奉覲大聖今何不去照恠而答曰時難路艱何可往也老人言但亟去道路固無留難言訖不見照驚入道場重發誠願夏滿約往前任是火聚冰河終無退衂至八月十三日於南嶽與同志數人惠然肯來果無沮礙則五年四月五日到五臺縣遥見佛光寺南數道白光六日到佛光寺果如鉢中所見略無差脫其夜四更見一道光從北山下來射照忙入堂内乃問衆云此何祥也吉凶焉在有僧答言此大聖不思議光常答有緣照聞已即具威儀尋光至寺東北五十里間果有山山下有澗澗北有一石門見二青衣可年八九歲顔貌端正立于門首一稱善財二曰難陀相見歡喜問訊設禮引照入門向北行五里已來見一金門樓漸至門所乃是一寺寺前有大金牓題曰大聖竹林

寺一如鉢中所見方圓可二十里一百二十院皆有寶塔莊嚴其地純是黃金流渠華樹充滿其中照入寺至講堂中見文殊在西普賢在東各據師子之座說法之音歷歷可聽文殊左右菩薩萬餘普賢亦無數菩薩圍繞照至二賢前作禮問言末代凡夫去聖時遥知識轉劣垢障尤深佛性無由顯現佛法浩瀚未審修行於何法門最爲其要唯願大聖斷我疑網文殊報言汝今念佛今正是時諸修行門無過念佛供養三寶福慧雙修此之二門最爲徑要所以者何我於過去劫中因觀佛故因念佛故因供養故今得一切種智是故一切諸法般若波羅蜜甚深禪定乃至諸佛皆從念佛而生故知念佛諸法之王汝當常念無上法王令無休息照又問當云何念文殊言此世界西有阿彌陀佛彼佛願力不可思議汝當繼念令無間斷命終之後決定往生永不退轉說是語已時二大聖各舒金手摩照頂爲授記別汝已念佛故不久證無上正等菩提若善男女等願疾成佛者

無過念佛則能速證無上菩提語已時二大聖互說伽陀照聞已歡喜踊躍疑網悉除又更作禮禮已合掌文殊言汝可往詣諸菩薩院次第巡禮授教已次第瞻禮遂至七寶果園其果纔熟其大如盌便取食之食已身意泰然造大聖前作禮辭退還見二青衣送至門外禮已舉頭遂失所在倍增悲感乃立石記至今存焉復至四月八日於華嚴寺西樓下安止洎十三日照與五十餘僧同往金剛窟到無著見大聖處虔心禮三十五佛名照禮纔十徧忽見其處廣博嚴淨瑠璃宮殿文殊普賢一萬菩薩及佛陀波利居在一處照見已惟自慶喜隨衆歸寺其夜三更於華嚴院西樓上忽見寺東山半有五聖燈其大方尺餘照呪言請分百燈歸一畔便分如願重謂分爲千炬言訖便分千數行行相對徧於山半又更獨詣金剛窟所願見大聖三更盡到見梵僧稱是佛陀波利引之入聖寺語在覺救傳至十二月初遂於華嚴寺華嚴院入念佛道場絶粒要期誓生淨土至于七日初

夜正念佛時又見一梵僧入乎道場告云汝所見臺山境界何故不說言訖不見照疑此僧亦擬不說翌日申時正念誦次又見一梵僧年可八十乃言照曰師所見臺山靈異胡不流布普示衆生令使見聞發菩提心獲大利樂乎照曰實無心祕蔽聖道恐生疑謗故所以不說僧云大聖文殊見在此山尚招人謗況汝所見境界但使衆生見聞之者發菩提心作毒鼓緣耳照聞斯語便隨憶念錄之時江東釋慧從以大曆六年正月內與華嚴寺崇暉明謙等三十餘人隨照至金剛窟所親示般若院立石標記于時徒衆誠心瞻仰悲喜未已遂聞鐘聲其音雅亮節解分明衆皆聞之驚異尤甚驗乎所見不虛故書于屋壁普使見聞同發勝心共期佛慧自後照又依所見化竹林寺題額處建寺一區莊嚴精麗便號竹林焉又大曆十二年九月十三日照與弟子八人於東臺覩白光數四次有異雲靉靆雲開見五色通身光光內有圓光紅色文殊乘青毛師子衆皆明見乃霏微下雪及五色圓光徧於山谷其同見弟子純一惟秀歸政智遠沙彌惟英優婆塞張希俊等照後篤筆其心修鍊無曠不知其終絳州兵掾王士詹述聖寺記云

系曰佛成就三身必居三土顯正依報莊嚴故菩薩未露國土名但云住處修淨佛國因隨生佛家故華嚴經有菩薩住處品焉經云唯佛一人居淨土此下不僭上也若八字陀羅尼經云文殊大願力與佛同境界境界淨則說法淨則三土義齊也問諸經中佛住王舍城等可非住處邪通曰此義同名別或可上得兼下也又如兜率宮院是補處淨域寶陀落清涼支提等山皆是菩薩淨識所變剎土也若然者淨土與住處義同名異耳如法照入竹林聖寺見文殊淨境也諸於山嶺見老人童子等則穢土見聖人

唐清涼山祕魔巖常遇傳

釋常遇俗姓陰范陽人也出家於燕北安集寺褋懷灑落道貌清奇晦跡林泉遯脫聲利大中四年杖錫離燕孤征朔雪祁沍千里徑涉五峯詣華嚴寺菩薩堂矚文殊睟容施右手中指沃以香膏爇以星焰光騰半日怡顏宛然次徧遊聖境終始兩朞其所覩祥瑞不可勝紀後至西臺遇古聖跡曰祕魔巖乃文殊降龍之處也遇稽首之際忽見輕雲金光爛爛駭目漸分雉堞方勢如城咸曰金色世界也化事畢復問其處僧曰是地古德嘗止國贈金光照大師名節孤峻神異不測載錄圖記人具爾瞻遇悲喜交感久而不已始結茅茲地滌慮澄神入三摩呬多四十九日烏排華兩人萃香雲揚袂摳衣歸依若市乃刱興佛廟僧宇十有七年不下山頂日以九會雜華五部等法翫味精課不遺寸陰覺聖力潛通道出凡境事或禮問他見莫尋士謂庶歸克念如聖洎懿皇運末遇易舊規或拊掌大咍或擊石興語類不輕之海記同楚客之佯狂及禍發中原寇盜交馳夷掠宮壼鑾輅蒙塵因省師言其若合契矣時屬河東武皇遥嚮真德就山致信追文德元年夏四月命憲州刺史馬師素傳意邀請遇曰浮世之寵

辱我何累哉堅拒遠徵確乎不拔以其年七月十八日召門弟子曰爾可檢護戒尼好住餘生吾與汝決矣言訖儼然蟬蛻俗歲七十二僧夏五十一門人太文等哀慟哽絕龍紀初祀四月十八日闍維獲設利羅凡數十粒文公堅貯孝思旌建靈塔銜哀出入投詣天府武皇賵贈加等文武崇烈及嵐憲等州牧守例刻清俸俾助良因建乎壙塔即以九月二十五日封窆基隧也

唐成都府永安傳

釋永安眉州洪雅人也身裁幺麼面色黧黯言音鄙惡而識量寬舒大抵不可貲也大中八年三月中詣成都云造詣府帥白公敏中請奏寺額以其足跛肩輿而至人皆未嘗見其登圊而旋溺也故時呼為無漏師安置聖壽寺中且十日白中令俾差僧五六晝夜互守之而伺察焉內外飲食亦略同常人而無解衣去二行之意詳其十辰之積便旋何所畢不可知司徒白公奏額到日便辭歸眉郡判官盧求見之謂為小沙彌耳人云此師年已八十餘矣

系曰蜀人謂安公為無漏師者非也夫斷煩惱不復隨增故永無種習乃稱之無漏今以飲食之餘歸于九孔安公止二竅不流耳瑜伽云無內漏惱分也然其位次忍住難知啜茹如常何緣不流二竅觀夫對法論中有清淨依止住食示現依止住食二種則羅漢菩薩佛也若然者安公是示現依止住食雖食不食滓穢奚生必也正名以召其體哉

唐衡州靈石寺慧聞傳

釋慧聞信安人也多勸勉檀那以福業為最常言未預聖位於五道中流轉非福何憑嘗於瀫江鑄丈八金身像州未聽許銅何從致且曰待大施主居無何有清溪縣夫妻二人將嫁資鑑來捨聞為誓呪之曰此鑑鼓鑄若當佛心前乃是夫妻發心之至也迨脫摹露像果然鑑當佛心胷間矣又嘗往豫章勸化獲黃金數鎰俄遇賊劫掠事急遂投金水中曰慮損君子福田請自撈摝捨聞聞去賊徒泳水求之不得及聞到州金宛然已在其院中若役人用匠不避譏嫌得物見多自提魚貫蔬肩飼工人焉又山路虎豹聞或逢之將杖叩其腦曰汝勿害人吾造功德何不入緣明日虎銜野猪投聞前弭尾而去凡舉事皆成歸信如流率多奇異焉

唐朔方靈武下院無漏傳

釋無漏姓金氏新羅國王第三子也本土以其地居嫡長將立儲副而漏幼募延陵之讓故願為釋迦法王子耳遂逃附海艦達于華土欲遊五竺禮佛八塔既度沙漠涉于闐已西至葱嶺之墟入大伽藍其中比丘皆不測之僧也問漏攸往之意未有奇節而詣天竺僧曰舊記無名未可輒去此有毒龍池可往教化如其有驗方利涉也漏依請登池岸唯見一胡牀乃據而坐至夜將艾霆雷交作其怪物吐氣蓬敦種種變現眩曜無恒漏瞑目不搖譬如建木挺拔豈微風可能傾動邪持久乃有巨虵驤首于膝上漏悲憫之極為受三歸而去復作老人形來致謝曰業師度脫義無久居吾三日後捨鱗介苦依得生勝處

此去南有磐石是弟子捨形之所亦望開預相尋遺骸可矣後見長偉而天矯僵于石上歟寺僧咸默許之又曰必須願往天竺者此有觀音聖像禱無虛應可祈告之得吉祥兆可去勿疑漏乃立于像前入於禪定如是度四十九日身嬰虛腫略無傾倚旅有鼠兒猶彈丸許咋左脛潰黃色薄膿可累斗而愈漏限滿獲應群僧語之曰觀師化緣合在唐土心存化物所利滋多足倦遊方空加聞見不可强化師所知乎漏意其賢聖之言必無唐發如是却迴臨行謂漏曰逢蘭即住所還之路山名賀蘭乃憑前記遂入其中得白草谷結矛栖止無何安史兵亂兩京版蕩玄宗幸蜀肅宗訓兵靈武帝屢夢有金色人念寶勝佛於御前翌日以夢中事問左右或對曰有沙門行迹不群居于北山兼恒誦此佛號肅宗乃宣徵不起命朔方副元帥中書令郭子儀親往諭之漏乃爰來帝視之曰眞夢中人也迨乎羯虜盪平翠華旋復置之内寺供養諒乎猴輕金鎖鳥厭雕籠累上表章願還舊隱帝心眷重答詔遲留未遂歸山俄云示滅焉一日忽於內門右闔之上化成雙足形不及地者數尺閽吏上奏帝乘步輦親臨其所得遺表乞歸葬舊隱山之下即時依可葬務官供乃宣御門扇置之設奠遣中使監護卤簿送導先是漏行化多由懷遠縣因置廨署謂之下院喪至此神座不可輒舉衆議移入構別堂宇安之則上元三年也至今眞體端然曾無變壞所卧中禁户扇乃當時之現瑞者存焉

唐杭州靈隱寺寶達傳

釋寶達者不知何許人也適是名山高乎道望號刹利法師以持密呪爲恒務其院中有印沙牀照佛鑑往者浙江也驚濤巨浪爲害實深其潮大至則激射今湖上諸山焉達哀其桑麻之地悉變爲江遂誦呪止濤神之患一夜江濤中有偉人玄冠朱衣導從甚繁而至謂達曰弟子是吴伍員復仇雪恥者非他人也師慈心爲物負已聞命矣言訖而滅明日寺僧怪問昨夜車馬之喧爲誰具言其事其冥感神理多此類也自爾西岸沙漲彌年還爲百姓殖利時所推稱翕然歎化後罔知所終

系曰印沙牀者何通曰有道之士居山必非寶器焚其範築江沙巧成坐榻歟照佛鑑者何通曰即鑑燈耳以其陸鴻漸貞元中多遊是山述記記達師節儉而明心之調度也

唐代州北臺山隱峯傳 亡名鳩 鳩和尚

釋隱峯俗姓鄧氏建州邵武人也稚歲憝狂不伺父母之命出家納法後往觀方見池陽南泉禪師令取瀑罐提舉相應爲願公所許焉終謁馬禪師耳峯元和中言游五臺山路出淮西屬吳元濟阻兵違拒王命官軍與賊遇交鋒未決勝負峯曰我去解其殺戮乃擲錫空中飛身冉冉隨去介兩軍陣過戰士各覩僧飛騰不覺抽戈匣刃焉既而遊徧靈跡忽於金剛窟前倒立而死亭亭然其直如植時議靈穴之前當舁就藪屹定如山併力不動遠近瞻覩驚歎希奇峯有妹爲尼入五臺嗔目咄之曰老兄疇昔爲不循法律死且

焚或於人時衆已知妹雖骨肉豈敢攜貳請從恒度以手輕攘僨然而仆遂荼毗之收舍利入塔號鄧隱峯遺一頌云獨絃琴子爲君彈松栢長青不怯寒金礦相和性自別任向君前試取看

系曰僵屍累足於事一同立逝坐亡爲修三昧此者頭搘厚載履蹈青冥逆恒理以難知諒是人而不測若斯倒置振古一人其妹尼之攘也若屈平爲女嬃之罵焉如幻之功善權大矣或曰淮西之役唐書胡弗載隱峯飛錫解陣邪通曰小說所傳或得其實是故春秋一經五家作傳可得同乎

又漢州開化寺釋亡名先因入寺見瑞應交現遂誓捨身尅苦爲期忽於殿中焚香次俄覩地昼皆爲瑠璃色有菩薩乘五色雲下庭中曰汝極堅至必當得道吾來證汝亡名叩頭禮拜斯須不見寺僧至云學院内皆變瑠璃色嘆嗟不已其僧復勤節行焉

又鄧州有僧亡名年且衰朽游行穰鄧州間日食二鵓鳩僧俗共非之老僧終無避迴嘗饌羞之次有貧士求飡分其二足與之食食訖老僧盥漱雙鳩從口而出一則能行一則匍匐在地貧士驚怪亦吐其飯其鳩二足復全其僧實不食此禽自爾衆人崇重號曰南陽鵓鳩和尚也有嘆之曰昔青城山香闍梨飲酒啖肴然後吐出雞羊肉皆化作本形飛鳴而入坑穴中同也

唐興元府梁山寺上座亡名傳

釋亡名者不知何許人也居褒城西數十里號中梁山數峯迴負翠碧凝空處于厥中行終詭異言語不常恒見者弗驚乍親者可怪平常酷嗜酒而食肉麤重公行又綱任衆事且多折中僧亦畏焉號爲上座時群緇伍一皆倣習唯此無懼上座察知而興嘆曰未住淨心地何敢逆行逆行非諸人境界且世云金以火試待吾一日一時試過開成中忽作大餅招集徒衆曰與汝曹游尸陀林去蓋城外山野多墳塚人所棄屍於此故云也上座踞地舒餅裹腐爛死屍向口便啖俊快之狀頗嘉同游諸僧皆掩鼻唾地而走上座大叫曰汝等能餕此肉方可餕他肉也已自此緇徒警悟化成精苦焉遠近歸信時右僕射柳仲郢任梁府親往禮重終時云年可八九十真影存于山寺至今梁益三輔間止呼爲興元上座云奇蹤異迹不少未極詳焉

系曰上座始則爾之教矣後則民胥效矣曾不知果證之人逆化於物終作佛事用警未萌故若歸其實乃對法論中諸大威德菩薩示現食力住故也如有妄云得果此例而行則如何野干鳴擬學師子吼者乎

唐太原崇福寺文爽傳

釋文爽不詳姓氏何許人也早解塵纓抉開愛網從師問道天然不睡縱困憊之極亦唯趺坐此行長坐頭陀也後獨棲丘隴間霖雨浹旬旁無童侍有蛇入爽手中蟠屈時有人召喬彼怪至時不赴主重來請見蛇驚懼失聲蛇乃徐徐而下固命往食爽辭過中不食終夕翌日有狼呀張其口奮躍欲噬咋之狀者三爽憫其餓火所熱復自念曰穢囊無悋施汝一飡願疾成堅固之身汝受吾施同歸

善會斯須狼乃弭耳而退及乎卒日空中鐘磬交響遐久方息門徒鄉人聚送殯之爾日有蟠數十口蔽空前導異香普熏舉衆悲嘆如失恃怙焉

唐福州保福寺本淨傳

釋本淨者未詳何許人也道氣高抗人覩肅然嚮閩嶺多禪宗知識故歷參之聞長溪縣霍童山多神仙洞府乃經中所謂天冠菩薩領徒侶居此說華嚴性海法採樵者多聞天樂異香鳥獸之瑞然山中不容凡惡故多被斥逐淨入山結茅爲室有石穴謂之毒龍淨居于穴側其龍夭矯而出變現無恒遂呼召之而馴擾焉又諸猛虎橫路爲害採樵者不敢深入淨撫其頭誡約丁寧弭耳而去嘗清霄有九人冠幘袴褶稱寄宿盡納諸庵內明旦告辭偕化爲鶴鳴唳空中而去淨罔知其終也

唐成都府法聚寺法江傳興善寺異僧

釋法江者江東人也來遊岷蜀居于法聚寺寺即隋蜀王秀之造也寺內有仁壽中文帝樹舍利塔江以慈憫爲懷多逆知其來言無少悞嘗在房中謂門人曰外有萬餘人盡戴帽形且攣躍從吾乞救汝速出寺外求之不見人物弟子怪師之言何其倒亂徙倚之間有數十人荷檐竹器中螺子至江曰此之是歟命取錢贖之投于水中矣

又長安大興善寺本隋舍衛寺也至唐先天中火災殿宇蕩然唯遺基耳明慶中東明觀道士李榮者本巴西人也好事薄徒多與釋子爭競優劣榮來玄都觀因率黃冠指其灰燼而嘲之曰道善何曾善言興且不興如來燒赤盡唯有一群僧僧中有憤其異宗譏誚者急慕勸重新締構復廣於前十二畝之地化緣雖日盈千萬計未能成僧衆搔首躊躕未知何理克成忽有一僧衣服麤弊形容憔悴負一破囊入緣言速了佛殿步驟而去啓視之則黃金也校秤之一千兩矣時人奇之由此檀施日繁殿速成矣

唐彭州九隴茶籠山羅僧傳

釋羅僧者蜀聖寺中得果位人也嘗寢疾於五臺山同會僧人俱不測也而瞻視之曾無怠慢將及九旬而病愈臨訣之際曰深感所苦而煩看視今遂平復由師之力我住在劍外九隴郡之茶籠山爾異日遊方無忘相訪也暮歲而至蜀歷訪群峯徧訊老樵輩且曰未嘗聞茲山名乃歎曰噫病禪之妄也將迴遇山童曰其是彼巖之聚沙者即前導而去俄覩殿塔儼空房廊環肅果值昔之臥病者迎門叙故日將暮矣而謂之曰茲寺非得漏盡通不能至此爾以我宿緣一諧遘止言寄宵乎斯爲未可爾其克勤修證至此胡難乃命舊童送師歸去其僧廻望但見巖壁峭峻杉檜森蒼而已則開成中也時悟達國師知玄著傳之次得僧可思尤閑地理命爲玄作他日安塋兆之地得景丹前峯其山若雉堞狀雖高低起伏而中砥平俄有里人耆老曰古相傳云茶籠山矣

唐明州奉化縣契此傳

釋契此者不詳氏族或云四明人也形裁腲腇蹙頞皤腹言語無恒寢臥隨處常以杖荷

布囊入鄽肆見物則乞至于醯醬魚菹纔接入口分少許入囊號爲長汀子布袋師也曾於雪中卧而身上無雪人以此奇之有偈云彌勒眞彌勒時人皆不識等句人言慈氏垂迹也又於大橋上立或問和尚在此何爲曰我在此覔人常就人乞啜其店則物售袋囊中皆百一供身具也示人吉凶必現相表兆亢陽即曳高齒木屐市橋上竪膝而眠水潦則係濕草屨人以此驗知以天復中終于奉川鄉邑共埋之後有他州見此公亦荷布袋行江浙之間多圖畫其像焉

唐鄴都開元寺智習傳

釋智習不知何許人也少而英偉長勤梵學凡諸經論一聽入神其所講宣也音辯瀏亮每臨臺座自謂超絕所患者聽衆無幾虞其以水傳器器器不空繫我獨無乃辜佛意遂負箱帙徧歷名山以詢智者末至衡嶽寺憩息月餘嘗於寺閑齋獨自尋繹疏義復自咎責曰所解義理莫違聖意乎沉思兀然偶舉首見老僧振錫而入曰師讀何經論窮何義理習疑其名嶽之內車轍原中羅漢混凡曾何可測乃自述本緣因加悔責又曰儻蒙賢達指南請受甘心鈐口結舌不復開演矣老僧笑曰師識至廣豈不知此義大聖猶不能度無緣之人況其初心乎師只是與衆生無緣耳習曰豈終世若此乎老僧曰吾試爲爾結緣遂問習今有幾貲粮耶習曰自北徂南裂裳裹足已經萬里所齎皆罄竭矣見受持九條衣而已老僧曰只此可矣必宜鬻之以所易之直皆作麋餅油食之調習如言作之約數十人食遂相與至坰野之中散擲餅餌焚香長跪呪曰今日食我施者願當來之世與我爲法屬我當教之得至菩提言訖烏鳥亂下啄拾地上螻蟻蠅蠻莫徵其數老僧曰爾後二十年方可歸開法席今且周遊未宜講說也言訖而去習由是精進道力不倦研摩義味滋多志在傳授至二十年郤歸河北盛化鄴中聽衆盈千數人皆年二十已來其老者無二三人焉

系曰中有末位變定難移今世所修必招當果今智習依異僧之教令二十年後待聽徒一如其言如此則當生修當生果故弗誣矣詩曰俟河之清人壽幾何將知永壽之人河清屢見矣

唐鳳翔府寗師傳

釋寗師者岐陽人也亡其名時以姓呼之耳往來無恒止出處如常僧昭宗即位初年居山寺中忽暴終安卧體暖忽忽如爛寢焉僧徒環守不敢殯斂三日而穌衆驚奔問之曰我爲冥司追攝初見一判官云和尚壽在而無祿乃召吏語之與檢覆吏曰只有乾荷葉三石因令注於簿又命一人引之巡歷觀遊去乃入一門見數殿各有牓於是徒步至一殿署云李克用於牖間窺有一黑龍眇一目中立鐵柱連鎖縶維之次一殿署曰朱全忠乃青驊白額虎鎖縶如初而前有食噉人血狼藉之狀次署曰王建黃金牀上卧一白兔焉次署曰李茂貞具冠冕如王者左右數侍女焉次署曰楊行密窻牖庳黑不能細瞻問使者曰此諸怪狀者何邪曰將來王者也旁

廂數殿望之顯顯使者不容引去還至本所判官廳事謂使者曰好送師廻但多轉念功德經寗問曰執是功德經曰金剛般若是歟此經冥間濟拔功力無比及乎穌醒四顧久之乃述前事聞者駭然遂聞于官後岐帥怪宏迂而妄都不之信厥後茂貞累封秦王李克用枉濫殺戮號獨眼龍也朱氏篡于唐命殘害安忍傳翼擇肉非虎而何蜀王建屬兔阻兵自固天祐丁卯僭僞號以金飾牀也諸皆符合寗自此毎斷中唯荷葉湯而已其諸食饌逆口不湌秦隴之人往往請寗入冥預言吉凶更無蹉跌或請齋爭辦淨池嫩荷號爲入冥和尚終于岐下

系曰入冥之説與夢略同穆王將化人歡宴秦穆得上帝翦鶉形在人間神游上界前言

給一 二十三

旣發後事必然是知六候八徵諒非虛也寗師入冥與後唐馬珣見天符下以潞王爲天子無異寗所見殿中物象題牓終符其述謂之爲夢想夢想有徵謂之爲神遊神遊不謬將知覺夢惟一明昧有殊如攝論云如夢等覺時一切處唯有識也有若古莽國多眠五旬一覺以夢爲實以覺爲妄若然者覺之所爲爲夢之先兆也而取實於夢中眞實也夢覺反用其猶一歟寗師非妄者果梁華唐命二李王楊皆與天子抗衡諸殿遠望者得非餘割據群雄偏覇者乎所食荷葉與隋僧法慶同故幽冥等録中康何德次李山龍入冥而返説事皆驗焉經云猶如睡夢人知一切諸物有身不移本處是也

宋高僧傳卷第二十一

宋高僧傳卷第二十一

校勘記

一　底本，清藏本。

一　二一三頁上一四行第三字「府」，磧、南作「府中」。

一　二一五頁下一〇行第九字「處」，資、磧、普、南作「虔」。又「三十五」，資、磧、普、南作「二十五」。

一　二一七頁上一行末字「七」，磧作「十」。

一　二一七頁中一九行「撈摝」，磧、南作「滂漉」。

一　二一八頁上二行「天矯」，資、磧、普、徑作「夭矯」；南作「大矯」。

一　二一八頁上一二行第七字「馮」，資作「思」。

一　二一九頁上一九行第一六字「州」，資作「之」。

一　二一九頁中八行「梁山寺」，資無。

一　二二〇頁下一行「不測」，普作「不側」。

一　二二一頁上九行第三字「濕」，資、普作「溫」。

一　二二一頁上一九行「沉思」，徑作「況思」。

一　二二一頁中八行末字「持」，磧作「時」。

一　二二一頁下二行第一三字「果」下，磧、普、南有夾註「當去」。

一　二二一頁下一一行第五字「吏」，資作「一吏」。

一　二二二頁中七行第一〇字「何」，資作「阿」。

宋高僧傳卷第二十二　給二

宋左街天壽寺通慧大師賜紫沙門贊寧等奉　勑撰

感通篇第六之五　正傳十三人　附見五人

後唐韶州靈樹院如敏傳

釋如敏閩人也始見安禪師遂盛化嶺外誠多異迹其爲人也寛綽純篤無故寡言深懼迷愚率行激勸劉氏偏霸番禺每迎召敏入請問多逆知其來驗同合契廣主奕世奉以周旋時時禮見有疑不決直往詢訪敏亦無嫌忌啓發口占然皆准的時謂之爲乞願乃私署爲知聖大師初敏以一苦行爲侍者頗副心意呼之曰所由也一日隨登山脊間却之潛令下山迴顧見敏入地焉苦行隱草中覆其形久伺之乃出往迎之問曰師焉往乎曰吾與山王有舊邀命言話來如是時或亡者乃穴地而出嚴誡之曰所由無宜外說洩吾閑務後終于住院全身不散袞塔官供今號靈樹禪師真身塔是歟

系曰靈樹如遇大安必壽臘綿長出人常限疑此亦所聞異辭矣

後唐天台山全宰傳

釋全宰姓沈氏錢塘人也孩抱之間不喜葷血其母累覩善徵勸投徑山法濟大師削染及修禪觀亭亭高竦不雜風塵慕十二頭陀以飾其行諺曰宰道者焉迨乎諸方參請得石霜禪師印證密加保任入天台山闇巖以永其志也伊巖與寒山子所隱對峙皆魑魅木怪所叢萃其間宰之居也二十餘年惡鳥革音山精讓窟其出入經行鬼神執役或掃其路或侍其旁或代汲泉或供採果時時人見宰未嘗言後天成五年徑山禪侶往迎歸鎮國院居終于出家本院焉

晉巴東懷濬傳

釋懷濬者不知何許人其爲僧也憨而且狂乃逆知未兆之事其應如神乾寧中無何至巴東濬且能草聖筆法天然或於寺觀店肆壁書佛經道法以至歌詩鄙俚之詞靡不集其筆端矣與之語阿唯而已里人以神聖待之刺史于公患其惑衆繫獄詰之乃以詩通狀辭意在閩川之西東然章句靡麗州將異而釋之又詳其旨疑在海中得非杯渡之流乎行旅經過必維舟而謁焉辯其上下峽之吉凶貿易經求物之利鈍客子懇祈唯書三五行終不明言其事微密驗時荊南大校周崇賓謁之書遺曰付皇都勘爾後入貢因王師南討遂繫南府終就戮也押牙孫道能謁之書字曰付竹林寺其年物故營葬於古竹

林寺基也皇甫鉉知州乃畫一人荷杖一女子在旁尋爲取氏家女遭訟錮身入府矣有穆昭嗣者波斯種也幼好藥術隨父謁之乃畫道士乘雲提一匏壺書云指揮使高其牒衙推穆生後以醫術有効南平王高從誨令其去道從儒簡授攝府衙推屬王師伐荆州濬乃爲詩上南平王曰馬頭漸入揚州路親眷應須洗眼看是年高氏輸誠於淮海遂解重圍其他異跡多此類也甞一日題庭前芭蕉葉云今日還債業州縣無更勘窮往來多見殊不介意忽爲人所害身首異處刺史爲其荼毗焉

晉閬州光國院行遵傳

釋行遵福州閩王王氏之仲子後唐莊宗即位入洛進方物因留京邸同光末會明宗將入兵亂相仍乃自翦飾變服爲僧竄身巴蜀逮晉開運中狀貌若七十餘然壯力不衰或詢其年臘則必杜黙於閬中寓光國禪院院徒以律法住持人不之知遵之能否有李氏子家命齋飲噉之次欻起出門叫噪若有所責謂李曰今夜有火自東南至于西北街鄰居咸令備之是夕果然煨燼無遺衆聚問其故曰昨一婦女衣紅秉炬而過老僧恨追不及耳又於趙法曹家指桃樹下云有如許錢不言其數趙乃召人發之畚鍤方興適遇客至爲家僮所取喧喧之際盡化爲青泥人各爭得百餘後圬墁之門壁壞往往而有焉遵或經人塚墓知其家吉凶至於風角鳥獸聞見之間預言災福後必契合故州閭遠近咸以預言用爲口實終于晉安王山緇徒爲其荼毗焉

晉襄州亡名傳

釋亡名不知何許人也觀方問道不憚艱辛勝境名山必約巡訪矣天福中至襄州禪院掛錫與一僧循良守法同九旬禁足其人庠序言多詭激稱名曰法本朝昏共處心雅相於若久要之法屬焉法本云出家習學即在鄴都西山竹林寺寺前有石柱他日有暇必請相訪其僧追念前約因往尋問洎至山下村中投一蘭若止宿問彼僧曰此去竹林寺近遠僧乃遥指孤峯之側曰彼處是也古老相傳昔聖賢所居之地今但有名存耳故無精廬淨舍立佛安僧之所也僧疑之詰旦而往既覩竹叢叢中果有石柱泓然不知其涯涘僧憶法本臨別之言但扣其柱即見其人遂以小杖擊柱數聲乃覺風雲四起咫尺莫窺俄爾豁開樓臺對聳身在三門之下逡巡法本自內而出見之甚喜問南中之舊事說襄鄧之土風乃引度重門升祕殿領參尊宿若綱任焉顧問再三法本曰早年襄陽同時禁足曾期相訪故及山門也尊宿曰善可飯後請出在此無座言無凡僧之位次也食畢法本送至三門相別既而天地昏暗不知所向頃之宛在竹叢石柱之側餘並莫覩其僧出述其事罔知伊僧其終焉

系曰入竹林僧何人也通曰遇仙之士亦仙之士聖寺之遊豈容凡穢一則顯聖寺之在人間一則知聖僧之參緇伍無輕僧寶凡聖混然此傳新述於數人振古已聞於幾處且如北齊武平中釋圓通曾瞻講下僧病其僧

夏滿病差約來鄴中鼓山竹林寺事跡略同此蓋前後到聖寺也

漢洛陽告成縣狂僧傳曹和尚

釋狂僧者晉開運中徧於邑下乞石礦灰曰夜驅荷入大小留二山中謂行人鄉叟曰要造宫闕然莫之測也皆謂爲風狂有何准據如是運至數千石封閉甚固其後鄉人不意此僧絶乎蹤跡屬乾祐初漢祖旣入今東京即位不逾年而崩當是時也詔卜睿陵於大留山下計慮者云輾瓦數百萬此山之內可陶而燒其如礦灰烏可得乎俄有里胥曰此地元有僧積藏灰可數千石准用應足按行使山陵畢用無孑遺其僧也非狂由此方證之矣又鎮州釋曹和尚者恒陽人也不常居處言語糾紛敗襦穿屨垢面黷膚號風狂散逸之倫也齊趙人皆不測而多重旃或召食食畢默然而去其狀猶不醉而怒鄴府帥安重榮作鎮數年諷軍吏州民例請朝廷立德政碑碑石將樹之日其狀屹然曹和尚指之大笑曰立不得立不得人皆相目失色主者驅逐曹循口不絶聲焉至重榮潛萌不軌秣馬利兵垂將作逆朝廷討滅碑尋毁之凡所指斥循響答聲也後不測所終

周僞蜀淨衆寺僧緘傳大慈寺亡名

釋僧緘者俗名緘也姓王氏京兆人少而察慧辭氣絶羣大中十一年杜審權下對策成事祕書監馮涓即同年也乾符中巢寇充斥隨流避亂至渚宫投中令成汭汭攻淮海不利遂削髮出家屬雷滿據荊州襄州趙凝攻破之梁祖遣高季昌誅滅焉江陵遂屬高氏緘避地夔峽間後唐同光三年入蜀尋訪馮涓已死矣遂居淨衆寺而髭髮皓然且面色紅潤逍遥然人不測其情僞有華陽進士王處厚者乙卯歲於僞蜀落第則周顯德二年也入寺寫憂於松竹間見緘緘曰得非王處厚乎處厚驚曰未嘗相狎何遽呼耶緘曰偶知耳遂說本唐文宗大和初生止今一百三十餘載矣處厚曰某身跡奚若子將來之事極於明年而今而後事可知矣意言蜀將亡也囑令勿洩明日再尋杳沉聲跡一日復扣關自來云暫去禮峨嵋結夏於黑水方還緘於桉頭拈文卷覽之則處厚府試賦藁曰考乎眞僞非君燭下之文何多誑乎遂探懷抽賦藁示之此豈非程試眞本乎處厚驚竦不已乃曰僕試後偶加潤色用補燭下倉卒之過也師何從得是本也緘曰非但一賦君平生所作之者皆貯之矣明日訪之携處厚入寺之北隅同謁故太尉幽公杜琮之祠坐於西廡下俄有數吏服色厖雜自堂宇間綴行而出降階再拜緘曰新官在此便可庭參處厚惶懅而作緘曰此輩將爲君之驅策又何懼乎寧知泰山舉君爲司命否仍以夙負壯圖未酬前志請俟登第後施行復檢官禄簿見來春一牓人數已定君亦預其間斯乃陰注陽受也筞人世之名食幽府之禄此陽注陰受也處厚震駭不知所裁但問明年及第人姓名爲誰耶緘索紙筆立書一短封與之誡之嚴密藏之脫洩禍不旋踵須臾吏散緘携手出廟及暝而去至春試罷緘來處厚家留一簡云暫還弊廬無復再面也後往寺僧

堂中問之已他適矣乃拆短封視之但書四句云周成同成二王殊名王居一焉百日爲程及乎牓出驗之有八十也二王處厚與王慎言也王居一焉惡其百日爲程處厚唯狎同年置酒高會極遂性之歡由是荒亂不起是夜暴亡同年皆夢處厚藍袍槐笏驅殿而行驗其策名之榮止一百二十日也詳其緘之生於文宗太和初也成身在宣宗大中王處厚遇之已一百三十餘歲也次僞王蜀城都大慈寺僧亡名恒諷誦法華經令人樂聞時至分衞取足而已身微所苦有示方藥伊僧策杖入青城大面山採藥泝溪越險忽然雲霧四起不知所適有頃見一翁僧揖之序寒暄問何以至此僧曰爲採少藥也翁曰莊舍不遠略迂神足得否僧曰迷方失路願隨居士少頃雲散見一宅宇陰森既近翁曰且先報莊主人矣僧入門覩事皆非凡調問曰還齋否曰未食焚香且覺非常鬱悖請念所業經其僧朗聲誦經勉令誦徹部所饋齋饌皆大慈寺前食物齋畢青衣負竹器以香草薦之乃施錢五貫令師市胡餅之費翁合掌送出或問云此孫思邈先生也到寺已經月餘矣其錢將入寺則黄金貨泉也王氏聞之收金錢别給錢五百貫其僧散施之將知仙民恒在名山次嘉州羅目縣有訴孫山人賃驢不償直乞追攝問小童云是孫思邈也縣令驚怪出錢代償其人居山下及出縣路見孫公取錢二百以授之曰吾元伺汝於此何遽怪乎得金錢僧不知其終所

周杭州湖光院師簡傳

釋師簡姓趙氏丹丘人也弗循戒範放肆恬然擁破衲衣多誦詞偈好懸記杭越間災福初無信者驗猶合符於一行景淳山經地理别得徑門常言昔泰山道辯相塚得術餘無取焉喜爲人遷山相塜吉凶如其言居無定所多遊族姓家言腹飢便求雞肉餐此外得美酒啜數杯而去初無言謝然長於勳書大字題牌寺觀門額書成相之吉凶隨言久近驗之始居杭西湖旁院無疾而終後有行客自長沙市中見携手話舊寄言與崇壽院主汝先負錢若干今放汝我眠牀芻薦下居有紙裹肉脯屑必應腐敗爲棄之院僧依言果然見之因寫貌供養簡曾言火頭屋已後火化去及州南塔戊午歲被天火爇之應言無爽矣

宋明州乾符寺王羅漢傳

釋王羅漢者不測之僧也酷嗜蒜肉出言若風狂後亦多驗云嘗曝衣有盜者將欲搴之低頭佯睡有物人就之乞終無吝色及開寶初年六月内忽坐終三日後漆布之忽聞兩頰間嗚咤聲皆云潰爛夜寄夢與數人曰布漆我昏悶如何開焉明日召漆工剥起肉色經白有圓粒舍利墮落收而供養至今肉身存于本寺時僧正贊寧作碑紀異漢南國王錢氏私易名爲睿修神化尊者

宋潭州延壽院宗合傳

釋宗合閩越人也遊嶽泛湘以求知識焉其爲僧也介立而寡慾羣居終日唯笑而已南楚之人且多信重後居延壽院故諫議大夫賈公玭判軍府聞之往謁見言話不接與人

議曰得道之人豈入恒量度中耶賈乃堅請往文殊院住持爾日登座聊舉禪要而散明日告衆曰有故暫出諸賢不宜留難其裝束若行脚狀渡彭蠡至黄州驛前屹然立終遐邇奔競觀禮時馬鋪使臣爲營喪務造塔於立終處則開寶二年也今號真身院是歟又滬池大安寺釋道因不知何許人也遊處滬池瀘澗之間自言出家人守儉則少于人與畜類爲同行則無是非盈耳嘗養一烏犬出入起卧不相忘捨每食以鐵鉢就火而炊糜熟與犬同食或前或後行止奇異人莫能測一旦僧亡犬亦坐斃今大安寺塑其像而肉身兩存開寶中也洛下崇信香華滿龕焉

宋卭州大邑靈鷲山寺點點師傳

釋點點師者不知何許人也孟氏廣政中隱卭南大邑山寺多遊鄽肆中雖事削染恒若風狂或與人接必指點而言故目是稱焉有命齋食者酒肉不間率以爲常俚人亦不之厭也日之夕矣乃市黄白麻紙筆墨寘懷袖以歸行數里沈酣而至瞑矣所居之室雖有外戶且無四壁入後闔扉人不得造初隣僧小童躡足伺之見秉燭箕踞陳紙筆於前訶責大書莫曉其文字往往出嗟如決斷處置久之明闇間熱視閃爍若有人森列狀如曹吏則襦裳非世之服飾觀者怖懼而退詰旦微詢其事怒而弗答居數載卭笮之人咸神異之後不知其終

系曰點點師而能劾鬼別無高絜軌生物善亦與古人判冥司事者同耶通曰所作在心如不從正道力中生則與五斗米道同如不從有心符禁中起則感鬼神歸信驅策之耳故善戒經云若須神通應感化度爲示神足莊嚴論中菩薩以神通變化而爲戲喜又或此是辟支行位人也故論云獨覺依彼彼村落乞食以身濟度不以語言示現種種神通境界爲令誹謗者歸向故

宋天台山智者禪院行滿傳

釋行滿者萬州南浦人也羇貫成童厥性明黠篤辭所親求爲佛子受戒方畢聞重湖間禪道隆盛石霜之門濟濟多士遂往求解屬諸禪師棄代滿往豫章觀諸法席既得安然次聞天台靈聖之跡由是結束遊之棲華頂峯下智者院知衆僧茶竈見人怡懌居幾十載未覩其慍色卧一土牀空其下燒糞掃而煖之每日脫衣就牀則蚤虱螫螫焉啖之及餧飼得所還著衣如故或人潛捫其衣蚤虱寂無蹤矣先是居房檻外有巨松横枝之上寄生小樹每遇滿出坐也其寄生木必婀婀而側時謂此樹作禮荼頭也或不信者專伺滿出則紛紛然滿去則屹立亭亭更無動摇雖隨衆食量少分而止四十年內人未見其便溺以開寶中預向人說我當行矣令衆僧念文殊名號相助默焉坐化春秋年可八十餘滿多作偈頌以唱道焉

宋魏府卯齋院法圓傳 鏁師李通玄

釋法圓俗姓郝眞定元氏人也宿殖之緣出塵無滯後唐長興二年投本府觀音院勤勤誦習師與落髮間歲受滿足戒後策杖負囊巡禮諸方至韶山挂錫看大藏經焉晉開運三載却來本生地寓天王院越來年契丹犯

闕戎王耶律德光迴至常山欒城而死永康王兀谷代爲蕃國之主時旋軍自鎮州董戎北返留酋長麻荅耶律解里守于下京即常山也晉之臣寮兵士盡在斯矣漢兒將帥謀逐醜虜其計未決兩分街巷漢人在蕃之中者蕃人先發無少長皆被屠戮之天王院八僧殊死圓預其數也其時見殺者尤衆初圓引頸兩受刃如擊木石然圓呼曰猛乞一劍遂身首異處至暮圓如夢中忽覩晚照亦微悟被戮意之自謂死已冥寞亦見日月遂廵舉一臂試捫其頭乃覺如故再三疑之不敢搖動慮其分落也又謂血凝所綴重捫之遶頸有痕縫如線許大終身如此時城中既逐出蕃部稍定傍人扶起詰朝歸院院僧方將食粥見圓謂爲鬼物一皆奔散遲久審得其實喜言再生遠邇觀禮且歎希奇常山之人競陳供施圓自後復往諸方居無定所暨周顯德中寓大名府成安縣邪齋院溫尋藏教以開寶六年忽謂衆曰人生虛幻何能久長物極則還生死涅槃必無少別遂不數日而長逝黑白之衆若喪所親及送就荼毗曰感舍利若黍粟之皁粒焉春秋七十四法臘五十一時范魯公質親問圓厥由深加鄭重再詢履行則大藏經已兩過披讀矣又福州楞伽寺鏞師者海壇戍卒之子厥初母氏懷娠冥然不喜葷茹洎乎誕育岐嶷異常不嚌魚肉年及八歲甘嗜野菜若鉏斸種者即言殺傷物命每見家廚烹燀毛鱗則手掬沙灰投于爨鑊貴其不食自言開元寺塔隋朝中我造也多說未萌事後皆契合便請出家因披法服頂有香氣如爇沉檀號爲聖僧時侍御史皇甫政爲留後請入府署因作肉餡子百數唯一是素者盤器交錯悉陳于前意驗其凡聖耳鏞臨筵徑拈素者啖之餘者手拂而作時皇甫部曲一皆驚歎每出街巷衆人圍遶自言壽止十三當定歸滅至是果終遂於寺前火化傾城士女哭泣依輪王法樹浮圖焉復次唐開元中太原東北有李通玄者言是唐之帝冑不知何王院之子孫輕乎輕冕尚彼林泉舉動之間不可量度身長七尺餘形貌紫色眉長過目髭鬢如畫髮紺而螺旋脣紅潤齒密緻戴樺皮冠衣大布縫掖之制腰不束帶足不躡履雖冬無皴皸之患夏無垢汗之侵放曠自得靡所拘絆而該博古今洞精儒釋發于辭氣若鏗巨鐘而傾心華藏未始輟懷每覽諸家疏義繁衍學者窮年無功進取開元七年春賫新華嚴經曳節自定襄而至并部盂縣之西南同潁鄉大賢村高山奴家止於偏房中造論演暢華嚴不出戶庭幾于三載高與鄰里怪而不測每日食棗十顆栢葉餅一枚餘無所須其後移於南谷馬家古佛堂側立小土屋閑處宴息焉高氏供棗餅亦至旹賫其論并經往韓氏莊即冠蓋村也中路遇一虎玄見之撫其背所負經論搭載去土龕中其虎弭耳而去其處無泉可汲用會暴風雨拔老松去可百尺餘成池約深丈許其味香甘至今呼爲長者泉里人多因愆陽臨之祈雨或多應焉又造論之時室無脂燭每夜秉翰於口兩角出白色光長尺餘炳然通照以爲恒矣自到土龕俄有二

女子衣貲布以白布爲𢄼頭部顏都雅饋食一奩于龕前玄食之而已凡經五載至於紙墨供送無虧及論成亡矣所造論四十卷總括八十卷經之文義次決疑論四卷綰十會果因之玄要列五十三位之法門一日鄉人聚飲酒之次玄來謂之曰汝等好住吾今去矣鄉人驚怪謂爲他適乃曰吾終矣皆悲泣戀慕送至土龕曰去住常也鄉人下坡迴顧其處雲霧昏暗至子時儼然坐亡龕中白色光從頂出上徹太虛即開元十八年暮春二十八日也報齡九十六達旦數人登山見其龕室内虵虺塡滿莫得而前相與啓告虵虺交散者少追感結轝迎于大山之北甃石爲城而塟之神福山逝多林蘭若方山是也塟日有二斑鹿雙白鶴雜類鳥獸若悲戀之狀焉大曆九年六月内有僧廣超到蘭若收論二本召書生就山繕寫將入汾川流行其論由玆而盛至大中中閩越僧志寧將論注於經下成一百二十卷論有會釋七卷不入注文亦寫附於初也宋乾德丁卯歲閩僧惠研重更條理立名曰華嚴經合論行於世人所貴重焉

系曰北齊内侍劉謙之隨王子入臺山焚身謙之七日行道感復丈夫相冥悟華嚴義乃造論六百卷久亡至李長者之化行晉土神變無方率由應以此身而爲說法也或曰李論中加乎十會經且闕焉依梵字生解可非迷名耶何長者說法之有通曰十會理有宜俟後到之經所解南無言離中虛也此配法觀心也若知觸物皆心方了心性故經云知一切即心自性則成就慧身不由他悟此乃心境如如則平等無礙也觀李之判教該博可不知華言義耶嘗聞幽州僧惠明鳩諸僞經幷華嚴論同焚者蓋法門不相入耳偶經可爇李論難焚伊非小聖境界也亦猶楊墨之說與儒相違行方外者復憎孔孟水火相惡未始有極苟問通人分曹並進無相奪倫哉

論曰丹成轉數服則登仙慧鍊功夫驗之果證若或名未標於籙籍力未合於經王烏以輕舉此身出過凡世徒秪眩曜肉眼驚忙猿心所謂釋氏之儔高下異爾亦乃譬同羣象也牙能觝觸鼻善卷舒力却九牛奔過駟馬矣別有阿耨池岸香醉山陰象則鼓雙翼以飛騰用七支而巧便與夫海山之象百倍絶倫厥號鵠羅伐拏象中龍也諒知沙門有所感通斯之謂歟若夫能感所通則修行力至必有天神給侍是也能通所感則我施神變現示於他是也能所俱感通則三乘極果無不感通也昔梁慧皎爲傳創立神異一科此唯該攝究極位之聖賢也或資次徵祥階降奇特當收不盡固有缺然及乎宣師不相沿襲乃釐革爲感通蓋取諸感而遂通通則智性修則感歟果乃通也覈斯理長無不包括亦猶班固增加九流變書爲志同也復譬聖人重卦不亦愈於始畫者乎然則前不仰觀俯察後何變通此非宣師之能據嘉祥變例而能矣原夫室靜生虛白心靜則神通儒玄所能我道奚若引發靜慮自在現前法不喧囂萬緣都泯智門開處六通由是生焉動相

滅時五眼附茲照矣目連運用彰何第一之名那律觀瞻有是半頭之見迷盧入其芥子海水噏於毫端不思議時凡夫之心口兩喪神通生處諸佛之境界一如復次我教法中以信解修證爲准的至若譯經傳法生信也義解習禪悟解也明律護法修行也神異感通果證也孰言像末無行果乎亦從多分說也秖如檀特刻杖表侯景之西歸河禿指天知文襄之南面光師入安樂之行弟子證三昧之門泗上僧伽十九類身之應現萬迴尊者五千餘里之往來諸方更有其異名此刹彌觀其奇迹難拘定態莫檢恒形從願海而起身元惟智積自意生而分質素是康僧岸覩菩薩之迎生英致秦襄之就食留年不測示跡無方或揚化於數朝或受齡於三百或令竈祠而墮或得御笛而迴珪戒嶽神安救唐相或漉龍兒而至或掣鎖骨而征入聖寺門認諸葛亮或神光出口或怪物沈河豐干識其文殊無相免其任俠夢送浮圖而渡海身分窣窟以安禪或放毫相之光或令公主之誕或獲珠之爍爍或擾虎之耽耽或記宰臣或移巢鵲壽過百歲身隱五臺或識草書或求聽衆或隱形而留影或見毋而便生或題異辭或語虓獸記韋公之滅度驚張瀆之夜歸不濡其服而渡溪不泄其穢而恒食或倒立而死或直吐其鴆或身首異處而還連或半年坐亡而復起若以法輪啓迪多作沙門之形設如異迹化成或作老叟之貌寒山拾得瘡痍可惡疥癘堪嫌或逆逕於恒流或譴張於下類伊皆難測孰曰易知將逆取順之由反權合道之意耳或曰感通之說近怪乎對曰怪則怪矣在人倫之外也苟近人情之怪乃反常背道之徒歟此之怪也非心所測非口所宣能至其涯畔矣今神仙鬼物皆怪者也仙則修鍊成怪鬼則自然爲怪佛法中之怪則異於是何耶動經生劫依正法而修致自然顯無漏果位中之運用也知此怪正怪也在人情則謂之怪在諸聖則謂之通感而遂通故目篇也故智論云以禪定力服智慧藥得其力已遂化衆生復置世界於一毛疑海水爲五味故曰緣法察境唯寂乃照始驗佛門龍象間代一生出而攝諸不慙愧也矣

宋高僧傳卷第二十二

宋高僧傳卷第二十二

校勘記

一　底本，清藏本。

一　二二四頁上一二行首字「宋」，磧作「大宋」；南作「有宋」。

一　二二四頁下一二行「剌史」，徑作「刺史」。

一　二二五頁中七行第九字「門」，資、普作「間」。

一　二二六頁下一五行首字「注」，磧作「生」。

一　二二七頁下六行首字「宋」，資、磧、普作「大宋」；南作「有宋」。以下傳目中「宋」字同。

一　二二七頁下七行末字「若」，磧作「無」。

一　二二七頁下一三行首字「經」，資、磧、普、南、徑作「紅」。

一　二二八頁下五行「蟄蟄」，徑作「蟄蜇」。

一　二二八頁下末行「三載」，南作「二載」。

一　二二九頁上一一行第七字「頭」，磧作「頸」。

一　二二九頁中一九行「輕冕」，資、磧、普、南作「軒冕」。

一　二三〇頁下一七行第四字「何」，資、普、徑作「可」。

宋高僧傳卷第二十三　給三

宋左街天壽寺通慧大師賜紫沙門贊寧等奉勅撰

遺身篇第七 正傳二十二 入附見二人

唐汾州僧藏傳

釋僧藏者西河人也弱齡拔俗氣茂神清允迪循良恪居下位迨霑戒善密護根塵見仁祠必禮之逢碩德則盡禮苟遇僧俗施拜乃俯僂而走如迴避令長焉若當衆務也則同淨人屈已猶臧獲焉見他人故衣則潛加澣濯別事紐縫至于炎暑乃脱衣入草莽間從蚊蚋蛣蛭唼齧蠆芥血流忍而汗洽而恒念彌陀佛號雖巧曆者不能定筭數矣確志冥心未嘗少缺及預知報盡謂贍病者曰山僧多幸得諸天人次第來迎藏又言吾瞑目間往淨土聚諸上善人散花方迴此耳正當捨壽合掌念佛安然而終矣

唐漢東山光寺正壽傳 慥禪師

釋正壽者不知何許人也風儀峻整節槩高强肩錫曳囊宗師皆謁然以因緣相扣附麗有歸於南塔慥禪師門決開疑網密修資益後壽杜默于隨部山寺人皆不識時譙王重福者中宗次子也神龍初韋庶人譖云與張易之兄弟構成重潤之罪遷均州刺史密加防守不聽視事韋后臨朝添兵士捍衛及韋氏被誅睿宗即位轉集州刺史未行然忽忽不樂而歸心於慥禪師爲其造生藏塔舉高七十尺極爲宏壯于時慥師疾已危篤譙王使問師後孰繼高躅慥曰貧道有正壽在王問諸僧誰爲正壽或曰和尚有弟子在山光迹韜晦王遣使召到壽白慥師曰喜王爲檀越其塔已成其欲爲先試得否慥曰善爲吾試是時壽攝衣合掌入塔斂容瞑目結加趺坐便即滅度全身不散時號爲試塔和尚譙王聞已歎嗟終日曰弟子循爾乃別議改圖爲慥禪師營構焉

系曰先人有奪人之心壽公先其慥矣夫直往者必能迴來也業累弗羈樊籠弗罩脱羈開罩生死自由既然自由已躋果位矣俗諦

觀之壽公出藍之青也矣而能秉心矯跡出其師之前一日千里其是之謂乎

唐五臺山善住閣院無染傳

釋無染者不委氏族何許人也從中條山受業講四分律涅槃經因明百法論善者從之恒念華嚴經至說諸菩薩住處東北方金色世界文殊菩薩與一萬聖衆從昔已來止住其中而演說法或現老人或爲童子近聞佛陀波利自西國來不倦流沙無辭雪嶺而尋聖跡高宗朝至臺山思量嶺啓告扣禮乃見老人即文殊也利雖云面接未決心疑令却往西國取經詣金剛窟入文殊境界於今不迴古德既爾吾豈無緣乎染乃從彼發跡徧訪名公或遇禪宗窮乎理性或經法席探彼玄微以貞元七年到臺山善住閣院時有僧智頵爲臺山十寺都檢校守僧長之初也遂挂錫棲心誓不出山每念文殊化境非凡者之可勝豈宜懈怠冬即採薪供衆夏即跣足登遊春秋不移二十餘禩前後七十餘徧遊歷諸臺觀化現金橋寶塔鍾磬圓光莫窮其際且曰松栢之扉不知堂密中有美松乎言更有愈於諸瑞吾得少未爲足也最後於中臺東忽見一寺額號福生內有梵僧數可萬計染從頭禮拜逓互慰勞見文殊亦僧也語染曰汝於此有緣當須荷衆勿得唐捐有願無行而已言訖化寺衆僧寂無所覩染歎而言曰覩茲靈異豈可徒然此危脆身有何久固乃遵言廣興供施每設一百萬僧乃然一指以爲記驗焉漸及五百萬數遐邇委輸若海水之入歸塘焉及千萬供畢十指然盡迨開成中白大衆曰吾於此山薄有因緣七十二徧遊諸聖跡人所不到吾皆至止又不出茲山已報深願幸莫大焉奈何衰老今春秋七十四夏臘五十五及存餘喘欲於中臺頂上焚一炷香告辭十方如來一萬菩薩或息我以死誰甘相代況諸人等並是菩薩門人龍王眷屬蒔我善種得住此山夙夜精勤羸勤三業龍華三會共結要期此時下山勿有留難合掌曰珍重而去衆初不喻其意皆言早迴染乃但攜餅錫惟齎名香遂命季氏趙華將蠟布兩端麤麻一束香汁一斗於中臺頂從旦至暮禮拜焚香略無暫憩都不飲食念佛虔誠聲無間斷已至深更趙氏怪其所以陟彼崔嵬見染不移舊止轉更精專染謂趙曰吾有密願汝與吾助緣不得相阻爲取蠟布麻油將來纏裹吾身於夜半子時要然身供養諸佛吾若得道相度汝也趙氏諫之苦勸不止將布纏身披麻灌油從頂而煉言曰將吾灰骨當須飄散無使顯異趙氏一從其命略無移改從頂而煉至足方仆矣趙氏歎曰昔聞藥王然身今見上人奇哉痛哉後門人收真骨於梵仙山南起塔至今在矣

唐成都府福感寺定蘭傳

釋定蘭姓楊氏成都人也本闤闠間兇惡屠沽類天與厥性悔往前非誓預六和化行三蜀當爾時也咸歸信焉造伽藍一號聖壽歟其緣未發乃藏於傭保中耳而父母早亡無資可以追往每遇諱辰蘭悲哭咽絕輒裸露入青城山縱蚊蚋蛣蠅唼咋膚體且云捨內財也用答劬勞蜀中有黑白蟆形如粟咂人

口及肉而少見者次則刺血寫經後則煉臂至于拔耳剜目餧飼鷙鳥猛獸既而行步非扶導而觸物顛躓後有異人掌擎物若珠顆然內空背中斯須瞻矚如故冥告曰南天王還師眼珠矣遠近驚駭常謂人曰吾聞菩戒經中名爲無上施吾願勤行速要上果矣大中三年宣宗詔入內供養仰其感應之故以優禮奉之弟子有緣恒執事左右六年二月中又願焚然肩膊帝累勸勉年耆且務久長修煉蘭不奉詔遂焚焉而絕有緣表請易名建塔勅謚覺性也塔號悟眞也蜀都止呼定蘭塔院于今香火不絕云

唐福州黃蘗山建福寺鴻休傳

釋鴻休不知何許人也神宇標挺玄機幹運居閩黃蘗山寺叢萃毳客示教之外侃然怡樂恒言宿債須償償盡則何憂何懼物我俱逍遥矣人皆不喻其旨及廣明之際巢寇充斥休出寺外脫納衣於松下磐石之上言曰誓不汙清淨之地而安詳引頸待刃刃下無血賊翻驚異羅拜懺悔焉門弟子景先闍維其屍收舍利七顆囊而寶之有篤信者以菽粒如數易之追之靡及遂往筮焉占之曰死生貴賤罔分吾卦在靡在之失寧失矣孰知其然也洎獲寘之于塔分之七粒緘于瑠璃器中瑩然光色時僧清豁著文作頌紀德焉

唐鄂州巖頭院全豁傳

釋全豁俗姓柯氏泉州人也少而挺秀器度宏遠而踈略禮清源誼公爲師往長安造西明寺照公與受滿足法即於左街保壽寺聽尋經律決擇綱宗垂成講導振錫南指詣武陵德山藥病相應更無疑滯後居所鄰洞庭地曰卧龍乃築室而投憩焉徒侶影隨又居唐年山山有石巖巉崪立院號巖頭歟凡所施用皆削繁總兀然而坐任衆圍繞曰汝何不思惟家中有多少事實於通順之境證得超越之相者豁值光啓已來中原多事諸侯角立狂賊來剽掠衆皆迴避豁惟晏如賊責弗供饋忿怒俾揮刃之曾無懼色當光啓丁未歲夏四月八日門人權葬葬後收焚之獲舍利七七粒僖宗賜謚曰清嚴塔號出塵葬事檀越田詠兄弟率財營構南嶽釋玄泰撰碑頌德提唱斗峻時號巖頭法道難其領會焉

系曰休豁二師何臨難無苟免乎通曰凡夫之難是菩薩之易經生累捨此烏悋哉昔安世高累累償債去若拂塵業累纔輕苦依身盡換堅固之體耳神仙或從刃殞者謂之劒解況其正修證果之人觀待道理不以不令終爲恥也

唐吳郡嘉興法空王寺元慧傳

釋元慧俗姓陸氏晉平原內史機之裔孫也父丹文林郎雲騎尉溫州糾曹慧即仲子也髫齡穎悟長而溫潤長作枯龜思爲瘦鴈以開成二年辭親於法空王寺依清進爲弟子會昌元年往恒陽納戒法方習毗尼入禮五臺仍觀衆瑞二年歸寧嘉禾居建興寺立志持三白法諷誦五部曼拏羅於臂上爇香炷五年例遭澄汰權隱白衣大中初還入法門至七年重建法空王寺又然香於臂供養報恩山佛牙次往天台山度石橋利有攸往略

無㝵虞焉咸通中隨送佛中指骨舍利往鳳翔重眞寺煉左拇指口誦法華經其指不踰月復生如故乾寧三年偶云乖悆九月二十八日歸寂于尊勝院報齡七十八僧臘五十八弟子端肅等奉神座葬之吳會之間謂爲三白和尚焉其禮拜誦持不勝其計如別錄也

系曰煉大拇指火盡灰飛如何於焦炭之末骨肉隨生不乆如故此與火中蓮華同種而異態耳何謂三白通曰事理二種一白飯白水白鹽事也二身不偏觸口誦眞經意不妄緣此三明白非黑業也故享此名歟

唐京兆菩提寺束草師傳

釋束草師者無何而至京兆平康坊內菩提寺其爲人也形不足而神俊吟嘯自得罕接時人且不言名姓常負束藁坐卧於兩廊下不樂住房舍或云此頭陀行也經數年寺內綱任勸其住房或有詬其狠藉曰爾厭我邪世不堪戀何可長也其夕遂以束藁焚身至明唯灰燼耳且無遺骸略盡汙塗之臭又無延燎驚咤之聲計其少藁不能焚此全軀旣無孑遺然其起三昧火而自焚也衆皆稱歎民多觀禮焉京邑信士遂塑其灰爲僧形置于佛殿偏傍世號束草師禱祈多應焉

系曰處胎經中菩薩禪定攝意入火界三昧愚惑衆生謂爲菩薩遭劫火燒是也比丘實未及此無象此以惑人如能用少芻藁能焚巨骸則可信矣故書曰民無胥譸張爲幻吁哉

唐南嶽蘭若行明傳

釋行明俗姓魯吳郡長洲人也幼從師于本郡後遊方問道然其耿介軒昂嘯傲自放初歷五臺峨嵋禮金色銀色二世界菩薩皆隨心應現由此登天台陟羅浮入衡嶽遊梓潼屬唐季湘之左右割裂爭霸常而未息靡有寧歲於是棲祝融峯下有終焉之志止七寶臺與玄泰布納爲交契其性之好惡泰亦罔抗其輕重焉嘗謂道友曰吾不願隨僧崖焚之於木樓不欲作屈原葬之於魚腹終誓捉軀學薩埵太子超多劫而成聖果可不務乎屢屢言之都不之信忽於林薄間委身餧虎前爭競食之須臾肉盡時泰公收其殘骸焚之而獲舍利乃擷華酌水爲文祭之辭中明其勇猛能捐內財破慳法成檀度未捨巳捨當捨三輪頓空取大果若俯拾芥焉

系曰佛勑比丘施衆生食二世順益感果非輕若其明公成大檀度遠慳貪也成大勇猛得無畏也成三輪空無爲功德也成難捨心淨佛土也一擲其軀其利博哉譬猶善賈者費少而勸多其是之謂乎

晉太原永和三學院息塵傳

釋息塵姓楊氏并州人也父遷貿有無營利而巳其母氏嘗夢人服裝偉麗稱寄宵宿便覺娠妊生而有異童稚不羣每聞鐘唄之音凝神側耳年方十二因夢金人現奇之狀引之入精廬明旦告白二親懇求出家未允之前泣而不食父母憫其天然情何厭塞遂曲順之即投草堂院從師誦淨名經菩薩戒達宵不寐將周一祀捨本諷通年當十七便聽習維摩講席粗知大義及乎弱冠乃圓上品

執持律範曾無鈌然年二十三文義幹通於崇福寺宗感法師勝集傳授復學因明唯識不虧敷演學徒頴脱者數人崇福寺辯才大師從式最爲高足於天祐二年李氏奄有河東武皇帝請居大安寺淨土院四事供養尊覽藏教修鍊上生業設無遮大齋前後五會塵甞以身飼狼虎入山谷中其獸近嗅而奔走又於林薄裸體以啖蚊蝱乃遊仙巖嶽寺養道棲神復看大藏經帀設齋然一指伸其報慶彼寺有聖觀音菩薩像長燭七燈香華供獻後被諸生就請下山城内傳揚大論四序無輟逐月設沐浴臨河就沼投飼水族以巳噇嚫旋贖羽毛沈潛高明以遂生性或施牢獄人食或賑恵貧乏或捐旛蓋於淨明金藏二塔後唐長興二年衆請於大安國寺後建三學院一所供待四方聽衆時又講華嚴新經傳授於崇福寺繼曈法師由是三年不出院門一字一禮華嚴經一徧字字禮大佛名經共一百二十卷復煉一指前後計然五指時晋高祖潛躍晋陽最多欽重洎乎龍飛塵每入洛京朝覲必延内殿從容錫賚頗豐帝賜紫服并懿號固讓方俞塵聞鳳翔府法門寺有佛中指骨節眞身乃辭帝往岐陽瞻禮覩其希奇又然一指塵之雙手唯存二指耳續於天柱寺就楚倫法師學俱舍論方經數日微有疾生至七月二十七日辰時枕肱而逝俗年六十三臘四十四平常唯衣大布不蓄盈長六時禮佛未曾少鈌隴坻之間聞其示滅黒白二衆具威儀送焚之得舍利數百粒弟子以靈骨歸于太原晋祖勑葬于晋水之西山小塔至今存焉

系曰塵師指捨詎能愈其精進乎脫落浮榮豈能勝其義解乎若然者不可以一名名矣厥猶瞻蔔華焉色黄而矣則眞金謝其色香芬而遠則牛頭愧其香多名生乎一體者其塵公歟

晋天台山平田寺道育傳

釋道育新羅國人也本國姓氏未所詳練自唐景福壬子歲來遊于天台遲迴而挂錫於平田寺衆堂中慈愛接物然終不捨島夷言音恒持一鉢受食食訖略經行而常坐脇不著席日中灑掃殿廊料理常住得殘羨之食雖色惡氣變收貯于器齋時自食與僧供湢浴煎茶遇薪木中蠹蟲乃置之遠地護生偏切所服皆大布納其重難荷每至夏首秋末日昳乃裸露胷背脞腨云飼蚊蚋蝱蛭雜色蟲螫齧至於血流于地如是行之四十餘載未甞少廢凡對晤賓客止云伊伊二字殊不通華語然其會認人意且無差脫頂髮垂白眉亦尨焉身出紺赤色舍利有如珠顆人或求之隨意皆獲至晋天福三年戊戌歲十月十日終于僧堂中揣其年八十餘耳寺僧昇上山後焚之灰中得舍利不可勝數或有得巨骨者後唐清泰二年曾遊石梁迴與育同宿堂内時春煦亦燒榾柮柴以自熏灼口中嘮嘮通夜不輟或云凡供養羅漢大齋日育則不食人或見迎羅漢時問何不去殿内受供口云伊伊去或云飼蟲時見群虎嗅之盤桓而去矣

晋江州廬山香積庵景超傳

釋景超不知何許人也素持戒範若護浮囊性惟矢直言不面從及乎遊方役足選勝棲身至于廬峯便有息行之意惟誦法華鞠爲恒務九江之人且多景仰甞禮華嚴經一字拜之計已二徧乃燒一指爲燈供養慶禮經周矣次禮法華經同前身膚內隱隱出舍利磊落圓瑩或有求者坐席行地拾之無筭天福中卒于庵中今墳塔在乎廬阜遊者致禮嗟歎而已

系曰言遺身者必委棄全軀如薩埵王子是歟今以指爲燈以肱擎炷何預斯例莫過幸否通曰煉指斷肱是遺身之加行也況復像末尤成難事其猶守少分之廉隅入循吏傳同也

晉鳳翔府法門寺志通傳

釋志通俗姓張氏右扶風著姓家之子也早知遺世克務淨門選禮名師登于上品諸方講肆徧略留心後唐之季兵革相尋自此駕巳東巡薄遊洛下遇嚩日囉三藏行瑜伽教法通禮事之乃欲陟天台羅浮遂辭三藏曰吾比求翻譯屬中原多事子議南征奈何路梗何通曰泛天塹其如我何三藏曰苟去吳會間可付之梵夾或緣會傳譯通曰已聞命矣以天福四年巳亥歲天王錫命于吳越遂附海艦達浙中時文穆王錢氏奉朝廷之故具威儀樂部迎通入府庭供養於眞身塔寺安置施賚豐腆通請往天台山由是登赤城陟華頂既而於智者道場挂錫因覽西方淨土靈瑞傳變行迴心願生彼土生常不背西坐山中有招手石者昔智顗夢其石上有僧臨海上舉手相招召之狀顗入天台見其僧名定光耳輪聳上過頂亦不測之神僧也及相見乃問顗曰還記得相招致否顗曰唯此石峻峙顧下無地通登此投身願速生淨土奮軀而墮一大樹中枝輭幹柔若有人扶接焉殊無少損乃再叩榼投之落于巖下蒙茸草上微有少傷遲久蘇矣衆僧謂爲豺虎所啖及見其猶殗殜然舁就本道場初通去不白衆遂分人各路尋覓至螺溪民村有巫者言事多驗或就問焉神曰伊僧在西南方現有金鎧神扶衛不死我到彼神氣盡矣固難近也皆符協神言後往越州法華山黙修淨業將欲化去所止房地生白色物如傳粉焉未幾坐禪牀而終遷座闍維有五色煙覆于頂上法華川中咸聞異香焉

系曰昔薄拘羅有五不死今通公二不死昔法充投千仞香爐峯而不亡通且同矣得非天龍負翼不損一毛乎而能延彼連持色心未斷者何俾其增修淨土業耳

晉朔方靈武永福寺道舟傳

釋道舟姓管氏朔方迴樂人也髫年聰雅庠序有儀雖誦詩書樂聞釋典決志出家于龍興寺孔雀王院爰得戒珠漸圓心月吟哦唄讚嘹亮可聽乃率信士造永興寺功成不宰辭靈師韓公洙入賀蘭山白草谷立要持念感枯泉重湧有靈蛇游泳于中遂陟法臺談講也道俗蜂屯檀施山積讚唱音響可遏行雲獷悍之人若鴟鴞之革韻乃刺血畫大悲千手眼立像屬其亢陽則絕食瞑目要期雨之通濟方議充腸中和二年閏關輔擾攘乃

於城南念定院塔下斷左肱焚之供養大悲像願倒冒干戈中原塞上早見弭兵言畢迅雷風烈洪澍焉又嘗截左耳爲民祈雨復斷食七日請雪皆如其願至于嵩洛無不祇畏以天福六年辛丑歲二月六日其夜未央結加趺坐留累門人方畢而絶享齡七十有八遺骸不散如入禪定遂加漆紵焉建隆中郭忠恕者博覽群籍小學尤長篆隷爲能多事凌轢因過投于北裔詢舟前烈著碑頌焉

漢洛京廣愛寺洪真傳

釋洪真姓淳于氏滑州酸棗人也幼悟塵勞決求出離介然之性雲鶴相高師授法華經隨文生解鎧甲精進伏其恚忿或需檀施廻面捨旃誦法華經約一萬部詣朝門表乞焚全軀供養佛塔帝命弗俞時政出多門或諸云惑衆或言不利國家下勑嚴阻真歎曰善根殖淺魔障尤强莫余敢止遂退廣愛寺罄捨衣盂作非時施願畢當年無疾坐滅經數日顔貌如生遷就茶毗唯舌根不壞益更鮮紅時衆觀之歎希有事春秋五十二伊洛之間重之如在

周錢塘報恩寺慧明傳

釋慧明俗姓蔣錢塘人也研覈三學漸入精微後登閩越殆至臨川禮文益禪師深符正理悟先所宗不免生滅情見後廻浙隱天台白沙立草寮有雪峯長慶之風到者皆崩角摧鋒謂明爲魔說漢乾祐中自山出時翠巖參公率諸禪伯於僧主思憲院定其臧否明之口給無能挫衂焉漢南國王錢氏造大報恩寺請以住持假號圓通普照禪師然行玄沙正眼非明曷能致此顯德中卒時酷暑俾欲葬之有弟子永安曰知師唯我也請焚之得舍利五色一皆圓淨初明煉指爲燈於天台供養後相繼燒三指而勤持課脇踈衽席時說法焉性且剛直言多忤物是其所短也

周晉州慈雲寺普靜傳

釋普靜姓茹氏晉州洪洞人也少出家于本郡惠澄法師暗誦諸經明持祕呪思升白品願剪青螺既下方壇而循律檢往禮鳳翔法門寺真身乃於睢陽聽涉赴龍興寺講訓徒侶若鱣鮪之宗蛟龍焉又允琴臺請轉梵輪安而能遷復於陳蔡曹亳宿泗各隨緣獎導迴於今東京揚化善者從之晉天福癸卯歲心之懷土還復故鄉遂斷食發願願捨千身速登正覺至周顯德二年遇請真身入寺遂陳狀於州牧楊君願焚軀供養楊君允其意乃往廣勝寺傾州民人或獻之香果或引以旛華或泣淚相隨或唄聲前導至四月八日真身塔前廣發大願曰願焚千身今千中之一也徐入柴庵自分火炬時則煙飛慘色香靄愁雲舉衆歎嗟羣黎悲泣享壽六十有九弟子等收合餘燼供養焉

宋衡陽大聖寺守賢傳

釋守賢姓丘氏泉州永春人也少而聰達淵懿沉厚誓投吉祥院從師披剪焉後遊學栖雲門禪師道場明了心決趨彼衡陽衆推說法納衣練若之人若百川之會于朝夕池矣賢不衣繒纊布衣皮袴而已度伏臘必無更易脇不著席唯坐藤牀瞑目通宵除有問者隨其啓發雍容自持乾德中告衆曰吾有債

頎未酬心終不了明日入南窯山投身飼虎弟子輩去尋見雙脛皮袴纏且存耳收闍維之得舍利無數報齡七十四今小浮圖藏遺體焉

宋天台山般若寺師蘊傳

釋師蘊金華人也厥性真率不好封植遇事屬情有多許直梁龍德中與德韶禪師結侶遐征遊訪名師勝境至於北代清涼山冥心巡禮後登蒼梧野涉祝融峯然韶師或隨或否廻于浙來還棲息韶師法會其爲人也稠人廣衆往往滑稽有好戲噱者則狎之膠漆如也故高達之者置之於度外矣唯韶師默而識之謂人曰蘊公癡狂吾不測其邊際焉因有疾求僧作懺悔文誦經及密呪各論幾百藏爲度方知其密持之不懈嘗謂道友曰吾生無益於人欲投寞半峯不然石梁下所願早預賢聖之儔也其道友多沮其計以開寶六年七月內無疾坐終如入禪定時炎蒸停屍二七日身無欹側竅無氣穢及遷神座就寺之東隅闍維爐中收舍利外舌根不壞灰寒拾之如紅芙蕖色柔輭可憐或曰伊僧別無奇異此物偶存乃重燔爇其舌隨同火色遲久還如蓮葉遂議結小塔于寺中緘藏後有不信者重燒鍛凡數十過矣蘊生不言姓氏年齒人以貌取之則年八十餘矣

宋杭州真身寶塔寺紹巖傳

釋紹巖俗姓劉雍州人也母張氏始娠夢寤甚奇及生也神姿瓌偉至長也器度宏深七歲苦求出家於高安禪師十八進具於懷暉律師凡百經書覽同溫習自是遊諸方聖跡洎入吳會棲息天台四明山與德韶禪師共決疑滯於臨川益公遂於錢塘湖水心寺挂錫恒諷持法華經無晝夜俄感陸地庭間生蓮華舉城人瞻矚巖亟命搴而蹂之以建隆二年辛酉經願云滿誓同藥王焚身以供養時漢南國王錢氏篤重歸心苦留乃止尋潛遁投身曹娥江用飼魚腹會有漁者拯之云有神人扶足求溺弗可衣敷水面而驚濤迅激巖如坐寶臺然水火二緣俱爲未濟恒怏悒其懷乃於越法華山安置續召於杭塔寺造上方淨院以居之開寶四年七月有疾不求藥石作偈累篇示門徒曰吾誦經二萬部決以安養爲期跏趺坐亡享齡七十三法臘五十五喪事官供茶毗于龍井山獲舍利無筭遺骨若玉瑩然遂收合作石函瘞于影堂大寧軍節度使贈太師孫承祐爲碑紀述焉

宋天台山文輦傳

釋文輦永嘉郡平陽人也邂逅求師受業于金華納具足律儀畢翹勤篤勵三乘之學一皆淥漸因徃縉雲明昭禪師法會不事繁云揚眴之間決了無滯末遇天台山德韶禪翁唱宗一大師之道輦復諦受無疑不爲異緣牽轉故三十載隨韶師聽其進否嘗謂人曰悟入之緣猶蠖屈之於葉也食黃則身黃食蒼則身蒼其屈伸之狀無變吾初見明昭乃若是今學玄沙又如是此所謂殊塗而同歸今更取佛言爲定量之乃覽大藏經三周徧自是已來逍遥無滯以太平興國三年忽自操其斧斤伐其檀巧結玲瓏重攢若題湊焉號曰浮圖中開戶入內趺坐自持火炬誓之

曰以此殘喘焚之供養十方佛諸聖賢言訖發焰亘空其煙五色旋轉氤氳猶聞誦經之聲須臾始絶觀者號哭灰寒收舍利不知顆數春秋八十四初肇眘謂善建寺僧說吾死已無占伽藍可食之地弗如自焚供養望諸賢此時聚柴積下念佛助我往生只此相煩耳今善建寺中累石爲小塔焉

系曰小乘教以自殺犯重戒前諸方便罪是以無敢操炬就燎者然自殺二例一畏殺須結蘭吉二願往生强猛之心命終身往蘭吉可能作礙邪復次大心一發百年闇室一燈能破何罪之有是故行人無以小道而拘大根者乎

宋臨淮普照王寺懷德傳

釋懷德本江南人也詧年離俗謹愿飾身誦通法華經得度自爾雖登講肆終以誦持爲專務晚遊泗上禮僧伽塔像屬今上遣高品李神福賫旛華上供并感應舍利至葬于新塔下基深窟中德遂誓焚軀供養先罄捨衣囊供身之物齋僧一中然後自衣紙服身纏油蠟禮辭僧衆手持雙燭登柴積中發火誦經觀者莫不揮涕德至火熾標高其身聊側猶微聞誦經之聲一城之人無不悲悼者淘汰舍利甚多乃太平興國八年四月八日也使臣回奏上爲之動容焉

論曰界繫之牢不無我所浮生之命連在色身皆自貴而輕他悉己多而彼少而增靳固但長慳貪若驪龍之吝珠猶犛牛之愛尾孔惜翠羽麝護香臍也其如儒氏彝倫孔門徽典以己私之肌體曰父母之髮膚不敢毀傷恒知保慎復有好自標遇三年不見於門生且事尊嚴一坐不垂於堂廡及乎心遊方外教脫域中或大善之克成非小僫之能絆許友以死殺身成仁漸契不拘將鄰直道至有黜禮樂薄忠信去健羨飲淳和乃有洗耳辭榮抱石沉水與儒則一倍相反於釋則分寸相鄰佛乃爲物捐軀利生損命與其不拔脛毛爲利也伏臘殊時與其惜父母之親體也參辰各見如此乃驗教之深淺行之是非譬猶出泉貨而既多入息利而不少我世尊因地也初唯減口次則脫身車服越共弊之心象馬過借人之乘轂食菜之地判受封之城用若拂塵捨猶脫屣復次唼膚待餧刎目副求或指然一燈或身均百鸞救羸虛之虎化長偉之魚因超劫歸彌勒之前先成佛享釋迦之位皆從旋習始外財而終內財及熟善根變難捨而成易捨夫輟外財外財難捨難捨凡夫也捐內財內財易棄易棄菩薩也須知三世諸佛同讚此門是眞實修是第一施豈不見僧崖菩薩安詳陟於柴樓大志道人慷愷焚其腕骨人皆難色彼有易容蓋累世之曾爲致今生之又捨捨而復捨估七寶以非珍空而又空以三輪之絶軌乘茲度岸是曰眞歸得金剛堅固之身留玉粒駄都之應今之録也藏則當乎炎暑裸餧蚊蝱壽則試其浮圖坐中圓寂定蘭感天王而還眼鴻休拒大盜以償宛明飼獸而破慳超然燈而燼指加其舌根不壞身溺不沈入薪塔而自焚露赤軀而受咋以前諸德也念業異熟爲所依趣知身是幻幻體何憑悟質如漚漚形暫

起幻從心造假僞相尋漚散水澄浮沈互有是故大聖幾生所計小乘潤生盡期貴息苦依思除我倒非謂視同糠粃觀若塵臭譬之寄習學於茅廬附彎弧於土梁爲選登雲之路爲求出塞之功然後賜宅一區門羅八戟方云貴士始利封侯以其乳哺之囊轉得那羅之器亦復如是或曰用斯聲教化我中華得非韓吏部所患非楊即墨而況加其佛乎攻乎異端斯害孔熾對曰正談仁義則道德相懸正説苦空則忠言可薄還借韓之譬況坐井窺天非天之咎孔門大旨未能知生焉能知死莊子曰勞我以生息我以死若觀鼓盆而歌似知不死焉二教曾不言人死神明不滅隨其善惡業緣受報故有好醜若由業因也是用將麤易細以弱商強售覓陸之脆

給三 二十三

形博華鬘之珍服既熏當種而起現行生勝已生報强前報剜肉眼而招佛眼割凡軀而貿金軀尼拘之子至微蔭車之形不少是爲眞語非謂食言菩薩利他適足以學或曰夫行然鍊善人則不疑其有不善之人慣嘗刲割削疼痛爲詼諧堪受凌遲謂炙炮爲戲劇或敎人而偶作或誑世而强爲此則我何善根自求辛螫耳對曰雖則頑民喜忍惡少耐傷且經念以然燒或淺誠而餧飼冥招善報已種良因以浮泛心得浮泛報昔有女子戲披袈裟婆羅門醉著法服其緣會遇道果終成也或曰義淨傳譯重累再三令勿然煉伊人親遊西域備熟方宜至乎教乘罔不詳究不許毀傷何邪對曰此專縛阿笈摩之教安能沮壞摩訶衍法耶設或略捨内財決定當圓檀度故莊嚴論云若能施自身命則爲希有成菩薩檀度也將知四輪出世十善行時有道則堯下足淳民奉孝則曾家生令子我聖上踐祚之四載兩浙進阿育王盛釋迦佛舍利塔初於滋福殿供養後迎入内道場屢現奇瑞八年二月望詔於開寶寺樹木浮圖僅登千尺先藏是塔于深甃中此日放神光亘燭天壤時黑白衆中有煉頂指者有然香炷者宣賜物有差苟非大權菩薩大福天王安能激勸下民而捐身寶者乎直令此地螺髻見而珍寶成還覺其時鷲峯淨而土田變范雲綴史紀數色之徵祥王劭編文書幾州之葬塔隋分舍利唐瘞眞身比乎我朝田隴與鐵圍爭其疆畔耳此篇所載成傳開宗令能忍難忍之人既亡若在使捨身受身之者

給三 二十四

雖死猶生圖五芝於草木之前列四瑞於鱗毛之表詩曰儀刑文王萬邦作式者也

宋高僧傳卷第二十三

宋高僧傳卷第二十三

校勘記

一 底本，清藏本。

一 二三三頁上三行小字左首字「入」，資、磧、普、南、徑作「人」。

一 二三三頁上一八行「洛京」，磧、南作「洛陽」。

一 二三三頁中一行首字「宋」，磧作「大宋」；南作「有宋」。

一 二三三頁下五行「刺史」，徑作「刺史」。

一 二三四頁上一行「乘心」，資、磧、普作「秉心」。

一 二三四頁上一一行末字「却」，磧作「知」。

一 二三五頁上一九行第一二字「頸」，磧、南作「領」。

一 二三五頁中六行「巖頭院」，資、磧、普、南作「巖頭山」。

一 二三九頁下一三行首字「宋」，資、磧、普作「大宋」；南作「有宋」。以下傳目中「宋」字同。

一 二四一頁下二行末字「城」，資、普、徑作「成」。

一 二四二頁中一七行第三字「千」，徑作「于」。

給四

宋高僧傳卷第二十四

宋左街天壽寺通慧大師賜紫沙門贊寧等奉勅撰

讀誦篇第八之一 正傳二十一人 附見三人

隋行堅傳

釋行堅者未知何許人也常修禪觀節操惟嚴偶事東遊路出泰山日之夕矣入嶽廟謀之度宵令曰此無別舍唯神廊廡下可以然而來寄宿者必罹暴死之殃吾師籌之堅曰無苦不得已從之爲藉藁於廡下堅端坐誦經可一更聞屋中環珮之聲須臾神出衣冠甚偉部從焜煌向堅合掌堅曰聞宿此者多死豈檀越害之耶神曰遇死者特至聞弟子聲而自死焉非殺之也願師無慮堅固延坐談說如食頃間因問之曰世傳泰山治鬼寧有之耶神曰弟子薄福有之豈欲見先亡乎堅曰有兩同學僧已死願得見之神問其名曰一人已生人間一人在獄受對不可喚來師就可見也堅聞甚悅因起出不遠而至一處見獄火光焰甚熾使者引堅入墻院中遙見一人在火中號呼不能言語形變不可復識而血肉焦臭令人傷心堅不忍歷覩愍然求出俄而在廟廡下復與神坐如故問曰欲救同學有得理耶神曰可能爲寫法華經必應得免旣而將曙神辭僧入堂旦而廟令視堅不死怪異之堅去急報前願經寫裝畢賫而就廟宿神出如初歡喜禮拜慰問來意以事告之神曰弟子知已師爲寫經始書題目彼已脫免今生人間也然此處不潔不宜安經願師還送入寺中言訖天曉辭決而去則大業年中也堅居處不恒莫知終畢

隋天台山法智傳

釋法智者不詳何許人也髫年離俗應法升壇松直凌空玉堅絕汙凡百講肆靡不留神晚歲以逕直之門莫如念佛每謂人曰我聞經言犯一吉羅歷一中劫入于地獄可信又聞經說一稱阿彌陀佛滅八十億劫生死重罪則末之信人難云何故生大邪見俱是佛言急須念佛久則三昧現前乃於國清寺兜率臺上晝夜精勤念佛忽預辭道俗云生西

方去令親識爲吾設齋終日於中夜無疾而化時有金色光明來迎照數百里江上船中謂言天曉遲久方明始知智之往生矣

唐京兆禪定寺慧悟傳

釋慧悟未詳氏族隱太白山中持誦華嚴經服餌松朮忽於一時見一居士來云相請居士騰身入空令悟於衣襟中坐攝以飛行至一道場見五百異僧翔空而至悟奄就末行居士語曰師受持華嚴是佛境界何得於小聖下坐遂却引於半千人之上齋訖居士曰本所齋意在師一人雖有五百羅漢來食皆臨時相請耳齋訖遂送還本處有如夢覺即高宗永徽年中也

唐京兆大慈恩寺明慧傳

釋明慧不知何許人也簡嘿恭巳約志竭明耐乎寒餒誓求大乘精進之鎧介躬睡眠之魔退跡是以初中後夜念誦經行時玄奘三藏在京兆北坊部玉華宮翻大般若經畢麟德元年示滅其夜子時慧旋遶佛堂忽見北方有白虹四道從北亙南横跨東井直貫慈恩塔院歷歷分明慧心怪焉即自念曰昔如來滅度白虹十二道從西貫于太微於是有雙林之滅今有此相將非玉華法師有無常事邪申旦向衆述其所見衆咸怪之至九日凶問至京正符所見慧彌增篤勵老而無懈未知終所

唐太原府崇福寺慧警傳

釋慧警姓張氏祁人也少而聰悟極褓能言二親鞠愛鄰黨號爲奇童屬新譯大雲經經中有懸記女主之文天后感斯聖莂酷重此經警方三歲有教其誦通其含嚼紆鬱調致天然也遂徹九重乃詔諷之帝大悅撫其頂勅授紫袈裟一副後因出家氣貌剛介學處堅固充本寺上座拯頓頹綱人皆畏憚或於街陌見二衆失儀片招識醜必議懲誡斷無寬理後修禪法虚室生白終時巳八十餘齡矣九子母院有遺影并賜紫衣存焉

唐太原府崇福寺崇政傳

釋崇政俟姓本府人也幼齡敏達固願出家誦經通一千餘紙耆宿嘆賞謂之經藏焉神氣沈約儀容整麗秀眉廣目挺志高奇雖通群籍所精者倶舍論相國王公縉躬請政宣講于時談叢發秀美曲流音屬聽無厭雖移辰歷晷謂如食頃焉其剖判尤長無得形似矣代宗皇帝下詔徵爲章信寺大德稱疾不赴終于本院春秋五十八云

唐太原府崇福寺思睿傳

釋思睿姓王氏太原人也夙通禪理復貫律宗慈悲仁讓忤無愠容睿素嬰羸瘵乃立志法蓮專析藥上恪勤不懈尋見感徵忽心力勇銳辯猶鉼注因誦十輪經日徹數紙翌日倍之後又倍之自爾智刃不可當矣開元中杖錫嵩少問道時義福禪師禪林密緻造難其人一言相入若石投水既飲甘露五載而還趺坐居定日不解膝遠邇擊問求其玄理如堵牆焉春秋六十六卒于所住院

系曰誦經不貴多要在神解慧警三歲通大雲經差爲奇俊崇政終通千紙得力在乎不奉詔赴章信新寺睿公諷徹十輪後咨禪道故經偈云雖誦千章不如一句者如渡溪杖

策到岸必捨焉

唐上都青龍寺法朗傳

釋法朗姑蘇人也禀質溫潤約心堅確誦觀音明呪神効屢彰京關觀光人皆知重龍朔二年城陽公主有疾沈篤尚藥供治無所不至公主乃高宗大帝同毋妹也友愛殊厚降杜如晦子荷荷死再行薛瓘既疾綿困有告言朗能持秘呪理病多瘳及召朗至設壇持誦信宿而安賞賚豐渥其錢帛珍寶朗迴為對面施公主奏請改寺額曰觀音寺以居之此寺本隋靈感寺開皇三年置文帝移都多掘城中陵園塚墓徙葬郊野而置此寺至唐武德四年廢至此更題額朗壽終于此寺焉

唐河東僧衒傳 啓芳 圓果

釋僧衒并州人也本學該通解行相副年九十六遇道綽禪師著安樂集講觀經始迴心念佛恐壽將終日夜禮佛一千拜念彌陀佛八百萬徧於五年間一心無怠大漸告弟子曰阿彌陀佛來授我香衣觀音勢至行列在前化佛徧滿虛空從此西去純是淨土言訖而終時有啓芳法師圓果法師於藍田縣悟眞寺一夏結契念阿彌陀佛共折一楊枝於觀音手中誓曰若得生佛土者願七日不萎至期鮮翠也又夢在大池內東面有大寶帳乃飛入其中見僧云但專念佛並生此也又見觀音垂脚而坐啓芳奉足頂戴見一池蓮華彌陀佛從西而來芳問佛曰閻浮衆生依經念佛得生此否佛言勿疑定生我國也且見極樂世界平坦如鑑娑婆世界純是山川音樂寶帳直西而去有一僧名法藏御一大車來迎芳見自身坐百寶蓮華成等正覺釋迦牟尼佛與文殊讃法華經復見三道寶階向西直往第一道階上並是白衣第二階有道俗相參第三階唯有僧也云皆是念佛人往生矣芳果二師躬云已見云

唐荊州白馬寺玄奘傳

釋玄奘江陵人也通大小乘學尤明法華正典別是命家自五十載中日誦七遍嘗因淨室焚香感天人來傾聽齋講之時徵祥合沓與道俊同被召在京二載景龍三年二月八日孝和帝於林光殿解齋時諸學士同觀盛集奘等告乞還鄉詔賜御詩諸學士大僚奉和中書令李嶠詩云三乘歸淨域萬騎餞通莊就日離亭近彌天別路長荊南旋杖鉢渭北限津梁何日紆眞果重來入帝鄉中書舍人李乂云初日承歸旨秋風起贈言漢珠留道味江璧返眞源地出南關遠天迴北斗尊寧知一柱觀却啓四禪門更有諸公詩送此不殫錄奘歸鄉終本寺焉

唐成都府靈池縣蘭若洪正傳 守賢

釋洪正俗姓常氏未詳何許人也居于岷蜀間蘭若往因有疾所苦沈綿從復平寧發誓恒誦金剛般若經日以二十過為准精持靡曠時鄰僧守賢夜坐見二鬼使手操文牒私相謂曰取攝僧洪正一使曰為其默念般若傍有大奇荷護無計近得又患責限遲延今別得計見有直府東門者姓常又與僧同名復曾為僧來共偭攝去以塞違殿也守賢聞之驚異且志其事明日客問門子常洪正已死守賢先持彌陀經後改業焉洪正後不訓

其終

系曰寧有同名異實者可互死耶業不可移此可移也與其俗巫畫肖已形言可以代衰厄同也通曰琰摩王或是菩薩以同名善者則捨不善者攝之此或是罪霜倏晞正增年壽故得捨旃又其惡器方滿復當終期故斯取也苟以互實而取者行教化焉捨斯之外非常理所能知也已

唐沙門志玄傳

釋志玄者河朔人也攻五天禁呪身衣枲麻布耳行歷州邑不居城市寺宇唯宿郊野林薄玄有意尋訪名迹至絳州夜泊墓林中其夜月色如晝見一狐從林下將髑髏置之於首搖之落者不顧不落者戴之更取芳草隨葉遮蔽其身逡巡成一嬌嬈女子渾身服素練立于道左微聞東北上有鞍馬行聲女子哀泣悲不自勝少選乘馬郎遇之下馬問之曰娘子野外深更號咷何至於此耶女子掩淚紿之曰賤妾家在易水前年爲父母娉與此土張氏爲婦不幸夫壻去載天亡家事淪薄無所依給二親堂上豈知妾如此孤苦乎有一于此痛割心腑不覺哀而慟矣妾思歸寧其可得乎郎君何怪問之乘馬郎曰將謂娘子哀怨別事若願還鄉某是易定軍行爲差使迴還易水娘子可乘其麤乘女子乃收淚感謝方欲攀踏次玄從墓林出曰君子此女子非人也狐化也彼曰僧家豈以此相誣莫别欲圖之乎玄曰君不信可小住吾當與君變女子本形玄乃振錫誦胡語數聲其女子還爲狐走而髑髏草蔽其身乘馬郎叩頭悔過非師之救幾隨妖死玄凡救物行慈皆此類也

唐鳳翔府開元寺元皎傳

釋元皎靈武人也有志操與衆不群以持明爲已務天寶末玄宗幸蜀肅皇於靈武訓兵計剋復京師爲物議攸同請帝即位改元至德及二年返轅指扶風帝素憑釋氏擇清尚僧首途若祓除然北土西河所推皎應其選召入受勑旨隨駕伏內赴京壽勑令皎向前發至于鳳翔於開元寺置御藥師道場更擇三七僧六時行道然燈歌唄讚念持經無敢言疲精潔可量也忽於法會內生一叢李樹有四十九莖具事奏聞宣內使驗實帝大驚喜曰此大瑞應四月十八日檢校御藥師道場念誦僧元皎等表賀答勑曰瑞李繁滋國之興兆生在伽藍之内足知覺樹之榮感此殊祥與師同慶皎之持誦功能通感率多此類加署内供奉焉

唐京師千福寺楚金傳

釋楚金程氏之子本廣平郡今爲京兆之盩厔人也母高氏夜夢諸佛因而妊焉生實法王之子也行素顏玉神和氣清七歲諷法華十八通其義三十搆塔曰多寶四十入帝夢於九重玄宗覩法名下見金字詰朝使問罔不有孚于時聲騰京輦遂募人搆塔累級而成有同叉掌嘗於翠微悟眞捫蘿靈趾乃曰此吾棲遁之所遂奏兩寺各建一塔咸以多寶爲名此外吟詠妙經六千餘徧寶樹之下髣髴見於分身靈山之中依俙覩於三變心無所得舌流甘露瑞鳥金碧棲於手中天樂

清泠奏于空際凡諸休應皆不有之乃曰法象王之法駕迴人主之宸睠承明三入揚法六宮后妃長跪於御筵天華分散而不著明皇題額肅宗賜旛蓋榮冠於一時亦庶幾於佛在也以乾元二年七月七日子時右脇示滅焉薪盡火滅雪顏如在昭乎上生於安養之國矣春秋六十二法臘三十七天子憫焉中使弔焉勑驃騎大將軍朱光暉監護即以其法葬于城西龍首原法華蘭若塔之初金髮年寫法華經不衣縑繒寒加艾納而已弟子慧空法岸浩然皆隨象王之子也紫閣峯草堂寺飛錫碑文吳通微書至貞元十三年四月十三日左街功德使開府邠國公竇文場奏千福寺先師楚金是臣和尚於天寶初爲國建多寶塔置法華道場經今六十餘祀僧等六時禮念經聲不斷以歷四朝未嘗旌德勑謚大圓禪師矣

唐台州涌泉寺懷玉傳

釋懷玉姓高丹丘人也執持律法名節峭然一食長坐蚤虱恣生唯一布衣行懺悔之法課共一日念彌陀佛五萬口通誦彌陀經三十萬卷至天寶元年六月九日俄見西方聖像數若恒沙有一人擎白銀臺從窓而入玉云我合得金臺銀臺却出玉倍虔志後空聲報云頭上已有光暈矣請跏趺結彌陀佛印時佛光充室玉手約人退曰莫觸此光明至十三日丑時再有白毫光現聖衆滿空玉云若聞異香我報將盡弟子慧命問師今往何刹玉以偈示清淨皎潔無塵垢蓮華化生爲父母我修道來經十劫出示閻浮厭衆苦一生苦行超十劫永離娑婆歸淨土玉說偈已香氣盈空海衆徧滿見阿彌陀佛觀音勢至身紫金色共御金剛臺來迎玉含笑而終肉身現在後有讚云我師一念登初地佛國笙歌兩度來唯有門前古槐樹枝低只爲挂銀臺一云是台州刺史段懷然詩也

唐兗州泰嶽大行傳

釋大行齊州人也後入泰山結草爲衣採木而食行法華三昧感普賢現身行自歎曰命且無常必歸磨滅未知來世何處受生遂入藏內信手探經乃獲西方聖教遂專心思念阿彌陀佛三七日間於半夜時忽覩瑠璃地心眼洞明見十方佛猶如明鑑中像後時詔行入內宮寢於御殿勑賜號常精進菩薩受開國公乃示微疾右脇而終葬後開棺見儀貌如生異香芬郁焉

唐洛陽廣愛寺亡名傳

釋亡名滎陽人也居止洛中廣愛寺以精習毗尼慎防戒法避其譏醜罕有缺然上元中東歸寧省路及滎陽道宿于逆旅方解囊鉢屨欲漉水盥塵次有僧至頗見貌剛而率略與律師並房安置其後到僧謂主人曰貧道遠來疲頓餒乏主人有美酒酤滿罌架肉買半肩物至酬直無至遲也主人遽依請辦僧飲啖之都無孑遺其律師呵之曰身披法服對俗士恣行飲啖不知慙赧其僧不答初夜索水盥漱端身趺坐緩發梵音誦華嚴經初舉題目次言如是我聞已下其僧口角兩發金色光聞者垂泣見者歎嗟律師亦生羨慕竊自念言彼酒肉僧乃能誦斯大經比至三

更循聞誦經聲聲不絕四帙欲滿口中光明轉更增熾徧於庭宇透於窻隙照明兩房律師初不知是光而云彼客何不息燈損主人油燼律師因起如廁方窺見金色光明自僧之口兩角而出誦至五帙已上其光漸收却入僧口夜將五更誦終六帙僧乃却卧須臾天明律師涕泣而來五體投地求哀懺過輕謗賢聖之罪律師喜遇異人後加勤苦卒成高名莫知終地

唐成都府雄俊傳

釋雄俊俗姓周成都人也善講說無戒行所受檀信非法而用且多狡詐唯事踈狂又經反初服入軍壘而因逃難還入緇行大曆中暴亡入冥見王者訶責畢引入獄去俊抗聲大呼曰雄俊儻入地獄三世諸佛即成妄語矣曾讀觀經下品下生者造五逆罪臨終十念尚得往生俊雖造罪不犯五逆若論念佛莫知其數佛語若有可信暴死却合得迴與雄俊傳語云若見城中道俗告之我已得往生西方言畢承寶臺直西而去

系曰一念憶識自身稱佛名不少垂入獄而還返者以強善心而轉弱惡故是故行人須知口誦莫如心持往生淺力當如是學也俊語流出民間必死者重蘇傳此語也

唐吉州龍興寺三刀法師傳

釋三刀法師者本姓曹廬陵人也天然之性嗜於蔬食羈貫成童志願出家于時自江以西從安史之亂南方不寧多事土扶故強兼弱兵革未休大曆七年十一月廣州呂大夫被翻城奉洪州路嗣恭牒吉州刺史劉寧徵兵三千人同收畨禺法師舊名伯連其爲人也強渥而貌惡且心循良恒持誦金剛經以筒盛經佩之于身誓不婚娶然不揚此善于他惟密行愈至無何被括爲軍呈閱之時又選充行營小將非其所好遂亡命焉時徵兵頗急牒諸處要害捕逐於本州洋口擒送劉寧令於朱木橋處死三下刃俱折劉怪問之遂言素志捨家恒持經法如斯怯懦恐衂軍威是以亡耳問經何在曰被獲時遺墜遂令搜取果數百步外得之竹筒有刃痕而幾絶劉拱手稱歎久之乃縱其爲僧奏聞勑下本道號三刀法師配本郡龍興寺後加精進卒于住所

唐湖州法華寺大光傳

釋大光俗姓唐氏生于邑之安吉也母梅氏寄孕而夢協靈祥在娠乃惡葷臭焉既誕能言不爲戲弄未齓之歲思求佛乘矣願念法華三月通貫經聲一發頑鄙華心及遂出家而尋登戒西遊京邑朝見肅宗帝召對禁中拱而嘆曰昔夢吳僧口持大乘五光隨發音容宛若適朕願兮因賜名大光屬帝降誕節齋于定國寺因賜墨詔許天下名寺意往者住持令中官趙温送于千福寺住持經道場其誦經作吳音遼邈通於聖聽帝甚異其事令中官而宣諭焉後居藍田精舍先期而寺僧夢天童來降曰大光經聲通于有頂光一日宴坐自見神手從天而下撫其心乃憶先達抱玉大師嘗誌斯言令高其法音當有神之輔翼又別夕夢神僧乳見於心命光口吮自爾功力顯暢形神不勞又尋山探幽偶墜

窮谷龍泉莫測淪溺其間心靈了然都無惑亂因思本經多寶塔爲誠願持此支品十萬遍恍然奮身脫泉若有神捧焉後詔住資聖等此寺趙國公長孫無忌宅龍朔二年爲文德皇后追福造長安七年遭火蕩盡唯於灰中得數部經不損一字以事奏聞百姓捨施數日之間已盈鉅萬遂再造其寺光覽此經倍加精進後以偏感有親在吳未答慈力表乞歸省養詔旨未允遂生有妄之疾策蹇强力將投于淵驢伏不前群烏拂頂心既曉覺疾亦隨瘳乃以經頂荷行道忽有詔許還既止烏程構營寶塔日持華偈成報往願焉求泰元年浙西廉使韋元甫表請光爲六郡別勑道場持念之首大曆癸丑歲顏魯公真卿領郡相國李紳父爲烏程宰紳未朞歲乳病暴作而不啼不鑒者七辰召光至命乳母洗滌焚香乃朗諷經分別功德品遂超席而坐拱手開眸光授飲杯水令强乳哺之疾乃徐愈光笑而謂曰汝何願返之遄速乎因以光名易紳小字貞元中紳重遊霅上泊舟之次光早遲竚于溪側而笑言戲撫之若稚孺焉後紳刺于吳興飲醉于館光引宿於道場夜分將醒白光滿室朗然若晝往覘光公宴坐梵音方作光起面門如開毫相經音向息光色隨斂紳歸京相辭光曰汝得徑山之言吾則無以爲諭行矣自愛去留有時他日位處廟堂以教法爲外護乎永貞元年十二月黑月既夕示滅于持經道場獸嘷烏墜山木驚振異香芬馥信宿不消刺史顏防深愴悼之光一納四十歲無浣濯而戒香鬱然一飯七十載徵驗絶多故相李公紳素於空門寡信頗規僧過而敦重光公自著碑題云墨詔持經大德神異碑銘布衣楊夔書云

唐荊州天崇寺智燈傳

釋智燈不知何許人也矜莊巳行嚴厲時中守護戒科恒持金剛般若勤不知倦貞元中遇疾而死弟子啓手猶熱不即入木經七日還蘇云初見冥中若王者以念經故合掌降階因問訊曰更容上人十年在世勉出生死因問人間衆僧中後食薏苡仁爲藥食還是巳否曰此大違本教燈報云律中有正非正開遮之條如何王曰此乃後人加之非佛意也遠近聞之諸宮僧至有中後無有飲水者系曰小乘尚開食五淨物薏苡非五穀正食也疑其冥官因機垂誡嫌于時比丘太慢戒法故此嚴警開制實諸佛常法也非後人之加釀焉

宋高僧傳卷第二十四

宋高僧傳卷第二十四

校勘記

一 底本，清藏本。

一 二四四頁上八行「太原府」，磧、南作「周太原府」。

一 二四四頁上一四行第六字「縣」，磧、南無。

一 二四五頁上四行「京兆」，資作「京師」。

一 二四五頁中七行首字「唐」，資、磧、普、南作「周」。

一 二四六頁中九行末字「川」，磧作「州」。

一 二四六頁下六行「李又」，資、普作「李乂」。

一 二四七頁上一四行末字「隨」，資、磧、普、南作「墮」。

一 二四七頁中一九行第八字「伏」，資、磧、普、南、徑作「仗」。

一 二四八頁中一六行「剌史」，徑作「刺史」。下同。

一 二四八頁中一七行「兗州」，資無。

一 二四八頁下八行「榮陽」，資、普作「滎陽」。下同。

一 二四九頁下七行第一四字「矣」，普作「志」。

一 二五〇頁上四行首字「等」，資作「寺」。

一 二五〇頁中二行第三字「剌」，徑作「刺」。

宋高僧傳卷第二十五　給五

宋左街天壽寺通慧大師賜紫沙門贊寧等奉　勅撰

讀誦篇第八之二 正傳二十一人 附見五人

唐并州石壁寺明度傳

釋明度未知何許人也經論步學三業恪勤誦金剛般若資爲淨分慈濟爲心迨貞觀末有鴿巢于屋楹乳養二雛度每以餘粥就窠哺之復呪之曰乘我經力羽翼速成忽早學飛墮地皆殞度乃瘞之旬餘夢二小兒曰兒等本受卵生小類蒙上人爲養育誦持迴向今轉生人道距此寺東十里間其家是也度默誌之至十月滿往訪此家男婦果孿生二子入視之數日遂呼曰鴿兒一時迴頭應諾歲餘能言皆得成長度未知終所

唐梓州慧義寺清虛傳

釋清虛姓唐氏梓州人也立性剛決桀黠難防忽迴心長誦金剛般若三業齊無有懈怠嘗於山林持諷有七鹿馴擾若傾聽焉聲息而去又鄰居失火連甍灰燼唯虛之屋颷燄飛過略無焦灼長安二年獨遊藍田悟真寺上方北院舊無井泉人力不及遠取於澗挈缾荷甕運致極勞時華嚴大師法藏聞虛持經靈驗乃請祈泉即入彌勒閣内焚香經聲達旦者三忽心中似見三玉女在閣西北山腹以刀子剜地隨便有水虛熟記其處遂趨起掘之果獲甘泉用之不竭四年從少林寺坐夏山頂有一佛室甚寬敞人無敢到者云鬼神居宅焉嘗有律師恃其戒行夜往念律見一巨人以矛刺之狼狽下山逡巡氣絶又持火頭金剛呪僧時所宗重衆謂之曰君呪力無雙能宿彼否曰斯焉足懼於是賫香火入坐持呪俄而神出以手擘足投之澗下七日不語精神昏倒虛聞之曰下趣鬼物敢爾即往彼如常誦經夜聞堂東有聲甚厲即念十一面觀音呪又聞堂中似有兩牛鬭佛像皆振呪既亡效還持本經一契帖然相次影響皆絶自此居者無患神遂移去神龍二年準詔入内祈雨絶二七日雪降中宗以爲未濟時望令就寺更祈請即於佛殿内精祷

并煉一指纔及一宵雨周千里指復如舊纔遇大水寺屋皆墊溺其院無苦若無潦没凡諸異驗皆如此也

唐睦州烏龍山淨土道場少康傳

釋少康俗姓周縉雲仙都山人也母羅氏因夢遊鼎湖峯得王女手捧青蓮授曰此華吉祥寄於汝所後生貴子切當保惜及生康之日青光滿室香似芙蕖迨綳褓之年眼碧脣朱齒得佛之一相恒端坐含笑時鄉中善相人也目之此子將相之才不語吾弗知也年甫七歲抱入靈山寺中佛生日禮聖容母問康曰識否忽發言云釋迦牟尼佛聞皆怪之蓋生來不言語也由是父母捨其出家年十有五所誦之經已終五部於越州嘉祥寺受戒便就伊寺學毗尼五夏之後往上元龍興寺聽華嚴經瑜伽論貞元初至于洛京白馬寺殿見物放光遂探取爲何經法乃善導行西方化導文也康見歡喜呪之曰我若與淨土有緣惟此軸文斯光再現所誓纔終果重閃爍中有化佛菩薩無筭遂之長安善導影堂内乞願見善導眞像化爲佛身謂康曰汝依吾施設利樂衆生同生安養康如有所證南至江陵果願寺遇一法師謂康曰汝欲化人徑往新定緣在於彼言訖不見止有香光望西而去洎到睦郡入城乞食得錢誘掖小兒能念阿彌陀佛一聲即付一錢後經月餘孩孺蜂慕念佛多者即給錢如是一年凡男女見康則云阿彌陀佛遂於烏龍山建淨土道場築壇三級聚人午夜行道唱讃二十四契稱揚淨邦每遇齋日雲集所化三千許人登座令男女弟子望康面門即高聲唱阿彌陀佛佛從口出連誦十聲十佛若連珠狀告曰汝見佛身即得往生以貞元二十一年十月示衆囑累止勸急修淨土言畢跏趺身放光明而逝天色斗變狂風四起百鳥悲鳴烏龍山也一時變白今墳塔存于州東臺子巖歲久唯餘方石石傍之土相傳瘵疾州民凡嬰衆病悉焚香取土隨服多差石之四隅若車轍焉漢乾祐三年天台山德韶禪師重建其塔至今高敞時號後善導焉

系曰康所述偈讃皆附會鄭衛之聲變體而作非哀非樂不怨不怒得處中曲韻譬猶善醫以餳蜜塗逆口之藥誘嬰兒之入口耳苟非大權入假何能運此方便度無極者乎唱佛佛形從口而出善導同此作佛事故非小緣哉

唐江州開元寺法正傳（會宗）

釋法正不知何許人也寬曠其懷愼修厥行司戾于三業御史于六根以其日諷金剛般若三七遍執持恭恪罔或云懈長慶初得疾暴終云倏至幽冥引見王者問曰師生平藝何福田獲何善果正以誦經爲對王乃揖上殿令登繡座請誦七遍王以下侍衛靡不合掌階下拷掠搒擊諭愬寂若無聲念畢後遣一人引正令還人間王降階揖送云上人更得三十年在世勿廢誦持隨吏行數里至一巨坑俾正俯窺爲吏推墮若隕空焉颯然蘇起初正死唯面不寒起述其事變心遷善者不一正後年暨八十餘卒于住寺次荆州功安縣釋會宗俗姓蔡初泛爾爲僧别無他技

忽經中蠱病乃骨立因苦發心志誦金剛般若經以待盡爾至五十過夢有人令開口喉中引出髮十餘莖其夜又有夢吐蟥長一寸月餘因此遂愈當長慶初也荊山僧行覲見其事宗不測終所

唐京兆大興善寺守素傳

釋守素者立性高邁與羣不同居京興善寺恒以誦持爲急務其院幽僻庭有青桐四株皆素之手植元和中卿相多遊此院青桐至夏中無何發汗頗汙人衣如輠脂焉而不可浣時相國鄭公絪嘗與丞郎數人避暑且惡其滴瀝謂素曰弟子爲師伐此樹各植一松可乎及暮素戲呪之曰我種汝二十餘年汝以汗之淋瀝爲人所惡同惡木之不可休其下也來歲若然我必薪之自爾絕蹤矣素誓不出院誦法華經三萬七千部夜恒有狢子馴擾來聽經齋時則烏鵲就掌取食他僧以食誘群羽皆驚噪而逝長慶初有僧玄幽題此院云三萬蓮經三十春半生不踏院門塵當時以爲佳句也素之終代罔得詳焉

系曰剌漆樹者恒患其少滴愛故難求斬魏樹者患其多辛惡之易得嗟爾青桐發汗世所罕聞及乎素公詆呵明年絕跡豈有出家弟子不如其無情樹木乎既不能爲漆與物隔其汙爲魏與食加其味乎苟認師友之彈呵取令完淨傳曰過則勿憚改本教則悔罪清淨如本無異思之

唐幽州華嚴和尚傳

釋華嚴和尚不知名氏居在幽州城北恒持華嚴經以爲淨業時號之全取經題呼召耳其所誦時一城皆聞之如在庭廡之下萬歲通天年中韓國公張仁愿之爲幽州都督也夜聞經聲品次歷歷然及爾晨興謂夫人曰昨宵城北道人諷誦若在衙署前也還聞已否夫人曰是何地遠可得聞乎張君曰如其不信可各遣小豎走馬往覆之果無差謬張君請召入城及相見謂張君曰有願胡不報乎答曰現造袈裟五百緣布施羅漢去華嚴曰勿去餘處但送往州西馬鞍山竹林寺内施僧及遣使賫香衣物登佛龕山已去覓竹林寺且無蹤跡如是深入陟高山見一翁問之曰但隨吾來倏覩雲開寺現景物非凡世所有入寺散袈裟畢而少二人彼老宿曰可賫還二分一與張仁愿一與華嚴和尚自此方知華嚴和尚是竹林聖寺中來使留一宿出已經年行化既久及終坐亡肉身不萎敗范陽之人多往乞願時有徵應塔近因兵革而廢矣

系曰一口宣誦何能入遠近人人耳耶通曰近則若願持經善法力故遠則一音演說隨類聞解其人是聖寺負位斷可知矣

唐河中府栢梯山文照傳

釋文照不知何許人也本敦朴遲訥之人耳然見佛像則悅懌一旦詣栢梯寺禮曇延法師畫影出家專念諸經罔知詮顯常憤受性昏濁忽若假寐見曇延法師身長一丈目光四射謂照曰爾所欲者吾安能致之吾有聰明經一卷求之於彼必謹而持取感應若俯拾地芥耳卬袖中出以授之則金剛般若也登即執讀七過而便驚寤經猶在目然後念

通無滯如久習焉其喉舌間曲折浮沈尋變
入節非常調也自此聰敏日新辯給在口時
謂爲觀音附麗于厥躬也且曰我師是周隋
國師凡所纂集義疏必乘夢寐而神授我無
愧爲資矣

唐陝府法照傳 給五 八

釋法照不知何許人也立行多輕率遊方不
恒長慶元年入逆旅避雨逡巡轉甚泥淖過
中時乞食不得乃咄遣童子買麤肉羮夾胡
餅數枚麤食略盡且無恥愧旁若無人客皆
詬罵少年有欲毆者照殊不答至夜念金剛
經本無脂燭一室盡明異香充滿凡二十一
客皆來禮拜謝過各施衣物照踞坐若無所
覩後不知終所

唐蘄州廣濟縣清著禪院慧普傳

釋慧普姓宋本郡蘄水人也性地踈朗敏利
絛然既奉尸羅冰雪任操元和十二年樂廣
濟山秀地靈願棲于此始諜誦大涅槃經歷
稔彌年卒通四十二卷聞者憮然曰四袠大
經若爲溫習非揣量而可庶幾乎或疑其妄
言徹部有亂次舉品題以試驗之且無澁滯
少遊緩之無不弭伏普亦不戒意躬刀耕火
種趣足而已卉服布裘度其伏臘日夜經聲
不絕如是涉三十載邑人學者莫不推重增
修院宇以大中三年冬無疾集衆告違跏趺 洽五 九
坐終儼若凝思弟子以香泥纏飾遷于山椒
塔中號涅槃焉于今香火不絕

唐今東京客僧傳

亡名長慶中自遠而至狀貌麤暴見寺中淨
人咄曰與吾將錢沽酒寺僧見之怒其勿遮
戒檢辱我僧坊其何以堪遂奪其餅擊寺外
栢樹餅則鏗然已碎其酒凝滯不流著樹如
綠玉焉搖之不散嗅之無臭寺僧驚怪顧客
何爲客曰某常持金剛般若須預飲此物一
杯則諷吟瀏亮率以爲常非此不可上人勿
怪寺僧遲迴之際愀然其容將器就樹盛之
其酒盡落器中略無孑遺觀者如堵奄然流
毀斯須器罄而酣暢不知其僧往復何所

唐上都大溫國寺靈幽傳

釋靈幽不知何許人也僻靜淳直誦習惟勤
偶疾暴終杳歸冥府引之見王問修何業答
曰貧道素持金剛般若已有年矣王合掌屢
稱善哉俾令諷誦幽吮脣搖舌章段分明念
畢王曰未盡善矣何耶勘少一節文何異華
之綫斷乎師壽命雖盡且放還人間十年要
勸一切人受持斯典如其眞本即在濠州鍾
離寺石碑上如是已經七日而蘇幽遂奏奉
勑令寫此經眞本添其句讀在無法可說是
名說法之後是也

系曰春秋夏五不敢輕加佛教宜然無妄釀
矣通曰靈幽獲鍾離寺石經符合無苦如道
明所添糅使人疑豫必招詐偽率易改張稱
有冥告誡之哉

唐荊州法性寺惟恭傳 歸靈

釋惟恭不詳何許人也少孺出俗于法性寺 玲五 十
好尚偏下多狎非法之友雖乖僧行猶勤持
誦金剛般若罕離脣齒酒徒博侶交集門庭
虛誑云爲曾無廉恥後遇病且死同寺有靈
歸其跡相類號爲一寺二害也歸偶出去寺
一里所逢六七人少年甚都衣服鮮潔各執

樂器如龜茲部問靈歸曰惟恭上人何在歸即語其處疑其寺行香樂佛也及曉廻入寺聞鐘聲云恭卒所見者乃天樂耳蓋承經力必生淨刹亦以其跡勉靈歸也歸感悟折節緇門崇重終成高邁焉

唐明州德潤寺遂端傳

釋遂端姓張不知何從而來德潤寺求師其爲人也質直清粹不妄交遊師授法華經誦猶宿構人皆駭嘆至乎老齒勤而無懈十二時間恒諷不輟咸通二年忽結跏趺坐而化須臾口中出青色蓮華七莖遠近奔走皆至觀禮邑人同心造龕窆於東山之下二十餘年墳塋屢屢光發後開視之形質如生衆迎還寺漆紵飾之今號眞身院存焉伊寺者吳太子太傅鄮鄉侯闞澤書堂後捨爲伽藍其題額取澤字也今日濟寺是也

系曰端終口出優曇鉢華是乎聞諸輪王出世海中道上方生是華今像末豈有是邪通曰爲感其人而應則不可以時拘也譬猶麟非中國之物感明王而至同也

唐越州諸暨保壽院神智傳

釋神智婺州義烏人也俗姓力力氏之先黃帝臣牧之後漢有魯郡相力歸因官居兗遂爲魯人也祖考皆田畯而以朴素相訟智少有貞操懇樂捨家就雲門寺惟孝爲師年十二一食斷中持大悲心呪應法登戒峻勵恪勤俄屬會昌滅法智形服雖殊誓重爲僧磨不磷而涅不淄于時見矣大中初年復道巡遊暨陽考于禪室且曰營廷之魚潛于藪澤宜哉此處吾之藪澤也恒呪水盂以救百疾飲之多差百姓相率日給無算號大悲和尚焉大中中入京兆時昇平相國裴公休預夢智來追乎相見欣然相國女即鬼神所被智持呪七日平復遂奏請院額曰大中聖壽仍賜左神策軍鐘一口天后繡隥藏經五千卷裴君爲書殿額智以光啓丙午歲十二月終于東白山春秋六十八法臘四十八還座歸暨陽南山入塔焉

梁揚州禪智寺從審傳

釋從審不詳氏族幼入江都禪智寺捨家誦經數萬餘言其寺即隋煬帝之故宮也咸通五年受具戒於燕臺奉福寺律席經筵徧知嘗涤後併三衣成五納諸名山勝槩無不遊覽末歸淮甸推爲僧首五六年間一皆嚴肅然恒誦淨名經未倦日計以貞明二年三月十八日構疾迨十九日禺中微息而終顏貌如常荼毗獲舍利三十粒堅明通鍛無耗疊石爲墳筠源沙門靈護述墳銘云

梁溫州大雲寺鴻楚傳

釋鴻楚字方外姓唐氏永嘉人也生而符彩且異群兒及甫髫齡器度宏曠楚之外昆弟皆出俗越之龍宮伽藍遂祈二親亦願隨往綱跡魚脫籠揭鶴飛杜若殖于蘭州新縉染于絳色五相切直誦習彌通年二十三方升上品無作及迴本郡時州將朱褒知其名節欽揖愈勤唐大順中以城南有廢大雲寺荒墟表聞昭宗欲重締構帝俞其請於是百工俱作楚躬主之施利程功不倦于素而講經禮像無相奪倫武肅王錢氏乾化初年於杭州龍興寺開度戒壇召楚足臨壇負數因奏

膺梁太祖賜紫衣并號固讓弗聽終不披著自言涼德何稱法門命數之服時詩人鄭説南遊訪鴻靜法師邂逅與楚會體知高行杼詩贈楚云架上紫衣閑不著案頭金字坐長看楚寬慈人未嘗見其慍色神氣清爽厥頤豐下且瞻其腹目不邪視顧必迴身世俗之言不輕掉舌所講法華經計五十許座一日楚之講堂中忽生蓮華重樹複葉香氣芬馨以長興三年壬辰六月五日無疾而化俗齡七十五法臘五十二道俗孺慕其年遷塔于慈雲右岡焉楚講貫外深夜行道誦經將逝夕燈光忽暗經聲絶微告門人曰勞爾給使吾將往矣其所卧之榻中先有白蛇其大若肱恒同卧處長誡童侍無妄驚擾生常撰上生經鈔刺血寫法華經一部至今永嘉人謂爲僧實中異寶焉

後唐温州小松山鴻莒傳

釋鴻莒姓唐氏永嘉人也早出家于越州龍宮寺始則誦法華經全部得度裹足往趨長安學律因讀化度寺碑時有舉人旁聽見莒目瞻多行異之知能背碑請莒誦之儒生覆其文了無一悞又相將去崇聖寺亦然而多强記輩流所推言歸故鄉請受二衆依止其細行也生來未嘗叱其狸犬豈況諸餘乎然晝夜行道誦經有鬼神扶衛或爲然燭或代添香皆鬼物也天成三年戊子水潦之後報之以大旱民荐饑饉有强盜入其室莒待之若賓客躬作粥飯飼之曰徐徐去山深無人汝曹爲天災所困耳盜者拜受而去弟子中欲襲其不備莒曰非我弟子我捨此永入深山矣諸子罷輕襲之意長興癸巳歲中恬然無疾跏趺儼然長逝至三更手敲龕門者三弟子哭泣啓開云吾告汝等與吾換新衣裳緣佛土諸上善人嫌吾服章不淨易畢便終七日頂暖時院中有巨犬三能猛噬遷塔日隨人馴狎時山中麞鹿飛鳥相參犬無搏猛獸不驚奔葬後有虎遶墳嘷叫其感物之情如是有弟鴻楚並高行爲時所重

後唐鳳翔府道賢傳

釋道賢不知何許人也持諷孔雀王經以爲日計末則受瑜伽灌頂法持明之功愈多徵應嘗夜夢佛携賢行歩歩蹈復濃雲若乘剛焉每行不知幾百里而指之曰此摩竭陀國此占波國南印度西印度迦濕彌羅等國且行且記喜躍不勝及寤覺冥解五天梵音悉曇語言時西域僧到岐下葱嶺北諸胡僧往往僞稱五印人賢以一接語言先斥之曰汝是某國人北戎南梵無敢紿之隴坻道俗皆稟承密藏號阿闍梨也迨長興末明宗晏駕立從厚爲帝鳳翔清泰不恭其命遣王思同帥師伐之清泰乃嬰城自守清泰問賢曰危甚矣如何對曰召竇八郎可逆知勝負也清泰出乘城撫衆其竇八介甲持戈來馬前作迎鬬之狀跳躍已解甲投戈而走賢曰此外敵必降之象也果如斯説清泰乃擁兵而東召賢俱行入洛即帝位敕改元曰清泰賢奏曰年號不佳何邪水清石見至二年勑移并州晉高祖爲天平軍乃阻兵自固潛連契丹長驅入洛清泰自焚果石見之應矣晉兵未至賢先終于洛今兩京傳大教者皆法孫之

曽玄矣竇八郎者岐人也家且富焉自荷器甞水言語不常唯散髮披衣狂走與李順輿相類或遇牛驢車必撫掌而笑迫死焚之火聚中盡化金色胡蝶而飛去或手掬衣扇行之歸家供養焉

漢江州廬山若虛傳 僧亡名

釋若虛隱于廬山數年持經不出石室江南國主李氏欽尚其道累徵終不降就唯言老僧無能寧銷王者歸心若更相呼竄入深山矣或衣物則避讓香則受之以乾祐中盛夏坐終身不沮壞今溢城人供養影相焉又潭州釋亡名恒誦法華經口無他語長沙文昭王馬氏特加禮重召入天策府湘西院供養然其語事詭異堪驚一旦召知佛殿僧令急鼗掠佛像各就兩廂僧皆謂爲狂發相目而笑舉止極甚忽切須臾自入正殿內據佛座而坐奄然而化舉州道俗爭禮焚香漢乾祐中也

周會稽郡大善寺行瑫傳

釋行瑫姓陳氏湖州長城人也考曰良母陶氏鍾愛之心與諸子異然其敏利又於群童傑然而出父母多途礙其出家之志終弗能禁唐天祐二年依光遠師求于剃染年十有二誦法華經月奇五辰而畢軸次維摩經盡如道安朝請經而暮納本焉尋於餘杭龍興寺受滿足戒遂往金華雙林寺智新傳南山律鈔弭節服膺流輩推揖常食時至以不鑿之米與萊茹投小鼎中烝煑而食此外斷無重味義解之心理棼破木都無難色甞謂人曰所好甚者不見他物之可好吾之好也樂且無荒也後唐天成中寓于越樂若耶山水披覽大藏教服枲麻之衣慕道俗置看經道場於寺之西北隅構樓閣堂宇蔚成別院供四方僧曽無匱乏以顯德三年壬子秋七月示疾終于此院報齡六十二法臘四十四瑫性剛正無面諛無背憎足不趨豪貴之門囊不畜盈餘之物房無閉戶口無雜言亦覽群書旁採經論慨其郭迻音義踈略慧琳音義不傳遂述大藏經音疏五百許卷今行于江浙左右僧坊然其短者不宜稱疏若言疏可以疏通一藏經瑫便過慈恩百本幾倍矣其耿介持律古之高邁也矣

宋東京開寶寺守眞傳 沙彌彌 伽道陵

釋守眞永興萬年人也俗姓紀漢詐帝信之鴻緒乃祖乃父素履貞吉弈葉孝行充塞閭里故鄉人美其孝焉遂目之曰紀丁蘭也眞即其後矣洎黃冠干紀僖宗蒙塵車駕避鋒而西幸咸鎬失守而没賊因而徙家居于蜀矣及冠也偶遊聖壽寺見修進律師行出物表語越常度乃解帶卸冠北面而事之七支既備先謁從朗師學起信論次依性光師傳法界觀後禮演祕闍梨授瑜伽教並得心要咸盡指歸自明達諸法宣暢妙典四十年間略無怠矣而賜號曰昭信焉講起信及法界觀共七十餘遍皆以燈傳燈用器投器嗣乎法者二十許人開灌頂道場五徧約度僧尼士庶三千餘人開水陸道場二十徧常五更輪結文殊五髻教法至夜二更輪西方無量壽教法稱阿彌陀尊號修念佛三昧期生淨域一日謂弟子緣遏曰如來不云出息不保

入息吾之壽也幸矣汝之年也耄矣今欲順俗從世預設二塔其可得乎緣遇稽首而對曰廣度長老捨院之右地請建塔者有年矣今大師爲其意長老致其美因緣冥契安可而止於是鳩工而營之自十月琢磨至來一月徹續以開寶四年秋八月九日命衆念佛佛聲既久令止奄然而歸寂俗壽七十八僧臘五十三其月二十一日焚葬於北永泰門外智度院側其獲舍利光潤各將供養之次

沙彌彌伽者于闐國人也專誦華嚴經曾無間息聖曆年中天帝釋請迎伽上天誦持乃曰每被阿修羅見擾故屈師來請爲誦宣華嚴經以禳彼敵遂坐座朗諷是經時脩羅軍衆聞經乃現威神一時而化去又沙彌道蔭常念金剛經寶曆初因他出夜歸虎暴中路忽遇哮吼跳躑于前蔭知不免乃閉目而坐唯默念是經心期救護虎遂伏草守之達曙村人來往乃視虎其蹲處涎流於地焉蔭後持誦益加高行矣

論曰入道之要三慧爲門若取聞持勿過讀誦者矣何耶始惟據本本立則道生次則捨詮詮留則月失比爲指天邊之桂影而還認馬上之鞭鞘如此滯拘去道彌遠然則機有新發跡或乍移須令廣覽多聞復次背文高唱在乎品位先號法師故經云受持讀誦解說書寫如法修行是也原夫經傳震旦夾譯漢庭北則竺蘭始直聲而宣剖南惟僧會揚曲韻以諷通蘭乃月氏之生會則康居之族兩家左右二見否臧無爲冰上之狐免問堠傍之路通曰西竺僧持部類行事不同或執親從佛聞更難釐革或稱我宗自許多決泒流或直調而質乎或歌聲而巧矣致令傳授各競師資此是彼非我眞他謬終年矛盾未有罷期故有若美一期之唄匿誦三契之伽陀感車馬而不行動人天之共聽此曲折聲之效也若乃盤特少句薄拘短章止憂忘以鼓脣胡暇巧而揚舌猶登中聖或致感徵此直置聲之驗也今以一言蔽之但有感動龍神能生物善者爲讀誦之正音也或曰常聞光音天之語言則是梵音未委那爲梵音邪請狀貌以示之通曰諸陀羅尼則梵語也唄匿之聲則梵音也或曰如天下言音令人樂聞者與襄陽人爲較準彼漢音也音附語言謂之漢音漢語則知語與音別所言唄匿者是梵音如此方歌謳之調歟且梵音急疾而言則表詮也分曉舒徐引曳則唄匿也或曰此只合是西域僧傳授何以陳思王與齊太宰撿經示沙門耶通曰此二王先已熟天竺曲韻故聞山響及經偈乃有傳授之說也今之歌讚附麗淫哇之曲迠邐之音加醲壞辭包藏客呪數爲梵奏此實新聲也如今啓夾或曰開題秖知逐句隨行那辨眞經僞造豈分支品未鑒別生能顯既知所詮須體當聞捨筏適足歸宗達其阿字之門圖其法身之體此讀誦之至也其有難通帚字多遊族家急令口誦於一經且爲身務於五衆賴能暗誦免呼粥飯之僧如偶澄清綫裹歸家之幞或曰國朝度戒何責經乎豈不聞羯磨之辭止云年滿衣鉢具足不言念經爲增上緣耶通曰此滅法無知之徒言耳上根感戒果證

相隨何以經紙數考試耶脫拾下根之誦持入法止闍苴白丁矣南山大師云纔登解髮便須通覽又後周初多度僧尼勅靈藏銓品行業若講若誦卷部衆多隨有文義莫不周鑑時共測量通經了意最爲第一此乃精選誦經通義爲入道之階漸也不見此文深爲痛惜梁傳目此爲經師宣師不沿而革號爲讀誦今釆諸師從唐至宋取其多善宗歸乎高則有感神宿廟度苦因經法智往生感金光之照野明慧行道占虹氣之貫天或受請居羅漢之前或持明救城陽之疾得御詩之餞送見勢至之來迎使者攝而不能妖狐媚而自變猗歟元皎致李樹之叢生焯爾楚金感帝王之入夢圓光在頂三昧現前遇誦華嚴放金光於口角後遊地獄乘寶座於西方三刀斷勢傷於竹筒千福經聲入於帝耳證返不飡於慧苡康聲無斷於連珠或添齡於三十許年或差蠱於數十莖髮或經音徧於燕壘或本足在於鐘離或樂象龜茲或口開菡萏或鬼神避呪或陸地生蓮或夢華胥而悉解梵音或坐佛座而便歸圓寂如斯上德若此法師殖壁隨方貫華有次身爲金鼓擊之成懺悔之音口若玉簫吹之出神仙之曲因依相授徒倚獨宣可謂皮裹法華足行經藏俾法音之不斷善付三乘皆成佛之無餘還宣八辯者也詩曰伐柯伐柯其則不遠望吾曹無忘取則於此焉

宋高僧傳卷第二十五

宋高僧傳卷第二十五

校勘記

一　底本，清藏本。

一　二五二頁上六行「淨土道場」，磧、南無。

一　二五二頁上一二行「廣濟縣」，磧、南無。

一　二五二頁中四行首字「宋」，磧作「大宋」；南作「有宋」。

一　二五二頁中六行第一二字「步」，磧、南作「涉」。

一　二五二頁下一〇行「剌之」，徑作「刺之」。

一　二五三頁上六行「王女」，資、磧、普、南、徑作「玉女」。

一　二五三頁下一三行「七遍」，資、磧、普、南、徑作「七通」。

一　二五四頁上一四行「淋瀝」，資、磧、普作「淋麗」；南作「淋灑」。

一　二五四頁上一七行第一五字「他」，磧作「也」。

一二五四頁上末行第五字「住」，資、磧、普、南作「佳」。

一二五四頁中六行第三字「今」，資、普作「令」。

一二五四頁下二行第三字「但」，徑作「旦」。

一二五五頁中一六行第一一字「容」，資作「客」。

一二五五頁下一六行「非法」，資、普作「非益」。

一二五六頁上一六行小字「今日濟寺是也」，資、磧、普無；南、徑作「今普濟寺是也」。

一二五六頁中一行「保壽院」，資作「保聖院」。

一二五六頁中一三行第一二字「即」，資、磧、普作「郎」。

一二五六頁中一五行第一二字「隥」，資、普、徑作「憕」。

一二五七頁上一五行「刺血」，徑作「剌血」。

一二五八頁上六行小字左「僧」，資、磧、普、南無。

一二五八頁上一六行第六字「忽」，徑作「怱」。

一二五八頁下三行首字「宋」，資、磧、普作「大宋」；南作「有宋」。

一二五九頁上五行第一六字「來」，資、磧、普、南作「十」。

一二五九頁上六行第三字「績」，南作「續」。

一二六〇頁上二行第五字「茸」，資、磧、普作「革」。

一二六〇頁上七行第六字「此」，南作「比」。

宋高僧傳卷第二十六　給六

宋左街天壽寺通慧大師賜紫沙門贊寧等奉　勅撰

興福篇第九之一　正傳十四人　附見二人

周京師法成傳

釋法成本姓王名守慎官至監察御史屬天后猜貳信酷吏羅織乃避法官乞出家爲僧苦節勤於化導聲發響隨行高質直長安中於京兆西市疏鑿大坑號曰海池焉支分永安渠以注之以爲放生之所池上佛屋經樓皆成所造穿池之際獲古石銘云百年爲市而後爲池自隋朝置都立市至于時正一百年矣儀鳳二年望氣者云此坊有異氣勑掘之得石函函内貯佛舍利萬餘粒光色粲爛而堅剛勑於此處造光宅寺仍散舍利於京寺及諸州府各四十九粒武后於此始置七寶臺遂改寺額成公居之行其激勸多以崇福爲己任焉

唐五臺山昭果寺業方傳

釋業方者即解脫禪師之法孫也身長七尺五寸古貌軒昂垂手過膝眉長數寸目有重瞳人望凜然禮誦無倦紹脫高蹈動合無形不捨利物而再修梵宮時太原府有士女造立文殊像一軀將送入山到滹沱河側洪波汎漲方乃隔岸焚香啓告河爲流減過文殊畢水還瀰溢後終建塔在寺西北一里肉身見存而多神異焉

唐上都青龍寺光儀傳

釋光儀姓李氏本唐宗室也父瑯瑘王與越王起兵欲復本朝中興帝道不克天后族誅之而無噍類儀方在襁褓中乳母負之而逃後數年則天竊聞瑯瑘有子在民間購之逾急乳母將至扶風界中鬻女工以自給儀年八歲狀貌不群神悟超拔乳母疑遭貌取而敗且極憂疑乃造布襦置錢於腰腹間於桑林之下告之令去勑捜不慢吾慮俱死無益於事汝聰頴必可自立或一旦富貴無忘老姥言訖對泣儀慟不自勝乳母從此而逝矣儀茫然行至逆旅與群兒戲有郡守夫人往夫所住處方息俱此見儀群聚且貌俊爽因而憐之召謂之曰郎君家何在而獨行至此儀紿之曰莊鄰於此有時閑戲耳夫人食之又給之錢乃解衣而内其錢日暮尋逕而去擬投村墅遇一老僧呼曰爾小子汝今一身家已破滅將奚所適儀驚愕佇立老僧又曰出家閑曠且無憂畏小子欲之乎儀曰素所願也老僧因携其手至大樹陰令禮十方佛

歸依常住佛法僧已因削其髮又出袈裟以披服之小大稱其體其執持收掩猶如幾夏比丘老僧喜曰此習性使然善持僧行遂指東北曰去此數里有伽藍汝直詣彼謁寺主云我使汝爲其弟子也言畢老僧欻然亡矣方知聖僧也儀如言趨彼寺主駭其言因留之經十年許儀已洞明經律善其禪觀而屬中宗即位唐室復興勑求瑯瑘王後儀方向寺僧言之時衆大駭因出詣扶風李使君即儀之諸父也見之悲喜乃舍之於家方以狀聞固請不可使君有女年齒相侔一見儀而心悅願致情曲儀恐懾而避焉他日會使君夫人出其女靚粧麗服從者越多來而逼之儀固拒百端終不屑就紿之曰身不潔請沐浴待命女許諾方令具湯沐女出因閉關女還排戶既不得入自牖窺之方持削髮刀顧而言曰有于此根故爲慾逼今若除此何逼之爲女懼止之不可遂斷其勢投之于地儀亦悶絶戶既不開俄而使君夫人俱到女實情具告遂破戶視之漸蘇命醫工舁歸蠶室以火燒地苦酒沃之坐之于上以膏傅之月餘瘡愈使君奏儀是瑯瑘王子有勑命驛置至京引見慰問優賚豐洽詔襲父爵儀懇讓誓願爲僧確乎不拔中宗勑令領徒任置蘭若自恣化方儀性好終南山因居法興寺於諸谷口造庵寮蘭若凡數十處率由道聲馳遠談說動人或山行十里間緇素侍者常數千百人迎候瞻待甚於權要卿相焉儀恒居寂定或言將來事以決吉凶必無差忒人益歸之開元二十三年六月二十三日先囑累弟子當謹護身口勿事諠譁祖師意無別事靜則眞法現前此外提唱皆不獲已言極激切因北首而卧枕肱右脇著席而亡此大涅槃之表兆也遺言令葬於少陵原南乃鑿原成室而封之柩之發也異香芬馥狀貌如生祖車出城白鶴數百鳴唳空中綵雲依約覆車數十里道俗號咷多持孝服所葬之地遂建天寶寺弟子皆留而守之

唐鎭州大悲寺自覺傳

釋自覺博陵望都人也稚齒猒于俗態俄白親老言兒樂從佛求度世去二親驚愕咄咤俾去然無慙怍再拜請命乃強禮本部開元寺知欽欽觀其志氣弗群立字曰自覺訓之曰汝聞名思義答曰佛種從緣起唯聽明誨矣既而誦經及格蒙度至德二年年滿鎭州受具足法即往靈壽縣禪法寺習律經論勤瘁九年皆造微也便言當入太行山於一磐石上結茅庵三畝小谿爲蘭若不亦快乎大曆元年九月晦往平山縣界得重林山院果應所求遁跡自娛至二年五月天其旱暵覺則跣足經行冬則右肩偏袒其林薄山谷虎狼狃跡重複唯拾果采蔬卯時一食時恒陽節度使張君患炎旱聞覺精苦躬入山請其祈雨張語之曰其無政術致累百姓三年亢陽借苦引咎自責良無補矣或云龍王多依師聽法忘其施雨願師垂救旱之誓有如白水如念蒼生請輟禪定略入軍府覺乃虔恪啓告龍神未移晷刻天輒大雨二辰告足張帥歸向勤重若孝子之事父母焉覺始入法已來學諸佛因中誓願其數亦四十九也其

一願身長隨大悲菩薩次願造鑄大悲像寺及乎發言響應檀施臻萃用赤金鼓鑄成舉高四十九尺梵相端嚴眼臂全具迨更年稔寺亦隨成今城西山大寺是歟遂於壇前誦念至三更見神光二道作中金色於晃朗中見彌陀佛觀音勢至左右翼從佛垂金臂呼自覺聲漸下雲來摩其頂曰宇願勿悛無宜懈廢利物爲先汝去吾隨任從汝意言畢雲收杳無朕迹覺以願心酬畢返山林之間擇送終之處貞元十一年二月望夜有神人現半身若毗沙門狀謂曰師今歲滅度矣舉手謝神人曰往來定分吾聞命矣其年六月十四日奄歸寂滅門人欲奉神龕歸山寺州府人苦留終於大悲寺南遷塔焉則十三年四月八日也其大悲爲恒陽奇事感應潛通至周顯德初勑鑄九府圜法天下銅像一例除毀時州人相率出錢贖此像不允登即爐橐鎔冶眞定之人莫不悲悼時炭熾飛煙無之從頂至胷旋收銅汁斯須計料匠氏暴卒自此罷工迨宋太祖神德皇帝追鑄今全代巇前事焉

唐東京相國寺慧雲傳

釋慧雲姓姚氏湖湘人也性識精明氣貌疎朗高宗麟德元年正十歲矣邈然有出塵之志二親多厭沮之其心匪席不可卷也父哀其所願從往南嶽初祖禪師禀承慈訓而能黠慧好味經教沈默如也至于弱冠於嶽寺受具足法自專護戒且善毗尼尋罷講科專營福事發言響答化俗風從立事絕私士庶欽揖乃出重湖而遊荊郢江南振錫浙汭携囊務在勸人令捨慳病隨處蓋造葺修寺宇二十餘所皆功成不宰天后久視元年江北行化因緣未會長安元年來觀梁苑夜宿繁臺企望隨河北岸有異氣屬天質明入城尋覩乃歙州司馬宅西北園中池沼雲徙步臨岸見瀾漪中有天宮影參差樓閣合沓珠瓔門牖綵繪而九重儀像逶迤而千狀直謂兜率之宮院矣雲覩茲異事喜貫心膺吾聞智嚴經說瑠璃地上現宮殿之影此不思議之境界也今決擬建梵宮答其徵瑞乃挂錫于安業寺神龍二年丙午往濮州甄縣報成寺發願爲國摹寫彌勒像舉高一丈八尺募人出赤金于時施者委輸逡巡若丘阜矣遂振橐籥程巧工一鑄克成相好奇特殆景龍四年庚戌六月屬溫王讓位奉睿宗叔父也景雲元年雲於寺東廊南隅造別殿安聖容始云治材方議版築檀越衆議紛紜未成建樹至二年辛亥於福慧寺經坊北貿新安典午鄭景宅方事興工掘得古碑則北齊天保六年乙亥歲置建國寺乃高歡嗣子文宣帝也覩之者皆驚嘆同舍利弗悲螘垤焉採訪使君稱異再三遂沿此記改福慧爲建國寺迎取安業聖容及殿材至寺太極元年五月十三日改元延和是歲刑部尚書王志愔爲採訪使至浚郊宣勑應凡寺院無名額者並令毀撤所有銅鐵佛像收入近寺雲移所鑄像及造殿宇門廊猶虧綵績遇新勑乃輟工雲於彌勒像前泣淚焚香重禮重告曰若與此有緣當現奇瑞策悟群心少頃像首上放金色光照曜天地滿城士庶皆嘆希有是時生

謗毀者隨喪兩目又有舌腫一尺許者遠近傳聞爭來瞻禮捨施如山乃全勝槃像坐垂趺人覩稽顙涉惡報者雲望像爲其悔過斯須失明者重視舌卷者能言皆願爲寺之奴持鐘掃地也採訪使王志愔賀蘭務同録祥瑞奏聞睿宗潛符夢想有勑改建國之牓爲相國蓋取諸帝由相王龍飛故也仍勑佛授記寺大德明幹同共檢校功德匆令州府煩擾中書舍人賈曾侍郎崔沼給事中盧逸中書侍郎平章事岑羲皆捐俸禄共構因緣或啓發心之元或施外護之力先天中行傳神于潞邸玄宗即位至八月十五日上皇御書寺額奉詔令大德眞諦并弟子二人品官一人賚勑賜播華及寺額至迎受懸挂雲道化梁園身榮福樹百齡有限四相交遷終于寺之別院葬今京之東郊寺庄塔亭存焉時號造寺祖師雲去世後天寶四載造大閣號排雲肅宗至德年中造東塔號普滿者至代宗大暦十年畢工或云造塔僧能分身行化難測品階文殊維摩是王府支吳道子裝塑又開元十四年玄宗東封迴勑車政道往于闐國摹寫天王樣就寺壁畫焉僧智儼募衆畫西庫北壁三乘入道位次皆稱奇絶今之殿宇皆大順年火災之後蓋造宋太祖重修翰林待詔高益筆跡壁畫時推筆墨之妙矣

唐杭州華嚴寺玄覽傳（慧昶　守如）

釋玄覽姓褚氏其先河南人也食菜于錢塘因是家焉覽誕膺明德生而懸解深達實相以崇善本自初念至于捨家師承慧昶昶師德無不滿衆用皆足年高行尊久爲師範及見覽無一息之間違仁告門人曰無上之道清淨爲本有能一念用其心吾未見學不足者江表無眞僧久矣或以此子爲法鼓耶俾遐邇聞之其預爲達匠之所甄異也如此其本邑有故華嚴寺覽以包桑之地近於玄禮師之先塋屬隋室不競法宇弛頹名將鑾遷跡亦時廢屬于唐初募信人重建文明歲有勑許還舊額廣輪制度兼移基址背山臨水往返形勝覽初以具戒依天竺次以僧録住一閑居後以耆德統華嚴三寺次第同致于道道無不在因教有遷也覽嘗以惘物慈濟爲己任遂議寺前平湖之通川爲放生池時太守袁從禮因茲勸勉深入慈門以禁六里司馬楊敏言感夢又廣至十里是以捷鬐掉尾噞喁浮沈不虞其害得遂生性焉覽又以經像爲最則殿前畫四像慈氏爲首鑄金銅像三百五十座彌陀爲首寫經二千餘軸金字涅槃經爲首如是功德以順現報故王考宗追贈和州刺史右散騎常侍封舒國公無量則覽之元昆也量修學之日臨平湖龍見無不往觀舒公晏然不離書楼氣度如此明皇初年舒公侍講帝嘉尚之歸覲太夫人年已期頤昆季皆以華皓晨昏之地說法而已覽以開元二十二年示疾終于臨平所造寺春秋八十四僧明了大覺普賢神滿懷遜皆忝預法流奉法器藏于細礪洞之下基工部侍郎徐安貞撰碑頌德焉又閩中愛同寺釋守如多事勸誘越上之民歸若鄽聚焉崇樹精廬以爲濟衆急在利他開元十年於寺營浴室患地勢陡高清泉在下桔槔無用汲引

步遥終以爲勞思慮不迨無由改作忽一宵下流頓涸距造浴室所二十餘步清泉迸出時謂神功冥作移此泉耳七閩之民罔不歸信終于温室之偏房矣

唐東陽清泰寺玄朗傳

釋玄朗字慧明姓傅氏其先浦陽郡江夏太守拯公之後曹魏世避地于江左則梁大士翁之六代孫遂爲烏傷人也母葛氏初娠夢乘羊車飛空躡虛而覺身重自茲已後葷血惡聞殆乎産蓐亦如初寐覺後心輕體安嬰兒不啼喨爾而笑九歲出家師授其經日過七紙如意元年閏五月十九日勑度配清泰寺弱冠遠尋光州岸律師受滿足戒旋學律範又博覽經論搜求異同尤切涅槃常恨古人雖有章疏判斷未爲平允往在會稽妙喜寺與印宗禪師商確秘要雖互相述許大旨未周聞天台一宗可以清衆滯可以趣一理因詣東陽天宮寺慧威法師威稟承括州智威時傳威是徐陵後身灌頂師之高足也朗親附之不患貧苦達法華淨名大論止觀禪門等凡一宗之教迹研覈至精後依恭禪師重修觀法博達儒書兼閑道宗無不該覽雖通諸見獨以止觀以爲入道之程作安心之域雖衆聖繼想而以觀音悲智爲事行良津遊心十乘諦冥三觀四悉利物六即體偏雖致心物表身歇人寰情捐舊廬志栖林壑唯十八種十二頭陀隱左溪巖因以爲號獨坐一室三十餘秋麻紵爲衣糲蔬充食有願生兜率宮必資福事乃構殿壁繢觀音賓頭盧像乃焚香斂念便感五色神光道俗俱瞻歎未曾有此後或猿玃來而捧鉢或飛鳥息以聽經時有盲狗來至山門長嘷宛轉于地朗憫之焚香精誠爲狗懺悔不踰旬日雙目豁明至開元十六年刺史王上客屈朗出山暫居城下朗辭疾仍歸本居厥後誨人匪倦講不待衆一鬱多羅四十餘年一尼師壇終身不易食無重味居必偏厦非因尋經典不然一燭非因覲聖容不行一步其細行修心蓋徇律法之制遂得遠域沙門鄰境耆耋擁室填門若冬陽夏陰弗召而自至也其寺宇凋弊乃指授僧靈稟建其殿宇形像累二甎塔續事不用牛膠悉調香汁天台之教鼎盛何莫由斯也一日顧謂門人曰吾衆事云畢年旦暮焉以天寶十三年九月十九日薄疾而終春秋八十有二僧夏六十一置塔於巖所生常撰法華經科文二卷付法弟子衢州龍丘寺道賓淨安寺慧從越州法華寺法源神邕常州福業寺守眞蘇州報恩寺道遵明州大寶寺道原婺州開元寺清辯齠年慕道志意求師不踰三年思過半矣行其道者號左溪焉第其傳法號五祖矣禹山沙門神迥著乎眞讚矣

系曰觀其唐世已上求戒者得自選名德爲師近代官度以引次排之立司存主之不由已也朗之求戒不其是乎如是師資相練恩義所生脫臨事請爲則喻同野馬也

唐湖州佛川寺慧明傳

釋慧明俗姓陳氏漢太丘長寔之後世居潁川永嘉南渡祖爲司徒掾曾祖仲文有佐命于陳封丹陽公祖爲雙溪穀熟二縣令考爲

蘭陵長乃爲蘭陵人也明母氏初感之日如持佛戒足惡履于葷園口不嘗于羶器神夢髣髴如聞法音既而誕焉年漸及丱方祈捨俗父母偕聽至受具時即開元七年也習學律藏嘗謂人曰昔者繁刑首作伯成子遁焉吾雖不捨律儀而惡乎諍論紛紛若心印心之法至矣哉乃西詣方巖頓開心地天寶中有願於清涼山淮汴阻兵明即旋策與禪客遇同遊宛陵於上石門置蘭若三所有大戲來擾如撫乍焉時荐饑群盜欲至必號呼先告往往有徵焉先是此鄉好弋獵明化之皆焚罝網器仗矣至天寶五年爰止乎魚陂道場有瑀公者白土史宗之流迹遍行轍世莫之識始相見曰南祖傳教菩薩來何晚耶他日同登魚陂峯頂見東南有山蒼琅獨秀謂瑀公曰吾與此山宿有緣矣天寶八年有制度人州將韋南金舉高行黑白狀請隸名州中寧化道場明固辭改隸佛川即疇昔魚陂所望之峯梁吳均故宅之所地志云青山南掘得古佛二軀莫知年代獲像之地靈泉涌起因名佛川焉泉側有吳王古祠風俗淫祀濫以犧牲於是明夜泊廟間雷雨荐至林摧瓦飛頃之雨收月在見一丈夫容衛甚盛明曰居士生爲賢人死爲明神柰何使蒼生每被血食豈知此事殃爾業耶神曰非弟子本意人自爲之禮懺再三因與受菩薩戒神欣然曰師欲移寺弟子願捨此處永奉禪宮後果移寺於祠側獲銅盤之底篆文有慧明二字焉建中元年正月示疾其日庭水春涂山雨晝冥猛虎繞垣悲嘯而去十二日奄然長往春秋八十四僧臘五十一二月十二日建塔于寺西山焉傳法弟子慧解慧敏如知三人也若鷟子採菽之倫也菩薩戒弟子刺史盧幼平顏真卿獨孤問俗杜位裴清深於禪味俾晝公爲塔銘焉

唐湖州大雲寺子瑀傳

釋子瑀字真瑛姓沈氏吳興德清人也其先亡國於沈因以爲氏春秋沈子之後也瑀生而聰慧不以師授年未總角辭親出家以如意年中大赦度人壞衣削髮煤炱世事於洛京大福先寺受戒勤勤祈請假寐三日之夕見有神人儼然在目條往忽來或同或異得非至誠乎於是燭如來燈佩菩薩印證聖中歸于大雲道場堅執律柄僧綱釐舉不亦宜哉瑀素履純庬無咎無譽使天下之士有外道焉有聞提焉心如飄風言若泉涌撓我聖教擠我妙門瑀示以從容誘以方便莫不稽首挫色而聞命焉常禮一萬五千佛名兼慈悲懺日夜一帀或二日三日一帀夜有聖僧九人降於禮懺之所相與行道彈指而去或夜無燈燭心口是念圓光照室如坐月中如此則往往有之瑀慨德清偏邑未有塔寺遂鋭懷營構一唱齊和乃成精宇前後寫經三藏凡一萬六千卷天寶初臨安足法師死經三宿將入地獄冥中見瑀引至王所謂王曰此人能講涅槃經王宜宥之王曰唯聞巖崙師能講不聞此師名何也如是再三王不能屈因赦之曾是鄉人施犢牛者天然不孕因而出乳其通感如是以十一年秋禪坐而終十二年春將啓靈龕欲焚之容色不變如生

雖少林孕髭蘄春育髮何獨嘉也大理評事攝監察御史姚淡主客郎中姚洓刺史楊慧才偕歸信焉

唐明州慈溪香山寺惟實傳

釋惟實姓湯氏富陽人其爲人也杜多其行禪觀其心淡然靜居長坐不寐初母氏抑其願心不容披削既而籠開鳥逝岸穴泉飛學善財之徧叅同迦葉之練行天寶中往明州若嶼山夜聞冥告曰達蓬聖跡名山宜矣翌日且登其山巖洞窈窕石壁削成秀異之多實維靈境有大佛足跡詢其山叟則曰彼開元年中始現斯瑞遂願棲此有終焉之志時屬海冠袁晁蜂蝗屯聚分以剽劫殺戮無辜至于香山衆皆奔竄實據榻瞑目先以大石掩洞門賊可三二百數復舁巨石闊二丈餘鎮其穴口實起喑嗚以掌舉之群盜羅拜以謝之而去邑民重之遂立精舍弗再歲而成大曆八年也太守裴儆奏請署香山題額焉詔度僧七人隸名矣以貞元二年冬示疾終于寺則跏趺而化也春秋六十二法臘三十一矣

唐朔方靈武龍興寺增忍傳

釋增忍俗姓史氏沛國陳留人也典謁之年登其鄉校百氏簡策寓目入神藝文且工乃隨計吏數舉不捷會昌初薄遊塞垣訪古賀蘭山中得淨地者白草谷內發菩提心頓挂儒冠直歸釋氏乃薙草結茅爲舍倍切精進羌胡之族競臻供獻酥酪至五載節使李彥佐嘉其名節於龍興寺建別院號白草焉蓋取其始修道之本地也忍刺血寫諸經大中七年李公慮其枯悴躬往敦論曰師何獨善一身行小乘行胡不延惜生性任持教法所利博哉忍執情膠固遂著三教毀傷論以見志師覽而益加崇重九年因讀大悲經究尋四十二臂至無畏手疑而結壇浹旬禱請自空中現其正印雙拳歷歷可觀遂命畫工繪寫此臂焉或有譏謗者忍再精慤處告畫工濯筆銅椀中忽感寶性華一朶枝趺髻葉一皆鮮明覩者驚歎至咸通十二年七月十日示滅于白草院春秋五十九年十月十七日藏神于水館之南建塔焉初忍刺血寫經總二百八十三卷畫盧舍那閣三十五尺門一丈六尺起樣畫大悲功德三軸自著大悲論六卷並藏諸篋笥焉後節使唐恒夫仰其遺跡奏乞旌勸勑謚大師曰廣慧塔曰念定弟子無轍亦致遠之高足賫血書經二卷瑞華椀一枚詣闕奏呈宣賜紫衣天復中終及梁乾化初中書令西平王韓公遜錄遺跡奏聞太祖勑致謚曰法空別賜紫方袍塞垣榮之後唐同光中從事薛昭紀爲碑焉

唐京兆荷恩寺文瓚傳

釋文瓚姓張氏晉陽人也天姿整恪幼事師於并州崇福寺學該群籍控帶三乘至若金版銀繩之籙龍韜象祕之文罔不耨耘情田波濤口海宣暢皇化對揚天休一皆悅服詔爲翻譯并河南佛授記寺兼京兆安國荷恩崇福等寺大德好修福事設無遮一百會凡聖混淆一皆等施縱風雲連起及至齋日必晴明晏然感動人祇福無唐設春秋六十餘卒於本院境內苦霧如泣數日不解焉

唐太原府崇福寺懷玉傳

釋懷玉姓許并州人也少而警利日覽千言早露鋒芒迥拔儕類及其長也戒節踰峻梵場龜鑑志在修葺無問彼此夏墟寺宇經有闕而必補像有凋而偏修三任紀綱特有崇建仍校讎大藏經二十餘本祁寒盛暑不廢晨暮增飾淨土院興事任力轉加殊麗代宗嘉之委爲灌頂道場主眞言祕訣有所在矣春秋六十三卒於本院云

唐晉州大梵寺代病師傳

釋代病者台州天台人也姓陳氏以其嘗發大願盡一報代衆生之病致本名不顯矣誕育之辰祥光充室鄰里異焉七歲喪父哀毀幾于滅性白母求出家母纔艱阻遂斷一指親黨敦勸偏親乃送於國清寺因戒法登滿誓志觀方初止今東京次於河陽爲民救旱按經績八龍王立道場啓祝畢投諸河舉衆咸覩畫像沉躍不定斯須雲起膚寸霤雨大作千里告足自此歸心者衆先是三城間多暴風雹動傷苗稼雉堞號爲毒龍爲之也代病爲誦密語後經歲彥都亡是患盟津民立堂宇若生祠焉大曆元年登太行遊霍山乃深入幽邃結茅而居有盜其盂食俄見二虎據路會逢代病盜叩頭陳悔慰諭畢因摩挲虎頭如是累伏猛獸其盜本樵子願依附爲苦行焉其中山神廟晉絳之間傳其肹蠁代病入廟勸其受歸戒絕烹燀牲牢其神石像屢屢隨勸頷首顧其神婦略無俞答之狀遂剃神之髮毀撤神婦鄉人怪之聞白州邑太守怒之曰此唐高祖初起至此久困陰雨其神見形示路以迎義師厥後礱石爲像薦饗無虧此之髡師無狀敢爾俾繫閉於嘉泉寺扃鍵且嚴至二十日啓關寂然禪定傾城咸往觀禮或聲磬舒徐而起太守急召之不來以至約令斷頭代病斬一指以付使者太守感之躬就迎請移置大梵寺別營甎浮圖以藏其指節矣由是檀信駢肩躡踵有賓毒於酒者賄貧女往施之代病已知貧女紿之曰妄家醞釀美酌施和尚求福況以佛不逆衆生願代病曰汝亦是佛然貧女懼反飲具以情告代病執杯啜之俄爾酒氣及兩脛足地爲之墳裂聞者驚怪以酒供養自茲始也汾隰西河人有疾止給與淨水飲之必瘳凡屬荐饑必募粮設食後於趙城救斯荒歉作施食道場前後八會遐邇賴之道感多類以貞元十九年秋七月八日奄然跏趺示滅四衆初謂如嘉泉寺之禪定歟香華供養至于隔歲膚肉漸堅方知永逝遂漆布績畫之武宗廢塔像無巨細皆毀除或議之移入陶竈中既而生瑞草一本其狀亭亭若蓋盤錯縈紆庇其風雨而有餘也宣宗即位佛事中興緇納比丘造小亭移眞形實於此先於嘉泉寺斷指節已過百齡筋肉甲爪光潤且如金色或屬兵革城陷指亡後有賚出逃難事息歸還亦陰福其遁亡者至今平陽人崇信焉

宋高僧傳卷第二十六

宋高僧傳卷第二十六

校勘記

一　底本，清藏本。

一　二六二頁上八行「東京」，磧、南作「今東京」。

一　二六三頁中二行「瑯瑘」，資、磧、普作「瑯瑘」。

一　二六四頁上一八行「無之」，資作「鎔之」。

一　二六四頁中二行「東京」，資、磧、普、南作「今東京」。

一　二六四頁中一一行「葺修」，資、磧、普、南作「緝修」。

一　二六四頁下末行第一五字「是」，資作「或」。

一　二六五頁上一九行第八字「云」，磧、普、南作「去」。

一　二六五頁中四行「宋太祖」，資、磧、普作「大宋太祖」；南作「有宋太祖」。

一　二六六頁中五行「體徧」，資、普作「體偏」。

一　二六六頁中六行第九字「情」，磧作「精」。

一　二六七頁上一〇行第五字「尨」，資、普作「狵」。

一　二六七頁下一二行第一一字「徧」，資、普、南作「偏」。

一　二六七頁下一八行「愒牛」，資、磧、普作「犒牛」并下有夾註「音桃」；南作「惕牛」并下有夾註「上音桃」。

一　二六八頁中二行「靈武」，資無。

一　二六八頁中七行第三字「直」，磧作「真」。又第一一字「茅」，資、磧、普、南作「茆」；徑作「茅」。

一　二六八頁中一一行第一二字「論」，資、磧、普、南作「諭」。

一　二六八頁中末行第一二字「年」，資、磧、普、南、徑作「以」。

一　二六八頁下一行「刺血」，資、普、徑作「刺血」。

一　二六八頁下七行第三字「杖」，磧、普、南作「枝」。

一　二六九頁中三行第六字「茅」，磧、南作「茆」。

一　二六九頁中六行第一六字「蠻」，資、普、南作「饗」。

一　二六九頁中一九行首字「妄」，資、磧、普、南、徑作「妾」。

一　二六九頁下二行「墳裂」，資、磧、普、南作「憤裂」。又「始也」，普作「如也」。

一　二六九頁下四行「趙城」，徑作「趙州」。

宋高僧傳卷第二十七　給七

宋左街天壽寺通慧大師賜紫沙門贊寧等奉勅撰

興福篇第九之二　正傳一十一人　附見二人

唐京師光宅寺僧竭傳

釋僧竭者不知何許人也生在佛家化行神甸護珠言戒止水澄心每嗟靳固之夫不自檀那之度乃於建中中造曼殊堂擬摹五臺之聖相議築臺至于水際竭懼傷生命俾立三日道場呪其多足至無足當移竄相避勿成其梵行之難將知至誠所感徵驗弗虛掘土及泉了無蠢動焉常以複素爲漉袋遇汲有蟲投諸井坎時號護生井恒盈不涸又覩其飛蛾蟣蠓錯認火明爲可飛之路故犯之乃鑄銅蟾爲息煙調天下傳其制度其曼殊院嘗轉經每勅賜香此寺本七寶臺寺內有天后所造之臺竭居于中焉

唐成都福感寺定光傳

釋定光者不知何許人也爰從入法厥性弗拘糲食斷中麤襦卒歲方於庸蜀化導有緣事或多魔教鍾中否俄遭武宗毀廢例反儒宗及乎佛日重暉僧倫咸序光同締構寺宇因鑄大鐘計赤金萬餘斤爾日鼓鞴灰飛投鑪火熾有祥煙兩道自浮圖相輪最高處出冉冉射上若虹蜺焉萬人引望五色騰凌相感如然信鼓斯應其塔是阿育王藏舍利之所大和初南蠻蒙㒶顛剽掠入益城分蠻卒舍于寺內廊廡皆焚炙熏灼僧皆奔迸時塔頂出四道濃煙分穗直上空虛至夜蠻蜑覩此奇異乃禁止汙穢此塔先在西北四十餘步天寶末長史章仇兼瓊赴在至劍門見一人長一丈餘持戟當路兼瓊驚問對曰某是大石寺護塔神故來奉迎且有少事咨祈大夫也緣大石寺塔在西南未爲極善今請移東北四十二步伏望便掘石此下以鎮舍利兼瓊曰此易耳遂隱厥形到府數日乃令量其地處先掘果得巨石其深無際從石匠數十人鑿鑿之至夜輒填滿遣人潛伺之見有白蚘數十以喙推石末塞之隨以舌舐其堅如鐵銅矣章仇止令勿鑿遂移塔於今所即

金華舊寺基也光鐘亦移入新寺焉

唐吳郡嘉禾貞幹傳

釋貞幹俗姓武氏雲中人也神宇高邈以禪默爲務曳錫踽步南訪靈跡及至故鄣有崑山寺者林泉秀茂則宋支曇諦嘗考室于此味道崇化二十餘載基趾存焉至元嘉中創成大伽藍屬武宗廢教其寺屏除幹至止於兹與范陽盧君襲同興弘覺法師第二生名跡寺成進士姚扶有詩幹後遊今秀州長水見靈光寺邑民欲樹巨殿時盧令移邑宰民欣然相遇幹悉先知或云得他心宿命之明焉遂請幹首唱而惡偃室之嚚寓殿基後編茆爲淺室而居四方檀信弗召自臻又與僧令恭君道等累歲方成今殿其最高廣海内罕比事畢挈弊囊振舊錫歸北莫知其終

唐蘇州支硎山道遵傳

釋道遵字宗達姓張氏吳興人也夙負殊操潔士稱之榮曜不足關於心髫齔未嘗觸其性至年二十詣天竺義威律師受具戒事報恩寺與大師首宗毗尼傳教也後學天台一心三觀法門欲廣寫法華經置道場闡經院一之日發其心二之日規其趾作不逾序厥功成焉居支硎之福地大曆元年州將韋元甫兵部尚書劉晏侍御史王圓開州刺史陸向殿中侍御史陸迅大理評事張象競誘眞心共獲殊勝乃相與飛表奏聞詔書特署爲法華道場自江以東總一十七所皆因遵之首置也舉精行大德二七人常持此經以報主恩鑄盧舍那及毗盧遮那像及多寶塔修淨土當生業造彌陀佛復寫天台教益乎道場置常住莊二區平時講法華玄義天台止觀四分鈔文臨壇度人授心揚律徒盈石室之籌天寶中於靈巖道場行法華三昧忽覩大明上燭于天我身正念儼在光中異日問荆溪然師曰智慧光明從心流出非精志之所致耶又於本寺入法華道場覩此身在空中坐先證者知是滌垢之相其年春秋七十一僧夏四十六以興元元年七月二十九日告終于支硎山寺僧益公翰公一夜同夢大殿崩果遵入滅門人靈翰法臧道欣猶子靈源追慕不已樹塔旌德焉

唐京兆大興善寺含光傳

釋含光不知何許人也幼學冥塵馳求簡靜開元中見不空三藏頗高時望乃依附焉及不空却迴西域光亦影隨匪憚艱危思齊聖迹去時泛舶海中遇巨魚望舟有吞噬之意兩遭黑風天吳異物之怪既從恬靜俄抵師子國屬尊賢阿闍梨建大悲胎藏壇許光并慧辯同受五部灌頂法天寶六載迴京不空譯經乃當參議華梵洎師卒後代宗重光如見不空勅委往五臺山修功德時天台宗學湛然解了禪觀深得智者膏腴嘗與江淮僧四十餘人入清涼境界湛然與光相見問西域傳法之事光云有一國僧體解空宗問及智者教法梵僧云曾聞此教定邪正曉偏圓明止觀功推第一再三囑光或因緣重至爲翻唐爲梵附來某願受持屢屢握手叮囑詳其南印土多行龍樹宗見故有此願流布也光不知其終

系曰未聞中華演述佛教倒傳西域有諸乎

通曰昔梁武世吐谷渾夸吕可汗使來求佛像及經論十四條帝與所撰涅槃般若金光明等經疏一百三卷付之原其使者必通華言既達音字到後以彼土言譯華成胡方令通會彼亦有僧必展轉傳譯從青海西達葱嶺北諸國不久均行五竺更無疑矣故車師有毛詩論語孝經置學官弟子以相教授雖習讀之皆爲胡語是也又唐西域求易道經詔僧道譯唐爲梵二教爭菩提爲道紛拏不巳中輟設能翻傳到彼見此方玄賾之典籍豈不美歟又夫西域者佛法之根榦也東夏者傳來之枝葉也世所知者知枝葉不知根榦而不知枝葉殖土亦根生榦長矣尼拘律陀樹是也蓋東人之敏利何以知耶秦人好略驗其言少而解多也西域之人淳朴何以知乎天竺好繁證其言重而後悟也由是觀之西域之人利在乎念性東人利在乎解性也如無相空教出乎龍樹智者演之令西域之仰慕如中道教生乎彌勒慈恩解之疑西域之罕及將知以前二宗殖於智者慈恩之土中枝葉也入土別生根榦明矣善栽接者見而不識聞而可愛也又如合浦之珠北土之人得之結步搖而飾冠珮南海之人見而不識聞而可愛也蠶婦之絲巧匠之家得之繡衣裳而成黼黻縿抽之嫗見而不識聞而可愛也懿乎智者慈恩西域之師焉得不宗仰乎

唐剡沃洲山禪院寂然傳

釋寂然姓白氏不知何許人也名節素奇踵四聖種故號頭陀焉大和二年振錫觀方訪天台勝境到剡沃洲山者在天姥岑之陰對天台華頂赤城北望四明金庭石鼓山介焉西北北有支遁嶺養馬坡放鶴岑次焉晉宋巳來玆山洞開初有羅漢白道猷言西域來戾止是山次竺法潛支道林居焉高人勝士接踵而棲此中至於戴逵王羲之郗超孫綽許詢遊憩其間矣見是中景興聞名士多居如歸故鄉戀而不能捨去既行道化感集禪徒浙東廉使元相國稹聞之始爲卜築次陸中丞臨越知之助其完葺三年虆成大院五年而佛事興然每爲往來禪侶談說心要後終于山院大和七年時白樂天在河南保釐爲記劉賓客禹錫書之

唐天台山福田寺普岸傳 全亮 雅約

釋普岸姓蔡氏漢東人也冲弱之齡迥然聰敏骨目奇秀天生不嗜葷羶長有出塵之意其父嚴毅訓授經籍漸通其義秉翰伸辭宛然華藻因入僧舍暫執經卷乃歎曰佛法玄微非造次可及決志辭親時懷海禪師居百丈山毳納之人駢肩累足時號大叢林焉岸叩其關海攝受之日隨普請施役夜獨執燭誦經曾不憚勞遂諧剃染及陞戒品便習禪那壁坐忘疲觀心恒務瞻蔔附風而香遠戲貓逢獸而吼高學者成圍請於安陸壽山院坐道場矣如是環拱可四百餘衆執器聽瞿沙之說投籌待趣多之度大利群機得道者衆大和年中謂衆曰吾山水之遊未猒諸人勿相留滯天台赤城道猷曾止息焉華頂石梁智者昔降魔矣將遊之也自襄陽邐迤而來從沃洲天姥入天台之西門得平川谷中

峯名大舍號平田是也觀其山四舍鬱翠東西山石門而有三井龍潭東入石橋聖寺乃是緑身道猷尊者結茅居此未幾見虓虎乳子瞪目而視岸岸以杖按其頭曰貧道閑此山是神仙窟宅羅漢隱居今欲寄此安禪檀越勿相驚撓經宿領子而去以大和七年癸丑十月二十七日營構丈室携一童侍給薪水耳八年春禪侶輻湊衆力義成此院號平田焉開成中究是大道場會昌三年七月告衆入滅春秋七十四度弟子全亮俗姓陳氏悟師之道得鳳之毛一人唯約在上元入滅肉身不朽岸遷塔于是山前此寺置五百羅漢殿永嘉全億長史畫半千形像每一迎請必於石橋宿夜焚香具幢蓋螺鈸引導入于殿香風送至旛幢之勢前靡而入門即止其石梁聖寺在石橋之裏梵唄方作香露始飄先有金色鳥飛翔後林樹石畔見梵僧或行或坐或招手之狀或卧空之形晌息之間千變萬化漢南國王錢氏頻年施供養祥瑞極繁今上太平興國三年於滋福殿宣問兩浙都僧正賛寧石橋長廣量度一皆實奏帝歎咲久之至八年因福田寺道者自誨誓斷腕然鍊乞重造此寺乃宣内殿頭高品衞紹欽張承貴華故規制若化出天宫焉今岸師影堂在寺之右

唐京師奉慈寺惟則傳

釋惟則者投俗志高栖神物表凡施善務舉則波隨常言像是生善之强緣不得不多立初之觀也如對嚴君次則其心不亂中則觀門自成末則如如焉蕩蕩焉三昧安得不現前乎是以我曹勸化迷俗得不以此是爲先容歟由是若雕若塑形像森然恒事進修天邑之間偏加激勵屬憲宗太皇太后郭氏元和中爲母齊國大長公主追福造奉慈精舍搜擇名德則乃預選入居未久之間聞四明鄮山有阿育王塔東晉劉薩訶求現往尊禮焉乃匠意將七寶爲末用膠範成摹寫脫酷似自甬東躬自負歸奉慈寺供養京邑人皆傾瞻歸信焉

唐長安禪定寺明準傳

釋明準者不詳氏族生緣本天台靈墟道場出俗遊方至京邑觀古之神僧智苑於范陽北山刊石寫經灌鐵以俟慈氏下生免水火之虞又東洛長壽寺寫華嚴聖善寺寫法華嵩山嶽寺寫楞伽悉刊貞珉皆圖不朽準遂於貞元戊寅歲春正月見寺僧鑿山攻石石悉頑惡知匠氏不虔山靈祕吝時準疏告陰靈請裨善務俄於定中見若干幅貯無量石冥冥之間如有宰割皆中刻字時連率博陵崔公激勸幕府參佐各書一品從序至勸發凡二十八圜廊挺立不朞畢工準之化人皆此類也元和元年八月中也後不詳終所

唐洪州寶曆寺幽玄傳

釋幽玄俗姓劉幽州人也夙懷出俗之願年及弱冠方遂前心投并州賢禪師而了玄契元和二年振錫江左至會稽大雲寺見三學僧梲定食輪資緣都闕玄言發響應檀越供贍未幾移居湖心龜山妙喜古寺九年屬平昌孟簡鎮于越枉駕問道遂構成大院十二載復登南嶽栖止絶頂十三年豫章太守商

祐篤重其道命住東明寺即東晉安帝世之所造僧數繁湊寶曆中爲奏改爲世福兼置戒壇續勑改爲度僧寺其間形像皆玄之化導大和元年沈傳中丞又加信向玄於院南别造佛閣五層功就謂弟子曰福事無盡生涯有期物有關然後人庀具吾終後可将屍漆布安閣下言訖而化門人特旁立塔焉

唐五臺山智頵傳

釋智頵者中山人也自幼辭親來五臺山善住閣院禮賢林爲師誦經合格得度神情爽拔氣調高峙於世資財少欲知足糲食充腹麤衣禦寒餘有寸帛未甞不濟諸貧病也遊方參翫預諸講席傳法華維摩二部窮源盡理後持錫高峯息心却掃距元和中衆辟爲五臺山都檢校守僧長頵與時遷徙固辭不允遂登此職後遇歲當饑饉寺宇蕭條有華嚴寺是大聖棲眞之所巡遊者頗衆供施稀踈院宇倫巡例穪不迨衆請爲華嚴寺都供養主時德不孤有法照無著澄觀之出世也當觀師製華嚴經疏海衆雲集請頵爲講主日供千僧十有餘稔食無告乏皆云有無盡藏之米麪也歲久頗見豐盈有鄰院僧義圓亦當代之碩德也謂頵久知常住私有謗言非平等心是貪饕者也夜有神人報圓曰僧長是千佛之一數也汝發輕言若不悔過當墮惡道圓乃詰朝鳴足懺謝有玆驗也及鍾武宗澄汰頵遁乎山谷不捨文殊之化境未踰歲載宣宗即位勑五臺諸寺度僧五十人宣供衣帔山門再辟頵爲十寺僧長兼山門都修造供養主大中七年與褱海遊臺四衆建無遮精妙供養一月日乃謂大衆曰吾欲暫憩微骸息心斂迹佐助衆務吾無能爲也付諸俊哲繼吾遺躅乃淨室安坐而滅春秋七十七夏臘五十八云

系曰僧中職任也如網之綱如屋之梁焉譬自姚秦立正魏世推都北齊則十統分貞唐世則僧録命職異乎常所聞者五臺山自貞元中智頵始封僧長矣亦猶魚鹽蜃蛤祈望守之也

唐會稽呂后山文質傳

釋文質俗姓祝氏尚丘之遠孫衢州須江人也叔氏爲僧號唯寛學通多本經論寛被詔入長安止大興善寺重詔入内道場兼請受菩薩戒質隨寛入内年十五誦法華華嚴維摩等經二十三受具七日誦周戒本二夏便講四分律二十七講通俱舍四十年中精曉諸大經論後約東大悲禹跡二禪師參問心要旣博達矣歸諸暨法樂寺領徒時有虎來聽法質摩其頂而去後往永嘉鍾會昌之搜簡乃隱樂成縣大芙蓉山胎息而已大中重興太守韋君累請不來强置于桐巢出州開元寺居檀施駢胝廻造大佛殿并講堂房廊形像并寫藏教無不備焉越州廉使沈貳卿命住呂后山院本寧貢禪師舊化之地也質唯居草菴而止咸通二年十月十四日告衆言别十五日端坐而化春秋八十四僧臘六十二窆于雲谷建塔越州刺史段式爲行録焉

唐明州國寧寺宗亮傳

釋宗亮姓馮氏奉化人也家傍月山而居後

栴月僧焉亮開成中剃落納法方書毗尼偕于四儀且無遺行而云我生不辰屬會昌之難便隱家山深巖洞穴大中再造國寧寺徵選清高者掄名亮預住持建州太守李頻爲寺碑云於清心行不汙者得二十八人以補其負廣住持也律僧宗亮禪僧全祐而已國寧經藏載加繕寫躬求正本選紙墨鳩聚嚫施建造三門藏院諸功德廊宇皆亮之力焉晚年專事禪寂不出寺門處士方干贈詩云秋水一泓常見底澗松千尺不生枝空門學佛知多少剃盡心華只有師終于本寺春秋八十亮恒與沙門貫霜棲悟不吟數十人皆東執清奇好迭爲文會結林下之交撰嶽林寺碑詩集三百許首讚頌並行于代而於福敬二田銳心彌厚焉亮爲江東生羅隱追慕樂安孫郃最加肯重著四明郡才名志序諸儒駿士外獨云釋宗亮多爲文士先達儆仰焉

唐越州開元寺曇休傳

釋曇休字德數姓李氏器度宏廓志行修敕納法已來未容少缺習通漸教頗至精微四分律相部疏宗蔚成淵府初機請學皆到甚深休於講訓之餘糾繩寺任伊寺者梁所創年涉四百雖觀閣歸然且榱桷傾弛休革故有方締構無隙特加壯麗輪焉奐焉又護國經樓迨諸棟宇悉見鼎新次以寺之門樓也則長安四年故曇一律師之經始也既而頹廢仍重整覆一同創制復慊永徽中康僧會法師應身堂座卑庳乃募人釐變舊規咸通年中也休之一言檀信響應後終于住寺今之大善伽藍是也

唐雅州開元寺智廣傳

釋智廣姓崔氏不知何許人也德耕素完道根惟固化行洪雅特顯奇蹤凡百病者造之則以片竹爲杖指其痛端或一撲之無不立愈至有癒者則起跛者則奔其他小疾何足言哉乾寧初王氏始定成都雅郡守羅罷任携廣來謁蜀主王氏素知奇術唯呼爲聖師焉先是咸通中南蠻王及坦綽來圍成都府幾陷時天王現沙門形高五丈許眼射流光蠻兵即退故蜀人於城北寶曆寺立五丈僧相後爲牛尚書預毀次兵火相仍唯懼毗沙門之頹圮耳王氏乃語廣曰郎之異術道德動人乘此可料理天王否往吳尚書行營曾夢令修吾像方事經營除書忽到請法力成之廣唯其命徙就天王閣下居一隅小榻而已翌日病者塡噎其門日收所施二十萬至三十萬錢又發言勸人出材木浹旬皆運至堆積令三綱掌管焉初廣在雅郡本寺羯帝神堂內居其半室低門苫蓐不許女人到門唯有一竹筌子每齋受嚫二十丈必投筌內滿則置之佛殿聲鐘集衆自他平等分之常日俗家請齋亦體廣意止施二十文淨飯菜豉汁此外不許一物嚫多不取食畢而去亦無辭告其後益加神驗或遇病者一摑一叱皆起或令燒紙緡撥散飮食或遇甚痛惱者挼紙蘸水貼之亦差光化元年修天王閣向畢乃循江瀆池呪食飼魚經夜其魚二尺已上萬億許皆浮水面而殞聊躡流水救十千魚生忉利同也

唐鄜州寶臺寺法藏傳

釋法藏不詳氏族厥性方正好行惠物嘗於葦川化衆造寺佛殿僧坊一皆嚴麗雕刻華鵠鄜時命為壯觀藏偶病篤暴終至一精廬七寶莊嚴非世所有門外有僧梵貌且奇特倡言曰法藏汝造伽藍不無善報奈何於三寶物有互用之愆何從洗雪藏首露之僧曰汝但繕寫金剛般若經恒業受持豈不罪銷亦可延乎壽命言訖而蘇自躬抄度其經午夜口誦藏終時年一百一十歲云雕陰人至今信重焉

唐五臺山海雲傳 守節

釋海雲未詳氏族鄉里來遊聖跡始於南臺側選峭絕峯巒幽僻林谷而特居之其刻苦跣道儉而難遵從其遊者寡而無衆迨其入滅門人守節淘灑舍利起塔焉昔傳雲是普賢菩薩應身也門人守節即高力士之子也從師墨儉有進無退雲示之曰上都有卧倫禪師者雖云隱晦而實闡揚六祖印持一時難測化導之方若尸鳩之七子均養也汝急去從之及見倫扣擊未幾告云汝師海雲入滅已節稟聽斯言柰篸情若遂奔赴如其言矣乃繼武接跡盛化相未追將示滅愁雲鬱結鬼神悲號有塔存焉

系曰海雲是普賢應身非耶通曰菩薩下化弗拘定相應以比丘即現說法若然何亂文殊境使主伴不分乎通曰若如所問凡夫分矣聖人豈以我所求乎

唐五臺山佛光寺法興傳

釋法興洛京人也七歲出家不參流俗執巾提盥罔憚勤苦諷念法華年周部帙又誦淨名經匪逾九旬戒律軌儀有持無犯來尋聖跡樂止林泉隸名佛光寺節操孤頴所需利物身不主持付屬門人即修功德建三層七間彌勒大閣高九十五尺尊像七十二位聖賢八大龍王罄從嚴飾臺山海衆異舌同辭請充山門都焉蓋從其統攝規範準繩和暢無爭故也大和二年春正月聞空有聲云入滅時至兜率天衆今來迎導於是洗浴焚香端坐入滅建塔于寺西北一里所

唐五臺山行嚴傳

釋行嚴滎陽人也家襲簪組業嗣典墳嚴稟庭誥以周旋約成器能而濟用内要隨計俄發宿緣因聞妙莊嚴王經品白父母求出塵勞堂親抑禁略無却退既而削飾去華年充納戒諸方問道綽有餘能聞五臺山文殊應現凡聖交蹤乃登遊而隸名斯地自爾一成慕學三教偕明談論天人之際聽者茫昧不知區域之内外耶王公大人靡不迴向大和中多行激勸俾營福焉自設大供日計千人聞見之流皆鳴指讚嘆曰行合解通世之希寶也助道之法當如是修以大中三年右脇而滅建塔寺西一里云

唐五臺山佛光寺願誠傳

釋願誠姓宋氏望本西河家襲素風濬流遠派不揚冑緒祖考不書母陰氏夜夢庭樹對發千華餘華尋謝獨結一果乃覺有孕母啓願心得娠男子足矣十月臨蓐果如其望立字曰願誠後志存小字不訓法名者遵慈母之意也誠少慕空門雖爲官學生已有息塵

之志追棲金地禮行嚴爲師嚴即儒宗珪璋釋氏師子也一旦謂誠曰汝神情朗秀宜於山中精勤效節可不務乎大利三年落髮五年具戒先誦諸經悉皆精練行人屬耳道望日隆無何會昌中隨例停留唯誠志不動揺及大中再崇釋氏選定僧員誠獨爲首矣遂乃重尋佛光寺已從荒頓發心次第新成美聲洋洋聞於帝聽颸馳聖旨雲降紫衣後李氏奄有并門遐奉文殊躬遊聖地覩其令範撫手愜懷表聞唐天子相繼乃賜大師號圓相也就加山門都檢校光啓三載差饌命僧捨衣投施鐘聲引衆悉至齋堂右脇曲肱寂然長往建塔樹碑寺之西北一里也

後唐五臺山王子寺誠慧傳

釋誠慧元禮之宗盟祖泒蔚州靈丘之故邑父母深信注意清涼因瞻大聖之容乃乞與邦之子既而有孕遂誕賢童纔當丱年器幹天假自詣臺山永爲佛子時眞容殿釋法順覩其儁哲化以苦空勸捨俗衣令披法服暨登具足尤習毗尼自後孤遊谿谷多處林泉有王子寺僧湛崇等請居兹寺慧主任之餘暇内外典教靡捨斯須供贍精嚴非不勤恪恒轉華嚴經數盈百部每至卷終懇發願曰以我捧經之手救彼苦惱之人而屬武皇與梁太祖日尋干戈中原未定武皇中流矢創痛楚難任思憶慧師翹想焚香痛苦乃息遣飛鴈帛遠達雞園命下重巒迎歸丹闕武皇躬拜感謝慈悲便號國師矣後乞歸本寺金峯顯耀玉樹相依九州之珍寶皆來百寺之樓臺普建莊宗即位詔賜紫衣次宣師號慧堅不受帝復宣厥後再朝天闕更極顯榮受恩一月却返五臺同光三年乙酉歲十二月囑累門人廷珪曰吾今化緣將畢爲吾進遣表達于宸聽宜各努力理無相代言訖入丈室右脇而終也俗齡五十僧臘三十帝聞惻愴遣高品監護喪事仍勑賜祭三朝火燼五色骨存收取舍利而起塔焉謚曰法雨塔曰慈雲也

宋高僧傳卷第二十七

宋高僧傳卷第二十七

校勘記

一　底本，清藏本。

一　二七二頁下一七行「掘手」，資、南作「握手」。

一　二七三頁中二行末字「土」，南作「上」。

一　二七三頁中六行「焉得」，資作「烏得」。

一　二七四頁中一行「實奏」，普作「實奉」。

一　二七五頁上一四行第三字「持」，資、磧、普、南、徑作「挂」。

一　二七六頁上一二行「棲悟」，資、磧、普作「棲梧」。

一　二七六頁上一七行「文士」，磧作「玄士」。

一　二七六頁下三行第一三字「郎」，資作「師」。

一　二七六頁下一一行「二十丈」，資、磧、普、南、徑作「二十文」。

一二七六頁下一二行「分之」，磧作「坌之」。

一二七七頁中一四行第四字「主」，磧、普作「王」。

一二七七頁下二行「榮陽」，資作「滎陽」。

一二七八頁上三行「大利」，資、磧、普、南、徑作「大和」。

一二七八頁上一一行第一四字「差」、資、磧、普、南、徑作「羞」。

一二七八頁上一九行第三字「儁」，磧作「作」。

一二七八頁上末行「具足」，磧作「具是」。

宋高僧傳卷第二十八

宋左街天壽寺通慧大師賜紫沙門贊寧奉勅撰

興福篇第九之三 正傳十五人 附見一人

後唐洛陽中灘浴院智暉傳

釋智暉姓高氏咸秦人也權輿總角萌離俗之心不抑意識動循天分欵遇圭峯溫禪師氣貌瓌偉虛心體道趨其門者湫隘旌別矣謂暉曰子實材器多能之士也請祈攝受二十登戒風骨聳拔好尚且奇山中閑然曾無他事唯鉤索藏教禪律亘通日誦百千言義味隨嚼開佛許一時外學頗精吟詠得騷雅之體翰墨工外小筆尤嘉粉壁興酣雲山在掌恒言吾慕僧珍道芬之六法恨不與同時對壁連圖各成物象之生動也然真放達之士哉或振錫而遊縱觀山水或躡屩而至歷覽市朝意住則留興盡而去或東林入社或南嶽經行悟宗旨於曹溪寧勞一宿訪神仙於阮洞擬到三清事以志求時無虛度此外采藥於山谷救病於旅僧惟切利他心無別務洎梁乾化四年自江表來于帝京顧諸梵宮無所不備唯溫室洗雪塵垢事有闕焉居于洛洲鑿戶爲室界南北岸葺數畝之宮示以標牓召其樂福業者占之未朞漸構欲閏皆周浴具僧坊奐焉有序由是洛城緇伍道觀上流至者如歸來者無阻每以合朔後五日一開洗滌曾無間然一歲則七十有餘會矣一浴則遠近都集三二千僧矣暉躬執役未嘗言倦又以木爲承足枲麻縺衣彼迦葉波相去幾何哉其或供僧向暇吟詠餘閑則命筆墨也緬想嘉陵碧浪太華蓮峯凝神邈然得趣乃作五溪煙景四壁寒林移在目前署天凜冽矣加復運思奇巧造輪汲水神速無比復構應真浴室西廡中十六形像并觀自在堂彌年完備時楊侍郎凝式致政佯狂號楊風子者而篤重暉爲作碑頌德莫測所終

晉五臺山真容院光嗣傳

釋光嗣姓李氏太原文水人也沖幼孤靜罕雜童稚信尚臺山乃爲真容院浩威之高足也納戒後器宇穹隆情繫包桑出求禪法歷于年稔內外之學優長口海崩騰良難抗敵由是決意越重湖登閩嶺盛談文殊世界聞者竦動忠懿王王氏大施香名遣使送山寺焉癸酉歲至兩浙謁武肅王錢氏厚禮遲之梵文殊聖衆供物香茶幷鉢盂一萬副應矣

越諸州牧宰皆刻傳入綠仍泛海至滄州運物入山時降龍大師者率領彈壓緇伍畏焉爲其分散諸寺蘭若衆寡均等時徒侶堅請嗣主院宣補僧官轄諸臺寺院命曰都綱師號超化居于僧上若鯤鳳之領鱗羽焉十五年間興建梵宇齋飼僧尼不勝紀極以天福元年遘疾至九月五日遷滅門人起塔藏其靈骨舍利至今存焉

晉東京相國寺遵誨傳 求彥

釋遵誨姓李氏譙郡人也祖世不仕母張氏夢神人授已寶珠乃有娠焉生且奇異乳哺之時善認人之喜慍彌長見寺觀必任步遲迴顧眄不捨年甫十一禮亳城開元寺崇諲律主爲師範矣誦法華經二周畢部由是勤於學問殆登弱冠受于戒律持彼律儀確乎轉石壽師西洛問道梁園初於智潛法師傳法華經講精義入神雌黄滿口梁開平二年戊辰歲止相國寺藥師院首講所業至後唐長興二年辛卯歲門徒相續請其訓導已周一十九徧升其堂者二十餘人洎天福二年有五臺山繼顒大師精達華嚴大經躬入東京進晉祖降聖節功德誨仰顒師辯浪經江下風趍附乃允講宣誨善下百川蔚成藏海矣梁宋之間以顒罷唱請誨敷揚啓帀虛堂緇素雲萃募四衆鐫石壁華嚴經一部於講殿三面焉嗟其油素易罹炎上之災刻此貞珉寧患白蟫之食工未告終所施已足又召僧俗人各念一卷得二百四十人成三部四季建經會近二十年更無間曠復别施鬼神水陸法食皆勸勵莊嚴菩提心行矣朝廷崇重旌表其功賜號眞行大師開運二年乙巳歲正月十六日示疾策杖教誡門弟子訖右脇而卧口誦佛名斯須長逝矣享壽七十一法臘五十一門生奉遺旨葬于隨河之北寺莊東原也次有杭州龍華寺釋彥求姓葉氏縉雲人也梁貞明中納戒造景霄律席迴見毗尼祕邃方將傳講俄悟浴婆羅漢反求堅固法乃遊閩嶺得長慶禪師心決迴浙受丹丘人請居六通院其道望惟馨與夫申椒菌桂爭其芬烈矣漢南國王錢氏欽其高行命住功臣院未歸州治龍華寺聚徒開演求好營衆事務必身先唯以利人爲急受施必歸常住房無關鍵笥無扃鐍不容尼衆禮謁不苟聲勢常屬度戒四遠人聚日供累千僧食未嘗告匱言前後計飯鉅萬人焉宋建隆中終于住寺云

晉曹州扈通院智朗傳

釋智朗姓黄氏單州城武人也母劉氏夢數桑門圍坐爲劉説法歷然在耳遂妊朗焉及生暨長婉有僧之習氣淳靖簡潔苦辭親出家往曹州扈通院事行滿師供給惟謹洎乎剃染成大比丘學四分律淨名經俱登閫閾且曰出俗之者何滯方守株不能脱羈解絆乎於廣博知見無所堪能乃携缾鉢南極衡陽登嶽棲般若寺行胎息術而覽藏經事訖入閩嶺曾無伴侶形影相弔逢猛獸者數四皆欲呀口垂噬又躡步徐去矣見洞山雪峯二祖師決了禪訓有請問者隨答如飛蓋了達無紐矣後旋本院信向如歸而四事供僧罔闕閒隙四十餘齡役巳無倦以晉末丁未

歲十一月二十三日遷滅于時白衣飲痛緇流茹傷獸失猛以哀嗥鳥停飛而宛轉或曰愛河苦海誰拯溺邪春秋七十七法臘五十三火葬收舍利起塔于院朗爲釋子衣物誓不經女人之手浣濯不役徒弟檀施之物像竇未省互用蓋以初律後禪陶冶神用之故也大名府少尹李鉉爲碑焉

漢東京天壽禪院師會傳

釋師會俗姓巨漢荊州刺史武之後祖徙家北燕遂爲薊門人也考諱知古母趙氏會童孩出俗禮薊州温泉院道丕爲師匠焉業成年滿受具於金臺寶刹寺壇梁開平中萍梗任飄於河朔杯盂隨步於江淮乃抵漢南遇觀音院巖俊班荊話道抵掌論心且曰子還聞投子山有大同禪師已否曰聞而未見曰宜亟往焉及參大同跬步之間舉揚之外洗焉明白其安坦然乾化二年來梁苑謝俊公曰始者攸攸歧路茫茫生死紫實昧朱狂斯濫哲苟不奉師友指歸幾一生空度今以穢稽請與薰同器而藏可乎俊公與會胥德留入法席四年秋有實積坊羅漢院志修堅請會代居所住焉苫蓋五間而已乃感檀越尚書左丞吳藹兵部侍郎張袞若袁黎之謁寶亮徐湛之禮惠通共發奉章賜額曰天壽焉四海之僧翕然而至歷三十五載供僧二百餘萬用其財實無少混淆耿介可知也天福七年晉高祖以會行成于內聲聞於外勑賜紫衣開運元年賜號曰法相紫衣則藏以受持師號則蔑其稱謂且曰我本不求名名來自求我知其白而守其黒和其光而同其塵世幻逡巡時不我與三年七月二十六日累諸門人帖然而滅春秋六十七夏臘四十八闍維收舍利數百粒起塔於東郊汴陽鄉也刑部侍郎邊歸讜爲碑頌德云

周宋州廣壽院智江傳

釋智江俗姓單幽州三河南管人也本富族遊俠之子雖乘竹馬猷迴火宅之門乍玩沙堆好作浮圖之制略聞竺乾之教必淡慮凝情若瀟湘之逢故人也唐乾寧四載始年十五詣盤山感化寺遂成息慈息慈業備天復三祀往五臺山梨園寺納木义法自此搭簦請業擇木依師淨名上生二典精練渙然冰釋心未屬厭梁龍德元年於商丘開元寺講名數一支所謂精義入神散則繁衍因著瑞應鈔八卷達者傳之生徒影附繕寫夥多後唐同光元年在微子之墟住院締搆堂宇輪奐可觀復塑慈氏釋迦二尊十六羅漢像咸加繢彩克肖聖儀善務方辦俄遘沉痾以周顯德五年孟秋順終享齡七十四當屬纊時滿院天人雜沓若迎導之狀疇昔誓生覩史之昭應也吏部員外郎李鉉著塔銘云

系曰前人立義皆按教文豈得好惡隨情是非任見已行前轍不覆後車胡不謹而循之

通曰夫創著述者有四焉一前說極非於文茫昧一僻見謬解領悟自乖一樂繁嫌略一好直怪迂有一於此無不著述也江公瑞應鈔未經披覽聞諸道路言亦濟時須苟不濟用而變革古德義章則何異以舊防無所用而壞之者必有水敗也

周五臺山眞容院光嶼傳

釋光嶼俗姓韓氏應州金城邑人也㓜讀儒書有佐國牧民之志頻有神人夢中警策曰汝於佛法有大因緣遂投真容院附法威侍其缾錫謹弟子之職受具後誦淨名經徹簡每至依於義不依語告喻本師而求聽習威尋許諾遂詣太原三學院涉乎寒燠研覈孜孜屢改槐檀乃講維摩上生二座忽謂同志曰余憶昔年每念依於義遡棲學院今講二經窮理見性知果驗因得不依教起行免背四依之行乎俄辭晉水却返故山戴華嚴經遶菩薩殿六時右旋禮佛時晉高祖握圖之三載也名聞丹禁遂賜紫衣明年授號通悟焉山門僧官與大衆堅命臨壇告辭不允僧官謂曰師行解兼人獨善其己良璞不剖必見泣血辭不獲已度人三二載堅求脫免屬少王嗣位院乏主守大衆僉舉非嶼而誰辭曰此山四海客遊之所柰何不出院門有年歲矣令知供養有何所須雖免不從自後供施委輸十八年中供百萬餘僧一夕雲霧俱發霰雪交零嶼之蓋經白練一條可三四尺忽爾不見翌日深更遺練俄還舊所也蓋陰神之送至歟顯德七年庚申歲十月示疾謂諸子曰猶龍者厭乎大患歎鳳者悲於逝川諸行無常是生滅法言訖如蟬蛻焉俗壽六十六僧臘四十六荼毗於東峯下取諸靈骨瘞於塔幢舍利隨緣供養焉

宋東京觀音禪院巖俊傳

釋巖俊姓廉氏邢臺人也誕育之來蔚繁神異挺身去縛誓入空門從捧戒珠終身圓瑩乃持杯錫言徧叅尋陟彼衡廬登乎岷蜀嘗至鳳林歘逢深谷見一區之晃耀原七寶之縱橫時同侶相顧曰奇哉可俯拾乎俊曰古人鋤園觸黃金若瓦礫耳苟欲懷之自速禍也僕吾野菅覆頂須此供四方僧言訖捨去造謁舒州投子山主問之曰客來昨宿何處俊曰在不動道場曰既言不動曷由至此對曰至此豈是動邪曰元來宿不著處然山主默認許之追思還趙路出陳留抵今東京屬乎梁少保隴西公資即河陽節度使贈中書令芝之昆也雖居貴仕酷信空門接俊談玄若劉遺民之奉賈遠也相與議捨第宅俾建仁祠俊弗讓違以安形性既考禪室而行祖風慕道窮玄堂宇盈塞周高祖世宗二帝潛隱地與俊布衣之交每登方丈必施跪禮及其即位延遲優渥至乎朝達見必稽顙高談虛論若至寶山焉以乾德丙寅三月示身有疾彌留弟子求醫奉藥瞋目噤脣不食垂誡門人後巳當怡顏儼肅合掌訣衆而滅享齡八十五坐夏六十五初俊被朝恩賜紫袈裟也受而不服錫淨戒師號也有而不稱屬其策杖清羸周祖勑侍者輩勿令大師一中食俾其日昃更進佉闍尼矣俊諾而難導慈柔被物曁乎自狹而廣實三院一門也二堂東西恒不減數百衆五十年間計供僧萬百千數京城禪林居其甲矣以其年四月八日歸葬于東郊豐臺村白塔存焉于日神都寺院各率旛幢吹貝鳴鐃相繼二三里道俗送殯者萬數知制誥王著爲碑昭懋厥德云

宋西京寶壇院從彥傳

釋從彥姓米氏燕人也始自識環尋知跪橘

顒昂挺質豁達爲襟年距十五父母聽許出家於并部崇覺禪院也受戒後經江鼓枻論海化鯤流輩畏之咸知宗奉乃懷心於祖教望攻玉於他山由是北別冰天南觀桂海不虞惡瘴唯慕叢林欣遇龍牙山禪師爲決所疑蔚成達者後唐清泰丙申歲還遊嵩少洛中始安人情輯睦彥營構禪坊延衆緇侶而供養之歷晉漢周三朝皆加恩命乃曰寵辱若驚吾無驚久矣然俗諦門中感世主以綈繡緣飾朽木者哉以開寶二年八月三日示疾而終四年辛未改權從久瘞于層塔焉

宋東京普淨院常覺傳

釋常覺姓李氏陳留人也肇爲鞠子氣調絕奇入鄉校中諷讀經籍群童咸出其下洎登弱冠往廬山遊二林陟五老乃禮歸宗寺禪師充苦行焉梁乾化二年棄去飾披緇矣明年於東林甘露戒壇納解脫木叉厥後修身踐言雖三藏俱留於意表而以心學爲究盡之務復入五臺山禮妙吉靈跡迨後唐天成三載始於東京麗景門之右樹小禪坊勑額爲普淨焉而逐月三八日設闍京僧浴其或香湯汲注樵蒸失供覺必令撤小屋抽榱桷而助爨焉有公王仰重表薦紫衣堅拒弗受汲汲以利行濟物爲己任耳開寶四年十二月三日遘疾輕安無撓十一日告衆右脇而化享年七十六僧臘五十六荼毗收舍利五色磊落無筭嘗居京邑屢登斯院覽北海陶尚書穀爲湘東張仲荀序詩贈覺而云起後唐天成至漢乾祐每黑白月三取八日浴京大衆累歲費錢可一百三十六萬數計緡千萬矣雖檀施共成實覺公化導之力也嘻大火之下陳留古封周秦已來戰伐之國人物衆而土風尚利舟車會而貨殖惟錯昔梁惠王賢諸侯也嘗謂孟軻曰何以利吾國是知禮讓之化不勝於好利之心明矣且梁去魯千里而近道猶不同矧十萬八千里乎梁王孟子同世之人也心或有異況瞿曇上人乎彼孟氏屬斯文未喪不能揚素王之道今上人當去聖逾遠卒能行法王之教苟非三業內淨六塵外清以至公之行化於人孰以至公之心受於化也陶重叙曰自靈山覆簣法海堙流玉毫晦而微言絕金杖折而異端作惟上人也色空等觀物我都亡麻麥一齋自同禪悅炎涼一納僅蔽枯形前後王臣欲上章乞以大師爲號請以紫染方袍者皆確而拒之云云張仲荀贈覺鉢盂拄杖草屨各用五言爲章刋于小碣其爲名流碩學旌別有如此者

宋杭州報恩寺永安傳

釋永安姓翁氏溫州永嘉人也少歲淳厚黃中通理遇同郡彙征大師鳳鳴越嶠玉瑩藍田穫落文心沉潛學奧以其出樂安孫郃拾遺之門也而有慕上之心往拜而乞度然征性高岸而寡合而安事之也曲從若環蓋哀其幼知擇師耳天成中隨侍出杭俄有從十二頭陀之意潛逃欲登閩嶺參問禪宗屬封彊艱棘却迴結庵于天台後遇韶禪師法集頻遺群疑重來禮征咄之曰棄背孝養爾自速辜遺行于斯還有裨補前咎計否安跪對曰從來無事請用塞責征肯領之漢南國王

錢氏召居報恩寺署號禪師焉乃以華嚴李論爲會要因将合經募人雕板印而施行每有檀施罕聞儲畜廻捨二田矣以開寶甲戌歲終而焚之其舌存焉累投火鍛色雖同乎熾炭寒則柔弱今藏普賢道場中春秋六十四法臘四十四云

宋錢塘永明寺延壽傳

釋延壽姓王本錢塘人也兩浙有國時爲吏督納軍須其性純直口無二言誦徹法華經聲不輟響屬翠巖參公盛化壽捨妻孥削染登戒嘗於台嶺天柱峯九旬習定有鳥類尺鷃巢棲于衣襵中乃得韶禪師決擇所見遷遁于雪竇山除誨人外瀑布前坐諷禪嘿衣無繒纊布襦卒歲食無重味野蔬斷中漢南國王錢氏最所欽尚請壽行方等懺贖物類放生汎愛慈柔或非理相干顏貌不動誦法華計一萬三千許部多勵信人營造塔像自無貯畜雅好詩道著萬善同歸宗鏡等録數千萬言高麗國王覽其録遣使遺金線織成袈裟紫水精數珠金澡罐等以開寶八年乙亥終于住寺春秋七十二法臘三十七葬于大慈山樹亭誌焉

宋西京天宮寺義莊傳

釋義莊姓張氏滑臺人也當免懷之日及就傳之秋神彩克明塵機頓去乃於本府開元寺歸善財之列從升戒德因樂遊方始於洛邑采聽法華見識過人闡揚訓物衆請居九曜院焉匪虧法食用濟往來慈以利生始末無間建隆初左散騎常侍申公奏賜紫衣禀學僧尼三十餘員莊性敦勤進講外兢兢五十年間二時禮懺至老不替於太平興國戊寅年八月奄終俗壽七十八僧臘五十九明年二月遷塔于龍門菩提寺西焉

宋西京廣愛寺普勝傳

釋普勝姓張氏深州陸澤人也幼歲情愛媮薄俄決志趨五臺山華嚴寺師事超化大師或問之曰子胡以越山踰域而求出家彼饒陽者豈無仁祠哲匠乎勝對曰附神驥可以日千里矣某知妙吉淨刹感徵膠戾令我小凡速成果證可不是乎衆聆斯説曰任氣小兒有此高識我曹俱弗如也勝曰其非衽金革死而不厭之徒也願入慈門而思利物耳迨乎受具南臨潞府講通上生經矣聞崇法大師傳唯識論盛化洛都往從學焉凡百章疏經目便識之不幾稔閒習通精贍勝所傳者中山貞辯鈔講多悞失所然昌言曰繁略不均解判非當乃刪多補少爲四卷行于世太祖神德皇帝賜紫衣師號曰宣教也以太平興國四年秋七月四日示疾終于淨土院享壽六十三坐四十三夏門人等收舍利葬于龍門山寶應寺西阜建塔旌表之

宋東京開寶寺師律傳

釋師律范陽人也姓賈氏大丞相魏國公耽之後唐書有傳律弱齓端謹不與群童鬬伎裁十五歲於憫中寺落髮禮貞涉爲師嚴肅垂爲所履不出邊幅之外涉默異之曰不可屈身下位而抑其名節乎成比丘已可去遊方律奉訓南逝得其禪要廻錫故鄉時梁世迨大周朝其間帝王重臣率皆宗仰居于夷門山舊封禪也營構乎殿宇聖儀豐厨祕藏

供僧饒羨約勤後生别院翁如罔違彝憲朝廷以紫衣徽號用旌厥德律視之蔑如也一日謂弟子庶幾曰吾無願不報厥齡欲頹汝宜知之勿俗情而悲悼也乾德二祀正月二十三日而終春秋八十一法臘六十二太平興國五年三月改葬于北部浚儀之原進士賈守廉爲塔銘焉

論曰佛出于世經譯于時大要在乎果因所推歸乎罪福罪也者下三塗之階陛也福也者上諸聖之階陛也階陛是同上下有異耳此命章曰興福者乃欲利他焉如秤低昂如室明暗則知二事必不同時又類薰蕕不同器而藏竞禁不同國而治也凡夫氣分唯說罪多聖者品流但聞福厚順性故易造逆意故難修修有多門行有衆路大約望檀波羅蜜多今度無極也始則人天福行施食與漿橋梁義井次則輪王行中下品善上品十善者則梵天福行也一造偷婆二補修故寺三請佛轉法輪次則二乘淨福行同三品善止自利功强耳次究盡位福行乃成二嚴莊嚴相好從三輪無礙見萬法體空獲利殊多盡未來際夫如是福之廣矣大矣乃知聖者爲福則易爾何耶純淨之故也凡夫則反是易薰染之故也是以佛亦爲穿針之福知福不宜厭焉目連然燎迦葉蹋泥無盡意貢瓔珞寶珠沓婆羅分僧卧具伊皆大人有作聖者權方欲其因罪不厭除福不厭取矧以教傳嶺外法布中原年所彌深行持漸薄内衆修福就彼持門先哲息慈行其懺法矣夫修理懺也淡慮觀心心無所生生無所住當爾之時順違無相則罪滅福生之地也若行事懺也心憑勝境境引心增念念相資綿綿不斷禮則五輪投地悔則七聚首心或期瑞而證知乃見罪滅之相也昔者齊太宰作淨住法梁武帝懺六根門澄照略成住法圖眞觀廣作慈悲懺至乎會昌年内玄暢大師請修加一萬五千佛名經是以兩京禮經則口唱低頭檛磬一聲謂之小禮自淮以南民間唯禮梁武懺以爲佛事或數僧唄暱歌讃相高謂之禳懺法也其有江表行水懺法者悔其濫費過度之愆此人偶造非眞法也又有敬古人逐字禮華嚴法華經以爲禮無漏法藏也由此有四衆之徒於字上安南無字下安佛誠叨濫也有倡言曰但務生善唯期滅罪何判爲非邪通曰翻譯之後傳行已來若天上之恒星如人形之定相或别占一座便曰客星或新起肉隆乃爲胼贅者耳君不見春秋夏五邪鄭杜諸家豈不能添月字乎蓋畏聖人之言成不刊之典不敢加字矣夫子曰吾猶及史之闕文將知佛教還可加減否如慧嚴重譯泥洹經加之品目忽夢神人怒責聲色頗厲曰涅槃尊經何敢輒爾輕加斟酌是知興福不如避罪斯言允矣今則不勤課勵靡事增修因搜頹朊之數負貴顯孟安之三實就今有作何代無人或京兆開乎海池或終南建乎蘭若鑄大悲之銅像造相國之伽藍或代病利人或護生掘土鑄鐘感瑞立刹參雲刻像繁多修臺浩博拔榛平田之梵宇朊樣阿育之浮圖刊石爲經鳩財立藏或治病於井絡或化人於鄜時如斯人也入殊邪

之鄉導合二姓之良媒日月伏根照洞庭之幽暗乾坤玄鑒開混沌之竅端所行博載續運長矣公羊子有之曰是上之行乎下也詩云爾之教矣民胥效矣願吾徒望上而學之令仁祠聖像無墜于地者也

宋高僧傳卷第二十八

宋高僧傳卷第二十八

校勘記

一　底本，清藏本。

一　二八〇頁上六行「東京」，磧、南作「今東京」。次頁上九行同。

一　二八〇頁上一一行首字「宋」，磧作「大宋」；南作「有宋」。

一　二八〇頁中一九行「浴城」，資、磧、普、南、徑作「洛城」。

一　二八一頁上一五行第一六字「碓」，資、磧、普、南、徑作「確」。

一　二八一頁下一行第五字「未」，資、磧、普、南、徑作「末」。

一　二八二頁下八行第二字「績」，徑作「續」。

一　二八三頁中七行首字「宋」，資、磧、普、南作「大宋」。

一　二八三頁下一九行首字「宋」，資、磧、普作「大宋」；南作「有宋」。以下傳目中「宋」字同。

一　二八四頁下二行第二字「堙」，資、磧、普作「煙」。

一　二八四頁下六行「拒之」，南作「推之」。

宋高僧傳卷第二十九　給九

宋左街天壽寺通慧大師賜紫沙門贊寧等奉勅撰

雜科聲德篇第十之一（正傳二十六人 附見六人）

南宋錢塘靈隱寺智一傳

釋智一者不詳何許人也居靈隱寺之半峯精守戒範而善長嘯嘯終乃牽曳其聲杳入雲際如吹笳葉若揭遊絲徐舉徐揚載哀載咽飀飀淒切聽者悲涼謂之哀松之梵頗生物善或在像前讚詠流靡於靈山澗邊養一白猿有時驀山踰澗久而不還一乃吮吻張喉作梵呼之則猿至矣時人謂之白猿梵召一公爲猿父猶狙公也其後澗邊群狙聚焉每至衆僧齋訖斂生飯送猿臺所後令山童呼三二聲則群猿競至洎乎唐武宗廢教伊寺毀除焉鞠爲茂草之墟飯猿于臺事皆堙滅一師不詳所終

元魏洛陽慧凝傳

釋慧凝未知何許人也棲止洛邑而無異藝正修練心戒耳嘗得疾暴終七日而蘇起說冥閒報應及見區分更無毫髮之差所覩者五沙門一是寶明寺智聖以坐禪苦行得升天堂次一是般若寺道品以誦涅槃經四十卷同前智聖次是融覺寺曇謨最稱講涅槃華嚴經領徒千數琰摩王曰講經者心懷彼我以驕敖物比丘中第一麤行今唯試坐禪誦經最曰貧道立身已來唯好講導不能禪誦王曰付司即有青衣數輩擁送最向西北門屋舍皆黑似非好處次是禪林寺道恒唱云教導勸誘四輩檀越造一切經人中像十軀王曰沙門之體必須攝心守道志在禪誦不干世事不務喧繁雖造經像止欲得他財物既得財物貪心即起既長貪行三毒熾然具足煩惱與最同入黑門第五是靈覺寺寶明自稱未出家時嘗作隴西太守造靈覺寺

即棄官入道雖不禪誦禮拜不關王曰御作刺史之日曲理枉法劫奪民財假作此寺非御之力何勞說此亦付青衣送入黑門矣凝由此省悟最先見王屬吏檢尋名籍悞追攝耳時胡太后聞之遣黃門侍郎徐紇依凝之說散訪驗寺額并僧名有無奏報云城東有寶明寺城內有般若寺城西有融覺禪林靈覺三寺并智聖道品曇謨最道弘寶明等皆實有之太后稱歎久之詔請坐禪誦經者一百僧常在內殿供養焉續有詔不聽比丘持經像在街路乞索如私有財物造經像者任意凝入白鹿山隱居修道自此京邑城下比丘多修禪觀誦持大部經法焉

系曰曇謨最坐講法而人我因入黑門中若禪誦者人我隨增知亦不免最與道士姜斌爭論護法之功可補前過無謂傳法之人皆墮負處胡后偏見不亡吁哉

唐成都府法聚寺員相傳

釋員相蜀人也七歲出家博綜內外善屬文時號奇童內修律範人無間然龍朔元年有疾而終于此寺將啓手足房內長虹若練而飛上天寺塔鈴索無風自鳴其大門屋壁畫剝落每夜有鼓角聲經百餘日方息從此鳥雀不棲其屋咸亨四年甘露降于講堂前櫻櫚樹焉相終弟子收文集三十餘卷寺中石像碑相作辭龔靈曠同撰是歟

唐越州妙喜寺僧達傳

釋僧達姓王氏會稽人也稚齒英奇不參戲弄於龜山妙喜道場出俗其寺南梁初建後樂遊方見黃梅忍禪師若枯苗得雨隨順修禪罔有休懈遇印宗禪師重磨心鑑光州見道岸律師更勵律儀四衆依歸如水宗海開元七年示疾而終春秋八十二云

唐京兆神鼎傳

釋神鼎者不詳何許人也狂狷而純直髮垂眉際每持一斗巡長安市中乞丐得食就而食之人或施麤帛幣布錦綺羅縠並綴聯衣上而著且無選擇嘗入寺中見利貞法師講於座前傾聽少時而問貞曰萬物定已否貞曰定鼎曰闍棃若言定何因高岸爲谷深谷爲陵有死即生有生即死萬物相糾六道輪迴何得定耶貞曰萬物不定鼎曰若不定何不指天爲地呼地爲天召星爲月命月爲星何得不定耶貞無以應之時衆驚其辯發如流貞公奧學被挫其鋒頗形慙色張文成見之歎嗟謂之曰觀法師迅辯即是菩薩行位人也鼎曰菩薩得之不喜失之不怨撻之不怒辱之不嗔鼎今乞得即喜不得即怨撻之即怒辱之即嗔由此觀之去菩薩遠矣時衆錯愕合掌而散焉

系曰答人之問遲巧不如拙速今傳家隔幾百年輒伸訓對通曰谷變陵遷生來死往萬類相糾五道輪迴正是不遷之法可非定耶經云世間相常住是也又言天地星月各據其倫終歸磨滅可非不定耶經云劫火洞然大千俱壞是也今不壞世間相而談實相可非定不定耶雖定不定俱解脫相歟又言有喜怒非菩薩者菩薩雖喜怒非喜怒非菩薩而誰也今聊雪利貞之鬱悒歟

唐京兆泓師傳

釋泓師者齊安人也神龍中來遊京輦簡傲自持而罕言語語則瑰怪頗善地理之學占擇塋兆郭景淳一行之亞焉而出入於鄖公韋安石之門與韋旣密一日謂之曰貧道於鳳棲原見一段地約二十畝有龍起伏之形勢有藏此者必累世居台鼎韋曰老夫有別墅在城南候閑隙陪國師訪地問其價幾何同遊林泉又資高興異日韋壽前約方命駕次韋公夫人曰令公爲天子大臣國師通陰陽術數柰何潛遊郭外而營生藏非所宜也遂止韋曰舍弟滔有中殤男未葬便示此地泓曰如賢弟得此地不得他將相止列卿而已滔買葬中殤後爲太常卿禮儀使而卒泓每行視山原即爲圖狀嘗自洛東言於張說曰鈌門道左有好山岡丞相可用之說曰已位極人臣吉孰過此泓曰無人勝此遂咨源監察乾曜曰先人有遺旨矣後曜請假東洛遷奉而廻已經年矣泓再經鈌門其地已成塋兆問居人曰源氏之松栢也泓曰冥數合歸源氏坐可待其變化不數年曜果登庸焉泓曾誡燕公曰宅勿於西北隅取土後成坑三二處爲穴泓驚謂燕公曰禍事令公富貴一身耳更二十年禍及賢郎耳及均垍受祿山僞官肅宗復京以減死論太上皇苦執令處斬皆符泓言然中睿朝皆崇重泓號國師占相之言未嘗差謬

唐洛陽罔極寺慧日傳 眞法師

釋慧日俗姓辛氏東萊人也中宗朝得度及登具足後遇義淨三藏造一乘之極躬詣竺乾心恒羨慕日遂誓遊西域始者泛舶渡海自經三載東南海中諸國崐崘佛誓師子洲等經過略徧乃達天竺禮謁聖迹尋求梵本訪善知識一十三年咨稟法訓思欲利人振錫還鄉獨影孤征雪嶺胡鄉又涉四載旣經多苦深猒閻浮何國何方有樂無苦何法何行能速見佛徧問天竺三藏學者所說皆讚淨土復合金口其於速疾是一生路盡此報身必得往生極樂世界親得奉事阿彌陀佛聞已頂受漸至北印度健馱羅國王城東北有一大山山有觀音像有志誠祈請多得現身日遂七日叩頭又斷食畢命爲期至七日夜且未央觀音空中現紫金色相長一丈餘坐寶蓮華垂右手摩日頂曰汝欲傳法自利利他西方淨土極樂世界彌陀佛國勸令念佛誦經廻願往生到彼國已見佛及我得大利益汝自當知淨土法門勝過諸行說已忽滅日斷食旣困聞此强壯及登嶺東歸計行七十餘國總一十八年開元七年方達長安進帝佛眞容梵夾等開悟帝心賜號曰慈愍三藏生常勤修淨土之業著往生淨土集行于世其道與善導少康異時同化也又以僧徒多迷五辛中興渠興渠人多說不同或云蕓薹胡荽或云阿魏唯淨土集中別行書出云五辛此土唯有四一蒜二韮三葱四薤闕於興渠梵語稍訛正云形具餘國不見廻至于闐方得見也根麤如細蔓菁根而白其臭如蒜彼國人種取根食也于時冬天到彼不見枝葉蕓荽非五辛所食無罪日親見爲驗歟以天寶七年卒于住寺報齡六十九葬于白鹿原成小塔焉餘姚休光寺釋眞法師金

華人也俗姓王氏眞懸丱辭家童蒙悟道發大精進堅持戒地一門之中數人緇服眞學習師古義成先聖八部經理宛在掌中三乘法源盡於度内天寶六年太守秦公長史狄公知其行高遂以名薦主休光寺焉二公常相謂曰眞公通深妙法玄無上義問一得三言發響應昔利涉辯博僧會智周與之齊驅未可同日以其八年終于寺本縣令王璲述德刋銘洪元昚書焉

唐越州大禹寺神迵傳

釋神迵未詳何許人也幼入法流齋莊自任節高行峭不惡而嚴晚年慕稱心寺大義律師同習三觀於天台宗得旨於左溪禪師即寶應年中也加以辭筆宏贍華藻紛紜爲朗師眞影讚法華經文句序冠絶于時爲世所貴不詳厥終焉

唐京兆鎭國寺純陀傳

釋純陀者本西域人也梵名無由翻就華言也從遊京邑人所欽重上元中便云東渡人見之顏容若童穉之色言已年六百歲矣或謂爲八十歲人也言談氣壯舉動不衰代宗皇帝聞之詔入禮遇極豐俾求留年之道陀曰心神好靜今爲塵境汨之何從冥寂乎若離簡靜外欲望留年如登木采芙蕖其可得乎陛下欲長年由簡潔安神神安則壽永寡慾則身安術斯已往貧道所不知也帝由是篤重之以永泰三年預知必逝遺弟子賚衣鉢進上帝賜弟子紫衣陀終于鎭國寺焉

唐天台山國清寺道邃傳

釋道邃不知何許人也幽識遠晤執志有恆懸解眞宗不由邪術末傳隋智者教道素得玄微荆溪之門杳難窺望大曆中湛然師委付止觀輔行記得以敷揚若神驥之可以致遠也于時同門元浩迵知畏服不能爭長矣貞元二十一年日本國沙門最澄者亦東夷卉服中剛決明敏僧也泛溟涬達江東慕天台之法門求顗師之禪決屬邃講訓委曲指教澄得旨矣乃盡繕寫一行教法東歸慮其或問從何而聞得誰所印俾防疑悞乃造邦伯作援證焉時台州刺史陸淳判云最澄闍棃形雖異域性實同源特稟生知觸類玄解遠傳天台教旨又遇龍象邃公總萬行於一心了殊塗於三觀親承祕密理絶名言猶慮他方學徒未能信受所請印記安可不任爲憑云澄泛海到國貫教法指一山爲天台號一寺爲國清風行電照斯教大行倭僧遇尊邃爲祖師後終于住寺焉

唐懷安郡西隱山進平傳

釋進平姓吳氏京兆人也早出家于永安山明福院風表端雅諸經大論皆所研尋銷文鍊注令人樂聞末思禪觀於洛下遇荷澤會師了悟且曰甚矣不自外知者所知難乎哉後至唐州遂居西隱山刺史鄭文簡請入城闡揚宗旨示滅年八十一大曆十四年三月入塔

唐寧州南山二聖院道隱傳

釋道隱姓王氏彭原人也風宇高峙情性宏淡少脫塵勞誓從沖漠既循師範因願遊方得荷澤師頓明心要迨旋鄉土道聲洋洋慕其法者若登華陰之市也匪召負臻檀施豐

洽鬱成精舍焉以大曆十三年三月晦囑累四部從於中夜趺坐而終春秋七十二法臘三十五弟子辯眞建塔緘藏焉今師資二座全身不朽矣議者以爲得道眞正其器亦然譬猶鍊丹之鼎藥成鼎亦化金矣在華嚴有諸菩薩成就如虛空忍得無來身以無去故得不生身以不滅故得不聚身以無散壞故其隱師之謂歟

唐溫州陶山道晤傳

釋道晤者不知何許人也高趣放蕩識量難貲末住永嘉陶山側精舍則隱居修眞詰之所也大曆中代宗爲陶眞君樹此精舍晤於此進修靡怠人亦傾仰一夕跏趺而卒身肉無沮如入三昧議不焚葬後五年忽舉右手狀若傳給九香州官民庶十二異之以事奏勑賜紫袈裟謚曰實相大師至今塔中州民祈禱幡華塡委焉

系曰凡諸入滅舉其指者蓋示其得四沙門果之數也昔求那跋摩舉二指而滅言已證二果歟其次法京垂滅屈三指慧景反握二指捋之還屈今晤之伸指豈不同諸

唐京兆歡喜傳 無側

釋歡喜不知何許人也性無羈束慈忍寬和人未嘗見其慍色故號之焉觀國之光至于京輦貴達下民延之少見違拒言語不常事迹難測德宗皇帝聞而重之興元十二年勑永泰寺置戒壇度僧時喜與保唐禪宗別勑令受戒緇伍榮之至其年六月十九日卒于本寺焉有會稽雲門寺釋無側者外國人未知葱嶺南北生也若胡若梵烏可分諸建中中越磧東遊得意則止度其冬夏後棲越溪雲門寺修道然善體人意號利智梵僧謁相傳則是康寶月道人後身也必嘗以事徵驗而知與名德相遇談話終夕吳興皎然題側房壁云越山千萬雲門絕西僧貌古還名月清朝掃石行道歸林下眠禪看松雪其高邈之狀在晝辭焉

唐湖州杼山皎然傳 福琳

釋皎然名晝姓謝氏長城人康樂侯十世孫也幼負異才性與道合初脫羈絆漸加削染登戒于靈隱戒壇守直律師邊聽毗尼道特所留心於篇什中吟詠情性所謂造其微矣文章儁麗當時號爲釋門偉器哉後博訪名山法席罕不登聽者然其兼攻並進子史經書各臻其極凡所遊歷京師則公相敦重諸郡則邦伯所欽莫非給九始以詩句十二牽勸令入佛智行化之意本在乎玆及中年謁諸禪祖了心地法門與武丘山元浩會稽靈澈爲道交故時諺曰雪之晝能清秀貞元初居于東溪草堂欲屏息詩道非禪者之意而自誨之曰借使有宣尼之博識胥臣之多聞終朝目前矜道侈義適足以擾我眞性豈若孤松片雲禪坐相對無言而道合至靜而性同哉吾將入杼峯與松雲爲偶所著詩式及諸文筆併寢而不紀因顧筆硯曰我疲爾役爾困我愚數十年間了無所得況汝是外物何累於人哉住既無心去亦無我將放汝各歸本性使物自物不關於予豈不樂乎遂命弟子黜焉至五年五月會前御史中丞李洪自河北負譴再移爲湖守初相見未交一言恍若神合

素知公精於佛理因請益焉先問宗源次及心印公笑而後荅他日言及詩式具陳以宿昔之志公曰不然固命門人檢出草本一覽而歎曰早年曾見沈約品藻慧休翰林庾信詩箴三子所論殊不及此奈何學小乘褊見以宿志爲辭邪遂舉邑中辭人吳季德梁常侍均之後其文有家風予器而重之晝以陸鴻漸爲莫逆之交相國于公頔顏魯公眞卿命裨贊韻海二十餘卷好爲五雜徂篇用意奇險實不忝江南謝之遠裔矣晝清淨其志高邁其心浮名薄利所不能啖唯事林巒與道者遊故終身無惰色又興冥齋蓋循燋面然故事施鬼神食也晝舊居州興國寺起意自捐衣囊施之嘗有軍吏沈釗本德清人也夕從州出乘馬到駱駝橋月色皎如見數人盛飾衣冠釗恠問之如何到此曰項王祠東興國寺然公修冥齋在茲同耳釗翌日往覆果是鬼物矣又長城趙胥錢沛行役泊舟呂山南見數十百人得非提食器負束帛怡然語笑而過問其故云赴然師齋來時顏魯公爲刺郡早事交遊而加崇重焉以貞元年終山寺有集十卷于頔序集貞元八年正月勑寫其文集入于祕閣天下榮之觀其文也亹亹而不厭合律乎清壯亦一代偉才焉晝生常與韋應物盧幼平吳季德李萼皇甫曾梁肅崔子向薛逢呂渭楊逵或簪組或布衣與之交結必高吟樂道道其同者則然始定交哉故著儒釋交遊傳及內典類聚共四十卷號呶子十卷時貫流布元和四年太守范傳正會稽釋靈澈同過舊院就影堂傷悼彌久遺題曰道安已返無何鄉慧遠來過舊草堂余亦當時及門者共吟佳句一焚香其遺德後賢所慕者相繼有焉又唐黃州大石山釋福琳姓元氏荊州人也父爲襄陽判司素崇釋氏琳幼好佛門恒循檢操早知割愛就玄靜寺謙著師下剃染登滿足法已躬禮荷澤祖師乃契眞心後至黃陂剪茅營舍終成大院安集四方禪侶琳終時年八十二興元二年四月入塔

唐安陸定安山懷空傳

釋懷空俗姓商氏河陽人也膏粱之子幼且矜莊乃辭所親就本州大都山廣福院出家大明禪師默識空之器局不常教誦群經納法之後觀方京都屬北秀禪師闡化造而決疑後往安陸定安山倏遇一叟勸空鎮壓此川我需大利乃結茅而止前叟即土地神耳尋因村民逐虎入山見空歡喜而白之曰此中多虎暴村落不安願和尚示以息災之法空曰虎亦衆生也若屠害於彼彼必來報迭相償報何時斷期乎老僧爲諸君計者善可禳去鄉人曰愚下無知唯教所在空曰汝歸舍同心陳置道場施設大會空預法筵至日之夕矣有一虎於庵前瞑目伏地空曰咄哉惡類一報未滅更增宿殃噬人倫也天不見誅死當墮獄吾憫汝哉虎被責已忽遲迴而逝明日齋散上山其虎在庵前領其七子將齋餘擲之各食訖爲其懺悔七虎相次俱亡百姓胥悅且曰從師居此俗無疵癘仍年穀熟致拜而退時張遼大夫爲州牧遣府吏慕容興往請入州空謝病不起部領工匠爲建

禪宮畢示疾而終享年八十三貞元三年三月十六日火葬收舍利入塔焉

唐澧州慧演傳

釋慧演姓苗氏襄陽人也父爲東平糾曹演㓜入開元寺聞經歡喜求於辯章法師所度脫章日講涅槃經演常隨聽入神旣通深義復能講談一日結侶同遊華下思登毛女峯觀仙掌路出洛中乃㕘荷澤祖師通達大觀因入南嶽遂住澧陽江南得道者多矣貞元十二年終享齡七十九云

唐荊州國昌寺行覺傳 玉皓

釋行覺姓劉氏鉅鹿人也稚歲英敏立不易方負志出家親難沮勸早投本部永泰伽藍受業納戒後於洛都遇會禪師開悟玄理秉心矯跡遊方見江陵古寺殿宇摧墮闃而無人覺卸囊挂錫明日見樵夫驚怪言此是國昌寺廢已三周將知人事相因道從緣會學者至矣鄉人來矣欝成一寺時節使崔尚書請召入城謝而不赴檀施繼臻乃興盛化貞元十五年告終年九十二荊楚之人營塔焉

又南嶽山釋皓玉者趙氏之子上黨人也出塵于法清寺後於荷澤會下大明心印入嶽中蘭若養道衡陽太守王展貞外傾重終時年八十餘興元中入塔云

唐鄂州開元寺玄晏傳 給九

釋玄晏江夏人也姓李氏祖善而十六博識多學注文選行講集於梁宋之間李邕北海太守唐書有傳晏穉昧之齡決志離俗至德初年誦經高第依僧崇眞剃落配住開元寺大曆三年從大闍棃眞悟受具足法便尋律範目不視靡曼足不履邪徑於四儀中無終食之間違教儀形峭拔眉目秀朗如孤鴻野鶴獨立迥澤望風瞻想自有遠致性多分劑苟與惡比丘共住邅然如以佉陀羅炭浴身也不出戶牖焚香掃地端坐盡日人不堪其憂而晏居之以爲三禪之樂不敵也晏少習毗尼長學金剛解空破相臻極玄奧而閒律藏有一時外學之說或賦詩一章運思標拔孤遊境外彭城劉長卿名重五言大嗟賞之由是風雲草木每有賦詠輒爲工文者之所吟諷也晏房舍在寺之北隅頗爲湫陋凡當時名士共營草堂有若陳郡袁滋趙郡李則盧來卿于文炫蔡直皆檀捨同締構也鄂嶽連帥何公旌其行業請居晉安不移其志建中伊始符載與楊衡李演約晏爲塵外之侶焉以貞給九元十六年九月十四日示十七滅春秋五十八僧臘三十四遷塔于黃鶴山南原也

唐南嶽澄心傳

釋澄心姓朱氏東海人也厥父任濟源令天寶中安史之亂遇害心穉齒隨母氏至河內貧極母即從人心不樂隨嫁心之志氣不群乃投應福寺智明法師求教勗披削登戒後雲遊鳥宿務急㕘玄於秀師高足門下了其法要乃觀諸方名跡遂止衡嶽請益之僧摩肩駢足時太守吳憲忠請心入州治謝而不行再命棲于龍興寺來問道者丈室恒滿貞元十八年壬午十一月示滅春秋七十六以其月二十七日入塔云

唐杭州天竺寺道齊傳 如法

釋道齊俗姓趙氏錢塘人也㓜而察慧器度

浩然入于庠序經籍淹通偶立當衢見僧分衞行諷淨名經冥然喜之且召入家設食問僧爲居何寺答曰定水伽藍因請父母出家母曰吾生汝時夢手擎日月嘗占是夢云貴子有五等之分脫或捨家吾無望矣由是往定水從師年十七進具習毗尼法復投靈隱寺學華嚴經義自爾於天竺寺修習禪定行杜多行其山有石龕齊於中坐忽巨蟒矯首呤呀爲吞噬之狀愀然不動時有虎豹近于石室群鹿時時馴擾又山椒乏水以錫杖劚地其泉迸流實供其用貞元二十一年四方學者勸請講華嚴經時雪飄飛忽生華二本狀若芙蕖熠爚光發觀者嗟歎見所未見齊道譽惟馨其節儉惡衣惡食人所不勝後終于山寺焉又唐太行山釋法如俗姓韓[十八]慈州人也少爲商賈心從平準至今東京相國寺發心依洪思法師出家隷業偕通遂往嵩少間遊於洛邑遇神會祖師授其心訣後登太行山見馬頭峯下可以棲神結茅而止脅褚整戍將王文信率衆建精廬焉刺史李亞卿中丞命入城不赴示寂報齡八十九元和六年三月遷塔云

唐金陵莊嚴寺慧涉傳

釋慧涉俗姓謝氏會稽人也即東晉太傅安之後是知傑氣英靈間代而出津梁拔俗巽世豈無涉爲人清素戒節孤峻好寂爲樂不棲名聞以大曆之初於金陵莊嚴寺遇牛頭山忠禪師一言知歸遂命入室授其法要服膺道化侍之彌載不憚其勞洎忠捐世踵武玆嶺無遊人境一衣方丈操節彌高自是以來問道者衆四維方域無不霑洽五十年中翕然歸德以長慶二年終於山院春秋八十有二門弟子惟晏等奉全師禮建塔於寺之西北勒銘紀德若考師之藝文則草堂廬嶽各美於當代矣[十九]

唐京兆千福寺雲邃傳（清源）

釋雲邃不知何許人也通綜經論解將行兼仍貫群書號爲該博好遠汎愛人無間然累朝詔入內道場順宗已來掌領譯務憲宗初勾當右街諸寺觀釋道二教事別勑充西明千福兩寺上座風猷淹雅綱任肅然昔賢以道生比郭林宗遂公有焉次潤州棲霞寺釋清源姓馮南徐延陵人也稺年貞素長亦弗群俗態不拘法流爰入造涉公爲弟子焉學贍經律人罕儔匹棲于攝山積其齡稔長慶初工部尚書李相國德裕鎮于浙西洗心道域延居京口諮稟禪要雅契夙心及贊皇去郡返錫棲霞終于住寺

唐京師保壽寺法真傳

釋法真不知何許人也器識悠深學問宏博研窮梵典旁賾儒書講導之餘吟詠情性公卿貴士無不宗奉洎長慶中帝頗銳懷佛事真屢膺召命內殿祇奉四年赴禁中道場睿武昭愍皇帝御于法席顧問三寶功能真得應對而辯給圓轉援據粲然帝悅因請云乂廢壇度僧未全法者皆老朽蓋兩河間兵革未偃之故尋詔兩街佛寺各置僧尼受戒壇場自三月十日始至四月十日停仍令兩街功德使各選擇有戒行僧謂之大德者考試僧尼等經僧能暗誦一百五十紙尼一百紙

即令與度眞頻奉勑修功德故遂奏請眞之德望實唱導之元冏知終所

唐呂后山道場寧賁傳

釋寧賁姓李氏隴西人也家于亳州蒙城幼奉釋尊而不言乎簪組之緒無得稱其代諱焉賁所吐論皆以覺了不取諸相心通定慧而盡虛空無以邊中可測無以文字求我因資數歲道議殊倫欲往天台至越呂后山岑往洪州尋道一祖師見而奇之語而異之大乘法器得其人矣遂乃具戒作入室弟子師廖曰即是諸佛住處何必天台也賁善提直幹挺秀七尺村豪里宿覩其異狀歸依瞻仰老幼爭先同味醍醐疾病皆愈是時多有行路縕戾欲暴僧徒賁乃引之而前威之而退驚駭儀貌禮足歸依調御山林魔邪懾伏不下巖嶺近萬餘辰德遠道高僧徒彌衆先時居處隘陋兼無殿堂衆議經營任人資福遠村窮墅亦競助緣土石木工程材售巧約山横棟臨澗飛簷斤師斧子烏立猿懸揆景促力星再迴天殿堂成矣佛像列矣精耀俯仰照山姹雲人天不殊別開佛土大和二年六月七日遠聞道場之内有鼓鞞絲竹之聲是夜二更恬然化滅生形七十五炎臘四十一是月權殯于杉園禮也齋祭殊品哀號震山慘樹色於禪枝咽水聲於石穴物尚知感人情可量大和五年九月荼毗建塔於道場巽山禀先意也

唐閬州長樂寺法融傳

釋法融姓嚴氏閬中人也稺齒好朴素惡華楚之服父訓令秉筆便畫佛形像至于聚戲摶沙爲塔所作無非佛事年甫十三見釋子摳其衣坐執經卷苦求出家依長樂寺慧休法師爲弟子經誦偕通乃霑戒善遂講南山律鈔後遊雲水見嵩嶽普寂禪道風行㝠付心印往弋陽福寧寺放蕩閑居學道者麏至以大和九年示疾而終春秋八十九其年正月十日門人奉神座入塔焉

宋高僧傳卷第二十九

宋高僧傳卷第二十九

校勘記

一 底本，清藏本。
一 二八九頁上五行第八字「遣」，[徑]作「遺」。
一 二九〇頁中七行「洛陽」，[資]作「洛京」。
一 二九一頁上一七行「京兆」，[資]作「京師」。
一 二九二頁上一九行「二指」，[磧]作「三指」。
一 二九二頁中一八行「湖州」，[資]作「吳興」。
一 二九二頁中一九行「名畫」，[資]、[磧]、[普]作「字畫」。
一 二九三頁下一行「膏梁」，[資]、[磧]、[普]、[徑]作「膏粱」。
一 二九五頁上一八行第一四字「訣」，[資]、[磧]、[普]、[南]作「決」。
一 二九五頁下二行第七字「遂」，[資]、[磧]、[南]作「邃」。

一　二九六頁上一一行首字「廖」，資、磧、普作「廫」。

宋高僧傳卷第三十　給十

宋左街天壽寺通慧大師賜紫沙門贊寧等奉勑撰

雜科聲德篇第十之二 正傳十九人 附見六人

唐大安國寺好直傳

釋好直俗姓丁氏會稽諸暨人也幼不喜俗事酒肉葷茹天然不食因投杭塢山藏師落髮元和初受具於杭之天竺寺凡百經律論疏鈔嗜其腴潤一旦芒屩策杖詣洪州禪門洞達心要虛往實歸却於本郡大慶寺求益者提訓凡二十餘載爲江左名僧見儒士能青眼故名輩多與之遊往往戲爲詩句辭皆錯愕凡從事廉問護戎於越入境籍聲實而造其戶不獨能誘亦善與人交者大和中遊五臺路出京邑一夕而去前護戎郄志榮宋常春二内侍尤味其道孜孜遠招開成初再至京國二貴人同力唱和韋虔留致安國寺大方丈以居之王畿龍象莫不欽重無何召入爲供奉大德非所好也徇俗受之然歸歟之歎未嘗少棄四年十月二十五日囑累弟子訖奄然而寂春秋五十六夏三十二郄宋二家率財權瘞于滻水東人皆悲之門人鑑諸後歸葬于崇山之南華嚴寺起塔會昌四年起居舍人韋絢爲碑紀代焉

唐天台山禪林寺廣脩傳 高閑

釋廣脩俗姓留氏東陽下崑人也淑質貞亮早預邃師之門研窮教迹學者雲擁日誦法華維摩金光明梵網四分戒本六時行道弗休彌年更篤每一歲行懺法七七日則第四隨自意三昧也開成三年日本國僧圓載來躬請法台州刺史韋珩謂講止觀于郡齋以會昌三年癸亥歲二月十六日終于禪林本寺俗壽七十三法臘五十二遷神于金地道場法付門人物外焉咸通七年門人良汶發墳火葬淘收舍利一千餘粒重塔緘藏焉又湖州開元寺釋高閑本烏程人也髫年卓躒范露異才受法已還有隣堅志苦學勞形未嘗少惰後入長安於薦福西明等寺隷習經律克精講貫宣宗重興佛法召入對御前草聖遂賜紫衣仍預臨洗懺戒壇號十望大德性情節操矗然難屈老思歸鄉終于本寺弟子鑒宗勑署無上大師亦得閑之筆法閑常

好將雲川白紵書眞草之蹤與人爲學法焉

唐高麗國元表傳 清全

釋元表本三韓人也天寶中來遊華土仍往西域瞻禮聖迹遇心王菩薩指示支提山靈府遂負華嚴經八十卷尋訪霍童禮天冠菩薩至支提石室而宅焉先是此山不容人居居之必多雷震猛獸毒蟲不然鬼魅惑亂於人曾有未得道僧輙居一宿爲山神驅斥明旦止見身投山下數里間表賫經棲泊澗飲木食後不知出處之蹤矣于時屬會昌搜毀表將經以華櫚木函盛深藏石室中殆宣宗大中元年丙寅保福慧評禪師素聞往事躬率信士迎出甘露都尉院其紙墨如新繕寫今貯在福州僧寺焉又會稽釋全清越人也耰耘戒地芬然杜若於密藏禁呪法也能劾鬼神時有市儈王家之婦患邪氣言語狂倒或啼或笑如是數歲召清治之乃縛草人長尺餘衣以五綵置之於壇呪禁之良久婦言乞命遂誌之曰頃歲春日於禹祠前相附耳如師不見殺即放之遠去清乃取一鉛以甖驅芻靈入其中而呦呦有聲緘器口以六乙泥朱書符印之瘞于桑林之下戒家人無動之婦人病差經五載後值劉漢宏與董昌隔江相持越城陷人謂此爲窖藏掘打鉛破見一鵶閃然飛出立於桑杪而作人語曰今得日光矣時清公已卒也 校十四

唐鎭州龍興寺頭陀傳

釋頭陀本下郢磨家之子然其器度温潤若長者之規厥父課令其守磨夜深憫驢牛之困憊自已代之放其畜嚙草飲水歇卧者父母知之爲其罷業兒亦乞出家遂落髮受具持無嗔怒唯收拾糞掃物爲衣可重數斤卧具三十年未嘗更易苦節之行無有倫比眞定之民重之而不受人供施號抖擻上人焉

系曰糞掃衣者四聖種之一也凡修鍊者必願成此行奈何少堪任之其勝之者勇猛堪能之人也

唐南嶽山全玼傳

釋全玼本餘杭人也入徑山禮法濟大師求剃染稟質强渥且耐飢寒諸所參尋略得周徧乃隱衡嶽中立草庵木食澗飲結輭草爲衣伏臘不易有贈玼詩云寒居過後更何人傳得如來法印眞昨日祝融峯下見草衣便是雪山身此太常孫渥舊相南遷有作事詳南嶽高僧傳云 校十五

系曰草衣在南嶽炎方壯年即可未知衰老徙居幽朔耐否如能則上上根勝士也

唐越州明心院慧沐傳

釋慧沐俗姓祝氏即世曁陽人也代爲著姓沐幼冲之歲家法嚴明訓授儒經鬱成造秀將隨計吏謁覺智寺契眞禪師即謚大觀者是也因以微諷沐由茲開悟明年剃度乃詣洪井禮觀音禪師頓了心契咸通七載還歸故鄉邑宰韋公逦率信心者造棲眞院四方禪客無遠不届廉使裴延魯召沐因營鑑水坊精舍成還以坊爲題牓旣而居之安而能遷允明州掾齊璧請住王笥峯未久而卒壽八十八臘四十五則乾寧五年七月三日也

唐幽州南尼窟亡名傳 祝融峯禪者

釋亡名履行尤峻獨居燕城南窰竈間天祐

中幽薊不稔道殍相望因分衛廻闠車轍中呱呱之聲憫而收歸乃飢民所棄女子也以求牛乳哺之當七八歲引於城中求色帛以衣之及笄年也容色豔麗殆非凡俗或譏呵者僧終無渝志適遇燕帥劉仁恭從禽逐兔直入僧居窒內一卒見女子侍僧之側遂白帥劉往親見問其故皆以實對劉曰弟子欲收之可乎僧曰諾早驗無恡意自扶上馬歸府元眞處子也劉益哀之不令伍於下位仍重其僧謂爲果位中人也別造精舍以處之劉一旬兩往謁焉其僧疾没門人入訃女方獨坐聞之哀慟而死焉劉爲僧營塔標誌矣又祝融峯禪者亡名爲人抗直不事威儀每一舉揚善標宗要道俗歸之若市嘗飲酒遇毒當時吐下透落腐衣裂石體中無惱每有一蛇一虎爲衞護狀迨終闍維留骨一片大如琵琶槽僧衆構火重焚焚時色同火質火盡灰寒色白如雪豈非得全身分堅固設利羅乎至今嶽中傳其言句立其浮圖號祝融峯道者焉

唐洪州開元寺棲隱傳 寶安

釋棲隱字巨徵姓徐氏少而端厲神解天然佩觿之歲酷好出塵父母不可壞其意削髮之後納法已還其間服勤於學深入毗尼壼奧焉又於風雅之情非彫刻而得成自天姿廣明中避巢寇入廬山折桂峯實嘉遁也然多於華朝月夕晚照高秋練句成聯合篇爲集往往酋健劉兗散在人口身擁零破麻納不識者謂之山叟野人殊無能者得歸宗禪旨與同舉揚且無恡法平常與貫休處默脩睦爲詩道之遊沈顏曹松張凝陳昌符皆處士也爲唱詶之友隱爲群士彎臻淡然若水後冠盜稍平入荊楚登祝融蹤迹嘯傲光化三年遊畨禺受知於太尉徐彥若同光二年於洪井鉅鹿魏仲甫邂逅以文道相善後唐天成中卒詩弟子應之携隱之詩計百許首投仲甫爲集序今所行者號桂峯集是也次嘉禾靈光寺釋寶安俗姓夏姑蘇常熟人也風神爽拔性行淑均壯年家務所嬰誓思脫屣及進具之後專習定門洞達眞訣而不衣絲縷惟專分衞寢則匈鞹安昔遊五臺嵯南人之不識遂率道俗同模築五臺之制於靈光寺今且存焉事畢無疾而終受生一百有十八歲法臘七十八由身不壞門徒布漆之別院供養至會昌毀寺遂焚之

唐河東懸瓮寺金和尚傳

釋金和尚者姓王氏西河平遥人也所生之地猪坑村幼而魁岸爲人魯質所作詭異與平人不類於嵩巖山出家其後身裁一丈腰闊一圍言事多奇差終後如在鄉人供祭之乞願皆遂人意西河至稽胡皆鄭重焉

梁四明山無作傳

釋無作字不用姓司馬氏姑蘇人也父陳宛丘縣尉母戴氏始妊時夢異沙門稱姓徐住持流水寺欲寄此安居言訖跏趺而坐其父同夜夢於盤中書一字甚稱心自言可以進上天子至明各說所夢母曰意其腹中必沙門也矢之曰如生兒放於流水寺出家及生果歧嶷可愛且惡葷羶之氣年迨四歲母自教誦習利金易礪記憶無遺厥父欲其應童

子舉業漸見風範和潤且恒有出塵之意俄爾父偷窺姚氏之女且美容儀酷欲取之母切忌之因曰或捨是子出家寬汝所取父乃許之送入流水寺中纔及月餘姚氏仳離時謂此女是善知識爲作之出家增上緣矣年二十受具足法相次講通删補律鈔法華上生等經百法論一性五性宗教勵精尋究孔老書篇無不獵涉後叅其玄學於雪峯存禪師深入堂奥至廬陵三顧山檀越造云亭院豫章創南平院請作住持皆拂衣而去前進士唐稟作藏經碑述作公避請之由居洪井十載且未識洪師鍾氏之面乃遊會稽四明因有終焉之志吳越武肅王錢氏仰重召略出四明因便歸山蓋謝病也有詩杼意呈王王亦不留詩云雲鶴性孤單爭堪名利關衙恩雖入國辭病却歸山時奉化樂安孫郃退居嘯傲不交緇伍唯接作交談終日進士楊弇亦慕爲林下之遊以梁開平中卒于四明春秋五十六初作善草隸筆迹酋健人多摹寫成法述諸色禮懺文數十本注道安六時禮佛文一卷并詩歌並行于代作不入尼寺不謁公門不修名刺不趨時利自號逍遥子焉

梁成都府東禪院貫休傳處默　曇域

釋貫休字德隱俗姓姜氏金華蘭溪登高人也七歲父母雅愛之投本縣和安寺圓貞禪師出家爲童侍日誦法華經一千字耳所暫聞不忘於心與處默同削染鄰院而居每隔籬論詩互吟尋偶對僧有見之皆驚異焉受具之後詩名聳動於時乃往豫章傳法華經起信論皆精奧義講訓且勤本郡太守王慥彌相篤重次太守蔣瓌開洗懺戒壇命休爲監壇焉乾寧初賫志謁吳越武肅王錢氏因獻詩五章章八句甚愜旨遺贈亦豐王立去僞功朝廷旌爲功臣乃別樹堂立碑記同力平越將校姓名遂刋休詩于碑陰見重如此休善小筆得六法長於水墨形似之狀可觀受衆安橋强氏藥肆請出羅漢一堂云每畫一尊必祈夢得應眞貌方成之與常體不同自此遊黟歙與唐安寺蘭闍棃道合後思登南嶽北謁荊帥成汭初甚禮焉於龍興寺安置時內翰吳融謫官相遇往來論道論詩融爲休作集序則乾寧三年也尋被誣譖於荊帥黜休于功安鬱悒中題硯子曰入匣始身安弟子勸師入蜀時王氏將圖僭僞邀四方賢士得休甚喜盛被禮遇賜賚隆洽署號禪月大師蜀主常呼爲得得來和尚時韋藹舉其美號所長者歌吟諷刺微隱存于教化體調不下二李白賀也至梁乾化二年終于所居春秋八十一蜀主慘怛一皆官葬塔號白蓮於城都北門外昇遷爲浮圖乃僞蜀乾德中即梁乾化三年癸酉歲也休能草聖出弟子曇域癸酉年集師文集首安吳內翰序域爲後序韋莊嘗贈詩曰豈是爲窮常見隔只應嫌酒不相過又廣成先生杜光庭相善比鄉人也休書跡好事者傳號曰姜體是也嘗覩休眞相肥而矬蜀宰相王鍇作讚曇域戒學精微篆文雄健重集許慎說文見行于蜀有詩集亞師之體也

梁廬山雙溪院國道者傳

釋國道者未知何許人也器凝淳粹行敦高邁塊然獨處翩翩在形器之上矣參學攸廣欲歇孤征愛廬山秀異誓隱淪以求其志考築草舍灌園植蔬任山中居人揃取或問其故答曰貧道無心而種無心而捨也驗此見知實達道之上流矣脩睦僧正恒傾意奉重詩贈國公云入門空寂寂眞箇出家兒有行鬼不見無心人謂癡後終于院葬于雙溪山原有小浮圖焉今以國字呼之爲名邪姓邪未得詳焉

梁泉州智宣傳

釋智宣泉州人也壯歲慕法學義淨之爲人也輕生誓死欲遊西域禮佛八塔并求此方未流經法以唐季結侶渡流沙所至國土懷古尋師好奇伺異聚梵夾求舍利開平元年五月中達今東京進辟支佛骨并梵書多羅葉夾經律宣壯歲而往還已衰耄矣梁太祖新革唐命聞宣迴大悅宣賜分物請譯將歸夾葉于時干戈不遑此務也

梁江陵府龍興寺齊已傳

釋齊已姓胡益陽人也秉節高亮氣貌劣陋幼而捐俗於大溈山寺聰敏逸倫納圓品法習學律儀而性躭吟詠氣調清淡有禪客自德山來述其理趣已不覺神遊寥廓之場乃躬往禮訊既發解悟都亡眹迹矣如是藥山鹿門護國凡百禪林孰不參請視其名利悉若浮雲矣於石霜法會請知僧務梁革唐命天下紛紜于時高季昌稟梁帝之命次逐雷滿出渚宮已便爲荊州留後季正受節度迫乎均帝失御河東莊宗自魏府入洛高氏遂割據一方搜聚四遠名節之士得齊之義豐南嶽之已以爲築金之始驗也龍德元年辛巳中禮已於龍興寺淨院安置給其月俸命作僧正非所好也其如閑辰靜夜多事篇章乃作渚宮莫問篇十五章以見意且伺高之命耳已頸有瘤贅時號詩囊棲約自安破納擁身枲麻纏膝愛樂山水懶謁王侯至有未曾將一字容易謁諸侯句爲狎華山隱士鄭谷詩相酬唱卒有白蓮集行于世自號衡嶽沙門焉

後唐靈州廣福寺無迹傳

釋無迹姓史氏朔方人也當宣宗御宇佛法中興大中九年年正十三決志捨家投白草院法空大師爲弟子操執密縝拂攘囂塵咸通三年用賓于京室得戒度於西明寺矣凡於百藝悉願遊焉慕定林威能畫戴安道能琴我則講貫之餘兼而綜習先是唐恒夫嘗作鎮朔方後於輦下相遇以家僧之禮待焉蓋知言行相高復能唱導聞恒夫白兩街功德使請隸西明寺旋屬懿宗皇帝於鳳翔法門寺迎眞身右宣副使張思廣奏迹充乎讚導悅懌上心宣賚稠厚光啓中傳授佛頂熾盛光降諸星宿吉祥道場法歸本府府帥韓公聞其堪消分野之災乃於鞠場結壇脩飾而多感應景福中太尉韓公創修廣福寺奏迹住持皆以律範繩之塞垣閒求戒者必請爲力生焉梁乾化丙子歲中書令韓公洙奏署師號曰鴻遠歟後唐同光三年乙酉歲四月一日坐終于丈室筋骨如生風神若存蕃漢之人觀禮稱歎曰昔至德中當府龍興寺

有高士辯才坐亡遂漆布之乾寧元年府帥舉奏勑謚曰能覺令迹師可不異時而同事哉中書令韓公命工布漆焉莊宗朝軍府從事薛昭紀爲碑頌德云

後唐明州國寧寺習光傳

釋習光字登封姓吳氏永嘉人也唐史官左庶子兢之裔孫也幼捨家於陶山寺剃度居必介然不與常人交雜好自標遇慢易緇流多作古調詩苦僻寡味得句時有得色長於草隷聞陸希聲謫官于豫章光往謁之陸恬靜而傲氣居于舟中凡多廻投刺且不之許接一日設方計干謁與語數四苦析其草法而授其五指撥鐙訣光書體當見酋健轉腕廻筆非常所知乃西上昭宗詔對御榻前書賜紫方袍後謁華帥韓建薦號曰廣利自華下歸故鄉謁武肅王錢氏以客禮延之而性畔岸弗愜王情乃歸甬東終焉有文集知音者所貴出筆法弟子從瓌温州僧正智琮皆得墨訣有朝賢贈歌詩吳内翰融羅江東隱等五十家僅成一集時四明太守仰詮素重光高路躬爲喪主理命令葬後三年准西域焚之發棺儼若生相髭髮爪皆長茶毗收舍利起小塔焉則後唐長興中也

晉宣州自新傳

釋自新姓孫氏臨淄人也濯戒尋師曾無懈廢聞膺禪師化被鍾陵往恭問焉從雲居長往廻錫嘗隱廣德山中屬兩浙文穆王錢氏率吏士躬征宛陵入山寺群僧皆竄唯新晏如問曰何不避乎對曰東西俱是賊令老僧去何處逃避王驚其許直廻戈遣歸見武肅王問之言無所屈加之高行造應瑞院居之假號曰廣現大師初新嘗入宣城山采藥穿洞深去始則闇昧尋見日分明行僅數里洞側有別竅溪水泛泛然隈一大松枝下有草庵一僧雪眉擁納坐禪旁有一磬火器新擊磬遂開目驚曰嘻師何緣至此乃陳行止揖坐取石敲火煎茗香味可愛日將夕矣僧讓庵令新宿顧其僧上松巔大巢内閒念法華經聲甚清亮逡巡又咄罵云此群畜生毛類何苦生人恐怖速歸林薄不宜輙出叱去新窺之乃虎豹弭耳而去明日謂其僧曰頗在此侍巾履僧曰自居此地百見草枯四絕人煙非師棲息處又問莫飢否相引溪畔有稻百餘穗收穀手挪三匊黃粱挑野蔬和煑與食後遣回去送至洞口曰相遇非偶然也所食茶與菜糜師平生不乏食矣遂遵路回本院已月餘日命同好再往尋之失洞蹤跡後在浙中充寶塔寺主以天福中卒于住寺年八十餘令影在冷水灣前小院存焉

漢杭州耳相院行脩傳

釋行脩俗姓陳泉州人也少投北巖院出家小心受課誦念克勤十三削髮往長樂府戒壇受上品律儀年始十八恭雪峯山存禪師隨衆請問未知詮旨辭存師言入浙去存曰與汝理定容儀令彼二人睹相發心遂指其耳曰輪郭幸長垂璫猶短吾爲汝伸之雙手平曳登即及肩如是者三自此長垂見者舉目後唐天成二年丁亥歲入浙中傾城瞻望檀施紛紛遂構室于西關高峯爲其宴息後鬱成大院脩别無舉唱默默而坐人問唯笑

而止士女牽其耳交結於頋下杭人號長耳和尚以乾祐三年庚戌歲十一月示疾動用如平時以三月中夜坐終檀越弟子以漆布令亦存焉後寄夢睦州刺史陳棠曰吾坐下未完檢之元不漆布重加工焉

宋宜陽栢閣山宗淵傳

釋宗淵姓宮氏高密人也幼通經籍察慧若神忽願出家于東萊北禪院後叅學江表岳中祖師勝友資神潤已往造實歸僻好吟詩於荊楚間嘗師學于齊已之體自言緣情在品物流形之外覽天下山川且曰步仞之丘巨獸無以隱其軀愛宜陽栢閣山居之以求其志其孤潔耿介凡俗不可造次而見日別持觀音支品蓋曾有善相人言淵促齡勉令受持普門品也至太平興國五年十月預言終期令水土作坐如鹿頂形速促木工明日齋時要用至是果坐終焉鄉人無遠近皆來焚香設拜當年遷小塔于寶雲寺之山原年八十三有洛西集著挽辭五十首一云舉世應無百歲人百年終作塚中塵余今八十有三也自作哀歌送此身紙衣一襲葬焉後開發神色宛然弟子淡然奉明葬之于巖穴之中矣

論曰太極是生兩儀兩儀生萬物絪緼而出鼓動而萌由庶類以蚩蚩禀自然而歷歷自然者道道惟本心心無不通通物之理之謂道也道其不一蓄息流形若究天倪物亦惟一乾一也坤一也殆乎因動成變以變求占則生象不一歟至如鳥獸交氣草木構精或用其牡而踈其雄或同乎根而異乎實鰐飛似鳥橘移成枳交玃爲傖羽嘉生鳳若此之倫物類糅錯之所致也雜之時犬矣哉事有重貤物有紛綸乃彰雜名非一名而統盡故曰義雖愽則知可以一名舉也昔梁傳中立篇第十曰唱導也蓋取諸經中此諸菩薩皆唱導之首之義也唱者固必有和乎導者固必有達者終南釋氏觀覽此題得在乎歌讚表宣失在乎兼才別德也譬若別均天分重賦全才虎雙翼而飛鷹四足而擊也於是建立雜篇包藏衆德何止聲表無所不容或曰續傳改作名題自何稽古通曰象班孟堅加九流中雜流也如其立教如其爲人匪獨陰陽不專刑律或兼名墨或涉縱橫則可目之爲雜家流也漢書有變拾太史公之遺澄照建題正梁慧皎之僻或曰胡不聞揚子雲疾其雜乎通曰彼惡夫淮南太史公不宗孔而無純德耳此則應雜而雜斷無雜咎歟今作傳者若游夏焉觀其起隱終哀何敢措一辭也或曰何忽變唱導成聲德耶通曰聲之用大矣哉良以諸佛刹土偏用一塵以爲警悟唯忍土最尚音聲行爲佛事及觀音說圓通世尊稱讚者爲被聞熏故若毗目仙人香積世界樂不樂爰居之耳圜不入方鑿之穿是以影勝大王止前驅之象馬鉢囊釋子動合會之人天返魂者隨唄聲而到家光潔者聞唄聲而歡喜乃可謂宮商佛法金石天音哀而不傷樂而不佚引之入慈悲之域勸之離繫縛之場脫或執受不精器能無取乃不可謂爲聲德也于今搜有鄰之德聚兼講之才三人之師于斯見矣四戰之國孰敢攻乎得

非備五彩而服章含八風而成樂則有登天竺而作猿梵動塔鈴而貫虹霓副天請而都講隨占地理而宰臣應觀音摩其髮頂彌勒訴其雷神始化倭民坐亡舉指見慈顏而不怒作詩式以安禪巨蟒不驚山魔懾伏臨神鑑而懸知澄汰禮天冠而誓隱靈蹤破甕飛烏勞身代畜衡山衣草禹寺明心養童女以身全遇毒流而命在德符禪月軀涉磧沙或辯之利通或聲之流靡猗嗟碩德於爍群公若諸根之互能同五事之俱舉故强名爲雜也薝蔔接栴檀之樹數倍馨香鷹鸇育金翅之巢千重猛鷙洛爾同道聽乎直言爲僧不應於十科事佛徒消於百載如能以高爲本以德爲枝以修爲華蕚以證爲子實然後婆娑挺蓋鬱容成陰周覆三千大千號之曰大菩提樹也歟

宋高僧傳卷第三十

後序

前代諸家或云僧傳僧史記錄乃題號不一亦聲迹有殊至梁沙門慧皎云高僧傳蓋取高而不名者也則開其德業文爲十科見於傳內厥後有唐續高僧傳倣仰梁之大體而以成之洎乎皇朝有宋高僧傳之作也清風載揚盛業不墜賛寧自至道二年奉睿旨掌洛京教門事事簡心曠之日遂得法照等行狀撰已易前來之闕如尋因治定其本雖大義無相乖有不可者以修之先者所謂加我數年於僧傳則可矣已斯幸復治之豈敢以桑榆之年爲辭耶時方徹簡咸平初承詔入職東京右街僧錄尋遷左街乃一日顧其本未及繕寫命弟子輩緘諸篋笥俾將來君子知我者以僧傳罪我者亦以僧傳故於卷後而書之云耳

宋高僧傳卷第三十

校勘記

一　底本，清藏本。

一　二九八頁上一九行「明州」，磧、南作「後唐明州」。

一　二九八頁中二行首字「宋」，磧作「大宋」；南作「有宋」。

一　二九八頁中三行首字「唐」，資、磧、普、南、徑作「唐上都」。

一　二九八頁下九行「謂講」，資、普作「請講」。

一　二九九頁中六行「日光」，資、磧、普、南作「見日光」。

一　二九九頁下一行第八字「草」，磧作「華」。

一　二九九頁下一一行第六字「覺」，南作「學」。

一　二九九頁下一九行小字右「祝融峯」，資、磧、普、南無。

一　三〇〇頁下一七行第六字「各」，磧、南作「終」。

一 三〇二頁上四行第四字「灌」，磧、普作「濯」。

一 三〇二頁上一三行「八塔」，南作「入塔」。

一 三〇二頁中七行第六字「石」，南作「百」。

一 三〇二頁下一六行「住持」，磧作「任持」。

一 三〇三頁上三行「中書令」，資、磧、普作「中令」。

一 三〇三頁上八行第六字「常」，資、磧、普作「恒」。

一 三〇四頁上六行首字「宋」，資、磧、普作「大宋」；南作「有宋」。又第六字「山」，磧、普、南、徑作「小」。

一 三〇四頁上一六行「水土」，資作「木工」。

一 三〇四頁中一〇行「用其牡」，資作「肖其牝」。

一 三〇五頁上一七行「卷第三十」下，資、磧、普、南有夾註「十雜科聲德篇第十之二」；徑有「終」字。

一 三〇五頁中三行「有宋」，資、磧、普作「大宋」。

明高僧傳敘

明天台山慈雲禪寺沙門釋如惺識

釋迦世尊自周昭王甲寅降生西竺成道涅槃垂千餘載而至漢明帝摩騰竺法蘭始入中國帝爲首創白馬寺以居之自是佛法與而僧徒漸盛於是則有吳之康僧會晉之釋道安寶誌僧倜支遁無識神僧名釋靈軌芳踪徧於天下微言道韻高論艮謨盈於簡牘作史者豈容已哉故六朝廬山遠公唐宣律師宋贊寧輩乃修僧史及高僧傳各若干卷又達磨大師遥知震旦機熟不遠數萬里而來特授教外别傳之旨六傳而至曹溪其道大振載傳而至青原南岳馬祖石頭其枝分榦布派溢源深可謂魯一變而至於道矣然後百丈出叢林備則有開堂入室竪拂拈椎一千七百則葛藤蔓延寰宇首以道原禪師學士楊大年附馬李遵勗輩作傳燈諸録各若干卷入我國朝成祖文皇帝於萬機之暇乃於僧史傳燈録間採諸靈異者别曰神僧傳又若干卷於戲可謂盛典矣夫孔子作春秋而亂臣賊子懼太史公作史傳天下不肖者恥今吾釋氏而有是書則使天下沙門非惟不作師子身中蟲而甚有見賢思齊默契乎言表得兎亡筌者詎可量哉然僧史始於漢明傳燈遠遡七佛皆終於宋惟神僧傳迄于元順而止明興太祖高皇帝開國以來國家之治超於三代佛法之興盛於唐宋獨僧史傳燈諸書尚寥寥無聞良可歎也然吾儕有力者不以爲念有志者無以爲緣而我國朝人物其果不若唐宋乎予於庚子校刻前代金湯編今歲又緝國朝護法者以補其缺間於史誌文集往往有諸名僧載焉因隨喜録之自南宋迄今畧得若干人命曰大明高僧傳以備後之修史者採摭云爾

萬曆丁巳仲夏吉旦書于嘉興楞嚴之般若堂

明高僧傳卷第一

明天台山慈雲禪寺沙門釋如惺撰

譯經篇第一 正傳一人 附見二人

元燕都慶壽寺沙門釋沙囉巴傳一 剌温卜 迦囉思巴

釋沙囉巴西國積寧人總丱即依發思巴帝師薙染習諸部灌頂法又從著栗赤上師學大小乘時有剌温卜善通畝曼德迦密教爲世所稱投之盡得其道所以善吐番音説諸妙法兼解諸國文字後因迦囉思巴帝師薦于世祖命譯中國未備顯密諸經各若干部其辭旨明辯特賜大辯廣智之號其時僧司雖盛而風紀寖弊官吏不能干城遺法抗禦外侮返爲僧害世祖每論至此切憂之乃選能者整維其失故特授師爲江浙等處釋教都總統帝親勞送之既至江南盡削去煩苛務從寬大故遐邇僧寺賴以安之隨改統福廣因師之氣正德莊嚴峻不倚是以多忤同列嘗自歎曰天下何事耶吾人自擾之耳朝廷設官愈多則天下之事愈煩况釋教乎今

僧之苦無他蓋官多事煩耳所謂十羊九牧可勝言哉遂建言以聞得旨盡罷諸路總統天下快焉師即遁迹壠坻築室種樹將欲終老至大中復召至燕京拜光祿大夫大司徒皇太子諸王嘗問法要詔給廪館於慶壽寺所譯之經朝廷皆爲刊行延祐元年十月五日示疾賜鈔萬緡勅太尉瀋王視醫藥謝却之竟面佛端坐而化帝悼之哀賜給葬遣使馳驛送歸故里建塔

系曰譯經之盛莫過於六朝盛唐鳩摩什實又難陀輩及入五代北宋則漸漸寢矣況自康王渡江胡馬南飲鑾輦馳遁淳熙之後雖有一隙之暇烏能於是哉至元世祖而華夷一統始復有譯經之命入我國朝洪武建元以來以三藏頗足摩滕不至故止是例今於元史僅得此人庶不虛此首科亦幾希矣

解義篇第二之一 正傳十三人 附見八人

南宋松江興聖寺沙門釋淨真傳一

眉州中巖寺沙門釋祖覺傳二

臨安上天竺寺沙門釋若訥傳三

台州白蓮寺沙門釋了然傳四

明州寶林寺沙門釋了宣傳五 善榮

元杭州上天竺沙門釋性澄傳六 雲夢澤 古源

杭州下天竺沙門釋蒙潤傳七 竹堂傳

杭州上天竺沙門釋真淨傳八 無極度

杭州慧因寺沙門釋盤谷傳九

紹興雲門寺沙門釋允若傳十 大山恢 天岸濟 我庵無

杭州演福寺沙門釋必才傳十一

天台薦福寺沙門釋善繼傳十二

寶雲寺沙門釋子文傳十三

松江興聖寺沙門釋淨真傳一

釋淨真未詳姓氏從松江興聖寺若平法師薙染習賢首宗嘉熙三年遊浙江諸剎因錢塘江壩毀江濤泛溢災民師以偈呈安撫使趙端明曰海沸江河水接連民居衝蕩益憂煎投身直入龍宮去要止驚濤浪拍天遂投身於海三日而返謂居民曰我在龍宮說法龍神聽受此塘不復毀矣語訖復投於海趙端明感其德具聞於朝勅賜護國淨真法師立祠於杭之會祠

眉州中巖寺沙門釋祖覺傳二

釋祖覺別號癡庵嘉州楊氏子也聰穎夙發獨嗜佛乘精究賢首宗旨盡得其奧後奉旨出住眉州之中巖四方學者雲委川騖而至日於開堂弗倦誨示汲引後學曲盡慈悲清涼一宗至師可爲鼎盛矣而於拈椎之外古今書史諸子典謨無不該研一覽成誦嘗修北宋僧史併華嚴集解金剛經註水陸齋儀等行世

臨安上天竺沙門釋若訥傳三

釋若訥奉旨住上天竺常領徒千人大弘三觀十乘五重六即之道其詞辯若瀉懸河實爲當世四依也南宋淳熙三年高宗幸上竺寺欲禮大士訥迎高宗問曰朕於大士合拜

不合拜訥對曰不拜則各自稱尊拜則遞相恭敬高宗欣然致拜又問歲修金光明懺其意爲何訥曰昔佛爲梵釋四王說金光明三眛囑其護國護人後世祖師立爲懺法令僧每於歲旦奉行其法爲國祈福此盛世之典也上說授訥右街僧録賜錢即修其道次年四月八日召訥領僧五十入內觀堂修護國金光明三眛賜齋罷訥登座說法上問曰佛法固妙安得如許經卷訥曰有本者如是高宗大悅進訥左街僧録號曰慧光法師自是歲歲此日入內修舉佛事賜絹帛五十疋七年八月召訥入內賜齋說法稱旨恩寵隆渥加異

台州白蓮寺沙門釋了然傳四

釋了然號志涌出家郡之白蓮寺講演天台教觀二十餘年精勵後學白業潛修日惟一飱常坐達旦一夕夢二龍雲中交戲空際忽然化爲神人從空而降謁師且於衣袖出一書示曰師七日後當行西歸了然既寤知是往生之應乃撾鼓集衆登座說法遺囑後事已而書偈曰因念佛力得生樂國凡汝諸人可不自逸即索浴更衣命衆同聲誦彌陀經至西方世界倏然而化一衆皆聞天樂之音盈空祥光燭於天表

明州寶林寺沙門釋了宣傳五　善榮

釋了宣四明人肄業於寶林因慕南湖之盛投之精究三觀十乘之旨閱大藏教無不知其大義修法華懺法二十七年與釋善榮爲同志相善凡所修進必偕榮嘗金書法華楞嚴淨名圓覺等經宣亦爲助或遇西資會則施人手畫水墨觀音像二人結誓往生每說法則諄諄勸人皆求生安養從之念佛者衆一日宣詣榮之室默坐榮故問之對曰我西歸有期矣難忘若道義與若淨土重會也榮曰正所幸願宣即集衆告別命誦經念佛號端坐書偈曰性相忘情一三無寄息風不行摩訶室利合掌而逝時正炎暑停龕七日顏色紅潤口角有微涎觀者以帕裛之則異香噴人傾城士庶來裛香涎愈滋闍維舍利無筭宣入寂三年榮忽取經像分施親故諷普賢行法經小彌陀經令衆同助念佛跏趺乃曰我爲赴宣公之約言畢翛然而化

元杭州上天竺沙門釋性澄傳六　雲夢澤

釋性澄字湛堂號越溪紹興會稽孫氏子也父滿母姜氏夢日輪從空而墮既覺日光猶照其榻遂生師四歲常戲拈筆爲佛像授以佛經即能成誦若宿習焉元至元丙子投石門殊律師祝髮受具石門謂三世諸佛戒爲根本乃教探律藏而通其遮性雙單止持作犯之義乙酉依佛鑒銛公習天台教觀謁雲夢澤法師於南竺普福澤一見深加器重歷居清班要職因天台國清實台宗講寺後易爲禪乃不遠數千里走京師具奏寺之建置顛末舊制之由元世祖賜璽書復之已而欲東渡鴨緑游高麗求天台遺書聞其國有事遂寢大德乙巳出住杭之東竺丁未吳越大旱師率衆說法禱雨格應歲饑民死無以斂乃爲掩其遺骸作水陸大會普度之至大戊申遷南竺之演福至治辛酉驛召入京問道於明仁殿被旨居清塔寺校正大藏駕幸文

殊閣引見問勞賜無量壽佛等經各若干卷事竣辭歸特賜金襴衣將行俄有旨即白蓮寺建水陸大無遮會時丞相東平忠獻王請升座說法事聞寵賚尤渥賜號佛海大師泰定甲子住上天竺九年至順壬午六月朔忽撾皷告衆曰我三[十一]住名山逾三十[八]年自行無益世緣有限雖媿不敏古德風烈猶或可攀竟拂衣歸天竺之雲外齋歲餘還越之佛果篤志淨土修一心三觀者七晝夜屢感瑞應一日月旦衆以常儀問訊師遽揖曰老僧向非急於退步一十二年幾在半途矣今日則有明日恐無光陰其可把玩乎煩點視衣鉢用表無常衆爲念佛止曰佛須自念明晨却送別黎明衆集遂端坐而逝閱世七十有八坐六十有四夏龕留七日顏貌如生全身窆於清泰塔院所著有金剛集註心經消災經註彌陀經句解及仁王經如意輪呪經科並行世

杭州下竺寺沙門釋蒙潤傳七（古源竹堂傳）

釋蒙潤字玉岡嘉禾之海鹽人姓顧父敏隱君子也母孫氏實古源清法師之甥女母娠及誕俱感異夢潤年十四依古源於郡之白蓮方禮伽藍神土偶皆仆一衆驚異古源授經輙成誦遂命從祥公祝髮進具古源見其鋭敏授以天台止觀金剛錍十不二門諸書即能了大意會古源歸寂乃事竹堂傳法師以卒其業因苦學嬰奇疾修請觀音懺七七日既獲靈應疾愈而心倍明利遂得分座於南竺演福湛堂澄公來涖其席潤居第一座無何出世主海鹽之當湖德藏夏講法華衆嘗千指屠酤爲之易業瑞應之迹不可勝紀遷演福宗風益振六年退院事高卧於龍井風篁嶺之白蓮庵專修念佛三昧依者日衆宣政院以下竺法席强起之寺方災惟普賢殿巋然荆棘瓦礫中因慨然謂衆曰茲寺成於慈雲今殿尚存則祖師之願力有在矣乃爲次第葺治而新之昕夕演說無倦率衆修法華三昧感普賢放光現諸瑞相居三禩一日呼門弟子實法明策等示止觀安心之旨已而告曰吾生緣殆盡茲恠其時驟稱佛號數百聲泊然而化潤生平力修晝夜無怠嘗修常行三昧以九十日爲期者七修法華金光明大悲淨土以七七日者不可以期數故其潛德密行密證者有未易淺窺之也

杭州上天竺寺沙門釋真淨傳八（無極度）

釋真淨字如庵雲間華亭姚氏子也母朱氏夢月自海昇墮於懷覺而有娠及誕時瑞光滿室有異僧過指謂其母曰此兒海月法師之再來也九歲依化城寺明靜志法師授法華經歷耳成誦十六得度博究諸乘夙慧頓發乃以性學自許首謁杭之廣福雲夢澤公聞無極度法師化聲大振遂造其室盡得其學元大德間出住海鹽德藏法嗣無極其寺方圮淨竭力扶樹衆散復聚田爲豪門所奪復歸不數年翕然成舊式也至治遷松江超果泰定乙丑元相脫驩舉住下竺居七禩講席不倦闢寺前之徑高大其門書佛國山以揭之至順辛未上竺湛堂澄公以老告休舉淨自代先是淨因疾晝寢夢白衣大士持金瓶水灌其口曰汝勿憂非久自愈矣叩以未

來休咎示云汝却後二年當避喧大樹之下覺疾果差竊疑避喧樹下非入滅之讖耶及乎澄舉住上竺至見寢堂西有大樹堂匾曰靜處始悟夢之所示由是殫心弘法學者常數千指元主慕其道賜佛心弘辯之號及金紋紫伽黎衣淨素簡重有古人風舉止不妄言笑夙興默誦法華經寒暑不輟癸酉冬預告終期乃命舟亟歸於受業未幾示疾書偈而逝閱世七十有二坐五十有六夏闍維得舌根頂骨不壞舍利五色

杭州慧因寺釋盤谷傳九

釋盤谷號麗水海鹽人師貌不揚而志氣超邁博覽經史性忱山水之樂至元中遊五臺峩眉伏牛少室名山勝地嘗云足迹半天下詩名滿世間時附馬高麗瀋王聞師德望具書聘講華嚴大意於杭之慧因寺師展四無礙辯七衆傾伏王大悅師聲價益重後至松郡搆精舍勤修淨業日課彌陀佛號年七十餘無疾預告以時端坐而寂有游山詩集三卷行世

紹興雲門寺沙門釋允若傳十　大山恢　天岸齊　我庵無

釋允若字季蘅號浮休因雲門之傍有若耶溪後又號若耶郡之相里人年九歲能通春秋大義父母鍾愛之稍長翛然有絕塵之趣遂依雲門元和尚十五祝髮爲大僧隨渡濤江首謁大山恢法師於杭之興福山授以天台四教儀金錍十不二門指要鈔諸書一覽而知大旨聞湛堂主南竺往依焉凡法智所結立陰觀別理隨緣六即蛣蜣理毒性具等文靡不精究至於思清之兼業昭圓之異說齊潤之黨邪仁岳之背正亦皆察其非是於是湛堂甚器重之俾司賓客几至治初湛堂奉詔入燕都校大藏因奏若之行業錫以慈光圓照之號即命出住昌源淨聖院其院頗頽弊乃力爲經度田蕪者闢之室圮者葺之三年遂成巨刹湛堂復招之俾歸命居第一座攝衆規範泰定中復出主杭之興化時與天岸濟我庵無玉庭罕三公道望並峙湖上世稱爲錢塘四依未幾退居越之雲門又與斷江恩休耕逸臨風吟咏不知夕陽在樹世又稱爲雲門三高至正住越之圓通遷上竺其山舊有纓絡泉涸久若至持錫叩巖禱曰苟吾緣在是泉當爲我一來不然則涸如故言訖泉涌出淵冷漸盈時戶部尚書貢師泰稱比慈雲之重榮檜命之曰再來泉復退隱雲門築精舍專修法華三昧爲暮年淨業會天下大亂干戈紛擾衆欲擁若避去若斥曰難可苟免乎吾對將至待以酬之衆遁若獨危坐賊衆入其舍若毅然不爲屈辭色俱厲賊首知爲有道者約退一賊獨怒直前揮刃中之白乳溢出於地實元至正十九年二月二十九日也世壽八十僧臘六十有五賊退衆歸荼毗舍利如菽無筭若平生風度簡遠不妄言笑趙孟頫稱爲僧中御史得法弟子集慶友奎演福良謹延慶如瑩隆德法讓淨聖圓證等若干人所著内外集黄溍爲敘

杭州演福寺沙門釋必才傳十一

釋必才字大用姓屈氏台州臨海人父哲明大經爲科目之儒母趙氏嗜善崇佛惟謹才

娠十月母一夕夢梵僧振錫入堂內覺而生甫能言輒記孝經一卷七歲善屬句脫口而就聲文諧協宛有思致時有江西瞿法師居越之報恩寳刹源還公諸孫通天台教觀才年十二乃挾冊從之未幾爲祝髮進具戒十六出游虎林謁[十二]湛堂澄於南竺湛堂[十三]與語皆中肯綮即以法器期之命典客司時玉岡潤法師居第一座學者歸之如雲才亦執經入室雖至流金之暑折膠之寒足不踰戶限者十年凡山家之玄教觀之要一經指授意釋心融靡不臻其閫奧玉岡歎曰此子非靈山會上業已習之烏能至此哉一時儕輩如我菴無絕宗繼皆英聲偉望超出時流至於剖決宗旨議析教章必推才爲上首玉岡出主海鹽德藏命才分座講演其辯若雨注河翻縱橫無礙聽者稱之泰定元年玉岡遷演福宣政院請才繼德藏當是時湛堂聲譽喧播中外衆意其必願爲其弟子及升座瓣香嗣玉岡君子謂其知義至正二年遷杭之興福三年補演福元臣康里常㕘決心要先因寺燼於兵才爲次第新之建萬佛閣其高一百三十尺有奇才之爲人凝重沉默觀行精勵孜孜修進無斯須懈怠接人以慈誨人無倦門弟子據猊座者百人順帝特賜佛鑑圓照之號一日忽覺頭目岑然即謂衆曰吾緣盡矣乃焚香面西端坐高稱彌陀佛號晝一晝夜又告衆曰汝等勿謂修持無驗吾淨土緣熟三昧現前矣即索浴更衣爲書以別相識遂合掌而逝輿龕荼毘有五色光自龕中發火餘不壞者二舌根如紅蓮華齒牙若珂貝舍利滿地衆競取之一時俱盡最後至者乃穴地尺許求之亦有得者塔於寺南閱世六十有八坐五十六夏著述有妙玄文句止觀增治助文法華涅槃講義章安荊溪法智禮文詩偈等並行於世

天台薦福寺[十一]沙門釋善繼傳[十四]十二

釋善繼號絕宗越之諸暨婁氏子也母王氏夢神僧授白芙蕖遂娠生即能言或見母舉佛號便能合掌和之稍長從季父於山陰靈祕寺治春秋傳因竊窺佛經乃喟然歎曰春秋固佳特世法耳莫若求出世法況吾身如泡聚官爵奚爲哉於元大德即請於父母師恭和尚祝髮明年進滿分戒尋從天竺大山恢法師習天台教恢公見其慧解卓倫嘗囑曰吾輪下數百人而堪繼大法者惟子耳當自愛勉之會大山遷雲間之延慶即往南竺謁湛堂澄澄一見便問曰入不二門屬何觀法繼對曰三種觀法對屬三部此文既與止觀同成觀體的是從行澄又問諸經之體爲迷爲悟繼曰體非迷悟迷悟由人亦顧所詮經旨何如耳澄公喜溢顏色謂衆曰法輪轉於他日將有望於斯子矣俾居第一座澄移上竺玉岡潤補其席亦居第一座天曆乙巳出住良渚香嗣湛堂日講金光明經夜夢四明法智謂曰爾所講之經與吾若合符節自是益加精進[十一]至正壬午元臣高納[十五]璘請主天台薦福無何遷能仁聞法華妙玄文句又釋五章與義嘗示衆曰吾祖有云止觀一部即法華三昧之筌蹄一乘十觀即法華三昧之正體汝等須解行並馳正助兼運則圓位可

登而不負祖師命宗之意也元季會天下大亂遂東還華徑專修淨業繫念彌陀晝夜不輟一日忽告衆曰佛祖弘化貴乎時節因緣緣與時違化將焉托吾將歸矣乃端坐而逝至正丁酉七月二十二日也世壽七十有二僧臘六十有三荼毘舌根不壞塔於靈祕之西得法弟子有靈壽懷古延慶自朋崇壽是乘廣福大彰雷峯淨昱演福如玘報忠嗣璡車溪仁讓香積曇胄若干人

明州寶雲寺沙門釋子文傳十三

釋子文字宗周四明象山人也即北溪聞法師之上足出主寶雲寺淹博教觀律規甚嚴常與人言則蹇訥若不出口至於升座滔滔如建瓴之水莫之禦也臨終時講十六觀經終即欲就座別衆入滅或有啓曰和尚後事未曾分付柰何遽爾告寂即文曰僧家要行便行莫做俗漢伎倆爲兒女計而有後事衆懇益切於是下座復歸方丈一一條畫之即合掌稱西方四聖號回向發願畢遂入滅闍維舍利燦然無數異香襲人彌日而止

明高僧傳卷第一

明高僧傳卷第一

校勘記

一　底本，清藏本。此傳共六卷，僅清藏本收録，故無校。

明高僧傳卷第二　千二

明天台山慈雲禪寺沙門釋如惺撰

松江延慶寺沙門釋融照傳一

釋融照字慧光世家越之南明早歲受業於華藏刻意修習天台教觀於台之安國山及杭之天竺後從淵叟湛法師居華亭延慶寺力精教乘勤修禪定燃膏繼晷旦夕無間故學由志臻表於叢席職躋衆右四十祀矣名聞京師詔嘉獎賜師號每歲元日率衆修金光明懺祝釐君上說法之外力事懺摩與諸衆生掃除塵翳攝入善根既老而彌勤得其法者三人曰居簡曰宗棐曰宗權皆法門之龍象也

千二　二

杭州普福寺沙門釋弘濟傳二 舜田滿

釋弘濟字同舟別號天岸越之餘姚人姓姚氏幼孤從里之寶積寺舜田滿和尚出家丱時駿發絕倫滿授以法華經輒成誦年十六爲大僧日持四分律蹞步之間不敢違越繩尺已而歎曰戒固不可緩而精研教乘以資行解又可後乎於是往鄞依半山全法師習台教久之悉通其旨嘗修法華金光明淨土等懺一日於定中彷彿覩四明尊者付以犀角如意自是談辯日益若河懸泉涌而了無留滯元泰定元年出世住萬壽圓覺明年鹽官海岸毁居民朝夕惴惴恐爲魚鼈之宅元丞相脫驩甚憂之乃禱觀音大士於上竺命濟即海岸建水陸大齋入慈心三昧取海沙誦大悲陀羅尼帥衆徧撒其處凡足跡所及岸皆復固人稱神焉天曆遷集慶顯慈二寺適當歲儉退處別室蘇人聘與大德萬壽寺閱六寒暑寺告成至正五年宣政請主會稽

千二　三

之圓通居四載還寶積專修念佛三昧七年濟以年高八十元主降旨命主杭之普福濟堅卧不起門人法航等進曰和尚自爲固善其如斯道何濟不得已遂强起受詔赴之無何竟拂衣復歸舊隱閉清鏡閣以蟄焉因楞嚴經諸註繁簡失當將欲折衷其說爲之疏解俄疾作即召弟子以唯心淨土之旨惓惓爲勉間有未解其意濟乃厲聲曰生死難處生死難處遂書偈而逝時至正十六年三月十日也閲世八十有六坐七十有一夏越七日顏如生衆以陶器葬里之蛾眉山松花塢亦濟自卜之所嗣法弟子有上竺道臻雍熙淨琛普光允中圓通有傳天宮明靜五人所著有四教儀紀正天岸外集各若干卷行於世

系曰濟有大過人者三焉内外書史過目則終身不忘一也有高昌僧般若室利學兼華梵世無敵者請濟用高昌語譯小止觀而頓見文彩煥發室利赧然自失二也生平以流通教法爲已任凡講法華一百十會而感天雨寶花繽紛者再三也嗚呼人或有一不媿於生濟備此三可謂世之優曇也歟

四明延慶寺沙門釋本無傳三

釋本無號我庵台州黄巖人幼從方山寶禪師於瑞巖薙髮進具戒次依寂照禪師於中天竺命司箋翰寂照每深加錐劄亦有省處後有舅氏本習天台教挽之更衣見湛堂澄於演福精研教部寂照惜其去遂作偈寄之云從教入禪今古有從禪入教古今無一心三觀門雖别水滿千江月自孤師後出世既爲澄公法嗣仍爇一香以報寂照蓋不以跡異二其心也寂照將入滅時師方主延慶照乃遺書囑其力弘大蘇少林二宗餘無他説師因奠寂照乃拈香云妙喜五傳最光燄寂照一代甘露門等閑觸著肝膽裂氷雪忽作陽春温我思打失鼻孔日是何氣息今猶存天風北來歲云暮掣電討甚空中痕師後晚年遷杭之上天竺最久一日無疾端坐而蜕於白雲堂謚曰佛護宣覺憲慈匡道大師

天台佛隴修禪寺沙門釋　可傳四

釋　可號宜行博綜台宗精修止觀踐履確實悟理圓融一夕因聽雨述偈曰簷前滴滴甚分明迷處衆生喚作聲我亦年來多逐物春宵一枕夢難成未詳其所終

五臺山祐國寺沙門釋文才傳五　迦羅斯巴

釋文才號仲華清水楊氏子其先弘農人世官隴坻父靜義爲清水主簿遂家焉師少孤事母盡孝性敏捷慧悟生知而於古今墳典史籍無不精究尤邃於理學好古作善吟咏然所稟敦朴若無所知或對客討論如河漢莫窺其涯涘自受具後徧游講肆盡得賢首之學嘗曰學貴宗通言必會意以意逆志則得之矣其語言文字糟粕耳豈能開人之慧目乎初隱成紀築室樹松將欲終焉故人稱曰松堂和尚元世祖特降旨命主洛陽白馬寺學者川奔海會聲譽日馳成宗建萬聖寺于五臺詔求開山第一代住持時帝師迦羅斯巴薦之成宗即鑄金印署爲真覺國師總釋源宗兼祐國住持事帝師賚旨起師師辭曰山僧荷蒙國恩居白馬寺亦過矣何德敢

主祐國越分以居不詳不省而行不明吾坐此二煩爲我辭帝師曰此上命也上於是寺心亦勤且至矣非師孰與此係教門事師善爲之於是不得已而行旣被命以來而大弘清淙之道雖至老無怠大德六年壬寅九月朔日示微疾乃說法辭衆端坐而寂年六十有二闍維舍利數百粒塔于東臺之麓嗣法有普寧之弘教普庵之幻堂

泰州景福寺沙門釋英辯傳六 柏林潭

釋英辯號普覺俗姓趙垂髫爲驅烏沙彌弱冠受具戒年二十有五得傳于柏林潭法師之學未三稔出世於泰州景福寺其道大震聲馳四表摧伏異見樹正法幢辯之資性眞純如玉含璞不加雕繪人愛重之至於悍卒武夫亦能敬其爲無佛世之佛也每得襯幣悉以緇梵刹食僧伽施貧乏元世祖聞其高風降旨旌異至延祐元年六月庚戌無疾辭衆坐寂煥異景於易簀之夕標奇迹於火葬之餘塔於普覺寺之後閱世六十有八臘六十有一

京都崇恩寺沙門釋德謙傳七

釋德謙號福元姓楊氏寧州定平人也幼爲勤策嘗誦佛書稍長即游秦洛汴汝逾河北齊魏燕趙之邦諮訪先德初受般若於邠州寧公習瑞應於原州忠公受幽贊於好時仙公學圓覺於乾陵一公究唯識俱舍等論於陝州頊公聽楞嚴四分律疏於陽夏閏公凡六經四論一律皆辭宏旨奧窮三藏之蘊而數公並以識法解義聲名遠聞謙皆親熏炙之而必臻其道後至京師受華嚴於大司徒萬安壇主初詔居萬寧寺遷崇恩前後十紀道德簡於宸衷流聲揚於海外未嘗以榮顯寵遇改其志嘗曰畦衣之士抗于世表苟不媿于朝聞夕死尚何慕焉自以重居巨刹久佩恩榮唯恬退爲高尚乃讓師席與弟子自居幽僻謝絕人事括囊一室以明其明樂其樂處世而遺世者也元延祐四年正月二十有六日示寂帝賜鏹五十緡賻葬勅有司備儀衛旙幢音樂津送荼毘獲舍利數十顆建塔于城之南隅世壽五十有一臘四十有三

京都慶壽寺沙門釋達益巴傳八 綽思吉

釋達益巴未知何國人少爲苾芻事帝師十有三年侍聽言論陶熏滋久斲成美器凡大小乘律論及祕密部皆得乎理之所歸帝師西還送至臨洮命依綽思吉大士十有九年聞所未聞道益精萃秦人請居古佛寺其六波羅蜜靡所不修兼通賢首之教於是名譽四表道重三朝元武宗踐祚召問法要稱旨所賜雖厚辭不受未久乞歸許之將謀以終自許俄而復召還京大宣法化帝親臨聽特賜弘法普濟三藏之號命鑄金印及紫方袍以旌異之勅王公大臣皆咨決心要延祐五年八月十有六日無疾端坐而化壽七十有三帝命兩宮賜幣助葬皇太子宰輔致奠勅有司衛送全身建塔謚曰祐聖國師

京都寶集寺沙門釋妙文傳九 大德明

釋妙文蔚州孫氏子也九歲出家十八受具已而遊學於雲朔燕趙之境二十一抵京師依大德明和尚學圓頓教遂陸沉于衆十有一年衆請出世始赤服升猊座縱無礙辯若

峽倒川奔及乎閒居簡默言不妄發其涵養冲挹無欲速不躁進大類如此年四十八住薊之雲泉勤儉節用老者懷其德少者嚴其教故衆睦而寺治廪有餘粟以賑饑民薊人稱之世祖召見顧謂侍臣曰此福德僧也詔居寶集自爾教[十二]乘法席益盛性相並[八]驅僧俗溥濟斯時海內講席紛紛方膠錮於名相凝滯於殊途文獨大弘方等振以圓宗使守株者融通於寂默之表龍象蹴踏競駕一乘年逾八十專修念佛三昧延祐六年預知時至誡諸弟子高聲稱彌陀佛名面西趺坐手結三昧印泊然而蛻塔于平則門外

五臺山普寧寺沙門釋了性傳十

釋諱了性號大林武氏子也宋武公之後以諡爲姓少即好學聽叡天啓初依安和尚薙髮登具戒歷諸講席精究三藏後遇真覺國師啓廸厥心既而周遊關陝河洛襄漢訪諸耆德從而學焉如柏林潭關輔懷南陽慈諸公皆以賢首之學著稱一時性悉造其門領其玄旨及歸復叅真覺於巃坻乃曰佛法司南其在茲矣乃從真覺至五臺未幾真覺化去遂北遊燕薊晦迹魏闕之下優游江海之上與世若將相忘成宗徵居萬寧聲價振蕩內外至大間太后刱寺臺山曰普寧延居爲第一代師之爲人剛毅頗負氣節不能俛仰媚悅於人故[十二]足跡不入城隍不謁權[九]貴人或忌之性聞嘗曰予本以一介苾芻蒙天子處之以巨刹惟乃夙夜弘法匪懈圖報國恩不暇餘復何求雖有藏倉毀鬲之言其如青蠅止棘樊耳顧予命之不遭道之不行則納履而去何往而不可也時元世因尊寵西僧其徒衆甚盛出入騎從擬若王公或頂赤毳峩冠岸然自居天下名德諸師莫不爲之致禮摳衣接足丐其按顱摩頂謂之攝受師惟長揖而已顧謂衆曰吾敢慢於人耶吾聞君子愛人以禮何可屈節自取卑辱苟爲之屈非諂則佞吾自爲道於彼何求識者高尚其義至治改元九月三日示寂塔于竹林之墟諡曰弘教

玉山普安寺沙門釋寶嚴傳十一　大林性

釋寶嚴字士威幻堂其號也成紀康氏季子因罹喪亂與弟同薙髮爲僧後叅真覺得傳賢首宗旨而嗣其道爲人淳朴無僞方寸之地湛如止水值真覺三坐道場嚴與弟皆從而佐之真覺入滅乃繼其席無何奉詔住普安祐國二寺最久而與大林性公表裏大弘清涼之教至治二年七月入寂世壽五十一建塔于封谷之口

金陵天禧寺沙門釋志德傳十二　海聞法　照禧

釋志德號雲巖山東東昌鎦氏子也十二受經於順德開元寺海聞和尚聞真定法照禧法師大弘慈恩宗旨於龍興寺徑從之學而盡得其蘊至元二十五年詔江淮諸路立御講三十六[十二]所務求其宗正行[十]修者分主之德被選世祖召見賜宴并紫方袍命主天禧旌忠二刹日講法華華嚴金剛唯識等疏三十一年特賜佛光大師之號每與七衆授戒必令其父母兄弟相教無犯至於然香然頂指爲終身誓居久盡出衣鉢新其殿廡樓閣或

歲餘乃煮糜食餓殍數萬人建康流俗尚醪醴好結官吏德獨以律繩自徒衆謹飭出止若互用常住物者誤一罰百故犯者擯之居天禧三十餘年一衲一履終身不易午過不食夜則危坐達旦以苦誦晝明忽夢梵僧迎居内院高座空中散花如雨因示微疾至治二年二月七日猶誦經不輟頃之辭衆安坐而化世壽八十八龕留二十一日顏貌紅潤如生闍維舍利無筭會者數萬人塔江寧張家山學士趙孟頫爲銘

鎮江普照寺沙門釋普喜傳十三 無念端

釋普喜號吉祥山東人也身偉面黑而瘠脫類梵僧早歲憩父母出家父母責以無後爲大因娶育二子已而始得爲沙門精究慈恩相宗研習唯識師地因明等論元至元二十五年辞禪皇帝勑立江淮御講之所普照居其一也詔師主之升座外日誦華嚴大經以十卷爲常課而素與雲南端無念相善端爲唯識之巨魁天下無出其右每與師論辯理趣或有少失師以正言救之端亦爲誠服而稱之入滅荼毘舍利甚夥其門人留其靈骨貯以髹函奉藏二十餘年始建塔于丹徒雩山逮入塔之際啓視之但見舍利霑綴函栿若蜂屯蟻聚爛之熠熠然也鎮江之民多有圖像隨處祠之稱爲吉祥佛云

蘇州嘉定淨信寺沙門釋祖僩傳十四 石室瑛 竹屋淨

釋祖僩字日章別號用拙蘇州常熟張氏子祝髮後東遊四明時我庵無公住延慶石室瑛公居育王皆侍以忘年後嗣法于竹屋淨法師出世永定教寺繼遷崑山廣孝嘉定淨信而主教吳下垂五十年洪武初預選高行有旨就天界寺説法上數召入禁中奏對稱允加賜慈忍法師之號後賜歸故里終焉

寧波普陀寺沙門釋行丕傳十五

釋行丕字大基寧波鄞縣人也宗説兼通行解相應蔚爲時之名僧初由天台佛隴昇主寶陀匡衆説法恢復産業而振興叢席洪武庚戌春正明部使者贛州劉君承直與師抱杖西東遊使者曰此清淨境也盍爲亭師乃建清淨境亭于寺之南嶺上從三十尺衡如之左倚山右入潮音洞學士宋景濂爲記

松江興聖寺沙門釋原真傳十六

釋原真號用藏松江上海朱氏子也出家受具興聖寺傳天台教觀戒行高潔博極羣書精修法華彌陀懺法暇則書法華諸經隨緣演説禪坐達旦洪武乙丑微疾索浴書偈告衆曰四十二年無作無修有生有滅大海一漚真歸無歸心空淨遊趺坐泊然而終

杭州上天竺寺沙門釋慧日傳十七 柏子庭

釋慧日號東溟天台賈氏子即宋相賈似道之諸孫及似道責戍師尚幼志求出家依縣之廣嚴寺平山和尚數年落髮受具戒年二十二聞柏子庭講台教於赤城師趨座下未幾能領大義子庭歎曰投丸於峻坂不足以喻其機之疾也吾道藉子其大昌乎自是師之學沉浸醲郁而名重一時矣一旦假寐恍見竹横地下竹上凝者白粥粲然師卧地食之既覺言于子庭庭爲解曰竹與粥同音子

得就地而食殆非緣在上下天竺乎於是渡錢塘謁竹屋淨法師于上竺所處房頗卑濕乃作詩風之竹屋見詩謂衆曰此子不凡異日當主茲山不可以少年易之也故乃遇如賓友無何命典客寮尋掌僧籍竹屋化去時湛堂澄公繼[十二]其席器師延居後堂[十三]年餘出主吳山聖水元至正四年住薦福歷三稔下天竺災元臣高納麟請師新之寺宇告成王滑爲之記四年還上竺師知緣在夙夜罔怠凡寺中所制一重緝之元順帝聞特賜慈光妙應普濟之號併金襴衣以徵之十六年退隱于會稽嚴壑間人無識者元相達識帖穆爾遣使物色得之力請還山凡兩住上竺二十五年至我皇明太祖洪武二年詔赴蔣山佛會命禮部給餼明日召見奉天殿百僚咸集僧若魚貫惟師臘最高朱顏白眉班居前列上親問昇濟沉冥之道師備奏稱旨太祖顧謂僧衆曰邇來學佛者惟飽餐優游沉薤歲月如金剛楞伽心經皆攝心之要典何不研窮其義今有不通者當質諸白眉法師自後召見太祖但以白眉呼之而不名也嘗與別峯同法師金碧峯禪師輩賜食禁中因奏乞棺寺乃隋智者大師釋法華之所不可從廢太祖命就天界別建室廬以存其跡詔即開山說法五年孟春復於鍾山建水陸大齋命師說毘尼戒太祖親率百僚臨聽事竣辭歸上竺謝院事日修彌陀懺以臻淨業十二年秋七月一夕夢青蓮花生方池中芬芳襲人寤告衆曰吾生淨土之祥見矣於人間世殆不遠乎後四日趺坐合爪而寂世壽八十九僧臘七十三越十日奉全身藏于寺之西峯妙應塔院師生軀幹脩偉眉長寸餘目睛閃閃射人而人無老少見師入城咸呼曰我白眉和尚來也爭持香花以散其上師而嚴冷言不妄發嘗對王公大臣未出一輭媚語至於誘引後學其[十二]辭色溫如春曦故[十四]人多悅從其學嗣法有思濟行樞允鑑允忠良謹普智文會元秀景梵等若干人

杭州集慶寺沙門釋士璋傳十八（天心瑩　絕宗繼）

釋士璋字原璞郡之海寧王氏子也生即伏犀貫頂目炯炯黑如點漆幼即羶葷弗御父母或陰試之輒嘔不止喜讀佛書隣有寺僧請其父曰此釋氏種也盍乞師我父怒曰吾兒如芬陀花非若倫也遂捨入傳法寺受五戒時翰林待制柳貫嘗憇寺舍愛師乃授以經史親爲數繹奧義師聞迎刃即解年十九薙髮爲大僧我庵無法師主上天竺師將擔簦趨侍忽夢遊寶所有大菩薩教其胡跪作禮口宣懺文覺而思之乃普賢淨行品偈文果見我庵刮目視之凡天台教觀一家章義以次授師而志慮專一力學無怠至忘寢食我庵陰鑒其勤常以遠大期之時有天心瑩素亢不服人故世稱義虎亦豔師行約共燈火日與磨切詰難極於毫芒衆曰雙璧久之我庵化去東溟[十二]日公補其席陶[十五]冶學者選師爲開科命知賓客繼領懺摩事元至正十三年受命住持棲真而寺與南竺演福二刹相隣時有大用才絕宗繼二老居之師尤以學未足日往扣焉凡教觀之奧偏圓本跡之微

一一無不條析所以嘗對衆歎曰佛法教藏渺如烟海固非獨善所能究盡使吾自盡而不進其能免於孤陋之誚乎二十年移主旌德元季天下兵戈大亂人咸計自藏師獨專心寺事不以世難自易厥志其彰善癉惡風彩爲之改觀日納淨衆講演經疏時無虚晷至我皇明洪武集慶虚席郡守李公請就提唱教乘未幾中書被旨俾浙之東西五府名刹住持咸集京師共覽天界立善世院以統僧衆同監董其役諸方耆德皆莫知所爲師獨出方畧具有條敘時十萬之衆咸倣法之是年六月既望預知時至召弟子囑以後事至十七日安然坐蜕壽四十六臘二十八闍維其弟子圓覺一印昇元克勤等函其骨建塔于龍井辯才法師塔南師之器局瀟灑論議慷慨據直道而不狥流俗每徵諸剎而樹徒植黨者皆爲怨府師乃誓不薙畜弟子學者謁欲依附必勵言拒之不妄録一人

杭州演福寺沙門釋如玘傳十九

釋如玘字具庵別號太璞得法于文明海慧繼絕宗公師學冠羣英才逸三教非但十乘三觀九經七史凡世間所有名言祕典無不博綜我太祖高皇帝賜旨命住天界日與諸耆德闡揚教乘以備召問命同宗泐訂釋心經楞伽金剛奉旨頒行天下

紹興寶林寺沙門釋大同傳二十 十六 春谷 古

千二 懷肇 繼江恩 晦机 天岸濟 古林茂

釋大同字一雲別峯其別號也越之上虞王氏子父友樵母陳氏娠師十月父晝坐堂上忽見龎眉異僧振錫而入父起揖曰和尚何來曰崑崙山竟排闥趨内急追闖房中兒啼聲父笑曰吾兒得非再來者乎師幼俊爽讀書輙會玄奧初習辭章翩翩大有可觀於是父以纘承家學屬之母獨歎曰是子般若種也詎俾纓溺塵勞乎遂命入會稽崇勝寺薙髮聞春谷法師講清涼宗旨郡之景德往依之盡得其傳又謁古懷肇公精四法界觀因春谷移主寶林乃謂師曰子之學精且博矣恐滯心於筌執但益多聞縛於知見誠非見性之本宜潛修而滌之庶爲吾宗之幸於是命出錢塘見晦機熙禪師見其揮麈之間師之夙習見聞一時蕩絕惟存孤明耿耿自照如是者閱六寒暑晦機深嘉其志又聞天目中峯法道之盛往叅便有終焉之意中峯一日召而勉曰賢首一宗日遠而日微矣子之器量足以張之毋久滯此特書偈讃清涼像千二 十七 付以遣之師大喜曰吾今始知萬法本乎一心不識孰爲禪又孰爲教也還寶林復侍春谷且告中峯之意谷隨命分座講雜華經時宋故官徐天祐王易簡相與崇奬聲光煥著郡守范公某憐春谷臘高欲風之讓席乃設伊蒲親與師言師毅然動容曰其所貴乎道者在師弟之分耳分明可以垂訓後學苟乘其耄而攘其位豈人之所爲哉明公固愛我使我陷於名義實傷之也范不覺避席謝曰吾師誠非常人豈吾所能知也元延祐初出主蕭山淨土寺次遷景德至元被命住嘉禾之東塔隨改寶林然寶林本清涼國師肄業之地人咸榮師師亦高卧不赴於是郡邑交疏延請再至始投袂而起乃倣終南草堂故

事關幽舍招徠俊人故天下學者莫不擔簦躡屩集其輪下至正初賜佛心慈濟妙辯之號併金襴僧伽衣元臣忠介泰不華守越苦旱力請師禱師爇臂香於立度塔下雨即大澍元季天下大亂寺災師奮然謀復新之至

我太祖高皇帝御極設無遮大會於鍾山召師入見武樓師時年八十免拜跪次日賜宴禁中事竣賜内庫白金數鎰并珍物榮其歸師生神宇超邁伏犀貫頂身修偉玉立而美談吐如坐王公貴人有排難教門者則法輪滾滾理或不直雖斧鑕在前亦不少挫其氣有以危法加之弗少顧惟誦華嚴經爲常課而已不移日其人自斃師每扶植他宗毫無猜忌如繼江恩少林之學者乃薦之主天衣天岸濟台教之徒也挽之住圓通師遊閩時古林茂主福建之保寧而馭下過嚴楚僧無賴者將愬之於公府師偶遇旅邸乃設豐食從容餉之謂曰吾固不識古林聞其爲禪林名德若輩將不利之君子以若輩爲何如人不若且止否則恐自罹大咎事遂寢師性至孝恨蚤喪父每至忌日必流涕不已養母純至非惟順色涼溫而已必使心饜道味及亡蒸嘗無闕且求名儒撰行實樹石於墓側師持律甚嚴一鉢外無長物惟有書史五千餘卷洪武二年十二月内示微疾次年季春十日登座說法辭衆歸方丈端坐而化世壽八十二僧臘六十有五闍維徵異甚多建塔于竹山所著有天柱稿寶林類編各若干卷嗣法弟子妙心之大衍阜亭之善現高麗之若蘭景德之仁靜善山之明善延壽之師顗南塔之國琛福城之大慧景福之性澄妙相之道儞法雲之道悅淨土之梵翺寶林之日益等

明高僧傳卷第二

明高僧傳卷第三　　千三

明天台山慈雲禪寺沙門釋如惺撰

解義第二之三　正傳一十一人　附見九人

明松江上海安國寺沙門釋紹宗傳一　靜菴鎮

松江普照寺沙門釋居敬傳二　東源

杭州龍井寺沙門釋普智傳三

蘇州延慶寺沙門釋善啓傳四

廣西橫州壽佛寺沙門釋應能傳五

隰州石室寺沙門釋圓鏡傳六

蘇州華山寺沙門釋祖住傳七　大章

北直羊山秀峰庵沙門釋明龍傳八　太充

南京應天棲霞寺沙門釋眞節傳九

嘉興府東禪寺沙門釋明得傳十　百川　海妙峯覺

天台山慈雲寺沙門釋眞清傳十一　寶珠剎山月溪

松江上海安國寺沙門釋紹宗傳一　靜菴鎮

千三　一

釋紹宗別號遂初上海陳氏子年十三父母捨入里之安國寺得法於靜菴鎮法師天資穎悟戒行精嚴初出說法於杭之長慶寺大展玄風緇素嚮化次遷吳興慈感寺時金陵長干守仁法師延居第一座一衆傾伏洪武癸酉應召有事廬山奏對稱旨賜金襴僧伽黎擢右講經無何陞右善世丁丑正月五日示微疾端坐而化上聞勅遣中使致祭茶毘日送者數千人徒衆奉收舍利遺骨塔于安國寺

松江普照寺沙門釋居敬傳二　東源

釋居敬字心淵別號蘭雪學通內外善屬文精嚴律部禮金陵大報恩寺一雨和尚職知客後參杭州集慶寺東源法師於懺摩堂居第一座從而講周易永樂初奉詔校大藏經預修會典已而住持上海廣福講寺遷松江普照大開法席一十三載建大雄殿海月堂三解脫門廊廡重軒精舍香積煥然新之七衆瞻仰道風大扇

千三　二

杭州龍井寺沙門釋普智傳三

釋普智字無礙別號一枝叟浙江臨平褚氏子出家於錢塘龍井寺依東溟日法師授天台性具之學優於講說歷四大道場門風大振晚年開演於松江延慶寺遂爲終老專修淨業寒暑不輟永樂戊子正月二日微疾會衆端坐面西念佛而逝嘗集註阿彌陀經一卷

蘇州延慶寺沙門釋善啓傳四

釋善啓字東白別號曉菴姑蘇長洲楊氏子世爲宦族甫能言即通釋典如舊熟父母異之知是法器捨入永茂院出家無幾薙染受具屏跡龍山研窮大藏百氏諸史無不精究永樂戊子出世郡之延慶寺明年應召纂修永樂大典併教大藏經賜金襴僧伽黎一時名人若沈民望王汝玉錢原溥輩皆爲方外交或辯儒釋之異師曰無論聖人理同且各爲其教又曰東魯垂道西竺見性皆莫先於厚本故吾儕雖離父母而養生送死率皆從厚與兄弟極友愛正統癸亥示寂塔於龍山

千三　三

廣西橫州壽佛寺沙門釋應能傳五

釋應能僞姓楊氏實建文君也太祖之嫡孫懿文太子之長子封皇太孫諱允炆生時頂顱頗偏太祖撫之曰半邊月兒及讀書甚聰頴一夕懿文太子與侍太祖命詠新月詩太子吟云昨日嚴陵失釣鉤誰人移上碧雲頭雖然未得團圓相也有清光徧九洲太孫吟云誰將玉指甲掐作天上痕影落江湖裏蛟龍不敢吞太祖覽之不悦葢未得團圓影落江湖皆非吉兆洪武三十一年太祖大漸乃授以一小篋封鑰甚密戒於急難方開是年五月十六日即位年二十有三明年改元建文召方孝孺爲翰林侍講直文淵閣日講周官禮變更太祖舊制於是諸王多不遜服乃曲加恩禮侍讀太常卿黄子澄兵部尚書齊泰議削諸王之權謀者先燕命侍郎張昺都指揮使謝貴察燕動靜遂逼燕起靖難師南討黄齊建文四年六月十三日破金川門帝縱火焚宮啓太祖遺篋視之得楊應能度牒剃刀袈裟緇服遂削髮自御溝出遁雲遊四方自湖湘入蜀雲南復閩入廣西横州南門壽佛寺居十五年陞座演法歸者甚衆所至成大法席人不知是帝也復往南寧居一蕭寺衲子雲集師爲隨緣開示一衆歡然久之至思恩州立于當道值知州出從者呵之師言我是建文皇帝也自滇歷閩至此今老矣欲送骸骨歸帝[十三]鄉巡按御史聞[四]於朝賜號老佛命驛送至京師乃賦詩云流落江湖四十秋歸來不覺雪盈頭乾坤有恨家何在江漢無情水自流長樂宮中雲影暗昭陽殿裏雨聲愁新蒲細柳年年緑野老吞聲哭未休及至京朝廷未審虛實以太監吳亮曾經侍膳使審之師見亮即呼曰汝非吳亮耶曰不是師曰我昔御便殿曾棄片肉於地汝伏地餂食之何得忘也亮稽首大慟已而取入西内供養竟卒於宫中

系曰建文君既繼大統之二應與賢佐之臣兢兢格守太祖之成法而補其未逮則文皇帝亦安于藩邸矣烏有靖難兵破金川門哉爲其一旦誤用方黄輩講周官行井田變更舊制威逼親王文皇烏能坐視大寶隳於侏儒而束手待縛耶今數百年國家之昌盛天下之治平者誠賴靖難之一旅耳建文事弁山集深言其既罹難必無出家之理既出家必無還宫之事楊應能牒是冐之也斯據國朝典故皇明通載及憲章録思恩誌等説録之固於僧傳[十五]是不可缺君子詳焉[五]

隰州石室寺沙門釋圓鏡傳六

釋圓鏡汾州臨縣人早歲出家游心賢首講肆得悟諸經密旨常遊平陽府隰州妙樓山石室寺隨緣爲衆説法一日至北門瓦窑坡土鑿搆一菴如龕燕然其中忽囑其徒曰吾將歸矣衆請其期曰來日耳晨興沐浴更三衣焚香趺坐説偈而逝

蘇州華山沙門釋祖住傳七　大章

釋祖住字幻依麓亭其號也丹徒人姓楊氏母朱氏夢梵比丘入其室覺而誕師少沉密不貪世縁喜作佛事年十三父母捨入龍蟠山依朝陽和尚受法華華嚴諸大部經十七薙染十九受具通曉諸經大義自謂覺識所依非關眞際遂携瓶游少室依大章和尚五

載復至伏牛依高安十二夏先後所得二師印可次游都下謁松秀二法師盡得清涼宗旨淮安胡給事延住鉢池山造大藏經作水陸無遮會至南京訪無極法師居第二座犍搥之暇即入衆作務事竣往京口萬壽寺演華嚴大鈔至入法界品地震天雨甘露寶華時無極率徒與馬妙峰承印二禪衲亦居座下自是道價鬱跂叢林傾挹師智崇禮卑如常不輕提獎唱誘孜孜不倦所至皆成寶坊師演四十八願時有異人頂白冠冠有蛇四足來聽說法人怪問之對曰吾乃法冠而乃境觀忽不見萬曆甲申卓錫蘇之蓮華峰下建精舍居之丁亥九月忽示疾語衆曰二十二日不作離散便可再展華嚴但老僧不得曲狥人情至日晨起沐浴跏趺說偈曰虛空無面目無位强安排話頭不話頭處處是如來又曰今年六十六不知做甚麽喫諸人著眼看這箇消息佛祖到來也用他不著言訖而逝異香積時不散奉全身三日顏色自若生荼毘斂遺骨塔於蓮華峰之陰壽六十有六臘五十有四王世貞作銘

北直竿山秀峰庵沙門釋明龍傳八 [大光]

釋明龍淮南宿遷姚氏子也俗諱東陽嘗補邑庠諸生居常好修嗜內典二十年不問家人產雅從善知識遊隆慶改元濬然爲居士而北探諸名勝巨刹訪有道者德寓清苑越三寒暑登銀山法華寺從大光和尚祝髮進具尋居竿山秀峰庵名德日起鶉衣一衲不祴不襦不履諸陵中貴人多檀施弗之顧安七十二衆期千日親爲說法闡三教宗旨時休寧汪司馬道昆奉詔行邊道出諸陵期督府法華寺聞師高德乃趣一沙彌逆至見師敝衲曾不掩骭祈寒無所侵汪與督府避席禮之携入洞中坐石床與語師略舉西來意督府灑然信服汪問千日畢能作常住乎曰無常無住明日辭歸越旬有五日立春竿山放光五色又越七日除夕集衆告曰元年元日吾當行矣汝等識字者用耳聞經不識字者用心念佛務禪定智慧務濟物普心即此是佛慎弗他求汝等勉之除夜既半命弟子視中星曰夜午乎曰午矣師曰未也日午乃行元日竿山復放五色光如嚮至日中師辭衆坐化越七日闍維復放光如嚮大衆與諸中貴人望光對師羅拜曰佛耶佛耶願以此光普照下土已而舍利纍然督府治塔藏之汪公爲之銘實萬曆元年正月也

應天棲霞寺沙門釋眞節傳九

釋眞節號素庵襄陽人也少爲郡弟子忽宿根內萌即辭割親愛禮明休和尚祝髮既而北遊京師徧參講席居秀法師座下饜飡法喜深得賢首之印師之學富內外諸方每以龍象推之久之負錫南還金陵出主攝山棲霞衆逾三百敎備五乘據師子座撾大法鼓二十餘年檀施之餘拓地爲廬時殷宗伯得琅琊大士像五臺陸公亦鑄金像悉歸師供奉羅叅知署曰圓通精舍句曲李石麓學士盟爲方外交師闡大法不以期限嘗講法華經至多寶塔品空忽現寶塔于座前一如經言四衆跂觀灑然希覯中使張某奉慈聖皇太后命至同覩聖瑞乃出尚方金縷僧伽黎

衣一襲宣慈旨賜之即於講堂之西建一浮屠以徵神化汪道昆記其事

嘉興東禪寺沙門釋明得傳十（百川海　妙峯覺）

釋明得號月亭以紹萬松林禪師法嗣故又號千松湖州烏程周氏子也師生即穎異岐然不凡髫時隨父入西資道場遂指壁間畫羅漢像問父曰僧耶俗耶父曰僧也師慨然曰吾願爲是矣於是力求出家父母不聽至年十三始投郡之雙林慶善庵從僧眞祥習瑜珈教越四載祝髮聞有向上事乃首參百川海公不契因而單衣芒屩徧遊叢席匍匐叩請備歷艱辛自念般若緣薄擬投天竺哀懇觀音大士祈值明師道經中竺聞萬松說法先入禮謁萬松問曰大德何來欲求何事對曰欲叩普門求良導耳松竪一指曰且去禮大士却來相見師決然再拜求決生死大事松曰子欲脫生死須知生死無著始得師闇罔然依受具足戒自爾朝參夕叩久無所入松不得已授以楞嚴大旨於是苦心研究至清淨本然云何忽生山河大地處恍然若雲散長空寒蟾獨朗遂作偈呈曰楞嚴經內本無經覿面何須問姓名六月炎天炎似火寒冬臘月冷如氷松頷之囑曰汝旣悟教乘異日江南講肆無出爾右向上大事藉此可明松住徑山師爲衆負米採薪不憚勞苦偶行林麓間有虎踞道師卓錫而前虎遁去嘗閱東伯合論至十地品中霄隱几而坐夢遊兜羅綿世界登座闡華嚴奧旨至于結座乃說偈曰從本已來無今日何曾有一毛頭上現虛空笑開口咄一咄下座寤白松松撫之曰此聖力之冥被耳非惟吾道之將行清涼一宗亦大振矣無何松化去師懸鑰守塔三載聞佛慧祇園法師講席之盛戴笠投之祇園亦默識而愛重其弟子沙泉頗自負不籍師名師遂掛錫報先寺報先與佛慧咫尺之間故晨則持鉢午則聽講夕則與同參十餘人敷其義趣於是衆日漸益香積不繼師陰禱于伽藍神曰倘吾與聖教有緣神其無悋訶護移時有外道自雲間來施米百石自是報先之盛過于佛慧開堂之日祇園命侍僧奉以衣拂師謝還之瓣香爲萬松拈出已而子身復徑山凌霄峰爲礙膺未破又力參三年一夕初夜趺坐豁爾心境冥會疑滯氷釋乃躍然說偈曰千年翠竹萬年松葉葉枝枝是祖風雲嶽高岑棲隱處無言杲日普皆同趨禮萬松塔曰老漢不我欺也自此道譽益隆學者輻輳四方交聘歲無虛日開堂靈隱門庭嚴峻無賴僧徹空天然輩睨視不敢近竟以不測事誣師不終日事白天然坐誣遁餘黨笞死者二十人師南遊赤城外道歸化者不可勝紀台郡教乘之被實師始也聞玄談于大中菴三日菴災獨師之丈室巋然無恙講圓覺疏鈔於法海地產白蓮華紫芝生於廁五臺居士因扁其堂曰涌蓮師居東禪夜夢文殊跨獅出乃遺獅乘空而去獅忽化爲童子師故問曰爾方獅今童耶試開口童子啓頰口如丹砂師撫其背曰爾猶獅也童曰師口何如師張口示之童躍入咽師驚覺而汗且喜曰文殊大智在我腹中矣不數月五臺陸公率衆命講華嚴大鈔衆常千指妙

峰覺法師入室弟子也遥宗四明弘天台教觀之道以師闡賢首未諳台衡故質六即蛣蜣之義師曰天台六即在行人迷悟之分耳如我在名字則十界皆名字我證究竟則十界皆究竟若我蛣蜣十界皆蛣蜣也非蛣蜣上別有六即覺曰不然天台六即不論世出世間有情無情物物皆具隨舉一法六即在焉何必以我迷悟觀彼優劣哉師曰聖人設教誠爲汲引迷塗若云隨舉一法六即在焉是爲惟談世諦成於戲論學人何有哉前五即置所弗論如云究竟一究竟則一切皆究竟如金出鑛似璧離璞是故如來初成正覺觀於九界一切衆生同時成佛非惟九界正報全體遮那則九界依報無非寂光所以歎云奇哉衆生具有如來智慧德相乃因妄想不自證得豈非以我成佛觀彼皆成佛也果如子言其究竟蛣蜣永無成佛日矣一切衆生而無一人發菩提心所謂十法界都爲一隊無孔鐵鎚若言究竟蛣蜣容有成佛如來何日復迷而作衆生金重爲鑛其失孰大覺曰究竟蛣蜣非是說也以其心體本具故曰理即色相已成方稱究竟一界既爾界界總然當界而論六即自備何必以其成佛不成佛難耶師笑曰子去做一箇究竟蛣蜣也聞者無不高其論吳俗尚崇事玄武比丘亦有披僧伽衣而禮者師見故逆而問曰汝奚爲而來曰禮祖師也師叱曰汝身爲比丘心實外道其玄武北方一水神耳教中所謂毘娑門天王是也彼以神力爲佛外護稱其爲祖師乃披七佛衣拜之不亦謬且倒乎遂毀其像易事達磨之像謂其僧曰此爾祖師也凡所過名蘭精舍有事玄武三官盡去之俾學人專心正道其護教槩如此也師爲人修幹孤高性度剛毅以傳法爲己任故禍患不避其身而欣慽不形乎色至于登座則慈雲靄然七衆無不渥其沛澤白椎則三千炳著八萬森嚴室中雖不橫施棒喝閒毒鼓而心死者衆矣萬曆丁亥秋告衆曰吾爲汝等轉首楞嚴法輪作再後開示無復爲汝更轉也冬示疾尤諄諄囑以教乘事明年正月望後二日吉祥而逝世壽五十有八臘四十有六荼毘塔于徑山

天台慈雲寺沙門釋眞清傳十一 寶珠 荆溪 山月

釋眞清號象先長沙湘潭羅氏子也生而頴異修幹玉立威儀嚴肅不妄言笑日誦經史數千言終身不忘一字父爲河南縣尹常對賓朋以大器期之年十五補邑弟子員偶有異僧過而目之曰此法門之良驥也十九因家難起遂投南嶽伏虎巖依寶珠和尚薙染受具足戒令看無字話自是一心叅究寒暑不輟至二十五從珠遊金陵探禹穴因舟觸岸有聲忽有省珠大喜曰幸子大事已明善宜保護珠以年高自普陀棲隱于下天竺時內臣張公永慕珠道行密奏張太后賜紫色僧伽黎衣以徵其德珠忽一日命師曰吾欲觀化無令人入聞吾擊磬聲當啓戸數日不聞動定師密窺牖隙見珠鼻柱垂地越一日聞磬師方排闥而入珠已泯然逝矣珠既化去師乃訪鹽官古蹟駐錫覺皇俄患背疾感

雲長入夢授藥病愈時佛慧寺月溪法師講起信論於吉祥豔師乃率衆延唱臨濟宗旨衆扣師室師從容語之曰圓宗無象滿教難思我若有宗可講非但法堂前草深一丈即眞空亦爲緣慮之場汝若有法可聽豈特頭上安頭實際却爲聲名之境三世諸佛歷代祖師不過以楔出楔隨迷遣迷是故會旨者山嶽易移乖宗者錙銖難入況起信之旨大徹宗乘何須更煩忉怛勉之衆皆稽首而退師乃南遊天台窮搜勝絶懷無見覩之高風誅茆其塔前三年有荊山法師赴石梁之社偕師至毘陵永慶互以楞嚴叅究荊山歎曰某所講經雖精微于佛語聞師所論誠出卷于塵中師欲返初服而禮部唐公荊川留結千日之期已而復歸天台古平田寺臨海王司寇敬所入山訪道訂爲方外交隨遷華頂天柱峰修大小彌陀懺六年暇則敷演十乘闡明三觀故四方學者攀蘿而至者戶外之屨常滿一夕夢琳宮綺麗寶樹參差見彌陀三聖師方展拜傍有沙彌授與一牌書曰戒香薰修寤知中品往生之象也蓋師日勤五悔密持梵網心地品及十六觀經爲常課是亦精誠之所感耳嘗示衆曰大乘八萬小乘三千寶整六和之模範出三界之梯航也今世之高流輕蔑律儀惟恃見解遂令後學不遵佛制輒犯規繩本自無愆誤造深罪饒他才過七步辯若懸河不免識墮鐵城終未解脫汝等勉之萬曆丁亥八月蒙慈聖宣文明肅皇太后遣使降旨褒崇賜金紋紫方袍以寵之十月王太初居士因丁内艱請師就永明禪室闡妙宗鈔百日爲期時台郡王理邢某親登雲嶠而設供焉戊子歲儉羣盜蜂起相戒無敢入師之室檇李五臺居士陸光祖虛芙蓉之席見招辭不赴忽謂衆曰桃源之慈雲寶懶融四世孫爲開山唐天寶賜額曰雲居山曰安國五代德韶國師中興爲第二道場永明壽禪師剃髮之所今坐禪石永明庵故址在馬韶公常領徒五百說法此地昔螺溪寂法師請復台教諦觀亦親禮足皆此寺也今爲豪民奪之將爲掩骨之所竊思朝廷千數百年之香火一旦爲俗子葬地誰之罪也遂罄衣鉢贖歸之將謀興建俄雲間陸宗伯平泉聘說法于本一院李方伯冲涵聘講於桐川再畢返棹嘉禾龍淵欵抱疾告門人曰夜來神人啓我爲魏府子其富貴非吾所志也遂付衣鉢遺囑弟子如法闍維盡發長物於五臺雲棲西興五處飯僧有勉服藥石者師謝曰生死藥能拒乎吾淨土緣熟聖境冥現此人間世固不久矣是歲正月七日乃絶粒惟飲檀香水而已期於二十九日告終每日雖米漿不入於口與衆說無生法誨諭進修而拳拳弗倦至夕乃起別衆曰吾即逝矣無以世俗事累我衆請曰和尚往生淨土九品奚居曰中品中生也衆曰胡不上品生耶曰吾戒香所薰位止中品言畢泊然而逝延五日顏色紅潤如生手足温輭怡容可掬吊者無敢下拜荼毘日天色霽明淨無纖翳舉火之際忽有片雲如蓋凝覆其上灑微雨數點烟燄起時異香充塞内自殿閣僧房外自路人船子所聞種種隨力不同火餘骨

有三色而鏘鏘有聲紅者如桃白者如玉綠者潤似琅玕猶香氣郁郁師生於嘉靖丁酉十二月二十六日示寂於萬曆癸巳正月二十九日世壽五十七臘三十八如惺抱骨初建塔慈雲之南岡壬寅遷于寺西螺師山右繡文溪之上武塘了凡居士袁黄撰銘

明高僧傳卷第三

明高僧傳卷第四　　千四

明天台山慈雲禪寺沙門釋如惺撰

習禪篇第三之一　正傳二十二人　附見十二人

南宋明州天童寺沙門釋正覺傳一　枯木　成丹霞淳

燕都慶壽寺沙門釋教亨傳二　普照寶

臨安府徑山沙門釋宗杲傳三

平江虎邱寺沙門釋紹隆傳四

慶元育王山沙門釋端裕傳五

潭州大溈山沙門釋法泰傳六

天台護國寺沙門釋景元傳七

臨安府靈隱寺沙門釋慧遠傳八　靈巖徽

常德府文殊寺沙門釋道心傳九

潭州龍牙寺沙門釋智才傳十

溫州龍翔寺沙門釋士珪傳十一　宗範

建康華藏寺沙門釋安民傳十二

成都昭覺寺沙門釋道元傳十三　大別道

平江府南峯沙門釋雲辯傳十四

南康雲居寺沙門釋善悟傳十五　穹窿圓

隆興府黃龍寺沙門釋法中傳十六

華亭昭慶寺沙門釋法寧傳十七

衢州烏巨山沙門釋道行傳十八

安吉州何山沙門釋守珣傳十九　廣鑑英

眉州象耳山沙門釋袁覺傳二十　佛性

明州天童寺沙門釋曇華傳二十一

臨安府靈隱寺沙門釋德光傳二十二　光化吉　百丈震　月庵杲

明州天童寺沙門釋正覺傳一　枯木成　丹霞淳

釋正覺隰州李氏子也父諱宗道母趙氏誕師之夕光出於屋人皆異之年七歲日誦書數千言十三通五經七史一日乞從釋氏學無生法依郡之淨明寺本宗和尚薙髮受具戒於晉州慈雲寺智瓊和尚年十八游方因自訣曰若不發明大事誓不歸矣於是渡河首謁枯木成公於汝州父之無所入時丹霞淳禪師道價方盛乃頂笠造焉入門霞便問如何是空劫已前自己師對曰井底蝦蟆吞却月三更不借夜明簾霞曰未在更道師擬議霞打一拂子曰又道不借師忽大悟作禮霞曰何不道取一句師曰某甲今日失錢遭罪霞曰未暇打你在且去值霞退居唐州大乘寺師亦從焉宣和二年霞遷大洪俾掌記室三年遷首座時金粟智雲寶宗輩皆恭隨之眞歇了公住長蘆招師首衆未幾出主泗洲普照高宗建炎間住舒州之太平遷江之圓通能仁次補長蘆時冦酋李在抄掠境上乃入寺衆懼奔散師獨危坐堂中但以善語諭之李在稽首餽金贍衆僧於是一方賴安冦靜又越二年乃渡浙之錢塘至明州禮補陀大士天童虛席郡守馳檄請師住持無何胡虜犯境虜至登嶺遥望嶺上若有神衛遂斂兵而退次年被旨主靈隱將行四衆號阻百鳥哀鳴師居天童三十年凡寺舍殿廊無不新者紹興二十七年九月朔別郡帥檀越七日還山飯客如常次辰索浴更衣端坐爲書囑後事訖書偈曰夢幻空花六十七年白

烏煙沒秋水連天擲筆而逝詔謚曰宏智禪師塔曰妙光

燕都慶壽寺沙門釋教亨傳二 普照寶

釋教亨字虛明濟州任城王氏子也先有汴京慈濟寺僧福安居任城有年精修白業緇素仰重一日赴齋於芒山村乃倚樹化去是夕示夢於女弟馮自彭村見其乘白馬而下曰我生於西陳村王光道家馮覺語母及其子三人夢皆同詰旦至光道家詢之其母劉氏先夕亦夢安公求寄宿焉是日果誕亨乃拳右拇指似不能伸但瞬而未笑次日有同業僧福廣福堅聞而來謁見即呼云安兄無恙耶亨熟視舉手伸指而笑其母嘗臥師於室中若有人誦摩訶般若之聲及晬或以佛經酒杯試之竟取經卷素不茹葷血見僧喜從之遊人皆呼為安山主故芒山村乃以師事碑於石紀其異年七歲出家依州之崇覺寺圓和尚薙染十三受大戒遇苦瓜先生相之曰此兒他日坐道場必領僧萬指年十五遊方聞鄭州普照寶和尚法席之盛於是荷錫自汴發足寶公夜夢慶雲如金芙蕖繽紛亂墜因語衆曰吾十年無夢矣今有此是何祥也翌日亨至寶獨異之師朝夕叅叩寶亦痛劄之一日往睢陽忽馬上憶擊竹因緣疑情不散如入禪定將抵河津渾無知覺同行德滿呼曰此河津也[十四]亨驚遂下馬[四]悲喜交集及歸涕以語寶公寶曰此僵人耳切須更甦轉動始得曾看日面佛公案否曰見時已念得寶公笑曰我只教你叅諸方掉下底禪但再叅去自有得力處一日亨於雲堂靜坐忽聞打板聲霍然證入遂呈偈曰日面月面流星閃電若更遲疑面門著箭咄寶公曰我謏汝不得也師後出世乃五坐道場若嵩山之戒壇韶山之雲門鄭州之普照林溪之大覺嵩山之法王次因金國丞相夾谷清臣請主中都潭柘遷濟州普照未幾忽方丈後叢樹中有一株亭亭高丈餘而羣鴉以次來巢狀若浮圖上下十二級衆賀曰和尚佛法愈大振乎不十日詔住慶壽寺衆常萬人三年繼主少林法席大盛無何師引去乃徜徉於嵩少之間或放歌或長嘯如是數年一日忽覺四大紘緩杜門堅坐謝絕賓客至金興定巳卯七月十日誡其衆曰汝輩各自勤修索浴說偈端坐而逝亨年七十坐夏五十有八闍維欻如蓮華開合牙齒目睛不壞舍利無筭師自兒時額有[十五]圓珠涌現於皮間[五]至是爆然飛去弟子分設利羅以建塔焉

臨安府徑山沙門釋宗杲傳三

釋宗杲號大慧因居妙喜庵又稱妙喜產宣州奚氏即雲峯悅之後身也靈根夙具慧性生知年方十二即投慧雲齊公十七薙染初遊洞宗之門洞宗耆宿因師詞鋒之銳乃燃臂香授其心印師不自肯棄去依湛堂準久之不契湛堂因臥疾俾見圓悟悟居蜀昭覺師躕躕未進一日聞詔遷悟住汴天寧喜曰天賜此老與我也遂先日至天寧迎悟且自計曰當終九夏若同諸方妄以我為是者我著無禪論去也值悟開堂舉僧問雲門如何是諸佛出身處門曰東山水上行悟曰天寧即不然只向他道薰風自南來殿閣生微涼

師聞忽前後際斷悟曰也不易你到這田地但可惜死了不能活不疑言句是爲大病豈不見道懸崖撒手自肯承當絶後再甦欺君不得須要信有這些道理於是令居擇木堂爲不釐務侍者日同仕夫不時入室一日悟與客飯次師不覺舉筯飯皆不入口悟笑曰這漢叅黃楊木禪到縮了也師曰如狗舐熱油鐺後聞悟室中問僧有句無句如藤倚樹話師遂問曰聞和尚當時在五祖曾問此話不知五祖道甚麽悟笑而不荅師曰和尚當時既對衆問今説何妨悟不得已曰我問五祖有句無句如藤倚樹意旨如何祖曰描也描不成畫也畫不就又問樹倒藤枯時如何祖曰相隨來也師當下釋然大悟曰我會也悟歷舉數段因緣詰之皆酧對無滯悟喜謂之曰始知吾不汝欺也乃著臨濟正宗記付之俾掌記室未幾圓悟返蜀師因韜晦結菴以居後度夏虎丘閲華嚴至第七地菩薩得無生法忍處忽洞明湛堂所示殃崛摩羅持鉢救産婦因緣宋紹興七年詔住雙徑一日圓悟訃音至師自撰文致祭即晚小叅舉僧問長沙南泉遷化向甚處去沙曰東村作驢西村作馬僧曰意旨如何沙曰要騎便騎要下便下若是徑山即不然若有僧問圓悟先師遷化向甚處去向他道墮大阿鼻地獄意旨如何曰飢飡洋銅渴飲鐵汁還有人救得也無曰無人救得曰如何救不得曰是此老尋常茶飯十一年五月秦檜以師爲張九成黨毁其衣牒竄衡州二十六年十月詔移梅陽不乆復其形服放還十一月詔住阿育王二十八年降旨令師再住徑山大弘圓悟宗旨辛巳春退居明月堂一夕衆見一星殞於寺西流光赫然尋示微疾八月九日謂衆曰吾翌日始行是夕五鼓手書遺表併囑後事有僧了賢請偈師乃大書曰生也秪麽死也秪麽有偈無偈是甚麽熱委然而逝世壽七十有五坐五十八夏謚曰普覺塔名寶光

平江府虎丘沙門釋紹隆傳四

釋紹隆和州含山人也年九歲辭親投佛慧院六年得度受具足戒精研律部五夏而後遊方首訪長蘆信和尚得其大畧而已一日見有僧傳圓悟勤禪師語至隆讀之歎曰想口生液雖未得澆腸沃胃要且使人慶快第恨未聆謦咳耳遂至寶峯依湛堂次見黃龍死心然後叅圓悟一日入室圓悟問曰見見之時見猶離見見不能及悟忽舉拳曰還見麽隆曰見悟曰頭上安頭隆聞脱然契證悟曰見箇甚麽隆對曰竹密不妨流水過悟首肯之俾掌藏鑰有僧問於圓悟曰隆藏主其柔易若此烏能爲哉悟笑曰瞌睡虎耳後因圓悟退老回蜀隆乃住邑之城西開聖宋建炎結廬於桐峯之下郡守李光延居彰教次遷虎丘道大顯著因追繹白雲端立祖堂故事乃曰爲人之後不能躬行遺訓於義安乎遂圖像奉安題讚其上達磨讚曰闔國人難挽西携隻履歸只應熊耳月千古冷光輝百丈讚曰迅雷吼破澄潭月當下曾經三日聾去却膏肓必死疾叢林從此有家風開山明教大師讚曰春至百花觸處開幽香旖旎襲人來臨風無限深深意聲色堆中絶點埃蓋

白雲以百丈海禪師創建禪規之功宜配享達磨可謂知本矣隆能遵行而爲讚又且發明其道亦爲知禮者歟紹興丙辰示微恙加趺而逝塔全身於寺之西南隅

系曰北宋三佛並唱演公之道惟佛果得其髓也而入佛果之室坐無畏床師子吼者又不下十餘人獨後法嗣之繩繩直至我明嘉隆猶有臭氣觸人巴鼻者妙喜與瞎驢虎之裔耳他則三四傳便乃寂然無聲然此二老可謂源遠流長者也當時稱二甘露門不亦宜乎

慶元育王山沙門釋端裕傳五

釋端裕號佛智吳越錢王之裔也六世祖守會稽因家焉師生而岐嶷眉目淵秀十四驅烏於大善寺十八得度受具往依淨慈一禪師未幾偶聞僧擊露柱曰你何不說禪裕忽有微省去謁龍門遠甘露卓泐潭祥皆以穎邁見推晚見圓悟於鍾阜一日悟問正法眼藏向這瞎驢邊滅却即今是滅不滅曰請和尚合取口好悟曰此猶未出常情裕擬對悟擊之裕頓去所滯侍悟居天寧命掌記室尋分座道聲藹著京西憲請開法丹霞次遷虎丘徑山謝事狥平江道俗之請菴於西華閱數稔勑居建康保寧後移蘇城萬壽及閩中玄妙壽山西禪復被旨補靈隱慈寧皇太后幸韋王第召裕演法賜金襴袈裟乞歸西華舊隱紹興戊辰秋赴育王之命上堂曰德山入門便棒多向布袋裏埋蹤臨濟入門便喝總在聲塵中出沒若是英靈衲子直須足下風生超越古今途輒拈拄杖卓一下喝一喝曰秖這個何似生若喚作棒喝瞎驢未惺不喚作棒喝未識德山臨濟畢竟如何卓一下曰總不得動著僧問如何是賓中賓裕曰你是田庫奴僧曰如何是賓中主曰相逢猶莽鹵僧曰如何主中賓曰劍氣爍愁雲曰如何是主中主師曰敲骨打髓裕涖眾色必凜然寢食不背眾唱道無倦紹興庚午十月初示微疾至十八日首座法全請遺訓師曰盡此心意以道相資語絕而逝火後目睛齒舌不壞其地發光終夕得設利無筭踰月不絕黃冠羅肇常平日問道於裕適外歸獨無所獲羅念勤切方與客食咀嚼間若有物吐哺則設利也大如菽色若琥珀好事者持去遂再拜於闍維所聞香匧有聲亟開所獲如前而差紅潤門人奉遺骨分塔於鄮峯西華謚大悟禪師

潭州大溈山沙門釋法泰傳六

釋法泰號佛性漢州李氏子僧問理隨事變該萬有而一片虛凝事逐理融等千差而咸歸實際如何是理法界師曰山河大地曰如何是事法界師曰萬象森羅曰如何是理事無礙法界師曰東西南北曰如何是事事無礙法界師曰上下四維上堂渺渺邈邈十方該括坦坦蕩蕩絕形絕相目欲視而睛枯口欲談而詞喪文殊普賢全無伎倆臨濟德山不妨提唱龜吞陜府鐵牛蛇咬嘉州大象嚇得東海鯉魚直至如今肚脹上堂憶昔遊方日獲得二種物一是金剛鎚一是千聖骨持行宇宙中氣岸高突兀如是三十年用之爲準則而今年老矣一物知何物擲下金剛鎚

擊碎千聖骨抛向四衢道不能更惜得任意過浮生指南將作北呼龜以爲鼈喚豆以爲粟從他明眼人笑我無繩墨

天台護國寺沙門釋景元傳七

釋景元號此菴溫州永嘉張氏子也年十八依靈山希拱和尚圓具戒習台教三稔棄去謁圓悟勤禪師於鍾阜聞僧讀死心和尚小叅語云既迷須得箇悟既悟須識悟中迷迷中悟迷悟雙忘却從無迷悟處建立一切法元聞而疑即趨佛殿以手托開門扉豁然大徹機辯逸發圓悟目爲聱頭元侍者悟自讚像付之曰生平只說聱頭禪撞著聱頭如鐵壁脫却羅籠截腳跟大地撮來墨漆黑晚年轉復沒刀刀會金剛椎碎窠窟他時要識圓悟面一爲渠儂併拈出自爾鋒彩埋光不求聞達後爲括[十四]蒼太守耿延禧暮[十一]元欲致開法南明物色得元於台之報恩迫其受命僧問三聖道我逢人即出出則不爲人意旨如何曰八十翁翁嚼生鐵僧又問興化道我逢人即不出出則便爲人又作麼生曰須彌頂上浪翻空元後示疾請西堂應菴華付囑院事訓徒如常時俄握拳而逝荼毘得五色舍利齒舌右拳不壞塔於寺東北劉阮洞前世壽五十三

系曰大慧既雲峯悅之再來可謂具大根器者尚受湛堂痛掇不入至三十餘方觸圓悟鉗鎚始得大悟今元公年方二十一聽傍僧讀死心語便乃徹證其根器之利過於大慧槩可知也出世初住南明終居護國叢林稱爲元布袋以其有聖者之風耳箇堂機出於其門說法拈椎詞雄氣偉機鋒圓捷益見元公之垣墻者矣

臨安靈隱寺沙門釋慧遠傳八　靈巖徽

釋慧遠眉山彭氏子年十三從藥師院宗辯和尚薙染首詣大慈講肆次叅靈巖徽禪師微有所入會圓悟復領旨住昭覺遠投之值悟普說舉龐居士問馬祖不與萬法爲侶因緣遠忽頓悟仆於衆衆掖之起遠乃曰吾夢覺矣至夜小叅遠出問曰淨躶躶空無一物赤骨力貧無一錢戶破家亡乞師賑濟悟曰七珍八寶一時拏遠曰禍不入謹家之門悟曰機不離位墮在毒海遠便喝悟以拄杖擊禪床云喫得棒也未遠又喝悟連喝兩喝遠便禮拜自此機鋒峻發無所抵捂出世初住皐亭山顯孝宋乾道六年十月十五日詔還靈隱上堂僧[十四]問即心即佛時如何[十三]曰頂分丫角僧曰非心非佛時如何曰耳墜金環僧曰不是心不是佛不是物又作麼生曰頳頂修羅舞柘枝七年二月十五日召入選德殿賜坐孝宗問如何免得生死遠對曰不悟大道終不能免帝曰如何得悟遠曰本有之性究之無不悟者帝曰悟後如何遠曰悟後始知脫體現前了無毫髮可見之相帝首肯之帝又曰即心即佛如何遠曰目前無法陛下喚甚麼作心帝曰如何是心遠正身叉手立曰只這是帝大悅八年秋八月七日召遠入東閣賜坐帝曰前日夢中忽聞鐘聲遂覺不知夢與覺是如何遠曰陛下問夢耶問覺耶若問覺而今正是寐語若問夢而夢覺無殊教誰分別夢即是幻知幻即離覺心不動故曰

若能轉物即同如來帝曰夢幻既非鐘聲從甚處起遠曰從問處起帝又問曰前日在此閣坐忽思得不與萬法爲侶有個見處遠曰願聞帝曰四海不爲多遠曰一口吸盡西江水又如何帝曰亦未曾欠闕遠曰纔涉思惟便成剩[十四]法正使如[十三]斷輪如閃電了無干涉何以故法無二故見無二見心無別心如天無二日帝悅賜佛海大師之號淳熙二年乙未秋示衆說偈曰淳熙二年閏季秋九月旦闍處莫出頭冷地著眼看明暗不相干彼此分一半一種作貴人教誰賣柴炭向你道不可毀不可讚體若虛空沒涯岸相唤相呼歸去來上元定是正月半明年正月忽感微疾果於上元說偈曰拗折秤鎚掀翻露布突出機先鴉飛不度安坐而逝留七日顏色不異全身塔焉

常德府文殊寺沙門釋心道傳九

釋心道眉州徐氏子也年三十得度詣成都習唯識自以爲至同舍僧詰之曰三界惟心萬法唯識今目前萬象縱然心識安在道茫然遂出關周流江淮既抵舒州太平聞佛鑑夜參舉趙州栢樹子話至覺鐵觜云先師無此語莫謗先師好因大疑提撕既久一夕豁然即趨丈室擬敘所悟鑑見便閉却門道曰和尚莫瞞某甲鑑曰十方無壁落何不入門來道即拳破窓紙佛鑑即開門搊住云道道道即以兩手捧鑑頭作口啐而出呈偈曰趙州有箇栢樹話禪客相傳徧天下多是摘葉與尋枝不能直下根源會覺公說道無此語正是惡言當面罵禪人若具通方眼好向此中辨真假鑑然之襄守請開法天寧擢大別文殊宋宣和改元詔改僧爲德士因上堂曰祖意西來事今朝特地新昔爲比丘相今作老君形鶴氅披銀褐頭包蕉葉巾林泉無事客兩度受君恩所以道欲識佛性義當觀時節因緣[十四]且道即[十四]今是甚麼時節毘盧遮那頂戴寶冠爲顯真中有俗文殊老叟身披鶴氅且要俯順時宜一人既爾衆人亦然大家成立叢林喜得羣仙聚會共酌迷仙酎同唱步虛詞或看靈寶度人經或說長生不死藥琴彈月下指端發太古之音碁布軒前妙著出神機之外進一步便到大羅天上退一步却入九幽城中秖如不進不退一句又作麼生道直饒羽化三清路終是輪廻一幻身二年九月詔下復僧上堂曰不掛田衣著羽衣老君形相頗相宜一年半内閑思想太抵興衰各有時我佛如來預讖法之有難教中明載無不委知較量年代正在于兹魔得其便惑亂正宗僧改俗形佛更名字妄生邪解刪削經文鐃鈸停音鉢盂添足多般矯詐欺罔聖君賴我聖明不忘付囑不廢其教特賜宸章仍許僧尼重新披剃實謂寒灰再燄枯木重榮迷仙酎變爲甘露漿步虛詞翻作還鄉曲子放下銀木簡拈起尼師壇昨朝稽首擊拳今日和南不審秖改舊時相不改舊時人敢問[十四]大衆舊時人[十五]是一箇是兩箇良久曰秋風也解嫌狼藉吹盡當年道教灰建炎三年春示衆舉臨濟入滅囑三聖因緣道曰正法眼藏瞎驢滅臨濟何曾有此說今古時人皆妄傳不信但看後三月至閏三月有賊叛衆

請師南奔道曰學道所以了生死何避之有賊至道曰速殺我以快汝心賊即舉槊殘之白乳上出賊駭引席覆之而去

潭州龍牙寺沙門釋智才傳十

釋智才舒州施氏子早歲服勤於佛鑑及遊方謁黃龍死心翌日入室死心問曰會得最初句便會末後句會得末後句便會最初句最初末後拈放一邊百丈野狐話作麽生會才曰入戶已知來見解何須更舉轢中泥心曰新長老死在上座手裏也才曰語言雖有異至理且無差心曰如何是無差底事才曰不扣黃龍角焉知頷下珠心便打才初住嶽麓次遷龍牙三十載以清苦涖衆故衲子畏敬之又遷雲溪紹興戊午八月望俄集衆付寺事書偈曰戊午中秋之日出家住持事畢臨行自已尚無有甚虚空可覓每日垂訓如常至二十三日再示衆曰涅槃生死盡是空花佛及衆生並爲增語汝等諸人合作麽生衆皆下語不契才喝曰苦苦復曰白雲湧地明月當天言訖嘿然而逝火浴獲設利五色塔寺西北隅

溫州龍翔寺沙門釋士珪傳十一 宗範

釋士珪號竹菴成都史氏子也初依大慈宗雅和尚出家心醉楞嚴後南遊謁諸尊宿始叅龍門遠禪師以平時所得白遠遠曰汝解心已極但欠[十四]著力開眼耳一日[十六]侍立次問曰絕對待時如何遠曰如汝僧堂中白椎相似珪罔措至晚遠抵堂司珪復理前問遠曰閑言語珪於言下大悟正和末住和州天寧紹興奉詔開山鴈宕能仁時真歇了公居江心恐珪緣未熟迎至方丈大展九拜以誘溫人由是人皆翕然歸敬上堂明明無悟有法即迷諸人向這裏立不得住不得若立則危若住則瞎直須意不停玄句不停意用不停機此三者既明一切處不須管帶自然現前不須照顧自然明白雖然如是更須知有向上事豎拂子曰久雨不晴咄丙寅七月十八日召宗範長老付後事次日沐浴聲鐘集衆就座泊然而逝荼毘凡送者均得舍利塔於鼓山

建康華藏寺沙門釋安民傳十二

釋安民字密印嘉定府朱氏子也初講楞嚴於成都有聲時圓悟居昭覺因造焉值悟小叅舉國師三喚侍者因緣趙州拈云如人暗中書字字雖不成文彩已彰那裏[十七]是文彩已彰處民聞心疑[廿四]之告香入室悟問座主講何經對曰楞嚴悟曰楞嚴有七處徵心八還辯見畢竟心在何處民多呈義解悟皆不肯民復請益悟令一切處作文彩已彰會偶僧請益十玄談方舉問君心印作何顏悟厲聲曰文彩已彰民聞悅然自謂至矣悟示鉗鎚罔指一曰白悟請弗舉話待某說看悟曰諾民曰尋常拈鎚豎拂豈不是經中道一切世界諸所有相皆即菩提妙明真心悟笑曰你元來在這裏作活計民又曰下喝敲床時豈不是返聞聞自性性成無上道悟曰你豈不見經中道妙性圓明離諸名相民於言下釋然於是罷講侍圓悟因悟出蜀居夾山民從行悟爲衆小叅舉古帆未掛因緣民聞未領遂求決悟曰你問我民舉前話悟曰庭前栢子

民即洞明謂悟曰古人道如一滴投於巨壑殊不知大海投於一滴悟笑曰奈這漢何悟說偈曰休誇四分罷楞嚴按下雲頭徹底參莫學亮公親馬祖還如德嶠訪龍潭七年往返遊昭覺三載翺翔上碧巖今日煩充第一座百花叢裏現優曇未幾開法保寧遷華藏大弘圓悟之道後示寂於本山闍維舍利頗勝人或穴地尺許皆得之尤光明瑩潔心舌不壞併建塔焉

成都昭覺寺沙門釋道元傳十三（大別道）

釋道元號徹菴綿州鄧氏子也幼於降寂寺出家受具謁大別道公令看廓然無聖之語忽爾失笑曰達磨元來在這裏道公命參佛鑑佛眼皆賞識又投金山見圓悟呈所見處悟弗許值悟被詔居雲居元從之雖有所入終以鯁胸之[十四]物未散因悟問僧[十八]生死到來時如何僧曰香臺子笑和尚次問及元汝作麼生元曰草賊大敗悟曰有人問汝時如何元擬答悟憑陵曰草賊大敗元大徹悟以拳擊之元拊掌大笑悟曰汝見甚麼便如此曰毒拳未報永劫不忘

平江府南峯沙門釋雲辯傳十四（穹窿圓）

釋雲辯姑蘇人初依瑞峯章公得度旋謁穹窿圓和尚忽有所得遂通所見圓曰子雖得入未至當也切宜著鞭乃辭扣圓悟值入室纔踵門悟遽曰看脚下辯打露柱一下悟曰何不著實道取一句辯曰師若搖頭某便擺尾悟曰你試擺尾看辯翻筋斗而出悟大笑由是知名住後僧問如何是奪人不奪境曰霸王到烏江僧曰如何是奪境不奪人曰築壇拜將僧曰如何是人境兩俱奪曰萬里山河獲太平僧曰如何是人境俱不奪曰龍吟霧起虎嘯風生僧曰向上還有事也無曰當面蹉過僧曰真個作家曰白日鬼迷人

南康雲居寺沙門釋善悟傳十五

釋善悟號高菴洋[十四]州李氏子年十[十九]一得度生有夙慧靈根自發聞冲禪師舉梁武帝問達磨因緣如獲舊物遽曰我既廓然何聖之有冲異其語勉之南詢遂謁龍門佛眼一日有僧被蛇咬佛眼問衆曰既是龍門爲甚却被蛇咬悟應聲曰果然現大人相眼器之後傳此語至佛果果曰龍門有此僧東山法道未寂寥爾上堂心生種種法生森羅萬象縱橫信手拈來便用日輪午後三更心滅種種法滅四句百非路絕直饒達磨出頭也是眼中金屑心生心滅是誰木人攜手同歸歸到故鄉田地猶遭頂上一鎚

隆興黃龍寺沙門釋法忠傳十六

釋法中號牧菴四明姚氏子也十九試經得度習天台教悟一心三觀之旨未能泯跡故徧參名德後至龍門觀水磨旋轉發明述偈呈佛眼曰轉大法輪目前包裹更問如何水推石磨佛賬曰其中事作麼生忠曰潤下水長流眼曰我有末後一句待分付汝忠即掩耳而去後至廬山於同安枯樹中絕食清坐宣和間湘潭大旱禱弗應忠躍入龍淵呼曰業畜當兩一尺兩隨至嘗居南嶽每跨虎出遊儒釋皆望塵而拜上堂我有一句子不借諸聖口不動自已舌非聲氣呼吸非情識分別假使淨名杜口毘耶釋迦掩室摩竭大似

掩耳偷鈴未免天機漏泄直饒德山棒臨濟喝若向牧菴門下秖得一橛千種言萬般說秖要教君自家歇一任大地虛空七凹八凸

系曰牧庵既悟一心三觀即當揮塵爲台教吐氣尤以未能泯跡乃徧扣達磨之徒正如香象渡河直欲一踏到底所以宜乎纔跨龍門便能傾湫倒嶽也偉哉世有習三觀者且指悟之一字不知其爲何物誤認糟粕作醍醐詆壁觀爲護教豈非師子之蟲耶故淨山集深斥台教傳佛心印書後卷當刪去盍令學者障悟門造地獄業不淺矣

華亭昭慶寺沙門釋法寧傳十七

釋法寧因住沂州馬嵴山故號馬嵴山東密州莒縣李氏子也初依沂州天寧妙空明和尚得度參侍既久盡得雲門宗旨出世住沂之淨居寺大弘雪竇之道紹興間抵華亭青龍鎮察判章滚母高氏夢天人告曰古佛來也翌日師至迎之止錢氏園乃建精舍掘地得鐵磬斷碑佛像之應於是華亭令椰約奏所建剎賜額曰淨居因省明公于明州雪竇時郡守莫將請主吉祥哲宗元符佘山有精舍曰靈峯部符改曰昭慶禪院右丞朱諤請師爲開山第一代無何遷明州廣慧復返昭慶紹興二十六年丙子正月八日沐浴端坐說法辭衆而寂世壽七十六僧臘五十九塔全身於寺之東隅

衢州烏巨山沙門釋道行傳十八

釋道行號雪堂處州葉氏子也初依普照英得度出遊參佛眼一日聞眼舉玄沙築著脚指話遂大悟住郡南明上堂會得便會玉本無瑕若言不會碓觜生花試問九年面壁何如大會拈花南明恁麼商確也是順風撒沙次遷烏巨示衆舉璣和尚問僧禪以何爲義衆雖下語未契厥心衆僧請益璣代云以謗爲義師曰三世諸佛是謗西天二十八祖是謗唐土六祖是謗天下老和尚是謗諸人是謗山僧是謗於中還有不謗者無談玄說妙河沙數爭似雙峯謗得親忽示微疾門弟子教授汪喬年至省遂以後事委之說偈曰識則識自本心見則見自本性識得本心本性正是宗門大病又註曰爛泥中有刺莫道不疑好黎明沐浴更衣加趺而逝闍維獲五色舍利煙所至處舍利纍然齒舌不壞塔於寺西

安吉州何山沙門釋守珣傳十九 廣鑑英

釋守珣號佛燈即郡之施氏子也初參廣鑑瑛和尚不契遂謁佛鑑隨衆咨請邈無所入乃封其衾曰今生若不徹去誓不展此於是晝夜宵立如喪考妣逾七七日忽佛鑑上堂曰森羅及萬象一法之所印珣聞頓悟鑑曰可惜一顆明珠被這風顛漢拾得也乃詰曰靈雲道自從一見桃花後直至如今更不疑如何是他不疑處珣曰莫道靈雲不疑只今覓箇疑處了不可得鑑曰玄沙道諦當甚諦當敢保老兄未徹在那裏是他未徹處珣曰深知和尚老婆心切鑑然之珣拜起呈偈曰終日看天不舉頭桃花爛熳始擡眸饒君更有遮天網透得牢關即便休鑑囑令護持是夕展衾厲聲曰這回珣上座穩睡去也圓悟聞竊疑其未然乃曰我須勘過始得令人召

至因與遊山偶到一水潭圓悟推珦入水邊問曰牛頭未見四祖時如何珦曰潭深魚聚曰見後如何珦曰樹高招風曰見與未見時如何珦曰伸脚在縮脚裏圓悟大稱之後出世初主禾山次天聖徙何山及天寧紹興甲寅謂居士鄭績曰十月八日是佛鑑先師忌日吾時至矣乞還鄣南至十月四日績遣弟僧道如訊之珦曰汝來正其時也吾雖與佛鑑同條生終不同條死明早可與我尋一隻小船來道如曰要長者高者珦曰高五尺許越三日雞鳴端坐如平時侍者請偈珦曰不曾作得言訖而逝闍維舌根不壞

眉州象耳山沙門釋袁覺傳二十 佛性

釋袁覺郡之袁氏子出家傳燈寺本名圓覺郡守塡祠牒誤寫袁字守疑其嫌因戲謂之曰一字名之可乎對曰一字已多也郡守異之已而往大潙依佛性和尚入室陳其所見性曰汝忒煞遠在俾充侍司遷掌賓客佛性每舉法華開示悟入四字令下語又曰待我點頭汝理方是偶不職被斥制中無依乃寓俗士家一日誦法華至亦復不知何者是火何者爲舍乃豁然有省制罷歸寺白性首爲肯之後至雲居見圓悟述所得悟呵之曰本是淨地屙屎作麼於是所疑頓釋紹興丁巳郡守請居象耳法道大振四方英俊宿德鴻儒聞風禮謁室無所容開堂詞辯河傾峽瀉叢林稱之未詳其終

千四 二三

明州天童沙門釋曇華傳二十一

釋曇華字應庵蘄州汪氏子也生而奇傑不類凡兒年十七依於東禪薙髮首謁遂和尚畧得染指法味於是徧叅知識靡所契證聞圓悟住雲居鍜煉學者華往禮依侍悟乃痛與錐劄值悟返蜀指見虎丘隆禪師侍一載頓明大事已而訪此菴元命分座於是開堂妙嚴遷歸宗時大慧在梅陽有僧傳華示衆語大慧見之極口稱歎復寄偈曰坐斷金輪第一峯千妖百怪盡潛踪年來又得眞消息報道楊岐正脉通虎丘忌日拈香曰生平没興撞著這無意智老漢做盡伎倆湊泊不得從此卸却干戈隨分著衣喫飯二十年來坐曲彔床懸羊頭賣狗肉知他有甚憑據雖然一年一度燒香日千古令人恨轉深世稱華與杲二甘露門嘗戒徒衆曰衲僧著草鞋住院何事口如龜蛇惡窟乎宋隆興元年六月十三日奄然而化塔全身於東山

千四 二三

臨安府靈隱寺沙門釋德光傳二十二 光化吉 月菴果 百丈震

釋德光賜號佛照臨江軍彭氏子也志學之年即依本郡光化寺吉和尚薙髮受具一日入室吉問曰不是心不是佛不是物是箇甚麼光罔措通夕不寐次日復登方丈請曰昨蒙和尚垂問既不是心不是佛又不是物畢竟是甚麼望乞慈悲指示吉乃震威喝曰這沙彌更要我與你下註脚在拈棒劈脊打出於是有省次謁月菴杲應菴華百丈震皆無所入適大慧奉旨住明州阿育王四海英才鱗集光亦造焉入室大慧舉竹篦問曰喚作竹篦則觸不喚作竹篦則背不得下語不得無語光擬對大慧便棒光豁然大悟從前所得到此瓦解氷消侍久之宋孝宗慕光道價

降詔命住靈隱一日召問對答稱旨留宿内觀堂後示寂塔全身於東菴

明高僧傳卷第四

明高僧傳卷第五

明天台山慈雲禪寺沙門釋如惺撰

習禪篇第三之二 正傳二十七人 附見七人

眉州中巖寺沙門釋祖覺傳一 慧目能 南堂靜

釋祖覺嘉州楊氏子也自幼聰慧書史過目成誦乃著書排斥釋氏忽惡境現前大怖悔過出家依慧目能和尚未幾疽生膝上五年醫治莫愈因書華嚴合論畢夕遂感異夢且即捨杖趨履仍前一日誦至現相品曰佛身無有生而能示出生法性如虛空諸佛於中住無住亦無去處處皆見佛遂悟華嚴宗旨至是始登僧籍府帥請講於千部堂而詞辨宏放衆所欽服適南堂靜禪師過其門謂曰觀公講說獨步西南惜未解離文字相耳黨能問道方外即今之周金剛也覺欣然罷講南遊禪社遂依圓悟於鍾阜一日入室悟舉羅山道有言時踞虎頭收虎尾第一句下明宗旨無言時覿露機鋒如同電拂作麼生會覺罔對於是夙夜叅究忽有所省作偈呈曰家住孤峯頂長年半掩門自嗟身已老活計付兒孫悟未許可次日入室悟問昨日公案作麼生覺擬對悟喝曰佛法不是這箇道理覺復留五年愈更迷悶後於廬山棲賢閱浮山遠削執論云若道悟有親疎豈有旃檀林中卻生臭草始豁然大悟遂作偈寄圓悟曰出林依舊入蓬蒿天網恢恢不可逃誰信業緣無避處歸來不怕語聲高悟大喜持示衆曰覺華嚴徹矣自是諸方皆稱曰覺華嚴云上堂僧問最初威音王未後樓至佛未審叅見甚麼人覺曰家住大梁城更問長安路僧問如何是一喝如金剛王寶劍覺曰血濺梵天曰如何是一喝如踞地師子覺曰驚殺野狐狸曰如何是一喝如探竿影草覺曰驗得你骨出曰如何是一喝不作一喝用覺曰宜須識取把鍼人莫道鴛鴦好毛羽

系曰覺華嚴既於講席有聲南堂過而稍施

提勉便能罷講南遊正所謂見鞭影而行者也豈不駿哉至爲圓悟頂門一錐雖然䰟飛要且命根未斷尚依識見呈偈遭圓悟一喝直得氣索五年而始大徹噫古爲人師者必俟學者寒灰餤發絕後復甦方肯點頭未嘗輕許而賊夫人子今人纔見靈利後生便使拈弄公案作得一偈頓焉稱賞不亦彼此皆瞎也殺人之惡小害人之惡大其誰乎善於講者又當以覺公爲良範

台州釣魚臺沙門釋自回傳二

釋自回號石頭臨海人世業石工人呼石頭和尚眼如盲龜不識一字善根內啓志慕空宗求人口授法華能誦遂棄家投大隨和尚供掃灑寺中令取崖石公用回手不釋鎚鑿誦經不輟口隨見而語曰今日硿磕明日硿磕生死到來作甚折合回愕然設禮願聞究竟法隨令罷誦經看趙州勘婆子因緣於是念念參究乂之一日鑿石石堅乃盡力一鎚火光迸出忽然徹悟即走方丈禮拜呈偈曰用盡工夫渾無巴鼻火光迸散元在這裏隨大喜曰子徹也復述勘破偈曰三軍不動旗閃爍老婆正是魔王脚趙州無柄鐵掃帚掃蕩烟塵空索索隨可之遂爲薙染授以僧服出世住釣魚臺上堂曰參禪學道大似井底叫渴殊不知塞耳塞眼回避不及且如十二時中行住坐臥動轉施爲是甚麼人使作你眼見耳聞何處不是路頭若識得路頭便是大解脫處方知老漢與你證明山河大地與你證明所以道十方薄伽梵一路涅槃門諸仁者大凡有一物當途要見一物當途之根源一物無處要見一物無處之根源見得根源源無所源所源既非何處不圓諸禪德你看老僧有甚勝你處你有甚不如老漢處會麼太湖三萬六千頃月在波心說向誰

系曰觀回師資生之業既慵且拙學佛之志既銳且勤始而迷則眸子如盲後而悟則通身是眼至於說偈談禪大有超今逸古之風得非能者復起耶苟使其居讀五車出窮三藏又烏有一鎚而火光迸出之象哉大凡天下治愈隆亂愈起學固博執益封古人斥爲雜毒入心良有以也於戲世之錦心繡口之士文龍義虎之僧能爲昌黎子之虛心周金剛之自返胡慮油不出麵道不我親哉所以追風逐日者非駑駘之足訶佛罵祖者豈鄙陋之夫或膠錮於見知桎梏其比量又莫若頑璞之易琢也

潼川護聖寺沙門釋居靜傳三

釋居靜號愚丘成都楊氏子也年十四依白馬寺安慧出家聞南堂禪師道望往謁堂舉香嚴枯木裏龍吟話詰之靜於言下大悟一日堂問曰莫守寒巖異草青坐却白雲宗不妙汝作麼生靜曰直須揮劍若不揮劍漁父棲巢堂矍然曰這小廝兒靜珍重便行後出世住東巖嘗謂衆曰參學至要不出先南堂道最初句及末後句透得過者一生事畢儻或未然更與你分作十門各各印證自心還得穩當也未第一須信有教外別傳第二知有教外別傳第三須會無情說法與有情說法無二第四須見性如觀掌中之物了了分明一一田地穩密第五須具擇法眼第六須

要行鳥道玄路第七須文武兼濟第八須推邪顯正第九須大機大用第十須向異類中行凡欲紹隆法種須盡此綱要方坐得這曲彔床子受天下人禮拜敢與佛祖爲師若不到恁麼田地秖一向虛頭他時異日閻老子未放你在又偈曰十門綱要掌中施會得來時自有爲作者不須排位次大都首尾是根基

泉州教忠寺沙門釋彌光傳四 黄檗祥

釋彌光號晦庵閩中李氏子也生寡言笑聞僧貝梵則喜年十五依文慧禪師圓頂未窮海藏喜究羣書一日計曰剃髮染衣當期悟徹而醉心俗典耶遂首謁圓悟次叅黄檗祥高庵悟機語皆契以淮楚盜起歸謁佛心值大慧寓廣因從之慧曰汝在佛心處所得者試舉一二看光曰佛心上堂拈普化公案曰佛心即不然總不恁麼來時如何劈脊便打從教徧界分身慧曰汝意如何曰某不肯他後頭下個註脚慧曰此正是以病去法光毅然無信可意慧曰汝但揣摩看光竟以爲不然經旬因記海印信公拈曰雷聲浩大雨點全無光始無滯趣告慧舉道者見琅邪并玄沙未徹語詰之光對已大慧笑曰雖進一步秖不著所在如人斫樹根下一刀則命根斷矣汝向枝上斫其能斷命根乎今諸方浩浩說禪見處總如是也何益于事其楊岐正傳止三四人而已光愠而去翌日慧問汝還疑否曰無可疑者慧曰秖如古人相見未待開口已知虛實或聞其語便識淺深此理如何光悚然汗下莫知所詣慧令究有句無句話慧過雲門庵光亦侍行一日問曰某到這裏不能得徹病在甚處慧曰汝病最癖世醫拱手何也別人死了不得活汝今活了未曾死要到大安樂田地須是死一回始得光疑情愈深後入室慧問喫粥了也洗鉢盂了也去却藥忌道將一句來光曰裂破慧乃振威喝曰你又說禪也光即大悟慧即撾鼓告衆曰龜毛拈得笑哈哈一擊萬重關鎖開慶快平生在今日孰云千里賺吾來光亦呈偈曰一拶當機怒雷吼驚起須彌藏北斗洪波浩渺浪滔天拈得鼻孔失却口自爾名喧宇宙道洽緇素出住教忠辦香爲妙喜拈出其爲知本也歟

彔曰凡爲人師者須具二種法方堪坐曲彔牀一先明已眼二鑒機病源若已眼未明自尚拖枷帶鎖胡能爲人解粘去縛不識病源未免庸醫殺人之陋所以久依爐鞴不能脫胎成器者非學人之罪也爲學者亦須具二種法方可驗天下善知識舌頭一不自知足二死後復甦若易知足必以魚目爲珠若不死後再甦則生死命根不斷所以久入選佛場不能心空及第者非宗匠之罪也是故妙喜一生不自肯晚登川勤之室亘階華嚴七地不其然乎今晦庵以滑稽叅禪未曾大死一番苟非妙喜屠龍之手而不珍魚目者幾希故遭振威一喝直下喪身失命便能對衆作蠛蠓蟲大乳豈不快哉嗚呼世之靈利漢靡不坐晦庵膏肓之疾如狂子失心而不可療者多矣曾未服醫父起死之劑且急欲爲人指迷不亦謬乎

江州東林寺沙門釋道顔傳五

釋道顔號卍庵潼川鮮于氏子也初叅圓悟但登堂未能造其玄奥圓悟將還蜀以書遺大慧曰顔彩繪已特未點眼耳他日嗣後未可量也於是朝夕質疑於慧方大悟徹於是聲光遐溢黑白咸被其化僧問如何是佛顔曰誌公和尚曰學人問佛何答誌公顔曰誌公不是閒和尚曰如何是法顔曰黄絹幼婦外孫虀臼曰是甚章句顔曰絶妙好辭曰如何是僧顔曰釣魚船上謝三郎曰何不直説顔曰玄沙和尚顔凡所説法大槩簡易如此

福州西禪寺沙門釋鼎需傳六

釋鼎需號懶庵郡之林氏子也幼業儒舉進士蒞政有聲年二十五因閱遺教經忽省曰幾爲儒冠誤也即欲舍俗母氏難以親迎在期需笑絶之曰夭桃紅杏一時分付春風翠竹黄花此去永爲道侶遂依保壽樂公爲大僧徧叅名宿歸里結庵羗峯三年嘗以即心即佛話問學者時妙喜庵于洋嶼晦庵光在侍特以書招之曰此間庵主手段與諸方別可來少欵如何需不答光以計邀至值妙喜爲衆入室需欲隨喜而已妙喜因舉僧問馬祖如何是佛祖云即心是佛你作麽生需下語喜訶曰汝見解如此敢妄爲人師耶乃鳴鼓訐其爲邪解需淚交頤不敢仰視自默計曰我既爲所排而西來不傳之旨豈止此耶遂求入弟子之列一日妙喜問曰内不放出外不放入正恁麽時如何需擬開口喜拈竹篦劈脊連打三下需大悟厲聲曰和尚已多了也喜又打一下需禮拜喜笑曰今日方知吾不汝欺也印以偈曰頂門豎亞摩醯眼肘後斜懸奪命符瞎却眼卸却符趙州東壁掛葫蘆自此名喧叢席道被遐方此後開堂始稱具眼宗匠云也

建寧府沙門釋道謙傳七

釋道謙本郡人未詳氏族初依佛果無所入妙喜奉旨住徑山謙亦在侍令往長沙通書于張紫巖乃自謂叅禪二十年尚無個入處又有此行豈不荒廢了矣將辭友人宗元叱曰不可豈以在路叅禪不得耶汝去吾與俱往一日在途泣曰一生叅禪無得力處今奔波若此何得相應元曰你但將諸方叅得悟得并圓悟妙喜與你説得底都不要理會途中我可替者盡替汝只有五事替不得須自承當曰何爲五事元曰著衣喫飯屙屎放尿馱箇死屍路上行謙於言下大徹不覺手舞足蹈元曰汝此回方可通書吾先歸矣後半載返雙徑妙喜于山門外亭一見便曰建州子這回自別也

潭州沙門釋清旦傳八

釋清旦號慧通蓬州嚴氏子也初辭親愛即嗜空宗聞有教外別傳之道注念日切乃腰包出關擬投叢席時大潙泰和尚住德山謁之值泰上堂舉趙州曰臺山婆子已爲汝勘破了也且道意在甚麽處良久曰就地撮將黄葉去入山推出白雲來旦聞平生疑礙釋然翌日入室泰問曰前百丈不落因果因甚墮野狐後百丈不昧因果因甚脱野狐旦曰好與一坑埋却住後上堂曰三脚驢子弄蹄行步步相隨不相到樹頭驚起雙鯉魚拈來

一老一不老爲憐松竹引清風其奈出門便是草因喚檀郎識得渠大機大用都推倒燒香勘證見根源糞掃推頭拾得寶叢林浩浩謾商量勸君莫謗先師好旦之門庭嚴肅機語峻利是故學者多難泊焉

天台國清寺沙門釋行機傳九

釋行機自簡堂郡之楊氏子也生知夙發趣向高邁丰姿挺異才壓儒林少棄妻拏勤學出世精窮竺典逸貫三乘籥欲離言單求直指於是慕護國元公之道價擔簦相依稍觸鉗鎚密有契證因住莞山而刀耕火種單丁者一十七年嘗有偈曰地爐無火客囊空雪似楊花落歲窮拾得斷麻穿壞衲不知身在寂寥中每曰其猶未穩在豈以住山樂吾事耶一日偶看斫樹倒地有聲忽大悟平昔礙膺之物泮然氷釋未幾適有江州圓通之命乃曰吾道行矣即欣然曳杖應之登座說云圓通不開生藥鋪單單只賣死猫頭不知那個無思筭喫著通身冷汗流聞者無不絶倒叢林至今稱焉

澧州靈巖寺沙門釋仰安傳十 表自

釋仰安未詳何許人氏穎異超羣幼年舍俗既圓顱頂慕最上乘精諳律儀耽遊講肆乂而棄之遂入佛果勤公之室時大溈泰爲座元昕夕扣之頓領玄旨後泰住持德山命安詣佛果通嗣法書果見問千里馳騁不辱宗風公案現成如何通信安曰覿面相呈更無回互果曰此是德山底那個是上座底曰豈有第二人果曰背後底聻安即進書果笑稱作家次至僧堂前捧書問訊首座座曰玄沙白紙此自何來安曰乂黙斯要不務速說今日拜呈幸希一覽座便喝安曰作家首座座又喝安以書便打座擬議安曰未明三八九不免自沉吟又打一下曰接時佛果佛眼同見果曰打我首座死了也眼曰官馬廝踼有甚憑據安曰說甚官馬廝踼正是龍象蹴踏也果喚安至前曰我五百人首座汝爲何打他安曰和尚也須喫一頓果顧佛眼吐舌眼曰未在却問曰空手把鋤頭話意作麽生安鞠躬曰所供並是詣實眼笑曰元來是屋裏人又往五祖山通書於表自和尚自曰書裏說箇甚麽安曰文彩已彰曰畢竟說甚麽安曰當陽揮寶劒自喚曰近前來我這裏不識幾箇字安曰莫詐敗好自顧侍者曰是那裏僧曰曾在和尚會下去自曰恠得恁麽活頭安曰被和尚鈍置來自將書於香爐熏曰南無三曼多安近前彈指自便開書自是聲播四方而不屈爲泰使命未幾出主靈巖衲子輻輳拈椎豎拂大有古人之風焉

臨安府徑山沙門釋寶印傳十一 智策

釋寶印號別峯嘉州李氏子也幼通六經長窮七史忽厭塵俗志慕竺墳乃從德山清素和尚得度往聽華嚴起信盡得旨覺勞筭沙終非解脫遂依中峯密印民禪師密印舉僧問巖頭起滅不停時如何巖叱曰是誰起滅師聞大悟會圓悟歸昭覺遣師往省隨衆入室悟問從上諸聖以何接人師豎起拳悟曰此是老僧用底何者是從上諸聖用底師以拳揮之悟亦舉拳相交大笑而止又謁大慧於徑山慧問甚處來曰西川慧曰未出劒門

闕與汝三十棒了也曰不合起動和尚慧忻然後出奉詔住雲寶淳熙七年秋召師問道賜肩輿入選德殿帝曰三教聖人本同這個理否對曰譬如虛空東西南北初無二也帝曰但聖人所立門戶則不同耳如孔子性以中庸設教[十五]印曰非中庸何以安立世間[十三]故法華云治世語言資生業等皆與實相不相違背華嚴云不壞世間相而成出世法帝曰今時士大夫學孔子者多只工文字語言不見夫子之道不識夫子之心惟釋氏禪宗不以文字教人直指心源頓令悟入不亂于生死之際此爲殊勝印曰非獨後世不見夫子之心嘗見孔門顏子號爲具體盡平生力量只道得個瞻之在前忽焉在後竟捉摸不著而夫子分明八字打開向諸弟子道二三子以我爲隱乎吾無隱乎爾吾無行而不與二三子者是丘也以此觀之夫子未嘗迴避諸弟子而諸弟子自蹉過了也昔張商英曰吾學佛然後能知儒此言實爲至當帝曰朕意亦謂如此帝又問莊子若何如人印曰只是佛法中小乘聲聞以下人也蓋小乘厭身如桎梏棄智如雜毒化火焚身入無爲界即如莊子所謂形固可使如槁木心固可使如死灰若大乘人則不然度衆生盡方證菩提正如伊尹所謂予天民之先覺者也將以斯道覺斯民也有一夫不被其澤者若已推而內溝中也帝大悅詔住徑山開堂曰三世諸佛以一句演百千萬億句收百千萬億句秖在一句祖宗門下半句也無秖恁麼合喫多少痛棒諸仁者且道諸佛是祖師是若道佛是祖不是祖是佛不是取舍未忘若道佛祖一時俱是一時俱不是顢頇不少且截斷葛藤一句作麼生道良久曰大蟲裹紙帽好笑又驚人十年二月帝註圓覺經賜師命作敘流行紹熙元年十一月往見智策禪師決別策問行日師曰[十五]水到渠成索紙書云[十四]十二月初七夜雞鳴時九字果至期而化留七日顏色明潤髮長頂溫葬全身于西岡謚曰慈辯塔曰智光

潭州上封寺沙門釋諱才傳十二 海印隆

釋諱才號佛心福州姚氏子也幼爲驅烏弱冠得度精求律部持犯霜威慕最上乘不憚遐扣勞逸弗介一念力參首謁海印隆公於大中偶見老宿達道看經至一毛頭師子百億毛頭一時現處才問曰一毛頭師子作麼生得百億毛頭一時現達曰汝乍入叢林未可理會許事才疑之適海印夜參至結座擲拄杖曰了即毛端吞巨海始知大地一微塵才豁然有省次謁黃龍死心不契乃參靈源凡入室出必揮淚曰此事我見甚是分明秖臨機吐之不出奈何源曰須是大徹方得自在一日竊覩鄰僧讀曹洞廣錄至藥山採薪歸有僧問甚處來山曰討柴來僧指腰下刀曰鳴剝剝是甚麼山拔刀作斫勢才忽大悟擱鄰僧[十五]即揭簾趨出說偈曰[十五]徹徹大海乾枯虛空迸裂四方八面絕遮攔萬象森羅齊漏泄初住上封屢遷名剎詞河辯海湧波騰學者無能湊泊其涯涘也

華亭青龍菴沙門釋妙普傳十三 雪竇持

釋妙普號性空漢州人未知姓氏父依黃龍

死心密受心印品格高古氣宇宏邁因慕船子遺風抵秀水結菴于青龍之野別無長物唯吹鐵笛以自娛好吟咏嘗賦山居詩云心法雙忘猶隔妄色塵不二尚餘塵百鳥不來春又過不知誰是住菴人示衆偈曰學道猶如守禁城晝防六賊夜惺惺中軍主將能行令不動干戈治太平宋建炎初賊徐明扳道經烏鎮肆意殺戮民懼逃亡普聞歎曰衆生塗炭吾盍救之乃荷策而行直詣賊所賊見偉異疑必奸詭詢其來處答曰禪者問何所之云往密印寺也賊怒欲斬普曰大丈夫要頭便取奚以怒爲吾死必矣願得一飯以爲送終賊奉肉普供佛出生如常儀曰孰當爲我文以祭賊笑不答普索紙筆大書曰嗚呼惟靈勞我以生則大塊之過役我以壽則陰陽之失乏我以貧則五行不正困我以命則時日不吉吁哉至哉賴有出塵之道悟我之性與其妙心則其妙心孰與爲隣上同諸佛之眞化下合凡夫之無明纖塵不動本自圓成妙矣哉妙矣哉日月未足以爲明乾坤未足以爲大磊磊落落無罣無礙六十餘年和光混俗四十二臘逍遥自在逢人則喜見佛不拜笑矣乎笑矣乎可惜少年郎風流太光彩坦然歸去付春風體似虛空終不壞尚饗遂舉筯飫肉賊徒大笑食罷曰劫數既遭離亂我是快活烈[十五]漢如今正好乘[十六]時便請一刀兩段乃大呼斬斬賊駭異稽首謝過令衛而出於是民之廬舍少長無恙者普之惠也僧問既見佛爲甚不拜普掌之曰會麼曰不會又掌曰家無二主絕與冬自造大盆鑿穴塞之修書寄雪竇持禪師曰吾將水葬矣壬戌持至普尚存乃作偈嘲曰咄哉老性空剛要餧魚鱉胡不索性去秖管向人說普笑曰遲兄證明耳徧告遐邇衆集普示法要說偈曰坐脫立亡不若水葬一省柴燒二免開壙撒手便行不妨快暢是誰知音船子和尚高風難繼百千年一曲漁歌少人唱遂趺坐盆中口吹鐵笛順潮而下衆皆隨至海濱普去塞戽其水洄漩衆擁觀水涓滴不入乃乘流而住歌曰六十餘年返故鄉沒蹤跡處妙難量眞風徧寄知音者鐵笛橫吹作散場人望目斷尚聞笛聲嗚咽於蒼茫之間逸見以笛擲空而沒衆號泣競圖像事之後三日見於沙上趺坐如生道俗迎歸留五日闍維舍利大如菽有二鶴[十五]徘徊空際火盡始[十七]去塔于青龍菴

潭州法輪寺沙門釋應端傳十四

釋應端南昌徐氏子也生而眉宇豁如形儀莊肅幼厭塵穢少入空門依郡之化度寺善月度爲大僧謁眞淨文機不諧時靈源分座雲居扣之源稍加痛劄端負已解妙入經論乃援引馬祖百丈機語及華嚴經旨相表酹答靈源笑曰汝舉馬祖百丈固錯矣而華嚴宗旨與箇事喜沒交涉端憤然欲去因辭揭簾忽大悟汗流浹背靈源見喜曰子方識好惡矣馬祖百丈文殊普賢幾爲汝累由是聲譽四馳道欽七衆政和末太師張司成虛百丈堅命開堂舉僧問大隋劫火洞然時這箇壞也不壞話遂曰六合傾翻劈面來暫拔麻纏混塵埃因風吹火渾閒事引得遊人不肯

回壞不壞隨不隨徒將聞見强鍼錐太湖三萬六千頃月在波心說向誰

隆興府黄龍寺沙門釋道震傳十五

釋道震號山堂金陵趙氏子也垂髫依覺印英禪師爲童子英遷泗之普照得度乂之辭謁丹霞淳與論曹洞宗旨震呈以偈曰白雲深覆古寒巖異草靈花彩鳳銜夜半天明日當午騎牛背面著靴衫次依草堂日取藏經讀之一夕聞晚參鼓步出經堂舉頭見月忽大悟亟趨方丈堂望見即曰子徹矣遂爲印可尋出三遷而至百丈道顯著紹興巳巳有律師妄踞黄龍衲子散去主事者走錢塘求王承宣繼先書達洪師張如瑩瑩公命震以從衆望而主事者請致書謝王震讓曰王公爲護佛法何謝之有况我與之素昧平生於是主事亟退故仲温曰彼交結權貴倚爲藩垣者聞其言亦足顔汗噫紹興以來宗師言行相應而與秋霜爭嚴捨震其誰哉

天台山萬年寺沙門釋法一傳十六

釋法一號雪巢即襄陽郡王駙馬李遵勗玄孫也世居開封祥符縣母夢一老僧至其家而產聲洪氣偉具大人相十七試上庠從祖仕淮南欲官之不就請去家事長蘆慈覺賾禪師祖弗許母曰此兒必宿世沙門也願弗奪其志未幾慈覺歿禮靈巖通照愿禪師祝髮依十年覺心迷悶道無所入遂徃蔣山謁圓悟一見器重之適悟奉旨住天寧亦在侍不契次見草堂於疎山一言之下忽爾徹其源底紹興七年泉守劉彦修請居延福四遷巨刹最後住長蘆因慕天台形勝肹夕懷之於是乞退居山之古平田觀音院高卧煙霞長嘯深翠處世而忘世也一日忽示微疾書偈曰今年七十五歸作菴中主珍重觀世音泥蛇吞石虎乃入龕趺坐别衆而逝塔于本山

慶元府天童寺沙門釋普交傳十七

釋普交郡之萬齡畢氏子也幼頴異卓倫不泥塵滓惡喧嗜潔儼似衲僧未冠得度五夏無虧首謁南明聽習台教偶爲檀信修事懺摩有人問曰師所懺罪爲自懺耶爲他懺耶若言自懺罪性何來若爲他懺他既非汝烏能爲懺交罔不能對大慚易服逕投泐潭足繞踵門潭即呵斥交擬申問潭即拽杖逐之一日忽呼交至丈室曰我有古人公案要與你商量交擬進語潭便喝交豁然頓悟顧乃大笑潭下繩牀執其手曰汝會佛法耶交便喝拓開潭亦大笑於是名聞四達學者宗之後歸桑梓居天童掩關却掃者八年寺偶虚席郡僚命開法恐其遯去遣吏候于道故不得辭上堂曰拙哉黄面老佛法付王臣林下無情客官差逼殺人莫有知心底爲我免得者麼若無不免將錯就錯去也凡見僧來必叱曰汝㧊栗子未擔時我巳爲汝說了也且道說箇甚麽招手洗鉢拈扇張弓趙州栢樹子靈源見桃花且擲放一邊山僧無恁麼閑脣吻與你打葛藤何不休去歇去忽拈拄杖逐散宣和六年三月二十日沐浴陞座說偈曰寳杖敲空觸處春箇中消息特彌綸昨宵風動寒巖冷驚起泥牛耕白雲說畢脱然而寂壽七十七臘五十八塔於本山

江州圓通寺沙門釋道旻傳十八

釋道旻賜號圓機世人稱云古佛興化蔡氏子也母夢吞摩尼珠遂娠生五歲不履不言一日母抱遊西明寺見佛像遽趣合掌作禮稱南無佛見者大異之稍壯宦學大梁棄依景德寺德祥出家得度徧扣禪林皆得染指後親溈山喆禪師無所入謁泐潭乾公具陳所得潭不爲印可一日潭舉世尊拈花迦葉微笑話問之不契侍潭行次潭以杖架肩長噓曰會麼旻擬對潭便打有頃復拈草示之曰是甚麼亦擬對潭便喝機旋於是頓悟玄旨便作拈花勢曰這回瞞旻上座不得也潭曰便道旻曰南山起雲北山下雨即禮三拜潭首肯印之後開法于灌溪遷圓通以符道濟之記也學者如川赴海朝廷聞其道宰臣會請錫以命服賜圓機之號而尊寵之於是退遯欽化少長咸被其法澤未詳厥終

紹興府慈氏院沙門釋瑞仙傳十九

釋瑞仙會稽人幼纓塵網幾溺愛河年二十奮然去家會試經披剃精習大小律藏至戒性如虛空持者爲迷倒句忽自省曰戒者束身法耳胡自縛耶遂探究台教一日閱諸法不自生亦不從他生不共不無因是故說無生處疑曰既不自又不他不共不無因畢竟從何而生也歎曰因緣生法雖照以空假三觀不過抑揚性海心佛衆生名異體同十境十乘妙心成智不思議境智照方明固非言詮所能及也遂更衣謁諸耆宿後登投子山見廣鑑禪師問曰甚處來曰兩浙東越鑑曰東越事作麼生曰秦望山高鑑湖水闊鑑曰秦望山與自己是同是別曰梵語唐言鑑曰猶是業林秖對畢竟是同是別師便喝鑑便打忽有省禮拜曰恩大難酬後開法于慈氏甞問僧三箇驀馳兩隻脚日行萬里趂不著而今收在玉泉山不許時人亂斟酌你等向甚處與仙上座相見一衆無能下語投其機者終于本山

隆興府雲巖寺沙門釋天遊傳二十

釋天遊自號典牛成都鄭氏子也幼業儒穎俊逸倫儕輩推重初試郡庠復試梓州二處皆與貢籍懼不敢承遂竄名出關適會王山谷西還見其風骨不凡談論超卓邀其同舟策往廬山削髮不易舊名首叅死心不契依湛堂準於泐潭一日湛堂普說曰諸人苦苦就準上座覓佛法遂拊膝曰會麼雪上加霜又拊膝曰若也不會豈不見乾峯示衆曰舉一不得舉二放過一著落在第二師聞脫然悟入出世於雲蓋遷靈巖說法大有湛堂之風甞和忠道者牧牛頌曰兩角指天四脚著地拽斷鼻繩牧甚屎屁張無盡見之甚爲擊節因退雲巖過廬山而棲賢主者意不欲納乃故曰老老大大正是質庫中典牛耶師聞述偈曰質庫何曾解典牛秖緣價重實難酬想君本領無多子畢竟難禁這一頭竟去菴於武寧區曰典牛則終其身不出年近百歲而告寂焉徑山塗毒見時九十三矣

明高僧傳卷第五

明高僧傳卷第六　　千六

明天台山慈雲禪寺沙門釋如惺撰

習禪篇第三之三 正傳二十五人 附見十一人

平江府覺海寺沙門釋法因傳一

釋法因姑蘇嵎山朱氏子也少汩塵俗無意出纏年二十四始披緇服不終五夏遽爾遊方謁慧日雅禪師於東林慧日舉靈雲見桃花悟道因緣問之擬對曰曰不是不是忽有所契呈偈曰巖上桃花開花從何處來靈雲纔一見回首舞三臺慧日戒曰子雖見已入微更假着鞭當明大法於是居廬阜三十年不與世接四方仰之學者川騖蟻屯就其廬鞫因亦不辭煅煉隨機說法宋建炎末盜起江左乃順流東歸覺海緇白踵門問道嘗謂衆曰汝等當飽持定力弗憂晨炊干求外務也晚年放浪自若稱曰五松散人

眉州中巖寺沙門釋蘊能傳二 澄甫 崇真

釋蘊能號慧目郡之呂氏子也少習儒博究經史年二十二於村落校書偶於山寺見禪册在几閱之似有所得遂裂衣冠投僧圓具一鉢遐遊首參寶勝澄甫禪師徵詰酬酢所趣頗異逕往荊湖方謁永安喜真如喆德山繪諸公造詣益邃次抵大溈參椿禪師椿問曰桑梓何處曰西川椿曰聞西川有普賢菩薩示現是否曰今日親瞻慈相椿曰白象何在曰爪牙已具椿曰會轉身麽能提具繞禪床一帀椿曰不是能趨出一日椿問僧黃巢過後有人收得寶劒麽僧竪起拳椿曰菜刀子僧曰爭奈受用不盡椿喝出次問能亦竪拳椿曰也是菜刀子能便近前攔胸築曰殺得人即休椿笑曰三十年弄騎馬今日被驢撲由是聲播諸方返蜀初主報恩次居中巖

室中嘗問崇眞氊頭曰如何是你空劫已前面目眞忽領悟對曰和尚且低聲遂呈偈曰萬年倉裏曾饑饉大海中任儘長渴當時尋時尋不見今日避時避不得能印可之能住持三十餘年説法不許人錄臨終書偈辭衆端坐而化闍維時暴風忽起烟之所至皆雨舍利道俗斷地亦有得者心舌不壞而建塔焉

系曰能公不過一校書郎耳纔覲禪冊便知落處豈非再來人乎況乃遨遊諸師之門不無肯綮方接大溈眉睫即解轉身其利器固可知矣溈尤未可至問收劍因緣前僧寧無入處而終爲攛下及能公則別有通霄一路乃拈莖草而作吹毛大溈不免親遭鼈鼻一口公可謂得大機用者歟大溈固善爲人師能公亦不愧爲人弟也嗚呼世之師徒賓主相見能具此風彩作略庶不辜遊法海兩無遺憾不然總爲無孔鐵鎚負黃面漢不少矣勉哉

成都府信相寺沙門釋宗顯傳三

釋宗顯號正覺潼川王氏子也少選爲進士有聲嘗晝掬溪水爲戲至夜思之遂見水泠然盈室欲汲之不可得忽爾塵境自空歎曰吾世網裂矣往依昭覺白公得度蕭然一衲隨衆咨參一日白公問高高峯頂立深深海底行作麼生會忽於言下頓悟曰釘殺脚跟也白拈起拂子曰這箇又作麼生顯一笑而出服勤七祀出遊至京都淮浙徧歷叢林晚登五祖見演和尚問未知關棙子難過趙州橋如何是關棙子祖曰汝且在門外立顯進步一踏而退祖曰許多時茶飯元來也有人知滋味明日入室祖見顯便問是昨日問話僧否我固知你見處秖未過得白雲關在顯珍重便出時圓悟爲侍者乃以白雲關意扣悟悟曰直下會取顯笑曰我不是不會秖是未諳侍見這老漢共伊理會一上耳次日祖往舒城顯與悟繼往適會於興化祖問記得曾在那裏相見來顯曰全火秖候祖顧悟曰這漢饒舌後遊廬山回舉高高峯頂立話所得之意白五祖祖曰吾嘗以此事詰先師先師曰我曾問遠和尚遠曰猶有軟血之功虎有起屍之德非素達本源不能到也顯侍之久祖鍾愛之辭返蜀祖爲小參復送之以頌曰離鄉四十餘年一時忘却蜀語禪人回到成都切須記取魯語顯歸昭覺白公尚無恙再侍之聲譽藹然初出住長松次主保福大張爐鞴煆煉四方學者故龍象多出其輪下焉

嘉興報恩寺沙門釋法常傳四

釋法常開封人即丞相薛居正之後也宣和七年始解塵縛遐思高舉遂依長沙益陽華嚴軾公剃髮受田衣見者獅王居必寶社非法不言異軌弗顧深慕大乘不斥小教一日閱首楞嚴經乃廓爾義天淵通法海自是肆遊淮泗放浪湖湘後至台山萬年參謁雪巢一見機語契會命掌翰牋未幾請令首衆爲僧入室大有風彩澹然處世不飾衆緣室中唯一矮榻餘無長物紹興庚子九月望日語衆曰吾一月後不復留矣至十月二十一日書漁父詞於室門曰此事楞嚴嘗露布梅

花雪月交光處一笑寥寥空萬古風颾語迥然銀漢橫天宇蝶夢南華方栩栩班班誰跨豐干虎而今忘却來時路江山暮天涯目送鴻飛去書畢就榻收足而逝塔于寺西南

臨安府徑山沙門釋智策傳五 寂室光 大圓

釋智策號塗毒天台陳氏子也生而聰敏卓邁羣兒不樂世華潛思寥廓幼依護國楚光落髮授以僧儀一鉢蕭然研窮三藏首造國清寂室光公灑然有省次往明州謁萬壽大圓禪師問甚處來曰天台圓曰曾見智者麽曰即今亦不少圓曰因甚在汝脚跟下曰當面蹉過圓曰尚人不耘而秀不扶而直也一日辭圓門送之拊其背曰寶所在近此城非實策敬諾欲往豫章參典牛遊和尚道由雲居風因雪塞路無客進履越四十二日午聞板聲豁然大悟及造典牛之門牛獨指策曰何處見神見鬼來曰雲居聞板聲來牛曰是甚麽曰打破虛空全無柄靶牛曰向上事未在曰東家暗坐西家厮駡牛曰嶄然超出佛祖他日起家一麟足矣後奉旨住雙徑大弘典牛之道四方學者鱗布蝟集將示寂時爲文以祭自危坐傾聽至云尚饗爲之一笑後兩日沐浴更衣集衆說偈曰四大旣分飛烟雲任意歸秋天霜夜月萬里轉光輝泊然而逝塔全身于寺東岡之麓

臨安府靈隱寺沙門釋道樞傳六

釋道樞號懶菴吳興四安徐氏子也嘗叅道場慧禪師得授心印道業日隆初主何山移華藏隆興初詔遷靈隱宋孝宗召入內殿賜坐問曰禪道之要可得聞乎對曰此事在陛下堂堂日用應機處本無知見起滅之分聖凡迷悟之別第護正念則與道相應亡情却物則業不能繫盡去沉掉二病自忘問答之意矧今見在般若光明中何事不成見也上爲之首肯後以老乞退居明教之永安逍遙自適嘗題偈于壁曰雪裏梅花春信息池中月色夜精神年來可是無佳趣莫把家風舉似人淳熙丙申八月示微疾書偈而逝塔于永安

上京大儲慶寺沙門釋海慧傳七 清慧

釋海慧金國人也幼而英敏學不由師魯誥竺墳過目成誦初遊講肆如入龍宮性相玄途無不挾其英而挹其粹也所以法喜禪悅飯而飽餐潛踪五臺刀耕火種就巖縛屋一榻蕭然如是者十有五稔一日歎曰大丈夫當以衆生爲急溺是胡爲遂攜錫燕都徧歷禪寺隨緣演化七衆雲屯於是聲播寰宇道布宸宮金皇統三年六月英悼太子創造大儲慶寺於上京宮側告成極世精巧幻若天宮慕師道價降旨請爲開山第一代說法賜牒普度境內童行有籍于官者百萬爲僧尼次年詔迎栴檀瑞像供養于寺之積慶閣皇統五年海慧入寂火浴獲舍利五色無筭光明徹於空表異香彌旬金主偕后太子親王百官設供五日奉分五處建塔謚曰佛覺祐國大師次年正月詔清慧禪師住持儲慶賜號佛智護國大師命登國師座特賜金縷僧伽梨衣幷賜異瓶鑪寶器金主后妃太子頂禮雙足奉服法衣其震丹國王致敬沙門古所未若於是時也

常州華藏寺沙門釋有權傳八

釋有權號伊菴臨安昌化祁氏子也髫齡出家十四得度篤志勤勵博究羣章十八知有向上一著殫力叅求首禮佛智裕公於靈隱時無菴和尚充第一座權入室請益菴以從無住本建一切法問之權久而有省答曰暗裏穿針耳中出氣菴可之遂密付心印既有所得精進益堅一夕危坐深入禪那至於達旦雖行粥至忘乎展鉢隣僧以手觸之頓然大悟偈曰黒漆崑崙把釣竿古帆高掛下鸞湍蘆花影裏弄明月引得盲龜上釣船佛智深加稱賞一日問權心包太虛量廓沙界時如何對曰大海不宿死屍佛智撫其座曰此子他日據此訶佛罵祖去在權於是深自韜晦寄跡湖湘江浙之間十年然後或依應菴或見大慧凡明眼宿德躬往禮謁無菴出主道場召權分座說法自是聲播諸方未久有華藏之命開堂云禪禪無黨無偏迷時千里隔悟在口皮邊所以僧問石霜如何是禪霜曰甗甎僧問睦州如何是禪州曰猛火著猛油煎僧問首山如何是禪山曰猢猻上樹尾連顛師曰道無横徑立處孤危然此三大老而行聲前活路用劫外靈機若以衲僧正眼檢點將來不無優劣一人如張良入陣一人如項羽用兵一人如孔明料敵若人辨白得出可與佛祖齊肩雖然如是忽有箇出來道長老話作兩橛了也適來說道道無横徑無黨無偏而今又分許多優劣且作麽生秖對還委悉麽把手上山齊著力咽喉出氣自家知淳熙庚子秋示微疾書偈而逝荼毘齒舌不壞舍利五色者無數而建塔焉

南康軍雲居寺沙門釋德昇傳九 慧温

釋德昇號頑庵漢州何氏子也幼溺塵滓稍長夢醒二十得度游心講席三學四衆以義虎推焉忽以支解自嫌翻然易輒更衣頂笠謁文殊道和尚懇示佛法省要之旨道說偈曰契丹打破波斯寨奪得寶珠村裏賣十字街頭窮乞兒腰間掛箇風流袋昇將擬對道叱曰莫錯於是退叅三年方領前旨入閩鼓山禮覲竹庵問國師不跨石門句意旨如何竹庵應聲曰閉言語言下頓悟後有僧問如何是無位眞人昇曰聞時富貴見後貧窮釋慧温號蘿菴産于福州鄭氏與昇同依竹庵於東未幾因竹菴謝事自以胷次而未灑然又謁高庵悟南華昺草堂請諸耆宿皆蒙賞音會竹庵遷閩乾元温復歸省庵曰情生智隔想變體殊不用停囚長智道將一句來温釋然悟入呈偈曰拶出通身是口何妨罵雨訶風昨夜前村猛虎咬殺南山大蟲竹庵肯之後住通州狼山與昇共樹竹庵赤幟爲一方良導也

南康軍雲居寺沙門釋自圓傳十 善能

釋自圓號普雲綿州雍氏子也夙有靈根少能割愛卸欲梏如魚脫網入法苑似鳳棲梧十九試經得須祠牒染衣之後先探律宗作犯止持白圭良璧淹流教海五祀而後出關南下叅遊四衆咸推英俊徧扣尊宿始入龍門偶步廊廡覩繪壁間胡人之像忽爾有省至夕白于高庵庵舉法眼偈曰頭戴貂鼠帽腰懸羊角錐語不令人會須得人譯之庵即

筴火示之曰我爲汝譯了也圜於言下大悟呈偈曰外國言音不可窮起雲亭下一時通口門廣大無邊際吞盡楊岐栗棘蓬高菴遣侍佛眼眼曰吾道東矣釋善能亦高菴嗣法門人其族嚴陵未詳姓氏一日高菴普請擇菜次菴知其緣熟忽以猫兒擲能懷中能擬議被菴攔胷踏倒豁然大悟起惟吟笑而已歷侍既久德馨遠聞緇素傾心天人擁出住持福州中際大闡宗風世稱雙樹法幢云

臨安府淨慈寺沙門釋彥充傳十一

釋彥充號肯堂杭之於潛盛氏子也幼即慧性朗然善根內著生而知有顧脫塵羈遂依明空院釋義堪薙髮五夏學律一鉢孤征逕造大愚宏智正堂大圓後聞僧舉東林顏示衆曰我此間別無玄妙秖有木札羹鐵釘飯一任汝等咬嚼彥竊喜之直謁陳所見解東林謂曰據汝所見處正坐在鑑覺中也彥盡將從前所得底一時颺下專注一心精勤綦究一日聞傍僧舉南泉道時人見此一株花如夢相似乃默自覺曰打草秖要蛇驚耳次曰入室東林問那裏是巖頭密啓其意處彥曰今日捉敗這老賊林曰達磨大師性命在汝手裏也彥擬開口驀然被林攔胷一拳頓即大悟汗流浹背點首言曰臨濟道黃蘗佛法無多子豈虛語哉呈偈曰爲人須爲徹殺人須見血德山與巖頭萬里一條鐵林深然之

婺州智者寺沙門釋眞慈傳十二

釋眞慈號元菴潼川李氏子也總角即慕空寂好遊伽藍懇父母依成都之正法院圓頂受具足大小乘戒潔肅氷雪解慧日隆耽嗜貝文徧遊講肆聽圓覺修多羅至四大各離今者妄身當在何處畢竟無體實同幻化因而有省頌曰一顆明珠在我這裏撥著動著放光動地呈似諸座講師無能識者歸舉受業師師以狗子無佛性話詰之慈曰百千公案無出此頌也師乃叱出因而南遊廬阜掛錫圓通時卍菴爲西堂爲衆入室舉僧問雲門撥塵見佛時如何門曰佛亦是塵慈聞豁然隨聲便喝以手指胷曰佛亦是塵復呈頌曰撥塵見佛佛亦是塵問了答了直下翻身勸君更盡一杯酒西出陽關無故人又頌塵塵三昧曰鉢裏飯桶裏水別寶崑崙坐潭底一塵塵上走須彌明眼波斯笑彈指笑彈指珊瑚枝上清風起卍菴頷之於是聲揚四表道洽殊途出主智者誨誘學者大屠龍之手焉

福州鼓山沙門釋安永傳十三

釋安永號木菴閩縣吳氏子也永生具道質行止肅然身汨愛纏心懷遐舉弱冠薙髮高標物外聞有別傳之道乃謁懶菴禪師於雲門入室之際菴顧而問曰不問有言不問無言世尊良久不得向世尊良久處會隨後便喝永倏然契悟諸人未得箇入處須得箇入處既得箇入處不得忘却老僧永曰恁麼說話面皮厚多少木菴則不然諸人未得箇入處須得箇入處既得箇入處直須揚下入處始得凡所說法簡明如此時有安分菴主少與永共肄業於安國後永偕依懶菴不契辭謁大慧於徑山行次錢塘江干仰瞻宮闕忽

聞街司喝侍郎來分忽大悟偈曰幾年個事掛胷懷問盡諸方眼不開肝膽此時俱裂破一聲江上侍郎來竟回西禪懶菴迺之付以伽黎衣自爾不規所寓後菴居劒門化被嶺表學者從之

臨安[十六]府淨慈寺[十三]沙門釋曇密傳十四

釋曇密號混源天台盧氏子也生即英敏頴異匪凡幼失廕天志懷高邁初依邑之資福道欒研窮竺教十六圓具足戒登大僧籍大小律部瑩無瑕疵精習天台教觀而於頓漸偏圓性具理毒之旨如指諸掌一日歎曰教乘之妙無得而稱但未離於名言終非見性不若更衣從別傳之學倘有隙見足快生平聞大慧唱道徑山腰包禮謁又訪雪巢一此庵元諸公皆無省發於是從閩而之泉南投教忠光和尚俾職維那聞忠舉香嚴擊竹因緣豁然契悟呈偈忠詰玄沙未徹之語對酧無滯始蠲曰子此後方可見大慧也於是受教辭往梅陽服勤四載慧嘗登座馬出世奉詔住持淨慈大弘教忠之道戶外之屨常滿示寂塔于本山之西北隅

明州天童寺沙門釋咸傑傳十五

釋咸傑字密庵福州鄭氏子也其母夢廬山老僧入舍遂舉師自幼頴異過人及壯剃髮進具徧叅知識最後謁應菴華和尚於衢州明果庵一日問曰如何是正法眼答曰破沙盆應庵頷之說偈曰大徹投機句當陽廓頂門相從今四載徵詰洞無痕雖未付衣鉢氣宇吞乾坤却把正法眼喚作破沙盆後出住衢州烏巨庵次遷祥符蔣山華藏未幾奉詔主徑山及靈隱上堂牛頭橫說竪說不知有向上關棙子有般漆桶漢東西不辯南北不分如何是向上關棙子何異開眼尿牀我有一轉語不在向上向下千手大悲摸索不著老僧今[十六]日布施大衆[十四]去也良久曰達磨大師無當門齒上堂卓拄杖曰迷時秖迷這個復卓一下曰悟時秖悟這個迷悟兩忘糞掃堆頭重添搕𢶍莫有東涌西沒全機獨脫處道得一句底麼若道不得老僧自道去也擲拄杖曰三十年後又舉金峰和尚示衆云老僧二十年前有老婆心二十年後無老婆心僧問如何是和尚有老婆心峰曰問凡答凡問聖答聖僧又問如何是和尚無老婆心峰曰問凡不答凡問聖不答聖師曰我當時若見他恁麼說好向他道你若自瞥地去自然不落這聖凡窠臼也又舉婆子燒庵話畢師曰這個公案叢林中多有拈提者老僧今日裂破面皮不免對衆納敗闕一上定要諸方檢點明白乃召衆曰這婆子住處深穩水泄不通偏向枯木上糝花寒巖中發燄這僧孤身迥迥慣入洪波等閒坐斷潑天潮頭到底自無涓滴仔細檢點將來敲枷打鎻則不無若謂佛法二人俱未夢見在今老僧與麼提持畢竟意歸何處良久曰一把柳絲收不得和烟搭在玉欄干上堂[十五]卓拄杖曰盡大地喚作一句子[十六]擔枷帶鎻不喚作一句子業識茫茫兩頭俱透脫得了淨倮倮赤洒洒不可把達磨一宗掃地而盡所以雲門大師道盡乾坤大地無纖毫過患猶是轉句不見一法始是半提更須知有全提在師曰劒去久矣方乃

剗舟拄杖卓一卓下座

夔州臥龍山沙門釋祖先傳十六 法薰

釋祖先字破庵廣安王氏子也幼歲出家力叅祖道夜不安寢一衲隨身聞密庵大弘臨濟之宗遂腰包叅謁密庵知是大器深加鎚拶一日密庵上堂示衆忽有省後密庵住靈隱命師分座偶有道者問曰猢猻捉不住時奈何師曰用捉作什麽如風吹水自然成文有講楞嚴座主求示師說偈曰見猶離見非眞見還盡八還無可還木落秋空山骨露不知誰識老瞿曇時有石田法薰叅師舉世尊拈花迦葉微笑話詰之薰對曰焦磚打破連底凍赤眼撞著火柴頭師頷之後出世爲嗣法焉

臨安府靈隱寺沙門釋崇岳傳十七

釋崇岳字松源處州龍泉吳氏子也隆興二年得度於杭之西湖白蓮精舍叅方最久後謁密菴傑和尚聞室中問僧不是心不是佛不是物話忽大悟遂得心印因密菴還靈隱命居第一座久之出世首住平江澄照次居江陰光孝饒之薦福明之香山寧宗慶元三年詔住靈隱三易寒暑乞老退居寺之東庵嘉泰二年八月四日手書別公卿垂語示學者曰有大力量人因甚擡脚不起又曰開口不在舌頭上貽囑弟子以闡法是務乃書偈曰來無所來去無所去瞥轉玄關佛祖罔措加趺而逝壽七十一臘四十塔全身于北高峰之原得法者香山光睦雲居善開

臨安府徑山沙門釋師範傳十八

釋師範字無準蜀之梓潼雍氏子也年九歲依陰平山道欽和尚出家讀書過目成誦南宋紹熙六年始腰包遊於成都正法寺請益堯和尚坐禪工夫堯曰禪是何物坐的是誰師於是晝夜體究一日如厠因提前話有省明年出遊廣浙謁佛照於育王照問何處人曰劒州又問帶得劒來麽師便喝佛照笑曰這鳥頭子也亂做師貧無資薙髮故人目之曰烏頭子破庵居靈隱師侍次時有一道者問破庵猢猻子捉不住奈何破庵曰用捉作麽如風吹水自然成文師於言下大悟未幾同月石溪公遊天台鴈宕時雪峰雲和尚住瑞巖留師分座夜夢一偉人手持把茅授與師次日明州清涼寺專使迎師方入院見伽藍神牌書茅姓然其衣冠與夢所見無異住三年遷焦山次雪竇又奉旨領主阿育王久之補雙徑無何召入大内修政殿說法稱旨賜金襴衣加佛鑑禪師之號師住徑山其殿宇兩遭回録皆兩復新之又去寺四十里築室百楹接待雲水額曰萬年正續次於其西數百步結庵爲歸藏之所又建重閣其上藏朝廷所賜御翰師之先世居蜀遇亂絕嗣乃於山中設祠祀俗之祖父事聞於朝賜額曰圓照以徵其孝思宋淳祐戊申乃築室明月池上扁曰退耕是年三月旦日疾作遂升座謂衆曰山僧既老且病無力與諸人東語西話今勉强出來將從前說不到的盡情向諸人抖擻去也遂起身抖衣曰是多少便歸方丈十五日集衆親書遺表遺書數十言而與客言笑諧謔如平時至夜書偈曰來時空索索去也赤條條更要問端的天台有石橋移

項而逝停龕二七日遺表上聞帝遣中使降香賜幣帛奉全身塔于圓照

鄭州普照寺沙門釋道悟傳十九（附白雲海）

釋道悟號佛光陝西蘭州冠氏子也師生即齒髮俱長具大人相年十六力求出家父母不聽乃絕食幾死遂捨入里中寺祝髮閱二年偶宿臨洮灣子店夢梵僧振聲喚覺忽聞馬嘶豁然大悟喜不自勝說偈曰見也羅見也羅徧虛空只這個遂歸告母曰某於途中拾一物母問何物師曰無始來不見了的母掌曰何喜之有遂辭欲叅方去母問汝將何之答曰水流須到海鶴出白雲頭先是熊耳山有白雲海禪師雖住古刹不畜一徒人或問和尚何不擇一法嗣去海曰芝蘭秀發獨出西秦[十六]曰幾時至海[十八]曰行脚了也師腰包將至海命侍者鳴鐘集衆曰我關西弟子來也然此寺原是郭子儀所建今渠自來住持汝當迎之師方入門海遙見便云相公來何暮也師進前曰諾海大笑竟授與衣法令繼其席自即退隱寺側先有羣盜盤踞劫民受其害或請海捕之海曰非老僧所能也不乂郭公至必自捕也民弗解其說後師居寺方三日乃率衆往擒盡縛之破其穴將欲盡誅賊衆乞命師從容謂曰汝劫財物傷人命分當死矣今汝乞命獨不念彼命乎賊叩首流血願從三寶戒誓不爲非師爲說偈剃髮釋之自是路不拾遺者數十年人始信師實郭令公之再來也宋大定二十四年海公歿師方出主鄭州普照又遷三鄉竹閣庵身著白衣跨黃犢吹短笛遊於洛中嘗曰道我凡耶曾向聖位中來道我聖耶又向凡位中去道我非凡非聖耶却向毘盧頂上別有行處泰和五年於臨洮大勢寺結夏闡圓覺經謂衆曰此席將半吾當行矣五月十二日晚小叅爲衆談第一[廿六]義晨興呼[十九]侍僧曰我病覓藥去侍僧將出門師已蛻矣上有五色祥雲盤結似蓋紅光如日彌塞四維三日不散世壽五十五僧臘三十有九弟子舉全身建塔焉

系曰迦葉聞那羅王三奏樂則三起舞非習氣其誰耶昔郭汾陽能爲國討賊拯民於塗炭今爲佛光居寺方三日便擒羣盜得非習氣使然者乎觀其著白衣騎黃犢而吹笛遊洛自稱於毘盧頂上別有行處此又不可思議也矣

江西羅湖沙門釋曉瑩傳二十

釋曉瑩字仲温未詳氏族歷叅叢席頗明大事四衆推重晚歸羅湖之上杜門却掃不與世接惟以生平之所見聞諸方尊宿提唱之語及友朋談說議論宗教之言或得於殘碑蠧簡有關典謨之說皆會萃成編曰羅湖野録其所載者皆命世宗匠賢士大夫言行之粹美機鋒之勁捷酧酢之雄偉氣格之弘曠可以輔宗乘訓後學抑起人于至善是故閱者不忍釋手云

名山天寧寺沙門釋禪惠傳二十一

釋禪惠即名山人也家世業儒屢舉不第元符間郡守呂由誠見以僧勅戲之遂棄儒從釋力叅祖道得大開悟初出住邑天寧寺出入必策馬乘輿諸耆宿言以佛法貴乎苦行固不宜乘輿馬服綺繡師答以偈曰文殊駕

師子普賢跨象王新來一個佛騎馬也無妨凡所說法機鋒敏捷有語錄行世

巴川宣密院沙門釋顯萬傳二十二 淨業

釋顯萬西蜀重慶銅梁李氏子飽叅倦遊出世住巴川之宣密院三十年跡不出閫紹興中集衆說偈曰(千六)八十年中常(二十)浩浩宏開肆貨摩尼寶也無一個共商量不是山僧收舖早言訖端坐而逝荼毘舍利無筭時有淨業和尚石照文氏子少業屠有羊方乳二羔將殺之二羔銜其刀跪伏於門若乞毋命師感歎棄家爲僧力叅宗匠忽大悟作偈曰昨日羅剎心今朝菩薩面羅剎與菩薩不隔一條線

平江靜濟沙門釋法全傳二十三

釋法全字無菴崑山陳氏子生有偉質溫粹不凡幼請父母從道川禪師爲僧參請精勤志明大事一日行靜濟寺殿前偶觸首於柱忽大悟傍觀者見其光彩飛動而不自知自此徧遊名山叢席道價日益乾道中將示寂衆求遺偈師瞪目下視衆又請遂援筆書無無二字端坐而逝闍維得舍利五色塔于金斗峰

臨安徑山沙門釋　冲傳二十四

釋　冲字癡絕武信長江荀氏子也首叅杭之妙果曹源生和尚大悟玄旨出世嘉禾之天寧次遷蔣山雪峰無何奉旨住四明天童三年詔補靈隱時(千六)京兆尹建法華寺(二十一)特奏請師爲開山第一代允之未赴宋理宗降勅命主杭州雙徑師謂衆曰不赴法華則不信違徑山之命則不恭旣失恭與信何以爲後學法遂慨然就法華開堂月餘即御旨登徑山於是一衆響合歡聲若雷臨入滅乃手書記敘得法之由上堂說法辭衆入方丈囑後事至夜分正坐與衆論道移時蛻然而逝當理宗三年三月十五日也世壽八十二僧臘六十一荼毘舍利瑩然弟子分塔二處一于本山菖蒲田玉芝菴一于金陵玉山菴

保定興聖寺沙門釋德富傳二十五

釋德富保定易縣謝氏子也年七歲力求出家父母感異夢遂捨入興聖寺依眞空和尚薙髮受具戒力究大法一日經行次忽大悟自是名播叢林宋皇慶初萬山壽和尚奉旨大興水陸齋會請師開堂說法七衆咸集師方升座說偈忽於座上放大光明徧照空際現諸瑞相良久方隱聞于朝廷賜通辯大師之號併金僧伽黎衣及後示滅有白光頂出照耀四達荼毘得舍利數十顆建塔

明高僧傳卷第六

御製神僧傳序

城二

神僧者神化萬變而超乎其類者也然皆有傳散見經典觀者猝欲考求三藏之文宏博浩汗。未能周徧是以世多不能盡知而亦莫窮其所以為神也。故間繙閱采輯其傳總為九卷使觀者不必用力於搜求。一覽而盡得之。如入寶藏而眾美畢聚遂用刻梓以傳昭著其迹於天地間。使人皆知神僧之所以為神者有可徵矣。用書此于編首槩見其大意云爾。

永樂十五年正月初六日

神僧傳目錄

神僧傳目録

神僧傳卷第一

摩騰

釋摩騰本中天竺人也。美風儀。解大小乘經。常以遊化爲任。往天竺附庸小國講金光明經。會敵國侵境。騰惟曰。經云。能說此法。爲地神所護。使所居安樂。今鋒鏑方始。曾是爲益乎。乃誓以忘身。躬往和勸。遂致二國交歡。由是顯譽。逮漢永平中。明帝夜夢金人飛空而至。乃大集群臣以占所夢。通人傅毅奏曰。臣聞西域有神。其名曰佛。陛下所夢將必是乎。帝以爲然。即遣郎中蔡愔博士弟子秦景等往天竺尋訪佛法。愔等於彼遇見摩騰。要還漢地。騰誓志弘通。不憚疲苦。冒涉流沙。至於雒邑。明帝甚加賞接。於城西門外立精舍以處之。漢地有沙門自騰始也。但大法初傳。未有歸信。故蘊其深解。無所宣述。後卒於雒陽。有記云。騰譯四十二章經一卷。初緘在蘭臺石室第十四間中。騰所住處。今雒陽城西雍門外白馬寺是也。相傳云。外國有王嘗毀破諸寺。唯招提寺未及毀壞。夜有一白馬繞塔

悲鳴即以啓王王即停壞諸寺因改招提以爲白馬故諸寺立名多取則焉

法蘭

竺法蘭中天竺人也自言誦經論數萬章爲天竺學者之師時蔡愔既至彼國蘭與摩騰共契遊化遂相隨而來既達雒陽與騰同止少時便善漢言愔於西域獲經即爲翻譯所謂十地斷結佛本生法海藏佛本行四十二章等五部會移都寇亂四部失本不傳江左唯四十二章經今見在可二千餘言漢地見存諸經唯此爲始也愔又於西域得畫釋迦倚像是優田王旃檀像師第四作既至雒陽明帝即令畫工圖寫置清涼臺中及顯節陵上舊像今不復存焉又昔漢武穿昆明池底得黑灰問東方朔朔云可問西域梵人法蘭既至衆人追問之蘭云世界終盡劫火洞燒此灰是也其言有徵信者甚衆後卒於雒陽春秋六十餘矣

世高

安清字世高安息國王子也幼以孝行見稱加又志業聰敏剋意好學外國典籍及七曜五行醫方異術乃至鳥獸之聲無不綜達嘗行見群燕忽謂伴曰燕云應有送食者頃之果有致焉衆咸奇之故俊異之聲早被西域國出家修道博曉經藏尤精阿毘曇學既而遊方偏歷諸國以漢桓初年到中夏通習華言宣譯諸經多有神迹自稱先身已經出家有一同學多瞋分衛值施主不稱每輒懟音對恨高屢加訶諫終不悛改如此二十餘年乃與同學辭訣云我當往廣州畢宿世之對卿明經精懃不在吾後而性多恚怒命過當受惡形我若得道必當相度既而適廣州值寇亂路逢一少年唾手拔刀曰真得汝矣高笑曰我宿命負卿遠來相償卿之忿怒故是前世時意也乃延頸受刃容無懼色少年殺之觀者填陌莫不駭其奇異既而神識還爲安息王太子遊化中國值靈帝末關洛擾亂乃振錫江南云我當過廬山度昔同學行達䢼音宮亭湖廟此廟舊有威靈商旅祈禱能分風送船上下各無留滯嘗有乞神竹者未許輒取舫即覆沒竹還本處自是舟人敬憚莫不懾影高同旅三十餘船奉牲請福神乃降祝曰舫有沙門可便呼上客咸驚愕請高入廟神告高曰吾昔外國與子俱出家學道好行布施而性多瞋怒今爲䢼亭廟神周迴千里並吾所治以布施故珍玩甚豐以瞋恚故墮此神報今見同學悲欣可言壽盡旦夕而醜形長大若於此捨命穢汙江湖當度山西澤中此身滅後恐墮地獄吾有絹千疋并雜寶物可爲立法營塔使生善處也高曰遠來相度何不出形神曰形甚醜異衆人必懼高曰但出衆不怪也神從牀後出頭乃是大蟒不知尾之長短至高膝邊高向之梵語數番讚唄數契蟒悲淚如雨須臾還隱高即取絹物辭別而去舟侶颺帆蟒復出身登山而望衆人舉手然後乃滅倏忽之頃便達豫章即以廟物爲造東寺高去後神即命過暮有一少年上船長跪高前受其呪願忽然不見高謂船人曰向之少年即䢼亭廟神得離惡形矣於是廟神歇矣無復靈驗後人於山西澤中見

一先蟒頭尾數里今潯陽郡蛇村是也高後復到廣州尋其前世害已少年時少年尚在高徑投其家說昔日償對之事并敘宿緣歡喜相向云吾猶有餘報今當往會稽畢對廣州客悟高非凡豁然意解追悔前愆厚相資供隨高東遊遂達會稽至便入市正值市中有群鬪者誤傷高首應時殞命廣州客頻驗二報遂精勤佛法具說事緣遠近聞知莫不歎異焉

僧會

釋僧會俗姓康氏其先康居國人世居天竺其父因商賈移于交阯會年十餘歲二親並亡以至性居憂服闋出家厲行甚峻為人弘雅有識量篤志好學明解三藏博覽六經天文圖緯多所綜涉辯於樞機頗屬文翰時孫權已制江左而佛教未行赤烏十年初達建業營立茅茨設像行道時吳國以初見沙門覩形而未及其道疑為矯異有司奏曰有胡人入境自稱沙門容服非常事應檢察權曰昔漢明帝夢神號稱為佛彼之所事豈其遺風耶即召會詰問有何靈驗會曰如來遷迹忽逾千載遺骨舍利神曜無方昔阿育王起塔及八萬四千夫塔寺之興以表遺化也權以為誇誕乃謂會曰若能得舍利當為造塔如其虛妄國有常刑會請期七日乃謂其屬曰法之興廢在此一舉今不至誠後將何及乃共潔齋靜室以銅瓶加几燒香禮請七日期畢寂然無應求申二七亦復如之權曰此欺誑將欲加罪會更請三七日權又特聽會謂法侶曰宣尼有言文王既沒文不在茲乎法靈應降而吾等無感何假王憲當以誓死為期耳三七日暮猶無所見莫不震懼既入五更忽聞瓶中鎗然有聲會自往視果獲舍利明旦權自手執瓶瀉于銅盤舍利所衝盤即破碎權肅然驚起曰希有之瑞也會進而言曰舍利威神豈直光相而已乃劫燒之火不能焚金剛之杵不能碎權令試之會更誓曰法雲方被蒼生仰澤願更垂神迹以廣示威靈乃置舍利於鐵砧礁上使力者擊之於是砧礁俱陷舍利無損權大嗟伏即為建塔以始有佛寺故號建初寺名其地為佛陀里由是江左大法遂興至孫皓即位法令苛虐廢棄淫祀毀壞佛寺嘗使衛兵入後宮治園於地得一金像高數尺呈皓皓使著不淨處以穢汁灌之共諸群臣笑以為樂俄爾之間舉身大腫陰處尤痛叫呼徹天太史占言犯大神所為即祈祝諸廟求福婇女即迎像置殿上香湯洗數十徧燒香懺悔皓叩頭于枕自陳罪狀有頃痛間遣使至寺請會說法會即隨入皓具問罪福之由會為敷析辭甚精要皓有才解欣然大悅因求看沙門戒會以戒文禁祕不可輕宣乃取本業百三十五願分作二百五十事行住坐臥皆願眾生皓見慈願廣普益增善意既就會受五戒旬日疾瘳乃於會所住更加修飾宣示宗室莫不尊奉會在吳朝亟說正法以皓性兇粗不及妙義唯敘報應近事以開其心天紀四年皓降晉九月會遘疾而終是歲晉武太康元年也至晉成帝咸和中蘇峻作亂焚會所建塔司空何充復更修造平西將軍趙誘世不奉法

假蔑三寶又此寺請諸道人曰久聞此塔屢放光明虛誕不經所未能信若必自覩所不論耳言竟塔即出五色光照曜堂刹肅然毛竪由是敬信於寺東更立一小塔唐高宗永徽中復見形于越稱是遊方僧而神氣瓌異見者悚然罔知階位時寺綱糾詰其由罵驅逐之會行及門乃語之曰吾康僧會也苟能留吾眞體福爾伽藍跬步之間立而息絶既而雙目微瞑精爽不銷舉手如迎揖焉足跨似欲行者衆議偃其靈軀寘於窀穸人力殫絶略不傾移遂遷于勝地別立崇堂越人競以香花燈燭繒綵旛蓋果實衣器請祈心願多諧人意初越之軍旅多寓永欣其婦女生產兵士輩血觸汙僧藍人不堪其穢惡會乃化形往謁閫廉使李若初且曰君侯領越之藩條託爲遷之軍旅語罷拂衣而去尋失蹤跡李公喜而駭且記其言後果赴是郡及上官託便謁靈迹認當時言者即斯僧也命撤軍家勒就營幕又匹婦夜臨蓐席且無脂燭鄰無隙光俄有一僧秉炯自牖而入其夫旦入永欣認會貌即是授火救產之僧自爾民間多就求男女焉又嘗就閭閻家求草屨至今越人多以芒鞵油旛上獻感應肸蠁各赴人家不可周述號超化禪師

朱士行

朱士行穎川人少出家專務經典嘗講道行經覺文意隱僻遂誓志遠求大本西至于闐得梵書正本將歸洛陽其國學衆乃白王云漢地沙門欲以婆羅門書惑亂正典若不禁之恐聾盲漢地王即不聽賫經士行深懷痛心乃求燒經爲證王許焉於是積薪殿前以焚之臨火誓曰若大法應流漢地經當不然如其無護命也言已投經火中火即爲滅不損一字大衆駭服咸稱其神感遂得送至中國後士行終于闐年八十闍維之薪盡火滅屍猶能全衆咸驚異乃呪曰若眞得道法當毁敗應聲碎散因歛骨起塔焉

訶羅竭

訶羅竭者莫詳氏族少出家誦經二百萬言性虛玄守戒節善舉措美容色多行頭陀編宿山野晉武帝太康九年暫至洛陽時疾疫流行死者相繼竭爲呪治十差八九至晉惠帝元康元年乃西入止婁至山石室中坐禪此室去水遠甚時人欲爲開澗竭曰不假相勞乃自以左腳躡室西石壁壁陷没指既拔足水從中出清香甘美四時不絶來飲者皆止飢渴除疾病至元康八年端坐從化弟子依國法闍維之焚燎累日而屍猶坐火中永不灰燼乃移還石室内

耆域

耆域者天竺人也周流華戎靡有常所而倜儻神奇任性忽俗迹行不恒時人莫之能測自發天竺至于扶南經諸海濱爰涉交廣並有靈異既達襄陽欲寄載過江船人見梵沙門衣服弊陋輕而不載船達北岸域亦已度前行見兩虎虎弭耳掉尾域以手摩其頭虎下道而去兩岸見者隨從成群晉惠之末至于洛陽諸人悉爲作禮域胡踞晏然不動容色時或告人以前身所更謂支法淵從羊中來竺法興從人中來又譏諸衆僧謂衣服華

壁不應素法見洛陽宮城云彷彿似忉利天宮但自然之與人事不同耳域謂沙門耆闍蜜曰匠此宮者從忉利天來成便還天上矣屋脊尾下應有千五百作器時咸云昔聞此匠實以作器著尾下時衡陽太守南陽滕永文在洛寄住滿水寺兩脚攣屈不能起行域往視之曰君欲得病差何不取淨水一杯楊柳一枝來域即以楊枝拂水舉手向永文而呪如此者三因以手搦永文膝令起即時而起行步如故此寺中有思惟樹數十株枯死域問永文樹死幾時永文曰積年矣域即向樹呪如呪永文法樹尋蕤發扶踈榮茂尚方暑中有一人病癥將死域以應器著病者腹上白布通覆之呪願數千言即有晁氣燻徹一室病者曰我活矣域令人舉布應器中有若淤泥者數升晁不可近病者遂瘥洛陽兵亂辭還天竺洛中沙門數百人各請域中食域皆許往明旦五百舍皆有一域始謂獨過末相雠問方知分身降馬既發諸道人送至河南城域徐行追者不及域乃以杖畫地曰於斯別矣其日有從長安來者見域在彼寺中後有賈客胡濕登謂於是日將暮逢域於流沙計已九千餘里既還西域不知所終

法朗

釋康法朗學于中山永嘉中與一比丘西入天竺行過流沙千有餘里見道邊敗壞佛圖無復堂殿蓬蒿滿目法朗等下路瞻禮見有二僧各居其傍一人讀經一人患痢穢汙盈房其讀經者了不營視朗等惻然興念爲煑糜粥掃除浣濯至六日病者稍困注痢如泉朗等共料理之其夜朗等並謂病者必不移旦至明晨往視之容色光悅病狀頓除然屋中穢物皆是華馨朗等乃悟是得道之士以試人也病者曰隔房比丘是我和尚久得道慧可往禮覲法朗等先嫌讀經沙門無慈愛心聞已乃作禮悔過讀經者曰諸君誠契幷至同當入道朗公宿學業淺此世未得願也謂朗伴云惠若植根深當現世得願因而留之法朗後還山中爲大法師道俗宗之

佛圖澄

佛圖澄者西域人也本姓白氏少出家清眞務學誦經數百萬言以永嘉四年來適洛陽志弘大法善念神呪能役使鬼物以麻油雜臙脂塗掌千里外事皆徹見掌中如對面焉亦能令潔齋者見又聽鈴音以言事無不效驗欲於洛陽立寺值劉曜寇洛臺帝京擾亂澄立寺之志遂不果乃潛身草野以觀世變時石勒屯兵葛陂專以殺戮爲威沙門遇害者甚衆澄憫念蒼生欲以道化勒於是杖策到軍門勒大將郭黑略素奉法澄即投止黑略家黑略從受五戒崇弟子之禮黑略後從勒征伐輒預尅勝負勒疑而問曰孤不覺卿有出衆智謀而每知行軍吉凶何也黑略曰將軍天挺神武幽靈所助有一沙門知術非常云將軍當略有區夏已應爲師臣前後所白皆其言也勒喜曰天賜也召澄問曰佛道有何靈驗澄知勒不達深理止可以道術爲教因言曰至道雖遠亦可以近事爲證即取器盛水燒香呪之須臾生青蓮華光色耀目勒由此信伏澄因諫曰夫王者德化洽於宇

內則四靈表瑞跋弊道銷則彗孛見於上恒象著見休咎隨行斯乃古今之常理天人之明戒勒甚悦之凡應被誅殘蒙其利益者十有八九於是中州之胡皆願奉佛時有痼疾世莫能治者澄爲醫療應時疾瘳勒自葛陂還河北過枋頭人夜欲斫營澄語黑略曰須臾賊至可令公知果如其言有備故不敗勒欲試澄夜冠冑衣甲執刀而坐遣人告澄云夜來不知大將軍所在使人始至未及有言澄逆問曰平居無寇何故夜嚴勒益敬之勒後因忿欲害諸道士并欲苦澄澄乃避至黑略舍語弟子曰若將軍使至問吾所在者報云不知所之使人尋至覓澄不得使還報勒勒驚曰吾有惡意向聖人聖人捨我去矣通夜不寢思欲見澄澄知勒意悔明旦造勒勒曰昨夜何行澄曰公有怒心昨故權避公今改意是以敢來勒大笑曰道人謬耳襄國城塹水源在城西北五里團丸祠下其水暴竭勒問澄何以致水澄曰今當勑龍勒字世龍謂澄嘲已答曰正以龍不能致水故相問耳

澄曰此誠言非戲也水泉之源必有神龍居之往以勑語告之水必可得乃與弟子法首等數人至泉源上其源故處久已乾燥坼如車轍從者心疑恐水難得澄坐繩牀燒安息香呪願數百言如此三日水泫然微流有一小龍長五六寸許隨水來出諸道士競往視之澄曰龍有毒勿臨其上有頃水大至隍塹皆滿澄閑坐歎曰後二日當有一小人驚動此下既而襄國人薛合有二子既小且驕輕侮鮮卑奴奴忿抽刀刺殺其弟執兄于室以刀擬心若人入室便欲加手謂薛合曰送我還國我活汝兒不然共死於此內外驚愕莫敢往觀勒乃自往視之謂薛合曰送奴以全卿子誠爲善事此法一聞方爲後害卿且寬情國有常憲命人取奴奴遂殺兒而死鮮卑段波攻勒其衆甚盛勒懼問澄澄曰昨寺鈴鳴云明旦食時當擒段波勒登城望波軍不見前後失色曰軍行地傾波豈可獲是公安我辭耳更遣夔安問澄澄曰已獲波矣時城北伏兵出遇波執之澄勸勒宥波遣還本國

勒從之卒獲其用時劉載已死載從弟曜篡襲僞位稱元光初光初八年曜遣從弟中山王岳將兵攻勒勒遣石虎率步騎拒之大戰洛西岳敗保石梁塢虎堅柵守之澄與弟子自官寺至中寺始入寺門歎曰劉岳可憫弟子法祚問其故澄曰昨亥時岳已被執果如所言光初十一年曜自率兵攻洛陽勒欲自往拒曜內外僚佐無不必諫勒以訪澄澄曰相輪鈴音云秀支替戾岡僕谷拘禿當此羯語也秀支替戾岡出也僕谷劉曜胡位也拘禿當捉也此言軍出捉得曜也時徐光聞澄此言苦勸勒行勒乃留長子石弘共澄以鎮襄國自率中軍步騎直指洛陽城兩陣纔交曜軍大潰曜馬沒水中石堪生擒之送勒澄時以物塗掌觀之見有大衆中縛一人朱絲約其肘因以告弘當爾之時正生擒曜也曜平之後勒乃僭稱趙天王行皇帝事改元建平是歲晉成帝咸和五年也勒登位已後事澄彌篤時石蔥叛其年澄戒勒曰今年蔥中有蟲食必害人可令百姓無食蔥也勒頒告

境內愼無食葱到八月石葱果走勒益加尊
重有事必諮而後行號大和尚石虎有子名
斌後勒以爲兒勒愛之甚重忽暴病而亡已
涉二日勒曰朕聞虢太子死扁鵲能生大和
尚國之神人可急往告必能致福澄乃取楊
枝呪之須臾能起有頃平復由是勒諸稚子
多在佛寺中養之每至四月八日勒躬自詣
寺灌佛爲兒發願至建平四年四月天靜無
風而塔上一鈴獨鳴澄謂衆曰鈴音云國有
大喪不出今年矣是歲七月勒死太子弘襲
位少時虎廢弘自立遷都于鄴稱元建武傾
心事澄有重於勒澄時止鄴城內中寺遣弟
子法常北至襄國弟子法佐從襄國還相遇
在梁基城下共宿對車夜談言及和尚比旦
各去法佐至始入覲澄澄逆笑曰昨夜爾與
法常交車共說汝師耶先民有言不曰敬乎
幽而不改不曰愼乎獨而不怠幽獨者敬愼
之本爾不識乎佐愕然愧懺於是國人每共
相語曰莫起惡心和尚知汝及澄之所在無
敢向其方面涕唾便利者時太子石邃有二

子在襄國澄語邃曰小阿彌比當得疾可往
迎之邃即馳信往視果已得疾太醫殷騰及
外國道士自言能治澄告弟子法牙曰正使
聖人復出不愈此疾況此等乎後三日果死
石邃荒酒將圖爲逆謂內豎曰和尚神通倘
發吾謀明日來者當先除之澄月望將入覲
虎謂弟子僧惠曰昨夜天神呼我曰明日若
入還勿過人我倘有所過汝當止我澄常入
必過邃邃知澄入要候甚苦澄將上南臺僧
惠引衣澄曰事不得止坐未安便起邃固留
不住所謀遂差還寺歎曰太子作亂其形將
成欲言難言欲忍難忍乃因事從容箴虎虎
終不解俄而事發方悟澄言後郭黑略將兵
征長安北山羌墮羌伏中時澄在堂上坐弟
子法常在側澄慘然改容曰郭公陷敵令衆
僧呪願澄又自呪願須臾更曰若東南出者
活餘向則困復更呪願有頃曰脫矣後月餘
日黑略還說墮羌圍中東南走馬乏正遇帳
下人推馬與之曰公乘此小人乘公馬濟與
不濟任命也黑略得其馬故獲免推驗日時

正是澄呪願時也僞大司馬燕公石斌虎以
爲幽州牧鎭群凶湊聚因以肆暴澄戒虎曰
天神昨夜言疾收馬還至秋齊當爛虎不
解此語即勅諸處收馬送還其秋有人譖斌
於虎虎召斌鞭之三百殺其所生母齊氏虎
彎弓捻矢自視行斌罰罰輕虎乃手殺五百
澄諫曰心不可縱死不可生禮不親殺以傷
恩也何有天子手行罰乎虎乃止後晉軍出
淮泗隴北凡城皆被侵逼三方告急人情危
擾虎乃瞋曰吾之奉佛而更致外寇佛無神
矣澄明旦早入虎以事問澄澄因讓虎曰王
過去世經爲大商主至罽賓寺嘗供大會中
有六十羅漢吾此身亦預斯會時得道人謂
予曰此主人命盡當更雞身後王晉地今王
爲王豈非福也疆場軍寇國之常耳何爲怨
謗三寶夜興毒念乎虎乃信悟跪而謝焉虎
嘗問澄佛法不殺朕爲天下之主非刑殺無
以肅清海內既違戒殺生雖復事佛詎獲福
耶澄曰帝王事佛當在體恭心順顯揚三寶
不爲暴虐不害無辜至於兇暴無賴非化所

還有罪不得不殺有惡不得不刑但當殺可
殺當刑可刑耳若暴虐恣意殺害非罪雖復
傾財事法無解殃禍願陛下省欲興慈廣及
一切則佛教永隆福祚方遠虎雖不能盡從
而爲益不少虎尚書張離張良等家富事佛
各起大塔澄謂曰事佛在於清淨無欲慈矜
爲心檀越雖儀奉大法而貪悋未已遊獵無
度積聚不窮方受現世之罪何福報之可希
耶離等後並被戮誅時又久旱自正月至六
月虎遣太子詣臨漳西滏口祈雨久而不降
虎令澄自行即有白龍二頭降於祠所其日
大雨方數千里其年大收戎貊之徒先不識
法聞澄神驗皆遙向禮拜並不言而化焉澄
常遣弟子向西域市香既行澄告餘弟子掌
中見買香弟子在某處被劫垂死因燒香呪
願遙救護之弟子後還云某月某日某處爲
賊所劫垂當見殺忽聞香氣賊無故自驚曰
救兵已至棄之而走虎於臨漳修治舊塔少
承露盤澄曰臨淄城內有古阿育王塔地中
有承露盤及佛像其上林木茂盛可掘取之

即畫圖與使依言掘取果得盤像虎每欲伐
燕澄諫曰燕國運未終卒難可尅虎屢行敗
績方信澄誡黃河中舊不生黿忽得一以獻
虎澄見而歎曰桓溫其入河不久溫字元子
後果如言也時魏縣有流民莫識氏族恒著
麻襦布裳在魏縣市中乞丐時人謂之麻襦
言語卓越狀如狂病乞得米穀不食輒散置
大路云飼天馬趙興太守籍拔收送詣虎先
是澄謂虎曰國東二百里某月某日當送一
非常人勿殺之也如期果至虎與共語了無
異言唯道陛下當終一柱殿下虎不解此語
令送以詣澄麻襦謂澄曰昔在元和中會奉
至今日酉戎受玄命絕曆終有期金離銷于
壤邊荒不能尊驅除靈期迹莫已已之懿裔
苗葉繁其來方積休期於何期永以歎之澄
曰天迴運極否將不支九木水爲難無可以
術寧玄哲雖存世莫能基必頹久遊閻浮利
擾擾多此患行登陵雲宇會於虛遊間澄與
麻襦講論終日人莫能解有竊聽者唯得此
數言推計似如論數百年事虎遣驛馬送還

本縣既出城外辭能步行云我當有所過未
便得發至合口橋可留見待使如言馳去未
至合口而麻襦已在橋上考其行步有若飛
也虎嘗晝寢夢見群羊負魚從東北來寤已
訪澄澄曰不祥也鮮卑其有中原乎慕容氏
後果都之澄嘗與虎共升中堂澄忽驚曰幽
州當火災仍取酒灑之久而笑曰救已得矣
虎遣驗幽州云爾日火從四門起西南有黑
雲來驟雨滅之雨亦頗有酒氣至虎建武十
四年七月石宣石韜將圖相殺宣時到寺與
澄同坐浮圖一鈴獨鳴澄謂宣曰解鈴音乎
鈴云胡子洛度宣變色曰是何言歟澄謬曰
老胡爲道不能山居無言重茵美服豈非洛
度乎石韜後至澄熟視良久韜懼而問澄澄
曰怪公血臭故相視耳至八月澄使弟子十
人齋于別室澄時暫入東閣虎與后杜氏問
訊澄曰脇下有賊不出十日自佛圖以西此
殿以東當有流血慎勿東行也杜氏曰和尚
耄耶何處有賊澄即易語云六情所受皆悉
是賊老自應耄但使少者不惛遂便寓言不

復章的後二日宣果遣人害韜於佛寺中欲因虎臨喪仍行大逆虎以澄先戒故獲免及宣事發被收澄諫虎曰既是陛下之子何爲重禍耶陛下若含怒加慈者尚可六十餘歲如必誅之宣當爲彗星下掃鄴宮也虎不從以鐵鏁穿宣頷牽上薪積而焚之收其官屬三百餘人皆轘裂支解投之漳河澄乃勑弟子罷別室齋也後月餘日有一妖馬髦尾皆有燒狀入中陽門出顯陽門東首東宮皆不得入走向東北俄爾不見澄聞而歎曰災其及矣至十一月虎大饗群臣於太武前殿澄吟曰殿乎殿乎棘子成林將壞人衣虎令發殿石下視之有棘生焉澄還寺視佛像曰悵恨不得莊嚴獨語曰得三年乎自答不得不得又曰得二年一年百日一月乎自答不得乃無復言還房謂弟子法祚曰戊申歲禍亂將萌己酉石氏當滅吾及其未亂先從化矣即遣人辭虎曰物理必遷身命非保貧道餤遷之軀化期已及既荷恩殊重故逆以仰聞虎愴然曰不聞和尚有疾乃忽爾告終即自出宮寺而慰諭焉澄謂虎曰出入生死道之常也修短分定非所能延矣夫道重行全德貴無怠苟業操無虧雖亡若在違而獲延非其所願今意未盡者以國家心存佛理奉法無吝興起寺廟崇顯壯麗稱斯德也宜享休祉而布政猛烈理刑酷濫顯違聖典幽背法戒不自懲革終無福祐若降心易慮惠此下民則國祚延長道俗慶賴畢命就盡歿無遺恨虎悲慟嗚咽知其必逝即爲鑿壙營墳至十二月八日卒於鄴宮寺是歲晉穆帝永和四年也士庶悲哀號赴傾國春秋一百一十七矣仍窆於臨漳西紫陌即虎所創塚也俄而梁犢作亂明年虎死冉閔篡戮石種都盡閔小字棘奴澄先所謂棘子成林者也澄左乳旁先有一孔圍四五寸通徹腹內有時腸從中出或以絮塞孔夜欲讀書輒拔絮則一室洞明又齋日輒至水邊引腸洗之還復內中澄身長八尺風姿甚美妙解深經旁通世論講說之日止標宗致使始末文言昭然可了加復慈洽蒼生拯救危苦當二石兇彊虐害非道君不與同日孰可言哉但百姓蒙益日用而不知耳佛調須菩提等數十名僧出自天竺康居不遠數萬里路足涉流沙詣澄受訓樊沔釋道安中山竺法雅並跨越關河聽澄講說皆妙達精理研測幽微澄自說生處去鄴九萬餘里棄家入道一百九年酒不踰齒過中不食非戒不履無欲無求受業追隨常有數百前後門徒幾且一萬所歷州郡興立佛寺八百九十三所弘法之盛莫與先矣初虎殮澄以生時錫杖及鉢內棺中後冉閔篡位開棺惟得鉢杖不復見屍或言澄死之月有人見澄於流沙虎疑其不死因發墓開棺視之唯見一石虎曰石者朕也師葬我而去矣未幾虎死後慕容儁都鄴處石虎宮中忽夢見虎嚙其臂意謂石虎爲祟乃募覓虎屍於東明館掘得之屍殭不毀儁蹹之罵曰死胡敢怖生天子汝作宮殿成而爲汝兒所圖況復他耶鞭撻毀辱投之漳河屍倚橋柱不移秦將王猛乃收而葬之麻襦所言一柱殿也後符堅征鄴儁子暐爲堅大將

郭神虎所執實先夢虎之驗也

佛調

竺佛調者未詳氏族事佛圖澄爲師住常山寺積年業尚純樸不表飾言時咸以此高之常山有奉法者兄弟二人居去寺百里兄婦疾篤載出寺側以近醫藥兄既奉調爲師朝晝常在寺中諮詢行道異日調忽往其家弟具問嫂所苦共審兄安否調曰病者粗可卿兄如常調去後弟亦策馬繼往言及調旦來兄驚曰和尚旦初不出寺汝何容見兄弟爭以問調調笑而不答咸共異焉調或獨入深山一年半歲齎乾飯數斗還恒有餘有人嘗隨調山行數十里天暮大雪下調入石穴虎窟中宿虎還共卧窟前調謂虎曰我奪汝處有愧如何虎乃弭耳下山從者駭懼調後自尅將亡之日遠近皆至悉與語曰天地長久尚有崩壞豈況人物而求永存若能蕩除三垢專心眞淨形數雖乖而神會必同契衆咸流涕固請調曰死生命也其可請乎調乃還房端坐以衣蒙頭奄然而卒後數年調白衣弟子八人入西山伐木忽見調在高巖上衣服鮮明姿儀暢悅皆驚喜作禮和尚尚在耶調曰吾常在耳具問知舊可否良久乃去八人便捨事還家向諸同法者說衆無以驗之共發塚開棺不復見屍唯衣履在焉

法慧

竺法慧本關中人方直有戒行入嵩高山事浮圖密爲師晉康帝建元元年至襄陽止羊叔子寺不受別請每乞食輙賫繩牀自隨於閑曠之路則施之而坐時或遇雨以油帔自覆雨止唯見繩牀不知慧所在訊問未息慧已在牀每語弟子法昭曰汝過去時折一雞脚其殃尋至俄而昭爲人所擲脚遂永疾後語弟子云新野有一老公當命過吾欲度之仍行於畦畔之間果見一公將牛耕田慧從公乞牛公不與慧前自捉牛鼻公懼其異遂以施之慧牽牛呪願七步而反以牛還公公少日而亡後征西庾稚恭鎮襄陽既素不奉法聞慧有非常之迹甚嫉之慧預告弟子曰吾宿對尋至誡勸眷屬令勤修福善爾後二日果收而刑之春秋五十八矣臨死語衆人云吾死後三日天當暴雨至期果洪注城門水深一丈居民湌没多有死者

神僧傳卷第一

神僧傳卷第一

校勘記

一 底本，明永樂北藏本。

一 本經校本，僅有徑、清。

一 本經斷句，係據以影印之北藏本原有，非中華藏所爲。

一 三五八頁上一行「御製」，清作「永樂御製」。

一 三五八頁中六行「曇邑」，清作「曇邑」。

一 三五九頁中末行「目録」，徑作「目録終」。

一 三六〇頁上二行末字「馬」，徑、清作「馬」。

一 三六〇頁下一六行第五字「乃」，清無。

一 三六二頁上一行第五字「又」，徑、清作「入」。

一 三六七頁中三行首字「責」，徑、清作「貴」。

神僧傳卷第二　城三

道安

釋道安姓衛氏常山扶柳人也家世爲儒早失覆蔭爲外兄孔氏所養年七歲讀書再覽能誦鄉隣嗟異年十二出家神聖聰敏貌甚寢陋不爲師之所重數歲之後方啓師求經師與辯意經一卷可五千言安齎經入田因息就覽暮歸以經還師更求餘者師曰昨經未讀今復求耶答曰即以暗誦師雖異之而未信也復與成具光明經一卷不減一萬言齎之如初暮復還師師執經覆之不差一字師大驚嗟敬而異之後爲受具戒恣其遊學至鄴遇佛圖澄因事澄爲師及石氏將亂與弟子惠遠等四百餘人渡河南遊夜行值雷雨乘電光而進前行得人家見門裏有一馬柳柳之間懸一馬兜可容一斛安使呼林百升主人驚出果姓林名百升百升謂是神人厚相賓接既而弟子問何以知其姓字安曰兩木爲林兜容百升也既達襄陽復宣佛法時襄陽習鑿齒鋒辯天逸籠罩當時其先籍安高名及聞安至止即往修造既坐稱言四海習鑿齒安曰彌天釋道安時人以爲名答安注諸經恐不合理乃誓曰若所說不甚遠理願見瑞相乃夢見道人頭白眉長語安云君所注經殊合道理我不得入泥洹住在西域當相助通可時時設食後十誦律至遠公乃知和尚所夢即賓頭盧也後至秦建元二十一年正月二十七日忽有異僧形甚庸陋來寺寄宿寺房既窄處之講堂時維那直殿夜見此僧從牕而出入遽以白安安驚起禮訊問其來意答云相爲而來安曰自惟罪深詎可度脫答曰甚可脫耳安請問來生所生之處彼乃以手虛撥天之西北即見雲開備覩兜率妙勝之報又曰當浴聖僧方果所願具示浴法後安設浴見有數十小兒入寺須臾但聞浴室用水聲久之不見開室而巾濕水減安至其年二月八日忽告衆曰吾當去矣是日齋畢無疾而卒葬城內五級寺中是歲晉太元十年也

曇猷

竺曇猷或云法猷燉煌人少苦行習禪定後遊江左止剡之石城山乞食坐禪嘗行到一蠱家乞食猷祝願畢忽見蜈蚣從食中跳出猷快食無他後移始豐赤城山石室坐禪有猛虎數十蹲在猷前猷誦經如故一虎獨睡猷以如意扣虎頭問何不聽經俄而群虎皆去有頃壯蛇競出大十圍循環往復舉頭向猷經半日復去後一日神現形詣猷曰法師威德既重來止此山弟子輙推室以相奉猷曰貧道尋山願得相接何不共住神曰弟子無爲不爾但部屬未洽法化卒難制語遠人來往或相侵觸人神道異是以去耳猷曰本是何神居之久近欲移何處去耶神曰弟子夏帝之子居于此山二千餘年寒石山是我舅所治當往彼住尋還山陰廟臨別執手贈猷香三奩於是鳴鞞吹角淩雲而去天台懸崖峻峙峯嶺切天古老相傳云上有佳精舍得道者居之雖有石橋跨澗而橫石斷人且莓苔青滑自終古已來無得至者猷行至石橋聞空中聲曰知君誠篤今未得度却後十

年自當來也猷心悵然乃退道經一石室過中憩息俄而雲霧晦合室中盡鳴猷神色無擾明旦見人著單衣幘來曰此乃僕之所居昨行不在家中遂致騷動大深愧怍猷曰若是君家請以相還神曰僕家室已移請留令住晉太元中有妖星現帝普下諸國有德沙門精勤佛事令懺禳災猷乃祈誠冥感至六日旦見青衣小兒來悔過云横勞法師是夕星退以太和之末卒於山室屍猶平生而舉體綠色其後人入山登巖見猷屍不朽

曇翼

釋曇翼姓姚氏羌人也年十六出家事安公爲師在檀溪寺晉長沙太守滕含之於江陵捨宅爲寺告安求一僧爲總領安謂翼曰荆楚士庶始欲師宗成其化者非爾而誰翼遂杖錫南征締搆寺宇後至賊越逸侵掠漢南江陵闔境避難上明翼又於彼立寺群寇既蕩復還江陵修復長沙寺丹誠祈請遂感舍利盛以金瓶置于齋座翼乃頂禮立誓曰若必是金剛餘陰願放光明至乎中夜有五色光彩從瓶漸出照滿一室舉衆驚嗟莫不挹翼神感後入巴陵君山伐木值白蛇數十卧遮行轍翼退還所住乃謂山神曰吾造寺伐材幸願共爲功德夜即夢見神人告翼曰法師既爲三寶須用特相隨喜但莫令餘人妄有所伐明日更往路甚清夷於是伐木沿流而下其中伐人不免私竊還至寺上翼材已畢餘人所私之者悉爲官所取其誠感如此翼常歎寺立僧足而形像尚少阿育王所造容儀神瑞皆多布在諸方何其無感不能招致乃專精懇惻請求誠應晉太元十九年甲午之歲二月八日忽有一像現于城北光相衛天時白馬寺僧衆先往迎接不能令動翼乃往祇禮謂衆人曰當時阿育王像降我長沙寺焉即令弟子三人捧接飄然而起迎還本寺道俗奔赴車馬轟填後罽賓禪師僧伽難陀從蜀下入寺禮拜見像光上有梵字便曰是阿育王像何時來此時人聞者方知翼之不謬年八十二而終終日像圓光奄然靈化莫知所之道俗咸謂翼之通感焉

曇始

釋曇始關中人自出家以後多有異迹晉孝武太元之末賚經律數十部往遼東宣化顯授三乘立以歸戒義熙初復還關中開導三輔始足白於面雖跣涉泥水未嘗沾濕天下咸稱白足和尚時長安人王胡其叔死數年忽見形還將胡徧遊地獄示諸果報胡辭還叔謂胡曰既已知因果但當奉事白足阿練胡徧訪衆僧唯見始足白於面因而事之晉末朔方匈奴赫連勃勃破獲關中斬戮無數時始亦遇害而刃不能傷勃勃嗟之普赦沙門悉皆不殺始於是潛遁山澤修頭陀之行後拓跋燾復克長安擅威關洛時有博陵崔浩少習左道猜嫉釋教既位居僞輔燾所仗信乃與天師寇氏說燾以佛化無益有傷民利勸令廢之燾既感其言以北燕太平七年遂毀滅佛法分遣軍兵燒掠寺舍統内僧尼悉令罷道其有竄逸者皆遣人追捕得必梟斬一境之内無復沙門始唯閉絕幽深軍兵所不能至至太平末始知燾化時將及以元

會之日忽杖錫到官有司奏云有一道人足白於面從門而入燾令依軍法屢斬不傷遽以白燾燾大怒自以所佩劒斫之體無餘異唯劒所著處有痕如線焉時北園養虎于檻燾令以始餧之虎皆潛伏終不敢近試以天師近檻虎輙鳴吼燾始知佛化尊高黄老所不能及即延始上殿頂禮足下悔其過失始爲說法明辯因果燾大生愧懼遂感癘疾崔宼二人次發惡病始後不知其所終

法顯

釋法顯姓龔氏平陽武陽人有三兄並韶亂而亡其父恐禍及顯三歲便度爲沙彌居家數年病篤欲死因送還寺住信宿便差不肯復歸十歲遭父憂叔父以其母寡獨不立逼使還俗顯曰本不以有父而出家也正欲遠塵離俗故入道耳叔父善其言乃止頃之母喪至性過人葬畢仍即還寺嘗與同學數十人於田中刈稻時有飢賊欲奪其穀諸沙彌悉奔走唯顯獨留語賊曰若欲須穀隨意所取但君等昔不布施故致飢貧今復奪人恐來世彌甚貧道預爲君憂耳言訖即還賊棄穀而去衆僧莫不歎服及受大戒志行明敏儀軌整肅常慨經律舛闕誓志尋求以晉隆安三年與同學慧景等發自長安西渡流沙其路屢有熱風惡鬼遇之必死顯任緣委命直過險難至于葱嶺嶺冬夏積雪有惡龍吐毒風雨沙礫山路艱危壁立千仞凡度七百餘所次至小雪山遇寒風暴起慧景噤戰不能前語顯曰吾其死矣卿可前去勿得俱殞言絕而卒顯撫之泣曰本圖不果命也柰何復自力孤行遂過山險凡所經歷三十餘國將至天竺去王舍城三十餘里有一寺逼暝過之顯欲詣耆闍崛山寺僧諫曰路甚艱險阻且多黑師子亟經噉人何由可至顯曰遠涉數萬里誓到靈鷲身命不期出息非保豈可使積年之誠既至而廢耶雖有險難吾不懼也衆莫能止乃遣兩僧送之顯既至山日將曛夕遂欲停宿兩僧危懼捨之而還顯獨留山中燒香禮拜翹感舊跡如覩聖儀至夜有三黑師子來蹲顯前舐脣搖尾顯誦經不輟一心念佛師子乃低頭妥尾伏顯足前顯以手摩之呪曰若欲相害待我誦竟若見試者可便退矣師子良久乃去明晨還返路窮幽梗止有一徑通行未至里餘忽逢一道人年可九十容服粗素而神器儁遠顯雖覺其韻高而不悟是神人後又逢一少僧顯問曰向耆年是誰耶答云頭陀迦葉大弟子也顯方大惋恨至中天竺於摩竭提波連弗邑阿育王塔南天王寺得摩訶僧祇律又得薩婆多律抄雜阿毗曇心線經方等泥洹經等停二年復得彌沙塞律長雜二含及雜藏並漢土所無既而附商人大舶循海而還舶有二百許人值暴風雨衆皆惶懼即取雜物棄之顯恐棄其經像唯一心念觀世音及歸命漢土衆僧舶任風而去得無傷壞遂南造京師就外國禪師佛馱跋陀於道場寺譯出摩訶僧祇律方等泥洹經雜阿毗曇心論垂有百餘萬言顯既出大泥洹經流布教化咸使見聞有一家失其名居近朱雀門世奉正化自寫一部讀誦供養無別經室與雜書屋後風

火忽起延及其家資物皆盡唯泥洹經儼然具存煨燼不侵卷色無改京師共傳咸歎神妙其餘經律未譯後至荊州卒於辛寺春秋八十有六

法曠

釋法曠姓皇氏下邳人寓居吳興早失二親事後母以孝聞及母亡行喪盡禮服闋出家事沙門竺曇印爲師印嘗疾病危篤曠乃七日七夜祈誠禮懺至第七日忽見光明照印房戶印如覺有人以手振(除更切)之所苦遂愈後辭師遠遊廣尋經要還止於潛青山石室晉簡文皇帝遣堂邑太守曲安遠詔問起居并諮以妖星請曠爲力曠乃與弟子齋懺有頃災滅東土百姓多遇疫疾祈之即愈有見鬼者言曠之行住常有鬼神數十衛其前後時人咸歎異之元興元年卒春秋七十有六僧臘五十二

慧遠

釋慧遠本姓賈氏鴈門樓煩人也弱而好書年十三隨舅令狐氏遊學許洛故少爲諸生博綜六經尤善莊老性度弘偉風鑒朗拔雖宿儒英達莫不服其深致年二十一欲度江東就范宣子共契值石虎已死中原寇亂南路阻塞志不獲從時沙門釋道安立寺於太行恒山弘讚像法聲甚著聞遠遂往歸之一面盡敬以爲真吾師也後聞安講般若經豁然而悟便與弟慧持投簪落髮(音禾)委命受業既入乎道厲然不群常欲總攝綱維以大法爲己任精思諷持以夜續晝貧旅無資縕纊常闕而昆弟恪恭終始不懈有沙門曇翼每給以燈燭之費安公聞而喜曰道士誠知人矣年二十四便就講說嘗有客聽講難實相義往復移時彌增疑昧遠乃引莊子義爲連類於惑者曉然是後安公特聽慧遠不廢俗書安有弟子法遇曇徽皆風才照灼志業清敏並推服焉後隨安公南遊樊沔僞秦建元九年秦將符丕寇并襄陽道安爲朱序所拘不能得去乃分遣徒衆各隨所之皆被誨約遠不蒙一言遠乃跪曰獨無訓勗懼非人例安曰如汝者豈復相憂遠於是與弟子數十人南適荊州住上明寺後欲往羅浮山及屆潯陽見廬峯清淨足以息心始住龍泉精舍此處去水本遠遠乃以杖叩地曰若此中可得栖立當使朽壤抽泉言畢清流涌出浚矣成溪其後少時潯陽亢旱遠詣池側讀海龍王經忽有巨蛇從池上空須臾大雨遂以有年因號精舍爲龍泉寺焉陶侃經鎮廣州有漁人於海中見神光夕夕豔發經旬彌盛怪以白侃侃往詳視乃是阿育王像即接歸以送武昌寒溪寺寺主僧珍嘗往夏口夜夢寺遭火而此像屋獨有龍神圍繞珍覺馳還寺寺既焚盡唯像屋存焉侃後移鎮以像有威靈遣使迎接數十人舉之至水及上船船又覆沒使者懼而反之竟不能獲及遠創寺既成祈心奉請乃飄然自輕往還無梗於是率衆行道昏曉不絕釋迦餘化於斯復興自遠卜居廬阜三十餘年影不出山迹不入俗每送客遊履常以虎溪爲界以晉義熙十二年八月初卒春秋八十三

鳩摩羅什

鳩摩羅什此云童壽天竺人也善經律論化行於西域及東遊龜茲（音丘慈）龜茲王爲造金師子座以處之時符堅僭號關中有外國前部王及龜茲王弟並來朝堅堅引見二王說堅云西域多產珍奇請兵往定以求内附至堅建元十三年正月太史奏云有星見外國分野當有大德智人入輔中國堅曰朕聞西域有鳩摩羅什將非此耶即遣使求之至十八年九月堅遣驍將呂光率兵七萬西伐龜茲臨發堅餞光於建章謂曰夫帝王應天而治以子愛蒼生爲本豈貪其地而伐之正以懷道之人故也朕聞西域有鳩摩羅什深解法相善閑陰陽爲後學之宗朕甚思之賢哲者國之大寶若尅龜茲即馳驛送什光軍未至什謂龜茲王白純曰國運衰矣當有勍敵從東方來宜恭承之勿抗其鋒純不從而戰光遂破龜茲殺純立純弟震爲主光既獲什載與俱還中路置軍於山下將士已休什曰不可在此必見狼狽宜徙軍隴上光不納是夜果大雨洪潦暴起水深數丈死者數千光始密而異之什謂光曰此凶亡之地不宜淹留推運揆數應速言歸中路必有福地可居光從之至涼州聞符堅已爲姚萇所害光三軍縞素大臨城南於是竊號關外年稱大安大安二年正月姑臧大風什曰不祥之風當有姦叛然不勞自定也俄而梁謙彭晃相繼而反尋亦殄滅至光龍飛二年張掖臨松盧水胡沮渠男成及弟蒙遜反推建康太守段業爲主遣庶子秦州刺史太原公纂率衆五萬討之時論謂業等烏合纂有威聲勢必全尅光以訪什什曰觀察此行未見其利既而纂敗績於合黎俄又郭黁（奴昆切）作亂纂委大軍輕還爲黁所敗僅以身免光中書監張資文翰温雅光甚器之資病光廣求救療有外國道人羅叉云能差資疾光喜給賜甚重什知叉誑詐告資曰叉不能爲徒煩費耳冥運雖隱可以事試也乃以五色絲作繩結之燒爲灰末投水中灰若出水還成繩者病不可愈須臾灰聚浮出復繩本形既叉治無效少日資亡頃之光又卒子紹襲位數日光庶子纂殺紹自立稱元咸寧咸寧二年有猪生子一身三頭龍出東廂井中到殿前蟠卧比旦失之纂以爲美瑞號大殿爲龍翔殿俄而有黑龍升於當陽九宮門號爲龍興門什奏曰比日潛龍出遊豕妖表異龍者陰類出入有時而今屢見則爲災生必有下人謀上之變宜尅己修德以答天戒纂不納與什博戲殺棊曰斫胡奴頭什曰不能斫胡奴頭胡奴將斫人頭此言有旨而纂終不悟光弟保有子名超超小字胡奴後果殺纂斬首立其兄隆爲主時人方驗什之言也什停涼積年呂光父子既不弘道教故蘊其深解無所宣化符堅已亡竟不相見及姚萇僭有關中亦挹其高名虛心要請呂以什智計多解恐爲姚謀不許東入及萇卒子興襲位復遣敦請弘始三年三月有樹連理生于廟庭逍遥園葱變爲茝以爲美瑞謂智人應入至五月興遣隴西公碩德西伐呂隆隆軍大破至九月隆上表歸降方得迎什入關以其年十二月二十日至長安興待以國師之禮甚見優寵初杯

度比丘在彭城聞什在長安乃歎曰吾與此子戲別三百餘年杳然未期遲有遇於來生耳什未終少日覺四大不寧乃口出三番神呪令外國弟子誦之以自救未及致力轉覺危殆於是力疾與衆僧告別曰因法相遇殊未盡心方復後世惻愴何言自以闇昧謬充傳譯凡所出經論三百餘卷唯十誦一部未及刪繁存其本旨必無差失願凡所宣譯傳流後世咸共弘通今於衆前發誠實誓若所傳無謬者當使焚身之後舌不焦爛以弘始十一年八月二十日卒于長安是歲晉義熙五年也即於逍遥園依外國法以火焚屍薪滅形碎惟舌不灰爾。

法安

釋法安一名慈欽未詳何許人遠公弟子也善持戒行講說衆經兼習禪業善能開化愚蒙拔邪歸正晉義熙中新陽縣虎災縣有大杜樹下築神廟左右居民以百數遭虎死者夕有一二安嘗遊其縣暮投此村民以畏虎早閉門閭安徑之樹下通夜坐禪向曉聞虎負人而至投之樹北見安如喜如驚跳伏安前安爲說法授戒虎踞地不動有頃而去平旦村中人追虎至樹下見安大驚謂是神人遂傳之一縣士庶宗奉虎災由此而息因改神廟留安立寺左右田園皆捨爲衆業後欲作畫像須銅青困不能得夜夢見一人近其牀前云此下有銅鐘覺即掘之果得二口因以青成像後以一鐘助遠公鑄佛餘一武昌太守熊無患借視遂留之安後不知所終。

曇霍

沙門曇霍不知何許人也禿髮傉檀時從河南來持一錫杖令人跪曰此是般若眼奉之可以得道時人咸異之或遺以衣服受而投之於河後日以還其本主衣無所汙行步如風雲言人生死貴賤無毫髮之差人或藏其錫杖曇霍大哭數聲閉目須臾起而取之咸奇其神異莫能測也因之事佛者甚衆利鹿孤有弟傉檀假署車騎權傾僞國精忌多所賊害霍謂傉檀曰當修善奉佛爲後世橋梁傉檀曰先世未曾奉佛今若奉佛恐違先世之旨公若能七日不食顏色如常是爲佛道神明僕當奉之乃使人幽守七日而霍無飢渴之色傉檀遣沙門智行密持餅遺霍霍不肯食傉檀深奇之每謂傉檀曰若能安坐無爲則天下可定祚胤克昌如其窮兵好殺禍將及己傉檀不能從傉檀女病甚請救療曇霍曰人之生死自有定期聖人亦不能轉禍爲福曇霍焉能延命耶正可知早晚耳傉檀固請之時後宮門閉曇霍曰急開後門及開門則生不及則死傉檀命開之不及而死後兵亂不知所在。

曇邕

釋曇邕姓楊氏關中人少仕僞秦爲衛將軍形長八尺雄武過人太元八年從符堅南寇爲晉軍所敗還至長安因從安公出家安公既往復事遠公後又於山之西南營立茅宇與弟子曇果澄思禪門嘗於一時果夢見山神求受五戒果曰家師在此可往諮受少時邕見一人著單衣帢風姿端雅從者二十許人請受五戒邕以果先夢知是山神乃爲說

法技戒神驗以外國七萬禮拜辭別倏忽不見至遠臨亡之日奔赴號踊後往荊州卒於竹林寺

僧朗

釋僧朗未詳其氏族京兆人也少而遊方問道長安還關中專當講說嘗與數人同共赴請行至中途忽告同輩曰君等寺中衣物似有竊者如言即返果有盜焉後於金輿谷崑崙山中別立精舍創築房室內外屋宇數十餘區聞風而造者百有餘人朗孜孜訓誘勞不告倦秦王苻堅欽其德素遣使觀遺堅後沙汰衆僧乃別詔曰朗法師戒德冰霜學徒清秀崑崙一山不在搜例谷中舊有虎災人常執杖結群而行及朗居之猛獸歸伏晨行夜往道俗無滯百姓咨嗟稱善無極故至今呼為朗公谷凡有來詣朗者人數多少未至一日輒已逆知使弟子為具飲食必如言果至咸歎有預見之明矣後卒於山中春秋八十有五

佛陀耶舍

佛陀耶舍此云覺名罽賓人婆羅門種世事外道有一沙門從其家乞食其父怒使人打之父遂手脚攣躄不能行止乃問於巫師對曰坐犯賢人鬼神使然也即請此沙門竭誠懺悔數日便瘳因令耶舍出家為其弟子時年十三常隨師遠行於曠野逢虎師欲走避耶舍曰此虎已飽必不侵人俄而虎去前行果見餘殘師密異之至年十五誦經日記二三萬言所住寺常於外分衛廢於誦習有一羅漢重其聰敏恒乞食供之至年十九誦大小乘經數百萬言年二十七方受具戒後至沙勒國時國王不豫請僧齋會太子見而悅之請留宮內供養羅什後至復從舍受學甚相尊敬後羅什往龜茲為呂光所執舍停十餘年乃東適龜茲法化甚盛時什在姑臧遣使要之欲去國人留之停歲許後語弟子云吾欲尋羅什可密裝衣發勿使人知弟子曰恐明日追至不免復還耳耶舍乃取清水一鉢以藥投中呪數十言與弟子洗足即便夜發比至旦行數百里問弟子曰何所覺耶答曰唯聞疾風之響眼中淚出耳耶舍又與呪水洗足住息明旦國人追之已差數百里不及行達姑臧而什已入長安聞姚興逼以妾媵勸為非法乃歎曰羅什如好綿何可使入棘林中什聞其至姑臧勸姚興迎之興未納頃之興命什譯出經藏什曰夫弘宣法教宜令文義圓通貧道雖誦其文未善其理唯佛陀耶舍深達幽致今在姑臧願詔徵之一言三詳然後著筆使微言不墜取信千載也興從之即遣使招迎厚加贈遺悉不受乃笑曰明旨既降便應載馳檀越待士既厚脫如羅什見處則未敢聞命使還具說之興歎其慎重至長安興自出候問別立新省於逍遙園中四事供養並不受時至分衛一食而已耶舍先誦曇無德律偽司隸校尉姚爽請令出之乃試耶舍令誦羌籍藥方可五萬言經一日執文覆之不誤一字衆服其強記即以弘始十二年譯出四分律凡四十四卷并出長阿含等涼州沙門竺佛念譯為秦言道含筆受至十五年解座興嚫耶舍布絹萬匹悉不

受道舍佛念布絹各千匹名德沙門五百人皆重嚫施耶舍後辭還外國至罽賓得虛空藏經一卷寄賈客傳與涼州諸僧後不知所終。

曇無竭

釋曇無竭此云法勇姓李氏幽州黃龍人幼為沙彌便修苦行持戒誦經為師僧所重嘗聞法顯等躬踐佛國乃慨然有忘身之誓遂以宋永初元年招集同志沙門僧猛等共賫旛蓋供養之具遠適西方初至河南國仍出海西郡入流沙到高昌郡經歷龜茲沙勒諸國登葱嶺度雪山進至罽賓國禮拜佛鉢停歲餘學梵書梵語求得觀世音受記經梵文一部復西行至辛頭那提河緣河西入月氏國禮拜佛肉髻骨及覩自沸水船後至檀特山南石留寺住僧三百餘人雜三乘學無竭停此寺受大戒復行向中天竺界路既空曠唯賫石蜜為粮雖屢經危棘而繫念所賫觀世音經未嘗暫廢將至舍衛國中野逢山象一群無竭稱名歸命即有師子從林中出象驚惶奔走後度恒河復值野牛一群鳴吼而來將欲害人無竭歸命如初尋有大鷲飛來野牛驚散遂得免之後於南天竺隨舶汎海達廣州其所譯出觀世音受記經今傳于京師後不知所終。

佛馱跋陀羅

佛馱跋陀羅此云覺賢本姓釋氏迦維羅衛人甘露飯王之苗裔也幼喪父母從祖鳩婆利聞其聰敏兼悼其孤露乃迎還度為沙彌至年十七與同學數人俱以習誦為業衆皆一月賢一日誦畢其師歎曰賢一日敵三十夫也及受具戒修業精懃博學群經多所通達少以禪律馳名常與同學僧伽達多共遊罽賓同處積載達多雖服其才明而未測其人也後於密室閉戶坐禪忽見賢來驚問何來答云暫至兜率致敬彌勒言訖便隱達多知是聖人未測深淺後屢見賢神變乃敬心祈問方知得不還果常欲遊方弘化備觀風俗會有秦沙門智嚴西至罽賓覩法衆清淨乃慨然東顧曰我諸同輩斯有道志而不遇真匠發悟莫由即諮詢國衆孰能流化東土僉云佛馱跋陀其人也嚴既要請苦至賢遂愍而許焉於是捨衆辭師裹粮東逝步驟三載綿歷寒暑既度葱嶺路經六國國主矜其遠化並傾懷資奉至交趾乃附舶循海而行經一島下賢以手指山曰可止於此舶主曰客行惜日調風難遇不可停也行二百餘里忽風轉吹舶還向島下衆人方悟其神咸師事之聽其進止後遇便風同侶皆發賢曰不可動舶主乃止既而有先發者一時覆敗後於闇夜之中忽令衆舶俱發無肯從者賢自起收纜唯一舶獨發俄爾賊至留者悉被抄害頃之至青州東萊郡聞鳩摩羅什在長安即往從之什大忻悅共論法相振發玄微多所悟益時秦主姚興專志佛法供養三千餘僧並往來宮闕盛修人事唯賢守靜不與衆同後語弟子云我昨見本鄉有五舶俱發既而弟子傳告外人關中舊僧咸以為顯異惑衆僧道恒等謂曰佛尚不聽說已所得法先言五舶將至虛而無實又門徒誑惑互起同

異旣於律有違。理不同止。宜可時去。勿得停留。賢曰。我身若流萍。去留甚易。但恨懷抱未伸。以爲慨然耳。於是與弟子慧觀等四十餘人俱發。神志從容。初無異色。識眞之衆咸共歎惜。道俗送者千有餘人。姚興聞去悵恨。乃謂道恒曰。佛賢沙門挾道來遊。欲宣遺敎。緘言未吐。良用深慨。豈可以一言之咎。令萬夫無導。因勑令追之。賢謂使曰。誠知恩旨。無預聞命。於是率侶宵征。南指廬岳。沙門釋慧遠久服風名。聞至欣喜。傾蓋若舊。遠以賢之被擯。過由門人。若懸記五舶。止說在同意。亦於律無犯。乃遣弟子曇邕致書姚主及關中衆僧。解其擯事。遠乃請出禪數諸經。賢志在遊化。居無求安。停山歲許。復西適江陵。遇外國舶主。旣而訊訪。果是天竺五舶。先所見者也。傾境士庶競來禮事。其有奉施。悉皆不受。持鉢分衛。不問豪賤。時陳郡袁豹爲宋武帝太尉長史。宋武南討劉毅。豹隨府屆于江陵。賢將弟子慧觀詣豹乞食。豹素不敬信。待之甚薄。未飽辭退。豹曰。似未足。且復少留。賢曰。檀越施心有限。故令所設已罄。豹即呼左右益飯。飯果盡。豹大慙愧。旣而問慧觀曰。此沙門何如人。觀曰。德量高遠。非凡所測。豹深歎異。以啓太尉。太尉請與相見。甚崇敬之。資供備至。俄而太尉還都。請與俱歸。安止道場寺。以元嘉六年卒。春秋七十有一。

曇邃

釋曇邃。未詳何許人。少出家。止河陰白馬寺。蔬食布衣。誦法華經。又釋達經旨。亦爲人解說。常於夜中。忽聞扣戶。云欲請法師九旬說法。邃不許。固請乃赴之。而猶是眠中。比覺已身在白馬塢神祠中。并一弟子。自爾日日密往。餘無知者。後寺僧經祠前。見有兩高座。邃在北。弟子在南。如又有講說聲。又聞有奇香之氣。於是道俗共傳神異。至夏竟。神施白馬一匹。白羊五頭。絹九十匹。呪願畢。於是而絕。

登師

僧登師者。止匡廬大林寺。通誦法華。晝夜不息。一日忽見空中有一銀殿。漸下於房。忽變成金殿。師遂入殿。坐起經行。如是三載。逮通四衆嚴持香華。從師乞戒。登曰。白日喧榛。心多散亂。當於清夜受之。至夜正說戒相三歸依時。師之口吻放光明。徧照大衆。衆見光明。競拜喧鬧。師即不語。光便收歛。師云。本欲受戒。那得見光喧鬧。光現但是受戒祥瑞。未是得戒正緣。令更從初。大衆默然。師又說法。還復放光。衆又喧鬧。因而且止。明日再來。師即辭別歸山。所現金殿還復如故。一日忽謂門人曰。今登金殿。不復回也。即於是日倏然超化。

寶通

僧寶通。梵行精修。長誦法華經陀羅尼品。稍有靈異。時楊橋村有趙氏家妻。爲神所魅。請通持呪。通旣至。神即現形。通告曰。神在村中。合當興福。如何反魅於人。神曰。非弟子事。此乃下部小鬼耳。遂呼小鬼至前責罰。趙妻因此得差。續後趙妻之病仍發。歌吟竟夕。又告通。通又去。見所責鬼在病牀前。通曰。前已誡治。那得再來。汝若不去。吾當誦呪。令汝頭作七分。如阿梨樹枝也。鬼叩頭求哀。云不煩呪也從此病差鬼不復至矣。

慧紹

僧慧紹不知出處。孩孺時母哺魚肉即吐，自是不茹葷。八歲出家爲僧，通法華經，苦行堅節。後隨師僧要止臨川招提寺，常念佛恩之重，誓欲捨身以報。乃顧人斫薪於東山石室，積高一丈，中開一龕，即還寺告師，師諫不從。於是尅日就山建八關齋會，闔境奔赴，雲滿山谷。至夜紹自行香，執燭然薪入龕而坐，誦藥王捨身品，火焰至額，猶聞經聲。大衆忽見一星大如斗，直下火中，俄而升天。咸謂天宮迎接之瑞。紹嘗謂同學曰：吾燒身處當生梧桐木，切莫伐之。後三日果爾而生，道俗異之。

悟詮

蜀僧悟詮號覺海，有善性。峽州富人程夷伯年二十九，一夕夢其父曰：汝今年當死，可問覺海。其人茫然不曉。一日有僧說相，貫覺海字。程請一相，問云：我壽幾何？覺海曰：老僧皆無求，但覓水一盃，呵氣入水中，令程飲之，曰：今夜有吉夢可相報。即夜夢至一官府，左廊下男子婦人衣冠嚴整，皆相忻悅；右廊盡枷鎖縲紲之人，衰號涕泗。傍有人云：左廊是修捨橋路人，右廊是毀壞橋路人，若爾要福壽，可自擇取。程即夢覺發心，凡百里之內橋梁路道，一一修整。工畢，覺海復來云：汝作此事可延十年。程自是於道路上用工不倦，壽九十二，五世昌盛。

神僧傳卷第二

神僧傳卷第二

校勘記

一　底本，明永樂北藏本。

一　三七一頁上一行末字「通」，徑、清作「過」。

一　三七一頁中八行末字「比」，徑、清作「此」。

一　三七一頁中末行末字「馬」，徑、清作「焉」。

一　三七四頁下末行第六字「待」，清作「侍」。

一　三七六頁上一三行第九字「搜」，徑作「杖」。

一　三七九頁上六行第九字「顧」，徑作「僱」。

神僧傳卷第三　　城四

曇無讖

曇無讖。或云曇摩讖。中天竺國人也。六歲遭父憂。隨與母居。見沙門達摩耶舍。以讖為其弟子。習學小乘。後遇白頭禪師。遂業大乘。至年二十。誦大小乘經二百餘萬言。讖從兄善能調象。騎殺王所乘白耳大象。王怒誅之。令曰。敢有視者夷三族。親屬莫敢往者。讖哭而葬之。王怒欲誅讖。讖曰。王以法故殺之。我以親而葬之。並莫違大義。何為見怒。傍人為之寒心。其神色自若。王奇其志氣。遂留供養之。讖明解呪術。所向皆驗。西域號為大呪師。後隨王入山。王渴須水不能得。讖乃密呪石出水。因讚曰。大王惠澤所感。遂使枯石生泉。鄰國聞者皆歎王德。于時雨澤甚調。百姓稱詠。王悅其道術。深加優寵。頃之王意稍歇。待之漸薄。讖以久處致厭。遂辭往罽賓。欲齎大乘彼國不合。乃東適龜茲(音慈)。頃之復進到姑臧。止於傳舍。慮失經本。枕之而寢。有人牽之在地。讖驚覺謂是盜者。如此三夕。聞空中語曰。此如來解脫之藏。何以枕之。讖乃慚悟。別置高處。夜有盜之者。數過提舉。竟不能動。明旦讖持經去。不以為重。盜者見之。謂是聖人。悉來拜謝。時河西王沮渠蒙遜僭據涼土。讖常告蒙遜云。有鬼入聚落。必多災疫。蒙遜不信。欲躬見為驗。讖即以術加蒙遜。蒙遜見而駭怖。讖曰。宜潔誠齋戒。神呪驅之。乃讀呪三日。謂蒙遜曰。鬼已去矣。時境首有見鬼者云。見數百疫鬼奔驟而逝。境內獲安。時魏虜拓跋燾聞讖有道術。遣使迎之。蒙遜既事讖日久。不忍舍去。後又慰辭以迎。蒙遜既吝讖不遣。又迫魏之強。至蒙遜義和三年三月。讖因請西行。更尋涅槃後分。蒙遜忿其欲去。乃密圖害讖。偽以資糧發遣。厚贈寶貨。臨發之日。讖乃流涕告眾曰。讖業對將至。眾聖不能救矣。以本有心誓。義不容停。比發。蒙遜果遣刺客於路害之。春秋四十九。是歲宋元嘉十年也。遠近咸共嗟焉。既而蒙遜左右常白日見鬼神以劍擊蒙遜。至四月。蒙遜寢疾而亡。

杯渡

杯渡者。不知姓名。常乘木杯渡水。人因目之。初在冀州。不修細行。神力卓越。世莫測其由。嘗於北方寄宿一家。家有一金像。渡竊而將去。家主覺而追之。見渡徐行。走馬逐之不及。至于孟津河。浮木杯於水。憑之渡河。不假風棹。輕疾如飛。俄而及岸。達于京師。見時可年四十許。帶索襤縷。殆不蔽身。言語出沒。喜怒不均。或嚴冰叩凍洗浴。或著履上山。或徒行入市。唯荷一蘆圌(音遄)子。更無餘物。嘗從延賢寺法意道人。處意以別房待之。後欲往瓜步江。於江側就航。人告渡。不肯載之。復累足杯中。顧眄言詠。杯自然流。直渡北岸。向廣陵。遇村舍李家八關齋。先不相識。乃直入齋堂而坐。置蘆圌於中庭。眾以其形陋。無恭敬之心。李見蘆圌當道。欲移置牆邊。數人舉不能動。渡食竟。提之而去。笑曰。四天王。李家于時有一豎子。窺其圌中。有四小兒。並長數寸。面目端正。衣裳鮮潔。於是追覓。不知所在。後數日。乃見在西界蒙籠樹下坐。李禮拜請還家。日日供養。渡不甚持齋。飲酒噉肉。至於辛膾。與俗無異百姓奉上或受不受沛國劉興伯為兗州刺史遣使要之負圖而來興伯使人舉視十餘人不勝伯自看唯見一敗衲及一木杯後還李家復得二十餘日清旦忽云欲得一袈裟中時令辦李即經營至中未成渡云暫出至暝不返合境聞有異香疑之為怪處處覓渡乃見在北巖下敷敗袈裟於地卧之而死頭前脚後皆生蓮華極鮮香一夕而萎邑共殯葬之後數日有人從北來云見渡負蘆圖行向彭城乃共開棺鞾履存焉既至彭城遇有白衣黃欣深信佛法見渡禮拜請還家家至貧但有麥飯而已渡甘之怡然止得半年忽語欣云可覓蘆圖三十六枚吾須用之答云此間止可有十枚貧無以買恐不盡辦渡曰汝但撿覓宅中應有欣即窮撿果得二十六枚列之庭中雖有其數亦多破敗比欣次第熟視皆已新完渡密封之因語欣令開乃見錢帛皆滿可堪百許萬識者謂是杯渡分身他土所得䞋施迴以施欣欣受之皆為功德經一年許辭去欣為辦糧食明晨見糧食具存不知渡所在後東遊入吳郡路見釣魚師因就乞魚魚師施一餧者渡手弄反覆還投水游活而去又見網師更從乞魚網師瞋罵不與渡乃拾取兩石子擲水中俄而有兩水牛鬭其網中網既碎敗不復見牛渡亦已隱行至松江乃仰蓋於水中乘而渡岸經涉會稽剡縣登天台山數月而返京師少時遊止無定請召或往不往時南州有陳家頗有衣食渡往其家甚見迎奉聞都下復有一杯渡陳父子五人咸不信往都下看之果如其家杯渡形相一種陳設一合蜜薑及刀子熏陸香手巾等渡即食蜜薑都盡餘物宛在膝前其父子五人恐是其家杯渡即留二弟停都守視餘三人還家家中杯渡如舊膝前亦有香刀子等但不啖蜜薑為異爾乃語陳云刀子鈍可為磨之二弟還都云彼渡已移靈鷲寺其家忽求黃紙兩幅作書書不成字合同其背陳問上人作何券書渡不答竟莫測其然時吳部民朱靈期使高麗還值風船飄經九日至一洲邊洲上有山山甚高大入山採薪見有人路靈期乃將數人隨路告乞行十餘里聞磬聲香烟於是共稱佛禮拜須臾見一寺甚光麗多是七寶莊嚴又見十餘石人乃共禮拜還反行少許聞唱導聲還往更看猶是石人靈期等相謂此是聖僧吾等罪人不能得見因共竭誠懺悔更往乃見真人為靈期等設食食味是菜而香美不同世食竟共叩頭禮拜乞速還至鄉有一僧云此間去都乃二十餘萬里但令至心不憂不速也因問靈期云識杯渡道人不答言甚識因指北壁有一壺掛錫杖及鉢云此是杯渡住處今因君以鉢與之并作書著函中別有一青竹杖語靈期云但擲此杖置舫前水中閉船靜坐不假勞力必令速至於是辭別令一沙彌送至門上語云此道去行七里至船不須從先路去也如言西轉行七里許至船即具如所示唯聞舫從山頂樹木上過都不見水經三日至石頭淮而住亦不復見竹杖所在舫入淮至朱雀乃見杯渡騎大航闌以捶捶之曰馬馬何不行觀者甚多靈期等在

舫遥禮之。渡乃自下舫取書并鉢，開書視之，字無人識者。渡大笑曰：使我還耶。取鉢擲雲中還接之。曰：我不見此鉢四千年矣。渡多在延賢寺法意處，時世以此鉢異物，競往觀之。有庾常婢偷物而叛，四追不擒。乃問杯渡，云已死在金城江邊空塚中。往看果如所言。孔寧子時為黃門侍郎，在家患痢，遣信請渡。渡呪竟云：難差。見有四鬼皆被傷截。寧子泣曰：昔孫恩作亂，家為軍人所破，二親及叔皆被殘酷。寧子果死。又有齊諧妻胡母氏病，眾治不愈，後請僧設齋。齋座有僧勸迎杯渡。渡既至，一呪病者即愈。齊諧伏事為師，因作傳記其從來神異，不可備紀。元嘉三年九月辭諧入東，留一萬錢物寄諧，倩為營齋，於是別去。行至赤山湖，患病而死。諧即為營齋，并接屍還葬建康覆舟山。至四年有吳興邵信者，甚奉法，遇傷寒病，無人敢看，乃悲泣念觀音。忽見一僧來，云是杯渡弟子，語云：莫憂，家師尋來相看。答云：渡死已久，何容得來。道人云：來復何難。便衣帶頭出一合許散，與服之，病即差。又有杜僧哀者，住在南岡下，昔經伏事杯渡。兒病甚篤，乃思念恨不得渡與念神呪。明日忽見渡來，言語如常，即為呪，病者便愈。至五年三月，渡復來齊諧家，呂道惠、聞人怛之、杜天期、水丘熙等並見，皆大驚，即起禮拜。渡語眾人，言年當大凶，可勤修福業。法意道人甚有德，可往就之，修立故寺，以禳災禍也。須臾門上有一僧喚渡，便辭去，云：貧道當向交廣之間，不復來也。齊諧等拜送，慇懃於是絕迹。頃世亦言時有見者。

曇諦

釋曇諦，姓康氏，其先康居國人，漢靈帝時移附中國，獻帝末亂，移止吳興。諦父肜嘗為冀州別駕，母黃氏晝寢，夢見一僧呼黃為母，寄一麈尾并鐵鏤書鎮二枚。眠覺見兩物具存，因而懷孕生諦。諦年五歲，母以麈尾等示之，諦曰：秦王所餉。母曰：汝置何處。答云：不憶。至年十歲出家，學不從師，悟自天發。後隨父之樊鄧，遇見關中僧䂮道人，忽喚䂮名。䂮曰：童子何以呼宿老名。諦曰：向者忽言，阿上是諦沙彌，為眾僧採菜，被野豬所傷，不覺失聲耳。䂮經為弘覺法師弟子，為僧採菜被野豬所傷，䂮初不憶此。迺詣諦父，諦父具說本末，并示書鎮、麈尾等。䂮迺悟而泣曰：即先師弘覺法師也。師經為姚萇講法華，貧道為都講。姚萇餉師二物，今遂在此。追計弘覺捨命，正是寄物之日。復憶採菜之事，彌深悲仰。性愛林泉，後還吳興，入故章崐山，閑居澗飲二十餘載。以宋元嘉末卒於山，壽六十餘。

求那跋摩

求那跋摩，此云功德鎧，本剎利種，累世為王，治在罽賓國。年十四，便機見俊達，深度仁愛，汎博崇德，務善其母。嘗須野肉，令跋摩辦之。跋摩曰：有命之類，莫不貪生，夭彼之命，非仁人矣。年二十出家受戒，洞明九部，博曉四含，誦經百餘萬言，深達律品，妙入禪要，時人號曰三藏法師。至年三十，罽賓國王薨，絕無紹嗣，眾咸議曰：跋摩帝室之胤，又才明德重，可請令還俗，以紹國位。群臣數百再三固請，跋摩不納，乃辭師違眾，林栖谷飲，孤行山野，遁迹人世後至闍婆國初未至一日闍婆王母夜夢見一道士飛舶入國明旦果是跋摩來至王母敬以聖禮從受五戒母因勸王曰宿世因緣得爲母子我已受戒而汝不信恐後生之因永絕今果王迫以母勅即奉命受戒漸染既久專精稍篤頃之隣兵犯境王謂跋摩曰外賊恃力欲見侵侮若與鬭戰傷殺必多如其不拒危亡將至今唯歸命師尊不知何計跋摩曰暴寇相攻宜須禦捍但當起慈悲心勿興害念耳王自領兵擬之旗鼓始交賊便退散王遇流矢傷脚跋摩爲呪水洗之信宿平復後爲跋摩立精舍躬自琢材傷王脚指跋摩又爲呪治之有頃平復時京師名德沙門慧觀慧聰等遠挹風猷思欲餐稟以元嘉元年九月啓文帝求迎請跋摩帝即勅交州刺史令泛舶延致觀等又遣沙門法長道冲道雋等往彼祈請文帝知跋摩已至南海於是復勅州郡令資發下京路由始興經停歲許始與有虎市山儀形聳峙峯嶺高絕跋摩謂其髣髴耆闍乃改名靈鷲於山寺之外別立禪室去寺數里磬音不聞每至鳴椎跋摩已至或冒雨不沾或履泥不汙時衆道俗莫不肅然增敬寺有寶月殿跋摩於殿北壁手自畫作羅云像及定光儒童布髮之形像成之後每夕放光久之乃歇始興太守蔡茂之深加敬仰後茂之將死跋摩躬自往視說法安慰加家人夢見茂之在寺中與衆僧講法此山本多虎災自跋摩居之晝行夜往或時值虎以杖按頭抒之而去跋摩嘗於別室坐禪累日不出寺僧遣沙彌往候之見一白師子緣柱而立亘室彌漫生青蓮花沙彌驚恐大呼往視師子豁無所見未終之前預造遺文偈頌三十六行自說因緣云已證二果手自封緘付弟子阿沙羅云我終後可以此文還示天竺僧亦可示此境僧也既終之後即趺坐繩床顏貌不異似若入定道俗赴者千有餘人並聞香氣芬烈咸見一物狀若龍蛇可長一匹許起於屍側直上衝天莫能詔者即於南林戒壇前依外國法闍毗之春秋六十有五

僧亮

釋僧亮未詳何許人以戒行著名欲造丈六金像聞湘州伍子胥廟多有銅器亮告刺史張劭借健人一百大船十隻劭曰廟既靈驗犯者必死且有蠻人守護詎可得耶亮曰若果福德則與檀越共如其有咎躬自當之劭即給人船三日至廟廟前有兩鑊容百餘斛中有巨蛇長十餘丈出遮行路亮乃執錫呪之蛇即隱去俄見一人秉笏出云聞師道業非凡營福事重今特相隨喜於是令人輦取廟銅既多十取一而舫已滿及歸遇風水甚利群蠻相報追不及矣還都鑄像既成唯欠光未備文帝爲造金薄圓光安置彭城寺至太始中明帝移像湘宮寺焉

道生

竺道生本姓魏氏鉅鹿人生而穎悟聰哲若神其父知非凡器愛而異之後值沙門竺法汰遂改俗歸依及年在志學便登講座吐納問辯辭清珠玉雖宿望學僧當時名士皆慮挫詞窮莫敢酬抗年至具戒器鑒日深初入

廬山幽栖七年常以入道之要慧解爲本故鑽研群經萬里從師不憚疲苦後遊長安從什公受業關中僧衆咸謂神悟還止青園寺宋太祖文皇深加歎重後太祖設會帝親同衆御于地筵下食良久衆咸疑日晚帝曰始可中耳生曰白日麗天天言始中何得非中遂取鉢便食於是一衆從之莫不歎其樞機得衷時涅槃後品未至生曰闡提皆當成佛此經來未盡耳於是文字之師誣生爲邪擯而遣之生白衆誓曰若我所說不合經義請於見身即見惡報若實契佛心願捨壽時據師子座竟拂衣入吳之虎丘山竪石爲徒講涅槃經至闡提有佛性處曰如我所說契佛心否群石皆首肯之其年夏雷震青園佛殿龍昇于天光影西壁因改寺名曰龍光時人歎曰龍既去生必行矣俄而投迹廬山肖影巖岫山中僧衆咸共敬服後涅槃大本至于南京果稱闡提悉有佛性與生所說若合符契生既獲斯經尋即講說以宋元嘉十一年於廬山升于法座講說涅槃將畢忽見麈尾紛然而墜端坐正容隱几而卒

曇摩密多

曇摩密多此云法秀罽賓人也年至七歲神明澄正每見法事輒自然欣躍其親愛而異之遂令出家罽賓多出聖達屢值明師博貫群經特深禪法所得之要皆極其微奧爲人沉邃有慧解儀軌詳正生而連眉故世號眉禪師少好遊方誓志宣化周歷諸國遂適龜茲未至一日王夢神告王曰有大福德人明當入國汝應供養明旦即勅外司若有異人入境必馳奏聞俄而密多果至王自出郊迎乃請入宮遂從稟戒盡四事之禮密多安而能遷不拘利養居數載密有去心神又降夢曰福德人捨王去矣王惕然驚覺既而君臣固留莫之能止遂度流沙進到燉煌於閑曠之地建立精舍植㮈千株開園百畝房閣池林極爲嚴淨頃之後適涼州仍於公府舊寺更葺堂宇學徒濟濟禪業甚盛常以江右王畿志欲傳法以宋元嘉元年展轉至蜀俄而出峽停止荊州於長沙寺造立禪閣翹誠懇惻祈請舍利旬有餘日遂感一衝器出聲放光滿室門徒道俗莫不更增勇猛人百其心頃之沿流東下至于京師初止中興寺晚憩祇洹密多道聲素著化洽連邦至京甫爾傾都禮訊自宋文哀皇后及皇太子公主莫不設齋桂宮請戒椒掖參候之使旬日相望即於祇洹寺譯出禪經禪法要普賢觀虛空藏觀等常以禪道教授或千里諮受四輩遠近皆號大禪師會稽太守平昌孟顗深信正法以三寶爲己任素好禪味敬心殷重及臨浙右請與同遊乃於鄮縣之山建立塔寺東境舊俗多趣巫祝及妙化所移比屋歸正自西徂東無思不服元嘉十年還都止鍾山定林下寺密多天性凝靜雅愛山水爲鍾山鎮岳埒美嵩華常歎下寺基構臨澗低側於是乘高相地揆卜山勢以元嘉十二年斬木刊石營建上寺士庶欽風獻奉稠疊禪房殿宇鬱爾層構於是息心之衆萬里來集諷誦肅邕望風成化定林達禪師即神足弟子弘其風教聲震道俗故能淨化久而莫渝勝業崇

而弗替蓋密多之遺烈也爰自西域至于南土凡所游履靡不興造檀會敷陳教法初密多之發罽賓也有迦毗羅神王衛送遂至龜茲於中路欲反乃現形告辭密多曰汝神力通變自在遊處將不相隨共往南方語畢即收影不現遂遠從至都即於上寺圖像著壁迄至于今猶有聲影之驗潔誠祈福莫不享願以元嘉十九年七月六日卒于上寺春秋八十有七

求那跋陀羅

求那跋陀羅此云功德賢中天竺人以大乘學故世號摩訶衍本婆羅門種幼學五明諸論後遇見阿毗曇雜心尋讀驚悟乃深崇佛法其家世事外道禁絕沙門乃捨家潛遁遠求師範即投簪落髮專精志學及受具戒博通三藏到師子諸國皆傳送資供既有緣東方隨舶汎海中途風止淡水復竭舉舶憂惶跋陀曰可同心并力念十方佛稱觀世音何往不感乃密誦呪經懇到禮懺俄而信風暴至密雲降雨一舶蒙濟宋丞相南譙王義宣鎮荊州創房殿請講華嚴等經而跋陀自忖未善華言有懷愧歎即旦夕禮懺請觀世音乞求冥應遂夢有人白服持劒擎一人首來至其前曰何故憂耶跋陀具以事對答曰無所多憂即以劒易首更安新頭語令迴轉曰得無痛耶答曰不痛豁然便覺心神喜悅旦起語義皆通備領華言於是就講元嘉末譙王屢有怪夢跋陀答云京都將有禍亂未及一年元兇構逆及孝建之初譙王陰謀逆節跋陀顏容憂慘未及發言譙王問其故跋陀諫諍懇切乃流涕而出曰必無所冀貧道不容扈從譙王以其物情所信乃逼與俱下梁山之敗火艦轉迫去岸懸遠判無全濟唯一心稱觀世音手捉節竹杖投身江中水齊至膝以杖刺水水流深駛見一童子尋後而至以手牽之顧謂童子汝小兒何能度我恍惚之間覺行十餘步仍得上岸即脫納衣欲償童子顧覓不見舉身毛豎時王玄謨督軍梁山世祖勑軍中得摩訶衍善加料理驛信送臺俄而尋得令舸送都世祖即時引見顧問委曲曰企望日久今始相遇跋陀曰既涂釁戾分當灰粉今得接見重荷生造勑問並准為賊答曰出家之人不預戎事然張暢宋靈秀等並是驅迫貧道所明但不圖宿緣乃逢此事帝曰無所懼也是日勑住後堂供施衣物給以人乘及中興寺成勑令移住後於秣陵界鳳凰樓西起寺每至夜半輒有推戶而喚視不見人衆屢厭夢跋陀燒香呪願曰汝宿緣在此我今起寺行道禮懺常為汝等若住者為護寺善神若不能住各隨所安既而道俗十餘人同夕夢見鬼神千數皆荷擔移去寺衆遂安大明六年天下亢旱禱祈山川累月無驗世祖請令祈雨必使有感如其無獲不須相見跋陀曰仰憑三寶陛下天威冀必降澤如其不獲不復重見即往北湖釣臺燒香祈請不復飲食默而誦經密加秘呪明日晡時西北雲起初如車蓋日在桑榆風震雲合連日降雨尋常執持香爐未嘗輟手每食飛鳥乃集手取食至太宗之世禮供隆到太始四年正月覺體不愈便與太宗及公

御等告別臨終三日延佇西望云見天華聖像隔中遂卒春秋七十有五

慧達

釋慧達姓劉氏名窣和本咸陽東北三城定陽稽胡也先不事佛目不識字後因酒會疾命終備觀地獄衆苦之相因出家為僧住于文成郡至元魏太武太延元年流化將訖便事西返行及涼州番禾郡東北望御谷而遙禮之人莫有曉者乃問其故達云此崖當有像現若靈相圓備則世樂時康如其有闕則世亂民苦爾後八十七年至正光初忽天風雨雷震山裂挺出石像舉身丈八形相端嚴唯無有首登即選石命工彫鐫別頭安訖還落因遂住之魏道淩遲其言驗矣逮周元年治涼州城東七里澗忽有光現徹照幽顯觀者異之乃像首也便奉至山巖安之宛然符會相好圓備太平斯在保定元年置為瑞像寺焉識者方知其先鑒達後行至肅州酒泉縣城西七里澗中死其骨並碎如葵子大可穿之今城西古寺中塑像在焉

勒那漫提

勒那漫提天竺僧也住元魏洛京永寧寺善五明工道術時信州刺史綦毋懷文巧思多知天情博藝每國家營宮室器械無所不關利益公私一時之最又勅令修理永寧寺見提有異術常送餉祇承冀有開見而提視之平平初無叙接懷文心恨之時洛南玄武館有一蠕蠕音軟客曾與提西域舊交乘馬衣皮時來造寺二人相得言笑抵掌彌日不懈懷文旁見裹言不曉往復乃謂提曰弟子好事人也比來供承望師降意而全不賜一言此北狄耳獸心人面殺生血食何足可尚不期對面遂成彼此提曰爾勿輕他縱使讀萬卷書事用未必相過也懷文曰此有所知當與角伎賭馬提曰爾有何耶曰算術之能無問望山臨水懸測高深圜圖音逵踏寄不舛升合提笑而言曰此小兒戲耳庭前有一棗樹極大子實繁滿時七月初悉已成就提仰視樹曰爾知其上可有幾許子乎懷文怪而笑曰算者所知必依鉤股標準則天文地理亦可推測草木繁耗有何形兆計期實謾言也提指蠕蠕曰此即知之懷文憤氣不信即立契賭馬寺僧老宿咸來同看具立旁證提具告蠕蠕彼笑而承之懷文復要云必能知者幾許成核幾許瘀死無核斷許既了蠕蠕腰間皮袋裏出一物似今稱錘穿五色線線別貫白珠以此約樹或上或下或旁或側抽線睫眼周迴良久向提撼頭而笑述其數焉乃遣人撲子實下盡一一看閱疑者文自剖看校量子數咸不卒無欠賸因獲馬而歸提每見洛下人遠向嵩高少室取薪者自云百姓如許地擔負辛苦我欲暫牽取二山挑洛水頭待人伐足乃還故去不以為難此但數術耳但無知者誣我為聖所以不敢提臨終語弟子曰我更停五三日往一處行汝等念修正道勿懷眷戀便寢疾閉戶而臥弟子竊於門隙視之見提身不著床在虛仰臥相告同視一僧忽欬提還床如舊遂謂曰門外是誰何不來入我以床熱故取涼耳爾勿怪也是後數日便捨命矣

僧意

釋僧意未知何許人貞確有思力毎登座講說輒天花下散于法座元魏中住太山朗公谷山寺寺有高麗等像七尊並是金銅俱陳寺堂堂門常開而鳥獸無敢入者意奉法自資東躬供養將終前夕有一沙彌死來已久見形禮拜云違奉已來常爲天帝驅使栖遑無暇廢修道業不久天帝請師講經願因一言得免形苦意便洗浴燒香端坐靜室候待時至及期果有天來入寺及房冠服羽從偉麗殊特衆僧初見但謂是何世貴人入山參謁不生驚異及意爾日無疾而逝方知靈感焉。

道豐

釋道豐未詳氏族世稱得道之流與弟子三人居相州鼓山中不求利養世之術藝無所不解齊高帝往來幷鄴常過問之應對不思隨事標舉帝曾命酒幷蒸肫勑置豐前令遣食之豐啗無辭讓極意飽啖帝大笑亦不與言。駕去後謂弟子曰除却床頭物及發撤床見向者蒸肫猶在都不似啖嘗處時石窟寺有一坐禪僧毎日至西則東望山巔有丈八金像現此僧私喜謂覩靈瑞日日禮拜如此可經兩月後在房卧忽聞枕間有語謂之曰天下更何處有佛汝今成道即是佛也爾當好作佛身莫自輕脫此僧聞已便起持重傍視群僧猶如草芥於大衆前側手指胷云你輩頗識真佛不泥龕畫像語不能出脣知應何如你見真佛不知禮敬猶作本目期我悉墮阿鼻又眼精已赤呼呼無常合寺知是魅釋及未發前昇詣豐所徑問曰汝兩月已來常見東山上現金像耶答曰實見又曰汝聞枕間遣作佛耶答曰實然豐曰此風動失心耳若不早治或狂走難制便以針針三處因即不發及豐臨終謂弟子曰吾在山久令汝等有谷汲之勞今去無以相遺當留一泉與汝既無陟降辛苦努力勤脩道業便於窟傍去一方石遂有玄泉隆暎不盈不減於今見存。

僧稠

釋僧稠姓孫氏元出昌黎末居鉅鹿之癭陶焉性度純懿一覽佛經渙然神解幼落髮爲沙彌時時輩毎暇常角力爲戲而稠以劣弱見淩侮稠羞之乃入殿中閉戶抱金剛足而誓曰我以羸弱爲等輩輕侮汝以力聞當祐我我捧汝足七日當與我力如不與必死無還志也如是至第六日將曙金剛形現手執一鉢筋謂稠曰小子欲力當食此筋稠辭以齋故不欲食神乃怖以杵稠懼遂食食已神曰汝已多力然善持教勉旃神去且曉乃還所居同列復戲侮稠曰吾有力矣恐汝不能堪衆試引其臂筋骨强勁殆非人也方驚疑稠曰吾與汝試之因入殿中橫蹋壁行自西至東凡數百步又躍首至於梁數四仍引重千鈞拳捷驍趫動駭物聽衆皆驚服嘗住嵩岳寺僧有百人泉水纔足忽見婦人弊衣挾帚却坐階上聽僧誦經衆不測爲神人也便訶遣之婦有愠色以足蹋泉水立枯竭身亦不現衆以告稠稠呼優婆夷三呼乃出便謂神曰衆僧行道宜加擁護婦人以足撥於故

衆水即上涌衆數異之後詣懷州西王屋山修習前法聞兩虎交鬬咆響震巖乃以錫杖中解各散而去一時忽有仙經兩卷在于床上稠曰我本修佛道豈拘域中長生者乎言已須臾自失後移止青羅山受諸癘疾供養情不憚其臭潰甘之如薺坐久疲頓舒脚床前有神輒扶之還令加坐因屢入定每以七日爲期聞有勑召絕無承命苦相敦喻方遂允請即日拂衣將出山閧兩岫忽然驚震響聲悲切駭擾人畜禽獸飛走如是三日稠顧曰慕道懷仁觸類斯在豈非愛情易守放蕩難持耶乃不約事留杖策漳滏（扶甫切）又嘗有客僧負錫初至將欲安處問其本夏荅云吾見此中三爲伽藍言終而隱既而掘地爲井累得鵄吻二焉又所住禪窟前有深淵見被毛之人偉而胡貌置釜然火水將沸涌俄有大蟒從水中出欲入釜內稠以足撥之蟒遂入水毛人亦隱其夜因致男子神來頂拜稠云弟子有兒歲歲爲惡神所噉兒子等惜命不敢當弟子衰老將死故自供食蒙師之力得免斯難稠索水潠之旋成雲霧時或覩稠於宣帝以倨傲無敬帝大怒自來加害稠冥知之生來不至僧廚忽無何而到云明有大客至多作供設至夜五更先備牛轝獨往谷口去寺二十餘里孤立道側須臾帝至怪問其故稠曰恐身血不淨穢汙伽藍在此候耳帝謂尚書令楊遵彥曰如此真人何可毀謗也因謂曰朕未見佛之靈異頗可得覩否稠曰此非沙門所宜帝強之乃投袈裟于地帝使數十人舉之不能動稠命沙彌取之初無重焉嵩陽杜昌妻柳氏甚妬有婢金荊昌沐令理髮柳氏截其雙指無何柳被狐刺螫（音試）指雙落又有一婢名玉蓮能唱歌昌愛而歎其善柳氏乃截其舌後柳氏舌瘡爛事急就稠懺悔稠已先知謂柳氏曰夫人爲妬前截婢指已失雙指又截婢舌今又合斷舌悔過至心乃可免柳氏頂禮求哀經七日稠大張口呪之有二蛇從口出一尺以上急呪之遂落舌亦平復當終之時異香滿寺聞者悚神既而卒日准勑四部彌山人衆數萬香柴千計日正中時焚之以火莫不哀慟哭響流川頃有白鳥數百徘徊烟上悲鳴相切移時乃逝

寶公

沙門寶公者嵩山高棲士也旦從林慮向白鹿山因迷失道日將隅中忽聞鍾聲尋響而進巖岫重阻登陟而趨乃見一寺獨據深林三門正南赫奕輝煥前至門所看額云靈隱之寺門外五六犬其大如牛白毛黑喙或踴或臥迴眸眄寶寶怖將返須臾見胡僧外來寶喚不應亦不迴顧直入門內犬亦隨入良久寶見人漸次入門屋宇四周房門並閉進至講堂唯見床榻高座儼然寶入西南隅床上坐久之忽聞東間有聲仰視見開孔如井大比丘前後從孔飛下遂至五六十人依位坐訖自相借問今日齋時何處食來或言豫章成都長安隴右蓟北嶺南五天竺等無遠不至動即千萬餘里末後一僧從空而下諸人競問來何太遲荅曰今日相州城東彼岸寺鑒禪師講會各各豎義有一後生聰俊難

問訶音鋒起殊爲可觀不覺遂晚實本事鑒爲和尚既聞此語望得參話因整衣而起白諸僧曰鑒是實和尚諸僧直視實頃之已失靈隱寺所在實但獨坐於柞木之下一無所見唯觀巖谷禽鳥翔集喧亂及出山以問尚統法師尚曰此寺石趙時佛圖澄法師所造年歲久遠賢聖居之非凡所住或沉或隱遷從無定今山行者猶聞鍾聲

阿秃師

釋阿秃師者不知鄉土姓名所出爾朱未滅之前已在晉陽遊諸郡邑不居寺舍出入民間語譎必有徵驗每行市里人衆圍繞之因大呼以手指胸曰憐你百姓無所知不識并州阿秃師人遂以此名焉齊神武還鄴之後以晉陽兵馬之地王業所基常鎮守并州時來鄴下所有軍國大事未出帷幄者秃師先於人衆間泄露末年執置城內遣人防家不聽輙出若其越逸罪及門司當日并州城三門各有一秃師盪出遮執不能禁未幾有人從北州來云秃師四月八日於鴈門郡市捨命郡下大家以香花送之埋於城外并州人怪笑此語謂之曰秃師四月八日從汾橋過東出一脚有鞋一脚徒跣但不知入何坊巷人皆見之何云鴈門死也此人復往北州報語鄉邑衆共開塚看之唯見一隻犢鞋耳後還并州齊神武以制約不從浪語不息慮動民庶遂以祆惑戮之沙門無髮以繩鉤首伏法之日舉州民衆詣市觀之秃師含笑更無言語刑後六七日有人從河西部落來云道逢秃師形狀如故但能負一繩籠秃師頭與語不應急走西去

僧達

釋僧達俗姓李氏上谷人十五出家遊學北代聽習爲業初經菅山寺將入谷口虎踞其前乃視曰欲造一寺福被幽靈若相許者可爲避道言訖尋去及造寺竟安衆綜業達遊鄴京夜有神現身被黃服拜而跪曰弟子是戴山胡也王及三谷正僧供養願不須還達曰在山利少在京利多貧道觀機而動幸無遮止又經靜夜有推戶者稱曰山神之妻曰日無暇今故參拜并奉米麫一筐進而重曰僧無偏爲禮佛之時請兼弟子名也達答麫可將還後當爲禮佛兼名也因令通禮之時一拜兼唱達遣弟子道爽爲山神讀金光明經月餘有虎來盜犬去達聞之曰此必小道人懈怠不爲檀越讀經具問之果云年日來別讀維摩耳乃燒香禮佛告曰昨雖誦餘經其福亦屬檀越若有靈鑒放犬還也至曉犬還看於項上有銜處一日少覺微疾端坐繩床口誦般若形氣調靜遂終於洪谷山寺春秋八十有二

玄暢

釋玄暢姓趙氏河西金城人少時家門爲胡虜所滅禍將及暢虜師見暢而止之曰此兒目光外射非凡童也遂獲免仍往涼州出家其後燾虜剪滅佛法害諸沙門唯暢得走以元嘉二十二年閏五月十七日發自平城路由代郡上谷東跨太行路經幽冀南轉將至孟津唯手把一束楊枝一扼葱葉虜騎追逐將欲及之乃以楊枝擊沙沙起天闇人馬不

能前有頃沙息駒已復至於是投身河中唯以葱葉內鼻孔中通氣度水以八月一日達于揚州洞曉經律深入禪要占記吉凶靡不誠驗迄宋之季年乃飛舟遠舉適成都止大石寺手畫作金剛密迹等十六神像昇明三年又遊西界觀矚岷嶺乃於岷山郡北部廣陽縣界見齊后山遂有終焉之志仍倚巖傍谷結草為菴弟子法期見神人乘馬著青單衣繞山一帀還示造塔之處以齊建元元年四月二十三日建刹立寺名曰齊興其後惠太子遣使徵迎勅命重疊辭不獲免於是泛舟東下中途動疾帶恙至京傾衆阻望少時而卒春秋六十有九

曇超

釋曇超姓張氏清河人形長八尺容止可觀蔬食布衣一中而已初止都龍華寺元嘉末南遊始興遍觀山水獨宿松下虎兕不傷大明中還都至齊太祖即位被勅往遼東弘贊禪道停彼二年大行法化建元末還京俄又適錢唐靈隱山一定累日忽見一人來禮曰弟子居在七里瀨以冨陽縣人爨麓山下侵壞龍室群龍共忿誓三百日不雨今已百日田地枯涸欲屈道德前行必能感致甘雨潤澤蒼生功有歸也超許之神乃去超南行五日至赤城山為龍呪願至夜群龍化作人來禮拜超更說法因乞三歸自稱是龍超請其降雨乃相看無言其夜與超夢云本因忿立誓師既導之以善不敢違命明日晡當降雨至期沾足歲以大熟以永明十年卒春秋七十有四

法度

釋法度黃龍人也南齊初遊于金陵高士齊郡名僧紹隱居瑯琊之攝山挹度清真待以師友及亡捨所居山為棲霞寺先是有道士欲以寺地為觀住者輙死後為寺猶多恐動自度居之群妖皆息經歲餘忽聞人馬鼓角之聲俄見一人投刺於度曰靳尚度命前之尚形甚都雅羽衛亦衆致敬畢乃言弟子王有此山七百餘年矣神道有法物不得干前後棲託或非真直故死病繼之亦其命也法師道德所歸謹捨以奉給并願受五戒永結來緣度曰人神道殊無容相屈且檀越血食世祀此最五戒所禁尚曰若備門徒輙先去殺於是辭去明日一人送錢一萬并香燭等題云弟子靳尚奉供至其月十五日度爲設會尚又來同衆禮拜行道受戒而去既而攝山廟巫夢神告曰吾已受戒於度法師矣今後祠祭勿得殺戮由是廟中薦獻菜飯而已度曾動散寢於地見尚從外來以手摩頭足而去頃之復來持一瑠璃甌中如水以奉度味甘而冷度所苦即間其徵感如此

惠璵

釋惠璵未詳其氏族住上黨元門寺奉戒真確禪誦為業後遇國滅三寶璵抱持經像隱于深山遇賊欲劫劫未覺也忽見一人形長丈餘美貌鬚頰具好衣服乘白馬朱騣自山頂來徑至璵前下馬謂曰今夜賊至師可急避璵居懸崖之下絶無餘道疑是山神乃曰今佛法毀滅貧道容身無地故來依役檀越今有賊來正可於此取死更何逃竄神曰師

既遠投弟子弟子亦能護師遂失所在。當夜忽降大雪可深丈餘雪深道隔遂免賊難。後晴路開群賊重來神遂告山下諸村曰賊欲劫鎮師汝等急往共敵乃各嚴器仗入山拒擊賊便驚散每日恒憑神力安業山昇不測其終。

僧群

釋僧群清貧守節蔬食持經居羅江縣之霍山構立茅室。孤在海中。上有石盂水深六尺常有清流古老相傳是群仙所宅群因絶粒。其菴舍與石盂隔一小澗常以木爲梁由之汲水。年至一百三十忽見一折翅鴨當梁頭群將舉錫撥之恐有轉傷因此回歸遂絶水數日而終臨終謂左右曰我少時曾折一鴨翅驗此以爲報也

神僧傳卷第三

神僧傳卷第三

校勘記

一　底本，明永樂北藏本。

一　三八〇頁上六行「二百」，清作「一百」。

一　三八一頁上一六行「二十六」，徑、清作「三十六」。

一　三八三頁中六行第五字「後」，徑、清作「敬」。

一　三八三頁中七行第五字「加」，徑作「後」；清作「敬」。

一　三八五頁中一〇行第七字「傪」，清作「慘」。

一　三八七頁中八行首字「輦」，清作「輩」。

一　三八七頁下一行「鉅鹿」，徑、清作「鉅鹿」。

一　三九一頁上五行第一五字「昇」，徑、清作「阜」。

神僧傳卷第四

慧通

釋慧通。不知何許人。宋元嘉中見在壽春。寢宿無定。遊歷村里。飲讌食啖不異恒人。常自稱鄭散騎。言未然之事。頗時有驗。江陵有邊僧歸者。遊賈壽春。將應反鄉。路值慧通。稱欲寄物僧歸。時自負重擔。固以致辭。遂強置擔上。而了不覺重。行數里便別去。謂僧歸曰。我有姊在江陵。作尼名慧緒。住三層寺。君可爲我相聞。道尋欲往。言訖忽然不見。顧視擔上所寄物亦失。僧歸既至。尋得慧緒。具說其意。緒既無此弟。亦不知何以而然。乃自往壽春尋之。竟不相見。通後自往江陵。而慧緒已死。入其房中。訊問委悉。因留江陵。少時路由人家墳墓。無不悉其氏族死亡年月。傳以相問。並如其言。或時懸指偷劫。道其罪狀。於是群盜淫見通者。輒間行避走。又於江津路值一人。忽以杖打之。語云可駛歸去看汝家若爲。此人至家。果延火所及。舍物蕩盡。齊永元初忽就相識人任漾求酒甚急。云今應遠行不復相見。爲謝諸知識。並宜精勤修善。爲先飲酒畢。至墻邊臥地。就看已死。後數十日。復有人於市中見之。追及共語。久之乃失。

邵碩

沙門邵碩。康居國人。與誌公最善。出入經行。不問夜旦。意欲求之則去。遊益州。以滑稽言事。能發人懽笑。因勸以善。家家喜之。至人家眠地者。家必有死。就人求細席者。必有小兒亡。時咸以此爲識。至四月八日成都行化。碩於衆中作師子形。爾日郫縣亦言見碩作師子形。乃悟分其身也。刺史蕭慧開及劉孟明皆挹事之。孟明以男子衣衣二妾。試碩云。以此二人給公爲左右可乎。碩爲人好韻語。乃謂明曰。寧自乞食以清讌。不能與阿夫竟殘年。後忽著布帽詣明。少時明卒。先是孟明長史沈仲玉改鞭杖之格。嚴重常科。碩謂玉曰。天地嗷嗷從此起。若除鞭格得刺史。玉除之。及明卒。仲玉果行州事。是年九月將亡。謂沙門法進曰。願露骸松下。然脚須著屐。進諾之。巳而化。舁其尸露之。明日往視。失所在。俄有自郫縣來者曰。昨見碩公著一屐行市中。曰爲我語進公。小兒見欺。止爲我隻屐。進驚問之。沙彌答曰。舁尸時一屐墮。行急不及繫也。

法願

釋法願。本姓鍾氏。名武厲。先潁川長社人。祖世避難。移居吳興長城。家本事神。身習鼓舞。世間雜伎及蓍爻占相。備盡其妙。嘗以鏡照面云。我不久當見天子。於是出都。住沈橋。以傭相自業。宗殼沈慶之微時。請願相。願曰。宗君應爲三州刺史。沈公當位極三公。如是歷相衆人。記其近事。所驗非一。遂有聞於宋太祖。太祖見之。取東治囚及一奴美顏色者。飾以衣冠。令願相之。願指囚曰。君多危難。下階便應鉗鎖。謂奴曰。君是下賤人。乃暫得免耶。帝異之。勑住後堂。知陰陽秘術。後少時啓求出家。三啓方遂。爲上定林遠公弟子。及孝武龍飛。宗殼出鎮廣州。携願同往。奉爲五戒之師。會譙王構逆。殼以諮願。願曰。隨君來。誤殺人。今太白犯南斗。法應殺大臣。宜速改計。必得大勳。果如願言。殼還豫州刺史。復携同行及竟陵王誕舉事陳諫亦然齊高帝親事幼主恒有不測之憂無以諮顧顧曰後七月當定果如其言及高帝即位事以師禮武帝嗣興亦盡師敬永元一年卒春秋八十二

寶誌

釋寶誌本姓朱氏金城人初朱氏婦聞兒啼鷹巢中梯樹得之舉以爲子七歲依鍾山僧儉出家修習禪業往來皖山劒水之下面方而瑩徹如鏡手足皆鳥爪止江東道林寺至宋大始初忽如僻異居止無定飲食無時髮長數寸常跣行街巷執一錫杖杖頭掛剪刀及鏡或掛一兩疋帛齊建元中稍見異迹數日不食亦無飢容與人言始若難曉後皆效驗時或賦詩言如讖記江東士庶皆共事之齊武帝謂其惑衆收駐建康既旦人見其入市還檢獄中誌猶在焉誌語獄吏門外有兩轝食來金鉢盛飯汝可取之既而齊文惠太子竟陵王子良並送食餉誌果如其言建康令呂文顯以事聞武帝即迎入宮居之後堂一時屛除內宴誌亦隨衆出既而景陽山上猶有一誌與七僧俱帝怒遣推檢其所閤吏啓云誌久出在省方以墨塗其身時僧正法獻欲以一衣遺誌遣使於龍光罽賓二寺求之並云昨宿且去又至其常所造厲侯伯家尋之伯云誌昨在此行道旦眠未覺使還以告獻方知其身分三處宿焉誌常盛冬袒行沙門寶亮欲以衲衣遺之未及發言忽來引衲而去後假齊武帝神力使見高帝於地下常受錐刀之苦帝自是永廢錐刀武帝又常於華林園召誌誌忽著三重布帽以見俄而武帝崩文惠太子及豫章王相繼而薨永明中常住東宮後堂一日平明從門出入忽云門上血汙衣褰衣走過及鬱林見害輦載出此帝頸血流於門限齊衛尉胡諧疾病請誌誌注疏云明屈明日竟不往是日諧亡載屍還宅誌曰明日屍出也齊太尉司馬殷齊之隨陳顯達鎮江州辭誌誌畫紙作樹樹上有烏語云急時可登此後顯達逆節留齊之鎮州及敗齊之叛入廬山追騎將及齊之見林中有一樹樹上有烏如誌所畫悟而登之烏竟不飛追者見烏謂無人而返卒以見免齊屯騎桑偃將欲謀反往詣誌誌遙見而走大呼云圍臺城欲反逆斫頭破腹後又旬事發偃叛走朱方爲人所得果斫頭破腹梁鄱陽忠烈王嘗屈誌至第忽令覓荆子甚急既得安之門上莫測所以少時王出爲荆州刺史其預鑒之明此類非一誌多去來興皇淨名兩寺及梁武即位下詔曰誌公迹均塵垢神遊冥寂水火不能焦濡蛇虎不能侵懼語其佛理則聲聞以上談其隱淪則遁仙高者豈得以俗士常情空相拘制何其鄙陋一至於此自今行來隨意出入勿得復禁誌自是多出入禁中嘗於臺城對梁武帝喫鱠昭明諸王子皆侍側食訖武帝曰朕不知味二十餘年矣師何爲爾誌公乃吐出小魚依依鱗尾武帝深異之如今秣陵尚有鱠殘魚也天監五年冬旱雩祭備至而未降雨誌忽上啓云誌病不差就官乞治若不啓白官應得鞭杖願於華光殿講勝鬘經請雨梁武即使沙門法雲講勝鬘竟夜便大雨誌又云須一盆水

加刀其上殘而兩大降高下皆足舒州灊山最奇絶而山麓尤勝誌公與白鶴道人皆欲之天監六年二人俱白武帝帝以二人皆具靈通俾各以物識其地得者居之道人云某以鶴止處爲記誌云某以卓錫處爲記已而鶴先飛去至麓將止忽聞空中錫飛聲誌公之錫遂卓於山麓而鶴驚止他所道人不懌然以前言不可食遂各以所識築室焉有陳征虜者舉家事誌甚篤誌嘗爲其見真形光相如菩薩像焉誌知名顯奇四十餘載士女供事者不可勝數然好用小便濯髮俗僧聞有譏笑者誌亦知衆僧多不斷酒肉譏之者飲酒食豬肚誌勅然謂曰汝笑我以溺洗頭汝何爲食盛糞袋譏者懼而慙服晉安王蕭綱初生日梁武遣使問誌誌合掌云皇子誕育幸甚然寃家亦生於後推尋曆數與侯景同年月日而生也會稽臨海寺有大德常聞揚州都下有誌公語言顛狂放縱自在僧云必是狐狸之魅也願向都下覓獵犬以逐之於是輕船入海趨浦口欲西上忽大風所飄意謂東南六七日始到一島中望見金裝浮圖千雲秀出遂尋徑而往至一寺院宇精麗花卉芳菲有五六僧皆可年三十美容色垂著真緋袈裟倚杖於門樹下言語僧云欲向都下爲風飄蕩不知上人此處知何州國今四望環海恐本鄉不可復見答曰必欲向揚州即時便到今附書到鍾山寺西行南頭第二房覓黃頭付之僧因閉目坐船風聲定開眼如言奄至西岸入浦數十里至都徑往鍾山寺訪問都無字黃頭者僧具說委曲報云西行南頭第二房乃風病道人誌公雖言配在此寺常在都下聚樂處百日不一度來房空無人也問答之間不覺誌公已在寺廚上乘醉索食人以齋過日晚未與間便奮身惡罵寺僧試遣沙彌繞廚側漫呼黃頭誌公忽曰阿誰喚我即遂沙彌來到僧處謂曰汝許將獵狗捉我何爲空來僧知是非常人頂禮懺悔授書與之誌公看書云方丈道人喚我不久當亦自還誌公遂屈指云某月日去使不復共此僧語衆但記某月日至天監十三年冬於臺後堂謂人曰菩薩將去未及旬日無疾而終屍骸香軟形貌熙怡臨亡然一燭以付後閤舍人吳慶慶即啓聞梁武歎曰大師不復留矣燭者將以後事屬我乎因厚加殯送葬于鍾山獨龍之阜仍於墓所立開善寺勅陸倕製銘於塚內王筠勒碑文於寺門傳其遺像處處存焉

香闍梨

香闍梨者莫測其來止益州青城山寺時俗每至三月三日必往山遊賞多將酒肉酣樂香屢勸之不斷後因三月又如前集香令人穿坑方丈許忽曰檀越等嘗自飲噉未曾與香今日須飡一頓諸人爭奉殽酒隨得隨盡若填巨壑至晚曰我大醉飽扶我就坑不爾汙地及至坑所張口大吐雉肉自口出即能飛鳴羊肉自口出即能馳走酒肉亂出將欲滿坑魚鮓鵝鴨游泳交錯衆咸驚嗟誓斷宰殺自後酒肉永絶上山此香之風德也後因誌公寄語遂化于寺弟子營墓將殯柽棺大輕及開止見几杖而已

道琳

釋道琳本會稽山陰人。少出家有戒行。善涅槃法華。誦淨名經。吳國張緒禮事之。後居富陽縣林泉寺。常有鬼怪。自琳居之則消。琳弟子慧韶為屋所壓頭陷入胸。琳為祈請。韶夜見兩胡道人拔出其頭。旦起遂平復。琳於是設聖僧齋。鋪新帛於床上。齋畢見帛上有人迹長三尺餘。衆咸服其徵感。富陽人始家家立聖僧坐以飯之。至梁初琳出居齊熈寺。天監十八年卒。春秋七十有三。

嵩頭陀

嵩頭陀法師居婺州雙林北四十里巖谷間。為創香山寺及建靈刹。道俗萬衆共引麻絆舉刹。絆忽中斷。引者皆顛躓。師乃曰。有何魔事使之然乎。因以鉢盛淨水內外攬之。呪而作禮。捧鉢繞刹一周。刹乃不假人功屹然自立。後又至萊山立寺。師常曰。萊山王而不久。香山久而不王。後果如其所言。竟不知所終。

阿專師

阿專師者不詳其氏族。雲遊定州。時在州里中閭人有會杜齋供嫁娶喪葬之席。或少年放鷹走狗追隨宴集之處。未甞不在其間。鬪諍諠嚚亦曲助朋黨。如此多年。後正月十五夜。觸他長幼坐席。惡口聚罵。主人欲打殺之。市道之徒救解將去。其家兄弟明旦捕覓。正見阿專師騎一破墻上坐。喜笑謂之曰。汝等此間何厭賤我。我捨汝去。捕者奮杖欲擲。前人復遮約阿專復云。定厭賤我。我去。以杖擊墻口唱叱叱。所騎之墻一堵忽然昇上。可數十仞。舉手謝鄉里曰。好住百姓。見者無不禮拜悔咎。須臾映雲而滅。可經一年。間在長安還如舊態。於後不知所終。

達磨

菩提達磨南天竺婆羅門種。神慧疎朗。聞皆曉悟。志存大乘。冥心虛寂。通微徹數。定學高之。梁武帝普通初至廣州。刺史表聞。武帝遣使詔迎至金陵。帝親問曰。朕即位以來。造寺捨經度僧不可勝數。有何功德。師曰。並無功德。帝曰。何以並無功德。師曰。此但人天小果有漏之因。雖有非實。帝曰。如何是真功德。師曰。淨智妙圓。體自空寂。如是功德不以世求。帝問如何是聖諦第一義。師曰。廓然無聖。帝曰。對朕者誰。師曰。不識。帝不省玄旨。師知機不契。十九日遂去梁。折蘆一枝渡江。二十三日北趨魏境。尋至雒邑。初止嵩山少林寺。終日面壁而坐。九年遂逝。葬熊耳山。魏宋雲奉使西域。迴遇師于葱嶺。見手携隻履翩翩獨逝。雲問何去。曰西天去。又謂雲曰。汝主已厭世。雲聞之茫然。別師東邁。暨復命。明帝已登遐矣。迨孝莊即位。雲具奏其事。帝令起壙惟空棺一隻革履存焉。

通公

通公道人者不知其氏族。居處無常。所語狂譎。然必有應驗。飲酒食肉。遊行民間。侯景甚信之。揚州未陷之日。多拾無數死魚頭積於西明門外。又拔青草荊棘栽市里。及侯景渡江。先屠東府。一城盡斃。積其首於西明門外。為京觀焉。朝市破落。所在蕪穢。耳通公言說得失。於景不便。景惡之。又憚非常人。不敢加害。私遣小將于子悅將武士四人往候之。景謂子悅云若知殺者勿害不知則審捉之子悅立四人於門外獨入見通脫衣火燎逆謂子悅曰汝來殺我我是何人汝敢輙殺子悅作禮拜云不敢於是馳往報景景禮拜謝之卒不敢害景後因宴召通通取肉揾鹽以進於景問曰好否景曰太鹹通曰不鹹則爛及景死數日衆以鹽五石置腹中送屍于建康市百姓爭屠膾羹食皆盡後竟不知所去

僧林

釋僧林吳人深有德素行能動物梁大同中上蜀至潼州城西北百四十里有豆圖山上有神祠土民敬之每往祭謁林往居之禪默累日忽有大蟒縈繩牀前舉頭如揖讓者林爲授三歸受已便去自爾安帖卒無災異其山北涪水之陽素來無猿自林棲托已來便有兩頭依林而住有初見者云度水來及後林出山門猿還泅渡如此非一年月淹久孚乳產生乃有數十有時送林至龍門口竚望而返後住赤水巖故寺中屋宇垂摧止有叢林便即露坐有虎蹲於林前低目視林乃爲說法良久便去爾後孫遊雄悍不避惡獸嘗行仁濟感化極多末卒于潼郡

慧約

釋慧約字德素姓婁氏東陽烏傷人也祖世爲東南仕族有占其塋墓者云後世當有苦行得道者爲帝王師焉母留氏夢長人擎金像令吞之又見紫光繞身因而有孕便覺精神爽發思理明悟及載誕之日光香充滿身白如雪俗因名爲靈粲兒童時聚沙爲佛塔壘石爲高座七歲便求入學即誦孝經論語乃至史傳披文見意宅南有果園鄰童競採常以爲患乃捨已所得空拳而返鄉土以蠶桑爲業常懷悲惻由是不服縑纊季父喜畋獵化終不改常歎曰飛走之類去人甚遠好生惡死此情何別乃絕羶腥叔父遂避於他里恣行勦戮嘗夢赤衣使者手持矛戟謂曰汝終日殺生菩薩教化又不能止捉來就死驚覺汗流旦便毀諸獵具深改前咎約復至常所獵處見麇鹿數十頭騰倚隨船若有愧謝者所居僻左不嘗見寺忽值一僧訪以至教彼乃舉手東指云剡中佛事甚盛因仍不見方悟神人至年十二始遊于剡徧禮塔廟肆意山川遠會素心多究經典宋泰始四年於上虞東山寺辭親翦落時年十七事南林寺沙門慧靜隨靜住剡之梵居寺服勤就養年踰一紀及靜之亡盡心喪之禮服闋之後却粒巖栖餌以松朮蠲疾延年深有成益齊太宰文簡公褚淵嘗請講淨名勝鬘淵遇疾晝寢見梵僧云菩薩當至尋有道人來者是也俄而約造焉遂豁然病愈即請受五戒齊給事中婁幼瑜少有學術約之族祖也每見輙起爲禮或問此乃君族下班何乃恭耶瑜曰菩薩出世方師於天下豈老夫致敬而已時人未諭此旨惟王文憲深以爲然後還都又住草堂少傅沈約隆昌中外任攜與同行在郡惟以靜漠自娛禪誦爲樂異香入室猛獸馴階常入金華山採結或停赤松澗有道士丁德靜於館暴亡傳云山精所斃乃要大治祭酒居之妖猶充斥長山令徐伯超立議請約移居曾未浹旬而神魅弭息後晝卧見二

青衣女子從澗水出禮悔云夙障深重墮此水精晝夜煩惱即授以歸戒自爾災怪永絶天監十八年己亥四月八日天子發弘誓心受菩薩戒乃幸等覺殿皇儲已下爰至道俗士庶咸希度脱弟子著籙者凡四萬八千人嘗受戒時有一乳鵠歷階而昇狀若聽受至說戒畢然後飛騰又嘗述戒有二孔雀驅斥不去勅乃聽上徐行至壇俛頸聽法上曰此鳥必欲滅度別受餘果矜其至誠更爲說法無何二鳥同化後靜居閑室忽有野媪賫書數卷置經案上無言而出并持異樹自植於庭云青庭樹也約曰此書美也不俟看之如其惡也亦不勞視經七日又見一吏請書而退此樹葉緑花紅扶疏尚在又感異鳥身赤尾長形如翡翠相隨棲息出入樹間大通四年夢見舊宅白壁朱門赫然壯麗仍發願造寺詔乃號爲本生焉又勅改所居竹山里爲智者里大同元年八月使人伐門外樹枝曰鑾駕當來勿令妨路人未之測至九月六日現疾北首右脅而卧神識恬愉了無痛惱謂弟子曰我夢四部大衆幡花羅列空中迎我淩雲而去福報當訖至十六日勅遣舍人徐儼參疾答曰今夜當去至五更二唱異香滿室左右肅然乃曰夫生有死自然恒數勤修念慧勿起亂想言畢合掌便入涅槃春秋八十有四六十三夏初卧疾時見一老公執錫來入及遷化日諸僧咸卜寺之東巖帝乃改葬獨龍抑其前見之叟則誌公相迎者乎又臨終夜所乘青牛忽然鳴吼淚下交流至葬日勅使牽從部伍發寺至山吼淚不息又建塔之始白鶴一雙繞墳鳴唳聲甚哀惋葬後三日歘然永逝

檀特師

檀特師一名惠豐身爲比丘不知何處人也飲酒啖肉語默無常逆論來事後皆如言居於涼州宇文仲和爲刺史請之至州內歷觀廐庫乃云何意畜他官馬官物仲和不喻其旨怒不令在涼州未幾仲和拒不受代朝廷令獨孤信禽之仲和身死貲財没官周文遣書召之檀特發至岐州會齊神武來寇玉壁檀特曰狗豈能至龍門也神武果不至龍門而返俟景未叛東魏之前忽捉一杖杖頭刻爲獼猴形令其面常向西日夜弄之又索一角弓牽挽之俄而景啓降尋復背叛人皆以爲驗至大統十七年春初忽著一布帽周文左右驚問之檀特曰汝亦著王亦著也至三月而魏文帝崩復取一白絹帽著之左右復問之檀特曰汝亦著王亦著也未幾丞相夫人薨復又著白絹帽左右復問之云汝亦著王亦著也尋而丞相第二兒武邑公薨其事驗多如此也俄而疾卒周文命葬之

植相

釋植相姓郝氏梓潼涪人嘗任巴西郡吏太守鄭貞令相賫獻物下揚都見梁祖王公崇敬佛教便願出家及還蜀決誓家屬并其妻子既同相志一時剪落自出家後專習苦行一食常坐正心佛理以命自期時南武郡有法愛道人高衢道術相往觀之愛於夕中自以呪力現一大神身著衣冠容相瑰偉來舉繩床離地四五尺便誦戒神即馳去斯須復

來舉床僅動一角如前復去俄爾又來在相前立相正意貞白初無微動尋爾復去於屋頭現面含棟破裂其聲甚大相亦無懼神見不動便來禮拜求哀懺悔至旦語愛曰汝所重者此是邪術非正法也可捨之相因行路寄宿道館道士有素聞相名恐化徒屬拒不延之其夜群虎繞院相吼道士等通夕不安及明追之從受菩薩戒焉又曾行弘農水側見人垂釣相勸止之不從其言即擲水中忽有大蛇擧頭四顧衆趣釣者因即歸命投相出家後因梁末軍亂入青城山聚徒集業未暇經始道便遷化初相置足於綿州城西栢林寺院宇成就於堂頭植梧桐一株極爲繁茂夏月忽無故葉落又維那旦打鍾初不發聲大小疑怪不測所以上座僧謂有大變執錫逃避須臾信報相已終乃知樹枯鍾啞表其遷化之晨也弟子銜命露屍松下焉

陸法和

陸法和不知何許人也隱於江陵百里洲衣食居處一與戒行沙門同耆老自幼見之容色常定人莫能測也或謂出自嵩高徧遊遐邇既入荆州汶陽郡居高要縣之紫石山無故捨所居山俄有蠻賊文道期之亂時人以爲預見萌兆及侯景始告降於梁法和謂南郡朱元英曰貧道共檀越擊侯景去元英曰侯景爲國立效師云擊之何也法和曰正自如此及景度江法和時在清谿山元英往問曰景今圍城其事云何法和曰凡人取果宜待熟時固問之曰亦剋亦不剋景遣將任約擊梁湘東王於江陵法和乃詣湘東乞征約召諸蠻弟子八百人在江津二日便發湘東遣胡僧祐領千餘人與同行法和登艦大笑曰無量兵馬江陵多神祠人俗恒所祈禱自法和軍出無復一驗人以爲神皆從行故也至赤沙湖與約相對法和乘輕舟不介冑沿流而下去約軍一里乃還謂將士曰聊觀彼龍睡不動吾軍之龍甚自踴躍即攻之若得彼明日當不損客主一人而破賊然有惡處遂縱火船而逆風不便法和執白羽扇麾風風即返約衆皆見梁兵步於水上於是大潰皆投水約逃竄不知所之法和曰明日午時當得及期而未得人問之法和曰吾前於此洲水乾時建一刹語檀越等此雖爲刹實是賊標今何不向標下求賊也如其言果於水中見約抱刹仰頭裁出鼻遂禽之約言求就師目前死法和曰檀越有相必不兵死且於王有緣決無他慮王於後當得檀越力耳湘東果釋用爲郡守及魏圍江陵約以兵赴救力戰焉法和既平約往進見王僧辯於巴陵謂曰貧道已却侯景一臂其更何能爲檀越宜即逐取乃請還謂湘東王曰侯景自然平矣無足可慮蜀賊將至法和請守巫峽待之乃總諸軍而往運石以塡江三日水遂不流横之以鐵鎖武陵王紀果遣蜀兵來度峽口勢蹙進退不可王琳與法和經略一戰而殄之軍次白帝謂人曰諸葛孔明可謂爲名將吾自見之此城旁有其埋弩箭鏃一斛許因插表令掘之如其言又甞至襄陽城北大樹下畫地方二尺令弟子掘之得一龜長尺半以杖叩之曰汝欲出不能得已數百歲不遭

我者豈見天日乎爲授三歸龜乃入草初八疊山多惡疾人法和爲采藥療之不過三服皆差即求爲弟子山中多毒蟲猛獸法和授其禁戒不復嗤螫音栻所泊江湖必於峯側結表云此處放生漁者皆無所得才或少獲輒有大風雷船人懼而放之風雨乃定晚雖將兵猶禁諸軍漁捕有竊違者中夜猛獸必來欲噬之或亡其船纜有小弟子戲截蛇頭來詣法和法和曰汝何意殺因指以示之弟子乃見蛇頭齚袴襠而不落法和使懺悔爲蛇作功德又有人以牛試刀一下而頭斷來詣法和法和曰有一斷頭牛就卿徵命殊急若不爲作功德一月內報至其人弗信少日果死法和又爲人置宅相墓以避禍求福嘗謂人曰勿繫馬於碓其人行過鄉曲門側有碓因繫馬於其柱入門中憶法和戒走出將解之馬已斃矣梁元帝以法和爲都督郢州刺史封江乘縣公法和不稱臣其啓文朱印名上自稱居士後稱司徒梁元帝謂其僕射王褒曰我未嘗有意用陸爲三公而自稱何也

褒曰彼既以道術自命容是先知梁元帝以法和功業稍重遂就加司徒都督刺史如故部曲數千人通呼爲弟子唯以道術爲化不以法獄加人又列肆之所不立市丞牧佐之法無人領受但以空檻籥在道間上開一孔以受錢貫客店人隨貨多少計其估限自委檻中所受所掌之司夕方開取條其孔目輸之於庫又法和平常言若不出口時有所論則雄辯無敵然猶帶蠻音善爲攻戰具在江夏大聚兵艦欲襲襄陽而入武關梁元帝使止之法和曰法和是求佛之人尚不希釋梵天王坐處豈規主位但於空王佛所與主上有香火因緣見王上應有報至故救援耳今既被疑是業定不可解也於是設供食具大餪薄餅及魏舉兵法和自郢入漢口將赴江陵梁元帝使人逆之曰此自能破賊師但鎮郢州不須動也法和乃還州堊其城門著麤白布衫袴邪巾大繩束腰坐葦席終日乃脫之及聞梁元敗滅復取前凶服著之哭泣受弔梁人入魏果見餪餅焉法和始於百里洲

造壽王寺既架佛殿更截梁柱曰後四十許年佛法當遭雷電此寺幽僻可以免難及魏平荊州宮室焚燼總管欲發取壽王佛殿嫌其材短乃停後周氏滅佛法此寺隔此陳境故不及難天保六年春清河王岳進軍臨江法和舉州入齊文宣以法和爲大都督十州諸軍事太尉公西南大都督五州諸軍事荊州刺史安湘郡公宋莅爲郢州刺史官爵如故莅弟遣爲散騎常侍儀同三司湘州刺史義與縣公梁將侯瑱來逼江夏齊軍棄城而退法和與宋莅兄弟入朝文宣聞其有奇術虛心想見之備三公鹵簿於城南十二里供帳以待之法和遥見鄴城下馬禹步辛術謂曰公既萬里歸誠主上虛心相待何作此術法和手持香爐步從路車至於館明日引見給通幰油絡網車詣闕通名不稱官爵不稱臣但云荊山居士文宣宴法和及其徒屬於昭陽殿賜法和錢百萬物萬段甲第一區田一百頃奴婢二百人生資什物稱是法和所得奴婢盡免之曰各隨緣去錢帛散施一日

便畫以官所賜宅營佛寺自居一房與凡人無異三年問弄爲太尉世猶謂之居士無疾而告弟子死期至時燒香禮拜佛坐繩床而終浴訖將殮屍小縮止三尺許丈宣令開棺視之空棺而已法和書其所居屋壁而塗之及剥落有文曰十年天子爲尚可百日天子急如火周年天子遞代生又曰一母生三天兩天共五年說者以婁太后生三天子自孝昭即位至武成傳位後主共五年焉

尚圓

釋尚圓姓陳氏廣漢人出家以呪術救物梁武陵王蕭紀宮中鬼怪魅諸婇女或歌或哭紛然亂舉王乃令善射者控弦擬之鬼乃現形即放箭射鬼便遙接還返擲人久而不已聞圓持呪請入宮中諸鬼競作諸變現龍蛇百獸倏忽前後在空在地怪變多端圓安坐告曰汝小家鬼何因敢入王宮能變我身則可自變萬種秖是小鬼可住聽我一言諸鬼合掌住立圓始發云南無佛陀鬼皆失所在自爾安靜武帝聞召大家實過年八十一終所住城

法聰

釋法聰姓梅氏南陽新野人八歲出家卓然神秀正性貞潔身形如玉蔬蓋是甘無求滋饌因至襄陽傘蓋山白馬泉築室方丈以爲栖止之宅入谷兩所置蘭若舍令巡山者尚識故基焉初梁晋安王來都襄雍承風來問將至禪室馬騎將從無故却退王慙而返夜感惡夢後更再往馬退如故王乃潔齋躬盡虔敬方得進見初至寺側但觀一谷猛火洞然良久竚望忽變爲水經停傾仰水滅堂現以事相詢乃知爾時入水火定也堂內所坐繩床兩邊各有一虎王不敢進聰乃以手按頭著地閉其兩目召王令前方得展禮因告境內多被虎災請求救援聰即入定須臾有十七大虎來至便與受三歸戒勅勿犯暴百姓又命弟子以布故衣繫諸虎頸滿七日已當來於此王至期日設齋衆集諸虎亦至便與食解布遂爾無害其日將王臨白馬泉內有白龜就聰手中取食請王曰此是雌龍又臨靈泉有五色鯉亦就手食云此雌龍王與群吏嗟賞其事大施而旋有山黨左右數十人夜來刼所施之物遇虎哮吼遮遏其道又見大人倚立禪室傍有松樹止至其膝執金剛杵將有守護覺夜迴遑日午方返王怪其來晚方以事管遂表奏聞下勅爲造禪居寺聰不往住度人安之聰住禪堂每有白鹿白雀馴伏栖止行往所及慈救爲先忽遇屠者驅猪百餘頭聰三告曰解脫者捉嚴猪遂繩解散去諸屠大怒將事加手並屹然不動便歸過悔罪因斷殺業又於漢水漁人牽網所如前三告引網不得方復歸心空網而返又荆州苦旱長沙寺遣僧至聰所請雨使還大降陂池皆滿湘東王承聞馳駕山門伸師裏之禮頻請下都固辭不許乃捨宮造天宮寺邀延永住巴峽空晋鴻上湘東王栢木爲寢殿及感放光旬日不歇王於傍造浮圖僧房講堂并王服玩作露盤立爲實光寺請聰居之王述般若義每明日將竪義殿則夜放光明照數里不假燈燭議者以般若大慧智光

幽燭所致。以梁大定五年九月無疾而化。端坐如生。形柔頂煖。手屈二指。異香不歇。年九十二

僧安

釋僧安。不知何許人。戒業精苦。坐禪講解。時號多能。齊文宣時在王屋山。聚徒二十許人講涅槃。始發題。有雌雉來座側伏聽。僧若食時。出外飲啄。日晚上講。依時赴集。三卷未了遂絕不至。衆咸怪之。安曰。雉今生人道。不須怪也。武平四年。安領徒衆至越州行頭陀。忽云往年雌雉應生此。徑至一家。遙喚雌雉。一女走出。如舊相識。禮拜歡喜。女父母異之。引入設食。安曰。此女何故名雌雉耶。答曰。見其初生髮如雉毛。既是女故名雌雉也。安大笑為述本緣。女聞涕泣苦求出家。二親欣然許之。為講涅槃。便領解。一無遺漏。至後三卷茫然不解

傅弘

大士傅弘者。住東陽郡烏傷縣雙林寺。體權應道。躡嗣維摩。時或分身濟度。為侍依止雙林導化法俗。或金色表於胸臆。異香流於掌內。或見身長丈餘。臂過於膝。腳長二尺。指長六寸。兩目明亮。重瞳外耀。色貌端峙。有大人之相。梁孝武聞之。延住建業。乃居鍾山下定林寺。坐蔭高松。臥依磐石。四徹六旬。天花甘露。恒流於地。帝後於華林園重雲殿開般若題。獨設一榻。擬與天旨對揚。及玉輦昇殿。而公晏然其坐。憲司譏問。但云法地無動。若動則一切不安。且知梁運將盡。救愍兵災。乃然臂為炬。冀攘來禍。至陳大建元年夏中。於本州右脇而臥。奄就昇遐。于時隆暑赫曦。而身體溫暖。色貌敷愉。光彩鮮潔。香氣充滿。屈伸如恒。觀者發心。莫不驚嘆。遂合殮於巖中。數旬之間。香花散積。後忽失其所在。往者不見號慕。轉深悲戀之聲。慟噎山谷。初大士在日。常以經目繁多。人或不能徧閱。乃就山中建大層龕。一柱八面。實以諸經。運行不礙。謂之輪藏。仍有願言。登吾藏門者。生生世世。不失人身。從勸世人。有發於菩提心者。能推輪藏是人即與持誦諸經功德無異。今天下所建輪藏。皆設大士像。實始於此。山有古松。大士嘗於松間願度衆生。以斧為誓。至今松木斧痕猶在。其飼虎之餘飯。棄擲林間。化而為石青白錯雜。可作數珠。謂之飯石。至今長存。靈異之蹟。不可紀極。

慧思

釋慧思。俗姓李氏。武津人也。少以弘恕慈育知名。閭里常夢梵僧勸令出俗。駭悟斯瑞。辭親入道。數夢神僧勸令齋戒。唯一食。不食別供。所止庵舍。野人焚其所居。遂顯癘疾。求誠懺悔。所患平復。又夢梵僧數百。形服瓌異。上座命曰。汝先受戒。律儀非勝。安能開發於正道也。既遇清衆。宜更翻壇祈請。師僧四十二人加羯磨法。具足成就。後忽驚悟。方知夢受復夢彌勒彌勒說法開悟。故造二像。並同供養。又夢隨彌勒與諸眷屬同會法華。心自惟曰。我於釋迦末法受持法華。今值慈尊。豁然開悟。轉復精進。靈瑞重沓。瓶水常滿。供養嚴備。若有天童侍衛之者。自大蘇山將四十餘僧。徑趨南岳。既至。謂徒曰。吾寄此山。期十載

以後必事遠遊師曰吾前生曾居此處領徒陟嶺見一所林泉勝異曰古寺也吾昔居之掘地果得僧用器皿殿宇基址又指兩石下得遺骸乃建塔令三生塔是也又於東畔靈岩之傍建臺爲衆講般若法正當大岳之心今般若寺是也南北學徒來者雲集師患無水忽見岩下潤以錫杖卓之果得一泉猶未周續有二虎引師登嶺跑地哮吼泉水流迸今虎跑泉是也或問何不下山教化衆生二向目視雲漢作麼師曰三世諸佛被我一口吞盡更有甚麼衆生可度者江左佛學盛學義門自思南度定慧雙舉道風既盛名稱普聞俄有道士生妬害心密告陳主誣師乃北僧受齊國券斲斷岳心釘石興妖帝遂遣使追師使至石橋見二虎跑憤大蛇當路使驚乃誓曰我見思禪師當如佛想若起惡心任汝所傷虎蛇乃退使見師再拜以事白未至之前師見一小蜂來螫（音試）其面即爲大蜂咬殺銜至師前師入定觀之知是宿冤欲相燒害師謂使曰使者先去貧道續來七日後乘錫而往四門闕吏齊奏師入帝已驚異及師朝見帝遂下迎復問左右卿等見此僧何如人對云常僧帝曰朕見其踏寶花乘空而至乃迎師入殿供養其道士罪以欺罔欲盡誅之師懇帝曰此宿冤願陛下赦之乃可其奏勅彼道士給師役使師奏辭還山帝餞以殊禮未幾道士誣師者一人暴死一人爲犬所齧而斃應蜂兆矣自是每年陳主三信參勞榮盛莫加而神異難測遇雨不濕履泥不汙或現形大小或寂爾藏身是年六月臨將終時連日說法苦切呵責聞者寒心至二十二日屏衆泯然而逝小師靈辨號慟乃開目曰何驚動吾耶癡人出法言訖長往

神僧傳卷第四

神僧傳卷第四

校勘記

一　底本，明永樂北藏本。

一　三九三頁上四行「一年」，清作「二年」。

一　三九三頁中四行「侯伯」，徑作「候伯」。

一　三九三頁中一七行第一一字「晝」，徑、清作「畫」。

一　三九四頁中一一行「第二房」，清作「第一房」。

一　三九八頁下一三行第八字「右」，徑、清作「石」。

一　四〇二頁中一三行第九字「法」，清作「去」。

神僧傳卷第五　臧六

善明

釋善明本名法夏俗姓朱氏會稽人少小惠操有異有僧乞食因勸云郎子既有善性可向天台山出家其中有切佛菩薩在彼說法遂以陳太建十四年踰山越澗來入天台正值智者處坐說法智者笑云宿誓願力令得相遇隨智者往荊州玉泉寺每於泉側練苦事思智者及路台峰令造大鍾天台供養江陵道俗競爲營造當欲鑄時有人來看明懸鑒機知相不吉果爾開模鍾便破缺後還國清所住之房去水懸遠房頭空地純是礓石仍懷念曰若令此石出水豈不快乎言竟數日石中泉溜周給東西國清精舍隋高帝置立明以講堂狹小欲毀廣之共項捍師商量頂勸勿改有括州都督周孝節遊聞此事即施杉柱從海送來頂向赤城感見明身長一十餘大高出松林之上冀從數十許人語頂曰兄勿苦諫事願就成頂知神異合掌對曰不敢更諫一依仁者竪堂之日感動山王晨朝隱軫狀若雷震摧樹傾枝闊百步許自佛壟下直到於寺至于日沒還返舊蹤砰砰礚礚勢若初至又願共道俗造堂殿金銅盧舍那像坐身丈六時有一人稱從澧溪村來施金十一兩用入像身問其姓名終不肯說禮拜辭退周訪彼村無人識者又比房侍者恒聞房內共人語話陰伺察視不見別形所聽言音唯勸修善既而化緣就畢大漸時至清晨呼諸弟子曰夫人壽命不可常保汝等宜知便自脫新淨之衣著故破者換衣纔竟奄然就滅。

玄光

釋玄光者海東熊州人也少而穎悟往衡山見思大和尚後返錫江南屬本國舟艦附載離岸時彩雲亂目雅樂沸空絳節霓旌傳呼空中聲云天帝召海東玄光禪師光拱手避讓唯見青衣前導少選入宮城且非人間官府羽衛之設也無非鱗介參雜鬼神或曰今日天帝降龍王宮請師說親證法門吾曹水府蒙師利益既登寶殿次陟高臺如問而說略經七日然後王躬送別其船泛洋不進光復登船船人謂經半日而已光歸熊州翁山卓錫結茅乃成梵剎廢後罔知攸往。

明達

釋明達姓康氏其先康居國人也童稚出家嚴持齋戒年及具足行業彌峻脇不著席日無再飯外儀軌則內樹道因廣濟爲懷遊行在務以梁天監初來自西戎至于益郡時巴峽蠻夷鼓行抄劫州郡徵兵克期誅討達愍其將苦志存拯拔獨行詣賊登其堡壘慰喻招引未狎其情俄而風雨晦冥雷霆震擊群賊驚駭惻爾求哀達乃教具千燈祈誠三寶營辦始就昏霾立霽山澤通氣天地開朗翕然望國並從王化遂使江路肅清往還無阻後因行役中路逢人縛豚在地聲作人語曰願上聖救我達即解衣贖而放之嘗於夜中索水洗足弟子如言而泥竟不脫重以湯洗如前不去乃自以水灌之其足便淨達曰此魚膏也更莫測其所從行至梓州牛頭山砍搆浮屠及以精舍不訪材石直覓匠工道俗

皆怪其言于時三月水竭即下求木木乃於水中得一長材正堪剎柱長短合度僉用欣然仍引而竪焉至四月中涪水大溢木流翳江自泊村岸都無溜者遂率合道俗通皆接取從横山積創修堂宇架塔九層遠近併力一時繕造役不逾時欻然成就而躬襲三衣並是麤布破便治補寒暑無革有時在定據于繩床赫然火起衆往撲滅唯覺清涼有沙門僧救者積患攣躄來從乞瘥遂便授杖令行不移晷景驟步而返又布薩時身先衆坐因有偷者穿墻負物既出在外迷悶方所還來投寺遂喻而遣之天監十五年隨始興王還荊州冬十二月終于江陵

道舜

釋道舜未詳何許人靜處林泉庇道自隱言常含笑談述清遠嘗止澤州羊頭山神農定藥之所結宇茅茨餘無蓄積日唯一食常坐卒歲感蛇鼠同居在繩床下各孚産育不相危惱又致虎來蹲踞其側便爲說法有人還住告虎令去或語之云明日人來汝不須至便如舜言虎便不現給侍之人與虎同住親如家犬曾莫之畏身著弊衲略無可採跣行林野不擇晨夕開皇初忽遊聚落說法化諸村民皆盛集受法獨不爲一女受戒告云汝當生牛中其相已現戒不救汝也業不定者爾乃相濟耳時有不信其言以爲惑衆咸有疑者舜欲決於衆議告衆曰必不信者試躡汝牛尾業影必當不起即以足躡女裙後空地云是尾影其女依言越起不得時衆驚信請舜曰如何除此業報其女家積粟數萬石既懼惡業一時頓捨舜並爲營福令其懺悔如此累作惡業便傾方爲受戒或依諸鶱村受於鶱供見有膿潰外流者皆口就而㗖之情無惡念或洗其衣服或淨其心囊用爲已任情向欣然初無猒惓後遊於林慮洪谷北諸晉盤亭等諸山隱寺綜禪定業不測所終

道仙

釋道仙一名僧仙本康居國人初以遊賈爲業後值僧達禪師爲其說法遂沉寶船於江辭妻子投灌口竹林寺而出家焉初落髮日對衆誓曰不得道者不出此山即迥絕人蹤結宇巖曲禪學之侶相次屯焉每覽經卷始開見佛在其處無不哽咽我何不值但見遺文而仙挺卓不群野栖禽獸或有造問學方者皆答善權冥符正則自初入定一坐則以四五日爲恒准客到其門潛然即覺起共接晤若無人往端坐靜室寂怗虛空有時預告明當有客至或及百千皆如其說曾無欠長梁始興王澹褰帷三蜀禮以師敬携至陝于時道館崇敞巾褐紛盛屬相呵斥甚寄憂心焉仙乃晏如曾無所屑一夕道士忽見東岡火發恐野火焚害仙也各執水器來救見仙方坐大火中猛焰洞然咸嘆火光神德道士李學祖等捨田造像寺塔欵成遠近歸信十室而九州刺史鄱陽王恢躬禮受法天監末始興王㝠感於梁泰寺造四天王像每六齋晨常設淨供仙後赴會四王頂上放五色光仙所執爐自然焰發太尉陸法和昔微賤日數載在山供仙給使僧有譏責者仙曰此乃三台貴公何緣辱罵時不測其後貴也和果

遂昇衮服仙武傍疾見縹衣童子從青溪水出梲盛妙藥跪而進服無幾便愈居山二十八年復遊井絡化道大行時遭酷旱百姓請祈仙即往龍穴以杖扣門數曰衆生何爲嗜睡如此語已登即玄雲四合大雨滂注民賴斯澤咸來禱賽欽若天神應須舍利即爲祈請應念即至如其所須隋蜀王秀作鎮岷絡有聞王者尋遣追召全不承命王勃然動色親領兵仗往彼擒之必若固縱可即加刃仙聞兵至都無畏懼索僧伽梨披已端坐念佛王達山足忽雲雨雜流雹雪崩下水涌滿川藏軍無討事既窘迫乃返歸懺禮因又天明兩霽山路清夷得至仙所王躬盡敬便爲說法重發信心乃邀還成都之靜衆寺厚禮崇仰舉國恭敬號爲仙闍梨焉開皇年中返于山寺道路自淨山神前掃年百餘歲端坐而卒。

法安

釋法安姓彭氏安定鶉孤人少出家在太白山九隴精舍慕禪爲業麤食弊衣卒于終老開皇中來至江都令通晉王時以其形質矬陋言笑輕舉並不爲通日到門首頻遣不去試爲通之王聞召入相見如舊使住慧日寺王所遊履必賚隨從及駕幸泰山時遇渴乏四顧唯巖無由致水安以刀刺石引水崩注用給帝王時大嗟之問何力耶答王力也及從王入沙磧達于泥海中應遭變皆預避之得無損敗後往泰山神通寺僧來請檀越安爲達之王乃手書寺壁爲弘護也初與王入谷安見一僧著弊衣乘白驢而來王問何人安曰斯朗公也即創造神通故來迎引及至寺中又見一神狀甚偉大在講堂上手憑鴟吻下觀人衆王又問之答曰此太白山神從王者也爾後諸奇未可廣錄至十一年春四方多難無疾而終所住春秋九十八

智顗

釋智顗字德安姓陳氏潁川人也母徐氏夢香烟五彩縈迴在懷欲拂去之聞人語曰宿世因緣寄託生道福德自至何以去之又夢吞白鼠如是再三怪而卜之師曰白龍之兆也及誕育之夜室內洞明信宿之間其光乃止忽有二僧扣門曰善哉兒德所重必出家矣言訖而隱年十八投湘州果願寺沙門法緒而出家焉一日因說禪門用清心海語默之際每思林澤乃夢巖崖萬重雲日半垂其側滄海無畔泓澄在于其下又見一僧搖手伸臂至于岐麓挽顗上山顗以夢中所見通告門人咸曰此乃會稽之天台山也聖賢之所託矣先有清州僧定光久居此山積四十載定慧兼習盖神人也顗未至二年預告山民曰有大善知識當來相就宜種豆造醬編蒲爲席更起屋舍用以待之顗往天台既達彼山與光相見即陳賞要光曰大善知識憶吾早年山上搖手相喚不乎顗驚異焉知通夢之有在也又聞鍾聲滿谷衆咸怪異光曰鍾是召集有緣爾得住也顗乃卜居勝地是光所住之北佛壟山南螺溪之源處既閑敞易得尋眞地平泉清徘徊止宿俄見三人皂幘絳衣執疏請云可於此行道顗後於寺北華頂峯獨靜頭陀大風拔木雷霆震吼螭魅

千群一形百狀吐火聲叫駭長難陳乃抑心安忍湛然自失又忘身心煩痛如被火燒又見亡沒二親枕頭膝上陳苦求哀顗又依止法忍不動如山故使强軟兩緣所感便滅忽致西域神僧告曰制敵勝怨乃可爲勇每夏常講淨名忽見三道寶階從空而降有數十梵僧乘階而下入堂禮拜手擎香爐繞顗三帀久之乃滅於當陽縣玉泉山立精舍勑給寺額名爲一音其地昔唯荒險神獸蛇暴創寺之後快無憂患是春亢旱百姓咸謂神怒顗到泉源帥衆轉經便感雲興雨注虛謠自滅晉王蕭妃疾苦醫治無術王遣開府柳顧言等致書請命願救所疾顗又率侶建齋七日行金光明懺至第六夕忽降異鳥飛入齋壇宛轉而死須臾飛去又聞豕吟之聲衆並同瞩顗曰此相現者妃當愈矣鳥死復蘇表蓋棺還起豕出鳴顯示齋福相乘至于翌日患果遂瘳開皇十七年十一月二十四日端坐如定而卒於天台山大石像前春秋六十有七

智曠

釋智曠姓王氏初母將孕夢入流浴童子乘寶船來投便覺有娠及生長敏而重行梁末爲壯士後離俗從道學長生術及值高僧授戒爲佛弟子德行動人漸示潛迹江陵張詮者二世眼盲曠曰爾家塚內棺枕古井移墳開甓必獲禳焉因即隨言瞽者見道請求剃落衆咸憚之便伐薪施僧空閑靜慮又言澗有古鍾可掘出懸寺仁州刺史謂爲詭惑鞭背百下無慘無破使送出臺拘在尚方有力者試以八尺械懸來捶膝傍觀謂言糜碎而曠容既無撓肉亦無痕獄吏云承居士能忍飢便絶食七日身色如故市備見行驗獄猶有方信分身大定三年從人乞草屩令夜當急行及三更合城火發四門出人不泄燒殺七千曠在獄引囚二百安步而出年將不惑始蒙剃落進戒以後頭陀蛇彌床側每夕山隅四燈同照士俗雲赴奄成華寺有一牢鴨而爲齋者鳴神夜告使曰何有殺牲而充淨供自爾便斷曾度夏水徒侶數十欲住不可欲去無從前岸兩船無人將至曠笑而舉聲呼之船自截流直到遂因濟水誡以勿傳又於咸陽造佛迹寺有牛産犢出首還隱已過信次母將亡僧告曠知惻答曰此犢是寺居士侵用僧物今來償債其羞不出牛母無他因執爐呵戒犢子疾當償報何恥生乎應言便出神異寔徵不可備載以開皇二十年九月二十四日終于四望開聖寺自尅終期天香滿室合寺音樂西南而去

法充

釋法充姓畢氏九江人常誦法華并讀大品其徧難紀兼繕造寺宇情在住持末住廬山半頂化城寺修定自非僧事未嘗妄履每勸僧衆無以女人入寺上損佛化下墜俗謡然世以基業事重有不從者充歎曰生不值佛已以罪緣正教不行義須早死何慮方土不奉戒乎遂於此山香爐峯自投而下誓粉身骨用生淨土便於中虛頭忽倒上冉冉而下殞于深谷不損一毛寺衆初不知也後有人上峯頂路望下千有餘仞聞人語聲就而尋

之乃是充也身命猶存口誦如故迎還至寺僧感其死諫為斷女人經于六年方乃卒世時屬隆暑而屍不臭爛香如爛瓜即開皇之末年矣

慧偘

僧慧偘曲阿人也住蔣州大歸善寺靈通幽顯世莫識之而翹敬尊像事同真佛每見立像不敢輒坐勸人造像唯作坐者後往嶺南修禪法大有悟解住栖霞時嘗往揚都謁偲法師偲異禮接之將還山偲請現神力偘即從牕中出臂解齊熙寺佛殿上額因語偲云世人無遠識見多驚異故吾所不為耳大業元年終於大歸善寺初偘終日以三衣還眾僧吾今死去徒眾好住便還房內大眾驚走追之乃見房中白骨一具跏坐牀上撼之鏘然不散[箋六][十一]

法喜

釋法喜南海人也形容寢陋短弱迂跡可年四十許人嶺表耆老咸言兒童時見識之顏貌如今無異蠻蜒但間相傳云已三百歲矣亦自言舊識廬山遠法師説晉宋朝事歷歷如信宿前耳平素時悄默無語語必含深意吉凶之徵有如影響人亦不欲與喜相見懼直言災惡忤逆意也陳朝馬靜為廣州刺史方上任喜直入州上廳事畫地作馬頭形以示其子而去靜本名族多武略到州行部從甲士數萬旌旗劍戟以威邊徼其侈僭過度被人誣告謀反帝使臨汝侯披之剝其財產擒而斬之此畫地之明效也喜之先見皆此類煬帝聞之取來揚州帝令宫內安置于時內造一堂新成師忽升堂觀看因驚走下階迴顧云幾壓殺我其日中夜天大雨堂崩壓殺數十人其後又於宫內環走索羊頭帝聞而惡之以為狂言命鏁著一室數日三衛於市見喜坦率遊行還奏云法喜在市敕責所司檢驗所禁之處門鎖如舊守者亦云師在室內於是開戶入室見袈裟覆一聚白骨鎖在項骨之上以狀奏聞敕遣長史王恒驗之皆然帝由是始信非常人也敕令勿驚動至日暮師還室內或語或笑守門奏聞敕所司脫鎖放師出外隨意所適其後帝遇弒於江都方悟索羊頭之驗有時一日之中凡數十處齋供師皆赴會在在見之其間亦飲酒噉肉俄而見身有疾常卧床去薦席令人於床下鋪炭火甚熱數日而命終火炙半身皆焦爛瘞於香山寺[箋七]至大業四年南海郡奏云法喜師見還在郡敕遣開棺視之則無所有[十二]

普安

釋普安姓郭氏京兆涇陽人小年依圓禪師出家苦節頭陀晚投藹法師通明三藏常業華嚴誦讀禪思准為摽擬周氏滅法栖隱于終南山之楩梓谷時有重募捉獲一僧賞物十段有人應募來欲執安即慰喻曰觀卿貧煎當欲相給為設食已俱共入京帝語此人曰我國法急不許道人民間依復助急不許道人山中若爾遣他何處得活宜放入山不須檢校於是釋然復歸隋文創曆佛教大興廣募遺僧依舊安置時楩梓一谷三十餘僧應詔出家並住官寺唯安依本山居守素林壑時行村聚惠益生靈末有人於子午虎林

兩谷合澗之側礬龕結菴迮而住之初北龕日上有大石正當其上恐落損出遂峻崩下安自念曰願移餘處真碎龕窟石遂依言迸避餘所大衆共怪安曰華嚴力也未足異之又龕東石壁澗左有索陁者川鄉巨害縱横非一陰嫉安德恒思誅殄與伴三人持弓挾刃攘臂挽强將欲放箭箭不離弦手張不息努眼舌噤立住經宿聲相通震遠近雲會鄉人稽首歸誠請救安曰素了不知豈非華嚴力也若欲除免但令懺悔如語教之方蒙解脱又龕西魏村張暉者夙興惡念以盜爲業夜往安所私取佛油瓮受五升背負而出既至院門迷昏失性若有所縛不能動轉眷屬鄉村同來爲謝安曰余不知蓋華嚴力乎語令懺悔扶取油瓮如語得脱又龕南張卿者來盜安錢袖中持去既達家内寫而不出口噤無言即尋歸懺復道而返有程郭村程暉和者頗懷信向恒來安所聽受法要因患身死已經兩宿纏屍於地伺欲棺殮安時先往鄠縣返還在道行達西南之德行寺東去暉村五里遥喚程暉和何爲不見迎耶連喚不已田人告曰和久死矣無由迎也安曰斯乃浪語吾不信也尋至其村厲聲大喚和遂動身旁親乃割所纏繩令斷安入其庭又大喚之和即倔起匍匐就安令屏除棺器覆一筥荅以當佛座令和繞旋尋復如故更壽二十許歲後遇重病來投乞救安曰放爾遊蕩非吾知也便遂命終昆明池北白村老母者病卧床枕失音百日指撝男女思見安形會其母意請來至宅病母既見不覺下迎言問起居奄同常日遂失病所在于時聲名更振村聚齊集各率音樂巡家告令欲設大齋犬坊村中田遺生者家徒壁立而有四女妻著弊布齊膝而已四女赤露犬女名華嚴年已二十唯有麁布二尺擬充布施安引村衆次至其門愍斯貧苦遂度不入犬女思念由我昔煎不及福會今又不修當來倍此周徧求物閴爾無從仰面悲號遂見屋甍一把亂床音涑用塞明孔挽取抖擻得穀十餘接以成米升將前布擬用隨喜身既無衣待至夜暗匍匐而行趣齋供所以前施物遥擲衆中十餘粒米別奉炊飯因發願曰女人窮業久自種得竭貧行施用希來報并以十餘黄米投飯甑中必若至誠貧業盡者當願所炊之飯變成黄色如無所感命也奈何作此誓已掩淚而返於是甑中五石米飯並成黄色大衆驚嗟未知所以周尋緣搆乃云田遺生女之願力也齋會齊率獲粟十斛尋用濟之安辦法衣仍度華嚴送入京寺嘗於龕側村中縛猪三頭將加烹宰安聞往贖社人恐不得殺增長索錢十千安曰貧道見有三千已加本價十倍可以相與衆各不同更相忿競忽有小兒褁腹來至社會助安贖猪既已諍競因從乞酒行飲行儛焜煌旋轉合社老少眼並失明須臾自隱不知所在安即引刀自割髀肉曰此彼俱肉耳猪食糞穢爾噉之況人食米理足貴也社人聞見一時同放猪既得脱繞安三帀以鼻嗅觸若有愛敬故使郊之南西五十里内雞猪絶嗣乃至于今其感發慈善皆此類也以大業五年十一月五日終于靜法

禪院春秋八十。

道英

釋道英。姓陳氏。蒲州猗氏人也。幼從叔休律師出家。至并州依炬法師學道。後入禪定稍呈異迹。大業中。嘗任直歲。與俗爭地。遂鬪不息。便語彼云。吾其死矣。忽然倒仆如死之僵諸俗同評道人多詐。以針刺甲。雖深不動。氣絕色變。將欲洪胖。傍有智者令其歸命。誓不敢爭。顧還生也。尋言起坐。語笑如常。又行龍臺澤池側。見魚之遊。乃曰。吾與汝共爭。我何者為勝。汝不及我。我可不及汝耶。即脫衣入水。弟子持衣守之。經十六宿。比出告曰。雖在水中。唯弊土坌我耳。又屬嚴冬。氷厚雪壯。乃曰。如此平淨之處。何得不眠。遂脫衣仰臥。經于三宿。乃起而言曰。幾被火炙殺我。既還蒲州。住普救寺。晝則屬衆僧勤事。夜則跏坐為說禪觀。時或弊其勞者。聞法不覺其疲。一日說起信論。奄然不語。怪往觀之。氣絕身冷。衆知滅想。即而任之。經于累宿。方從定起。時河東道遜高世名僧。素與同學。及遜捨命。去英百五十里。未及相報。終夕便知其死。其知微通感如此。及終前夕。集衆告曰。早須收積。明日間多聚人畜損食穀草。衆不測其言。英亦自運催促甚急。至夜都了。索水剃洗還本坐處。被以大衣。奄然神逝。

法進

釋法進。不知氏族。住益州綿竹縣響應山玉女寺。為禪禪師弟子。後於定法師所受十戒恭謹精誠謙恪為務。唯業坐禪。寺後竹林常於彼坐。有四老虎繞於左右。師語勿泄其相也。後教水觀。家人取柴。見繩床上有好清水拾兩白石安著水中。進暮還寺。覺背痛。問其家人。云安石子。語令明往。可除此石。及旦進禪。家人還見如初清水。即除石子。所苦便愈。因爾習定。不出此山。開皇中。蜀王秀臨益州。妃患心腹。諸治不損。有綿州昌隆白崖山道士文普善者。能昇刀焚火。鵠鳴山有二道士。能呼策鬼神。符印章醮。入水不溺。並來同治。都無有効。乃使長史張英等往山。請出為妃治病。報曰。吾在山住。向八十年。與木同姓徐更苦邀。進答曰。盡命於此。可自早還。信返具報。王使六司官人攢車四乘。將從百人。重往迎請。進曰。王雖貴勝。命有所屬。執志如初信還。王大怒。自入山將手加罪。既至山寺禮佛。見進不覺身戰汗流。王曰。奉請禪師為妃治病。禪師慈悲願救此苦。答曰。殺羊食心。豈不苦痛。一切衆生皆是佛子。何因於妃偏生此愛。王慙愧懺悔。仍請出山。乃曰。王命既重不可不行。王自先行。貧道生不乘騎。當可後去。王曰。弟子步從與師同行。報曰。出家人與俗異。但前行。應同到。王行兩日方至。進一旦便達。徑入妃堂。妃見進流汗。因爾除差。施絹五百段。納衣袈裟什物等。進令王妃以水盥手。執物呪願。總用迴入法聚寺。基業即辭還山。王與妃見進足離地可四五寸。以大業十三年正月八日。終此山中。龍吟猿叫三日乃已。

僧朗

釋僧朗。一名法朗。俗姓許氏。南陽人。年二十餘。欣欲出家。尋預剃落。栖止無定。多住鄂州飲噉同俗。為時共輕。常養一猴一犬。其狀偉大。皆黃赤色。不狎餘人。唯附於朗。日夕相隨未曾捨離。若至食時。以木盂受食。朗噉飽已餘者用飼之。既同器食訖。猴便取盂戴之。騎犬背上。先朗而行。人有奪者。輙為所咋。朗任犬盤遊。略無常度。陳末隋初。行於江嶺之表。章服麤弊。威儀越序。杖策徒行。護養生命。時復讀誦諸經。偏以法華為志。素乏聲哢。清靡不豐。乃潔誦之。一坐七徧。如是不久。聲如雷動。知福力之可階也。其誦必以七數為期。乃至七十。七百七千。遂于七萬。聲韻諧暢。任縱而起。其類箏笛。隨發明了。故所誦經。時傍人觀者。視聽皆失。朗唇吻不動。而轉起咽喉。遠近亮徹。因以著名。然臂腳及手。伸縮任懷。有若龜藏。時若肉聚。或住酒席。同諸讌飲。而嚼噍豬肉。不測其來。故世語曰。法華朗。五處俱時縮。豬肉滿口顙。或復巡江洄泝。挨手舟中猴犬在傍。都無纜棹。隨意所往。雖陵犯風波瞬息之間。便達所在。有比丘尼為鬼所著。超悟玄解。說辯經文。居宗講導。聽採雲合。皆不測也。莫不讚其聰悟。朗聞曰。此邪鬼所加。何有正理。須後撿校。他日清旦。猴犬前行。徑至尼寺。朗往到禮佛繞塔。至講堂前。尼猶講說朗乃厲聲呵曰。小婢吾今既來。何不下座。此尼承聲崩下。走出堂前。立對於朗。從卯至申。卓不移處。通汗流地。默無言說。問其慧解。奄若聾癡。百日已後。方復本性。其降行感通。皆此類也。大業末卒。

惠祥

釋惠祥。姓周氏。十五出家。頭陀乞食。默自禪誦。不與衆同。年十九。染患三月。救療無徵。夜中宴坐。歎曰。大丈夫本欲以身從道。於末法中摧伏非法。如何此志未從為病所困。將曉有一人長丈餘。謂曰。但誦涅槃。無慭不差。至旦即誦。三日便瘳。大業末夏中因食。口中得舍利。不辨棄地。輙還在口。如是數四。疑是真身。砧槌不碎。遂聲鍾告衆。白黑咸集。祥涕泣焚香。願降威力。須臾放五色光。異香徧郭。衆觀希有。體貌肥白。可長八尺有餘。行路不識莫不怪仰。刺史李昇明至寺。怪異謂群官曰。此道人膚容若此。自一廛嘅一革語訖覺手足不隨。乘馬失御。諸官以實告之。便悔謝還復。大使權茂行至鄧州。又怪昇明日此大德非凡。具說往緣。茂不信。請將七日試以麤食而膚色更悅。茂愧伏。悔先不信之罪。將終手執經胡跪。謂弟子曰。吾今逝矣。汝好住持。無令絕滅。又感異香盈郭。以大業末年八月卒。春秋七十。氣命雖絕而胡跪執經如初。遠近奔赴。見其卓然無不歎訝。

無相

涪州相思寺無相禪師者。非巴蜀人。不知何來。忽至山寺。隨衆而已。不異恒人。其寺在涪州上流。大江水北崖側有銘。方五尺許。字如掌大。都不可識。下有佛迹。相去九尺。長三尺許。蹈石如泥。道俗敬重。相以一時渡水。齊逐無船。乃鉢安水中。曰何為常擊。汝次可自渡水。便取芭蕉搭水。立上而渡。鉢隨後來。須臾達岸。時採樵者見之。相語覺知。已便辭去。徒衆苦留不住。至水入船。諸人禮請。不與篙檝乃捉船舷。直爾渡水。不顧而去。即今尋逐莫測所在。

明恭

釋明恭住鄭州會善寺其力若神嘗山行見虎猪交鬪猪漸不如恭語虎曰可放令去虎不肯恭以一手捉頸一手攝尾擲之山下又以僧衣置礎下僧怪之恭笑爲捧柱取衣大業末賊起抄掠令其寺辦數十人大猪食具恭延賊食賊讓恭先恭乃餔餅數十安猪喫之須臾食盡賊衆驚伏恭召爲護寺檀越群賊許之故隋唐交軍其境絕賊往來恭之力也。

曇詢

釋曇詢姓楊氏弘農華陰人後遷宅于河東郡焉年二十二方捨俗事遠訪巖隱遂至白鹿山北林落泉寺逢曇准禪師而蒙剃髮後經三夏移住鹿土谷修禪屬枯泉重出慶瑞繞院故得美水馴獸曰濟道隣從學之徒相慶兹瑞時因請法暫往雲門值徑陰霧昏便成失道賴山神示路方會本途時有盜來竊蔬菜將欲出園乃爲群蜂所螫（音式）詢聞來救悉心將治得全餘命嘗有趙人遠至巖懃致禮陳云因病死復蘇得見閻王語問罪當訖獄賴有曇詢禪師來爲請命王因放免特來禮謝又山行值二虎相鬪累時不歇詢乃執錫分之以身爲翳語云同居林藪計無大乖幸各分路虎低頭受命便飲氣而散屢逢熊虎交諍事略同此而或廓居榛梗雅詢一蹤入鳥不亂獸見如偶每入禪定七日爲期白虎入房仍爲窟宅獨處靜院不出十年自有禪蹤斯人罕擬初遘疾彌留忽有神光照燭香風拂扇又感異鳥白頸赤身繞院空飛聲哭哀切氣至大漸爲住堂基自後狎附不畏人物或在房門至于卧席悲叫逾甚血沸眼中睨爾徃化鳥便飛出外空旋轉奄然翔逝又感猛虎繞院悲吼兩宵雲昏三日天地結慘又加山崩石墜林摧澗塞驚發人畜栖遑失據其哀感靈瑞未可殫記後以武德五年十二月弟子靜休道顒慧方等乃闍維餘質建塔立碑焉。

智滿

釋智滿者俗姓賈氏不知何許人也戒行高潔居于安樂寺時唐太宗在晉陽與劉文靖晉謀之夜高祖夢墮牀下又見徧身爲蟲蛆所食意甚惡之詣詢於滿滿曰此可拜賀也夫牀下者所謂陛下也群蛆食者所謂群生共仰一人活耳高祖嘉其言又云貧道頗習易以卦之象明夷之兆按易曰巽在牀下紛若無咎而早吉晚凶斯固體大不可以小小則敗大則濟可作大事以濟群生無往不享乃必成乎高祖動容曰雖蒙善誘未敢當仁師昞太宗曰郎君與大人並叶兆夢是謂幹父之蠱考用無咎天理人事昭然可知不可固拒天之與也天與不取必受其咎無乃不可乎高祖拜而謝曰弟子何幸再煩鄭重可享之意敢不敬從滿後不知所終。

智勝

釋智勝俗姓陳氏潁川人年二十始獲從願一得奉值即定師宣律儀具足稟受禪訣加修寂定常居佛隴修禪道場集三昧者咸共歸仰宴坐之暇時復指撝創造伽藍殿堂房

舍悉皆嚴飾唯經臺未構始欲僦工有香爐峯山巖峻嶮林木秀異然彼神祇巨有靈驗自古已來無敢視其峯崖況有登踐而採伐者時衆議曰今既營經臺供養法寶唯尚精華豈可率爾而已其香爐峯檉栢木中精勝可共取之以充供養論詳既訖往諮於毗陳上事良久荅云山神護惜不可造次無敢重言各還所在爾夜夢人送疏云香爐峯檉栢樹盡皆捨給經臺時有僧法雲欲往香爐峯頭陀毗諫曰彼山神剛强卿道力微弱向彼必不得安慎勿往也雲不納旨遂往到山不盈二宿神即現形驅雲令還自陳其事方憶前旨深生敬仰有弟子道亘在房誦經自往喚云今晚當有僧來言竟仍向門下即見一僧純著納衣執錫持鉢形神爽俊有異常人從外而來相去二十餘步纔入路東隱而不現俄頃之間即聞東山有鍾鼓聲大音震谷便云喚吾也未終數日語弟子云吾命無幾可作香湯洗浴適竟山中鳥獸異色殊形常所不見者並皆來集房側飛地騰空悲鳴喚呼經日方散以貞觀元年十二月十八日午時結跏安坐端直儼然氣息綿微如入禪定因而不返時虛空中有絃管聲合衆皆聞良久乃息經停數日方入石龕顏色敷悅手足柔軟不異生平春秋七十有二。

惠主

釋惠主俗姓賈氏始州永歸縣人六歲出家爲城法師弟子於黃安縣造寺七所梓潼縣造十寺武連縣造三寺初年登冠欲受具足當境無人乃入京選德於甘露寺受戒唯聽四分餘義傍通夢見三日三夜天地闇冥衆生無眼過此忽明眼還明淨覺已汗流一百日後周毀經道方知徵應即返故鄉南山藏伏唯食松葉異類禽獸同集無聲或有山神送伏苓甘松香來獲此供養六時行道禽獸隨行禮佛誦經似如聽仰仍爲幽顯受菩薩戒後有獼猴群共治道主曰汝性躁擾作此何爲曰時君異也佛日通也深怪其言尋爾更有異祥龍飛獸集香氣充山其類衆矣後有八人採弓材者甚大驚駭便慰主曰聖君出世時號開皇矣即將出山以事奏聞蒙預出家大業中勑還本州香林寺常弘四分爲業武德之始陵陽公臨益州素少信心將百餘馱物行至始州令於寺內講堂佛殿僧房安置無敢違者主從莊還見斯穢襍即入房中取錫杖三衣出歎曰死活今日矣舉杖向驢騾一時倒仆如死兩手各擎一馱擲棄坑中州縣官人驚怖執主狀申陵陽大喜一無所怪書曰弟子數病不逢害鬼蒙得律師破慳貪袋深爲大利今附沉香十斤細綾十段仰贈後還京日從受菩薩戒焉貞觀三年寺有明禪師者清卓不群白日獨坐見無半身向衆述曰吾與律師建立此寺兩人同心忽失半身將不律師先去不者明其死矣尋爾午時主便無疾而逝春秋八十九。

明淨

釋明淨高密人少出家味定爲業後南遊東越天台諸山禪觀在懷無緣世習而衣服繿縷動止適時同侶稱徒未之弘仰山粒致絕日至村中每從乞食賚還中路值於群虎皆

張口閉目若有飢相淨曰吾經行山澤多矣虎兕無心畏之令列于路傍豈非爲食耶乃以匙抄飯內其口中餘者對而歠盡告曰知來食少輙濟自他殊不副懷深用多愧明日乞食虎又如前嘗值亢旱苗稼並枯淫祀之流妄祈邀請雖加懇惻終不能致淨曰可罷諸邪禱吾獨能降遂結齋靜室七日平旦雲布雨施高下滂注百姓利焉貞觀三年冬至于四年夏六月無雨天子下詔岳瀆諸廟普令雩祭於時萬里赫然全無有應有潘侍郎者曾任密州知淨能感以狀奏聞勑召至京令住祈雨告以所須一無預賞唯願靜念三寶慈濟四生七日之後必降甘澤乃於莊嚴寺靜房禪默至七日向曉門守衛者曰天之西北應有白虹可試觀之尋聲便見淨曰雨必至矣須臾雲合驟雨忽零比至日晡溥內通洽遂以有年勑乃總度三千僧用酬淨德其徵應嫌忌屢相叵測但以京輦諠擾性不狎之請還本鄉之義勝寺山居緣業竟不測其存沒云

智璪

釋智璪俗姓張氏清河人年二十二親俱逝慘服纔釋便染疾病經歲月醫藥無効仍於靜夜策杖曳疾出中庭向月而臥至心專念月光菩薩唯願大悲濟我沉痾如是繫念遂經旬朔於中夜間忽夢見一人形色非常從東方來謂璪曰我今故來爲汝治病即以口就璪身次第吸嗽音朔三夜如此因爾稍瘥遂求離俗投安靜寺慧憑法師以爲弟子聞智者執行超群爲世良導即泛舸豐流直指台岫伏膺受道乃遣行法華懺悔第二七日初夜懺訖還就禪床如欲安坐仍見九頭龍從地湧出上昇虛空明旦諮白者云此是表九道衆生聞法華經將來之世破無明地入法性空爾陳至德四年永陽王伯智作牧仙都延屈智者來于鎭所璪隨師受請同赴會稽山九旬坐訖仍即辭王住寶林山寺行法華三昧初日初夜如有人來搖動戶扇璪問之汝是何人夜來搖戶即長聲答云我來看燈爾頻經數過問答如前其寺內先有大德慧成禪師夜具聞之謂弟子曰彼堂內從來有大惡鬼今聞此聲必是鬼來取人也天將欲曉成師扣戶而喚璪未暇得應便繞堂唱云苦哉苦哉其人了矣璪即開戶問意答云汝猶在耶吾謂昨夜鬼已害汝故此嗟耳第二日夜鬼入堂內搥壁打柱周徧東西堂內六燈璪即滅五留一行道坐禪誦經坦然無懼於三七日中事恒如此行法將訖見一青衣童子稱讚善哉言已不見璪又因事出往會稽路由剡縣孝行村乞食主人誤煑毒蕈設璪食竟進趣前途主人於後噉此餘殘並皆吐痢若死等苦隣人見之即持藥追璪十里方及見璪快行無恙問曰何故見尋具陳上事便笑而答曰貧道無他可棄藥反蹤不須見逐以貞觀十二年卒於寺春秋八十三矣

知苑

幽州沙門知苑精練有學識隋大業中發心造石字一切經藏以備法滅既而於幽州西山鑿巖爲石室即磨四壁而以寫經又取方石別更磨寫藏諸室內每一室滿即以石塞

門鎔鐵錮之時隋煬帝幸涿郡內史侍郎蕭瑀皇后弟也性篤信佛法以其事白后后施絹千匹瑀施絹五百匹朝野聞之爭共捨施故苑得以成功苑常以役匠既多道俗奔湊欲於巖前造木佛堂并食堂寢室而念木瓦難辦恐繁經費未能起作忽一夜暴雨雷電震山明旦既晴乃見山下有大木松柏數千萬爲水所漂積於道次道俗驚駭不知來處於是遠近歎服苑乃使匠擇取其木餘皆分與邑里邑里喜愧而助造堂宇頃之畢成如其志焉苑所造石經已滿七室以貞觀十三年卒弟子猶繼其功焉

大志

僧大志會稽顧氏子發蒙出家師事天台智者智者見其形神洒落高放物表取名大志誦法華經索然閑靜音聲清轉聽者忘疲後於廬山甘露行頭陀行有時投身猛獸彼皆避去飡粒若遺惟以餅果繼命而已如是七載禪誦不休晚住持福林寺會大業中屏除佛教慨大法陵遲遂身著孝衣於佛堂中慟哭三日誓捨形骸申明正教即往東都上表曰願陛下興隆三寶貧道當然一臂於嵩岳用報國恩帝許之遂設大齋七衆通集師絕粮三日登大棚中布裹其臂灌之以蠟如炬燃之光照巖岫晃然大明衆見苦行痛入心髓而志形色不變或誦經文或讚佛德或爲衆說法聲聲不絕燒已下棚跏趺入定七日而卒

智聰

僧智聰住揚州白馬寺專習三論尋渡江住安樂寺值隋國亡思歸無計隱江荻中誦法華經七日不飢恒有四虎馴繞聰曰吾已十日不食命在呼吸聞卿可食之虎作人語曰造立天地無有此理忽見一老翁腋下挾一小船來曰師欲渡江即上船其四虎見而淚出聰曰持危拔難正在今日即同四虎利涉南岸船及老人忽然不見聰領四虎止棲霞塔西徑行禪誦誓不寢臥安衆八十餘人若有凶事虎來大吼由此警覺貞觀中年九十九於佛生日熏爐徧禮聖像還歸靜室臨坐而化

善道

善道法師臨淄人入大藏信手探卷得觀無量壽佛經乃專心念佛以修十六妙觀及往廬山觀遠公遺躅豁然增思後遁跡終南修般舟三昧數載睹寶閣瑤池宛然在目復往晉陽從綽禪師授無量壽經入定七日綽請觀所生處道報曰師當懺悔三罪方可往生師嘗安佛像在簷牖下自處深房此一罪也當於佛前懺又常役使出家人此二罪也當於四方僧前懺又因造屋多損蟲命此三罪也當於一切衆生前懺綽靜思往咎洗心悔謝久之道因定出謂綽曰師罪滅矣後有白光來照之時是往生相也道行化京師歸者如市忽微疾即掩室怡然念佛而逝異香天樂向西而隱

神僧傳卷第五

神僧傳卷第五

校勘記

一　底本，明永樂北藏本。

一　四〇三頁中四行「漕溪村」，[徑]作「曹溪村」。

一　四〇三頁中一五行第一四字「可」，[徑]、[清]無。

一　四〇五頁上六行第一一字「應」，[徑]、[清]作「有」。

一　四〇五頁上一〇行「拔已」，[徑]作「拔衣」。

一　四〇五頁上一二行第二字「軍」，[徑]作「車」。

一　四〇七頁上六行首字「僧」，[徑]作「釋」。

一　四〇九頁中末行第一五字「木」，[徑]、[清]作「水」。

一　四〇九頁下一二行末字「綃」，[清]作「綃」。

一　四〇九頁下一三行末字「蓋」，[清]作「盥」。

一　四一〇頁上一三行第一三字「囀」，[徑]作「轉」。

一　四一〇頁中二行第一三字「大」，[徑]、[清]作「犬」。

一　四一〇頁中六行第一三字「問」，[徑]作「聞」。

一　四一〇頁中一三行第二字「摧」，[清]作「推」。

一　四一〇頁下一行第九字「一」，[徑]、[清]作「可」。

一　四一一頁中一行首字「悉」，[徑]、[清]作「慈」。

一　四一二頁下一九行「未之」，[徑]作「未知」。

一　四一三頁上一一行第七字「淨」，[徑]作「靜」。

法順

釋法順姓杜氏雍州萬年縣人稟性柔和年十八棄俗出家事因聖寺僧珍禪師受持定業嘗行化慶州勸民設會供限五百及臨齋食更倍人來供主懼焉順曰無所畏也但通周給而莫委供所從來千人皆足有張河江張弘暢者家畜牛馬性本弊惡人皆患之賣無取者順示語慈善如有聞從自後更無觝齧嘗引衆驪山夏中栖靜地多蟲蟻無因種菜順恐有損害就地示之令蟲移徙不久往視如其分齊恰無蟲焉順時患腫膿潰外流人有敬而唼(子業切)者或有以帛拭者尋即瘥愈餘膿發香流氣難比拭帛猶帶香氣不歇三原民田薩埵者生來患聾又張蘇者亦患生瘂順聞命來與共言議遂如常日永即瘥復武功縣僧爲毒龍所魅衆以投之順端拱對坐龍遂托病僧言曰禪師既來義無久住極相勞苦尋即釋然故使遠近瘴癘淫邪所惱者無不投造順不施餘術但坐而對之終不瘥愈因行南野將度黃渠其水汎溢厲涉而度岸既峻滑雖登還墮水忽斷流使隨陸而度及順上岸水尋還復門徒勿覩而不測其然也以貞觀十四年卒都無疾苦告累門人生來行法令使承用言訖如常坐定卒於南郊義善寺

志寬

釋志寬姓姚氏蒲州河東人也歷覽諸經以涅槃地論爲心要所居住房每夜必有振動介胄之響窺而觀者咸見非常神人繞房而行時川邑虎暴行人斷路或數百爲群經歷村郭傷損人畜中有王獸其頭最大五色純備威伏諸獸遂州都督張遜遠聞慈德遣人往迎寬乃令州縣立齋行道各受八戒當夕虎災銷散莫知所往時人感之奉爲神聖貞觀初遭譴晉州郡遇旱諸祈不遂官民乃往請焉寬爲置壇場以身自誓不降雨者不處堂房曝形兩日密雲垂布三日已後合境滂流民賴有年未終之前右脅而卧枕於右臂告門徒曰生死長遠有待者皆爾汝等但自觀身如幻便無受結自纏善命亦斷當取椽兩根遂條一領裹縛與送無得隨俗紛紜爲不益事也言訖而卒

世瑜

釋世瑜姓陳氏住台州大業十二年往綿州震響寺倫法師所出家一食頭陀勤苦相續又往利州入籍住寺後入益州綿竹縣響應山獨住多年四猿供給山果等食有信士毋家生者負粮來送驚訝深山常燒薰陸沉水香等既還山半路見兩人形甚青色狀貌希世各負蓮華蔗芊而上云我供給禪師去也然其山居三年之中食米一石七升六時行道以猿鳥爲侶初唯一泉後有三泉流出于下貞觀元年夢有四龍來入心眼既覺大悟三論宗旨遂往靈睿法師講下所聞詞理宛若舊尋使往綿州住大施寺至十有九年四月八日往崇樂寺言語欲遊方去或有論曰只此寺者是諸方也因還大施本房香氣滿室坐處之地涌三金錢合衆尋香徙瑜房而出乃見加坐手尚執爐奄然而逝春秋六十

三矣

玄奘

釋玄奘本名禕姓陳氏洛州緱氏人也少羅窮酷隨兄長睫法師住淨土寺授以精理旁兼巧論年十一誦維摩法華東都恒度便預其次自爾卓然梗正不偶欲慕大法後達長安住莊嚴寺又非本望西踰劍閣既達蜀都受諸經論一聞不忘武德五年二十有一爲諸學府雄伯沙門講揚心論不窺文相而誦注無窮時曰神人後又徧遊荆揚等州訪諸道隣復還京輦廣就諸蕃徧學書語行坐尋授數日博通惟候機會貞觀三年會奕下勑道俗隨豐四出由斯得往西域取諸經像行至罽賓國道險虎豹不可過奘不知爲計乃鎖房門而坐至夕開門見一老僧頭面瘡痍身體膿血牀上獨坐莫知由來奘乃禮拜勤求僧口授多心經一卷令奘誦之遂得山川平易道路開通虎豹藏形魔鬼潛跡遂至佛國取經六百餘部以貞觀十九年還京師下勑令住玉華翻譯經藏奘生常已來願生彌勒及遊西域又聞無著兄弟皆生彼天又頻祈請咸有顯證後至玉華但有隙次無不發願麟德元年告翻譯僧及門人曰有爲之法必歸磨滅泡影形質何得久停行年六十五必卒玉華於經論有疑者今可速問聞者驚異師曰此事自知遂往辭佛及諸僧衆既卧疾常見大蓮花鮮白而至又見佛相命僧讀所翻經論名目已總有七十三部一千三百三十卷自懷欣悅總召門人有緣並集云無常將及急來相見於嘉壽殿以香木樹菩提像骨對寺僧辭訣并遺表訖便默念彌勒右脇累足右手支頭左手髀上堅然不動氣絕神逝兩月色貌如常乃葬於白鹿原初奘將往西域於靈巖寺見有松一樹奘立於庭以手摩其枝曰吾西去求佛教汝可西長若吾歸即却東迴使吾弟子知之及去其枝年年西指約長數丈一年忽東迴門人弟子曰教王歸矣乃西迎之奘果還至今衆謂此松爲摩頂松

法敏

釋法敏姓孫氏丹陽人也八歲出家事英禪師爲弟子入茅山聽明法師三論悟其宗旨貞觀元年出還丹陽講華嚴涅槃二年越州田都督追還一音寺相續法輪于時衆集義學沙門七十餘州八百餘人當境僧千二百人尼衆三百士俗之集不可復紀至十九年會稽士俗請住靜林講華嚴經至六月末正講有蛇懸半身在敏項上長七尺許作黃金色吐五色光終講方隱至夏訖還一音寺夜有赤衣二人禮敏曰法師講四部大經功德難量須往他方教化故從東方來迎法師弟子數十人同見此相至八月十七日爾前三日三夜無故闇冥恰至二十三日將逝忽放大光夜明如日因爾遷化春秋六十有七身長七尺六寸停喪七日塔表放光地爲震動異香不滅莫不怪歎道俗莊嚴送於隆安山焉

慧璿

釋慧璿姓董氏少出家在襄川開武法後南往陳朝入茅山聽明師三論又入栖霞聽懸

布法師四論大品涅槃等。晚往安州大林寺聽圓法師釋論。凡所游刃並契幽極。又返鄉梓住光福寺。居山頂以引汲爲勞。將移他寺。夜見神人身長一丈。衣以紫袍。頂禮璿曰。奉請住此。常講大乘。勿以小乘爲慮。其小乘者亦如高山無水不能利人。大乘經者猶如大海。此山多佛出世。一人讀誦講說大乘。能令所住珍寶光明。眷屬榮勝。飲食豐饒。若有小乘。前事並失。惟願弘持。勿孤所望。法師須水。此易得耳。來月八日定當得之。自往劍南慈母山大泉。請一龍王。去也。言已不見。恰至來月七日初夜。大風卒起。從西南來。雷震雨注。在寺北漢高廟下佛堂後百步許。通夜相續。至明方住。惟見清泉香而且美。合衆同幸。及止龍泉漸便乾竭。貞觀二十三年講涅槃經四月八日夜。山神告曰。法師疾作。房宇不久當生西方。至七月十四日。講盂蘭盆經竟。斂手曰。生常信施。今須通散。一毫已上捨入十方衆僧及窮獨乞人。并諸異道。言已而終。於法座矣。春秋七十有九焉。

豐干

釋豐干師者本居天台國清寺。剪髮齊眉。布裘擁質。身量可七尺餘。人或借問。止對曰隨時二字而已。更無他語。樂獨舂穀。後同城旦應副齋炊。嘗乘虎直入松門。衆僧驚懼。口唱唱道歌。與拾得寒山子二人相得歡甚。豐干出雲遊。適閭丘胤出守台州。欲之官。俄病頭風。召名醫莫差。豐干偶至其家。自謂善療此疾。閭丘聞而見之。師持淨水噀之。須臾祛殄。因是大加敬焉。問所從來。曰天台國清。曰彼有賢達否。曰寒山文殊。拾得普賢。當就見之。閭丘至任三日後。即到寺問曰。此寺曾有豐干禪師否。曰有。院在何所。寒山拾得復是何人。時僧道翹對曰。豐干舊院即經藏後。今闃無人。止有虎豹時來此哮吼耳。寒山拾得二人見在僧廚執役。閭丘入千房。唯見虎跡縱橫。又問千在此有何行業。曰唯事舂穀供僧粥食。夜則唱歌諷誦不輟。如是再三嗟嘆。乃入廚見二人。拜之。二人起走曰。豐干饒舌。彌陀不識禮我何爲。遂携手出松門。更不復入寺焉。豐干後不知所終。

寒山子

寒山子者。世謂爲貧子風狂之士。弗可恒度推之。隱天台始豐縣西七十里。號爲寒暗二巖。每於寒巖幽窟中居之。以爲定止。時來國清寺。有拾得者寺僧令知食堂。恒時收拾衆僧殘食菜滓。斷巨竹爲筒投藏于內。若寒山子來即負而去。或廊下徐行。或時叫噪凌人。或望空曼罵。寺僧不耐以杖逼逐。翻身撫掌呵呵徐退。然其布襦零落。面貌枯瘁。以樺皮爲冠。曳大木屐。或發辭氣宛有所歸。歸于佛理。初閭丘入寺訪問寒山沙門道翹。對曰。此人狂病。本居寒巖間。好吟詞偈。言語不常。或臧或否。終不可知。與寺行者拾得以爲交友。相聚言說不可詳悉。寺僧見太守拜之。驚曰。大官何禮風狂夫耶。二人連臂笑傲出寺。閭丘復往寒巖謁問。并送衣裳藥物。而高聲倡言曰。賊我賊。退便身縮入巖石穴縫中。復曰報汝諸人。各各努力。其石穴縫泯然而合。杳無蹤跡。乃令僧道翹尋其遺物。唯於林間綴葉書詞頌并村墅人家屋壁所抄録得二百餘首編成一集人多諷誦至有庭際何所有白雲抱幽石之句云。

拾得

拾得者豐于禪師偶山行至赤城道側聞兒啼遂尋之見一子可數歲初謂牧牛之豎委問端倪云無舍孤棄于此豐于携至國清寺付與典座僧曰或人來認可還之後沙門靈熠攝受之令知食堂香燈忽於一日見其登座與像對盤而飡復呼憍陳如曰小果聲聞傍若無人執筯大笑僧乃驅之靈熠咨尊宿等罷其堂任且令廚内滌器洗濯纔畢澄濾食滓以筒盛之寒山來必負而去又護伽藍神廟每日僧廚下食爲烏鳥所取狼藉拾得以杖扑土偶三二下罵曰汝食不能護安護伽藍乎是夕神附夢與闔寺僧曰拾得打我明日諸僧說夢符同一寺紛然始知非常人也時牒申州縣郡符下云賢士隱遁菩薩應身宜用旌之號拾得爲賢士又於寺莊牧牛歌詠呼天當其寺僧布薩時拾得驅牛至僧集堂前倚門撫掌大笑曰悠悠者聚頭時持律首座咄曰風人何以喧礙說戒拾得曰我不放牛也此群牛者多是此寺知僧事人也拾得各呼亡僧法號牛各應聲而過舉衆錯愕咸思改往修來感菩薩垂跡度脫時道翹纂録寒山文句於寺土地神廟壁見拾得偈詞附寒山集中

法沖

釋法沖字孝敦姓李氏隴西成紀人也幼而秀異傲岸時俗年二十四遂發心出家聽涅槃三十餘徧又至安州暠法師下聽大品三論楞伽經即入武都山修業年三十行至兗州貞觀初年下勅有私度者處以極刑沖誓亡身便即剃落時嶧陽山多有逃僧避難資給告窮便造詣州宰曰如有死事沖身當之但施道粮終獲福祐守宰等嘉其烈亮寬網周濟乃分僧兩處各置米倉可十斛許二所徒衆四十餘人純學大乘并修禪業經年倉米如本不減一所五十六人纔經兩日食米便盡由不修禪兼修外學沖曰不足怪也能行道者白毫之惠耳時逃難轉多無處投止山有虎穴沖詣告曰今窮客相投可見容否虎乃相携而去及難解沖乃隨處弘法沖雖廣宣經術專以楞伽命家中書杜正倫每諮禀之時三藏玄奘不許講舊翻經沖曰君依舊經出家若不許弘舊經者君請還俗更依新翻經方許君此意奘聞遂止師亦命代弘經護法強禦之士不可及也僕射于志寧曰此法師乃法界頭陀僧也不可名實拘之。

通達

釋通達雍州人三十出家栖止無定常以飲水噉菜任性遊從或攬折蒿藋生死而食至於桃杏瓜果必生吞皮核人問所由云信施難棄也貞觀已來稍顯神異往至人家歡笑則吉愁慘則凶或索財賄或索功力隨命多少即須依送若違其語後失過前有人騎驢歷寺遊觀達往就乞惜而不施其驢尋死京室貴賤咸宗事之禍福由其一言說導唯存離著所得財利並營寺宇大將軍薛萬鈞初聞異行迎宅供養百有餘日未違正執忽於

一夜索食欲噉初不與之苦求不已試與遂食從爾已後稍改前跡尋顯靈應其行多僻欲往入內宿將軍兄弟大怒打之幾死仰而告曰卿已打我身肉都毀血汙不淨可作湯洗待沸涌已脫衣入鑊狀如冷水傍人怖之猶索加火遂合宅驚奉恣其寢處曾貸人錢百有餘貫後既辦得無人可送乃將錢寺門伺覓行人隨負多少償達西市衆皆止之而達付不禁及往勘償不失一文時逢來貴欲設大齋乃命寺家多令疏請及至明旦來赴數千而供度閒然不知何擬大衆咎之達曰他許送供計非妄語臨至齋時僧徒欲散忽見熟食美膳連車接轝充道而來即用施設乃大餘長並供僧庫都不委其所從來食訖須臾人車不見後不知其終。

岑闍黎

襄州禪居寺岑闍黎者未詳何許人住寺禪念爲業有先見之明而寺居山藪資給素少粒食不繼岑每日將坩切口甘入郭乞酒而飲又乞滿坩可三斗許將還在道行飲達寺坩亦空竭明日復爾在寺解齋將篤坩就廚請粥三升乃掛杖頭入衆以杖打僧頭從上至下人別一擊日日如是人以其卓越異常或疑打已災散不辭受之岑將粥入房舊養蟄犬一頭并一寺內鼠乃有數千每旦來集犬鼠同食庭中堛滿道俗共觀一時失一鼠岑悲惋無聊必是犬殺便告責犬犬便銜來岑見懊惱以杖捶犬將鼠埋已悲哀慟哭寺僧被鼠嚙衣及箱以告於岑岑總召諸鼠各令相保一鼠無保岑曰汝何嚙人衣杖捶之鼠不敢動岑爲寺貧使於講堂東白馬泉下濼音洛中延記某處爲廚庫某處爲倉廩人並笑之經宿水縮地出如語便作遂令豐渥又遺記云卻後六十年當有愚人於寺南立重閣者然寺基業不虧鬭訟不可住耳永徽中恰有人立重閣由此相訟如其語焉。

慧悟

釋慧悟未詳氏族隱太白山中持誦華嚴經服餌松术忽於一時見一居士來云相請居士騰身入空令悟於衣帶中坐攝以飛行至一道場見五百異僧翔空而至悟奄就末行居士語曰師受持華嚴是佛境界何得於小聖下坐遂即引於半千人之上齋訖居士曰本所齋意在師一人雖有五百羅漢來食皆臨時相請耳遂送還本處有如夢覺將高宗永徽中也。

法融

釋法融姓韋潤州延陵人年十九入茅山依炅法師剃除服勤請道貞觀十七年於牛頭山幽栖寺北巖下別立茅茨禪室日夕思擇無缺寸陰山有石室深可十步融於中坐忽有神蛇長丈餘目如星火舉頭揚威於室口經宿見融不動遂去因居百日山素多虎樵蘇絕人自融入後往還無阻又感群鹿依室聽伏曾無懼容有二大鹿直入通僧聽法三年而去所住食廚基臨大壑至於澈水不可環階乃顧步徘徊指東嶺曰昔遠公拄錫朽壤驚泉若此可居會當清衆自爲經宿東嶺忽涌飛泉清白甘美冬溫夏冷即激引登峯趣金經廚又二十一年十一月巖下講法華

經于時素雪滿階法流不絕於凝氷內獲花二莖狀如芙蓉瑧同金色經于七日忽然失之。永徽三年邑宰請出建初講揚大品僧衆千人。至滅諍品。融乃縱其天辯商摧理義地忽大動聽侶驚波鐘磬香牀並皆搖蕩寺外道俗安然不覺顯慶元年司功蕭元善再三邀請出在建初。融謂諸僧曰從今一去再踐無期離合之道。此常規耳辭而不免遂出山門。禽獸哀號踰月不止。山澗泉池擊石涌砂一時填滿房前大桐四株。五月繁茂。一朝凋盡。至二年閏正月二十三日。終於建初。春秋六十四矣。

智勤

釋智勤俗姓朱氏隋仁壽因舍利州別置大興國寺。勤少小以莊護爲心每隨衆發言無不允睦精誠勇猛。事皆冥祐。初母患委頓爲念觀音宅中樹葉之上皆現化佛合家並見母疾遂除。又屬隋末荒亂諸賊競起勤獨守此寺。賊不敢凌。故得寺宇經像一無所損諸寺湮滅。不可目見。又一時權著俗衣以避兵刃被賊圍繞而欲殺之忽聞空中聲告師可去俗衣。遂除外服賊見頂禮請將供養經於數月。後投於蜀聽嵩法師講衆至三千。法師皆委令撿校。遂得安帖內外無事。一人力也又至唐初還歸鄧州講維摩三論十餘徧後隱於北山倚立十餘年所居三所。即今見存恒聞谷中鐘聲。後尋巖嶺忽見一寺宛麗奇常入中禮拜似有人住。如是數度後更尋覓莫知所在。又居山內糧食將盡其行道之處土自發起。遂除棄之明日復爾。如是再三。遂有穀現因即深掘得粟二十餘碩其粟粒大色赤稍異凡穀時鄧州佛法陵遲。合州道俗就山禮請願出住持。遂感夢而出其夢不詳子細後時負像出山中途忽闇莫知其路不得前進俄有異火兩炬照路極明。因得見道送至村中。火方迴滅。村人並見無不驚異永徽年初以見時事繁雜守房不出向逾三載讀一切經兩徧。每讀經時恒見有神來聽勅中後夜常聞彈指聲欬之聲。至顯慶四年五月欲終之前。所有功德不周之處晚夜經搆使畢。人問何故如此忽速答曰無常之法何可保耶。至十五日寺中樹木。枝葉萎枯自然分析禽鳥悲鳴徧於寺內僧各驚問莫知所由至十六日旦。忽見昔聽經神來禮拜語云莫禮傍人無有見者於是剃髮披衣在繩床內手執香爐跏趺而坐。告諸弟子汝可取大品經讀誦至往生品訖。遂合掌坐而卒。停經數日。顏色如舊恒有異香聞於寺內春秋七十四。

道宣

釋道宣。姓錢氏丹徒人也。初母姙而夢月貫其懷復夢梵僧語云。汝所姙者即梁朝僧祐律師祐則南齊剡溪隱嶽寺僧護也宜從出家。既弱冠極力護持專精克念感舍利現于寶函。乃晦迹於終南倣掌之谷。所居之水。神人指之穿地尺餘其泉迸涌時號爲白泉寺猛獸馴伏每有所依名花芬芳奇草蔓延隋末遷豐德寺。常因獨坐護法神告曰。彼清官村故淨業寺地當寶勢道可習成聞斯卜居焚功德香行般若舟定時有群龍禮謁若男若女化為人形。沙彌散心顧眄邪視。龍赫然發怒將持攫之。尋追悔吐毒井中。具陳而去宣乃令封閉。人或潛開往往煙上。審其神變或送異花一奩。形似棗花大如榆莢香氣飶(彌必切)馞(蒲骨切)數載宛然。又供奇果李杏梨柰然其味甘其色潔非人間所遇也。門徒嘗欲舉陰事。先是潛通以定觀根隨病與藥皆比類也。宣嘗築一壇儀有長眉僧談知道者復三果梵僧禮壇讚曰。自佛滅後像法住世。興發唯師一人也。乾封二年春冥感天人來談律相言鈔文輕重儀中舛悞皆譯之過非師之罪請師改正。故今所行著述多是重修本是也。又有天人云曾撰祇洹圖經計人間紙帛一百許卷是也。貞觀中曾隱沁部雲室山人睹天童給侍左右於西明寺夜行道足跌前階有物扶持履空無害熟顧視之乃少年也。宣遽問何人中夜在此。少年曰某非常人即毗沙門天王之子那吒也。護法之故擁護和尚時之久矣。宣曰貧道修行無事煩太子太子威神自在西域有可作佛事者願為致之太子曰。某有佛牙寶掌雖久頭目猶捨敢不奉獻。俄授于宣宣保錄供養焉。復次庭除有一天來禮謁謂宣曰。律師當生覩史天宮持物一包云。是棘林香爾後十旬安坐而化乾封二年十月三日也。春秋七十二。僧臘五十二。

英師

英禪師居西京法海寺。有異人來謁曰弟子知有水陸齋可以利益幽明。自梁武歿後因循不行。今大覺寺有吳僧義濟藏此儀文願師往求以來月十五於山北寺如法修設苟釋狴牢。敢不知報。英公尋詣義濟得儀文以歸即以所期日於山北寺修設。次日曛暮向者異人與十數輩來謝曰。弟子即秦莊襄王也。又指其徒曰。此范雎穰侯白起王翦張儀陳軫皆秦臣也。咸坐本罪幽囚陰府大夜冥冥無能救護。昔梁武帝於金山寺設此齋時前代紂王之臣皆免所苦。弟子爾時亦預息苦然以獄情未決不得出離。今蒙吾師設齋弟子與此徒輩并列國諸侯眾等皆乘善力。得生人間慮世異國殊故此來謝言訖遂滅自是儀文布行天下。作大利益。

窺基

釋窺基字洪道姓尉遲氏。京兆長安人也。初基之生。母裴氏夢掌月輪吞之寤而有孕。及乎盈月彌與群兒弗類。數方誦習神晤精爽至年十七遂預緇林。及乎入法奉勑為奘弟子始住廣福寺。尋奉勑選聰慧穎脫者入大慈恩寺躬事奘師學諸佛法。後遊五臺山登太行至西河古佛宇中宿夢身在半山巖下有無量人唱苦聲冥昧之間初不忍聞。徒步陟彼層峰皆琉璃色盡見諸國土。仰望一城城中有聲曰住住咄基公未合到此。斯須二天童自城出問曰汝見山下罪苦眾生否。答曰我聞聲而不見形。童子遂投與一劍曰剖腹當見矣。基自剖之腹開有光兩道暉映山下見無數人受苦。時童子入城持紙二及筆投擲而去。基極驚異。明日於寺中得彌勒上生經以為彌勒化現欲開廣之。遂援毫而授筆端舍利累累而下尋造玉文殊像及金寫大般若經皆獲瑞應。初宣律師以弘律感天厨供饌。每薄基三車之玩不甚爲禮。基嘗訪宣。其日過午而天饌不至。及基辭去。天神乃降。宣責以後時。天神曰。適見大乘菩薩在此翊衛嚴甚。故無自而入。宣聞之大驚。於是遜遁增敬焉。先是奘公親搜西域戒賢瑜伽師地論。惟識宗而師盡領其妙。世謂之慈恩教。以永淳元年十一月十三日卒于慈恩寺翻經院。春秋五十一。

洪昉

釋洪昉本京兆人。幼而出家。遂證道果。志在禪寂。而亦以講經爲事。門人常數百。一日昉夜初獨坐。有四人來前曰。鬼王閻羅今爲小女疾止造齋。請師臨赴。昉曰。吾人汝鬼。何以能至。四人曰。闍黎但行。弟子能致之。昉從之。四人乘馬。人持繩床一足。遂北行。可數百里至一山。山腹有小朱門。四人請昉閉目。未食頃。人曰。開之。已到王庭矣。其宮闕室屋崇峻非常。侍衛嚴飾。嬪侍人主鬼王。具冠衣降階迎禮。王曰。有小女久疾。今幸而痊。欲造少福修一齋。是以請師臨顧。齋畢自令侍送無慮。於是請入宮中。其齋場嚴飾華麗。僧且萬人。佛像至多。一如人間事。昉仰視空中。不見白日。如人間重陰狀。須臾王夫人後宮數百人皆出禮謁。王女年十四五。貌猶病色。昉爲贊禮願畢。見諸人持千餘牙盤食到。以次布於僧前。坐昉於大牀。別置名饌。甚香潔。昉且欲食之。鬼王白曰。師若長住此。當飡鬼食。不敢留師。請不食。昉懼而止。齋畢。餘食猶數百盤。昉見侍衛臣吏向千人。皆有欲食之色。昉請王賜之餘食。王曰。促持去賜之。諸官拜謝。相顧喜笑。曰。開達於兩耳。王因跪曰。師既惠顧無他供養。有絹五百匹奉師。請爲受八關齋戒。師曰。鬼絹紙也。吾不用之。王曰。自有人絹奉師。因爲受八關齋戒。戒畢王又令前四人者依前送之。昉忽開目。已到所居。天猶未曙。門人但謂入禪。不覺所適。昉忽開目。命火照牀前。五百縑在焉。弟子問之。乃言其故。昉既禪行素高。聲價日盛。頃到鬼所。但神往耳。而其形不動。未幾晨坐。有二天人。其質殊麗。拜謁請曰。南天王提頭賴吒請師至天供養。昉許之。因數天衣坐昉。二人執衣舉而騰空。斯須已到南天王。領侍從曲躬禮拜曰。師道行高遠。諸天願覩師講誦。是以輙請師。因置高座坐昉。其道場崇麗。殆非人間。過百千倍。天人皆長大。身有光明。其殿堂樹木皆是七寶。盡有光彩。奪人目睛。昉初到天。形質猶人也。見天王之後。身自長大。與天人等。設諸珍饌皆自然味。甘美非常。食畢。王因請入宮更設供具。談話欵至。其侍衛天官兼鬼神甚衆。從忽言曰。弟子欲至三十三天議事。請師且少留。又戒左右曰。師欲遊觀。所在聽之。但莫使到後園。再三言而去。去後昉念曰。後園有何不利而不欲吾到之。伺無人之際。竊至後園。其園甚大。泉流池沼。樹林花藥。處處皆有。非人間所識。漸漸深入。遙聞大呻吟聲。不可忍聽。遂到其傍。見大銅柱。徑數百尺。高千丈。柱有穿孔。左右傍達。或以銀鎖鏁其項。或穿其胷骨者。至有數萬頭。皆夜叉也。鋸牙鉤爪。身倍於天人。見禪師至。叩頭言饑。曰。我以食人故為天王所鏁令乞免我我若得脫但人間求他食必不敢食人為害爲饑渴所逼發此言時口中大出問其鏁早晚或云吠婆尸佛出世時動則數千萬年亦有三五輩老者言誠志懇僧許解其縛而遽還斯須王至先問師頗遊後園乎左右曰無王乃喜坐定昉曰適到後園見鏁衆生數萬彼何過乎王憮然曰師果遊後園然小慈是大慈之賊師不須問昉又固問王曰此諸惡鬼常害於人唯食人肉非諸天防護世人已為此鬼食盡此皆大惡鬼不可以理待故鏁之昉曰適見三五輩老者頗誠言但人間求他食請免之若此曹不食之餘者亦可捨也王曰此鬼言何可信昉固請王目左右命解老者三五人來俄而解至叩頭曰蒙恩釋放年已老矣今得去必不敢擾人王曰以禪師故放汝到人間若更食人此度重來當令苦死皆曰不敢於是釋去求久忽見王庭前有神至自稱山嶽川瀆之神被甲面金色弃波言曰不知何處忽有四五夜叉到人間殺人食肉甚衆不可制故白之王謂昉曰弟子言何如適語師小慈是大慈之賊此惡鬼言寧可保任語諸神曰促擒之俄而諸神執夜叉到王怒曰何違所請命斬其手足以鐵鏁貫胷曳去而鏁之昉乃請還又令前二人送至寺寺已失昉二七日而在天猶如少頃昉於陝城中選空曠地造龍光寺又建病坊常養病者數百人寺極崇麗遠近道俗歸者如雲則為釋提桓因所請矣昉晨方漱有夜叉至其前左肩頭施五色毯而言曰釋迦天王請師講大涅槃經昉嘿然還坐夜叉遂撰繩床置于左髆曰請師合目因舉其左手而伸其右足曰請師開目視之已到善法堂禪師既至天堂天光眩目開不能得天帝曰師念彌勒昉遽念之於是目開不眩而人身卑小仰視天形不見其際天帝又曰禪師又念彌勒佛身形當大如言念之三念而身三長遂與天等天帝與諸天禮敬言曰弟子聞師善講大涅槃經為日久矣今諸天欽仰敬設道場因請大師講經聽受昉曰講經之事誠不爲勞然昉病坊之中病者數百恃昉為命常行乞以給之今若留連講經人間動涉年歲恐病人餒死今也固辭天帝曰道場已成斯願已久因請大師勿為辭也昉不可忽空中有大天人身又數倍於天天帝敬起迎之大天人言曰大梵天王有勑天人既去天帝憮然曰本欲留師講經今梵天有勑不許然師已至豈不能暫開經卷少講宗旨令天人信受昉許之於是置食食器皆七寶飲食香美精妙倍常禪師食已身毛孔皆出異光毛孔之中盡能覩見諸物方悟天身勝妙也既食設金高座數以天衣昉遂登座其善法堂中諸天數百千萬兼四天王各領徒衆同會聽法階下左右則有龍王夜叉諸鬼神人非人等皆合掌而聽昉因開涅槃經首講一紙餘言辭典暢備宣宗旨天帝大稱贊功德開經畢又令前夜叉送至本寺弟子已失昉二十七日矣

華嚴和尚

華嚴和尚學於神秀禪宗謂之北祖常在洛都天官寺弟子三百餘人每日堂食和尚嚴

整瓶鉢必須齋集有弟子夏臘道業高出派輩而性傾褊躁時因卧疾不隨衆赴會一沙彌瓶鉢未足來詣此僧頂禮云欲上堂無鉢如可暫借明日當自置之僧不與曰吾鉢受持已數十年借汝必恐損之沙彌懇告曰上堂食頃而歸豈便毀損至于再三僧乃借之曰吾愛鉢如命必若有損同殺我也沙彌得鉢捧持兢懼食畢將歸僧已催之沙彌持鉢下堂不意墫破蹶倒遂碎之少頃僧又催之既懼遂至僧所作禮承過且千百拜僧大吽曰汝殺我也怒罵至甚因之病亟一夕而卒爾後經時和尚於嵩山岳寺與弟子百餘人方講華嚴經沙彌亦在聽位忽聞寺外山谷中若風雨聲和尚遂招此沙彌令於己背後立須臾見一大蛇長七八丈大四五圍直入寺來努目張口左右皆欲奔走和尚戒之不令動蛇漸至講堂升階睥睨若有所求和尚以錫杖止之云住蛇欲至座遂俛首閉目和尚戒之以錫杖和其首曰既明所業今當迴向三寶令諸僧齋聲爲之念佛與受三歸五戒此蛇宛轉而去時亡僧弟子已有登會者和尚召謂曰此蛇汝之師也修行累年合證果位爲臨終之時惜一鉢故怒此沙彌遂作一蟒蛇適此來者欲殺此沙彌更若殺之當墮大地獄無出期也賴吾止之與受禁戒令當捨此身矣汝往尋之弟子受命而出蛇行所過草木開靡如車路焉行十四五里至深谷間此蛇自以其首叩石而死矣歸白和尚和尚曰此蛇今已受生在裴郎中宅作女亦甚聰慧年十八當亡即却爲男然後出家修道裴郎中即我門徒汝可入城爲吾省問之其女今已欲生而甚艱難汝便可救之時裴寬爲兵部郎中即和尚門人也弟子受命入城遂指裴家遇裴請假在宅遂令報云華嚴和尚傳語郎中出見神色甚憂僧問其故云妻欲產已六七日燭燈相守甚危困矣僧曰某能救之遂令於堂門外淨牀席僧人焚香擊磬呼和尚者三夫人安然而產一女後果十八年而卒

清虛

釋清虛姓唐氏梓州人也立性剛決桀黠難防忽迴心長誦金剛般若三業偕齊無有懈怠嘗於山林持誦有七鹿馴擾若傾聽焉聲息而去又隣居失火連甍灰燼唯虛之屋廠餤飛過略無焦灼長安二年獨遊藍田悟真寺上方北院舊無井泉人力不及遠取於澗挈瓶荷甕運致極勞時華嚴大師法藏聞虛持經靈驗乃請祈泉即入彌勒閣内焚香經聲達旦者三忽心中似見三玉女在閣西北山腹以刀子剜地隨便有水虛熟記其處遂趁起掘之果獲甘泉用之不竭四年從少林寺坐夏山頂有一佛室甚寬敞人無敢到者云鬼神居宅焉嘗有律師恃其戒行夜往念律見一巨人以矛刺之狼狽下山遂怨氣絕又持火頭金剛呪僧時所宗重衆謂之曰君呪力無雙能宿彼否曰斯焉足懼於是賫香火入坐持呪俄而神出以手擘足按之間下七日不語精神昏倒虛聞之曰下趣鬼物敢爾即往彼如常誦經夜聞堂中似有聲甚厲即念十一面觀音呪又聞堂中似有兩牛鬬

佛像皆振。呪既亡效。還持本經。一契帖然。相次影響皆絕。自此居者無患。神遂移去。神龍二年準詔入內祈雨。二十七日雪降。中宗以爲未濟時望。令就寺更祈請。即於佛殿內精檮。并煉一指。纔及一宵。雨足千里。指復如舊。纔遇大水。寺屋皆墊溺。其院無苦。若無滂沒。凡諸異驗皆如此也。

金師

僧金師。新羅人。居睢陽。謂錄事參軍房琬云。太守裴寬當改。琬問何時。曰。明日午。勑書必至。當與公相見於郡西南角。琬專候之。午前有驛使兩封牒到。不是。琬以爲謬也。至午又一驛使送牒來。云裴公改爲安陸別駕。房遽命駕迎僧。身又自去。果於郡西南角相遇裴。召問僧云。官雖改。其服不改。然公甥姪各當分散。及後勑至。除別駕。紫綬猶存。甥姪之徒。各分散矣。

神僧傳卷第六

神僧傳卷第六

校勘記

一 底本，明永樂北藏本。

一 四一七頁下八行「項上」，清作「頂上」。

一 四一九頁上五行「豊于」，清作「豐干」。七行同。

一 四一九頁上一八行「隱遁」，徑作「隱道」。

一 四一九頁上末行第一三字「得」，徑無。

一 四一九頁下一二行第一二字「蘿」，徑作「藿」。

一 四二〇頁下末行第二字「金」，徑作「釜」。

一 四二三頁下一五行「樹林」，徑作「樹木」。

神僧傳卷第七　城八

慧安

釋慧安姓衛氏荆州支江人也其貌端雅紺髻緒青目修學法門無不該貫大業中開通濟渠追集夫丁餓殍相望安巡乞多鉢食救其病之存濟者衆麟德元年遊終南山石壁而止時所居原谷之間旱霜傷苗稼安居處獨無聖曆二年四月告門人學衆曰各歸閉戶至三更有神人至扈衛森森和鈴鉠鉠風雨偕至其神旋繞其院數遭安與之語丁寧告誡再拜而去或問其故曰吾爲嵩山神受菩薩戒也天后甞問安甲子對曰不記也曰何不記耶乃曰生死之身如循環乎環無起盡何用記爲而又此心流注中間無間見漚起滅者亦妄想耳從初識至動相滅時亦只如此何年月可記耶天后稽顙焉聞安闕井勑爲鑿焉安曰此下有赤檡慎其傷物將及泉見蝦蟆金色蠢然出沮迦問合其懸記帝倍加欽重景龍三年三月三日囑門人曰吾死已將屍向林間待野火自焚之勿違吾願俄爾萬迴和尚來見安猖狂執手言論移刻旁侍傾耳都不體會至八日閉戶偃身而寂春秋一百三十

僧伽

僧伽大師西域人也俗姓何氏唐龍朔初來遊此土隸名於楚州龍興寺自此始露神異初將弟子慧儼至於泗洲臨淮縣信義坊乞地施標將建伽藍於其標下掘得古香積寺銘記并金像一軀上有普照王佛字居人歎異云天眼先見吾曹安得不施乎於是爭求布施甞卧賀跋氏家身忽長其床榻各三尺許人莫不驚怪次現十一面觀音形其家舉族欣慶倍加信重遂捨宅而建寺焉由此奇異之蹤變現不一初伽化行江表止嘉禾靈光寺彼澤國也民家漁罟繒弋交午伽苦救喻其諸殺業陷墮於今宜疾别圖生計因而裂網折竿者多矣伽閑而宴息見神告曰天方亢陽百姓苗死身胡識其懶龍耶伽曰爲之柰何神曰若今夕但小指出隙外其如何伽依之其夜霆擊異常質明視指微有紅綠脉焉伽曰吾與此壞無緣乃行抵晉陵見國祥寺荒廢乃留衣於殿梁而去後人聞異香芬馥伽甞記之曰伊寺有人王重興去三十年後果有僧俗姓全爲檀那矣通天萬歲中於山陽衆中懸知嬿郚伽者乃昌言曰吾有五十萬錢奉助功德勿生横議伽於淮岸招呼一船曰汝有財施吾可寬刑獄汝所載者剽略得耳盜依言盡捨佛殿由是立成無幾盜敗拘於揚子縣獄伽乘雲下慰喻言無苦不日果赦文至免死矣昔在長安附馬都尉武攸曁有疾伽以澡鑵水噀之而愈聲震天邑後有疾者告之或以柳枝拂者或令洗石獅子而瘳或擲水瓶或令謝過驗非虛設福不唐捐却彼身災則求馬髻其風厄則索扇或認盜夫之錢或咋黑繩之頸或尋羅漢之井或悟裴氏之溺或預知大雪或救旱飛雨神變無方莫測恒度景龍二年中宗遣使迎師入內道場尊爲國師尋出居薦福寺甞獨處一室而頂上有一穴恒以絮窒之夜則去絮香從頂穴中出烟氣滿房非常芬馥及

曉香還頂中。又以綮室之師嘗濯足。人取其水飲之痼疾皆愈。一日中宗於內殿語師曰京邑無雨已是數月願師慈悲解朕憂迫師將瓶水汎灑俄頃陰雲驟起甘雨大降中宗大喜詔賜所修寺額以臨淮寺為名師請以普照王寺為名蓋欲依金像上字也。中宗以照字是天后廟諱乃改為普光王寺仍御筆親書其額以賜焉。至四年三月二日於長安薦福寺端坐而終。中宗即令於薦福寺起塔漆身供養俄而大風欻起臭氣徧滿。中宗問曰。是何祥也。近臣奏曰。僧伽大師化緣在臨淮恐是欲歸彼處故現此變也。中宗默然心許其臭頓息頃刻之間奇香郁烈。即以其年五月送至臨淮起塔供養即今塔是也。後中宗問萬迴師曰。僧伽大師何人耶。迴曰。是觀音化身也。法華經普門品云。應以比丘比丘尼等身得度者即皆現之而為說法。此即是也。先師至長安萬迴禮謁甚恭師拍其首曰小子何故久留可以行矣。及師遷化後不數月迴亦卒。

惠安

釋惠安未詳何許人也。發言多中好為厭勝之術。時唐休璟既立邊功貴盛無比。一日僧來謂休璟曰。相國將有大禍且不遠數月然可以禳去。休璟懼甚即拜之。僧曰某無他術但奉一計耳願聽之。休璟曰。幸吾師教焉。僧曰。且天下郡守非相國命之乎。曰然。僧曰相國當於卑冗官中訪一孤寒家貧有才幹者拔為曹州刺史其深感相國恩而可以指蹤也。既得願以報其休璟且喜且謝遂訪於親友得張君者家甚貧為京卑官即日拜贊善大夫。又旬日用為曹州刺史。既而召僧謂曰。已從師之計得張某矣然則可以教之乎。僧曰。張君赴郡之時當令求二犬高數尺而神俊者休璟唯之。已而張君荷唐公特達之恩且莫喻其旨及將赴郡告辭於休璟璟曰。聞貴郡多善犬。願得其神俊非常者二焉。張君曰謹奉教。既至郡數日乃悉召郡吏且告之曰。吾受丞相唐公恩深拔於不次得守大郡今唐公求二良犬可致之乎有一吏前曰獨某家育一犬質狀異常願獻之張君大喜即取焉。既至其犬高數尺而肥其臆廣尺餘神俊異常而又馴擾。張君曰。相國所求者二也如何吏白曰。郡內所有唯此耳。他皆常也。然郡南十里某村某家民有一焉。民極惜之非君侯親往不可取之。張君即命駕躬賫厚直而訪之果得焉。其狀與吏所獻者不異而神彩過之。張君甚喜即召親吏以二犬獻休璟大悅且奇其狀以為所未嘗見遂召僧視之。僧曰。善育之脫相君之禍者二犬耳。後旬日。其僧又至謂休璟曰。事在今夕。願相君嚴為之備休璟即留僧宿其第。是夜休璟坐於堂之前軒命左右十餘人執弧矢立于榻之隅其僧與休璟共處一榻至夜分僧笑曰。相君之禍免矣可以就寢。休璟大喜且謝之。遂徹左右與僧寐焉。迨曉僧呼休璟曰。可起矣。休璟即起謂僧曰。禍誠免矣。然二犬安所用乎。僧曰。俱往觀焉。乃與休璟偕尋其跡至後園中見一人仆地而卒矣。視其頸有血盡為物所噬者。又見二犬在大木下。仰視之見一人袒而匿其上休璟驚且詰曰汝爲誰其人泣而指死者曰某與彼俱賊也昨夕偕來且將致害相國蓋遇此二犬環而且吠彼遂爲所噬而死某懼因匿身於此二犬見之乃蹲於樹下某伺其他去將逃焉迨曉終不去今即甘死於是矣休璟即召左右令縛之白此罪固當死然非某心也蓋受制於人耳願釋之休璟命解縛其賊拜泣而去休璟謝其僧曰賴吾師不然死於二人之手僧曰此蓋相國之福也豈所能爲哉休璟有表弟盧軫在荊門有術士告之君將有災厄當求一善攘者爲度可矣軫素知其僧因致書於休璟請求之僧即一書付休璟曰事在其中耳及書達荊州而軫已卒其家開視其書徒一幅紙無文字焉休璟益奇之後數年適去不知所適

秀師

釋秀俗姓李氏汴州陳留人習禪精苦初至荊州後移洛都天宮寺深爲武太后所敬禮玄鑒默識中若符契長安中入京住資聖寺忽戒禪院弟子滅燈燭弟子留長明燈亦令滅之因說火災難測不可不備嘗有寺家不備火燭佛殿被災又有一寺鐘樓遺火又一寺經藏焚爇殊可痛惜寺衆不知其意至夜失火果焚佛殿鐘樓及經藏三所唐玄宗在藩時嘗與諸王俱詣作禮留施一笛玄宗出後秀召弟子曰謹掌此後有要時當獻上也及玄宗登極達摩等方悟其言取笛以進秀師年百歲卒於此寺瘞於龍門山道俗奔赴數千人燕國公張說爲其碑文

萬迴

萬迴師閿鄉人也俗姓張氏初母祈於觀音像因妊迴迴生而愚八九歲方言語父母亦以豚犬畜之及長父令耕田迴耕直去不顧口惟連稱平等因耕一隴長數十里遇溝坑見阻乃止其父怒而擊之迴曰總耕何分彼此乃止擊而罷耕迴兄戍役於安西音問隔絕父母謂其亡矣日夕涕泣憂思不止迴顧父母感念之甚忽跪而言曰涕泣豈非憂兄耶父母且信且疑曰然迴曰詳思我兄所要者衣裝糗糧之屬請悉備焉某將往視之忽一日朝齎所備而往夕返其家告父母曰兄善矣發書視之乃兄迹也一家異之弘農抵安西蓋萬餘里以其萬里而迴故號曰萬迴先是玄奘向佛國取經見佛龕題曰菩薩萬迴謫向閿鄉地教化奘馳驛至閿鄉問此有萬迴無令呼之萬迴至奘禮之施三衣瓶鉢而去後則天追入內語事多驗時張易之大起第宅萬迴嘗指曰將作人莫之悟及易之伏誅以其宅爲將作監嘗謂韋庶人及安樂公主曰三郎斫汝頭韋庶人以中宗第三恐帝生變遂鴆之不悟爲玄宗所誅也天后朝任酷吏行羅織事官稍高隆者日別妻子時崔日用武平一宋之問沈佺期岑羲薛稷見迴皆肅揖鄭重問訊諸公曰各欲聖人一言以定吉凶撫沈背曰汝真才子沈不勝其喜曰聖人與我受記諸弟子不可更爭又謂武曰與汝作名佛書當無憂也目羲稷有不善之色岑以馬避之目稷云此是野狐其言何足懼也乃顧云汝亦不免及羲稷之誅人益貴重玄宗潛龍時與門人張暐等同謁迴見

帝甚至褻瀆將漆杖呼且逐之同往皆被驅出曳帝入皮扃其戶撫帝背曰五十年太平天子自愛已後即不知也張公等門外歷歷聞其言故傾心翼戴焉五十年後盡指祿山之禍也及肅宗在藩邸時或遊行人間萬迴於聚落街中高聲曰天子來或曰聖人來其處信宿間肅宗必經過徘徊也惠莊太子即睿宗第二子也初則天以示萬迴迴曰此兒是西域大樹精養之宜兄弟後生申王儀形瓌偉善於飲啖景龍中時時出入士庶貴賤競來禮拜萬迴披錦袍或笑罵或擊鼓然後隨事爲驗太平公主爲造宅於己宅之右景雲中卒於此宅臨終大呼遣求本鄉河水弟子徒侶覓無萬迴曰堂前是河水使於堦下掘井忽然河水湧出飲竟而終此坊井水至今甘美。

處寂

釋處寂俗姓周氏蜀人也師事寶修禪師服勤寡慾與物無競雅通玄奥天后聞之詔入內賜摩納僧伽梨辭乞歸山涉四十年足不到聚落坐一胡床宴默不寐常有虎蹲伏座下如家畜類貧民所重學其道者臻萃由是頗形奇異如無相大師自新羅國將來謁詵禪師寂預戒衆曰外來之賓明日當見矣宜灑掃以待之明日果有海東賓至也開元初新除太守王瞱上任處分令境內應是沙門追集惟寂久不下山或勸寂往參免爲厲階寂謂弟子曰汝雖出家猶未識業吾之未死王瞱其如吾何追瞱上官三日緇徒畢至或曰唯處寂蔑視藩侯弗來致賀瞱微怒也屈諸僧升廳坐已將啓怒端問寂違拒之由愠色勃興僧皆股慄瞱俄然仆地左右扶腋歸宅至廳事後屛樹如被捆頰之聲尋爾氣絕寂年八十七歲示滅貧中至今崇仰焉

元珪

釋元珪姓李氏伊闕人也悟少林寺禪師大通心要深入玄微遂卜廬于嶽中龐塢謂其徒仁素曰吾始入寺東嶺吾滅汝必塔吾骸于此珪安禪于巖阿時有峩冠袴褶部曲繁多稱謁大師珪覩其貌偉精爽不倫謂之曰善來仁者胡爲而至曰師寧識我耶珪曰吾觀佛與衆生等吾一目之豈分別識也對曰我此嶽神也吾能利害生死於人師安得一目我哉珪曰汝能生死於人吾本不生汝焉能死吾視身與空等視吾與汝等汝能壞空與汝乎苟能壞空及汝吾則不生不滅也汝尚不能如是又焉能生死吾耶嶽神稽首再拜曰我亦聰明正直於餘神豈能知師有廣大之智辯乎願授之正戒令我度世助其威福珪曰神既乞戒即既戒矣所以者何戒外無戒又何戒哉神曰此理也我聞茫昧止求師戒我身爲門弟子珪辭不獲即爲張座秉香東爐正机曰付汝五戒汝能奉持即向曰能不能即曰否神曰謹耳傾聽虛心納教珪曰汝能不婬乎神曰亦娶也曰非謂此也謂無羅欲也神曰能曰汝能不盜乎神曰何乏我也焉有盜取哉曰非謂此也謂饗而福淫不供而禍善也神曰能曰汝能不殺乎神曰政柄在躬焉曰不殺曰非謂此也謂有濫誤混疑也神曰能曰能不妄乎曰吾本正直焉

能有妄曰非此謂也謂先後不合天心也神曰能曰能不遣酒敗乎神曰力能珪曰如上即佛戒也又言以有心奉持而無心拘執以有心為物而無心想身能如是則先天地生不為精後天地死不為老終日變化而不為動寂默而不為體悟此則雖娶非妻也雖享非取也雖柄非權也雖作非故也雖醉非惛也若能無心於萬物則羅欲不為婬福淫禍善不為盜濫誤混疑不為殺先後違天不為妄惛荒顛倒不為醉是謂無心也無心則無戒無戒則無心無佛無衆生無汝及無我無我無汝孰能戒哉神曰我神通亞佛珪曰汝神通十句五能五不能佛則十句七能三不能神悚然避席啓跪頞恭曰可得聞乎曰汝能侯音戾上帝東天行而西七曜乎曰不能又曰汝能奪地祇融五嶽而結四海乎曰不能珪曰是為五不能也又曰佛能空一切相成萬法智而不能即滅定業能知群有性窮億劫事而不能化導無緣佛能度無量有情而不能盡衆生界是為三不能也定業亦不牢久無緣亦謂一期衆生界本無增減亘無一人能主有法有法無主是謂無法無法無主是謂無心如我解佛亦無神通也但能以無心通達一切法耳作用冥現有情前也若有心有作作用必不普周焉嶽神曰我誠淺昧未聞空義願師授我戒我當奉行更何業因可拘塵界我願報慈德珪曰吾觀身無物觀無常法寧塊然更有何欲神曰師必命我為世間事展我少小神功使已發心初發心未發心不信心必信心五等人目我神蹤知有佛有神有能有不能有自然有非自然者珪曰無為是無為是神曰佛亦使神護法師寧墮叛佛耶隨意垂誨珪不得已而言曰東巖寺之障也莽然無樹北岫有之而背非屏擁汝能移北樹於東嶺乎神曰已聞命矣又曰我必昏夜風雨擺摇震運願師無駭即作禮辭去珪門送而觀之見儀衛如王者之行仗其夕果有暴風吼雷奔雲震電隆棟壯宇岌碟將圮定僧膽動宿鳥聲狂互相敲磕苦盍切物不安所乃謂衆僧曰無怖無怖神與我契矣詰旦和霽則北巖松栝盡移東嶺森然行植焉珪謂其徒曰吾歿後無令外知若為口實人將妖我也以開元四年卒壽七十三

通玄

通玄姓李氏太原東北人也舉動之間不可量度身長七尺餘形貌紫色眉長過目髭鬢如畫髮紺而螺旋脣紅潤齒密緻戴樺皮冠衣大布縫掖之制腰不束帶足不躡履雖冬無皴七旬切皸音軍之患夏無垢汗之侵放曠自得靡所拘絆而該博古今洞精儒釋發于辭氣若鏗巨鐘而傾心華藏未始輟懷開元七年春賚新華嚴經或節自定襄而至并部盂縣之西南同穎鄉大賢村高山奴家止於偏房中造論演暢華嚴不出戶庭幾于三載高與隣里怪而不測每日食棗十顆栢葉餅一枚餘無所須其後移於南谷馬家古佛堂側立小土屋間處宴息焉高氏供棗餅亦至晉賚其論幷經往韓氏莊中路遇一虎玄撫其背以所負經論搭載去土龕中虎弭耳前行其處無泉可汲用會暴風雨拔老松去可百

尺餘成池約深文許其味香甘至今呼爲長者泉里人多因愆陽臨之祈雨或多應焉又造論之時堂無脂燭每夜秉翰於口兩角出白色光長尺餘炳然通照以爲恒矣自到土龕俄有二女子韶顏都雅每日饋食一奩于龕前玄食已徹器而去凡經五載至于紙墨供送無虧論成泯然不現所造論四十卷總括八十卷經之文義次決疑論四卷一日鄉人聚飲之次玄來謂之曰汝等好住吾今去矣鄉人驚怪謂爲他適乃曰吾終矣皆悲泣戀慕送至土龕曰去住常也鄉人下坡迴顧其處雲霧昏暗至于時儼然坐亡龕中白色光從頂出上徹太虛即開元十八年三月二十八日也報齡九十六達旦數人登山見其龕室內蛇虺填滿莫得而前相與啓告蛇虺交散少長追感結輿迎于太山之北甃石爲墳而葬之葬日有二斑鹿雙白鶴雜類鳥獸若悲戀之狀焉

一行

釋一行俗姓張氏鉅鹿人也本名遂早歲不羣聰黠明利有老成之風讀書不再已暗誦矣師事普寂禪師出家剃染於嵩山師嘗設食於寺大會群僧及沙門居數百里者皆如期而至且聚千數人時有盧鴻者道高學富隱於嵩山因請鴻爲文讚歎其會至日鴻持其文至寺其師授之致於几案上鐘梵既作鴻謂普寂曰某爲文數千言況其字僻而言怪盍於群僧中選其聰悟者鴻當親爲傳授寂乃令召一行既至伸紙微笑止於一覽復致於几上鴻輕其疎脫而竊怪之俄而群僧會于堂一行攘袂而進抗音典裁一無遺忘鴻驚愕久之謂寂曰非君所能教導也當縱其遊學一行因窮大衍自此求訪師資不遠數千里嘗至天台國清寺見一院古松數十株門前有流水一行立於門屏間聞院中僧於庭布筭其聲蔌蔌既而謂其徒曰今日當有弟子求吾筭法已合到門豈無人導達耶即除一筭又謂曰門前水合却西流弟子當至一行承言而入稽首請法盡授其術而門水復東流矣自此聲振遐邇玄宗聞之召令入內謂曰卿何能對曰善記覽玄宗因召掖庭取宮人籍以示之周覽既畢覆其本記念精熟如素所習讀數幅之後玄宗不覺降榻爲之作禮呼爲聖人嗟嘆良久尋乃詔對無恒占其災福若指于掌言多補益邪和璞嘗謂尹愔曰一行其聖人乎漢之洛下閎造大衍曆云後八百歲當差一日則有聖人定之今年期畢矣而一行造大衍曆正其差謬則洛下閎之言信矣一行又嘗詣道士尹崇借揚雄太玄經數日復詣崇還其書崇曰此書意旨深遠吾尋之積年尚不能曉吾子試更研求何遽見還也一行曰究其義矣因出所撰大衍玄圖及義決一卷以示崇崇大嗟伏謂人曰此後生顏子也初一行幼時家貧鄰有王姥前後濟之約數十萬一行嘗思報之至開元中一行承玄宗敬遇言無不可未幾會王姥兒犯殺人獄未具姥詣一行求救一行曰姥要金帛當十倍醻也君上執法難以情求如何王姥戟手大罵曰何用識此僧一行從而謝之終不顧一行心計渾天寺中工

役數百乃命空其室內徙一大甕於中密選常住奴二人授以布囊謂曰某方某角有廢園汝中潛伺從午至昏當有物入來其數七者可盡掩之失一則杖汝如言而往至酉後果有群豕至悉獲而歸一行大喜令實甕中覆以木蓋封以六一泥朱題梵字數十其徒莫測詰朝中使叩門急召至便殿玄宗迎問曰太史奏昨夜北斗不見是何祥也師有以禳之乎一行曰後魏時失熒惑至今帝車不見古所無者天將大警於陛下也夫匹夫匹婦不得其所則隕霜赤旱盛德所感乃能退舍感之切者其在葬枯出繫乎釋門以瞋心壞一切善慈心降一切魔如臣曲見莫若大赦天下玄宗從之又其夕太史奏北斗一星見凡七日而復常嘗問國祚幾何有留難否行曰鑾輿有萬里之行社稷終吉帝驚問其故不答退以小金合進之曰至萬里即開帝一日發合視之蓋當歸少許及祿山亂駕幸成都至萬里橋忽悟未幾果歸昭宗初封吉王唐至昭宗而滅故終吉至開元末裴寬為河南尹寬深信佛法師事普寂禪師日夕造焉或一日寬詣寂寂云方有少事未暇款語且請遲迴休息寬乃屏賓從止於空室見寂潔滌正堂焚香端坐坐未久忽聞扣門連聲云天師一行和尚至矣一行入詣寂作禮禮訖附耳密語其貌絕恭寂但頷云無不可者語訖復禮禮訖又語如是者三寂唯云是是無不可者一行語訖降階入南堂自闔其戶寂乃徐命弟子云遣聲鐘一行和尚滅度矣左右疾走視之一如其言滅度後寬服縗經葬之日徒步出城送之春秋四十五帝哭之哀甚輟朝三日停龕三七日行容貌如生帝親製碑書于石出內庫錢五十萬建塔銅人原謚曰大慧禪師

無畏

釋無畏三藏本天竺人讓國出家道德名稱為天竺之冠所至講法必有異相初自天竺至所司引謁於玄宗玄宗見而敬信焉因謂三藏曰師不遠而來故倦矣欲於何方休息耶三藏進曰臣在天竺時嘗聞大唐西明寺宣律師持律第一願往依止焉玄宗可之宣律禁戒堅苦焚脩精潔三藏飲酒食肉言行麤易往往乘醉喧競穢汙茵席宣律頗不能甘之忽中夜宣律捫虱將投于地三藏半醉連聲呼曰律師律師撲死佛子耶宣律方知其為異人也整衣作禮而師事焉在洛時有巨蛇高丈餘長且百尺其狀甚異蟠繞出於山下洛民咸見之畏語曰此蛇欲決水瀦洛城即說佛書義其蛇至夕則駕風露來若傾聽狀畏責之曰爾蛇也當居深山中用安其所何為將欲肆毒於世耶遽去無患生人其蛇聞之若有慙色遂俛于地頃而死焉其後安祿山據洛陽盡毀宗廟果符其言開元十年七月旱帝遣使詔無畏請雨畏持滿鉢水以小刀攪之誦呪數番即有物如蚪龍從鉢中矯首水面畏呪遣之白氣自鉢騰涌語詔使曰速歸雨即至矣詔使馳出頃刻風雷震電詔使趨入奏御衣巾已透濕霖雨彌日而息又嘗歷雨逾時詔畏止之畏揑泥媼五軀向之作梵語叱罵者即刻而霽嘗過龍河以

一橐駝負經沒水畏懼失經遽隨之入水於是龍王邀之入宮講法爲留三宿而出所載梵夾不濕一字其神異多類此。

金剛智

釋跋日羅菩提華言金剛智南印度摩賴耶國人也。生數歲日誦萬言目覽心傳終身不忘年十六開悟佛理乃削染出家從師歷遊諸國。至開元中達于廣府後隨駕洛陽其年自正月不雨迨于五月嶽瀆靈祠禱之無應乃詔智結壇祈請於是用不空鈎依菩薩法在所住處起壇深四肘躬繪七俱胝菩薩像立期以開光明日定隨雨焉。帝使一行禪師謹密候之至第七日炎氣爞爞徒冬切天無浮翳午後方開眉眼即時西北風生飛瓦拔樹崩雲泄雨遠近驚駭而結壇之地穿穴其屋洪注道場質明京師一廐皆云智獲一龍穿屋飛去求觀其處日千萬人初帝之第二十五公主甚鍾其愛久疾不救移卧於咸宜外館閉目不語已經旬朔有勑令智授之戒法此乃料其必終故有是命智詣彼擇取宮中七歲二女子以緋繒纏其面目卧於地使牛仙童寫勑一紙焚於他所智以密語呪之二女冥然誦得不遺一字智入三摩地以不思議力令二女持勑詣琰摩王食頃間王令公主亡保母劉氏護送公主魂隨二女至於是公主起坐開目言語如常帝聞之不俟仗衛馳騎往于外館公主奏曰冥數難移今王遣回略覲聖顏而已可半日間然後長逝自爾帝方加歸仰焉。武貴妃寵異六宮荐施寶玩智勸貴妃急造金剛壽命菩薩又勸河東郡王於毘盧遮那塔中繪像謂門人曰此二人者壽命非久矣經數月皆如其言至二十年壬申八月既望於洛陽廣福寺命門人曰白月圓時吾當去矣遂禮毘盧遮那佛旋繞七帀退歸本院焚香發願頂戴梵夾幷新譯教法付囑訖寂然而化。

賊八 十八

城八 十九

鑑源

釋鑑源不知何許人素行甄明後講華嚴經號爲勝集日供千人粥食其倉箄中米粟纔數百斛取之不竭沿夏涉秋未嘗告匱其感如此後多徵應有慧觀禪師見三百餘僧持蓮燈凌空而去歷歷如流星焉開元中崔冀公寧疑其妖妄躬自入山宿預禁山四方面各三十里火光至第三夜有百餘支燈現兼紅光可千餘尺冀公驟然作禮歎未曾有時松間出金色手長七尺許有二菩薩黃白金色閃爍然復庭前栢樹上晝現一燈其明如日横布玻瓈山可王里所寶珠一顆圓一丈熠爚可愛西嶺山門懸大虹橋橋上梵僧老叟童子間出有二炬爛然空中如相迎送交過之狀下有四菩薩兩兩偶立放通身光可高六七十尺復見大松林後忽有寺額篆書三學字又燈下垂繡帶二條東林之間夜出金山月當午金銀二色燈列於知鉉師墳側甞南康皐每三月就寺設三百菩薩大齋菩薩現相焉。

義福

僧義福者上黨人也。梵行精修相好端潔搢紳士庶翕然歸依甞從駕往東都所歷郡縣人皆傾向檀施巨萬皆委之而去忽一旦召其學徒皆以將終兵部侍郎張均中書侍郎嚴挺之刑部侍郎房琯禮部侍郎韋涉常所禮謁是日亦同相造焉義福乃昇座爲門徒演法乃曰吾歿於是日當以決別耳久之張謂房曰某宿歲餌金丹爾來未嘗臨喪言訖張遂潛去義福謂房曰某與張公遊有年數矣張有非常之咎名節皆虧向來若終法會足以免難惜哉乃携房之手曰必爲中興名臣公其勉之言訖而終及祿山之亂張均陷賊庭授僞署房琯翊贊兩朝竟立大節

真表

真表者百濟人也家在金山世事弋獵後入深山以刀截髮苦到懺悔舉身撲地志求戒法誓願要期彌勒菩薩授我戒法也夜倍日功繞旋叩搕心心無間念念翹勤經于七宵誥曰見地藏菩薩手搖金錫爲表策發教發戒緣作受前方便感斯瑞應勇猛過前二七日滿有大鬼現可怖相而推表墜于巖下身無所傷匍匐就登石壇上加復魔相未休百端千緒至第三七日質明有吉祥鳥鳴曰菩薩來也乃見白雲若浸粉然更無高下山川平滿成銀色世界兜率天主逶迤自在儀衛陸離圍繞石壇香風花雨一時交集須臾慈氏徐步而行至于壇所垂手摩表頂曰善哉大丈夫求戒如是至于再至于三蘇迷盧可手攘而卻爾心終不退乃爲授法表身心和悅猶如三禪意識與樂根相應也四萬二千福河常流一切功德尋發天眼焉慈氏躬授三法衣瓦鉢復賜名曰真表又於膝下出二物非牙非玉乃籤檢之制也一題曰九者一題曰八者各二字付度表云若人求戒當先悔罪罪福則持犯性也更加一百八籤籤上署百八煩惱名目如來戒人或九十日或四十日或三七日行懺苦到精進期滿限終將九八二籤參合百八者佛前望空而擲其籤墮地以驗其罪滅不滅之相若百八籤飛迴四畔唯八九二籤卓然壇心而立者即得上上品戒焉若衆籤雖遠或一二來觸九八籤拈觀是何煩惱名抑令人重覆懺悔已正將重悔煩惱籤和九八者擲其煩惱籤去者名中品戒焉若衆籤埋覆九八者則罪不滅不得戒也設加懺悔過九十日得下品戒焉慈氏重告誨云八者新熏也九者本有也囑累已大仗既迴山川雲霽於是持天衣執天鉢循如五夏比丘徇道下山草木爲其低垂覆路殊無溪谷高下之別飛禽鷙獸馴伏步前又聞空中唱告村落聚邑言菩薩出山來何不迎接時則人民男女布髮掩泥者脫衣覆路者氈罽氍毹承足者花絪美褥填坑者表咸曲副人情一一迪踐有女子提半端白氎覆于途中表似驚忙之色迴避別行女子怪其不平等表曰吾非無慈不均也適觀氎間皆是猘子吾慮傷生避其悞犯耳原其女子本屠家販買得此布也自爾常有二虎左右隨行表語之曰吾不入郛郭汝可導引至可修行處則乃緩步而行三十來里就一山坡蹲踞于前時則掛錫樹枝敷草端坐四望信士不勸自來同造伽藍號金山寺焉

明達

明達師者不知其所來於閬鄉縣住萬迴故

寺往來過客皆謁明達以問休咎明達不答但見其旨趣而已曾有人謁明達問曰欲至京謁親親安否明達授以竹杖至京而親亡又有謁達者達取寺家馬令乘之使南北馳馳訖勸去其人至京授採訪判官乘驛無所不至又有謁達者達以所持杖畫地為堆阜以杖撞築之地因坑曰人不曉至京背有發腫割之血流迫地李林甫為黃門侍郎扈從西還謁達加秤於其肩至京而作相李雍門為湖城令達忽請其小馬雍門不與間一日乘馬將出馬忽庭中人立寺門墜馬而死如此頗衆達又嘗當寺門北望書曰此川中兵馬何多又長嘆曰此中觸處總是軍隊及哥舒翰擁兵潼關拒逆胡關下闘鄉盡為戰場矣。出入　卷五

法秀

釋法秀者未詳何許人也居于京師遊于咸鎬之間以勸率衆緣多成善務至老未嘗休懈開元末明皇嘗夢人云將手巾五百條袈裟五百領於迴向寺布施及覺問左右並云無乃遣募緇徒道高者令尋訪秀出應召曰某知迴向寺處問要幾人曰但得齋持所物及名香一斤即可矣遂授之秀徑入終南行兩日至極深峻處都無所見忽遇一碨石鷲曰此人不到何有此物乃於其上焚所携香禮祝哀祈自午至夕良久谷中霧起咫尺不辨近來漸散當半崖有朱柱粉壁玲瓏如畫少頃轉分明見一寺若在雲間三門巨額諦視之乃迴向也喜甚攀陟遂到時已黃昏聞鍾磬及禮佛之聲門者詰其所從來遂引入見一老僧曰唐皇帝萬福令與人相隨歷房散手巾等唯餘一分一房但空榻無人有一衣服坐席似有所適者遂却見老僧僧曰更往當已來矣秀復至欲授手巾等一房但空榻者亦無人矣又具言之僧笑令坐顧侍者曰彼房取尺八來至乃玉尺八也僧曰汝身彼胡僧否曰見僧曰此是權代汝主者國內當亂人死無數此名磨滅王其一室是汝主房也汝主在寺以愛吹尺八謫在人間此常吹者也今限亦滿即却歸矣明日遣就齋齋訖曰汝當迴可將此尺八付汝主并袈裟手巾令自收秀膜拜而迴董子送出纔數步又雲霧四合及散則不復見寺矣乃持手巾袈裟尺八等進於玄宗及召見具述本末玄宗大感悅持以吹之宛是先所御者後十餘年遂有祿山之禍所見胡僧即祿山也秀感所遇精進倍切不知所終。出八　廿四

嬾殘

嬾殘者唐天寶初衡嶽寺執役僧也退食即收所餘而食性嬾而食殘故號嬾殘也晝專一寺之工夜止羣牛之下曾無倦色已二十年矣時鄴侯李泌寺中讀書察嬾殘所為曰非凡物也聽其中宵梵唱響徹山林李公情頗知音能辨休戚謂嬾殘經音先悽惋而後喜悅必謫墮之人時將去矣候中夜李公潛往謁焉望席門通名而拜嬾殘大詬仰空而唾曰是將賊我李公愈加謹敬唯拜而已嬾殘正撥牛糞火出芋啗之良久乃曰可以席地取所啗芋之半以授焉李公捧承盡食而謝謂李公曰慎勿多言領取十年宰相公又

拜而退居一月刺史祭嶽修道甚嚴忽中夜風雷而一峯頹下其緣山磴道為大石所攔乃以十牛縻絆以挽之又以數百人鼓噪以推之物力竭而石愈固更無他途可以修事嬾殘曰不假人力我試去之衆皆大笑以為狂人嬾殘曰何必見嗤試可乃已寺僧笑而許之遂履石而動忽轉盤而下聲若震雷山路既開寺僧皆羅拜一郡皆呼至聖刺史奉之如神嬾殘悄然乃懷去意寺外虎豹忽爾成羣日有殺傷無由禁止嬾殘曰授我箠為爾盡驅除之衆皆曰大石猶可推虎豹當易制遂與之荊梃皆躡而觀之纔出門見一虎啣之而去嬾殘既去虎亦絕蹤後李公果十年為相也

西域僧

釋天竺亡名僧者未詳何印度人也其貌惡陋纏乾陀色縵條衣穿革屣曳鐵錫化行于京輦嘗章臯之生也纔三日其家召僧齋此僧不召自來韋氏家僮咸怒之以弊席坐于庭中既食韋氏命乳母出嬰兒請羣僧祝其壽胡僧忽自升階謂嬰兒曰別久無恙乎嬰兒若有喜色衆皆異之韋氏先君曰此子生纔三日吾師何故言別久耶胡僧曰此非檀越之所知也韋氏固問之胡僧曰此子乃諸葛武侯之後身耳武侯當東漢之季為蜀丞相蜀人受其賜且久今降於世將為蜀門帥且受蜀人之福吾往歲在劒門與此子友善今聞降生韋氏吾故不遠而來韋氏異其言因以武侯字之後韋臯自少金吾節制劒南軍累遷太尉兼中書令在蜀門十八年果契胡僧之語也

本淨

釋本淨未詳何許人道氣高抗閩嶺多禪宗知識歷往參之又聞長溪霍童山多神仙洞府然山中不容凡俗淨乃入山結茅為室室側有毒龍石穴其龍夭矯而出變現無恒遂呼召之而馴擾焉又諸猛虎橫路為害樵者不敢深入淨撫其頭誡約丁寧虎弭耳而去嘗清宵有九人冠幘袴褶稱寄宿盡納諸菴內明旦告辭皆化為鶴鳴唳空中而去淨後罔知其終

懷玉

釋懷玉姓高氏丹丘人也執持律法名節峭然一食長坐蚤虱恣生唯一布衣行懺悔之法課其一日念彌陀佛五萬口通誦彌陀經三十萬卷登日俄見西方聖像數若恒沙有一人擎白銀臺從牕而入玉云我合得金臺銀臺却出玉倍虔志後空聲報云頭上已有光暈矣請加趺結彌陀佛印時佛光充室玉手約人退曰莫觸此光明數日又有白毫光現聖衆滿空玉云若聞異香我報將盡須臾香氣盈空海衆遍滿見阿彌陀佛觀音勢至身金色共御金剛臺來迎玉含笑而終

無相

釋無相新羅國人也是彼土王第三子玄宗召見隸於禪定寺號無相遂入深溪谷巖下坐禪有黑犢二交角盤礴於座下近身甚急毛手入其袖其冷如冰捫摸至腹相殊不傾動每入定多是五日為度忽雪深有二猛獸來相自洗拭躶卧其前願以身施其食二獸

從頭至足嗅帀而去往往夜間坐床下搦虎鬚毛既而山居稍久衣破髮長獵者疑是異獸將射之復止復構精舍於亂墓間成都縣令楊翌疑其幻惑乃追至命徒二十餘人曳之徒近相身一皆戰慄心神俱失頃之大風卒起沙石飛飈直入廳事飄簾捲幕楊翌叩頭拜伏喘不敢語懺畢風止奉送舊所相至成都也忽有一力士稱捨力伐柴供僧廚用相之弟本國新為王矣懼其却迴其國危殆將遣刺客來屠之相已冥知矣忽曰供柴賢者暫來謂之曰今夜有客曰灼然又曰莫傷佛子至夜薪者持刀挾席坐禪座之側逡巡覺壁上似有物下遂躍起揮刀巨胡身首分於地矣後門素有巨坑乃曳去瘞之復以土拌滅其跡而去質明相令召伐柴者謝之已不見矣嘗指其浮圖前栢曰此樹與塔齊塔當毀矣至會昌廢毀正與塔齊又言寺前二小池左羹右飯齋施時少則命淘浚之果來供設其神異多此類也以至德元年卒壽七十七

嵩岳僧

嵩岳破竈墮和尚隱居嵩山山有廟甚靈唯安一竈祭無虛日師入廟以杖擊竈云此泥瓦合成聖從何來靈從何起又擊三下竈乃傾破隨落須臾一青衣人設拜師前曰我本此竈神久受業報蒙師說無生法得脫此生特來禮謝再拜而去少頃徒衆問師竈神得何經旨便得生天師曰我只向伊道是泥瓦合成別無道理為伊衆無語師良久云會麼衆云不會師曰本有之性為什麼不會衆僧乃禮拜師曰破也墮也於是其衆大悟玄旨

儀光

儀光禪師住青龍寺行業至高有朝士妻喪請師至家修福師住其家數日居於廳前夫申供養俗每人死謁巫巫即言其殺出日必有妨害死家多出避之其夜朝士家皆出北門潛去不告師師但於堂前明燈讀經弟子十一人侍之夜將半聞堂中人起取衣服開門聲有一婦人出堂便往廚中營食汲水吹火師以為家人未之怪也及將曙婦人進食捧盤來前猶帶面衣徒跣再拜言曰勞師降臨令家人總出恐齋粥失時弟子故起為師造之師知是亡人乃受其獻方祝祝未畢聞內則聞哭哭畢家人謁師問安否見盤中粥問師曰弟子等夜來實避殃禍不令師知家內無人此粥誰所造師笑不答堂內青衣驚曰亡者夜何故橫卧手即汙麪足又染泥何謂也師乃指所造粥以示之舉家驚異焉

慧因

僧慧因善三論及法華金剛經常為講說至德中黃昏時見一人入門云王請法師因遂僵仆惟心頂煖七日却蘇云初隨使者至一城極甚宏麗入見王從數百人下殿至階門拜曰弟子不幸主世名祿兼治罪甚用為苦聞上人善講金剛經草為敷析於是就坐講畢王施絹三百匹遂命送歸次見一講堂有百餘僧相與談論初極禮法少時各爭競於手指上各生鐵爪共相擊摑血肉塗地牛頭巨卒以大燎之盡成灰粉須臾又復本身因

驚懼卻蘇慶然而起鎖已在櫃與前數同遂得此施作功德自此更不講說惟持經而已。

普滿

僧普滿隨意所爲不拘僧禮或歌或笑莫喻其旨以言事往往有驗故時人待之爲萬迴後於潞州佛舍中題詩數篇而亡。所記者云此水連涇水雙珠血滿川青牛將赤虎還號太平年。題詩後人莫能知及賊泚稱兵衆方解悟此水者泚字。涇水者自涇州兵亂也。雙珠者泚與滔也。青牛者興元二年乙丑歲。乙者木也。丑者牛也。明年改元貞元歲在丙寅丙者火也。寅者虎也。至是戕賊已平。故云青牛將赤虎還號太平年。

神僧傳卷第七

神僧傳卷第七

校勘記

一　底本，明永樂北藏本。

一　四二七頁中末行「視指」，[經]作「視之」。

一　四二七頁下一九行「窒之」，[經]作「塞之」，次頁上一行同。

一　四三一頁下一一行「華藏」，[清]作「華嚴」。

一　四三二頁下一八行「醻也」，[經]作「疇也」。

一　四三六頁中一一行第一二字「與」，[經]作「語」。

一　四三七頁上七行第八字「怱」，[經]作「忽」。

一　四三七頁上末行第一六字「祝」，[經]作「群祝」。

一　四三八頁上一九行第一三字「无」，[經]、[清]作「元」。

一　四三八頁中一八行「十一人」，[清]作「十二人」。

一　四三八頁中末行第八字「之」，[經]作「知」。

神僧傳卷第八　　城九

地藏

釋地藏俗姓金氏新羅國王之支屬也心慈而貌惡穎悟天然于時落髮出家涉海徒行振錫觀方至池陽覩九子山心甚樂之乃徑造其峯而居焉藏嘗爲毒螫端坐無念俄有美婦人作禮饋藥云小兒無知願出泉以補過言訖不見視坐左右間沛然流衍時謂爲九子山神爲湧泉資用也至德年初有諸葛節率村父自麓登高深極無人唯藏孤然閉目石室其房有折足鼎鼎中白土和少米烹而食之群老驚嘆曰和尚如斯苦行我曹山下列居之咎耳相與同構禪宇不累載而成大伽藍本國聞之率以渡海相尋其徒且多無以資歲藏乃發石得土其色清白不磣(初甚切)如麪而共衆食其衆請法以資神不以食而養命南方號爲枯槁衆莫不宗仰龍潭之側有白墡(時戰切)研取之無盡一日忽召衆告別罔知攸往但聞山塢石隕扣鍾嘶嗄(所訝切)跏趺而滅年九十九其屍坐于函中洎三稔開將入塔顏貌如生舉舁之際骨節若撼金鎖焉

鑒真

釋鑒真姓淳于氏廣陵江陽縣人也總角隨父入大雲寺見佛像感動夙心因白父求出家父奇其志許焉後爲一方宗首時日本國有沙門榮叡普照等東來募法真許徒遂買舟自廣陵賫經律法離岸至越州浦止署風山真夜夢甚靈異纔出洋遇惡風濤舟人顧其垂没有投棄棧(音箋)香木者聞空中聲云勿投棄時見舳艫各有神將介甲操仗焉尋時風定俄漂入蛇海其蛇長三丈餘色若錦文後入魚海魚長尺餘飛滿空中次一洋純見飛鳥集于舟背壓之幾没洎出鳥海之水俄泊一島池且泓澄人飲甘美相次達于日本其國王歡喜迎入城大寺安止號大和尚以代宗廣德元年無疾辭衆坐亡身不傾壞至今其身不施苧漆其國國王貴人信士時將寶香塗之

無漏

釋無漏姓金氏新羅國王之次子也少附海艦達于中華欲遊五竺禮佛八塔既渡沙漠涉于闐已西至葱嶺入大伽藍其中比丘皆不測之僧也問漏攸往之意來有奇節而詣天竺僧曰舊記無名來可歟吾此有毒龍池可往教化如其有驗方利涉也漏依請登池岸唯見一胡床乃據而坐至夜將半雷電交作其怪物吐氣蓬勃種種變現眩曜無恒漏瞑目不搖動久之乃有巨蛇騃首于膝上漏悲閔之極爲受三歸而去復作老人形來致謝曰蒙師度脱義無久居吾三日後捨鱗介苦依得生勝處此去南有盤石是弟子捨形之所亦望聞預相尋遺骸可矣漏默許之又曰必須願往天竺者此有觀音聖像禱無虛應可祈告之得吉祥兆可去勿疑漏乃立於像前入於禪定如是度四十九日身嬰虛羸略無傾倚旋有鼠兒猶彈丸許咋左脛潰黃色薄膿可累斗而愈漏限滿獲應群僧語之曰觀師化緣合在唐土心存化物所利滋多足倦遊方空加聞見不可強化師所知乎漏

意其賢聖之言必無唐發如是却迴臨行謂漏曰逢蘭即住所還之路山名蘭乃馬首記遂入其中得白草谷結茅栖止無何安史兵亂肅宗訓兵靈武屢夢有金色人念寶勝佛於御前翼日以夢中事問左右或對曰有沙門行迹不群居于此山恒誦此佛號召至帝視之曰真夢中人也及旋蹕之內寺供養累上表章願還舊隱帝心眷重未遂歸山俄云示滅焉一日忽於内門右闔之上化成雙足形不及地者數尺閽吏上奏帝乘步輦親臨其所得遺表乞歸葬舊隱山之下即時依可遣中使監護送導先是漏行化多由懷遠縣因置廨署謂之下院喪至此神座不可輒舉衆議移入構別堂宇安之至今真體端然曾無變壞

不空

釋不空梵名阿目佉跋折羅華言不空金剛止行二字畧也本北天竺婆羅門族幼失所天隨叔父觀光東國年十五師事金剛智三藏初導以梵本悉曇章及聲明論浹旬已通矣後同弟子含光慧辯(彼件切)等三七人附崑崙舶離南海至訶陵國界遇大黑風衆商惶怖各作本國法禳之無驗皆膜拜求哀乞加救護慧辯等慟哭空曰吾今有法汝等勿憂遂右手執五股菩提心杵左手持般若佛母經夾作法誦大隨求一徧即時風偃海澄又遇大鯨出水噴浪若山甚於前患衆商甘心委命空同前作法令慧辯誦娑竭龍王經逡巡衆難俱息既達師子國王遣使迎之極備供養一日王作調象戲人皆登高望之無敢近者空口誦手印住於慈定當衢而立狂象數頭頓皆踼(徒郎切)跌舉國奇之次遊五印度境屢彰瑞應至天寶五載還京是歲終夏愆陽詔令祈雨制曰時不得賒雨不得暴空奏立孔雀王壇未盡三日雨已浹洽帝大悅後因一日大風卒起詔空禳止請銀缾一枚作法加持須臾戢靜忽因池鵝誤觸缾傾其風又作急暴過前勑令再止隨止隨效帝乃賜號曰智藏焉天寶八載許迴本國乘驛騎五匹至南海郡有勑再留至德初鑾駕在靈武鳳翔空常密奉表起居肅宗亦密遣使者求秘密法洎收京反正之日事如所料上元末帝不豫空以大隨求真言祓除至七過翼日乃瘳帝愈加殊禮焉肅宗厭世代宗即位恩渥彌厚又以京師春夏不雨詔空祈請如三日内雨是和尚法力三日已往而霈然者非法力也空受勑立壇至第二日大雨云足一歲復大旱京兆尹蕭昕詣寺謂爲結壇致雨不空命其徒取樺皮僅尺餘繢小龍於其上而以爐香甌水置于前轉吹震舌呼使咒之食頃即以繢龍授昕曰可投此于曲江中投訖亟還無冒風雨昕如言投之旋有白龍纔尺餘摇鬣振鱗自水出俄而龍長數丈狀如曳素倏忽亘天昕鞭馬疾驅未及數十步雲物凝晦暴雨驟降比至永崇里第衢中之水已決渠矣至永泰中香水沐浴東首倚卧北面瞻禮闕庭以大印身定中而寂荼毗火滅收舍利數百粒其頂骨不燃中有舍利一顆半隱半現勑於本院别起塔焉初玄宗召術士羅公遠與空角法同在便殿癢時時反手

撥背空曰借尊師如意時殿上有花石空揮如意擊碎於其前羅再三取如意不得帝意欲起取空曰上勿起此影耳乃舉手示羅如意復完然在手又北邙山有巨蛇樵采者往往見之矯首若丘陵夜常承吸露氣見空人語曰弟子惡報和尚如何見度每欲翻河水陷洛陽城以快所懷也空爲其受歸戒說因果且曰汝以瞋心故受今報那復恚恨乎吾力何及當師吾言此身必捨矣後樵子見蛇死澗下臭聞數里又一日風雨不止坊市有漂溺者樹木有拔仆者遽召空止之空於寺庭中捏泥媪五六溜水作梵言罵之有頃開霽矣嘗西蕃大石康三國帥兵圍西涼府詔空入帝御于道場空秉香鑪誦仁王密語二七徧帝見神兵可五百員在于殿庭驚問空空曰毗沙門天王子領兵救安西請急設食發遣四月二十日果奏云二月十一日城東北三十許里雲霧間見神兵長偉鼓角喧鳴山地崩震蕃部驚潰彼營中有鼠金色咋弓弩弦皆絶城北門樓有光明天王怒視蕃帥大奔帝覽奏謝空因勅諸道城樓置天王像此其始也

道昭

沙門道昭自云簡州人也俗姓康氏少時因得疾不悟云至冥司見善惡報應之事遂出家往太行山四十年戒行精苦往往言人禍來事初若隱晦後皆明驗嘗有二客來一曰姚邈舉明經一曰張氏以資蔭僧謂張曰君授官四政慎不可食祿范陽四月八日得疾當不救次謂邈曰君不利簪笏如能從戎亦當三十年無乏有疾勿令胡人療之其年張官於襄鄧間後累選嘗求南州亦皆得之後又選果授號州盧氏縣令到任兩日而卒卒之日果四月八日也後方悟范陽即盧氏望也邈舉不第從知於容州假軍守之名三十年累轉右職後因別娶婦求爲債者因得疾服嫗黄氏藥而終後訪黄氏本來乃洞主所放出婢是胡女也

玄宗

釋玄宗俗姓吳氏永嘉人也少時出塵氣度寛裕於本部永定山寶壽院依常靜爲師既得戒已還諸方遊學謁江陵詣朗禪師門决了疑惑復振錫他行見紫金山悅可自心留行禪觀此山先多虎暴或噬行商或傷樵子從宗十居哮闞絶迹入山者無憚焉一日禪從擁集見一老父趨及座前拜跪勤恪宗問子何人耶答云我本虎也在此山中食噉衆生因大師化此寘迴我心得脫業軀已生天道故來報謝祈旋之頃了無所見以大曆二年囑別門徒澹然而化春秋八十六二月入塔立碑存焉

惠忠

釋惠忠俗姓王氏潤州上元人也初在母孕忽遇異僧謂曰所生貴子當爲天人矣誕育已來不食葷腥有異常童稟性敦厚年二十三以經業見度即神龍元年也遂配莊嚴寺聞牛頭山威禪師道山禮謁威見忠乃曰山主來矣因爲說法遂夙夜精勤常頭陀山澤飲泉藉草一食延時無用一鐺衆味同煑甫畢懸於樹杪方坐繩床宴坐終日如杌衣不

易時寒暑一納積四十年。遂彰靈應州牧明賢頻詣山禮謁再請至郡施化道俗天寶初始出止莊嚴忠以爲梁朝舊寺莊嚴最盛今已歲古凋殘興懷修葺遂於殿東擬創法堂先有古木鵲巢其項工人將欲伐之忠曰且止待鵲移去始當伐之因至樹祝曰此地造堂當速移去言畢其鵲銜柴遷寓他樹道俗觀者莫不歎異又立基未定忽有二神人爲止其處因乃定焉雖汲引無廢神曠不撓四方之侶相依日至以大曆三年山門石室前有忠拄衣藤是歲盛夏忽然枯悴靈芝仙菌且不復生至九月忠演法高座無故水出繞座而轉至四年六月十五日集衆布薩至晚乃命侍者剃髮浴躬是夜瑞雲覆刹天樂聞空十六朝怡然坐化時風雨震蕩樹木摧折山中鳥獸哀鳴林巒巖間哭聲數日方止春秋八十有七。

崇惠

釋崇惠姓章氏杭州人也稚秋之年往禮徑山國一禪師爲弟子復誓志於隋落雲寺遁跡俄有神白惠曰師持佛頂少結莎訶令密語不圓莎訶者成就義也今京室佛法爲外教淩轢其危若綴旒待師解救耳惠趨程西上大曆三年大清宮道士史華上奏請與釋宗當代名流角佛力道法勝負于時代宗欽尚空門異道憤其偏重故有是請也遂於東明觀壇前架刀成梯史華登躡如常磴道焉時緇伍互相顧望推排無敢躡者惠聞之謁開府魚朝恩魚奏請於章信寺庭樹梯橫架鋒刃若霜雪然增高百尺東明之梯極爲低下時朝廷公貴市肆居民駢足摩肩而觀此舉惠徒跣登級下層有如坦路曾無難色復蹈烈火手探油湯仍餐鐵葉號爲餺飥或嚼釘線聲猶脆飴史華怯懼慙惶掩袂而退時衆彈指歎嗟聲若雷響帝遣中官鞏庭玉宣慰再三便賚賜紫方袍一副焉。

靈坦

釋靈坦姓武氏太原文水人也則天太后姪孫父宣洛陽令母夏侯氏初妊坦也夢神僧授與寶鐸表裏瑩然且曰吾以此寄汝善保護之及長參神會禪師大曆八年行化至切園時相國田公神功供養遷迺適維揚六合方歎大法淩夷忽聞空中聲云開心地即目菩薩如文殊像曰與汝印驗令舉頂以手按之尋觀有四指赤痕其印跡恒見又止潤州金山其山北面有一龍穴常吐毒氣如雲有近者多病或斃坦居之毒雲滅跡又於江陰定山結庵俄聞有讚歎之聲視之則白龜二坦爲受皈戒又見二大白蛇身長數丈亦爲受戒懺悔如是却往吳興林山造一蘭若有三丈夫衣金紫趨步徐正稱歎道場元和五年居華林寺寺內有大將軍張遠墓寺僧多爲鬼物惑亂坦居之愀然無朕矣又揚州人多爲山妖木怪之所熒惑坦皆遏禦焉至十年忽見二胡人自稱龜茲（音丘慈）國來彼無至教遠請和尚敷演十一年五月十三日告衆將赴遠請至季秋八日卒壽一百八僧臘八十四。

慧聞

釋慧聞信安人也多勤勉檀那以福業爲是

嘗於歙江鑄丈八金身像州來聽許銅何從致且曰待大施主居無何有清溪縣夫婦二人將嫁資鑑來捨聞爲誓祝之曰此鑑鼓鑄若當佛心前乃是夫婦發心之至也迨脫摸露像果然鑑當佛心胸間矣又嘗往豫章勸化獲黃金數鎰偶遇賊劫掠事急遂投金水中曰應損君子福田請自涉瀨聞去賊徒入水求之不得及聞到州金宜然已在其院時山路有虎豹聞或逢之將杖叩其腦曰汝勿害人吾造功德何不入緣明日虎銜野豬投閘前弭尾而去凡舉事皆成歸信如流多奇異焉

難陀

釋難陀者華言喜也未詳種姓何國人其爲人詭異不倫恭慢無定當建中年中無何至于岷蜀張魏公延賞之任成都喜自言我得如幻三昧入水火貫金石變現無窮初入蜀與三少尼俱行或大醉狂歌戍將將斷之及僧至且曰某寄跡桑門別有藥術因指三尼此妙歌管戍將反敬之遂留連爲辦酒肉夜會客與之劇飲其三尼及坐客皆歌調笑逸態絕世飲將闌僧謂尼曰可爲押衙踏某曲也因徐進對舞曳緒迴雪迅赴摩跌技又絕倫也良久曲終而舞不已僧喝曰婦女風耶忽起取戍將佩刀衆謂酒狂驚走僧乃拔刀斫之背踣於地血及數尺戍將大懼呼左右縛僧僧笑曰無草草徐舉尼三枝筇枝也血乃酒耳又嘗在飲會令人斷其頭釘耳於柱無血身坐席上酒至瀉入脰(徒姤切)瘡中面赤而歌手復抵節會罷自起提首安之初無痕也時時預言人凶衰皆謎語事過方曉成都有百姓供養數日僧不欲住閉關留之僧因走入壁縫中百姓遽牽漸入唯餘袈裟角頃亦不見來日壁上有畫僧焉其狀形似日月色漸薄積七日空有黑跡至八日黑跡亦滅僧已在彭州矣後不知所之

和和

和和者莫詳氏族其爲僧也狂而不亂發言多中時號爲聖有越國公主適滎陽鄭萬鈞數年無子萬鈞請曰吾無嗣願得一子唯師降恩可乎師曰遺我三千匹絹主當誕兩男鈞如言施之和取絹赴寺云修功德乃謂鈞曰主有娠矣吾令二天人下爲公主作兒又曰公主腹小能併妊二男乎吾當使同年而前後耳公主遂妊年初歲終各誕一子長曰潛曜少曰晦明皆美丈夫博通有識焉

義師

釋義師者不知何許人也狀類風狂言語倒亂貞元初巡吳苑乞丐事多先覺人以此疑之市肆中百姓屋數間義師輒操斧斫劓其簷禁之不止其人數知其神異禮白之曰弟子藉此生活無壞我屋迴顧曰汝惜乎投斧而去其夜市火連延而燎唯所截簷屋數間存焉好止廢寺中無冬夏常積聚壞牖蓋木佛像以代薪炭又於煨火燒炙鯉魚而多跳躍灰坌(蒲頓切)彌漫撫掌大笑不具匕筯而食面垢不靧(音誨)靧之輒陰雨吳人以爲占候及將死飲灰汁數十斛乃念佛而坐士庶觀之滿七日而死時盛暑色不變支不摧百姓舁出郊外焚之

代病

釋代病者天台人也姓陳氏誕育之辰祥光滿室鄰里驚異七歲喪父哀毁幾于滅性白母求出家母繾艱阻遂斷一指親黨敦勸偏親乃送於國清寺因戒法登滿誓志觀方初止東京次於河陽爲民救旱按經績八龍王立道場啓祝畢投諸河擧衆咸覩畫像跳躍不定斯須雲起膚寸雷雨大作千里告足自此歸心者衆先是三城間多暴風雹動傷苗稼雉堞號稱毒龍爲害代病爲誦密語後經歲序都無是患共立堂宇若生祠焉大曆元年登太行遊霍山乃深入幽邃結茅而居有盜其盂食俄見二虎據路會逢代病盜叩頭陳悔愍諭畢因摩挲虎頭如是累伏猛獸其中山神廟晉絳之間傳其肹蠁代病入廟勸其受歸戒絶烹燀（音闡）牲牢其神石像屢屢隨勸頷首聽命由是檀信駢肩躡踵有寘妻於酒者賂貧女往施之代病已知貧女紿曰妾家醞覺美酌施和尚求福況以佛不逆衆生願代病曰汝亦是佛然貧女懼反飲其以情告代病執杯啜之俄爾酒氣及兩脛足地爲之潰（音會）裂聞者驚怪以酒供養自玆始也汾隰西河人有疾只給與淨水飲之必瘳貞元中奄然跏趺示滅

廣陵大師

僧有客於廣陵亡其名自號大師廣陵人因以大師呼之大師質甚陋好以酒肉爲食常衣繐裘盛暑不脫繇是蚤蝨聚其上僑居孝感寺獨止一室每夕闔扉而寢率爲常矣性狂悖好屠犬彘日與廣陵少年鬭毆或醉臥道傍廣陵人俱以此惡之有一少年以力聞嘗一日少年與人對博大師大怒以手擊其博局盡碎少年笑曰騃兒何敢逆壯士耶大師且罵而唾其面於是與少年鬭擊而觀者千數少年卒不勝竟遁去自是廣陵人謂大師有神力大師亦自負其力往往剽奪市中金錢衣物市人皆憚其勇莫敢拒後有老僧召大師而至曰僧當死心奉教戒柰何食酒肉殺犬彘剽奪市人錢物又與少年同鬭擊豈僧人之道耶一旦吏執以聞官汝不羞天耶大師怒罵曰蝘蚋徒嗜膻腥耳安能知龍鶴之心哉然則吾道亦非汝所知也且我清中而混其外者豈若汝齷齪無大度乎老僧卒不能屈其詞後一日大師自外來歸既入室閉戶有於門隙視者大師坐於席有奇光自眉端發晃然照一室觀者奇之具告群僧群僧來見大師眉端之光相指語曰吾聞佛之眉有白毫相光今大師有之果佛矣遂相率而拜至明日清旦群僧俱集於庭候謁大師及開戶而大師已亡矣群情益異其事因號大師爲大師佛

靈默

釋靈默俗姓宣氏毗陵人也初參豫章馬大師因住白砂道場經于二載猛虎來馴近林產子意有所依又住東道場地僻人稀山神一夜震雷暴雨懸崖委墜表明大樹倒欹庵側樹枝交絡茅苫略無少損遐邇聞旃皆來觀歎後遊東白山俄然中毒而不求醫閉關宴坐未幾毒化流汗而滴乃復常矣元和初久旱民皆狼顧默沿澗見青蛇夭矯矙目如

覩行人不動咄之曰百姓漢渴苗死汝胡不施雨救民耶至夜果大雨合境云足民荷其賜厥後澡沐焚香端坐繩床而卒壽七十二法臘四十一。

澄觀

釋澄觀姓夏侯氏越州山陰人也年甫十一依寶林寺霈禪師出家誦法華經十四遇恩得度便隸此寺觀俊朗高逸弗可以細務拘後將撰華嚴疏於寤寐之間見一金人當陽挺立以手迎抱之無何咀嚼都盡覺即汗流自喜吞納光明徧照之徵也起興元元年正月貞元三年十二月畢功成二十軸乃飯千僧以落成之爲疏時堂前池生五枝合歡蓮華一華皆有三節人咸歎伏觀常思付授忽夜夢身化爲龍矯首于南臺蟠尾于山北擊攫碧落鱗鬣耀日須臾蜿蜒化爲千數小龍騰躍青冥分散而去蓋取象乎教法支分流布也遂於中條山棲巖寺侍寺有禪客拳眉翦髮字曰癡人被短褐操長帚狂歌雜語凡所指斥皆多應驗觀未至之前狂僧驅衆僧洒掃曰不久菩薩來此以元和年中示滅春秋七十餘。

隱峯

釋隱峯俗姓鄧氏建州邵武人也稚歲憨狂不徇父母之命出家納法元和中言游五臺山路出淮西屬吳元濟阻兵違拒王命官軍與賊遇交鋒未決勝負峯曰我去解其殺戮乃擲錫空中飛身冉冉隨去介兩軍陣過戰士各觀僧飛騰不覺抽戈匣刃焉既而游徧靈跡忽於金剛窟前倒立而死亭亭然其直如植時議靈穴之前當舁就爇屹定如山併力不動遠近瞻覩驚歎希奇峯有妹爲尼入五臺嗔目咄之曰老兄疇昔爲不循法律死且熒惑於人時衆已知妹雖骨肉豈敢攜貳請從恒度以手輕攮僨然而倒遂荼毗之收舍利入塔號鄧隱峯遺一頌云獨絃琴子爲君彈松柏長青不怯寒金礦相和性自別任向君前試取看

圓觀

釋圓觀不知何許人居于洛率性疎簡時與李源爲忘形之友同止慧林寺但日給一器隨衆僧飲食而已如此三年一日源忽約觀游蜀青城峨眉等山洞求藥觀欲游長安由斜谷路李欲自荊入峽爭此二途半年未決李曰吾已不事王侯行不願歷兩京道矣觀曰行無固必請從子命遂自荊上峽行次南浦泊舟見數婦女條達錦襠負甖而汲觀俛首而泣曰某不欲經此者恐見此婦人也李問其故觀曰其孕婦王氏者是某託身之所也已逾三載尚未解娩唯以吾未來故今既見矣命有所歸釋氏所謂循環者也請君用符呪遣其速生且少留行舟葬吾山谷其家浴兒時亦望君訪臨若相顧一笑是識君也後十二年當中秋月夜專於錢唐天竺寺外乃是與君相見之期也李追悔此一行召孕婦告以其事婦人喜躍還頃之李往授符水觀沐浴而化婦生一子焉李三日往看新兒果致一笑明日李迴棹歸慧林寺詢問弟子方知已理命矣李常念杭州之約至期到天竺寺其夜月明忽聞葛洪井畔有牧童歌竹

枝者秉牛和角，雙髻短衣，徐至寺前，乃觀也。李趨拜曰：觀公健否？曰：李公真信士，我與君殊途，慎勿相近。君俗緣未盡，但且勤修不墮，即遂相見。李無由序語，望之漭然。觀又歌竹枝，前去詞切調高，不知所終。

智習

釋智習（扶什切），不知何許人也。少而英偉，長勤梵學，遂負箱帙，徧歷名山。至衡岳寺，憩息月餘，常於寺閑齋，獨自尋繹疏義，復自咎責曰：所解義理，莫違聖意乎？沉思兀然，偶舉首見一老僧振錫而入，曰：師讀何經論，窮何義理？習疑其異，乃自述本緣，因加悔責。又曰：倘蒙賢達指南，請受甘心，鈐口結舌，不復開演矣。老僧笑曰：師識至廣，豈不知此義？大聖猶不能度無緣之人，況其初心乎。師只是與衆生無緣耳。習曰：豈終世若此乎？老僧曰：吾試為爾結緣。遂問習，今有幾貲糧耶？習曰：自南徂北，裂裳裹足，已經萬里，所齎皆罄竭矣，見受持九條衣而已。老僧曰：只此可矣，必宜鬻之，以所易之直，皆作糜餅油食之物。習如言作之，約數十人食，遂相與至坰野之中，散撥餅餌，焚香長跪，呪曰：今日食我施者，願當來之世與我為法屬，我當教之得至菩提。言訖，烏鳥亂下啄拾，地上螻蟻蠅蠁莫徵其數。老僧曰：爾後二十年，方可歸開法席，今且周遊，未宜講說也。言訖而去。習由是精進不倦，研摩義味滋多，志在傳授。至二十年，却歸河北，盛化鄴中，聽衆盈千數人，皆年二十餘，其老者無二三人焉。

素公

長安興善寺素和尚院，庭有青桐四株，皆素之手植。唐元和中，卿相多遊此院。桐至夏有汗，汙人衣如輮（音晝）脂，不可浣。昵國鄭相嘗與丞郎數人避暑，惡其汗汙，謂素曰：弟子為和尚伐此樹，各植一松也。及暮，素戲祝樹曰：我種汝二十餘年，汝以汗為人所惡，來歲若復有汗，我必薪之。自是無汗矣。素公不出院，轉法華經三萬七千部，夜常有狢子聽經，齋時有烏鵲就掌取食。長慶初，有僧玄幽題此院詩云：三萬蓮經三十春，半生不蹋院門塵。當時以為佳句也。

弘道

釋弘道，不知何許人，居於千福寺。人言其晝閉關以寐，夕則視事於陰府。十祈叩者，八九拒之。時河中少尹鄭復禮，始應進士舉，十上不第，方蹇蹭憤惋，乃擇日齋沐，候謁為道，頗溫容之，且曰：某未嘗妄洩於人，今茂才抱積薪之歎，且久不能忍耳，勉旃進取，終成美名。然其事頗異，不可言也。鄭拜請其期，道曰：唯君期須四事相就，然後遂志。四缺其一，則復負冤，如是者骨肉相繼。三牓三牓之前，猶梯天之難；三牓之後，則反掌之易也。鄭愕視，不可喻，則又拜請四事之目。道持疑良久，則曰：慎勿言於人。君之成名，其事有四，亦可以為異矣。其一須國家改元之第二年，其二須是禮部侍郎再知貢舉，其三須是第二人姓張，其四同年須有鄭八郎。四者闕一，則功虧一簣矣。如是者賢弟姪三牓率須依此。鄭雖大疑其說，然黯黯不樂，以為無復望也。敬謝而退。長慶二年，人有道其名姓於主文者，鄭以且非再知貢舉意甚疑之。舉不中第。直至敗元寶曆二年。新昌楊公再司文柄。乃私喜其事。未敢淺言。來春果登第。第二人姓張名知實。同年郭八郎名言楊。鄭奇歎且久。因紀於小書之抄。私自謂曰。道言三牓率須如此。一之已異。其可至于再乎。至于三乎。次至故尚書右丞諱憲應舉。大和二年。頗有籍甚之譽。以主文非再知舉。試日果有期周之恤。爾後應大和九舉。敗於垂成。直至敗元開成二年。高鍇(切口駭)再司文柄。右轄私異其事。明年果登上第。第二人姓張名棠。同年郭八郎名植。因又附於小書之末。三牓雖欠其一。兩牓且無小差。閨門之內。私相謂曰。豈其然乎。時僧弘道已不知所往矣。次年故附馬都尉顥應舉。時譽轄洽。至敗元會昌之二年。禮部柳侍郎璟再司文柄。都尉以狀頭及第。第二人姓張名潛。同年郭八郎名京。弘道所說無差焉。

清公

釋清。公居巳山之陽。不知何許人。常嘿其詞。忽復一言。未嘗不中。西川節帥段文昌父鍔為支江宰。後任江陵亂。文昌少好屬文。長自渚宮因於塵土。客遊成都。謁韋南康皋。皋與奏釋褐。道不甚行。每以事籍自負。與遊皆高明之士。遂去南康之府。金吾將軍裴邠之鎮梁川。辟為從事。轉假廷評。裴公府罷。公自府遊謁清公之異。徑請清公求宿願。知前去之事。自夕達旦。曾無一詞。忽問曰。中間檢威旌旆而至者誰。公曰。豈非高崇文乎。對曰。非也。更言之。公曰。代崇文者武黃門也。清曰。十九郎不日即為此人。更威更威。公尋從之。使曰。害風妄語。阿師不知。因大笑而已。由是頗亦自負。戶部員外韋處厚出任開州刺史。段公時任都官員外判鹽鐵案。公送出都門。處厚素深於釋氏。洎到鵲鳴。先訪之。清喜而迎處厚。處厚因問遠期。曰。一年半歲。一年半歲。又問終止何官。對曰。宰相須江邊得。又問終止何處。僧遂不答。又問段十九郎何如。答曰。已說矣。近也近也。及處厚之歸朝。正三歲。重言一年半歲之驗。長慶初。段公自相位節制西川。果符清公之言。處厚唯不諳江邊得宰相。廣求智者解焉。或有旁徵義者。請處厚必除浙西夏口。從是而入拜。及文宗皇帝踐祚。自江郎首命處厚為相。至是方驗。與鄭平公同發使修清公塔。因刻石紀其事焉。又趙宗儒節制興元日。問其移動。遂命紙作兩句詩云。梨花初發杏花初。甸邑南來慶有餘。宗儒遽考之。清公但云害風。阿師取次語。明年二月除檢校右僕射。鄭餘慶代其位。

惟瑛

僧惟瑛。未詳何許人。善聲色。兼知術數。士人陸賓虞舉進士在京。與之往來。惟瑛每言小事。無不必驗。至寶曆二年春。賓虞欲罷舉歸吳。告惟瑛以行計。瑛留止一宿。明旦謂賓虞曰。君來歲成名。不必歸矣。但取京兆薦送。必在高等。賓虞曰。某曾三就京兆。未始得事。今歲之事。尤覺甚難。瑛曰。不然。君之成名。必以京兆薦送。他處不可也。至七月六日。若食水族。則殊等與及第必矣。賓虞乃書於晉昌里之牖。日省之。數月後因於靖恭北門候一郎官。適遇朝客。遂迴憩於從孫聞禮之舍。既入聞禮喜迎曰向有人惠雙鯉魚方欲候翁而烹之賓虞素嗜魚但令作羹至者輙盡後日因視牖間所書字則七月六日也遂命駕詣惟瑛且紿之曰將遊蒲關故以訪别瑛笑曰水族已食矣遊蒲關何爲賓虞深信之因取薦京兆府果得殊等明年入省試畢又訪惟瑛瑛曰君已登第名籍不甚高當在十五人之外狀元姓李名合曳脚時有廣文生朱俅者時議當及第監司所送名未登科賓虞因問其非姓朱乎瑛曰三十三人無姓朱者時正月二十四日賓虞言於從符符與石賀書辟後月餘放牓狀頭李郃賓虞名在十六即三十人也惟瑛又謂賓虞曰君成名後當食祿於吳越之分有一事甚速疾賓虞後從事於越半年而暴終

文奐

釋文奐不知何許人早解塵纓扶開愛綱從師問道夭然不睡困憊之極亦惟趺坐後獨棲丘壠間霖雨浹旬旁無僮侍有一蛇入奐手中蟠屈時有人召齋彼怪至時不赴主重來請見蛇驚懼失聲蛇乃徐徐而下固命往食奐辭過中不食翌日有狼呼張其口奮躍欲噬咋之狀者三奐閔其饑復自念曰纖毫無悋施汝一飡願疾成堅固之身汝受吾施同歸善會斯須狼乃弭耳而退及其卒日空中鐘磬交響邐久方息

鑑空

釋鑑空俗姓齊氏吳郡人也少小苦貧雖勤於學而寡記持壯歲常困遊吳楚間已四五年矣元和初值錢唐荒儉乃議求餐于天竺寺至孤山寺西餒甚不前因臨流雪涕悲吟數聲俄有梵僧臨流而坐顧空笑曰法師秀才旅遊滋味足未空曰旅遊滋味則已足矣法師之呼一何乖謬梵僧曰子不憶講法華經於同德寺乎空曰生身已四十五歲矣盤桓吳楚間未嘗涉京口又何洛中之說僧曰子應爲飢火所燒不暇記憶故事遂探囊出一棗大如拳許曰此吾國所產食之者上智知過去未來事下智止於知前生事耳空飢極食棗掬泉飲之忽欠伸枕石而寢頃刻乃悟憶講經於同德寺如昨日焉因增涕泣問僧曰震和尚安在曰專精未至再爲蜀僧矣今則斷攀緣也神上人安在曰前願未滿悟法師焉在曰豈不記香山石像前戲發大願乎若不證無上菩提必願爲赳赳貴臣昨聞已得大將軍矣當時雲水五人惟吾得解脫獨汝爲凍餒之士也空泣曰某四十許年日唯一餐三十餘年擁一褐浮俗之事決斷根源倚期福不完乎坐於飢凍僧曰由師子座上廣說異端使學空之人心生疑惑戒珠曾缺羶氣微存聲渾響清終不可致質傴影曲報應宜然空曰爲之柰何僧曰今日之事吾無計矣他生之事警於吾子焉乃探鉢囊取一鑑背面皆瑩徹謂空曰要知貴賤之分修短之期佛法興替吾道盛衰宜一鑒焉空照久之謝曰報應之事榮枯之理雖知之矣僧收鑑入囊遂挈而去行十餘步旋失所在空是夕投靈隱寺出家受具足戒後周遊名山愈高苦節大和元年詣洛陽於龍門天竺寺過河東柳珵尚珵覩其由珵聞空之說書

皆不富且甚奇之空曰我生世七十有七僧臘三十二持鉢乞食尚九年在世者捨世之日佛法其衰乎理詰之嘿然無答乃索理筆硯題數行於經藏北垣而去曰與一沙表恒河沙兔而罝犬而拏牛虎相交與角者無權終不賊其華。

無著

無著文喜禪師入五臺山求見文殊忽見山翁着揖曰願見文殊大士翁曰大士未可見汝飯未著曰未翁引入一寺引著升堂命坐童子進玳瑁杯貯物如酥酪著飲之覺心神清朗翁曰南方佛法如何住持著曰末代比丘少奉戒律曰多少衆曰或三百或五百著問此間佛法如何住持曰龍蛇混雜凡聖同居曰衆幾何曰前三三後三三遂談論及暮翁命童子引著出行未遠悵然悟翁即文殊也不可再見稽首童子乞一言爲別童子有無垢無染即真常之語言訖童子與寺俱隱但見五色雲中文殊乘金毛獅子往來白雲忽覆之不見。

知玄

悟達國師知玄與一僧邂逅京師時僧患迦摩羅疾人莫知其異也皆厭惡之知玄視候無倦色後別僧謂知玄曰子後有難可往西蜀彭州茶隴山相尋有二松爲誌後知玄居安國寺懿宗親臨法席賜沉香爲座恩渥甚厚忽膝生人面瘡眉目口齒俱備每以飲食餧之則開口吞啖與人無異求醫莫效因憶舊言乃入山相尋見二松於烟雲間信所約不誣即趨其處佛寺煥儼僧立於山門顧接甚歡天晚止宿知玄以所苦告之曰無傷也山有泉旦濯之即愈黎明童子引至泉所方掬水間瘡忽人語曰未可洗公曾讀西漢書不曰曾讀既曾讀之寧不知袁盎殺晁錯乎公即袁盎吾晁錯也錯腰斬東市其冤何如哉累世求報於公而公十世爲僧戒律精嚴報不得其便今汝受賜過奢名利心起故能害之蒙迦諾迦尊者洗我以三昧法水自此不復爲冤矣時知玄魂不住體急掬水洗之其痛徹髓絕而復蘇其瘡亦旋愈回顧寺宇茶不復見肉阜巷其處遂成大寺知玄感其異思積世之冤非遇聖賢何由得釋因述懺法三卷蓋取三昧水洗冤業之義名曰水懺云

神僧傳卷第八

神僧傳卷第八

校勘記

一　底本，明永樂北藏本。

一　四四二頁上一四行末字「二」，[清]作「一」。

一　四四二頁中六行第二字「往」，[徑]作「住」。

一　四四三頁上五行第八字「項」，[徑]、[清]作「頂」。

一　四四三頁下末行末字「是」，[清]作「最」。

一　四四六頁中一一行第一〇字「舁」，[清]作「昇」。

一　四四七頁中一四行「汙汙」，[清]作「汗汙」。

一　四四九頁中三行第一五字「日」，[徑]、[清]作「曰」。

神僧傳卷第九　　城十

金剛仙

僧金剛仙者西域人也居于清遠峽山寺能梵音彈舌搖錫而呪物物無不應善囚拘鬼魅束縛蛟螭動錫杖一聲召雷立震是日峽山寺有李朴者持斧翦巨木剖而爲舟忽登山見一盤石上有穴覩一大蜘蛛足廣丈餘四蛇蟠卉窒其穴而去俄聞林木有聲暴猛吼駭工人懼而緣木伺之果覩岐首之虺長可數十丈屈曲蹙怒環其蛛穴東西其首俄而躍西之首吸穴之卉圍而飛出穎脫俱盡後迴東之首夭劃其目大呀其口吸其蜘蛛蜘蛛馳出以足擒穴之口翹屈其毒丹然若火燄虺之咽喉去虺之目虺懵然而復蘇舉首又吸之蛛不見更毒虺虺遂倒於石而殞蛛躍出緣虺之腹咀內齧折二頭俱出緣而囊之躍入穴去朴詣之返峽山寺語金剛仙仙乃析朴驗穴振環杖而呪之蛛即出於僧前儼若神聽及引錫觸之蛛乃殂於穴側耳及夜僧夢見老人捧匹帛而前曰我即蛛也役能織耳禮僧曰願爲福田之衣語畢遂亡僧及覺布已在側其於精妙奇巧非世蘭絲之所能製也僧乃製而爲衣塵垢不觸後數年僧欲往番禺泛舶歸天竺乃於峽山金鎖潭畔搖錫大呼而呪水俄而水闢見底矣以渠瓶張之有一泥鰍魚可長三寸許躍入瓶中語衆僧曰此龍矣吾將至海門以藥煮爲膏塗足則渡海若履坦途是夜有白衣叟挈轉關榼詣寺家人傳經曰知金剛仙好酒此榼一邊美醞一邊毒醪其榼即晉惠帝曾用酖牛將軍者也今有黃金百兩奉公爲持此酒毒其僧也是僧無何取吾子欲爲膏恨伊之深痛貫骨髓但無計而柰何傳經喜受金與酒得轉關之法詣金剛仙仙持盃向口次忽有數歲小兒躍出就手覆之曰酒是龍所將來而毒師耳僧大駭詰傳經傳經遂不敢隱僧乃問小兒曰爾何人而相救兒曰我昔日之蛛也今已離其惡業而託生爲人七稔矣吾之魂稍靈於常人知師有難故飛魂奉救言訖而沒衆僧聆之共禮金剛仙求捨其龍子僧不得已而縱之後仙果泛舶歸天竺矣

懷信

釋懷信者居處廣陵別無奇蹟會昌三年癸亥歲武宗爲趙歸眞排毀釋門將欲湮滅教法有淮南詞客劉隱之薄遊四明旅泊之宵夢中如泛海焉回顧見塔一所東麿是淮南西靈寺塔其塔峻峙校胡太后永寧塔少分耳塔第三層見信凭闌與隱之交談且曰暫送塔過東海旬日而還數日隱之歸揚州即往謁信信曰記得海上相見時否隱之了然省悟後數日天火焚塔俱盡白雨傾澍傍有草堂一無所損由是觀之東海人見永寧塔不謬矣

智廣

釋智廣姓崔氏不知何許人也德犯素完道根惟固化行洪雅特顯奇蹤凡百病者造之則以片竹爲杖指其痛端或一撲之無不立愈有癃者則起跛者則奔其後益加神驗或遇病者一捫一叱皆起或令燒紙緡撥散飲

食或遇甚痛惱者拔紙蘸水貼之亦差嘗備江瀆池呪食飼魚經夜其魚二尺已上億萬許皆浮水面而殞聊躍流水救十千魚生忉利天也自咸通初至九座山忽逢巨蟒欲來吞師師錫自飛撑拄其口師入其口趺坐入定神來謝罪師不顧之遂出定蟒化爲石矣繼而雷雨大作湧沙成地山神移山入雒蓬勝以乾符三年示寂

從諫

釋從諫姓張氏南陽人從居廣陵爲土著姓身長八尺眉目魁奇越壯室之年忽頓悟真理遂舍妻子從披削焉於是研精禪觀心境明白不逾十載耆年宿德皆所推服焉及來洛師遂止敬愛寺既年德並成緇黃所宗每赴供皆與賓頭盧尊者對食其爲人天欽奉若此唐武宗嗣曆改元會昌愛馭鳳驂鶴之儀薄點黑降龍之教乃下郡國毀廟塔令沙門復初諫公乃烏帽麻衣潛于皇甫枚之溫泉別業後岡上喬木駢鬱巨石砥平諫公夏日常於中入寂或補毳事忽一日顏雲駛雨霆擊石傍諸兄走往林中諫公怙然跏坐若無所聞者諸兄致問徐曰惡畜生而已至大中初宣宗復興內教諫公歸東都故居其子自廣陵來覲適與諫遇于院門威貌崇嚴不復可識乃拜而問從諫所居諫公指曰近東頭其子既去遂閣門不出其割裂愛網又如此咸通丙戌歲夏五月忽徧詣所熟信家皆謂曰善建福業貧道秋初當遠行故相別耳至秋七月朔清旦盥手焚香念慈氏如來遂右脇而臥呼門人玄章等誡曰人生難得惡道易淪唯有歸命釋尊勵精梵行龍華會上當復相逢生也有涯與爾少別是日無疾奄化行年八十餘矣玄章等奉遺旨送屍于建春門外尸陀林中施諸鳥獸三日復視之肌貌如生無物敢近遂覆以餅餌經宿有狼狐跡唯啗餅餌而豐膚宛然乃依天竺法闍維訖收餘燼起白塔于道傍春秋奉香火之薦焉

普聞

釋普聞唐僖宗第三子生而吉祥眉目風骨清真如畫性不茹葷僖宗鍾愛之然以其無經世意首計陶寫之終不可回中和元年天下亂僖宗幸蜀親王宗室皆逃亡聞斷髮逸遊謁石霜諸諸與語歎異曰汝乘願力而來乃生王家脫身從我火中蓮也聞夜入室問祖師別傳事諸曰待按山點頭即向汝道聞因契悟依止數歲乃請徧遊名山諸曰逢乾即止遇陳便住於是遠遊過昭武抵大乾遙望山巔蔚然深秀問父老曰彼有居者否老曰有一陳嗣者久隱其中因悟師言即撥草至山陳嗣一見乃分坐同住因乞菜種於嗣顧求斗斛嗣曰豈有斗斛與之一合遂入山墾種後谷口之人相謂曰前日僧入山經今不出必爲虎所啗往視之見茅廬一所行者數人指呼百諾而重岡複嶺菜已青矣蓋畊種菜者乃山神所投行者乃虎也陳嗣覺師之勝乃曰吾居此每苦惡獸毒蟲之多公來皆屏跡道德非吾所及吾檀之緣其屬公乎既而道德播聞緇徒雲集遂成巨剎忽有老人跪請曰我乃龍也家于此山以行雨不職

上天有罰當死願賜救護師曰汝得罪上帝我何能致力雖然汝可易形來俄化為小蛇師以錫杖引入淨瓶良久風雷挾坐榻山嶽搖振師宴坐達旦天宇澄霽蛇自瓶出有頃復為老人形而謝曰若非藉師法力則血肉腥穢此地矣無以報德山中無水何以安衆當以水延師道場也即於峻谷窮源剳石成穴湧泉一泓始雖涓涓終焉衍溢遂成一湖今在半山龍湖之名蓋始於此冱寒不冰大旱不竭其流四出灌溉田數百頃邦人神之建祠其上歲時享祀焉令遇上元乃師誕辰龍必朝謝有祥雲瑞氣之應院之右十五里有隋義寧歐陽太守之廟即今福善王也廟食至是歷二百七十餘載其神極靈禍福比邦民敬畏之牲牢享祭無虛日師見而閔焉一日杖策之祠下說偈見意復與之約曰能食素持不殺戒乃可為鄰是夕里之父老夢神云我今受禪師戒不復血食祭我當如比丘飯足矣如是易血食以齋羞至今遵之神人相安神顯靈異護持此山或云師嘗與神以道力角勝負廟傍有松巨幹參天師舉手拗下拂地三帀而神實拂其二遂屈而從之一日集徒曰吾將他適院事付聰教二門人乃說偈曰我逃世難來出家宗師指示箇歇處住山聚衆三十年對人不欲輕分付今日分明說以君我飲目時齋聽取寺衆凄然堅請且為佛法住世師曰汝等豈不知達磨隻履西歸普化全身脫去之旨耶何以去來生滅視吾也既而跨虎凌晨抵信州應供到彼僧方集供罷就長者更覓一分與行者長者謂師獨行不諾所請遂覓水一盂噀杖為虎高馭而去至開元寺而龍湖寺僧至彼追之乃祝之曰吾不復歸山中已有聰禪師矣故龍湖無開山祖師之塔惟有跨虎菴基為古今之證又有禪師照水自寫真像至今存焉敕謚圓覺禪師凡有所禱其應如響而院前有師所坐之杉至今間生異花

懷濬

釋懷濬者不知何許人也憨而且狂乃逆知未來之事其應如神乾寧中無何至巴東且能草書筆法天然或於寺觀店肆壁書佛經道法以至歌詩鄙俚之詞靡不集其筆端糸與之語阿唯而已里人以神聖待之刺史于公患其惑衆繫獄詰之乃以詩通狀辭意在閩川之西東然章句靡麗州將異而釋之又詳其旨疑在海中疑為杯渡之流行旅經過必維舟而謁辨其上下峽之吉凶貿易經求物之利鈍客子懇祈惟書三五行終不明言事後多驗時荊南大校周崇賓謁之書遺曰付皇都勘爾後入貢因王師南討遂繫南府終就戮也押牙孫道能謁之書字付竹林寺其年物故營葬於古竹林寺基也皇甫鉉知州乃畫一人荷校一女子在傍哥為娶民家女遭訟錮身入府矣有穆昭嗣者波斯種也幼好藥術隨父謁之乃畫道士乘雲提一匏壺書云指揮使高某牒衙推穆生後以醫術有效南平王高從誨令其去道從儒簡攝府衙推屬王師伐荊州濬乃為詩上南平王曰馬頭漸入揚州路親眷應須洗眼看是年高氏輸誠於淮海遂解重圍其他異迹多此類

也嘗一日題庭前芭蕉葉云今日還債業州縣無更勘窮往來多見殊不介意忽爲人所害身首異處刺史爲其荼毗焉

辛七師

辛七師陝人辛其姓也始爲兒時甚謹爾未嘗以狎弄爲事其父母俱異而憐之十歲好浮圖氏法日閱佛書自能辨梵音不由師教其後父爲陝郡守先是郡南有瓦窰七所及父卒辛七哀毀甚一日發狂遁去其家僮蹟其所往至郡南見辛七在一瓦窰中端坐身有奇光璨然若鍊金色家僮驚異次至一窰又見一辛七在焉歷是七窰俱有一辛七在中繇是陝人呼爲辛七師

簡師

雲居道簡禪師久入先雲居之室爲堂中第一座屬先雲居將順寂主事請問誰堪繼嗣居曰堂中簡主事意謂令揀擇可當者發曰第二座可然且備禮請第一座若謙讓即堅請第二座師既密承授記略不辭免即自持道具入方丈攝衆演法主事等不愜素志罔循規式師察其情乃潛棄去其夜安樂樹神號泣詰旦主事大衆奔至麥莊悔過哀痛請歸院衆聞空中連聲唱曰和尚來也

契此

釋契此者不詳氏族或云四明人形裁腲（乃罪切）脮（烏罪切）蹙額皤腹言語無恒寢卧隨處常以杖荷布囊入鄽市肆見物則乞至於醯醬魚葅纔接入口分少許入囊號爲長汀子布袋師也嘗於雪中卧而身上無雪人以此奇之又嘗就人乞啜其店則物售袋囊中皆百一供身具也示人吉凶必現相表兆亢陽即曳高齒木屐市橋上竪膝而眠水潦則係濕草屨人以此驗知以天復中終于奉川鄉邑人共埋之後有他州見此僧亦荷布袋行江浙之間多畫其像焉

阿足師

阿足師者莫知其所來形質癡濁神情不慧時有所言靡不先覺居雖無定多寓閿鄉憧憧往來爭路禮謁山岳檀施曾不顧贍人或憂或疾獲其指南者其驗神速時陝州有富室張臻者財積鉅萬止有一男年可十七生而愚騃既攣手足既懵言語惟嗜飲食口如溪壑父母鍾愛盡力事之迎醫求藥不遠千里十數年後家業殆盡或有謂曰阿足賢聖見世諸佛何不投告希其痊除臻與其妻來抵閿鄉叩頭拉淚求其拯濟阿足久之謂臻曰汝冤未散尚須十年愍汝勤虔爲汝除去即令選日於河上致齋廣召衆多同觀度脫仍令齎致其男亦赴道場時衆謂神通而觀者如堵跂竦之際阿足則指壯力者三四人扶掖其子投之河流臻洎舉會之人莫測其爲阿足顧謂臻曰爲汝除災矣久之其子忽於下流十數步外立于水面戟手謂其父母曰與爾冤仇宿世緣業賴逢聖者遂此解揮儻或不然未有畢日挺身高呼都不愚癡須臾沈水不知所適

惟靖

釋惟靖吳門人也年三十許入國寧寺巡僧房唱曰要人出家請留下至經藏院見二衆闍黎大德慧政使跪拜伸誠願容執侍政公

允納與翦飾於天台受具嘗侵星赴禪林寺晨粥而多虎豹隨到寺門虎踞地若伺候靖出復隨還明旦跡極多靖恐人知以鍬滅虎跡俄患背疽困睡有鵂鳥囊于瘡所非久全愈又虞氷雪備秔粒半斗每日以銚合菜煮食置秔於地窖中過期用來常滿不耗靖乃築之而云吾被此物知非理也卒時年七十餘

齊州僧

史論在齊州時出獵至一縣界懇蘭若中覺桃香異常訪其僧僧不及隱言近有人施二桃因從經案下取出獻論大如飯椀論時饑盡食之核大如鷄卵論因詰其所自僧笑曰向實謬言之此桃去此十餘里道路危險貧道偶行腳見之覺異因掇數枚論曰請去騎從與和尚偕往僧不得已導論北出荒榛中經五里許抵一水僧曰恐中丞不能渡此論志決往乃依僧解衣載之而浮登岸又經西北涉二水上山越澗數里至一處瀑泉怪石非人境也有桃數百株枝幹掃地高二三尺其香破鼻論與僧各食一蔕腹飽矣論解衣將盡力包之僧曰此或靈境不可多取貧道常聽長老說昔有人亦嘗至此懷五六枚迷不得出論亦疑僧非常取兩顆而返僧切戒論勿言論至州使招僧僧已逝矣

蜆子和尚

京兆蜆子和尚事迹頗異居無定所自印心於洞山混俗閩川不畜道具不循律儀冬夏一納逐日沿江岸採掇蝦蜆以充其腹暮即宿東山白馬廟紙錢中居民目為蜆子和尚華嚴靜禪師聞之欲決真假先潛入紙錢中深夜師歸嚴把住曰如何是祖師西來意師遽答曰神前酒臺盤嚴放手曰不虛與我同根生嚴後赴莊宗詔入長安師已先至每日歌唱自拍或乃佯狂泥雪去來俱無蹤跡厥後不知所終

扣冰古佛

扣冰澡光古佛初參雪峯峯曰子異日必為王者師後自鵝湖歸溫嶺結菴繼居將軍巖二虎侍側神人獻地為瑞巖院學者爭集嘗謂衆曰古聖修行須憑苦節吾今夏則衣楮冬則扣冰而浴故世人號為扣冰古佛後住靈曜天成三年應閩王之召延居內堂敬拜曰謝師遠降賜茶次師提起槖子曰大王會麼曰不會曰人王法王各自照了留十日以疾辭至十二月二日沐浴升堂告衆而逝王與道俗備香薪荼毗祥耀滿山收舍利塔於瑞巖正寢謚妙應法威慈濟禪師自是至今遠近祈禱靈異非一

全宰

釋全宰俗姓沈氏錢唐人也孩抱之間不喜葷血其母累覩善徵勸投徑山法濟大師削染及修禪觀亭亭高竦不雜風塵慕十二頭陀以飾其行諺曰宰道者焉從事諸方參請得石霜禪師印證密加保任入天台山闇巖以永其志也伊巖與寒山子所隱對峙皆魑魅木怪所叢萃其間宰之居也二十餘年懸鳥華音山精讓窟出入經行鬼神執役或掃其路或侍其傍或代汲泉或供菜果時時人見宰未嘗言後終於鎮國院

延壽

僧延壽字冲玄總角誦法華經五行俱下六旬而畢投四明翠巖禪師出家衣無繒纊食無重味復往參韶國師發明心要嘗謂曰汝與元師有緣他日當大作佛事惜吾不及見耳初住天台智者巖九旬習定有鳥斥鷃巢於衣裓(古得切)後於國清行法華懺夜見神人持戟而入師訶之曰何得擅入對曰久積善業方到此中夜半繞像見普賢前蓮花在手遂上智者巖作二鬮一曰一生禪定二曰誦經萬善莊嚴淨土乃冥心精禱得誦經萬善乃至七度於是一意專修淨業振錫金華天柱峯誦經三載禪觀中見觀音以甘露灌其口遂獲辯才初演法於雪竇建隆元年忠懿王請住靈隱二年遷永明日課一百八事未嘗暫廢學者參問指心為宗以悟為則日暮往別峯行道念佛旁人聞螺貝天樂之聲忠懿王嘆曰自古求西方者未有如此之專功也乃為立西方香嚴殿以成其志居永明十五年弟子一千七百人常與衆受菩薩戒夜施鬼食晝放生命皆悉回向莊嚴淨土時人號為慈氏下生開寶八年二月二十六日晨起焚香告衆加趺而化

全清

釋全清越人也得密藏禁呪之法能厭劾鬼神時有市儈王家之婦患邪氣言語狂倒或啼或笑如是數歲召清治之乃縛草人長尺餘衣以五綵置之於壇呪禁之良久婦言乞命遂誌之曰頃歲春日於禹祠前相附耳如師不見殺即放之遠去清乃取一錇(步後切)以鞭驅蒭靈入其中而呦呦有聲緘器口以六乙泥朱書符印之瘞于桑林之下戒家人勿動之婦人病差經五載後值劉漢宏與董昌隔江而相持越城陷人謂此為窖(音教)藏掘打錇破見一鴉鬪(音联)然飛出立於桑杪而作人語曰今得見日光矣時清公已卒也

自新

釋自新姓孫氏臨淄人也濯戒尋師曾無懈廢聞膺禪師化被鍾陵往參問焉從雲居長往迴錫隱廣德山中屬兩浙文穆王錢氏率吏士躬征苑陵入山寺群僧皆竄唯新晏如問曰何不避對曰東西俱是賊令老僧去何處逃避王驚其訐直迴戈遣歸見武肅王問之言無所屈加之高行造應瑞院居之假號曰廣現大師初新嘗入宣城山采藥穿洞深去始則闇昧尋見日分明行僅數里洞側有別竅溪水泛泛然隈一大松枝下有草菴一僧雪眉擁納坐禪旁有一磬火罏新擊磬邊開目驚曰嘻師何緣至此乃陳行止揖坐取石敲大煎茗香味可愛日將夕矣僧讓菴令新宿顧其僧上松巔大巢內闇念法華經聲甚清亮逡巡又咄罵云此群畜生毛類何苦生人恐怖速歸林薄不宜輒出叱去新窺之乃虎豹弭耳而去明日謂其僧曰願在此侍巾餅僧曰自此百日草枯四絕人煙非師棲息處又問莫飢否相引至溪畔有稻百餘穗收其穀手挪三掬黃粱挑野蔬和煮與食後遣迴去送至洞口曰相過非偶然也所食茶與藥廪師平生不乏食矣遂導路迴本院已月餘日命同好再往尋之失洞蹤跡後在浙

中充實塔寺主以天福中卒于住寺年八十餘今影在吟水灣前小院存焉

法本

釋法本不知何許人也循良守法行止庠序言多詭激天福中至襄州禪院與一僧同過夏朝昏共處心地相於法本嘗言曰貧道於相州西山中住持竹林寺寺前有一石柱他日有暇必請相訪其僧追念此言因往彼尋訪洎至山下村中投一蘭若寄宿問其村僧曰此去竹林寺近遠僧乃遥指孤峯之側曰彼處是也古老相傳昔聖賢所居之地今則但有名存耳故無院舍僧疑之詰朝而往既至竹叢叢中果有石柱罔然不知其涯涘當法本臨別云但扣其柱即見其人其僧乃以小枝擊柱數聲乃風雲四起咫尺莫窺俄然耳目豁開樓臺對聳(從耳)身在三門之下逡巡法本自內而出見之甚喜問南中舊事乃引其僧度重門升秘殿參其尊宿尊宿問其故法本云早年襄州同過夏期此相訪故及山門也尊宿曰可飯後請出在此無座位食畢法本送至三門相別既而天地昏暗不知所進頃之宛在竹林中石柱之側餘並莫覩即知聖賢之在世隱顯難既金粟如來獨能化現者乎

點點師

點點師者不知何許人也雖事削染恒若風狂有命齋食者酒肉不間每日將夕輙市黄白麻紙筆墨寘懷袖以歸所居之室雖有外戶且無四壁入後闔扉人不得造初隣僧小童躡足伺之見秉燭箕踞陳紙筆於前訶責大書莫曉其文字往往咄嗟如決斷處置久之從明闇間熟視之閃爍若有人森列狀如曹吏襦裳皆非世之服飾覩者怖懼而退詰其故怒而不荅居數歲卬筰(音昨)之人咸神異之後不知所終

行遵

釋行遵福州閩王王氏之仲子開運中狀貌若七十餘然壯力不衰或詢其年臘則必杜默於閩中寓光國禪院院徒以法律住持人不知遵之能否有李氏子家命齋飲噉之次欻起出門叫噪若有所責謂李曰今夜有火自東南至于西北街鄰居咸令備之是夕果然煨燼無遺衆問其故曰昨一婦女衣紅秉炬而過老僧恨追不及耳又於趙法曹家指桃樹下云有如許錢不言其數趙乃召人發之畚(音本)鍤方興適遇客至爲家童所取喧喧之際盡化爲青泥或經行人塚墓知其家吉凶至於風角鳥獸聞見之間預言災福後必合契故州閭遠近咸以預言用爲口實終于晉安王山緇徒爲荼毗焉

僧緘

釋僧緘俗姓王氏京兆人恒居于淨衆寺髭髮皓白而面色紅潤逍遥然人莫測其情僞有華陽進士王處厚者於僞蜀落第入寺寓憂於松竹間見緘緘曰得非王處厚乎處厚驚曰未嘗相狎何遽呼耶緘曰偶然耳處厚心知其異咨曰和尚其身跡奚若緘曰子將來之事極於明年而今而後事可知矣意言蜀將亡也蜀令勿淺一日緘於案頭拈文卷覽之則處厚府試賦藁曰涔乎真僞非君獨

下之文何多誑乎遂探懷袖賦藁示之此豈非程試之真本乎處厚驚歎不已乃曰僕後偶加潤色用補燭下倉卒之過也師何從得是本乎絨曰非但一賦君平生所作之者皆貯之矣明日訪之勢處厚入寺謁太尉幽公扗琮之祠坐於西廡下俄有數吏服色庬雜自堂宇間綴行而出降階再拜絨曰新官在此便可庭參處厚惶懼而作絨曰此輩將為君之驅策又何懼乎寧知泰山舉君為司命否仍以夙負壯圖未酬前志請俟登第後施行復撿官禄簿見來春一榜人數已定君亦預其間斯乃陰注陽受也策入世之名食幽府之禄此陽注陰受也處厚震駭不知所裁但問明年及第姓名絨索紙筆立書一短封與之誡之嚴密藏之脫洩禍不旋踵至春試罷絨來處厚家留一簡云暫還弊廬無復再面也後往寺覔之已他適矣乃拆短封視之但書四句云周成同成二王殊名王居一焉百日為程及榜出有八士也二王處厚與王居一焉惡其百日為程處厚唯狎慎言也王居一焉同年置酒高會極遂性之樂由是荒亂不起是夜暴亡同年皆夢處厚藍袍槐笏驅殿而行驗其策名之榮止一百二十日詳其絨之年生於文宗太和初成名在宣宗大中王處厚遇之已一百三十餘歲矣。

智暉

釋智暉咸秦人姓高氏童稚時至精舍輙留止如家圭峯溫禪師見而異之為剃髮年二十受滿足戒師事高安白水本仁禪師十年而還洛京愛中灘佳山水剏屋以居號溫室院日以施水給藥為事人莫能淺深之梁開平五年忽欲造圭峯山行脩然深往坐盤石間如常寢處顧見磨納數珠銅瓶櫻笠藏石壁間觸之即壞斂目良久曰此吾前身道具也因就其處建寺以酬夙心方薙草有祥雲出衆峯間遂名曰重雲虎豹引去有龍湫險惡不可犯暉督役夷塞之以為路龍以移他處但見雲雷隨之後唐明宗聞而佳之賜額曰長興住持四十餘年節度使王彥超微時嘗從暉遊欲為沙門暉熟視曰汝世緣深當為我家垣墻彥超後果鎮永興申弟子之禮周顯德三年夏詣永興與彥超別囑以護法彥超泣曰公遂忍棄弟子乎暉笑曰借千年亦一別耳七月二十四日書偈一首乃加趺而化閱世八十有四坐六十有四夏初暉居中灘有病比丘為衆惡棄之比丘哀曰我以宿業白癩師能為我洗摩暉為之無難色俄有神光異香方訝之忽失所在歸視瘡痂亦皆異香也。

谷泉

釋谷泉未詳其姓氏泉南人也少聰敏性耐垢汙大言不遜流俗憎之去為沙門撥置戒律任心而行造汾陽謁昭禪師昭奇之密受記莂南歸放浪湘中聞慈明住道吾往省覲慈明問曰白雲橫谷口道人何處來泉左右顧曰夜來何處火燒出古人墳慈明呵曰未在更道看泉乃作虎聲慈明以坐具摵之泉接住推置繩床上慈明亦作虎聲泉大笑山有湫毒龍所蟄墮葉觸波必雷雨連日過者不敢喘泉慈明暮歸時秋暑捉其衣曰可同

浴慈明掣肘徑去於是泉解衣躍入霹靂隨至腥風吹雨林木振搖慈明蹲草中意泉死矣須臾晴霽忽引頸出波間曰囮(音偈)後登衡嶽之頂靈峯寺住懶瓚嵒又移住芭蕉將移居保真大書壁曰余此芭蕉菴幽占堆雲處般般異境未暇數先看矮松三四樹寒來燒枯杉飢餐大紫芋而今棄之去不知誰來住保真菴蓋衡湘至險絕處夜地坐祝融峯下有大蟒盤繞之泉解衣帶縛其腰中夜不見明日杖策徧山尋之衣帶纏枯松上蓋松妖也又自後洞負一石像至南臺像無慮數百斤衆僧驚駭莫知其來後洞僧亦莫知其去遂相傳爲飛來羅漢嘗過衡山縣見屠者斫肉立其旁作可憐態指其肉又指其口屠問曰汝啞耶即肯首屠憐之割巨臠置盆中泉喜出望外發謝而去一市大笑而泉自若化於嘉祐十五年六月六日閱世九十有二坐六十四夏郴人塔之至今祠焉

鑛師

鑛師者海壇戍卒之子自七八歲不喜魚肉甘嗜野蔬毋見家廚烹燀(闡音)毛鱗則手擲沙灰投于爨鑊責其不食自言開元寺塔隋朝中我造也多說未萌事後皆契合使請出家因披法服頂有香氣如爇沉檀時號爲聖僧侍御史皇甫政請入府署因作肉鎚子百數惟一是素者盤器交雜悉陳于前意驗之凡聖耳鑛臨筵徑拈素者啖之餘者手拂而作皇甫部曲一皆驚嘆自言壽止十三當定歸滅至是果終

志言

僧志言自言姓許壽春人落髮東京景德寺七俱胝院事清璲璲見其相貌奇古直視不瞬心異之爲授具戒然動止軒昂語笑無度多行市里褰裳疾趨舉指畫空佇立良久時從屠酤遊飲啗無所擇衆以爲狂璲獨曰此異人也人有欲爲齋施輒先知以至温州人林仲芳自其家以摩納來獻舟始及岸遽來取去仁宗每延入禁中徑登座加趺飯畢遽出未嘗揖也或陰卜休咎書紙揮翰甚疾初不可曉其後多驗仁宗春秋漸高嗣位未立默遣内侍至言所言所書有十一郎字人莫測何謂後英宗以濮王第十一子入繼衆始悟普淨院施浴夜漏初盡門扉未啓方迎佛而浴室有人聲往視則言在焉有具齋薦鱠者并食之臨流而吐化爲小鮮群泳而去海客遇風且沒見僧操絙引舶而濟客至都下遇言忽謂之曰非我汝奈何客記其貌真引舟者也將死作頌不可曉已而曰我從古始成就逃多國土今南國矣仁宗遣内侍以真身塑像置寺中榜曰顯化禪師其後善者禮之見額瑩然有光就視之得舍利

宗本

釋圓照諱宗本出於管氏常州無錫人也性質直少緣飾貌豐碩言無枝葉年十九師事蘇州承天永安道昇禪師其住瑞光民有屠牛者牛逸赴本跪若自訴遂買而畜之其住淨慈歲大旱湖井皆竭寺之西隅有甘泉自湧得金鰻魚因浚爲井投魚其間寺衆千餘人汲以不竭民張氏有女子死夢其母曰我以罪爲蛇既覺得蛇於棺下持以詣本乃爲

說法復置故處俄有黑蟬翔棺上而忽失所在母祝曰若我女當入龍中當持汝再詣淨慈如其祝本復爲說法是夕夢女曰二報已解脫矣其顯化異數如此元符二年十二月甲子將入滅沐浴而臥門弟子環擁請曰和尚道徧天下今日不可無偈幸强起安坐索筆大書五字曰後事付守榮擲筆憨臥若熟睡然撼之已去矣門弟子塔師全身於靈岩寺閱世八十坐五十二夏

悟新

釋悟新姓王氏韶州曲江人也魁岸黑面如梵僧壯依佛陁院落髮以氣節蓋衆好面折人初住雲岩已而遷翠岩舊有淫祠鄉人禳禬酒胾汪穢無虛日新誡知事毁之知事辭以不敢掇禍新怒曰使能作禍吾自當之乃躬自毁拆俄有巨蟒蟠臥内引首作吞噬之狀新叱之而遁安寢無他未幾再領雲岩建經藏太史黄公庭堅爲作記有以其親墓誌鑱於碑陰者新恚怒曰陵侮不避禍若是語未卒雷光翻屋雷擊自戶入析其碑陰中分之視之已成灰燼而藏記安然無損晩還住黄龍學者雲委屬疾退居晦堂政和五年十二月十五日泊然而逝訃聞諸方衲子爲之嗚咽流涕茶毗得舍利五色閱世七十二坐四十五夏塔于晦堂之後

淨梵

僧淨梵嘉禾人姓笪氏母夢光明滿室見神人似佛因而懷娠生甫十歲依勝果寺出家祝髮從湛謙二法師學教得其傳初住無量壽院凡講法華經十餘過大觀中結二十七僧修法華懺每期方便正修二十八日連作三會精恪上通感普賢受羯摩法呼淨梵比丘名聲如撞鍾時長洲縣宰王公度親目其事題石爲記又嘗夢黄衣人請入冥見三者令檢簿云淨梵比丘累經劫數講法華經即遣使送歸一日禪觀中合衆皆見金甲神人胡跪師前又在他處懺期蒙韋馱天點檢大衆中有戒不嚴淨者先以預定後果懺法不全時姑蘇守應公有婢爲祟所惱請師授戒其妖即滅葛氏請施戒爲夫見夫繞師三帀而去待制賈公見師道行即補爲管内法主師住持十餘年亡後焚軀有舍利五色

道隆

婺州僧道隆雲遊諸方寓江州能仁寺所爲不常但呼爲風和尚紹興元年行化抵瑞昌投宿天花寺夜有男子垂泣言弟子不幸在生前廣造惡業現墮牛身一尾生於頭上形模醜異願師慈悲爲我懺悔令脫此苦明日至若山湯氏家一門男女悉出作禮啓告曰前日牛產犢甚怪尾出頭上恐於寒家生災願和尚暢此因緣以洗宿咎須臾驅牛前來掉頭搖尾若乞憐狀隆咄曰汝昔者作業甚日難逃雖受此形本性何異豈不聞溈山和尚示衆言中有響句裏藏機汝若於斯會得便見靈光動耀照徹十方佛與衆生本同一體其或未然當爲說偈牛受記畢隨隆歸寺觀者以千數牛見人俛而不食如羞赧態際夕忽殂隆夢來謝遂領衆然炬藝之

靈芝

靈芝律師重造明州五臺戒壇成有一老人

神氣超邁眉鬚皓白進而啓曰弟子有三珠奉獻以爲壇成之賀言訖忽然不見因置其珠于壇心屢現光相其後有壇主會十師大開戒法越二日夜分有一僧登壇忽覩珠光外徹內現善財童子僧乃驚呼衆起視之悉皆環禮自是每夜僧衆益伸虔懇而珠之所現或金色佛或六臂觀音或紫竹碧柳或奇木怪石或迦陵頻伽飛舞左右或月蓋長者名或龍神獻珠神變非一見者聞者皆謂希有

常羅漢

嘉州僧常羅漢者異人也好勸人設羅漢齋會故得此名楊氏媼嗜食雞平生所殺不知幾千百數既死家人作六七齋具黃籙醮道士方拜章僧忽至告其子曰吾爲汝懺悔楊家甚喜設座延入僧顧其僕云去街東第幾家買花雌雞一隻來如言得之命殺以具饌楊氏泣請曰尊者見臨非有所愛惜今日啓醮筵舉家內外久絕葷饌乞以付隣家僧不可必欲就羹食既熟就廳踞坐擘肉滿盤分置上真九位乃食其餘齋罷不揖而去是夕賣雞家及楊氏悉夢媼至謝曰在生時罪業見責爲雞賴羅漢悔謝之賜今既脫矣自是郡人作佛事薦亡葺其來以爲冥塗得助紹興末年卒肉身久而不壞

膽巴

國師膽巴者一名功嘉葛剌思西番突甘斯旦麻人幼從西天竺古達麻失利傳習梵祕得其法要世祖中統間帝師八思巴薦之時懷孟大旱世祖命禱之立雨又嘗咒食投龍湫頃之奇花異果湧出波面取以上進世祖大悅樞密副使月的迷失鎮潮而妻得奇疾膽巴以所持數珠加其身即愈又嘗爲月的迷失言異夢及已還朝期後皆驗元貞間海都犯西番界成宗命禱于摩訶葛剌神已而捷書果至又爲成宗禱疾遄愈賜予甚厚且詔分御前校尉十人爲之導從成宗北巡命膽巴以象輿前導過雲州語諸弟子曰此地有靈怪恐驚乘輿當密持神咒以厭之未幾風雨大至衆咸驚懼惟幄殿無虞復賜碧鈿杯一大德七年夏卒皇慶間追號大覺普惠廣照無上膽巴帝師

神僧傳卷第九

神僧傳卷第九

校勘記

一　底本，明永樂北藏本。

一　四五二頁上一二行第七字「劃」，徑作「畫」。

一　四五八頁下八行「災福」，徑作「災禍」。

一　四六一頁上末行「電光」，徑作「靈光」。

一　四六一頁中一四行第一六字「三」，徑作「王」。

辯正論序

潁川陳子良　撰

既

蓋聞宣尼入夢十翼之理克彰伯陽出關二篇之義爰著或鈎深繫象或探賾希夷名言之所不宣陰陽之所不測猶能彌綸天地包括鬼神道无洽於大千言未超於域內況乎法身圓寂妙出有无至理凝玄迹泯真俗體絶三相累盡七生无心即心非色為色無心即心故能心斯心矣非色為色故能色斯色矣籐勉於是併空形名所以俱寂筌蹄之外豈可言乎若夫西伯拘姜遂顯精微子長蠶室卒成先志故易曰古之作易者其有憂乎論之興焉良有以矣法師俗姓陳氏漢太丘長仲弓之後也遠祖官遊播遷江左近因流寓又處襄州隋世入關從師請業玉迻荆岫皎潔之性彌彰桂徙幽林芬芳之風更遠法師應真人之祥禀黄裳之吉内談三蔵外綜九流既善緣情尤工體物篇章婉麗理致遒華郁郁閒縟錦之文飄飄聳凌雲之氣班賈金玉未可同年潘陸江海寧堪方駕至如莊生墨生之學黄子老子之書三清三洞之文九府九仙之籙登真隱決之秘靈寶度命之儀吞若胷中説猶指掌加以舊習中觀少蘊法華既有聞持比專普述運思之外汲引無疲辯中觀則龍樹可期談自然則老莊非遠於是四方雜遝如歸長者之園七貴紛綸若赴華陰之市固以學侔安遠才邁肇生賓開士之棟梁法城之牆塹者也乃有道士李仲卿劉進喜等並作庸文謗毀正法在俗人士或生邪信法師愍其盲聾恐入泥犁爰發大悲遂製斯論可謂鼓茲法海振彼詞峯碧鷄之銳競馳黄馬之駿爭騖莫不蒸隆柯摧雲銷霧卷狀鴻爐之焚纖羽猶炎景之鑠輕冰負勝之儔於斯可見蹔歸慈定已破魔軍聊奮慧刀即降愚賊佛日於是重暉法雲由其廣被然法師所作詩賦啓頌碑誄章表大乘教法及破邪論等三十餘卷在世久傳然此論凡八卷十二篇二百餘紙窮釋老之教源

極品藻之名理修述多年仍未流布昔秦孝公聽説帝而寐聞談覇而興陽春和寡深可悲歎但法師所述内外兼該恐好事後生致有未諭弟子潁川陳子良近申頂礼從而問津爛然溢目若明月之入懷寂乎應機辟寶珠之矚物既悟四衢之幻便息百城之遊於是啓所未聞聊為注解庶將來同好幸詳其致焉

辯正論卷第一

唐沙門釋法琳　撰

三教治道篇第一上

有上庠公子問於右學通人曰盖聞氣象變通莫過乎陰陽埏埴覆燾莫過乎天地尋夫五運未形太无人物易鈎命決云天地未分之前有太易有太初有太始有太素有太極為五運也氣象未形謂之太易元氣始萌謂之太初氣形之端謂之太始形變有質謂之太素質形已具謂之太極轉變五氣故稱五運言氣形質具而未相離皆太易也亦名清五種也尒時空虛未有人物也三才既立乃叙尊卑乾鑿度云太極太素太一名剖其理一也易緯通卦云大極是生兩儀言氣清輕者上為天濁重者下為地以人參之謂之三才易序卦云有天地万物然後立君臣定父子長幼夫婦之禮尊卑上下之別也自然之化已興无為之風廣被河圖括地象云天地初立有天皇氏澹泊自然與極同道身供九翼以木德王元所施為自然而化開山圖云地皇興於熊耳龍門之山以火德王命歷序云人皇駕六羽乘雲車出谷口分九州長天下凡弟九人依山川地勢分為九域各居一州帝系譜云天皇治各一万八千歲地皇凡一百五十世治天下合五万四千歲次五龍氏皇伯皇仲皇叔皇季皇少兄弟五人並乘龍上下凡一百八十世治天下合九百二十七万三千六百年即盖盛仰等五神是也次有神農氏駕六龍數度四海寒暑均以布人民通風雨凡十世各治九百歲次有四姓次有不然一世次有七十二姓次有三姓載乘飛羊飛鹿始教民穴處食鳥獸肉衣皮毛衣次有巢氏駕龍驛乘風虎攝木為巢教民居之以避禽獸之害次燧人氏教民鑽燧出火變生為熟以避腥臊之屬鑄作金刀而民大悅此凡六紀有九十三代一千二百八十九世合一千一十万一千八百四十年自天化下攝謂三皇也次則虵軀牛首之聖六藝論云太昊帝庖犧氏姓風虵身人首有聖德燧人氏歿宓羲皇生其世有五十九姓羲皇始序制作法度皆以木德王也制嫁娶之禮受龍圖以龍紀官故曰龍師在位合一万一千一十二年炎帝神農氏姓姜人身牛首有火瑞即以火德王有七世合五百年也珠衡日角之皇六藝論云

辯正論卷第一　第四張　既

軒皇姓公孫二十五月而生有珠衡日角之相以土德王天下建寅月為歲首生子二十五人有十二姓凡十三世合治一千七十二年夢受帝籙遂與天老巡河而受之得河圖書師於牧馬小童拜廣成丈人於崆峒山帝王世紀云三皇之世合二万二百九十七年也始畫八卦而重八純河圖括地象曰宓羲氏仰觀象於天俯察法於地始畫八卦以通神明之德神農氏重八卦為六十四焉設雲官而陳鳥紀六藝論云軒皇有景雲之瑞用雲紀官少昊帝有鳳鳥之瑞故以鳥名官焉教畋漁以濟俗作耒耜以資民六藝論云宓羲氏為網罟以畋以漁取犧牲以充庖廚故曰庖犧氏神農揉木為耜揉木為耒始教天下種穀故号為神農氏立市神農所建也鑄器服牛乘馬營宮室垂衣裳為杵臼置舟楫摸鳥跡以造文字因化通而裁禮樂世黃帝時也六藝論云黃帝佐官有七人蒼頡造書大撓造甲子隸首造筭數容成造曆岐伯造醫方鬼申區造占候奚仲造車作律管與埋壇禮也暨乎翼善傳聖之君仁盛聖明之后舉八元八凱之職舜攝政舉高陽氏高辛氏才子各八人以掌司牧之任也命羲和羲仲之官羲氏和氏為堯掌日月四時之官也種百穀以勸農后稷播種百穀敷五教以軌物允恭克讓庶績咸熙協和万邦平章百姓流四凶於四裔竄三苗於三危渾沌窮奇檮杌饕餮為四凶也堯流之於國四外有苗氏阻舜放之於三危之山也調律呂以暢八風察旋璣以齊七政夏禹導九河代父治水平九州名山大川受洪範九疇於河神獲地理於洞府九州貢銅鑄作九鼎以八家為隣三隣為朋三朋為里也乘四載陸行乘車水行乘舡泥行乘橇山行乘樏任

辯正論卷第一　第五張　既

土作貢疏山奠川殺王伐罪弔民有黃魚黑鳥集于壇化為黑玉乃伐桀邑尚黑自還九鼎於亳以百戶為里也平暴靜亂解網剪髮拯溺救焚爰至赫赫隆周濟濟多士開睢麟趾之德季歷妃大任夢長人感己而生文王文王妃大姒生武王發建子之月為歲首色尚赤以五家為隣鄰內則有比閭族黨州鄉周公居攝罪人斯得秋有酉風之變偃禾拔木啓金縢之書遂迎周公卜宅於洛定土鼎制禮作樂厄於鄁塈于畢開睢稱王后之德麟趾興仁人之族名也周南邵南之風言周邵風化自北而南也列五行六正之儀木金水火土為五行預見來事進善舉賢恭勤不墮明察法律經標讓賜君失則諫是為六政也布九田四井之法三等為九田三星為四井陳服錫之禮敘五等之服制九錫之禮也廣草車之節通十為城城出草車一乘為世指範作物典謨遐邇閫迴秊移三古曠遠縣邈時經百王聖德所覃神化所洽龍庭鳳穴候氣輸琛日域麟洲占風款塞泉露呈其珍味草木變其嘉形鵝領魚身昭彰於羽族狼蹄牛尾輝煥於毛羣惟德動天休徵允集元首延明哉之美股肱肆良哉之歌周卜永秊殷稱弈葉其為道也人倫稟以利建庶物資以有生邦國賴以無他君目藉以致治德教天下化被華夷道貫五天恩加百姓立功立事可大可久時義備矣世用足矣至

辯正論卷第一　第六張　既

如李老仙方意存羽化釋迦梵本期自涅槃縱體於太清之中遊神於常樂之境貴練形以不死求寂照於無生攡鵾鷄之寓言張過未之虛說何異鄒衍談天終歸眇莽虞丘辯夢徒騁華詞今大唐馭極聖皇垂拱尚賢尚齒貴德貴仁反正之化已弘還淳之風廣扇理須捨繁就簡去偽歸真愚謂佛道二流在政非急久欲聞奏請試論之不揆所疑敢陳末喻夫子多識前古深究學源獻替可否幸詳其要於是右學通人叙容峻坐良久而謂曰異乎吾所聞也論玄觀天之象則見日月五星次度之分觀地之象則知百川四瀆所歸之處觀古今之跡上形太極混亢之前却覩將来未萌之事秋毫不疑乃曰智也子既知而故問余亦述而略說孝周孔六書之訓忠孝履其端李老二篇之萌道德創其首瞿曇三藏之文慈悲為其本事跡乃異理數不殊皆盡美盡善可崇可慕也是以談衆妙以虛心開善權以汲引吾往嘗見達遊先生頗

亦聞之説通方論具叙三教兼陳九流先生遁逸巖阿莫知氏諱容儀閑雅進退可觀言笑温弘動止有則雖語有品藻而志無褒貶餅餌松朮靡測其年棲寢煙霞執詳其世至於三古本末燎若鏡中百氏枝條明如掌内窮周孔之令典究佛道之弘規察其所懷在乎逍遥齊物觀其所尚歸乎平等性空先生燕默之餘顧謂僕曰世不達者多相是非以是其所是而非其所不是不非其所非而非其所不非此則是其所非而非彼所是矣夫論儒之教也意在居家理治長幼順序在上不驕為下不亂臣子盡其忠孝僕妾竭其歡心大則配天祀帝尊親享祖欲使天地昭察鬼神効靈災害不興禍亂不作小則就利乘時謹身節用施政閨門之内流恩僕隸之下咸奉其事各得其宜也道之教也言万物之所以生至功之所以成必生乎無形由乎無名然而无形无名者万物之宗也叙道則為始為母談教則有徼有妙是以亢始拱默於

金臺太上垂衣於紫殿遣二真以導俗命五老以披圖履幽而明抱一而貞寂覗乎大羅偃仰乎太清然後設无為之化行不言之教布黄庭紫府之文授金版銀繩之蘇玄霜絳雪之妙玉液雲英之奇九雲明鏡之華八練神丹之彩足以還年却老足以羽駕長生遊閬苑而忘歸沐咸池而不返乍披褐於閶闔或控鶴於蓬萊靜慮姑射之阿思微崆峒之上與天地而遐久共陰陽而晦明佛之教也大矣哉牢籠華藏出九重圓蓋之表照灼雲臺吞八維方質之外非色妙色流光混亢之前分身化身列影太虛之始故以磅礴而造陰陽鑪錘以成天地大象之象含育於四象剛村之村通運於五村玉衡轉眇眇乎不測其機合璧懸茫茫乎孰詳其化不曒不昧惟微惟彰統衆聖之靈府赴羣生之嘉會也於是出火宅而御三車入愛河而揮八棹現希有事豈獨菴羅樹國説不思議非但摩伽陁國種種方便一一慈悲破生死之樊籠濟涅

賝之彼岸莫不意珠騰曜智炬凝輝揔納百川滄東溟之在地綱維万象逾北極之居天寧與高下相傾儒墨交競誠固推之於真際反之於玄源玄源也者則境智俱亡真際也者則權實斯泯大宣究竟之旨普運神通之力尋其善巧謳和之致陶鈞負荷之功造化无以方日用莫能擬足以括囊四大超忽三景子當書紳以自鏡也　公子曰美則美矣疑且疑焉夫能匡社稷者莫過懷忠養至親者莫過奉孝經天地者莫過脩文定禍乱者莫過講武安上下者莫過弘禮移風俗者莫過習樂此固皇王之要訓亦治道之大方維摩竭慈悲之談厲鄉垂道德之論未為濟世之急猶涉木鴈之詞非唯僕之未賓抑亦賢之同去通人曰訥言敏行君子所稱无以己之寡聞取況於典論子不聞曾侯之誡乎無多言多言多害無多事多事多患若事親殉主則以忠孝為初遠害全身則以道德居始利生救苦則以慈悲統源奉孝懷忠可以全家國行道立

德可以播身名興慈運悲可以濟群品濟群品則恩均六趣播身名止榮被一門全家國乃功包九合故忠孝為訓俗之教道德為持身之術慈悲蓋育物之行亦猶天有三光鼎有三足各稱其德並著其功遵而奉之可以致嘉祐也　公子曰前漢藝文志云全身保國凡有九流一曰儒流謂順陰陽陳教化述唐虞之政宗仲尼之道也二曰道流謂守弱自卑陳堯舜揖讓之德明南面為政之術奉易之謙謙也三曰陰陽流謂順天歷象敬授民時也四曰法流謂明賞勑法以助禮制也五曰名流謂正名列位言順事成也六曰墨流謂清廟宗祀養老施惠也七曰縱橫流謂受命使乎專對權事也八曰雜流謂兼儒墨之銓合名法之訓知國大體事无不貫也九曰農流謂勸勵耕桑備陳食貨也遵其道可以安處品行其事可以利國家為政備矣於民足矣縱先生通方之說右學盡善之詞恐類風牛不相及也通人曰觀一可以知百覩此

足以明彼但佛教沖曠名義弘多揔而言之具有玄錄今為吾子略舉大猷自祥雨散空瑞蓮現海半滿之門洞啓空有之筞兼揚眡城有迴情入法之謩靈山有攝末歸本之訓在用如水分千月為體若鏡鑒万形斬籌含識共蔭慈雲塵沙佛土咸霑甘露及叔光白氎韜影提河於是乎五百應供搖扇而聞持八万脩多拂龍牀而器瀉珠函寶印既溢王宮貝葉梵文還盈海藏昇堂万計覓沐身田負牆百億爭開心樹爰至摩騰入洛僧會遊吴遠流法鼓之音俱傳慧風之葉以類相聚亦有九流顯其嘉名稱為九錄一曰真詮二曰權旨三曰戒品四曰禪門五曰呪術六曰論部七曰注解八曰章疏九曰傳記言真筌者蓋方等之中心諸佛之要觀也事无不統理无不窮其言巧妙其義深遠包十仙之奧行揔八藏之玄文緣覺涉求迷同沆海聲聞在聽恍若闐天此華嚴之引致也裂見網之宏宗破邪軍之要術珠清濁水藥現深蒙

迷乳之色既分迴天之醉餓醒樂民剋滿常果仍圓斯涅槃之極旨也三獸淣迹一乘搃轡衣珠已現髻寶仍傳十无上之冲覣四安樂之妙行鑒多寶之所為悟長者之本心迺法華之會歸也布此十如寘玆四絶即色非色離名無名招招乎汎六度之舟濔濔焉登三空之岸謂般若之玄鋒也理之包舉在此四焉

權旨者世雄方便之教也誘五濁之衆逗三乘之機接疲侶而置化城引窮子而持糞器如來殁後迦葉集經所謂四種阿含八部辟喻本生本事之旨貫華散華之談王宗之所分判安敎之所編錄為緣散說部袠彌多言戒品者代佛之為師訓僧之令範也亦出必由户濟剋待舟蓋万善之梯基五乘之脚足也或約時約處隨事隨根致有七聚別名五篇殊旨開遮之說既異輕重之相靡同天竺流行乃分五部中華傳習今有四焉迦葉創其綱維崛多分其條貫教訓正俗既非礼不成滅惡生善亦非戒不

剋佛在住持爰因憍梵滅後傳授實啓波離寔三葉之司辰乃六根之御吏也言禪門者三學修心之紀也能為得聖之因寂稱盡漏之要是以聲聞繫想則水淨心池菩薩熏修則華開意樹禪能發慧佛有誠言四等六通憩禪林而始就八除十入依定窟而方成智度論云以禪定力服智慧藥得神通已還化衆生況復置世界於一毛凝海水為五味故曰緣法察境唯寂乃照其斯之謂歟言咒術者衆生滅罪之訓毒害消伏之方挫愓摧兇救危起死如禪提逐鬼若先尼勑神六字之除灾七佛之護命反常合道因物成務濟世之術執若是乎言論部者摧邪立正釋滯開朦之義府也良以代移正像人變澆淳直路難登邪途易入致令雪山採藥爭取毒草深水求珠覓持瓦礫故有通法聲聞傳燈菩薩折彼邪論申此正經顯覣既剪五翳所以去亡雰霧廓清三光於焉遂朗古録序云至聖繩墨曰經弟子述經曰論論者如丘明之作傳

也呵梨曰經若有論義則易解旃延以深了實諦創乾度之文諸聖以富洽名理継婆沙之說次則成實毗曇鋒穎精覈考而詳之蓋小乘之英華也至於建無畏幢馬鳴標其稱首然正法炬龍樹統其基源百論破外以簡邪中觀袪内之偏執十二玄門之精詣摩訶衍義之宏深並大敎之棟幹也言注解者就六現義述而不作之儔也並立像以取形即事而出理若生肇之注淨名支陸之訓般若屬詞灑落挩意標奇昔仲尼既殁寄微言於荀孟大覺已逝傳法印於通人高山仰止實開朦滯者也言章疏者舉綱提綖拾遺補闕通一部之文義亦所以備遺忘也大法初度未遑解釋衛安帛遠創啓玄章自斯厥後競擒談柄至於憑敷大品受亮涅槃集鏡毗曇靜琳成實何但詞省意深固亦義周文愜猶丹青之寫狀若水鏡之圖形也並懸諸日月足稱罇俎矣言傳記者釋門記事之書也如斑馬述作陳范脩文王隱之序晉儀袁宏之

著漢紀斯並治民小術動碩學之奇才忠孝片善搖史臣之芳翰況三達易隱八戒難思卓朗擅其嘉聲法開播其清辯帛祖既方諸嵇阮支遁亦疋彼王何高逸隱節之文遯世遊方之錄十科導世之士五部利物之賢美德形容簡素斯在矣尋法王垂軌為息苦輪既病有万殊故樂非一准致使牒盈天府偈積龍宮香為八億貝切分而莫勝羅漢五千閱散華而靡遍況乎數塵寶軸墨點玄言十地觀而未詳八恒觀而不測豈儒道名法之類能擬議其性海之門乎

公子曰古哲云文繁者失其要理寡者喪其實今見之矣縱釋氏詮言禪戒之談咒術傳記之典自是一家勵已之謩未為五常經國之訓猶方孔圓枘雖美於形而闕於事矣且書有五常之教謂仁義禮智信也愍傷不殺曰仁防害不婬曰義持心禁酒曰禮清察不盜曰智非法不言曰信此五德者不可造次而虧不可須臾而廢王者履之以治國君子奉之以立

身用無暫替故云常也夫子向序佛教言緩而義返非不愕然太為濩落矣五常也者在天為五緯在地為五嶽在處為五方在人為五藏在物為五行廣而言之無所不統仰觀俯察其能有加焉於是通人听爾而笑沉吟久之徐而喻曰世云千金易傾一言難吐徒費指掌恐子夜遊不免失言強復論其大較案沈氏均聖論云炎昊之初純庬之始人未粒食非肉非皮死亡立至雖復聖德懇懃恩存救免而身命是資理難頓奪寔宜導之以漸稍啓其源故燧人改火變腥為熟腥熟既變蓋佛教之萌兆也君子曰沈侯學綜玄儒理兼孔釋匪斯人子奚有斯論乎所以爾者太昊本應聲大士仲尼即儒童菩薩先遊茲土推行漸化愍濟五濁宣布五常而吾子未訪所聞今粗為陳其本何者佛初成道近接下凡爰開小教因尸利而說三歸因末伽而說五戒為迦王而說十善為長者而說六齋此四者何耶三歸勸其捨邪五戒防其行惡十善

使其捨貪六齋令其得樂釋名云歸向也戒止也善嘉也齋肅也言三歸者敎其歸向三尊防止五欲備延嘉貺肅敬容儀則寘祇欣萃徵慶允洽者矣一日不殺二謂不盜三不邪婬四不妄語五不飲酒為五戒也戒者禁也勒也勒身口如馬著轡禁情欲如猴帶鏁智度論云大惡病中戒為良藥大恐怖中戒為守護死闇冥中戒為明燈三惡道中戒為橋梁生死海中戒為大船也夫不殺者如負天踏地之屬圓首方足之儔水陸山空胎卵濕化語其種類凡有四生一一生中皆有八万四千形狀不等然而人畜乃殊貴賤云別至於顒顒怖死汲汲貪生避苦以樂其身求安以養其命此情一種斯理万均何有枉害忠貞濫誅淳善所以良士殲其神被髮趙同死大厲搏膺芘阜積惡塊之悲秦婉肆无辜之酷乘舟之歌已作黃鳥之詠徒哀次則列圍潘川從禽夢澤張羅亘野布網連山火逐嶺以高任煙隨草而疎密奔雷之鷹爭舉追風

之馬竟前猨覩箭以虗驚鴈看弓而迴墜洞胷達腋之痛解脰陷腦之酸奚獨喪犇池空遂使士狙林盡加以垂絲曲渚下鉤深潭獲朱鯉於河湍収紫鱗於井谷斯等並稟五常俱含四氣同靈佛性共有神明何忍陳此肉山樹茲炮烙極鱗羽之命盡芻豢之群臛滌掐之黿黽如朱之鼈供何曾之盛饌脩妻護之珍羞美彼心肝充其口腹歡他燕爾樂我嘉賓慶七德之光榮恍九功之繁會寔乃傷大慈之本意故至聖以禁焉所以飼魚長者睡感天花（見金光明經）救饑沙彌冥延促筭（見賢愚經也）爰致金剛之體終為長壽之因（護法因緣得金剛體不殺果報為長命因見涅槃金光明等經）此則永斷宿嫌其德一也言不盜者盜跖之行舉世不容梁上之傾是人皆患囊裝無孑遺之貨胠篋有絕本之貧遂使布被莫充葛袍奚擬長者慙寄口之累精民蓄屠販之勞豈止犯菜偷魚竊茶私槖兼以盜僧鬻物用常住財惡求多求以利生利曾無媿色都不介懷何獨帶累見前信亦殃咎後世（智度論云一切

諸衆生衣食以自活若奪者劫取是名劫奪命）大聖慈愍制戒過之其德二也言不邪婬者敗德滅身婬辜為甚所以妹妃亡夏妲后喪殷褒姒之作隆周孋姬之傾皇晉神仙遭騎頸之辱天廟致焚軀之災故稱衆罪之根是曰搆殃之本近乖梵世遠障菩提斷而不行其德三也言不飲者酒為亂本亦稱狂藥遍興三毒之僁脩造六根之釁裸露形體昏勃言聲貴賤悉欺親踈等罵既檮杌或哭或歌殺王牛飲而喪朝楚子虎酣以敗德成耙縈累月之酔中山困千日之眠體頹頹其如泥心昏昏其似夜三十五失過患並生（見智度論等）八万四千塵勞俱起現在遮智慧之業將來獲愚癡之報此罪冣深故佛不許誠能奉戒獲福無窮其德四也言不妄者口是禍媒舌稱鬪本能為伐身之斧厥号衆惡之門刀劍起咽喉之間繩索居脣齒之際語寒風足使翠柯零葉談芳節能令槁木舒華褒貶由其一言生死出其三寸友于日之以水火室家為此而乖離大害則滅族傾邦

小僁則危身致命招未來之重報結現在之深怨實四過之根株乃十惡之林藪釋典述如阜之誡周廟書銅人之銘福无以加其德五也

公子喜而對曰鄙聞海無異鹹湯无異熱仁者所談殺盜等戒亦猶先王仁義之教也終是眼目之異号頭首之別名耳將知殊途同歸百慮一致斯之謂矣五教已足何煩五戒

通人曰五教之職禁其現非五戒之警防其未過五教事彰為罪（言殺盜事露獲贓狀者官始結正而成罪也）五戒口動成辜書但息其一刑經乃遮其三報（謂現報生報後報）息一刑免一時之現罪遮三報斷三世之來殃亦如六宗七廟之儀三犧四郊之禮時月朔望之奠吉凶慶弔之蕃禮王制云庶人薦韭以卵薦麥以魚薦黍以豚薦稻以鴈諸侯用牛大夫用羊士用犬豕祭天地以繭栗饗宗廟角握皆謂有故而私殺也是以脩其教不易其俗齊其政不易其宜教謂禮義政謂刑禁縱禮見其生不忍其死聞其聲不取其肉抑亦漸斷之談

来為極慈之訓原夫釋氏之教也勸之以善化之以仁行不殺以止殺斷其殺業以斷殺故而民畏罪王者為政閑之以獄齊之以刑將殺以止煞不斷煞業以不斷故而民弗禁智度論云殺有十罪一者心常懷毒世世不絶二者衆生憎惡眼不喜見三者常懐悪念思惟悪事四者衆生悪之如見毒虵五者睡時心怖覺亦不安六者常有悪夢七者命終之時狂怖悪死八者種短命業九者身壊命終在泥犁中十者若出為人常當貧窮短命矣

夫懼十罪於將来而殺自止制五刑於現在而過不懲書防日下經避未来立驗目前此之謂也法句經云殺生求生去生道逺提謂經云不殺曰仁仁主肝木之位春陽之時万物盡生正月二月少陽用事養育羣品好生悪殺殺者無仁不邪曰義義主肺金之位七月八月少陰用事外防嫉妬危身之害内在性命竭精之患禁秪不婬婬者無義不飲酒曰禮禮主心火之位

四月五月太陽用事天下太熱万物發狂飲酒致醉心亦發狂口為妄語乱道之本身致危亡不盡天命故禁以酒酒者無禮不盗曰智智主腎水之位十月十一月太陰用事万物収蔵盗者不順天以得物蔵之故禁以盗盗者無智不妄曰信信主脾土之位三月六月九月十二月中央用事制御四域悪口傷人禍在口中言出則殃至氣發則形傷危身速命故禁以舌舌者無信辟喩經云安持淨戒馬巧捉堅轡勒身被精進鎧乃脱魔王賊百句辟喩經云五根之禍劇於毒龍過於醉象五根納受如海吞流如火得薪未嘗猒足五根如箭意想如弓思念如矢以五戒仗守護六根如視逸馬天地本起經云劫初之時人食地肥有一衆生頻取五日之食因制盗戒以禁之也以食地肥而生貪欲因制婬戒以婬欲故共相欺奪因制煞戒以求欲故妄語諂曲因制不妄語戒以飲酒故昏亂行非因制酒戒計五戒之興其来已久萌於天地

之始形於万物之先細入無間大弥八極衆生之父人道之根包括三才牢籠三世含育羣有統御陰陽者也四天王經云一戒有五善神若有歸向三寶守齋持戒四王上啓天帝天帝令二十五神營衛門戸臨其命終往生天上云云於是曳七寶之妙衣羅百味之香食明珠類月美女如雲花合花開既無終始目迎目送自有周旋魔化比丘經云五戒人根十善天種云云言持五戒當得人身脩行十善必獲天報十善者所謂身三口四意業三種合為十也智度論云無放口之四害无恣身之三患發菩提心經云以此十戒防身口意持身戒者永斷一切殺盗婬行不斷物命不侵他財不犯外色又亦不為殺等因緣及其方便不以杖木瓦石傷害衆生若物屬他他所受用一草一葉不與不取又亦未曾攀睞細色於四威儀恭謹詳審是名身戒持口戒者斷除一切妄言兩舌悪口綺語離間和合誹謗毀呰文飾言詞及造方便惱觸於人

言必至誠柔軟忠信言常饒益教化修善是名口戒持心戒者除滅貪欲瞋恚邪見常修軟心不作過罪信是罪業得惡果報思惟力故不造衆惡於輕罪中生極重想設誤作者恐怖思悔知恩報恩心无慳悋樂作福德常以化他恒生慈悲憐愍一切是名心戒持十善戒死得生天受上妙樂云云是以披五色之雲衣曳三銖之綺服質多樹下妙勝堂中隨天衆而優遊步香園而容與坐間一刧瞬須千年光華麗日月之輝芬郁美旃檀之氣育王經云王令國中人民悉行十善持五戒月六齋年三長齋牛馬犬猪一切皆齋云云淨土經云當持九齋所謂歲三月六九齋應九神除九惱滅九惡愈九病三齋出三界求三道制三流斷三苦治三毒塞三途應三尊六齋制六情禁六賊上六衰得六和起六行成六德辟喻經云天主帝釋勑四天王以六齋日案行天下伺求人間所造善惡見大國王以十善四等治化天下天主歡喜即賜人王金

輪千輻雕文刻鏤衆寶廁填光明洞達絕日月光金銀銅鐵凡四輪寶空中自下八斛明珠光踰如日能除熱氣在王宮中復有女寶從空而降純肉无骨具滿女姿腹圓不現耳軟而垂容態閑美六十四變睫毛青紺髮澤不亂能知王心應時供奉奇異七寶水中涌出寶馬八万白為六牙四大天王捉七寶瓶香湯灌頂持天寶冠為王著之王若行時七寶導前四兵從後云云又育王經云育王夫人寶瓔二具珠衣千領雖處王妃受天服御云云所謂珠光列後玉女羅前風生霧縠之裾香起雲羅之袖大論云奉戒持齋見得五利刀不能傷毒不能害火不能燒水不能没於一切瞋恚怒害惡衆生中見者歡喜辟喻經云一日持齋有六十万歲粮得五種福少病身安少婬少睡生天淨土經云八王者謂八節日也言天王所奏文書一歲八出故稱八王此日取急言歲終事畢考課結定上言天帝三十二臣四鎮司命司錄閻羅所司神明聽察疏

記罪福不問尊卑一月六奏六齋日是一歲三覆即三長齋月也今人左右肩上有左右契左神男右神女男神疏善女神疏惡先前一日夜半上天校定罪福各自求功爭了罪福毛髮不差如來大悲為拔彼苦勸修齋戒令其得樂余今明以語子子當回也無違勿為下士自取笑也宋典云文帝以元嘉中問何侍中曰范泰謝靈運云六經本是濟俗若性靈真要則以佛經為指南文帝又云如其率土之濱皆純此化吾坐致太平矣尚之對曰臣聞自渡江已來王導周顗宰輔之冠蓋王濛謝尚人倫之羽儀郗超王謐等或号絕倫或稱獨步略數十人靡非時俊清信之士無乏於時竊謂釋氏之化无所不可何者夫百家之鄉十人持五戒則十人淳謹千室之邑百人修十善則百人和厚傳此風訓已遍寓內編戶千万則仁人百万夫能行一善則去一惡去一惡則息一刑一刑息於家則万刑息於國陛下所謂坐致太平也凡人一日受八戒則

一日不煞生而一日无煞罪一日不偷盜則一日元盜罪一日敬三寶則一日為善人一日事二親則一日為孝子一日不妄語則一日不失信一日不綺語則一日不失禮一日不兩舌則一日兄弟睦一日不惡罵則一日室家和一身一日尚獲此功况一月至十月一年至十年自作教他展轉相續從一人以至百人從一郡以至百郡小善則閭閻士女大善則卿相王公抗而言之足以立身輔化匡國保家若以此立身无身不立以此匡國无國不匡乃得聖之遠圖豈輔治之洪範也　公子曰周孔設教必導之以德齊之以刑故有五刑之屬三千之罪民猶罕遵法度多陷刑網若依佛語護戒捨刑則日長姧盜若存公用罰又偏負大慈進退兩楹幸聞厥中

通人曰趙書云石虎嘗問國師佛圖澄曰佛法既不許煞罰令為天下之主非刑煞無以肅清海內既違戒煞生雖復事佛詎獲福耶澄荅曰帝王事佛當在體恭心順顯暢三寶不為暴虐不害无辜至於凶愚無賴非化所遷不能改惡且有罪不得不煞有惡不得不刑但當煞可煞刑可刑耳若暴虐恣意煞害非罪雖復傾財事佛无解殃禍願陛下省欲興慈廣及一切則佛教永隆帝祚方遠石雖不能盡行而為益不少宋典云文帝之世外國沙門求那跋摩導化之聲播於遐迩以

宋元嘉八年至于建鄴文帝勞問慇懃又因言曰弟子常欲持戒不煞以身殉物不獲從志法師不遠万里來化此國將何以教之跋摩對曰夫道在心不在事法由己非由人且帝王與疋夫所修各異疋夫身賤名劣言令不威若不剋己苦躬將何為用帝王以四海為家万民為子出一嘉言則士女以悅布一善政則人神以和刑不夭命役無勞力則使風雨適時寒暖應節百穀滋繁桒麻鬱茂如此持齋齋亦大矣如此不煞德以衆矣寧在闕半日之飡全一禽之命然後方為弘濟耶帝大喜焉嘗試論之可為永鑒必能存至治之本者當坐朝閑道奉法無親寬猛相資威恵兼舉弘通三寶憐愍四生則百姓畏而愛之九有不嚴斯治周官無以陳其薄効洪範不足比其玄功　公子問曰奉佛能有益者何故三方雲擾四海鼎沸行道轉經而無福耶

通人對曰趙書云晉軍出臨淮泗人情危懼莫知所之石虎瞋曰吾之奉

佛供僧而更致外寇佛無神也澄明旦早入虎以事問澄澄因對曰王過去世為大商主至罽賓寺常供大衆會中有六十羅漢吾此微軀亦預斯會時得道人謂吾曰此主人命盡當更受鷄身後霸晉地今得為王豈非福耶壇場軍寇國之常耳何為怨謗三寶夜興毒念乎虎乃悟而媿焉仁王經云佛告波斯匿王一切國土安立万姓快樂皆由般若波羅蜜是故付囑諸國王不付囑四部衆何以故无王力故此閻浮提有十六大國五百中國十千小國其國土中有七種難一切國王為是難故講讀般若七難即滅七福即生万姓安樂帝王歡喜云何為七難一者日月失度時節反逆或赤日出黑日出二三四五日出或日蝕无光或日輪一重二三四五重輪現當變恠時讀誦此經二者二十八宿失度金星彗星輪星鬼星火星水星刀星風星南斗北斗五鎮大星一切國主星三公星百官星如是星等各各變現亦讀此經三者大火燒

國万姓燒盡或鬼火龍火天火山火人火木火賊火變恠亦讀此經四者大水漂沒百姓時節反逆冬雨夏雪冬時雷電霹靂六月雨氷霜雹雨赤水黑水青水雨土山石雨沙礫石江河逆流浮山流石如是變時亦讀此經五者大風吹煞万姓國土山河樹木一時滅沒非時大風黑風赤風青風天風地風火風如是變時亦讀此經六者天地國土亢陽炎火洞然万草亢旱五穀不登土地赫然万姓滅盡如是變時亦讀此經七者四方賊來侵國內外賊起火賊水賊風賊鬼賊百姓荒乱刀兵刧起如是恠時亦讀此經是名七難穰七難法當作九色幡長九丈九色華高二丈千枝燈高五丈九玉巾作七寶案七寶高座置經案上於七寶帳中其國王等燒香散華日日供養如事父母如事帝釋云云若未來世國王護持三寶者我使五大力菩薩往護其國一名金剛吼菩薩手持千寶相輪二名龍王吼菩薩手持金輪燈三名无畏十力吼

菩薩手持金剛杵四名雷電吼菩薩手持千寶羅網五名無量力吼菩薩手持五千劍輪并五千大神王等往護彼國作大利益當立其形像而供養之云云夫水積浮船風積運鳥護國土者須憑五力天龍鬼神人為五力也匪唯世榮獨恃六軍五力必幽顯同心故獲安隱六軍或表裏殊討便致危亡所以降伏脩羅遠因般若招延豊樂近寄寶冥但能依王論正論以字民出金光明仁王等經奉日藏月藏而寧國務興七善增長三氣則有五千大將各振劍輪四大夜叉俱領神衆敬順佛語守護人王大集經月藏分云佛以震旦國土付囑毗首羯磨天子迦毗羅夜叉大將須摩那龍王雙目大天女等各將眷屬主領神兵共護震旦所有鬪諍惣惱忿覺言訟兩陣交戰飢饉疾病非時風雨水寒毒熱悉令休息令我法眼得久住故紹三寶種不斷絕故三種精氣得增長故云云王者用心則无不果也星辰流景而正行日月重光以合度陰陽和而无變雨水浹以應時有感斯通无靈不契至如業稱過現福說重輕但非定報皆可攘也終不徒然枉為功德

辯正論卷第一

丙午歲高麗國大藏都監奉

勅雕造

辯正論卷第一

校勘記

一　底本，麗藏本。

一　四六四頁上二行撰者，諸本(不含石，以下各卷同)作「東宮學士陳子良撰」。

一　四六四頁上五行第二字「蹟」，徑作「頤」。

一　四六四頁上一〇行「非色」，諸本作「無色」。

一　四六四頁上一六行末字「宦」，諸本作「官」。

一　四六四頁上一七行第八字「流」，諸本作「江」。

一　四六四頁上一九行第四字「袿」，諸本作「桂」。

一　四六四頁上末行「聳淩」，諸本作「竦陵」。

一　四六四頁中八行第五字「遝」，諸本作「沓」。

一　四六四頁中一七行第一三字「冰」，

一　磧、清作「水」。

一　四六四頁下一一行與一二行之間，徑、清有「東宮學士陳子良註」一行。

一　四六四頁下一三行夾註「上下」，徑、清作「上中下」。

一　四六四頁下一四行夾註「第五」，徑、清作「第六」。

一　四六四頁下一六行夾註「第六」，徑、清作「第七」。

一　四六四頁下一九行夾註「第七」，徑、清作「第八」。

一　四六四頁下二一行夾註「第八」，徑、清作「第九」。

一　四六四頁下二二行第二字「世」，徑作「代」。

一　四六五頁上二行「右學」，磧、普、南、徑、清作「古學」。四六六頁上一二行、四六七頁中二二行同。

一　四六五頁上六行夾註右行第九字「氣」，諸本作「有氣」。

一　四六五頁上八行夾註右「太一」，諸本作「太始」。

一　四六五頁上一一行夾註左第六字「極」，諸本作「太極」。

一　四六五頁上一六行夾註右「甄度」，諸本作「飄度」。

一　四六五頁上一七行夾註左「風虎」，諸本作「鳳虎」。

一　四六五頁上一八行夾註左「作金」，諸本作「金作」。

一　四六五頁中二行夾註右「十三世」，南、徑、清作「十一世」。

一　四六五頁中五行夾註右末字「神」，諸本作「至神」。

一　四六五頁中八行夾註左「爲耜楺木爲耒」，諸本作「爲耒耜楺木爲耕耒」。

一　四六五頁中九行夾註右「種穀」，諸本作「種五穀」。

一　四六五頁中一二行夾註左「造曆」，諸本作「造曆日」。

一　四六五頁中一三行夾註右「鬼申」，諸本作「鬼諛」。又夾註左第七字「墠」，磧作「禪」。

一　四六五頁中一四行「八凱」，諸本作「八愷」。

一　四六五頁中一七行正文「恭克」，資、磧、普作「龔克」。

一　四六五頁中末行夾註左「山行乘欙」，磧作「山行乘蔂」；南、徑、清作「山行乘輂」。

一　四六五頁下六行夾註「偃禾拔木」，諸本作「拔樹偃禾」。

一　四六五頁下七行夾註右「死於」，諸本作「老於」。又夾註左第一二字「名」，諸本無。

一　四六五頁下一六行第九字「身」，諸本作「背」。

一　四六六頁上四行「寓言」，諸本作「寓言」。

一　四六六頁上一九行「之萌」，資、磧、普、南、清作「之旨」；徑作「之言」。

一　四六六頁中三行「温弘」，諸本作「温雅」。

一　四六六頁中四行「餅餌松朮」，諸

本作「飲餌松朮」。

一 四六六頁下三行「魄乎」，諸本作「怕乎」。

一 四六六頁下六行第九字及一三行首字「雲」，諸本作「靈」。

一 四六七頁上七行第四字「其」，徑作「具」。又「謳和」，磧、普、南、徑、清作「漚和」。

一 四六七頁上八行「日用」，徑作「日月」。

一 四六七頁上九行第六字「忽」，諸本作「然」。

一 四六七頁上一五行第七字「維」，諸本作「雖」。

一 四六七頁上一六行第二字「垂」，諸本無。

一 四六七頁上一七行第六字「僕」，諸本作「僮僕」。又「賢之同去」，諸本作「賢愚之同去也」。

一 四六七頁上一九行第四字「取」，諸本作「切取」。

一 四六七頁中九行第一〇字「宗」，磧、普、南、徑、清作「宣」。

一 四六七頁中一二行末字「授」，徑作「受」。

一 四六七頁中末行「覩此」，諸本作「觀此」。

一 四六七頁下三行第四字「雨」，諸本作「雲」。

一 四六七頁下一七行末字「筌」，諸本作「詮」。

一 四六七頁下一九行第三字「統」，徑作「通」。

一 四六七頁下二二行「引致」，資作「弘教」；磧、普、南、徑、清作「弘致」。

一 四六八頁上一行「迷乳」，諸本作「迷亂」。又末字「民」，諸本作「因」。

一 四六八頁上七行「招招」，諸本作「昭昭」。

一 四六八頁上一〇行「權言」，磧、普、南、徑、清作「言權指」。

一 四六八頁上一七行第二字「亦」，諸本作「亦如」。

一 四六八頁中一行「住持」，諸本作「任持」。

一 四六八頁中一三行第一三字「尼」，諸本無。

一 四六八頁中一八行「爭收」，磧、徑作「爭取」。

一 四六八頁下六行第七字「基」，諸本作「機」。又末字「簡」，南、徑、清作「閑」。

一 四六八頁下八行首字「詣」，諸本作「旨」。

一 四六八頁下一八行第一三字「集」，諸本作「焦」。

一 四六九頁上三行「八戒」，磧、普、南、徑、清作「八我」。又第一三字「法」，諸本作「瑤」。

一 四六九頁上一一行「墨點」，諸本作「點墨」。

一 四六九頁上一三行首字「法」，諸本作「流」。

一 四六九頁中二行「愕然」，諸本作

「旻然」。

一　四六九頁中一二行第三字「免」，諸本作「勉」。

一　四六九頁中一六行首字「子」，諸本無。

一　四六九頁中二一行第四字「因」，諸本作「由」。

一　四六九頁下一〇行「生死」，諸本作「五怖」。

一　四六九頁下一八行第一一字「神」，磧、普、南無。

一　四六九頁下一九行第二字「死」，南作「死於」。又「苙阜」，磧、普、南、徑、清作「邛阜」。

一　四七〇頁上二行首字「迴」，磧、南作「廻」。又第一〇字「脰」，諸本作「頭」。

一　四七〇頁上一八行「胠篋」，磧、普、南、徑、清作「笙篋」。

一　四七〇頁上一九行末字「精」，資、磧、普、南作「釋」。

一　四七〇頁上二〇行末字「芥」，諸本作「瓜」。

一　四七〇頁中二行第八字「媱」，諸本無。

一　四七〇頁中九行末字「言」，諸本作「高」。

一　四七〇頁中一四行「三十五」，南、徑、清作「三十六」。又夾註左末字「等」，徑無。

一　四七〇頁下二〇行首字「角」，諸本作「以角」。同行「私殺」，諸本作「行殺」。

一　四七一頁上末行第一〇字「主」，南、清作「生」。

一　四七一頁中九行第二字「御」，諸本作「禦」。

一　四七一頁中一二行第五字「轡」，資作「控」；磧、普、南、清作「鞚」。

一　四七一頁中一四行「納受」，磧、南作「緣受」。

一　四七一頁下二〇行第五字「睞」，諸本作「賴」。

一　四七二頁上一五行「淨土經」，磧、普、南、徑、清作「淨度經」。

一　四七二頁中五行第八字「腹」，諸本作「腕」。

一　四七二頁中九行第三字「捉」，諸本作「提」。

一　四七二頁中一二行「服御」，諸本作「快樂」。

一　四七二頁中一七行第六字「者」，諸本作「皆」。

一　四七二頁下一二行第三字「濱」，資、磧、普、南作「賓」；徑、清作「民」。

一　四七二頁下一三行「王導」，諸本作「王導」。

一　四七二頁下一九行「千室」，資、磧、普作「十室」。

一　四七三頁上五行夾註左第七字「聖」，諸本作「聖人」。又夾註左第一一字「豈」，磧、南、徑、清作「實」。

一　四七三頁上一二行首字「曰」，諸本無。

一　四七三頁上一七行「惡且」，諸本

作「但」。

一　四七三頁上二一行第八字「石」，諸本作「石虎」。

一　四七三頁上末行「導化」，諸本作「道化」。

一　四七三頁中九行「士女」，徑、清作「士庶」。

一　四七三頁中一二行第三字「齋」，諸本作「濟」。

一　四七三頁下三行首字「世」，諸本作「世經」。

一　四七三頁下八行第二字「夜」，資、徑、清作「反」。

一　四七三頁下一三行「七種」，磧、普、南、徑、清作「七災」。

一　四七三頁下二二行第四字「主」，磧、南、徑、清作「王」。又「百官」，徑作「百姓」。

一　四七四頁上六行第五字「山」，諸本作「砂」。

一　四七四頁上一〇行第四字「天」，諸本無。又末字「万」，諸本作「百」。

一　四七四頁上一五行第八字「穰」，諸本作「禳」。

一　四七四頁上一七行「五丈」下，諸本有「九玉箱」三字。

一　四七四頁中一〇行「字民」，諸本作「定民」。

一　四七四頁中一四行夾註左「大天女」，諸本作「大天王士女」。

一　四七四頁中一五行夾註左「交戰」，諸本作「大戰」。

一　四七四頁中一六行夾註右第二字「氷」，南、徑、清作「水」。

一　四七四頁中二〇行「可攘」，磧、普、南、徑、清作「可禳」。

一　四七四頁中二一行首字「終」，諸本作「經」。又「功德」下，諸本有「定之不棄業報無差矣」九字。

趙城縣廣勝寺

辯正論卷第二　既

唐沙門釋法琳撰

三教治道篇第一下

公子問曰竊覽道門齋法略有二等一者極道二者濟度極道者洞神經心齋坐忘至極道矣濟度者依經有三籙七品三籙者一曰金籙上消天灾保鎮帝王正理分度太平天下二曰玉籙救度兆民改惡從善悔過謝罪求恩請福三曰黃籙拔度九玄七祖超出五苦八難救幽夜求歎之魂濟地獄長悲之罪七品者一者洞神齋求仙保國之法二者自然齋學真修身之道三者上清齋入聖昇虛之妙四者指教齋救疾攘灾之急五者塗炭齋悔過請命之要六者明真齋拔幽夜之識七者三元齋謝三官之罪此等諸齋或一日一夜三日三夜七日七夜具如儀典其外又六齋十直甲子庚申本命等齋通用自然齋法坐忌一道獨超生死之源濟度十齋同離哀憂之本始末研尋其功甚大其間威儀軌式堂宇壇場法象玄虛備諸楷則衣冠容止濟濟鏘鏘朝揖敬拜儼然齋肅旋行唱讚真氣自然燒香散花神儀欝在身心俱致感應必臻賓主同諧自符景福明真儀云安一長燈上安九火置中央以照九幽長夜之府正月一日八日十四日十五日十八日二十三日二十四日二十八日二十九日三十日夜中安一長燈令高九尺於一燈上燃九燈火上照九玄其佛家婆羅藥師度量方廣等齋威儀軌則本无法象世人並見何所表明

通人謂曰余結髮從師早經庠塾備覩百氏躬習三玄爰自開闢迄于漢魏不聞王者奉道為國家建三籙之齋攘天灾行七品之法若言其法早行世者昔洪水滔天四民昏墊炎威鑠石六合洞然當介之時豈所不以道齋往救眼看狼狽若是者乎若救而得者其文昌釋美武發疾療復應是齋力所致乎如其救不得者豈復不是道齋虛妄乎余嘗歷覩道經備

詳其要見玄中経云道士受戒及符錄皆置五岳位設酒脯再拜又案三張之法春秋二分祭竈祠社冬夏兩至同俗祠祀先亡及受治錄兵符社契皆言將軍吏兵之事又見上元金錄簡文威儀自然経云上元揔真中元揔仙下元揔神常清朝向本命迴心礼三十二天者摇頭以兩手指天鳳翔各九迴手摩頷案兩眉後拭兩目案鼻兩邊上下兩孔各七過受錄用上金五兩素絲五兩食米五升薪五束或用金人金鐶金龍金魚銀人銀鐶銀筒銀榼等莫不廣陳金玉多費繒綵但肆貪求之術未聞出要之方何者竊尋道士陸修靜妄加穿鑿制此齋儀意欲王者遵奉其法屬梁武啓運道化不行何以知之案梁武先世事道潛龍之日親奉老子到天監三年既得自在四月八日出勅捨道修靜不勝憤恨於是遂與門徒及邊境亡命叛入高齊又傾金玉贈諸貴遊託以襟期冀興道法文宣帝令曇顯法師挫其鋒銳修靜神氣頓盡結舌不言其徒介曰並皆捨邪歸正求哀出家未發心者勅令染剃與如別傳所載時有倫執儒生厥姓劉氏自稱漢末黃巾之裔近承脩靜左道之餘聞通人出脩靜叛梁所由叙入齊被戮之狀乃勃然作色攘臂而起勵聲言曰夫子大人言何容易可不聞乎造次於是則顛沛於是尋三錄七品並出靈寶自然洞神等教獨起生死之源同離憂苦之本傳之在昔行者祭仙是以入道之士冠冕服章佩符帶印操持簡錄接奉仙庭扇古道而佐明時修無為而崇上德進則動飈輪而登金闕轉飛蓋而遊玉京退則開小善而救三塗運大慈而濟六道此其狀也

通人謂曰夫言尚浮華語非實錄猶牝雞翟司晨之用陶犬无守夜之功何者撿諸古史遍聽先儒不聞靈寶之名未記天尊之說討其根起皆是張陵偽経之所傳也其末學道士管見儒流不測所之奉以為實亦未詳道士之号從何而來若能聞已懃行當為子說通人之言未止儒生懔而應曰余聞珠育於水銅生於石取者委之傳者迷之若不委而傳竊為夫子不取也三閤有言曰道可受而不可傳其斯謂矣今對夫子略叙大宗案道教衆経並云初應一氣号曰大羅在三清之表置玄都玉京玉城金闕天尊治在其中寶玄経云自然應化有十種号一号自然二号无極三号大道四号至真五号太上六号老君七号高皇八号天尊九号玉帝十号陛下統領一切立君臣之道正一経云上化三清以置仙真聖王三公九卿二十七大夫八十一元士一百二十曹局千二百仙官各治宮府天曹普領星辰日月分文垂象令下界天子則而像之故云人法地地法天天法道道法自然是以先代聖君皆法此為治又從一炁化生三氣以應三君言（三君者從三氣生道者氣也）靈寶九天生神章云有天寶君是大洞神靈寶君是洞玄神寶君是洞真神天寶丈人則天寶君之祖氣丈人是混洞太元高上玉皇

之氣九万九千九百九十億万氣後至龍漢元年化生天寶君出書時号高上太有玉清宫靈寶丈人即靈寶君之祖氣丈人是赤混太元無上玉虚之氣九万九千九百九十万氣後至龍漢開圖化生靈寶君經一刧至赤明元年出書度人時号上清玄都玉京七寶紫微宫神寶丈人即神寶君之祖氣丈人是㝠寂玄通无上玉虚之氣九万九千九百九十万氣後至赤明元年化生神寶君經二刧至上皇元年出書時号三皇洞神太清太極宫又言此三号雖年殊号異本同一也仍分為玄元始三氣而治三寶即三氣之尊神自然齋謝儀云臣等歸命東方无極太上靈寶天尊臣今卿謝東方九炁清天太清玄元无上三天无極大道太上老君太上丈人天帝君太帝君上皇老人二十九真七十二聖高女真君九老仙都君九氣丈人始清天真東華玉寶高晨大司上相青童君元老九玄主仙真人千二百官君太清玉陛下青帝九氣玉門神仙四司真人諸天至極上聖大神下謝東鄉无極世界五岳四瀆神仙正真九叩頭九搏頰也洞神經云有三三皇故曰九皇是初三皇虚无空同之變化次三皇是玄元始之應變後三皇是三元之變以為三合化形接物此九皇者並是

大道妙用應化相生及五帝行化其次三王代代習真莫不法道又云三界二十八天之上次四民天從四民天到太清境從太清境到上清境從上清境到玉清境從玉清境方至無上大羅乃登極果應化宫臺難以言說謂為道中之道又是天尊之位處七映之宫居九華之殿坐金牀而悦性憑玉机以恬神玉女耕羅仙童侍衛分判善惡決斷死生凡是鬼神莫不崇仰為天中之主蓋聖者之尊惟鬼惟神可信可尚是以古之賢哲率共依行或隱迹於市朝或藏形於林藪或門人隨從或弟子諮詢王台之侶三千庚桒之衆非一無不二觀調心重玄滌想談空極妙扇大道以匡時修善立齋運玄功而佐國是以代代天子咸所遵崇世世英賢悉皆欽尚夏后鍾山之感漢文河上之徵妙應蟬聯无時暫替義非虚説出自由來故稱道教難可名也

通人折曰子能誦文不知求理平鄉之類誠難與言夫凝冰慘慄不能彫

欵冬之花朱飈鑠石不能靡簫丘之木舉熠涩入反燿於日月之間非智也擁瓶甌於鴻鍾之側非慮也子所引文今當立驗何者禮云太上貴德鄭注謂古之王者老子云太上下知集注云太古之世知上有君而不臣事即三皇時也天尊之号出自佛經陛下之名肇於秦始其公卿大夫及元士曹局並用周官秦漢之制而改頭換尾以偽為真所叙三皇並引帝系譜等其三界品次諸天重數並依傍佛經假立名字而增減出沒似異而同若上古已來實有斯法庖犧著易未見叙之往代皇王不聞奉事周秦已後漸出記言莊子天運篇云孔子行年五十有一而不聞有道乃南從清沛見老聃曰使道可獻人莫不獻其君矣幸子思之無多言也而云三界之外別有京闕都城者有識之徒咸所嗤笑道論中備詳其偽矣莊子云王台瘵疾之人庚桒抱患之士不行章醮未出符書身者時俗之衣口援先王之典彿為道士靡戴黃巾輒

引将来欲何所表縱夏禹開鑿山之藏不道天尊漢文詣河上之道絶无蹤迹案潘岳關中記嵇康皇甫謐高士傳及訪父老等无河上公結草為菴現神變處事並虗謬焉可憑乎又言道稱教者凡立教之法先須有主道家既无的主云何得稱道教以三事故道家不得別稱教也一者就周孔對談周孔二人直是傳教人不得自稱教主何以故教是三皇五帝之教教主即是三皇五帝二者案前漢藝文志討論今古墳典揔判凡有九流一儒流二道流道無別教揔在九流之內據此而言无別立教何以故无教主故若言以老子為教主者老子非是帝王若為得稱教主若言別有天尊為道教主者案五經正典三皇已來周公孔子等不云別有天尊住在天上垂教布化為道家主並是三張以下偽經妄說天尊上為道主既其无主何得稱教三者姚道安作二教論唯立儒教佛教不立道教何以故儒者用三皇五帝為教主尚書云三

皇之書謂之三墳五帝之書謂之五典用墳典之教以化天下毛詩云風以動之教以化之墳典是教帝皇為主儒得稱教佛是法王所說十二部經布化天下有教有主也然佛是出世人經是出世教故得稱教主三皇五帝是世主三墳五典是世教先以世教化後以出世教化事盡於此攝法既周為緣亦了何須別有道教又毛詩云一國之事繫一人之本謂之風天子有風能化天下故得稱教道非天子不得有風既其无風云何布化無風可化不得別稱教也據此而言但有二教縱稱有道判入儒流又老子是俗人未斷煩惱有所言說但序三皇之教化河上公云大道之世無為養神无事安民謂无所施為无所造作日出而起日入而止名為大道无別天尊住於天上此謂道是道理淳和之氣亦无形相也又葛仙公云吾師姓波閱宗字維鄰訶西域人也亦不云天尊是我師也

儒生問曰道以自然為宗虗无為本

其證非一如太上玄妙經云道曰自然者道之真也无為者道之極也虗无者德之尊也不視不聽而抱其玄無心无意若未生根精聚化為其身又昇玄內教經云太極真人問大道以何為身生在何許名之為道道言夫道玄妙出於自然生於无生先於无先又靈寶自然經訣云太上玄一真人曰太上无極大道无上至真玄居虗无無形自然極虗无之上上无復天下無復地故曰无上至真大道雖虗无而能生一為万物之本也

通人問曰道能生一誰復生道若道无從生亦道不生一若道不從他生一亦不從道生若道自生一亦自生一既不能自生道亦不能自生若道自生道亦道自法道何故老子云人法地地法天天法道道法自然既道不自法而法自然亦可道不自生從自然生若道不從自然生亦一不從道生又一不及道從道生亦可道不及自然從自然生一從道生道得稱大道從自然生亦可自然稱大道不

得稱大若不稱大應云小道若道望
自然即道法自然自然即為道本既
道本於自然即自然是常道不得是
常今道既稱常自然亦常亦可道法
自然自然亦應法道若自然為本道
不得為本自然為常道不得為常若
兩个俱是常亦兩个俱相法如其一
法一不法亦一常一不常若言俱常
即俱自然既有自然不自然亦有常
有无常若自然為本道為迹本迹俱
稱常亦可道為本天為迹天道俱无
常今以道本對天迹道常天无常亦
可自然對道迹道无常而自然常若
道即自然亦天即是道若天體非道
體即一常一無常今亦可道體即自
然體同體亦同常今道法自然云何
得同體既道法然不法還是然常道
無常若有常異无常可得無常非有
常无无常異常何得今常異无常由
無常有常有常故无常常法尚无有
何得有無常若離常有無常因餘常
有常亦離常無有常是故知无常常法
既無有常云何有無常道若稱常便為

諸見之首如其稱大復被域中所拘
鳥鼠二端何以自出假令有道因藥
成仙耳故袁宏後漢紀郊祀志云道
家者流出於老子以清虛淡泊為主
姤善疾惡為教禍福報應在一生之
内畜妻子用符書其修行不已得至
神仙也
通人曰尋老君居世未捨俗塵儀貌服
章亦無改異不立館宇不領門徒處
柱下之微官隱龍德而養性和其光
而避外患同其事以攝内生愚者見
之謂之愚智者見之謂之智非魯司
寇莫能識也今之道士不遵其法反
同張禹湯行章句苟求聞屋冀得養
身棄五千之妙門行三張之穢術如
茅山道士陶隱居撰衆醮儀凡十卷
從天地山川星辰岳瀆及安宅謝墓
呼召魂神所營醮法備列珎奇廣班
綾綵多用蒸魚麋脯黄白蜜粁清酒
雜果塩豉油米等先奏章請喚將軍
吏兵道士等皆執手版向神稱臣叩
頭再拜求恩乞福與俗並同既非出
家身造邪業然紫微太微少微等拋

謂天皇三官案古来先儒云天皇太
帝者是紫微尊神一名曜魄寶即中
央天也謂之北極在鈎陳之内為天
之主衆星所尊左有天一神右有太
一神為左右將如今左右丞相也主
丞事天皇人命所屬尊中之尊依尚
書周礼國家自有祭法皆天子親所
敬愛孝経云周公有至孝之心乃宗
祀文王於明堂以配上帝郊祀后稷
以配天天謂五方天帝謂昊天上帝
以祖父配祭於明堂及負丘南郊等
本非道家之神亦非道士所行之法
云何今日乃用道士醮祭大乖礼教
深恐天神不饗非礼從漢末張陵以
鬼道行化遂有道士祭醮爰及梁陳
咸行於世蠱法易染習俗生常天下
偽濫莫過於此依周礼及郊特牲等
國家祭天自有儀式醮者祭中一名
盡爵曰醮三史九流亦無道士為國
攘災奏章行醮也昔武王病篤周公
請命置壇設祭祈禱上天不云告請
道神徵喚道士若道神在天上衆聖
所尊壽殀吉凶由其決斷周公何祭

敢不先之（尚書金縢篇云武王病篤周公立三壇因大王王季文王請命於天言旦多才多藝能事鬼神言王不能事鬼神若不救恐墜天寶命公歸乃內策於金縢之匱王翌日乃瘳若道鬼神必尊人命所屬周公豈敢不先求請子細推勘虛謬可知也）若言有者書何不載孔子云獲罪於天不云獲罪於道案五千文解節中經序云令喜辟穀斷米為粥三日一食用上金錢九千唼白馬血君子曰老既慈仁不應弒馬為誓道稱无欲何乃貪金說経其一曰泥洹府解道可道名可名萬物毋有欲徼无欲妙同出而異名衆妙之門深兮似萬物之宗其六曰人之府解谷神玄牝天地根緜緜若存等道者謂泥洹君名者謂脾母者謂丹田泥洹者天德也其神所治在人頭中歲五来下下至丹田老謂尹曰脾者中黃一也黃氣徘徊治於中宮黃神長一尺戴日履月名曰金勝主常飲甘露食駐驪之脯其神太白主之於日月五光覆之太一封之青龍負之朱雀跱之中有神一不可不思又丹田者玄牝也却著脊胎治下元中有神氣名小童子行一来下至丹田灌鼻上去入泥洹其妙

謂虛無其徼謂丹田異名者謂諸精其名有六一曰精二曰溺三曰汗四曰血五曰涕六曰唾故曰異名玄又玄者謂左右目衆妙門者謂人死无氣氣絶於口道冲而用之者冲謂一也道一身常冲行之不盈渊兮者謂口也口有華池浹唾而咽之言津液滿口中一行浸潤百二十府口不可滿若渊泉也似万物之宗者謂口飲食万神於口也谷神者亦謂口也神入口則生人也玄牝者謂鼻與口也天地根者謂口鼻為門神氣於中出入為生養根也鼻不言不語其氣緜緜為天隱用之不懃也凡八十一章總以三元甲子為第所明指趣大都與黃庭合契皆在服氣養身及行房縮精之秘為俗所重非道所遵但為詭說非真行也以此求仙太為河漢豈有嗜欲鞠得長生縱使延年終為罪本（黃庭云上有黃庭下有關元前有幽闕後有命門噓吸廬外出入丹田審能行之可以長生黃庭中人衣朱衣關門牡籥閉兩扉幽闕俠之高巍巍丹田之中精氣微玉池清水上生肥靈根堅固志不衰中池有上服赤衣橫下三寸神所居中外特距重閉之玄癰氣管受精符急固子精以自持宅中有士常衣絳子能見之可不病方寸之中謹蓋藏精神還歸老復壯使理長尺約其上子能守之可无患呼吸廬門以自償赤神之子中池立下有長城玄谷邑長生要助房中急常存玉房視明時念太倉不飢渴閉子精路可長活五行參差同根節三五合氣要本一抱珠懷玉和子室仙人道士非有神積精所致專和仁欲義相得閉命門常能行之可長生矣）

陳思王辯道論云夫神仙之書道家之言乃云傅說上為辰尾宿歲星降下為東方朔淮南王安誅於淮南而謂之獲道輕舉鉤弋死於雲陽而謂之尸逝柩空其為虛妄甚矣哉中興篤論之士有桓君山者其所著述多善劉子駿嘗問言人誠能抑嗜欲闔耳目可不衰竭乎時庭下有一老榆君山指而謂曰此樹无情欲可忍无耳目可闔然猶枯槁腐朽而子駿乃言可不衰竭非談也君山援榆喻之未是也何者余前為王莽典樂大夫樂記云文帝得魏文侯樂人竇公年百八十兩目盲帝奇問之何所施行對曰臣年十三而失明父母哀其不及事教臣鼓琴臣不能導引不知壽得何力君山論之曰頗得少盲專一內視精不外鑒之助也先難子駿以內視无益退論竇公便以不外鑒證之吾未見其定論也君山又曰方

士有董仲君有罪繫獄佯死數日目陷虫出死而復生然後竟死生之必死君子所達夫何喻乎夫至神不過天地不能使蟄虫夏遊震雷冬發時變則物動氣移而事應彼仲君乃能藏其氣尸其體爛其膚出其虫无乃大怪乎世有方士吾王悉所招致甘陵有甘始廬江有左慈陽城有郄儉始能行氣導引慈曉房中之術儉善辟穀悉号三百歲卒所以集之於魏國者誠恐斯人之徒挾姦詭以欺衆行妖慝以惑民故聚而禁之也甘始者老而有少容自諸術士咸共歸之然始辭繁寡實頗切有怪言若遭秦始皇漢武帝則復徐市欒大之徒矣桀紂殊世而齊惡姦人異代而等僞乃如此耶又世虛然有仙人之說仙人者黨猱玃之屬與世人得道化為仙人乎夫雉入海為蛤鷰入海為蜃當其徘徊其翼差池其羽猶自識也忽然自投神化體變乃更與黿鼈為羣豈復自識翔林薄巢垣屋之娛乎而顧為疋夫所罔納虛妄之辭信眩

惑之說隆礼以招弗臣傾產以供虛求散王爵以榮之清閑館以居之經年累稔終无一驗或殁於沙丘或崩于五柞臨時雖復誅其身滅其族紛然足為天下笑矣然壽命長短骨體强劣各有人焉善養者終之勞擾者半之虛用者夭之其斯謂矣子可詳焉儒生悅焉莫知所對久而言曰豈若是乎豈若是乎鄙聞道德二篇歷世宗仰漢文魏武親自修行洞玄經云五千文者道德祖宗真中之真誦之万徧則身飛仙學者議云布李老无為之風而民自化孰孔丘愛敬之道而天下孝慈夫子學優見遠辯若懸河請述所聞敢同夕死也

通人曰學不師古無克永世先賢往彥孰不因師僕之所崇世号愍持開士現生五濁受踵四依縱有鍱腹奇才聞便喪膽折角雄辯見即緘脣儒綜五車釋談八藏綽綽有裕彬彬可觀綺藻蘭言稟乎天骨神情機警由於自然高名發於上京雅調流於下國傳燈在意梁棟居心寄金之業

以成護法之功遐播嘉聲振於萬寓王裕覃於六幽然而老氏宗源偏所詳究請為吾子丞扶論之於是共造祇園頂礼開士退坐一面具陳上事開士運不請之心縱无㝵之辯顧而說曰尋太古无為其民朴素未崇仁義不尚威容衣服莫用於六章飲食詎調於五味自世運推草時節流動淳源一變澆波四起既失厚於結繩因照俗以書契八索緣茲以作九丘自此而興及軒轅在政淳風更隱頹競聲色兼好畋斂遂感隱者容成子為說五千文也明道德之純厚无為之治欲使還源反朴抱一守雌者耳故說云五色令人目盲五音令人耳聾五味令人口爽馳騁畋獵令人心發狂奈何萬乘之主而以身輕於天下輕則失臣躁則失君善行者无轍迹善言者无瑕謫善計者不用籌策善閉無關揵善結者無繩約去甚去奢去泰（甚謂貪淫聲色奢謂服飾飲食泰謂宮室臺榭言此三者須去之處中和行无為則天下自化也）果而勿矜果而勿伐果而勿驕果而勿強者也考其所以但是禁御物

情近為世訓未能斷煩惱本絕生死根尋黃帝之時垂衣裳營宮室尚聲尚色以敗以斂人主驕奢下民勞俊容成因時故述斯要矣雖言崆峒問道詎曾脫躧鼎湖輕舉反葬橋山至於燕履趍然未聞其說　儒生曰夫五千文探道德之奧順古歸朴致之太和貴虛靜以守真執至言以崇本其文恢廓以弘遠其教淡泊以柔弱弃忽名利而潛世聖智遺心而成功不在於已而究万物之幽情存聖人之風是以班固楊雄尚不呰毀子長或以於六經或以冠儒首叔皮君山或以言約易守用過儒術蓋知言之機知道之微可為百王不刊之誡矣而開士抑為世訓同之俗典若是可乎開士曰智大者盤桓於山峙器小者蓬飛而萍浮吾聞為可為於可為之世則天下同為是為可為也今亦子以為明可為者可以不為矣夫五色致盲謂貪淫好色傷精失明也豈非淨名去所見色與盲等乎五音致聾謂耽淫聲則損和氣心不能聽无聲

之樂也豈非淨名去所聞聲與響等乎五味致爽謂人嗜五味則舌損而猒生也豈非淨名去所食味不分別乎不貴難得之貨息盜也豈非觀受无常乎不見可欲自靜也豈非觀身不淨乎去煩乱令心虛愛精血令骨強則有心可虛有骨可彊氣散形枯非心虛也神去體朽非骨彊也挫其銳黜思也解其紛不鬪也但是抑其聰明息其紛競清儉自守不與物爭蓋為士之一志非通人之大度也和其光不乱人也同其塵不自別也直是揚波淈泥以避患未能利益同事以化生乃為有為事有事非无為无事也以已而和不知物之所以自和則和所不能和也蹣跚形體之間倥偬分別之境例可知矣

儒生曰顏光祿云道者流出於仙法佛者本在於神教道也者必就深曠友飛靈精丹石粒芝精所以還年却老延華駐采　佛也者必辭親偶閑身性師淨覺信緣命反一无生克成聖業智貌大明志挾恒劫雖殊塗而

同歸亦何異而獨往哉向聞其異未知所以為異請亦其門異同歸也開士喻曰顏氏知一不知其二夫道體无名无為天地之始乾坤有質有為萬物之母此則道不出於始無物而資於今有便是本无今有已有還无拘限有无之間生成始母之內矣請吾言之真諦故無無為天地之始世諦故有有為万物之母母能生也故為世諦始為本也故為真諦世諦說有非无而有真諦說无非有而无非无而有不有有也非有而无不无無也非无而有常見自消非有而无斷見便息不有有者非有非不有也不无无者非无非不无也言其有者言非是有既非是有非謂非有是則執者失之為者敗之者也子知異之為異未知異之所以異未知異之所以異焉知同異之所以異未知同異之所以異焉知異同之所以異未知異同之所以異焉知異異之所以異未知異異之所以異焉知同同之所以異未知同同之所以異焉知非同非異之所以異未知非同非異之所以異焉知非非同非非異之

所以異未知非非同非非異之所以異焉知非不同非非不異之所以異未知非非不同非非不異之所以異焉知異同同異无異不異之所以異哉是以如來說法常依二諦起慈悲以救物行喜捨以濟人无念而成就衆生不動而淨佛國土雖有所作實無所為子其詳焉無自誤也儒生問曰初列三教各陳其美後將道教判入儒流弃太史之正言從班生之曲說君子不黨何若是歟　開士喻曰小人黨親君子黨理若理符而事順者亦何愧於蒼蒼乎吾聞世間法者有字无義出世間法者有字有義何者世法浮偽喻如驢乳出世真實喻如牛乳然而驢乳為酪不能出蘇縱強抨之還即成溺所以然者勢分絕也牛乳出蘇略乃至醍醐轉抨轉淨唯香唯美五種具足八味甘濃佛所說經引之為喻考史記先黃老後六經漢書先六經後黃老者其見乃異就理不殊各隨所愛非盡言之論也且班固古易有六十四卦道止當讖一卦藝文惣

辯正論卷第二　第二十四張　則字號

判九流道止入在一流孔安國古三皇所行謂之大道五帝所行謂之常道不言別更有道令人奉之今以勸子不可隨其臆斷善自求其實也

辯正論卷第二　第二十五張　則字號

辯正論卷第二

辯正論卷第二

校勘記

一　底本，金藏廣勝寺本。

一　四七九頁中二行撰者，資、磧、普、南作「沙門法琳撰」。

一　四七九頁中二行與三行之間，徑、清有「東宮學士陳子良註」一行。

一　四七九頁中三行「第一」，麗作「第二」。

一　四七九頁中一五行末字「攘」，資、磧、普、南、徑、清作「禳」。

一　四七九頁下一二行第六字「量」，諸本（不含石，以下各卷同。）作「星」。

一　四八〇頁上二行第一〇字「再」，資、磧、普、南、徑、清無。

一　四八〇頁上三行第九字「寚」，資、磧、普、南、徑、清作「莫」。

一　四八〇頁上八行「三十二天」，麗作「三十三天」。

一　四八〇頁上九行「眉後拭雨」，資、

磧、普、南、徑、清無。又「眉後」，麗作「肩後」。

一　四八〇頁上一一行「五升」，資、磧、普、南、徑、清作「五斗」。

一　四八〇頁上一二行第二字「或」，資、磧、普、南、徑、清作「式」。

一　四八〇頁中一行「尒日」，徑、清作「是日」。

一　四八〇頁中四行第七字「近」，資、磧、普、南、徑、清作「延」。

一　四八〇頁中一一行第九字「冤」，資、磧、普、南、徑、清作「冕」。

一　四八〇頁中一五行「大慈」，徑作「大悲」。

一　四八〇頁中一八行首字「牝」，資、磧、普、南、徑、清作「瓦」。

一　四八〇頁中二〇行末字「是」，資、磧、普、南、徑、清無。

一　四八〇頁下一行第一三字「㦏」，磧、普、南、徑、清作「遽」。

一　四八〇頁下四行「可受」，資、磧、普、南作「可愛」。

一　四八〇頁下末行「太元」，資、磧、普、南、徑作「太無」。

一　四八一頁上一行「九百九十億」，諸本作「九十九億」。

一　四八一頁上四行末字「虛」，麗作「靈」。

一　四八一頁上七行「玄都」，磧、普作「云都」。

一　四八一頁上一六行夾註左「天帝君」，麗作「帝君」。又夾註「老人」，麗作「老君」。

一　四八一頁上一七行夾註右「二十九」，資、磧、普、南、徑、清作「三十九」。又夾註右第四字「真」，麗作「真人」。

一　四八一頁上一八行夾註左第四字「玉」，資、磧、普、南、徑、清作「玉皇」。

一　四八一頁上一九行夾註左「九叩頭九傅頰」，磧、普作「九叩頓九搏頰」；南、徑、清作「九叩頰九搏頭」。

一　四八一頁中二行第三字「王」，資、磧、普、南、徑、清作「王氏」。

一　四八一頁中七行第二字「謂」，麗無。

一　四八一頁中九行「恬神」，麗作「怡神」。

一　四八一頁中一四行「王台」，磧、普、南、徑、清作「王駘」；麗作「玉台」。

一　四八一頁下一五行第四字「記」，諸本作「訖」。

一　四八二頁上四行第二字「傅」，麗作「傅班固漢史文帝傅」。

一　四八二頁中六行第一二字「主」，資、磧、普、南、徑、清無。

一　四八二頁中一一行第七字「天」，資、磧、普、南、徑、清無。

一　四八二頁中一四行「判入」，麗作「制入」。

一　四八二頁下四行第六字「未」，資、磧、普、南、徑、清作「木」。

一　四八二頁下六行至次行「道言夫道」，資作「若言夫道」；磧、普、南、徑、清作「答言大道」；麗作「通言夫道」。
一 四八二頁下一一行「大道」，資、磧、普、南、徑、清作「大道道」。
一 四八三頁上一二行末字「亦」，資、磧、普、南、徑、清作「迹」。
一 四八三頁上一七行第七字及第一二字「然」，資、磧、普、南、徑、清作「自然」。
一 四八三頁上一九行「无无」，資、磧、普、南、徑、清作「無」。
一 四八三頁上二〇行末字「有」，資、磧、普、南、徑、清作「常有」。
一 四八三頁上末行第四字「常」，諸本無。
一 四八三頁中五行首字「姡」，磧、南作「祐」；徑、清作「裕」。
一 四八三頁中八行「老君居世」，資、磧、普、南、徑、清作「老子在世」。
一 四八三頁中一一行第七字「事」，資、磧、普、南、徑、清作「塵」。
一 四八三頁中一四行「閏屋」，資、磧、普、南、徑、清作「潤屋」。
一 四八三頁中一八行第三字「魂」，資、磧、普、南、徑、清作「鬼」。又末字「班」，資、磧、普、南、徑、清作「辦」。
一 四八三頁下二行第一一字「魄」，諸本作「魂」。
一 四八三頁下四行「天一」，磧、普、南、徑、清作「太一」。
一 四八三頁下八行第二字「愛」。諸本作「事」。
一 四八三頁下二一行「云告」，資作「聞告」；磧、普、南、徑、清作「聞召」。
一 四八三頁下末行第四字「歿」，資、磧、普、南、徑作「夭」。
一 四八四頁上三行夾註右第七字「鬼」，資、磧、普、南、徑、清無。
一 四八四頁上八行第五字「鉽」，磧、南、清作「弑」；麗作「煞」。
一 四八四頁上一〇行第三字「名」，磧、普、南、徑、清作「名無名萬物始有名」。
一 四八四頁上一一行第八字「深」，麗作「淵」。
一 四八四頁上一八行第三字「勝」，諸本作「滕」。
一 四八四頁上二二行首字「脂」，資、磧、普、南、徑、清作「脊」。
一 四八四頁中七行第三字「口」，資、磧、普、南、徑、清無。又末字「汋」，磧、南、徑、清作「液」；麗作「約」。
一 四八四頁中一五行第八字「第」，資、磧、普、南、徑、清無。
一 四八四頁中二〇行夾註右「開元」，南、徑、清作「關元」。又夾註左行首字「開」，磧、南、徑、清作「關」。又夾註第八字「盧」，資、磧、普、南作「臚」。
一 四八四頁中二一行夾註右「開門」，磧、南、徑、清作「關門」。又夾註「牝籥」，徑、清作「壯籥」。
一 四八四頁中二二行夾註「有上服赤衣」，徑、清作「有士服赤朱」。又夾註左「特距」，諸本作「相距」。
一 四八四頁中末行夾註右「裳衣」，

經、清作「常衣」。又末字「絳」，磧作「降」；麗作「絡」。

一 四八四頁下一行夾註右「无恙」，資作「無志」。又夾註左第三字「門」，資、磧、普、南、經、清作「間」。

一 四八四頁下二行夾註右「明時」，經、清作「明持時」。

一 四八四頁下三行夾註右「要本一」，資、磧、普、南、經、清作「要一本」。

一 四八四頁下四行夾註左末字「矣」，經、清無。

一 四八五頁上一〇行第八字「卒」，資、磧、普、南、經、清作「本」。

一 四八五頁上一五行第七字「復」，磧、南、經、清作「復有」。

一 四八五頁上一九行第九字「蛤」，麗作「鴿」。

一 四八五頁下一行「振於」，資、磧、普、南、經作「震於」。

一 四八五頁下二行「玉裕」，磧、普、南、經、清作「王格」。又第一三字「徧」，資、磧、普、南、經、清作「偏」。

一 四八五頁下四行「上事」，諸本作「所懷」。

一 四八五頁下八行「推草」，諸本作「推革」。

一 四八五頁下一〇行第二字「照」，資、磧、普、南、經、清作「昭」。

一 四八五頁下一一行第一二字「更」，麗作「便」。

一 四八五頁下一二行第一四字「子」，諸本無。

一 四八五頁下一九行末字「閉」，資、磧、普、南、經、清作「閉者」。

一 四八五頁下二〇行第二字「開」，資、磧、普、南、經、清作「關」。又第六字「者」，諸本無。

一 四八五頁下末行「禁御」，諸本作「禁抑」。

一 四八六頁上八行第八字「軌」，資、磧、普、南、經、清作「抗」。

一 四八六頁上一二行「子長」，磧、南作「子張」。

一 四八六頁上一三行第二字「於」，資、磧、普、南、經、清作「尊於」；麗作「先於」。又「或以」，麗無。又第七字「衬」，諸本作「冠於」。

一 四八六頁上二一行第四字「貧」，諸本作「貪」。

一 四八六頁中五行「豈非」，諸本作「豈非靜也非」。

一 四八六頁中九行「不闕」，資、磧、普、南、經、清作「不聞」。

一 四八六頁中一四行「化生」，資、磧、普、南、經、清作「化衆生」。

一 四八六頁中一六行「蹣跚形體」，資、磧、普、南、經、清作「盤桓形骸」；麗作「盤跚形體」。

一 四八六頁中二〇行首字「友」，資、磧、普、南、經、清無。又第四字「精」，資、磧、普、南、經、清作「糇」。

一 四八六頁中末行第四字「貌」，資、磧、普、南、經、清作「邈」。

一 四八六頁下一八行第三、四字「所以」下，資、磧、普、南、經、清有「異之所異焉知同異之所以」十一字。

又「異未知異」至小字左行「所以異之」共二十五字，諸本作「異未知同異之所以異」九字。

一　四八七頁上一二行「理苻」，磧、麗作「理符」。

一　四八七頁上一六行第六字「酪」，資、磧、普、南、徑、清無。又第一三字「抨」，麗作「搆」，一八行第七字同。

一　四八七頁上一七行第一四字「出」，資、磧、普、南、徑、清無。

一　四八七頁中四行首字「子」，資、磧、普、南、徑、清作「子當用理求」。

辯正論卷第三　既

唐沙門釋法琳撰

十代奉佛上篇第三

儒生曰信心漸發邪執稍迴又問曰漢地君王奉佛至信久而弥篤為福有徵者可得聞乎開士喻曰自項日降靈摩騰入洛歸心奉法不可殫言今當為子略陳十代君王三公宰輔通儒博識敬信佛者以告子也

晉世祖武皇帝（龍顏奇偉威明革運大弘佛事廣樹伽藍）晉惠帝（歸心妙道契意玄宗仍於洛下造興聖寺供養百僧）晉愍帝（萬竟冥感遠降神儀仍於長安造通靈白馬二寺）

右西晉二京合寺一百八十所譯經一十三人七十三部僧尼三千七百餘人

晉中宗元皇帝（文軌大同中興江左造瓦官龍宮二寺度丹陽建業千僧）晉肅宗明皇帝（聰聖玄覽設齋興福造皇興道場二寺集義學名稱百僧）晉顯宗成皇帝（至意冥通聖慈遐感造中興鹿野二寺集翻經義學千僧）晉孝哀皇帝（延問侍臣迴心妙理嘉賓切對大啓龍光）晉太宗簡文皇帝（仁恕溫恭作聖欽明造像建齋度僧立寺於吉千故塔起木浮圖壯麗殊偉）晉烈宗孝武皇帝（精心奉法志念冥符師子國王欽其德道故遣沙門曇摩家遠送玉像以表丹情召解義僧造皇泰寺仍捨舊第為本起寺於脩王塔立大石寺）晉安皇帝（篤信無怠福興皇業）

右東晉一百四載合寺一千七百六十八所譯經二十七人二百六十三部僧尼二万四千人

宋高祖武皇帝（啓聖建元還淳反朴口誦梵本手寫戒經造靈根法王二寺供招賢聖倫學千僧也）宋太宗明皇帝（至治克昌口誦般若造丈八金像四區鑄不成改為丈四立即圓滿痖嚴成就還高丈八且食解齋爰感舍利造弘普中寺以召名僧）宋太祖文皇帝（奉齋不殺精心慕道尚之雅對佛戒為宗坐致太平九如聖旨欽仰衣鄉務興大法造禪雲寺常供養千僧）

右宋世合寺一千九百一十三所譯經二十三人二百一十部名僧智士贊若稻麻寶剎金輪森如竹筆釋教隆盛萬信倍多僧尼三万六千人

齊太祖高皇帝（手寫法華口誦般若四月八日常鑄金像七月十五日普寺送盆供養三百名僧立陟屺正觀二寺）齊世祖武皇帝（造招賢遊玄二寺集義學翻經三百僧三教諸呈四年孝教）齊高宗明皇帝（寫一切經造千金像口誦般若常轉法花無遺歸依寺出智禪僧身持六齋務修十善）

右齊世合寺二千一十五所譯經一十六人七十二部僧尼三万二千五百人

梁高祖武皇帝（性度弘偉風鑒朗拔遊心七覺陶思八禪制五

時論轉四方等進光宅同泰等五寺集重雲設講衆千僧國內普持六齋地民皆受八戒

梁太宗簡文皇帝 天姿高朗風神超邁委心妙法徧覽玄章造資敬報恩二寺刺血自書般若十部太后諱日不食而齋撰法集記二百餘卷法寶連璧四百許篇

梁中宗孝元皇帝 體聖多能入微靈悟造天居香二寺凶高名高行千僧自講法花每解成實

右梁世合寺二千八百四十六所譯經四十二人二百三十八部僧尼八万二千七百餘人

梁孝宣皇帝　梁孝明皇帝 文明在政中興 太寶後梁社稷光被生民於荆州造天皇陟屺大明寶光四望等寺

右後梁二帝治在江陵三十五年寺有一百八所山寺有青溪靈溪覆船龍山悲山等並佛事嚴麗堂宇雕奇覩即發心見便忘返僧尼三千二百人

陳高祖武皇帝

膺寶歷以君臨赴會昌而司牧身長八尺鬚長三尺旋毛覆耳垂手過膝以大願力康濟群生以大莊嚴哉翦多難永言沛邑思報地恩願使譙都同斯嘉慶永定二年於揚州造東安寺復為家國爰建羣生於楊都治下造興皇天居等四寺皆繡拱雕楹文

棖粉壁三階肅而宛轉千柱赫以霏瓏長表列於康衢高門臨於馳道義音精舍未或可儔善德仁祠詎能為比寫一切經一十二藏造金銅像等身一百万軀度僧尼七千人修治故寺三十三所陳世祖文皇帝紹隆三寶弘化五乘感澤比於慈雲大明方於慧日美譽形于四海仁心貫於三靈刀斗無虞干戈載戢修治故寺六十所寫一切經五十藏度僧尼三千人陳高宗孝宣皇帝執玉版而導中麾秉金輪而指上國地居且奭任摠機衡歲有豊年民惟大蓄域中无事天下咸康於楊州禁中里造太皇寺然以慎終追遠情切章陵為始興昭烈王孝太妃於太皇寺造七級木浮圖金盤將曜靈比色珠輪與合璧爭暉又以漢光樿位代邸承家式樹福田造崇皇寺太建二年重為始興昭烈王孝太妃爰建蒼生奉建靈剎高一十五丈下安佛爪長二寸闊一寸飾鏊玲龕藏諸寶篋或光飛五色晱起一尋神變不窮覩者敬且造金銅像等

二万軀修理故像一百三十万軀寫一切経十二藏修補故寺五十所度僧尼万人

右陳世五主合三十四年寺有一千二百三十二所國家新寺一十七所百官造者六十八所郭内大寺三百餘所輿地圖云都下舊有七百餘寺屬侯景作乱焚燒蕩盡有陳大統國及細民僑皆修造連甍接棟擲比皇居表塔相望星羅治下書経造像不可紀言無遮大會供僧布施放生宥罪弘宣十善汲引四民難得稱矣僧尼三万二千人譯経三人十有一部

此五代君篤美玄宗廣弘佛事立寺造像招集名僧晉世祖來蘇家給晉中宗富有江表皇明丕丞寶運孝武光啓德風宋高祖郟憂稍移天步猶阻二年塗龥四戰兵勞百慮暢於留中方機惣於襟内不倦檀那之業常持護法之心崇重大乘瞻仰螺髻諷誦龍宮弘聖不疲清音無斁宋太祖運茲日用布此天下太平每興解網之仁思返結繩之政齊高祖洞真假之玄

妙盡儒墨之菁華聿修上善光隆下
武梁高祖邁有德之前蹤躡淨名之
聖軌紐地維之既裂振天綱之云頹
未明求衣坐以待旦自強不息敦緝
彝倫至於鷲峰奧典雞園密義二諦
五乘之旨三藏九部之文赤縣之所
未詳青目由來不釋並得文無重覽
義弗再思鄙周孔之俗謨譏老莊之
名理能令先儒解體足使時彥伏膺
牢入户庭孰窺牆隩獨開聖覽迥發
天情大智閑開外齋八則小心翼翼
内斂四儀臨赤縣而溢慈悲寄玄扈
以手引誓澤周有頂道被無根靈應
嘉祥兆符先見克仁德孝史備後書
顯護之所弗傳聶支之所未録並編
之金簡藏諸寶印覆以珠帳擎以玉
牀蓮花之臺妙於四柱師子之座超
于九級非直軟草之賓書皮代紙亦
見衆香之客灑血塗塵梁記云武帝
在位四十九年每以庭蔭早傾常懷
感思恒加歎曰雖有四海之尊無以
得申罔極故留心釋典以八部般若
十方諸佛之母能除罪障善滌煩勞

故採衆經躬述注解法輪相繼齋講
不絕藉兹勝福望展孝心類代二皇
捨身以祈冥祐每捨身時地為震動
於鍾山起愛敬寺青溪起智度寺捨
舊茅居為光宅寺至普通八年更造
同泰寺殿臺莊綺房廊彩飾陵雲九
級麗魏永寧又於宫内立至敬殿景
陽臺起七廟室月中再設淨饌每及
宗廟烝嘗未曾不流咽涕泗預從左
右潜欷交懷雖億兆務殷而卷不輟
手披閱内外以夜達晨著通史書苑
及經律異相三教義類五典文言數
千餘卷至於流恩獄市多行慈恕其
有罪不可原者敃容久之然後下筆
察訐聽訟明若通神自非享宴不許
音樂後宫侍御皆无羅綺内殿寢處
衣衾率素布被莞席草履葛巾天
監年來口味備斷日唯一食食止菜
蔬蜀獻芋蒻詩其香美似肉因復出
勅禁之自古帝王莫能斎者（信不可思議之君女）
（世）晉齊王大猷（雅度清簡）晉秦王弘度（器局淹和）
晉安平王（志節峻舉）晉義陽王（理思入神）晉下
邳王（篤志經術）晉高密王（苗倫孫操）晉南平王

（信而有徵）晉建平王（立身雄勇）此等諸王莫不翼
佐勳業廣崇佛教左右部落咸使六
齋合第尊卑皆受五戒
宋臨川王義慶　宋彭城王義康
宋南譙王義宣　宋臨川嗣王道規
宋建安王休仁右宋世諸王並懷文操大習
佛經每月六齋自持八戒篤習文雅義慶
冣優炙輠不窮霞明日朗懸河无竭
雨散煙飛閤内夫娘並令修戒麾下
將士咸使誦經著宣驗記讃述三寶
齊竟陵文宣王蕭子良博覽六經遊
心七籍世稱筆海時号儒宗迴向桑
門遵崇釋典講成實論誦法華經著
淨住子二十餘卷國俸之資悉營功
德賓感雅梵有類陳王躬說芸若還
同帝釋金言暫啓巳邁前心玉軸纔
披先燋後艷褰帷東夏變越絶之風
擁瑞西河敃隆中之俗
梁昭明太子　梁晉安殿下
昭明道契生知晉安德光天縱遨遊
礼樂之囿馳騁仁義之場洛濱之譽
振古莫儔河曲之文於馬靡逮夏開
方而且媿鄒誦擬以多慙昆季八王

運技十雋並學窮百氏文統九流絢
氣逸於風雲好詞充於日月尊重妙
法欽敬福門至如承華旦啓肅成曉
闢名僧結侶通儒惣萃吐納辯理品
藻内外能令碩德折談先賢稱疾無
勞擁經入巷不假羊車詣門

陳鄱陽王　陳豫章王　陳衡陽王
陳桂陽王　陳義陽王　陳新蔡王

右六王並敷獵墳典遊戲篇章崇奉
釋門研精妙理書經造像受戒持齋
每事悲田相仍檀捨　晉彭城侯劉
遺民（撰五時教著九想詩）晉豫章太守雷次宗（奉心）
（奉法造栖霊寺）晉臨淮令周續之（服道日新）晉新蔡
侯畢頴之（心期淨域）晉南陽長宗炳之（加事懃苦）

右五賢謝職遺榮榮名神府徒遠
師遊懸意志隱淪等布一心俱厭幽
極籍芙蓉於中派蔭瓊柯以詠言飄
雲氣於八極汎香風於百年體志安
以弥穏心超樂以自然

晉尚書令何充（忠素篤信）晉尚書左僕射
褚翌（志操冰霜）晉尚書右僕射諸葛恢（篤道真固）
晉尚書馮懷（不避聲色）晉尚書謝廣（抱誠直諫）
恒玄庚冰輔政之日共扇邪風嫌僧

允礼充等五賢與議官博士等逮議
去尋
漢魏逮晉不聞異議尊卑憲章无弍
暫替令沙門守戒之篤者每燒香呪
願必先國家欲福祐之隆情無極已
奉上崇善出於自然礼儀之簡蓋由守
法是以先皇御世因而弗革所謂因
其所利而惠之賢愚莫敢不用情上
有天覆地載之施下有守一脩善之人
冝遵先帝故事僉議為長衆莫不允

晉司徒公王謐謐見東掖寺門輙有
金光燭地因往掘之得一金像合光
七尺別起精舍終身供養又感瑞呈
真造東安寺

晉護軍將軍王默　晉後將軍劉抑
晉江州刺史庾悅　晉尋陽太守阮偘

右四賢皆立寺造像歸命釋門

晉輔國大將軍何無忌（崇信克懃造扱園寺）
忌以安帝西還皇運凱泰道俗同慶
江表會昌勸帝興啓釋門脩營功德

晉雍州刺史郗恢（弥陁出遊造金像寺）晉武昌太
守陶偘偘臨廣州日有漁人於海中
見神光經旬弥盛怪以白偘偘就看乃

阿育王像接歸武昌送寒溪寺感動
功德遠近發心偘之力也晉丹陽尹
高悝（奉福感霊造霊輝寺）
咸和中悝行至張侯橋望浦内有五
色光出水上高數尺悝往看之乃得
金像無有光趺霊顏希世工製殊常
悝大發心勸民功德晉清信士張繼
世繼世以捕魚為業見水上有光乃
是金花像趺簡成帝送安悝像齊同
如一世遂發心棄其本業終日勞勤
成帝迴向信佛感霊

晉清信士董宗之　宗之本合浦漁
人每見水底光耀就取乃得佛光文
帝送安像背宛然符合因尓懃誠捨
惡歸善終身行道自寫大品月轉一
徧三十許年專意為業

晉太常卿朱膺　膺在松江滬瀆口
感二石像水上浮来懃帝奉迎於通
玄寺供養膺遂委命法橋以為自任

晉常侍戴安道（學藝優達造招隱寺手自刻五夾紵像並相好無比）晉彭城侯
（恒救神光）晉符璽郎李通（守座一心）晉
黃欣（至信純厚）晉太僕卿王珣（勉意令懃造石澗寺）晉
豫章太守范寗（植捨不倦結志慧特於鵲嶺山造招禪寺）晉

太常殷仲堪至孝克終盡文為感晉東海何承天博覽内外師表嚴公晉吳郡張恭懇誠奉戒晉兖州刺史王恭欽勝重德延敬持公晉丞相王導絹諧妙理晉瑯瑘王珉直而无侮晉太尉庾元規淳性不渝晉廷尉桓茂德及有情晉太常謝幼輿蟲仁藏用晉陳郡謝混風彩耿俗晉光禄周伯仁特達生崖清風自扇晉中丞郗超欽賢重法託意遠林晉右衛將軍褚叔度風雅通贍晉長廣太守李凝碩信檢道晉尚書太原公王濛仁厚濟世晉陳郡殷融英偉罕疋晉尚書衛玠敦雅絶倫晉尋陽刺史桓伊忘己濟物造東林寺晉侍中袁彥伯清風道舉晉東陽太守謝安石神采韶邁晉尚書殷仲文風流儒雅慨志雲霄晉會稽内史王羲之文翰驚絶晉益州刺史毛璩傾慕頂禮託志持公晉文學王洽　劉惔　殷浩　許詢孫綽　等並一代名流千里駿驥學無棄日洛市知其博文手不釋卷傍人懼其為疾英聲跨俗逸氣超群至若彥伯著後漢書嘉讚佛理玄關義府崇慕道林　宋尚書宗敬懇至感人宋中書令沈慶傾誠動物宋光禄卿戴顒巧思通神顒手制治文六金像相好无比後放光明宋新亭侯劉紹至實頓符宋徐州刺史王仲德精誠感徹宋中書范

泰博物玄通宋御史王弘清通遊俗宋侍中司空昭公劉勔謀佐王室宋始興公王怏敬重弥至委節嚴師宋儀同蕭思話子弟令門剋已護戒宋尚書謝莊聰悟特達齊御史袁敏孫奉戒無怠齊吏部謝朓緣情冠世敬信絶倫齊太尉文忠公徐孝嗣齊太尉文憲公王儉

又二公文忠有柱石之材文憲懷伊霍之量經綸備舉朝野具瞻篤信甚於嘉賓識悟方之盡運佛法光顯寔寄其人

齊特進張緒發心至理齊中書令周顒辭玄蓋世齊侍中左民尚書中書令太子中庶子國子祭酒徵君何胤素發忠密風力閑贈抱王燭之禎氣膺大賢之一期學窮經史心苞玄奧和天變序之樂后成曲臺之礼淹淳稷下之論歐陽蕭子之書易剖京拖詩分韓楚皆為訓釋靡不必該請業質疑虛至實返聚徒教授學治成群於般若寺立明珠柱深向釋氏雅敦内教珠柱放光七日七夜

梁侍中尚書左僕射中衛軍特進右光禄簡肅子徐勉温雅風聞珪璋早

著明堂曲臺之典左夏韓益之書風飛欽竪之文淹中稷下之學龍宮半珠之道鷲山華水之卷莫不窮源盡奧遐為留心　梁侍中護軍將軍蘭子周捨岐嶷夙成珪璋幼發葱蒨色難無勞孟武之問謇謇敬勸不待季康所疑事顯閻庭名傳邦邑九流百氏之記六詩五禮之文皆博窮前古為准當世兼以受持佛戒迴向釋門絶彼羶腥甘茲蔬素究龍宮之金牒殫鵠林之玉言每以毗城勝集摩竭微言折角解頤獨高時彥

梁尚書令沈約文苑翰林獨推江表學為世軌才蓋時英梁尚書僕射朱异弼諧帝道建立法幢梁始興令陸咸頴銳出群傾心正覺梁侍中袁粲操履明直每樹法筵梁國子祭酒張充碩學鈞深篤志玄道梁太子侍讀王暕絶世無偶梁東宮太子庶子柳澄談玄不窮梁中書令王僧璹學綜玄儒梁著作蕭子顯品藻内外梁度支尚書蕭子恪棲心玄道梁秘書監何敬容不遷彝倫梁吏部尚書謝舉面折廷諍梁行軍主簿劉孝威有安國之詳謹蹈靈運之玄風梁黃門陳伯之信而好古梁中庶子孔沐源立身忠正行己清恪梁中庶子平西安北戒照將

軍襄陽令劉遵儀表溫閏風姿韶朗趍步生光久而可敬芝葉銀鉤之巧堪懸帳中龜文鳥足之奇信安臺上梁天官尚書劉孝綽聲名蓋世梁襄州太守柳津警捨替纓崇玄領道梁文學王尤長儁氣無前梁領軍將軍劉孝儀素履忠審遠崇出世梁左丞張稷識真通理梁寧蠻長史徐摛風雅閑贍清辯入神梁中書顔之推恭儉篤信梁侍中中庶子溫子王訓神用韶朗風鑒閑雋出忠入孝勇義尚廉墳素必該漏略斯設梁散騎常侍章侯王規朝廷羽儀廊廟杞梓昂昂後進飛纓石渠娀娀來儀摳衣金馬梁東陽郡烏陽縣雙林寺傅大士常轉法輪紹隆尊位分身世界濟度群生或胷臆之間乍表金色拳握之内時吐異香或見身長丈餘辟過于膝脚長二尺指長五寸兩目分明雙瞳照耀頞貌端嚴有大人之相遣使賚書贈梁武曰雙林樹下當來解脫善慧大士白國主救世菩薩今修上中下善希能受持其上善略以虛懷為本不著為宗忘相為因涅槃為果其中善略以治身為本治國為宗天上人間果報安樂其下善略以護養衆生

辯正論卷第三　第十六張　感字号

梁武延之仍居鍾山之下定林寺坐蔭高松卧依盤石四徹之中恒注甘露六旬之内常雨天花梁武於華林園重雲殿開般若題獨設一榻與天旨對揚及玉輦升殿晏然箕坐憲司譏問但云法地若動則一切不安且知梁運於盡救愍兵灾乃燃臂為燈冀攘來禍至太建元年夏右脇而卧奄然涅槃于時隆暑赫曦溫暖無異色貌敷愉光體鮮潔香氣充滿屈申如恒觀者發心歎未曾有

陳尚書右僕射章侯徐陵文章冠絶敬信罕儔造像万軀寫經一藏　陳少保尚書左僕射袁憲忠節罕華　陳尚書僕射江揔緣情蕙信莫過於上定林寺造夾紵像十軀頂拔形于前代於王山造弥勒像高八十尺寫一切經一藏三千七百五十二卷　陳吏部尚書廷尉卿毛喜志節高峻仁厚兼隆書過二王學伴三賈躬自運筆烏雖摩無梁世子雲不能加之也　陳東宮舍人傅縡學伴王鄭才方謝陸深開三教妙解一乘拔萃超羣海内推揖　此等所引並有録者具在史籍不復委言至如謝朏謝覽捨生存義柳悅柳惔推功弗有江淹任昉終始宜哉劉杳顧協著述盡美張弘策之慎密呂僧珍之匪懈鄭紹叔忠誠王茂蕭穎冑

辯正論卷第三　第十七張　感字号

首膺義舉咸為世寶抑又通家並一代之大儒寔四海之名冑並蘊經國之略俱稱君子之門杜稷由其乃安上下賴其方穆有文有武匡世匡家人標九合之功並樹千秋之業莫不委其五體敬我三尊忍辱慈悲恕己推物視玄黄其若夢聽鍾鼓其如聾賤尺璧而重片言投髮膺而祈半偈蒙筆屢畫不能記其功所行禁紙徒窮未易陳其為益茲例甚衆罕以究言屬陳隨世貴時英閭閻士女高門連閣闕崇基接太階咸里之皇親帝京之冨室顒顒慕道各各摸經口誦金言手披玉軸其衆也如草木之依大地其遇也猶鱗介之汎長川至於白屋農夫無名野老薄知希向少發信心者不可稱計胡得紀言所以福祐於四生慶資於三世允仁允恕及子及孫其能行之德無不至也

魏氏六大　太祖道武皇帝諱珪運鍾喪乱宇内分崩生民不見俎豆之容黔首時覩戎馬之迹禮樂文章掃地將盡太祖以雄傑之深姿苞君人之雅量克平

朔野奄有中州大啓龍光潛被日用天興元年下詔曰佛法之興其來尚矣於京邑建飾容範修整寺舍又於虞號之地造十五級浮圖起開泰定國二寺寫一切經鑄千金像召三百名僧每月請集

魏太宗明元皇帝諱嗣明叡寬雅非禮不言懸念四生敬重三寶仍於鄴下大度僧尼 魏世祖太武皇帝諱燾氣蓋當時威振天下亟覩四海牢籠万邦迴向一乘歸依三寶復伽藍之勝地創招提之淨宮仍於鄴城造宗正寺後因崔皓始淪正法

魏高宗文武皇帝諱濬聰達頴悟風格異倫重興佛教修復寺宇釋門廣被始自文成凢度僧尼三万許人

魏顯祖獻文皇帝諱弘德配彼天道隣極聖造招隱寺召坐禪僧

魏高祖孝文皇帝諱宏神光照室和氣充庭仁孝綽然岐嶷顯著聽覽政事從善如流哀矜百姓恒思濟益以太后忌日哭於陵左絕膳二日哭不輟聲仍於鄴都造安養寺碩德高僧四方雲集六宮侍女皆持年三月六日其精進誦經者並度出家事無大小務於賙給常謂史官無諱國惡手不釋卷覽之便講愛奇好士情如飢渴善談莊老尤敦釋義才藻富贍文章百篇悠然遠邁不以世務妨道而幼承洪緒早著睿聖之風時以文明攝事優遊拱已玄覽獨得著自不言神契所標固以符於冥化及躬揔大政一日万機十許年間曾不暇給欽明稽古叶御天人帝王製作朝理軌度斟酌用捨煥乎文章然而盡聖窮神継天紹曆奉為先皇於大覺寺修晉堂宇觀施隆厚供給豐華影塔經臺粲然備舉上摽金剎下迥銀櫨鴈翼臨雲龍首承日名僧継踵法侶排肩朝步蓮池暮栖香閣風流慧苑梵響禪林召三百許僧六時不墜所度僧尼一万四千人

魏世宗宣武皇帝諱恪於式乾殿為諸僧朝自講維摩經喜怒不形雅愛經史尤長釋義善風儀美容皃德格陰陽明並日月攝文教以懷遠人調禮樂以旌後遠於三河六郡之地涇渭灞滻之區造普通大定等四寺供養三學千僧

魏肅宗孝明皇帝諱詡得一居貞體二隣極揔三乘以馳騁臨四衢而開步仍於鄴下造大覺寺窈窕曲房參差複殿風飈出其戶牖雲霞起於簷櫨扃見珎木之相緣視芳草其如須達金地羌得相方迦蘭竹園猶經比擬 魏敬宗孝莊皇帝諱悠一本諱假風神秀邁姿皃瓌偉素稟忠貞夙稱民望造五精舍刻万石像

西魏武皇帝諱脩善窮數術兼閑武藝慕登真之要旨欽出世之玄猷永熙元年於長安造陟屺寺供養二百名僧四時講誦略無弃日

魏文皇帝諱寶炬立德立仁允文允武常行信捨每運慈悲大統元年造般若寺拯濟孤老供給病僧口誦法花身持淨戒起七覺殿為四禪室供養无輟檀忍不窮 魏孝靖皇帝諱善見

右魏擧膺王瑞遠叶冥符慶集壽丘神照若水九國仁被四海威加継三

皇之懋緒纂五帝之徽蹤高祖以蕆
聖御天徙京定鼎世宗以叡明承業
廓寧區夏紹累聖之基資則天之業
式觀乾象俯協人謀遠遵古式深知
時事孝龜襲吉遷宅漳滏垂昌寶曆
剋樹洪基聖德重光曁於九葉而受
終文祖運鍾靖帝
右元魏君臨一十七帝一百七十年
國家大寺四十七所又於北代恒安
治西旁各上下三十餘里鐫石置龕
徧羅佛像計非可盡莊嚴弘觀今見
存焉雖屢遭法滅斯龕不壞其王公
貴室五等諸侯寺八百三十九所百
姓造寺三万餘所摠度僧尼二百万
人譯經一十九人四十九部
高齊高祖文宣皇帝（諱洋）降就日之靈
垂望雲之慶河圖負字驗帝錄之禎
荷海外占風知中國之有聖九牧來
貢百神咸秩貴道尚德藏用顯仁或
出或處非小節之所量乍智乍愚故
大人之所鑒至如弘通象法莊嚴金
地機來深淺並赴涅槃之門士隨淨
穢皆等琉璃之色至如折伏憍慢殊

丹水之戰猒離蓋縛異照花之禮所
以斟酌能仁砕波旬之衆慝章覺者
輕輪王之尊固是大權應物弘誓利
生者也天保之始請稠禪師受菩薩
戒於是又斷肉禁酒放捨鷹鷂去官
漁網又斷天下屠殺月六年三勸民
齋戒諸官園及六坊私公葷菜皆悉
除之外有者不許入大起寺塔僧尼
滿於諸州又以照玄大統法上為戒師
常布髮於地令師踐之天保二年詔
曰仰惟慈明緝寧四海欲報之德正
覺是憑諸鷙鳥傷生之類宜放之山
林其以此地為太皇太后經始寶塔
廢鷹師曹為報德寺所度僧尼八千
餘人十年之中佛法大盛
齊肅宗孝昭皇帝（諱演）襲樞電之徽繼
星虹之慶光耀四表叶順三辰體道居
尊顯仁作聖奉崇至教情寄玄門恭
國法輪尼園廣說四諦八捷之旨五
乗十行之詮香山巨力且曰難勝表
稟皮書猶去未備隨世間之行業應
群生之弘誓奉為先皇寫一切經一
十二藏合三万八千四十七卷青首

紫紹緑繩金縷覆以蓮花之帳摯以
師子之臺文與日月俱懸功將造化
同廣凡度僧尼三千許人
齊世祖武成皇帝（諱湛）廣濟群生應遊
佛刹芳林園內更興花蓋之詞洛邑
城旁還紆璽書之頌層臺別觀並樹
伽藍璧玉珠璣咸充供具躬自頂礼
每事經行大寧元年創營寶塔脫珎
御服並入檀財轉大品經月盈數遍
右高齊六君二十八年皇家立寺四
十三所譯經六人一十四部
周孝愍皇帝（諱覺）明裕研機跡通弘遠
天縱神武民歸獄訟握金鏡以居尊
齊玉衡以建極時逢剝喪世距雲雷
地絡絶維曦輪掩曜遭迴九服震駭
百靈既而象緯重章宸樞再紐惟睿
作聖知機曰神周保元年大弘象化
海內名德慕義歸仁廣開解脫之門
洞啓菩提之路欲使天窮有頂等被
慈雲地極無邊俱蒙慧日周孝明皇
帝（諱毓）君臨萬國平章百姓內親九族
外穆四門封介丘之瓊珎觀塗山之玉
帛乃至本枝維翰列辟庶官五向十

行俱識歸依之道外觀内覺同登解
脫之門世界有邊弘誓無盡二年奉
為先皇敬造盧舍那織成像一區并
二菩薩高二丈六尺等身檀像一十
二區各二菩薩及金剛師子等嚴極
天成妙同神製
周太祖文皇帝諱泰聰明叡智岐嶷継
體四門允穆百辟時序上降依寶下
叶禎祥於長安立追遠陟岵大乘魏
國安定中興等六寺度一千僧又造
天保寺供養瑋法師及弟子七十餘
人於安州造壽山梵雲二寺又造大
福田寺供養國師實禪師又於實師
墓所造福田寺又為大可汗大伊尼
造突厥寺　周高祖武皇帝諱邕膺期
御辯握鏡秉乹登上格下之訓天経
地義之則五緯殊方則御以天挈四
維失紐則援之以地軸移風易俗安
上治民道被震門照華陳易舜之王
叨閒伊闕踈河降錫禹之珪山瀆効
靈中外禔福武成二年為文皇帝造
錦釋迦像高一丈六尺并菩薩聖僧
金剛師子周迴寶塔二百二十區莫

不雲圖龍氣俄成組織之工水濯江
波非假操刀之製照淨土於神光開
化佛於圓影仍於京下造寧國會昌
永寧等三寺飛閣跨中天之臺重門
承列仙之觀雲甍藻梲繡柱文撿夏
户秋牕蓮池柰菀處處精絜一妍
華見者忌歸覩之眩目凡度僧尼一
千八百人所寫経論一千七百餘部
後遇張賓始為不善
周孝宣皇帝諱贇重隆佛日光後赵前
造素像四龕一万餘區寫般若経三
千許部六齋不替八戒靡渝永夜清
辰経行誦念立四大願志三菩提
右周世宇文氏五帝二十五年合
寺九百三十一所譯経四人一十
六部
隋高祖文皇帝諱堅膺千齡之運當百
王之末玄德通於神明至功包於造化
揖讓之始未動戎衣樂推之辰咸濡
庶績於是握璿璣而運乹象履文昌
而齊北極經天緯地之業重光紫微
仁感聖明之姿聯華日月至德被於
人鬼神化合於陰陽威振九圍澤霑

四海紹三皇之懋緒纂五帝之徽蹤
文景成湯莫能及也故有玄龜赤雀
瑞應祥龍揔萃於江漱俱遊於蘭圃
致騶虞於平樂降騏驎於冨昌東蘇
西鶼紛綸上菀丹烏翠鳳爍爛華林
殿閣産於靈芝柱礎成於美玉石開
竒字山出嘉聲甘露垂醴泉涌景星
曜浪井浮朱草叢生嘉苗合秀孿者
能步瘖者能言慈洽九垓澤潤八表
明籌以合變往幽計以知年来乃聖
乃神多能多藝無為之政遠嗣離遑
有道之風寔方炎昊閒思息訟比屋
可封弘護居心汲引興念棟梁三寶
荷負四生開皇三年詔曰朕欽崇聖
教念存神宇其周朝所廢之寺咸可
修復京兆太守蘇威奉勑於京城之
内選形勝之地安置伽藍於是合京
城内無問寛狹有僧行處皆許立寺
並得公名日著高祖以後魏大統七
年六月癸丑生於同州般若尼寺神
尼之房于時正氣冥符赤光滿室浮
輝溢户紫焰燭天其内覩者莫不驚
異乎下相禁約不許外聞比至三日紫

氣充庭其人物在内皆成紫色四隣望之氣如迴盖或似高樓復有景風甘露合頴連枝池發異花林生竒果毒蟲隐伏吉鳥翔鳴仍為神尼護持保養及登大位爰憶舊居開皇四年奉為太祖武元皇帝元明皇太后以般若故基造大興國寺焉般若寺徃遭建徳内外荒涼寸椙尺椽掃地皆盡乃開拓規摹備加輪焕七重周亘百拱相持龕室高竦欄宇連甍金盤捧雲表之露寶鐸揺天上之風又以太祖徃任隋州亦造大興國寺京師造大興善寺大啓靈塔廣置天宫象設憑虚梅梁架逈璧璫曜彩玉題含暉畫拱承雲丹櫨捧日風和寶鐸雨閏珠旛林開七覺之花池漾八功之水召六大德及四海名僧常有三百許人四事供養開皇五年爰請大德經法師受菩薩戒因放獄囚仍下詔曰朕夙膺多祉嗣恭寶命方欲歸依種覺敦崇勝果以今月二十三日請經法師於大興善殿受菩薩戒然菩薩之教以解脫為先戒行之本慈悲為始

今囹圄幽闇有慟于懐自流罪以下悉可原放計天下輕囚頂得放者二万四千九百餘人其死罪蒙降者三千七百餘人含齒戴髮相趍舞蹈門門受福人人稱慶意欲草此蒙心明茲慧日有生之類同知　遷善也其年勑云佛以正法付囑國王朕是人尊受佛付囑自念以後訖朕一世每月常請二七僧隨番上下經師四人大德三人於大興善殿讀一切經雖目覽万機而耳飡法味每夜行道皇后及宫人親聽讀經若有疑處問三大德又於亳州造天居寺并州造武德寺前後各一十二院四周閣舍一千餘間供養三百許僧始龍潛之日所經行處四十五州皆造大興國寺於仁壽宫造三善寺為獻皇后造東禪定寺又詔曰若能高蹈清虚勤求出世咸可搜勸誨訓毎範山谷閑遠含靈韞異幽隠所好仙聖攸居學道之人趣向者廣石泉栖息巖藪去來形骸所待有須資給其五岳及諸州名山之下各置僧寺一所并田莊仁壽元

年文帝獻后及宫人等咸感舍利普放光明砧搥試之宛然無損於四十州各造寶塔光曜顯發神變殊常具如王劭所紀自開皇之初終於仁壽之末所度僧尼二十三万人海内諸寺三千七百九十二所凡寫經論四十六藏一十三万二千八十六卷修治故經三千八百五十三部造金銅檀香夾紵牙石像等大小一十万六千五百八十軀修治故像一百五十万八千九百四十許軀宫内常造刻繡織成像及畫像五色珠旛五采畫旛等不可稱計二十四年營造功德弘羊莫能紀錄首無以知

隋煬帝（諱廣）嗣膺下武丕承大業至德光被於億兆神化覃洽於黎元占風候雨之鄉梯山請朔蟠木流沙之地沉海輸賝外洞九流内窮三藏究真如之妙理殫造化之幽源體物超前緣情冠古每以鼎湖之駕邈矣寧追長陵之寃悠然茲永乃聿興淨業摽樹福田大業元年為文皇帝造西禪定寺並式規大壯備准宏摸起如意之

臺烈神通之室仁祠切漢靈刹干霄寶樹八行和鈴四角龍蓰三層之格懸自響之鍾布護千葉之蓮棒飛來之座色吞瑯瑘之殿陵夸魯恭之宫盡世珎奇具諸文物又於高陽造降聖寺碑文秘書郎虞世南撰亦乃儼香閣以遠臨晙花臺之相拒金波夜上徘徊壁璫之側玉繩曉映的歷珠網之間潺湲白於房帷生風雲於軒牖靈龕禪室象設化城踊塔寶臺極圓神變又於道場設無遮大會度清信士女百二十人奉為文皇帝敬造金銅釋迦坐像一躯通光趺七尺二寸未及莊嚴而頂凝紺翠體耀紫金放大光明照映堂宇既感通於嘉瑞勅諸郡各圖寫焉又於并州造弘善寺傍龍山作弥陁坐像高一百三十尺楊州造慧日道場京師造清禪寺日嚴寺香臺寺又捨九宫為九寺於泰陵莊陵二所並各造寺平陳之後於揚州莊補故經并寫新本合六百一十二藏二万九千一百七十三部九十万三千五百八十卷修治故像

一十万一千駈鑄刻新像三千八百五十躯所度僧尼一万六千二百人右隋普六茹楊氏二君三十七年寺有三千九百八十五所度僧尼二十三万六千二百人譯經二十六人八十二部然有隋建國佛教會昌文帝創啓靈儀禎瑞重沓煬帝嗣膺寶曆興建弥多自昔在蕃邸立四道場釋老雙標内外資給爰至登極更廣搜揚一藝恵於有生三徵居於別舘四事供養二千餘人年別諸諱普建大齋各度僧尼永充常式大業末歲姦宄勃生雖郊壘多虞干戈競接而隆敬盡一終始無虧毗贊佛理勤諸銘碣

辯正論卷第三

辯正論卷第三

校勘記

一　底本，金藏廣勝寺本。四九二頁中一版，原版殘缺，以麗藏本換。

一　四九二頁中二行首字「唐」，資、磧、普、南無。

一　四九二頁中二行與三行之間，徑、清有「東宫學士陳子良註」一行。

一　四九二頁中三行「上篇第三」，徑、清作「篇第二上」。

一　四九二頁中一〇、一一行至本頁下一行係本卷論文集作者目録一部分。本卷目録自晉至隋按朝代排列，而同一朝代的作者編在一起。作者朝代依次相同者，其朝代名稱徑、清僅於該朝代首位作者之上標出，其後不一一分別重出，例如「晉惠帝」作「惠帝」；「晉安皇帝」作「安皇帝」。卷第四例同。

一　四九二頁中一九行夾註左「千僧」，諸本作「百僧」。

一　四九二頁中二〇行夾註右「温含」；諸本作「温洽」。

一　四九二頁中末行夾註左第七字「寂」，諸本作「攝」。

一　四九二頁下七行及九行正文首字「宋」，徑、清無。

一　四九二頁下八行夾註右「金像四區」，資、磧、普、南、徑、清作「金銅像四次」；麗作「金像四軀」。又夾註左「成就」，資、磧、普、南、徑、清作「始就」。

一　四九二頁下九行夾註左「尚之雅對」，資、磧、普、南、徑、清作「真際爲本」。

一　四九二頁下一〇行夾註左第八字「雲」，資、磧、普、南、徑、清作「靈」。

一　四九三頁上一行夾註左首字「設」，諸本作「殿」。

一　四九三頁上五行夾註左「成實」，資、磧、普、南、徑、清作「成實論」。

一　四九三頁上八行「二千」，清作「一千」。

一　四九三頁上一〇行夾註右第三字「後」，資、磧、普、南、徑、清作「復」。又左第五字「吧」，諸本作「屺」。

一　四九三頁上一二行末字「溪」，資、磧、普、南、徑、清作「苑」。

一　四九三頁上一七行第七字「赴」，資、磧、普、南、徑、清作「起」；麗作「赴」。

一　四九三頁上二二行第七字「建」，諸本作「逮」。

一　四九三頁中一行末字「零」，麗作「玲」。

一　四九三頁中四行「像等身」，麗作「等身像」。

一　四九三頁中六行「三十三所」，資、磧、普、南、徑、清作「四十二所」；麗作「三十二所」。

一　四九三頁中九行首字「刀」，諸本作「刁」。

一　四九三頁中一八行第八字「邳」，磧、南、徑、清作「丕」。

一　四九三頁中二一行末字「鎣」，麗作「瑩」。

一　四九三頁中二二行首字「玲」，諸本作「珍」。

一　四九三頁中末行「敁且」，資、磧、普、南、徑、清作「彌敬」，麗作「改旦」。

一　四九三頁下一行第五字「理」，資、磧、普、南、徑、清作「治」。

一　四九三頁下九行首字「及」，資、磧、普、南、徑、清作「爰及」。

一　四九三頁下一九行第二字「方」，諸本作「萬」。

一　四九四頁上一行第六字「菁」，資、磧、普、南、徑、清作「精」。

一　四九四頁上一〇行首字「牢」，諸本作「罕」。

一　四九四頁上一一行「外齋」，磧、南、徑、清作「外齊」。

一　四九四頁上一三行「無根」，諸本作「無垠」。

一　四九四頁上一七行末字「超」，麗作「起」。

一　四九四頁中五行第二字「茅」，資、磧、普、南、徑、清作「第」。

一　四九四頁中一一行末字「莚」，磧、徑作「苑」。下至五〇〇頁下五行第六字同。

一　四九四頁中一九行第四字「芋」，磧、普、南、徑、清作「蒟」。

一　四九四頁中二〇行小字左末字「女」，諸本作「父」。

一　四九四頁中二一行「昬秦王」，資、磧、普、南作「昬王」；徑、清作「王」。

一　四九四頁下六行「右宋世諸王」，資無。同行「文操」，諸本作「文藻」。

一　四九四頁下七行「萬習」，資、磧、普、南、徑、清作「篤好」。

一　四九四頁下九行「夫娘」，徑、清作「女娘」。

一　四九四頁下二二行「於馬」，諸本作「於焉」。

一　四九五頁上二行第八字「充」，諸本作「光」。

一　四九五頁上三行「成曉」，資、磧、普、南、徑、清作「城晚」。

一　四九五頁上一二行夾註末二字「米心」，諸本作「精心」。

一　四九五頁上二二行夾註「聲色」，磧、普、南、徑、清作「顏色」。

一　四九五頁上末行首字「桓」，麗作「右自桓」。

一　四九五頁中一行「逮議」，諸本作「建議」。

一　四九五頁中三行「无式」，資、磧、普、南、徑、清作「式無」；麗作「無式」。

一　四九五頁中四行第三字「令」，資、磧、普、南、徑、清作「今」。

一　四九五頁中一二行「合光」，資、磧、普、南、徑、清作「含光」。

一　四九五頁中二〇行「修營」，磧作「修過」。

一　四九五頁中末行「恠以」，麗作「恢以」。

一　四九五頁下九行「花像」，普、南、徑、清作「銅華」；麗作「像花」。又第五字「趺」，麗作「趺上」。

一　四九五頁下一四行第一三字「誡」，資、磧、普、南、徑、清作「幟」。

一　四九五頁下二〇行夾註右第四字「達」，資、磧、普、南、徑、清作「遠」。又左行首字「剡」，資、磧、普、南、徑、清作「製」。

一　四九五頁下二一行夾註「神光」，麗作「身光」。

一　四九五頁下末行夾註右末字「特」，磧、南、徑、清作「持」。

一　四九六頁上四行「王玳」，資、磧、普、南、徑、清作「王珉」。又小字「无悔」，資、磧、普、南、徑作「無悔」。

一　四九六頁上一〇行小字「英偃」，諸本作「英俊」。

一　四九六頁上一一行小字右「忌己」，諸本作「忘己」。

一　四九六頁上一二行小字左「道舉」，資、磧、普、南、徑、清作「道擧」；麗作「通擧」。又小字左下「韶邁」，南、徑、清作「超邁」。

一　四九六頁上一九行「玄闕」，資、磧、

一　普、南、徑、清作「玄關」。

一　四九六頁上二二行正文第四字「侯」，資、磧、普、南、徑、清無。

一　四九六頁中三行正文「思活」，資、磧、普、南、徑、清作「思恬」。

一　四九六頁中五行小字右「冠世」，資、磧、普、南、徑、清作「貫世」。

一　四九六頁中七行「又二公」，普、徑、清無。

一　四九六頁中一二行「左民」，磧、徑作「左氏」。

一　四九六頁中一五行第七字「亥」，諸本作「玄」。

一　四九六頁中一六行第八字「淳」，普、南、徑、清作「中」。

一　四九六頁中一七行「京拖」，資、磧、普、南、徑、清作「京兆」；麗作「京施」。

一　四九六頁中二二行「軍特進」，資、磧作「軍持進」；麗作「將軍特進」。

一　四九六頁下一行「韓益」，資、磧、普、南、徑、清作「韓孟」。

一　四九六頁下四行末字「蘭」，諸本作「簡」。

一　四九六頁下五行「周捨」，磧、南、徑、清作「周舍」。

一　四九六頁下六行「敬勸」，資、磧作「敬勤」。

一　四九六頁下一〇行末字「眛」，諸本作「牒」。

一　四九六頁下二〇行正文第四字「容」，麗作「客」。又小字右「不遂」，諸本作「不墜」。

一　四九六頁下二二行「孔沐」，諸本作「孔休」。

一　四九六頁下末行小字右「伍身」，諸本作「立身」。又正文第七字「安」，資、磧、普、南、徑、清無。

一　四九七頁上一行第四字「令」，資、磧、普、南、徑、清作「即令」。又「溫閏」，諸本作「溫潤」。

一　四九七頁上三行第六字「文」，資、磧、普、南、徑、清作「紋」。

一　四九七頁上一〇行夾註右「出思」，諸本作「出忠」。

一　四九七頁上一一行夾註左「石東」，諸本作「石渠」。

一　四九七頁上一二行「烏陽」，資、磧、普、南作「陽烏」。又第一三字「常」，磧、普、南、徑、清作「當」。

一　四九七頁中七行「於盡」，磧、普、南、徑、清作「將盡」；麗作「將終」。

一　四九七頁中八行第二字「攘」，磧、清作「穰」。

一　四九七頁中一〇行「光體」，資、磧、普、南、徑、清作「光儀」；麗作「光彩」。

一　四九七頁中一五行夾註右首字「頳」，資、磧、普、南、徑、清作「獨」。

一　四九七頁中一六行「毛嘉」，資、磧、普、南、徑、清作「毛喜」。又夾註左「書遍」，資、磧、普、南、徑、清作「書逼」；麗作「書運」。

一　四九七頁中一七行及次行夾註「學伴」，諸本作「學侔」。

一　四九七頁中二〇行「柳怳柳悏」，

普、南、徑、清作「柳忼柳恢」；麗作「柳杭柳恔」。

一 四九七頁下九行第九字「㓛」，諸本無。

一 四九七頁下一一行首字「言」，資、磧、普、南、徑、清作「言暨五涼四燕三秦二趙宇文拓跋夏」。又第二字「屬」，磧、普、南、徑、清作「蜀」。又第四字「隨」，諸本作「隋」。

一 四九七頁下一二行首字「連」，資、磧、普、南、徑、清作「連於」。又第六字「接」，資、磧、普、南、徑、清作「接於」。

一 四九七頁下一三行「摸經」，諸本作「撗經」。

一 四九七頁下一八行第一一字「兀」，諸本作「允」。

一 四九七頁下二〇行「魏元氏」，麗作「元魏」。

一 四九七頁下末行「苞君人」，資、磧、普、南、徑、清作「包君人」；麗作「包大君」。又「克平」，徑作「尧平」。

一 四九八頁上一行首字「朔」，資、磧作「朝」。

一 四九八頁上六行第五字「請」，南、徑、清、麗作「法」。

一 四九八頁上一三行第四字「晧」，資、磧、普、南、徑、清作「冦」。

一 四九八頁上一四行「文武」，資、磧、普、南、徑、清作「文成」。

一 四九八頁中二行首字「日」，麗無。

一 四九八頁中三行「賙給」，資、磧、普、南、徑、清作「周洽」。又「國惡」，資、磧、普、南、徑、清作「國忌」。

一 四九八頁中五行第六字「九」，諸本作「尢」。

一 四九八頁中一一行「朝理」，諸本作「朝野」。

一 四九八頁中一七行第三字「涉」，諸本作「步」。

一 四九八頁下一行「後遠」，資、普、南、徑作「後達」；麗作「俊達」。

一 四九八頁下七行第一一字「雲」，清作「雩」。

一 四九八頁下八行第三字「扃」，麗無。又「視芳草」，資、磧、普、南、徑、清作「傍視芳草之交茂」。又末字「如」，麗作「如積」。

一 四九八頁下九行末字「經」，諸本作「難」。

一 四九八頁下一〇行夾註「一本諱假」，普、徑無。

一 四九八頁下末行「九國」，南、徑、清、麗作「九圍」。

一 四九九頁上一行第四字「緒」，資、磧、普作「續」。

一 四九九頁上二行及三行末字「業」，普、南、徑、清作「統」。

一 四九九頁上三行「區夏」，資、磧、普、南、徑、清作「夏區」。

一 四九九頁上五行第三字「孝」，諸本作「考」。

一 四九九頁上八行第三字「魏」，資、磧、普、南、徑、清作「魏拓跋氏」。又「七帝一百七十年」，普、南、徑、清作「六帝一百八十九年」。

一　四九九頁上一三行「三十」，資、磧、普、南、徑、清作「四十」。

一　四九九頁上一六行夾註「諱詳」，諸本作「諱洋」。

一　四九九頁上一九行第五字「秩」，南、徑、清作「袟」。

一　四九九頁上二二行第一二字「士」，諸本作「土」。

一　四九九頁中一行第七字「盖」，諸本作「纏」。又第一〇字「照」，諸本作「昭」。九行第七字及次頁上一九行第八字同。

一　四九九頁中二行「斟酌」，資、磧、普、南、徑、清作「准的」。

一　四九九頁中八行「僧尼」，麗作「度僧尼」。

一　四九九頁中一七行「光耀」，諸本作「光被」。

一　四九九頁中一八行末字「秦」，麗作「奈」。

一　四九九頁下一行「縚緑」，資、磧、普作「條録」；南、徑、清作「條銀」；麗作「縚銀」。

一　四九九頁下三行首字「同」，資、磧、普、南、徑、清作「周」。

一　四九九頁下一〇行「六君二十八年」，普、南、徑、清作「五吾三十年」。

一　四九九頁下一七行「周保元年」，資、磧作「周保太元年」；普、南、徑、清作「周元年」。

一　四九九頁下末行「庶官」，資、磧、普、南、徑、清作「度官」。又「五向」，南、徑、清作「五戒」。

一　五〇〇頁上三行第一三字「區」，諸本作「軀」。下至本頁中一一行第九字同。

一　五〇〇頁上八行「百辟」，麗作「百揆」。又第一一字「降」，資、磧、普、南、徑、清作「隆」。

一　五〇〇頁上九行第一一字「岵」，磧、麗作「屺」。

一　五〇〇頁上一四行「大伊」，資、磧、普、南、清作「大伊尹」。

一　五〇〇頁上一七行第一〇字「御」，資、磧、普、南、徑、清作「御之」。

一　五〇〇頁上一八行第七字「以」，麗無。

一　五〇〇頁上一九行首字「上」，南、徑、清作「土」。又第一一字「易」，諸本作「賜」。

一　五〇〇頁中一一行第二字「素」，資、磧、普、南、徑、清作「塑」。

一　五〇〇頁中二一行第三字「廾」，諸本作「斗」。

一　五〇〇頁中末行「威振」，資、磧、普、南、徑、清作「威震」。

一　五〇〇頁下三行「江澂」，資、磧、普、南、徑、清作「江漢」；麗作「江灘」。又末字「圍」，徑作「固」。

一　五〇〇頁下九行「九垓」，資、磧、普、南、徑、清作「九垠」。

一　五〇〇頁下一一行末字「遣」，諸本作「連」。

一　五〇〇頁下一二行第九字「間」，資、磧、普、南、徑、清作「閒」。

- 五〇〇頁下一九行「日著」，麗作「昔者」。
- 五〇一頁上一四行「玉題」，資、磧、普、南、徑、清作「玉頴」。
- 五〇一頁上一七行首字「六」，資、磧、普、南、徑、清作「六和」。
- 五〇一頁上二〇行「關恭」，徑、清作「恭關」。
- 五〇一頁上末行「慈悲」，麗作「以慈悲」。
- 五〇一頁中一行「幽閑」，磧、南、徑、清作「幽閑」；普作「幽閑」。
- 五〇一頁中八行「自念」，諸本作「自今」。
- 五〇一頁中九行「上下」，資、磧、普、南、徑、清作「上下轉經」。
- 五〇一頁中一〇行末字「目」，資、磧、普、南、徑、清作「日」。
- 五〇一頁中一三行第四字「毫」，諸本作「亳」。
- 五〇一頁中一七行第三字「造」，資、磧、普、南、徑、清無。
- 五〇一頁中一九行末字「壷」，資、磧、普作「虚」。
- 五〇一頁下一四行末字「知」，資、磧、普、南、徑、清作「加」。
- 五〇一頁下一五行首字「隋」，徑、清無。
- 五〇一頁下二二行末字「定」，資、磧、普、南、徑、清作「之」。
- 五〇二頁上一行第二字「烈」，諸本作「列」。又「于霄」，諸本作「干霄」。
- 五〇二頁上二行末字「格」，資、磧、普、南、徑、清作「格樓」。
- 五〇二頁上四行第三字「色」，麗作「危」。又第一〇字「夸」，麗作「跨」。
- 五〇二頁上五行末字「降」，諸本作「隆」。
- 五〇二頁上七行「相拒」，麗作「相距」。
- 五〇二頁上一一行首字「圓」，諸本作「圖」。
- 五〇二頁上一六行第二字「諸」，麗作「諸州」。
- 五〇二頁中三行「普六茹」，資、磧、普、南、徑、清作「譜録如」。

辯正論卷第四

唐沙門釋法琳　撰

既

十代奉佛篇下

大唐高祖太武皇帝
大唐今上皇帝
魏大丞相勃海王
魏侍中太保司徒公廣陽懿
烈王
廣陽忠武王
魏司徒廣陽王
廣陽文獻王
魏相國高王
汝南王
魏宜都王
魏上黨王穆
魏常山王鷙
魏淮陽王尉
河東王荀
魏東陽王丕
淮南王他
魏秦王翰
魏司徒北海王詳
司牧高陽王雍
魏彭城王勰
魏濟南王文若
魏安豊王延明
中山王熙
魏瑯瑘王誦
魏尚書令廣陽王嘉
魏陳留王虔
魏齊獻武王
魏使持節中外諸軍事齊王
鉅鹿王闡
魏録尚書事彭城王韶
譙郡王亮
魏江夏王尋
臨洮王榮
魏太師大司馬洛州刺史馮熙
魏使持節幽州刺史司徒公胡
國珎
魏司徒祖瑩字元珎
魏司空李无為
魏太傅昌寧公李寔
魏少保建昌公賓略
魏司空高微書

魏司徒高隆之
魏侍中尚書令元乂
魏右僕射大行臺慕容紹宗
魏吏部尚書邢巒
魏驃騎大將軍儀同三司恒州
刺史陸政
魏太常卿恭侯鄭瓊
魏雍州刺史韓仲詳
魏黃門崔陵
魏幽州刺史盧令守
魏沛郡太守趙元則
魏河南尹武邑公李奬
魏太子中庶子御史中丞陸載
魏衛尉卿許伯桃
魏散騎常侍温子昇
魏寧遠將軍侯莫陳引
齊大丞相内外諸軍事常山王礭
齊太尉蘭陵王長恭
齊司徒瑯瑘王儼
齊録尚書事長廣王湛
齊大都督尚書廣平王
齊大司馬清河王亶
齊左僕射廣寧王孝衍

齊侍中使持節尚書令錄事都
督趙州諸軍事驃騎大將軍開
府儀同三司護軍將軍趙州刺
史帶六州都督并大中正長安
公晉昌王唐邕
齊右丞相咸陽王斛律明月
齊左丞相平原王段孝先
齊錄尚書事淮南王和士開
齊太常清河王高岳
齊太宰章武王庫狄千秋
齊侍中泰王高彥歸
齊侍中尚書令元羅
齊尚書令高肇
齊太尉彭樂
齊司徒潘相
齊司空司馬子如
齊光祿大夫尚書僕射楊遵彥
齊少傅尚書僕射魏收
齊光祿大夫尚書僕射崔纖
齊右僕射崔季舒
齊左僕射燕子敬
齊僕射趙彥深
齊侍中斛律孝卿

齊侍中斛斯文若
齊侍中徐之才
齊侍中高正德
齊七兵尚書王元景
齊太常卿崔昂
齊散騎常侍劉逖
齊衛尉卿杜弼
齊殿中尚書邢子才
齊秘書監祖孝徵
齊尚書左丞封孝琰
齊使持節平南將軍仁州刺史
金紫光祿大夫安康侯樊儒
周柱國襄州揔管衛王
周柱國益州揔管趙王
周柱國雍州刺史齊王
周太師大冢宰柱國大將軍晉
國公宇文護
周柱國尚書僕射楚國公豆盧寧
周太傅柱國大將軍大宗伯鄧
國公竇熾
周侍中柱國大匠卿武衛將軍
冠軍將軍中散大夫安豊公段踦
周柱國雍州牧南兗八州諸軍事

兗州揔管鄭國公竇恭
周大將軍幽州刺史安定公宇文貴
周開府儀同三司太子洗馬雲
寧莊公瑯琊郡王拓拔勝
周使持節陝州都督行臺郎中通
直散騎常侍河東公宇文善
周開府儀同三司陽化公元昂
周柱國大將軍隴西東公楊纂
周通州刺史右侍上士散騎常
侍楊操
周司空貞侯鄭穆
周侍中少傅京兆郡守行臺郎
中大匠卿燕郡公盧景仁
周太保柱國大將軍吳武公尉
遲安
周大將軍南蠻都監常山公柳
慶之
周北荊州刺史安道公席碩
周使持節柱國大將軍大都督
潼州刺史徐國公若干鳳
周使持節太傅柱國大將軍清
河公侯莫陳休
周太師柱國蜀國公尉遲迥

周開府儀同三司安政公史雄
周開府平北將軍仁州刺史安化公丘洪賓
周益州府中郎新州刺史蔡哥
周開府威遠將軍王静
周大將軍和雜雄
周大將軍尒綿永
周司金大夫破多羅紀
周軍司馬洪和公意力懃仲慶
隋秦王俊
隋蜀王秀
隋漢王諒
隋太師上柱國申國公李穆
隋太保上柱國薩國公長孫覽
隋上柱國使持節淮南揔管壽州刺史觀王楊雄
隋大司馬上柱國神武肅公竇毅
隋上柱國尚書右僕射魯國公虞慶則
隋上柱國尚書左僕射齊國公高熲
隋上柱國右衛大將軍陳國公竇抗

隋上柱國武衛將軍梁國公侯莫陳芮
隋上柱國洛豫十七州諸軍事洛州刺史詢陽公元孝矩
隋上柱國荆州揔管上明公楊紀
隋上柱國尚書左僕射越國公楊素
隋上柱國尚書右僕射納言邳國公蘇威
隋上柱國都督河東諸軍事河東太守竇慶
隋柱國右衛將軍南康公劉嵩
隋驃騎將軍儀同三司汾州刺史崔鳳
隋上柱國何明王楊辟邪
隋兵部尚書上大將軍龍崗公段文振
隋著作郎濟南侯王劭
隋上柱國亳靈四州揔管海陵公賀若誼
隋使持節大將軍涼州諸軍事涼州刺史趙國公獨孤羅
隋上柱國涼益六州揔管將國襄

公梁睿
隋上柱國廣宗莊公李崇
隋上柱國左武衛大將軍使持節涼州刺史宇文慶
隋上大將軍營州揔管魏興公韋世文
隋上柱國吏部尚書上庸公韋世康
隋廣漢太守襄垣侯薛琰

大唐高祖太武皇帝

纂堯居晉契武基周雲起龍騰撫期命世叶一匡以興運因九合而樂推發自參墟克定京室孚俗之規已布約法之教便申并集五星化覃四表地紐還正天維重張自東自西遠安迩肅而義旗初指經彼華陰望祀靈壇以求多祉其地乃万國朝宗之路六合交會之區可以瞻仰儀形栖遲禪誦乃於神祠之右式建伽藍造靈仙寺一所碑文李庚子百藥製藻繡交映金碧相暉引曜朝夕之光熿爛虹蜺之彩花臺窈窕近對蓮峯畫觀岧嶢斜臨貝闕又造像書經脩修禔福

京師造會昌寺勝業寺慈悲寺證
果尼寺集仙尼寺又捨舊第為興聖
尼寺并州造義興寺並堂宇輪奐象
設嚴華複拱圖星重楣畫月高牕蕩
霧洞戶延風慧苑禪林莫不周備武
德九年於朱雀門南通衢之上普建
道場設無遮大會繽紛羽客執板来
儀容與福田揚烟撼華步塵繞引
殆遏行雲清梵徐迴堪留度鳥芬芳
妙供形五淨而肇来照灼名花麗三
山而捧至於是車馬偪側士女軿填
若湊峴山如爭褉飲假令日光通夢
唯傳白馬之徵菩薩應生徒聞赤烏
之歲比之今日良有愧哉又為太祖
元皇帝元貞皇太后造栴檀等身像三
軀相好奇特莊嚴希有於慈悲寺供
養武德元年仲春之月于時韶景揚
暉青祇獻祉兩儀交泰万物咸亨應
多福之宜布惟新之澤命沙門道士
各六十九人於太極殿七日行道散
席之日設千僧齋法琳以釋老二教
同處弘宣冀神功將三景連衡寶命
與二儀齊久乃課鄙詞上頌云尒

緬尋曠古逖聽元皇因時作訓用智
垂芳祈恩望祑報德蒸嘗唯崇小祀
馬聞大方未弘三教但諷九章膺期
撥亂粵我聖唐明達因果端拱文昌
化侔十號仁深百王律中仲月時登
少陽下憐蠢蠢上荅蒼蒼式陳金闕
爰開道場日宮照曜星臺焜煌空懸
珠影焰動輪光雲披玉字烟散名香
供疑飛下聲含鳳銷麒麟表瑞甘露呈
祥功隨刧遠德共天長恩霑有際澤
被無疆命同元始體類金剛鴻基永
永降福穰穰

大唐今上皇帝稟太易太初之氣資天
皇天帝之靈幽房啓高陽之基姚墟
構重華之業赤光流戶紫氣衝天龍
顏鳳臆之形日角月懸之相河目海
口之異豊上銳下之奇聰聖玄覽知
來藏往探幽入微窮神盡性厥天
授其體自然龍潛之初德綸大下
屬隋氏世季寓內分崩火燎崐峯
水飛滄海王世充拔扈於翠洛竇
建德越趄於冀定唐弼薛舉既蟻聚
於三秦黑闥武周亦鴟張於六郡皆

為逐鹿之意各開僭號之儀擁无賴
之子弟率烏合之徒衆繼牛羊之力
發水草之山河右以来龍虵競起中
原之地玉石俱焚遂使地表天垂競
有来蘇之歎上京要服人興杼軸之
悲我皇居帝子之親膺天策之命用
若勵之重救蹈冰之危以夕惕之深
赴倒懸之急脩行九伐揔統六軍上
臨之以日旗月旗下布之以天陣地
陣鼓聲振野氣動天門角響鳴山威
驚地戶於是帶流星而迴入乘奔電
而前驅莫不瓦解冰銷風行草偃凱
歌獻捷無與論功自天皇九紀已来
五十二戰之後凡經一百二十五代一
千三百五十九世一千一十二万二
千一百二十七年已来仗鉞臨戎麾
旄誓衆驅除氛祲夷剪欃搶拯横流
之溺救燎原之禍平一區宇廓清天
步未有我皇之用兵也高祖凝神緬
聖馳想烟霞之表出窅入冥高蹈天
人之外往以万方昏墊百神愆祀函
類陽之高風拯率土之沉溺黔黎蒙
再造之德庶類荷裁成之恩不以黃

屋為心術以蒼生為念脫躧之懷無忘於靈府釋負之志有形於眀發喜禘郊之可託忻宗祐之有主考時練日傳大寶於少陽矣自光膺監撫作貳春宮德覃內外仁被幽顯既而重光掞彩照燭宇宙之間副武弘仁衍溢風雲之際聿遵三善爰貞万國及天門重啓寶曆惟新臨赤縣而大誓莊嚴撫黔黎而廣興利益開四等之日遍燭堯雲揚六度之風横流舜雨寶舟沉而更涌慈雲卷以還舒仙臺將法苑共華玉鏡與金輪齊轉澤周有頂道被無垠靈應休徵兆符先見究仁徳孝史備後書每以解網為心結繩在念意欲永空囹圄長息烽爟蠢蠢群生同歸仁壽茫茫率土共奉真如貞觀元年歲肇夾鍾之月高竪勝幢少陽沾洗之辰洞開慧殿京城僧尼並於當寺七日行道齋供所須有司准給散齋之日惣就大興善寺貞觀二年下詔日神道設教慈恵為先玄化潛通亭育資始朕恭膺大寶撫愛黎元矜愍之心觸類而長是

用傍求冥貺幽贊明靈所冀九功惟序五福斯應比嚴霜早降秋實不登靜言寡薄無忘懃惕今百穀滋茂万實將成猶恐風雨失時字養无寄敢藉聰明介茲多祉宜為溥天億兆仰祈加祐可於京城及天下諸州寺觀僧尼道士等七日七夜轉經行道每年正月七月例皆准此玄恩咫尺聖力冥扶景風膏雨應時戒節嘉苗穠秸被野亘原國冨九年之資家豊万箱之饒皇帝宿樹五恒曠資十善啓興王之霸業赴億兆之歡心但以建義之初時逢世季親當矢石屢摠元戎或東剪七雄西清八水縱神兵而殲封豕乘天策以斬脩虵既動赫斯之威恐結寃魂之痛其年季春躬發詔旨自隋末創義志存拯溺北征東伐所向平殄黄鉞之下金鏃之端凡所傷殪難用勝紀手所誅剪將近一千竊以如來聖教深尚慈仁禁戒之科煞害為重永言此理弥增悔懼爰命有司京城諸寺皆為建齋行道七日七夜竭誠礼懺所有衣服並用檀

捨莫三塗之難因斯解脫万劫之苦藉此弘濟滅惡障之心趣菩提之道三年孟春降勑京城僧尼於當寺每月二七日行道轉仁王大雲等經以為恒式登又奉勑波頗三藏等於大興善寺翻寶星經琳為序曰寶星經梵本三千餘偈如來初證覺道度目連身子及降伏魔王護持國土說此經也自像化東漸綿歷歲時三輪八藏之文四樹五乘之旨顯神光於石室流梵響於清臺雖複譯相尋尚多疑闕我大唐皇帝迺聖迺神允文允武乘機撫運拯溺救焚反上皇之風行不言之信去泰去甚既掩頓於八紘無事無為乃朝宗於万國澣海天山之地盡入堤封龍庭鳳穴之鄉咸霑聲教仁踰解網治踵結繩大德開閑外齊八則小心翼翼內整四儀臨赤縣而溢慈悲寄玄邑而敷弘誓每以諸法非有物我俱空眷言真要無過釋典有中天竺國三藏法師波頗唐言光智誓傳法化不憚艱危遠涉葱河來遊震旦經塗所亘四万餘里以貞觀元年庚戌洎

于京輦既登上席爰懋錦衣有詔所
司搜揚碩德兼閑三教備舉十科者
一十九人於大興善寺請波頗三藏法
師相對翻譯沙門慧乘等證義沙門
玄謩等譯語沙門慧明法琳等執筆
承旨慇懃詳覆審名定義具意成文
起貞觀三年三月訖四年四月凡十
卷十三品用紙一百三十幅惣六万
三千八百八十二言其年仲冬勝光
寺主僧珎奉勑就宮迎像於勝光寺
供養四年獻肇諸寺大德四十九人
經三七日慶像行道日滿設千僧會
王公並来行香琳又上皇帝繡像頌
曰緬以八樹韜光兩河晦迹居王戀仰
鑄鐵而寫全身迦帝翹誠鎔金而圖
具相洎乎青精南度白馬東翻像
教欝興靈儀遍跡於是儼神姿以登
秘井屈聖體而施明珠光烈張橋色
流滄濆亦佩日於漢后感揮毫於晉
君或顧步而躡万山乍徘徊而遊夢
渚禎祥嘉瑞兆自由来未有剋縷圖
真摸空範狀我大唐皇帝曩植四弘
夙資五德神功邁於軒昊至治美於

成康仁動上玄力侔大道慶雲垂彩
金鏡含七曜之暉瑞鳥呈祥玉燭和
四時之氣素髮文身之長俱請命於
王庭穿胷儋耳之酋共獻賝於魏闕
加以留心八正篤意五乘廣運檀那
聿修淨業永言善逝冥漠何追爰勑
上宮式摹遺景奉造釋迦繡像一幀
并菩薩聖僧金剛師子備擒仙藻殫
諸神變六文雜沓五色相宣寫滿月
於雙針託脩揚於素手妍踰蜀錦麗
越燕緹紛綸含七映之光布護列九
華之綵日輪吐焰藹周容之然蓮目
凝輝發秦姬之綫揚侯百里之珠慚
斯百福子羽千金之璧愧彼千輪華
蓋陸離看疑踊出雲衣搖曳望似飛
来何但思極迴腸抑亦巧窮玄妙以
今歲在庚寅月居太簇三元啓候之
節四始交泰之辰乃降綸言於勝光
伽藍設齋慶像四十九僧三七行道
大秦紅粟備香積之飡周穆金膏陳
梵王之供四等福田生生具足六因
善報世世莊嚴劫石碎而寶曆長存
芥城空而皇基永固不勝慶悅輕述

頌云
於鑠上帝天策我君乃神乃聖允武
允文就之如日望之如雲禎符輝煥
美氣氛氳光宅天下攸序彝倫體道
迴向式建福田針裁赤果縷制青蓮
文含綺爛彩奪霞然花疑迥發蓋似
空懸方諸踊地邁彼騰天歲在提格
時旅青陽奉遵徽命爰崇道場十科
星聚八座霞張風迴雅梵殿欝名香
鴻基盛業永永無疆
主上每以聽覽餘暇遊息藝林討孔
壁之舊披石經之訓覬百王之往事
考三教之指歸而謂語未涉於空空
事終淪於有有詳夫性靈真要可以
持心濟俗者莫過乎釋氏之教矣眷
言法藥有意流通爰有中天竺國三
藏法師本剎利王種姓剎利帝名波
羅頗迦羅蜜多羅唐言作明知識遠
聞唐國弘闡大乘故涉葱河来遊聖
世以貞觀元年大呂之月躬賫梵本
達乎上京昔高宗治興傳巖入夢今
我皇道感德星現野法師識度通敏
器宇冲邃五百應供結集之文八万

修多所詮之理自法蘭赴漢僧會遊吳傳譯相尋而有所未諭者法師皆委其由未究其異同假令內部諸計外人別執莫不吞若胷中說猶指掌至於承華論席肅成解義特蒙悅可簡在帝心其年孟春有詔波頗三藏等可就勝光伽藍翻譯般若燈大莊嚴二論上柱國尚書左僕射邪國公房玄齡散騎常侍左庶子啓事杜正倫等奉勑銓定碩德一十九人右光祿大夫太府卿蘭陵男蕭璟為勑使撿校百司供給四事豐厚琳又預充執筆廼為序曰般若燈論梵本有六千餘偈摩伽陁國種姓大士婆毗薜迦菩薩唐言分別明之所作也始夫万物非有一心如幻心如幻故雖動而恒寂物非有故雖起而无生是以聖人説如幻之心鑒非有之物了物非物則物物性空知心無心則心心體寂達觀之士得其會歸而忘其所寄於是分別戲論不待遣而自除無得觀門弗假修而已入蕩蕩焉不在不離無住無依者也佛滅度後七

百年間有出家菩薩厥名龍樹深達實相得無生忍為報佛恩開演中論付法藏云其人於像法中燃正法炬折邪見幢外國傳云智慧日已頹斯人令再曜世昏寢已久斯人寤令覺中論凡五師注釋分別明菩薩即一人也此菩薩多聞揔持智深志固以本願力不捨群生往修羅宮待見弥勒屬以去聖時遠衆論紛然致令雪山採藥多叔毒草深水求珠競持瓦礫誠恐一理不窮反增邪見一言不盡翻起異端乃纘述龍樹偈文為茲般若燈論其為論也訶斥內外贊揚真俗窮无生理究實相源照无不寂寄名般若執無不破喻日明燈蓋方廣之中心諸佛之行處矣嗟乎後之學者便息百城之遊永无五失之謬論凡二十七品為十五卷若內人立義皆標人名无名者例稱自部若外人立義亦標人名无名者例稱外人縛解品已前慧賾執筆觀業品已後法琳執筆於是起四年夏訖六年冬勘定既周繕寫云畢所司詳讀然乃奏

聞勑令所司各寫十部散付諸寺任共流通既踵輪王十善化世國內諸市悉斷屠行普禁民間不許宰煞江南之地立塞取魚三十餘州觸處皆尒必須破堰然乃取之所取者比鄧林之一枝枉死者過恒沙之億數又降慈造悉廢除之又屬歲阜時和海內豐稔又度僧尼三千人諸州散配既而德動上玄感通至聖七難俱殄七福脩臻恩洽九垠之表威加八極之外其年孟冬兇奴王頡利等並率其臣子携其部落襁負爭趨前後繼踵延望闕庭傾國而至謁天門而請命就夷邸以飡和不煩衛霍之師自窮巢穴詐假軒轅之衆席卷連迸漢南無雜虜之憂塞北罷強胡之寇馬岸龍堆之城既沐唐風交河清海之濵咸為聖土康哉康哉共歡於茲日無為无事同慶於今辰統天立極之功獨高前古奉佛崇善之業超諸往賢主上曾經戰場白刃相排至于登極情深厭衆乃下勑凡所陣場並建寺有司供給務令周備宇內凡置十所

嚴整可觀又昔因避暑躬幸南山下此神居啓玆大壯其地也帶泰川之眇眇接隴岫之蒼蒼東觀浴日之波西臨懸月之浦鳳企窮奇之石欝律鑽天龍盤譎詭之崖穹隆判漢豈獨巖崧撥日抑亦澗竹梢雲實四皓養德之場蓋三秦作固之所為太武皇帝捨而為寺既增利見因曰龍田又送太武及主上等身夾紵像六軀永鎮供養大衆所資有司供給无勞買地不待布金逆風和氣之香氛氳滿院吉祥柔滑之草瀾漫盈階又為穆太后於慶善宮造慈德寺甄叔迦寶閻浮檀金種種莊嚴一一華麗雖知所作希有猶言罔極未申六年仲夏於臺城西真安坊內為穆大后又造弘福寺孝玆形勝襟帶市朝爰命梟人開基締構甫移銀榜即此金園法侶摩肩朝貴延首其地則高墉負壥羅百雉而紆徐層城結隅峻九重而延袤於是廣闢寶坊備諸輪奐瞻星測景置臬衡繩王舄垂暉金鋪曜彩長廊中宿反宇干霄浮柱繡栭上

圖雲氣飛軒鏤檻下帶虹蜺影搭儀其相望經臺欝其並架罄丹青之矩雘殫藻繢之瓌奇妙極天仙思窮神鬼金盤承露比玉樹於甘泉寶鐸和風狀瓊林於安養疎鍾夜徹清梵朝揚韻合魚山響符龍木靈異之所栖宅定慧之所依憑了義息心於是乎在

魏大丞相勃海王

神氣精靈天姿秀異德備文武藝兼禮樂珪璋社稷之氣廊廟柱石之才實有王佐之風咸稱靜乱之託至於歸心服道獨超名輩不恡象馬无愛珠璣於定國寺興建寶塔

魏侍中大保司徒公廣陽懿烈王

魏廣陽忠武王　魏司徒廣陽王

魏廣陽文獻王　魏相國高王

魏汝南王　魏宜都王

右七王並敬信居懷敦崇為業或文或武匡國匡家叶柱石之風有廊廟之德知空雲之遷變識蜃氣之非常同悟巳身等歸磨滅乃迴心佛理共遵聖化咸受八戒俱持六齋造寺度

僧設會崇善

魏上黨王穆　魏常山王鷙

右二王稟性和厚美形貟鷙容貟魁傑要帶十圍立性方雅少言清慎常息省闥雖當炎暑不解衣冠官至侍中大司馬

魏淮陽王尉　魏河東王苟

魏東陽王丕　魏淮南王他

尉苟丕他並容貟壯偉大耳秀眉四十年中三長月六守齋持戒无替於時誦維摩經造法王寺年耆望重貟杖來朝然丕又聲氣高朗博記國事閑无不知及享宴之際恒居端坐每與王公學士大德名僧研味佛理抗音大言謂衆人曰佛教冲洽非儒墨者所知

魏秦王翰

閑當世之務盡成敗之理近事遠謀造次僃舉重仁行義朝野具瞻

魏司徒北海王詳　司牧高陽王雍

或親自本枝或地居外戚摠政本之要當神州之重並感圓珠慕勵巳心式光朝政敷宣治道而虛襟佛理崇

信法橋造像書經興立塔寺寫一切
經一十二藏
魏彭城王勰
罄盡心力保護世宗内外指撝至于
登立法門大啓佛事廣興修造伽藍
創建靈塔
魏濟南王文若
風流寬雅姿制閑裕吐發深美辞色
淹和時人為之頌曰三公楚楚盡琳
瑯未若濟南脩貞方至於口誦金
言心期淨土持齋菜食護法敬僧无
以加也
魏安豊王延明　中山王熈
並以宗室博古學文俱立道場齋講
相續以香汁和墨寫華嚴經一百部
素書金字華嚴經一部皆五香函四
寶函盛靜夜良辰清齋行道每放五
色神光照曜臺宇衆皆共覩倍更發心
魏瑯瑘王誦
義綜六經史該百氏衣冠儀貌朝野
所推高論清風獨起時輩蔚冠朝梁
武帝奇之與語終日梁武謂曰昔王
陵在漢姜維相蜀所在成名何必本

土其見禮如此常與梁武啓必云魏
臨淮王誦梁武亦不責之頗以敬重
為意六齋之日恒設淨供獻佛飯僧
俸禄所資多入經像
魏尚書令廣陽王嘉
喜愠不形況敏好學仁厚至孝造次
不渝讀一切經凡得三遍造愛敬寺
以荅二皇為衆經抄一十五卷歸心
委命志在法城
魏陳留王虔
姿氣魁嶷膂力絶倫自小出家虚心
慕道其後歸俗不廢習真雖干政
事頗敦勝業
魏齊獻武王
思隨冥運智與神行恩比春天威
同夏日坦至心於万物被大道於八
方修心尅己迴向正法造大悲寺
普濟羣生
魏使持節中外諸軍事齊王
魏鉅鹿王闡
魏録尚書事彭城王韶
魏譙郡王亮　魏江夏王彝
魏臨洮王榮

並英毅挺拔風格超倫而信敬法
言迴向釋氏
魏太師大司馬洛州刺史馮熈
文明皇太后之兄也奉佛至信於諸
州建浮啚精舍七十二所寫一十六
部一切經常與名僧講論佛義
魏使持節幽州刺史司徒公胡國珎
靈太后父也唯事齋絜自強礼拜書
經造像起正化寺供養百僧
魏司徒祖瑩字元珎
鍾美多福資神積善器局虛閑志
識開悟口含碧鷄之辯手握彫龍之
文義府玄宗於是乎在
魏司空李無為
率性不群自然行己鈎深致遠懷文
抱質鴻鵠將飛便懷四海之志驥騄
方騁已有千里之心雖政事殷廣常
以金剛般若為業每月六齋終身
靡廢
魏大傅昌寧王李寔
立身雅正為人清儉慎終令始奉法
尊師無廢六齋恒持五戒
魏少保建昌公寶略

素抱伊霍之量夙懷柱石之材專征授律知甲乙之孤虛當敵制權識風雲之向背富而不驕貴而无傲敬信崇重委命世雄造靈山法雲二寺供養二百許僧

魏司徒高敖曹

勇氣絕群武略超世

魏司徒高隆之

逸氣超倫德風可挹

魏侍中尚書令元乂

氣幹宏拔英華清照羽儀朝野匡贊有聞於岱州起法音寺

魏右僕射大行臺慕容紹宗

聰鑒可稱禮賢斯篤

魏吏部尚書邢巒 造普濟寺

有清規美談笑閑莊老味詩騷敬重大乘造像立寺

魏驃騎大將軍儀同三司恒州刺史陸政

平直無私守道寡欲有長仁之操善文雅之容口誦維摩以為論本時人高尚莫敢抗談即陸載之第二子也

魏太常卿恭侯鄭瓚

萱蘭表德琬琰為心朝貴羽儀人倫龜組起淨域寺建法華堂月別營齋年常寫像

魏雍州刺史韓仲詳 造棲君寺

簡略清通標舉雅俗深懷非我

魏黃門崔陵 造報恩寺

精心道藝託志詩書彫篆為文斧藻成德承風虛想望美傾心獨步當朝為物稱首而迴向三寶委質四弘於鄴城中起報恩寺

魏幽州刺史盧令守 造通玄寺

珪璋內潤風飈外肅器度淹美神用高明於幽州造通玄寺供養百僧

魏沛郡太守趙元則

稟精辰象資靈河岳幼擧擅美弱冠馳名信敬之志不移檀忍之心无竭寫經造像心未為勞

魏河南尹武邑公李彧 造彌勒寺

羽儀文物冠蓋相望守一抱貞志存安養三長之月必自清齋二親諱日達曙悲慘造彌勒寺供養百僧

魏太子中庶子御史中丞陸載

載本吳人為宋咸陽王義真行軍大

都督長史後沒赫連因即仕魏有才調善談謔為魏朝貴公所見稱重而性愛虛靜常以佛法為意每讀衆經贊揚玄旨末年精到經字放光口誦法花時感舍利

魏衛尉卿許伯桃

有長仁之風弘莫逆之道崇奉正法無替於時

魏散騎常侍溫子昇

有太冲三都之筆美子雲百奏之才錦繡相其文章金玉懸其暉映崇重妙法愛樂大乘

魏寧遠將軍侯莫陳引 造祇園寺

本漢中山靖王之胤涉漢已來肇有豊國因侯而氏遂稱陳焉造祇園等寺常營齋講及施悲田

已前並魏代時英一期髦彥欽仰佛教者梗概條之

齊大丞相內外諸軍事常山王確

勳業崇美特達超倫

齊太尉蘭陵王長恭

聰敏絕群朝野敬憚

齊司徒瑯琊王儼

翼賛皇家光隆朝政
齊録尚書事長廣王湛
股肱王室文武憲章
齊大都督録尚書事廣平王
智思超倫操履温直
齊大司馬清河王亶
業行優深風格道遠
齊左僕射廣寧王孝衍
識悟優遠貞幹令終
齊侍中尚書令録事尚書使持節都督趙州諸軍事驃騎大將軍開府儀同三司護軍將軍趙州刺史帶六州都督并州太中正長安公晉昌王唐邕造衆義莊嚴大寧國寺鑄弥勒金像一軀星氣程符岳神効祉屬此昌年挺兹上德光事五君寵加八命出陪黄屋入履青蒲拾遺補闕獻可替不軍制之経兵符之秘國之利寶不可不人心膂攸歸尸掌切密重以刺舉秸服督察全趙杖節申威下車布恵豪右兼并望風霜而斂手單弱擠墜沐雨露以息肩金口木舌提耳指掌衣食盈而知榮辱禮樂覃而識

忠孝旗亭絶奇褒之貨圖土有哀矜之識約比食魚清倅酌水參墟長吏畏之若神明農墅黎民仰之如日月加以良田居體真金在性遊戲衆法調伏諸根聞必修行見便随喜為國及蒼生於尭之舊都建衆義莊嚴寺擬大壯模卑象測圭表庋几筵皆陰面陽啓寒含燠月宫日殿晝夜齋光柰苑蓮臺春秋異態名僧踵武淨信連衡令月嘉辰爭𦥷礼拜又於陽平造大寧國寺寶刹上浮精廬遠秀梁栽文杏柱用梅檀黼藻相暉朱緑交映又鑄弥勒金像一軀合光七尺白石丈八像二軀并一切経三千餘卷修治故像一万許軀
齊右丞相咸陽王斛律明月
勇氣无前抱節弥勁
齊左丞相平原王段孝先
恪勤政事允副朝委
齊録尚書事淮南王和士開
篤敏勤恪奉法自強
齊太常清河王高岳　勇幹清美
齊太宰章武王庫狄千秋

猛毅恭順
齊侍中秦王高彦歸　沉愛優美
齊侍中尚書令元羅
才名之士王元景邢子才等咸為賔客然為性儉素恂恂接物崇敬三寶欽尚四弘於法喜寺興建七層浮圖博塔至於盡心以達聖主修己以畐求安則上寧於君下保於己蓋人倫之水鏡天下之楷模
齊尚書令高肇　造開居尼寺
齊太尉彭樂　仁厚著美
齊司徒潘相　尚仁貴義
齊司空司馬子如
學業清美介節峻舉
齊光禄大夫尚書僕射揚遵彦
識懷温敏風儀道逸早標玉潤夙擅金聲而文綜九功武苞七徳振天下之美譽感海内之懽心文宣高視於上京僕射揔知於時務鼓腹擊壤人無怨聲十年之中齊國大治達合之力揚公有焉而博涉内外兼開孔釋仁祠栫比刹相望法衆連衡士女迴向護持在意民具尒瞻

齊少傅尚書僕射魏收
俗閑禮樂揔緝彛倫深達苦空尊
重正法學該馬鄭才蓋應劉
齊光祿大夫尚書僕射崔纖
才膺佐命寵亞二南蓋朝廷具瞻人
倫勢望兼信佛法大建福田樂興名
僧高談至理書經造像修補伽藍
齊右僕射崔季舒
物望清高羽儀當世
齊左僕射燕子敬
奉上接下守法自強
齊僕射趙彥深　仁厚清恪
齊侍中斛律孝卿　義勇蓋世
齊侍中斛斯文若　清儉峻恪
齊侍中徐之才　德風遒舉
齊侍中高正德　儉約不渝
齊七兵尚書王元景　清通夙著
齊太常卿崔昂
篤義尚仁朝望名族
齊散騎常侍劉逖
學該七略才顯四門
齊衛尉卿杜弼
志節可稱言行惟允

齊殿中尚書邢子才
絢彩流光奇文蓋世
齊秘書監祖孝徵
學業優贍才藻映俗
齊尚書左丞封孝琰
清颸峻遠時望所先
齊使持節平南將軍仁州刺史金紫
光祿大夫安康侯樊偘 造竹林拔若等二寺
體調凝遠理識清明精誠壯志莫與
為儔於盧州造竹林寺在仁州造拔
苦寺造像書經年別不替
右齊世英賢北朝俊逸並學通今
古解貫玄儒而深信釋門洞明
因果手披五軸口誦金言其衆
也如草木之依大地其覆也猶
鱗介之汎長川至於白屋農夫
无名老叟薄知希向少發信心
者不可稱紀胡得措言所以福
祐於四生慶流於三世允仁允恕
及子及孫其能行之德无不至也
周柱國襄州揔管衛王 造鳳林寺
殖衆德本於襄州修造上鳳林寺憑
危跨谷接棟連雲香閣禪龕休巖架

岳佛事嚴整殿宇光華月入秋牕風
生夏戶忘憂滿院長樂盈階竹僣茅
簷松横石砌奇峯亘日迴樹參天寓
目開心自然忘返
周柱國益州揔管趙王 造慧眼寺
歸命仁祠在益州造慧眼寺重門跨
迥飛閣連雲鳥跂龍盤鳳翔鱗接牕
開神女之電梁映美人之虹簷四注
而傍臨階三休而直上金繩界道仍
圖忉利之園露幰垂階即寫由乾之
地三春令月八節嘉辰士女信心都
鄙豪俠委質迴向頂礼歸依
周柱國雍州刺史齊王 造安居寺
周太師大冢宰柱國大將軍晉國公
宇文護 造會同等寺
晉公地屬文昭名高主陝紬四履之
苞茅專五侯之征伐周文作輔庶績
咸凞皐繇為謩天下無事社稷由其
建立朝庭賴其銓衡而篤信不群迴
向無比興隆像教創製仁祠凡造法
王弥勒陟屺會同等五寺湯沐儆俸
不費水衡之財郡國減租無勞沆舟
之役潰陰寶鼎之地安邑紫殿之基

園開長者之金泉涌沙門之錫盡大
秦之木難傾日南之火齊製窮彫匠
不因工王之圖巧極神功方待由余
之對中天寶塔遥臨堅氣之臺涌地
靈龕還對盐車之坂持戒四部安居
二時恒轉法輪常凝禪室又供養宗
華寺

周柱國尚書僕射楚國公豆盧寧造羅漢寺及會宗寺
燕文明皇帝慕容晃之後祖什文成
皇帝直寢司隸大夫父萬柱國大將
軍涪陵公寧年始弱冠爰初筮仕月
角稱奇星精表德在軍三十七年身
經四十二戰胡兵不敢南牧趙人詎
肯東溯人倫水鏡當世杞梓而流愛
居心迴向為業造羅漢會宗二寺鑄
像寫經相續不斷

周太傅柱國大將軍太宗伯鄧國公
竇熾造白馬梵雲二寺
五陵冠族三輔良家孟津稱同德之
門咸陽乃先登之佐功參八柄位入六
符熾即安豊華胄也昔專黄老今
信大乘建白馬梵雲二寺種當來出

世之業

周侍中柱國大匠卿武衛將軍冠軍
將軍中散大夫安豊公陸干跱千木
後胤撫軍幼子風流重世嘉聲踵武
山澤通氣儀表純和時以茹如檀強
跨有燕薊奉命專對示其逆從即請
附降還敦好穆所獲口馬及金貝等
並用寫經并施孤老

周柱國雍州牧南兗八州諸軍事兗
州總管鄭國公竇恭
龜鏡彝聯衣瓔舄弈合門奉法咸韶
嘉慶

周大將軍幽州刺史安定公宇文貴
太祖文皇之孫柱國齊王之子東膠
西序敬業雜經德重儒林名高太學
事親盡孝奉佛惟恭擅忍在心老
而益至

周開府儀同三司太子洗馬雲寧莊
公鄉瑯郡王拓拔勝
侍中太保司州牧廣陽王嘉之孫父
通捨其國嗣脫躧王家敗碣石為香
城變睢陽為奈苑棄冠冕而服田衣
罷絃歌而遵雅梵莊公為父亦慕歸

依仍於私第常修淨業

周使持節陝州都督行臺郎中通直
散騎常侍河東公宇文善
公宇文善字仲良成童就學傳衣百
氏弱冠登朝逸轡千里大統初於沙
苑獻捷舉河東之地伏劒歸誠其宗
從鄉人並得開國而大信正法畏懼將
來造像書經一生興福

周開府儀同三司陽化公元昴
魏大丞相京兆康王之孫太保録尚
書恒芝之子温恭為節仁孝居心遊
學儒林早習經史深敬釋氏捨宅為
酬德寺

周柱國大將軍隴西東公楊纂
河南近臣華山貴胄祖丘以羽林三
軍治兵於六鎮父安仁北道大都督
朔州鎮將祖孝已來並崇佛教

周通州刺史右侍上士散騎常侍楊操
西漢十人東京四世朱輪花蓋弈葉
相承尚書忠公之孫汾州刺史之胤
二楊同世皆崇佛法

周司空貞侯鄭穆
出忠入孝肇自彼天敬佛重僧久而

無倦
周侍中少傅京兆郡守行臺郎中大
匠卿燕郡公盧景仁
太僕卿靖之少子雅好博古家傳析
薪之業夙夜強學世纘良弓之教三
兄景裕學冠玄儒四兄景辯博聞強
記俱能鑿啟憲章制度礼樂関中号
於夫子河上疑於仲尼並稱佛教窮深
莊老虛薄
周太保柱國大將軍吴武公尉遲安 造褒義寺及宣化尼寺
軒轅誕聖新鄭肇其洪源昌意降居
若水承其遺烈始祖魏氏之政封尉
遲國君官族表於世功命氏因于胙
邑蟬聯華緒彝鼎鏤其深功昜弈
崇基庸器紀其行業父柱國大將軍
長樂公夫人尚書昌樂大長穆公主
造褒義寺及宣化尼寺
周大將軍南鑾都監常山公柳慶之 造香山寺
嵩高峻極大夏雲攜器宇冲邈風度
凝整追王戎之簡要邁裴楷之清通
有德有才可師可尚於襄州造香山
寺刹飛雲表幡颺天香日殿蓮臺珠

藂金地遠方祇樹若寫鷄園
周北荊州刺史安道公席頎 造德王寺
器宇淹凝才略通濟銀章青綬明經
俯拾踈爵疇庸元功克舉令德彰於
國史策勳載于家諜基茲閥閱累葉
光華於鄧州造德王寺旁宇精嚴殿
堂爽塏住居形勝見者發心
周使持節柱國大將軍大都督潼州
刺史徐國公若干鳳 造至聖寺
司空之孫武公之子建社嗣齊執珪
續衛高峯掩日長翅垂雲造至聖寺
庶憑冥福
周使持節太傅柱國大將軍清河公
侯莫陳休
文武兼施忠孝偕舉生而念善常行
慈恕於大乘寺受戒發心寫一切經
造丈六夾紵無量壽像俸祿所致咸
舉檀那
周太師柱國蜀國公尉遲迥 造妙像寺
魏室喪乱經綸夷阻周朝建國匡翊
捐讓勳高効重所在籓方崇善慕福
久而弥著造妙像寺四事无闕法輪
恒轉三學倍增

周開府儀同三司安政公史雄 造安政寺
昔柱史留滯周南消聲函谷因官命
氏遂稱史焉祖遵涼州刺史父寧柱
國安政烈公並深謀宏略匡時濟世
而門崇三寶人奉八齋造安政寺冥
薰祖考
周開府平北將軍仁州刺史安化公
丘洪賓 造本起寺
世挺忠烈門承顯貴巷通長戟擬王
潘之居門方駟馬同魏舒之宅弟廣
化公並器均瑚璉質表珪璋難兄難
弟同元季之德或將或侯齊烈丹之
貴敬重釋氏研味法音捨其舊居為
本起寺
周益州府中郎新州刺史蔡哿
待詔金馬之門論儒石渠之學梁園
作賦遇等枚鄒從梁没周礼過申白
周開府威遠將軍王靜 供養高丸寺
周大將軍和雞雄 造和雞寺
周大將軍尒綿永 造尒綿寺
周司金大夫破多羅紀 造破多羅寺
周軍司馬洪和公意力懃仲慶 造意力懃寺
右周代

隋皇太子勇造像書經相繼不斷轉
誦行道無替於時
隋秦王俊　京師造延興寺濟度尼
寺并州造開化寺
隋蜀王秀　益州造空慧寺法聚寺大建昌寺　供養孝敬寺
隋蜀王秀妃長孫氏造福成寺
隋益州長史昌平公元嚴造福勝寺
隋漢王諒　京師造禪定寺并州造
內華寺法忍寺各度百僧供養
右三王並敬信居懷流通在意篤愛
仁孝秦王最優常持六齋每行十善
書經造像所在用心為襄州摠管之
日綏撫化導大得物情俗詠來蘇時
稱至晚其延興堂宇濟度神宮悉是
王所臥居捨而為寺
隋太師上柱國申國公李穆造修善寺
器度英舉風宇清曠奇功茂績兼
濟生民周道既衰三邊鼎沸肅寧方
面摧遏兇醜精誠丹款貫徹幽明志
慮沉深謀猷遐遠勳庸夙著名器早
隆感德至道坐鎮雅俗時宗人傑朝
庭羽儀爰用徂來之松新甫之柏建
興佛殿起立僧坊禪室鐘臺靡不精

麗講堂門屋咸悉高華
隋太保上柱國薛國公長孫覽造實際寺
降靈川岳稟和純粹山庭亙宇寘
符佐旗之德龜文河目天挺命世之
姿孝表率由忠為令則溫恭寬裕之
性簡文遠大之才治國隆家之道注
世濟時之略謇謇有周捨之氣肅肅
懷管仲之風十亂無以加三傑莫能
擬股肱良哉斯之謂也然而迴向法
本崇奉釋門捨其第居傾竭堂宇仍
充金地即構寶坊月殿金人蓮臺華
蓋種種嚴麗事事光新
隋上柱國使持節淮南摠管壽州刺
史觀王楊雄造歸依寺
平暴靜難之才傑侮運籌之策爪牙
之用既顯鷹揚之力遂宣光國光家
可大可久股肱攸屬文獻具瞻至信
法言汲引無倦興福造寺恒建檀那
弈葉公侯傳家台鼎識空鑒有服道
知歸其望益高其心逾下
隋大司馬上柱國神武肅公竇毅造雲華寺
幼稱令譽長號通人家有賜書門標
衛戟供奉四帝終始一心義重龍文

財輕蟬翼折獄動哀矜之念臨下盡
寬和之仁而護持三寶體達五家造
寺建齋以為常業
隋上柱國尚書右僕射曾國公虞慶
則造沖覺寺
弈葉衣纓朝廷杞梓志識詳幹器宇
淹通善六國之音達四方之俗既摠
彝倫之要備知惟案之機而篤信居
懷片善必記興福建寺所在檀大
起法堂廣羅佛殿於襄州造廬舍那
夾紵像高一百二十尺相好奇異靈
應殊常
隋上柱國尚書左僕射齊國公高熲
造真寂寺及積善寺
器局和允識慮優長礼綜夏殷樂窮
韶武百官氏族之諱九州土地之宜
憲章經緯之圖訓世字民之術朝政
之事知无不為其位弥高其心弥下
皇隋建極實有殊功而善達世間早
知幻化存心出要篤志香城至於七
覺花臺三明寶殿琉璃梵宇馬碯禪
龕奈苑祇園竹林檀閣遊者忘返一
一留人凡是名僧海內大德慧崇禪

師道孝法師等並感其敬信同起加
藍又延信行禪師別起禪院五衆雲
聚三學星羅道俗歸依莫斯盛也又
造積善尼寺頗亦嚴華
隋上柱國左衛大將軍陳國公竇杭造静法寺
三輔良家五陵貴胄洪源後於嬀水
層巘欝于岐山世載軒冕之榮門承
羔鴈之禮扶風振其茂緒平陵播其
槃根雖在俗塵志存出要
隋上柱國武衛將軍梁國公侯莫陳
芮造舍衛寺
卓犖不群骨梗无革衆謀王室首建
義旗去煩就簡之功佐命平暴之力
任居闈閫有積炎凉宿衛宮城頻移
氣序用心恭謹獨美當朝文物具瞻
聲猷遐布一門昆季三人駙馬敬信
崇重造寺書經每以法言循修善事
隋上柱國洛豫十七州諸軍事洛州
刺史左翊衛將軍詢陽公元孝矩造空觀寺
志識優遠風骨淩霜叅務治基早知
禁衛用心匪懈奉法无親捨其第居
充斯淨域靡恡資産常建福田玉質
金相英聲遠振

隋上柱國荊州捴管上明公楊紀造定水寺
荊門勝地楚塞神鄉艫舳之所混并
水陸之所衝要唯仁是寄非親弗居
布政宣條咸稱緊賴清風遠沐盛績
有聞人唱來晚之歌咸陳去思之詠
啓玆福地置此仁祠月殿流輝珠臺
曜彩花開粉壁荷發圓池至於鄭氏
維摩孫公安養皆為絕世妙盡丹青
隋上柱國尚書左僕射越國公楊素造光明寺
胙土開家俾侯建國少懷伊霍之志
長叶廉藺之風唐舉知其相秦郭賀
稱其輔漢聰明神粹器局淹弘納比
吞流照同懸鏡英雋天挺頴拔自然
至於推斥九流咀嚼三古挹衢罇而不
竭運蒼海而無窮方朔虞延恥諸鬼
岸曾臣朝錯懃斯智囊郁郁美其為
文桓桓壯其用武弼諧之力燮理之
功無以加也而尊重正覺開闡法門
俸祿所資並營淨業揆赤霄而興象
殿陵倒景而起鍾臺七寶之堂九層
之塔高臨漢表上出雲端布濩名花
綿蠻吉鳥善能留目甚暢遊情播美
關中傳名宇內

隋上柱國尚書右僕射納言邳國公蘇
武威造濟法寺
貞幹足以濟事和義足以利生確乎
不拔體乎其性隱弗違親貞無絕俗
類八公之赴漢同四皓之入朝國政
天網從斯大備頗閑百氏兼達三玄
放心於四德之場託質於五門之觀
書經造像礼佛燃燈脩彼莊嚴具
諸功德隋朝良宰蓋此吾人而心下
志高識幽見遠憲章文武敦緝彝倫
隋上柱國都督河東諸軍事河東太
守竇慶
文足字民武堪靜難況愛仁厚來晚
去思汲引為心檀忍不倦
隋柱國右衛將軍南康公劉嵩造律藏寺
武毅剛甚奉法無私猷離居家欽尚
解脫
隋驃騎將軍儀同三司汾州刺史崔
鳳造經行寺
操履貞肅奉法憂對篤愛大乘廻向
正道
隋上柱國河間王楊辟邪造大慈尼寺
儀貌溫雅志操貞確常欽出世早猷

有為
隋兵部尚書上大將軍龍嵓公跋文
振造靈化寺
世襲通侯家傳寵命器局和允識慮
優長武冠孫吳文高班馬待詔之策
屢顯應對之美日隆盖朝庭之羽儀
皇家之棟幹崇敬三寶體達四衢造
寺供僧寫經鑄像慈惠仁厚檀捨不渝
隋著作郎濟南侯王劭
學窮經史才邁群英著齊志一部釋
老志一卷又撰仁壽舍利見瑞記一
部惣叙佛法由來云釋氏非管窺所
及卒尒妄言之昔春秋莊公七年
四月辛卯夜恒星不見星隕如雨
而意說者以為四月八日佛生時也
案周四月夏之二月且辛卯非八
日年紀云言曾知不及他國年槩去
漢明帝夢金人其名曰佛於是遣使
往求經書又案漢武帝得休屠王祭
天金人劉向列仙傳云七十四人
在佛經矣然則明帝已前已有佛之經
像魚豢云老子入西戎教為浮圖者
此言出自化胡經不足取也漢世曰

辯正論卷第四　第四十九張　既

浮屠即佛陁也猶沙門與桒門語之
囀耳典略云黃帝夢遊華胥氏之國
華胥氏者即天竺國也在佛神遊之所
隋柱國亳靈四州惣管海陵公賀若誼
寔卿相之門稱冠盖之里山庭儀表
月窟風猷篤信大乘崇奉正覺
隋使持節大將軍涼州諸軍事涼州
剌史趙國公獨孤羅景公之世子獻
后之長兄敬法重人尊師尚義
隋上柱國涼益六州惣管將國襄公
梁睿導靈源於少昊分休蔕於伯益
東漢良宰西晉鼎臣敬信有聞丕業
克著
隋上柱國廣平公李崇
挺生拔華秀出䆠儔唯昆與季師王
友帝誦習般若興建法輪
隋上柱國左武衛大將軍使持節涼
州剌史宇文慶
包文武之幹略蹈仁義之規矩宣條
万里圖讚百城鑄像寫經為福无已
隋上大將軍營州惣管魏興公韋世文
聞詩聞礼之風三義三君之德鍾慶
流澤弈葉不窮慕正法於當年習微

辯正論卷第四　第五十張　既

言於積歲
隋上柱國吏部尚書上庸公韋世康
容狀魁岸風韻韶舉同玉樹之華茂
類璧山之朗潤善經略美銓衡歸心
慧門遊情法苑
隋廣漢太守襄垣侯薛琰
鳳毛麟角標文示武家崇正法門奉
玄風暨五涼四燕三秦二趙高門連
於閭闔崇基接于太階戚里之皇親
帝京之冨室顒顒慕道各各撗經口
誦金言手披玉軸至于隋代王公戚
名帝宇並欽崇釋教俱敬福田或造
寺摸經或行檀悲敬或誦味經典或
研覈玄義如是比屋可封差難具列
至如大唐朝伍賢官成林藩族以法
華為福基寶宗用塔寺為命代戴
尚書之普敬泰將軍之濟生或府省
同欽或寺臺共奉爰逮要荒華夷令
長沿諸僕隸等布一心各以佛理為
指南並修勝業為己任既形于耳目
故不即事而叙之豈以李老埋名故
由深鑒有託矣

辯正論卷第四

丙午歲高麗國大藏都監奉
勑雕造

辯正論卷第四　第五十一張　既

辯正論卷第四

校勘記

一 底本，麗藏本。

一 五〇九頁上二行撰者，資、磧、普、南作「沙門法琳撰」。

一 五〇九頁上二行與三行之間，諸本有「東宮學士陳子良注」。

一 五〇九頁上三行末字「下」，磧、普、南無；徑、清作「第二中」。

一 五〇九頁上四行首字「大」，徑、清無。

一 五〇九頁上五行首字「大」，磧、南、徑、清無。又「唐今上皇帝」，徑、清作「太宗文皇帝」。

一 五〇九頁上六行首字「魏」，徑、清作「魏元氏」。

一 五〇九頁上九行「廣陽」，資、普作「魏廣陽」；磧作「魏陽」。

一 五〇九頁上一八行末字「荀」，諸本作「苟」。

一 五〇九頁上二〇行首字「淮」，資、磧、普、南作「魏淮」。

一 五〇九頁中二一行第六字「公」，徑、清作「王」。

一 五〇九頁中末行第五字「徼」，諸本作「傲」。

一 五〇九頁下二一行第四字「督」，徑作「督録」。

一 五〇九頁下末行「孝衎」，磧、普、南、徑、清作「孝珩」。

一 五一〇頁上一行「使持……録事」，諸本作「尚書令録尚書事使持節」。

一 五一〇頁上四行第七字「并」，徑、清作「并州」。

一 五一〇頁上六行「明月」，徑、清作「字明月」。

一 五一〇頁上七行末字「先」，資、磧、普、南作「元」。

一 五一〇頁上一一行「彦歸」，諸本作「歸彦」。

一 五一〇頁上一八行末字「牧」，諸本作「收」。

一 五一〇頁中一行第五字「斯」，諸本作「律」。

一 五一〇頁中八行第二字「殿」，資、磧、普、南作「散」。

一 五一〇頁下八行「西東」，諸本作「東郡」。

一 五一〇頁下一四行第九字「吴」，磧作「昊」。

一 五一〇頁下一五行第二字「安」，磧、普、南、徑、清作「綱」。

一 五一〇頁下一九行「都督」，資、磧、普、南作「都督府」。

一 五一一頁上三行末字「賓」，諸本作「寶」。

一 五一一頁上四行第四字「府」，徑、清作「刺史」。

一 五一一頁上九行與一〇行之間，諸本作「隋弘聖宮樂平長公主隋(徑、清無)皇太子勇」一行。

一 五一一頁上一一行與一二行之間，諸本有「隋蜀王秀妃長孫氏　隋益州長史昌平公元嚴」。

一 五一一頁上一四行第七字「薩」，

諸本作「薛」。

一　五一一頁上二二行第五字「右」，〔徑〕、〔清〕作「左」。

一　五一一頁中四行「刾史」，〔徑〕、〔清〕作「刺史左翊衛將軍」。

一　五一一頁中九行第四字「武」，諸本無。

一　五一一頁中一二行「拄國」，〔徑〕、〔清〕作「上柱國」。

一　五一一頁中一五行「何明」，〔徑〕、〔清〕作「河間」。

一　五一一頁中末行第一一字「將」，諸本作「蔣」。

一　五一一頁下五行「惚管」，諸本作「揔管」。

一　五一一頁下一二行「一匡」，〔資〕、〔磧〕、〔普〕作「一主」。

一　五一一頁下一八行第五字「區」，諸本作「樞」。

一　五一一頁下二二行「窈窕」，諸本作「森聳」。

一　五一二頁上三行「輪奂」，〔資〕、〔磧〕、〔普〕作「輪奐」。

一　五一二頁上六行「普建」，〔磧〕、〔南〕、〔徑〕、〔清〕作「營建」。

一　五一二頁上九行「度鳥」，諸本作「度馬」。

一　五一二頁上一〇行第三字「形」，諸本作「類」。

一　五一二頁上一五行第六字「皇」，諸本無。

一　五一二頁中一行「因時」，諸本作「時因」。

一　五一二頁中三行第一〇字「諷」，諸本作「佩」。

一　五一二頁中八行「玉宇」，〔資〕、〔磧〕、〔普〕作「玉宇」。

一　五一二頁中一二行「穰穰」，〔資〕、〔磧〕、〔普〕作「禳禳」。

一　五一二頁中一三行「大唐今上」，〔徑〕、〔清〕作「唐太宗文」。

一　五一二頁中一七行「鋭下」，諸本作「兑下」。

一　五一二頁中一八行第一二字「厥」，諸本作「凡厥」。

一　五一二頁中一九行第二字「其」，〔磧〕、〔普〕、〔南〕、〔徑〕、〔清〕作「具」。又「龍潛之初德綸大下」，諸本作「往潛初德經綸天下」。

一　五一二頁中二〇行「世季」，諸本作「季世」。

一　五一二頁中二一行「拔扈」，〔南〕、〔清〕作「跋扈」。

一　五一二頁下三行第五字「山」，諸本作「凶」。

一　五一二頁下一九行首字「步」，諸本作「下」。

一　五一二頁下末行「不以」，諸本作「上以」。

一　五一三頁上一四行首字「寃」，諸本作「自寬」。

一　五一三頁上一八行第六字「沽」，諸本作「姑」。

一　五一三頁中五行「聰明」，〔南〕、〔徑〕、〔清〕作「聖明」。

一　五一三頁中九行第一〇字「戒」，

諸本作「居」。

一　五一三頁中一六行第五字「寃」，諸本作「怨」。又第一二字「春」，諸本作「冬」。

一　五一三頁下三行「僧尼」，諸本作「勅僧尼」。

一　五一三頁下五行第五字「登」，諸本無。

一　五一三頁下一四行第四字「信」，諸本作「化」。

一　五一三頁下一五行「滸海」，資、磧、普、南作「潮海」；徑、清作「瀚海」。

一　五一三頁下一六行第三字「堤」，南、徑、清作「提」。

一　五一三頁下一九行「諸法非有」，諸本作「諸有非樂」。

一　五一四頁上六行第六字「覆」，諸本作「覈」。又「定義」，徑作「寔義」。

一　五一四頁上一四行「戀仰」，磧、普作「懸仰」。

一　五一四頁上一六行「具相洎乎青精」，諸本作「真相乃洎乎青睛」。

一　五一四頁上一八行首字「私」，諸本作「松」。

一　五一四頁中一行第四字「動」，諸本作「勤」。又「大道」，諸本作「大造」。

一　五一四頁中四行「僭耳」，磧、普、南、徑、清作「瞻耳」。

一　五一四頁中九行第七字「沓」，諸本作「踏」。

一　五一四頁中一一行「七映」，諸本作「七曜」。又「布護」，諸本作「布濩」。

一　五一四頁中一二行「周客」，資、磧、普、南作「哀客」；徑、清作「哀宏」。

一　五一四頁中一三行第七字「綫」，諸本作「縷」。

一　五一四頁中一五行第六字及本頁下七行第五字「踊」，諸本作「涌」。

一　五一四頁中一六行「思極」，諸本作「極思」。

一　五一四頁中末行第一三字「輕」，諸本作「輒」。

一　五一四頁下一二行第九字「規」，諸本作「觀」。

一　五一四頁下一三行第九字「語」，諸本作「理」。

一　五一四頁下一七行第一一字「利」，諸本無。

一　五一五頁上三行「由末」，諸本作「首末」。

一　五一五頁上五行第一〇字「義」，磧、普、南作「我」。

一　五一五頁上六行第六字「年」，諸本作「四年」。

一　五一五頁上一六行「心如幻故」，諸本作「心幻如故」。

一　五一五頁上二二行第一三字「馬」，諸本作「焉」。

一　五一五頁中一二行「纘述」，諸本作「讚述」。

一　五一五頁中末行「然乃」，諸本作「乃上」。

一　五一五頁下一行末字「任」，諸本作「普」。

一　五一五頁下四行「立塞」，諸本作

「立寨」。

一　五一五頁下一一行「冬皃」，諸本作「夏匃」。

一　五一五頁下二〇行「之業」，諸本無。

一　五一五頁下末行第五字「務」，諸本作「豫」。

一　五一六頁上八行第七字「增」，磧、普、南、徑、清作「曾」。

一　五一六頁上一二行第五字「滑」，磧、普、南、徑、清作「軟」。

一　五一六頁上一六行第九字「爲」，諸本作「又爲」。

一　五一六頁上一八行第三字「開」，徑作「闕」。

一　五一六頁上二〇行首字「鄉」，諸本作「郭」。又「紆徐」，諸本作「紆餘」。

一　五一六頁上二一行「輪熡」，徑、清作「輪奐」。

一　五一六頁上二二行第八字「王」，諸本作「玉」。

一　五一六頁中七行首字「宅」，諸本作「託」。

一　五一六頁中八行「乎在」，至此徑、清卷第四終，卷第五始。並有「十代奉佛篇第二下」一行。

一　五一六頁中九行首字「魏」，資作「魏光氏」；磧、普、南、徑、清作「魏元氏」。

一　五一六頁中一一行第八字「氣」，磧、徑作「器」。

一　五一六頁下七行末字及九行第二字「苟」，諸本作「芶」。

一　五一六頁下八行末字「他」，諸本作「他造法王寺」。

一　五一六頁下二一行「地居」，諸本作「他居」。

一　五一六頁下二二行末字「心」，諸本作「亢心」。

一　五一七頁上一六行第七字「經」，諸本無。又第一〇字「皆」，諸本無。

一　五一七頁上二一行「蒻冠舿」，諸本作「弱冠歷聘」。

一　五一七頁中二行「梁武」，諸本作「而梁武」。

一　五一七頁中一六行第四字「坦」，諸本作「恒」。

一　五一七頁下一七行第二字「舿」，磧、徑作「騁」。又第一二字「殸」，磧、清作「殷」。

一　五一八頁上一行末字「征」，諸本作「正」。

一　五一八頁上二行第七字「孤」，徑作「狐」。

一　五一八頁上一〇行「元乂」下，資、磧、普、南有「造法音寺」四字。

一　五一八頁上一一行「叵賛」，磧作「匡賛」；徑作「臣賛」。

一　五一八頁上一五行小字「造普濟寺」，徑、清無。

一　五一八頁上一七行末字「寺」，徑、清作「寺即普濟寺也」。

一　五一八頁中四行小字「造韓史君寺」，資、磧、普、南作「造韓使君寺」；徑、清無。

一 五一八頁中五行末字「我」下，徑、清有「造韓史君寺」。

一 五一八頁中六行小字「造報恩寺」，諸本無。

一 五一八頁中一一行小字「造通玄寺」，諸本無。

一 五一八頁中一八行小字「造弥勒寺」，諸本無。

一 五一八頁中一九行「抱貞志存」，諸本作「抱真志在」。

一 五一八頁中二一行第四字「慘」，諸本作「感」。

一 五一八頁下一行「都督」下，徑有「長行軍大督都」。

一 五一八頁下二行第一二字「見」，諸本無。

一 五一八頁下四行第一〇字「到」，諸本作「至」。

一 五一八頁下一一行「金王」，諸本作「金玉」。

一 五一八頁下一三行小字「造祇園寺」，諸本無。

一 五一九頁上四行第八字「事」，諸本無。

一 五一九頁上八行末字「衍」，磧、普、南、徑、清作「珩」。

一 五一九頁上一〇行「事尚書使」，諸本作「尚書事使」。

一 五一九頁上一四行第一〇字「寺」，諸本作「二寺」。

一 五一九頁上一五行「劾祉」，諸本作「降祉」。

一 五一九頁上二〇行第二字「祜」，磧、徑作「秸」。

一 五一九頁中一行第七字「裹」，諸本作「貿」。

一 五一九頁中一〇行至次行「陽平」，諸本作「平陽」。

一 五一九頁中一二行第六字「用」，資作「因」；磧、普、南、徑、清作「鏤」。

一 五一九頁中一三行「合光」，諸本作「含光」。

一 五一九頁中一六行「明月」，諸本作「字明月」。

一 五一九頁下二行「彦歸」，諸本作「歸彦」。

一 五一九頁下八行第一一字「已」，諸本作「民」。

一 五一九頁下一〇行小字「尼寺」，諸本作「寺」。

一 五二〇頁上一行末字「牧」，諸本作「收」。

一 五二〇頁上三行「應劉」，諸本作「劉應」。

一 五二〇頁上一〇行「子敬」，磧、普、南作「子獻」。

一 五二〇頁上一四行第五字「斯」，諸本作「律」。

一 五二〇頁上一九行「朝望名族」，諸本作「當朝冠族」。

一 五二〇頁中八行小字「造竹林拔苦等二寺」，磧、普、南、徑、清無。

一 五二〇頁中九行「清明」，諸本作「清遠」。

一　五二〇頁中一五行「其覆」，諸本作「其遇」。

一　五二〇頁中一六行第四字「汎」，諸本作「流」。

一　五二〇頁中二一行小字「造鳳林寺」，磧、普、南、徑、清無。

一　五二〇頁下一行首字「巳山」，徑作「巴山」。

一　五二〇頁下五行小字「造慧眼寺」，磧、普、南、徑、清無。

一　五二〇頁下一〇行第九字「階」，諸本作「陰」。

一　五二〇頁下一三行小字「造安居寺」，磧、普、南、徑、清無。

一　五二〇頁下一五行「文讓」，諸本作「文護」。又小字「造會同等字」，普、徑、清無。

一　五二〇頁下一六行第九字「主」，徑、清作「王」。

一　五二〇頁下一八行「皐繇爲謩」，諸本作「皐陶爲謨」。

一　五二〇頁下末行第三字「漬」，諸本作「汾」。

一　五二一頁上四行「涌地」，諸本作「地涌」。

一　五二一頁上八行末至九行小字「造羅漢寺及會宗寺」，磧、普、南、徑、清無。

一　五二一頁上一一行第一〇字「萬」，磧、普、南、徑、清作「萇」。

一　五二一頁上一二行「涪陵」，諸本作「涪陵郡」。

一　五二一頁上一九行小字「造白馬梵雲二寺」，磧、普、南、徑、清無。

一　五二一頁中三行第一一字「干」，磧、普、南、徑、清無。

一　五二一頁中五行「茹如」，諸本作「茹茹」。

一　五二一頁中六行「逆從」，諸本作「逆徒」。

一　五二一頁中一一行末字「韶」，諸本作「歆」。

一　五二一頁中一五行「西序」，諸本作「西敘」。

一　五二一頁中二二行第一〇字「冤」，諸本作「冕」。

一　五二一頁下七行「大信」，諸本作「信奉」。

一　五二一頁下九行末字「昴」，諸本作「昂」。

一　五二一頁下一一行第二字「恒」，諸本作「桓」。

一　五二一頁下一四行「西東」，諸本作「東郡」。

一　五二二頁上四行末字「析」，徑無。

一　五二二頁上五行「世纘」，諸本作「世續」。

一　五二二頁上一〇行末字「安」，磧、普、南、徑、清作「綱」。

一　五二二頁上一一行小字「造袁義寺及宣化尼寺」，磧、普、南、徑、清無。

一　五二二頁上一三行第一三字「封」，諸本無。

一　五二二頁上一七行第七字「書」，磧、普、南、徑、清無。

一　五二二頁上一九行小字「造香山寺」，磧、普、南、徑、清無。

一　五二二頁中二行小字「造德王寺」，磧、普、南、徑、清無。

一　五二二頁中四行「无功」，諸本作「元功」。

一　五二二頁中八行「都督」，資、普作「都督府」。

一　五二二頁中九行小字「造至聖寺」，磧、普、南、徑、清無。

一　五二二頁中一八行首字「舉」，諸本作「用」。

一　五二二頁中一九行「遅迫」，諸本作「遲迴」。又小字「造妙像寺」，磧、普、南、徑、清無。

一　五二二頁下一行小字「造安政寺」，磧、普、南、徑、清無。

一　五二二頁下六行末字「考」下，諸本有「時人敬焉」四字。

一　五二二頁下八行「丘洪賓」，資、磧作「洪賓」；徑、清作「丘洪寶」。又小字「造本起寺」，磧、普、南、徑、清無。

一　五二二頁下一二行「烈丹」，磧、普、南、清作「列丹」。

一　五二二頁下一五行第四字「府」，諸本作「刺史」。

一　五二二頁下一七行「枚鄒」，諸本作「鄒枚」。

一　五二二頁下末行「右周代」，徑、清無。

一　五二三頁上一行前，諸本有「隋弘聖宮樂平長公主造萬善寺」一行。

一　五二三頁上八行「禪定寺」，磧、徑作「禪林寺」。

一　五二三頁上九行「内華寺」，磧、普、南、徑、清作「開業寺」。

一　五二三頁上一〇行首字「右」，諸本作「右秦蜀漢」。

一　五二三頁上一六行小字「造修善寺」，徑、清無。

一　五二三頁中一行末「高華」，徑、清作「尚華即修善寺也」。

一　五二三頁中二行小字「造實際寺」，徑、清無。

一　五二三頁中六行第三字「文」，諸本作「久」。

一　五二三頁中一二行「光新」下，徑、清有「即實際寺也」五字。

一　五二三頁中一四行小字「造歸依寺」，徑、清無。

一　五二三頁中二〇行「逾下」下，徑、清有「其所造寺即歸依寺也」九字。

一　五二三頁中二一行小字「造雲華寺」，徑、清無。

一　五二三頁下三行「常業」下，徑、清有「造寺即雲華寺也」。

一　五二三頁下五行小字「造冲覺寺」，徑、清無。

一　五二三頁下一二行「殊常」下，徑、清有「其所建寺即冲覺寺也」九字。

一　五二三頁下一四行「造真寂寺及積善寺」，徑、清無。又末字「寺」，諸本作「尼寺」。

一　五二三頁下一七行第四字「緯」，諸本作「國」。又「字民」，徑、清作

「安民」。

一　五二三頁下二二行「遊者」，諸本作「處處」。

一　五二四頁上一行至次行「同起加藍」，諸本作「同赴伽藍」。

一　五二四頁上五行小字「造静法寺」，徑、清無。

一　五二四頁上六行第一一字「後」，諸本作「浚」。

一　五二四頁上七行「冤之」，諸本作「冕之」。

一　五二四頁上八行「播其」，諸本作「結其」。

一　五二四頁上九行「出要」下，徑、清有「嘗造静法寺焉」六字。

一　五二四頁上一一行小字「造舍衛寺」，徑、清無。

一　五二四頁上一七行「善事」下，徑、清有「造寺即舍衛寺也」七字。

一　五二四頁上一九行小字「造空觀寺」，徑、清無。

一　五二四頁上二〇行第三字「優」，諸本作「幽」。

一　五二四頁上末行「遠振」下，徑、清有「嘗造空觀寺」五字。

一　五二四頁中一行小字「造定水寺」，徑、清無。

一　五二四頁中八行「丹青」下，徑、清有「即定水寺也」五字。

一　五二四頁中九行小字「造光明寺」，徑、清無。

一　五二四頁中一六行「斯智」，磧、普、南、徑、清作「其智」。

一　五二四頁中一九行第一二字及次行第五字「而」，諸本無。

一　五二四頁中二一行「布濩」，諸本作「布濩」。

一　五二四頁中末行「宇內」，資、磧、普、南作「海內」；徑、清作「海內嘗造光明寺」。

一　五二四頁下二行首字「武」，磧、普、南、徑、清無。又小字「造濟法寺」，徑、清無。

一　五二四頁下八行末字「具」，諸本作「其」。

一　五二四頁下一〇行「昇倫」下，徑、清有「嘗造濟法寺」五字。

一　五二四頁下一五行「柱國」，諸本作「上柱國」。又小字「造律藏寺」，徑、清無。

一　五二四頁下一六行「武殺剛甚」，諸本作「武毅剛真」。

一　五二四頁下一七行「解脱」下，徑、清有「嘗造律藏寺」五字。

一　五二四頁下一九行小字「造經行寺」，徑、清無。

一　五二四頁下二〇行「憂對」，諸本作「優勤」。

一　五二四頁下二一行「正道」下，徑、清有「嘗造經行寺」五字。

一　五二四頁下二二行小字「造大慈尼寺」，徑、清無。

一　五二五頁上一行「有爲」下，徑、清有「嘗造大慈尼寺」六字。

一　五二五頁上三行小字「造靈化寺」，磧作「造雲化寺」；徑、清無。

一　五二五頁上五行「文高」，諸本作「文齊」。

一　五二五頁上八行「不渝」下，徑、清有「其所造寺即雲化寺也」九字。

一　五二五頁上九行第四字「郎」，資、磧、普、南無。

一　五二五頁上一三行第四字「妄」，諸本作「而可」。

一　五二五頁上一四行「不見」，諸本作「不見夜中」。

一　五二五頁上一六行「夏之二月且」，諸本作「於夏之六月日」。

一　五二五頁上二〇行第九字「云」，諸本作「讚云」。

一　五二五頁上二一行第九字「已」，諸本無。

一　五二五頁上二二行「爲浮」，諸本作「作佛」。

一　五二五頁中四行第四字「毫」，諸本作「毫」。

一　五二五頁中一四行第五字「廣」，諸本作「廣宗」。

一　五二五頁下二行「庸公」，諸本作「唐公」。

一　五二五頁下一三行「摸經」，諸本作「立形」。

一　五二五頁下一四行第二字「覆」，諸本作「叢」。又「差難」，諸本作「尤難」。

一　五二五頁下一五行第六字「伍」，磧、普、南、徑、清作「仕」。

一　五二五頁下一八行第五字「臺」，資作「基」。

一　五二五頁下一九行第四字「僕」，諸本作「讚」。又第一〇字「各」，諸本作「者也」。

一　五二五頁下末行「卷第四」，徑、清作「卷第五」。

辯正論卷第五

唐沙門釋法琳　撰
東宮學士陳子良注

既

佛道先後篇第三

儒生久之更為議曰尋佛教東夏未六百年晉宋已來其風始盛猶謂功無與等世不能名況老教中華年代綿遠經史具載略可而聞案道經元皇曆云吾以清濁元年正月甲子下師伏羲治國太平白日昇天又云赤分元年八月甲辰下師神農太元元年下師裕一本作松容凡經一十二代變為一十七身始自玄老終乎方翔隱真論云處天地之先不以為長在万古之下不以為久隨時應變與物俱化勘其遊世輔國時節可知至於誘引黎元匠成品物安能紀乎略計已經二百七十餘万年矣彈曰太素之時氣形始具清濁未判名之渾沌二儀既而不分三才眇而未見六紀序命之外伏羲方生四姓燧人之末神農始誕何得庖炎二皇出清濁之世祝容六甲生未分之前委巷之書不足承信也故云常道非可道之道無名非可名之名既曰寂寥是稱恍惚詎周朝而為柱史居漢世而作大臣戲水乘魚遊空駕鵠玉井含潤美地下之飛泉金竈生烟烈人間之焰火三宮白珠之帳或餌甘芝九花青璞之階恒飡練髓玫瑰琥珀之樹不日舒光瑠璃馬瑙之枝無風自響髑髏能語曾假問於莊周白骨還生豈虛談於徐甲西王玉文之業聖女肇来東海金色之梨仙人捧至形无定所見種種之容情有異端啓紛紛之迹超江跨海詎藉舟航入市登山隨心自在綿綿亘測眇眇難尋莫不利益天人揩摸今古釋氏之化日月未淹焉得與道而為比校開士讓曰吾子學无稽古困在師心不能擇善返迷而守株信度吾聞智无不周曰聖化不可測曰神遠近難尋始終莫究者其在茲乎焉欲措意於其間也子疑尚擁當復言之何者

夫世界初成未有日月二大菩薩下救蒼生爰列三光是與八卦伏羲皇者應聲大士春秋內事曰伏羲擁列三光建五八節以文應氣有二十四消息禍福以制吉凶也是以羲氏和氏世掌日月之官皆伏羲之後也故曰名羲和蓋羲皇之本号也女媧后者吉祥菩薩何以明

辯正論卷第五　第二張　既

之尋此劫中千佛出世第四佛者即釋迦文自餘續興終乎劫盡介乃劫劫相次則佛佛无窮者也立世毗曇云跋陀劫中凡有千佛相續出世以法化不絕故号賢劫一賢劫中有成住壞空四大中劫也如從十歲至八万歲復從八万還至十歲如此上下經二十反為一小劫二十小劫為一成劫凡經八千万万億百千八百万八万歲為一小劫俱舍又云七火一水七水一風灾七火灾已度然後風灾起經八八六十四大劫過四不可數始是一賢劫也住劫之中方有佛出相次一千釋迦如來位當第四餘有九百九十六在世界是佛佛報衆生是佛緣因但有衆生即有佛也依須弥像圖山經及十二遊經並云成劫已過入住劫來經七小劫也光音天等下食地肥諸天項後自甘光明遠近相照因食地肥欲心漸發遂失光明人民呼嗟尒時西方阿弥陀佛告寶應聲寶吉祥等二大菩薩汝可往彼與造日月開其眼目造作法度寶應聲者示為伏羲寶吉祥者化為女媧後現命盡還歸西方山海經云身毒之國軒轅氏居之郭朴注云則天竺國也信知三皇根起在彼奉佛使者故不疑焉取例尋文可以意得帝系云開闢之初人情昏皴唯眠與食莫曉逆從起乎太昊上皇因時作範比象畫卦尊界位焉始知敬以奉上慈以育下微用心識漸開慧路自非无涯大悲深妙解脫孰能俯質同愚發蒙化世二聖来應信而有徵其弘道也塵劫所不窮其利物也巧曆所不計過去倍於恒沙未来逾於上數汝尤皇之歲猶大地之始一塵開闢

辯正論卷第五　第三張　既

之年比滄海之論一滴耳非所聯類也非所頡頏也夫食木之虫尚不知皮外之味豈知宇宙之廣哉案三史正文與五經典誥並云老子周末時人次則阮氏七録王家四部華林遍略脩文御覽陶隱居之文劉先生之記王隱魏収之録楊玠費節之書並編年紀咸為代曆莫不共遵正史曾無異談隋世有姚長謙者名恭齊為淩遼將軍在隋為脩曆博士學談內外善窮筭術今太史令傅仁均受業師以春秋所紀不過七十餘國丘明為傳但叙二百餘年至如世系世本尤失根緒帝王世紀又甚荒蕪後生學者弥以多惑開皇五年乙巳之歲與國子祭酒開國公何妥等被召脩曆其所推勘三十餘人並是當世杞梓備語經籍者據三統曆編其年号上拒運開下終魏靜首統甲子傍陳諸國爰引九紀三元九頭五龍括提合雄連通序命脩飛因提善通等之九紀謂天皇人帝五經十緯六藝五行開山圖括地象古史考元命苞援神契帝系譜鈎命決始學篇太史公律曆志典略之與世紀志林之

與長曆百王詔誥六代官儀地理書權衡記三五曆十二章方叔機陶弘景等數十部書以次編之合四十卷名為年曆帝紀頗有備悉文義可依從太極上元庚戌之歲至開皇五年乙巳積有一十四万三千七百八十年矣梁紀云從開闢至梁太宗大寶二年凡二百八十三代七十六万一千四十五年案諸部年紀莫見老氏為伏羲師者此一虛則百事无實長謙紀云佛是昭王二十六年甲寅歲生穆王五十三年壬申之歲佛始滅度至開皇五年得一千五百七十六載矣與周書異記并漢法本內傳及法王本記與吳尚書令闞澤魏曇謨寂法師等所記不差推老子以桓王六年丁卯之歲仕周敬王三十二年癸丑之歲五月壬午乃西渡關至開皇五年得一千三十七載案葛仙公序云老子以上皇元年太歲丁卯二月十二日丙午為周師者即桓王丁卯之歲也又云无極元年太歲癸丑五月壬午去周西度關者即是敬王癸丑之歲捻三皇以下本記亦無建元至漢武世始有元

號彼稱上皇元極等並為妄說全无依據又高麗王表問齊后諸佛生世可得聞乎文宣帝召上統法師為受具報于時引周穆傳並穆王別傳也以對使人與姚長謙所引无異劉向列仙傳曰聃與尹喜倶之流沙之西服巨勝實是知孔老二儒皆生周末老在佛後雋十二王國語云幽王二年三川震岐山崩伯陽父云周將亡矣別有老人非老子也案梁元帝解莊老云老子以景王初終莊生以景王末卒姚將軍言孔老相見問禮之時亦在景王十年景寅之歲為尹說經亦於景王之時此則佛先道後的可明矣子云清濁之年為國師者甚大河漢不近人情原夫清濁始兆而陰陽未分陰陽未分則兩儀尚渾兩儀尚渾則三才莫形是以窈窈冥冥不可名也甲子起於大撓年月定於堯典非唯羲皇未出固是天地靡開驗知天地構精男女化生義之與老其是人耶必在二儀之內不越三才之中焉得道聽途說以自欺乎又言方朔亦

聃之身弥不可也傳云東方朔者歳之之精也何以明之尋曼倩在朝二十餘載歳星不見亦二十餘年朔之去亡大精始出通人所紀驗可知矣抱朴子神仙傳云夫聖者不孤必應物以成化豈可天下國師皆待李耳一人乎異哉斯言良盡美矣若歷多世唯一老聃為師亦経多朝皆一義皇為主既有多政必賴多君信可一師但佳一治耳如其歷代並是聃身斯固之言出何承據葛稚川云並是无識道士假生神異豈其然乎

儒生問曰皇甫謐云老子出關入天竺國教胡王為浮啚此則老之與佛一時人也何為浪談前後以矯俗乎

開士諭曰尋夫至人玄寂有類谷神應變無方事同山響不疾而速豈隔華夷井坎之徒好師偏見朝三暮四空生喜怒是以虛己應物者必有千變之容狭情適事者豈知萬殊之妙案西域傳云老子至罽賓國見浮啚自傷不及乃說偈供養對像陳情云我生何以晚新本改云佛生何以晚佛出一何早新本改云泥洹一何早不見釋迦文心中常懊惱言不覩觀佛所以戀慕交像魏略西域傳云臨睍國王无子因礼浮啚其妃莫耶夢白象而孕及太子生亦從

右脇而出自然有蓮墮地能行七步其形相似佛以祀浮啚得兒故名太子為浮啚也國有神人名曰沙律年老髮白狀似老子常教民為浮啚近世黃巾見其頭白改彼沙律題此老聃曲能安隱詐哉天下前漢哀帝時秦景至月氏國其王令太子口授浮啚經還漢浮啚所載略與道経相出入也皇甫之言未究其本化胡經云罽賓國王疑老子妖魅以火焚之安然不死王知神人舉國悔過老子去我師名佛若能出家當免汝罪其國奉教甘為沙門也佛若先无老聃尹喜豈知變身為佛良以罽賓舊來信佛老氏因推佛以化之非起尹聃始有佛也隋僕射楊素從駕至竹林宮経過樓觀見老廟壁上畫作老子化罽賓國度人剃髮出家之狀問道士云道若大佛老子化胡應為道士何故乃為沙門將知佛力大能化得胡道力小不能化胡此是佛化胡何關道化胡于時道士无言以對也晉世雜錄云道士王浮每與沙門帛遠抗論王浮屢屈焉遂改換西域傳為化胡経言喜與聃化胡作佛佛起於此裴子野高僧傳云晉惠帝時沙門帛遠字法祖每與祭酒王浮一云道士基公次共諍邪正浮屢屈焉既瞋不自忍乃託西域傳為化胡経以謗佛法遂行於世人無知者殃有所歸故患累載幽明錄云蒲城李通死來云見沙門法祖為閻羅王講首楞嚴經又見道士王浮身被鎖械求祖懺悔祖不肯赴孤負聖人死方思悔魏世姜斌道士妄引開天經對魏明帝自云老子定王時生破邪論中備引斯證莊子云老聃死秦失弔焉關中記云老子葬於槐里今故扶風始平之南有槐里鄉然漆園吏親學聃道雖可宋曾邦異出世時同所說之文足堪依信靡往天竺灼然不疑皇甫士安斥其詭說明彼謬談敘老流沙皆無實錄備在高士安傳豈可詞乎佛先

道後尒无藏也

釋李師資篇第四

儒生問曰大唐運興盖太上老君周師李聃之聖胤也開無為之化弘道德之篇考曾子以業六經命司徒以敷五教導德齊禮仁布九區懲惡勸善威加四海天成地平遠安迩肅先宅寓內于茲八年於協洽之歲當夾鍾之月天子躬幸辟雍親臨釋奠沙門道士並預禮筵奉口勅云道士潘誕奏言悉達太子不能得佛六年求道方得成佛是則道能生佛佛由道成道是佛之父師佛乃道之子弟故佛経云求於无上正真之道又云體解大道發无上意外國語云阿耨菩提晉音翻云無上大道若以此而驗道大佛小於事可知何得浪判先後及師資耶

開士讓曰吾聞堯舜之典五伯不肯觀孔墨之籍季孟不能讀夫夏蟲不可以語冰者篤於時也曲士不可與論道者局於教也今當為子略明斯致夫妙色无形理融真際大音无說

體寂虛宗不可測之於言象不可尋之於視聽三際推而靡得二諦格而莫知冲性弗遷孰能令有至功罔墜孰能令無然則内外湛於百非稱謂淪於四句暨乎無形之形應周法界無說之說化洽情源故能運大悲以鼓之開大慈以攝之於是著弊垢衣現生五濁隱真實智權駕三車考夫一米支身本為摧伏外道六年樹下但欲斥破邪師（如本行經苦行品云諸外道等或一日食或七日食一日一食或七日一食或食牛羊糞或食藕根草技或常翹一脚或常舉兩臂或四枝拄地或五熱炙身自餓自墜塚間棘上卧灰土中事諸天神以求解脫菩薩觀其邪求乃行可畏極苦之行住寂靜心一坐不動如是六年日別一食一粒烏麻或食粳米小豆大豆菉豆赤豆六小麥等日唯一粒冀得支持以活於命身體羸瘦常患苦弱全无氣力手足不隨如八九十衰朽老公佛時說偈菩薩既至連尼河以清淨心岸邊坐為諸求道不真故欲行大苦化彼邪也）愍苦行之徒勞傷自餓之無益（悲愍外道无益苦行虛為自餓）然後食九轉乳（經史云是時善生村主二女聞天所告即集千牛搆取好乳展轉相飲至十五牛乳著于一分淨好粳米為於菩薩煑上乳糜當煑糜時現種種相或現万字之相或現帝釋梵王之形其乳沸涌上至半多羅樹一多羅樹已還下无有一滴棄於彼器溢餘處者於二月二十三日晨朝之時受二牛女一鉢乳糜食已身體平復如本受吉祥草坐菩提樹）證三菩提是時也六師眷屬莫不頂歸周羅（頂上髻髮也）千子魔王並共歸心降伏（尒時欲界魔王將其千子又三妖女鬼神兵衆八億或見臍中千眼項後八臂口中雷霆手出電光或虵燒左脇弋龍繞七服種種神變來惱菩薩菩薩放大光明呪希有相魔王眷屬並發菩心一時稽首）

邪鋒飈馬落刃慧日赫以舒光其汲引也如此其威神也如彼子所言道（九十五種之道）為彼道耶（問是九十五種道以不）為異彼乎（為非九十五也）若同彼者即二天三仙之徒（佛未出前有摩醯首羅毗紐等二天迦毗羅優樓迦勒沙婆等三仙行邪三寶以化世間如來出世並為弟子技宗餘者提婆菩薩挾破見智度論及百論）九十五種之裏富蘭那等是汝之師彼師所墮汝亦隨墮若異彼者即佛弟子何得謬云求我道故方得成佛潘誕之言罪莫大矣妄奏軒陛輕觸天威理合推繩其罪一也眯目朝廷疑誤信心變正為邪其罪二也以无上大師求域中小道違彼經教其罪三也長未來之謗黷黨見在之邪朋自誤誤人其罪四也既負詷聖之諐必入無間之獄塵劫受苦其罪五也且震旦之與天竺猶環海之比鱗洲聃乃周末始興佛延周初前出計其相去三十許王論其所經三百餘載豈有昭王世佛而退求敬王時道乎勾虛驗實足可知也（年紀云老子以周敬王三十二年癸丑之歲度函谷關西入秦地魏書云聃與尹喜敬王之世同出散關至開皇五年乙巳之歲得一千三十七載矣）儒生請曰

靈寶等經有太上大道先天地生鬱時勃洞虛之中煒燁玉清之上是佛之師能生於佛不言周時之老聃也為定是耶願聞其說開士喻曰五帝之前未聞有道三王之季始有聃名漢景帝以來方興道學窮今討古道者為誰（丹陽余玖興撰明真論一十九篇以駁道云夫至明者非對暗之明也故不可言至靜者非對動之靜也故不可道覆仰尋求道經之首冒道言者姓氏為誰復道阿誰言也道若有口即具五陰所成居在三才之内不免無常本拘分段還為仙道所攝）案六書七籍三傳九流雖為經國典謩莫不師宗於周易也易云五運相生漸分清濁兩儀既闢爰判陰陽（禮運云太一分而為天地轉而為陰陽變而為四時）所以乾元資始坤道資生三光著象于天乾之道也万物稟形于地坤之道也（乾鑿度云乾以象天坤以法地離彖云日月麗於天百穀麗乎地）故曰一陰一陽之謂道（說卦云立天之道曰陰與陽立地之道曰柔與剛立人之道曰仁與義兼三才而兩之故三畫而成卦也）陰陽不測之謂神道也者理也通也和也同也言陰陽運通三才位矣上下交泰萬物生焉有陰陽之道理能通生於人物天和地同則羣萌而類動也（禮月令云天氣下降地氣上騰天地和同万物萌動也）鼓之雷霆陽動也潤之風雨陰隨也故知不有天地道何從生不

有陰陽道何由靈豈得造化之前道巳先出假令有道不出天地之與陰陽（按神帝云聖不過天地神不過陰陽）夫天地者於事可明陰陽者在生有驗理數然也不云有道先天地生道既莫從何能生佛昔車胤解道德云在人為德及物為道殷仲文云德者得也道者由也言得孝在心故謂之德由之而成故謂之道是以孝為德本成曰道功德彰自立之名道有兼濟之稱內因德而行就外由道而化成生之蓄之道之要也成之熟之德之至也故論衡云立身之謂德成名之謂道道德也者為若此矣子所言道寧異是乎若異是者不足歸信豈有頭戴金冠身披黃褐鬚垂素髮手把玉璋別号天尊居大羅之上獨名大道治玉京之中山海之所未詳經史之所不載大羅既烏有之說玉京本亡是之談耳（案山海經云天下名山有五千三百七十所經五万四千五百里崐崘冣高大其上有玄圃蓋神仙所居有金城石郭瓊枝玉樹寶葉金花日月三光列于其下雲車羽旆鳳駕龍軒玉女仙童不可勝數次則海中三山蓬萊方丈孫興公名山賦云涉海則有方壺蓬萊登峯則有四明天台尔雅釋山止論五岳五京既是上上名山又云天尊所治之府何為山經不載廣雅無文也）子稱太上

為佛師者案徃代先儒及梁承聖解五千文久有明釋言太上有四其一曰下知有之謂三皇至五龍是也其二曰次親譽之謂伏羲與神農是也三曰其次畏之謂軒轅及帝嚳是也四曰其次侮之謂堯舜巳下是也禮記有云太上貴德其次務施報謂天皇人帝為太上也無別道神統論其教止是訓導君民汲引浮俗初未曾聞修万行而趣涅槃運四流以起生死案道經元皇曆云吾聞大道太上正真出於自然是謂為佛无為之君撿道經中唤佛為大道為太上為自然為正真為太極為无上者皆是佛也又云天竺國有古皇先生（言佛是太古元皇之先生）善入泥洹古皇先生者是吾師也遊化天竺今將返神還乎無名絕身滅有不死不終綿綿常存吾今逝矣（老君知佛泥洹所以陳云化緣事了於是告還門人未知今須自述云吾師者本在西方為此西界申其戀慕在文指的取證分明者也）三洞經云佛是道父西昇又云天下大術佛冣第一（言神通變化无窮也）化胡經云老子知佛欲入涅槃復迴在世号曰迦葉於娑羅林為衆說

問轉神入定經云思念一切開令傳云老子曰吾師号佛覺一切民也菜食誦經稱無上正真之道承佛威神号佛為世尊形與神遊受高上大聖十方至真巳得佛道撿道經處處皆稱佛為師也吾今為子釋茲在茲子當念茲在茲頂受而奉行也佛也者蓋絕稱之大宗至妙之幽宅不可以无取不可以有求果有其所以不有故不可得而有有其所以不無故不可得而無何者若本之有境則大患永滅推之無鄉則大悲不竭常理不可原自然之體也无心以成化大道之宗也三五莫能始古皇之先也不嚴以正俗無為之君也混沌不可測無名之主也綿綿其若存衆妙之本也其降靈也則為大道之師其開化也則為太上之父焉得閉目以觀天地塞耳而聽雷霆所以佛号法王世之調御下凡上聖靡不歸依豈有稱五老之神佩三皇之籙而能為釋氏之師乎（案出官儀云无上三天玄元始炁太上老君太上丈人無上玄老朝夕札儀大太上玄元五靈老君當召切官使者左右龍虎君騎龍騎吏）

侍香五童侍昏五女五帝直符然老者長也尊也言五老君吾衆仙之尊万神之長五靈五帝也郎靈感仰神三皇者天地人也項峻始學篇去天地初立有天皇十三頭在治一万八千歲括地象云天皇九翼飛以往來老子所事三皇五岳六甲符圖皆皇靈所制老子佩之以防身也然三皇符錄五老真文皆丹錄玉彩天文火字言佩之長生不死已至神仙所叙官屬將軍兵兵與俗無異顏光称王攻等去道者練形法在仙化佛者持心教在濟物論道所宗三皇及與五龍也故涅槃云諸佛所師所謂法也以法常故諸佛亦常吾更為子重明斯義案佛說空寂所問經及天地經皆云吾令迦葉在彼為老子号无上道儒童在彼号曰孔丘漸漸教化令其孝順須彌經云吾後千歲法當東流王及人民奉戒修善古錄云周惠王時已漸佛教一百錄年之從老子方說五千文也劉向序云吾捴藏書每見佛經當知佛化流此久矣也竊以三代將末六國就興遊說之徒心存苟得未患誇誕靡弊內穿鼓舌而騁奇謀搖脣而談唐利曹劇以之請戰屈完於是如師感被髮之哭伊川痛窮東之塡濟水三河震竭四夷交侵天閽飛螢鎬遊舞兔彭生為豕啼之怪杜伯見折脊之徵假令任處阿衡身居台輔莫不扇飄風凍雨之暴烈迴天轉日之威是以哀女獻王延烽火之禨楚人問鼎漸滔天之逆日者天地叛蕩

禮樂崩壞名辱身殘曾無顧恥蘋家覆國安忍忘歸詎知世界之何辜同念蒼生之塗炭所以佛遣三聖權化一方布治國之儀叙修身之術庶令其代刑用礼變薄還淳並是御物本情非出要之大道也若放心於三達之境寂慮於四德之場功被生靈澤均彼此者則他方大士動踰恒沙此上發心亦如塵竿諒非文字之所稱傳略舉六人以開慕仰文殊屈迹於當世弥勒補處於未来觀音普現色身惠覃退劫地藏護持震旦化洽无窮馬鳴兼三方於東夏猶朝陽之啓晨暉而使六合俱照龍樹跨万里於神州若明月之燭幽夜能令八表同光自斯已外或者年而弘道或童穉而宣法男女異形胡漢殊類莫不就緣施化隨處誘凡玄功利於百王至教流於九有名言茲在茲允出茲在茲無以子夏竊仲尼之名蝸角擬岷崘之大也儒生內袒叩頭矯手而舐足曰余請罪矣余請罪矣

辯正論卷第五

丙午歲高麗國大藏都監奉

勅雕造

辯正論卷第五

校勘記

一　底本，麗藏本。

一　五三五頁上一行「卷第五」，徑、清作「卷第六」。

一　五三五頁上二行撰者，資、磧、普、南同上卷。

一　五三五頁上三行「東宮……注」與四行「佛道……第三」，磧、南互置。

一　五三五頁上一二行第二字「下」，諸本無。又第八字「松」，諸本作「祝」。

一　五三五頁上一九行夾註右行末字「而」，資作「閬而」；磧、普、南、徑、清作「閬而」。又左第五字「眇」，諸本作「亦眇」。

一　五三五頁上二一行末字至次行首字「非可」，諸本作「出有」。

一　五三五頁中四行第三字「練」，諸本作「凍」。

一　五三五頁中六行第三字「問」，諸

本作「夢」。
一　五三五頁中七行「西王」，南作「西土」。
一　五三五頁中一七行第四字「欲」，諸本作「得」。
一　五三五頁中二一行夾註右「擁列」，諸本作「推列」。
一　五三五頁下五行夾註右「如搋攎」，諸本作「如是轆轤」。
一　五三五頁下六行夾註右「八万」，諸本無。又「小劫」，南、徑、清作「中劫」。
一　五三五頁下七行夾註右第六字「數」，諸本作「數劫」。
一　五三五頁下八行夾註右「緣因」，諸本作「因緣」。
一　五三五頁下九行夾註右「經七小劫」，磧、南作「已經七小劫」；徑、清作「已經八小劫」。
一　五三五頁下二一行第一二字「巧」，諸本作「算」。
一　五三六頁上七行第九字「玢」，諸本作「玠」。
一　五三六頁上一〇行夾註左「恃士」，諸本作「博士」。又夾註右「今太史」，徑、清作「即太史」。
一　五三六頁上一五行「何妥」，徑、清作「何晏」。
一　五三六頁中五行末字「積」，諸本作「計」。
一　五三六頁中八行「四十五年」，諸本作「四百一十五年」。
一　五三六頁中一五行第五字「記」，諸本作「説」。
一　五三六頁中一六行「三十二年」，諸本作「四十二年」。
一　五三六頁下九行「父云」，諸本作「又云」。
一　五三六頁下一三行第五字「景」，南、徑、清作「甲」。
一　五三七頁上一行末字「之」，資無；磧、普、南、徑、清作「星」。
一　五三七頁上四行第二字「大」，諸本作「木」。
一　五三七頁上末行夾註左第二字「礼」，資作「祀」；磧、普、南、徑、清作「在」。
一　五三七頁中五行夾註左「尹喜」，諸本無。
一　五三七頁中八行夾註右第三字「故」，諸本無。又左第四字「胡」，諸本作「故」。又「道化胡」，磧、南、徑、清作「道化也」；普作「道化一」。
一　五三七頁中一〇行第五字「浮」，諸本無。
一　五三七頁中一三行夾註左第三字「謚」，磧作「巫」。
一　五三七頁中一五行正文末字「妄」，諸本作「之望」。
一　五三七頁中一八行第三字「矢」，資作「失」；磧、普、南、徑、清作「佚」。
一　五三七頁中一九行夾註右「今故」，諸本作「今古」。
一　五三七頁中末行「傳豈」，諸本無。
一　五三八頁上一〇行夾註左末二字

「一日」，諸本作「或一日」。

一 五三八頁上一三行夾註右「日別正食」，資、磧、普、南作「日別止食」；徑、清作「日則上食」。

一 五三八頁上一四行夾註左「不隨」，磧、普、南、徑、清作「不遂」。

一 五三八頁上一五行夾註右「連尼河」，諸本作「尼連河」。又左「故欲」，諸本作「實故」。

一 五三八頁上一七行夾註右「經史云」，諸本作「經又云」。

一 五三八頁上一八行夾註左第二字「相」，諸本作「相或現千輻輪」。

一 五三八頁上末行夾註左末字至本頁下一行夾註右首字「繞右」，諸本作「盤左」。

一 五三八頁中一行夾註右「菩薩菩薩」，諸本作「菩薩」。

一 五三八頁中六行夾註右「紐等」，諸本作「紐婆等」。

一 五三八頁中一一行第六字「陛」，諸本作「階」。

一 五三八頁中一五行第二字「黷」，諸本作「讟」。

一 五三八頁中一八行第三字「環」，諸本作「寰」。

一 五三八頁中一九行「三十」，諸本作「二十」。

一 五三八頁中二二行夾註右「三十」，南、徑、清作「四十」。

一 五三八頁下五行末字「帝」，諸本無。

一 五三八頁下七行夾註右第四字「玖」，資、磧、普、南作「玫」。又「十九」，徑作「十七」。

一 五三八頁下八行夾註左「復道阿誰」，諸本作「道復何誰」。

一 五三八頁下九行夾註左「拘分」，諸本作「指分」。

一 五三八頁下一三行夾註「而爲四時」，諸本作「爲四時也」。又正文「軋元」，磧、普作「乾九」。

一 五三八頁下一五行小字左「麗乎地」，諸本作「麗於地也」。

一 五三八頁下一六行夾註左第七字「日」，諸本無。一七行右第六字同。

一 五三八頁下一七行夾註左第五字「三」，諸本作「六」。

一 五三九頁上六行「在人」，諸本作「在己」。又第一〇字「德」，徑作「心」。

一 五三九頁上七行「言得」，徑作「道得」。

一 五三九頁上九行第二字「是」，徑作「得」。

一 五三九頁上一〇行第五字「有」，徑作「得」。

一 五三九頁上一八行末字「烏」，諸本作「無烏」。

一 五三九頁上一九行「談耳」，諸本作「虛談耳」。

一 五三九頁上二〇行夾註左「石𨛦」，磧、南、清作「石廓」。

一 五三九頁上二二行夾註左「止論」，諸本作「只論」。

一　五三九頁中九行第二字「止」，諸本作「上」。

一　五三九頁中一六行第六字「呈」，諸本無。

一　五三九頁中二一行「佛寂」，諸本作「佛術」。

一　五三九頁下一行至四行「開令……爲世尊」三十六字，諸本無。

一　五三九頁下一五行「正俗」，南、徑、清作「正治」。

一　五三九頁下末行夾註右「丈人」，諸本作「大人」。又第一二字「礼」，諸本作「朝禮」。

一　五四〇頁上一行夾註右「玉帝」，磧、南、徑、清作「五帝」。

一　五四〇頁上二行夾註右第七字「者」，諸本無。

一　五四〇頁上四行夾註右「火字」，資作「大字」；磧、普、南、徑、清作「六字」。

一　五四〇頁上四行夾註左第一〇字「官」，諸本作「管」。

一　五四〇頁上五行夾註右「仙化」，諸本作「變化」。

一　五四〇頁上一六行第三字「唐」，諸本作「虐」。

一　五四〇頁上末行「叛蕩」，諸本作「版蕩」。

一　五四〇頁中五行末字「本」，諸本作「奔」。

一　五四〇頁中末行經名，諸本無（未換卷）。

辯正論卷第六　既

唐沙門釋法琳　撰

十喻篇第五 荅傅道士十異

內九箴篇第六

氣為道本篇第七

有黃巾李仲卿學謝管窺智慙信度矜白鳥之翼望駭嵩華負爝火之光爭暉日月乃作十異九迷貶量至聖余慨其無識念彼何辜聊為十喻曉之九箴誡之用指諸掌庶明君子詳茲致焉

外一異曰　注太上老君託神玄妙玉女剖左腋而生

釋迦牟尼寄胎摩耶夫人開右脇而出

內一喻曰　老君逆常託牧女而左出世尊順化因聖母而右生

開士曰案盧景裕戴詵韋處玄等集解五千文及梁元帝周弘政等孝義類疏云太上有四謂三皇及堯舜是也言上古有此大德之君臨萬民之上故云太上也郭莊云時之所賢者為君上材不稱世者為臣老子非帝非皇不在四種之限有何典據輙稱太上耶撿道家玄妙及中台朱韜玉机等經并出塞記云老是李母所生不云有玄妙玉女既非正說尤假謬談也按仙人玉籙云仙人无妻玉女無夫雖受女形畢竟不產若有茲瑞讖曰可嘉何為史記無文周書不載求虛責實信矯妄者之言耳禮云退官无位者左遷論語云左衽者非禮也若以左勝右者道士行道何不左旋而還右轉耶國之詔書皆云如右並順天之常也

外二異曰　注老君垂訓開不生滅之長生釋迦設教示不滅生之永滅

內二喻曰　注李聃稟質有生有滅畏患生之生反招白首釋迦垂象示滅示生歸寂滅之滅乃耀金軀

開士曰老子云貴大患莫若有身使吾無身吾有何患患之所由莫若身矣老子既患有身欲求無惱未免頭白與世不殊若言長生何因早死

外三異曰　注老君應生出茲東夏
釋迦降迹挺彼西戎
内三喻曰　注李耳誕形居東周之苦
縣能仁降迹出中夏之神州
開士曰智度論云千千重數故曰三
千二過復千故曰大千迦維羅衛居其
中也婁炭經云葱河已東名為震旦
以日初出曜於東隅故稱震旦一本
云故得名也諸佛出世皆在其中州
不生邊邑若生邊地地為之傾案法
苑傳高僧傳永初記等云宋何承天與
智嚴慧觀法師共爭邊中法師云西
域之地立夏之日一本云夏至之日
正中時竪木無影漢國影臺立夏之日
一本云至期去表猶餘陰在依竿經
天上一寸地下千里何乃悟焉中邊
始定約事為論中天竺國則地之中
震旦自可為東一本云本自居中心
方別距海五万餘里若准此土東約
海濱便可迦維未肯為西其理驗矣
外四異曰　注老君文王之日為隆周
之宗師釋迦莊王之時為罽賓
之教主

内四喻曰
注伯陽職處小臣忝充藏吏不在文
王之日亦非隆周之師
牟尼位居太子身證特尊當昭王之
盛年為閻浮之教主
開士曰前漢書云孔子為上上流是
聖老子為中上流是賢何晏王弼云
老未及聖三教論云柱史在朝本非
諧贊出周入秦為尹言道無聞諸侯
不見天子若為周師史無明證不符
正說其可得乎案史記王儉百家譜
云李者高陽之後始祖咎繇為舜理
官因遂氏焉李氏之興起於聃也自
聃漢之前未有李姓唯氏理焉以樹
下生乃稱李氏老子之子名宗仕魏
文侯蓋春秋之末六國之時人也文
王之世既無李姓何得有聃出為周
師年代參差無的依據抱朴云出文
王世嵇康皇甫謐並生殷末者蓋指
道之偽文非國典所載也
外五異曰　注老君降迹周王之代
三隱三顯五百餘年
釋迦應生胡國之時一滅一生
壽唯八十
内五喻曰　注李氏三隱三顯既無
的據可依假令五百許年猶
慙龜鵠之壽
法王一滅一生亦見微塵之容八十
年間開誘恒沙之衆
開士曰撿諸史正典無三隱三顯出
後之文唯滅兢諸操等老義例云為
孔說仁義禮樂之本為一時赦王之
世千室以疾病致感老君授百八十
戒并太平經一百七十篇為二時至漢
安帝時授張天師正一明威之教于
時自稱周之柱史為太上所遣為三
時也夫應形設教必藉有緣勸化度
人皆資徒衆豈可五百年間全无弟
子三出三隱不見門人稟學親承杳
然河漢烏有之說委巷空傳在周劣
駕小車驂垂絲鬉来漢即簫鼓雲華
羽從空浮于寶搜神未聞其說齊諧
異記不載斯靈撫臆論心矯妄尤甚
外六異曰　注老君降世始自周文
之日訖于孔丘之時
釋迦下生肇於淨飯之家當

我莊王之世
內六喻曰　注迦葉生桓王丁卯之歲
　終景王壬午之年雖訖孔丘
　之時不生姬昌之世調御誕應
　昭王甲寅之年壬申之歲是為
　淨飯之胤本出莊王之前
開士曰孔子至周見老聃而問礼焉
史記具顯為文王師則无典證出於
周末其事可尋若在周初史文不載
又撿周礼官儀文武成康之世然並
無柱吏藏史之名當是正品闕條周
末小吏耳
外七異曰　注老君初生周代晚適流
　沙不測所終莫知方所
　釋迦生於西國終彼提河弟
　子提胷群胡大叫
內七喻曰　注老子生於賴鄉葬於槐
　里詳乎秦佚之吊責在遁天
　之形瞿曇出彼王宮隱茲鶴
　樹傳乎漢明之世秘在蘭臺
　之書
開士曰莊子內篇云老聃死秦佚弔
及三號而出弟子恠問非夫子之徒

歟秦佚曰向吾人見少者哭之如哭其
父老者哭之如哭其子古者謂之遁
天之形始以為其人也而今非也遁者
隱也天者免縛也形者身也言始以
老子為免縛隱形之仙今則非也此
其謟曲取人之情故不免死非我友也
外八異曰　注老君蹈五把十美眉方
　口雙柱參漏日角月懸此中
　國聖人之相
　釋迦鼻如金挺眼類井星睛
　若青蓮頭生螺髮此西域佛
　陁之相
內八喻曰　注李老美眉方口蓋是
　長者之形蹈五把十未為聖
　人之相婆伽聚日融金之色
　既彰希有之徵萬字千輻之
　奇誠摽聖人之相
開士曰老子中胎等經云老聃黃色
廣顙長耳大目踈齒厚脣手把十字
之文脚蹈二五之畫止是人間之異
相非聖者之奇姿也傳記並云老子
鼻隆薄頭尖口髙齒　眼踈眛耳擿
髮蒼梨色厚脣長耳其狀如是豈比

佛耶如来身長丈六方正不傾圓光
七尺照諸幽冥頂有宍髻其髮紺青
耳覆垂埵目視開明師子頰車七合
綱盈口四十齒方白齊平舌能掩面
蓮花荼形手內外握掌文皆成其語
雷震八種音聲胷上萬字足輪千縈
色融紫磨相好難名具三十二相八
十種禎放一光而地獄休息演一法
使苦痛安寧倫列衆經不煩委指
外九異曰　注老君設教敬讓威儀自
　依中夏
　釋迦制法恭肅儀容還遵外國
內九喻曰　注老是俗人官居末品衣冠
　拜伏自奉朝章
　佛為聖主道與俗乖服貌威
　儀不同凡制
開士曰昔丹陽余玫興撰明真論一
十九篇以駁道士出其偽妄詳彼論
焉言巾褐之服正是古曰儒墨之所
服也在昔五帝無巾許由皮冠並俗
者之服耳褐身長三丈六尺有三百
六十寸言法一歲三十六旬或像一
年三百六十日也褐前有二帶言法

陰陽兩判巾之兩角又法二儀余氏又云若如周秦二世即以夏之十月為年至於分度盈縮曆運折除復焉得三百六十數耶孝堯舜周孔不為此服尋皇帝之遇皇人九真之靈又降帝嚳至夏禹開塗鍾二山之藏窮此等服曾無據焉案周有赤雀之徵且感丹書之瑞既符火德世服朱衣老是周人兼陪末吏冠屨拜伏自奉恒儀即曰治頭本名鬼卒黃巾赤録不侚伯陽呪水行符親師張氏非道非俗祖習誰風

外十異曰　注老君之教以復孝慈為德本

釋迦之法以捨親戚為行先

内十喻曰　老訓狂勃煞二親為行先

釋教仁慈濟四生為德本

開士曰汝化胡經言喜欲從聃聃曰若有至心隨我去者當斬汝父母妻子七人頭者乃可去耳喜乃至心便自斬父母七人將頭到聃前便成七猪頭夫順天地之道者行也不傷和氣者孝也丁蘭感通於朽木董永孝致於天女禽獸猶有母子而知親況聃喜行道於天下斬其父母何名孝乎戮其妻子豈謂慈乎

内十喻　荅外十異

内從生有勝劣一　立教有淺深二

德位有高卑三　化緣有廣狹四

壽夭有延促五　化迹有先後六

遷謝有顯晦七　相好有少多八

威儀有同異九　法門有頓漸十

荅十異序　夫椒蘭鮑肆習久玩其先入陽文教洽窮愛緣其曲情故咸池王夜表韶雅有非聲之論淳皇摩后田巴有毀聖之談蓋其[illegible]也況乃麟麝異質同體俱均其容麋馬殊形秦人其貌聊或之變頓至於此況悠悠者乎仲卿以陳釋老優劣余愍而傷之備於後論矣荅一一條件上文如是

外從生左右異一　外論曰聖人應迹異彼凡夫或乘龍駕以處胎乍開脇腋而出世雖復無開兩兆非假二親至於左右之殊其優劣之異一也

内從生有勝劣　李氏之母則賴鄉平氏老子來而託質摩耶夫人即羅衛王之正后釋迦因而降神

内喻曰左衽者則戎狄所尊右命者為中華所尚故春秋云冢卿無命介卿有之不亦左乎史記云藺相如功大位在廉頗右頗耻之又云張儀相右秦而左魏犀首右韓而左魏蓋云不便也礼云左道乱羣煞之豈非右優而左劣也皇甫謐高士傳云老子楚之相人家于渦水之陰師事常摐子及常子有疾耳往問疾焉秖止康云李耳從涓子學九仙之術撿太史公等衆書不云老子剖左腋生既无前皆是謬辭不可承信明矣驗知揮戈操翰蓋文武之先五无三光寔陰陽之首是以釋門右轉且扶人用張陵左道信逆天常何者釋迦起無緣之慈應有機之召語其迹也則行滿三祇相圓百劫降神而乘玉象掩曜而誕金姿三十二祥休徵開於地府一十八梵禎瑞駭於天宮靈相周於十方神光顯于八極述其本也久證圓明塵沙莫能筭其壽早登寂照虗空無以量其體豈唯就攀枝而偉瑞徵白首而効祥猶螢光與龍燭競輝魚目共驪珠並耀亦道之劣一也

外教門生滅異二

外論曰夫等無生滅其理則均導世引凡不无差異但生者物之所欣滅者物之所惡然則生道難得必俟脩功滅法易求詎勞禀學是知騰神駕景自可積劫身存氣盡形徂固當一時神逝此教門之殊二也

内立教有浅深 老訓抱一守愚遺形滅智始諧於无為 釋教遍周圓修衆德仮從證於妙覺
内喻曰夫滅身以懼大患絶智以避
長勞議生靈於懸疣齊泯性於王樂
蓋老莊之談也且綿綿常住古皇則
不死不終繩繩无名老氏則復歸無
物然常存非永没之稱无物豈長生
之化耶耶復明其浅深至若保弱守
雌之文虚心實腹之論審浮生之有
量埊智水之无涯語大則咼在域中
陶鈞則不出性分盡其志也豈夫大
覺開无窮之緣挺圓極之照測微則
窮乎絶隟究理則控在無方美氣與
氛氳共和金躰同太虚比固語其量
也猶嵩華與培塿殊峻溟渤將坎井
異深介道之劣二也
外方位東西異三
外論曰夫東西二方自有陰陽之别
左右兩位便成仁義之殊仁惟長善
陽又通生義主裁成陰論肅煞二无
為教則陰不如陽五德為言則仁深
義淺此方位之殊三也
注彈曰乾為陽為父莅在西北坤為
陰為母卜之西南北方感陰之鄉便

為中男之位南方感陽之地翻成中
女之居男女既無定方陰陽不拘恒准
所以木賊土故以巳為甲妻金剋木
故以乙為庚妻乾既位高乃居西北
震能出帝復在東方至如礼席若南
北鋪之即以西方為上言順乾尊也
東西列之即以南方為上言逐陽感
也優劣自見此之謂歟之也
内德位有高卑 長去藏史之官出楚遊秦為賓 釋捨金輪之位天上地下為尊
内喻曰夫金夫木妻陰陽孰可永執
離南坎北男女匪有定方所以子午
巳東為陽者取男女生於東方也子
午巳西為陰者言父母老於西方也
此則從生老判陰陽非尊卑以言勝
劣假令父母居西未應甲子男女在
東豈敢尊父仁非義則不成義非仁
則不養所以子東仁也父西義也隨
處立准無或大方苟咼判於所生而
拘限於封域者亦當西羌大禹所出
仁汎之德頻蹷東夷文王所生裁成
之教永缺呑江納漢非湫隘之陋居
浮渭據涇無帝皇之神宅 前折邪 次歎正 夫
釋氏者天上地下介然居其尊三界

六道卓介推其妙加以小學二乘之侶
大心五品之倫譬衆星之拱北辰若
金山之麗碧海足令廝頭象面屈矯
抗之心六異十仙屈申伏膺受礼何
止拄徐甲於庸夫導尹喜於関壽學
於齒乎之際淫高士傳曰常摐子因
張其口老子曰將非謂齒對而亡舌
柔而存常子曰盡矣叔名於藏史之
間乎介道之劣三也
外適化華夷異四
外論曰夫華夷礼隔尊卑著自典墳
邊正道乖勝負存乎史冊戎狄之主
不許僭号稱王楚曰之君故自貶之
為弟子豈可僬蠕之小匠疋我天王
之大師此華夷之異四也
内化緣有廣狭 老為九眼清虚化主說五千教章 釋為三界遍知法王開八方妙藏
内喻曰案道德序云老子脩道自隱
以無名為務周襄出関二篇之教乃
作然周書典朞无老氏所製案二教
論等云五千文者容成所說老為尹
談蓋述而不作也又職唯藏吏位非
阿衡隆周之師將非烏有 前折邪 後歎正
釋迦降神羅衛託質王宮智實生知

道唯遍覺演惠明於百億數法雲於大千靈澤周於十方神化覃於四表崇崖峻壁之典龍居爲負之文蓋盈溢於茲矣雖弘羊潛計之術莫能紀其纖芥鄒衍談天之論無以議其涓適豈夫章詮八十文列五千而已哉恨子未窺牆仞致有武叔之毀亦復何傷日月故多念其不知耳佘道之劣四也

外稟生有夭壽異五

外論曰夫老君道契環中與虛空而等量神超象外隨變化而无　所以壽命固不同凡隱顯居然異俗釋迦生涯有限壽乃促期一滅不能再生注彈曰老子既云長生今日在何郡縣乎也八十何期　此　夭之異五也

內壽夭有延促（老史記云周太史儋二百千餘年釋法華云受五百万億阿僧祇微塵數劫也）

內喻曰序云懷於李氏處胎八十一年蓋太陽之數壽一百六十年處胎已過其半三變五百將非假稱珎恬太史公以為楚老萊子及周太史儋皆老子也或言二百三十年或一百六十歲皇甫謐云諸子之書近為難信唯秦佚弔焉老死信矣世人見谷神不死是謂玄牝故好事者遂假託焉神仙傳云欝華子録圖子傳豫子太成子赤精子武成子尹壽子真行子錫射子𨑳邑先生等並是老子身者皆見碑書不出神仙正經未正可據用也夫有天地則有道術道術之士何時蹔乏豈獨常是一老子也皆由晚學之徒好奇尚異苟欲推崇老子使之無限淺見道士欲以老子為神異使後世學者信之故為詭說耳誠哉斯言可為永鑒矣夫妙樂資三德乃成法身為五分所立是以生滅頓遣圓覺之性乃彰空有兼融靈儀之妙攸在故得形超視聽之表名息情塵之外湛然常樂文系之所未詮凝介圓明言象之所莫測雖西王桃實屢然而靡延東海桑田數變而非永五雲九轉悲繩鳥之暫留飛雪玄霜比遊駒以難固信然植無大椿之久蜉蝣罕龜鶴之年佘道之劣五也

外迹生前後異六

外論曰道佛二經各有其說或言劫劫出世竟事無先或代代出生爭陳久遠此之眇邈難取證知今依傳史定其時代人倫而語則老尊而少卑鄉黨為言亦長兄而幼弟此先後之異六也

內化迹有先後

內喻曰釋誕隆周之初老生姬季之末論年二百餘祀語世一十餘王紫氣青牛弗在昭莊之世神光白鳥非關桓景之年然而洞務昏天濁流翳地文中逆祀孔子非其不智子禽毀聖賜也識其失言言玷難磨駟不及舌誠不虛也（前折耶後莫聖）夫俯迹應凡詭質於危脆蹈機化物同壽於百年故果留因修信相由茲起惑齡促化廣慈氏以故致疑巨嶽非衡石所量辟壽久而猶邈玄虛非丈尺可辯方劫遠而未窮豈如虵穴求仙翻其夭世蜺纓待藥未且延齡蓋騰鷃共鵬翼偶高馳駑與驥足爭遠佘道之劣六也

外遷神返寂異七

外論曰老君初誕之日既不同凡晦

迹之時固當殊世所以西之流沙途經函谷青牛出境紫氣浮天不測始終莫知方域釋迦抱危疾於舍衛告殞命於雙林燒柩焚屍還同胡法氣盡神謝曾不異凡此去世之異七也

內遷謝有顯晦

內喻曰序云託形李氏之胎亦人有始終之義豈非生滅耶即莊生所云老聃死秦佚弔之是也而生依賴鄉死就槐里始終莫測何其瞽哉（前折耶　後數正）夫大慈化圓德滿緣謝機亡仁舟溺於兩河慧日沉於雙樹其六天八國之位法儔聖衆之倫且雷合而風馳既雲委而霧集靈齒瑞骨昭勝福於殊方紺髮紅爪顯神工於絕代是知莫來莫往弘濟之德美焉非顯非昧聲華之風威矣豈同鼎湖墜返嶠山之塚獨存流沙不歸扶風之壟空樹

注皇覽云黃帝塚在嶠山老子塚扶風也亦道之劣七也

外聖賢相好異八

外論曰夫聖人妙相本異凡夫八彩雙瞳河目海口龍顏鵠步反字奇豪

至如卷髮綠精夷人之本狀高鼻深目胡子之常形豈可疋我聖人用為奇相若事佛得此報者中國士女翻作胡形此相好之異八也

內相好有少多

內喻曰聖人相貌无常隨方顯妙是以虵軀龍首之聖道稱於上皇雙瞳四乳之君德昭於中古周公反握猶騏驥之一毛禹耳參眉乃岷山之片玉非所類也（前釋疑　後漢正）夫法身等於始如無方理絕稱謂化體由乎應物妙質可涉名言故有白毫紺睫之暉果脣花目之眼万字千輻之相日輪月彩之殊非色妙色之容離相具相之體薄拘有而不具輪王具而不明

注薩遮經云非色生性勝諸相百福勝種妙勝莊嚴佛日身譬如三千大千世界四生衆生並成輪王更增百倍始就如來一毛功德復加百倍始成一好功德復加百倍始成一相功德復加百倍始成眉間白毫相功德復加百倍始成一无見頂相功德復加百倍始成梵音聲功德仙人觀而

自悲嗟衰葉之旦暮梵志見而興感歎靈花之罕逢何止蹈五把十標奇蒙倛斷菑以顯異

注曹植相論云孔子面如蒙倛周公形如斷菑也

豈陽文與駿蔑比麗孟娵與儱廉覺妍亦道之劣八也

外中表威儀異九

外論曰老教容止威儀拜伏揖讓玄巾黃褐持笏曳履法象表明蓋華夏之古制也

注曰道士元來本著儒服不異俗人至周武世始有横披剌二十四縫以應陰陽二十四氣出自人情亦無典據也

釋訓袈裟左鈙偏袒右肩全幅横縛之裙半片倚支之服禿髮露頂猶踞狐蹲非順人倫寔戎狄之風也豈獨用茲形制疋我威儀此容服之異九也

內威儀有同異

內喻曰王佩金貂莫施於蕪野荷衣蕙帶弗踐於王庭故應器非靈廟所陳染衣異教宗之服故乘於道者或

順機而軌物據於德者或矯時而訓世是以翦髮文身仲尼稱太伯之善反常合道詩人美棠棣之花況將反性證神隣凡踐聖而不異其容服未之有也故使衣象福田器量如法然桐弗惑於耳朱紫無眩於目輕肥罔押其體勢覺莫駭其心故經云羅漢者真人也聲色不能汙榮位不能動何必鷃冠雀弁反拘自縛磕齒匿炁而稱道哉登木求魚去之彌遠挈舩待鈎何其鄙夫尒道之劣九也

外説覘逆順異十

外論曰老君作範唯孝唯忠救世度人極慈極愛是以聲教永傳百王不改玄風長被万古無差所以治國治家常然楷式釋教棄義棄親不仁不孝闍王煞父翻得无愆調達射兄無聞得罪以此導凡更為長惡用斯範世何能生善此逆順之異十也

內法門有漸頓

內喻曰義乃道德所卑禮生忠信之薄瓔仁譏於疋婦大孝存乎不匱然對凶歌笑乖中夏之容臨喪扣盆非

華俗之訓（原壤母死騎棺而歌孔子助祭焉識子桑死子貢子四子相視而笑庄子妻死扣盆而歌也）故教之以孝所以敬天下之為人父也教之以忠敬天下之為人君也化周万國乃明辟之至仁形于四海實聖王之巨孝佛經言識體輪迴六趣無非父母生死變易三界孰辨怨親又言無明覆慧眼來往生死中往來多所作更互為父子怨親數為知識知識數為怨親是以沙門捨俗趣真均庶類於天屬遺榮即道等含氣於己親（行普正之心等普親之意）且道尚清虛尒重恩愛法貴平等尒簡怨親豈非惑也勢覺遺親文史明事齊桓楚穆此其流焉也欲以訾聖豈不謬哉尒道之劣十也

內九箴篇第六　荅外九迷論

周世無機一　建造像塔二　威儀器氣三

棄耕分衛四　教為治本五　忠孝靡違六

三寶无翻七　異方同制八　老身非佛九

外論曰夫言者非尚於華辭貴在乎中理歌者非尚於清響貴乎合節佛經如來說法之時諸國天子普來集聽或放光明遍大千土但釋迦在

世之日當我周朝史冊所書固无遺漏末聞天王詣彼蔥嶺豈於中華之帝無善不預道場邊鄙之君有緣普沾法座光明所照則衆生離苦而此土何辜偏無人悟獨隣恩外曾不見聞仰度能仁不容私簡注曰汝无見佛業有謗聖愆何得怨神唯自咎也

求心責實事殊言乖妄詭皎然足稱虛偽凡夫莫悟逐影吠聲而世不能知其迷一也

內周世無機指一

內箴曰夫淳義麗天矇瞍莫鑒其色震霆駭地聾夫弗聆其響者蓋機感之絕也作暴兇跖孔智無以遏其心結憤野人賜辯莫能觸其忿亦情性之殊也注莊子云孔子見盜跖盜跖逐責孔子孔子懼逡巡而退劉子云孔子馬侵野人之苗野人怒止其馬孔子使子貢悅解焉野人逾忿乃遣馬圉者辭焉野人乃悅之也

故道合則万里懸應勢乖則肝膽楚越況无始結曠惱愛與滄海挍深有

為業廣塵勞將巨岳爭峻羣情不能頓至故導之以積漸衆行不可倏修故策之以限分猶天地三化始合於自然

注老云人法地地法天天法道也

齊魯冊變乃臻於至道密雲遒於時雨堅冰創於履霜皆漸積之謂也

故三皇統化

注須弥四域經云應聲菩薩為伏羲吉祥菩薩為女媧

居淳風之初三聖立言

注空寂所問經云迦葉為老子儒童為孔子光淨為顏回

興已澆之末玄虛沖一之旨黄老威其談詩書礼樂之文周孔隆其教明謙守質乃登聖之階梯三畏五常為人天之由漸蓋冥符於佛理非正辯之極談猶訪道於瘖聾靡方莫窮遠迩問津於兎馬知濟而不測淺深因斯而談殷周之世非釋教所宜行也猶炎威赫耀童子不能正目而視迅雷奮擊懦夫不能張耳而聽是以河池涌泛昭王歎於誕神雲霓四變穆后欣於亡聖

注周書異記云昭王二十四年四月八日江河泉池悉皆泛漲穆王五十二年二月十五日暴風卒起樹木摧折天陰雲黒有白虹之恠也豈能越葱河而稟化踰雪嶺而効誠淨名云是盲者過非日月咎適欲窮其鑿竅之辯恐傷吾子混沌之性非余所知其盲一也

外論曰夫銅山崩洛鍾應葭灰缺月暈魼未見虎嘯而風不生龍騰而雲不起今釋迦所說佛力冣尊一念運心無不来應故凡俗各傾財產竟造塔廟不悋珠璣爭陳堂宇或範土尅檀寫獯胡之狀鎔金織素代夷狄之容妙盡丹青巧窮剞劂一拜一礼冀望感通自胡法南漸以來六百餘載未聞一人言能見佛豈胡人頂礼即感如来漢國虔恭不逢調御若化不到此即是無靈誑惑人開空談威力而世不能知其迷二也

内建造像塔指二

内箴曰左徹慕聖剖像而拜軒皇勾

践思賢鑄金而摸范蠡丁蘭孝慕剞劂以代親顏在資仁絲壁繢而圖聖故使憂喜形乎容色精誠通於夢寐亦其至矣豈如忉利不還優塡以茲鏤木堅林晦影阿輸於是鑄金託妙相於丹青寄靈儀於銑鋈或覩真遷座寫貌迴軀注感應傳云楊州長干寺有育王像人欲摸寫寺僧恐損金色不許造像主乃至心發願若精誠有感乞像轉身西向於是璪開髙閣明旦開視像身宛已西向遂許圖之神應不窮由来尚矣自像流東被正化南移夕夢金人河浮玉馬神光導於湘水瑞彩發於檀溪

注感應傳云廬陵發蒙寺育王像記云像身出廬陵三曲瑞光趺出湘州昭潭並放光明照曜崖岸武昌檀溪寺瑞像身出檀溪光映水上也

長沙摽聚日之姿廬岳顯融金之質其事廣焉略而言矣如干寶搜神臨川宣驗及徵應冥祥幽明録感應傳等自漢明已下訖于齊梁王公守牧清信士女及比丘比丘尼等冥感至

聖目覩神光者凡二百餘人至如見
迹萬山浮暉滬瀆清臺之下覩滿月
之容新門之外觀相輪之影南平獲
應於瑞像文宣感夢於聖天蕭后一
鑄而剋成宋皇四摸而不就其例甚
衆不可具陳豈以尒之無目而斥彼
之有靈哉然德無不備者謂之為涅
槃道無不通者名之為菩提智无不
周者稱之為佛陁以此漢語譯彼梵
言則彼此云佛昭然可信也何以明
之夫佛陁者漢言大覺也菩提者漢
言大道也涅槃者漢言無為也而吾
子終日踐菩提之地不知大道即菩
提之異号也稟形於大覺之境未閑
大覺即佛陁之譯名也故莊周云且
有大覺者而後知其大夢也郭注云
覺者聖人也言患在懐者皆夢也注
云夫子與子游未能忘言而神解故
非大覺也君子曰孔丘之談茲亦盡
矣涅槃寂照不可識識不可智知則
言語道斷心行處滅故忘言也法身乃三
點四德名言所成蕭然無累故稱解
脫此其神解而患息也夫子雖聖遥

以推切於佛何者案劉向古舊二録
云經流於中夏一百五十年後老子
方說五千文然則周之與老並見佛
經所說言教往往可驗故夫子有言
曰夫易者無為也無思也寂然不動
感而遂通非天下之至神其孰能與
於此余今提耳語子當捨其積迷而
荷其晚悟也支提之製其流蓋遠夫
且封且樹比干以忠勁顯墳勿剪勿
伐展季以清貞禁壟四民懐於十善
緬邈輪王之恩三界尊於六通昭彰
羅漢之德正法念經云四種人得樹
偷婆偷婆漢言塚謂輪王羅漢辟支
如来況智周十力德滿四弘妙辯契於
忘言能垂訓於不測大明窮於勿照
乃暢燭於無幽故有香炭金瓶全身
遍乎八國光螺鮮貝散體周於十方
乍五色疑輝旋空彰於漢世八彩分耀神
應顯於吳宮尒其百鏡靈龕千花妙
塔掌承雲露鐸韻高風紫柱紅梁遥
浮空界翔鷗跧鳳逺接虚方盡壯麗
之容窮輪煥之美豈夫高山仰止不
忘景行崇表峻闕摽樹鴻猷而已哉

無以欄梵之辯議滄海之廣狭揄枋
之智測岷閬之高卑乎而汝莫知其
盲二也

外論曰夫礼義成德之妙訓忠孝立
身之行本未見目民失礼其國可存
子孫不孝而家可立今瞿曇制法必
令衣同胡服即是人中之師口誦夷
言便為世間之貴致使无賴之徒因
斯勃逆蹼踞父兄之上自号桒門慠慢
君王之前乃稱釋種不仁不孝已著
于家無樂无恭復形于國

注曰礼云子冠父親醮之毋親拜之
所為處高可亦無礼无孝斯則門門
出梟鏡之子人人養豺狼之兒撫臆
論心良可痛矣天道無親華夷詎隔
唯德是輔豈分胡漢豈可戴巾修善
偏无勝福禿頂行擅獨能感果仁恵
豈在髠頭守真无勞毀貌世不能知
其迷三也

内威儀器服指三

内箴曰夫玄聖創典以因果為宗素
王陳訓以名教為本名教存乎治成
因果期乎道立道既捨愛居首成治

亦忠孝宜先二義天殊安可同日而
言也沙門者乃行超俗表心遊塵外
威儀進趣非法不動容服應異非道
不行故污染乃万質同歸緇衣為衆
樂壞色簡易尊於解脫條㡚象於福
田偏服未有執勞(礼云執者袒也)䟦袂便於運役
論語云褻裘長短右袂言便於執作
也聖制有以終不徒然是以捨愛捐親
仰衆聖也摧棄聲色遵梵行也剃除
鬚髮去華競也俯容肅質不忘敬也
分衛掃衣支身命也言無隱曲離邪
佞也和聲怡氣入無諍也吐納安祥
愼辞令也世貴莫屈守貞勁也清虛
恬漠順道性也邪相不撓住八政正
顏下色矜慜衆病也人天崇仰三業
淨也窮玄極真取究竟也廣仁弘濟
亦忠孝之感也道士則不然言慕道
而不滌真謂捨家而形不變俗戴圓
冠無玄象之鑒履方履闕地理之明
者南鄭反漢之巾把公旗誅家之笏
飾道昱禍秦之服曳孫恩敗晉之裳
生常之業莫廢庸鎒之役无耻狎世
則忠孝之礼虧求仙則高尚之風缺

猶倉蠅招白黑之論蝙蝠有鳥鼠之
譏蓋妖惑之儔矣尒不自見其盲三也
注正法念經云辟如蝙蝠人捕鳥時
入穴為鼠人捕鼠時出穴為鳥今之
祭酒蓋然畜妻子謂有慈愛勤耕稼
謂不毀鬢膚王役課調則謂出家亦
猶蝙蝠之出入也
外論曰夫聖人應世本以濟益蒼生
仰觀俯察利安羣品是以味草木合
五穀之精植柰柘充八蠶之纊故垂
衣裳存稼穡立社正置司衣以利百
姓於是乎在若一女不織天下為之
苦寒一男不耕天下為之少食今釋
迦垂法不織不耕経无絶粒之法田
空耕稼之夫教闕轉練之方業廢機
維之婦是知持盂振錫糊口誰憑左
袒偏衣於何取託故當一歲之中飢
寒揔至未聞利益且見困窮世不能
知其迷四也
内棄耕分衛指四
内箴曰謀道不先於食守信必後於
飢是以桀溺務耕孔子辟諸禽獸樊
須學稼仲尼譏於小人稷下无位而

招　祿高其賢也黔婁非仕而賜賄
尚其清也善人之道何必耕稼請吾
子言之釋教驗於因果談三世之洪
源仙道尚於金玉勞一生之虛費何
者夫賢愚壽夭信于指掌貧富貴賤
昭於目前報應則形影无差業緣亦
聲響不異此其指也未見服丹不死
餌液長生古詩云服食求神仙多為
藥所誤不如飲美酒被服紈與素寄
語後世人道士愼莫作言虛棄功夫
浪殘年壽也汝有轉練之方何因更
請田地又談織絍之婦必知並畜妻
房故應道士專耕女官勲織何為莫
充糊口恒闕資身如其不織不耕即
墮貧處竊見樓觀黃巾脫鹿皮而構
地玄都鬼卒捨摸帔而偶耕既无絶
粒之人頗懃客作之倦自舂自磨餧
在其中勞形怵心何道之有尋漢安
无年歲在壬午道士張陵分别黃書
云男女有和合之法三五七九交接
之道其道真決在於丹田丹田者玉
門也唯以禁秘為急不許泄於道路
道路溺孔也呼為師及父母臭根之

名又云女兒未嫁者十四已上有決明之道故注五千文云道可道者謂朝食美也非常道者謂暮成屎也兩者同出而異名謂人根生溺溺出精也玄之又玄者謂鼻與口也陵美此術子孫三世相繼行之汝法如是穢乱生民若觀百姓依汝法行則不孝不恭世出犲狼之種无礼无義家生梟鏡之兒明矣夫辨奇貨者採驪珠不忌九泂之深求華璞者追藍琰无憚三襲之險貴其寶也慕至道者窺其戶牖輕勢利於鴻毛入其隩隅忽榮位於脫屣重其真也故能使勸夫不愛其力貧客不悋其財盖希冥益非其迷也至若仙術誕妄源流久矣韓終徐市始詐於秦邦文成五利紿偽於漢國叙控鶴弗克陵雲之實言飡霞莫覩療飢之信致有猱猴蜃蛤之論

注曹植辨道論云仙人者黨猱猨之屬與世人得道化為仙人夫雉入海化為蛤鷰入海化為蜃當其徘徊其翼差池其羽猶自識也忽然自投神化體變乃更為魚鼈豈復識翻翔林薄

巢垣屋之娱乎牛哀病而為虎逢其兄而噬之若此者何貴於變化耶繫風捕影之談故棄實歸者以非器也廢石田者以難墾也賤左道者以虛偽也盖捨實則稱其所同究虛則集其所異理符則世重情詭則物違故常事耳豈曰迷乎卑道尊佛不亦可矣而弗自知其盲四也

外論曰夫國以民為本本固則邦寧是以賜及育子之門恩流孕婦之室故子孫享祀世載不虧雖至孝毀躬不令絕祀故得國家富強天下昌盛未聞人民凋盡家國可存今佛教即不妻不娶名為奉法唯事早逝号得涅槃既闕長生之方又無不死之術期則一世之中家國空矣俗人雖欲求福不知形命已殘覓慕家安豈覺宗禋久滅可謂畏死而服勾吻懼溺而赴長河且天皇地皇之先世無佛而祚延後趙後魏已來有僧而促運正由真偽混雜礼樂不調世不能知其迷五也

內教為治本指五

內箴曰夫澄神反性入道之要門絕情棄欲登聖之遐本故云道高者尚德弘者賞以道傳神以德授聖神聖相傳是謂良嗣塞道之源伐德之根此謂無後非云棄欲為无後也子不聞乎昔何尚之言釋氏之化无所不可諒入道之教源誠濟俗之稱首夫行一善則去一惡去一惡則息一刑一刑息於家則万刑息於國故知五戒十善為正治之本矣又五戒修而惡趣減十善暢而人天滋人天滋則正化隆惡趣衰而災害殄

注正法念經云人不持戒諸天減少阿脩羅威善龍無力惡龍有力有力則降霜雹非時暴風疾雨五穀不登疾疫競起人民飢饉互相殘害若人持戒多諸天增足威光脩羅減少惡龍無力善龍有力善龍有力風雨順時四氣和暢甘雨時降百穀稔豊人民安樂兵戈戢息疫疾不行者猶屏薪去草益重而難彰絕焰息煨績微而易顯且強骨弱氣李叟之至談保髓愛精仙家之奧旨今反謂淫欲為

妙訓妻子為化源宗老而毀其言斆仙而棄其術且愛犬馬者貴其識恩嫉梟鏡者悪其反噬尒則警夜代勞功劣於犬馬迸鱗反舌疊深於梟鏡雄虺九首不其然乎載鬼一車吁可畏矣且運祚脩短雖曰天命與替延促抑亦人符故堯舜禹湯咸享耆壽桀紂幽厲無終永年非發履道而齡長嬴政湣刑而祚短

陳思論云昔堯舜禹湯文武周邵太公並享百年之壽七聖三賢並行道脩政治天下不足損神賢宰一國不足勞思是以各盡其天年桀放鳴條紂死牧野犬戎煞幽厲王不終周祚八百秦滅於二世此時本無佛僧尋詰在目非曰虛談豈敢無佛而祚延有僧而運局談何容易談何容易惜哉吾子自貽伊戚良足歎矣昏君夜遊今其昏五也

外論曰夫孝為德本人倫所先莫大之宗固惟恃怙昊天之澤豈曰能酬故生盡溫清之恭終脩墳陵之礼今佛垂訓必令棄介骸骨捐茲草野多出財賄營我塔廟遂使愚夫惑乱廢

故典礼孝妣棺柩曽无封樹之心

注曰觀夫上皇之世不行殯葬之礼始於聖周窀穸之事故有藤縗槥櫝瓦棺虞棺皆起於中古也暨周文之日以骸骨暴露於野因収而藏之始行葬礼故云葬礼者藏也欲人之不見是以夫子病篤門人欲厚葬之孔子曰吾其欺天乎當選不毛之地不封不樹唯棘唯檕俯同末世行於葬礼蓋未能免俗也戎狄屍靈翦盡鬲葬之妙且神不享非其族物不礼非其先不敬其親而敬他人其此之謂矣且水葬火葬風俗不同埋屍露屍鄉邦本異捨已殉他用為求福豈知土壞斯異各自而然世不能知其迷六也

內忠孝無違指六

內箴曰導嚶聾瞽者必俯仰而指撝啓愚滯者亦提耳而舉掌夫人倫本於孝敬孝敬資於生成故云非父母不生非聖人不立非聖者无法非孝者无親此則生成之義通師親之情顯故顏回死顏路請子之車孔子云回

也視余猶父余不得視回猶子盖其義也且愛敬之礼異容不出於二理賢愚之性殊品無越於三階故生則孝養無違死則葬祭以礼此礼制之異也小孝用力中孝用勞大孝不匱此性分之殊也比夫釋教其義在焉至如灑血焚軀之流寶塔仁祀之礼亦敬始慎終之謂也暨於輪王八万釋主三千

阿育王経云王煞八万四千宮人夜聞宮外哭聲王悔為造八万四千塔今此震旦亦有在此者釋提桓因天上造三千偷婆也竭溟海而求珠淨康衢而徙石盖勞力也愍群生為已任等含氣於天屬栖遑有漏之壞貿尚無賴之儔盖勞心也迴軒實相之域凝神寂照之場指涅洹而長歸番法身而遐覽斯不匱之道也暨乃毋氏降天剖金棺而演句父王即世執寶牀而送終

智度論云淨飯王終佛自執繩牀一脚至闍維處亦於後世一切衆生報生養之恩也孝敬表儀茲亦備矣教

棄體骨從何而至哉且經勸屍陁普
施飛走意存宿債冀免將來不若莊
周非末代厚葬失礼之本而云螻蟻
何親禽獸何疎生既以身為逆旅死
當以天地為棺槨還依上古不許埋
藏嫌物輕生重死之弊也求仙道者
或負笈從師搢簦遠岳披蘿緝蕙烏
曳熊經金竈罕成玉華難覩嶷髓化
骨空致斯談戴鶃憑轎未覩其實或
捐骸地腑喪骨天台生闕烝養之恩
死無冥益之利倒心危於廢物邪網
卦於群生九族延毀正之殃六親招
罔聖之業攀危險攄乃諒足寒心慠
然不懼何愚之甚悠悠未覺尒盲六也
外論曰夫華夷語別音韻不同然佛
經釋迦稱牟尼此是胡語此土翻譯
乃曰能儒能儒之名位卑周孔故沒
其能儒劣名而存釋迦之戎号所言
阿耨多羅三藐三菩提者漢言阿无
也耨多羅言上者也三藐三正遍知
也菩提道也此土先有无上正真之
道老莊之教胡法无以為異故不翻
譯又菩薩摩訶薩者漢言大善心衆

生此名下劣非為上士掩其鄙稱亦
又不翻凡不譯之流其例如是覆蔽
世俗惑乱物心然猒舊尚新流蕩之
常弊惡同好異恒俗之鄙情是以邯
鄲有匍匐之賓溺裳有忘歸之客世
不能知其迷七也

內三寶無翻指七

內箴曰夫名无得物蓋謂實賓豈以
順世假談格玄聖之優劣夫荀家以
首吕質仲氏將山製名山高於丘仲
仁未弘夫子首揔於耳荀德不逮老
聃能儒之名何容遂卑周孔然釋迦
之号義含多種遍能直於万德不可
以仁偏訓通仁絶於四句安得將能
定翻述者事不得已強復存其舊
号耳又云言道家舊有正遍知道與
菩提不異者信是正教流後偽竊此
名覈實尋源豈得斯号夫上法高勝
道義通玄正實翻邪真由反偽今符
書呪咀不可謂正薰猶混雜不可謂
真道士畏鬼符云左佩太極章右帶
昆吾鐵指日即停暉擬鬼千里血造
黃神越章煞鬼又造赤章法亦煞人

也守雌羕下非名為上（老子云莫若守雌又云道性近木也）
鉗口縢目安得稱道（莊子云縢難朱之目鉗揚黑之口也）
猶春鳥轉哢或似於歌烏無能歌之
實秋蚤蠹木或近於字蚤闕解字之
真名實斯濫蓋此之謂也又疑菩薩
不翻茲謬益甚書云上聖達於鶉頸
皆有垂稱經言多足二足如來㝡尊
然蜫蟄通於含靈衆生豈越凡聖大
心之稱非為下劣子雖洗垢求瘢無
損南威之麗捧心斆疾未變西施之
姸當更為尒陳其指掌釋迦是佛顯
名菩提是法尊稱菩薩為僧導首三
寶勝号譯人存其本名非如朱門玉
柱之讖陽父陰母之淫

黃書云開命門抱真人嬰迴龍虎戲
三五七九天羅地網開朱門進玉柱陽
思陰母白如玉陰思陽父手摩捉也
号馬屎為靈薪呼口唾為玉液扣
齒為天鼓咽唾為醴泉馬屎為靈薪
老鼠為玉璞出上清經事鄙而怯彰
辟纖而難顯猶靈鳳以容德希覩鼺
鼠以醜懼潛形雖隱貿事同嗤妍異
矣冥焉不知尒盲七也

外論曰夫聖人應化隨方接引在胡則禿鬘露頂處漢則端委縉紳此華夷之常形非教方之勝負若佛苟令去茲冠冕皂服被緇棄我華風遠同胡俗則不能兼通冠冕便是智力不周何謂天生隨方現形而爲設教苟若不能則佛曰之胡神非中華之大聖豈有禿鬘之訓施於正國若漢學胡形翦鬘便名事佛則應胡習漢法著巾亦爲奉道是知靈頂括鬘鄉俗不同豈乎士民用爲脩善可謂貫隣室之弊褶賤自家之黼黻世不能知迷之八也

內異方同制八

內箴曰夫至道應運无方聖賢乘機引物子居九夷不患其陋禹入裸俗欣然解裳姫伯適越而文身武靈順世而胡服雖復墓跡異術而魚兔之功齊矣况變俗緘心毀形緒志去簪纓以會道棄鬘鬘以脩真聖制不徒其有致矣但仁義變於三遊盜跖資於五善聖教綿遠終使鼠璞濫名（劉子云周人謂死鼠爲玉璞也）玄化幽微遂令鶵鳳混質（文心云楚

人以山鷄爲鳳）故九十五種騰翥於西乾三十六部淆乱於東國至如優婁佉子之論衛世師主之經（涅槃經云衛世師論也）吉頭夷羅之仙（大仙外道名去波頭水仙外道名夷外羅也）末伽闍夜之道（若提子斷見外道也）或託水火而要聖憑日月而數神執四大以非因指三業爲无報滯識將冥山等闇邪心與昧谷同昏如斯之流西土之邪論也其次鬼笑靈談安歌詰唱吞刀吐火駭仲卿之肅心漱雨噓風驚劉安之淺慮或身佩中黄之籙口誦靈飛之符蹈金闕而遊神憑玉京而洗累若此之例東區之異學也並皆邪網覆心倒針刺眼深持惑塹高築疑城各抱一隅迷淪於三界爭守二見沉晦於九流識體輪迴无明翳其住本心用浮動取相溺其長源大聖道眼預觀隨機設藥詮貿西土正教東流疾重則親降醫王患輕則寄方遷授偏裨以翦梟鏡重將而戮鯨鯢此亦釋門和扁之術法孫吴之勢也聖無二制容服義均猶清濟濁河歸滄海而同味緑曆絳顂集須弥而共色冲和子曰旋璣文者

皆是求神仙不死之道其次道則養我今日身命駐采延華儻至三五百年以此爲真身長久覩義在於斯今之道士所學之法不復以此爲念然大都止令如佛家身死神明更生勝地耳若不復貴此身者不如専心學佛道佛道營練精神日明日益甚有名理定惠之法彝然可脩何勞勤苦自名道士而實是學佛家僧法邪學又不専蓋是圖龍畫虎之儔耳何不匠去麼巾釋黄褐剃鬚鬘染䋈裟而歸依世尊耶世閒道士經及行道義理則約數論而後通言偷佛家經論攺作道書如黄庭九陽靈寶上清等經及三皇之典並攺撥法華及无量壽等經而作者也修心則依坐禪而望感言攺坐禪之名爲精思之号也上清九高而未踰上界之域太清仙法又棄置而不論未知何法取異佛家而稱爲道士也其得意者當師佛矣子是南人躬學茅山道士冲和子之法冲和子與陶隱居常以敬重佛法爲業但逢衆僧莫不礼拜巖穴之

辯正論卷第六　第四十五張　既字號

内悲安佛像自寧門徒受學之士朝夕懺悔恒讀佛經案旋璣抄文冲和子所製以非當世道士不敬佛者故陶隱居答大鸞法師書云去朔耳聞音聲茲晨眼受文字或由頂礼歲積故致真應來儀正尒整拂藤蒱捄汲花木端襟儼思佇聆警錫也弟子華陽陶弘景和南汝師事佛敬僧曾無異說尒何自陷違背本宗不義不仁罪招極法今子論云堯舜周孔老氏之化比之於佛猶白鹿之與麒麟而子不能悟其盲八也

外論曰天皇九紀之前書契未作太昊六爻之後文字乃興自尒已來漸弘載籍前賢往聖皆著典墳揖讓干戈備陳篆冊所以左史記事右史記辭直筆直言無矯无妄魏書外國傳皇甫謐高士傳並曰桒門浮圖經老子所作

注曰浮圖經者魏略及西域傳云臨猊國有神人名曰沙律之所傳也沙律年老鬚白常教人為浮圖人有灾稽及無子者勸行浮啚齋戒令捨財

辯正論卷第六　第四十六張　既字號

贖愆臨猊王久無太子其妃莫耶因祀浮圖而生太子遂名其子為浮圖焉前漢哀帝時秦景使月氏國王令太子口授於景所以浮圖經教前漢早行六十三年之後明帝方感瑞夢也考秦景傳經不云老說案晉世道士王浮改西域傳為明威化胡經乃稱老子流沙教胡王為浮圖變身作佛方有佛興盖誣誷之甚極世但罽賓去此萬里已還秦漢至今商人番使相繼不絶莫傳老子在彼化胡況浮圖經及變身作佛未之聞也縱使老子為浮圖始是報恩供養舍利方顯聖德何誕哉案宏漢後紀云老子入胡分身作佛道家經誥其說甚多撿案宏漢紀本無老子作佛之文即日教朝廷博識者多豈可塞耳偷鈴指鹿為馬何愚之甚也

明威化胡等經並云胡王不信老子老子神大伏之方求悔過自髡自翦謝愆謝罪老君大慈愍其愚昧為說權教隨機戒約皆令頭陁乞食以制兇頑之心赭服偏衣用挫強梁之性

辯正論卷第六　第四十七張　既字號

割毀形皃示為刻劓之身禁約妻房絶其勃逆之種

注曰汝以禁約妻房而為罪者玄都會聖仍為燕尒之坊至德清虛便是同牢之觀也既學長生汝恒對婦親慕李氏皆須養兒但李耳李宗人人取婦張陵張魯世世畜妻故有男官女官之兩名係師嗣師之别号魏晉已來舘中生子陳梁之日靜內養兒嘆婦女為朱門呼丈夫為玉柱溫欲猥瀉生自道家外假清虛內專纖泄可耻之甚也

所謂重病加於毒藥宜令剉腹洗腸深罪約以嚴刑必須誅宗滅祀但此土君子夙禀道真

撿漢官儀云景帝已來於國學內始立道舘以教學徒不許人間別立舘舍考梁陳齊魏之前唯以瓠瀘成經本無天尊形像案任子道論及杜氏幽求並云道無形質蓋陰陽之精也陶隱居內傳云在茅山中立佛道二堂隔日朝礼佛堂有像道堂無像王淳三教論云近世道士取活无方欲

人歸信乃學佛家制立形像假号天
尊及左右二真人置之道堂以憑衣
食梁陸修靜之為此形也
無勞禿頂本遵至訓詐假鬅頭可
謂身無戀疵而樂着桎梏家无喪禍
而愛居哀絰昏戀之甚良可悲痛昔
漢明感夢此法始來還令胡人立廟
漢士不許遵行魏承漢軌還依舊貫
石勒之日念其胡風為僧澄道人矯
世且凡下毛羽避役之流覔為翦剃世不
能知其迷九也
內老子身非佛指九
內箴曰大厦為衆村所成羣生非一
人可化故十方聖智比塵沙而不窮
八万法門傾河海而莫側故有此聖
彼聖殊方類於比肩前佛後佛異世
同於継踵雖僾差條淨穢區分懲惡
勸善其流一也周孔世訓尚無改於
百王鄒孟劇談猶垂美於千載豈容
周姫一代而三變三遷老氏一身而
成道成佛即是餘人无踐聖之理羣
朋絶登道之望又先識十異後諧一同
首軸之間毀譽矛楯卷舒之際自皆

黍商掩目盜衮信有斯哉夫真偽相
形猶禾莠之相類善惡者存禾而去
莠求道者亦依真而捨偽沙門之勝
宗派久矣至如漢帝降礼於摩騰如法本傳
吳王屈節於康會
吳録云吳王問僧會曰佛法何以異俗
荅曰為惡於顯人得而誅之為惡於
隱鬼得而誅之易云積善餘慶詩詠
求福不回雖儒俗之格言亦佛法之
漸訓也曇始延魏君之席
魏録云拓拔燾用崔浩之說遂滅法
悉毀像燒經駈僧還俗始正旦杖錫
法衣立於城門門者白燾燾命斬之
三刀而始不傷形者白燾燾自取佩
刀又如前折乃內始於虎圈虎閉眼
伏頭燾乃試置天師圈側虎鳴吼欲
噬燾乃知佛化清高黃老所不及延
始上席謝過道林登晉主之牀秦世道
安榮參共輦趙邦澄上寵慭錦衣
符書云符主出遊命安師共輦坐高
僧傳云石虎号澄師為大和上衣以
錦繡每上殿勅諸王公以下扶輿皆
道降極尊徳迴万乘良有以也黃老

之術由來不競者豈才以捔勝殞躬
崔浩以邪誣喪質
魏書云崔浩寇謙之勸拓拔燾毀滅
正教燾後身發惡疾乃誅崔寇二人
姜斌以集詐徙質王浮以造偽誅身
皆驗之於耳目非取與之虛談其崇
敬也如此其疵譴也如彼夫顔閔遇
於孔門摽德行之首蘇張逢於鬼谷
居浮詐之先非獨人性之優劣亦所
習之真偽也且賢倿相濫倿泄而賢
彰聖詐難分詐窮而聖顯猶虵牀與
蘼蕪類質違芳者辨其容茵吻與素
華齊根曉藥者分其性是以公旦黜
而還輔孔門虛而復盈有自來矣自
漢明捔試邪見折鋒惠日凝暉法雲
舒蔭姜播捨家入道呂集棄偽歸真
曹馬傳燈而不窮秦魏涌泉而无竭
汝言始於澄石不亦誣哉自黃老風澆
容衣服亦變非道非俗哉号闍人善
咀善罵古名鬼卒其救苦也則挼鬚
繫頸以繩自縛牛糞塗身手相鞭打
其法律也若失符錄則倒銜手板迸
風掃地柳枝百束自斫自貟盡奏章

也則甬匐灰獄背負水堰出道士孫氏法儀也責
對尢重同奴隸之法罪譴衘伏比畜
生之類然釋門鍾磬集衆警時漢魏
巳来道家未有金剛師子護法善神
蓋佛教之所明非黄領之先構亦効
勝範竊我聖蹤乎故頻之推去神仙
之事有金玉之貴頻為屋放華山之
下白骨如莽何有得仙之理蹤使得
仙終當有死不能出世不勸汝曹學
之佛家三世之事信而有徵家業歸
心勿輕慢也源夫四塵五蔭剖析形
有六舟三駕運載羣生万行歸空千
門入善辯才智惠豈徒七經百氏之
博哉明非堯舜周孔老莊所及故著
歸心篇以誡子弟余不能知其盲
九也

氣為道本篇第七

有考古通人與占衛君子覩李仲卿誹
謗之論閲開士辯正之談詳而議之
攫憤興歎欲使邪正異轍真僞分流
定其是非以明得失冀後進者永無
疑焉通人曰余觀造化本乎陰陽物
類所生起乎天地歷三古之世尋五

聖之文不見天尊之神亦无大道之
像案靈寶九天生神章云氣清高
澄精陽成天氣結凝滓積滯成地人
之生也皆由三元養育九氣經形然
後生也是知陰陽者人之本也天地
者物之根也根本是氣無別道神君
子曰道士太霄隱書無上真書等云
無上大道君治在五十五重无極大
羅天中玉京之上七寶玄臺金牀玉
机仙童玉女之所侍衛住在三十二
天三界之外案神仙五岳圖云大道天
尊治太玄之都玉光之州金真之郡
天保之縣元明之鄉定者之里災所
不及靈書經云大羅是五億五万五
千五百五十五重天之上天也五岳
圖云都者觀也太上大道道中上道
神明君冣守靜居太玄之都諸天内
音云天與諸仙鳴樓都之鼓朝晏玉
京以樂道君推此謀談則道君是天
之神明既屬州縣則天尊復是天之
民伍如佛家經論三界之外名出生
死无分段之形離色心之境何得更
有寶臺玉山州郡鄉里虛妄之甚轉

復難矜但道家僞說無迹可觀習俗
生常為日巳久衆邪競叙乎有不同
如欲正名理須詳悉今略出緣起隨
而判之案周礼自堯巳前未有郡縣
舜巡五岳始見州名尚書禹貢巳来
方陳州号春秋之時縣大郡小鄉属
於縣漢高巳来以縣屬郡典誥所明
九州禹跡百郡秦并是也縱有道在
天上猶應獨事無為何因户属鄉居
與凡不異既有州縣即有官長州牧
郡守姓何名何鄉長里司誰子誰弟
並是管學道士無識黄巾不悉古今
未窺經史見人間置立州縣亦言天
上與世符同保僞為真良可羞耻其
根脉本末並如笑道論中委出也
通人曰莊周云察其始而無生也非
徒無生而本無形非徒无形而本无
氣茫忽之間變而有氣氣變而有形
形變而有生人之生也氣之聚聚則為
生散則為死故曰有無相生也万物
一也何謂一也天下一氣也推此而
談無別有道高處大羅獨稱尊貴君
子曰陽氣黄陽精經云流丹九轉結

氣成精精化成神神變成人陽氣赤曰名玄陰氣黃名曰黃精陰陽交合二氣降精精化為神精神凝結上應九天九天之氣下於丹田與神合凝臨於命門要須九過是為九丹上化下凝以成於人不云別有道神能宰万物使之生也

通人曰古来名儒及河上公注五千文視之不見名曰夷夷者精也聽之不聞名曰希希者神也搏之不得名曰微微者氣也是謂無狀之狀無物之象故知氣體眇莽所以迎之不見其首氣形清虛故云隨之不見其後此則叙道之本從氣而生所以上清經云吾生眇莽之中甚幽冥幽冥之中生於空同空同之内生於太元太元變化三氣明焉一氣清一氣白一氣黃故云一生二二生三三案生神章云老子以元始三炁合而為一是至人法體精是精靈神是變化氣是氣象如陸簡寂臧矜顧歡諸揉孟智同等老子義云令此三氣以成聖體又云自然為通相之體三氣為別相之體撿道所宗以氣為本考三氣之内有

色有心既為色心所成未免生死之患何得稱常

君子曰原道所先以氣為體何漱明之案養生服氣經云道者氣也保氣則得道得道則長存神者精也保精則神明神明則長生精者血脉之川流守骨之靈神精去則骨枯骨枯則死矣故莊周云吹呴呼吸吐故納新彭祖修之以得壽考拔此而言能養和氣以智長生謂得道也

通人曰縱使有道不能自生從自然生從自然出道本自然則道有所待既因一他有即是无常故老子云人法地地法天天法道道法自然王弼云言天地之道並不相違故稱法也自然无稱窮極之辭道是智恵靈知之号用智不及無智有形不及無形道是有義不及自然之無義也

君子曰易乹鑿度云昔燧人氏仰觀斗極以定方名庖犧因之而畫八卦黃帝受命使大撓造甲子容成次曆數五行九宮之說自此而興故說卦云陽取九者立天之道曰陰與陽陰

二陽一則天有三焉立地之道曰柔與剛柔二剛一則地亦有三立人之道曰仁與義義二仁一則人亦有三三三合九陰陽相通以成萬物不聞別有道神處太玄都坐高蓋天上羅三清下包三界居七映之房出九宮之上行神布氣造作万物豈非惑乱陷墜人間耶拔功則業殊比隆則事異沙門擁徳而靡違道士言行而有過立不刊之遐跡建不測之玄猶洋洋乎弗可尚也其唯釋教歟豈以坳塘小水匹馮夷大波者哉非所類矣

辯正論卷第六

辯正論卷第六

校勘記

一 底本，金藏廣勝寺本。五四四頁中至五四五頁上及五五五頁上及頁中共五版，原版殘缺，以麗藏本換。

一 五四四頁中一至二行經名、卷次、撰者，諸本無(未換卷)。

一 五四四頁中四行至五行「内九……第七」，諸本無。

一 五四四頁中一〇行第一一字「明」，諸本作「明達」。

一 五四四頁中一二行第五字「注」，徑、清無。

一 五四四頁中一九行第二字「䟽」，諸本無。

一 五四四頁中末行第二字「上」，諸本無。

一 五四四頁下二行末字「机」，資、磧、普、南作「札」；徑、清作「劄」。

一 五四四頁下五行第二字「按」，諸本無。

一 五四四頁下八行第九字「耳」，諸本作「乎」。

一 五四四頁下一三行「外二異曰」與一六行「内二喻曰」下，第一字「注」，徑、清無。下至五四六頁下一〇行「外九異曰」與一三行「内九喻曰」，例同。

一 五四四頁下一三行末字「滅」，諸本作「不滅」。

一 五四四頁下一四行末字「生」，諸本作「不生」。

一 五四五頁上六行第一一字「維」，諸本無。

一 五四五頁上七行第三字「婁」，諸本作「樓」。

一 五四五頁上一一行第七字「初」，諸本作「劫」。

一 五四五頁上一三行末字「日」，諸本作「日日」。

一 五四五頁上一五行第六字「去」，諸本作「立」。

一 五四五頁上一八行「本自居」，諸本無。

一 五四五頁上二〇行「便可」下，諸本有「震旦本自東居」。

一 五四五頁中一二行「李者」，麗作「李老」。

一 五四五頁中一四行第二字「漢」，諸本無。

一 五四五頁下八行首字「後」，諸本作「没」。又第五字「滅」，諸本作「臧」。

一 五四五頁下二〇行「矯妄」，麗作「詭妄」。

一 五四六頁上四行第四字「生」，資、磧、普、南、徑、清作「出」。

一 五四六頁上五行第六字「年」，諸本作「年終穆王」。

一 五四六頁上九行末字「載」，資、磧、普作「戴」。

一 五四六頁上一一行第三字「吏」，磧、麗作「史」。又第五字「史」，資、磧、普、南、徑作「吏」。

一　五四六頁上末行首字「及」，麗作「焉」。

一　五四六頁中一行「人見」，諸本作「入見」。

一　五四六頁中一〇行「井星」，磧、普作「并星」。

一　五四六頁中一四行第四字「形」，資、磧、普、南、徑、清作「徵」。

一　五四六頁中二二行「眼跦」，諸本作「跦眼」。又末字「擿」，資、普作「瞞」；磧、南、徑、清作「聃」。

一　五四六頁中末行第三字「梨」，資、磧、普、南、徑、清作「黧」。

一　五四六頁下七行第一三字「相」，資、磧、普、南、徑、清無。

一　五四六頁下一七行「余玟與」，資、磧、普、南、徑、清作「余玫與」；麗作「余玫興」。

一　五四七頁上一行「兩判」，資、磧、普、南、徑、清作「兩畔」。

一　五四七頁上五行「皇帝」，資、磧、普、南、徑作「黄帝」。

一　五四七頁上一〇行末字「録」，資、磧、普、南、徑、清作「籙」。

一　五四七頁上一六行第五字「老」，麗作「汪老」。

一　五四七頁中三行首字「乎」，資、磧、普、南、徑、清作「也」。

一　五四七頁中三行「豈謂慈乎」，至此，磧、普、南卷第五終，卷第六始；徑、清卷第六終，卷第七始。撰者後，資、磧、普、南有「十喻篇第五之餘」及「内九箴篇第六」；徑、清有「十喻篇第五之餘」。

一　五四七頁中五行至九行、目録記數一至十，徑、清在句上。如「内從生有勝劣一」作「一内從生有勝劣」。

一　五四七頁中一〇行至一一行小字「答十異序……上文如是」，資、磧、普、南、徑、清無。

一　五四七頁中一〇行小字左末字「廚」，麗作「廚」。

一　五四七頁中一二行第七字「一」，徑、清無。

一　五四七頁中一三行第一〇字「腹」，資、磧、普、南、徑、清無。又「無開」，諸本作「無關」。

一　五四七頁中一五行夾註「李氏……降神」，資、磧、普、南、徑、清無。

一　五四七頁中二〇行第六字「首」，資、磧、普、南、徑作「首相」。

一　五四七頁下一行第一〇字「馬」，諸本作「焉」。

一　五四七頁下三行「生既无前」，麗作「而生既無正出」。

一　五四七頁下三行至次行「前皆是謬辞」，資、磧、普、南、徑、清作「正出」。

一　五四七頁下七行第七字「超」，諸本作「起」。

一　五四七頁下一六行第三字「示」，資、磧、普、南、徑、清作「介」。

一　五四七頁下一七行末字「二」，徑、清無。

一　五四七頁下二二行首字「景」，資、磧、普、南、徑、清作「影」。

一　五四八頁上一行夾註「老訓……妙覺」，資、磧、普、南、徑、清無。

一　五四八頁上一〇行第一二字「豈」，資、磧、普、南、徑、清作「豈與」。

一　五四八頁上一六行末字「三」，徑、清無。

一　五四八頁上一九行第二字「又」，資、磧、普、南、徑、清作「乃」。

一　五四八頁中八行「之也」，諸本無。

一　五四八頁中九行夾註「老去……爲尊」，諸本無。

一　五四八頁中一四行第六字「判」，諸本作「以判」。

一　五四八頁下四行第八字「屈」，諸本無。又第一二字「受」，諸本作「之」。

一　五四八頁下五行「亶學」，諸本作「稟學」。

一　五四八頁下六行首字「於」，麗作「故」。

一　五四八頁下八行「藏史」，資、磧、普、南、徑、清作「藏吏」。

一　五四八頁下一〇行末字「四」，徑、清無。

一　五四八頁下一一行「典墳」，麗作「典信」。

一　五四八頁下一三行「楚曰」，諸本作「楚越」。

一　五四八頁下一四行第二字「弟」，諸本無。又第六字「僬」，資、磧、普、南、徑、清作「獯」。又「小匠」，南、徑、清作「小臣」。

一　五四八頁下一五行首字「之」，資、磧、普、南、徑、清無。

一　五四八頁下一六行夾註「老爲……妙藏」，資、磧、普、南、徑、清無。

一　五四八頁下二一行「藏吏」，麗作「藏史」。

一　五四八頁下末行第五字「羅」，普、南、徑、清作「維」。

一　五四九頁上四行末字「紀」，資、磧、普、南、徑、清作「絶」。

一　五四九頁上一〇行第四字「有」，徑無；又末字「五」，徑、清無。

一　五四九頁上一一行「環中」，資、磧、普、南、徑、清作「寰中」。

一　五四九頁上一二行第一一字「无」，諸本作「無窮」。

一　五四九頁上一三行第六字「凡」，南、徑、清作「其」。

一　五四九頁上一五行首字「注」，徑、清無。下至次頁下四行首字同。

一　五四九頁上一六行「乎也」，南、徑、清作「乎」；麗作「也」。又第八字「此」，諸本作「危脆此壽」。

一　五四九頁上一八行夾註「老史……劫也」，資、磧、普、南、徑、清無。

一　五四九頁上二二行第四字「以」，資、磧、普、南、徑、清無。又「老菜子」，磧作「老萊子」。

一　五四九頁中六行「翅邑」，資、磧、普、南、徑、清作「反邑」；麗作「反色」。

一　五四九頁中七行末字「正」，資、磧、普、南、徑、清無。

一　五四九頁中一九行第四字「然」，諸本作「熟」。

一　五四九頁中二〇行「五雲」，資、磧、普、南、徑、清作「五靈」。

一　五四九頁中末行末字「六」，徑、清無。

一　五四九頁下一一行第八字「務」，諸本作「霧」。

一　五四九頁下一四行夾註右末字「邪」，資作「物」；磧、南、徑、清作「愚」。

一　五四九頁下二二行末字「七」，徑、清無。

一　五五〇頁上一行第四字「固」，資、磧、普、南、徑、清作「故」。

一　五五〇頁上一〇行「就槐里始終」，資、磧、普、南、徑、清作「葬槐里始緣」。

一　五五〇頁上一一行第八字「緣」，資、磧作「終」。

一　五五〇頁上一九行末字「扶」，徑、清作「於扶」。

一　五五〇頁上二一行末字「八」，徑、清無。

一　五五〇頁上末行第一二字「宇」，諸本作「字」。

一　五五〇頁中六行「聖人相質」，資、磧、普、南、徑、清作「聖相」。

一　五五〇頁中九行第九字「眉」，諸本作「肩」。

一　五五〇頁中一三行第二字「花」，資、磧、普、南、徑、清作「蓮」。

一　五五〇頁中一七行第二字「種」，諸本作「八十種」。

一　五五〇頁中末行第六字「梵」，資、磧、普、南、徑、清無。

一　五五〇頁下二行「把十」，資、磧、普、南、徑、清作「把十以」；麗作「把十而」。

一　五五〇頁下八行末字「九」，徑、清無。

一　五五〇頁下一二行「注曰」，資、磧作「注彈曰」；普、徑、清作「彈曰」。

一　五五〇頁下一六行第六字「鉉」，資、磧、普、南、徑、清作「絃」。

一　五五〇頁下一七行「倚支」，資、磧、普、南、徑、清作「祇支」；麗作「奇支」。

一　五五〇頁下末行「教宗」，諸本作「朝宗」。

一　五五一頁上三行「詩人」，麗作「時人」。

一　五五一頁上四行第二字「證」，清、麗作「澄」。

一　五五一頁上五行第七字「象」，徑作「像」。

一　五五一頁上一〇行至次行「挐舩待釣」，資、磧、普作「挐船待劍」；南、徑、清作「刻舩待劍」。

一　五五一頁上一二行第二字「說」，資、磧、普、南、徑、清作「設」。又末字「十」，徑、清無。

一　五五一頁上二二行「不匱」，磧、麗作「不遺」。

一　五五一頁中四行末字「形」，南、徑、清、麗作「刑」。

一　五五一頁中八行末字及九行第一〇字「親」，資、磧、普、南、徑、清無。

一　五五一頁中一一行夾註右「普止」，資、磧、普、南、徑、清作「普正」。

一　五五一頁中一四行第六字「也」，諸本無。

一　五五一頁中一六行首字「内」，徑、清無。又第七字「答」，徑、清作「内九箴答」。

一　五五一頁中一七行至一九行目録之記數一至九，徑、清在句上。如「周世無機一」作「一周世無機」。

一　五五一頁中一七行「器氣」，諸本作「器服」。

一　五五一頁下四行第二字「沾」，徑、清作「瞻」。

一　五五一頁下六行第一一字「注」，資、磧作「注彈」，普、南、徑作「彈」。

一　五五一頁下七行末字「自」，資、磧、普、南、徑、清作「須自」。

一　五五一頁下九行「妄詭」，資、磧、普、南、徑、清作「妄説」。

一　五五一頁下一二行末字「一」，徑、清無。

一　五五一頁下一三行第六字「義」，南、徑、清、麗作「曦」。又「曚瞍」，資、磧、普、南、徑、清作「矇瞍」。

一　五五一頁下一四行「震霆」，資、磧、普、南、徑、清作「雷霆」。

一　五五一頁下一六行第四字「人」，資、磧、普、南、徑、清作「夫」。

一　五五一頁下一七行第四字「注」，徑、清無。下至次頁下一五行首字同。

一　五五一頁下二〇行末字「遣」，資、磧、普、南、徑、清作「遺」。

一　五五二頁上三行「三化」，資、磧、普、南、徑、清作「二化」。

一　五五二頁上八行「三皇」，資、磧、普、南、徑、清作「二皇」。

一　五五二頁上一四行第五字「未」，諸本作「末」。

一　五五二頁上一八行第一二字「莫」，諸本作「而莫」。

一　五五二頁上二一行第三字「盛」，資、磧、普、南、徑、清作「威」。

一　五五二頁上末行第六字「歡」，資、磧、普、南、徑、清作「懽」。又第一三字「變」，南、徑、清作「變色」。

一　五五二頁中四行「二月」，徑作「正月」。

一　五五二頁中一六行第一〇字「剛」，徑作「㓻」。

一　五五二頁中一九行至頁下二〇行「若化……略而言矣」，與頁下二〇行至次頁上七行「如干寶……有靈哉」，普、南、徑、清互置。

一　五五二頁中二二行末字「二」，徑、清無。

一　五五二頁中末行第八字「剖」，諸本作「刻」。

一　五五二頁下一行第四字「鑄」，資、磧、南、徑、清作「鎔」。又「克孝憑」，資、磧、普、南、徑、清作「允孝」。

一　五五二頁下二行第一一字「瑫」，

資、磧、普、南、徑、清無。

一　五五二頁下六行第一二字「真」，南、徑、清作「其」。

一　五五二頁下一二行第一〇字「流」，徑、清作「法」。

一　五五二頁下一三行第三字「夕」，資、磧、普、南、徑、清作「漢」。

一　五五二頁下二〇行「如干寶」，普、徑作「彈曰如干寶」。

一　五五三頁上二行第八字「清」，資、磧、普、南、徑作「香」。

一　五五三頁上三行第三字「新」，磧、麗作「雍」。

一　五五三頁上四行「聖天」，麗作「聖牙」。

一　五五三頁上一〇行第五字「云」，諸本作「之」。

一　五五三頁上一四行「未閑」，南作「未開」。

一　五五三頁上一七行「懷者」，資、磧、普、南、徑、清作「德者皆未悟丘與爾」。又末字「注」，徑、清無；麗作「郭注」。

一　五五三頁上二一行第三字「道」，資、磧、普、南、徑、清無。又第八字「處」，資、磧、普、南、徑、清無。

一　五五三頁上二二行「名言」，資、磧、普、南、徑、清作「之」。

一　五五三頁中二行第二字「經」，資、磧、普、南、徑、清作「佛經」。

一　五五三頁中五行第九字「恩」，諸本作「思」。

一　五五三頁中八行末字「夫」，資、磧、普作「天」。

一　五五三頁中一〇行第一二字「於」，磧無。

一　五五三頁中一一行末字「彰」，資、磧、普、南、徑、清作「旍」。

一　五五三頁中一二行「正法」，資、磧、普、南作「注正法」。

一　五五三頁中一三行第七字「塚」，資、磧、普、南、徑、清作「墳塚」。又「闢支」，諸本作「辟支」。

一　五五三頁中一六行第二字「暢」，資、磧、普、南、徑、清作「賜」。

一　五五三頁中一八行「疑耀」，諸本作「凝輝」。

一　五五三頁下九行第四字「踑」，麗作「箕」。

一　五五三頁下一一行第四字「樂」，資、磧、普、南、徑、清作「禮」。

一　五五三頁下一二行首字「注」，資、磧、南作「注彈」；徑作「彈」。

一　五五三頁下一八行第二字「在」，資、磧、普、南、徑、清作「俟」。

一　五五三頁下二〇行末字「三」，徑、清無。

一　五五三頁下末行第六字「立」，諸本作「立立」。

一　五五四頁上三行第一二字「異」，諸本作「器」。

一　五五四頁上四行「污染」，資、磧、普、南、徑、清作「泥洹」。

一　五五四頁上五行首字「樂」，資、磧、普、南、徑、清作「采」；麗作「綵」。

一　五五四頁上六行「未有」，資、磧、

普、南、徑、清作「示有」。

一　五五四頁上七行首字「論」，資、磧、南作「注論」。

一　五五四頁上一四行末字「正」，資、磧、普、南、徑、清無。

一　五五四頁上一五行「孜愍」，資、磧、普、南、徑、清作「敬愍」；麗作「愍」。

一　五五四頁上一九行「方履」，諸本作「方屨」。

一　五五四頁上二一行第五字「秦」，諸本作「宋」。

一　五五四頁中三行首字、次頁上一九行首字及次頁下一三行首字「注」，徑、清無。

一　五五四頁中六行「王俊」，資、磧、普、南、徑、清作「王役」。

一　五五四頁中一一行「立社」，南、徑、清作「立稷」。

一　五五四頁中一六行首字「維」，資、磧、普、南、徑、清作「紝」。

一　五五四頁中二〇行末字「四」，徑、清無。

一　五五四頁中二二行第六字「務」，資、磧、普、南、徑、清作「矜」。又末字「焚」，磧作「樊」。

一　五五四頁下一行「賜賄」，南、徑、清、麗作「獲賜」。

一　五五四頁下二行末字「吾」，麗作「爲吾」。

一　五五四頁下一一行第二字「殁」，資、磧、普、南、徑作「夭」。

一　五五四頁下一三行「女官」，徑、清作「女冠」。

一　五五四頁下一五行第二字「貧」，資、磧、普、南、徑、清作「負」。

一　五五四頁下一七行末字「餧」，普、南、徑、清作「餒」。

一　五五四頁下一九行「无年」，諸本作「元年」。

一　五五四頁下末行「師及」，諸本作「師友」。

一　五五五頁上三行第一二字「屎」，諸本作「尿」。

一　五五五頁上七行第五字「觀」，諸本作「勸」。

一　五五五頁上八行末字「生」，諸本作「出」。

一　五五五頁中四行第七字「墼」，諸本作「藝」。

一　五五五頁中一六行首字「期」，諸本作「斯」。

一　五五五頁中一八行「而服勾吻」，資、磧作「而復苟吻」，南、徑、清作「而服苟芴」。

一　五五五頁中二〇行「促運」，諸本作「運促」。

一　五五五頁中末行末字「五」，徑、清無。

一　五五五頁下一四行末二字「有力」，資、磧、普、南、徑、清作「惡龍有力」。

一　五五五頁下二二行末字「保」，資、磧、普、南、徑、清作「實」。

一　五五六頁上二行末字「恩」，麗作「思」。

一五五六頁上六行「與替」，諸本作「興替」。

一五五六頁上一〇行首字「陳」，資、磧、南作「注陳」。又「周邵」，南、徑、清作「周召」。

一五五六頁上一六行第九字「敢」，資、磧、普、南、徑、清作「致」。

一五五六頁上一八行小字左「其昏」，資、磧、普、南、徑、清作「其盲」；麗作「盲」。

一五五六頁上一九行「所先」，南、徑、清作「所元」。

一五五六頁中二行首字「注」，資、磧、南作「注彈」；徑、清作「彈」。

一五五六頁中三行第三字「堅」，麗作「暨」。

一五五六頁中五行第三字「骸」，諸本作「骸」。

一五五六頁中六行第七字「礼」，諸本無。

一五五六頁中七行第六字「病」，徑作「疾」。

一五五六頁中一〇行第七字及本頁下末行第五字「也」，資、磧、普、南、徑、清無。

一五五六頁中一一行首字「装」，諸本作「裝」。又第一三字「礼」，南、清、麗作「祀」。

一五五六頁中一七行末字「六」，徑、清無。

一五五六頁下四行第九字「以」，資、磧、普、南、徑作「之」。

一五五六頁下六行首字及一八行第八字「匱」，資、磧、普、南、徑、清作「遺」。又第八字「比」，資、磧、普、南、徑、清無。

一五五六頁下七行第一三字「祀」，資、磧、普、南、徑、清作「祠」。

一五五六頁下一〇行首字「阿」，資、磧、南作「注阿」。

一五五六頁下一七行末字「垂」，麗作「乘」。

一五五六頁下二一行首字「智」，資、磧、南作「注智」。

一五五七頁上一行第二字「體」，諸本作「骸」。

一五五七頁上八行第二字「態」，諸本作「能」。又第一一字「観」，諸本作「觀」。

一五五七頁上九行第九字「鏫」，諸本作「螭」。

一五五七頁上一三行「險擄乃」，資、磧、普、南、徑、清作「據險」；麗作「據朽」。

一五五七頁上一四行「悠悠未覺」，資、磧、普、南、徑、清無。

一五五七頁上一六行首字「經」，資、磧、普、南、徑、清作「經稱」。又「牟尼」，資、磧、普、南、徑、清作「牟尼者」。

一五五七頁上一八行第四字「劣」，南、徑、清、麗作「之劣」。

一五五七頁上二〇行第七字「者」，麗無。

一五五七頁上末行「善心」，資、磧、普、南、徑、清作「道心」。

一　五五七頁中一行至次行「亦又」，資、磧、普、南、徑、清作「又亦」。

一　五五七頁中二行「覆蔽」，資、磧、普、南、清作「矇覆」；徑作「曚覆」。

一　五五七頁中五行「溺裳」，資、磧、普、南、徑、清作「弱喪」；麗作「溺喪」。

一　五五七頁中九行第三字「假」，麗作「之假」。

一　五五七頁中一一行「未弭」，資、磧、普、南、徑、清作「未如」。

一　五五七頁中一三行第九字「直」，諸本作「貫」。

一　五五七頁中一六行第五字「言」，資、磧、普、南、徑、清無。

一　五五七頁中二一行「道士」，資、磧、南作「注道士」。又第一二字「章」，資、磧、普、南、徑、清作「章符」。

一　五五七頁中二二行末字「造」，資、磧、普、南、徑、清作「董仲造」。

一　五五七頁下二行夾註左「楊黑」，資、磧、普、南、徑、清作「楊墨」。

一　五五七頁下六行第一三字「鷦」，資、磧、普、南、徑、清作「蟭」。

一　五五七頁下一四行末字「滛」，資、磧、普、南、徑、清作「謡」。

一　五五七頁下一五行首字「黄」，磧、南作「注黄」。

一　五五七頁下一八行末字「扣」，資作「注扣」；磧、普、南、徑、清作「注呼扣」。

一　五五七頁下二〇行首字「老」，徑、清作「死」。

一　五五七頁下二一行「希覩」，磧作「希曙」。

一　五五八頁上六行「天竺」，資、磧、普、南、徑、清無。

一　五五八頁上七行「佛曰」，諸本作「佛自是天竺」。

一　五五八頁上八行「正國」，普、南、徑、清作「王國」。

一　五五八頁上一四行第五字「制」，諸　「制指」。又末字「八」，徑、清無。

一　五五八頁上一六行末字「俗」，諸本作「國」。

一　五五八頁上一九行第一一字「緒」，諸本作「結」。

一　五五八頁上末行夾註右第二字「調」，諸本作「謂」。又左首字「爲」，資、磧、普、南、徑、清無。

一　五五八頁中一行「西軋」，資、磧、普、南、徑、清作「西戎」。

一　五五八頁中三行第四字「主」，資、磧、普、南、徑、清無。

一　五五八頁中四行夾註右「火仙」，資、磧、普、南、徑、清作「大仙」。第六字「去」，諸本作「吉」。又「夷廾羅」，資、磧、普、南、徑、清作「夷叔斗羅」。

一　五五八頁中八行「邪論」，資、磧、普、南、徑、清作「邪倫」。

一　五五八頁中九行「諧唱」，諸本作「浩唱」。

一　五五八頁中一六行「住本」，資、磧、普、南、徑、清作「本性」。

一　五五八頁中一七行第一二字「設」，資、磧、普、南、徑、清作「授」。

一　五五八頁中一九行「奇方」，諸本作「寄方」。又第九字「禅」，南、徑、清作「師」。

一　五五八頁中二〇行末字「法」，諸本作「法王」。

一　五五八頁下三行「身長」，諸本作「耳長生」。

一　五五八頁下八行第七字「孱」，資、磧、普、南、徑、清作「歷」。

一　五五八頁下九行第一一字「僧」，資、磧、普、南、徑、清無。

一　五五八頁下一一行「匠去」，資、磧、普、南、徑、清作「退去」；麗作「去」。

一　五五八頁下一三行第九字及一七行第三字「言」，磧、南作「注言」。

一　五五八頁下一七行「精思」，普、南、徑、清作「思神」。

一　五五九頁上七行第二字「木」，諸本作「水」。

一　五五九頁上一六行至次行「記事右史記辯」，資、磧、普、南、徑、清作「右史記事記詞」。

一　五五九頁上二〇行首字「注」，資、磧、南作「注彈」；徑、清作「彈」。

一　五五九頁中一行第四字「倪」，資、磧、普、南、清作「猊」。

一　五五九頁中八行「老子」，麗作「老子渡」。

一　五五九頁中九行第一二字「世」，諸本作「也」。

一　五五九頁中一一行末字「況」，資、磧、普、南、徑、清作「説」。

一　五五九頁中一二行第九字「末」，諸本作「未」。

一　五五九頁中一四行第四字「何」，諸本作「何名」。又「漢後」，資、磧、普、南、徑、清作「後漢」。

一　五五九頁中一六行首字「撿」，資、磧、南作「注檢」。

一　五五九頁中一七行第二字「教」，諸本無。

一　五五九頁中一九行第五字「等」，資、磧、普、南、徑、清無。

一　五五九頁中二〇行第四字「大」，諸本作「力」。

一　五五九頁下三行首字「注」，資、磧、南作「注彈」；徑、清作「彈」。

一　五五九頁下九行「静内」，資、磧作「圊内」。

一　五五九頁下一一行第二字「漫」，諸本作「慢」。又末字「泄」，磧、麗作「紲」；南、徑、清作「媟」。

一　五五九頁下一四行「滅祀」，資、磧、普、南、徑、清作「滅嗣」。

一　五五九頁下一四行至次行「但此土君子夙稟道真」，南、徑、清無。

一　五五九頁下一五行「道真」下，資、磧有「無勞髡頂」四字。

一　五五九頁下一六行首字「撿」，資、磧、南作「注檢」。

一　五五九頁下一七行「人間」，資、磧、普、南、徑、清作「人閒」。

一　五六〇頁上三行第六字「之」，資、

磧、普、南、徑、清作「亦」。又「爲此形也」下，南、徑、清有「但此土君子夙稟道真」九字。

一　五六〇頁上四行「趴頭」，諸本作「髠頭」。

一　五六〇頁上六行第四字「衰」，諸本作「縗」。

一　五六〇頁上九行「爲僧」，資、磧、普、南、徑、清作「與僧」；麗作「爲佛」。

一　五六〇頁上一〇行「世且凡下」，資、磧、普、南、徑、清作「足」；麗無。又第一二字「爲」，磧無。

一　五六〇頁上一二行「内老子……九」，資、磧無。又末字「九」，徑、清無。

一　五六〇頁上一五行「莫惻」，諸本作「莫測」。

一　五六〇頁上一七行第五字「雖」，資、磧、普、南、徑、清無。又第九字「條」，諸本作「降」。

一　五六〇頁上二二行首字「朋」，資、磧、普、南、徑、清作「萌」。又第一三字「諧」，資、磧、普、南、徑、清作「讃」。

一　五六〇頁上末行「矛楯」，資、磧、普、南、徑、清作「矛盾」。又「自皆」，資、磧、普、南、徑、清作「向背」。

一　五六〇頁中六行首字「吴」，資、磧、南作「汪吴」。又「吴王問僧」，資、磧、普、南、徑、清作「吴主問」。

一　五六〇頁中一一行首字「魏」，資、磧、南作「汪魏」。又末字「法」，資、磧、普、南、徑、清作「佛法」。

一　五六〇頁中一二行第一〇字「始」，資、磧、普、南、徑、清作「始以」。

一　五六〇頁中一四行「形者」，磧、徑、麗作「刑者」。

一　五六〇頁中一五行第五字「折」，麗作「斬之不傷」。

一　五六〇頁中一六行「天師」，資、磧、普、南、徑、清作「天師於」。又第一〇字「側」，徑作「則」。

一　五六〇頁中二〇行首字「符」，資、磧、南作「汪符」。

一　五六〇頁下二行及三行「崔浩」，資、磧、普、南、徑、清作「崔皓」。

一　五六〇頁下三行首字「魏」，資、磧、南作「汪魏」。

一　五六〇頁下一二行「苟吻」，普、南、徑、清作「苟芴」；麗作「釛刎」。

一　五六〇頁下一六行第一〇字「集」，資、磧、普、南、徑、清作「焦」。

一　五六〇頁下一九行第二字「衣」，諸本無。

一　五六〇頁下二〇行第一三字「探」，資、磧、普、南、徑、清作「解」。

一　五六〇頁下二二行「符録」，資、磧、普、南、徑、清作「符籙」。又第一一字「銜」，資、磧、普、南、徑、清作「御」。

一　五六一頁上一行第一〇字「塸」，普、南、徑、清作「甌」。

一　五六一頁上二行第一一字「銜」，麗作「渝」。又第一三字「比」，南作「此」。

一五六一頁上三行第一一字「警」，徑、清作「驚」。

一五六一頁上六行第七字「乎」，南、徑、清作「耳」。

一五六一頁上七行至八行「之下」，資、磧、普、南、徑、清作「下之」。

一五六一頁上八行第五字「莽」，資、磧、普、南、徑、清作「蘋」。又第一二字「蹤」，諸本作「縱」。

一五六一頁上一六行「九也」，至此，資、磧、普、南卷第六終，卷第七始；徑、清卷第七終，卷第八始。

一五六一頁上二〇行首字「獲」，諸本作「發」。

一五六一頁中三行第二字「精」，諸本作「積」。

一五六一頁中八行第五字「君」，磧、普、南、徑、清作「若」。

一五六一頁中一〇行「三十二」，諸本作「三十三」。

一五六一頁中一三行首字「夭」，諸本作「天」。又「定者」，諸本作「定志」。

一五六一頁中一六行「中上」，資、磧、普、南、徑、清作「中之」。

一五六一頁下六行第一三字「鄉」，資、磧、普、南、徑、清作「以郡」。

一五六一頁下九行第五字「獨」，資、磧、普、南、徑、清作「觸」。

一五六一頁下一二行第三字「管」，麗作「官」。

一五六一頁下一七行「非信」，諸本作「非徒」。

一五六一頁下一八行第二字「茫」，資、磧、普、南、徑、清作「悦」。又第一〇字「三」，諸本作「氣」。

一五六一頁下二〇行第一二字「也」，資、磧、普、南、徑、清無。

一五六一頁下末行「陽氣黃陽精經」，資、磧、普、南、徑、清作「陽氣黃精經」；麗作「陰陽二氣黃精經」。

一五六二頁上二行「曰名玄」，諸本作「名曰玄丹」。

一五六二頁上三行第三字「降」，資、磧、普、南、徑、清作「隨」。

一五六二頁上一二行及一五行「眇莽」，資、磧、普、南、徑、清作「渺漭」。

一五六二頁上一五行第一二字「中」，資、磧、普、南、徑、清作「内」。

一五六二頁上二〇行第八字「滅」，磧、麗作「藏」，南、徑作「臧」。又「諸揉」，資、磧、普、南、徑、清無。又末字「同」，諸本作「周」。

一五六二頁上二一行「令此」，諸本作「合此」。

一五六二頁中三行「何漱」，諸本作「何以」。

一五六二頁中七行第六字「神」，麗作「府」。

一五六二頁中八行「吹呴」，資、磧、普、南、徑、清作「吹呿」。麗作「吹呴」。

一五六二頁中一〇行「以智」，諸本作「以致」。

一　五六二頁中一三行第三字「一」，諸本無。

一　五六二頁中末行第三字「取」，資、磧、普、南、徑、清作「數」。

一　五六二頁下四行「相通」，資、磧、普、南、徑、清作「相包」。

一　五六二頁下六行「七映」，資、磧、普、南、徑、清作「七瑛」。

一　五六二頁下九行末字「有」，資、磧、普、南、徑、清作「多」。

一　五六二頁下一〇行「不測」，資、磧、普、南、徑、清作「不朽」。又第一三字「猶」，磧、麗作「猷」。

一　五六二頁下一一行「拗塘」，磧作「拗塘」；麗作「坳堂」。

一　五六二頁下末行經名，資、磧、普、南、徑、清無（未換卷）。

辯正論卷第七　既

唐沙門釋法琳　撰

信毀交報篇第八

儒生問曰造像書經本期現福持齋行道貴益眼前何為念地藏而無徵覺觀音而不救七難之殃留連競集二求之願拱手莫從馮士幹有詰聖之文揚衒之致咎靈之論徒勞辛苦枉費珠璣專事誇誕罕聞實錄非唯為善者不蒙其効亦乃作惡者翻受其榮豈意釋門反成烏有開士喻曰夫幽揵難開唯信能入玄波浩蕩唯智能度智為趣聖之基信是越凡之本本因信而行立度藉智而神澄信以招福為功智以反源為術故曰有智者可以關會理抱信者可以師資道成夫子去兵食可忘信不可去今當為汝論斯旨也夫感在精誠道由懇苦意不專道何以剋心不至感无以通是故鄒衍長歎夏日零霜李廣注心箭羽沒石將軍拜井踈勒泉飛明府叩頭江陵火滅若披肝露膽委命授骸福福相資念念不倦者便可還年轉障何但獲福受恩者歟外既有然內亦無奕若謂觀音不神士幹從何免死地藏無力孝謙由誰得全至如建安感夢而疾瘳感應傳云齊建安王患瘻念觀音不息夜見觀音手為拊瘳明旦瘻愈文宣降靈而病愈齊竟陵王內侍太王得熱病夜中再死夢見金像手灌神湯因遂平復也高王行刑而刀折齊世有囚罪當極法夢見聖僧口授其經至心誦念數盈千遍臨刑刀折因遂免死今高王觀世音經是也金尊代戮而項傷感應傳云張逸為事至死預造金像朝夕祈命臨刑刀折而項不傷官問其故答曰唯以礼像為業其像項上有二刀痕赤如血因而得免耳謝氏通魂見亡子而祈福晉錄曰瑯瑘王凝之夫人陳郡謝氏名韞元奕女也清心玄旨姿才秀遠喪二男痛甚六年不開帷幕忽見二兒還鎖械大懼勸母自寬云罪無得脫為福德可免耳具敘諸苦母為祈福冥獲濟祐也孫君幽達觀殯息而營齋宣驗記云孫祚晉國沮陽人位王太中大夫少子稚字法暉少聰慧奉法年十八晉咸康元年桂陽郡患亡祚以任武昌到三年四月八日廣置法齋請佛延僧建齋行道見稚在衆中胡從像後徃嘆問之稚還拜具說興居便隨父母歸家父先有疾稚云无禍祟到五月當差言竟奄忽去作福可以拯魂免苦其事不虛長舒一唱而風迴少年四投而火滅晉錄冥祥記云晉世有竺長舒者本天竺人專心誦觀世音經為業後居吳中于時邑內遭火屋宇連棟草茅相結火至皆焚無能為救長舒家正在下風分意燒毀一心誦觀世音欲至舒家風迴火滅竟家獲免合縣驚異歎其有神時有兒惡年少怪其老胡有何靈應大曉不燃到後夜風急少年以火投屋四投皆滅年少遑感至明乃叩頭首過舒云我无神力常以觀

世音為業每有事恒得免脫也僧洪在禁鑄像摩頭冥祥記云晉世沙門僧洪住京師瓦官寺當義熙十二年時官禁鎔鑄洪既發心鑄丈六金像圓滿我死无恨便即偷鑄鑄竟像猶在模所司收洪禁在於府獄械甚嚴一念觀音日誦百遍便夢所鑄金像往獄手摩頭曰无慮其像胸前一尺許銅色燋沸當洪禁日國家牛馬不肯入欄時以為怪旬日勑至彭城洪因故免像即破模自見阿練託生胡音逸口冥祥記云瑯瑘王珉其妻无子常祈觀音乞兒珉後路行逢一胡僧意甚悅之僧曰我死當為君子少時道人忌士三月聞珉妻有娠及生能語即解西域十六國音大聰明有器度即晉尚書王練明身也故小名阿練叙前生時事有驗也德祖一心雲迷虜騎宣驗記云榮陽人毛祖初投江南偷道而遂逢虜騎所追伏在道側蓬蒿之內草短蒿疎半身猶露分意受死合家黑然念觀世音俄然雲起雨注遂得免難也李儒嘿念賊馬群驚宣驗記云隊主李儒後鎮虎牢為魏虜所圍危急欲降夜踰城出見賊縱橫並臥儒乃一心念觀世音便過賊壘趣一燒墓賊即隨來儒便入草未及藏伏群馬向草儒大驚恐一心專念觀音馬忽然自驚因此得脫也郭宣許鉞桎梏自解處茂違誓流矢便中晉義熙十一年太原郭宣與蜀郡文處茂先與梁州刺史楊收敬為友收敬以害人被繫宣與處茂同於桎梏念觀世音十日已後夜三更夢一菩薩慰諭之告以大命無憂亦覺而鎖械自脫及曉還著如是數過此二人相慶發願若得免罪各出錢十万與上明西寺作功德共立重誓少日俱免宣依願送錢向寺處茂違誓不送盧循起兵茂在戎於查浦為流矢所中未死之間曰我有大罪語訖而死何瑚感聖母疾乃除何氏傳曰瑚字重寶家為北征諮議博聞強學初有令名治左氏春秋略通大義孝性淳深事親恭謹母病求醫不乘車馬忽感聖僧贈賚藥異手執香鑪來求齋食而至无早晚故疑其非常如此十餘日母病有瘳僧便辭去留素書般若經一卷因執手曰負道是二十七賢聖不退相人感種越至心故來尋病

今病者已差貧道生還書訖前行忽然不見而靈烟香氣一旬方歇精誠所感朝野嗟歎因捨別宅為月愛寺也

張應捨邪妻病遂損

靈鬼志曰歷陽郡縣張應先是魔家事佛家女為婦咸和八年移居无湖妻病因為魔事家略盡不差妻曰我本佛家女乞為我作佛事應便往精舍中見竺曇鎧曰佛普療衆生但問君當一心受持耳曇鎧期明當向其家應夜夢見一人長丈五六正向於南面趨步入門曰此家寂乃不淨夢中見鎧隨此人後自曰此家始欲發意未可一二責之應先手巧眠覺便把火作高座及鬼子母座鎧明食時往應高座之屬具足已成聞應說夢遂夫妻受五戒病亦尋差

康阿得造塔放還

幽明錄曰康阿得死三日還蘇說初死時兩人扶腋有白馬吏驅之不知行幾里見北向黑門南入見東向黑門西入見南向黑門北入見有十餘梁間瓦屋有人皂服籠冠邊有二十餘吏皆言府君西南復有四五十吏阿得便前拜府君府君問何所奉事得曰家起佛圖塔寺供養道人府君曰卿大福德問都錄使者此人命盡耶見持一卷書伏地案之其字甚細曰餘算三十五年府君大怒曰小吏何敢頓奪人命便縛白馬吏著柱處罰一百血出流漫問得欲歸不得曰今府君曰今當送卿歸欲便遣卿案行地獄即給馬一疋及一從人東北出不知幾里見一城方數十里有滿城上屋因見未事佛時亡伯伯母亡叔叔母皆著杻械衣裳破壞身體膿血復前行見一城其中有臥鐵牀上者燒牀正赤凡見十獄各有楚毒獄名赤沙黃沙白沙如此七沙有刀山劍樹抱赤銅柱於是便還復見七八十梁間瓦屋夾道種槐云名福舍諸佛弟子住中福多者上生天福少者住此舍遙見大殿二十餘梁有一男子二婦人從殿上來下是得事佛後亡伯伯母亡叔叔母須臾有一道人來問得識我不得曰不識曰汝何以不識我我共汝作佛圖主於是笑而憶之還至府君所即遣前二人送歸忽便蘇活

石賢者飯僧蒙活

幽明錄曰石長和死四日蘇說初死東南行見二人治道恒去和五十步長和衰行亦尒道兩邊棘刺皆如鷹爪見人大小群走棘中如被驅

逐身體破壞地有凝血棘中人見長和獨行平道歎息曰佛弟子獨得行大道中前行見七八十梁瓦屋中有閣十餘梁上有窗內有人面辟方三尺著皂袍四縫腋憑向坐唯衣衿以上見長和即向拜又曰石賢者來也一別二十餘年和日尒意中便若憶此時也有還孟承夫妻先死閣上人曰賢者識承不長和曰識閣上人曰孟承生時不精進今恒為我掃地承妻精進晏然與官家事舉手指西南一房曰玉妻今在中妻即開窗向見長和問石賢者何時來遍問其家中兒女大小名字平安不還時過此當因一封書斯須見承閣西頭來一手捉掃箒箕一手捉把亦問家消息閣上一人曰聞魚龍超修精進為信今不何所修行長和曰不食魚肉酒不經口恒轉尊經救諸疾痛閣上人曰所傳不妄閣上人問都錄主者石賢者命盡也枉奪其命也主者錄簿四十年閣上人勅主者獨車一乘兩辟車騎兩吏送石賢者須臾東向便有車騎人從如所差之數長和拜辭上車而歸前所行道邊所在有亭傳吏民牀座飲食之具倏然歸家前見父母坐其尸邊見尸大如牛聞尸臭不欲入其中繞尸三匝長和歎息當尸頭前見其亡姊於後推之便落尸面上因即蘇矣

貪新鬼无知入佛家而轉磨　久鬼多慧能現怪而飽

過略去有新鬼不得飲食形瘦疲頓忽遇故友死來積年形體肥健便相問訊諸亦活方文鬼答曰為人作怪人必大怖因致飲食介乃肥健也新鬼便入事佛之家其家精進常修善業屋西有磨鬼推之家主大喜勅子弟曰吾家至貧善神助磨急輦麥與之至暮磨數十斛麥既不得食疲頓乃去復到一家上碓而舂其家正信相與喜曰昨日某甲家磨今復來助我舂益更輦穀使婢簸之至暮得五十斛米如是疲乏又不得食中心忿怒不自堪任夜見久鬼至申怨責久鬼曰君自不慮耳此二家奉佛正信其心難動用心一至亦能感徹冥空我輩正當共使令去可覓門前有竹竿懸斷索灌口者往彼為新鬼用語至一家門有竹竿見一群女子窗前共食中庭有一白狗鬼便令狗在空中行其家惶怖讚唱云生來未見此怪卜占云客鬼索食可殺狗并餅果於庭中祠之可得無他便如師言鬼遂得食後恒飽滿也

趙泰精思唯善是求

幽明錄云趙泰字文和清河貝丘人公府辟不就精思典籍鄉黨稱名年三十五晉大始五年七月三日夜半卒心痛而死心上故煖身體屈申停尸十日氣從咽喉如雷聲眼開索飲食便起說初死時有二人乘黃馬從兵二人但言捉將去二人扶兩腋東行不知幾里便見大城如錫鐵正崔嵬從西城門入官府舍有二重黑門數十梁瓦屋男女當五六十住立吏著皁單衣將五六人注藏姓字男女有別言莫動當入斷呈府君泰名在第三十須臾將入府君西向坐料出泰名復轉南入黑門一人絳衣坐大屋下以次呼名前問生時所行事有何罪過行何功德作何善行言者各各不同主者言許汝等辭恒遣六部督錄使者常在人間疏記人所作善惡以相撿校人死有三惡道殺生禱祀最重奉佛法持五戒十善慈心布施死在福舍安隱無為泰答一無所事亦不犯惡料問部竟使為水官監作吏將千餘人接沙著岸上晝夜勤苦啼泣悔言生時不作善今墮此處當歸崇代使轉水官都督總知諸獄事給馬兵東到地獄案行復到泥犁地獄男女五六千人有大樹橫廣五十餘步高千丈四邊皆有劍樹上人著樹上然火其下十十五五墮火劍上貫其身體云此人呪咀罵詈奪人財物毀傷良善見泰父母及二弟在此獄中涕泣見二人齎文書來勅獄吏言有三人家事佛為其於寺中懸幡燒香呪願救解生時罪過出就福舍已見自然衣服往詣一門云名開光大舍有三重黑門皆白壁赤柱此三人即入門見大殿珍寶耀目室有二師子併伏頭負一金玉牀云名師子之座見一人身可長丈六姿容金色項有日光坐此牀上沙門立侍甚衆四坐竝真人菩薩見泰山府君來作禮泰問吏人吏曰名佛天上天下度人之師便聞佛云言今欲慈度此惡道中及諸地獄中人皆令出歸時云有百万九千人一時得出地獄即空從皆百里城中其在此中者皆奉法弟子當過福舍七日隨行所作功德有少有衆者又見呼十人當上生天有草馬侍從迎之界虛空而去出復見一城去縱廣二百餘里名為更受變形城云

生時未聞道法而地獄考治已畢者當於此城更受變報入此門見當有數千万土屋有坊巷中央有大瓦屋廣五十餘步屋下有五百餘吏對録人名作善惡者行狀受所變身形之路各從其所趣而去然生者云當作蜉蝣至朝生夕死若出為人常當短命偷盜者作猪羊身屠肉償人婬逸者作鵠鶩蛇身兩舌者作鴟梟鵂鶹惡聲人聞皆咒令死抵債者為驢騾馬牛魚鱉之屬大屋下有地戶北向一戶南向呼從北戶入出南戶者皆變身形作鳥獸又見一城縱廣百里其中瓦屋安居快樂云生時不作惡行不見天道亦不受罪名為鬼城千歲得出為人又見一城廣五千餘步名為地獄中罰謫者不堪苦痛還歸索代家為解謫皆在此城中男女五六十万皆裸形無服飢困相扶見泰叩頭啼哭泰問吏天道地獄道門相去幾里曰天道地獄道門相對紫行匝還主者問地獄如法不歸無罪故相使為水官都督不尔與地獄中人无異泰問人死何者為樂主者言唯佛弟子精進不犯禁戒為樂耳又未奉佛時罪過山積今奉法其過得除不曰皆除主者呂都録使者問趙文和何故死來使開縢視年紀之籍有餘筭三十年橫為惡鬼所取今遣還家由是大小發意奉佛為祖父母及二弟懸幡蓋作福會也續

王坦懷疑契死為驗

搜神記云沙門竺法度者先與北中郎將王坦之友善每共論生死罪福報應之事茫昧難明未審有無便共為要若先無常其神有知及罪福決定者當相報語王坦後在都忽見師來王便驚去上人何處來荅曰貧道以某日月命過罪福皆不虛事若影響檀越但當勤修道德以升濟神明耳先與君要故來相語言訖而不見耳

五綴未就臨刑刃斷

滎陽高荀年已五十為殺人被收鏁頸地牢分意必死同牢人云努力共誦觀世音荀云我罪至重甘心受死何由可免同禁勸之因始發心誓當捨惡行善專念觀音不簡造次若得免脫願起五層佛圖捨身作奴供養衆僧旬月用心鉗鏁自解臨司驚怪語高荀云佛神憐汝斬應不死臨刑之日舉刀未下刀折刃斷奏得免出宣驗記也及續搜神記

一鵝將戮得夢形全

宋吳興太守瑯琊王襲之有學問愛老莊而不信佛唯事宰煞為先初為晉西省郎中至好賓客於內省所養一雙鵝甚愛翫之以為得性夜忽夢鵝口銜一卷書可十許紙取看皆說罪福之事明旦果見乃是佛經因遂不煞篤信過人後更富貴也

郭銓現身令興法集

益州刺史郭銓亡已二十餘年以元嘉八年乘輿導從如平生見形於女聟劉疑之曰僕讁事未了努力為作四十僧會法集齋乃可得免忽然不見出宣驗記

俞文汎海不畏洪波

俞文載塘於南海值風衆念觀音風停浪靜於是獲安出宣驗記也

文和得蘇傾誠奉佛

程道惠字文和武昌人舊不信佛法世奉道法沙門乞者輒詰難之論云若窮理盡性無過莊老後因病死見閻羅王始知佛法可崇遂即奉佛出宣驗記

張達被放至意脩齋

張達有罪繫獄分當受死乃專念觀音鏁械自脫因遂獲免終身齋戒出張氏別傳也

吳興盡燒經堂如故

元嘉中吳興郡內常失火燒數百家蕩盡唯有經堂車舍儼然不燒時以為神也出宣驗記也

蒲城失火精舍不然

元嘉八年河東蒲坂城大失火不可救唯精舍大小儼然反白衣家經像皆不損墜百姓驚異倍共發心出宣驗記

建康天廟鵝死還鳴

建康郡大巷有四天王廟常朔望日煞白牲祠祀人為胡俗後煞白鵝三頭治畢鵝忽驚起哀鳴入神座下廟祝夢神告曰我佛大戒弟子本不煞生行清淨戒何以煞鵝見祭向死鵝驚走欲悟汝心後遂改煞不復滛祠出建康別記

吳郡市中刑囚免戮

吳郡人沈英被繫處死臨刑市中日誦觀世音名号心口不息刀刃自斷因而被放一云吳人陸暉繫獄分死乃令家人造觀世音像冀得免死臨刑三刀其刀皆折官問之故荅云恐是觀世音慈力及看像項上乃有三刀痕見因奏獲免出宣驗記

廟神奉絹即離鞯身

梁外兵尚書劉瑯晉塔寺記云沙門安世高者安息國王之太子也陰持入經是其所出也往豫章至宮亭湖廟神告世高曰吾昔在外國出家作道人好行布施不持戒今日在此為宮亭湖神周圍千里並吾所統百姓貢獻珍玩無數是我先身損已之報者能持戒福應生天以毀禁故墮此神中師是同學令得相見悲欣可言壽盡旦夕而醜形長大不欲於此捨命穢汙湖水當度山西空澤之中此身滅後恐墮地獄吾有絹一千疋石函中并諸雜物可為我立塔營建三寶使我過世得生善處深以相託世高聞此涕泣流漣便語神曰何不現形面共言對神曰毀戒之罪形甚醜陋見必驚怖世高曰但慚現身吾不懼也神從牀後出頭乃是大蟒蛇至世高膝邊淚如雨下不知其尾長短所在俄而入於牀後世高於是收取絹物悉內船中辭別而退宗侶一時颸悅進路神復出蛇身登于山頂遙望發去衆人舉手然後乃滅倏忽之間便達豫章即於彼境以起東寺神即夢度山西過命頭尾相去四十餘里今尋陽郡蛇村是也世高還都以廟中餘物於瓦官寺起塔三層世高後夢神來報云蒙師作福已離鱗身又見宣驗記也

車母燃燈不期兒至

車母者遭宋廬陵王青泥之難為佛佛虜所得在賊營中其母先來奉佛即燃七燈於佛前晝夜精心哭觀世音願子得脫如是經年其子忽得叛還七日七夜行獨自南走值天陰不知西東遥見有七段火光望火而走似村欲投然不可至如是七夕不覺到家見其母猶在佛前伏地又見七燈因乃發悟母子共談知是佛力自後懸到專行懺忍出宣驗記

吏部孔瓚由放生而脫苦

吏部尚書孔瓚字彥寶素不信佛因與范泰四月八日至瓦官寺共放生識悔死後數旬託夢與兒子云吾本不信佛因與范泰放生乘一善力令得脫苦罪福報應決定不差汝當勵心為福助吾興善可以脫苦也出瓚別傳也

道士史儁因灌像而能行

史儁者學識奉道而慢佛常語人云佛是小神不足事耳每見尊像恒輕誚之後因

病腳攣種種祈福都無効驗其友人趙文謂曰經道福中灌像福第一可試造觀音像雋以病急如言灌像像成夢見觀音遂差出宣驗冥祥等記陳範之妻連光曜座陳女範妻張氏精心奉佛恒願自作一金像終身供養有願莫從專心日久忽有觀音金像連光五尺高座上出宣驗冥祥等記張導之母吐焰暉盤張導母王氏素篤信四月八日齋食感得舍利流光出口暉映食鑑出宣驗記也僕射鄭鮮感幽齡續鮮字道子善相法自知命短念无以可延夢見沙門問之須延命也可六齋日放生念善持齋未戒可以延齡得福也鮮因奉法遂獲長年出宣驗記也尚書劉式至念像歸彭城劉式之常供養一像之無故失去不知所在式之夙夜思愆自責至念冥通經百日後其像忽然自見本座神光照室合家驚喜信復傾心出宣驗記遺民精思勲篤珠顏耀彩於眉間劉遺民彭城人少為儒生喪親至孝以聞家貧卜室廬山西林中多病不以妻子為心絕迹往來精思禪業半年之中見眉間相漸見佛一眼及髮際二色又見全身謂是畫畫見一道人奉明珠因遂病差出宣驗記也吳王圍寺執僧舍利浮光於鉢上孫皓時有王正辯上事言佛法宜滅中國不利胡神皓便下詔集諸沙門陳兵圍寺欲行誅褻之事謂僧會法師曰佛若神也宜崇之若其无靈黑於一日同命僧或縊死或逃于外會乃清齋期七日現神變以銅鉢盛水置庭中中食畢而曦光暉耀忽聞庭鉢鏗然有聲忽見舍利明照旋宇浮於鉢上皓及大衆前看駭愕失措離席改容而進會曰陛下使孟賁之力擊以百鈞之捶金對之質終不毀破皓如言請先經唄札拜散花焚香高唱丹誠運瑋慈氏來津未熄則法輪將轉徹於靈塗感神不少宜現今日不然則三寶永絶言畢壯士運捷生風觀者戰慄而氣竭換碑舍利不損光明挺出輝彩充溢皓

辯正論卷第七　第十張　既

伏投誠懃營齋講此塔在建康大市北後猶光瑞尤嘉十九年秋寺剎夜放光明鮮紅彩發有火光俠四面上從西繞南又見一物如炬尾扇隨其進止不詳其名觀者或值或不值二十許日都市中咸見剎上有大紫光也出吳錄及宣驗記丁零猖悖射月面而伏誅宣驗記云相州鄴城中有丈六真金立像一軀逢丁零單于至性兇勃无有信心乃彎弓射像箭中像面血下交流雖加瑩飾血痕猶在又選五百力士挽令仆地消鑄為銅擬充器用像乃口發大聲響烈雷震力士亡魂喪膽人皆仆地迷悶宛轉怖不能起由此賊侶心懟惶懼歸信者衆丁零後時著疾被誅而死赫連兇頑被像衣而震死宣驗記云佛佛虜破冀州境內道俗咸被殲戮兇虐暴亂殘煞無厭爰及關中死者過半婦女嬰稚積骸成山縱其害心以為快樂仍自言曰佛佛是人中之佛堪受禮拜便畫作佛像背上佩之當殿而坐令國內沙門向背禮像即為拜我後因出遊風雨暴至四面晦塞不知所歸雷電震吼霹靂而死既葬之後就塚霹靂其棺烈尸出外題背為兇虐無道等字國人慶快燃其死晚少時為索頭主沙圭所吞妻子被刑戮見蕭子顯齊書拓拔毀寺遍體膿流魏太武帝大毀三寶破壞寺塔後數年間通身發瘡膿流遍體群臣衆議佛神所為出崔皓傳宇文廢僧通身瘡潰周武帝以毀廢三尊後於望夷宮發大惡瘡經旬不差俄然致逝矣謝晦破塔瘡病連年晉錄云尚書謝晦未發心之前為荊州刺史謂寺塔不宜人間當移之郊外乃毀自率部下至新寺門隊士八十人各持刀斧毀壞浮圖尊像縱橫瓦木傾墜俄而雲霧暗天風塵勃起晦即怖走隊人驚散莫知去所晦等夜夢咸見沙門飛騰空中光明顯赫又見二人形悉丈餘雖姿甚偉厲聲瞋目君所行違道尋當自見其後陽人吏皆身著癩病經時而死餘人並犯法就終謝晦連年癩病後因謀叛合家被誅皆非命而卒也孫皓溺像陰瘡累月宣驗記云吳主孫皓性甚暴虐作事不近人情

辯正論卷第七　第十一張　既

與婇女看治園掘土下忽得一軀金像形相明嚴皓令置像廁傍使持屏籌到四月八日皓乃溺像頭上笑而言曰今是八日爲你灌頂對諸婇女以為戲樂在後經時陰囊忽腫疼痛壯熱不可堪任自夜達晨苦痛求死名醫上藥治而轉增太史占曰犯大神所為勅令祈禱靈廟一禱一劇上下無計中宮有一婇女先奉佛法內有所知凡所記事往往甚中奏云陛下求佛晶未皓問佛大神耶女曰天上天下尊莫過佛陛下前所得像猶在廁傍請取供養腫必立差皓以痛急即具香湯手自洗像置之殿上叩頭謝過一心求哀當夜痛止腫即隨消即於康僧會請受五戒起大佛寺供養衆僧也朱恭煞呂而墮廁家有惡人朱恭每以煞盜為業夜至蓮花寺欲尼諸物一夜遶院而走不知出處遂墮露廁而死背猶負物出搜神錄董禮劫僧而殞牛董禮常以盜僧為業得財於家感命賓客忽有狂牛自外而入於坐觸禮戴角而死出梁後記平業融像而眼盲梁人崔平業善弓馬為武士監軍一生以偷佛融銅為業賣銅以供酒肉心無慙懼至年五十妻子兄弟並亡唯業一身忽病目障飢寒並至致餓而死出梁後記也鎮惡盜鍾而舌縮梁人道士王鎮惡有學問而無善心出言多所非毀亦為時人所嫌輕慢佛法見僧必罵後以教學為業時有庭溪寺僧法滿寄銅鐘一口於其學內未取之間鎮惡盜以鑄錢後與法滿對誓經年重病而舌攣縮口不得言既知負誓乃捨資財鑄鐘贖罪至死口不得語出王氏家誡也祖深獻書而著白癩梁人郭祖深上梁武帝一十八條事請廢鄉內小寺及無案業僧尼梁武不納後夢見善神呵之遂著白癩歷年不差出冤魂記也元嵩上法而患熱風衛元嵩毀法之後身著熱風委頓而死也上客死而羊鳴顏氏云王克為永嘉郡有人擭羊集賓欲讌而羊繩解來投一客先跪兩拜便入衣中此客竟不言之固無救請須臾宰為炙先行至客一臠入口便下皮內周行遍體痛楚號叫方復說之還作羊鳴而死縣令醒而瘡發梁時有人為縣

辯正論卷第七　第十二張　既

令寄莊寺住民將牛酒祚令令便以牛繫剎柱屏除佛像布設牀座於佛堂上接賓來飲之須牛解剝來至階而拜繫令大笑命左右宰之飲啖飽醉便卧簷下投醒即覺體痒爬搔隱軫因尒成癩十年方死出顏氏家訓也部曲生男自然無手楊思達為西陽郡值侯景乱時復旱儉民盜田中麥思達遣一部曲守視所得盜者輒截手腕凡截十餘人部曲後生一男自然無手朝請毀灸如劍入身梁國有一奉朝請家甚豪侈非手煞牛則噉之不美年三十許病篤便見牛來擧體如被刀刺叫呼而死出顏氏家語也梁人沐髮頂上雞聲梁世有人常以雞卵白和沐云使髮光每沐輒破二三十枚雞子臨終發中但聞啾啾數千雞兒聲出顏氏家語劉氏賣羹兒頭似鱓江陵劉氏以賣鱓羹為業後生一兒頭是鱓自頸已下方為人身出顏氏家語觀夫信毀之迹寔由影之附形谷之傳響也耳聞之與目驗可略而言勗哉吾子幸能自免儒生曰察師誠旨則善惡孱然信毀交報竊見顏回德行反值殀年盜跖凶狂翻招長命二王事佛而誅家三張奉道而滅族行善得禍作惡無愆交報之徵豈非詭說開士喻曰顏生知十子夏起予示隅不反實耻也然一世局談未能盡理三世備擧方可窮源聖說有業現苦有苦報有業現樂有苦報有業現苦有樂報有業見樂有樂報或餘福未盡惡不即加或宿愆尚在善緣便發如灰覆火豈得稱無若闇尋聲當知必有且夫善惡有歸

報應無爽周孔之教皆同此說可以為善而偶逢禍至行惡而或值福来即謂丘說必虛且談不實耶亦由江南吴不信有千人帳河北漢不信有万石舩無得以蓬艾之小心測扶摇之遠運也顏氏誡其子曰汝曹若顧存俗計樹立門户不棄妻子未能出家者猶當兼行誡行留心誦讀以為来世資粮人身難得勿虛過也夫有子孫者自是天地間一蒼生耳與身竟何親乎而乃愛護為其勤苦匱以產業愛其飢飽況於已之神爽而不自念頓欲棄之哉可謂迷大聖之慈訓信凡人之臆說也

品藻衆書篇第九

儒生問曰聖人制法皆有所因請為詳之願聞厥趣開士喻曰昔有無名野老不知何許人未詳其姓字住青溪千仞之南紫臺七盤之北地居形勝山号膏腴門枕危峯簷臨碧澗忘憂長樂既靃靡於閑庭荷蓋蓮衣亦紛披於曲沼雲樓暫起影覆朝川霞錦繞舒光含近日布濩掃壇之竹争

列翠於中園葳蕤覆井之桐競垂陰於野院階繁倒柳户掛懸蘿卧石似牀久横林下飛泉若雨每灑牕前松風將鶴唳俱哀春鳥共雛歌並韻實栖心之福地遯世之桃源者矣余久承靈異始遂經過以己未之年仲夏之月搢簪策杖自遠造焉野老乃撫汲郡之鳴琴動蘇門之鼓吹因歌白雪之曲乍詠青山之篇其辭曰元淑世位卑長卿官情寡二項且營田三錢聊飲馬懸峯白雲上挂月青山下中心欲有言未得忘言者余因讓曰夫象以表意得意則象忘言以顯理入理則言息故知以言得理不待請而自談假象會意必藉機而後動彼以無言言之比亦無聽聽之言其不言理自玄會聽無所聽歸乎大通所以口無擇言故天下則之言不虛運故世界仰之於是野老放琴避席執手而喜曰僕得人矣僕得人矣便引余臨風亭遊月館開文苑肆書厨閱孔壁之遺經覩汲冢之餘記尋東觀南宮之典討玉函丹枕之方寓目久之

因而問曰貧道受身不利恒抱沉痾且病入膏肓醫藥無効累年將餌未覺有瘳至於照雪聚螢筋力已倦九流七略難甚攀天萬卷百家杳猶行海先生既明白四達世号通人請問人間之書凡有幾許窺讀利己何者最益野老聞之愴然改容良久而言曰昔習郁孫天之對闢澤推登地之言匠者之前難爲斤斧雖然禮云無言不訓豈應結舌令粗揚礰奉報德音觀夫遂古無書刊符著信既龜負文來鳥行字出聖人命而作記著頡誄以成書而無書不要無智不覽余乃又詰之曰未見佳人不讀書讀書未必令人佳奚斯言之異耶老重荅余曰本資識敏事兼木鴈琢玉成器豈虛言哉昔牛首虵身之君結網茹毛之后淳朴自然曾無典則乃離連紀号栗陸肇興而夫子所知七十餘代此外綿遠聖不能憶庖炎既降軒頊遞興封建驟啓因存簡冊及乎文質相賀道蹟詞華於是虞置上庠夏開西序殷𤔡右學周設東郊洎亡秦

坑藝篇籍泯棄鴻漢聿脩尊儒重藂有濟南伏生口以傳授或逢漆書開於汲塚或值殘經出于孔壁尋火炸鳩聚墳素稍多藝文志云六書七籍百氏九流凡一萬三千二百六十九卷五百九十六家部異區分三十六種其內七經并樂章自有三千三十八卷今之世俗不行樂章然而訓世之風唯禮與孝孝是立身之本禮固爲政之先援神契云孝經一部自有五十九卷非直時變質文亦而學成優劣至後漢敬於祭酒天子行巾卷之儀故桓榮拜封匪曰武力所以闕里聚徒華陰立市屬其將季史籍轉郡充車兼兩架藏屋溢董卓遷徙長安載二千餘乘值雨損棄百無一存于時簡条縑素人又取爲縢幞比歸洛邑所收蓋寡首尾空殘或非部袠考夫論語之記善言毛詩以開諷諫尚書以明詔策周易以陳吉凶三禮別于尊卑三傳詳乎太地戰國叙於權正山經辯於丘陵三史之録古今三耆之談文字次則韓非老子墨翟莊周

管仲孟軻不害平仲大戴小戴共姓殊名大冠小冠同字異氏統其前後著述而編軸弥盛或二馬兩班玄晏抱朴蔡雍劉向孫盛王充逮阮氏七録王家四部案梁武皇帝使阮孝緒等於文德政御殿撰文德政御書四萬四千五百餘卷于時帝脩內法多条佛道又使劉杳顧協等一十八人於華苑中纂要語七百二十卷名之遍略悉抄撮衆書以類相聚於是文筆之士須便撿用致令懸髮握錐緣仍懈怠又有壽光苑二百卷要録六十卷類苑一百二十卷終是周因殷禮損益可知名目雖殊還廣前致亦猶牀上鋪牀屋下架屋也庚信哀江南賦云諸宮陷夕元帝手自燒書十四万卷乃當兼本竊欲疑多而校彼洪流復非膚淺所測恐火布斯臻沈於典論法師欲讀想難備有且應隨急不可遍該但綜韋莫偶闌約不類至若史書所述全關儆儻春秋之言弥在斫射儒風亡於攻戰老莊過於遣蕩國語尚虛左丘識詐假令五經

百氏莫非翰林體骨尒雅離騷足爲緣情根本源其人倫詳備者豈過禮典孝經乎孝經者自庶逹帝不易之典從生暨死終始具焉有孝有忠有信有義於理習易周於事審難忘孝略十八章孝治居其一揆吏任所奉民胥是賴貫通神明聾導風俗縱五行俱下一閱兼誦論質乃表於精神語才實歸於伎倆唯孝苞括允仁允恕非家自至若斯而已余又讓曰夫五經浩汗百氏扶踈義極知微理苞盡性辟北辰之臨萬象猶東溟之導百川功不相推德無廾降何爲止嘆孝經一卷耶野老荅云三德之基人倫爲主百行之首要道爲源是以大昊炎皇謂之務本武發周旦稱爲大哉至如訓子夏於色難示子游以知敬先王奉法則亁象著明哲后尊親則山川表瑞遂有青鷹合節白雉馴飛墳栢春枯潛魚冬躍行之邦國政令形于四海用之鄉人德教加於百姓故云孝者始於事親中於事君終於立身也至如履霜露而興感懷蓼莪

而纏悲寒林之慟既增風樹之心逾切足以俯迴上聖跂及下愚者矣案禮記云孝者畜也鈎命決云孝者就也度也譽也究也畜也尒雅云善父母曰孝孝之為義繼於奉親雜記云畜者為孝之道養德順理不逆於時是名為畜就者成也言天子之孝謂禹之德能盡力溝洫以成大功非食畀官故仲尼云吾無閒然度者諸侯之孝上奉天子下卒一國守其法度義無違犯譽者卿大夫之孝勤德内省一心事上苟利社稷無法不為隣國傳芳清猷自遠究者盡也士者事也能辯然否以効一官審德正務忠順不失竭誠盡事厥志匪移周禮師氏職云以德教國子一曰至德以爲道本二曰慜德以為行本三曰孝德以防惡逆言其覆載之功則謂之至德也語其裁成之用則謂之慜德也譽其仁愛之心則謂之孝德也仲尼叙孝先述愛親揚名然後天經地義周公論孝先稱覆燾宰割後陳好於父母夫子生乎季周長於末

俗覩孝悌之去絶慨禮樂之已崩曾參篤行謹於事親因其侍側為明孝道弟子存録名曰孝經鈎命決云百王奉脩万古不易者孝之謂歟秦懸呂論一字翻成可責蜀桂揚言千金更招深恠孝經德也川阜無貲孝感神明功侔造化比重則五岳山輕方深則四瀆流淺風雨不能乱其波濤虚空未足捿其令譽言約指弘盡美盡善法師佛教可得聞乎請試言之以開未悟余對之曰内將外反真與俗爭雖迹異九流理難一致唯達觀之士方能會通若欲統其指歸詳其始末者則性相無以涉其門色心不能到其境忘言絶慮既杜口於毗耶盡照窮神爰掩室於摩竭冲邃幽簡義和之職詎知微竅希夷上林之書不載尋夫真土應土皆沐慈風上方下方咸霑聖教創於鹿野終彼鶴林則有三藏三輪之文四乗四階之說半字滿字之弘旨貫花散花之別談滔滔焉涌難竭之泉湛湛焉垂長生之露其言巧妙其義深遠辟八河

之歸海猶万象之趣空難解難入稱諸佛任理之經隨類隨宜号至人權化之典自雒水紆璽書之頌芳園立華蓋之祠朱士行之高流飲釋池之八味郗嘉賓之世族佩伽陁之一九莫不同悟巳身等有佛性體茲煩惱即是菩提假令疎通知遠之書玉洞金章之字子房授履之術文喜問道之篇語未涉於空空事終淪於有有並挂八魔之網還縈四倒之籠先生向談孰爲盡善野老謝曰謂老將智耄又及之略聽法音悅焉如失敬聞命矣當具奉行

辯正論卷第七

辯正論卷第七

校勘記

一　底本，麗藏本。金藏廣勝寺本原版多所漫漶，今採用其中可用者九版(五七六頁中至五八三頁上)。

一　五七六頁上一行經名、二行撰者，諸本無(未換卷)。

一　五七六頁上三行「第八」下，資、磧、普、南、清有「東宮學士陳子良註」一行。

一　五七六頁上八行第八字「霊」，諸本作「虛」。

一　五七六頁上一二行「幽捷難開」，諸本作「幽鍵艱關」。

一　五七六頁上一六行「會理」，磧、普、南、徑、清作「理會」。

一　五七六頁上一九行「剋心」，諸本作「剋心剋心」。

一　五七六頁中六行夾註左行「拊藥」，諸本作「傅藥」。又第五字「瘖」，磧、普、南、徑、清無。

一　五七六頁中一二行，此經夾註頗多，以下異同按各行之左、右出校，不再注明夾註。左「玄旨」，諸本作「玄詣」。

一　五七六頁中一八行右「禍祟」，諸本作「禍崇」。

一　五七六頁中二一行右「相結」，諸本作「相接」。

一　五七六頁下三行右「圓滿」，諸本作「像若圓滿」。又「在摸」，徑、清作「有摸」。又左「於府」，諸本作「相府」。又「一念」，磧、南、徑、清作「心念」。

一　五七六頁下四行左「禁日」，諸本作「禁日感得」。

一　五七六頁下六行左「路行」，諸本作「行路」。

一　五七六頁下七行右「意甚悅之僧曰」，諸本作「其意極甚悅之其胡僧曰」。

一　五七六頁下九行左首字「祖」，諸本作「德祖」。

一　五七六頁下一〇行右首字「道」，諸本作「遁」。

一　五七六頁下一三行左第一〇字「馬」，諸本作「賊馬」。又第一四字「驚」，諸本作「驚走」。

一　五七六頁下一五行右首字「晉」，諸本作「宣驗記云晉」。

一　五七六頁下一七行左第七字「過」，諸本作「遍」。

一　五七六頁下一八行右第一〇字「西」，諸本無。

一　五七六頁下末行左「相人」，南、徑、清作「根人」。

一　五七七頁上三行右首字「郡」，徑、清無。又左「无瑚」，諸本作「蕪湖」。

一　五七七頁上四行左「鏡曰」，諸本作「鏡鏡曰」。又末字「但」，磧、普、南、徑、清無。

一　五七七頁上五行右「受持」，諸本作「受持身戒」。又左第二字「暮」，諸本無。

一　五七七頁上六行右第七字「寂」，諸本作「寂寂」。又左「一二」，諸本作「一一」。

一　五七七頁上七行右「大作」，諸本作「火作」。

一　五七七頁上九行左末字「門」，諸本作「闇門」。

一　五七七頁上一〇行左「二十」，諸本作「三十」。

一　五七七頁上二〇行左第六字「笑」，諸本作「遂」。

一　五七七頁上二二行左「初死」，諸本作「初死時」。

一　五七七頁中一行左第八字「獨」，諸本作「獨樂」。

一　五七七頁中二行右第一三字「内」，諸本作「向」。

一　五七七頁中三行右「又曰」，諸本作「人曰」。又左「憑收」，磧、普、南、徑、清作「馮翊牧」。

一　五七七頁中五行右「孟妻」，諸本作「孟承妻」。

一　五七七頁中七行右第三字「把」，諸本作「把笏」。又第一一字「一」，磧、南、徑、清無。

一　五七七頁中八行右「不妄」，諸本作「莫妄」。

一　五七七頁中九行右第二字「者」，諸本作「者報按」。又「獨車」，諸本作「轒車」。

一　五七七頁中一〇行左「儵然」，磧、南作「倏忽」；徑、清作「倏然」。

一　五七七頁中一二行右「便落」，南、徑、清作「便踣」。又左末字「矣」，諸本無。

一　五七七頁中一四行右第七字「忽」，諸本無。又左第一五字「作」，諸本作「作祟」。

一　五七七頁中一六行左第六字「輦」，諸本作「揵」。一八行右第七字同。

一　五七七頁中一九行右首字「自」，諸本作「息」。又左第三字「慮」，諸本作「遇」。

一 五七七頁中二〇行左首字「使」，南、徑、清作「便」。又第一一字「懸」，諸本作「懸桃符」。

一 五七七頁中二一行左「有竹竿」，諸本作「有桃符竹竿斷索入門」。

一 五七七頁中末行右第一〇字「庭」，諸本無。

一 五七七頁下二行右「典籍」，諸本作「籍典」。

一 五七七頁下五行右第七字「正」，諸本作「端正」。

一 五七七頁下六行右第三字「十」，諸本作「十人」。又第六字「吏」，諸本作「吏者」。又末字「注」，諸本作「主」。又左「入斷」，諸本作「入科」。

一 五七七頁下九行右末字「晳」，諸本作「都」。

一 五七七頁下一四行左末字「火」，磧、南、徑、清作「大」。

一 五七七頁下一九行左「日光」，諸本作「白光」。

一 五七七頁下二〇行右第一四字「見」，諸本作「又見」。又左第七字「泰」，資、磧、普、南作「太山」；徑、清作「泰山」。又「吏曰」，諸本作「是何人答曰」。

一 五七七頁下二一行右「言令」，諸本作「令」。

一 五七七頁下二二行左末字「法」，諸本作「佛法」。

一 五七七頁下二三行左「呼十」，磧、普作「乎上」；南、徑作「乎十」。

一 五七七頁下末行左首字「云」，徑、清無。

一 五七八頁上一行左「士屋」，諸本作「上屋」。

一 五七八頁上二行右「五十」，磧、普、南、徑、清作「五千」。

一 五七八頁上四行左第二字「鴿」，諸本作「鶴」。又第一二字「鳿」，磧、徑作「鴮」。

一 五七八頁上五行左「南向」，諸本作「兩向」。

一 五七八頁上六行右第八字「變」，諸本作「言」。

一 五七八頁上七行右「天道」，諸本作「大道」。又左首字「手」，諸本作「千」。

一 五七八頁上八行右第一五字「一」，磧、南、徑、清無。

一 五七八頁上一一行左首字「佛」，諸本作「奉佛」。又第一三字「又」，諸本作「又問」。

一 五七八頁上一三行右第三字「視」，諸本無。

一 五七八頁上一四行右「二第」，磧、徑作「二弟」。

一 五七八頁上一五行「比中中」，磧、普、南、徑、清作「北中」。

一 五七八頁上一七行右第六字「王」，諸本作「坦」。

一 五七八頁上一八行左「而不見耳」，諸本作「忽然不見矣」。

一 五七八頁上末行右「刀折刃斷」，徑、清作「而折」。

一　五七八頁中二行右第八字「先」，諸本作「志」。

一　五七八頁中四行左末字「也」，諸本作「也出宣驗記」。

一　五七八頁中六行右「疑之日」，資作「疑之家曰」；磧、普、南、徑、清作「凝之家曰」。又「四十」，諸本作「四十九」。又左「得免」，諸本作「得免言訖」。

一　五七八頁中七行左「值風」，諸本作「值黑風」。

一　五七八頁中九行右第一二字「法」，諸本無。

一　五七八頁中一〇行右第六字「病」，磧、南、徑、清作「疾」。

一　五七八頁中一一行正文首字「放」，諸本作「緊」。

一　五七八頁中一三行右「常失」，諸本作「嘗失」。又左「車舍」，諸本作「草舍」。

一　五七八頁中一五行左首字「反」，諸本作「及」。

一　五七八頁中一九行左「不復」，諸本作「復不」。

一　五七八頁下一行右第二字「昏」，諸本作「撰」。又左「出也」，諸本作「出也後因」。

一　五七八頁下二行及三行右「宮亭」，諸本作「邾亭」。

一　五七八頁下三行左「捐巳」，諸本作「損己」。

一　五七八頁下四行右「師是」，諸本作「師本是吾」。

一　五七八頁下九行左「宗侶」，南、徑、清作「客侶」。

一　五七八頁下一一行右「東寺」，諸本作「東林寺」。

一　五七八頁下一四行左「營中」，諸本作「營中爲奴」。

一　五七八頁下一六行右第四字「天」，諸本作「天雨」。

一　五七八頁下二〇行左首字「兄」，諸本作「兄弟」。

一　五七八頁下末行右首字「者」，諸本作「有」。

一　五七九頁上一行左「灌像」，諸本作「佛」。

一　五七九頁上二行右末字「見」，諸本無。

一　五七九頁上四行右「莫從」，諸本作「皆從」。又左第四字「高」，諸本作「見高」。

一　五七九頁上八行左「鮮因」，諸本作「因爾」。

一　五七九頁上一三行右「多病」，諸本作「體常多病」。

一　五七九頁上一八行左第五字「清」，諸本作「請」。又第一二字「變」，諸本無。

一　五七九頁上二一行左「高唱丹」，諸本作「歌唱曰」。又末字「踔」，諸本作「距」。

一　五七九頁上末行右「渾搥」，諸本作「運槌」。又左「彩充楹晧」，諸本作「采充盈皓敔」。

一　五七九頁中二行右「火光」，諸本

作「大光」。又左「不詳其名」，諸本作「不斷其夕」。

一　五七九頁中三行右「二十」，諸本作「三十」。又左「吴録」，磧、普、南、徑、清作「録吴」。

一　五七九頁中五行「單于」，磧作「單千」；南作「單干」。

一　五七九頁中七行左第一一字「懼」，諸本無。

一　五七九頁中一二行左「烈尸」，諸本作「引尸」。

一　五七九頁中一三行左「沙圭」，諸本作「涉圭」。

一　五七九頁中一五行左「崔晧」，徑、清作「崔浩」。

一　五七九頁中一六行正文末字「瀆」，磧、普、南、徑、清作「漬」。又左「三尊」，諸本作「三寶」。

一　五七九頁中一八行左「當移之墎外」，諸本作「當須移之郭外」。

一　五七九頁中一九行右「新寺」，諸本作「辛寺」。又「隊士」，磧、南、徑、清作「遺隊七」。

一　五七九頁中二〇行左第二字「咸」，南、徑、清作「感」。

一　五七九頁中二一行右第一一字「目」，諸本作「曰」。又左「皆身著」，磧作「僧雙身着」；南、徑、清作「便雙身著」。

一　五七九頁下一行右末字「明」，諸本作「麗」。

一　五七九頁下四行右末字至左第九字「婇女……所知」，諸本作「宫人常敬信佛兼承帝之愛」。又左第一二字「記」，諸本作「説」。

一　五七九頁下七行左「大佛寺」，諸本作「大市寺」。

一　五七九頁下一三行左第三字「至」，諸本無。又第七字「死」，諸本作「死矣」。

一　五七九頁下一五行右第一〇字「咩」，諸本作「弄」。

一　五七九頁下一八行左首字「墩」，磧、南、徑、清作「郭」。又第七字「案」，諸本作「籍」。

一　五七九頁下一九行正文「上法」，諸本作「上策」。

一　五七九頁下二〇行左第四字「委」，諸本作「痿」。

一　五七九頁下二一行右「郡有人攘」，諸本作「郡守有人饟」。

一　五七九頁下二二行右第八字「固」，諸本作「因」。又「宰爲炙」，諸本作「宰畢爲肉」。又左「皮内」，諸本作「皮肉」。

一　五八〇頁上一行右「祚令」，諸本作「祖令」。

一　五八〇頁上三行右「隱軫」，磧、普、徑作「瘾疹」。又左「訓也」，諸本作「誥」。

一　五八〇頁上五行右「守視」，諸本作「守捉」。又左第七字「人」，諸本作「人手」。

一　五八〇頁上六行右第四字「奉」，諸本作「奉佛」。又左「便見」，諸本作「大見」。

一　五八〇頁上七行左「語也」，諸本作「誥」。
一　五八〇頁上九行左首字「語」，諸本作「誥」。
一　五八〇頁上一〇行右首字「一」，諸本無。
一　五八〇頁上一四行「殘年」，諸本作「夭年」。
一　五八〇頁上一七行至次行「顏生……也然」十六字，諸本無。
一　五八〇頁上二三行第二字「在」，磧、普、南、徑、清作「存」。
一　五八〇頁中一行「可以」，南、徑、清作「所以」。
一　五八〇頁中五行「蓬艾」，磧作「蓬艾」。
一　五八〇頁中一一行「匱以」，資、磧、普、南、徑、清作「遺以」。
一　五八〇頁中一三行第一〇字「迷」，磧、普作「述」。
一　五八〇頁下一〇行第五字「官」，諸本作「宦」。
一　五八〇頁下一六行「比亦」，諸本作「此亦」。
一　五八一頁上七行首字「益」，資、磧、普、南、徑、清作「優」。
一　五八一頁上九行首字「言」，資、磧、普、南、徑、清作「名」。
一　五八一頁上一〇行「揚礭」，資、磧、普、南、徑、清作「揚搉」。
一　五八一頁上一二行首字「文」，資、磧、普、南、徑、清作「圖」。又第四字「行」，資、磧、普、南、徑、清作「㘅」。
一　五八一頁上一五行第一三字「老」，諸本作「野老」。
一　五八一頁上一七行「結絅」，資、磧、普、南、徑、清作「結繩」。
一　五八一頁上一八行「典則乃」，磧、普、南、徑、清作「典誥則乃」；麗作「典則及」。
一　五八一頁上一九行首字「紀」，資作「則」。又第六字「興」，磧、普、南、徑、清作「名」。
一　五八一頁中四行第三字「素」，資、磧、普、南、徑、清作「索」。
一　五八一頁中一一行「亦而」，南、徑、清作「亦且」；麗作「而亦」。
一　五八一頁中一九行「諷諫」，資、磧、普、南、徑、清作「諷詠」。
一　五八一頁中二一行「太地」，資、磧、普、南、徑、清作「天地」；麗作「七地」。
一　五八一頁下四行第四字「雍」，資、磧、普、南、徑、清作「邕」。
一　五八一頁下九行第二字「華」，諸本作「華林」。
一　五八一頁下一六行「諸宮」，諸本作「渚宮」。
一　五八一頁下二二行第三字「斫」，諸本作「研」。
一　五八二頁上五行末字「孝」，資、磧、普、南、徑、清作「者」。
一　五八二頁上一一行「浩汗」，資、磧、普、南、徑、清作「浩漭」。
一　五八二頁上一七行「子游」，資、磧、

一　[普]、[南]、[徑]、[清]作「子由」。

一　五八二頁中五行末字「雜」，[資]、[磧]、[普]、[南]、[徑]、[清]作「禮」。

一　五八二頁中六行第四字「者」，[磧]、[普]、[南]、[徑]、[清]作「者養也」。

一　五八二頁中一二行「社稷」，諸本作「社稷」。

一　五八二頁中一七行第八字「愍」，[磧]、[普]、[南]、[徑]、[清]作「敏」。

一　五八二頁下九行第一一字「指」，[資]、[磧]、[普]、[南]、[徑]、[清]作「旨」。

一　五八二頁下一〇行第一〇字「乎」，諸本作「乎」。又第一一字「請」，[資]、[磧]、[普]、[南]、[徑]、[清]無。

一　五八二頁下一七行第二字「義」，諸本作「義」。

一　五八三頁上一行「趍空」，[南]、[徑]、[清]作「趣空」。

一　五八三頁上三行第三字「典」下，[資]、[磧]、[普]、[南]、[徑]、[清]有「喻如出必由户濟尌待舟自僧會來吴法蘭赴漢」。

一　五八三頁上五行第三字「郗」，諸本作「郄」。又末字「九」，諸本作「丸」。

一　五八三頁上一一行末字「智」，[磧]、[普]、[南]、[徑]、[清]作「至」。

一　五八三頁上末行「卷第七」，[徑]、[清]作「卷第八」。

辯正論卷第八　既

唐沙門釋法琳　撰

出道僞謬篇第十

霊文分散謬

霊寶太上隨刧生死謬

改佛経為道経謬

偷佛法四果十地謬

道経未出言出謬

道士合氣謬

叙天尊及化跡謬

諸子為道書謬

霊文分散謬

君子曰良有以也良有以也夫蘭庭鮑肆日久變其先狎陽文斂洽寵積緣其曲情是以㾜馬殊形秦人一其貘麟釁異質魯俗迷其容吠聲之儔頻至於此余今考其浮詐重示後昆矣案太上洞玄霊寶黄籙簡文威儀経云元始天尊告太上大道君曰下元黄籙霊仙品功過開度其文在霊仙宮中舊有八百部自経龍漢舊文分散遂至赤明其文改易多有煩猥今故抄集下元八十一條撰為要用上應三元之數中應八景之神下應二十四氣常有三部威神侍衛霊文

君子曰霊文真録出於自然天尊所保之文衆聖所行之法藏於玉檢秘在玄臺三部威神四邊侍衛元於元始極於無終何為涉龍漢而分散至赤明而改易耶改易便為不實分散即是無霊有何詐妄頻招棄辱

霊寶太上隨刧生死謬

霊寶諸天霊書度命妙経稱天尊言大刧交周天崩地淪六天之中欲界之内雜法普滅無有遺餘太平道経佛説法華大小品経周遊上下十八天中在色界之内至大刧交周天地改廢其文乃沒然玉清上道三洞神経真文金書玉字霊寶真経並出元始憂於二十八天無色界之上大刧周時並還天上大羅天中玉京之山七寶玄臺究所不及大羅天是五億五万五千五百五十五天之上天也故自然之文與運同生與運同滅能奉之者七祖生天轉輪聖王世世

不絶霊寶真文度人本行経云十方大聖自作是言以何因縁得是太上之任道言自稱元始開光以来至赤明九年経九千九百九億劫度恒沙之衆赤明以後至上皇元年度人無量我随劫生死世世不絶恒與霊寶同出経七百億劫會青帝劫終九氣改運於是託胎洪氏積三千七百年至赤明開通歳在甲子誕於狀力蓋天復與霊寶同出度人無量元始元尊以我因縁賜我大上之号在玄都玉京以我信霊寶之故

甄鸞笑云此之真文既在玉京山中灾所不及而復説言自然之文與運同生同滅生滅之日豈非灾也又云我身常與霊寶同時出沒又云我随劫生死計霊寶運滅之日大上理不獨存而云長生不死之大法者此言為妄說耳又云玉京之山在衆山之上灾所不及者理合可疑何者一切法恙皆无常形色之類无有存者玉京之山金臺玉闕七寶所成即為色界所攝既屬色界云何常耶又云赤明之歳歳在甲子赤明之号推可信

乎偷改佛経為道経課

太上仙公請問経云龍駕曜虛項負圓光身生天光老子曰世世生王侯家是謂轉輪聖王家終入真仙之道也

太上霊寶五練生尸妙経云天尊於香林園中上智童子輪天觀世音等前進左礼上白天尊

本相経云天尊說法時乹闥婆及人非人等六手白鳥四衆圍遶一百數匝天尊以中夏一音演說斯義衆生隨音類解天合山有神人名曰天尊三十六天挺鍾鳴角作樂而去往天尊所十旬得達頂有肉幘項背圓光耳高於鬚額有三乹手過於膝臑髀廢踹面首平澤此是天尊八相後捴言三十二相八十種妙姿又改十行十迴向十住為十仙十勝十住處節級而立始從歡喜乃至法雲相好具足亦之金對其有十障及四道果又云坐禪者斷煩惱想神心定須弥頂上釋提桓因宮辟方四千里周迴一千二百門其中小宮三千六百區五城十二門純以琉璃為地也三十二天

轉徧四邊又云天尊在林中出眉間白毫光明照南方大千國土聲聞縁覺知進而觀知進者諸漏以盡更無煩惱（改法華維摩般若）

方等経兩卷亦名妙法弥多子経是魏世道士張達所造偷佛家大方等経名也妙法弥多子取妙法蓮華経弥多羅尼子名也

迴二乘之津塗宣唱一乘之正路純一無雜問以何為一乘二乘何名純一何名無雜案法華経有一乘二乘純一無雜具足清白梵行之相名為七善云何數之

阿吒單國阿蘇國反真國阿盤吒國赤看國阿對提國

問此六國今在何處書籍所載亦無其名仍是改撥佛家外國名字

當歸命三十六真人（擬佛家三十五佛名）歸命師子吼真人（取師子吼菩薩名）歸命寶勝真人（取寶勝佛名）各各手跪合掌如法懺悔三三合為一（改三三合九種）今身若先身有罪盡懺悔（與佛家同）

問帝代相承九土之內唯有長跪頂

首稽首稽顙叩頭慱頰等語書史之中元無乎愳合掌之事道家但有朊巾伏地亦無乎愳恙令迴向一切供養（一切恭敬也）

歸命無上天尊（歸命元上尊也）

歸命方等真經（歸命尊經也）歸命四維上下虛空法界得道聖衆（歸命真僧）教化衆生盡得多羅果問云何名迴向凡幾迴向用幾法成迴向何處六十四真步虛品偈云

有見過去尊　自然成真道　身色如金山
端嚴甚微妙　如淨琉璃中　內現元始真
聖尊在大衆　敷演化迷強

妙法蓮花經偈云

又見諸如來　自然成佛道　身色如金山
端嚴甚微妙　如淨琉璃中　內現真金像
世尊在大衆　敷演深法義

改諸如來為過去尊改佛道為真道改真金像為元始真改深法義為化迷強　王得無漏果

問云何名無漏果

至齊景明元年八月十六日道士陳顯明從堂車子受得此經智慧思微

定志經言法師為度十戒五是佛家五戒又云徃昔恒沙之數者問若道家先有十戒出於自然老既世世為帝王師古來人主皆應遵行其法云何至今不聞傳者然外國有八大河一名恒河二名辛頭其河廣大沙數無限佛借為喻備列衆經今稱恒沙復出何處信偷佛經其贓現矣又云樂淨信者吾今身是法解者左玄真人是法解妻者右玄真人是並改金光明法華等經

太玄真一本際經護國品卷第二

是時元始天尊成就五方國土度一切人

君子曰若天尊出世度一切人者必應動地放光天人雲集何為書史不載今古莫傳九州之中無一見者其為詐妄皆此類焉

聖行品有三達五眼六度四等五濁六通等語亦有未度令度未安令安未脫令脫化引三乘入一乘道一念了達三世

道性品有正定七小劫三有四魔四

趣五道六根六塵六識三途等語復有七十二相八十一好四攝四辯非因非非因非果非非果之說

君子曰如前所列法門名字並偷佛經為其偽典一一尋撿部部括窮偕取涅槃般若之文或偷法華維摩之說其為竊盜取驗目前博識名儒咸所詳究未遑委出略舉其大旨也

昇玄內教經云道言五品五氣周流八極或号元始或号老君或号太上或号如來當思念遊諸天宮宅與帝釋問佛論經

九轉仙經第五布施轉云旋行於佛僧

盂寶經十三願者當觀現在佛法（改云道法）十四願者當觀未來佛法普化无偏（改云道法）十五願者當觀過去未來佛道悉无穢疵（師經改槃）

仙公請問經云又見道士勇猛精進

又見賢者勇猛精進（改法花經）

不積真人行品云二者見佛身如金對色相具足太上消魔寶真經云若見居家妻子當願一切早出愛獄攝意奉戒（改花嚴百四十願）

元陽經云太上靈寶從無央數劫來在道為道本在佛為佛先十方之佛皆始於靈寶也東方香林剎土其佛名入精進菩薩號敬首元陽又云赤松子遊仙觀元陽宅中變化事其中備有華嚴善才童子求善知識入法界及現神通等語靈寶妙真經偈云假使聲聞衆如稻麻竹葦遍滿十方剎盡思共度量不能測道智而靈寶唯改佛一字以為道字及其體狀全取法花自餘之文例皆揔撮宋人謝常侍為駁道論以問道士顧歡歡答言靈寶妙經天文大字出於自然本非改法花為之乃是羅什妒妄與弟子僧肇改我道家靈寶以為法華非改法華為靈寶也準如此狀可以情求靈寶之經不言可見答言羅什改靈寶經為法華者出何記傳止可誑此東土蒙下民不應流向西域所在皆有今彼沙門來遊此國其所持經以樹葉抄寫尒日又遣譯人對之翻解與今經文不異以此驗之定知道士偷改法華以為道經此事誠

信如前所列非止一部凡是道書除五千文之外悉皆偷採妄置已典誠如涅槃經之所說也竊以佛之與僧代代相承前賢後哲人人欽敬蓋由威靈化被理事可詳所以往古來今名僧繼踵猶如師子得無畏焉有喻香林栴檀圍遶住持國界冥祐難量以慈修身安人恕已慎行之美无辱先乎立身奉道揚名現美其若偷改道經為法華者既習學誑言寧有許多勝行心用高潔智海弘深而道士既奉真文何事愚短相次書史所載未得其一以此往推改撥正經以為邪典其義可驗衆共詳焉

偷佛法四果十地謀

道經度國王品云天尊告純陀王曰諸得道大聖衆至恒沙如來者莫不從凡夫積行而得也十仙者無量無數衆亦有一興而致一仙復有從凡而得其住所以者何功高則一舉功卑則十昇十昇者十住處階級而往從歡喜至法雲相好具足現身金軀於是大王小王聞天尊說即得四果

又案度身品云尼乹子於天尊所聞說法解定便獲須陁洹果道又云玄中養於靈鷲山中說五部尊經度人無量又云與太和先生於檀毒山中大度王民號曰沙門案文始傳云老子在罽賓國彈指引諸天王及羅漢五通飛天大衆一時俱至遣尹喜為師又云得道菩薩為老子作頌又靈寶智慧罪根品云恒沙天人聞法得道已成如來此等妄說既多為謗亦甚所以然者佛之與道教迹不同出沒隱顯變通亦異道以自然為宗佛以因緣為義自然者無為而成因緣者積行乃證是以小乘列四果之梯大乘顯十等之級從凡入真具有文證未知道家所列四果十地名與佛同修行品次未見其說又復道家所修道或有吸氣以沖天飲水而證道或聞法以飛空或餌草而尸解行業既殊證果理異或云九重天或云三万六千或云八十一天或云六十大梵或云三十六天或云三十二帝或云二十八天或云二十四帝或云一十

八天或云九真天王或云九氣天君或云欲界六天或云四方氣君或云三元三天或云九宮天曹或云玉清大有或云玄都紫微宮或云三皇大極諸如此類略件其目未識此天為同為別為重為横為高為下為歷為實修何業行而能昇陟服食何草而得往生因緣次第未聞其說然後視其所以觀其所由察其所安則虛實之情見矣

道經未出言出謬

案玄都觀道士等所上一切經目云取宋人陸修靜所撰之者依而寫送撿修靜舊目注上清經有一百八十六卷其一百一十七卷已行於世從始清以下有四十部合六十九卷未行於世撿今經目並云見在修靜經目又云洞玄經有三十六卷其二十一卷已行於世其大小劫已下有十一部合一十五卷猶隱天宮未出撿今經目並注云見在陸修靜者宋明帝時人也以太始七年因勅上此經目修靜注云隱在天宮未出於世從

此以来二百許年不聞天人下降又不見道士昇天不知此經何因而來昔文成以書飯牛詐言王母命至而黃庭元陽以道换佛張陵創造靈寶以吳赤烏之年始出其上清起於葛玄宋齊之間乃行鮑靜造三皇經當時事露而寢文成致戮於漢朝鮑氏滅族於往昔今之學者仍踵其術良可悲矣漢劉向傳稱張魯祖父陵桓帝時客於蜀學道鶴鳴山中造作符書以惑百姓受其道者出米五斗故謂之米賊陵傳其子衡衡為繼師衡傳子魯魯為嗣師號曰三師其來學者初名鬼卒後号祭酒聚合醜徒頻為非我三人之妻号為三夫人陵為蟒虵所螫弟子亦相次餧虵皆云白日昇天欺詐嫉妄傳記所明也案姚書云上代已來至於符姚皆喚衆僧名曰道士魏太武時有奴人寇謙之欺詐誑惑自号天師始偷道士之名私易祭酒之稱案礼良弓之子必善為箕良治之家能為裘者以其事類然也若陵道實朴素其子孫何所承

稟嫉誑若此又案三九品經稱積善之人則有積善子孫來生其家積惡之人則有不善子孫來生其家張陵既白日昇天有何不善而招此嫉妄子孫也穿鑿之端皆此類知矣

道士合氣謬

真人內朝律云真人曰礼法男女至朔望之日先齋三日入朝師入私房來詣師立功德陰陽並進命聽許立功訖出日夜六時常立功德又案真人內礼道家內侍律稱不得失內侍之序不得貪外道失中御之教不得好外交接失內養之礼不得好在前失內修之事老子曰我師教我金舟經使我專心養玉莖三五七九還陰精呼吸玉池入玄冥行道半守昇太清又玄老子曰我師教我通師精會食金舟昇太清我行三五住七九呼吸太玄生門口堅守玉池拜道母赤松子曰我師教我金舟經使我專心養玉莖三五七九還陰精呼吸玉池入玄城行氣半守昇太清又真人內礼詰師家行道律云行氣以次不得任意排

醜近好抄截越次又道士礼律云玄
子曰不爾麄得度世不嫉妬世可度
陰陽和合乘龍去赤松子曰木昇仙
開生門真人紫府開腸户
甄鸞笑曰昔年二十之時心好道術
就諸道士先行黄書合氣三五七九
男女交接之道四目四鼻孔兩口兩
舌四手令心正對陰陽法二十四氣
之數行道真决在於丹田唯以禁秘
為急不泄道路不得更相嫉妬行者
灾厄皆除号為真人度世延年交夫
易婦唯色為先父兄立前不知羞耻
自稱中氣真術今民間道士常行此
法以之求道有所未許
叙天尊及化迹謀
靈寶智慧定志通微經云天尊過去
世是道民姓樂名淨信由供養道士
得成天尊右玄真人者過去時施比
丘財帛飲食今成真人者是亦不可
何者道有十号皆自然應化天尊先
天而生不由業行而得本无父母不
稟陰陽何有過去修因今成无極自
相矛楯偽妄可知若實氏族所生何

為傳記不載靈寶度命經云天尊出
遊西河之邊坐粉水之上口吐五色
之光普照諸天四方邊國普見光
明長幼男女皆往稽首天尊口吐五
篇真文宣示男女者今略詳之所以
然者赤縣神州大人坐處城邑聚落
户口衆多天尊誠心計應平等何為
遠遊邊國近捨中華為是神力所不
周為當夏民劣不堪化縱其劣也不
應劣彼邊夷邊夷既蒙聖力而垂容
中土何不降慈光而現德若不能来
此即是無靈但攡虗談還成詭論
比来商人行往蕃使經過共所未詳
絶無蹤緒智慧罪根經云不得輕師
慢法傲誕三寶第十二戒云不得竊
取佛經妄宣道要
十二門論云寂寂幽真際蕭蕭遊智
河一入大乘海孰量千劫多起陵三
界外慈心出世羅
佛為無心宗亦是有物因立功無定
主本願各由人虗懐濟群品汎愛夲
来均
諸子為道書謀

撿玄都觀經自稱道家傳記符圖論
等揔有六千三百六十三卷其二千
四十卷見有本計須紙四万五十四
張其一千一百五十六卷是道經傳
及符圖其八百八十四卷是諸子論
等其四千三百二十三卷㧞撿道士
陸修静荅宋明帝所上目録其目及
本今並未見
養生經一部十卷 彭祖修撰
神仙傳一部十卷 抱朴子葛洪修撰
列仙傳一部一卷 劉向修撰
庚夏論一部五卷 道士顧歡修
荘子一部十七卷 荘周所出
抱朴子一部二十卷 葛洪撰
廣成子一部四卷 商洛公修撰
尹文子一部二卷 劉歆修撰
淮南子一部二十卷 漢淮南王劉安撰
文子一部十一卷 文陽所撰
列子一部八卷 列冠所撰
抱朴子服食方一部四卷 葛洪撰録
崔文子經一部七卷 崔文子撰
鬼谷子經一部十三卷 鬼谷先生撰
張食禁忌經一部五卷

黃帝龍首經一部五卷玄女皇人等說
治練五石一部八卷
恠異志一部十二卷
興利宅舍法一部五卷
太玄鏡經一卷
案摩經一卷
治病經一卷
說陰陽經一卷
日月明鏡經一卷
崔文子肘後經一卷
陶朱變化術經一卷
彭祖記經一卷
養性經一卷彭祖等雜出
定心經一卷
鬼谷先生變化類經一卷
師曠為西宮子授藥經一卷
九宮蓍龜序經一卷
道引圖一部十卷
河圖文一部九卷何承天等修撰
芝草圖經一卷
芝草圖六卷
鄒陽子經一卷
江都王思聖一部二卷

道德玄義三十三卷孟智周修撰
必然論一卷
榮隱論一卷
遂通論一卷
歸根論一卷
明法論一卷
自然因緣論一卷
五符論一卷
三門論一卷前八論陸修靜撰
道士所上經目皆云依宋人陸修靜
所列撿修靜目中見有經書藥方符
圖等合有一千二百二十八卷本无
雜書諸子之名而道士今列乃有二
千四十卷其中多取漢書藝文志目
妄注八百八十四卷為道經論據如
此狀理有可怪何者指如韓子孟子
淮南之徒並言道事又復八老黃白
之方陶朱變化之術翻天倒地之符
辟兵煞鬼之法及藥方呪厭並得為
道書者其連山歸藏周林太玄黃帝
金匱太公陰符陰陽書五姓宅圖七
十二葬書等亦得為道書乎案修靜
自中並無前色今輒乗之彼將何據

笑道論云妄注諸子三百五十卷為
道經也若有依據何以前後注列不
同乎且人之有惡恐人知之已若有
善慮人不見所以道士自書云不受
道戒者不得輒讀道經即如此狀道
有何醜慮人知乎若道士所注以諸
子為道書者民中諸子悉須追入已
不案陶朱者即是范蠡也范蠡親事
越王勾踐君臣悉囚於吳嘗食屎飲
尿亦以甚矣又復范蠡之子被戮於
齊父既有變化之術何以不能變化
免之案造立天地記稱老子託生幽
王皇后腹中即是幽王之子又身為
柱吏復是幽王之臣化胡經言老子
在漢為東方朔若審尒者知幽王為
犬戎所煞豈可不愛君父與神符令
君父不死耶又漢武窮兵疲弊中國
天下戶口至減太半老子何忍不與
其符令用辟兵以此驗之呪厭之方
何其謬歟何其謬歟玄都館經目錄
云道經記符圖論凡六千三百六十
三卷二千四十卷已有本行其四千
三百二十三卷指陸修靜目錄既无

正本何謬之甚也然脩靜爲目巳是大偽今玄都録復是偽中之偽矣

歷代相承篇第十一

道家無金剛密迹師子

釋老形服異

道家節日

鍾幡不同

器名不同

不合行城

依法朝拜

請立經目

玄都東華非觀

梁武捨道詔文

道家無金剛密迹師子

案道家四見論凡有二十一條大義一曰序致二曰列名三曰釋名四曰辯色五曰氣數六曰里數七曰重數八曰異名九曰出體十曰多少十一異同十二廣釋十三增減十四麁細十五三縛十六七惡十七乘劫十八壽命十九事相二十五岳二十一問答揔明道家三十六天從初皇曾訖無上大羅係序諸天及道神等所住

宮殿樓閣金闕玉城寶樹瓊枝祥禽瑞鳥羅列其中唯有仙童玉女侍衛太上本無金剛之神不見密迹力士之像案道家玄妙内篇大真科九天生神章渾成畨無上真人傳五岳神仙畨清虛傳左仙公傳玄都律瓊文帝章登真隱決太清真科衆經讃誦諸天内音大霄隱書无上真書等並無金剛力士之神案三天正法經外國放品經玉緯經三道順行經洞玄經洞神經洞真經靈書經玄丹經觀身大戒經定志經度人經寶玄經等具序太玄之都玉光之州金真之郡天寶之縣九明之鄉定志之里金闕玉京及清靈宮極真宮紫陽宮等並是道家尊神所坐之處但有騏驎鳳凰白雀朱鸚鴟鷄靈鵠赤烏青雀等羅布菀囿之中散在宮臺之内亦無金剛之神及密迹力士之像今道士改金剛名天罡者案曹氏太一式經云黄帝連蚩尤喪乱之世有神女明陰陽開闔之節以達旋機迴行之度通六甲屈申之微探鬼神盈縮之應以推天地窮精入微故設日

月星辰四時五行六律七變八節九宮十二辰上以神將五号下以日辰爲名宿合之辰以爲月神月建之氣以爲辰名天罡者八月之神月建在酉言万物強固朽葉以定鎚實堅剛故曰天罡諸書並去天罡是月將名也非道家神洞房内經有金剛力士神呪經有密迹力士三万億者悉是浪語

按九流百氏之書羽虫三百六十鳳爲其上毛虫三百六十麟爲其上甲虫三百六十龍爲其上春秋玄麟鳳五靈王者之嘉瑞未論師子不道辟邪在此典墳无所不述自漢已還唯傳西域曾有献者以今驗昔即事可知若言道家先来有者甚大河漢不近人情彼三天神仙大道儀有金剛力士度人經有五色師子本相經有七色師子本相經云天尊門内有師子猛虎守門左右拒天力士威赫前後者案漢魏及晉三都兩京江南淮北諸道士觀唯以瓠甒成經本无天尊形像及金剛神今日作者悉是修

静張賓等偽経所説然金對師子乃是護法善神自晉巳前道士觀内亦未曾有及至碑頌贊詠叢所不論史籍文典之所不載請問多識前古即世通儒考校正典自知虚實若依度人本相経等天尊須乘師子不坐蓮花

釋老形服異

如来有紅爪紺髪菓脣花目万字千輞月面日輪三十二相八十種好所著之衣金縷織成坐千葉蓮花之上有形可圖有相可彩

老子鼻有雙柱兩耳叅漏頭尖口高厚脣踈齒脚蹈二五之畫手把十字之文戴法天之冠曳像地之履髮白面皺頬老色衰陶隱居内傳云在茅山中立佛道二堂隔日朝礼佛堂有像道堂無像所以然者道本无形但是元氣養生経云道者氣也保氣則謂得道古来通儒以氣為道無別道神若言有者古来書籍曽所不載今作道形像何取則如其有者昔所未傳

道家節日

案道家金録玉録黄録等齋儀及洞

神自然等八齋之法唯有三元之節言功舉遷上言功章三會男女具序鄉居戸屬以請保護正月五日為上元節七月五日為中元節十月五日為下元節恰到此日道士奏章上言天曹冀得遷達延年益筭七月十五日非道家節

道家鍾幡不同

依道家法尋常六時不合打鍾何者案道士所尚脩在三大齋法如金録黄録等齋儀種種脩設本不論鍾亦不鳴鼓但言安施既訖尊卑相次從外壇入至自天門先叩齒進入中壇三上香竟然後上啓玉京仙経步虚詞云長齋會玄都鳴玉扣瓊鍾法鼓會群神靈唱靡不周此言衆仙集會於是設樂乃鳴鼓擊磬瓊鍾只是玉磬歌唱以樂道君故諸天内音又云鳴樓都之鼓長乎擊鍾言脩九成之樂朝宴玉京非如佛家六時打鍾集衆行道請捻齋儀取分皂帛又依道法不合竪剎懸幡案金録黄録大齋儀及玄都律諸天内音等種種羅列並

不道幡如步虚詞讃詠玉京但云煌煌耀景迢迢寶臺金剎金姿龍駕欻来鳴鳳應節靈風扇華紫烟成宫天樂相娛絶無幡事請依彼儀洞房内経有十絶靈幡連畫九尺素書命魔罝五方也隨方為色以白土書青繒上作東方神名（以白粉作古字書東方神名）當方安之以護命也若山居則書五色繒上作符文九天風氣玄丘真書但有兩脚都不雜色更无大幡其金録等齋文不列鍾幡亦无制罰之儀

明真科云拔贖死魂常以正月三月五月七月九月十一月又以月一日八日十四十五十八二十三二十四二十八二十九三十日及以八節甲子庚申為明真齋春九日九夜夏三日三夜秋七日七夜冬五日五夜四季之月十二日十二夜於中庭然一長燈高九尺啓請天仙地仙真人飛仙日月九宫五帝五岳三河四瀆鬼神晝然香夜然燈道士於中庭然燈行道遍礼十方靈寶天尊皆脱巾叩頭博頰或八或十一過或二百八十八

過若厄難用丹書真文五篇於中庭置五案各置一方上安真文又用上金五兩作五龍形以鎮五案又以五色紋繒為信以鎮五帝之座又隨年以紫紋為信受真文用金龍三枚投水府靈山及住宅三處用金錢二万四千以資二十四氣六時懺謝中庭行事並不懸幡打鍾科中不說其事

佛說太子瑞應經云佛初生時有五百師子從雪山來侍列門側薩婆多論云有石師子吼伏諸異道守護伽藍出自西域今日獻者還從彼來以今證昔事符目驗仁王經云幡長五丈藥師經云四十九尺條皆五色雜綵用以護國續命轉障消灾挂在龍鈎懸於鳳剎假令道家有之教宗既殊幡製亦異不應色綵無別量數共同盂蘭盆經云七月十五日僧自恣時獻盆供者能救七世父母之苦比見諸州道士亦行斯法豈不濫哉器名不同

僧祇等律云應法澡灌咽細腹麁護淨便易生善長道最為要用是以為

佛所歎制諸弟子並令畜之比見道士亦將此器若樂習佛家之瓶亦須受持僧用之鉢鉢既不肯用之其瓶理亦宜廢案內法齋上受食先呪願及唱等供茲法並出十誦等律比見道士亦皆呪願及唱等供道先无文何所憑據檀者西域之音此地往翻名之為施越者度也若能行檀當得越度生死故云檀越其優婆夷者清信女也比見道士亦呼俗人為檀越優婆夷據何典籍以為此號請各依經別立名字若以道士愛斯佛法不肯改者亦請改彼道字名為善提若以為是西音而不肯稱者其檀越優婆夷之名亦不得喚

不合行城

太子瑞應等經云二月八日者乃是四天王捧太子馬足踰城出家因此有行城之法為追太子馬跡表戀聖之情比見諸州縣道家亦行斯法行城之時仍唱願我坐道場香花供養道唯改佛字為別但道家既无此法明知虛妄不實若言有者出何經誥

即以此為准諸事多附佛義

依法朝拜

四分律及諸經皆云白衣礼僧僧不敬俗若依道家老子是師稱臣拜帝比見道士不拜君王雖順道士之情交違老氏之誥苟貪進已弗悟尊宗但欲達身寧期失旨若依本師之法即合道士稱臣女官云妾元正冬至並皆持笏曳履朝拜主上斯則更易道士之澆風還敦老氏之本教

請立經目

案古及今佛家立一切經目具辯翻譯帝代并注疑偽別部恐惑乱黎民故也今道家先無翻譯仍立記目或依傍佛經或別頭假造而不記年月不詳世代裝潢帶軸與真經一種詐言空中自出或道谷裹飛來惑行於世疑誤下愚近如大業末年五通觀道士輔慧詳三年不言改涅槃經為長安經當時禁約不許出城門家內內者黃衣執送留守改經事發為尚書衛文昇所奏於金光門外被戮耳目同驗事發者既尒不發者有之請

令大德名僧儒生道士對宰輔朝儀詳撿內外經史刊定是非立目為記以息邪偽令慕道之侶得依宗指學永絕迷妄

太玄是都東華是宮（四見論云三界之外次四民天所謂東華南離西靈北真行仁者生東華宮行禮者生南離宮行義者生西靈宮行信者生北真宮言三界之內大劫交時有四行者堪為種民王母迎之登上四天為下民種也）釋名云都者覩也言華夏之地帝王所居万邦歸湊處華物麗謂之陸海有所覩觀故云都也纂文云京都皆大也大謂之都小謂之邑天尊所治故稱玄都釋名云天子所居曰都曰宮諸侯所居曰第曰宅止客曰觀集賢曰館如今鴻臚及弘文也是以張衡兩京左思三都不言觀也今以都宮而為觀者非其義也釋名云觀者於上觀望也漢宮殿名長安有五十七觀介雅釋宮了無觀字若以都為觀便是降尊就卑以觀代宮復是退大作小且四民天宮非是天尊所坐之處今為道觀理不可也名既不正法亦是邪何得以卑觀之名廢仙宮之号

歸心有地篇第十二

梁武皇帝捨道勑文

天監三年四月八日梁國皇帝蘭陵蕭衍稽首和南十方諸佛十方尊法十方菩薩僧伏見經文玄義理必須詮玄發菩提心者即是佛心其餘諸善不得為喻能使眾生出三界之苦門入無為之勝路標空察理洞玄微妙就義立談因用致顯故如來漏盡智凝成覺至道通機德圓取聖發慧炬以照迷鏡法流以澄垢啓瑞迹於天中爍靈儀於像外度眾生於苦海引含識趣涅槃登常樂之高山出愛河之深際言乖四句語絕百非應迹娑婆示生淨飯王宮誕相步三界而為尊道樹成光普大千而流照此土根情淺薄好樂厭怠自期二月當至雙林亦是湛說圓常且復潛輝鵠樹閑王滅罪婆藪除殃若不逢遇大聖法王誰能救接在迹雖隱其道無虧弟子經遲迷荒耽事老子歷葉相承染此邪法習因善發弃迷知返今捨舊醫歸憑正覺願使未來世中童男出家廣弘經教化度眾生共取成佛入諸

地獄普濟群萌寧可在正法中長淪惡道不樂依老子教蹔得生天涉大乘心離二乘念正願諸佛證明菩薩攝受弟子蕭衍和南

勑旨神筆自書於重雲殿重閣上發菩提心于時黑白二万人亦同發心受持

勑門下大經中說道有九十六種唯佛一道是於正道其餘九十五種皆是外道朕捨外道以事如來若有公卿能入此誓者各可發菩提心老子周公孔子等雖是如來弟子而為化既邪止是世間之善不能隔凡成聖公卿百官侯王宗室宜反偽就真捨邪入正經教成實論說云若事外道心重佛法心輕即是邪見若心一等是無記不當善惡事佛心強老子心少者乃是清信言清信者清是表裏俱淨垢穢惑累皆盡信是信正不邪故言清信佛弟子其餘諸善皆是邪見不得稱清信也門下速施行

天監三年四月十一日　功德局主

陳𩑶

尚書都功德主顧

尚書令何敬容

中書舍人任孝恭

御史中丞劉洽

詔書舍人周善

邵陵王啓

勅捨老子受菩薩戒文

臣綸啓臣聞如來端嚴相好巍巍架于有頂微妙色身的的顯乎无際假金輪而啓物託銀粟以應化凡厥若之利鐵双涅槃之實果汎生死之苦海濟常樂於彼岸故能降慈悲雲垂甘露雨七處八會教化之義不窮五時四諦利益之方無盡並冰清日感霧豁雲除聯火翳光塵熱自静可謂入俗化於曚底出世成此真如使稠林邪逕之人景法門而無倦渇愛聾瞽之士慕探賾而知迴道樹始乎迦維德音感於京洛恒星不現周鑒娠徵滿月圓姿漢感宵夢五法用傳万德方兆華洛潛故覺扇高風資此三明照迷途之失憑茲七覺拔長夜之苦屬值皇帝菩薩應天御物負扆臨

民含光宇宙照清海表𢷤無㝵辯以接黎庶以本願力攝受群生故能隨方逗藥示權因顯崇一乘之旨廣十地之基是以万邦迴向俱稟正識幽顯靈祇皆蒙拯濟人興等覺之願物起菩提之心莫不翹勤歸宗之境悅懌所謂還源之趣共保慈悲俱修忍辱覆護鏡益橋梁津濟者矣道既光被民亦化之於是應真飛錫騰虛接影破邪外道堅持政國伽藍精舍寶刹相望講道傳經德音盈耳臣獨未達理源稟承外道如欲須甘果而種苦栽欲除渴乏反趣鹹水今啓迷方粗知歸向受菩薩大戒戒節身心捨老子之邪風入法流之真教伏願天慈曲垂矜許謹啓

天監四年三月十七日侍中安前將軍丹陽尹邵陵王臣蕭綸啓

勅能改迷入正可謂是宿殖勝因宜加勇猛也

天監四年三月十八日中書舍人臣任孝恭宣

與尚書右僕射蔡國公書

濟法寺釋法琳致書尚書右僕射蔡國公足下法琳草衣野客木食山人尢類曲針誠同腐芥不披知於當世分緘口以終身既德愧內充譽慙外滿非唯孤負慧遠實亦帶累道安是以畢志青溪歸心紫蓋覆船巖下永味經書鬼谷池前長觀魚鳥豈謂忽辭林藪更入鄽塵久客秦川俄離楚塞游流八水棊墜三陽口腹之弊已淹仲叔之情何寄卧靈臺而起恨遊白社而興嗟南巢之戀倍增北風之悲愈切居生坎壈稟命迍邅空詠七哀徒吟九歎撫躬吊影運也如何加以病在膏肓風纏湊理累年將息未覺有瘳至於照雪聚螢筋力已謝九流七略難甚緣山万卷百家杳猶行海前因傅子聊貢斐然仍以未竭邪源今者重作辯正頗為疑書罕備史籍靡充雖罄短懷罔知克就仰惟僕射公運籌榮之才居阿衡之任知人之器遠邁山濤接士之心還方趙奕朗識度含弘既握靈虵之珠爰佩荊山之玉所以鄉諧縻績燮理文昌

德鏡搢紳譽形朝野加以門稱筆海
世号儒宗不忘宿昔之懷曲賜憂憐
之訪寒灰更煖朽木翻榮昔王粲閱
書取資蔡氏相如述賦必賴楊侯意
者但是諸子雜書及晉宋已來內外
文集與釋典有相關涉處悉願披覽
謹以別錄仰呈持希恩許輙陳所請
悚息何言
邪見信心古來共有善人惡黨今日
寧无前以傳子謿言略呈小論既蒙
上達復荷褒揚戢在中心但知慙德
昔都賦未值張華无人見賞破邪不
逢君子誰肯為珎比者海內諸州四
方道俗流通抄寫讚詠成音迴邪見
之心發愚人之善者豈非明公之力
也必能利物薄有冥功仰用莊嚴並
將廻向耳請公為弘護檀越

辯正論卷第八

辯正論卷第八

校勘記

一　底本，金藏廣勝寺本。五九〇頁中至次頁上共三版，原版殘缺，以麗藏本換。

一　五九〇頁中一行「卷第八」，徑、清作「卷第九」。

一　五九〇頁中二行撰者，資、磧、普、南作「沙門法琳撰」。

一　五九〇頁中二行與三行之間，徑、清有「東宮學士陳子良註」一行。

一　五九〇頁中六行首字「改」，徑、清作「偷改」。

一　五九〇頁中一四行「陽文」，諸本作「楊文」。

一　五九一頁上二一行首字「法」，諸本作「萬法」。

一　五九一頁上末行第一二字「拒」，諸本作「詎」。

一　五九一頁中一行首字「乎」，南、徑、清無。

一　五九一頁中五行第六字「練」，資、磧、普、南、徑、清作「鍊」。

一　五九一頁中七行第三字「左」，資、磧、普、南、徑、清作「作」。

一　五九一頁中一四行至次行「臑脾麃踹」，資、磧、普、南、徑、清作「臑髀鹿腨」。

一　五九一頁下一行首字「轉」，諸本作「輔」。

一　五九一頁下九行第八字「唱」，麗無。

一　五九一頁下一三行首字「七」，徑、清作「十」。

一　五九二頁上二〇行第三字「王」，磧、南、徑、清作「正」。

一　五九二頁上二二行首字「至」，南、徑、清作「又云至」。

一　五九二頁中一行第一一字「五」，麗作「五戒」。

一　五九二頁中三行第一〇字「老」，麗作「老子」。

一　五九二頁中八行第一〇字「賦」，

麗作「賊」。

一　五九二頁下二行「七十二」，資、磧、普、南、徑、清作「三十二」。

一　五九二頁下一〇行「元始」，資、磧、普、南、徑、清作「無始」。

一　五九二頁下一三行「旋行」，磧、普、南、徑、清作「施行」。

一　五九二頁下一四行「佛法」，徑、清作「道法」。又夾註「改云道法」，徑、清作「改佛法作道法」。

一　五九二頁下一五行「佛法」，徑、清作「道法」。

一　五九二頁下一六行「佛道」，徑、清作「道法」。

一　五九二頁下一七行夾註「師經改藥」，諸本作「改藥師經」。

一　五九二頁下一九行夾註「改法花經」下，徑、清有「云又見菩薩勇猛精進」九字。

一　五九三頁中一行首字「信」，麗作「可信」。

一　五九三頁中一七行第四字「大」，磧、普、南、徑、清作「人」。

一　五九三頁中一九行「一興」，資、磧、普、南、徑、清作「一舉」。

一　五九三頁中二〇行第四字「住」，資、磧、普、南、徑、清作「任」。

一　五九三頁中二一行第八字「十」，資、磧、普、南、徑、清無。又末字「往」，資、磧、普、南、徑、清作「始」。

一　五九三頁中末行第三字「大」，磧、普、南、徑、清作「天」。又第一〇字「說」，麗作「說法」。

一　五九三頁下七行「飛天」，資、磧、普、南、徑、清作「天人」。

一　五九三頁下九行第五字「品」，徑、清作「經」。

一　五九三頁下一八行首字「道」，資、磧、普、南、徑、清作「之道」；麗無。又「飲水」，麗作「或飲水」。

一　五九四頁上五行「末識」，諸本作「未識」。

一　五九四頁上六行第五字「重」，磧、普、南、徑、清作「縱」。

一　五九四頁上九行末字「實」，麗作「妄」。

一　五九四頁中三行「飯牛」，南、徑、清作「飲牛」。

一　五九四頁中九行「劉向」，諸本作「劉焉」。

一　五九四頁中一一行「五升」，諸本作「五斗」。

一　五九四頁中一五行第三字「我」，諸本作「據」。

一　五九四頁中一七行第一〇字「所」，資、磧、普、南、徑、清無。

一　五九四頁中二二行「良治」，磧、普、南、徑、清、麗作「良治」。又第七字「能」，資、磧、普、南、徑、清作「必能」。

一　五九四頁下七行第一四字「至」，資、磧、普、南、徑、清無。

一　五九四頁下一三行第一一字「好」，資、磧、普、南、徑、清作「始」。

一　五九四頁下一四行及一七行「金舟」，諸本作「金丹」。

一 五九五頁上六行「先行」，資、磧、普、南、徑、清作「學先教行」。

一 五九五頁上一一行「交夫」，資、磧、普、南作「教夫」。

一 五九五頁上一四行末字「許」，資、磧、普、南、徑、清作「詳」。

一 五九五頁上一七行第四字「民」，磧、南、徑、清作「氏」。

一 五九五頁中九行第四字「夏」，資、磧、普、南、徑、清無。

一 五九五頁中一二行第七字「搆」，資、磧、普、南、徑、清作「稱」。

一 五九五頁中二一行第八字「[亻+褱]」，諸本作「懷」。

一 五九五頁下一行第六字「自」，資、磧、普、南、徑、清作「目」。

一 五九五頁下一一行「一卷」，諸本作「十卷」。

一 五九五頁下一三行夾註「所出」，諸本作「所出葛洪修撰」。

一 五九五頁下一九行夾註「列冠」，資、磧、普、南、徑、清作「列禦寇」。

一 五九六頁上一一行「一卷」下，諸本有「陶朱公撰」。

一 五九六頁上一八行「十卷」，麗作「一卷」。

一 五九六頁中九行第六字「前」，諸本作「右」。

一 五九六頁中一〇行「道士」，磧、普、南、徑、清作「案道士」。

一 五九六頁中一六行第九字「指」，資、磧、普、南、徑、清作「秖」。

一 五九六頁中一七行「並言」，資、磧、普、南、徑、清作「並不言」。

一 五九六頁中二〇行第九字「周」，資、磧、普、南、徑、清作「易」。

一 五九六頁中末行首字「自」，諸本作「目」。又第九字「乘」，麗作「集」。

一 五九六頁下五行第六字「輒」，麗作「轉」。

一 五九六頁下八行「朱者即是」，資、磧、普、南、徑、清作「朱公者即」。

一 五九六頁下九行「吴堂」，資、磧、普、南、徑、清作「吴室」。

一 五九六頁下一一行「不能變化」，資、磧、普、南、徑、清作「不行父術變化而」。

一 五九六頁下一四行第二字「吏」，諸本作「史」。

一 五九六頁下一六行「不愛」，資、磧、普、南、徑、清作「不授」。

一 五九六頁下一七行第一二字「弊」，資、磧、普、南、徑、清作「役」。

一 五九六頁下一八行「老子」，資、磧、普、南、徑、清作「老子爲方朔者」。

一 五九六頁下二〇行第一一字「舘」，南、徑、清作「觀」。

一 五九六頁下二二行第一〇字「本」，麗作「本見」。

一 五九七頁上二行「僞矣」，至此，清卷第九終，卷第十始。

一 五九七頁上一三行「梁武捨道詔文」，徑、清無。

一 五九七頁上一九行「增減」，諸本作「增滅」。

一 五九七頁上二二行第一三字「曾」、

資、磧、普、南、徑、清作「曆」。

一　五九七頁中七行「太清」，諸本作「太平」。

一　五九七頁中九行第九字「放」，資、磧、普、南、徑、清作「教」。

一　五九七頁中一二行「度人經」，資無。

一　五九七頁中一六行「朱鵄」，資、磧、普、南、徑、清作「朱鶴」。

一　五九七頁中二〇行「一式」，資、磧、普、南、徑、清作「一戒」。

一　五九七頁中二一行「掟機」，諸本作「琁璣」。

一　五九七頁下五行第七字「朽」，諸本作「柯」。

一　五九八頁上三行「及至」，諸本作「乃至」。又第一〇字「蔑」，麗作「皆」。

一　五九八頁上五行第五字「校」，資、磧、普、南作「授」。

一　五九八頁中一四行「仙經」，資、磧、普、南、徑、清作「山經」。

一　五九八頁中一五行第八字「玉」，資、磧、普、南、徑、清作「玉磬」。

一　五九八頁中二一行「皂帛」，南、徑、清、麗作「皂白」。

一　五九八頁下二行「金剎」，資、磧、普、南作「金利」；徑、清作「舍利」。

一　五九八頁下五行第八字「盡」，諸本作「書」。又「素書命魔」，資、磧、普、南、徑、清作「素畫命魂」。

一　五九八頁下一四行「二十三」，資、磧、普無。

一　五九八頁下二〇行「四瀆」，資、磧、普、南、徑、清作「四瀆四海」。

一　五九八頁下二一行第一二字「然」，麗作「燈下遶」。

一　五九八頁下末行首字「慱」，資、磧、普、南、徑、清作「搏」。又第五字「或」，資、磧、普、南、徑、清無。

一　五九九頁上九行首字「佛」，磧、普、南、徑、清作「依檢佛」。

一　五九九頁上一六行首字「鈎」，資、磧、普、南、徑、清作「駒」。

一　五九九頁中四行第九字「上」，麗作「上坐」。

一　五九九頁中五行第二字及六行第八字「唱」，磧、普、南、徑、清作「唱禮」。

一　五九九頁中六行第一二字「先」，南、徑、清作「既」。

一　五九九頁中一七行「太子」，磧、普、南、徑、清作「檢太子」。

一　五九九頁下三行「僧僧」，資、磧、普、南、徑、清無。

一　五九九頁下四行「依道家」，資、磧、普、南、徑、清作「道家依老子」。

一　五九九頁下五行末字「交」，徑、清作「反」。

一　五九九頁下六行第五字「誥」，資、磧、普、南、徑、清作「語」。

一　五九九頁下八行「女官」，資、磧、普、南、徑、清作「女冠」。

一　五九九頁下二〇行至次行「內內」，資、磧、普、南、徑、清作「見內」；麗作「內見」。

一　六〇〇頁上四行「迷妄」下，資、磧、普、南、徑、清作「玄都東華非觀」六字。

一　六〇〇頁上一三行「曰觀」，諸本作「曰館」。

一　六〇〇頁上一四行首字「館」，諸本作「觀」。

一　六〇〇頁上二二行末字「號」，磧、普、南、徑、清作「號乎」。

一　六〇〇頁上末行「第十二」後，徑、清有「梁武皇帝捨道勅文邵陵王捨老子受菩薩戒文法琳與蔡國公書」二十六字。

一　六〇〇頁中一二行第四字「趣」，麗作「而趣」。

一　六〇〇頁中一三行第八字「語」，麗作「論」。

一　六〇〇頁中一五行「此土」，資、磧、普、南、徑、清作「但以此土」。

一　六〇〇頁中一六行第五字「樂」，諸本作「生」。

一　六〇〇頁下一行第九字「在」，徑作「在此」。

一　六〇〇頁下三行第四字「二」，麗作「一」。

一　六〇〇頁下七行「受持」，資作「受持梵戒」；磧、普、南、徑、清作「受持禁戒」。

一　六〇〇頁下一三行「隔凡」，資、磧、普、南、徑、清作「革凡」。

一　六〇〇頁下一五行第四字「經」，資、磧、普、南、徑、清作「故經」。

一　六〇〇頁下一八行首字「少」，資、磧、普、南、徑、清作「弱」。

一　六〇〇頁下二〇行第一一字「善」，資、磧、普、南、徑、清作「信」。

一　六〇一頁上五行第二字「書」，諸本作「告」。

一　六〇一頁上七行首字「勑」，徑、清作「奉勅」。

一　六〇一頁上一〇行第一一字「化」，諸本無。

一　六〇一頁上一四行「冰清」，磧、普、南作「水清」。

一　六〇一頁上一五行第二字「霧」，磧、南作「露」。又「爝火」，諸本作「爝火」。

一　六〇一頁上一六行「成此」，磧、普、南、徑、清作「冥此」。

一　六〇一頁上二一行「華洛潛故」，資、磧、普、南、徑、清作「華俗潛啓」。

一　六〇一頁中二行「群生」，資、磧、普、南、徑、清作「衆生」。又末字「方」，資、磧、普、南、徑、清作「根」。

一　六〇一頁中七行末字「謂」，磧、普、南、徑、清作「調」。

一　六〇一頁中一一行「獨未」，諸本作「昔未」。

一　六〇一頁中一二行第一三字「而」，資、磧、普、南、徑、清作「翻」。

一　六〇一頁中一七行及二一行「三月」，資、磧、普、南、徑、清作「四月」。

一　六〇一頁中一九行至二〇行「勑能……猛也」與二一行至二二行

一　「天監四年……孝恭宣」，磧、普、南、徑、清互置。

一　六〇一頁中一九行首字「勑」，資、磧、普、南、徑、清作「勑旨」。

一　六〇一頁下三行末字「分」，資、磧、普作「今」；南、徑、清作「合」。

一　六〇一頁下五行首字「非」，麗作「匪」。

一　六〇一頁下九行首字「荓」，資、磧、普、南、徑、清作「萍」。

一　六〇一頁下一二行首字「愈」，資、磧、普、南、徑、清作「逾」。又「坎壈」，資、磧、普、南、徑、清作「壈坎」。

一　六〇一頁下一四行第七字「湊」，諸本作「腠」。

一　六〇一頁下一八行第二字「者」，麗無。

一　六〇一頁下一九行第六字「因」，麗作「未」。

一　六〇一頁下末行「燮理」，資、磧、普、南、徑、清作「爕理」。

一　六〇二頁上七行第七字「持」，諸本作「特」。

一　六〇二頁上一〇行第七字「調」，資、磧、普、南、徑、清作「調」。

一　六〇二頁上一二行首字「昔」，諸本作「昔三」。又「破邪」，資、磧、普、南、徑、清作「今破邪論」。

一　六〇二頁上末行「卷第八」，徑作「卷第九」；清作「卷第十」。

破邪論卷上　既

大唐濟法寺沙門釋　法琳　撰

襄陽法琳法師集序　虞秘書製

若夫神妙無方非籌筭能測至理凝邈豈繩準所知寔乃常道無言有崖斯絕安可憑諸天縱窺其奅冥者乎至於五門六度之源半字一乘之教九流百氏之目三洞四捻之文苟可以經緯闡其圖可以心力到其境者英猷茂實代有人焉法琳法師者俗姓陳頴川人晉司空群之後也自梁及陳世傳纓冕爰祖及伯累業儒宗法師少學三論名聞朝野長誦衆典聲振殊俗威儀肅穆介節淹通留連清翰發擿微隱比地方春藏用顯仁之量如愚若訥外闇内明之巧固能智周測海道亞弥天豈止操類山濤神侔庾亮而已尒其文情乃典而不野麗而有則猶八音之並奏等五色以相宣道行則納正見於三空拯群迷於八苦既學博而心下亦守卑而調高實釋種之梁棟蓋人倫之羽儀者矣加以賬乏扶危先人後已重風光之拂照林牖愛山水之負帶煙霞頤力是融晦迹肥遯以隋開皇之未隱於青溪山之鬼谷洞焉迴排巖崖則蔽虧日月空飛户牖則吐納風雲其間採五芝而偃仰遊八神而寢息餌松朮於溪澗披薜茘於山阿皆合掌歸依摩頂問道煞行恬靜十有餘年然其疊嶂危岑長松巨壑野老之所棲盤古賢之所遊踐莫不身至目覩攀穴指歸仍撰青溪山記一卷見行於世太史令傅弈學業庸淺識慮非長乃穿鑿短篇憑陵正覺將恐震兹布鼓竊比雷門中庸之人頗成阻惑法師愍彼昆虫又撰破邪論一卷雖知虞衛同奏表異者九成蠅驥並馳見奇者千里終須朱紫各色清濁分流詎以凡測聖之疊責以俗按真之各引文證理非道則儒曲致深情指的周密莫不轍乱旗靡瓦解冰銷入室有操矛之圖厥角無容頭之地於是傳寫不窮流布長世若披雲而見日同迷蹤而得道法師著述之性

速而且理凡厥勒成多所遺逸今散採所得詩賦碑誌讚頌箴誡記傳啓論及三教系譜釋老宗源等合成三十卷法師與余情敦淡水義等金蘭雖服制異宜風期是篤輙以曠綆聯彼珪璋編為次第其詞云尒

上殿下破邪論啓

法琳啓緬尋三元五運之肇天皇人帝之興龜圖鳥篆之文金版丹筍之典六衡九光之度百家万卷之書莫不導人倫信義之風述勛華周孔之教統其要也未達生死之源陳其理也不出有無之域豈若五分法身三明種智湛然常樂何變何遷邈矣真如非生非滅而能道資万有慈被百靈啓解脫彼岸之津開究竟無為之府拔群生於見海之外救諸子於火宅之中但化隔葱河千有餘載教流漢土六百許年龕塔相望神人接踵所以道安登秦帝之輦僧會上吳主之車高座法師能陳八正浮啚和上巧說五乘化洽九州福霑三世其為利物也之謂歟有隋穢運戎馬生郊災

起四兇毒流百姓慧燈既隱法雨將歇賴我大唐上應乾心下協黎願補天以麗三象紐地以安五嶽生民蒙再造之恩釋門荷中興之賜方欣六茲五帝四彼三皇反淳朴之風行无為之化竊見傅弈所上誹毀之事在司既不施行弈乃公然遠近流布人間酒席覺為戲談有累清風寔穢華俗長物邪見損國福田理不可也伏惟殿下往藉三歸久資十善赴蒼生之望膺大寶之期道叶隆平德光副后發洊雷之響則蟄戶俱開啓明離之暉則幽衢並鏡赫矣允矣難得名矣固以漢光重世周卜永年復能降意福門迴情勝境津梁在念牆塹為心伏願折邪見幢然正法炬像化攸寄深幸茲乎不任憤懣督焉之志謹上破邪論二卷塵黷威嚴伏增悚息謹啓

武德五年正月二十七日上

大史令朝散大夫臣傅弈上減省寺塔廢僧尼事十有一條

臣弈言臣聞羲農軒頊治合李老之風彈曰詩云上以風化下下以風刺上老子周為守書藏吏如今秘書官也本非天子有何風化

令羲農上帝與之合治虞夏湯姬政符周孔之教彈曰周公孔子並是國臣上述虞夏之教下化澆薄之民亦非人王不得自為教主豈令虞夏四君却符周孔之教耶雖可聖有先後道德不別君有沿革治術尚同竊聞八十老父擊壤而歌十五少童鼓腹為樂耕能讓畔路不拾遺孝子承家忠臣滿國然國君有難則殉命以報讎彈曰既國並忠臣何得有難曰常六卿之徒不應起逆父母有病則終身以侍豈非曾參閔子之友庠序成林墨翟耿恭之儔相來羽翊彈曰三十九代止一曾參漢高已前獨推閔子成林之言无實羽翊之奏本虛事太過也乃有守道含德無欲無求彈曰州吁叔段不能守道夏桀殷紂豈無貪求也寵辱若驚職參朝位彈曰潘崇羿浞未肯若驚季氏陽貨亦居朝列也荊山鼎上攀附昇龍羲氏壇邊相從駕鶴瑤池王母之使具礼來朝碧海無夷之神周行謁帝所以然者當此之時共尊李孔之教彈曰黃帝昇龍蓋是三皇之世瑤池王母復是周穆之時計此李老未出之前孔丘未有之日不應反遵老教却習孔書而無胡佛何故彈曰汝既稱无佛不得有道也自漢明夜寢金人入夢傅毅對詔辯曰胡神彈曰周世不來傅毅豈知有佛量巳先來早有傳氏得知言佛汝反稱无五逆盡殃自貽永劫後漢中原未之有信曰盃詢太過魏晉夷虜信者一分彈曰礼樂衣冠晉朝始有世說誇女虜夷中夏是誰石勒託佛齋而起逆逃竄江

東呂光假征胡而叛君峙立西土彈曰特人疾勒誘去結聚呂光征還苻主國破遂居河右霸在涼州亦不由僧叛居西土降斯
巳後姟胡滋盛太半雜華箴曰慈悲薰出于末劫懸世有緣得度正在於斯搢紳門裹翻受禿丁邪戒
儒士學中倒說姟胡浪語箴曰搢紳違忍辱之眼俯士貴金口之誘曲類哇歌聽之夷本臭同鮑肆
過者失香彈曰發汝生聲觸汝鮑臭藏之必知衷本過者寧不失香仰面雲天自受其辱斯言信矣蕪復廣置伽藍壯麗非一箴曰造生天之業種賤苦之因勞役工匠獨坐泥胡箴曰爭運身手徵像聖尊撞華夏之鴻鐘集蕃僧之偽衆箴曰鳴百鍊之神鐘召三千之聖衆動淳氏之耳目索營私之貨賄箴曰感信心之耳目發貪癡之貨賄女工羅綺翦作
婬祀之幡巧匠金銀散雕舍利之塚箴曰女工羅綺造續命之幡巧匠金銀起碎身之塔粳粱麪米擯設
僧尼之會香油蠟燭枉照胡神之堂箴曰粳粱麪米爭陳福田之會香油蠟燭求照慈悲之堂剥削民財割截
國貯朝廷貴臣曾不一悟良可痛哉彈曰朝廷猶古樁係飯真崇敬鄉門不同邪見伏惟陛下定天門之
開闢更新寶位通万物之屯否垂香
黔黎布李老無為之風而民自化執
孔丘愛敬之禮而天下孝慈且佛之
經教妄說罪福箴曰原教所由示人新善之門開人行善之路也
民逃役剃髮隱中不事二親事行十

惡箴曰捨二親之恩愛脩十善之仁風忍其小違以成大順歲月不除姧
偽踰甚目覽書契爰自庖犧至於漢
高二十九代四百餘君但聞郊祀上
帝彈曰負丘南郊不見煞生之咎豈如佛戒不煞為先挍量是非見可知矣官治
民察未見寺堂銅像建社寧邦請胡
佛邪教退還天竺箴曰釋感則興車齊使息來往應物隱顯隨時凡
是沙門放歸桒梓令逃課之黨普樂
輸租避役之曹恒忻効力勿度禿小
長揖國家彈曰昔嚴子陵不拜天子趙元淑長揖司空典籍稱其美也況沙門是出世福田釋氏為物外高士歛令拜謁違損嚴深理不可也自足忠臣宿
衛宗廟則大唐廟定作造化之主百
姓无事為犧皇之氏彈曰造化之世人不輸組嶽皇之民鼓腹而間聖明在上豈信從諂箴之調者乎臣奕誠惶誠恐彈曰事為盡忠言有信聞奏不實罪有所歸誣調國家禁須伏鉶豈惶恐能了謹上益國利
民事十有一條如左謹言彈曰如汝所奏損國害民事不可也
武德四年六月二十一日上表
上秦王啓　沙門法琳等啓琳聞情切
者其聲必哀理正者其言必直是
以窮子念達其言勞人願歌其事何
者竊見大業末年天下喪乱二儀礫
驥四海沸騰波振塵飛丘焚原燎五
馬絕浮江之路七重有平壘之歌烽
燧時驚羽檄競馳關塞多虞刀斗不

息道消德乱運盡數窮轉輪寔繁頭
會箕歛積屍如莽流血為川人不聊
生物亦勞止控告無所投骸莫從百
姓苦其倒懸万國困其無主豈畐法
輪絕響正教陵夷聖上興吊俗之心
順昊天之命爰舉義旗平一區宇當
時道俗蒙賴華戎胥悅於是叶天地
而通八風測陰陽而調四序和邦國叙
人倫功蓋補天神侔立極降雲雨而
生育開日月而照臨發之以聲明紀
之以文物恩霑行葦施洽垂魚方欲
重述九疇再敷五教興石渠之學布
庠序之風遠跡軒羲近同文景功業
永隆不知手之舞之足之蹈之者矣
竊見傅奕所上之事披覽未遍五内
分崩尋讀始周六情破裂嗚呼邪言
惑正魔辯逼真猶不足聞諸下愚況
欲上干天聽但奕職居時要物望所
知何容不近人情無辜起惡然其文
言淺漏事理不祥辱先王之典謨傷
人倫之風軌何者夫人有言言必有
中夫子曰一言合理則天下歸之一
事乖常則妻子背叛觀奕所上之

事括其大都窮其始末乃因冒闕庭
處多毀辱聖人甚切如弈此意本欲
因茲自媒苟求進達實未能益國利
人竟是惑唬朝野然陛下應天順時
握啚受籙赴万國之心當一人之慶
扶危救世之力夷凶靜乱之功固以
威蓋前王聲高往帝爰復存心三寶
留意福田預是出家之人莫不感戴
天澤但由僧等不能遵奉戒行酬報
國恩無識之徒非違造罪致令傅弈
陳此惡言躃踴痛心投骰無地然僧
尼有罪甘受極刑恨弈輕辱聖人言
詞切害深恐邪見之者因此行非案
春秋左魯莊公七年夏四月恒星不
現夜明如日即佛生時之瑞應也然
佛有真應二身權實兩智三明八解
五眼六通神日不可思議法号心行
處滅其道也運衆聖於涅洹其力也
接下凡於苦海自後漢明帝永平三
年夢見金人已来像教東流靈瑞非
一具在漢魏諸史姚石等書至如道
安道立之輩圖澄羅什之流並有高行深
解當世名僧盡被君王識知貴勝崇

重自五百餘年已来寺塔遍於九州
僧尼溢於三輔並由時君敬信朝野歸
心像教興行於今不絕者寔荷人王
之力也世間君臣父子猶謂恩澤難
酬昊天不報況佛是衆生出世慈父
又為凡聖良醫欲抑而挫之罪而辱之理
不可也尋絮渠智出有无豈三皇能測力
苞造化非二儀可方列子云昔商太
宰嚭問孔丘曰夫子聖人歟孔子對曰
丘博識強記非聖人也又問三王聖
人歟對曰三王善用智勇聖非丘所
知又問五帝聖人歟對曰五帝善用
仁信聖亦非丘所知又問三皇聖人
歟對曰三皇善用時正聖亦非丘所
知太宰駭曰然孰為聖人乎夫子動
容有間曰西方之人有聖者焉不治
而不乱不言而自信不化而自行蕩
蕩乎民無能名焉若三皇五帝必是
大聖孔丘豈容隱而不說便有匿聖
之愆以此挍量推佛為大聖也老子
西昇經云吾師化遊天竺善入泥洹
苻子云老氏之師名釋迦文直就孔
老經書師敬佛處文證不少豈弈

人所能謗黷昔公孫龍著堅白論罪
三皇非五帝至今讀之人猶切齒已
為前監良可悲夫主上至聖欽明方
欲放馬休牛軾閭封墓興皇王之風
開釋老之化狂簡之說尤可焚之若
言帝王無佛則大治年長有佛則虐
政祚短者案堯舜獨治不及子孫夏
殷周秦王政數改簫牆內起逆乱相
尋尒時無佛何因運短但琳預居堯
世日用莫知在外見不穩便事恐番國
遠聞謂華夏無識夫子曰言滿天下
無口過行滿天下无怨惡言之者欲
使無罪聞之者足以自誡傅弈出言
不遜聞者悉驚有穢國風特損華俗
謹錄丹款冒以啓聞伏惟大王殿下天
挺英靈自然岐嶷風神穎越器局含
弘好善為樂邁彼東平溫易是歡更
方西楚加以阿衡百揆式序六條德
既褰維仁蕪裂綱開康荘之第坐致
卿之賓起脩竹之園醼文雅之客莫
不詩極緣情而賦窮體物信可譽形
朝野美貫前英者焉但琳等內顧闕
如方圓烹用念傅弈下愚之甚媿几

僧禿丁之呵悪之極也罪莫大焉自
尊盧赫胥已来天地開闢之後未有
如弈之狂悖也不任断骨痛心之至
謹録弈害事輙述鄙詞件荅如左塵
黷威嚴伏增殞絶謹啓

武德五年正月

弈云海内勤王者少樂私者多乃外
事胡佛内生邪見剪剃鬚髮迴换衣
服出臣子之門入僧尼之户立謁王
庭坐看膝下不忠不孝聚結連房且
佛在西域言妖路遠捨親逐財畏壮
慢老重富強而軽貧弱愛少美而賤
耆年以幻惑而作藝能以矯誑而為
宗旨然佛為一姓之家鬼也作鬼不
兼他族豈可催駈生漢供給死胡何期太甚
可謂賤比明珠貴逾魚目違離嚴父而敬他
人何有跪十箇泥胡而為卿相置一
盆残飯得作帝王攘佛邪説不近人
情且佛猾稽大言不及旃孟奢侈造
作罪深殃紂入家破家入國破國者
對曰夫出家者内辞親愛外捨官榮
至求無上菩提願出生死苦海所以
弃朝宗之服披福田之衣行道以報

四恩立德以資三有此其之意也若
言佛為胡鬼僧是禿丁者案孔老経
書漢魏已来内外史籍略引孔老師
敬佛處文證如左以荅邪人冀其伏罪
道士法輪経言若見沙門思念無量
願早出身以習佛真又云若見佛圖
思念無量當願一切普入法門
太上清淨消魔寶真安志智慧本願
大戒上品経四十九願云若見沙門
尼當願一切明解法度得道如佛
老子昇玄経云天尊告道陵使往東
方詣佛受法　道士張陵別傳云陵在
鵠鳴山中供養金像轉讀佛経昇玄
経又云東方如来遣善勝大士詣太
上曰如来聞子為張陵説法故遣我
来看子語張陵曰卿隨我往詣佛所
當令子得見所未見聞所未聞陵即
礼大士隨往佛所　老子西昇経云
吾師化遊天竺善入泥洹　智慧觀
身大戒経云道學當念遊大梵流影
宫礼佛　昇玄経云若有沙門欲来
聽経觀齋供主不得計飲食費遏截
不聽當推置上座道士経師自在其下

昇玄経又云道士設齋供若比丘来
者可推為上座好設供養道士経師
自在其下若沙門尼来聽法者當隱
處安置推為上座供主如法供養不
得遮止化胡経云願採優曇花願燒
栴檀香供養千佛身稽首礼定光又
云佛主何以晩泥洹一何早不見釋迦文心中
常懊惱（舊本皆言我生何以晩佛滅一何作）靈寶消魔安志経
云道以齋為先勤行當作佛（新本並改云勤）
（行登金闕）故設大法橋普度諸人物
老子大權菩薩経云老子是迦葉菩
薩化遊震旦　靈寶法輪経云葛仙
公生始數日有外國沙門見仙公兩
手抱持而語仙公父母曰此兒是西
方善思菩薩今来漢地教化衆生
當遊仙道白日昇天仙公自語子弟
云吾師姓波閱宗字維那訶西域人也
仙人請衆聖難経云葛仙公告弟子
曰吾昔與釋道微竺法開張太鄭思
遠等四人同時發願道微法開等二
人各願為沙門張太鄭思遠願為道士
仙公起居注云于時生在葛尚書家
尚書年逾八十始有此一子時有沙

門自稱天竺僧於市大買香市人怪
問僧曰我昨夜夢見善思菩薩下生
葛尚書家吾將此香浴之到生時僧
至燒香右遶七匝沐浴而止
仙公請問上經云與沙門道士言則
志於道上品大戒經挍量功德品云
施佛塔廟得千倍報布施沙門得百
倍報　昇玄內教經云或復有人平
常之時不肯作福見沙門道士說法
勸善了無從意　智慧本願大戒上
品經曰施散佛僧中食塔寺一錢已
上皆二万四千倍報功多報多世世
賢明翫好不絕七祖皆得入无量佛國
仙公請問經下復有人行是功德願
為沙門道士大博至後生便為沙門
大學佛經為衆法師復有人見沙門
道士齋靜讀經乃笑之曰彼向空吟
經欲何希耶虛腹日中一食此罪人
耳道士乃慈心喻之故執意不釋死
入地獄考毒五苦　仙公請問經云
高上老子曰上古之時人民純朴各
懷道德虛心玄寂無為為事此風既
散百覺烟起万派分指斲巧斗攻愚

智相陵鬼神執威衆聖並出制作教
化唯令民修善自守是以有五經儒
俗之業道佛各嘆其教大歸善也
太上靈寶洞玄真一勸誡法輪妙經云
吾歷觀諸天從無數劫來見諸道士
百姓子男女人已得無上正真之道
高仙真人自然十方佛皆受前世勤
苦求道不可稱計　法輪妙經云道
言夫輪轉不滅得還生人中大智慧
明達者從无數劫學已成真人高仙
自然十方佛者莫不從行業所致制
身定志坐禪思微
右錄道經師敬佛文如前
周書異記云周昭王即位二十四年甲
寅歲四月八日江河泉池忽然汎漲
井水並皆溢出宮殿人舍山川大地
咸悉震動其夜五色光氣入貫太微
遍於西方盡作青紅色周昭王問太
史蘇由曰是何祥也蘇由對曰有大
聖人生在西方故現此瑞昭王曰於
天下何如蘇由曰即時無他一千年
外聲教被及此土昭王即遣人鐫石
記之埋在南郊天祠前當此之時佛

生王宮也穆王即位三十二年見西
方數有光氣先問蘇由所記知西方
有聖人處世穆王不達其理恐非周
道所宜即與相國呂侯西入會諸侯於
塗以攘光變當此之時佛久已處世
穆王五十二年壬申歲二月十五日平旦
暴風忽起發損人舍傷折樹木山川
大地皆悉震動午後天陰雲黑西方
有白虹十二道南北通過連夜不滅
穆王問太史扈多曰是何徵也扈多
對曰西方有聖人滅度衰相現耳穆
王大悅曰朕常懼於彼今將滅度朕
何憂也當此之時佛入涅槃也史錄
曰吳太宰嚭問於孔子曰孰為聖人
乎對曰西方之人有聖者焉不治而
不亂不言而自信不化而自行蕩蕩
乎民無能名焉
右錄孔書稱嘆佛文如前
正信對曰書云見善如不及見惡如
探湯然太上貴德其次立言德欲使
人歸言欲使人信汝無德庇身出言
損化輕侮大聖豈為人乎但孔老聖
人尚自稱揚三寶今道士等敬讓僧

㞍汝既稟承孔老為師何以違背師教
誹毀聖尊　符子曰老氏之師名釋
迦文子書于子二卷詆論佛法
內典天地經曰佛遣三聖化彼東土迦
葉菩薩彼稱老子　清淨法行經云
佛遣三弟子震旦教化儒童菩薩彼
稱孔丘光淨菩薩彼云顏回摩訶迦
葉彼稱老子　案前漢孝武帝元狩
中霍去病討匈奴至臯蘭過居延山
獲昆耶休屠王等將其衆五万來降
獲其金人率長丈餘列之於甘泉宮
武帝以為大神燒香礼拜及開西域
遣張騫使大夏還云有身毒國身毒
國一名天竺始聞浮啚之教魏書云漢
武得金人不祭祀但燒香礼
此則佛經流通之漸也　漢哀帝元
壽九年使景憲往大月氏國因誦浮
啚經還漢當時稍行浮啚齋戒
至章帝時楚王英好為浮啚齋戒奏
黃縑白紈三十疋以贖愆詔報楚王
尚浮啚之仁祀潔齋三月與神為誓
信也
桓帝時襄楷言佛陀黃老以諫主上

欲令好生惡煞少嗜欲尚無為
後漢書孝明帝永平三年上夢金人
項佩日月光飛行殿前傾問羣臣通
人傅毅對曰臣聞西域有神其名曰
佛陛下所見得無是乎帝遣郎中蔡
愔博士弟子秦景等使於天竺而啚
其形像愔仍與沙門攝摩騰竺法蘭
東還洛陽中國有沙門自此始也
後漢郊祀志曰佛者漢言覺將以覺
悟群生也統其教以修善慈心為主
不煞生類專務清淨其精者為沙門
漢言息心剔髮去家絕情洗欲而歸
於無為也又以人死精神不滅隨後
受形所行善惡後生皆有報應所貴
行善修道以練其精神練而不已以
至無生而得為佛也身長丈六尺黃
金色項中佩日月光變化無常无所
不入故能化通万物而大濟群生也
有經書數千卷以虛無為宗苞羅精
麁無所不統善為宏闊勝大之言所
求在一體之內所明在視聽之外歸
於玄微深遠難得而測故王公大人
觀生死報應之際莫不懅然自失也

魏書云蔡愔得佛經四十二章及釋
迦立像明帝令畫工啚寫像形置於
清涼臺及顯節陵上經文緘於蘭臺
石室愔之還也以白馬負經而至漢因
立白馬寺於洛陽雍門西其經旨大
抵言生生之類皆因行業而起有過
去當今未來三世也其修道階次心
行等級非一皆緣淺以至深藉微以
為著率在於積仁順蠲嗜欲習虛靜
而成通照也其始修心則依佛法僧受
三歸也三歸如君子之三畏又有五
戒斷煞盜婬妄語飲酒大意與仁義
礼信智同云奉持之則生人天勝處
虧鬼畜諸苦言善惡之報凡有六道
在其防心正身口斷妄語總謂之十
善道也能具此者近獲天報遠得善
提四月八日夜從母右脅而生當周
莊曾莊之世姿相超異者三十二種
天降嘉瑞以應之亦三十二佛既去
世弟子等以香木焚身靈骨分碎大
小如粒其色紅白擊之不壞焚之不
燋每有光明神驗滅後百六年有阿育
王以神力分佛舍利於諸鬼神造八

万四千寶塔今洛陽彭城扶風蜀郡姑臧臨淄等皆有塔焉並有神異漢法本內傳云明帝遣郎中蔡愔中郎將秦景博士王遵等一十八人至天竺國與攝摩騰等將釋迦立像是優填王第四師所作還明帝問摩騰曰法王出世何以化不及此摩騰對曰迦毗羅衛國者是三千大千世界百億日月之中心三世諸佛皆從彼生不問天龍鬼神有願行力者皆生於彼受佛正化咸得悟道餘處衆生無緣感佛佛不往也佛雖不往光明及處或五百年或一千年一千年外皆有聖人傳佛聲教而教化之永平十四年正月一日五岳諸山道士朝正之次年相命云至尊弃我道法遠求胡教我等今因朝次各將太上天尊所制經書盡已之所能共上一表曰五岳十八山觀太上三洞弟子道士褚善信等六百九十人死罪上言臣聞太上無形无名无極无上虛无自然大道元首自從造化道教從生無上無為之尊自然之父上古同遵

百王不易今陛下道邁羲皇德過堯舜光宅四海八表歸仁臣等竊承陛下弃本追末求教西域臣觀西域所事者既是胡神所說者不參華夏復請胡人令翻其語訛同似漢臣等思忖陛下雖翻得此語恐非大道如不依信願陛下恕臣等罪聽與驗試臣等五岳諸山道士多有聰明智慧博通經典從元皇已來太上經行悉能曉了太虛符呪並皆明達或有吞符餌氣或有策使鬼神或有入火不燒或有履水不溺或有白日昇天或有隱形於地至於方藥法術無有不能者願陛下許臣等得與比挍一則聖上意安二則得辯真偽三則大道有歸四則不亂華俗臣等若比對不如任上重決若臣等比對有勝乞除虛偽勑遣尚書令宋庠引入長樂宮詔曰此月十五日大集白馬寺南門外道士等共置三壇壇別開二十四門南岳道士褚善信等七十人將靈寶真文太上玉決崆峒靈章昇玄步虛太上左仙人請問自然五稱諸

天內音等經合一百三卷華岳道士劉正念等七十人將智慧定志智誡上品戒仙人請問本行因緣明真科等六十二卷恒岳道士桓文度等七十人將本業上品法科罪福明真科齋儀太上洞玄真文合八十卷岱岳道士焦得心等七十人將諸天靈書度命九天生神章太上說極太虛自然滅度五鍊生尸度自然券儀合八十五卷嵩岳道士呂慧通等一百四十人將太上安志上品三元品誡太極左仙公神仙本起內傳服御五牙立成朝夕朝礼儀九十五卷霍山天目山五臺山白鹿山合十八山諸山觀道士祁文信等二百七十人將太極真人敷靈寶文太上洞玄靈寶天文及五符經步虛文神仙藥法尸解品上天符籙勑禁合八十四卷都合五百六十九卷置之西壇茅成子許成子列子黃子莊子惠子合二十七家諸子經書揔有二百三十五卷置之中壇饌食奠祀百神置之東壇明帝設七寶行殿在白馬寺南門外道西置

佛舍利及經像十五日齋訖道士等即以㱎荻和栴檀沉水積遶西壇經教上啼泣啓告曰臣等上啓太上無極大道元始天尊衆仙百靈今胡神乱夏人主信邪正教失蹤玄風墜緒臣等謹依三五步剛之法敢以置經壇上以火取驗欲開曉未聞以辯真偽便放火燒經經從火化悉成灰燼道士等見火焚經心大驚怖先時昇天者不復能昇先時隱形者不復能隱先時入火者不復能入先善禁呪者呼策不應先有種種功能者无一可驗諸道士等大生慙愧尒時太傅張衍語褚信曰卿今所試无驗即是虛妄宜就西域真法褚信不荅南岳道士費叔才在衆自感而死時佛舍利光明五色直上空中旋環如蓋遍覆大衆映蔽日輪摩騰法師先得阿羅漢果以慈善力踴身高飛行卧空中神化自在還坐本處怡然而住于時天雨寶花在於佛殿及衆僧上又聞天中諸樂之音感動人情大衆歡悅嘆未曾有法蘭法師即說偈言

狐非師子類　燈非日月明　池无巨海納
丘无嵩岳嶸　法雲垂世界　善種得開萌
顯通希有法　處處化群生

於時大衆圍遶蘭師歎百餘重法師復出梵音嘆佛功德亦令大衆稱揚三寶讚述法僧或說人天地獄因緣或說小乘阿毗曇或說大乘摩訶衍或說懺悔滅罪或說出家功德時司空陽城侯劉善峻官人民庶及婦女等發心出家四岳諸山道士呂惠通等六百二十人出家五品已上九十三人出家九品已上鎮遠將軍姜苟兒等一百七十五人出家京都治民張子尚等二百七十人出家明帝後宮陰夫人王婕妤等一百九十人出家京都婦女阿潘等一百二十一人出家十六日帝共大臣文武數百人與出家者剃髮日日設供夜夜燃燈種種伎樂比至三十日法衣瓶鉢悉皆施訖即立十寺城外七寺城內三寺七寺安僧三寺安尼漢之佛法從此興焉

漢法本內傳凡有五卷　第一卷（明帝得夢求法品）

第二卷（請法師立寺功德品）　第三卷（與諸道士比校度脫品）
第四卷（明帝大臣稱揚品）　第五卷（廣通流布品）

案玄通記云漢桓帝建和三年己丑之歲有沙門安清是安息國王太子捨國出家意存遊化至洛陽譯出衆經

魏書云文帝黃初三年壬寅之歲有沙門曇摩迦羅至許都譯出戒律

侍中傅毅漢法王異記云

周昭王二十七年丁巳歲佛生

吳書曰吳主孫權赤烏四年辛酉之歲有沙門康僧會是康居國大丞相之長子初達吳地營立茅茨設像行道吳人初見謂之妖異有司奏聞吳主問曰佛有何神驗也僧會荅曰佛晦靈迹出餘千載遺有舍利應現无方吳主曰若得舍利當為起塔經三七日遂獲舍利五色曜天剖之逾堅燒之不然光明出火作大蓮華照曜宮殿吳主嘆異信心乃發因造建初寺度人出家吳主問尚書令都鄉侯闞澤曰漢明帝已來凡有幾年闞澤對曰從永平十年至今赤烏四年合一百七十年吳主曰佛教入漢既久

何緣始至江東闞澤對曰永平十四年五岳道士與摩滕捔力之時道士不如南岳褚善信費叔才等在會自感而死門徒子弟歸葬南岳不預出家无人流布後遭漢政陵遲兵戈不息經今多載始得興行吳主又曰孔丘老子得與佛比對以不闞澤對曰臣尋曾孔丘者英才誕秀聖德不群世号素王制作經典訓獎周道教化來葉師儒之風澤潤今古亦有逸民如許成子原陽子莊子老子等百家子書皆脩身自翫放暢山谷縱大其志學歸淡泊事乖人倫長幼之節亦非安世治民之風至漢景帝以黃子老子義體尤深改子為經始立道學勑令朝野悉諷誦焉若將孔老二家遠方佛法遠則遠矣所以然者孔老設教法天制用不敢違天諸佛設教天法奉行不敢違佛以此言之實非對明矣吳主大喜用澤為太子太傅魏明帝曾欲壞宮西畾外國沙門乃金盤盛水置於殿前以舍利投水乃有五色光起帝加歎異乃於道東作

周閭百間以為精舍元魏太祖天興元年下詔曰夫佛法之興其來遠矣濟益之功冥及存沒神蹤遺軌信可依憑有勑於京邑建飾容範修整宮舍令信向之徒有所居止是歲始作五級佛畾耆闍崛山及須弥山殿加以飾績別搆講堂禪室及沙門坐處莫不具焉捻史籍通儒並稱佛法盡善也盡美也邪見何緣自招逆罪魏世祖即位亦遵太祖太宗之業每引高德沙門與共談論於四月八日舉諸佛像行於廣衢帝親御門樓散花礼敬沙門惠始甚有神異赫連昌破長安曰惠始身被白刃而體不傷五十餘年未嘗寢卧跣行泥塗初不污足色逾鮮白世号之白脚阿練若時主敬重大興佛法死十餘年儼然不變

魏太武時崔皓為司徒尤不信佛每與帝言恒加非毀因蓋吳作乱關中皓便進說因廢佛法道士天師寇謙之苦與皓諍皓不肯從謙之謂曰卿從今年受戮滅矣於後太武通身發瘡痛苦難忍群臣議云崔皓邪佞毀除佛像陛下所患必由此來皓後果伏誅備加五刑豈非積惡受殃可愍之甚然元魏君臨凡一十七帝一百七十九年唯七八年中佛法淪廢自餘光顯不可具陳興光元年於五級大寺及太祖巳下五帝鑄像五躯各長一丈六尺用金二十五万斤太和元年於方山太祖營壘之處建思遠寺正光元年歲次庚子七月明帝加朝服大赦天下二十三日請僧尼道士女官在前殿設齋齋訖帝遣侍中劉騰宣勑請法師等與道士論議以釋弟子疑網尒時清通觀道士姜斌與融覺寺法師曇謨最對論帝問曰佛與老子同時以不姜斌對曰老子西入化胡佛時以充侍者明是同時法師問曰何以得知姜斌曰案老子開天經是以得知法師問曰老子當周何王幾年而生周何王幾年西入姜斌曰當周定王即位三年乙卯之歲於楚國陳郡苦縣厲鄉曲仁里九月十四日夜子時生當周簡王即位四年丁丑之歲事周為守藏吏當周簡

王即位十三年景戌之歲遷為大史當周敬王即位元年庚辰之歲年八十五見周德陵遲遂與散関令尹喜西入化胡此足明矣法師報云佛當周昭王二十四年四月八日生穆王五十二年二月十五日滅度計入涅槃經三百四十五年始到定王三年老子方生生巳年八十五至敬王元年凡經四百二十五年始與尹喜西遁此則年月懸殊不同无乃謬乎姜斌曰若佛生當周昭王之時出何文記法師對曰出周書異記并漢法本内傳並有明文斌曰孔子既是制法聖人當時於佛迴无文記法師對曰仁者識同管闚覧不弘遠案孔子有三備卜經謂天地人佛之文言出在中備仁者善自披究足得開曉姜斌曰孔子聖人不言而知何假卜乎法師對曰唯佛是衆聖之王四生上首達一切衆生前後二際吉凶終始不假卜覩自餘聖人雖曉未然之理必藉蓍龜以通靈卦也明帝遣侍中尚書令元又宣勑語道士云姜斌論无

宗旨問斌開天經何處得來是誰所說即遣中侍郎魏収尚書郎祖瑩等就觀取經帝令官人議之太尉丹陽王蕭綜太傅李寔衛尉卿許伯桃吏部尚書邢巒散騎常侍嘉斌温子昇等一百七十人讀訖奏云老子止著五千文更無言說目等所議姜斌罪當惑衆帝時加斌極刑三藏法師菩提流支苦諫乃止配徙馬邑自興光後京内及四方諸寺新舊有六千四百七十八所僧尼七万七千二百五十八人以鷹師曹為報徳寺孝魏有天下至於禪讓佛經流通大集中國凡四百一十五部合一千九百一十九卷略計僧尼二百万人寺有三万餘所時世隆平人民豊樂僧徒甚衆曾無迸人洎永嘉南遷迄于陳世三百許年像教東興未之或也出好名徳利益倍多光賛時君頗有凶者

弈云僧尼六十巳下簡使作民則兵強人衆　弈云寺多僧衆損費為甚綷是寺舍請給孤老貧民无宅義士三万户州唯置一寺草堂土塔以安

經像遣胡僧二人傳示胡法

弈云西域胡者悪泥而生便事泥瓦今猶毛臊人面而狩心土梟道人驢騾四色貪逆之悪種佛生西方非中國之正俗蓋妖魅之邪氣也

弈云庖犧巳下二十九代父子君臣立忠立孝守道履徳生長神州得華夏正氣人皆淳朴以世无佛故也

弈云秦起秦仲三十五世六百三十八年　弈云帝王無佛則大治年長有佛則虐政祚短自庖犧巳下二十九代而无佛法君明臣忠國祚長久

弈云未有佛法巳前人民淳和世无篡迸

弈云佛来漢地有損无益　弈云趙建武時有道人張光反梁武時僧光反況今僧尼二十万衆早須廢省一

荅廢省僧尼事者　對曰夫形迹易察而真偽難明自非久處未可知矣昔遠法師荅桓玄書云經教所述凡有三科一者禪思入微二者諷味遺典三者興建福業然有興福之人不存禁戒而迹非阿練者有多誦經文諷詠不絕而不能暢說義理者或有年

巳宿長雖無三科可紀而體性貞正
不犯大非者以此較量取捨難辯案
出家功德經云度一人出家勝起寶
塔至于梵天何者人能弘道自利利
他潔巳立身住持三寶津梁七世資
益國家諸有罪者依法繩治无過者
為國行道　一荅毀寺給民草堂安像
對曰法流漢地五百餘年寺舍僧尼
積世来有龕塔堂殿皆是先世興營
房宇門廊都由信心起造或為存没
二親及往生七世求將来勝報種現
在福田咸出彼好心非佛僧課造書
云成功不毀故子產不毀伯予之廟
夫子謂之仁人况佛為三世良田四
生父母唯可供養不可毀除佛雖去
世法付人王伏惟　陛下再造生民興
行佛道即是如来大檀越主請遵漢
明永平之化近同文帝開皇之時
一荅西域胡者人面狩心貪逆惡種
佛生西方妖魅邪氣者　對曰案史
記歷帝王僉目錄及陶隱居年紀等
云庖犧氏虵身人首大庭氏人身牛
頭女媧氏亦虵身人頭秦仲衍鳥身

人面夏禹出於東夷文王生於西羌
簡狄吞鷰卵而生偰伯禹剖母背背
而生伊尹託自空桒元氏魏主亦生
夷狄然並應天明命或南面稱孤或
君臨万國雖可生處僻陋形貌鄙麁
而各御天威俱懷聖德老子亦託牧
母生自下凡可得以所出庸賤而无
聖者乎子曰君子居之何陋之有信
哉斯言也僉曰有道則尊豈簡高下
故知聖應無方隨機而見桑釋迦祖
祢蓋千代輪王之孫刹利王之太子
期兆斯赴牧感則形出三千世界之
中央南閻浮提之大國垂教設方但
以利益衆生為本若言生在羌胡出
自戎虜便為惡者太昊文命皆非聖
人老子文王不足師敬案地理志西
域傳言西胡者但是葱嶺巳東三十
六國不關天竺佛生之地若知而妄
說何罪之深若不知浪言死有餘責
一荅庖犧巳下二十九代父子君臣
立忠立孝守道履德稟華夏正氣者
對曰史記淮南衆書等云黃帝時蚩
尤銅頭鐵額作乱天下與黃帝戰于

版泉以登帝位蚩尤逆命復戰涿鹿
之野凡經五十二戰顓頊時又誅三
苗於左洞庭右彭蠡汲冢竹書云舜
囚堯於平陽取之帝位今見有囚堯
城舜又與有苗戰於丹水之浦堯上
射九日落其烏羽（楚詞十日代出流金礫石）繳大風
於青丘斬脩虵於洞庭禽封豕於大
澤煞九嬰於洶水尚書云洪水滔天
懷山襄陵黎民阻飢百姓昏墊禹時
百姓各以其心而栢谷子退耕於野
三苗不修德政禹親滅之夏桀之君
河濟右太華伊闕在其南羊腸背其
北焚皇圖煞龍逢囚成湯縱末喜於
政不仁湯放滅之湯凡九征二十七
戰大旱七年河洛竭流鑠金爛石高宗
伐鬼方三年殺紂辛迷惑妲妃恣十
惡之害流五虐之刑剖賢人之心刳
孕婦之腹囚文王禁箕子周武王伐
紂於牧野血流漂杵誅之鹿臺王親
射紂躬懸頭太白之旗而夷齊非之不
食其粟孔子曰武盡美矣未盡善也
武王之世三監作乱成王之日三叔流言
宣王六月出征詩云薄伐獫狁至于

破邪論卷上　　第十六張　既字号

太原掾㪅遣戍伇去北有獫狁之難西有𠂤夷之患掾芭又去宣王南征對曰上来所道並是三皇已下三王之時必能守道履德懷忠奉孝尒時无佛足可清平何為世世興師兵戈不息至於毒流百姓殃及无辜乃為姚石慕容永嘉之世豈名蕩蕩無為之時邪見失言一何謬矣

破邪論卷上

破邪論卷上

校勘記

一　底本，金藏廣勝寺本。

一　六〇八頁中至下原版缺，次頁上原版殘，以麗藏本補換。

一　六〇八頁中一行經名，[徑]、[清]作「破邪論集序」。

一　六〇八頁中二行撰者，[資]、[磧]、[普]、[南]作「琳法師撰」；[徑]、[清]無。

一　六〇八頁中三行「襄陽法琳法師集序」，[徑]、[清]無。又第九字「虞」，[徑]、[清]作「唐虞」。

一　六〇八頁中九行「其圖」，[資]、[磧]、[普]、[南]、[徑]、[清]作「其圖詎」。

一　六〇八頁中一〇行「有人」，[資]、[磧]、[普]、[南]、[徑]、[清]作「有之」。

一　六〇八頁中一二行第六字「兎」，[資]、[磧]、[普]、[南]、[徑]作「冤」。又第一二字「葉」，[資]、[磧]、[普]、[南]、[徑]、[清]作「業」。

一　六〇八頁中一四行「介節」，[資]、[磧]、[普]、[南]、[徑]、[清]作「分節」。

一　六〇八頁中一六行「之巧」，[資]、[磧]、[普]、[南]、[徑]、[清]作「之功」。

一　六〇八頁下四行「迥搆」，[資]、[普]、[徑]作「迴搆」；[磧]、[南]、[清]作「迴搆」。

一　六〇八頁下六行「八神」，[資]、[磧]、[普]、[南]、[徑]、[清]作「八禪」。

一　六〇八頁下一五行「昆虫」，[資]、[磧]、[普]、[南]、[徑]、[清]作「後昆」。又「一卷」，[南]、[徑]、[清]作「二卷」。

一　六〇八頁下一九行第一一字「曲」，[資]、[磧]、[普]、[南]、[徑]、[清]作「典」。

一　六〇九頁上九行「烏篆」，[資]、[磧]、[普]、[南]、[徑]、[清]作「烏策」。又「丹笥」，[資]、[磧]、[普]、[南]、[徑]、[清]作「玉笥」。

一　六〇九頁上一九行「神人」，[清]作「禪人」。

一　六〇九頁上末行「戎馬」，[資]、[磧]、[普]、[南]、[徑]、[清]作「駥馬」。

一　六〇九頁中二行「黎願」，[資]、[磧]、[普]、[南]、[徑]、[清]作「黎庶」。

一　六〇九頁中一〇行「歸久」，[資]、[磧]、[普]、[南]、[徑]、[清]作「多久」。

一　六〇九頁中一二行「洊雷」，[磧]作「游雷」。

一　六〇九頁中一六行「攸寄」，[資]、[磧]、[普]、[南]、[徑]、[清]作「被寄」，

一　六〇九頁中一七行「不任」，[麗]作「不住」。又「晳焉」，諸本（不含[石]，

下同)作「恝焉」。

一　六〇九頁中一八行「二卷」，資、磧、普、南、徑、清作「一卷」。

一　六〇九頁中一九行末字「上」，麗作「濟法寺沙門釋法琳啓」。頁中一九行與二〇行之間，資、磧、普有「破邪論卷上沙門釋法琳」；南、徑、清有「破邪論卷上」、「唐（「唐」，南無）沙門釋法琳撰」。

一　六〇九頁中二〇行「大史」，資、磧、普、南、徑、清作「太史」。

一　六〇九頁中二二行「義農」，資、普、徑、清作「犧農」。頁下一行夾註右同。

一　六〇九頁中末行夾註右「老子」，資、磧、普、南、徑、清作「老子在」。

一　六〇九頁下一行夾註右首字「令」，磧、南作「今」。又正文「湯姬」，資、磧、普、南、徑、清作「湯姫」。

一　六〇九頁下四行「尚周」，諸本作「尚同」。

一　六〇九頁下一〇行正文「羽翊」，資、磧、普、南、徑、清作「羽翼」。次行夾註右同。又夾註右「三十九」，資、磧、普、南、徑、清作「二十九」。

一　六〇九頁下一一行夾註左末字「也」，資、磧、普、南、徑、清作「矣」。又正文「含德」，資、磧、普、南、徑、清作「合德」。

一　六〇九頁下一三行正文「朝位」，資、磧、普、南、徑、清作「朝伍」。又夾註右「澆未」，麗作「没朱」。又夾註左末字「也」，資、磧、普、南、徑、清無，一九行夾註左末字同。

一　六〇九頁下一六行第一三字「尊」，資、磧、普、徑作「導」。

一　六〇九頁下一八行夾註右「无有」，資、磧、普、南、徑、清作「无名」。又正文「何故」，諸本作「故也」。又夾註左末字「不」，資、磧、普、南、徑、清作「亦不」。

一　六〇九頁下二〇行夾註右「周世」，麗作「若周世」。又夾註左「早有」，資、磧、普、南、徑、清作「有佛是」。

一　六〇九頁下二一行夾註左「永劫」，資、磧、普、南、徑、清作「永劫也」。

一　六〇九頁下二二行上夾註左首字「太」，清作「大」。又下夾註左「始有」，諸本作「始備」。

一　六〇九頁下末行夾註「虜夷中夏」，資、普、南、徑、清作「夷虜華夏」。又正文「芇融」，資、磧、普、南、徑、清作「符融」。

一　六一〇頁上二行夾註右「疾融」，資、磧、普、南、徑、清作「嫉融」。

一　六一〇頁上三行夾註右「慈悲」，諸本作「慈悲所」。

一　六一〇頁上四行夾註右末字「得」，資、磧、普、南、徑、清無。

一　六一〇頁上九行上夾註左「若之」，資、磧、普、南、徑、清作「苦趣之」。

一　六一〇頁上一一行正文「淳氏」，諸本作「淳民」。又正文「營私」，清作「營秘」。

一　六一〇頁上一二行夾註左「發貪癡」，資、磧、普、南、徑、清作「廢貪嫉」。

一　六一〇頁上一五行「抂照」，資、磧、普、南、徑、清作「在照」。

一　六一〇頁上一九行「乇否垂育」，資、磧、普、南、徑、清作「迍否再育」；麗作「乇否再育」。

一　六一〇頁上二〇行「而民」，麗作「而人民」。

一　六一〇頁上二二行夾註左「行善之路也」，磧、南、清作「十善之路」。

一　六一〇頁中二行第五字「覽」，諸本作「閱覽」。

一　六一〇頁中四行夾註右「煞牲」，資、磧、普、南、徑、清作「煞生」。又夾註左「見可」，資、磧、普、南、徑、清作「斷可」。又正文「官治」，資、磧、普、南、徑、清作「官吏」。

一　六一〇頁中六行夾註右「事濟」，資、磧、普、南、徑、清作「事訖」。又夾註左「來往」，南作「來住」。

一　六一〇頁中八行「禿小」，資、磧、普、南、徑、清作「小禿」。

一　六一〇頁中九行夾註右「元淑」，資、磧、普、南、徑、清作「元叔」。

一　六一〇頁中一二行正文「之氏」，諸本作「之民」。

一　六一〇頁中一三行夾註右「聖明」，普、南、徑、清作「聖門」，又上夾註左「崔皓試」，資、磧、麗作「崔皓姜試」；普、南、徑、清作「崔浩姜試」。又下夾註左「忠言」，諸本作「忠言而」。

一　六一〇頁中一六行「六月二十一日上表」，資、磧、普、南、徑、清作「四月二十日上」；麗作「六月二十日朝散大夫行太使令臣傅奕上奏」。

一　六一〇頁中一七行「秦王」，資、磧、普、南、徑、清作「秦王論」。

一　六一〇頁中二〇行末字「磔」，資、磧、普、南、徑、清作「黲」。

一　六一〇頁中二二行「七重」，麗作「七童」。

一　六一〇頁下九行「補天」，南作「輔天」。

一　六一〇頁下一三行第六字「劭」，資、磧、普、南、徑、清作「効」；麗作「紹」。又第八字「義」，徑、清作「犧」。

一　六一〇頁下二一行「風帆」，資、磧、普、南、徑、清作「風範」。又「有言」，麗作「不言」。

一　六一一頁上四行「人竟是惑呼」，資、磧、普、南、徑、清作「民意是惑弄」。

一　六一一頁上六行「静乱」，資、磧、普、南、徑、清作「静難」。

一　六一一頁上一七行「神日」，資、磧、普、南、徑、清作「神力」。

一　六一一頁上二二行「道立」，資、磧、普、南、徑、清作「道昱」。

一　六一一頁中五行「不報」，普、南、徑、清作「莫報」。

一　六一一頁中七行「也尋」，資、磧、普、南、徑、清作「得也仰尋」。

一　六一一頁中八行「列子云」，資、磧、

普、南、徑、清無。

一　六一一頁中一四行第九字「正」，資、磧、普、南、徑、清無。

一　六一一頁中一五行「駭曰然」，諸本作「大駭曰然則」。

一　六一一頁中一六行「間曰」，資、磧、普、南、徑、清作「對曰」。

一　六一一頁中一八行「三皇」，資、磧、普、南、徑、清作「三王」。頁下二行同。

一　六一一頁下一行「謗黷」，諸本作「謗讟」。

一　六一一頁下三行「前監良可悲夫」，資、磧、普、南、徑、清作「前智不鑑良可悲矣」。

一　六一一頁下七行「祚短」，資、磧、普、南、徑、清作「祚促」。

一　六一一頁下一〇行第一〇字「穩」，資、磧、普、南、徑、清無。

一　六一一頁下一五行「昌以」，南作「湄以」。

一　六一一頁下一九行第三字「維」，諸本作「羅」。

一　六一一頁下末行末字「几」，資、磧、普、南、徑、清作「凡」。

一　六一二頁上六行「武德五年正月」，資、磧、普、南、徑、清作「武德四年九月十二日濟法寺沙門釋法琳啓」；麗作「武德五年正月十二日濟法寺沙門釋法琳啓」。

一　六一二頁上一五行第一四字至次行第四字「何期太甚可謂賤比」，資、磧、普、南、徑、清作「賤此」；麗作「何期大甚可謂賤此」。

一　六一二頁上一九行「猾稽」，磧、南、清作「滑稽」。又第一一字「孟」，資、磧、普、徑、清、麗作「盂」。

一　六一二頁上二二行「至求」，諸本作「志求」。

一　六一二頁中一行「三有」，資、磧、普作「三友」。又「之意」，資、磧、普、南、徑、清作「之大意」；麗作「大意」。

一　六一二頁中九行「大戒」，資、磧、普、南、徑、清作「本戒」。次頁上一〇行同。

一　六一二頁中一〇行首字「尼」，資、磧、普、南、徑、清無。

一　六一二頁中二〇行「遊大」，資、磧、普、南、徑、清作「極大」。

一　六一二頁下三行「當隱」，資、磧、普、徑、清作「當穩」。

一　六一二頁下七行「佛生」，清作「我生」。

一　六一二頁下八行夾註「舊本……何作」，資、磧、普、南、徑、清無。又夾註左末字「作」，麗作「早」。

一　六一二頁下一三行末字至次行首字「兩手」，磧、南、清作「禮拜」。

一　六一二頁下一六行「子弟」，資、磧、普、南、徑、清作「弟子」。

一　六一二頁下一八行第三字「請」，諸本作「請問」。

一　六一二頁下一九行及二〇行「道徵」，資、磧、普、南、徑、清作「道徽」。

一　六一二頁下二〇行第六字「時」，資、磧、普、南、徑、清無。又第一三字「等」，資、磧、普、南、徑、清無。

一　六一二頁下二一行第二字「各」，資、磧、普、南、徑、清無。

一　六一三頁上四行「七匝」，資、磧、普、南、徑、清作「七匝禮拜恭敬」。

一　六一三頁上五行「上經」，麗作「上品經」。

一　六一三頁上一〇行第六字「意」，資、磧、普、南、徑、清作「意云云道士陶隱居禮佛文一卷」。

一　六一三頁上一四行「經下復有人」，資、磧、普、南、徑、清作「經云復有凡人」；麗作「經下云復有人」。

一　六一三頁上一五行「大愽至」，資、磧、普、徑、清作「太愽至經云」；南作「大愽至經云」。

一　六一三頁上一六行「佛經」，資、磧、普、南、徑、清作「佛法」。

一　六一三頁上二一行「上古」，資、磧、普、南、徑、清作「善古」。又「人民」，南作「人氏」。

一　六一三頁上二二行「爲事」，資、磧、普、南、徑、清作「無事」。

一　六一三頁上末行「奸巧」，徑作「姦功」。又「手攻」，資、磧、普、南、徑、清作「手改」。

一　六一三頁中一行「制作」，資、磧、普、南、徑、清作「製作」。

一　六一三頁中四行「洞玄」，資、磧、普、南、徑、清無。

一　六一三頁中五行第一二字「諸」，資、磧、普、南、徑、清無。

一　六一三頁中六行「子男」，資、磧、普、南、徑、清作「男子」。

一　六一三頁中七行「真人」，南、徑、清作「其人」。

一　六一三頁中九行「輪轉」，資、磧、普、南、徑、清作「轉輪」。

一　六一三頁中一〇行第七字「刼」，資、磧、普、南、徑、清作「刼來」。

一　六一三頁中一一行末字至次行末字「制身定志坐禪思微」，資、磧、普、南、徑、清作「也」。

一　六一三頁中一四行「周書」，資、磧、普、南、徑、清作「按周書」。

一　六一三頁中一九行第九字「蘇」，資、磧、普、南、徑、清無。二一行第五字同。

一　六一三頁中二〇行「生在」，資、磧、普、南、徑、清作「生於」。

一　六一三頁中二二行第一二字「人」，資、磧、普、南、徑、清無。

一　六一三頁下一行首字「生」，諸本作「初生」。

一　六一三頁下二行「先問」，諸本作「先聞」。

一　六一三頁下四行「西入」，資、磧、普、南、徑、清作「入西」。

一　六一三頁下五行首字「塗」，諸本作「塗山」。又第三字「攘」，資、磧、普、南、徑、清作「禳」。又末字「世」，資、磧、普、南、徑、清作「世至」。

一　六一三頁下一〇行「扈多」，資、磧、普、南、徑、清無。

一 六一三頁下一一行「聖人」，資、磧、普、南、徑、清作「大聖人」。

一 六一三頁下一二行「今將滅度朕」，資、磧、普、南、徑、清作「今已滅度朕復」。

一 六一三頁下一三行第三字「也」，資、磧、普、南、徑、清無。第一二字同。

一 六一三頁下一四行第二字「吴」，麗作「商」。

一 六一三頁下一五行「對曰」，資、磧、普、南、徑、清作「孔子曰」；麗作「孔子對曰」。

一 六一三頁下一九行「正信」，資、磧、普、南、徑、清無。

一 六一三頁下二二行「損化」，資、磧、普、南、徑、清作「損他」。

一 六一三頁下末行「三寶今」，資、磧、普、南、徑、清作「佛法令」；麗作「三寶令」。

一 六一四頁上一二行「武帝以爲大神」，資、磧、普、南、徑、清作「漢帝以爲大福」。

一 六一四頁上一六行「此則佛經」，資、磧、普、南、徑、清作「拜而已得佛教」；麗作「拜而已此則佛經」。

一 六一四頁上一九行「好爲」，資、磧、普、南、徑、清作「喜爲」。又末字「奏」，資、普、南、徑、清作「奉」。

一 六一四頁上二一行「祀潔齊」，資、磧、普、南、徑、清作「祠齋潔」。

一 六一四頁上末行「以諫」，徑、清作「以課」。

一 六一四頁中三行「項佩」，資、磧、普、南、徑、清作「項有」。

一 六一四頁中四行首字「人」，資、磧、普、南、徑、清作「事舍人」。

一 六一四頁中六行「愽士弟子秦景」，麗作「中郎將秦景愽士王遵」。

一 六一四頁中七行「仍與沙門」，資、磧、普、南、徑作「乃與沙門迦」；清作「仍與沙門迦」。

一 六一四頁中一一行「精者」，資、磧、普、南、徑、清作「精進者」。

一 六一四頁中一三行「隨後」，資、磧、普、南、徑、清作「隨復」。

一 六一四頁中一六行第一三字「尺」，麗無。

一 六一四頁中末行「莫不慮」，清作「莫不據」。

一 六一四頁下四行「至漢國」，資、磧、普、南、徑、清作「至漢」；麗作「來漢」。

一 六一四頁下八行第三字「級」，資、磧、普、南、徑、清無。

一 六一四頁下一三行「信智」，資、磧、普、徑、清、麗作「智信」。

一 六一四頁下一五行「謂之」，南作「之謂」。

一 六一四頁下一六行第一〇字「天」，徑作「大」。

一 六一四頁下一七行首字「提」，南作「薩」。

一 六一四頁下一八行「莊會莊之世姿相」，資、磧、普、南、徑、清作「昭會莊之世姿容」。又末字「種」，資、磧、普、南、徑、清作「種大人之相」。

一　六一四頁下二一行「如粒」，資、磧、普、南、徑、清作「如粟粒」。

一　六一四頁下二二行「百一十六年」，資、磧、普、南、徑、清作「百年」。

一　六一四頁下末行第九字「於」，資、磧、普、南、徑、清作「役」；麗作「使於」。

一　六一五頁上二行「神異」，麗作「神異也」。

一　六一五頁上四行「一十八」，資、磧、普、南、徑、清作「十八」。

一　六一五頁上五行第四字「與」，資、磧、普、南、徑、清作「得迦」。又第一二字「立」，資、磧、普、南、徑、清無。

一　六一五頁上六行「所作」，資、磧、普、南、徑、清作「所造」。

一　六一五頁上八行第八字「是」，資、磧、普、南、徑、清無。

一　六一五頁上一三行第一一字「一」，資、磧、普、南、徑、清作「或一」。

一　六一五頁上一四行「永平」，資、磧、普、南、徑、清作「漢法本内傳曰明帝永平」。

一　六一五頁上一七行「今因」，資、磧、普、南、徑、清作「今日」。

一　六一五頁上一九行「太上」，資、磧、普、南、徑、清作「太山」。

一　六一五頁上二二行「道教」，麗作「道德」。

一　六一五頁上末行「無上」，資、磧、普、南、徑、清無。

一　六一五頁中二行「光宅」，資、磧、普、南、徑、清作「光澤」。

一　六一五頁中三行「追末」，諸本作「逐末」。

一　六一五頁中一七行第八字「等」，資、磧、普、南、徑、清無。

一　六一五頁中一八行「虚僞」，資、磧、普、南、徑、清作「虚詐」。

一　六一五頁中一九行第二字「詔」，資、磧、普、南、徑、清無。

一　六一五頁中二二行「玉決」，資、磧、普、南、徑、清作「玉訣」。

一　六一五頁中末行「五稱」，資、磧、普、南、徑、清作「五種」。

一　六一五頁下七行第一一字「諸」，徑作「謂」。

一　六一五頁下八行「天生神章太上説極」，資、磧、普、南、徑、清作「天神章太上太極」。

一　六一五頁下一一行首字「十」，資、磧、普、南、徑、清無。

一　六一五頁下一三行「礼儀」，資、磧、普、南、徑、清作「禮儀合」。

一　六一五頁下一四行「合十」，資、磧、普、南、徑、清作「宮山合」。

一　六一五頁下一六行末字「及」，資、磧、普、南、徑、清無。

一　六一五頁下一八行「合五百」，資、磧、普、南、徑、清作「有四百」。

一　六一五頁下二〇行「莊子恵子」，資、磧、普、南、徑、清作「老子莊子慧子」；麗作「老子莊子恵子」。

一　六一五頁下二一行「三十五」，資、

一　磧、普、南、徑、清作「四十五」。

一　六一五頁下二二行第七字「神」，資、磧、普、南、徑、清作「靈」。

一　六一六頁上二行第九字「水」，諸本作「水香」。

一　六一六頁上四行「元始天尊」，資、磧、普、南、徑、清無。

一　六一六頁上六行「謹依三五步剛之法」，資、磧、普、南、徑、清無。

一　六一六頁上八行「便放」，磧、南、清作「伏願無極玄老太帝三皇今謹依三五步剛之術燒經爲驗便放」。

一　六一六頁上一六行「在衆」，資、磧、普、南、徑、清無。同行第九字「感」，麗作「憾」。次頁上四行首字同。

一　六一六頁上一八行「法師」，資、磧、普、南、徑、清作「法蘭」。

一　六一六頁上末行「法師」，麗作「法師於大衆中」。

一　六一六頁中一行第一〇字「明」，徑作「光」。

一　六一六頁中二行第二字「无」，麗作「非」。又第五字「嶸」，資、磧、普、南、徑、清作「榮」。

一　六一六頁中四行「蘭師」，麗作「蘭法師」。

一　六一六頁中六行「法僧」，資、磧、普、南、徑、清作「善法」。

一　六一六頁中九行「劉善峻官人」，磧作「劉善俊宮人」。

一　六一六頁中一〇行「呂忠通」，資、磧、普、南、徑、清作「呂慧通」。

一　六一六頁中一三行「治民」，麗作「治下民」。

一　六一六頁中一四行「二百」，資、磧、普、南、徑、清作「三百」。

一　六一六頁中一六行「京都」，資、磧、普、南、徑、清作「京都治民」。

一　六一六頁中一九行「種種」，諸本作「作種種」。

一　六一六頁中末行「第一卷」下夾註「明帝得夢求法品」，資、磧、普、南、徑、清作正文。下至頁下二行「第五卷」下夾註例同。

一　六一六頁下二行上夾註右「大臣」，資、磧、普、南、徑、清作「大臣等」。

一　六一六頁下三行「漢桓帝」，麗作「後漢桓帝」。

一　六一六頁下四行「安清是安息國王」，資、磧、普、南、徑、清作「安靜是安息國王之」。

一　六一六頁下八行「侍中傅毅漢法王」，資、磧、普、南、徑、清作「漢侍中傅毅」。

一　六一六頁下九行末字「生」，資、磧、普、南、徑、清作「生耶」。

一　六一六頁下一三行「謂之」，資、磧、普、南、徑、清作「謂是」。

一　六一六頁下一五行「遺有」，資、磧、普、南、徑、清作「遺身」。

一　六一六頁下二一行第六字「帝」，資、磧、普、南、徑、清無。

一　六一六頁下末行「七十年」，麗作「七十五年」。

一　六一七頁上三行「南岳」，麗作「南

岳道士」。

— 六一七頁上四行「子弟」，資、磧、普、南、徑、清作「弟子」。

— 六一七頁上五行「兵戈」，資、磧、普、南、徑、清作「兵戎」。

— 六一七頁上六行第一二字「又」，資、磧、普、南、徑、清無。

— 六一七頁上七行第一三字「對」，資、磧、普、南、徑、清無。

— 六一七頁上一一行「原陽子」，資、磧、普、南、徑、清作「呂成子原陽子」。

— 六一七頁上一二行第一三字「大」，資、磧作「太」。

— 六一七頁上一三行首字「志」，資、磧、普、徑、清作「心」。

— 六一七頁上一四行「治民」，資、磧、普、南、徑、清作「化民」。

— 六一七頁上二〇行首字「對」，麗作「比對」。

— 六一七頁上二一行「浮西畓」，諸本作「西浮畓」。

— 六一七頁上二二行末字「乃」，資、磧、普、南、徑、清作「仍」。

— 六一七頁中七行「飾續」，清作「飾續」。

— 六一七頁中一一行「舉諸」，資、磧、普、南、徑、清作「輿諸」。

— 六一七頁中一三行「惠始」，諸本作「慧始」。次行同。

— 六一七頁中一四行首字「曰」，資、磧、普、南、徑、清無。

— 六一七頁中一六行「白脚阿練若」，資、磧、普、南、徑、清作「白足阿練」。

— 六一七頁中一八行第六字「晧」，普、南、徑、清作「浩」，下同。又第一〇字「尤」，資、磧、普、南、徑、清無。

— 六一七頁中一九行「非毀」，資、磧、普、南、徑、清作「誹毀」。

— 六一七頁中二〇行「因廢」，資、磧、普、南、徑、清作「遂除」。

— 六一七頁中二二行第六字「滅」，諸本作「滅門」。

— 六一七頁下一行「佛像」，資、磧、普、南、徑、清作「佛法」。又「此來」，資、磧、普、南、徑、清作「於斯」。

— 六一七頁下二行第一〇字至次行首二字「惡受殃可愍之甚」，資、磧、普、南、徑、清作「不善之家必受餘殃」。

— 六一七頁下六行「及太祖」，資、磧、普、南、徑、清作「太祖」；麗作「及大祖」。

— 六一七頁下七行第一〇字至次行末字「万……寺」，資、磧、普、南、徑、清作「千斤」。

— 六一七頁下一〇行「天下」，資、磧、普、南、徑、清無。

— 六一七頁下一一行第二字「官」，資、磧、普、南、徑、清作「冠等」。

— 六一七頁下一九行第七字「周」，麗作「當周」。

— 六一七頁下二一行「苦縣」，資、磧、普、南、徑、清無。

一 六一七頁下末行「蔵吏」，麗作「藏史」。

一 六一八頁上一行「大史」，資、磧、普、南、徑、清作「太史」。

一 六一八頁上一〇行「不同」，麗作「所說不同」。

一 六一八頁上一五行第五字「管」，資、磧、普、南、徑、清作「管見」。

一 六一八頁上一六行「卜經」，資、普、徑、清作「十經」。

一 六一八頁上一七行「究足得開曉」，資、磧、普、南、徑、清作「覧足得開曉也」。

一 六一八頁上二二行第一一字「遣」，資、磧、普、南、徑、清作「即遣」。

一 六一八頁中一行第三字「問」，資、磧、普、南、徑、清作「宜下席又問」。

一 六一八頁中二行「中侍郎」，諸本作「中書侍郎」。

一 六一八頁中三行「官人議之」，資、磧、普、南、徑、清作「群臣議定」。

一 六一八頁中五行「邢戀」，資、磧、普、徑作「刑戀」。又「嘉弒」，諸本無。

一 六一八頁中六行第一三字「止」，資、磧、普、南、徑、清作「只」。

一 六一八頁中七行「無言」，麗作「無餘」。

一 六一八頁中九行「苦諫乃止」，資、磧、普、南、徑、清作「諫免死」。又第九字「徙」，資、磧、普、徑、麗作「徒」。

一 六一八頁中九行「自興光」，資、磧、普、南、徑、清作「太和元年於方山太祖營壘之處建思遠寺自興光之」；麗作「自興光之」。

一 六一八頁中一一行「七万」，資、磧、普、南、徑、清作「十万」。

一 六一八頁中一二行第三字「以」，資、磧、普、南、徑、清作「又以」。

一 六一八頁中一三行「流通」，資、磧、普、南、徑、清作「通流」。又末字「凡」，資、磧、普、南、徑、清作「凡有」。

一 六一八頁中一六行首字「所」，資、磧、普、南、徑、清作「所自有佛法未之盛也」。又「僧徒」，麗作「僧尼」。

一 六一八頁中一八行「未之」，資、磧、普、南、徑、清作「法之」。

一 六一八頁中一九行「頗有凶者」，麗作「冈有凶黨」。

一 六一八頁中一九行末字「者」，至此，資、磧、普、南、徑、清卷上終，卷下始。

一 六一八頁中二二行「絓是」，諸本作「但是」。

一 六一八頁下一三行「已前人民淳和」，資、磧、普、南、徑、清作「前人民淳朴」。

一 六一八頁下一四行「无益」，資、磧、普、南、徑、清作「无益入家破家入國破國」。

一 六一八頁下一六行末字「一一」，資、磧、普、南、徑、清作「奕云自開闢已來至今武德四年辛酉積二百七十六万一千一百八載父子君臣立忠立孝奕云請胡佛邪教退還西域凡是僧尼悉令歸俗一」。

一　六一八頁下一九行「昔遠」，磧作「音遠」。

一　六一八頁下二二行第四字「迹」，徑作「述」。又第九字「有」，諸本作「或有」。

一　六一九頁上二行「大非」，資、磧、普、南、徑、清作「大罪」。又「較量」，資、磧、普、南、徑作「校量」。

一　六一九頁上六行「繩治」，資、磧、普、南、徑、清作「苦治」。

一　六一九頁上七行「安像」，資、磧、普、南、徑、清作「安像者」。

一　六一九頁上九行「積世」，資、磧、普、南、徑、清作「積代」。又「先世」，諸本作「先代」。

一　六一九頁上一〇行「存沒」，資、磧、普、南、徑、清作「存歿」。

一　六一九頁上一一行「徃生」，資、磧、普、南、徑、清作「經生」。又末字至次行首字「現在」，資作「見存」；磧、普、南、徑、清作「見在」。

一　六一九頁上一三行「子産」，麗作「鄭子産」。又「伯子」，資、磧、普、南、徑、清作「伯夷」。

一　六一九頁上一六行第一二字至次行首字「生民興行」，磧作「生氏重興」；資、普、南、徑、清、麗作「生民重興」。

一　六一九頁中一行「出於」，資、磧、普、南、徑、清作「生於」。

一　六一九頁中二行「肖背」，資、磧、普作「背」；南、徑、清作「胸」。

一　六一九頁中三行「而生」，資、磧、普、南、徑、清作「而出」。

一　六一九頁中四行第三字「然」，資、磧、普、南、徑、清無。又第八字「命」，麗作「命出震乘時」。

一　六一九頁中六行「俱懷」，資、磧、普、南、徑、清作「人懷」。

一　六一九頁中七行「可得」，資、磧、普、南、徑、清作「何得」。

一　六一九頁中八行「子曰」，資、磧、普、南、徑、清作「夫子云」。

一　六一九頁中一〇行「釋迦」，資、磧、普、南、徑、清作「釋迦文」。

一　六一九頁中一二行第一三字「時」，資、磧、普、南、徑、清作「時出」。

一　六一九頁下一行「版泉」，麗作「阪泉」。

一　六一九頁下二行「戰顓頊時」，資、磧、普、南、徑、清作「載顓頊時共公作亂頭觸不周山天柱折地傾危顓頊」。

一　六一九頁下三行「左洞庭右」，資、磧、普、南、徑、清作「洞庭又」。

一　六一九頁下五行第二字「舜」，麗作「堯」。又「有苗」，磧、南、清作「三苗」。又第九字「舟」，諸本作「丹」。

一　六一九頁下六行夾註「楚……石」，麗作正文。又夾註右「楚詞」，麗作「楚詞云」。又末字「代」，資、磧、普、南、徑、清作「化」。又夾註左「磔石」，磧、南、清作「鑠石」。又正文「大風」，資、磧、普、南、徑、清作「大風」。

一　六一九頁下一〇行「各以」，資、磧、普、南、徑、清作「各自」。

一　六一九頁下一一行末字「君」，資、磧、普、南、徑、清作「居左」；麗作「君左」。

一　六一九頁下一四行「放滅」，資、磧、普作「殺滅」。又「二十七」，資、磧、普、南、徑、清作「七十二」。

一　六一九頁下一五行「河洛竭流銷金爛石」，資、磧、普、南、徑、清作「江河枯竭流金爍石」。

一　六一九頁下一六行「妲妃」，諸本作「妲己」。

一　六一九頁下二〇行「太白」，麗作「大白」。

一　六一九頁下二二行「三叔」，資、磧、普、南、徑、清作「二叔」。

一　六二〇頁上三行「對曰」，麗作「信士曰」。

一　六二〇頁上卷末經名，資、磧、普、南、徑、清無。

破邪論卷下　既

唐濟法寺沙門釋　法琳　撰

荅秦仲已下三十五世六百餘年者

對日史記云自殺巳前諸侯不可得而譜爲多失第次年代難知故尚書但以甲子爲次第而無年月者良以史闕不記也邪見乃云始於秦仲迄于二世有六百餘年者一往似長出何的證按春秋已前秦本末有春秋已來始有秦伯當春秋時秦雖漸覇但是周之小邑孝王之世令非子放馬於汧渭之閒不承天命未有正朔曾孫秦仲宣王之世始受車馬爲侍御之臣仲孫襄公以送平王東遷進爵爲伯文公已下始見史記自兹訖滅不過二百餘年史記竹書及陶公年紀等皆云秦無曆數周世陪臣故隱居列之在諸侯之下何因得有年紀續至胡亥史記但厲公列之一百一年終乎二世縱有年代皆附春秋自無別紀赧王之末秦昭襄王因周微弱始滅周國僭号稱王諸史相承秦唯五世四十九年齊秘書揚玠史目云秦自始封至滅凡三十五世六百餘年者盖取始封秦号迄六百餘年非覇統中國經多年也邪見乃延秦短祚冐上長年一何虛妄哉

荅帝王无佛年長有佛祚短自庖犧巳下爰至漢高二十九代君明臣忠者

對日何故庖犧獨治不及子孫堯舜二君位居五帝堯則翼善傳聖舜則仁盛聖明如尚書二典論其化民治道功業最高民無能名則天之明君也堯又廢兄自立其子丹朱不肖舜則父頑母嚚並止一身不能及嗣尒時无佛何不世世相傳遷早磨滅隱居年紀云夏禹治九年羿簒十五年浞簒十二年睪十一年夏癸五十二年又

對日書云舜禹之有天下巍巍乎其有成功煥乎其有文章大禹謨云禹能界宮菲食卑帳綈衣而盡力於溝洫爲民治水於民有功若皇天輔德何爲天祚不永止治九年勘年紀云夏后相及少康之世其臣有窮羿寒浞及風夷淮夷黃夷斟尋等國並相次

作乱凡二十六年簒夏自立當時無佛簒逆由誰　殷湯治十三年外丁治三年仲壬治四年太甲治十年沃丁治十三年太戊治十年外壬治三年沃甲治四年盤庚治九年小辛治七年武乙治四年祖庚治六年祖乙治十年又

對日湯仁不煞開三面之網放夏桀於鳴條甚有仁徳尒時無佛何以天曆不長外丁外壬其年轉促尚書云湯行九伐太甲五征伊尹立湯次子勝又立勝弟仲壬又放太甲于桐宮汲冢書云尹自簒立後太甲潛出親煞伊尹而用其子旣稱忠朴之世尒時无佛何爲釁起蕭牆君臣無道

周武王治十一年懿王治三年繼嗣僖王治五年繼嗣傾王治六年匡王治六年元王治八年烈王治七年靜王治六年貞王治八年悼王治一百日哀王治三月思王治五月

對日武王伐紂師渡孟津白魚入舟應天嘉命謚法曰剋定禍乱日武民賴其蘇軾閭封墓休牛放馬治致太平汝言无佛年長何因祚短治十一年懿王僖王更復絶嗣

一荅佛未出前世无簒逆者

對日何故周烈王弟顯王簒位四十八年悼王立一

百一日為庚弟子朝所害敬王弟哀
王治三月弟思王外煞之思王治五月
小弟孝王隗復煞之三王共治一年此
出揚玢史目陶公年紀　秦五世六
君四十九年　昭王五年滅周後始歸王在位五十載
孝文王弍一年　襄王楚三年　始皇政三十七年
胡亥三年　殤帝子嬰四十六日　又對日顯王五
年秦穆公始霸三十四年秦攉周政
竹書云自仲之前本无年世世紀陷
公並云秦是篡君不依德政次第不
在五運之限縱年長遠然非帝王以
短為長指虛為實有何意見秦時北
築偹胡偽煞扶蘇矯立二世陳勝蟻
聚作乱關東　漢時匈奴入塞烽火
照甘泉宮南越不賓乃習水戰
漢高祖在位十二年　惠帝七年　文帝　高祖
第四子非嫡　武帝本縣東王景帝第六
子非嫡　孝景時吳楚等七國皆反昭
帝崩立兄子昌邑王即位二十七日
凡有一千一百二十七罪霍光廢之
後立宣帝此時無佛何為乃尒
後漢凡十二帝一百九十五年
光武三十三年　孝明十八年　章帝十三年　和帝十七年

安帝十九年　順帝十九年　桓帝二十一年　靈帝三十一年
獻帝三十年
隱居云自魏黃初元年至蕭齊之末
凡二百八十歲
拓跋元魏十七君合一百七十九年
尒時佛來何故年久　對日後漢書
云光武撥乱反正明帝致治升平民
无百里之憂吏无出門之役麒麟入
囿神鳳栖桐赤雀文龜蒼烏白鹿
嘉瑞偹臻兆民胥悅垂㳂滑磅礴之
恩布通天漏泉之澤八方飲化万
國欽風論衡等書並云後漢微祥
不慭周夏汝言有佛祚短何故年長
弈云西域故且末國兵三百二十人
小宛國兵二百人戎盧國兵三百人渠
勒國兵三百人依耐國兵三百五十
人郁立師國兵三百三十一人單相
國兵三十五人孤湖國兵四十五人
凡八國胡兵合有一千八百九十一
人皆得紹其王業據其土地自相征
伐屠戮人國況今大唐僧尼二十万
衆共結胡法足得人心寧可不偹預
之哉　對日撿漢書西域傳云且末小
宛等八國並是葱嶺已東漢域胡國

計去長安不過万里本非天竺佛生
之地又無僧尼在中謀反縱彼造惡
何關此僧但弈狂鬼入心外興邪說
虛引往事假謗令賢達者知其浪
言愚人必生異見惑乱朝野深可
痛哉　一吞佛來漢地有損無益
入家破家入國破國漢明之世佛法
始來者　大唐聖朝正信君子論日
諸佛大人出俗高士遊涅槃之妙苑住
般若之真空不可以言像求不可以情
慮揆形同法性壽等太虛但應物現身
如水中月所以瞿師見三尺之貌羅漢
覩丈六之容大滿虛空小入纖毫隨緣
應質化無常儀尋釋迦之肇基依漢東
都郊祀晉魏等書及王儉史錄費長
房三寶錄孝校普曜本行等經並云
佛是周時第十五主莊王他九年癸
巳之歲四月八日乘栴檀樓閣現白
象形從兜率下降中天竺國迦毗羅
城刹利王種淨飯大王第一夫人摩
耶之胎至十年甲午歲四月八日夜鬼
宿合時於嵐毗園波羅樹下從摩耶
夫人右脇而生放大光明照三千世

界瑞應經云沸星下現時太子生本行經又云虛空無雲自然而雨左傳云星隕如雨杜氏注解盖時無雲然與佛經符合通係以為佛生時也十九出家三十成道四十九年處世說法利益天人度脫群品至周匡王四年壬子二月十五日後夜於拘尸城入般涅槃自滅度已來至今大唐武德五年壬午之歲計得一千二百二十一歲滅後一百一十六年東天竺國有阿育王収佛舍利役使鬼兵散起八万四千寶塔遍閻浮提我此漢地九州之内並有寶塔建塔之時當此周敬王二十六年丁未歲也塔興周世經十二王至秦始皇三十四年焚燒典籍育王諸塔由此隱亡佛家經傳靡知所在如釋道安朱士行等經録目云始皇之時有外國沙門釋利房等一十八賢者賫持佛經來化始皇始皇弗從遂囚禁房等夜有金剛丈六人來破獄出之始皇驚怖稽首謝焉問曰雖有此說年紀莫知以何為證請陳其失也荅曰前漢成帝時都水使者光祿大夫劉向傳云向博

觀史籍備覽經書每自稱曰余遍尋典策往往見有佛經及著列仙傳云吾搜撿藏書緬尋太史創撰列仙圖自黄帝已下六代迄到于今得仙道者七百餘人向撿虛實定得一百四十六人又云其七十四人已見佛經矣推劉向言藏書者盖始皇時人間藏書也或云夫子宅内所藏之書據此而論豈非秦漢已前早有佛法流行震旦也尋道安所載七十二賢者亦在七十之數今列仙傳見有七十二人案文殊師利般涅洹經云佛滅度後四百五十年文殊至雪山中為五百仙人宣說十二部經訖還啟本土入于涅槃恒星之瑞即其時也撿地理志西域傳云雪山者即葱嶺也其下三十六國先來奉漢以葱嶺多雪故号雪山文殊往化仙人即其處也詳而驗之劉向所論可為驗矣雖遭秦世焚除漢興復出所以荆楊吴蜀扶風洛陽有寶塔處皆發神瑞具在衆書非徒曉說撿成帝鴻嘉三年歲在癸卯劉向撰列仙傳明矣故知周世佛法久来

生盲人云有佛祚短良可悼矣依經律云釋迦正法千年像法千年末法万年五千年已還四衆學者得三達智證四道果末法已去猶披袈裟劫周書異記云穆王聞西方有佛遂乘驊騮八駿之馬西行求佛因以禳之據此而推同齊時上統法師荅高麗使云佛是西周第五主昭王二十四年甲寅歲生至今武德五年得一千五百七十七年也信穆王之世法已東行劉向之言益為明矣又漢武鑿昆明池得黒灰問東方朔朔云非臣所知可問西域胡人後外國沙門竺法蘭来因以事問蘭云是劫燒之餘灰也方朔既博識通人生知俊異无問不酬無言不荅豈容不達迸記胡人盖是方朔久知佛法興行勝人必降故有斯對也佛既去世阿難摠持一言不失迦葉結集羅漢千人咸書皮紙並題木葉致令五百中國各共奉持十六大王同時起塔逮于漢世東流二京所經帝王十有六代飜胡梵本為漢正言相承至今垂六百祀是以佛

日再曜起自永平之初經像重興發于開皇之始魏人朱士行沙門衛道安等並為紀録揔其華戎道俗合有一百八十二人所譯經律戒論大小乘三藏雜記等凡二千一百七十一部揔有六千四百四十六卷莫不垂甘露於八魔之境流慧日於三有之中汲引將來永傳勝業教人捨惡行善佛法最先益國利民無能及者汝言破家破誰家破國破何國邪見竪子無角畜生夙結豺心久懷蠆毒无絲毫之善負山岳之辜長惡不悛老而弥篤乃以生盲之慮忖度聖尊何異尺鷃之笑大鵬井蛙不信滄海可謂闡提逆種地獄罪人傷而憫之故為論也尋夫七十二君三皇五帝孔丘李老漢地聖賢莫不葬骨三泉積屍九壤未有如佛舍利現瑞放光火燒不然砧搥不碎於今見在立試可明矣且據此一條足知佛法之神德也震旦諸聖孰與為儔乃欲毀而滅之事難容忍傷風敗俗斲損福田誑惑生民黜汙朝廷實可嘆也

沙門安世高（譯一百七十六部）
沙門鳩摩羅什（譯九十八部）
沙門衛道安（譯二十四部）
沙門嚴佛調（譯七部）
沙門寶唱（撰衆經目録四卷譯一千四百三十三部）
吳人支謙（譯一百二十九部）晉人聶承遠（譯三部）
晉人聶道真（譯五十四部）宋人謝靈運（譯三十六卷涅槃）
北涼安陽侯沮渠京聲（譯三十五部）
元魏期城郡守楊衒之（譯一部）
元魏李廓（撰衆經目録四百七十部）
魏人萬天懿（譯一部）
齊竟陵文宣王蕭子良（譯十七部）
齊常侍庾頡（譯一部）梁人木道賢（譯一部）
梁武帝（注大品經五十卷）梁人袁曇允（撰論抄一部）
梁簡文帝（撰法集記一部二百卷）梁記室虞孝敬（內要一部）
隋人洋川郡守曇法智（譯一部）
右古來翻經人
宋臨川康王義慶（撰宣驗記一部又撰幽明録一部）
太原王琰（撰冥祥記一部）
琅琊王巾（撰僧史）齊竟陵文宣王（造三寶記傳一部）
齊著作裴子野（撰高僧傳）淮南劉悛（撰益部寺記）
晉中書令郗景興（撰東山僧傳）
中書令陸明霞（撰沙門傳）治中張孝秀（撰廬山僧傳）
太原王延秀（撰感應傳）吳興朱君台（撰徵應傳）

晉中書侍郎干寶（撰搜神録）
彭澤令陶元亮（撰搜神録）
道士陶隱居作發菩提心礼佛文
道士陸修靜（作對沙門記）宋光禄顏延之（作庭誥文）
齊隱士周顒（撰三宗論一諦論）
周儀同甄鸞（撰笑道論一部）
隋成都費長房（撰三寶録）

右古來博通君子識量王公尊敬三寶撰沙門記傳者又對日此等先賢並皆翻譯佛經為目録記傳悉學窮稽古精諳內外信道俗之白眉為群英之稱首咸遵敬三寶研味一乘弃世辞榮欽承勝軌邪見朋黨一口不論一人不說太劇苦剋誹毀酷毒殲言自保螢輝欲張玖翼何殊朝菌之危晦朔蟪蛄之暗春秋信其管窺輕忽大道足令洗耳安可信乎請付朝官博通君子捨內外典籍明邪見人謬妄之罪若言佛法來漢無益世者對曰案孔子周靈王時生敬王時卒計其在世七十餘年既是聖人必能匡弼時主何以十四年中行七十國至宋伐樹衛削迹陳蔡絕粮避桓魋之殺鷇喪狗之呼雖應聘諸侯莫之能

用當春秋之世文武道墜君暗臣奸
礼崩樂壞尒時無佛何因逆乱滋甚
篡弑由生孔子乃婉娩順時遂巡避患
難保妻子終壽百年亦无取矣或發
匏瓜之言或興逝川之嘆然復遜辞於
季氏傷鳳鳥不至河不出圖及西狩
獲麟遂反袂拭面稱吾道窮雖門
徒三千刪詩定礼亦疾没世而名不稱
吾何以見於後世矣遭盜跖之辱被
丈人之譏按此而論足可知也若以无
利於世孔老二聖其亦病諸何為訥
其木石而不陳彈也　一卷寺多僧
衆妬嫉必作如後趙沙門張光後燕
沙門法長南涼道密魏孝文時法秀
太和時惠仰等並皆反乱者
對曰檢崔鴻十六國春秋並无此色人
出何史籍苟生誣枉誑惑君王請勘
國史知其妄奏案前後漢書即有昆
陽常山青泥緑林黑山白馬黃巾赤
眉等數十群賊並是俗人不関釋子
如何不論後漢書云沛人道士張曾
毋有姿色兼挾鬼道往来劉焉之家焉
後為益州刺史任曾為督義司馬曾
共別部司馬張修將兵掩煞漢中太

守蘇固断絶斜谷煞漢使者曾既得
漢中又煞張修而并其衆于時假託
神言黃衣當王曾因與張角等相應
合集部衆並戴黃巾披道士之服數
十万人賊害天下自據漢中垂三十
載後為曹公所破黃衣始滅尒時无
一沙門獨饒道士何嘿不論然漢魏
名僧德行者衆益國甚多何以不說
但能揚惡専論人短豈是君子乎
魏志曰張曾字公旗祖父陵客蜀學
道在鵠鳴山中造作道書以惑百姓
從受道者出米五斗世号米賊陵死
子衡傳業衡死曾復傳之陵為天師
衡為嗣師曾為係師自号三師也素
與劉焉善焉死子璋立以曾不順煞
曾母及室家曾遂據漢中以鬼道化
民符書章禁為本其来學者初名
鬼卒受道用金帛之物号為祭酒各
領部衆衆多者名治頭有病者令首
過大都與張角相似　後漢皇甫嵩傳
云鉅鹿張角自稱大賢郎師奉事黃老
行張陵之術用符水呪說以治病遣
弟子八人使於四方以行教化轉相
誑惑十餘年間衆數十万自青徐幽

冀荊楊兗豫八州之民莫不必應遂
置三十六方方猶將軍号也大方万
餘人小方六千人訛言蒼天死黃天
當立歳在甲子天下大吉以白土書
京邑寺門皆作甲子字中平元年三
月五日内外俱起皆著道士黃巾黃
褐或煞人祠天于時賊徒數十万衆
初起潁川作乱天下並為皇甫嵩討
滅南鄭反漢而蜀亡事在魏書孫恩習仙
而敗晉事在晉書道育醮祭因而禍宋事在宋書
于吉行禁殆以危吳事在吳書公旗學仙
而誅家事在華陽國志陳瑞習道而滅族事在晉陽秋
魏華叛夫事在靈寶經序張陵弃婦事在陵傳子
登背父　衛叔去兄出神仙傳右上古来道士
為逆乱者　對曰自陵三世専行鬼
道符書章醮出自道家禁厭妖孽
妄談吉凶奸由玆起然吳魏已下晉
宋已来道俗為妖數亦不少何以獨
引衆僧不論儒道二教至如大業末
年王世充李密竇建德劉武周梁師都
盧明月李軌朱粲唐弼薛舉等亦是俗
人曽無釋氏何為不道事偏理曲黨惡
嫉賢為臣不忠明矣　弈云自開闢

已來至今武德四年辛巳積二百七十六万一千一百八歲者對曰汝云庖犧氏凡三十世治二万二百九十七年少昊至漢高有三千二百一年從庖犧至漢高二十九代計之不過二万三千四百九十八年何因爰初開闢迄之武德四年頓有二百七十六万餘歲耶勘帝系譜云天地初起狀如鷄子槃古在其中經九万年次三皇及燧人氏治二万二百九十七年案齊秘書楊玠史目云伏犧元年甲寅至開皇元年辛丑有六万一千六百八年惣而言之一十七万一千九百五年挍此而論太懸殊矣請勘年紀定其脩短也撿正史所載伏羲氏始畫八卦陳甲子造書契乃有世年庖犧已前本無紀曆進退何依

弈云請胡佛邪教退還西域凡是僧尼悉令飯俗者　對曰莊周云六合之內聖人論而不議六合之外聖人存而不論老子云域中有四大而道居其一孝詩書礼樂之致但欲攸序彝倫明忠烈孝慈之先意在敬事君父

破邪論卷下　第十六張　既

繼稱至德唯是安上治民假令要道不出移風變俗自衛反魯詳述解脫之言六府九疇未宣究竟之旨及養生濟物之談龍圖鳳紀之說亦可懷仁抱信遵厲鄉之志刪詩贊象肆闕里之文次曰九流未云七略案前漢藝文志所紀衆書一万三千二百六十九卷莫不功在近益但未暢遠途皆自局於一生之內非迥拔於三世之表者矣遂使當現因果理涉旦而猶昏業報吉凶義經丘而未曉故知道遥一部猶迷有有之情道德二篇未入空空之境斯乃六合之寰塊五常之俗蓍詐免四流浩汗為煩惱之場六趣諠譁造塵勞之業也原夫實相杳冥逾要道之道法身凝絕出玄之又玄唯我大師體斯妙覺二邊頓遣万德俱融不喧不寂安能以境智求非奕非昧胡可以形名取為小則小而無內處大則大也無垠故能量法界而興悲揆虛空而立誓所以現生穢土誕聖王宮示金色之身吐玉毫之相布慈雲於鷲嶺則火宅炎銷扇

破邪論卷下　第十七張　既

慧風於鷄峯則幽途霧卷行則金蓮捧足坐則寶蓋承軀出則帝釋居前入則梵王從後左輔密迹以滅惡為功右弼金剛以長善為務聲聞菩薩儼若侍臣八部万靈森然翊衛演涅槃則地現六動說波若則天雨四花百福莊嚴狀滿月之臨蒼海千光照曜猶聚日之暎寶山師子一吼則外道摧鋒法鼓暫鳴則天魔稽首是故号佛為法王也豈得與衰周迦葉比德爭衡末世儒童輙相連類者也是以天上天下獨稱調御之尊三千大千咸仰慈悲之澤然而理趣深遠假筌蹄而後悟教門善巧憑師友而方通統其教也八万四千之藏稽其道也二諦十地之基祇園鹿苑之談海殿龍宮之旨玉牒金書之字七處八會之言莫不垂至道於百王扇玄風於万古如語實語不可思議也近則安國利民遠則超凡證聖故能形遍六道數滿十方實為世界福田蓋是蒼生敬處於時敬信之侶猶七曜之環北辰受化之徒如万川之投巨海考其神變

破邪論卷下　第十八張　既

切業利益天人故無得而名也既滿恒沙之因故得常樂之果善矣哉不可測也但以時運未融遂令胡漢殊感所以西方先音形之奉東國暫見聞之益及慈雲卷潤慧日收光遐夢金人於永平之年覩舍利於赤烏之歲於是漢魏齊梁之政像教勃興燕秦晉宋已來名僧間出或畫滿月於清臺之側或表相輪於雍門之外逮河北翻詞漢南著錄道興三輔信洽九州跨江左而弥殷歷金行而轉盛渭水備逍遙之苑廬岳總般若之臺深文奧旨發越來儀碩學高僧蟬聯遠至暨梁武之世三教連衡隋文之初三乘並駕雖居紫極情契汾陽屏酒正而撤饔人薰戒香而味法喜恐四流難拔躬以七辯能持乃輕袞飾而御染衣捨雕輦而敷草座於時廣創惠臺之業大啓表塔之基(梁記云東臺西府相継八十餘年都邑大寺七百餘所僧尼講衆常有万人討論內典共遵聖業孜孜無倦各慕世榮也)遂令五都豪族猷冠冕而投誠四海名家弃榮華而入道自皇王所居之土聲教所覃之域莫不頂礼迴向五體歸依利

物之深其來久矣孔老垂化安能與京按十六國三十國春秋高僧名僧牟子等記傳始後漢明帝永平十年已來佛法東流政經十代年將六百其名僧大德世所尊敬者凡二百五十七人傍出附見者及燕趙王公齊梁卿相等凡二百五十一人合五百八人陳其行業大開十例一日譯經二日義解三日神異四日習禪五日明律六日遺身七日誦經八日興福九日經師十日唱導此等高僧皆德効四依功備三業法傳震旦實所賴焉邪見隱而不論但說五三惡者夫雪山之內本多甘露亦有毒草大海之中既足明珠亦饒羅剎喻崑山歟於片石比鄧林損於一枝耳何可為恠而使廢之

譯經沙門第一(五十二人)　義解沙門第二(九十九人)

神異沙門第三(二十人)　習禪沙門第四(二十三人)

明律沙門第五(十三人)　遺身沙門第六(十一人)

誦經沙門第七(二十二人)　興福沙門第八(十四人)

經師沙門第九(十一人)　唱導沙門第十(十人)

此等沙門或踰越沙險或泛漾洪波皆

能委命弘經亡形殉道或以神力救世或以異迹發人或慧解開襟或通感適化安禪湛慮則功德如林禁行清高則冰霜弥潔樹興福善則冥衛可祈諷誦法言則幽顯沾慶於是三藏四含功用遂廣方等般若取信尤多但神化所談無遠必届慈河猶跬步之間聲光有見聞之限豈非時也及緣運將感像教遐通或号為西域大神或稱為浮啚之主所以摩騰杖策而來儀法蘭懷道而降德什師碩學鈎深神監奥遠及遊中土備悉方言受學者三千入室者八俊生融影叡嚴觀恒肇皆領悟言前詞芬蘭桂執筆承旨任得其人晉有道安擅名當世資學啚澄傳業惠遠門人日盛世不乏賢足使陳郡謝安推其神儁襄陽習郁屈我弥天自晉惠蒙塵懷愍遷播羯胡縱毒冠蕩中州劉曜篡逆於前石勒僭兇於後華夏分崩人民塗炭聖師佛啚澄愍傷煞之方始痛刑害之未央遂設神化於葛陂示懸記於襄鄴藉秘呪以濟將盡擬

香氣而拔臨危占鈴映掌坐定吉凶終令二石發心四民免害澄傳云澄在漢地二十五年所歷郡縣興立佛寺八百九十三所年一百十七歲亡當石氏凶虐害無道若不與澄同日執可言乎百姓危亡得存性命者不可繙紀及白足臨刃不傷遺法為之更始志上分身圖戶帝王以之加信具諸史籍其可詳乎莫不切被將来傳燈永劫議者僉曰僧者紹隆聖種佛則冥衛國家福蔭皇基必無退廢之理也應我大唐之有天下也當四七之辰安九五之運扶危濟世之德越湯武而獨高冥兇撥乱之功逾漢魏而孤顯蕩蕩乎巍巍乎難以揄揚者矣加以留情佛法降意玄門造像書經度僧立寺種種功德處處檀那利益華戎汲引黎獻方欲興上皇之風開正覺之道幾茲五帝跨彼三王治致太平永隆淳化上来邪見所述讖言蓋是天地之所不容人倫之所同弃恐塵黷聖覽不足可觀伏惟陛下布含弘之恩垂鞠育之惠乞審其逆順議以真虛湼槃經云佛滅度後法付國王陛下君臨正當付囑伏願杜其邪說使像教興

行慱雅君子正見道人聞之乃共抚腕抵掌盱衡而作論云尒　孟子有言曰余豈好辯哉予不得已也夫虛妄顯於真實錄乱於偽世人不悟是非不定朱紫雜廁瓦玉參糅以情言之豈余心所能忍也孔子又曰詩人疾之不能默丘疾之不能伏是以論也夫玉乱於石人不能別是反為非虛轉為實安能不言乎孝王者之降靈也或流星貫月或長虹繞電或赤雀銜書或素靈夜哭帶雲龍之氣含奇異之象皆有天命非由人也或問曰何以周過其曆秦不及期荅曰夫冥理難知人情易惑按其指馭略詳之矣何者昔宋景修德守心便退丁蘭篤孝木母舒顏但使專精嘉祥可致必能絜己災禍自亡信哉斯言也觀夫文武成康之世治道隆平蓋積善所資福鍾来葉所以過曆也始皇在位焚書坑儒酷毒天下逮于二世誅戮更甚生民寒心手足無措上天降禍故不及期也易曰不善之家必有餘殃也此之謂矣故知興滅之理非關力能

咸稟先因頗由行業信為明證也近如周武錯見毀寺廢僧旋踵之間後嗣磨滅竊見隋文皇帝初生即有神尼撫養後為寶禪師覩見當為霸王及其即位普興佛法大度僧尼四部詵詵三學濟濟安心行道以報國恩登即漸息干戈日就豊樂嘉祥靈應史不絕書四海无波六合同慶後封禪岱嶽世致太平比至煬帝屏除寺塔流擯僧尼繕造奢華万事過度天陲海外親自征行禍及无辜殃鍾身世目前可驗何待將来　論曰論衡云俗儒好長古而短今言瑞則渥前而薄後不非古之虛美而責今之實論信久遠之偽詞忽近今之實事不知指馬之要而覔儒墨之談膏肓之病固難治矣大矣哉釋氏之為教也包羅三世囊括四流方万象之列太空辟八河之歸滄海至于博尋子史貴覽經誥六宗七層之典五岳四壁之儀丹笥金版之文名山石室之記玉撿芝泥之冊雲臺麟閣之書清分濁判已来鳥篆虫跡之後赫胥栗陸

之曠天皇人帝之前斗杓之所指撝
輪烏之所臨照地輿迴闔天角遼長
補鼇折柱之靈刊山剗海之異立功
立德之道一陰一陽之言禾黍藥石
之所基衣裳宮室之所肇犧玄祀黃
之典制礼作樂之訓勛揖華讓之則
湯征武伐之威金縢雩雨之翁泣麟
傷鳳之叟莫不事極寰中而理窮域
內者也豈知上界縈三死之患下方
抱三塗之憂若海潦淪愛河綿遠是
以大悲出世導彼生盲開八正之閞
闢五乘之路宣忍服戒珠之旨啓優
波木叉之規遂使體施飛禽軀投野
獸列國都城方之脫屣嬌娥睇眄棄
似遺塵正欲去此四虵息茲八苦永
斷生老病死無復怨會愛離一罷受
形長辭毒器況乎花寶殿近号天宮
六合珎樓遠稱淨國八行玉樹四柱
金樓百味香飡三銖軟服弈弈輕舉
無煩列子之風雍雍笑歌詎因簫史
之吹故知綠轝瓊輪馳暉於紫府玄
霜絳雪悉采於玉京矣
夫釋迦者譯云能仁言德充道備堪

濟万物也然法身二義一曰真實二謂
權應真身謂至極之體妙絕拘累不
得以方處期不可以形量限有感斯
應體常湛然應身者積劫行因憶生
求果和光六道同塵万類生滅隨時
脩短為物形由感生體非實有權形
雖謝法體不遷但時無妙感故莫得
常見也　世說云曾人尚不貴東家丘
邪見豈信有西方佛根深難拔悲夫
惑者問曰豈其然耶請喻斯旨論者
對曰子不聞乎夫瞽者无以與乎文
章之觀聾者無以與乎鍾鼓之聲蓋
知十惡波浪易動心源万善枝條難
抽意樹良以凡夫顛倒渴愛所燒妄
想攀緣身心放逸激五欲浪漂二死
河常在黑闇崖下无明波底長夜睡眠
處於夢宅莫醒迴天之醉詎知迷乱
之色昏昏永劫役役偷生乃復隨逐
邪師親近惡友咆哮狂為放恣心猨
起六十二之見山流九十八之使海躭
湎行廁戀著畫瓶扇八魔風吹三毒
火縱六入賊盜五陰城不憂二鼠之
危恒興四虵之怒信其牛羊之眼發

其鳥鏡之凶於是立我慢幢聲自大
鼓翻覆毀譽之口誇企儒墨之談反
表為裏顛裳為衣敗俗傷真間朋乱
友陵辱三寶欺侮二親輕忽冥祇呵
罵風雨與鬼神為讎隙與骨肉為怨
憎自矜自高不仁不孝恃其管見愚
謂指南何異蝍蛆之甘臭螮鴟梟之
嗜腐鼠以毒為美深可畏哉靡慮將
來之辜不愁地獄之報望乎肆一言
之禍招万劫之殃致使沉滯幽塗淪
歷惡道入銅狗銅虵之網居八寒八
熱之城鋸解磨磨爐燒鑊煮飡灰食
火啖雪吞冰處處燋然心心苦楚百
骸九竅撩乱刀鋒五藏四肢紛披劍
鍔所以然者皆由撥無因果謗出世
間破和合僧不信正法邪見稠深之
所致也況復捨身受身常嬰三界從
獄至獄不離三塗大聖觀已興悲至
仁為之流慟故知善惡之理如響應
聲報施之徵似形帶影可不慎歟可
不慎歟　詔云棄父母之鬚髮去君
臣之服章利在何門之中益在何情
之外損益二宜請動妙釋　荅法琳

開至道絶言豈九流能辯法身無象非十翼所詮但以四趣茫茫漂淪欲海三界蠢蠢顛墜邪山諸子迷以沓焚凡夫溺而不出大聖為之興世至仁所以降靈遂開解脫之門亦以安隱之路於是剎利王種辞恩愛而出家天竺貴族猒榮華而入道是以悉達太子去袞龍之衣就福田之服誓出二種生死志求一妙涅槃弘道以報四恩育德以資三有此其利益也案佛本行經剃髮出家品偈云假使恩愛久共處時至命盡會別離見是無常須臾間是故我今求解脫於後慕其德者斷惡以立身欽其風者潔已而修善毀形以成其志故弃鬚髮美容變俗以會其道故去君臣華服雖形闕奉親而內懷其孝礼乖事主而心戢其恩澤被怨親以成大順福霑幽顯豈拘小違上智之人依佛語故為益下凡之類違聖教故為損懲惡則濫者自新進善則通人感化伏惟陛下至德含弘仁心鞠育爰復降情正法留意出家廣布慈雲重興佛日

破邪論卷下　第二十八張　既

利益之道難得而稱此即大唐帝業慈被百靈聖種鴻基惠流千祀不敢輙以愚意輕測天心謹課庸詞略申管見塵黷御覽伏深戰越謹對

破邪論卷下

丙午歲高麗國大藏都監奉

勑雕造

破邪論卷下　第二十九張　既

破邪論卷下

校勘記

一　底本，麗藏本。

一　六三二頁上一行經名，二行撰者，諸本（不含石，下同）無，不分卷。

一　六三二頁上三行首字「答」，諸本作「一答」，頁中五行第一〇字同。

一　六三二頁上五行「第次」，諸本作「次第」。

一　六三二頁上六行「良以」，諸本作「良爲」。

一　六三二頁上七行第九字「云」，諸本無。

一　六三二頁上九行首字「的」，諸本作「明」。

一　六三二頁上一一行第一〇字「令」，諸本作「命」。又「放馬」，磧、南、清作「牧馬」。頁下二〇行同。

一　六三二頁上一二行「未有」，南作「上有」。

一　六三二頁上一三行第一二字「爲」，

諸本無。

一 六三二頁上一七行首字「等」，諸本無。

一 六三二頁上一八行「諸侯」，資、磧、普、徑、清作「諸國」。

一 六三二頁上一九行第五字「但」，諸本作「但從」。

一 六三二頁中三行末字至次行首字「覇統」，諸本作「統覇」。

一 六三二頁中六行「年長有佛」，諸本作「則大治年長有佛則虐政」。

一 六三二頁中七行第七字「代」，諸本作「世」。又「對曰」，諸本作「對曰夫理貴深據言資寔録」。

一 六三二頁中一〇行「二典」，諸本作「之典」。

一 六三二頁中一四行「遽早」，諸本作「遽遭」。

一 六三二頁中一六行第五字「舝」，諸本作「夏皐」。又「夏癸」，諸本作「夏發」。又「五十二年」，資、磧、普、徑作「十二年」。又末字「又」，諸本無。

一 六三二頁中一八行「煉乎」，諸本作「煥煥乎」。

一 六三二頁中一九行「菲食」，諸本作「室菲飲食」。

一 六三二頁中二一行「止治」，諸本作「治止」。

一 六三二頁中二二行第一三字「寒」，諸本作「篡」。

一 六三二頁下二行正文「外丁」，諸本作「太丁」。八行同。

一 六三二頁下五行「武乙……又」，諸本無。

一 六三二頁下一一行第五字「尹」，諸本作「伊尹」。

一 六三二頁下一四行末字「傾」，諸本作「項」。

一 六三二頁下二一行第一二字「治」，諸本作「武王治」。

一 六三三頁上二行「弟思王外熱之思王」，諸本作「思王外哀王弟」。

一 六三三頁上三行「小弟」，諸本作「思王殺哀王」。又「隗復熱之」，諸本作「復殺思王」。又「共治一年此」，諸本作「共立一年」。

一 六三三頁上五行第九字「年」，諸本作「年注」。又夾註左「王在」，磧、普作「正在」。

一 六三三頁上七行「又對曰」，諸本作「對曰周」。

一 六三三頁上九行「自仲」，諸本作「自秦仲」。又「世世」，諸本作「世之」。

一 六三三頁上一三行「備胡」，諸本作「長城備胡人」。

一 六三三頁上一八行「孝景」，資、磧、普、南、徑作「孝景帝」。

一 六三三頁中三行首字至六行第八字「隱居……年久」與六行第九字至一三行末字「對曰……年長」，諸本經文互置。

一 六三三頁中四行「八十」，諸本作「八十二」。

一 六三三頁中一〇行「滑磅礴」，資、

一　磧、普、徑、清作「汨磅礴」，南作「泊磅礴」。

一　六三三頁中一一行「漏泉」，資、磧、普、南、徑作「滿泉」。又第九字至次行第三字「八方飲化万國欽風」，諸本無。

一　六三三頁中一四行「故且末」，諸本作「胡旦末」。

一　六三三頁中一五行「二百人戍」，諸本作「三百人戍」。

一　六三三頁中二二行「偺預」，諸本作「預備」。

一　六三三頁中二三行「且末」，諸本作「旦末國」；南、清作「旦末」。

一　六三三頁下二行「謀反」，諸本作「謀叛」。

一　六三三頁下九行「出俗高士」，諸本無。

一　六三三頁下一四行第一二字至次行首字「基依漢東都」，諸本作「依後漢」。

一　六三三頁下二一行「歲四月」，諸本作「二月」。

一　六三四頁上一行第一〇字「時」，諸本作「侍」。

一　六三四頁上二行第二字「經」，諸本無。

一　六三四頁上四行「佛經」，諸本作「佛經等」。

一　六三四頁上七行第一一字「後」，諸本無。

一　六三四頁上一三行末字「建」，諸本作「育王起」。

一　六三四頁上一四行末字「歲」，諸本作「之歲」。

一　六三四頁上一五行「十二」，諸本作「二十」。

一　六三四頁上一六行末字「隱」，諸本作「淪」。

一　六三四頁上一七行第一四字至次行首字「朱士行」，諸本作「朱士衡」。次頁上二行同。

一　六三四頁上一八行第五字「目」，諸本無。

一　六三四頁中七行第八字「盖」，諸本作「盖是」。

一　六三四頁中九行「佛法」，諸本作「經佛」。

一　六三四頁中一〇行「七十二」，諸本作「一十二」。

一　六三四頁中一七行「奉漢」，資、磧、普、徑、清作「秦漢」。

一　六三四頁中一九行「驗矣」，諸本作「證矣」。

一　六三四頁中二一行末字至次行第三字「非徒聽說」，諸本作「依」。

一　六三四頁下一行「盲人」，資、磧、普、南作「育人」。又「良可悼」，諸本作「實可悲」。

一　六三四頁下八行「第五」，資、磧、普、南作「第十五」。

一　六三四頁下九行第六字「今」，諸本無。

一　六三四頁下一一行「益爲」，諸本作「盖爲」。

一　六三四頁下一二行第四字「灰」，

資、磧、普、南作「炭」。一四行第一三字同。

一 六三四頁下一五行「通人」，資、磧、普、南作「通玄」。

一 六三四頁下一七行「興行」，諸本作「當興」。又「勝人」，徑作「聖人」。

一 六三四頁下末行「正言」，諸本作「之言」。

一 六三五頁上三行「華戎」，諸本作「華梵」。

一 六三五頁上五行「七十一」，諸本作「七十」。

一 六三五頁上九行「利民」，諸本作「利人」。

一 六三五頁上一一行「久懷」，諸本作「又懷」。

一 六三五頁上一二行第八字「韋」，徑作「差」。

一 六三五頁上二〇行首字「矣」，諸本無。

一 六三五頁上末行「點汙」，諸本作「汙點」。

一 六三五頁中一行夾註左「十六部」，諸本作「十部」。

一 六三五頁中七行下夾註左「涅槃」，諸本作「涅槃經」。

一 六三五頁中八行「北涼」，諸本作「北梁」。

一 六三五頁中九行「楊衒之」，徑作「楊衍之」。

一 六三五頁中一〇行夾註右第四字「目」，諸本無。

一 六三五頁中一二行夾註「十七部」，徑、清作「一十七部」。

一 六三五頁中一三行首字「齊」，諸本作「齊人」。

一 六三五頁中一四行正文「袁曇」，諸本作「表曇」。

一 六三五頁中一五行夾註右首字「撰」，諸本無。

一 六三五頁中一八行正文「義慶」，諸本作「義度」。

一 六三五頁中二一行正文「劉悛」，諸本作「劉俊」。

一 六三五頁中二三行正文第三字「令」，資、磧、普、南、徑無。又下夾註左「僧傳」，諸本作「僧傳一部」。

一 六三五頁下一行「千寶」，諸本作「于寶」。

一 六三五頁下三行第六字「作」，諸本無。四行上、下夾註右首字同。

一 六三五頁下四行下夾註左「諳文」，資、磧、普、南、徑作「詰文」。

一 六三五頁下五行夾註右首字「撰」，清無。又「三宗一諦」，諸本作「三宋二帝」。

一 六三五頁下九行第八字「又」，諸本無。

一 六三五頁下一〇行「記傳」，諸本作「記傳者」。

一 六三五頁下一三行「朋黨」，磧、普作「明黨」。

一 六三五頁下一四行「太劇」，南、清作「大劇」。

一 六三五頁下一六行「之危」，諸本作「之知」。

一　六三五頁下一七行「可信」，諸本作「可言」。

一　六三五頁下一九行「若言」，資、磧、普、南作「答言」。

一　六三五頁下二二行首字「𦣝」，清作「臣」。

一　六三五頁下二三行第四字「相」，諸本作「至」。又「陳蔡」，諸本作「在陳」。

一　六三五頁下末行「應聘」，資、磧、普、徑、清作「歷聘」。又「之能」，諸本作「能見」。

一　六三六頁上二行「何目」，諸本作「何爲」。

一　六三六頁上三行「弑由生」，諸本作「殺由誰」。又「婉娩」，磧、南、清作「婉俛」。

一　六三六頁上四行首字「難」，資、磧、普、南、徑作「雖」。

一　六三六頁上八行「沒世」，資、磧、普、南、徑作「歿世」。

一　六三六頁上九行第五字「於」，諸本無。

一　六三六頁上一〇行「此而論」，諸本作「而論之」。又「知也」，諸本作「知矣」。

一　六三六頁上一二行第三字「石」，諸本作「舌」。

一　六三六頁上一四行「南涼道密」，諸本作「南京道蜜」。又「孝文」，諸本作「文孝」。

一　六三六頁上二三行「爲督」，諸本作「爲都督」。

一　六三六頁中一〇行第八字「旗」，諸本作「期期」。

一　六三六頁中一六行「室家」，諸本作「家室」。

一　六三六頁中一七行「學者」，諸本作「學道」。

一　六三六頁中一九行「者名」，諸本作「有名」。

一　六三六頁中二二行「說以」，諸本作「言以」。

一　六三六頁下二行「號也」，諸本作「之號也」。

一　六三六頁下四行「白土」，磧、普、南作「白七」。

一　六三六頁下五行「元年」，資、磧、普、徑、清作「元年」。

一　六三六頁下六行末字至次行首字「黃褐」，諸本無。

一　六三六頁下一一行正文「公旗」，諸本作「公期」。

一　六三六頁下一二行下夾註左末字「秋」，諸本作「春秋」。

一　六三六頁下一四行正文「上古來道士」，諸本作「古來道士破國破家」。

一　六三六頁下一五行「三世」，南作「一世」。

一　六三六頁下一七行「由茲」，諸本作「由此」。

一　六三六頁下一九行至二〇行「大業末年王世充李密實建德劉武周」，諸本作「大業末世王充李密建德武周」。

一六三六頁下二一行第三字「月」，諸本作「因」。

一六三七頁上二行第一〇字「者」，諸本作「父子君臣立忠立孝者」。

一六三七頁上六行末字「初」，諸本作「自」。

一六三七頁上九行第七字「在」，諸本作「生」。

一六三七頁上一六行「世年」，諸本作「年世」。

一六三七頁上一九行「莊周」，資、磧、普、南、徑作「周莊」。

一六三七頁上二二行「致」，磧、普、南、徑、清作「政」。

一六三七頁中一行「安上」，諸本作「安世」。

一六三七頁中三行第一三字「及」，資、磧、普、南作「反」。

一六三七頁中九行「迵拔」，資作「迴拔」。

一六三七頁中一二行「迷有」，南作「述有」。

一六三七頁中一六行「道法」，諸本作「要法」。

一六三七頁中一八行「不喧不寂」，諸本作「不寂不喧」。

一六三七頁中一九行「胡可」，資作「明可」；磧、普、南、徑、清作「豈可」。又「爲小」，資作「爲」。

一六三七頁中二〇行「也無」，諸本作「而無」。

一六三七頁中末行「炎銷」，徑作「火銷」。

一六三七頁下二行「寶蓋」，諸本作「寶座」。

一六三七頁下三行「從後」，資、磧、普、徑作「隨後」。

一六三七頁下五行「万靈」，諸本作「万神」。

一六三七頁下七行「蒼海」，磧、南作「滄海」。

一六三七頁下九行「稽首」，諸本作「稽顙」。

一六三七頁下一一行「者也」，諸本作「者矣」。

一六三七頁下一二行「調御」，南作「尊御」。

一六三七頁下一五行「稽其道也」，諸本無。

一六三七頁下一六行「之基」，諸本作「之文」。又「海殿」，清作「海藏」。

一六三七頁下一九行第五字「可」，諸本無。

一六三七頁下二二行「於時」，諸本作「於是」。

一六三八頁上九行首字「清」，諸本作「涼」。又第五字「或」，諸本無。

一六三八頁上一一行「金行」，諸本作「金陵」。

一六三八頁上一四行「隋文之初三乘並駕」，諸本作「三乘並鶩」。

一六三八頁上一五行「紫極」，磧、普、南作「累極」。又「酒正」，諸本作「酒肉」。

一六三八頁上一六行「難拔」，徑作「難挍」。

一六三八頁上一七行「能持」，諸本作「之能將」。

一六三八頁上一九行正文「表塔」，諸本作「寶塔」。又夾註右「梁記」，諸本作「注梁記」。又「相繼」，諸本作「在位」。

一六三八頁上一九行至二〇行夾註「梁記……榮也」，諸本作正文。

一六三八頁上二一行「投誠」，諸本作「歸依」。

一六三八頁中一行「孔老」，諸本作「孔子」。又末字至次行首字「與京」，諸本作「以競」。

一六三八頁中二行「十六國三十國」，諸本作「三十六國」。

一六三八頁中五行「尊敬」，諸本作「遵敬」。

一六三八頁中九行「義解」，諸本作「解義」。

一六三八頁中一三行「五三」，諸本作「三五」。

一六三八頁中一五行「既足」，諸本作「雖有」。

一六三八頁中一六行第四字「比」，諸本無。

一六三八頁中一七行「恡而使廢之」，諸本作「怪也」。

一六三八頁中一八行正文「義解」，諸本作「義學」。

一六三八頁中一九行下夾註「二十三人」，諸本作「二十二人」。

一六三八頁中二〇行上夾註「十三人」，諸本作「十二人」。

一六三八頁中末行第一〇字「或」，諸本無。

一六三八頁下二行「開襟」，磧、南、清作「開矜」。

一六三八頁下三行「禁行」，諸本作「業行」。

一六三八頁下六行第六字「遂」，資、磧、普、徑、清作「邃」。

一六三八頁下八行末字「也」，諸本作「妙也」。

一六三八頁下九行「號爲」，諸本作「號曰」。

一六三八頁下一〇行末字「挾」，諸本作「杖」。

一六三八頁下一二行「神監」，磧、南、清作「鑑」。

一六三八頁下一三行末字「影」，諸本作「景」。

一六三八頁下一四行第四字「恒」，南作「怕」。又「言前」，諸本作「前言」。

一六三八頁下一六行「資學」，磧、南作「質學」。

一六三八頁下二〇行第二字「逆」，諸本作「虐」。

一六三八頁下二二行第二字「痛」，諸本作「慮」。

一六三八頁下末行「將盡擬」，諸本作「命盡因」。

一六三九頁上五行末字「圓」，諸本作「員」。

一六三九頁上八行第三字「者」，諸本作「乃」。

一　六三九頁上九行「也應」，諸本作「者也」。

一　六三九頁上一〇行第六字「當」，諸本作「應」。

一　六三九頁上一一行第三字「危」，諸本無。又「獨高」，諸本作「獨彰」。

一　六三九頁上一六行首字「獻」，諸本作「庶」。

一　六三九頁上一八行「蓋是」，資、磧、普、南、徑作「並是」。

一　六三九頁中一行「正見道人」，諸本作「四海通人」。

一　六三九頁中二行「抵掌」，諸本作「指掌」。

一　六三九頁中五行「粂糅」，資、磧、普作「参糅糧米」；磧、南、清作「参糅糠米」。

一　六三九頁中六行第七字「又」，諸本無。

一　六三九頁中一一行「雲龍」，諸本作「龍雲」。

一　六三九頁中一二行第一三字「以」，諸本無。

一　六三九頁中一三行首字「過」，諸本作「通」。一九行第六字，資、磧、普、南、徑同。

一　六三九頁中二二行末字「也」，諸本無。

一　六三九頁下一行「行業」，諸本作「行善」。

一　六三九頁下二行「旋踵之同」，諸本作「不盈幾時」。

一　六三九頁下四行第六字「寶」，諸本作「實」。

一　六三九頁下八行「无波」，諸本作「晏安」。

一　六三九頁下九行第八字「比」，諸本無。

一　六三九頁下一一行首字「陲」，諸本作「垂」。又「海外」，磧作「海水」。

一　六三九頁下一二行「目前」，諸本作「見前」。又「論曰」，諸本無。

一　六三九頁下一六行「要而」，諸本作「妄而」。

一　六三九頁下一七行「大矣哉」，諸本作「觀夫」。又末字「也」，諸本作「也大矣哉」。

一　六三九頁下一九行「至于」，資、磧、普、南、徑作「至乎」。

一　六三九頁下二〇行「五岳」，諸本作「五玉」。

一　六三九頁下末行「判已來烏蓍虫跡」，諸本作「泮已來烏跡書契」。

一　六四〇頁上一行「指撝」，諸本作「撝臨」。

一　六四〇頁上二行「臨照地輿迴闊」，諸本作「暉浸地輿迴邈」。

一　六四〇頁上三行第二字「鼇」，資、磧、普作「螯」。

一　六四〇頁上四行「一陰」，普作「二陰」。

一　六四〇頁上五行第一一字「忝」，諸本作「恭」。

一　六四〇頁上六行「制礼作樂之訓」，諸本作「五礼六樂之制」。

一　六四〇頁上八行第一三字「窮」，

一 資、磧、普、徑、清作「盡」。

一 六四〇頁上一一行末字「閑」，諸本作「門」。

一 六四〇頁上一七行「千花寶殿近號」，諸本作「復乘雲寶殿號曰」。

一 六四〇頁上一八行「六合珎樓遠稱」，諸本作「帶地珎臺稱爲」。又「四柱」，諸本作「四照」。

一 六四〇頁上一九行「弈弈輕舉」，諸本作「動足飛去」。

一 六四〇頁上二〇行「雍雍笑歌詎因」，諸本作「妙樂騰聲詎勞」。

一 六四〇頁上二一行第五字至次行末字「緑舉……京矣」，諸本作「花榱碧璫暫暉於地府琅枝球蘂失彩於天津矣」。

一 六四〇頁中三行末字「斯」，磧作「期」。

一 六四〇頁中一〇行第一二字「旨」，資、磧、普、南作「指」。

一 六四〇頁中一九行「咆哱」，諸本作「咆嘞」。

一 六四〇頁中二〇行「之見」，南、徑、清作「見之」。又「之使」，南、徑、清作「使之」。

一 六四〇頁下一行「梟鏡」，諸本作「梟獍」。

一 六四〇頁下二行第九字「企」，資、磧、普作「代」；南、徑、清作「伐」。

一 六四〇頁下三行「敗俗傷真間」，諸本作「破俗傷真鬪」。

一 六四〇頁下七行「螮鵄梟」，諸本作「帶鵄鴞」。

一 六四〇頁下一〇行「幽塗」，諸本作「幽陰」。

一 六四〇頁下一二行「磨磨」，諸本作「磑磨」。

一 六四〇頁下一四行「撩乱」，磧、普、南、徑作「繚乱」。

一 六四〇頁下一七行「常嬰」，諸本作「常榮」。

一 六四〇頁下一八行「至獄」，諸本作「入獄」。

一 六四〇頁下二〇行「帶影」，諸本作「逐影」。

一 六四〇頁下二二行「服章」，諸本作「章服」。又「何門」，資、磧、普作「何間」。

一 六四〇頁下末行第一一字「答」，諸本無。

一 六四一頁上七行「貴族」，資、磧、普作「貴遊」。

一 六四一頁上一二行「見是」，諸本作「見此」。

一 六四一頁上一六行「共道」，諸本作「共真」。

一 六四一頁中卷末經名，徑作「終」。

甄正論卷上

大白馬寺僧玄嶷撰　　集

滯俗公子問於甄正先生曰余長自蓽俗情未曉於大方生於季代心有昏於通理每遑迴於闇見蹊岐路以躊躇竟滯迷於言說仰夷塗而顛躓自懷此惑行積歲時希為指南坐袪

知北先生廼隱机而對曰余少聞詩禮長好墳籍躭翫有年搜覽無倦簡冊所載文字所紀帝王政化凡聖教門莫不甄明是非詳辯紕謬久蓄靈臺之鑒恨無起余者商予貪質疑不失言矣公子跪而進曰夫記事之書歷代之所述古人糟粕寔先王之蘧廬此廼末俗之談焉足言議至如釋迦貽範法王演化超九流而獨步歷万劫而高視言象不詮其閫域愚智莫窺其萌兆晈晈焉若十景之耀青天滔滔焉若九瀛之浮碧海此蓋出世之聖旨不俟僕之一二談也夫道之為教其來尚矣爰自黃帝之書逮乎伯陽之典修身理國之要延齡保壽之功靜退清虛之規雌柔恬淡之德慈儉戒剛之用挫銳解紛之能誠有益於凡情固無爵於時政自家形國抑有由焉近自吳蜀分疆宋齊承統別立天尊以為教主撮其經論所說天尊者廼道法之宗匠玄門之極位天人所奉故号天尊源乎造化之先本乎陰陽之始生成天地孕育乾坤万物資之以立形三光稟之以成象撮此所陳天尊在於天地之先矣先生學富蓬萊藝兼石室道談儒史識辯幽微明鏡高懸物來斯鑑洪鍾佇扣敢遡下風請決深疑庶幾迷復

先生廼仰天而歎曰此迷固衆豈獨子焉進坐吾為子論之夫道之為教起自黃帝逮於伯陽誠如子之言也至於天尊者何虛妄乎何虛誕歟子諦聽之吾為子分析辯之夫宇宙之外言議所不及者人莫得而知之天地之内耳目所洎者咸可究而詳焉余披覽書史古人陳迹簡牘所紀翰墨所傳咸見之矣當為子據史籍憑典記而語之案周易鈎命决云天地

未分之前有太易有太初有太始有太素有太極謂之五運釋云氣象未分謂之太易元氣始萌謂之太初氣形之端謂之太始形變有質謂之太素質形已具謂之太極五氣漸變謂之五運此言氣形質具而未相離皆謂太易太素等也又案易緯通卦云易有太極是生兩儀氣之清輕者上浮為天氣之濁重者下凝成地天地和而生人衆之謂之三才又案易序卦云有天地万物然後立君臣定父子長幼夫婦之禮尊卑上下之別據此太易之前氣色未分形象未著混沌莚昧無狀之狀二儀既判天地形具三光以朗氣象質見陰陽交合人廼生焉自茲之後三才始備此並書紀所詮若指諸掌天尊若本無形色即與太易等無異不得生在五運之前若有形色即生在三才之內不得在太易之先無形無象天尊不合有形明矣若與太易同氣至太極後共三才俱稟形而生此廼為陰陽天地之所生育豈能生天地哉請究斯理

虛實自彰不假傍求稽之經史公子愀然而驚曰如先生所談誠虛妄矣但書俗移人觸塗多惽以愚不了尚有惑焉重申疑緒伏希指誨案道家靈寶等經非無還據咸是天尊所説部帙具存若元無天尊經教從何而有靈寶所載事跡昭然儻請再陳庶垂一覽經云天尊居大羅天玄都玉京山或遊空青林中或坐寒木之下處三清之上揔九仙之長朝會百靈階級万品其於神變奇異備列經文若無影響何能致此丞繁高聽希暫釋疑　先生莞尒而笑曰子何惑之滯乎重為夫子揚搉而論之子察之夫言不可以虛發必據禮經筆不可妄書事尊典籍是知禮經無紀咸非雅正之談典籍不詮並為虛謬之説纖緗可驗軸素難誣教異外方跡殊中寓考之史策同明鑑之臨形求之帝載若權衡之准物自無懷以往文字未著炎皇以來書紀方漸逮乎皇帝少昊之代顓頊帝嚳之朝唐堯虞舜之君夏禹殷湯之后周武秦襄

以降漢魏晉宋以前上自尚書綿乎左傳司馬遷史記皇甫謐帝王紀皐燿洞紀陽曄裴玠之書歷代相承年祀顯著大無不錄細無不載禪讓戰爭之帝純澆步驟之皇神祇變現之徵災異祥瑞之應龍鳳龜黽之通感魚鼈贔兕之精靈妛及樹石奇恠鬼妖魑魅莫不咸備書之何獨天尊不詳其事自天皇啓運帝業權輿逮自人皇年代緜遠五姓其為宗本七十二姓泒其繁流至有巢燧人事經六紀九十六代一百八万二千七百六十餘年其時文字未生俗尚淳朴自太昊至無懷氏凡一十六代合万七千七百八十三年數歷三紀七十二禪自炎帝神農氏至黃帝子孫相承一十八世合一千五百二十年文字巳生漸可詳紀自茲以降史官立焉歷然可覩備諸方策天尊之義闃尒無聞以此推之足明虛妄昭然可驗何所疑焉

公子曰先生縱懸河之辯吐連環之辤藻雪心靈清滌耳目自可韜聲屏

息寀理通幽而迷滯過深不無小惑再覽髙聽有媿洒心請更詳之奠申積晦寀道家教跡義旨甚多法門名數事理不少經有三十六部名迺苞於三洞玉字金書銀函瑠格紫筆朱翰具有表章豈全虛也

先生曰子迷其本又惑其末為子備論少選可悟道經咸推天尊所說說主本自憑虛教跡足成非實焉有皮之不存毛將安附雖有三十六部咸是偽書徒稱三洞俱非實錄玉字金書偽中生偽銀函瑠格虛內構虛紫筆之名既矯詞而妄立朱翰之說亦假飾而空題語事以惑庸情據實足為虛妄但道家經云是天尊所詮教主畢竟不存明經無主可說說經無主自曉偽端抉本塞源詐勞繁述子今尚未悟終俟剖拆論之其稱三十六部者義有由焉此名發自佛經道士因而創作庸俗愚情以增加為勝以佛經有一十二部迺加二十四部揔成三十六部見佛法說眼耳等六根染塵因茲結罪遂於六根之上每

根開六種法門六六三十六故摽三十六部稱雖有其名竟無其義每部之内事理乖張此非聖人所詮妄造豈能該容三十六部為妄可知又三洞之名還擬三藏三洞者一曰洞真二曰洞玄三曰洞神此之謂三洞洞者洞徹明悟之義言君此三經明悟道理謂之三洞洞真者學佛法大乘經詮法體實相洞玄者說理契真洞神者符禁章醮之類今考覈三洞經文唯老子兩卷微契洞玄之目其洞真部即是靈寶經數並是近代吳宋齊梁四朝道士葛玄宋文明陸修靜及顧歡等為造咸無實典其洞神一部後漢末蜀人張道陵自去於峨嵋山修道詐果老子從紫微宮下降授道陵天師之任及符禁章醮役召鬼神之術道陵迺自為造道經數百卷經中敘道陵與天尊相對說經經文多云天師道陵曰晉武帝平吳之後道陵經法始流至江左文明等於道陵所造為經之中創制義疏以解釋之因此更造為經以增其數三洞為

狀是可知矣玉字金書者經云天尊於玉京玄都說經既畢諸天真人編玉為字以寫其文一記云玉字者是諸天書名金書者鏤金為字今道士所受法真文及上清其詞皆以玉字為文其字似小篆又非小篆道家明真行道於壇五方各施一真文其文書作玉字宋文明等作隸書以譯之據文明此狀蓋彰字為若玉字本是諸天真人所書文明是近代道士不預說法之會又與集經真人不相交接如何文明得識玉字而易以隸書即彰玉字是文明所作改篆書體為立玉字之名所以還自以隸書易其為字以此驗之皎然可悲又云銀函瑠格且函者盛經之匣格者貯經之藏此言天尊說經人天敬重盛以銀函秘之玉藏鏤玉貴故用以緘經准此虛詞全為詭妄但仙宮人代貴尚各殊若以人間銀玉為天宮之珍人間聲色可為天宮所重聲色為經說妄銀玉何迺是真財色對境是同彼此有何殊別立財破色未識其由又

云紫筆朱韜此更虛爲但筆之起稱基於六國秦人蒙恬方始造筆自秦以前皆削木書之或謂之贅或謂之札或謂之觚元無筆号豈有天尊以稱爲筆況五色非實六塵咸假迷心執繫妄以爲色在於賢聖本無此見文明等以朱紫俗中所貴用飾籤題之名且韜者以擬六韜妄竊太公兵書之号迴俗書之異名兵誌之殊目不離塵勞之境纔論生死之流語事以是義名揔理全成爲迹

公子聞先生此說心昏志擾莫知所措迴謂先生曰伏聞衆口鑠金積毀銷骨先生此詛無迺是乎未解所疑更希良釋經云雲彩霞光結空成字烟煴霧液聚氣爲文並乖八角字方一丈靈寶具顯奚所惑哉

先生曰情弊執者難移性明察者易悟夫子沉淪弱喪往而不返靡見致疑子審聽之吾爲子述此經旨意久已曉之蓋叙真文爲濫之源顯靈寶虛妄之跡既云天尊含一氣之端苞兩儀之始生化物象孕育群形說經

不託空閒造字何推氣結此文明等爲造真文之因虛立緣起之狀迺云天尊感靈霞之氣聚結成文字方一丈與異凡俗之書並乖八角用殊篆隸之體若其真文應見於此下方誓悟凡俗須示靈異之狀真文見在上方天尊都化之所何須廣大其文以呈詭怪之跡縱陳海棗之論寧思蝸角之虛此又爲也公子曰玉字之文結空之氣既云虛誕誠如所言大羅之天玄都之境玉京仙宇金闕天宮空青寶林褰木靈樹三清上界九仙靈府道俗同詮豈並非實

先生於是解頤而謂曰適欲爲子說之子果見問今爲子具陳其妄案靈寶爲經有三十二天其天自下而上重疊置之從下第一太黃皇曾天第二太明玉白八天第三清明何童天第四玄胎平育天第五元明文舉天第六明七曜天第七虛无越衡天第八太極濛翳天第九赤明和陽天第十上真玄明天十一曜明宗飄天十二竺落皇笳天十三虛明堂曜天十

四觀明端靜天十五玄明恭慶天十六太煥極瑤天十七元載孔昇天十八太安皇崖天十九顯定極風天二十始黃孝芒天二十一太黃翁天二十二无思江由天二十三揲无樂天二十四无極曇誓天二十五浩庭霄度天二十六淵通元洞天二十七太文翰寵天二十八太素秀樂天二十九太虛無上天三十太釋騰勝天三十一龍變梵度天三十二太極平育天謹案道家三十二天略無大羅之号即明无無大羅之天此又妄造則此三十二天摠是僞立何以知者今攝二十四天名曇誓天第三十一天名梵度天竊尋曇梵二字此土先無玉篇說文字林字統竟无此字曇梵二字本出佛經與無現之流翻譯人造用詮天竺之音演述釋迦之旨在於此方先無此字後葛洪於佛經上錄梵字訓以爲淨陸法言因而撰入切韻若天尊說靈寶等經在於佛法東流之前此字未造如何名預用若於佛法之後即是偷竊佛經近始爲

造進退無據爲跡自彰大羅之名寔此之類驗斯一節足表三隅又玄都仙宮玉京靈岫案經所說玄都是玉京山上宮名金闕迺玄都宮之闕稱尋諸宗旨虛妄又彰且道法是此土教天尊是此土聖人詮化不在外蕃居止合於此地自從文字已來帝王境域上自軒皇之代下至周姬之朝東不越辰韓西未逾大夏南纔至象郡北尚阻鴈門此中闊狹可知近遠斯在又據十洲記四夷傳地理誌輿地誌括地誌汲冢書並無玉京玄都之域天尊何處施化若在諸天之上天上人間境界全別非唯穢淨有異諒亦語言不同至於文字尚好是事懸草但此地日月山河金玉珠貝藥林山石之等同業共感妄情起繫執有貴賤在於上天初無此事迺以人間妄繫金玉珍貴用標仙都山闕之名黍曰聖人定不同此此又虛也但方域之言隨地改革万里之內音旨不通况在諸天固殊聲韻設有天尊實於玉京山上說法終藉人傳方至此地復須翻譯然可流行驗無傳經之八又無翻譯之所繼令經語是此土之音必待人傳得至此國天尊說經之後須有集錄門人降自上天傳于下代發玄都之勝境至赤縣之神州詮三十六部之靈文演一十二品之科格人事之閒實爲壯觀何故史籍遺而不書凡在有情知其不可此又虛也又空青之林寒木之樹三雅之所不載九丘之所未詳虛搆異名眞殊俗物唯有靈寶經說竟無典記可憑斯等鑿空言同步影此又虛也又云三清之天九仙之府彌增爲跡轉益虛宗案靈寶三清天号還同前說上下安之下曰上清中曰太清上曰玉清此三清也此三天布置在三十二天上大羅天下釋云玉清天尊所居之天太清大道君所居之天上清老子所居之天就教推尋更成虛爲靈寶列三十二天天位先定若加三清及以大羅則三十六天不合祇有三十二位此又不可也若三清大羅是三十二天內三清大羅是其別号則列三十二天名數合標別号之名經無別稱明非三十二天之數此又虛也又此經稱是天尊所說說主自搆虛徒有三清之名本無天尊可立玉清之境還是妄論所稱大道君道是虛通之理无物之謂太上道君豈合有像又不可立太清之天此又爲也老子駈車西域竟無昇天之由虛標上清之位事等繫風之說再三虛妄爲跡逾彰所言九仙者案經所說仙有九等等級差降以標其位天尊若處其長不出神仙之流神仙傳中何爲不載設令是實未免死生終爲劫火所焚不入諸聖之位及其爲狀即此之流

公子曰先生辯囿宏開耀詞葩於舌杪言能迴注瀉文瀾於談端若春景之煦薄水若秋飈之拂危葉辯即辯矣疑尚疑焉案靈寶度人經云天尊居始青天中碧落空歌大浮黎土此則所居有據說法无疑始青之天顯然碧落之宮昭著空歌標其境稱浮黎引其土名如何高論揔排爲僞

甄正論卷上　第十五張　集字号

先生迺攘掌大噱而謂公子曰聞一知十顔回見稱於孔父朝三暮四狙公致忿於莊生余昔惟焉今信之矣且始青之天與大羅何異碧落之号將上清豈殊前以唱言今復到或寀三十二天天无始青之稱三清之位位無浮黎之境置立參差終始乖舛但諸上咸是天人欲界之天男女雜處雖有欲事輕重不同修十善勝業生於其境不似人間分壃畫野自色界之上無女唯男修四無量因方感彼果咸無土地之實衆寶之所共成今言大浮黎土一何迂誕虛偽之狀參驗可知子自情迷非余辯悞

甄正論卷上

甄正論卷上

校勘記

一　底本，金藏廣勝寺本。

一　六五〇頁中二行撰者，資、磧、普、南作「大唐佛授記寺沙門玄嶷撰」；徑、清作「唐佛授記寺沙門玄嶷撰」，卷中同。

一　六五〇頁中六行「滯迷」，資、磧、普、南、徑、清作「迷滯」。

一　六五〇頁中七行第六字「精」，諸本(不含石，下同)作「積」。

一　六五〇頁中八行第七字「杌」，徑、清作「杌」。

一　六五〇頁中九行「搜覽」，資、磧、普、南、徑、清作「披覽」。

一　六五〇頁中一一行「紕謬」，資、磧、普、徑作「紕繆」。

一　六五〇頁中一二行「起余者」，資、磧、普作「余之」；南、徑、清作「起予之」。又「予貪」，諸本作「子今」。

一　六五〇頁中一四行第四字「所」，諸本作「史」。又「古人」，南、麗作「古人之」。

一　六五〇頁中一八行「萌兆」，資、磧、普、南、徑、清作「兆朕」。又「晈晈」，資、磧、普、徑作「皎皎」。又第一三字「耀」，資、磧、普、南、徑、清作「昇」。

一　六五〇頁中一九行第五字「若」，資、磧、普、徑作「似」。

一　六五〇頁中二〇行首字「世」，資、磧、普、南、徑、清作「代」。又第四字「旨」，資、磧、普、南、徑、清作「有」。

一　六五〇頁中二一行第三字「教」，資、磧、普、南、徑、清作「教也」。

一　六五〇頁下二行「解紛」，資、磧、普、南、徑、清作「解忿」。

一　六五〇頁下三行末字至次行首字「形國」，麗作「刑國」。

一　六五〇頁下一一行「蓬萊」，諸本作「蓬山」。

一　六五〇頁下一八行「分折」，磧、普、

徑、清、麗作「分析」。

一 六五一頁上八行第三字「太」，麗作「大」。

一 六五一頁上一〇行「条之」，諸本作「以人參之」。

一 六五一頁上一四行首字「沌」，諸本作「淪」。

一 六五一頁上二〇行「之先」，諸本作「之先且太極之先」。又「不合」，資、磧、普、南、徑、清作「不可」。

一 六五一頁上末行第七字「生」，南、徑、清作「先」。

一 六五一頁中二行「愀然」，諸本作「懮然」。

一 六五一頁中三行「移人」，資、磧、普、徑、清作「移夂」。

一 六五一頁中九行「寨木」，資、磧、普、南、徑、清作「凋木」。

一 六五一頁中一二行「亟繁」，徑、清作「亟煩」。

一 六五一頁中一四行「揚礭」，諸本作「揚確」。

一 六五一頁中一五行首字「之」，諸本作「之也」。

一 六五一頁中一六行首字「可」，諸本作「可以」。又第五字「尊」，資、磧、普、徑、清、麗作「遵」。

一 六五一頁中一八行「軸素」，資、磧、普、南、徑、清作「緇素」。

一 六五一頁中一九行首字「殊」，資、磧、普、南、徑、清作「基」。

一 六五一頁中二一行「未鎔」，諸本作「未融」。

一 六五一頁中二二行「皇帝」，資、磧、普、徑、清作「黃帝」。

一 六五一頁下三行首字「耀」，資、磧、普、南、徑、清作「昭」。又「陽曄」，麗作「楊曄」。

一 六五一頁下五行第四字「純」，資、磧、普、南、徑、清作「淳」。

一 六五一頁下一〇行「其爲」，諸本作「爲其」。

一 六五一頁下一二行「九十六」，資、磧、普、南、徑、清作「九十一」。

一 六五一頁下一七行第四字「世」，資、磧、普、南、徑、清作「代」。又「二十年」，麗作「三十年」。

一 六五二頁上九行「非實」，資、磧、普、南、麗無。又「焉有」，徑、清無；麗作「烏有」。

一 六五二頁上一四行「以惑」，諸本作「似惑」。又第一二字「摭」，資、磧、普作「撫」。

一 六五二頁上一五行第四字「但」，麗作「且」。又第七字「經」，諸本作「經教」。

一 六五二頁上一六行「無主」，資、磧、普、南、徑、清作「無人」。又第一二字「說」，徑無。

一 六五二頁上一七行「扶本」，資、磧、普、南、徑、清作「援本」。又末字「子」，資、磧、普、南、徑、清作「夫子」。

一 六五二頁上一八行首字「今」，資、磧、普作「令」。

一 六五二頁上二一行「一十二」，資、

一　磧、普、南、徑、清作「十二」。

一　六五二頁中二行第三字「部」，諸本無。

一　六五二頁中五行「擬三藏」，諸本作「擬佛經三藏」。

一　六五二頁中一四行「實典」，諸本作「典實」。

一　六五二頁下三行「一記」，諸本作「一說」。

一　六五二頁下九行「盖彰」，諸本作「益彰」。

一　六五二頁下一二行第一一字「易」，資、磧、普、南、徑、清作「譯」。

一　六五二頁下一三行第九字「作」，資、磧、普、南、徑、清無。

一　六五二頁下一六行第五字「者」，麗作「者是」。又第九字「匣」，資、磧、普、南、清作「匣」。

一　六五二頁下一八行「秘之」，資、磧、普、南、徑、清作「秘以」。又「銀玉」，資、磧、普、南、徑、清作「以銀玉」。

一　六五二頁下一九行第一一字「人」，南、徑、清作「之」。

一　六五二頁下末行第二字「有」，資、磧、普、徑無。

一　六五三頁上六行「繫妄」，資、磧、普、南、徑、清作「計妄」。

一　六五三頁上一〇行第八字「論」，諸本作「淪」。

一　六五三頁上一一行「鞠理」，資、磧、普、清作「鞫理」。

一　六五三頁上一四行「所疑」，資、磧、普、南、徑、清作「沉疑」。

一　六五三頁上一八行末字「是」，諸本作「易」。

一　六五三頁上一九行「弱喪」，南、徑、清作「溺喪」。又第一二字至次行首字「靡見致疑」，諸本作「靡思已惑翻見致疑」。

一　六五三頁上二〇行「旨意」，資、磧、普、徑、清作「意旨」。

一　六五三頁中六行第一二字「見」，麗作「若」。

一　六五三頁中八行「縱陳」，諸本作「徒陳」。

一　六五三頁中一一行「玉京」，麗作「王京」。

一　六五三頁中一二行「寨木」，資、磧、普、南、徑、清作「凋木」，次頁中九行同。

一　六五三頁中一八行第五字「白」，資、麗作「皃」；磧、普、南、徑、清作「完」。

一　六五三頁中二〇行第三字「明」，諸本作「上明」。

一　六五三頁中末行第一二字「暉」，磧、普、南、徑、清作「耀」。

一　六五三頁下四行第四字「孝」，麗作「考」。又「黄翁」，資、磧、普、南、清作「黄公重」；徑作「皇公重」；麗作「黄翁重」。

一　六五三頁下五行第三字「元」，資、磧、普、南、徑、清作「無」。又「撲元」，資、麗作「上撲元」；磧、普、南、徑、清作「上極元」。

一　六五三頁下八行「文翰」，資作「文

輸」。

一　六五三頁下九行「無上」，資、磧、普、南作「樂上」。

一　六五三頁下一〇行第一三字「軍」，諸本作「平」。

一　六五三頁下一一行第二字「謹」，資、磧、普、南、徑、清無。

一　六五三頁下一七行「無現」，麗作「無見」。

一　六五三頁下二二行第一一字「名」，諸本作「天名」。

一　六五四頁上五行「尋詣」，麗作「尋討」。又「此土」，麗作「此方」。

一　六五四頁上六行首字「教」，諸本作「之教」。

一　六五四頁上八行「周姬」，諸本作「姬周」。

一　六五四頁上一一行「十洲記」，資、磧、普作「九洲記」。

一　六五四頁上一二行「汲家書」，資、徑、清、麗作「汲冢書」。

一　六五四頁上一三行「天尊」，諸本作「未審天尊」。

一　六五四頁上一四行「天上」，資、磧、普、南、徑、清無。

一　六五四頁上一六行「懸革」，諸本作「懸隔」。又「此地」，麗作「天地」。

一　六五四頁上一七行第一三字「繫」，麗作「計」。一九行第三字同。

一　六五四頁上一九行「山闕」，南、徑、清作「仙闕」。

一　六五四頁中一行「此地」，資、磧、普、南、徑、清作「此土」。

一　六五四頁中二行第二字「八」，諸本作「人」。

一　六五四頁中一一行第五字「唯」，磧、普無。

一　六五四頁中一二行第三字「事」，資作「事事」，磧、普作「唯事」。又「步影」，磧、普、南、徑、清、麗作「捕影」。

一　六五四頁中一六行第一三字「在」，資、磧、普、南、徑、清作「在經」。

一　六五四頁中二一行第七字「則」，諸本作「則有」。又末字「祇」，資、磧、普、南、清作「秖」；徑作「秪」。

一　六五四頁中二二行第五字「位」，資、磧、普、南、徑、清作「天位」。

一　六五四頁中末行第七字「内」，資、磧、普、南、徑、清作「内天」。

一　六五四頁下四行「自搆」，資、磧、普、南、徑、清作「元自稱」。麗作「元自搆」。

一　六五四頁下七行「此又」，磧、普作「又此」。

一　六五四頁下一三行「死生」，資、磧、普、徑、清、麗作「生死」。

一　六五四頁下一四行「凡其」，資、磧、普、南、徑、清作「究其」。

一　六五四頁下一七行「言能」，諸本作「言泉」。

一　六五四頁下一八行第五字「若」，諸本作「類」。

一　六五四頁下末行第二字「引」，諸本作「列」。

一　六五五頁上一行「攇掌」，諸本作

「撫掌」。

一　六五五頁上三行第八字「昔」，資作「者」。

一　六五五頁上五行「唱言」，諸本作「昌言」。又「到惑」，資、磧、普、南、徑、清作「置惑」；麗作「致惑」。

一　六五五頁上六行「三十二」，麗作「三十三」。

一　六五五頁上七行「終始」，資、磧、普、南、徑、清作「始終」。

一　六五五頁上八行「諸上」，諸本作「諸天之上」。

一　六五五頁上一四行第八字「迷」，南作「違」。

趙城縣廣勝寺

甄正論卷中　集

大白馬寺僧玄嶷撰　前弘道觀主杜乂

公子曰天上无地誠亦有之天尊神力不无其實案此經文天尊當說度人經時七日七夜諸天日月璿璣玉衡一時停輪神風靜嘿山海藏雲天无浮翳四氣朗清此則神力所致聖德靈感故得日月駐景以停運風雲斂霧以澄清若非大聖孰能至此先生曰无天尚解造天无地猶能立地日月任其筆削風雲隨其指撝確實論之並无其事且璿璣斡運金渾應象三百六十五度四分度之一十二交會晝夜百刻周旋潛轉靡有少停春秋二分冬夏兩至縱有盈縮大數不虧如也薄蝕差時行次失度史必書之以表天事但日度稍長猶為吉應尚書史冊以示將来況天一不轉七百刻自有天地以来未有若此之大瑞自合別飾史詞光諸簡牒典載不記明並靈焉若言此之璿璣日月風雲山海之等並論天上之天不是人間之天者且諸天上界咸无日月自然光明遠近相曜以花開合為晝夜不与此土相同宗文明等但見此土日月山海謂諸天上還同此境亦有日月雲風山海等物不知諸天之上元无此等聖教具詳此可略尔靈又明也

公子曰上天无日月等先生辨之至如天尊說經利益實廣經云天尊說度人經一遍一國男女聾病皆聞聽二遍盲者目明三遍瘖者能言四遍跛者能行及周十遍乃至婦人懷孕鳥獸含胎已生未生皆得生成地藏發洩金玉露形枯骨更生皆起成人以此言之神功大矣

先生曰余聞之有人寐而夢者於夢中又占其夢果如然也向已具論子仍固執何異占夢乎余告子上天下境勝劣不同豈有盲聾瘖跛之疾亦无塚墓骸骨之識雖有生死之事皆是變化所為无產生之生无屍死之死今此經云天尊於始青天中說法乃云一國男女天上豈有國耶又云

盲聾等病天上元无此病業此經文元來不妄上天善惡出自智臆造此僞經乃妄巷之浮談非典實之雅論靈僞之狀此又彰焉

公子曰先生所詮无非僞也然則道法流行爲日已久教跡匪一義理多門秖如三世因果六道業緣地獄天堂罪福報應皎然不昧豈徒言哉

先生曰此更靈也天尊之事靈寶之經首尾靈僞不可爲證道家宗旨莫過老經次有莊周之書兼取列禦之論竟无三世之說亦无因果之文不明六道之宗詎述業緣之義地獄天堂了无辨處罪福報應莫顯其由自餘雜經咸是陸脩靜等盜竊佛經妄爲安置雖有名目殊无指撝余更爲子舉例論之道家稱天尊說經在堯舜以前上皇之代其時淳風尚質醇俗未萌人无矯妄之心時有无爲之化老子說經當襄周之末帝王之季君昏於上臣亂於下征伐不由天子禮樂出自諸侯以大凌小恃強侵弱人懷狙詐俗變澆浮何因天尊當淳朴之日乃說地獄天堂罪福因果三世六道應報業緣老子當澆醨之代乃說无爲无事恬淡清虛雌柔寡欲返樸之義何其爽歟以理推之靈僞非謬

公子曰先代天尊先生執僞後之靜信豈復妄哉請少詳之无爲蓋退案道經云樂靜信宿稟仙才早殖德本功滿行就道證天尊大弘教跡廣演經論豈並僞耶

先生曰上古本无猶能造僞元始下代因僞豈不解假立天尊夫子前識其初本迷其末誣其源而濟其流曷可得耶此宗文明等爲元始立天尊自知无據爲佛經說釋迦棄儲后之位出家脩道證得佛果遂僞立樂靜脩道證得天尊兼說經教具論因緣之事趨日避影重覺心勞欲隱而彰僞跡逾顯非唯外无俗學不明得姓因由亦乃內无識智不悟立主靈僞且樂氏之姓出自樂正子春子春者殷之掌樂之官因命氏後爲樂姓年歲近遠撿驗可知若靜信實得天尊殷之末代周之首年商書周書因何不載史記洞記何故不書又鞫靜信所化之域竟无其所東至日窟西窮月窟北指玄洲南臨丹浦推究境土並无靜信所都可謂語薜荔於長流足驚視聽之說蔕芙蕖於高木殊爲理外之談徒懷挾彈之心寧知陷井之鼃

公子曰元始法身靜信報果咸云假僞无一實存在於下愚不无二惑竊憑書史敢立實宗輕忤高懷伏垂矜恕

先生曰子何言之過也余少閱墳典長討名理年過知命研機不疲傍瞻宇宙之間歎言論之无偶俯觀時代之上恨知音之蓋稀向與子談未攄懷抱若能深靈成實變僞爲真此則功侔造化之功力邁陶鈞之力希一清耳子薄言焉

公子曰先生以天尊書史不載以爲靈妄在於僕也誠亦如然秖如靈寶之經典記具載豈亦僞乎案吳楚春秋及越絕書咸云禹治洪水至牧德之山見神人焉謂禹曰勞子之形役子之慮以治洪水无乃怠乎禹知是神人再拜請誨神人曰我有靈寶五符以役蛟龍水豹

窮子能持之不日而就禹稽首而請日授之而誡禹日事畢可祕之靈山勿傳人代禹遂用之其功大就事畢乃藏之於洞庭苞山之穴至吳王闔閭之時有龍威丈人於洞庭之苞山得此五符獻之於吳王闔閭吳王得之示諸羣臣莫能識之聞魯孔丘者博達好古多所該攬令史賚五符以問孔丘曰吳王閑居有赤烏銜此書至王所莫識其文故令遠問孔丘見之而荅使者丘聞之禹治洪水於牧德之山過神人授以靈寶五符後藏之於洞庭之苞山君王所得无乃是乎赤烏之事丘即未詳先是江左畫讃云禹治洪水得五符藏之洞庭苞山湖龍威丈人竊禹書得吾書者喪國廬尋而吳果滅矣此則事跡分明書史具載此謂之也言何黜斆先生於是哈然而笑謂公子曰向子鴻河漢之詞發雷霆之嚮謂縱堅白之辨乃肆粲素之談以此而觀言何容易向共子論靈寶經偽未曾說靈寶符非若得引符證經亦可指火為水況

吳楚春秋近代始撰越絕之書脩非尚古緣符爲實不得例經且符題靈寶顯此符之有靈効驗可憑堪爲實重此表符之功用非標經之妙宗自是鬼神之籙術數之事豈以道德之符妄云老子所授乃將夏启符本勒爲老子之符集成靈寶經比類而說足可知之耳三墳五典唐虞以上之書述易脩詩孔丘姬朝始撰豈以墳典俱日俗書謂是宣尼所作以此驗彼昭然可知又靈寶之事有其二義若越絕等書在宋文明前造則文明等取符上靈寶之目偽題所撰之經若於文明後脩此之二書亦皆靈偽妄創五符之跡用諂靈寶經題以事參之前後咸偽又云吳王得符俄喪其國此乃凶妖之書豈曰慈悲之教殞身滅國寔由靈寶之符夫子徒欲光揚詐能掩其災禍飾詞崇偽若得驪珠討本究源乃成魚目斯言之黜返屬子焉

公子曰靈寶教偽既如所言老子之書豈亦稱偽至如化胡成佛事跡顯

然尹喜之傳具陳出塞之記備載文始內傳化胡之經咸述所由非无故實

先生曰此又偽於靈寶矣且老子仕周為柱下吏後遁西之流沙至函谷關為關令尹喜演黃帝之書重廣其文道德二篇上下兩卷論脩身理國誡剛守雌挫銳解紛行慈約儉謙下之道五千餘言尹喜又錄老子與尹喜談論之言言為西昇記其中後人更增加其文參糅佛義大旨略與道經微同多說人身心情性稟生之事脩養之理夭壽之由後人又改記為經此經首章云老子西昇聞道竺乾有古先生不生不滅善入无為綿綿長存是以昇就經末又云老子謂尹喜曰古先生者吾之師也還乎无名吾今昇就亦返一源參驗此言足明老子知有釋迦所以捨官西赴還乎无名者涅槃之理返一源者不二之稱一中之本真如之軆也吾之師者老子將就釋迦摳衣學道故遙尊曰師並是老子西昇經文既稱佛是已師如

何翻云化胡為佛若老子本擬往天竺化胡何所迴避而言開道竺乹有古先生善入无為化胡之義此極盛也但其文合云乹竺乹者天也故易☰卦以象天地足知乹者天之謂也後人抄寫悞异竺字於乹字之上故云竺乹又案西蕃葱嶺以西至于西海東西南北唯有五天竺无竺乹之國明是後代轉寫悞也老子不化胡之跡居然可知其尹喜傳老子出塞記及文始內傳並是近代道士等見佛法興盛俗薄其教苟懷妬忌偽造此文書云老子化胡成佛今直據化胡之文足以顯經本偽案史記及前漢書西夷傳諸蕃部落各殊一蕃之中又分數部西蕃之國咸悉城居國号蕃名其數極衆月支畤勒碎葉鐵勤大夏大宛居延休屠波斯天竺略舉大數子細甚多天竺之中東西南北及中分為五國國号天竺人曰婆羅門与胡相去向有万里若老子親化婆羅門成佛不應經云化胡咒釋迦本是中天竺國太子元自未證王

位何得經云佛是胡國王驗此經文冊三皆妄良由宗文明以佛法至此百姓歸依遂偽造化胡之經云是老子化作誣惑聾俗欲令敬奉又宗文明等生長江濱不諳西域傳聞西是胡國乃疑佛亦是胡復聞佛是王種還謂佛是國王望風偽造此經論說化胡之事國名殊不相當何異所膽楚越以經驗國虛偽自分不待言談方辨假妄公子曰若也此經是偽何得老子為胡王及群目說涅槃法花花嚴金光明等經經今見實豈日虛乎

先生曰化胡本妄說經是虛此不合疑子何離也且涅槃等經並是佛說各有緣起具論法相詮因果於三世明罪福於六道辨報應之業顯真如之理育意不論化胡何關老子所說宗文明等元來未窺佛法謂如道經義趣妄云老子所說推尋本跡何太狂踈凡所述作須要由緒故雙抹示滅三藏開結集之宗兩楹夢奠十哲撰紀言之論姬文拘牖明夷之義載

敷馬遷下獄太史之書方著咸有所以非无表明脩靜之華紅左膚流素蓄邪見徒知心矯豈悟跡虛案前武帝元狩中遣霍去病討凶奴至皐蘭過居延斬首太獲昆耶王煞休屠王將其衆五万來降獲金人帝以為太神列於甘泉宮及開西域遣張騫使大夏還傳其彼有毒國身毒名天竺始聞有浮啚之教至哀帝元壽元年博士景憲受大月氏王使伊存口授浮啚之經此並佛法東流之漸何曰不說老子化胡之事若化胡不虛史傳自然合錄直以元无此事虛狀不可妄書

公子曰化胡之經先生稱偽何為唐朝昊天觀道士尹文操奉勑脩老子聖紀引化胡經傳云老子化身乘六牙白象從日中下降淨飯王宮入摩耶夫人胎中生而作佛據此所說佛即老子應身何妨實說經也

先生不覺盧胡久之而歎曰斯言之過我子或焉但老子當過關日自云竺乹有古先生方将轍軔金河畏糧

玉塞經履沙磧跋涉山川百舍忘疲
一心訪道遠慕聖德遐尊日師令化
胡經中自身作佛前後乖謬吾誰的
從驗西界之首章類化胡之末句彼
談此說終始參差良為搆虛詞多舛
誤且老聃之適竺乾籍甚釋迦盛德
准此佛生已久声聞遠被東周老聃
慕義欽風驅車以之西上而云至彼之
後身方入胎偽在目前詎煩言辨作
偽心勞蹤跡鄙露既云乘象入胎變
身為佛如何復說老子化胡必其人
胎不靈降生有實老子身已作佛遺
誰相化即是伯陽自生為佛何關伯
陽化胡成佛案此化胡入胎兩皆是妄
說經之事一槩咸虛設令老子實入
母胎受生作佛佛是老子應身即是
道法宗祖道士等自合削髮染衣投
疑緇侶變梟声於織衢華很顧於耶
心而乃毀五乘之聖文譽三張之鄙
教踐迷塗而躡足泛慾海以沉艫不
復本以歸宗良為此經先偽
公子曰此又玄偽僕何言哉但道法
之興基於邃古教門宏遠宗致幽深

其談詠者重玄所歸依者三寶士真
大道无上福田脩而行之咸蒙利益
或控青鸞而上漢或駕白鶴以冲天
御辨氣以宣遊躡雲剛而飛步此並
史傳之所載吾子奚可詰焉
先生縱容而荅曰夫子向來所立咸
捨實以憑虛亦皆匠而扶偽余謂子
知前迷而後悟識今是而昨非及乃
捧螢光以比日策蹇足以齊駿用茲
擬議何不量力者歟道之為教誠亦
多塗本自一氣派成万彙子云遂古
此不靈談自二儀象著三才位形同
禀一道靈而能通辨之在人人外无
道用之則見捨之則隱契會斯理謂
之得道能辨之者免於災攢順生而
壽苟違斯理必罹殃咎逆生而夭故
老子云外其身而身存莊子云煞生
者不死此順生也老子云吾所以有
大患為吾有身莊子云生生者不生
此逆生也外身者謂不自貴有已身
不陵人傲物不貪声色人我滋味等
法衆共推之免於患難終其壽考此
煞生者不死也有身者自貴有已身

陵人傲物貪声色財以資奉其身生
益其生為物所惡乎受折辱嬰於患
禍夭其天年此生生者不生也此以
人行論道若以國論者君主去奢侈
屏声色卑宮室薄賦斂省傜役務農
棄君上垂拱而逸臣下鼓腹而樂上
下交泰風雨以時日月貞明祚歷長
遠此外其身而身存堯舜是也君主
奢侈惰泰崇飾宮室耽愛声色傜賦
繁重技會箕斂勞苦生人法令滋章
煞戮非罪風雨寒時星辰失度君昏
於上臣擾於下盜賊交起宗社傾滅
此為有身桀紂是也脩之於行謂之
身道行之於國謂之化道故孔安國
云伏羲神農黃帝之書謂之三墳言
大道也少昊顓頊高辛唐虞之書謂
之五典言常道也故老經云道可道
非常道又云大道廢有仁義別明道
家之道斯之謂矣君能躰道无為則時邑俗泰
人能體道无為則全生保壽壽有三壽上壽百二十歲
中壽百歲下壽八十所言不死者終
其三壽不為夭死子云談詠重玄者
即老經云玄之又玄此明徼妙兩觀

同出一心之妄見此見從識辨心生推尋識辨之心竟无的主此事冥昧不可了知故云玄也玄者深遠冥昧之稱又玄者則此冥昧之理亦不可得更復冥昧深遠故云又玄此老子无惠心聖智不能鑒幽達微故致此疑云歸依三寶者道家偽經无三寶之義唯老子經文有三寶之名經云我有三寶寶而持之一曰慈二曰儉三曰不敢為天下先此意慈者悲愍念之理儉者廉約不貪之義不敢為天下先者謙退卑敬之行若此三者依而行之誠亦有益於行是俗中仁約廉讓之道謙光濟物之德歸依此寶寶是人中善人竟无囙果業報之理道家每轉礼礼此三寶未知有何功德又云正真大道正者不偏之義真者非假之狀大者廣博之名道者靈通之理言此行之道正而不偏真而不假大而能廣推而驗之並是假號道者通理本无識性由人行之可偏可正故云道可左可右明无正也真假之狀人所目之在理於中何真何假此非真也廣狹之相繫之在心心外无道又不大矣故云道大天大地大人大域中有四大人居一焉域者界域謂人居止之境也道无定質囙人行顯不出人境故與天地人三才齊其大小輪轉生死之域邅迴世諦之間妄號正真靈名大道有名无實何其謬乎又云无上福田者夫道用由捨人无別主宰周旋不越人境何有无上之能又福田之名道書不載事出釋典偷竊偽安道縱脩行不離生死駕鶴沖天五千无此說控鸞上漢七篇曾不涉言此出神仙傳中豈關老莊之旨但仙由芝木之力兼資丹液之功非是薰脩何關於道且神仙之傳多涉靈誣祇如漢淮南王安坐犯下獄自煞神仙傳說云得八公之術白日昇天又晉朝嵇叔夜被鍾會譖見誅斬於都市神仙傳乃云得仙漢書晉書咸有列傳神仙之類即此之流不足可觀又子云御辨氣以宣遊者莊周逍遙篇破健羨之情斥神仙之術雖云列子御風无風則心不能无待況乎龍鳳載自非乘天地之正御六氣之辨方始无待此是莊周寓言假託而說用袪希求之心非謂實有然也躡雲網者靈寶玉京山偽經步靈詞云旋行躡雲網乘靈步玄紀此是道陵脩靜等偽造云天尊在玄都玉京山說法訖諸天真人遶繞天尊躡雲霞之上讚詠而行謂之步靈此是偽經前已破訖何得引偽還證偽耶

公子曰又云此偽敢不聞命援實經語先生許乎

先生曰焉不許哉

公子曰西昇之經老子所說不同靈寶天尊之偽與佛經事跡頗亦相參經云老子說學道成聖積行艱苦故云動則經再劫自惟甚苦懃此則具論劫數之事何可異焉

先生曰西昇之記誠老子所說後人加增佛事雜糅其文案老子道德二篇元无劫數之旨何囙西昇記內即有劫數之名又此土書史並无劫事道家所說與俗頗同成云天地未分

之前混沌无形二儀開後物象方著本无劫壞劫成之義且佛法未融東夏之前此土唯有劫煞之事无劫數劫石之文此記所論劫者佛經至此之後道士等盜竊佛經之劫增加西昇記文欲杂乱佛劫以代混沌之説案道德經云道生一一生二二生三三生万物老子説天地開闢之初万物着形之始言道生元氣元氣生天地天地生人及陰陽陰陽生万物一生二二生三三生万物也則与俗書所説大綱略同老子若知劫初之曰何故不説前劫壞而此劫生而言道生一以彼證此明是杂糅佛劫不或至於靈寶僞經亦具論劫事並是脩靜等盜寫佛經以益其教此亦可知公子曰西昇論劫子謂後人增加所説曰果罪福脩善攘灾不无其事至於行道建齋威儀整肅則有三籙祈請三元大獻次則明其真塗炭靈寶自然科儀嚴齋不謝佛教欲以為非詐能辯間先生曰道家曰果老子不詮説在僞經靈寶之部事非道典跡是佛經脩靜文明潛為盜竊前巳具辯无事重陳秪如三籙明真三元塗炭自然齋法並出靈寶之文元非老莊之教文明修靜等所造此事咸是僞脩狀跡先彰不煩再釋但子仍惑須破積疑案僞靈寶齋儀云三籙者一者玉籙二者金籙三者黃籙玉籙者為天子脩之金籙者為王公脩之黃籙者為庶人脩之或拜日月神靈或拜星辰氣象或拜五岳仙宮或拜四瀆水府叩頭乞哀搏頰祈福多料紋綵情規於財利廣支燈火意存於油燭相欺以妄行之于今与夫耶巫解禱有何殊異行耶求福豈神響諸自然塗炭咸此之類三元者上中下元一月十五日為上元七月十五日為中元十月十五日為下元釋云上元是天官挍計之日中元是地官挍計之日下元是水官挍計之日此天地水三官挍筭功過之事並是脩靜等搆靈矯立元无其事設使是靈自是冥道鬼神之事鬼道所攝在於道士何得預焉又云此三日三官挍筭人間行業罪福之事故須設齋懺悔以减其罪此益靈也撿尋老莊之文本无此事並出靈寶僞經且冥司之理嚴於俗法至如世諦法中凡人犯罪曾未發覺自首即元事巳彰露雖首不免君未三官挍筭之日以前預建三元礼懺容其免罪至挍計之日犯狀巳顯罪發方懺此乃伏欵希免其坐定不得原人間麁淺尚不免罪冥道細密如何可赦靈有齋懺之文竟无免罪之理以妄行妄庸不悟徒設嚴急之科諒无雪德之益也

甄正論卷中

甄正論卷中

校勘記

一　底本，金藏廣勝寺本。

一　六六〇頁中二行小字「前引道觀

主杜文」，諸本無。

一　六六〇頁中四行「其實」，徑作「有實」。

一　六六〇頁中九行「澄清」，資、磧、普、南、徑、清作「清澄」。

一　六六〇頁中一五行「雨至」，諸本（不含石，下同）作「兩至」。

一　六六〇頁中一八行「天一」，資、磧、普、南、徑、清作「天七日」。

一　六六〇頁中一九行「七百」，諸本作「經七百」。

一　六六〇頁中一九行第一一字「有」，資、磧、普、南、徑、清無。

一　六六〇頁中二一行第五字「⿱雨亞」，諸本作「虛」。下至次頁上九行第六字同。

一　六六〇頁下一行第六字「且」，資、磧、普、南、徑、清作「但」。

一　六六〇頁下四行第九字「上」，資、磧、普、南、徑、清無。

一　六六〇頁下五行「雲風」，諸本作「風雲」。

一　六六〇頁下六行「略尒」，諸本作「略示」。

一　六六〇頁下七行「明也」，資、磧、普、南、徑、清作「明矣」。

一　六六〇頁下一〇行「皆聞聽」，資、磧、普、南、徑、清作「耳皆開聽」；麗作「耳皆開聽」。

一　六六〇頁下一一行第三字「音」，諸本作「盲」。

一　六六〇頁下一八行第一一字「子」，資、磧、普、徑、清、麗作「子以」。

一　六六〇頁下二〇行「生死」，資、磧、普、徑、清、麗作「死生」。

一　六六〇頁下二二行第五字「云」，資、磧、普、南、徑、清無。

一　六六一頁上一行「此病」，諸本作「此疾」。

一　六六一頁上七行「祇如」，資、磧、普、南、徑、清作「秖如」。本頁下一八行第四字同。

一　六六一頁上一〇行第四字「⿱雨亞」，諸本作「虛」，下至本頁下一七行第八字同。

一　六六一頁上一六行「指撝」，諸本作「指歸」。又末字至次行首字「爲子」，麗作「別」。

一　六六一頁上一七行第九字「天」，徑作「大」。

一　六六一頁上一八行末字「醨」，磧、普、南、徑、清作「漓」。頁中二行第一二字同。

一　六六一頁中三行「寘欲」，諸本作「寡欲」。

一　六六一頁中五行「非謬」，南、徑、清作「益謬」。

一　六六一頁中六行末字至次行首字「益浪」，資、徑、清、麗作「孟浪」；磧、普、南作「溢浪」。

一　六六一頁中六行「豈復」，麗作「復豈」。

一　六六一頁中七行第八字「信」，資、磧、普、南、徑、清作「信等」。

一　六六一頁中一〇行「造僞」，諸本作「僞造」。又第一〇字「曰」，資、磧、普、南、徑、清作「同」。

— 六六一頁中一一行「夫子」，麗作「公子」。又「初本」，資、磧、普、南、徑、清作「初今」；麗作「本今」。

— 六六一頁中一三行第五字「始」，資、磧、普、南、徑、清無。

— 六六一頁中一五行第八字「静」，諸本作「静信」。

— 六六一頁中一六行第六字「論」，麗作「信」。又「曰緣之事」，諸本作「因果等事」。

— 六六一頁中一九行第二字「智」，資、磧、普、徑、清作「知」。

— 六六一頁中二〇行第一〇字「之」，資、磧、普、南、徑、清無。

— 六六一頁中二一行首字「曰」，資、磧、普、南、徑、清無；麗作「因官」。

— 六六一頁中二二行第九字「般」，諸本作「當般」。

— 六六一頁中末行「商書」，資、磧、普、南、徑、清作「尚書」。又「曰何」，諸本作「何爲」。

— 六六一頁下六行「狭彈」，諸本作「挾彈」。

— 六六一頁下一一行第三字「討」，資、磧、普、南、徑、清作「詣」。又第一一字「機」，資、磧、普、南、徑、清作「幾」。

— 六六一頁下一八行「祇如」，麗作「秖如」。

— 六六二頁上一行首字「弱」，諸本無。又第四字「持」，南作「傳」。

— 六六二頁上二行首字「曰」，諸本作「因而」。又「霊山」，資、磧、普、徑、清、麗作「於霊山」。

— 六六二頁上九行「孔丘」，徑作「孔證」。

— 六六二頁上一〇行首字「至」，諸本作「以至」。又第五字「識」，資、普作「所」；磧、南、徑、清作「辯」。

— 六六二頁上一一行第五字「者」，諸本作「者曰」。

— 六六二頁上一六行「龍盛」，諸本作「龍威」。又「吾書」，資、磧、普、徑、清作「五書」。

— 六六二頁上一八行「世謂之也」，資、磧、普、南、徑、清作「謂虛也」；麗作「謂之虛也」。又第一一字「點」，諸本作「玷」。

— 六六二頁上二〇行「堅曰」，諸本作「堅白」。

— 六六二頁上末行第六字「證」，徑作「丘」。

— 六六二頁中四行第一一字「之」，資、磧、普、南、徑、清作「文」。

— 六六二頁中五行「道淩」，諸本作「道陵」。

— 六六二頁中六行「妄云」，資、磧、普、南、徑、清作「矯云」。又第九字「捋」，資、磧、普、南、徑、麗作「將」。

— 六六二頁中七行第一〇字「經」，資、磧、普、南、徑、清無；麗作「經實」。

— 六六二頁中九行首字「書」，麗作「事」。又「姖朝」，諸本作「姬朝」。

— 六六二頁中一三行第八字「日」，

諸本作「目」。

一　六六二頁中一四行第一三字「霊」，諸本作「虛」。

一　六六二頁中一七行首字「其」，資、磧、普、南、徑、清無。

一　六六二頁中一九行「若得」，徑作「未得」。

一　六六二頁中二〇行末字「點」，諸本作「玷」。

一　六六二頁下一行第一一字「記」，麗作「說」。又末字「文」，南、徑、清、麗作「元」。

一　六六二頁下五行「柱下吏」，諸本作「柱下史」。又第九字「之」，資、磧、普、南、徑、清作「入」。

一　六六二頁下六行第一〇字「之」，諸本無。

一　六六二頁下七行「道德」，諸本作「爲道德」。

一　六六二頁下八行「約儉」，資、磧、普、南、徑、清作「恭儉」；麗作「儉」。

一　六六二頁下九行「五千」，諸本作「成五千」。又末字「尹」，諸本無。

一　六六二頁下一〇行第四字「之」，諸本無。

一　六六二頁下一四行末字「古」，資、磧、普、南、徑、清作「古皇」。一七行首字、次頁上三行首字、次頁下末行第四字同。

一　六六二頁下二一行「真如之躰也」，資、磧、普、南、徑、清作「真如之本真如之體也」。

一　六六二頁下末行首字「是」，資、磧、普、南、徑、清無。

一　六六三頁上三行末字「霊」，諸本作「虛」，下至本頁中一二行末字同。

一　六六三頁上四行第一三字「故」，資、磧、普、南、徑無。

一　六六三頁上五行「足知」，南作「是知」。

一　六六三頁上七行「葱嶺」，資、磧、普、南、徑、清作「自葱嶺」。

一　六六三頁上八行第一〇字「笁」，麗無。

一　六六三頁上九行「轉寫悮」，諸本作「傳寫誤」。

一　六六三頁上一一行「文始」，南、徑、清作「元始」。

一　六六三頁上一二行「姤忌」，麗作「姤忌」。

一　六六三頁上一三行首字「此」，諸本作「此等」。

一　六六三頁上一五行「西夷」，資、磧、普、徑、清作「四夷」。

一　六六三頁上一八行首字「勤」，磧、普、南、徑、清、麗作「勒」。

一　六六三頁上二〇行第八字「國」，資、磧、普作「之」。

一　六六三頁上二一行第四字「胡」，諸本作「胡境」。又「向有」，磧、普、南、徑、清作「尚有」。

一　六六三頁上末行「太子」，資、磧、普、南、徑、清作「王太子」。又「未證」，諸本作「未登」。

一　六六三頁中二行「文明」，諸本作「文明等」。

一六六三頁中三行第一三字「是」，諸本作「佛是」。

一六六三頁中四行第一三字「宋」，資、磧、普、南、徑、清無。

一六六三頁中八行「國名」，麗作「國名王號」。

一六六三頁中一一行首字「得」，諸本作「得云」。又「群臣」，資、磧、普作「群君」。

一六六三頁中一二行第一〇字「見」，資、磧、普、南、徑、清作「現」。

一六六三頁中一四行「是霊」，磧作「是妄」。

一六六三頁中二〇行末字「太」，麗作「大」。

一六六三頁中末行「拘牖」，磧、南、徑、清、麗作「拘羑」。

一六六三頁下二行第八字「之」，磧、南、徑、清無。

一六六三頁下三行第一一字「霊」，諸本作「虛」，下至六六五頁中一六行第八字同。又「前武」，諸本作「前漢書武」。

一六六三頁下五行「太獲」，諸本作「大獲」。

一六六三頁下六行末字「太」，諸本無。

一六六三頁下七行第八字「開」，資、磧、普作「關」。

一六六三頁下八行「其彼有毒國」，資、磧、普、南、徑、清作「云其傍有身毒國」；麗作「其傍有身毒國」。又「身毒」，資、磧、普、南、徑、清作「身毒者」。

一六六三頁下一二行「不說」，清作「不有」。

一六六三頁下一三行「録直」，清作「有若」。

一六六三頁下一七行「化胡」，諸本作「化胡等」。

一六六三頁下二一行「霊胡」，資作「虛肝」；磧、普、南、徑、清作「嘘吁」。

一六六三頁下末行第九字「轍」，諸本作「撤」。

一六六四頁上二行「今化」，資、磧、普作「令化」。

一六六四頁上五行「終始」，資、磧、普、南、徑、清作「始終」。

一六六四頁上六行「耂朋」，諸本作「老聃」。又「糟甚」，麗作「糟其」。

一六六四頁上八行「西上」，南、徑、清作「西土」。

一六六四頁上一〇行「郭露」，諸本作「彰露」。

一六六四頁上一一行末字「人」，諸本作「入」。

一六六四頁上一二行末字「遣」，徑作「違」。

一六六四頁上一四行「兩皆是」，資、磧、普作「兩皆」；南、徑、清作「兩端皆」。

一六六四頁上一五行第七字「咸」，徑作「成」。

一六六四頁上一七行「道法」，麗作「道門」。又末字至次行首字「投疑」，資、磧、普、南、徑、清作「投欵」；麗作「宜從」。

一　六六四頁上一八行末字「耶」，諸本作「邪」。

一　六六四頁上二一行「歸宋」，諸本作「歸宗」。

一　六六四頁上末行「遂古」，資、磧、普、南、徑、清作「邃古」，本頁中一一行同。

一　六六四頁中一行「亡真」，諸本作「正真」。

一　六六四頁中三行「而上」，麗作「於上」。

一　六六四頁中四行「雲剛」，諸本作「雲網」。

一　六六四頁中六行「縱容」，諸本作「從容」。

一　六六四頁中八行第一三字「及」，資、磧、普、南、徑、清無；麗作「反」。

一　六六四頁中九行第一三字「用」，資、磧、普、南、徑、清作「以」。

一　六六四頁中一〇行第九字「道」，資、磧、普、南、徑、清作「且道」。

一　六六四頁中一一行「派成」，磧、南、清作「泒成」。

一　六六四頁中一八行第四字「此」，資、磧、普、南、徑、清作「而」。

一　六六四頁下一行第八字「財」，資、磧、普、南、徑、清作「財我」；麗作「財利」。

一　六六四頁下二行「所惡」，麗作「所患」。又「手受」，諸本作「身受」。

一　六六四頁下四行「奢佊」，諸本作「奢侈」。

一　六六四頁下五行「務農」，麗作「勸農」。

一　六六四頁下一〇行「拔會」，諸本作「頭會」。

一　六六四頁下一一行第七字「褰」，諸本作「愆」。

一　六六四頁下一二行「交起」，資、磧、普、南、徑、清作「災起」。

一　六六四頁下一七行第九字「差」，資、磧、普、南、徑、清作「老子」。

一　六六四頁下一八行第一二字「别」，諸本作「則」。

一　六六四頁下一九行「无爲」，諸本作「無爲」。又「時邑」，諸本作「時邕」。

一　六六四頁下二〇行「三壽」，諸本作「三等」。

一　六六四頁下二一行「八十」，麗作「八十歲」。

一　六六五頁上一行第一〇字「從」，麗作「彼」。

一　六六五頁上六行「恵心」，諸本作「慧心」。

一　六六五頁上七行首字「疑」，諸本作「疑也」。又第二字「云」，諸本作「子云」。

一　六六五頁上八行「之名」，諸本無。

一　六六五頁上一〇行第一〇字「意」，資、磧、普、南、徑、清無。又第一三字「悲」，諸本作「慈悲」。

一　六六五頁上一六行「每轉礼礼」，諸本作「每朝禮」。

一　六六五頁上一九行「此行」，資、磧、普、徑、清作「行此」。

一　六六五頁上二二行第一二字「无」，諸本作「無定」。

一　六六五頁上末行「人所目之」，資作「人可目之」；磧、普作「人可自知」；南、徑、清作「人可自知」。又「理於」，諸本作「於理」。

一　六六五頁中一行第一三字「在」，資、磧、普、南、徑、清作「者」。

一　六六五頁中三行第三字「人」，麗作「王」，本行第一〇字同。又「一烏」，諸本作「一焉」。又末字「城」，諸本作「域」。

一　六六五頁中九行「由捨」，諸本作「捨由」。

一　六六五頁中一一行「僞安」，磧、南、清作「僞妄」。

一　六六五頁中一四行第一二字「木」，諸本作「术」。

一　六六五頁中一五行「薰脩」，資、磧、普、南、徑作「重修」。

一　六六五頁中一七行第四字「犯」，資、磧、普、南、徑、清作「犯法」。

一　六六五頁中一八行第一二字「稽」，諸本作「嵇」。

一　六六五頁中二一行「可觀」，諸本作「可憑」。

一　六六五頁中末行「烈子」，磧、普、南、徑、清、麗作「列子」。

一　六六五頁下三行第一一字「祛」，諸本作「杜」。

一　六六五頁下五行第六字「霊」，諸本作「虚」，六行首字、九行第四字同。

一　六六五頁下六行第五字「此」，普作「比」。

一　六六五頁下八行「違繞」，諸本作「圍繞」。

一　六六五頁下一一行第三字「曰」，麗無。

一　六六五頁下一二行首字「語」，諸本作「證」。

一　六六五頁下一四行第六字「之」，資、磧、普、南、徑、清無。又「老子」，資、磧、普、南、徑、清作「老子之」。

一　六六五頁下二〇行「佛事」，資、磧、普、南、徑、清作「刦事」。

一　六六五頁下二二行「刦事」，資、磧、普、南、徑、清作「刦數之事」。

一　六六五頁下末行「成云」，諸本作「咸云」。

一　六六六頁上三行「刦煞」，諸本作「刦殺刦賊」。

一　六六六頁上四行「刦石」，諸本作「刦名」。

一　六六六頁上五行「增加」，諸本作「加增」。

一　六六六頁上八行「老子」，諸本作「此老子」。

一　六六六頁上一〇行末字「一」，諸本作「此一」。

一　六六六頁上一二行「大網」，磧、普、徑作「大綱」。

一　六六六頁上一六行第一〇字「教」，麗作「數」。

一　六六六頁上一八行首字「說」，徑、清作「說然則說」。又「壞灾」，磧、南、清作「禳災」。

一 六六六頁上二〇行第九字「其」，諸本無。

一 六六六頁上二一行第五字「嚴」，徑、清作「儼」。

一 六六六頁中二行「盜竊」，資、磧、普、南、徑、清作「盜竊佛經」。又「无事」，資、磧、普、南、徑、清作「無俟」。

一 六六六頁中一〇行「神靈」，諸本作「精靈」。

一 六六六頁中一一行「仙宮」，資、磧、普、南、徑、清作「仙官」。

一 六六六頁中一三行第九字「存」，麗作「在」。

一 六六六頁中一四行「耶巫」，資、磧、普、徑、麗作「邪巫」。一五行第四字同。

一 六六六頁中一五行「豈神」，諸本作「神豈」。

一 六六六頁中一六行「上中下元一月」，諸本作「上元中元下元正月」。

一 六六六頁中一八行「下元」，資作「中元」。又「上元」，諸本作「上元日」。

一 六六六頁中一九行「中元」，諸本作「中元日」。

一 六六六頁中一九行末字至次行首字「下元」，諸本作「下元日」。

一 六六六頁中二〇行「三官」，麗作「三官投計之日此天地水三官」。

一 六六六頁中二一行「搆靈」，資、磧、普、南、徑、清作「駕虛」；麗作「架虛」。

一 六六六頁中二二行第九字「靈」，諸本作「實」。

一 六六六頁下三行第三字「靈」，諸本作「虛」，一一行第五字同。

一 六六六頁下八行首字「懺」，麗作「懺悔」。

一 六六六頁下一二行第七字「庸」，諸本作「庸情」。

一 六六六頁下一三行末字「也」，諸本無。

甄正論卷下

大白馬寺僧玄嶷撰　集

公子曰先生縱談天之辯震擲地之音恩吻所詮寒谷湛其春露勵言所被湯池結其冬氷以僕熘火之末光對曦景之層曜自可銷聲疊足喻氣斂眉況疑未祛仍希妙釋但靈寶所詮咸歸僞妄老子事跡應不虛誣河上公者神仙之人也昔漢孝文皇帝之時結草為菴居河之濵文帝好道德之經勑王公卿相及二千石咸令習讀老經有數句不解帝莫能通之有人言河上公常習讀老經或可解之帝乃遣使賫所不了義句令問河上公公荅曰道尊德貴不可遥問帝於是親幸河上詢問所疑河上公見帝抗首高據而坐帝甚恠之乃謂公曰普天之下莫非王土率土之濵莫非王臣朕能令人死生富貴公雖德重何乃自高乎河上公乃撫掌大笑躍於虛空去地數丈坐五色雲氣之上下顧帝曰余上不至天下不及地中不累人陛下焉能使我富貴貧賤耶帝方悟是神人乃下輦再拜而謝曰朕以不德忝統先業兢兢誡愼常恐廢隊忝性愚昧不識聖人稽首引過公乃授帝素書二卷謂帝曰熟讀此所疑自解吾注此書以来經今千七百餘年凡傳三人兼子四矣勿傳非其人言訖失公所在據此靈跡非聖而誰識者以為文帝篤信精至誠感真徹老君使此神人授文帝道德章句帝既受訖公乃晦影迯真歸乎上方此之神異炳然顯著豈亦謬焉

先生曰子之此言更成虛妄道聽途説焉足可憑子向所論乃是葛玄作老經序僞飾此詞誑惑江左因循不悟令子疑焉竊據漢書帝紀凡有行幸無不載録至如甘泉宮去京百餘里帝每行幸咸悉書之又景帝時吳楚七國反為太后在東宮帝時往諮詢尚書玄帝來往東宮間又武帝幸五柞宮及幸河東祀后土史並書之案道士成玄英撰老經疏玄河上公在陝州城南三里比於五柞甘泉河

東遠數倍何因漢書不言況河上公
躡坐虛空乘御雲氣授書於帝孔明
道德比於郊祀神光及李夫人之事
此為盛烈弄而不録未有斯理又河
上公云吾注此書千七百年者此言
又妄案周成王伐淮夷之後始制井
田之法王畿千里出革車万乘天子
万乘起自成王成王以前無万乘之
制據成王在位通周公攝政共有三
十七年至赧王為秦昭襄王所滅揔
八百六十年秦自昭襄至子嬰合五
十年為項羽所滅漢高皇帝在位一
十二年惠帝在位七年呂太后攝位
八年文帝在位二十三年自成王至
文帝末年都有九百三十二年案老
經云如何万乘之主而以身輕天下
則明老子當說此經今在成王之後
但經為注以釋經經尚未有注何先
述千七百年此又虛也又河上公自
注老經云舜陶河濵周公下白屋明
此注語全在周公之後千七百歲重
益虛誕事路既為感應豈實晦影之
說妄談返真之言何矯

公子曰史冊不載誠亦難憑以愚管
窺致茲迷惑老莊之教其來以久道
士之号非祇于今觀宇尊容肅設斯
在星冠月帔雲裾霓裳目驗可知豈
揔虛也

先生曰老莊之教余豈毀耶比擬佛
經義理全別論善也則同途而各騖
語宗也則異軌而分馳老教旨在於
雌柔佛法事明於因果二軸七篇之
奧義忘得喪於齊物之殤八万四千
之法門契寂滅於涅槃之境修身理
國之要道德之經具明捨凡證聖之
果般若之文逾顯至如遣執破境息
智忘身老經非無其語於行靡立其
宗所修唯在人間極果纔登壽考佛
之為教應物逗機隨類分門因機啓
行自近之遠從淺階深起一念心證
真如果顯如天地明同日月龐文淳
閟似若相參妙理詵研皎然全異又
子云道士之号非祇于今者亦何謬
哉自開闢以來至于晉末元無戴班
穀之冠被黃彩之帔立天尊之像習
靈寶之稱為道士者矣所号道士者

則廣成務光巢由涓棘之輩脫落時
代輕傲王侯與俗不群高尚其志次
有遺榮冠冕締賞林泉歌紫芝以自
娛調素琴而取逸末代則有性好飛
練志存術數咸稱道士跡雖異俗衣
無別制漢明帝時佛法被於中夏至
吳赤烏年術人葛玄上書吳主孫權
云佛法是西域之典中國先有道教
請弘其法始創置一館此今觀之濫
觴也葛玄又偽造道經自稱太極左
仙公自所造經云仙公請問經宋文
明等更增其法造　等齋儀七部科
籙修朝礼上香之文行道壇纂服之
式衣服冠履之制跪拜折旋之容行
其道者始斷晳聚葷薰辛又偽造靈
寶等經數千卷後陸修靜更立衣服
之号月帔星巾霓裳霞袖九光寶蓋
十絶靈幡於此著矣至梁武帝初年
為修靜所惑曽致遵奉後悟非是究
竟之法親製捨道之文見在梁武集
內後修靜出奔北齊其時丹陽陶弘
景性多博識聡睿過人身為道士居
于茅山之朱陽靜退無為不交時事

時号貞白先生又号陶隱居多所著　第六張　集字号
述並行于代躬衣道服心敬佛法於
所居地起塔圖佛容像親自供養号
曰勝力菩薩其塔見在茅山朱陽觀
中于今不爲鳥雀所汙弘景重制冠
服改館爲觀行黄帝老子之教惡靈
寶法爲鄙而不行手著論以非之弘
景深爲梁武所器尚頻徵令仕確乎
不拔并述詩以贈武帝並入於集事
跡昭顯光乎梁史子何惑之
公子曰既聞先生此說心開意悟草
識遷迷如披樂廣之天似廓張超之
霧避席趨下拜首而謝曰僕久沉俗
網罕悟真詮耳滯黄花之音志昏白
雪之奏雖則屢承妙釋方重結深疑
形智聾盲一至於此幸蒙南指令從
北轅靈寶天尊虛妄若是至於經教
莫不僞修凡所謬妄咸請垂誨希愈
膏肓永袪沉痼先生怡然而對曰子
今悟矣亦旦暮而得復坐有疑便問
余爲子一一論之
公子曰佛教之内有僧尼兩衆道法
之中有道士女官二流彼此相望威

儀備具准佛律僧受二百五十戒尼　甄正論卷下　第七張　集字号
受五百戒今道士女官所受法籙一
槩齊等更無增減俱受十戒真文上
清之法并受符籙之事未知此法何
人所傳
先生曰道士女官尤無戒律還竊佛
家十戒以充彼法真文上清咸以絹
素爲之其中畫作符圖及書王字其
真文惣有三法一曰景畫爲日月星
辰之象二曰五老畫作五老之神三
曰五岳畫爲五岳山狀三本各得受
用不要揔受上清者其中書上清天
中官位及符圖等初受十戒次受真
文後受上清其法具矣籙者其數甚
多不可備說略而詳之有千五百將
軍三五大將軍等籙受籙者然可行
符禁章醮之事佛以尼是女人性多
滋愛隨機制法故倍多僧道家法籙
凡人妻造既不識根性所以道士女
官更無差異此等之法並是張道陵
爲作其事
公子曰老子既不說此定爲何惑道
法先無戒律道士不娶妻憑何典記

先生曰道家無律禁婬欲之事今道　甄正論卷下　第八張　集字号
士等不娶妻者學僧爲之一無憑據
故隋嵩陽觀道士李播上表云准道
法道士無不娶妻之條道士等咸請
取妻妾其表見在李播集中
公子曰教無禁欲之科娶妻豈乖於
教李播此請誠合其宜且道教所宗
宗於老子老子仕周後適西域竟無
出家斷娶之路道士今日出家遵誰
之教
先生曰出家之法基於西域釋迦弃
儲后之貴位捨妃嬪之愛戀出家修
道六年苦行一朝成佛成佛之後方
度憍陳如等此土尤無出家之迹老
子本自有妻仕周爲史去周西邁身
是俗人本无捨妻室易衣服出家之
狀故老之子名宗宗之子名瑕仕魏
封段干後爲漢膠東王太傅各有列
傳又老經云子孫祭不輟此絕依教
修行則息胤繁盛代代不絕故云不
輟豈令斷欲耶道士今日出家本學佛
教更無別據
公子曰雖學佛法出家本宗自無此

教老子不禁潛要經文又説子孫令日縱學佛宗識者詐肯依信盜鍾掩耳豈杜他聞妄立天尊跡先彰露爲造經教又已表明靈寶文明等修餘經何人所作伏請詳辯真恙根源又先生曰道經除道德二篇西昇一卷有黄庭内景之論自餘諸經咸是爲修又有太平經一百八十卷是蜀人于吉所造此人善避形迹不甚苦録佛經多説帝王理國之法陰陽生化等事皆編甲子爲其部帙又太清上清等經皆述飛鍊黄白藥石等法至如本際五卷乃是隨道士劉進喜造道士李仲卿續成十卷並模寫佛經潛偷罪福搆架因果參乱佛法自唐以來即有益州道士黎興澧州道士方長共造海空經十卷道士李榮又造洗浴經以對温室道士劉無待又造大獻經以擬盂蘭盆并造九幽經將類罪福報應自餘非大部帙爲者不可勝計豈若釋迦大聖獨擅法王施化西國聲流東夏業列衆經書去商太宰問於孔子曰三王聖者與孔

子曰三王善任智勇者聖則丘弗知五帝聖者與孔子曰五帝善用仁義聖則丘弗知曰三皇聖者與孔子曰三皇善時聖則丘弗知太宰驚曰則孰者爲聖孔子曰丘聞之西方有聖者爲聖不治而不乱不言而自信蕩蕩乎民莫得而名焉案宜尼此言與老子西昇所説略同伯陽仲尼並此土稱爲聖二人咸知西方有聖人則明釋迦之道廣矣

公子曰僕幼懷志尚早竊當時之譽言談之者以詞令見稱伏聞高論有懸蹇訥未賜仰宣尼之崇例愧環堵之卑陋鄭咸觀子林之宴客悟心識之昏怠是知搏拊九万垂天之翼方昇擊水三千横海之鱗乃運幸承咳唾疑滯咸盡竊見白屋鴻儒黄冠碩學扼腕盱衡之士揚眉抵掌之賓並云儒道釋典三教是壹咸躋於善理無有三慈悲仁恕殊途而同歸利物濟時百慮而齊致雖碧雞黄馬之辯未可分焉離堅合異之詞豈能別矣每思此説交戰于懷請一詳議希除

衆惑

先生曰子何言之當乎余嘗欲著論未遑削藁因子之請見余之志夫三教群分九流區別本跡斯異義意迺殊非唯廣淺相懸抑亦凡聖全隔尋文似渉參乎究理居然不同自八卦成象六爻定位披龍圖而紀号觀鳥跡以裁書立德立言三墳暢三皇之化垂訓垂範五典旌五帝之善洎乎姬文公制禮作樂隆二南之風雅孔宣父修詩述易詮十翼之精微莫不序尊卑定君臣父子之道次長幼明夫婦友于之列盡忠貞以奉國崇孝悌以資家藴恭讓以克己施仁恕以待物敦信義以申交務廉讓以推行此之五徳立身之義也敷文徳以化俗運武功以寧乱修禋祀以綏神祇宗廟而敬祖考啓畋漁之漸易著網罟之義導盤遊之源禮標蒐狩之典截馘斬首效征戰之勞宰犧屠牲邀薦饗之福貫胄達腋申馳騁之娛夭命剖肌恣賞心之樂形禮興而姦詐起符璽著而矯僞生盜國竊器者害

父弑君爭權趨利者滅宗夷族無慈悲之大惠有惻隱之小仁昧三世之因果明一生之禍福餘殃宿慶逮乎子孫積惡修善絶於冥報在生之命年有延促之限為鬼之質壽無遷變之期所云好生惡殺者謂性命之重人畜同之類於已情豈宜傷害故子貢欲去告朔之餼羊聞其聲不食其肉者以已之心體彼之命戀生之命物我皆然故孔丘不味山梁之雉于定國之寬刑孫叔敖之陰德霸楚以昌其後高門以待其封項羽之陷秦軍白起之坑趙卒身死杜郵之下支分烏江之上或禍福被於當代或榮辱流於子孫身造受酬同於見報父葉子傳酬非自已亦有射宣王以復其怨抗杜回以荅其恩申生命胡突以馭車劉約從元海而陪乘此論幽明交接人鬼相雠非罪福之業緣異報應之輪轉儒佛懸殊此其明矣

夫道之為教儒之異流黃帝述其蠱鶡老聃嗣其強翊究其本也保精養氣韜光藏暉全生遠害無為寂泊

淡清虛少私寡欲此其宗也自後變淳就澆分鑣各騖派一無之理立三等之差上則卻粒延齡飛仙羽化廣成皇帝是也次則守雌誡剛志知息智伯陽子休是也下則擯代遺榮巖棲谷飲許由巢父是也推究神仙之跡事涉憑虛案黃帝本紀帝行房中之術修導養之法御七十二女服九一金丹昇鼎湖業飛龍白日登天群臣攀戀取衣冠劍履而葬於喬山之陽參驗此詞咸成焉有夫葬者藏也先人云亡子孫感戀卜其宅兆修建墳塋安措魂靈藏秘骸骨庶免曝露之患皇帝馭青龍以冲天躡紫虛而遐上高謝万機脫屣四海元來不死何因須墓且御伯司牧分陝遺惠在人尚蔽茀甘棠思德留樹況黃帝登九五之位處万乘之尊馭龍駕以上僊勝寢疾而死若群臣攀慕情切即合留奉衣冠豈容埋弃帝之遺服以申誠戀之志仲子未薨來賵左傳以為非禮黃帝不崩而葬臣下何苦見誣必葬不虛昇仙是妄進退之理事

跡可知且御女祈仙恣慾求果更入輪迴之境詎登解脫之場縱令實得神仙猶是未離生死何況此術黃帝受之於廣成所修在於一身本非出代之法黃帝之跡如此神仙傳並虛陳已具前論不復繁說也

夫老子為教倚乎五千之文莊周演論詳於七篇之旨所明道者但詮陰陽天地和氣四時生育之理故云道生一一生二二生三三生万物嚴君平等釋云一者元氣謂混沌未分無狀可見於無狀可見道中生一氣兆氣之清者為天濁者為地一氣生天地一生二也因天地和而生陰陽及人此二生三也以人稟陰陽陰陽能生品彙動植之類此三生万物也故易云一陰一陽之謂道明道則陰陽也陰陽不測之謂神明即此陰陽之理非測度可知此神妙也順此陰陽之理安其所稟涇分守雌柔恬淡寂泊無為絶矯性之聖智弃越分之聞知同徼妙之兩觀泯有無之雙執挫折銳進之心解釋紛挽之志除剛勇

之强梁損聲色之躭滐體禍福倚伏之萌行慈儉謙退之行即得終其壽考免於身患子孫昌繁祭祀不輟苟違於此則夭命傷生招於敗累息亂勤絶其後不嗣故去善建不拔善抱不脫子孫祭祀不輟莊周解牛以全其生傳火而續其命齊万物以杜健羡之路隳四支以去形骸之戀述木鴈用遣愚智滯守之方喻指馬以忘天地執著之見混變化而夢胡蝶一夭壽而延殤子太山小於秋毫則巨細之妄斯顯朝菌長於大椿則脩促之繫方假此並莊周詮俗情妄執遂有長短妍醜之實而起人我貪惡之心利己損物致招患禍此論一生之內有此顛倒夭齡害命牽累敗身無未来冥報之義過去業緣之理當代造善惡之行隨其所行行當代受報與儒書所說大意略同此足明佛道全别公子曰三教懸殊若此之異一里之説吁可同哉是知子休心齊以志身非是為他祈福宜尼潔齊以變食豈開籍因求果設道供以邀冥

資之助造天尊以希濟拔之功者何虛費哉何虛費哉而今而後庶幾免矣然章醮之法符禁之術比見行者時有効驗此事如何更請詳議

先生曰子之此問誠有理焉且章醮者祭祀之流祈禱之事有来自久非唯道陵之法黄帝太公時行此術醮者祭之別名禮典先著其義道陵因而修之行其法者謂之祭酒此是俗中術人之技道士道其法以求資養本非道教之宗此乃涉於鬼道神祇之理俗諦妄情不無其事與夫邪巫陰陽卜筮郊祀尸祝之類行也此法者自是奉常所司不合隸屬司賓寺管僧尼所以屬司賓寺者為佛法從西國来同諸外客之例道士元非是客自然不合屬司賓寺縮又行章醮祭祀之法即是司禮寺事但以寺籍相對因此遂屬司賓以實而論祇合郊社所管又符者鬼籙行之於鬼神道所以有驗亦焉足怪焉

公子渙焉疑釋欣然而作拜首而謝曰僕習蓼甘辛居鮑志臭沉淪弱冠

積有歲年今屬頹光西邁之晨方悟非狂東走之弊朝聞夕死有慰深心謹承命矣請遵斯旨書紳自誡傳諸將来使夫倒蹟之徒革心於昏昧之俗弘通之士懸解於真如之理遂筆削為論貽諸後代

甄正論卷下

甄正論卷下

校勘記

一　底本，金藏廣勝寺本。六七四頁中原版殘，以麗藏本换。

一　六七四頁中二行撰者，資、磧、普作「大唐佛授記寺沙門釋玄嶷撰」；南作「唐佛授記寺沙門釋玄嶷撰」；徑、清作「唐佛授記寺沙門玄嶷撰」。

一　六七四頁中三行「先生」，資、磧、普、南無。

一　六七四頁中四行「恩吻」，資、徑、清作「恩煦」；磧、普、南作「恩照」。又「勵言」，徑作「厲言」。

一　六七四頁中五行第九字「僕」，資、磧、普、南無。

一　六七四頁中七行第二字「眉」，資、磧、普、南、徑、清作「肩」。又第一三字「寶」，資、磧、普、南無。

一　六七四頁中八行首字「詮」，資、磧、普、南作「論」。

一　六七四頁中一二行至次行「帝莫能通之……或可解之」，資、磧、普、南無。又第一三字「之」，徑、清無。

一　六七四頁中一四行第八字「義」，資、磧、普、南、徑、清無。

一　六七四頁下二行第一〇字「謝」，資、磧、普、南、徑、清作「謝之」。

一　六七四頁下五行第一一字「此」，麗作「此書」。

一　六七四頁下一二行末字「焉」，資、磧、普、南、徑、清作「乎」。

一　六七四頁下一七行「無不載録」，資、磧、普、南作「咸悉書之」。

一　六七四頁下二〇行「尚書」，徑、清作「漢書」。

一　六七四頁下二一行「五祚」，資、普、南、徑作「五柞」。

一　六七四頁下末行「比於」，資、普作「北於」。又「五柞」，磧、麗作「五祚」。

一　六七五頁上六行末字「共」，資、磧、普、南、清、麗作「井」。

一　六七五頁上一五行第一三字「案」，資、磧、普無。

一　六七五頁上一七行第九字「今」，資、磧、普、南、徑、清作「全」；麗作「合」。

一　六七五頁上一八行第三字「爲」，資、磧、普作「僞」。又第四字「注」，諸本（不含石，下同）作「注本注」。

一　六七五頁上二二行第五字「路」，諸本作「跡」。次頁下九行第六字同。

一　六七五頁上末行「返真」，資、磧、普、南、徑、清作「真返」。

一　六七五頁中一一行末字「理」，資、磧、普、南、徑、清作「治」。

一　六七五頁中一七行第五字「遠」，資、磧、普作「後」。

一　六七五頁中一九行第六字「妙」，徑作「始」。

一　六七五頁中二二行第六字「彩」，徑作「衫」。

一 六七五頁中末行第三字「之」，諸本作「之經」。

一 六七五頁下五行首字「練」，資、磧、普、南、徑、清作「鍊」。又第一三字「俗」，資、普、徑作「表」。

一 六七五頁下一一行第三字「自」，諸本作「目」。又第一一字「問」，徑作「間」。

一 六七五頁下一二行第八字「等」，諸本作「九等」。

一 六七五頁下一三行「道壇」，磧、南、徑、清作「道檀」。又第一二字「纂」，徑作「篡」。又第一三字「服」，資、磧、普、南、徑、清無。

一 六七五頁下一五行第九字「薰」，資、磧、普、南、徑、清作「革」。

一 六七五頁下一六行「千卷」，資、磧、普、南、徑、清作「十卷」。

一 六七五頁下一八行「十絶」，資作「十紀」。

一 六七五頁下一九行第一三字「是」，資、磧、普、南、徑、清無。

一 六七五頁下二〇行「梁武」，資、磧、普、南、徑、清作「梁武帝」。

一 六七五頁下末行「朱陽」，資、磧、普、南、徑、清作「朱陽觀」。

一 六七六頁上三行第八字「容」，資、磧、普、南、徑、清作「形」。

一 六七六頁上一一行第三字「曰」，資、磧、普、南、徑、清無。

一 六七六頁上一五行第一〇字「方」，諸本作「方乃」。

一 六七六頁上一七行「虚妄」，資、磧、普、南、徑、清作「虚名」。

一 六七六頁上二〇行第八字「得」，資、磧、普、南、徑、清作「得之」。

一 六七六頁上二一行第三字「子」，資、磧、普、南、徑、清無。

一 六七六頁上末行「女官」，資、磧、普、南、徑、清作「女冠」。頁中二行、六行、一九行末字至次行首字同。

一 六七六頁中一行「僧受」，徑作「僧愛」。

一 六七六頁中八行第一二字「王」，諸本作「玉」。

一 六七六頁中九行第九字「景」，諸本作「八景」。

一 六七六頁中一三行第一二字「次」，徑作「決」。

一 六七六頁中一六行第一〇字「錄」，諸本作「此錄」。

一 六七六頁中一七行「女人」，資、磧、普、南、清作「女人女人」。

一 六七六頁中一八行「染愛」，資、磧、普、南、徑、清作「嗜欲」。又第九字「多」，諸本作「多於」。

一 六七六頁中二一行「其事」，資、磧、普、南、徑、清作「此法」。

一 六七六頁中末行「娶妻」，資、磧、普、南、徑、清作「妻娶」。

一 六七六頁下二行第八字「僧」，資、磧、普、南、徑、清作「僧尼」。

一 六七六頁下四行第五字「不」，麗作「禁」。又第九字「條」，資、磧、普、南、徑、清作「禁」。

一　六七六頁下八行首字「宗」，資、磧、普、南、徑、清無。

一　六七六頁下九行第六字「路」，資、磧、普、徑、清、麗作「跡」。又第八字「士」，普作「七」。

一　六七六頁下一一行第九字「於」，資、磧、普、南、徑、清作「在」。

一　六七六頁下一二行「妃嬪」，普作「奴嬪」。

一　六七六頁下一五行第九字「史」，資、磧、普作「吏」。

一　六七六頁下一七行第三字「老」，諸本作「老子」。

一　六七六頁下一八行第三字「干」，磧、南、徑、清作「于」。又「膠東王」，資、磧、普、南、徑、清作「膠東平王」。又末字「列」，資、磧、普、南、徑、清作「別」。

一　六七六頁下一九行第八字「祭」，諸本作「祭祀」。又「此絶」，諸本作「此論」。

一　六七七頁上二行「詎肯」，資、磧、普、南、徑、清作「誰肯」。

一　六七七頁上四行第一三字「修」，資、磧、普、南、徑、清作「所修」。

一　六七七頁上五行末字「又」，諸本無。

一　六七七頁上七行首字「有」，諸本作「又有」。

一　六七七頁上九行「于吉」，磧、南作「干吉」。又第七字「善」，磧、南作「差」。

一　六七七頁上一一行第一一字「又」，資、磧、普、南、徑、清作「又有」。

一　六七七頁上一二行第七字「練」，諸本作「鍊」。

一　六七七頁上一三行第八字「隨」，諸本作「隋」。

一　六七七頁上一八行「洗沐」，麗作「洗浴」。

一　六七七頁上二一行「獨檀」，諸本作「獨擅」。

一　六七七頁上末行「聖者」，資、磧、普、南作「聖人」。又第一三字「與」，資、磧、普、南、徑、清作「歟」。頁中二行第五字、三行第一一字同。

一　六七七頁中一行第九字「者」，麗無。

一　六七七頁中三行「聖者」，資、磧、普作「聖」。

一　六七七頁中四行「善時」，諸本作「善用時政」。

一　六七七頁中五行第二字「者」，資、磧、普、南、徑、清無。又末字至次行首三字「聖者爲聖」，資、磧、普、南、徑、清作「聖人者爲」。

一　六七七頁中六行第一三字「信」，徑、清作「信不化而自行」。

一　六七七頁中九行第二字「稱」，諸本作「稱之」。

一　六七七頁中一四行第三字「陋」，磧、南、徑、清作「陋耶」。又「宴客」，諸本作「宴容」。

一　六七七頁中一五行「搏搖」，磧、普、南、徑、清作「扶搖」。

一　六七七頁中一六行「擊水」，資、磧、普、南、徑、清作「激水」。

一　六七七頁中二〇行第三字「三」，資、磧、普、南、徑、清作「二」。

一　六七七頁中二一行「黃馬」，徑作「黃烏」。

一　六七七頁中二二行「離堅」，資、普、徑作「雖堅」。

一　六七七頁中末行「此說」，資、磧、普、南、徑、清作「此義」。

一　六七七頁下四行「斯異」，資、磧、普、南、徑、清作「雖異」。

一　六七七頁下一〇行第二字「文」，麗無。

一　六七七頁下一一行首字「宣」，麗無。

一　六七七頁下一三行「友于」，資、磧、普、南、徑、清作「朋友」。又「之列」，麗作「之別」。

一　六七七頁下一八行「宗廟」，諸本作「崇宗廟」。

一　六七七頁下二二行「形禮」，諸本作「刑禮」。

一　六七八頁上九行末字「命」，諸本作「志」。

一　六七八頁上一三行「杜郵」，資作「杜郤」。

一　六七八頁上一五行「身造受嗣同於見報」，資、磧、普、南、徑、清作「身造身受似同現報」。

一　六七八頁上一七行「胡突」，磧、普、南、徑、清作「狐突」。

一　六七八頁上二二行「弛紉」，資、磧、普、南作「施紐」；徑、清作「絶紐」。

一　六七八頁中一行首字「淡」，諸本作「恬淡」。

一　六七八頁中二行「一無」，徑、清作「一元」。

一　六七八頁中四行「皇帝」，資、磧、普、徑、清作「黃帝」。

一　六七八頁中五行第一一字「代」，磧、普、南、徑、清作「伐」。

一　六七八頁中八行第五字「養」，資、磧、普、南、徑、清作「養生」。又「七十二」，資、磧、普、南、徑、清作「七十三」。又末字至次行首字「九一」，資、磧、普、南、徑、清作「一九」。

一　六七八頁中一一行第八字「焉」，麗作「烏」。

一　六七八頁中一二行「先人」，資、磧、普、南、徑、清作「先生」。

一　六七八頁中一三行「墳塋」，普作「墳瑩」。又「安措」，資、磧、普、南、徑作「安厝」。

一　六七八頁中一四行「紫虛」，麗作「紫雲」。

一　六七八頁中一六行「御伯」，諸本作「邵伯」。

一　六七八頁中一七行第四字「茅」，資、磧、普、南、徑、清作「芾」。又「甘棠」，資作「甘嘗」。又「思德」，資、磧、普、南、徑、清作「恩德」。又末字「登」，資、磧、普、南、徑、清作「居」。

一　六七八頁中一九行第二字「勝」，

諸本作「故勝」。

一 六七八頁下一行「祈仙」，諸本作「求仙」。又「求果」，資、磧、普、南、徑、清作「邀果」。

一 六七八頁下五行首字「代」，磧、普、南、徑、清作「世」。

一 六七八頁下五行第一二字「傳」，資、磧、普、南、徑、清作「之傳」。又第一三字「並」，資、磧、普、南、徑、清作「並以」。

一 六七八頁下六行「已具」，資、磧、普、南、徑、清作「具在」。

一 六七八頁下八行「但詮」，資、磧、普、南、徑、清作「俱詮」。

一 六七八頁下一二行首字「狀」，資、磧、普、南、徑、清作「象」，第六字同。又第七字至第八字「可見」，資、磧、普、南、徑、清無。

一 六七八頁下一三行第一一字「一」，諸本作「此一」。

一 六七八頁下一九行「順此」，諸本作「能順此」。

一 六七八頁下二〇行「涇分」，諸本作「涯分」。又「恬淡」，資、磧、普作「悟惔」。

一 六七八頁下二一行末字「聞」，資、磧、普、南、徑、清作「間」。

一 六七八頁下二二行第八字「泜」，諸本作「泯」。

一 六七八頁下末行「紛撓」，資、磧、普、南、徑、清作「忿怒」。

一 六七九頁上一行第四字「損」，資、磧、普、徑、清作「捐」。

一 六七九頁上三行「身患」，普作「身忠」。又「不輟」，資、磧、普、南、徑、清作「不絕」。

一 六七九頁上七行第一三字「杜」，資、磧、普、南作「壯」。

一 六七九頁上八行「四支」，資、普作「四友」。

一 六七九頁上一八行「行行」，諸本作「行」。

一 六七九頁上二一行「一里」，諸本作「一理」。又「子休」，資、磧、普、南、徑、清作「子沐」。

一 六七九頁上二二行「忘身」，資、磧、普、南、徑、清作「安身」。

一 六七九頁上末行「求果」，資、磧、普、南、徑、清作「以求果」。

一 六七九頁中一〇行「道其法」，諸本作「竊其法」。

一 六七九頁中一三行「行也」，諸本作「也行」。

一 六七九頁中一四行第二字「自」，徑、清無。又「奉常」，諸本作「太常」。

一 六七九頁中一七行第一〇字「綰」，諸本作「管」。

一 六七九頁中一九行第一三字「祇」，磧、清作「秖」。

一 六七九頁中二〇行「鬼錄」，資、磧、普、徑作「鬼録」。

一 六七九頁中二一行首字「道」，諸本作「之道」。

一 六七九頁中末行「弱冠」，諸本作

「弱喪」。

一　六七九頁下四行第四字「夫」，資、磧、普、南、徑、清無。

十門辯惑論卷上　集

大慈恩寺沙門釋　復禮　撰

荅太子文學權無二釋典稽疑

序曰

權文學聲冠應徐地忝園綺擕紳嘉其今望緇素挹其芳猷而頃著十疑干我二諦公孫生之駁辯自昔難酬舍利子之雄才嗟今莫擬豈當仁而抗議試言志以成文必也缶名乎稱之曰十門辯惑雖詩云勸誡蔑之可幾乎一言而法惟秘密述之敢忘乎三轉遂取類觀象鳳盈卷軸煩而無當有愧知音者焉

通力上感門第一

稽疑曰竊見維摩神力掌運如来但十地之觀如来尚隔羅縠如何一掌之內能降十號之尊乎非獨以卑移尊於理非順寔亦佛爲菩薩豈無等等者如有等等者安能運佛如無等等者何須成佛也若維摩是如来助佛揚化未知何名何號何論何經請煩上智示下愚也

辯惑曰甞聞逆情而取疋夫雖賤而難奪順理而求万乘雖尊而可降也澤通氣味始一其崇卑金石同聲何必均其小大況惟諸佛有平等誓願乘時應物菩薩能遊戲神通坐忘致遠迹相影響感赴機緣哉維摩羅詰者是法身大士德超羣聖啓權智以有生示居家而弘道蓮花惣持之力来自他方芥子解脫之門開於此國未曾有室括囊無外不思議道利用無方是以五百聲聞咸辭問疾八千菩薩莫能造命弥勒居一生之地服其懸解文殊是衆佛之師謝其真入而菴園之集因淨名而發興淨名之跡藉無動而方明故如来廼睠於此方居士敬延於右掌三昧之力有感必通十號之尊不行而至矣然則至誠感神者莫知神之巨細孝德動天者孰知天之高下矧乎慧眼遐觀見

牟尼於實相神足甫運持妙喜於花掌而不能屈彼仁尊入茲國界豈唯羅穀之喻比而可通亦将金粟之名傳而有據者也吉藏師云金粟事出思惟三昧經自云未見其本今檢諸經目録無此經名竊謂西國有經東方未譯者矣

應形俯化門第二

稽疑曰龍女成佛少選之間若其真者佛道甚易何云懃苦無量方得成佛也如其化者化是不實豈以不實化羣生也佛無不實語何為若斯哉且文殊乃燃燈之師釋迦又燃燈弟子文殊既為諸佛之母應成佛在燃燈之前况弥勒未通文殊已悟龍女成道文殊之力今龍女成佛於前弥勒成佛於後而文殊不成安能無惑若先成者成在何經經云何佛若未成者何事淹留請示淹留之意也如文殊未成為是則諸佛成者應非如以成者非非則文殊豈是是之理請為言之

辯惑曰至人無已為物有形高卑不可以跡定隱顯不可以情測龍女雖身遊五道而位光十地文殊雖名稱

菩薩而實是如来何以明之按法花經云有娑竭羅龍王女年始八歲智恵利根善知衆生諸根行業乃至辯才無㝵能至菩提詳夫智恵利根者非下趣之有也知諸根行業者非小乗之事也辯才無㝵者善恵之地也能至菩提者等覺之道也斯三祇劫畢十度因滿獻寶珠而轉女形坐蓮花而昇覺位義殊畢計事同俯拾而惑者見龍女即謂是三塗而嬰五障聞發心即謂自凡位而希聖果殊不知五道有示生之義四發有補處之文智積所以懷疑身子由其致詰逢之心也何其曲哉又按首楞嚴經云文殊是過去平等國龍種上如来央崛魔羅經云是北方常喜世界摩尼寶積佛文殊師利佛土嚴淨經云未来作佛名曰普見竊以文殊智苞權實體兼真應或成道先劫已為龍種之尊或流形此界尚觴法王之子或亟位北方久名寶積或受記来劫将稱普見變化十方而無㝵周行三際而不動無取無得而成果不去不来

而見身豈可以一相求未可以一名定故過燃燈而函丈逢釋迦而避席慈氏造之以决疑龍女師之而進道然龍女自垢身而明速疾誘物持經文殊處因位而示淹留勸人後已並曲成方便實為利益且君子之道貞而不諒聖人之事巽以行權同許車而不與類化城而復進既信彼人非妄仍疑此之不實十莖七竅一猶未達乎

淨穢別門第三

稽疑曰佛說法花經之時五十小劫但春秋夜朗以為釋迦生也正法五百像法一千並謂滅度之後同斯一劫若西域聽法之人神力促為食頃則此不聽之人已隔五十小劫何則初未聞佛神力豈加神力不加合成煨燼今既不成煨燼則是千餘年耳茍知千餘非謬安有五十小劫若以雖不聞佛神力亦加則佛成道之初大小俱合得果何止頻婆一國十二万人哉持此相况不加明矣沙門復礼曰法花序品云日月燈明佛說法花經經六十小劫謂如食頃踊出品云五十小劫謂如半日今發難在釋迦之佛引文無據

明之事但取意而直通
不依文以文語者矣

辯惑曰佛有真身焉應身焉真土焉
應土焉真身真土絶名相而獨立應
形應國随物感而多状淨者見之謂
之淨穢者見之謂之穢久者見之謂
之久近者見之謂之近各滯所封罕
能達觀故身子覩穢而迷淨空承日
月之談弥勒執近而疑久仍生父子
之喻及其按地顯莊嚴之國下塵比
僧祇之壽執穢之情始去封近之見
方除然示淨所以除穢穢去而淨可
留乎說久所以破近近亡而久可在
乎非淨非穢方為妙土非久非近始
曰真身然則四十餘年者穢土化身
也五十小劫者淨土報身也化身遷
動自可以年月測報體圓常詎可以
時代限既報化分跡久近殊歸以久
難近得無為謬法花壽量之品維摩
佛國之文斯義朗然豈俟多述惑曰
釋迦利見元是化身娑婆盡野本非
淨國者閻穢國之靈鎮法花化身之
妙典今乃以報身而述化身將淨國
而明穢國其為謬也不亦大哉

釋曰是何言歟是何言歟先豈不云
乎淨穢久近生於所見於所見者同
處而異見非別處而異見也且釋迦
一佛也或以之見久或以之見近娑
婆一界也或以之見淨或以之見穢
久與淨菩薩上人之見也近與穢凡
夫下乘之見也若然者穢既娑婆矣
而淨得非乎近既釋迦矣而久得異
乎而云釋迦但是化身娑婆唯曰穢
土義脊偏者理異玄同况乎法花數
品靈山一集初則會二歸一迴小道
以入大乘次則三變八方引穢心而
觀淨土大乘已入無復小乘淨國已
觀何有穢國故始自集分身之佛至
乎說壽量之經並於淨土之中而演
常身之義故經云如是我成佛已來
甚大久遠壽命無量阿僧祇劫常住
不滅又云常在靈鷲山及餘諸住處
衆生見劫盡大火所燒時我此土安
隱天人常充滿故知聖壽遐長非界
塵之能數妙境安固豈劫火之所焚
何乃推始起於春秋以五十小劫為
馬有數未経於水火将一千餘年為

指實不見履霜者必疑堅冰乎

迷悟見殊門第四

稽疑曰說法花之時神光遠照他界
說涅槃之日寶蓋廣覆大千未知此
方何為不見若以無緣不得見者無
緣則罪人也有緣則福人也達多煞
父及母豈福人哉而許其出家也闍
王害父困母豈福人哉而照月光三
昧也此地万里為國賢哲相仍豈無
一人有緣何為獨隔不言林放反勝
太山乎

辯惑曰蒼旻信廣醯雞甕遊而不見
白日盖明仙鼠晝伏而奚覩豈資始
之有外而照臨之不及哉固以近物
為之覆則不能遠察倒情為之惑則
不能順辯使語之曰有天焉有日
焉天周三百廣而覆下曰徑一千明
而照外睹彼二蟲必以狂而不信也
今未披業障者何異甕遊乎未開慧
目者孰非晝伏乎雖寶蓋曾懸百億
四天之上豪光溥照万八千國之中
而有漏宵昏方馳大夢無明被覆何
階徹視若不見則無者蒼旻白日可

無耶若不見而有者寶蓋豪光非有耶反覆相明言而足矣況乎曾史直書記祥暉於夘夜孔君多識推聖德於西方並紛綸而有據豈窈寞而無朕故知君子或默已昭彰而感通中士若存尚河漢而驚怍其有飾智憑凌之伍懐愚滉沘之流將撫掌而大噱或絶脣而曾毀非其人也道可虛行者哉故仲尼體無化之先涉於有季路問死對之反詰於生仁義稍撿其性靈道德粗明於徼妙然後應真西舉像教東來八万法門吞納九流而微顯三千寶塔充滿四瀛而輪煥若先震而後日類始雲而終雨教之有漸不亦宜乎然則有緣無緣者三乘菩提之性也福人罪人者六趣生死之業也業有輕重性分生熟性猶生福雖多而難啓緣既熟罪雖重而可化福尚難啓而況於罪者乎罪猶可化而況於福者乎故有遠得四禪矜小功而背誕具行三逆知非非而迴向迴向者生有正解亟解生而罪可滅背誕興於邪見邪見興而福自亡

福亡永劫而沉淪罪滅即身而解脫故語曰蹈道則為君子違之則為小人仁遠乎哉行之即是借以明義誰曰不然老子曰常善救人故無弃人常善救物故無弃物又曰人之不善何弃之有況大悲平等而有所弃哉辟夫良工相木名醫占病可用而用之不簡木之美惡可療而療之不擇病之輕重人或問之曰伊蘭惡木也汝何以用之迦摩重病也汝何以療之仁將此為是問乎為非問乎必以為非問也如来善別機根巧知藥病雖達多行衛頌之惡闍王有楚穆之罪然以曾發菩提之心可用也今興悔解之念可療也可療而療之可用而用之引使歸心化令入道開其興進之路塞彼為乱之源俾有罪者自新於孝慈無過者守卒於純至善權方便其利傳哉然闍王問道而反迷自同於林放夫子知幾而仰聖可比於泰山賢哲相仍雖三復而無失何為獨隔請再思而可矣

顯實得記門第五

稽疑曰提婆是佛弟勸闍王害佛尚為天王如来善星是佛子罪輕於提婆何為生入地獄但害者應重謗者應輕今乃重者為如来輕者入地獄以斯示後何以安哉若以善星是化者後應成佛有莂記乎無莂記乎如有莂記請指言之也如無莂記安得為化若以善星為真者何不同之昆季昇天宮以誘之入地獄以懼之忍其入獄豈慈悲也但拯樹提於烈火之中飛巨石於高旻之上懼曠野之鬼神伏闍王之醉象何為於善星也不若斯以救之哉

辯惑曰蓋聞如来設教有大小二乘調達所行有權實兩事大乘闡其實小乘語其權若晦實論權有害佛之逆而招地獄之苦若廢權談實無破僧之罪故受天王之記權也有報為善星可得異乎實也無罪為善星可得同乎不同非設難之地不異又無難可設来論疑旨於何而致耶況謗害重輕更殊高議何者夫害雖是逆或不壞於見謗則壞見而不成於逆

成迸但嬰業障近招無間之殃壞見斯斷善根逌受闡提之号所以訶罵調達唯曰癡人題目善星則去邪見斷可知矣

又問善星為真為化者凡化之為理必當以混真為妙真之為事自然以似化為恒真化相涉魚魯難辯然則綆短汲深清泉無以上濟智小謀大羙餗同其傍覆輕而議之則吾豈敢聊復稽之聖典匪曰攻乎異端試論之曰夫牟尼一代涅槃為冣後之說迦葉載請善星是斯下之人職圍嗟其永墜苦獄見其生入又悪反行悪報恩已明其是擁善星斷善涅槃不言其為化豈無為化之理曾無是化之文以此而推真亦可矣至若廣持衆部守筌而詎得魚偏習諸禪為山而已止簣同石鼠之為技若飛鳥之能言雖遊門人還如伯鸚空稱佛子更甚商均中夜披衣發怖小男之語通衢掃跡滅袁大人之相逢餔糟之人言其證道見食吐之鬼唱已生天彼何人斯頑之甚也夫以辯才第一

尚拈螢火之誚智惠無雙未免金師之誤故知有根力解力照住照令俾化者不可逃其真愚者不能隱其智斯大聖之分也非常人之所及也嗟夫王毫已翳金口莫宣但可稟教而為解庸巨弃文而生意若斯而已哉夫可與為善不可與為悪者上智也可與為悪不可與善者下愚也與善而善與悪而悪者中人也語曰唯上智與下愚不移明中人則可移也故宣父至聖不迴盜跖之心清河中賢能變同豪之節令難陁之等者中人也善星之輩者至愚也故可誘可逼因學之成羅漢謗因謗果人斯下矣作闡提豈大聖忍其苦哉蓋下愚不可救耳辟夫厥田上上詎可使燋種生芽有渰凄凄不能違枯條布葉豈可間然於時雨有望於良疇者哉洎乎力士之愓可降嬰兒之厄可拯曠野之神可化宮城之象可伏連類雖廣一以貫之方於闡提固無等級故經云害蟻子有罪殺闡提無過尚復引使出家置之左右辟羸老之馬未可

先乘同荊棘之田寧忘復種知見在之無益冀持來之有因畢下趣而向人天發廣心而成福智是知慈悲之大方便之巧天地不足儔陰陽無以測迴向者若子之事父行莫之大誹謗者猶臣之叛君悪不可解然不解本乎滅跡莫大始自因心初有其微卒成其著樞機之發可不慎歟

十門辯惑論卷上

十門辯惑論卷上

校勘記

一　底本，金藏廣勝寺本。

一　六八六頁中二行撰者，資、磧、普作「大唐興善寺沙門釋復禮撰」；南作「唐興善寺沙門釋復禮撰」；徑、清作「唐大慈恩寺沙門釋復禮撰」。

一　六八六頁中三行「太子」，麗作「大子」。

一　六八六頁中五行「徐地」，資、磧、普、南、徑、清作「行地」。

一　六八六頁中七行「之駿」，資、磧、普、南、徑、清作「之聰」。

一　六八六頁中九行第一一字「缶」，資、磧、普、南、徑、清作「正」。次頁中二一行首字同。

一　六八六頁中一一行第一二字「敢」，資、磧、普、南、徑、清作「取」。

一　六八六頁中一二行第八字「㐭」，麗作「再」。

一　六八六頁中末行「能降」，資、磧、普、南、徑、清作「能摯」；麗作「能容」。

一　六八六頁下四行第一二字「示」，麗作「以示」。

一　六八六頁下七行「味始」，諸本（不含石，下同）作「未始」。

一　六八六頁下九行「乘時」，資、磧、普、南、徑、清作「時乘」。

一　六八六頁下一〇行第一三字「羅」，徑、清無。

一　六八六頁下一一行第二字「是」，諸本作「蓋是」。

一　六八六頁下一四行第六字「曩」，資、磧、普、南、徑、麗作「囊」。

一　六八六頁下二二行首字「誠」，資、磧、普、南、徑、清作「誠」。

一　六八七頁上一行第四字「實」，資、磧、普、南、徑、清作「寶」。

一　六八七頁上五行夾註右「目録」，資、磧、普、南、徑、清作「録目」。又夾註左「未譯者」，資、磧、普、南、徑、清作「未譯」。

一　六八七頁上八行「何云」，資、磧、普、南、徑、清作「云何」。

一　六八七頁上一一行末字「弟」，資、磧、普、南、徑、清作「之弟」。

一　六八七頁上一四行「成道」，資、磧、普、南、徑、清作「成佛」。

一　六八七頁上一九行第一二字「是」，諸本作「非」。

一　六八七頁中五行「之有」，資、磧、普、南、徑、清作「之所有」。

一　六八七頁中七行「三祇劫」，資、磧、普、南、徑、清作「則三祇功」；麗作「則三祇劫」。

一　六八七頁中八行第五字「滿」，資、磧、普、南、徑、清作「圓」。

一　六八七頁中九行第八字「畢」，諸本作「早」。

一　六八七頁中一〇行「龍女」，資、磧、普、南、徑、清作「龍王女」。

一　六八七頁中一五行第一一字「上」，諸本作「上尊」。

一　六八七頁中一八行第五字「曰」，資、磧、普、南、徑、清無。

一　六八七頁下八行「彼人」，諸本作「彼之」。

一　六八七頁下九行「十嗟」，諸本作「吁嗟」。

一　六八七頁下一一行第二字「穢」，諸本作「穢土」。

一　六八七頁下一三行「夜朗」，諸本

作「夜明」。又「五百」，資、磧、普、南、徑、清作「一千」。

六八七頁下一五行末字至次行首字「則此」，資、磧、普、南、徑、清作「此則」。

六八七頁下一七行末字「煨」，資、磧、普、南、徑、清作「灰」。

六八七頁下二一行首字「小」，資、磧、普、南、徑、清作「千」。

六八七頁下二二行夾註左「法花」，資、磧、普、南、徑、清作「法華經」。

六八八頁上一行夾註左「文語者矣」，資、磧、普、南、徑、清作「反詰」；麗作「反詰者矣」。

六八八頁上一二行「可在」，諸本作「可存」。

六八八頁中二行第一〇字「於」，諸本作「生於」。

六八八頁中六行「上人」，南、徑、清作「上乘」。

六八八頁中一一行「二歸」，徑、清作「三歸」。

六八八頁中一三行第一三字「國」，資、磧、普、南、徑、清作「土」。一四行第五字同。

六八八頁中二一行「劫火」，資、磧、普、南、徑、清作「劫災」。

六八八頁下四行「涅槃」，資、磧、普、南、徑、清作「維摩」。

六八八頁下六行「達多」，資、磧、普、南、徑、清作「逸多」，次頁中一三行同。

六八八頁下七行第二字「及」，資、磧、普、南、徑、清無。又第一〇字「其」，資、磧、普、南、徑、清無。

六八八頁下八行第四字「困」，諸本作「囚」。

六八八頁下一二行「蒼旻」，資、磧、普作「蒼昊」。本頁下末行南同。

六八八頁下一六行第五字「使」，諸本作「假使」。

六八八頁下一七行「三百」，諸本作「三百度」。又「一千」，諸本作「一千里」。又末字至次行首字「明而」，資、磧、普、南、徑、清作「而明」。

六八八頁下一九行「未披」，南、清作「未破」。

六八八頁下二一行「豪光」，諸本作「毫光」，次頁上一行同。

六八九頁上六行「驚忰」，諸本作「驚怖」。

六八九頁上一一行第七字「於」，資、磧、普、南、徑作「其」。

六八九頁上二〇行「四禪」，徑作「四羸」。

六八九頁上二二行「者生有」，資、磧、普、南、徑、清作「者生於」；麗作「生於」。又「缶解」，資、磧、普、南、徑、清作「正解」。

六八九頁中一行首字「福」，資、普、徑作「福自」。

六八九頁中五行第一〇字「曰」，資、磧、普、南、徑、清無。

六八九頁中七行「占病」，諸本作「瞻病」。

一 六八九頁中一六行末字「興」，諸本作「與」。

一 六八九頁中二〇行第九字「幾」，資、磧、普、徑、清作「機」。

一 六八九頁下一行「佛弟」，資、磧、普、南、徑、清作「佛弟子」。

一 六八九頁下六行「㺧記」，資、磧、普、南、徑、清作「授記」。又「㮘記」、資、磧、普、南、徑、清作「授記」，七行同。

一 六八九頁下八行「爲化」，諸本作「爲化哉」。

一 六八九頁下一〇行第三字「獄」，資、磧、普、南、徑、清作「地獄」。

一 六八九頁下二二行「重輕」，資、磧、普、南、徑、清作「輕重」。

一 六八九頁下末行第一一字「不」，資、磧、普、南、徑、清無。

一 六九〇頁上一行「招無間之殃」，磧作「怊無間之放」。

一 六九〇頁上六行第九字「之」，資、磧、普、南、徑、清作「妙之」。

一 六九〇頁上九行「同其」，諸本作「固其」。

一 六九〇頁上一二行「載請」，資、磧、普、南、徑作「再請」。又「斯下」，資、普、徑作「厠下」；磧、南、清作「厮下」。

一 六九〇頁上一三行「惡反」，諸本作「惡友」。

一 六九〇頁上一八行「同石」，資、磧、普、南、徑、清作「同碩」。

一 六九〇頁上一九行「伯鷯」，諸本作「伯繚」。

一 六九〇頁中六行第四字「巨」，磧作「臣」；清作「叵」；麗作「詎」。

一 六九〇頁中七行第九字「爲」，資、磧、普、南、徑、清無。

一 六九〇頁中八行第八字「善」，麗作「爲善」。

一 六九〇頁中一二行「同處」，諸本作「周處」。

一 六九〇頁中一三行「善星」，資、磧、普、南、徑、清作「若善星」。

一 六九〇頁中一四行首字「因」，資、磧、普、南、徑、清作「因而」；麗作「困而」。又第四字「成」，麗作「乃成」。

一 六九〇頁中一五行首字「作」，麗作「能作」。

一 六九〇頁下一行「忘復」，資、磧、普、徑、清作「望後」；南、麗作「忘後」。

一 六九〇頁下五行「之大」，資、磧、普、南、徑、清作「大之」。

一 六九〇頁下七行「滅跡」，諸本作「滅趾」。

一 六九〇頁下末行末字「歟」，徑無。

一 六九〇頁下卷末經名，資、磧、普、南、徑、清無。未分卷。

十門辯惑論卷中　集

大慈恩寺沙門釋復禮撰

反經賛道門第六

稽疑曰提婆達多後為如來者則是菩薩也豈有菩薩而勸人害父乎若業合害者闍王必應自害何為待勸而害也若業非害者菩薩初無害心不應勸人令害也聖人設教何至斯哉

辯惑曰山非自高而所以高者澤下夏非自暑所以暑者冬寒故水火相革而變生鹽梅相糅而功著相糅也者相異也為功則大同相革也者相反也在變則咸順故可否相濟損益相成殊途而同歸何莫由斯道詳夫大權菩薩住不思議應物而遊從人之利害放情而動忘已之得失人之利矣已雖失而行之人之害矣已雖得而違之而大智若愚每言似反見之者誹毀聞之者聽瑩然則凡夫之行有否有臧聖人之道或逆或順凡夫之行福否臧不足以訓時聖人之道弘逆順咸而可以匠物順而匠物

者文殊之等也逆而匠物者調達之流也或曰順以化人久事斯語逆而教侶深異所聞將以書紳希更指掌

釋曰起予者商也聊為子言之夫善著則顯惡惡著則明善必然之分其理不忒故聖人之用權道也惡既著矣善自明矣惡著俾人之内省善明使物思齊思齊既可以勸善内省又可以止惡順而弘道者亦以止勸也逆而行事者亦以止勸也止勸既均矣優劣可得乎而人聞師利是聖人即扣頭申敬謂達多為菩薩即扼腕不平斯蓋朝三暮四識五迷十可為受化之人耳安知為化之理哉孔子曰我三人行必有我師焉擇其善者而從之其不善者而改之人善為師茲理久著仲尼既稱誘矣調達何用不臧耶故經云由提婆達多善知識故令我具足六波羅蜜即其義也惑人又曰若順道能勸善也可須反經以勸之順道不能止惡也可須反經以止之全順而為化既足矣何用反而為化乎釋曰夫二儀覆載四序生成

夏氣長贏隴麦以之憔悴秋風淒緊巖桂以之芳非春日遲遲未可使蘜華榮曜冬冬霜凛凛詎能遣松貞搖落惟夫大悲運物若兩儀之覆載因機設教猶四序之生成稟悟各殊似數物之榮悴智者因喻而得解庶幾沿淺及深乎又曰為惡可以化人者惡人為惡亦化乎惡人若已能化者何用善人為化乎釋曰惡人為逆果或賒而未受大士行權報在今而必驗今則斯須可覩物恐怖而能慘賒則窅冥難知人僥倖而冀免故惡人不足以化物必俟大權為化焉然調達始終行事權實雙辯經云惡友猶是權名論曰大實方為實稱故鷲山會上天王記十號之尊奈國經中地獄比三禪之樂至仁不匱應同頴対小惡無犯豈作潘崇因以父王定業不移必遇其逆佛弟因之有勸示受其殃實也未始勸人權有也令人見勸既令人見勸也亦令人見殃也殃生於勸勸止則殃息見勸故殃怖殃而止勸斯則調達之勸欲令人不勸耳

令不勸故勸則勸為不勸乎權有勸尚為不勸實無勸安得有勸哉此迺錫類之義本全同惡之疑可息仁而能反兼四子以為師非道可行駕一乘而通達子夏既其默識師利曾何致疑介如石焉豈俟終日矣

觀業救捨門第七

稽疑曰頻婆娑羅首供養佛佛見提希之時頻婆幽而未死以佛大悲神力芥子尚納須弥如何不救頻婆令其遇害至於闍王瘡痏特照神光將入地獄遂延遐壽於逆子何幸獨得延齡於賢父何辜獨不延也但頻婆證果賢王也應救而不救之闍王賊且逆子也不應救而救之何以勸將來何以示人子顛而不扶焉用彼相任子害父佛何為哉

辯惑曰夫業之為理也大矣哉深焉不測廣焉不極眇眇綿綿變化消息夷兮無形希兮无聲無形无聲庶類以生生極之謂命習成之謂性其體也若無而有其用也不疾而速方其來也不可排方其謝也不可止至若

天地之廣陰陽之靈日月貞明於上山川紀理於下幽顯異致而云為動植殊途而布護人咸見其然也而莫知所以然也故或推之於自然或付之於造化或言始生於九氣或云稍長於盤古或謂中有神我傍興衆物或執上有梵天下生群類或道實為自性從無形而變有形或計體是微塵從不化而生所化斯皆失其本而迷其末昧其源而惑其流所以異見紛馳殊情竟舉豈知業因心起心為業用業引心而受形心隨業而作境六道昇降財成而不越二儀上下剖判而斯分然則因業受身身還造業從心作境境復生心無始无終辟之於輪轉非空非有喻之於幻化四生易其滋蔓三界難以歸根而業之以善惡分流報之以苦樂殊應積善餘慶為善所以致樂積惡餘殃作惡所以階苦若影隨形而曲直雖離朱晳繩不能比其定若響隨聲而大小雖師曠調軟未可喻其均不見形直而影斜豈有善脩而報苦不聞聲小而

嚮著詐有惡成而果樂亦猶田畯勉職黍稷盈疇農夫失時茨棘徧野借使耕而鹵莽其事耘而滅裂其業欲望不稂不莠如坻如京採薜荔於水中搴芙蓉於木末也或曰善為福始惡是罪源同影嚮之無違類耕耘之有報敬聞命矣何廼頻婆為善翻以禍終阿闍積釁仍蒙福末釋曰不亦善乎而問之也子聞業之有報也未聞報之有時也夫業之感報有三時不同焉有見報業者此身作業即身而受也有生報業者今身造業次生而受也有後報業者此生未受後後生方受也初猶禾䄳之類也經時即熟焉次猶秫薤之等也易歲乃登焉後猶桃李之華也積年方實焉故昔勤今惰者野无秋實之望家有歲積之盈昔惰今勤者朝無數粒之資夕有餘粮之畜豈可以見勤者不足謂不足非始於情乎見惰者有餘謂有餘非始於勤乎與以象而申意更借事而明理曰有二人相與為隣築室焉一人先拙而後巧一人先巧而後

廢先拙者築室甚陋居而習伎伎成而思巧既巧而變其拙矣先巧者築室甚精居而自養養過而業廢既廢而失其巧矣雖失其巧其屋尚精焉雖精變其拙其居猶陋焉及乎歲序綿移風雨飄浸舊宇既廢新構聿興即工拙所營精陋復反矣因斯而談身者心之宅而業之果也業者心之用而身之因也工拙相代者善惡更習也舊宇新構者前身後生也頻婆雖今無遺行而昔有不臧阿闍雖見是惡人而往修善業不臧所以遇禍修善所以延齡其致可尋何足多怪來論曰以佛大悲神力芥子尚納須弥如何不救頻婆令其遇害釋曰夫業有决定也者有不定也者不定則易轉其業可亡决定則難移其報必受頻婆定業也如何可救乎故良醫不能愈命盡之人慈母不能乳口噤之子矣然則人而有業物也無心无心則我心能制山大或可入於小有業則彼業為主命促不可引而長今乃以無心而例有心將有業而齊無

業北轅適越相去不亦漸遥哉又曰於逆子何幸獨得延齡於賢父何幸獨不延也

釋曰按涅槃經頻婆娑羅往於毗富羅山遊行射獵周徧曠野悉無所得唯見一仙五通具足即勑左右而令殺之其仙誓言我於未來亦當如是而害汝命又云佛語闍王汝昔已於毗婆尸佛初發阿耨菩提之心竊以馳騁發狂肆虐於五通之上景行行止歸心於七佛之初或宿善不亡因懺洗而延壽或餘殃未殄遭殺逆而非命非命由乎肆虐詐是無辜延壽始乎歸心寧稱有幸請修三報之理當反一隅之惑又曰頻婆得果賢王也應救而不救之闍王賊臣逆子也不應救而救之釋曰觀無量壽經云頻婆娑羅幽閉置於七重室內自然增進成阿那含諸經論並云阿那含者名為不還更不還生欲界故涅槃云阿闍唯見現在不見未來父王无辜横加逆害心生悔熱徧體生瘡又云若不隨順耆婆語者來月七日墮

阿鼻獄詳夫幽憤而昇上界惟外凶而内吉寘因而趍下界雖名死而實生救之則翻損任之則自益至若身瘡而心熱冈知迴向之路業深而報近將墜泥犂之城救之則為益任之則為損斯則觀其所應救救之以為益察其所應捨捨之以為利而曰應救而不救之所不應救而救之聖心雖微知之何陋矣然定報受之而不易明業之難犯也重罪悔之而以輕明行之可革也行可革惡人遷善於濫觴業難犯善人止惡於探湯惡止善行即有恥且格斯蓋導之以德也豈若齊之以刑也父子咸已進於道何顛不扶乎賢愚並可從於化何来不動乎知我者希則我貴矣在旃在旃

隨教抑揚門第八

稽疑曰涅槃章門摠括群品不依涅槃恐難成佛何為讃功德之處輕於般若法花乎若以般若捨執著為優則涅槃為半偈捨身豈劣於般若也若以法花證大乘為優則涅槃以大空為門豈劣於法花也法門不二何

為二之哉

辯惑曰真身寂靜豈存言說至理希微本亡性相雖無言說不違言說之道雖無性相為性相之津辟夫明鏡無為形来而像著幽谷不挠聲及而嚮盈然則衆籟衆老無谷不能以致嚮群物絡繹无鏡何若而生像故知形聲為之感鏡谷為之應感應一虧視聽兼失矣竊以如来有無緣大慈不思引頑者明鏡幽谷也衆生有聞熏習之種發菩提之心者群形衆聲也玉豪明而三十二相著鏡中之像也金口發而一十二部宣谷中之響也自波羅苑内明苦集滅道堅固林中說常樂我淨其間八藏咸闡三乘覺馳甘露之味不殊大雲之澤无別然而小草大草受之者少多有緣無緣服之者生死漸頓於焉百慮半滿所以多門本乎其源莫非一致故自本而觀也泯然平等矣自末而觀也森然不同矣不同所以各解平等所以一音一音故法門以之不二各解故教跡以之非一若乃演六度之法

談四絶之理即有以明空依空而起行斯般若之為義也明七種辟喩辯三法平等破二以歸一迴小以從大斯法花之為盲也引三點之奥闡四德之妙異客出其家珎新醫用其舊乳斯涅槃之為致也此並大乘之秘府方等之妙門賢聖仰止之崇山經論朝宗之巨海得之者咸可以致遠失之者誰能以不泥来論云不依涅槃恐難成佛仁欲謂不依法花般若而可成佛者乎然則法花是衆經之王般若為諸佛之母孰見無母而孕子無王而統人哉義無優劣斷可知矣来論又云何因讃功德之處輕於般若法花乎夫以隨時之義必革不可守其常唯變所適取捨必貴存其會和扁隨病而稱藥班倕任物而施巧豈寒温不變規矩有恒哉況尋繹誠文有異来盲經云上語亦善中下亦善金剛寶蔵滿足無缺又云如諸藥中醍醐第一又云亦如日出放千光明又云辟如衆流皆歸於海又云修行是經即得具足十事功德夫以

分流設險海為百谷之王列曜成文日作三光之主金剛寶中之第一醍醐藥中之冣上三語劍善何句義而非玄十事以成何功業而不俻其比興也如彼其稱揚也如此靜而詳校諒已非輕矧如涅槃梵本偈逾三万震旦所譯纔出十千法鏡開而未全玄珠得而方半也惑曰教跡非一法門不二辯讚德之有無明經本之廣略怡然理順矣但高下相傾長短相形既法花云此經第一餘經得非其亞乎涅槃云此經尊勝餘經得非卑劣乎般若云此法門不可思議餘法門得非可思議者乎斯義不明前疑復振也釋曰夫以利涉大川舟檝為之冣載馳廣陸車騎為之先燕處超然宮觀為之長雖水陸殊位動靜異宜而万國非止一人也九州非止一地也故畫鷁芳橈周流而莫輟騰駒繡轂馳騁而未已時鳳華居寢處而寧廢斯則舟檝未嘗不為冣車騎未嘗不為先宮觀未嘗不為長也其有局於水鄉者得車即破之專於山野

者與舟即棓之身不下堂者莫辯舟車之所用心務行邁者冈知棟宇之所適若斯人者何足與言於道哉孔子曰教人親愛莫善於孝教人禮順莫善於悌又曰洪濛莫大乎天地著明莫大乎日月此亦各隨其義以稱莫善也以玄莫大也諸經言乎第一者蓋亦從此而明歟

十門辯惑論卷中

十門辯惑論卷中

校勘記

一　底本，金藏廣勝寺本。

一　六九四頁中一行經名、二行撰者資、磧、普、南、徑、清無，未換卷。

一　六九四頁中九行第八字「而」，麗無。

一　六九四頁中一八行「缶言」，諸本(不含石，下同)作「正言」。

一　六九四頁中一九行「誹毀」，資、磧、普、徑作「誹謗」。

一　六九四頁中末行第六字「而」，諸本無。

一　六九四頁下三行「侶深」，諸本作「俗深」。又「書紳」，資、磧、普、南、徑、清作「搢紳」。

一　六九四頁下六行「人之」，資、磧、普作「人心」。

一　六九四頁下八行第二字「物」，諸本作「物之」。

一　六九四頁下一二行「敬謂」，資、磧、

普、南、徑、清作「敬調」。

一 六九四頁下一五行「我三人行」，資、磧、普、南、徑、清作「三人同行」。

一 六九四頁下一六行「人善」，資、磧、普、南、徑、清作「不善」。

一 六九四頁下一七行第八字「誘」，麗作「善誘」。

一 六九四頁下二〇行第六字「能」，南、徑、清、麗作「不能」。

一 六九四頁下二二行第三字「全」，諸本作「今」。又第一三字「反」，資、磧、普、南、徑、清作「返經」。

一 六九五頁上七行第九字「可」，資、磧、普、南、徑、清無。

一 六九五頁上八行「人爲惡」，資、磧、普、南、徑、清無。

一 六九五頁上一一行「可覩」，清作「可觀」。

一 六九五頁上一七行「不匱」，麗作「不遺」。

一 六九五頁上一八行「因以」，麗作「固以」。

一 六九五頁上二〇行第九字「有」，麗無。

一 六九五頁上二二行「殃怖殃」，麗作「怖殃怖殃」。

一 六九五頁中五行第九字「默」，磧作「哩」。

一 六九五頁中六行末字「矣」，至此，資、磧、普、南、徑、清卷上終，卷下始。

一 六九五頁中八行末字至次行首字「提希」，南、清作「韋提」；徑作「韋提希」。

一 六九五頁中一一行「特照」，徑作「時照」。

一 六九五頁中一三行「何韋」，麗作「何幸」。次頁下二行同。

一 六九五頁中一九行「眇眇」，資、磧、普、南、徑、清作「渺渺」。

一 六九五頁下二行「紀理」，資、磧、普作「絶理」。又末字「動」，資、磧、普、南、徑、清作「種」。

一 六九五頁下三行第六字「護」，麗作「濩」。

一 六九五頁下一七行「滋蔓」，麗作「滋漫」。又第一一字「而」，麗作「然而」。

一 六九六頁上五行第七字及八行第一〇字「末」，資、磧、普作「未」。

一 六九六頁上六行「是罪」，資、磧、普、南、徑、清作「是禍」。

一 六九六頁上一二行「報業」，資、磧、普作「業業」。

一 六九六頁上一三行「此生」，資、磧、普、南、徑、清作「次生」。又「後後」，南、徑、清作「後」。

一 六九六頁上一五行「秤粹」，資、磧、普、南、徑、清作「粹稼」。

一 六九六頁上二〇行「於情」，諸本作「於惰」。

一 六九六頁中三行第八字「養」，資、磧、普、南、徑、清作「養善」。

一 六九六頁中五行第二字「精」，諸本無。

一　六九六頁下一二行「況而」，資、磧、普、南、徑、清作「洸而」。

一　六九六頁下一四行「請修」，資、磧、普、南、徑、清作「請循」。

一　七九七頁上一行「惟外」，諸本作「雖外」。

一　六九七頁上二行「寘因」，諸本作「寘目」。

一　六九七頁上八行第六字「所」，資、磧、普、南、徑、清無。

一　六九七頁上一六行「不動」，諸本作「不勸」。又「在旃在旃」，資作「在旃」；磧作「在躺」；南、徑、清無。

一　六九七頁中四行第六字「爲」，諸本作「而爲」。

一　六九七頁中七行「何若」，資、磧、普、南、徑、清作「何居」。

一　六九七頁中一二行第三字「豪」，資、磧、普、徑、麗作「毫」。

一　六九七頁下二行「七種」，麗作「六種」。

一　六九七頁下一五行第一二字「必」，諸本作「沿」。

一　六九七頁下一七行「而橚」，資、磧、普、南、徑、清作「而授」。

一　六九七頁下一九行首字「誠」，麗作「成」。

一　六九八頁上一行第六字「爲」，資、磧、普、南、徑、清作「若爲」；麗作「君爲」。

一　六九八頁上二行首字「日」，諸本作「日天」。

一　六九八頁上三行「僉善」，資、磧、普、南、徑、清作「僉義」。

一　六九八頁上八行首字「玄」，資、磧、普、徑作「去」。

一　六九八頁上九行「讚德」，麗作「功德」。

一　六九八頁上一五行「舟檝」，資、磧、普、南、徑、清作「則舟檝」。

一　六九八頁上一六行「車騎」，普、南、徑、清作「則車騎」。

一　六九八頁上一九行第五字「鷁」，資、磧、普、南、徑、清作「艗」。

一　六九八頁中一行第五字「棓」，諸本作「剖」。

一　六九八頁中五行「洪濛」，諸本作「法象」。

一　六九八頁中卷末經名，資、磧、普、南、徑、清無，未分卷。

十門辯惑論卷下　集

大慈恩寺沙門釋　復禮　撰

化佛隱顯門第九

稽疑曰二月十五佛将涅槃促純陁獻食為滅時将至又却後三月而應此期聖衆勸請佛云當滅但佛無虛語則此滅非虛何為犢子梵志月餘方乃報佛便似未滅其故何哉如其已滅梵志不應遣報如其未滅不知在何時其滅時之經滅時之日佇承高旨可得聞乎沙門復礼曰涅槃云犢子梵志滿十五日得須陁洹於娑羅林脩行二法不久得阿羅漢遣信報佛入般涅槃月餘之言異乎吾所聞也

辯惑曰源夫佛陁以圓覺為義涅槃以至寂為體圓覺者道無不窮理無不照至寂者累無不遣功無不忘忘功而遣累不可謂之有照理而窮道不可謂之無然而有以無生無因有立惑斷其一必喪其兩既至寂不可謂之有矣而可謂之無乎圓覺不可謂之無矣而可謂之有乎不可謂有而不無寂之極也不可謂無而不有覺之妙也恍兮惚兮若存若没窅兮冥

兮不滅不生夫生者法之始興也滅者法之初謝也初謝則本有今無始興則本無今有如来非本無今有也惡乎而謂生涅槃非本有今無也惡乎而謂滅有生滅然後有始終有始終然後有久近有久近然後分歲月生滅尚無矣歲月何寄哉故舍利問於没生居士詰而莫對迦葉疑於壞滅大師訶而後辯是知解脫之理涅槃之性不可以生滅求不可以有無取子何迺以生滅心行而問涅槃實相歟仁今問涅槃以時日亦猶量虛空以尺丈虛空無尺丈不可以尺丈量可以尺丈量非是虛空也涅槃無時日不可以時日定可以時日定非是涅槃也何者夫尺丈生於形質時日本乎始終無形質則無尺丈無始終固無時日明矣無而致問何其迂哉經云夫如来者天上人中㝡尊㝡勝豈是行耶又云如来身者是常住身金剛之身則是法身又云非身是身不生不滅又云常法之中虛空第一如来亦尒壽命之中㝡為第一富

我聖教盡然妙理自可悟之以真常奚更疑之以生滅惑曰聞真常之義欲甘於夕死聽涅槃之名尚昧於朝徹若如來常住不滅者何故稱般涅槃耶釋曰涅槃有四種子未聞無住之義歟夫無住涅槃者真如妙性為之體大悲般若為之助般若故不住生死大悲故不住涅槃不住涅槃故雖證而不取不住生死故雖在而不著證而不取故有感所以即興在而不著故無緣所以即謝斯則寂然不動形遍十方濟尒無思智周万物應現不疲而寂滅隱顯無恒而常住豈若聲聞離苦永入無餘緣覺猒身長辭有患形同槁木遷已焼然心類死灰曾微覺了均絕聖之獨善違博施之無仁乎故涅槃經云我以久住大般涅槃種種示現神通變化又云大般涅槃能建大義斯無住涅槃之用也豈乖真常之義哉惑人又曰涅槃之道若常者何有雙林之事耶釋曰佛有三身之義矣法身也報身也化身也法身以性淨真如為之體出經

被了為之義報身以酬因果德為之性寘真照俗為之業化身以内依勝智為之本外應羣情為之相法身猶虛空之性雲菸則翳霧斂則明其性本常矣報身若乘空之日赫矣高昇朗焉大照其體恒在矣化身如鑒水之影沚清則現流濁沍昏顯晦不恒住来無定至若七蓮承足聖葉攀而開圖雙樹恬神能事終而息駕其中或離經辯志晦明於幻學或納采問名同塵於始禮金輪至而羅七寶朱驥騰而出九重縱神力而降魔凶邪草面揚辯才而伏衆聖賢稽顙一一國土處處分身遍他方而不窮盡未来而無替斯皆應情之化鑒水之影也亦何傷於涅槃常住之義夫惑人又曰二身蘊粹而圓常八相逐情而興廢是則真為寂靜化是權遷鶴林之事不無攢子之疑佇决釋曰向釋辯真化之不一未明真化之不異夫化佛者豈他歟報身圓應之用也報身者何哉悲智所成之體也悲以廣濟為理智以善權為業所以因時降跡隨

物現身身跡者用也悲智者體也體是其本用是其末依體起用攝末歸本欲求其異理可然乎而迺定化體之權遷異真身之寂靜斯為未得矣斯為未得矣然此且明報身起化也未明化身即法也化身即法理徹矣還寄影喻而述焉夫水中之日影也不從外来不從内出不此不彼不異不一不無其狀不有其質倏焉而存忽焉而失像著而動性虛而謐執實者為妄知妄者了實曰何謂也曰若從外来者水外寧在乎若從内出者水内先有乎若言在此者於彼不見乎若言在彼者於此不覩乎若言是異者一見有二乎若言是一者二見豈一乎若言是無者於是可亡乎若言是有者求體曾得乎謂其生生無所從謂其滅滅无所往不生矣不滅矣性相寂然心言路斷斯可謂見水影之實性也見水影之實性者可見化身實性也見化身之實性者則證法身之體也故淨名經云佛身者即法身也又云如自觀身實相觀佛亦

然般若云若見諸相非相則見如来又云離一切諸相則名諸佛引而申之類而長之近取諸身遠取諸物于何不寂滅于何不清淨是以舉足下足道場觸處而無盡開眼閉眼諸佛現前而不滅故須菩提之宴坐常見法身蓮華色之爭先匪窺形相迷悟之分優劣若此豈可以有無生滅而見於化身哉夫知劒者忘其質器侯其光采識馬者略其形色視其駿異然後切玉似泥一日千里反是者豈曰知劒識馬乎鑽仰於法門研精於佛事亦猶於是矣至若聞誕於右脅謂之生化於北首謂之滅坐於蓮花謂之有莾於香木謂之無此蓋尋常之流雷同之見亦何足以枉於高門歟經云持戒比丘不應於佛生有為想若言有為則是妄語又云寧以利刀自割其舌終不説言如来無常又云不可竿數般涅槃時及不般涅槃若也隨問而即對逐事而同執會經文之同别定滅時之遠近使二字智翳而不聞八味口爽而常失可可最

矣非所敢言惑人率尒而興喟然而嘆曰前言之過也駟不及舌也甞聞井鼃捿梵莫辯括地之深澤鷃槍榆詎識垂天之廣物既然矣人亦有諸至若涅槃四門不生不滅佛身三種非一非異此空性而難量方外影而恒静並得其所未得聞其所未聞而今而後奉之無斁故知同凡偃卧示跡弥留出自塵勞之情何預金剛之體體唯一相始終不可措其詞情也多端前後不可齊其見偏知示滅之曰梵志遣報之期存而不論置之莫益者不亦以是乎對曰然子得之矣余無所隱乎子矣

聖王興替門第十

稽疑曰輪王撫運之日化四天下又説法花之時輪王預聽但兩儀開闢盧籍詳焉唯聞王環西獻豈見金輪東轉雖緇素有殊而聞見無别未悟輪王聖躬何為不至於此若以乘虛来往非人所知人既不知焉用王也何不肆覲東后風伯前驅寶馬共天馬爭飛金輪與日輪競曜千乘万騎

雜沓淸漢之間振鼓鳴簫嘈囋丹霞之表發號令撫惸獨恤飢寒理寃滯使軒羲之帝仰宵際以承風堯舜之君望天衢而慕德然後下碧空而朝万國乘白雲以禮百神舉玉匱之仙樽奏鈞天之廣樂豈非聖王之盛事歟又蚩尤作亂追風召雨共工觸山傾天絶地八年九潦伊耆致昏墊之憂鑠石流金成湯有剪髮之厄兩漢之末八埏雲擾二晉之間万方鼎沸而王遠遊西域無拯溺之心遥視東方無巡撫之意為聖王者其若斯哉遂使疑億兆之心失人神之望不知有王耶無王耶控鐵圍而三十二相者其道合然耶不合然耶傾心遠聽佇聞嘉旨辯惑曰夫以勾芒司春不能於隆冬發煦羲和馭日未常於靜夜舒景故若華照將列宿而分時蘭風披拂與零霜而别候寒温甫尒也昏旦須焉也而物既謝不可以覆追時未臻不可以預覩況乎今昔之遼哉夫輪王之興也七寶應圖十善裁化鐵圍所界君天下而光宅金輪所遊大城中

而利往千馬伏軛自空表而飛來四龍守藏從地中而踊出寶田氣色詎別於寒暑珠柱光明莫分於曉夜家給人足俗阜時雍下有知於上上無事於下至若孕質奇表卜年景曆三十二相不獨於日角珠衡八十千齡豈兼於畏神用教雖巍巍矣蕩蕩矣聖王之威事矣蓋是刼增之日殊非壽减之辰求古於今聞其難得按諸經論三千國土同時而成成已住同時而壞壞已空成住壞空各二十刼也如是循環終而復始於住刼之中從閻浮提至壽无量歲乃至八万歲其間有轉輪王出興焉故俱舍論輪王八万上雜心論云刼增輪王出矣若乃庖羲結網黃帝垂衣共工乱常蚩尤作暴並望古非綿邈之代形今是斯須之閒故皇王継踵不逢寶馬之巡狩大盜排肩莫遇神兵之戡剪唐虞已下從而可知焉來論云佛說法花之時輪王預聽釋曰竊以聖人作万物覩諸佛興十方並是知四兵扈從寧此界之飛皇千子陪遊乃他方之聖帝故彼經偈云又千万億國轉輪聖王至請原始要終取其義矣來論云兩儀開闢載籍詳焉唯聞玉環西獻豈見金輪東轉釋曰夫盧籍之興

本乎書契書契之作源乎易象因三才而畫卦布六位以重爻澤上於天後聖取而成則鳥行於地前括像以為文斯乃書契兆之於皇雄文字成之於倉頡故云易之上古是曰羲爻書之首篇不過堯典載籍遠近昭然可明而乃謂經史之文詳開闢之事理不然矣若博採圖牒傍存子說則元神是巨靈所契昆陵為大帝所居華胥柱州依希得其地容成太上髣髴臻其道而文物並闕而不論聖政粗論而不脩但龍師已下之日淺經誥盈車而未周人皇已上之歲多圖書數卷而便盡以時比事義可通乎然則昔有聖王金輪屢其東轉近無括后玉環遂以西獻人逐時而興替物隨人而去來取類虛舟興夫膠柱者矣惑曰若輪王但生於八万歲時者何故王豪在家之日七寶咸臻鐵輪當宇之辰百年已滅耶釋曰有化而為瑞者有假以為名者化而為瑞不君於万國假以為名莫徵於七寶故仙人相如金之質必成十號之尊

如來記獻土之童但王一分之地鐵輪王之事未聞實録矣或曰佛說作輪王四分之一者謂金輪王四分之一也若然者鐵輪可非一輪王乎但言作鐵輪王則明矣何故須言四分之一乎夫輪王者降七寶之祥行十善之化何故秪行十惡終無七寶者也惑人又曰皇王者所以理人也人不自理故立王以理之至如二十住劫之初八万增年之極俗淳和而有道人樸略而無覺當斯時也何用聖王哉釋曰三界受形莫離於苦宅六情對境悉嬰於惑網是非因而互反善惡所以相攻假令有頂地之高昇三灾不及非想天之壽靜四空為止苦蓋猶其逼迫使法尚以駈馳況乎欲界之人哉若也聞太古謂無為之極稱遂初言有道之宗此蓋醉於至感耳安知真諦之妙歟沙門復禮曰言者所以出意非意也跡者所以明本非本也故大聖之垂教或跡淺而本深或言乖而意合未得其門者能無岐路乎但不遠而復斯則善矣檀越纂摛淳因福履遐而日用今貧興氣貞襟秀而天挺讜君子之松栢湛人倫之水鏡文場翹楚綳其雅論高才學肆英髦許其慱聞

十門辯惑論卷下　第十二張　集字号

强記其何羨矣至若開邃鍵而探賾振芳豪而討論理尚違於得象言將涉於非聖若疑而叙意異三子而何傷若謗以為眹載一車而可恡然敬尋来翰云晚披釋典捧卷竭誠斯言訶乎亦勤之至也幸甚幸甚貧道不涯賎質濫齒玄門若春露之輕滋學鼓之瀉器同秋螢之末景業謝傳燈夫以聞斯行諸是仲尼之所擇離乎畢矣非有若之能對況一乘妙義三藏微言者歟涉兎未足以窮深奔蜂豈期於化大于時大唐永隆二年歲次辛巳孟秋之朔日也

十門辯惑論卷下

權文學答書

弟子權無二敬致書於大興善寺禮法師侍者昔菩薩之問如來斷衆生命以佛速滅乃發斯言豈有十地之人於聖起謗但為理資索隱義在鈎深前致稽疑意亦如此且宣尼將聖之德尚問老聃慈氏次佛之尊猶詢師利況以下愚之識披上聖之文每

十門辯惑論卷下　第十三張　集字号

門万戶觸塗多惑所以罄肝膽露昏曚竭鄙誠請高德遂引三車之駕開八正之塗續晨凫之足鑿混沌之竅百年之疑一朝頓盡方當永遵覺路長悟迷源爇煩惱之薪餐涅槃之飯請事斯語以卒餘年謹遣尺書敢謝不敏弟子權無二和南

十門辯惑論卷下

十門辯惑論卷下

校勘記

一　底本，金藏廣勝寺本。

一　七〇一頁中一行經名、二行撰者，[資]、[磧]、[普]、[南]、[徑]、[清]無，未換卷。

一　七〇一頁中四行「十五」，諸本（不含[石]，下同）作「十五日」。

一　七〇一頁中五行「三月壬」，諸本作「三月正」。

一　七〇一頁中一〇行首字「在」，諸本作「滅在」。

一　七〇一頁中一一行夾註左「須陁洹」，[麗]作「須陁洹果」。

一　七〇一頁中一二行夾註左「乎吾所聞」，[資]、[磧]、[普]、[南]、[徑]、[清]作「吾所聞之」。

一　七〇一頁中末行「愡號」，[資]、[磧]、[普]、[南]、[徑]、[清]作「愡」。

一　七〇一頁下一行首字「兮」，[資]、[磧]、[普]、[南]、[徑]、[清]無。

一　七〇二頁上一行「盡然」，[資]、[磧]、資、徑作「盡然」。

一　七〇二頁上三行首字「欲」，麗作「故」。

一　七〇二頁中一〇行「幼學」，資、磧、普、南、徑、清作「初學」。

一　七〇二頁中一八行「摧遷」，資、磧、普、南、徑、清作「推遷」。本頁下四行同。

一　七〇二頁中一九行第一三字「釋」，諸本無。

一　七〇二頁下一六行「於是」，資、磧、普、南、徑、清作「於見」。

一　七〇二頁下二〇行「水影之實」，資、磧、普、南、徑、清作「影之」。

一　七〇二頁下二一行「化身之實」，資、磧、普、南、徑、清作「化之」。

一　七〇三頁上六行第六字「故」，資、磧、普、南、徑、清無。

一　七〇三頁上七行「爭先」，諸本作「爭前」。

一　七〇三頁上九行末字「俟」，資、磧、普、南、徑、清作「候」。

一　七〇三頁上一六行末字「門」，資、磧、普、南、徑、清作「問」。

一　七〇三頁上二〇行第一一字「不」，資、磧、普、南、徑、清無。

一　七〇三頁中三行「莫辯」，清作「莫辦」。

一　七〇三頁中六行第一二字「外」，諸本作「水」。

一　七〇三頁中七行「恒靜」，麗作「常妙」。

一　七〇三頁中一二行「存而」，資、磧、普、南、徑、清作「在而」。

一　七〇三頁中一三行首字「益」，諸本作「答」。

一　七〇三頁下一行「清漢」，資、磧、普、徑作「青漢」。

一　七〇三頁下一七行「發煦」，普作「發照」。又「未常」，資、磧、普、南、徑、清作「未嘗」。

一　七〇三頁下一八行第三字「照」，諸本作「照曜」。

一　七〇三頁下末行「城中」，諸本作「域中」。

一　七〇四頁上三行第五字「柱」，徑、清作「桂」。本頁中一〇行第三字同。

一　七〇四頁上五行「卜年」，南作「十年」。

一　七〇四頁上七行「畏神」，資、磧、普、南、徑、清作「鬼神」。

一　七〇四頁上九行「聞其」，麗作「閒其」。

一　七〇四頁上一〇行夾註左第三字「也」，諸本無。又夾註左末字「至」，諸本作「人」。

一　七〇四頁上一一行夾註左「輪王八万上」，資、磧、普、南、徑、清作「云輪王八万出」。又「輪王出矣」，資、磧、普、南、徑、清作「轉輪王出也」。

一　七〇四頁上二一行「取其」，南作「求其」。

一　七〇四頁上二二行首字「云」，諸本作「又云」。

一七〇四頁中五行「是曰」，南作「是白」。

一七〇四頁中八行「子說」，麗作「子記」。

一七〇四頁中一九行第五字「豪」，諸本作「毫」。次頁上二行第三字同。

一七〇四頁中二〇行「滅耶」，資、磧、普作「滅」；南、徑、清、麗作「滅」。

一七〇四頁中二二行「徽於」，諸本作「徽於」。

一七〇四頁中末行「如金」，麗作「融金」。

一七〇四頁下二行第二字「王」，資、磧、普、南、徑、清無。又第九字「矣」，資、磧、普、南、徑、清無。又夾註右「佛說」，諸本作「佛記」。

一七〇四頁下三行夾註右「一輪王」，資、磧、普、南、徑、清作「輪王」。

一七〇四頁下四行夾註左「者也」，資、磧、普、南、徑、清作「乎」；麗作「者乎」。

一七〇四頁下六行第八字「之」，資、磧、普、南、徑、清無。

一七〇四頁下九行末字「納」，資、磧、普、南、徑、清作「網」。

一七〇四頁下一一行「夫之」，諸本作「天之」。

一七〇四頁下一二行「爲止」，諸本作「爲上」。

一七〇五頁上一行「其何」，諸本作「何其」。

一七〇五頁上五行第二字「來」，資、磧作「夾」。

一七〇五頁上一五行首字至頁中八行末字「攡文……卷下」，資、磧、普、南、徑、清無。

一七〇五頁中末行經名。麗無。

弘明集卷第一 并序

梁楊都建初寺釋僧祐撰集

夫覺海無涯慧境圓照化妙域中實陶鑄於堯舜理擅繫表乃誕謨乎周孔矣然道大信難聲高和寡須弥峻而藍風起寶藏積而怨賊生昔如來在世化震大千猶有四魔嬈念六師懷毒况乎像季其可勝哉自大法東漸歲幾五百緣各信否運亦崇替正見者敬讃邪惑者謗訕至於守文曲儒則拒為異教巧言左道則引為同法拒有拔本之迷引有朱紫之乱遂令詭論稍繁訛辭孔熾夫鶡旦鳴夜不翻白日之光精衛銜石無損滄海之勢然以闇乱明以小罔大雖莫動毫髮而有塵視聽將令弱植之徒隨僞辯而長迷倒置之倫逐邪說而永溺此幽塗所以易墜淨境所以難陟者也祐以末學志深弘護靜言浮俗憤慨于心遂以藥疾微間山棲餘暇撰古今之明篇揔道俗之雅論其有刻意翦邪建言衛法製無大小莫不畢捄又前代勝士書記文述有益亦皆編録類聚區分列為一十四卷夫道以人弘教以文明弘道明教故謂之弘明集兼率淺懷附論于末豈以涓埃微裨瀛岱但學孤識寡愧在褊局博練君子惠增廣焉

牟子理惑

一云蒼梧太守牟子博傳

牟子既修經傳諸子書無大小靡不好之雖不樂兵法然猶讀焉雖讀神仙不死之書抑而不信以為虛誕是時靈帝崩後天下擾乱獨交州差安北方異人咸來在焉多為神仙辟穀長生之術時人多有學者牟子常以五經難之道家術士莫敢對焉比之於孟軻距楊朱墨翟先是時牟子將母避世交趾年二十六歸蒼梧娶妻太守聞其守學謁請署吏時年方盛志精於學又見世乱無仕宦意竟遂不就是時諸州郡相疑隔塞不通太守以其博學多識使致敬荊州牟子

以為榮爵易讓使命難辭遂嚴當行會被州牧優文處士辟之復稱疾不起牧弟為豫章太守為中郎將笮融所煞時牧遣騎都尉劉彥將兵赴之恐外界相疑兵不得進牧乃請牟子曰弟為逆賊所害骨肉之痛憤發肝心當遣劉都尉行恐外界疑難行人不通君文武兼備有專對才今欲相屈之零陵桂陽假塗於通路何如牟子曰被秣服櫪見遇日久列士忘身期必騁效遂嚴當發會其母卒亡遂不果行久之退念以辯達之故輒見使命方世擾攘非顯己之秋也乃歎曰老子絕聖棄智脩身保真萬物不干其志天下不易其樂天子不得臣諸侯不得友故可貴也於是銳志於佛道兼研老子五千文含玄妙為酒漿翫五經為琴簧世俗之徒多非之者以為背五經而向異道欲爭則非道欲嘿則不能遂以筆墨之閒略引聖賢之言證解之名曰牟子理惑云

或問曰佛從何出生寧有先祖及國邑不皆何施行狀何類乎牟子曰富

哉問也請以不敏略說其要蓋聞佛化之為狀也積累道德數千億載不可紀記然臨得佛時生於天竺假形於白淨王夫人晝寢夢乘白象身有六牙欣然悅之遂感而孕以四月八日從母右脅而生墮地行七步舉右手曰天上天下靡有踰我者也時天地大動宮中皆明其日王家青衣復產一兒廄中白馬亦乳白駒奴字車匿馬曰揵陟王常使隨太子太子有三十二相八十種好身長丈六體皆金色頂有肉髻頰車如師子舌自覆面手把千輻輪項光照万里此略說其相年十七王為納妃鄰國女也太子坐則遷座寢則異床天道孔明陰陽而通遂懷一男六年乃生父王珍偉太子為興宮觀妓女寶玩並列於前太子不貪世樂意存道德年十九四月八日夜半呼車匿勒揵陟跨之鬼神扶舉飛而出宮明日廓然不知所在王及吏民莫不歔欷追之及田王曰未有尒時禱請神祇今既有尒如玉如珪當續祿位而去何為太子曰

万物無常有存當亡今欲學道度脫十方王知其彌堅遂起而還太子徑去思道六年遂成佛焉所以孟夏之月生者不寒不熱草木華英釋狐裘衣絺綌中呂之時也所以生天竺者天地之中處其中和也所著經凡有十二部合八億四千万卷其大卷万言以下小卷千言已上佛授教天下度脫人民因以二月十五日泥洹而去其經戒續存履能行之亦得无為福流後世持五戒者一月六齋齋之日專心一意悔過自新沙門持二百五十戒日日齋其戒非優婆塞所得聞也威儀進止與古之典禮无異終日竟夜講道誦經不預世事老子曰孔德之容唯道是從其斯之謂也

問曰何以正言佛佛為何謂乎牟子曰佛者号謚也猶名三皇神五帝聖也佛乃道德之元祖神明之宗緒佛之言覺也恍惚變化分身散體或存或亡能小能大能圓能方能老能少能隱能彰蹈火不燒履刃不傷在汙

不厚在禍無殃欲行則飛坐則揚光故号為佛也

問曰何謂之為道道何類也牟子曰道之言導也導人致於无為牽之无前引之無後舉之无上抑之無下視之无形聽之無聲四表為大蜿蜒其外毫釐為細間關其内故謂之道

問曰孔子以五經為道教可拱而誦履而行今子說道虛無怳惚不見其意不指其事何與聖人言異乎牟子曰不可以所習為重所希為輕惑於外類失於中情立事不失道德猶調絃不失宮商天道法四時人道法五常老子曰有物混成先天地生可以為天下母吾不知其名強字之曰道道之為物居家可以事親宰國可以治民獨立可以治身履而行之充乎天地廢而不用消而不離子不解之何異之有乎

問曰夫至實不華至辭不飾言約而至者麗事寡而達者明故珠玉少而貴瓦礫多而賤聖人制七經之本不過三万言衆事備焉今佛經卷以万

計言以億數非一人力所能堪也僕以為煩而不要矣牟子曰江海所以異於行潦者以其深廣也五岳所以别於丘陵者以其高大也若高不絕山跛羊凌其巔深不絕涓流孺子浴其淵騏驥不處苑囿之中吞舟之魚不遊數仞之溪剖三寸之蚌求明月之珠探枳棘之巢求鳳皇之鶵必難獲也何者小不能容大也佛經前說億載之事却道万世之要太素未起太始未生乾坤肇興其微不可握其纖不可入佛悉弥綸其廣大之外剖析其窈妙之内靡不紀之故其經卷以万計言以億數多多益具衆衆益富何不要之有雖非一人所堪譬若臨河飲水飽而自足焉知其餘哉

問曰佛經衆多欲得其要而棄其餘直說其實而除其華牟子曰否夫日月俱明各有所照二十八宿各有所主百藥並生各有所愈狐裘備寒絺綌御暑舟輿異路俱致行旅孔子不以五經之備復作春秋孝經者欲博道術恣人意耳佛經雖多其歸為一

也猶七典雖異其貴道德仁義亦一也孝所以說多者隨人行而與之若子張子游俱問一孝而仲尼答之各異攻其短也何棄之有哉

問曰佛道至尊至大堯舜周孔曷不脩之乎七經之中不見其辭子既躭詩書悅禮樂奚為復好佛道喜異術豈能踰經傳美聖業哉竊為吾子不取也牟子曰書不必孔丘之言藥不必扁鵲之方合義者從愈病者良君子博取衆善以輔其身子貢云夫子何常師之有乎堯事尹壽舜事務成旦學吕望丘學老聃亦俱不見於七經也四師雖聖比之於佛猶白鹿之與麒麟鷰鳥之與鳳凰也堯舜周孔且猶學之況佛身相好變化神力無方焉能捨而不學乎五經事義或有所闕佛不見記何足恠疑哉

問曰云佛有三十二相八十種好何其異於人之甚也殆富耳之語非實之云也牟子曰諺云少所見多所恠覩馲駝言馬腫背堯眉八彩舜目重瞳皋陶馬喙文王四乳禹耳參漏周公

背僂伏羲龍鼻仲尼反宇老子日
角月玄鼻有雙柱手把十文足蹈二
五此非異於人乎佛之相好奚足
疑哉
問曰孝經言身體髮膚受之父母不敢
毀傷曾子臨沒啓予手啓予足今沙
門剃頭何其違聖人之語不合孝子之
道也吾子常好論是非平曲直而反
善之乎牟子曰夫訕聖賢不仁平不
中不智也不仁不智何以樹德德將
不樹頑嚚之儔也論何容易乎昔齊
人乘船渡江其父墮水其子攘臂捽
頭顛倒使水從口出而父命得穌夫
捽頭顛倒不孝莫大然以全父之身
若拱手脩孝子之常父命絕於水矣
孔子曰可與適道未可與權所謂時
宜施者也且孝經曰先王有至德要
道而泰伯祝髮文身自從吳越之俗
違於身體髮膚之義然孔子稱之其
可謂至德矣仲尼不以其祝髮毀之
也由是而觀苟有大德不拘於小沙
門捐家財棄妻子不聽音視色可謂
讓之至也何違聖語不合孝乎豫讓

吞炭漆身聶政剝面自刑伯姬蹈火
高行截容君子以為勇而死義不聞
譏其自毀沒也沙門剔除鬚髮而比
之於四人不已遠乎
問曰夫福莫踰於繼嗣不孝莫過於
無後沙門弃妻子捐財貨或終身不
娶何其違福孝之行也自苦而無奇
自極而無異矣牟子曰夫長左者必短
右大前者必狹後孟公綽為趙魏老
則優不可以為滕薛大夫妻子財物
世之餘也清躬無為道之妙也老子
曰名與身孰親身與貨孰多又曰觀
三代之遺風覽乎儒墨之道術誦詩
書脩礼節崇仁義視清潔鄉人傳業
名譽洋溢此中士所施行恬惔者所
不恤故前有隨珠後有虓虎見之走
而不敢取何也先其命而後其利也
許由栖巢木夷齊餓首陽舜孔稱其
賢曰求仁得仁者也不聞譏其無後
無貨也沙門脩道德以易遊世之樂
反淑賢以背妻子之歡是不為奇孰
與為奇是不為異孰與為異哉
問曰黃帝垂衣裳制服飾箕子陳洪

範貌為五事首孔子作孝經服為三
德始又曰正其衣冠尊其瞻視原憲雖
貧不離華冠子路遇難不忘結纓今
沙門剃頭髮披赤布見人無跪起之
礼儀無盤旋之容止何其違貌服之
制乖搢紳之飾也牟子曰老子云上
德不德是以有德下德不失德是以無
德三皇之時食肉衣皮巢居穴處以
崇質朴豈復須章甫之冠曲裘之飾
哉然其人稱有德而敦庬允信而無
為沙門之行有似之矣
或曰如子之言則黃帝堯舜周孔之
儔弃而不足法也牟子曰夫見博則
不迷聽聦則不惑堯舜周孔脩世事
也佛與老子無為志也仲尼栖栖七
十餘國許由聞禪洗耳於淵君子之
道或出或處或嘿或語不溢其情不
淫其性故其道為貴在乎所用何弃
之有乎
問曰佛道言人死當復更生僕不信
此之審也牟子曰人臨死其家上屋
呼之死已復呼誰或曰呼其魂魄牟
子曰神還則生不還神何之乎曰成

鬼神牟子曰是也魂神固不滅矣但身自朽爛耳身譬如五穀之根葉魂神如五穀之種實根葉生必當死種實豈有終已得道身滅耳老子曰吾所以有大患以吾有身也若吾無身吾有何患又曰功遂身退天之道也或曰為道亦死不為亦死有何異乎牟子曰所謂無一日之善而問終身之譽者也有道雖死神歸福堂為惡既死神當其殃愚夫闇於成事賢智豫於未萌道與不道如金比草善之與福如白方黑焉得不異而言何異乎

問曰孔子云未能事人焉能事鬼未知生焉知死此聖人之所絕也今佛家輒說生死之事鬼神之務此殆非聖喆之語也夫履道者當虛無恢怕歸志質朴何為乃道生死以亂志說鬼神之餘事乎牟子曰若子之言所謂見外未識內者也孔子疾子路不問本末以此抑之耳孝經曰為之宗廟以鬼享之春秋祭祀以時思之又曰生事愛敬死事哀慼豈不教人事鬼神

知生死哉周公為武王請命曰旦多才多藝能事鬼神夫何為也佛經所說生死之趣非此類乎老子曰知其子復守其母沒身不殆又曰用其光復其明無遺身殃此道生死之所趣吉凶之所住至道之要實貴寂寞佛家豈好言乎來問不得不對耳鍾鼓豈有自鳴者桴加而有聲矣

問曰孔子曰夷狄之有君不如諸夏之亡也孟子譏陳相更學許行之術曰吾聞用夏變夷未聞用夷變夏者也吾子弱冠學堯舜周孔之道而今捨之更學夷狄之術不已惑乎牟子曰此吾未解大道時之餘語耳若子可謂見禮制之華而闇道德之實窺炬燭之明未覩天庭之日也孔子所言矯世法矣孟軻所云疾專一耳昔孔子欲居九夷曰君子居之何陋之有及仲尼不容於魯衛孟軻不用於齊梁豈復仕於夷狄乎禹出西羌而聖喆瞽叟生舜而頑嚚由余產狄國而霸秦管蔡自河洛而流言傳曰北辰之星在天之中在人之北以此觀之

漢地未必為天中也佛經所說上下周極含血之類物皆屬佛焉是以吾復尊而學之何為當捨堯舜周孔之道金玉不相傷隨碧不相妨謂人為惑時自惑乎

問曰蓋以父之財乞路人不可謂惠二親尚存殺已代人不可謂仁今佛經云太子須大拏以父之財施與遠人國之寶象以賜怨家妻子自與他人不敬其親而敬他人者謂之悖禮不愛其親而愛他人者謂之悖德須大拏不孝不仁而佛家尊之豈不異哉牟子曰五經之義立嫡以長大王見昌之志轉季為嫡遂成周業以致太平娶妻之義必告父母舜不告而娶以成大倫貞士須聘請賢臣待徵召伊尹負鼎干湯甯戚叩角要齊湯以致王齊以之霸禮男女不親授嫂溺則授之以手權其急也苟見其大不拘於小大人豈拘常也須大拏覩世之無常財貨非己寶故恣意布施以成大道父國受其祚怨家不得入至於成佛父母兄弟皆得度世是不為孝

是不為仁孰為仁孝哉

問曰佛道重無為樂施與持戒兢兢如臨深淵者今沙門耽好酒漿或畜妻子取賤賣貴專行詐紿此乃世之大偽而佛道謂之無為耶

牟子曰工輸能與人斧斤繩墨而不能使人功聖人能授人道不能使人履而行之也皐陶能罪盜人不能使貪夫為夷齊五刑能誅無狀不能使惡子為曾閔堯不能化丹朱周公不能訓管蔡豈唐教之不著周道之不備哉然無如惡人何也譬之世人學通七經而迷於財色可謂六藝之邪淫乎河伯雖神不溺陸地人飄風雖疾不能使湛水揚塵當患人不能行豈可謂佛道有惡乎

問曰孔子稱奢則不遜儉則固與其不遜也寧固叔孫曰儉者德之恭侈者惡之大也今佛家以空財布施為名盡貨與人為貴豈有福哉

牟子曰彼一時也此一時也仲尼之言疾奢而無禮叔孫之論刺公之刻楹非禁布施也舜耕歷山恩不及州里太

公屠牛恩不逮妻子及其見用恩流八荒惠施四海饒財多貨貴其能與貧困屢空貴其履道許由不貪四海伯夷不甘其國虞卿捐万户之封救窮人之急各其志也僖負羈以壺飧之惠全其所居之閭宣孟以一飯之故活其不訾之軀陰施出於不意陽報皎如白日況傾家財發善意其功德巍巍如嵩泰悠悠如江海矣懷善者應之以祚挾惡者報之以殃未有種稻而得麥作禍而獲福者乎

問曰夫事莫過於誠說莫過於實老子除華飾之辭崇質朴之語佛經說不指其事徒廣取譬喻譬喻非道之要合異為同非事之妙雖辭多語博猶玉屑一車不以為寶矣牟子曰事嘗共見者可說以實一人見一人不見者難與誠言也昔人未見麟問嘗見者麟何類乎見者曰麟如麟也問者曰若吾嘗見麟則不問子矣而云麟如麟寧可解哉見者曰麟麏身牛尾鹿蹄馬背問者虛解孔子曰人不知而不慍不亦君子乎老子云天

地之閒其猶橐籥乎又曰譬道於天下猶川谷與江海豈復華飾乎論語曰為政以德譬如北辰引天以比人也子夏曰譬諸草木區以別矣詩之三百牽物合類自諸子讖緯聖人秘要莫不引譬取喻子獨惡佛說經牽譬喻耶

問曰人之處世莫不好富貴而惡貧賤樂歡逸而憚勞倦黃帝養性以五肴為上孔子云食不厭精膾不厭細今沙門被赤布日一食閉六情自畢於世若茲何聊之有牟子云富與貴是人之所欲不以其道得之不處也貧與賤是人之所惡不以其道得之不去也老子曰五色令人目盲五音令人耳聾五味令人口爽馳騁田獵令人心發狂難得之貨令人行妨聖人為腹不為目此言豈虛哉柳下惠不以三公之位易其行段干木不以其身易魏文之富許由巢父栖木而居自謂安於帝宇夷齊餓于首陽自謂飽於文武蓋各得其志而已何不聊之有乎

問曰若佛經深妙靡麗子胡不談之於朝廷論之於君父脩之於閨門接之於朋友何復學經傳讀諸子乎

牟子曰未達其源而問其流也夫陳俎豆於壘門建旍旗於朝堂衣狐裘以當蕤賓被絺綌以御黃鍾非不麗也乖其處非其時也故持孔子之術入商鞅之門賷孟軻之説詣蘇張之庭功無分寸過有丈尺矣老子曰上士聞道勤而行之中士聞道若存若亡下士聞道大而笑之吾懼大笑故不爲談也渴不必待江河而飲井泉之水何所不飽是以復治經傳耳

問曰漢地始聞佛道其所從出耶牟子曰昔孝明皇帝夢見神人身有日光飛在殿前欣然悦之明日博問羣臣此爲何神有通人傅毅曰臣聞天竺有得道者號曰佛飛行虛空身有日光殆將其神也於是上寤遣中郎蔡愔羽林郎中秦景博士弟子王遵等十八人於大月支寫佛經四十二章藏在蘭臺石室第十四間時於洛陽城西雍門外起佛寺於其壁畫千

乘萬騎繞塔三匝又於南宮清涼臺及開陽城門上作佛像明帝時豫脩造壽陵曰顯節亦於其上作佛圖像時國豐民寧遠夷慕義學者由此而滋

問曰老子云智者不言言者不智又曰大辯若訥大巧若拙君子恥言過行設沙門有至道奚不坐而行之何復談是非論曲直乎僕以爲此行德之賊也

牟子曰來春當大飢今秋不食黃鍾應寒蕤賓重裘備豫雖早不免於愚老子所云謂得道者耳未得道者何知之有乎大道一言而天下悦豈非大辯乎老子不云乎功遂身退天之道也身既退矣又何言哉今之沙門未及得道何得不言老氏亦猶言也如其無言五千何述焉若知而不言可也既不能知又不能言愚人也故能言不能行國之師也能行不能言國之用也能行能言國之寶也三品各有所施何德之賊乎唯不能言又不能行是謂賊也

問曰如子之言徒當學辯達脩言論豈復治情性履道德乎

牟子曰何難悟之甚乎夫言語談論各有時也蘧瑗曰國有道則直國無道則卷而懷之甯武子國有道則智國無道則愚孔子曰可與言而不與言失人不可與言而與言失言故智愚自有時談論各有意何爲當言論而不行哉

問曰云何佛道至尊至快無爲憺怕世人學士多謗毀之云其辭説廓落難用虛無難信何乎

牟子曰至味不合於衆口大音不比於衆耳作咸池設大章發簫韶詠九成莫之和也張鄭衛之絃歌時俗之音必不期而拊手也故宋玉云客歌於郢爲下里之曲和者千人引商激角衆莫之應此皆悦邪聲不曉於大度者也韓非以管闚之見而譏堯舜接輿以毛氂之分而刺仲尼皆耽小而忽大者也夫聞清商而謂之角非彈絃之過聽者之不聰矣見和璧而名之石非璧之賤也視者之不明矣

神虵能斷而復續不能使人不斷也靈龜發夢於宋元不能免豫苴之網大道無為非俗所見不為譽者貴不為毀者賤用不用自天也行不行乃時也信不信其命也

問曰吾子以經傳理佛說其辭富而義顯其文熾而說美得無非其誠是子之辯也牟子曰非吾辯也見博故不惑耳

問曰見博其有術乎牟子曰由佛經也吾未解佛經之時惑甚於子雖誦五經適以為華未成實矣既吾覩佛經之說覽老子之要守恬惔之性觀無為之行還視世事猶臨天井而闚溪谷登嵩岱而見丘垤矣五經則五味佛道則五穀矣吾自聞道以來如開雲見白日炬火入冥室焉

問曰子云經如江海其文如錦繡何不以佛經荅吾問而復引詩書合異為同乎牟子曰渴者不必須江海而飲飢者不必待敖倉而飽道為智者設辯為達者通書為曉者傳事為見者明吾以子知其意故引其事若說

佛經之語談無為之要譬對盲者說五色為聾者奏五音也師曠雖巧不能彈無絃之琴狐貉雖熅不能熱無氣之人公明儀為牛彈清角之操伏食如故非牛不聞不合其耳矣轉為蚊虻之聲孤犢之鳴即掉尾奮耳蹀躞而聽是以詩書理子耳

問曰吾昔在京師入東觀遊太學視俊士之所規聽儒林之所論未聞脩佛道以為貴自損容以為上也吾子曷為耽之哉夫行迷則改路術窮則反故可不思與牟子曰夫長於變者不可示以詐通於道者不可驚以怪審於辭者不可惑以言達於義者不可動以利也老子曰名者身之害利者行之穢又曰設詐立權虛無自貴脩閨門之禮術時俗之際會赴趣門隟務合當世此下士之所行中士之所廢也況至道之蕩蕩上聖之所行乎杳兮如天淵兮如海不合闚牆之士數仞之夫固其宜也彼見其門我覩其室彼採其華我取其實彼求其備我守其一子速改路吾請履之

故禍福之源未知何若矣

問曰子以經傳之辭華麗之說讚佛行稱譽其德高者凌清雲廣者踰地埏得無踰其本過其實乎而僕譏刺頗得疹中而其病也牟子曰吁吾之所褒猶以塵埃附嵩泰收朝露投江海子之所謗猶握瓢觚欲減江海蹢耕耒欲損崐崘側一掌以翳日光舉土塊以塞河衝吾所褒不能使佛高子之毀不能令其下

問曰王喬赤松八仙之籙神書百七十卷長生之事與佛經豈同乎牟子曰比其類猶五霸之與五帝陽貨之與仲尼比其形猶丘垤之與華恒涓瀆之與江海比其文猶虎鞹之與羊皮斑紵之與錦繡也道有九十六種至於尊大莫尚佛道也神仙之書聽之則洋洋盈耳求其効猶握風而捕景是以大道之所不取無為之所不貴焉得同哉

問曰為道者或辟穀不食而飲酒啖肉亦云老氏之術也然佛道以酒肉為上誡而反食穀何其乖異乎牟子

曰衆道叢殘凡有九十六種滛㴞無爲莫尚於佛吾觀老氏上下之篇聞其禁五味之戒未覩其絕五穀之語聖人制七典之文無止糧之術老子著五千文無辟穀之事聖人云食穀者智食草者痴食肉者悍食氣者壽世人不達其事見六禽閉氣不息秋冬不食欲効而為之不知物類各自有性猶慈石取鐵不能移毫毛矣

問曰穀寧可絕不乎牟子曰吾未解大道之時亦甞學焉辟穀之法數十百術行之無效為之無徵故廢之耳觀吾所從學師三人或自稱百五百三百歲然吾從其學未三載間各自殞沒所以然者蓋由絕穀不食而啖百果享肉則重盤歓酒則傾罇精乱神昏穀氣不充耳目迷惑滛邪不禁吾問其故何荅曰老子云損之又損之以至於無為徒當日損耳然吾觀之但日益而不損也是以各不至知命而死矣且堯舜周孔各不能百載而末世愚惑欲服食辟穀求無窮之壽哀哉

問曰為道之人云能却疾不病不御針藥而愈有之乎何以佛家有病而進針藥耶牟子曰老子云物壯則老謂之不道不道早已唯有得道者不生亦不壯不壯亦不老不老亦不病不病亦不朽是以老子以身為大患焉武王居病周公乞命仲尼病子路請禱吾見聖人皆有病矣未覩其無病也神農甞草殆死者數十黃帝稽首受針於岐伯此之三聖豈當不如今之道士乎察省斯言亦足以廢矣

問曰道皆無為一也子何以分別羅列云其異乎更令學者狐疑僕以為費而無益也牟子曰俱謂之草衆草之性不可勝言俱謂之金衆金之性不可勝言同類殊性万物皆然豈徒道乎昔楊墨塞羣儒之路車不得前人不得步孟軻闢之乃知所從師曠彈琴俟知音之後聖人制法冀君子之將觀也玉石同匱猗頓為之改色朱紫相奪仲尼為之歎息日月非不明衆陰蔽其光佛道非不正衆私掩其公是以吾分而別之臧文之智微生之直仲尼不假者皆正世之語何費而無益乎

問曰吾子訕神仙抑奇怪不信有不死之道是也何為獨信佛道當得度世乎佛在異域子足未履其地目不見其所徒觀其文而信其行夫觀華者不能知實視影者不能審形殆其不誠乎牟子曰孔子曰視其所以觀其所由察其所安人焉廋哉昔呂望周公問於施政各知其後所以終顏淵乘駟之日見東野畢之馭知其將敗子貢觀邾魯之卜照其所以喪仲尼聞師襄之絃而識文王之操季子聽樂覽衆國之風何必足履目見乎

問曰僕甞遊于填之國數與沙門道人相見以吾事難之皆莫對而辭退多改志而移意子獨難改乎牟子曰輕羽在高遇風則飛細石在谿得流則轉唯泰山不為飄風動磐石不為疾流移梅李遇霜而落葉唯松栢之難凋矣子所見道人必學未浹見未博故有屈退耳以吾之頑且不可窮況明道者乎子不自改而欲改吾

未聞仲尼追盜跖湯武法桀紂者矣

問曰神仙之術秋多不食或入室累旬而不出可謂憯怕之至也僕以為可尊而貴殆佛道之不若乎牟子曰指南為北自謂不惑以西為東自謂不蒙以鵄梟而笑鳳凰執螻蚓而調龜龍蟬之不食君子不貴蛙蟒穴藏聖人不重孔子曰天地之性人為貴不聞尊蟬蟒也然世人固有啖昌蒲而棄桂薑覆甘露而啜酢漿者矣毫毛雖小視之可察太山之大背之不見志有留與不留意有銳與不銳曾尊季氏卑仲尼吳賢宰嚭不肖子胥子之所疑不亦宜乎

問曰道家云堯舜周孔七十二弟子皆不死而仙佛家云人皆當死莫能免何哉牟子曰此妖妄之言非聖人所語也老子曰天地尚不得長久而況人乎孔子曰更去辟世孝常在吾覽六藝觀得記堯有徂落舜有蒼梧之山禹有會稽之陵伯夷叔齊有首陽之墓文王不及誅紂而歿武王不能待成王大而崩周公有改葬之篇

仲尼有兩楹之夢伯魚有先父之年子路有葅醢之語伯牛有末命矣之文曾參有啓足之辭顏淵有不幸短命之記苗而不秀之喻皆著在經典聖人至言也吾以經傳為證世人為驗云而不死豈不惑哉

問曰子之所解誠悉備焉固非僕等之所聞也然子所理何以正著三十七篠亦有法乎牟子曰夫轉蓬漂而車輪成窾木流而舟檝設蜘蛛布而罻羅陳鳥跡見而文字作故有法成易無法成難吾覽佛經之要有三十七品老氏道經亦三十七篇故法之焉於是惑人聞之踧然失色叉手避席逡巡俯伏曰鄙人矇瞽生於幽仄敢出愚言不慮禍福今也聞命霍如湯雪得草情洒心自勑願受五戒作優婆塞

正誣論　未詳作者

有異人者誣佛曰尹文子有神通者愍彼胡狄狄父子聚麀貪婪忍害昧利無恥侵害不厭屠裂羣生不可遜讓厲不可談議喻故具諸事云云

又令得道弟子變化云云又禁其殺生斷其婚姻使無子孫伐胡之術孰良於此云云

正曰誣者既云無佛復云文子有神通復云有得道弟子能變化恢廓盡神妙之理此真有無向心之語也夫尹文子即老子弟子也老子即佛弟子也故其經云聞道竺乾有古先生善入泥洹不始不終永存綿綿竺乾者天竺也泥洹者胡語晉言無為也若佛不先老子何得稱先生老子不先尹文何故請道德之經即以此推之佛故文子之祖宗衆聖之元始也安有弟子神化而師不能乎且夫聖之宰世必以道莅之遠人不服則綏以文德不得已而用兵耳將以除暴止戈拯羣生行小殺以息大殺者也故春秋之世諸侯征伐動仗正順敵國有疊必鳴鼓以彰其過搃義兵以臨罪人不以闇昧而行誅也故服則柔而撫之不苟濁刑極武勝則以喪礼居之殺則以悲哀泣之是以深貶誘執大杜絕滅之原若懷惡而討不義

假道以成其暴皆結傳變文讖貺之累見故會宋之盟抑楚而先晉者疾梟鉀之詐以崇咀信之美也夫敵之怨惠不及後嗣悪止其身重罪不濫此百王之明制經國之令典也至于季末之将佳兵之徒患道薄德義始任詐力競以譎詭之計濟残賊之心野戰則肆鋒極煞屠城則盡坑無遺故白起刎首於杜郵董卓屠身於官門君子知其必亡舉世哀其厥戮兵之弊也遂至于此此為可痛心而長歎者矣何有聖人而欲大縱陰毒剪絕梨元者哉且十室容賢而況万里之廣重華生於東夷文命出乎西羌聖哲所興豈有常地或發音於此默化於彼形教万方而理運不差原夫佛之所以夷跡於中天而躍奇於西域者蓋有至趣不可得而縷陳矣豈有聖人疾敵之強而其欲覆滅使無孑遺哉此何異氣癘既流不蠲良淑縱火中原蘭猶俱焚桀紂之虐猶呼不然乎縱令胡國信多悪逆以暴易暴又非權通之旨也引此為辞適足

肆謗言眩愚竪豈允情合義有心之難乎又誣云尹文子欺之天有三十二重云云又妄牽樓炭經經云諸天之宮廣長二十四万里面開百門門廣万里云云荅曰佛經說天地境界高下階級悉條貫部分叙而有章而誣者或附著生長枉造偽說或顛倒淆乱不得要實何有二十四万里之地而容四百万里之門乎以一事覆之足明其錯謬者多矣蔵獲牧竪猶将知其不然況有識乎欲以見博秖露其愚焉　又誣云佛亦周遍五道備犯衆過行凶悪猶得佛此非怖為悪者之法也又計生民善者少而悪者多悪人死輒充六畜介則開闢至今足為久矣今畜宜居十分之九而人種已應希矣

正曰誠如所言佛亦曾為悪耳今所以得佛者改悪從善故也若長悪不悛遂而後遂往則長夜受苦輪轉五道而無解脫之由矣今以其能拔衆悪之栽滅三毒之燼脩五戒之善書十德之義行之累劫倦而不已曉了本

際暢三世空故能解生死之虛外無為之傷耳計天下蜎蠢之數不可稱計人本之在九州之内若毫末之在馬體十分之九豈所言哉故天地之性以人為貴榮期所以自得於三樂達貴賤之分明也今更不復自賴於人類不醜悪於畜生以蒞水為甘膳以羇絡為非謫安則為之無所多難又誣云有無靈下經無靈下經妖恠之書耳非三墳五典訓誥之言也通才達儒所未究覧也三曽五祖之言又似解奏之文此殆不詣而虛妄自露矣今具耶復應之凡俗人常謂人死則滅無靈無鬼然則無靈則無天曹無鬼則無所収也君子孫奉佛而乃追謚祖先或是賢人君平生之時未必與子孫同事而天曹便収伐之命顏舟之尸羅枉戮之痛仁慈祖考加虐毒於貴體此豈聰明正直之神乎若其非也則狐狢魍魎溷厲之鬼何能反制仁賢之靈而困禁戒之人乎以此為誣鄙醜書矣

又誣云道人聚斂百姓大攝塔寺華

餝奢靡費而無益云云

正曰夫教有深淺適時應物悉已備於首論矣請復申之夫恭儉之心莫過堯舜而山龍華虫黼黻絺繡故傳曰錫鸞和鈴昭其聲也三辰旂旗昭其明也五色比象昭其物也故王者之居必金門玉陛靈臺鳳闕將使異乎凡庶令貴賤有章也夫人情從所覩而興感故聞鼓鼙之音覩羽旄之象則思將帥之臣聽琴瑟之聲觀庠序之儀則思朝廷之臣遷地易觀則情貌俱變令悠悠之徒見形而不及道者莫不貴崇高而忽仄陋是以諸奉佛者仰慕遺跡思存髣髴故銘列圖象致其虔肅割玩以增崇靈廟故上士遊之則志其蹄筌取諸遠味下士遊之則美其華藻玩其炳蔚先悅其耳目漸率以義方三塗汲引莫有遺逸猶器之取水隨量多少唯穿底無當乃不受耳又專誣以禍福為佛所作可謂元不解矣聊復釋之夫吉凶之與善惡猶善惡之乘形聲自然而然不得相免也行之由己理玄應耳佛與周孔但共明忠孝信順從之者善背之者凶示其度水之方則使資舟檝不能令步涉而得濟也其誨人之生救厄死之術亦猶神農唱粒食以充飢虛黃帝垂衣裳以御寒暑若閉口而望飽裸袒以求溫不能強與之也夫和鵲之所以稱良醫者以其應疾投藥不失其宜耳不責其令有不死之民也且扁鵲有云吾能令當生者不死不能令當死者必生也若夫為子則不孝為臣則不忠乎守膏肓而不悟進良藥而不御而受禍臨死之日更多咎聖人深恨良醫非徒東走其勢投棄矣

又誣云沙門之在京洛者多矣而未曾聞能令主上延年益壽上不能調和陰陽使年豐民富消災却疫克靜禍乱云云下不能休糧絕粒呼吸清醇扶命度厄長生久視云云正曰不然莊周有云達命之情者不務命之所无奈何審期分之不可遷也若令性命可以智德求之者則發旦二子足令文父致千齡矣顏子死則稱天喪予惜之至也無以延之耳且陰陽數度期運所當百六之極有時而臻故堯有滔天之洪湯有赤地之灾涿鹿有漂櫓之血阪泉有横野之屍何不坐而消之救其未然耶且夫熊經鳥曳導引吐納輟黍稷而御英蕊吸風露以代糇糧俟此而壽有待之倫也斯則有時可夭不能無窮者也沙門之視松喬若未咳之兒耳方將汎志於二儀之表延祚於不死之鄉豈能屑心營近與涓彭爭長哉難者引欲騁餝非之辯立距諫之強言無節奏義無宮商哇夫北里之乱雅惡綠之奪黃也其餘喋喋之音曾無紀綱一遵先師不答之章

又誣云漢末有笮融者合兵依徐州刺史陶謙謙使之督運而融先事佛遂斷盜官運以自利入大起佛寺云云行人悉與酒食云云後為劉繇所攻見煞云云

正曰此難不待繩約而自縛也夫佛教變以慈仁不煞忠信不欺廉貞不盜為首老子云兵者不祥之器迹者

凶黜阻兵安忍結附寇逆犯煞一也
受人使命取不報主犯欺二也斷割
官物以自利入犯盜三也佛經云不
以酒為惠施而黜縱之犯酒四也諸
戒盡犯則動之死地矣譬猶吏人解
印脫冠而擴道肆異五尺之童皆能
制之矣笮氏不得其死適足助明為
惡之獲殃耳
又誣云石崇奉佛亦至而不免族誅
云云
荅曰石崇之為人余所悉也驕盈耽
酒放僭無度多藏厚斂不恤惸獨才
則有一割之利計德則盡無取焉雖
託名事佛而了無禁戒即如世人貌
清心穢色厲內荏口詠禹湯而行偶
桀跖自貽伊禍又誰之咎乎
又誣云周仲智奉佛亦精進而竟復
不蒙其福云云
正曰尋斯言似乎幸人之災非通言
也仲智雖有好道之意然意未受戒
為弟子也論其率情亮直見涉夷上
自是可才而有強梁之累未合道家
嬰兒之旨矣以此而遇忌勝之雄袁

弘明集卷第一　第二十六張　集字

敗理耳縱如難者云精進而遭害者
有矣此何異顏項夙夭夷叔餓死比
干盡忠而陷剖心之禍申生篤孝而
致雉經之痛若此之比不可勝言孔
子云仁者壽義者昌而復或有不免
固知宿命之證至矣信矣
又誣云事佛之家樂死惡生屬纊待
絕之日皆以為福祿之來無復哀感
之容云云
正曰難者得無隱心而居物不然何
言之逞乎夫佛經自謂得道者能玄
同彼我渾齊脩短涉生死之變泯然
無係步禍福之地而夷心不怛樂天
知命安時處順耳其未體之者哀哉
慎終之心乃所以增其篤也故有大
悲弘誓之義雖人之喪猶加哀矜以
德報怨不念舊惡況乎骨肉之痛情
隆自然者而不以無哀感之心者哉
夫愛親者不敢惡於人恐疇已之深
也逆情違道於斯見矣

弘明集卷第一　第二十七張　集字

弘明集卷第一

弘明集卷第一

校勘記

一　底本，金藏廣勝寺本。

一　七〇八頁中至七一四頁上共十八版，原版殘缺，以麗藏本換。

一　七〇八頁中一行經名并序，諸本(不含石，以下各卷同)作「弘明集序」。

一　七〇八頁中二行撰者，諸本作「梁釋僧祐撰」。

一　七〇八頁中三行第七字「境」，普、徑作「鏡」。

一　七〇八頁中九行首字「漸」，諸本作「流」。

一　七〇八頁中一一行「拒爲」，資、磧作「爲距」；普、南、徑、清作「距爲」。

一　七〇八頁中一二行第二字「拒」，諸本作「距」。

一　七〇八頁中一三行第一二字「旦」，徑、清作「鴠」。

一　七〇八頁下一行第二字「�」。諸，本作「採」。又「有益」，諸本作「有益三寶」。
一 七〇八頁下六行第三字「練」，諸本作「綜」。
一 七〇八頁下六行與七行之間，諸本有「弘明集卷第一」；徑並有「梁釋僧祐撰」、「理惑論、三十七篇」、「一云蒼梧太守牟子博傳漢牟融」各一行。
一 七〇八頁下七行「理惑」，資、磧、普、南、清作「理惑論、三十七篇」。
一 七〇八頁下八行「正誣論」，資、磧、普、南、清下有「未詳作者」；徑無。
一 七〇八頁下九行「理惑」，資、磧、普、南、清作「理惑論」。
一 七〇八頁下二一行末字「遂」，資、磧作「還」。
一 七〇九頁中一三行第六字「項」，諸本作「頂」。
一[illegible]五行「異床」，磧作「異狀」。
一 七〇九頁中一[illegible]行末字「四」，諸本作「二」。
一 七〇九頁下八行「授教」，諸本作「教授」。
一 七〇九頁下一九行「號謚」，諸本作「謚號」。
一 七一〇頁上一行第二字「辱」，諸本作「染」。
一 七一〇頁上一三行「宮商」，磧作「官商」。
一 七一〇頁中六行「騏驥」，諸本作「騏麟」。
一 七一〇頁中一三行第三字「其」，諸本作「其寂」。
一 七一〇頁下一五行至次行「學之」，諸本作「與之」。
一 七一〇頁下二二行末字「瞳」，諸本作「瞳子」。
一 七一〇頁下末行第三字「馬」，磧作「烏」。
一 七一一頁上一行「反宇」，諸本作「反顙」。
一 七一一頁上二行「月玄」，資、磧、作「目玄」。又「足蹈」，磧作「足踏」。
一 七一一頁上一八行及二〇行「祝髮」，諸本作「短髮」。
一 七一一頁上二二行第一〇字「音」，諸本作「音不」。
一 七一一頁中一行第七字「剋」，諸本作「皮」。
一 七一一頁中二行「以爲勇而死」，諸本作「爲勇而有」。
一 七一一頁中八行「自極」，諸本作「自拯」。
一 七一一頁中一〇行第七字「滕」，資、磧、普作「媵」；徑作「膝」。
一 七一一頁中一六行第六字「隨」，諸本作「隋」。
一 七一一頁中一八行「舜孔」，資、磧、普、南作「舜聖孔」；徑、清作「孔聖」。
一 七一一頁中二一行第五字「背」，資、磧作「貸」；普、南、徑、清作「貿」。
一 七一一頁下五行第二字「儀」，諸

本作「戚儀」。

一七一一頁下一〇行「敦庬」，普、南、徑、清作「孰疣」。又第一一字「允」，諸本作「之」。

一七一一頁下二一行首字「此」，諸本作「此言」。

一七一二頁上四行第五字「己」，諸本作「亡」。

一七一二頁上六行第七字「切」，諸本作「功成名」。

一七一二頁上七行「不爲」，諸本作「不爲道」。

一七一二頁上一五行「絶也」，諸本作「紀也」。

一七一二頁中三行第一三字「知」，諸本作「旣知」。

一七一二頁下四行「隨碧」，南作「精魄」；徑、清作「精珀」。

一七一二頁下九行第一二字「自」，諸本作「匈」。

一七一二頁下一一行第九字「者」，諸本無。

一七一二頁下一三行「大王」，資、磧、普、南作「文王」。

一七一二頁下一九行第二字「授」，普、南、徑、清作「援」。

一七一三頁上二行第五字「重」，諸本作「崇」。

一七一三頁上四行「詐紿」，南作「詐詭」。

一七一三頁上五行首字「大」，諸本無。

一七一三頁上七行「人功」，諸本作「人巧」。

一七一三頁上一〇行第二字「子」，諸本作「人」。

一七一三頁上一四行第七字「不」，諸本作「不能」。

一七一三頁上二二行第一一字「公」，諸本作「嚴公」。

一七一三頁中四行第六字「姉」，資、磧作「即」。

一七一三頁中五行「以壼」，普、南、徑、清作「以壹」。

一七一三頁中六行第六字「間」，諸本作「閭」。

一七一三頁中一〇行第四字「袂」，諸本作「抉」。

一七一三頁中一一行第四字「作」，諸本作「施」。又末字「乎」，諸本作「也」。

一七一三頁中一三行第九字「补」，諸本作「朴」。

一七一三頁中二二行第九字「虛」，普、南、徑、清作「霍」。

一七一三頁下四行「以別」，諸本作「以別之」。

一七一三頁下五行第一一字「讖」，徑、清作「纖」。

一七一三頁下一三行第三字「之」，諸本無。

一七一四頁上四行第四字「未」，諸本作「子未」。

一七一四頁上一八行第六字「號」，諸本作「號之」。

一七一四頁上一九行至次行「中郎

蔡愔」，諸本作「使者張騫」。

一　七一四頁上二一行「十八」，諸本作「十二」。

一　七一四頁中二行第一二字「時」，資、磧、普、南、徑、清作「存時」。

一　七一四頁中三行第三字「陵」，資、磧、普、南、徑、清作「陵陵」。

一　七一四頁中九行「行德」，資、磧、普、南、徑、清作「德行」。

一　七一四頁中一〇行第二字「賊」，資、磧、普、南、徑、清作「賤」。下至末行第六字同。

一　七一四頁下五行「武子」，資、磧、普、南、徑、清作「武子曰」。

一　七一四頁下一〇行「云何」，資、磧、普、南、徑、清作「子云」。

一　七一四頁下一一行第六字「謗」，資、磧、普、南、徑、清作「譏」。

一　七一四頁下一七行末字「激」，資、磧、普、南、徑、清作「徼」。

一　七一四頁下一九行「而讓」，資、磧、普、南、徑、清作「而謗」。

一　七一五頁上二行「苴之」，資、磧、普、南作「沮之」；徑、清作「且之」。

一　七一五頁上六行第九字「佛」，資、磧、普、南、徑、清作「佛之」。

一　七一五頁上一二行「既吾」，資、磧、普、南、徑、清作「吾既」。

一　七一五頁上一八行第五字「經」，資、磧、普、南、徑、清作「佛經」。

一　七一五頁上二一行第七字「敖」，徑、清作「厥」。

一　七一五頁中六行末字「變」，諸本作「蹬」。

一　七一五頁中一七行末字「門」，諸本作「間」。

一　七一五頁下一行首字「故」，麗無。

一　七一五頁下二行第一三字「讚」，諸本作「褒讚」。

一　七一五頁下四行首字「垠」，諸本作「圻」。

一　七一五頁下九行「土塊」，資、磧作「土地」。

一　七一六頁上五行第四字「文」，資、磧、普、南、徑、清作「之文」。

一　七一六頁上六行第六字「疾」，諸本作「癡」。

一　七一六頁上一〇行第八字「乎」，資、磧、普、南、徑、清無。

一　七一六頁上一一行「十百」，諸本作「千百」。

一　七一六頁上一三行「百五」，諸本作「七百五」。

一　七一六頁上一八行末字「之」，資、磧、普、南、徑、清無。

一　七一六頁中二行第五字「有」，資、磧、普、南、徑、清作「信有」。

一　七一六頁中五行首字「生」，麗作「生不生」。

一　七一六頁中七行「仲尼病」，資、磧、普、南、徑、清作「仲尼有疾」。

一　七一六頁中八行「有病」，資、磧、普、南、徑、清作「有疾」。

一　七一六頁中一七行第九字「之」，資、磧、南作「子」。

一　七一六頁中一九行第七字「後」，

諸本作「在後」。

一　七一六頁中二〇行「改色」，資、磧、普、南、徑、清作「於悒」。

一　七一六頁下一一行第九字「畢」，資、磧、普、南、徑、清作「車」。

一　七一六頁下一二行第八字「卜」，資、磧、普、南、徑、清作「會而」；麗作「會」。

一　七一六頁下一三行第四字「襄」，諸本作「曠」。

一　七一六頁下二一行「未泱」，麗作「未洽」。

一　七一六頁下末行第一三字「改」，諸本作「改人」。

一　七一七頁上二行「秋多」，諸本作「秋冬」。

一　七一七頁上六行第一二字「蚓」，資、磧、普作「蟻」。

一　七一七頁上八行第一二字「人」，資、磧、普、南、徑、清作「以人」。

一　七一七頁上一三行第三字「氏」，資、磧、普、南、徑、清作「氏而」。

一　七一七頁上一九行「更去辟世孝」，資、磧、普、南、徑作「賢者避世仁孝」；清作「賢者避世仁」。

一　七一七頁上二〇行「得記」，諸本作「傳記」。

一　七一七頁中二行「末命矣」，資、磧、普、南、徑、清作「亡命」；麗作「命矣」。

一　七一七頁中六行「云而不死」，資、磧、普、南、徑、清作「云而不死者」；麗作「而云不死」。

一　七一七頁中八行「正著」，資、磧、普、南、徑、清作「止著」。

一　七一七頁中一〇行「宊水」，清作「窾水」。

一　七一七頁中一六行末字「蕩」，資、磧、普、南、徑、清作「湯」。

一　七一七頁中一七行第二字「得」，諸本作「請得」。

一　七一七頁中二一行「胡狄狄」，資、磧、普、南、徑、清作「胡狄胡狄」；麗作「胡狄」。

一　七一七頁下五行第一二字「快」，諸本作「恢」。

一　七一七頁下六行「無匈」，資、磧作「匈無」；普、南、徑、清作「胸無」。

一　七一七頁下一二行第一〇字「即」，資、磧、普、南、徑、清作「耶」。

一　七一七頁下一七行第二字「拯」，諸本作「拯濟」。

一　七一八頁上一行第八字「結」，資、磧、普、南、徑、清作「經」。

一　七一八頁上二行至次行「衰鉀」，資作「哀鈿」；普作「表鈿」；南、徑、清作「表甲」；麗作「辛鉀」。

一　七一八頁上四行第一〇字「重」，資、磧、普、南、徑、清作「四重」。

一　七一八頁上一〇行「其灰」，麗作「其就」。

一　七一八頁上一七行「中天而躍」，資、磧、普、南、徑、清作「中岳而曜」；麗作「中天而曜」。

一　七一八頁上二〇行首字「予」，南、徑、清、麗作「子」。又第九字「既」，資、磧、普、南、徑、清作「般」。

一 七一八頁上二一行末字「呼」，資、磧作「乎」；普、南作「捋」；徑、清作「將」。

一 七一八頁上末行「引此」，南作「於此」。

一 七一八頁中三行「經經」，資、磧、普、南、徑、清作「經」。

一 七一八頁中五行第五字「荅」，徑作「正」。

一 七一八頁中一四行首字「怖」，資、磧、普、南、徑、清作「怖」。

一 七一八頁中二二行「書十」，資、磧、普、南、徑、清作「盡十」。

一 七一八頁下二行第三字「傷」，諸本作「場」。

一 七一八頁下三行第三字「本」，麗無。

一 七一八頁下四行首字「馬」，南、徑、清作「焉」。又「豈所」，資、磧、普、南、徑、清作「豈可」。

一 七一八頁下一二行「不語」，資、磧、普、南、徑、清作「不詰」。

一 七一八頁下一三行「今具」，資、磧、普、南、徑、清作「今且」。

一 七一八頁下一六行「祖先」，資、磧、普、南、徑、清作「祖先祖先」。又第九字「君」，諸本作「君子」。

一 七一八頁下一七行末字「命」，普、南、徑、清作「令」。

一 七一八頁下一八行第二字「舟」，諸本作「冉」。

一 七一九頁上一行第二字「奢」，資、磧、普、南、徑、清作「奢侈」。

一 七一九頁上六行「其物」，麗作「其文」。

一 七一九頁上一二行第五字「令」，麗作「今」。

一 七一九頁上一三行第六字「嵩」，諸本無。

一 七一九頁上一四行「仰莫」，諸本作「仰慕」。

一 七一九頁上一五行「珎玩」，資、磧、普、南、徑、清作「捐珍玩」。

一 七一九頁上二二行「猶善惡」，麗作「猶影響」。

一 七一九頁上末行末字「理」，諸本作「而理」。

一 七一九頁中二行第四字「善」，諸本作「吉」。

一 七一九頁中四行「之生」，資、磧、普、南、徑、清作「之法」。

一 七一九頁中五行首字「唱」，麗作「沓」。

一 七一九頁中七行第七字「和」，普、南、徑、清作「扁」。

一 七一九頁中一二行第四字「肓」，諸本作「盲」。

一 七一九頁中二一行第二字「元」，資、磧、普、南、徑、清作「無」。

一 七一九頁下四行第四字「櫓」，麗作「槽」。

一 七一九頁下七行「糇粮」，資、磧、普、南作「喉粮」。

一 七一九頁下九行第八字「咳」，諸本作「孩」。又末字「汎」，資、磧、普、南、徑、清作「抗」。

一七一九頁下一〇行第七字「迮」，諸本作「延」。

一七一九頁下一三行「北里」，清作「比里」。又「惡緑」，資、磧作「思緑」。

一七一九頁下二二行「變以」，諸本作「率以」。又「不慭」，麗作「不衒」。

一七二〇頁上一行首字「凶」，資、磧、普、南、徑、清作「凶而」。

一七二〇頁上六行第八字「異」，諸本作「暴」。

一七二〇頁上一一行「答曰」，徑作「正曰」。

一七二〇頁上一二行末字「才」，諸本作「論才」。

一七二〇頁上二一行「見涉」，資、磧、普、南、徑、清作「具涉」。

一七二〇頁中一行第八字「云」，資、磧、普、南、徑、清作「之言」。

一七二〇頁中三行「剖心」，資、磧、普、南、徑、清作「割心」。

一七二〇頁中一三行「不怛」，資、磧作「不恒」。

一七二〇頁中一四行末字「㦲」，普、南、徑、清作「死」。

一七二〇頁中一六行「猶加」，資、磧、普、南、徑、清作「猶如」。

一七二〇頁中一八行「不以」，諸本作「可以」。

弘明集卷第二　集

梁楊都建初寺釋僧祐撰

明佛論

晉宗炳

夫道之至妙固風化宜尊而世多誕佛咸以我躬不閱逞恤于後万里之事百年以外皆不以為然况復須弥之大佛國之偉精神不滅人可成佛心作万有諸法皆空宿緣綿邈億劫乃報乎此皆英奇超洞理信事實黃華之聽豈納雲門之調哉世人又貴周孔書典自堯至漢九州華夏曽所不曁殊域何感漢明何德而獨昭靈米凡若此情又皆牽附先習不能曠以玄覽故至理匪遐而疑以自沒悲夫中國君子明於礼義而闇於知人之心寧知佛之心乎今世業近事謀之不慼猶興喪及之况精神我也得焉則清升無窮失矣則永墜無極可不深而求履薄而慮乎夫一局之弈形筭之淺而弈枰之心何嘗有得而乃欲率井蛙之見妄抑大猷至獨陷神於天穽之下不以甚乎今以茫昧之識獨幽冥之故既不能自覽監於所失何能獨明於所得唯當明精闇向推夫善道居然宜脩以佛經為指南耳彼佛經也苞五典之德深加遠大之實含老庄之虛而重增皆空之盡高言實理肅焉感神其映如日其清如風非聖誰說乎謹推世之所見而會佛之理為明

論曰今自撫踵至頂以去夌虛心往而勿已則四方上下皆無窮也生不獨造必傳所資仰追所傳則無始也弈世相生而不已則亦無竟也是身也既曰用無限之實親由無始而来又將傳於無竟而去矣然則無量無邊之曠無始無終之久人固相與凌之以自敷者也是以居赤縣於八極曽不疑焉今布三千日月羅万二千天下恒沙閱國界飛塵紀積劫普寘化之所容俱眇末其未央何獨安我而疑彼哉夫秋毫處滄海其懸猶有極也今綴彝倫於太虛為𤞑胡可言哉故世之所大道之所小人之所遐天之所迩所謂軒轅之前遐哉邈矣者

體天道以高覽蓋昨日之事耳書編知遠不出唐虞春秋屬辭盡於王業礼樂之良敬詩易之温絜今於無窮之中煥三千日月以列照麗万二千天下以貞觀乃知周孔所述蓋於蠻觸之域應求治之麁感且寧乏於一生之内耳逸乎生表者存而未論也若不然也何其篤於為始形而略於為神哉登蒙山而小魯登太山而小天下是其際矣且又墳典已逸俗儒所編專在治迹言有出於世表或散没於史策或絶滅於坑焚若老子莊周之道松喬列真之術信可以洗心養身而亦皆無取於六經而學者唯守救麁之聞文以書礼為限斷闕窮神積刧之遠化校目前而永忽不亦悲夫嗚呼有似行乎增雲之下而不信日月者也今稱一陰一陽不測之謂神者蓋謂至無為道陰陽兩渾故曰一陰一陽也自道而降便入精神常有於陰陽之表非二儀所究故曰陰陽不測耳君平之說一生二謂神明是也若此二句皆以無明則以何

明精神乎然羣生之神其極雖齊而隨緣遷流成麁妙之識而與本不滅矣今雖舜生於瞽舜之神也必非瞽之所生則商均之神又非舜之所育生育之前素有麁妙矣既本立於未生之先則知不滅於既死之後矣又不滅則不同愚聖則異知愚聖生死不革不滅之分矣故云精神受形周遍五道成壞天地不可稱數也夫以累矇之質誕于頑瞽嚚均之身受體黄中愚聖人絶何數以合乎豈非重華之靈始麁於在昔結因性刧之先緣會万化之後哉今則獨絶其神昔有接麁之累則練之所盡矣神之不滅及緣會之理積習而聖三者鑒於此矣若使形生則神生形死則神死則宜形殘神毀形病神困懷有廢則其身或屬纊臨盡而神意平全者及自牖執手病之極矣而無變德行之主斯殆不滅之驗也若必神生於形本非緣合今請遠取諸物然後近求諸身夫五岳四瀆謂無靈也則未可斷矣若許其神則岳唯積土之多瀆

唯積水而已矣得一之靈何生水土之麁哉而感託巖流肅成一體設使山崩川竭必不與水土俱止矣神非形作合而不滅人亦然矣神也者妙万物而為言矣若資形以造隨形以滅則以為本何妙以言乎夫精神四達並流無極上際於天下蟠於地聖之窮機賢之研微逮于宰賜莊嵇吳札子房之倫精用所之皆不疾不行坐徹宇宙而形之臭腐甘嗜所資皆與下愚同矣寧當復稟之以生隨之以滅耶又宜思矣周公郊祀后稷宗祀文王世或謂空以孝即問談者何以了其必空則必無以了矣茍無以了則文稷之靈不可謂之滅矣齋三日必見所為齋者寧可以常人之不見而斷周公之必不見哉嬴博之葬日骨肉歸于土魂氣則無不之非滅之謂矣夫至治則天大亂滔天其要心神之為也堯無理不照無欲不盡其神精也桀無惡不肆其神悖也桀非不知堯之善知已之惡惡已亡也體之所欲悖其神也而知堯惡亡之

識常含於神矣若使不居君位千歲勿死行惡則楚毒交至微善則少有所寬寧當復不稍滅其惡漸脩其善乎則向者神之所含知堯之識必當少有所用矣又加千歲而勿已亦可以其欲都澄遂精其神如堯者也夫辰月變則律呂動晦望交而蚌蛤應分至啓閉而燕鷹龍虵飈焉出没者皆先之以冥化而後發於物類也凡厥羣有同見陶於冥化矣何數事之獨然而万化之不盡然哉今所以然人而死傷人而刑及為纆紲之罪者及今則無罪與今有罪而同然者皆由冥緣前遘而人理後發矣夫幽顯一也疊遘於幽而醜發於顯既無恠矣行凶於顯而受毒於幽人何恠乎今以不滅之神含知堯之識幽顯於万世之中苦以創惡樂以誘善加有日月之宗垂光助照何緣不虛已鑽仰一變至道乎自恐往劫之桀紂皆可徐成将来之湯武況今風情之倫少而汎心於清流者乎由此觀之人可作佛其亦明矣夫生之起也皆由

情地今男女搆精万物化生者皆精由情搆矣情搆於己而則百衆神受身大似知情為生本矣至若五帝三后雖超情窮神然無理不順苟昔縁所會亦必俯入精化相與順生而敷万族矣況今以情貫神一身死壞安得不復受一身生死無量乎識能澄不滅之本稟曰損之學損之又損必至無為無欲欲情唯神獨映則無當於生矣無生則無身無身而有神法身之謂也今黃帝虞舜姬公孔父世之所仰而信者也觀其縱轡升天龍潛鳥颺反風起禾絶粒絃歌亦皆由窮神為體故神功所應倏儻無方也今形

理雖外當其隨感起滅亦必有非人力所致而至者河之出圖洛之出書冥英無栽而敷玄珪不琢而成桑榖在庭儵然大拱忽尒以巨大流王屋而為烏鼎之輕重大小皆翕欻變化感靈而作斯實不思議之明類也夫以法身之極靈感妙衆而化見照神功以朗物復何奇不肆何變可限豈直仰陵九天龍行九泉吸風

絶粒而已哉凡厥光儀符瑞之偉分身踊出移轉世界巨海入毛之類方之黃虞姬孔神化無方向者衆瑞之奄曖顯没既出形而入神同惚怳而玄化何獨信此而抑彼哉冥覺法王清明卓朗信而有徵不違顏咫尺而昧者不知象矣哉夫洪範庶徵休咎之應皆由心來逮白虹貫日太白入昴寒谷生黍崩城隕霜之類皆發自人情而遠形天事同相為形影矣夫形无無影聲无無響則亦情无無報矣豈直貫日隕霜之類哉皆莫不隨情曲應物無道形但或結於身或播於事交賒紛綸顯昧眇漫孰覩其際哉衆變盈世羣象滿目皆万世以来精感之所集矣故佛經云一切諸法從意生形又云心為法本心作天堂心作地獄義由此也是以清心絜情必妙生英麗之境濁情滓行永悖於三塗之域何斯唱之迢遰微明有實理而直疏魂沐想飛誠悚志者哉雖然夫億等之情皆相縁成識識感成形其性實無也自有津悟以来孤聲豁

然滅除心患未有斯之至也請又述
而明之夫聖神玄照而無思營之識
者由心與物絶唯神而已故虛明之
本終始常住不可凋矣今心與物交
不一於神雖以顏子之微微而必乾
乾鑽仰好人樂山庶乎屢空皆心用
乃識必用用妙接識識妙續如火之
炎炎相即而成爛耳今以悟空息心
心用止而情識歇則神明全矣則情
識之攝既新故妙續則患是不一之
際豈常有哉使庖丁觀之必不見全
牛者矣佛經所謂變易離散之法法
識之性空夢幻影響泡沫水月豈不
然哉顏子知其如此故處有若無撫
實若虛不見有犯而不挍也今觀顏
子之屢虛則知其有之實無矣況自
茲以降發真弥遠雖復進趣大道而
與東走之疾同名狂者皆違理謬感
遁天忘行弥非真有矣況又質味聲
色復是情僞之所影化乎且舟壑潛謝
變速奔雷將來未至過去已滅已在
不住瞬息之須無一毫可據將欲何
守而以為有乎甚矣僞有之蔽神也

今有明鏡於斯紛穢集之微則其照藹
然積則其照昧然弥厚則照而昧矣
質其本明故加穢猶照雖從藹至昧
要隨鏡不滅以辯之物必隨穢弥失
而過謬成焉人之神理有類於此僞
有累神成精麤之識識附於神故雖
死不滅漸之以空必將習漸至盡而
窮本神矣泥洹之謂也是以至言云
富從而竪以空焉夫嚴林希微風水
為虛盈盈懷而雅猶有曠然況聖穆乎
空以虛授人而不情心樂盡哉是以
古之乘虛入道一沙一佛未詎多也
或問曰神本至虛何故治受万有而
與之為緣又本虛既均何故分為愚
聖乎又既云心作万有未有万有之
時復何以累心使感而生万有乎
答曰今神妙形麤而相與為用以妙
緣麤則知以虛緣有矣今愚者雖鄙
要能處今識昔在此憶彼皆有神功
則練而可盡知其本均虛矣心作万
有備於前論據見觀實三者固已信
然矣但所以然者其來無始無始之
始豈有始乎亦玄之又玄矣莊周稱

卌求問曰未有天地可知乎仲尼曰
古猶今也蓋謂雖在無始之前仰尋
先際初自玅眇猶今之卌求耳今神明
始創及羣生寂先之祖都自杳漠非追
想所及豈復學者通塞所豫乎夫聖
固凝廢感而後應耳非想所及即六
合之外矣無以為感故存而不論聖
而不論民何由悟今相與踐地戴天
而存踐戴之外豈有紀極乎禹之弼
成五服敷土不過九州者蓋道世路
所及者耳至於大荒之表湯谷濛汜
之際非復人理所豫則神聖已所不
明矣況過此弥往渾沌寘茫豈復議
其邊陲哉今推所踐戴終至所不議
故一體耳推今之神用求昔之所始
終至於聖人之所存而不論者亦一
理相貫耳豈獨可議哉皆由寘緣隨
宇宙而無窮物情所感者有限故也
夫衆心稟聖以成識其猶衆目會日
以為見離朱察秋毫於百尋資其
妙目假目而覩耳今布豪於千步之
外目力所匱無假以見於而察微避
危無所少矣何為以千丈所昧還疑

百尋之豪乎今不達緣本情感所匿無會以聖而知耳至於致道之津無所少矣何為以緣始之昧遝疑既明之化矣哉

或問曰今人云不解緣始故不得信佛此非感耶聖人何以不為明之

答曰所謂感者抱升之分而理有未至要當資聖以通此理之實感者也是以樂身滯有則朗以苦空之義兼愛不弘則示以投身之慈體非俱至而三乘設分業異脩而六度明津梁之應無一不足可謂感而後應者也是以聞道靈鷲天人咸暢造極者蔚如也豈復遠疑緣始然後至哉理明訓足如說脩行何所不備而猶必不信終懷過疑於相所不及者與將隕之疾饋藥不服流矢通中忍痛不扶要求矢藥造搆之始以致命絕夫何異哉皆由積道自昔故来會無告致使今日在信妄疑豈可以為實理之感哉非理妄疑之惑固無以感聖而尅明矣夫非我求蒙蒙而求我固宜虛已及身隨順玄化誠以信往然後悟

隨應來一悟所振終可遂至冥極守是妄疑而不歸純叙枉者方將長淪惑固之实豈有旦期背向一差升墜天絕可不慎乎

或問曰孔氏之訓無求生以害仁又煞身以成仁仁之至也亦佛經說菩薩之行矣老子明無為之至也即泥洹之極矣而曾不稱其神通成佛豈孔老有所不盡與明道欲以扇物而掩其致道之實乎無實之疑安得不生

答曰教化之發各指所應世斷乎亂洙泗所弘應治道也純風弥凋二篇乃作以息動也若使顏冉宰賜尹喜莊周外讚儒玄之跡以導世情所極內稟無生之學以精神理之求世孰識哉至若冉季子游子夏子思孟軻林宗康成盖公嚴平班嗣楊王之流或分盡於礼教或自畢於任逸而無欣於佛法皆其寡緣所窮終無僭濫故孔老發音指導自斯之倫感向所暨故不復越叩過應儒以弘仁道在抑動皆已撫教得崖莫匪尒極矣雖慈良無為與佛說通流而法身泥洹無與盡言故不明

耳且凡稱無為而無不為者與夫法身無形普入一切者豈不同致哉是以孔老如来雖三訓殊路而習善共轍也

或問曰自三五以来暨于孔老洗心佛法要將有人而獻酬之跡曾不乍聞者何哉

答曰余前論之指已明俗儒而編專在治跡言有出於世表或散沒於史策或絕滅於坑焚今又重敷所懷夫三皇之書謂之三墳言大道也尒時也孝慈天足豈復訓以仁義純朴不離若老莊者復何所扇若不明神本於無生空衆性以照極者復以何為大道乎斯文沒矣世孰識哉史遷之述五帝也皆云生而神靈或弱而能言或自言其名懿淵疏通其知如神既以類夫大乘菩薩化見而生者矣居軒轅之丘登崆峒陟凡岱幽陵蟠木之遊逸跡超浪何以知其不由從如来之道哉以五帝之長世堯治百年舜則七十廣成大隗鴻崖巢許支父北人姑射四子之流玄風畜積洋

溢于時而五典餘類唯唐虞二篇而至寡闕子長之記又謂百家之言黃帝文不雅訓搢紳難言唯拯救伏治跡猶万不記一豈至道之感不見于殘缺之篇便當皆虛妄哉今以神明之君遊浩然之世攜七聖於具茨見神人於姑射一化之生復何足多談微言所精安知非窮神億劫之表哉廣成之言曰至道之精窈窈冥冥即首楞嚴三昧矣得吾道者上為皇下為王即亦隨化升降為飛行皇帝轉輪聖王之類也失吾道者上見光下為土亦生死於天人之界者矣感大隗之風稱天師而退者亦十号之稱矣自恐無生之化皆道深於若時業流於玄勝而事沒振古理隨文翳故百家所據若曉而昧又搢紳之儒不謂雅訓遂令殉世而不深于道者杖史籍而抑至理從近情而忽遠化困精神於永劫豈不痛哉伯益述山海天毒之國偎人而愛人郭璞傳古謂天毒即天竺浮屠所興偎愛之義亦如來大慈之訓矣固亦既聞於三五

之世也國典不傳不足疑矣凡三代之下及孔老之際史策之外竟何可量孔之問礼老為言之關尹之求復為明道設使二篇或沒其言獨存於礼祀世何得不謂柱下翁直是知礼老儒豈不體於玄風乎今百代衆書飄蕩於存亡之後理無備在豈可斷以所見絕獻酬於孔老哉東方朔對漢武劫燒之說劉向列仙叙七十四人在佛經學者之管窺於斯又非漢明而始也但馳神越世者衆而顯結誠幽微者寡而隱故潛感之實不揚於物耳道人澄公仁聖於石勒虎之世謂虎曰臨菑城中有古阿育王寺處猶有形像承露盤在深林巨樹之下入地二十丈虎使者依圖陷求皆如言得近姚略叔父為晉王於河東蒲坂古老所謂阿育王寺處見有光明鑿求得佛遺骨於石函銀匣之中光曜殊常隨略迎都於霸上比丘今見在辛寺由此觀之有佛事於齊晉之地久矣哉所以不說於三傳者亦猶于寶孫盛之史無語稱佛而妙

化實彰有晉而盛於江左也

或問曰若諸佛見在一切洞徹而感神之力諸法自在何為不曜光儀於當今使精麁同其信悟灑神功於窮迫以拔寃枉之命而令君子之流於佛無覩故同其不信俱陷闡提之苦秦趙之衆一日中白起項籍坑六十万夫古今彝倫及諸受坑者誠不悉有宿緣大善盡不都無一緣而悉積大惡而不覩佛之悲一日俱坑之痛慭然畢同坐視窮酷而不應何以為慈乎緣不傾天德不邀世則不能濟何以為神力自在不可思議乎曾陽迴曰耿恭飛泉宗九江虎違江而鑛避境猶皆心攢徹能使非道玄通況佛神力勝起之氣治籍之心以活百万之命殊易夫納須弥於芥子甚仁於毀身乎一虎一鴿矣而今想焉而不見告焉而不聞請之而無救寂寥然與大空無別而於其中有作沙門而燒身者有絕人理而剪六情者有苦力役傾資寶而事廟象者頓奪其當年而不見其所得吁可惜矣若謂

應在将来者則向六十万命善惡不
同而枉滅同矣命善惡雖異身後所
當獨何得異見世殊品既一不蒙甄
将来浩蕩為欲何望況復恐實無将
来乎經云足指按地三千佛土皆見
及盲聾瘖瘂牢獄毒痛皆得安寧夫
佛遠近存亡有戒無戒等以慈焉此
之有心宜見苦痛宜寧與彼一矣而
經則快多是語實則竟無楚應安私
非異國有命世逸羣者攜此空法以
胥累善交言有微遠之情事有澄肅
之美純而易信者一已輪身遂相承
於不測而勢無止薄乎
荅曰今不覩其路故旅義謂險譏瞰
其塗則不見所難矣夫常無者道也
唯佛則以神法道故德與道為一神
與道為二二故有照以通化一故常
因而無造夫万化者固各隨因緣自
於大道之中矣今所以稱佛云諸法
自在不可思議者非曰為可不由緣
觳越宿命而横濟也蓋衆生無量神
功所導皆依崖曲暢其照不可思量
耳辟之洪水四凶鯀頑象傲皆化之

固然堯舜不能易矣而必各依其崖
降水流凶允若克諧其德豈不大哉
夫佛也者非他也蓋聖人之道不盡
於濟王之俗敷化於外生之世者耳
至於因而不為功自物成直堯之殊
應者夫鍾律感類由心玄會況夫靈
聖以神理為類乎凡厥相與冥邁於
佛國者皆其烈志清神積劫增明故
能感詣洞徹致使釋迦發暉十方交
映多寶踊見鐙王入室豈佛之獨顯
乎哉能見矣至若今之君子不生應
供之運而域乎禹績之內皆其誠背
于昔故會乖于今雖復清若夷齊貞
如柳季所志尚殊復何由感而見佛
乎況今之所謂或自斯以還雖復礼
義熏身高名馥世而情深于人志不
附道雖人之君子而實天之小人靈
極之容復何由感暎豈不之偏隱哉
我不見矣若佛或有隨緣來生而六
度之誠發自宿業感見獨明亦當屢
有其人然雖道俗比肩復何由相知
乎然則歷妙在我故見否殊應豈可以
已之不曜於光儀而疑佛不見存哉

夫天地有靈精神不滅明矣今秦趙
之衆其神與宇宙俱来成敗天地而
不滅起籍二将豈得頓滅六十万神
哉神不可滅也則所滅者身也豈不
皆如佛言常滅羣生之身故其身受
滅而數會於起籍乎何以明之夫乾
道變化各正性命至于鷄彘犬羊之
命皆乾巛六子之所一也民之咀命
充身暴同銖鑪為鋼矣鷹虎非搏噬
不生人可飯蔬而存則虛已甚矣天
道至公所布者命寧當許其虐命而
抑其冥應哉今六十万人雖當美惡
殊品至於忍咀羣生恐不異也美惡
殊矣故其生之所享固可實殊害生
同矣故受害之日固亦可同今道家
之言世之所迂無以云焉至若于公
邴吉虞恰德應于後嚴延年田蚡晉
宣煞報交驗皆書于魏漢世所信覩
夫活人而慶流子孫況精神為煞活
之主無殃慶於後身乎煞活彼身必
受報已身況通塞彼神而不禁怵於
已神乎延年所煞皆凡等小人實嬰
王陵宰牧之豪賢否殊貴賤異其致

報一也報之所加不論豪賤將相晉王不二矣豈非天道至平才與不才亦各其子理存性命不在貴賤故耶則胣魚雖賤性命各正於䡨道矣觀大鳥之迴翔小鳥之啁噍葛盧所聽之牛西巳所感之雁情愛各深於其類矣今有孕婦雛子於斯而有剳而剔之燔而炙之者則謂寃痛之殃上天所感矣今春獮胎孕燔菹羔鷄亦天道之所一也豈得獨無報哉但今相與理緣於飲血之世佃漁非可頓絶是以聖王庖厨其化盖順民之煞以滅其害踐庖聞聲則所不忍因豺獺以為節疾非時之傷孕解罝而不網明含氣之命重矣孟軻擊賞於釁鍾知王德之去煞矣先王撫麑救急故雖深其仁不得頓苦其禁如来窮神明極故均重五道之命去煞為衆戒之首淨沙見報於白兔釋氏受滅於黄魚以示報應之勢皆其竊寵精深迂而不昧矣若在往生能聞于道敬脩法戒則必不墜長平而受坑馬服矣及在既墜信法能徹必超今難若緣釁

先重難有前報及戎德後臻必不復見坑来身矣所謂灑神功於窮迫以拔寃枉之命者其道如斯慈之至矣今雖有世義而無道心犯害衆命以報就迫理之當也佛秉理居當而救物以法不蹈法則理無攝濟豈佛無實乎辟之鴟鵲救疾以藥而不信不服疾之不瘳豈鵲不妙乎魯陽耿恭遠祖九江所以能迴日飛泉虫虎避德者皆以列誠動乎神道之感即佛之感也若在秦趙必不陷於難矣前陷夫者皆已無誠何由致感於佛而融冶起籍哉夫以通神之衆萃窮化之堂故須弥可見於芥子之内耳又雖今則靡鴿昔或為人嘗有緣會故值佛嘉運投身濟之割股代之爲無感可動以命憤煞融冶之寄安得妄作吹万之死咸其自已而疑佛哉夫志之篤也則想之而見告之斯聞矣推周孔交夢傳說形求實至古今攸隅傅巖邈岨而玄對無礙則可以信夫潔想思感觀無量壽佛越境百億超至無功何云大空無別哉夫道在練

神不由存形是以沙門祝形燒身厲神絶往神不可滅而能奔其往豈有負哉契闊人理崎嶇六情何獲于我而求累于神誠自剪絶則日損所清實漸于道苦力勞觀傾資竭居未幾有之俄然身滅名實所取不出盜跨攝館插神象惘然幽㮛形從其微神隨之遠微則應清遠則福妙盜跨與道孰為優乎頓奪其當年所以起升滔行協于神明福德彰於後身豈能見其所得哉夫人事之動必貫神道物無妄然要當有故而然矣若使幽冥之報不如向論則六十万命何理以坑乎既以報坑必以報不坑矣今戰國之人眇若安期幽若四皓龍顔而帝列地而君美聲茂實不可稱數同在冥之數中獨何然乎豈不各是前報之所應乎既見福成於往行則今行無負於後身明矣見世殊品既宿命所甄則身後所當獨何容濫經之所寄自謂當佛化見之時皆由曩有嘉會故其遇若彼今曾無覲應皆咎在無緣而反經至法空攜嗚呼神

鑒孔聃侮聖人之殃亦可畏也敢問
空擁者將聖人與賢人與小人與夫
聖無常心蓋就物之性化使遂耳若身
死神滅但當一以儒訓盡其生極復
何事哉而誑以不滅欺以成佛使燒
祝鬚髮絕其胖合所遏苗裔數不可
量且夫彥聖有無常所或潛有塞矣
空擁何利而其毒大苦知非聖賢之
為矣若哉樊須之流也則亦斂身周
孔畏懼異端敢忌作哉若自茲以降
則不肖之倫也又安能立家九流之
外增徽老莊之表而聃列於千載之
後龍樹提婆馬鳴迦旃延法勝山賢
達摩多羅之倫曠載五百仰述道訓
大智中百論阿毗曇之類皆神通之
才也近孫綽所頌耆域健陀勒等八
賢支遁林像而讚者竺法護于法蘭
道邃闕公則皆神聯中華中朝竺法
行時人比之樂令江左尸梨蜜群公
高其卓朗郭文舉廓然遂允而所奉
唯佛凡自龍樹以還寧皆失身於所
向謂不肖者之詭乎然則黃面夫子
之事豈不明明也哉今影骨齒髮遺

器餘式猶光于本國此亦道之以證
也夫殊域之性多有精察黠才而嗜
欲類深皆以厭祖身立佛前累葉親
傳世祗其實影跡遺事聃化融顯故
其裔王則傾國奉戒四眾苦徹死而
無悔若理之詭暖事不實奇亦豈肯
傾巳破欲以尊無形者乎若影物無會
聲出來往則古今來者何為苦身離
欲善是之至往而反宜見沮懈而類
皆更篤乎粗可察矣論曰夫自古所
以平顯治道者將以存其生也而苦
由生來昧者不知矣故諸佛悟之以
苦導以無生無生不可頓體而引以
生之善惡同善報而弥升則朗然之
盡可階焉是以其道浩若滄海小無不
津大無不通雖邈與務治存生者反而
亦固陶潛五典勸佐礼教焉今世之所
以愓禍福於天道者類若史遷感伯夷
而慨者也夫孔聖豈妄說也哉稱積
善餘慶積惡餘殃而顏冉夭疾厥亂
蔑聞商臣考終而莊則賢霸凡若此
類皆理不可通然理豈有無通者乎
則納慶後身受殃三塗之說不得不

信矣雖形有存亡而精神必應與見
世而報夫何異哉但因緣有先後故
對至有遲速猶一生禍福之早晚者
耳然則孔氏之訓資釋氏而通可不
曰玄極不易之道哉夫人理飄紛存
沒若幻龍以百年令之孩老無不盡
矣雖復黃髮台背猶自覺所經俄頃
況其短者乎且時則無止運則無窮
既往積劫無數無邊皆一瞬一閃以
及今耳今積瞬以至百年曾何難及
而又鮮剋半焉夫物之倡於朝露之
身者類無清遐之實矣何為甘臭腐
於漏刻以枉長在之神而不自疎於
邈遠之風哉雖復名法佐世之家亦
何獨無分於大道但婉轉人域翳于
世路故唯覺人道為盛而神想蔑如
耳若使迴身中荒升岳遐覽妙觀天宇
澄之曠日月照洞之奇寧無列聖威
靈尊嚴乎其中而唯雜雜人羣忿忿
世務而已哉固將懷遠以開神道之
想感寂以昭明靈之應矣昔仲尼脩
五經於曾以化天下及其眇邈太蒙
之顛而天下與曾俱小豈非神合於

八遐故起於一世哉然則五經之作蓋於俄頃之間應其所小者耳世又何得以格佛法而不信哉請問今之不信為謂黔首之外都無神明耶為之亦謂有之而直無佛乎若都無神明唯人而已則誰命玄鳥降而生商孰遺巨跡感而生棄武漢魏晉宋咸有瑞命故知視聽之表神道炳焉有神理必有妙極得以靈非佛而何夫神也者依方玄應感不豫存從實致化何患不盡豈須詭物而後訓乎然則其法之實其教之信不容疑矣

論曰羣生皆以精神為主故於玄極之靈咸有理以感堯則遠矣而百獸儛德豈非感哉則佛為万感之宗焉日月海岳猶有朝夕之礼秩望之義況佛之道衆高者窮神於生表中者受身於妙生下則免夫三趣乎今世教所弘致治於一生之內夫玄王者寡順世者衆何嘗不相與准習世情而謂死則神滅乎是以不務邇志清遐而多脩情寸陰故君子之道鮮焉若鑒以佛法則厭身非我蓋一息逆

旅耳精神乃我身也廓長存而無已上德者其德之暢於已也無窮中之為美徐將清升理至盡下而惡者方有自新之迴路可補過而上遷是以自古精廉之中絜已懷遠桎行於今以擬來葉而邁至德者不可勝數是佛法之効矣此皆世之所壅佛之所開其於類豈不曠然融朗妙有通塗哉若之何忽而不奉乎夫風經炎則暄吹林必清水激則濁澄石必明神用得喪亦存所託今不佛法非分之必然蓋處意則然試避心世物務映清微則佛理可明事皆信矣可不妙處其意乎資此則信以往終將剋王神道百世先業皆可幽明永濟孝之大矣衆生沾仁慈之至矣凝神獨妙道之極矣洞朗無礙明之盡矣發軫常人之心首路得轍縱可多歷劫數終必遇集玄極若是之奇也等是人也背轍失路蹭蹬長往而永沒九地可不悲乎若不然也世何故忽生懿聖復育愚鄙上則諸佛下則蜎飛蠕動乎皆精神失得之勢也今人以血

身七尺死老數紀之內既夜消其半矣喪疾衆故又苦其半生之美盛榮樂得志蓋亦何幾而壯齒不居榮必懼辱樂實連憂亦無全泰而皆競入濆俗之險路諱陟佛法之曠塗何如其智也世之以不達緣本而闇於佛理者誠衆矣夫緣起浩汗非復思想所及失得所關無理以感即六合之外故佛而不論已具前論請復循環而申之夫聖人之作易天之垂象吉凶治亂其占可知然源其所以然之狀聖所不明則莫之能知今以所莫知廢其可知逆占違天而動豈有不止者乎不可以緣始不明而背佛法亦猶此也又以不憶前身之意謂神不素存夫人在胎孕至于孩亂不得謂無精神矣同一生之內耳以今思之猶冥然莫憶況經生死歷異身昔憶安得不止乎所憶亡矣而無害神之常存則不達緣始何妨其理常明乎子路問死子曰未知生安知死問事鬼神則曰未知事人焉知事鬼豈不以由也盡於好勇篤於事君固宜應

以一生之內至於生死鬼神之本雖有問非其實理之感故性與天道不可得聞佛家之說衆生有邊無邊之類十四問一切智者皆置而不荅誠以荅之無利益則墮惡邪然則禀聖奉佛之道固宜謝其所絕脩其所應知渴者飲河挹洪流以盈已豈須窮源於岷山哉凡在佛法者違天破理不可得然則疑之可也今無不可得然之破而有順天清神之實豈不誠然哉夫人之生也與憂俱生患禍發於時事災厲奮於冥昧雖復雅貴連雲擁徒百万初自獨以形神坐待無常家人熇熇婦子嘻嘻俄復淪為惚怳人理曾何足恃自以過隟宜競賖誇冥化繼欲後害神既無滅求滅不得復當乘罪受身今之無頼羣生虫豸万等皆殷鑒也為之謀者唯有委誠信佛託心履戒以援精神生蒙靈援死則清升清升無已廷将作佛佛固言尒而人侮之何以斷人之勝佛乎其不勝也當不下墜彼惡永受其劇乎嗚呼六極苦毒而生者所以世

弘明集卷第二　第三十張　集字号

無已也所聞所見精進而死者臨盡類多神意安定有危迫者一心稱觀世音略無不蒙濟皆向所謂生蒙靈援死則清升之符也夫万乘之主千乘之君日昃不遑食兆民賴之於一化內耳何以增茂其神而王万化乎尒依周孔以養民味佛法以養神則生為明后　歿為明神而常王矣如來豈欺我哉我非崇塔侈像容養濫吹之僧以傷財害民之謂也物之不窺遠寶而觀近弊將攅以詬法矣蓋尊其道信其教悟無常空色有慈心埶化不以尊豪輕絕物命不使不肖竊假非服豈非導之以德齊之以礼天下歸仁之感乎其在容與之位及野澤之身何所足惜而不自濟其精神哉昔遠和上澄業廬山余往慤五旬高潔貞厲理學精妙固遠流也其師安法師靈德自奇微遇比丘並舍清真皆其相與素洽乎道而後孤立於山是以神明之化遂于巖林驟與余言於崖樹澗壑之間曖然乎有自言表而肅人者凡若斯論亦和上據經

弘明集卷第二　第三十一張　集字号

之指云尒夫善即者因鳥跡以書契窮神與人之頌提縈一言而霸業用遂宍刑永除事固有俄尒微感而終至冲天者今無陋鄙言以驚其所感奄然身沒安知不以定超登哉

弘明集卷第二　第三十二張　集字号

弘明集卷第二

弘明集卷第二

校勘記

一　底本，金藏廣勝寺本。

一　七二七頁中二行撰者，資、磧、普、南、徑作「梁釋僧祐撰」；清作「梁釋僧祐述」（下至卷第十同）。

一　七二七頁中三行「明佛論」下，資、磧、普、南、徑、清有「一名神不滅論」。又夾註「晋宗炳」，資、磧、普作「弟子宗炳」；徑作「宋宗炳」。

一　七二七頁中六行第一二字「復」，資、磧、普、南、徑、清無。

一　七二七頁中一三行首字「米」，諸本作「彩」。

一　七二七頁中一六行首字及第六字「之」，資、磧、普、南、徑、清無。

一　七二七頁中一七行「我也」，資、磧、普作「作哉」。

一　七二七頁中一九行首字「不」，諸本作「不臨」。

一　七二七頁中二〇行第七字「杪」，諸本作「秋」。

一　七二七頁下五行第一〇字「憎」，諸本作「增」。

一　七二七頁下九行第三字「今」，資、磧作「今會」。

一　七二七頁下一三行第五字「限」，資、磧、普、南、徑、清作「垠」。

一　七二八頁上四行「列照麗」，麗作「照麗列」。

一　七二八頁上六行第一二字「之」，諸本作「乏」。本頁下九行第九字，資、磧、普、南、徑、清同。

一　七二八頁上八行第一〇字「如」，諸本作「始」。

一　七二八頁上九行首字「爲」，麗作「爲終」。

一　七二八頁上一五行第四字「乏」，諸本作「之」。

一　七二八頁上一七行第九字「增」，南、徑、清作「層」。

一　七二八頁上一八行「一陽」，資、磧、普、南、徑、清作「一陽之謂道陰陽」；麗作「一陽謂陰陽」。

一　七二八頁上末行「無明」，資、磧、普、南、徑、清作「明無」。

一　七二八頁中一一行第五字「人」，資、磧、普、南、徑、清作「天」。

一　七二八頁中一七行「懮有腐則」，資、磧、普、南、徑作「據有腐則」；麗作「懮有腐敗」。

一　七二八頁中二一行末字「求」，諸本作「求」。

一　七二八頁下三行第一一字「止」，諸本作「亡」。

一　七二八頁下六行第三字「以」，諸本作「以形」。

一　七二八頁下八行第一三字「埶」，磧作「埶」。

一　七二八頁下九行「不莊」，資、磧、普、南、徑、清作「不疾」。

一　七二九頁上八行第七字「應」，資、磧、普、南、徑、清作「鴈」；麗作「鷹」。

一　七二九頁上一六行「人何」，諸本作「又何」。

一　七二九頁上一九行「光助」，麗作「光明」。

一　七二九頁中五行第五字「俯」，資、磧、普、南、徑、清作「循俯」。

一　七二九頁中六行「死壞」，麗作「死情」。

一　七二九頁中九行第一一字「映」，資、磧、普、南、徑、清作「照」。

一　七二九頁中一四行「倂儻」，磧、徑、

麗作「倜儻」。

一　七二九頁中一五行第二字「形」，資、磧、作「形紘」。

一　七二九頁中一七行第五字「英」，諸本作「茣」。又第七字「栽」，麗作「裁」。

一　七二九頁下四行首字「奄」，麗作「晻」。

一　七二九頁下一〇行第八字「同」，諸本作「固」。

一　七二九頁下一一行首字、第五字及第一一字「无」，麗作「元」。同行第八字「則」，資、磧、普、南、徑、清無。

一　七二九頁下一三行第五字「道」，諸本作「遁」。

一　七二九頁下一九行第二字「生」，資、磧、普、南、徑、清作「生於」。

一、七三〇頁上六行第五字「人」，諸本作「仁」。

一　七三〇頁上八行第七字「爓」，資、磧作「爛」。

一　七三〇頁上一六行第四字「虛」，麗作「空」。

一　七三〇頁上一九行第三字「忘」，資、磧、普、南、徑、清作「妄」。

一　七三〇頁上二一行「已在」，資、磧、普、南、徑、清作「見在」。

一　七三〇頁上二二行第三字「胂」，資、磧、普、南、徑、清作「瞬」；麗作「眒」。

一　七三〇頁中二行第六字「䀎」，資、磧、普、南、徑、清作「朏」。

一　七三〇頁中四行「辯之」，資、磧、普、南、徑、清作「之辨」。

一　七三〇頁中一〇行「盈盈」，諸本作「盈」。

一　七三〇頁中一一行「情心」，資、磧、普、南、徑、清作「清心」。

一　七三〇頁中一三行「治受」，資、磧、普、南、徑、清作「沾受」。

一　七三〇頁中一四行第四字「緣」，資、磧、普、南、徑、清作「緣乎」。

一　七三〇頁下二行「雖在」，磧作「安在」。

一　七三〇頁下三行第五字「莎」，諸本作「茫」。

一　七三〇頁下一一行「湯谷濛汜」，諸本作「暘谷濛汜」。

一　七三〇頁下一三行第九字「沲」，資、磧、普、南、徑、清作「瀚」。

一　七三〇頁下二〇行「朱察」，資、磧、普作「未察」；南、徑、清作「婁察」。又「百尋」，資、磧、普、南、徑、清作「百尋者」。

一　七三〇頁下二一行第四字「目」，諸本作「日」。

一　七三〇頁下二二行「於而」，資、磧、普、南、徑、清作「而於」。

一　七三〇頁下末行「千丈」，資、磧、普、南、徑、清作「千步」。

一　七三一頁上二行「會以」，資、磧、普、南、徑、清作「以會」。又第七字「耳」，諸本作「取」。

一　七三一頁上一四行「後至哉理」，麗作「至理哉」。

一七三一頁上一六行第六字「相」，資、磧、普、南、徑、清作「想」。

一七三一頁上一七行「不扶」，資、磧、普、南、徑、清作「不拔」；麗作「不扶」。

一七三一頁上一九行第四字「積」，資、磧、普、南、徑、清作「犢」。又「來會無告」，資、磧、普、南、徑、清作「未會無言」；麗作「未會元吉」。

一七三一頁上二〇行第六字「疑」，資、磧、普、南、徑、清作「疑耳」。

一七三一頁上二一行「之惑」，資、磧、普、南、徑、清作「之感」。

一七三一頁中二行第二字「妾」，諸本作「妄」。又第七字「純」，磧作「鈍」。

一七三一頁中三行第二字「固」，資、磧、普、南、徑、清作「綱」。

一七三一頁中六行至七行「無爲」，資、磧、普、南、徑、清作「無爲無爲」。

一七三一頁中二〇行「之倫」，資、磧作「之備」。

一七三一頁下八行第七字「指」，資、磧、普、南、徑、清作「旨」。

一七三一頁下一四行末字「爲」，資、磧、普、南、徑、清作「道」。

一七三一頁下一九行「凡岱」，磧、麗作「几岱」。

一七三一頁下二二行末字「戈」，資、磧、普、南、徑、清作「夸」。

一七三一頁下末行「北人」，麗作「化人」。

一七三二頁上二行第三字「闕」，資、磧作「開」；普、南、徑、清作「闢」。

一七三二頁上三行「敍伏」，資、磧、普、南、徑、清作「殺伐」。

一七三二頁上一八行「令殉」，資、磧作「令徇」；普、南、徑作「令狗」。

一七三二頁中五行第二字「祀」，諸本作「記後」。

一七三二頁中一六行第一二字「陷」，南、徑、清作「搜」。

一七三二頁中二〇行第六字「略」，資、磧、徑作「路」。又第八字「都」，資、磧、普、南、徑、清作「覩」，本頁下九行第八字，諸本同。

一七三二頁中二一行「在辛」，資、磧、普、南、徑作「存辛」；清、麗作「在新」。

一七三二頁下二行第八字「在」，資、磧、普、南、徑、清作「存」。

一七三二頁下七行第七字「中」，資、磧、普、南、徑、清作「之中」。

一七三二頁下一四行第七字「宗」，諸本作「宋」。又第一一字「達」，資、磧、普、南、徑、清作「遠」。

一七三二頁下一五行第五字「心」，資、磧、普、南、徑、清作「心力」。

一七三二頁下一六行第八字「治」，普、南、徑、清作「治」。

一七三三頁上二行第七字「命」，麗作「令」。

一七三三頁上三行末字「甄」，資、磧、普、南、徑、清作「甄別」。

一七三三頁上九行末字「私」，資、磧、普、南、徑、清作「知」。

一七三三頁上一一行第二字「槼」，資、磧、普、南、徑、清作「異翼」。

一七三三頁上一二行「輪身」，磧、麗作「輸身」。

一七三三頁上一八行末字「自」，資、磧、普、南、徑、清作「自作」。

一七三三頁中六行第二字「者」，資、磧、普、南、徑、清作「者耳」。

一七三三頁中一〇行「踊見鐙王」，資、磧、普、南、徑、清作「涌見燈王」。

一七三三頁中一八行「暎豈不」，資、磧、普作「映豈佛」；南、清作「暎豈佛」；徑作「應豈佛」；麗作「應豈不」。

一七三三頁中一九行第六字「佛」，資、磧、普、南、徑、清無。

一七三三頁中二一行「道俗」，資、磧作「是俗」。

一七三三頁下三行第八字「得」，資、磧、普、南、徑、清作「將」。

一七三三頁下四行第六字「也」，資、磧、普、南、徑、清無。

一七三三頁下一〇行第一〇字「虛」。資、磧、普、南、徑、清作「虐」。

一七三三頁下一一行第五字「布」，麗作「希」。

一七三三頁下一六行第六字「迁」，資、磧、普、南、徑、清作「述」。

一七三三頁下一八行「魏漢」，麗作「漢魏」。

一七三四頁上四行首字「則」，資、磧、普、南、徑、清作「然則」。又「乹道」，資、磧作「乾坤」。

一七三四頁上六行「西己」，南、徑、清、麗作「西巴」。

一七三四頁上一三行第二字「滅」，麗作「減」。

一七三四頁上一五行「擊賞」，資作「繫賞」；磧作「繫掌」；麗作「擊掌」。

一七三四頁上一六行第一二字「麁」，資、磧、普、南、徑、清作「鹿」。

一七三四頁上一九行末字「黃」，資、磧、普、南、徑、清作「昔」。

一七三四頁上二二行第一二字「馬」，資、磧作「焉」。

一七三四頁中一〇行「神道」，資、磧、普、南、徑、清作「神道神道」。

一七三四頁中一一行至次行「陷夫」，諸本作「夫陷」。

一七三四頁中一三行首字「冶」，清作「治」。

一七三四頁中一七行「治之寄」，資、磧、普、南、徑、清作「治之奇」；麗作「冶之寄」。

一七三四頁中二一行第四字「岨」，麗作「阻」。

一七三四頁中二二行第三字「思」，資、磧、普、南、徑、清作「西」。

一七三四頁下四行末字「清」，資、磧、普、南、徑、清作「情」。

一七三四頁下五行第七字「栄」，資、磧、普、南、徑、清作「策」，又第九字「傾」，清作「頋」。

一七三四頁下二一行「所寄」，磧、南、清作「所奇」。

一　七三四頁下末行第七字「經」，諸本作「誣」。

一　七三五頁上六行「胖合」，普、南、徑、清作「牉合」。

一　七三五頁上九行第三字「若」，諸本作「若人」。

一　七三五頁上一〇行第七字「忘」，資、磧、普、南、徑、清作「妄」。

一　七三五頁上二一行「以還」，資、磧、普、南、徑、清作「以遠」。

一　七三五頁上二一行至次行「所向」，資、磧、普、南、徑、清作「向所」。

一　七三五頁中一行「亦道」，資、磧、普作「亦通」。又第一三字及一一行第八字「以」，資、磧、普、南、徑、清無。

一　七三五頁中三行第一三字「葉」，資、磧作「華」。

一　七三五頁中五行「奉戒」，資、磧、普作「舉戒」。

一　七三五頁中九行第二字「善」，資、磧、普、南、徑、清作「若」。又「宜見」，資、磧、普、南、徑、清作「者宜其」。

一　七三五頁中一一行第二字「平」，資、磧、普、南、徑、清作「不」。

一　七三五頁中一七行第四字「潛」，麗作「漸」。

一　七三五頁中二〇行末字「㴧」，諸本作「胤」。

一　七三五頁中二一行第九字「則」，麗作「周」。

一　七三五頁下六行「令之」，資、磧、普、南、徑、清作「命之」。

一　七三五頁下九行第一一字及一〇行第六字「眒」，資、磧、普、南、徑、清作「瞬」。

一　七三五頁下一三行「在之」，資、磧、普、南、徑、清作「存之」。

一　七三五頁下一八行首字「澄」，資、磧、普、南、徑、清作「澄肅」；麗作「清澄」。

一　七三五頁下一九行「離離」，資、磧作「離」；普、南、徑、清作「唯」。

一　七三六頁上八行第四字「故」，資、磧、普、南、徑、清無。

一　七三六頁上一〇行「應應」，資、磧、普、南、徑、清作「應不應」。

一　七三六頁上一四行第三字「咸」，磧作「感」。

一　七三六頁上一六行第一一字「袟」，南、徑、清作「秩」。

一　七三六頁上二〇行「准習」，資、磧、普、南、徑、清作「唯習」。

一　七三六頁上二二行第四字「脩」，資、磧、普、南、徑、清作「循」。

一　七三六頁中三行第七字「理」，諸本作「以」。

一　七三六頁中一〇行「暄吹」，麗作「宣次」。又「清水激則」，資、磧、普、南、徑、清作「涼清水激」。

一　七三六頁中一一行第九字「不」，諸本作「不信」。

一　七三六頁中一二行第八字「試」，資、磧、普、南、徑、清作「誠試」。

一　七三六頁中一四行第七字「則」，

一　資、磧、普、南、徑、清作「明」。

一　七三六頁中一九行第三字「遥」，資、磧、普、南、徑、清作「逕」。

一　七三六頁下三行「何幾」，麗作「幾何」。又末字「心」，資、磧、普、南、徑、清作「必」。

一　七三六頁下七行第二字「誠」，資、磧、普、南、徑、清作「誠亦」。

一　七三六頁下九行第三字「而」，麗作「存而」。

一　七三六頁下一三行及一九行「不止」，資、磧、普、南、徑、清作「不亡」。

一　七三六頁下一六行第一一字「亂」，資、磧、普、南、徑、清作「亂」。

一　七三七頁上一行末字「雖」，諸本作「雖曰」。

一　七三七頁上七行首字「知」，諸本作「如」。

一　七三七頁上一二行第五字「厲」，資、磧、普、南、徑、清作「沴」。又第一二字「雅」，資、磧作「邪」。

一　七三七頁上一五行「自以」，資、磧、普、南、徑、清作「是以」。

一　七三七頁中五行第五字「昊」，徑作「昃」。

一　七三七頁中七行首字「介」，諸本作「今」。

一　七三七頁中九行「哉我」，資、磧、普、南、徑、清作「我哉」。

一　七三七頁中一一行「而觀」，資、磧、普、南、徑、清作「而覩」。

一　七三七頁下一行第二字「指」，資、磧、普、南、徑、清作「旨」。

一　七三七頁下二行第三字「與」，麗作「與」。又第七字「提」，磧作「緹」。

一　七三七頁下四行「驚其」，資、磧、普、南、徑、清作「警其」。

一　七三七頁下五行第九字「定」，諸本作「之」。

弘明集卷第三　集

梁楊都建初寺釋僧祐撰

孫綽喻道論

宗居士炳荅何承天書難白黑論

孫綽喻道論

或有疑至道者喻之曰夫六合遐邈庶類殷充千變萬化渾然無端是以有方之識各期所見鱗介之物不達皐壤之事毛羽之族不識流浪之勢自得於宿井者則怯遊溟之量翻翥於數仞者則疑冲天之力纏束世教之內肆觀周孔之跡謂至德窮於堯舜微言盡乎老易焉復覩夫方外之妙趣冥中之玄照乎悲夫章甫之委裸俗韶夏之棄鄙俚至真絕於漫習大道廢於曲士也若窮迷而不遷者非辟喻之所感試明其旨庶乎有悟於其間者焉

夫佛也者體道者也道也者導物者也應感順通無為而無不為者也無為故虛寂自然無不為故神化萬物萬物之求卑高不同故順致之術或精或麁悟上識則舉其宗本不順者復殃放酒者羅刑湎為大罰盜者抵罪三辟五刑犯則無赦此王者之常制宰牧之所同也若聖王御世百司明達則向之罪人必見窮測無逃形之地矣使姦惡者不得容其私則國無違民而賢賢之流必見旌叙矣且君明臣公世清理治猶能令善惡得所曲直不濫況神明所莅無遠近幽深聰明正直罰惡祐善者哉故毫釐之功錙銖之釁報應之期不可得而差矣歷觀古今禍福之證皆有由緣載籍昭然豈可掩哉何者陰謀之門子孫不昌三世之將道家明忌斯非兵凶戰危積殺之所致耶若夫魏顆從治而致結草之報子都守信而受驂驔之錫齊襄妄罪故有墜車之禍晉惠棄禮故有弊韓之困斯皆死者報生之驗也至於宣孟愍翳桑之飢漂母哀淮陰之憊並以一餐拯其懸餒而趙蒙倒戈之祐母荷千金之賞斯一獲萬報不踰世故立德闇昧之中而慶彰萬物之上陰行陽曜自然

之勢辟猶灑粒於土壤而納百倍之收地穀無情於人而自然之利至也

或難曰報應之事誠皆有徵則周孔之教何不去殺而少正正刑二叔伏誅耶

荅曰客可謂達教聲而不體教情者也謂聖人有殺心乎曰無也荅曰子誠知其無心於殺殺故百姓之心耳夫時移世異物有薄純結繩之前陶然大和暨于唐虞礼法始興爰逮三代刑罔滋章刀斧雖嚴而猶不懲至于君臣相滅父子相害吞噬之甚過於豺虎聖人知人情之固於殺不可一朝而息故漸抑以求厥中猶蝮蛇螫足斬之以全身癰疽附體決之以救命亡一以存十亦輕重之所權故刑依秋冬所以順時殺春蒐夏苗所以簡胎乳三驅之礼禽來則韜弓闔聲觀生肉至不食釣而不網弋不射宿其於昆虫每加隱惻至於議獄緩死告災肆赦刑疑從輕寧失有罪流涕授鉞哀矜勿喜生育之恩篤矣仁愛之道盡矣所謂為而不恃長而不宰德被而功不在我日用而万物不知舉兹以求足以悟其歸矣

難曰周孔適時而殺佛欲頓去之將何以懲暴止姧統理羣生者哉

荅曰不然周孔即佛佛即周孔蓋外內名之耳故在皇為皇在王為王佛者梵語晉訓覺也覺之為義悟物之謂猶孟軻以聖人為先覺其旨一也應世軌物蓋亦隨時周孔救極弊佛教明其本耳共為首尾其致不殊則如外聖有深浅之跡堯舜世夷故二后高讓湯武時難故兩軍揮戈淵默之與赫斯其跡則胡越然其所以跡者何常有際哉故逆尋者每見其二順通者無往不一

或難曰周孔之教以孝為首孝德之至百行之本本立道生通于神明故子之事親生則致其養沒則奉其祀三千之責莫大無後體之父母不敢夷毀是以樂正傷足終身含愧也而沙門之道委離所生棄親即疏刓剔鬚髮殘其天貌生廢色養終絕血食骨肉之親等之行路背理傷情莫此之甚而云弘道敷仁廣濟羣生斯何異軌刈根本脩枝幹而言文殖碩茂未之聞見皮之不存毛將安附此大乖於世教子將何以祛之

荅曰此誠窮俗之甚所惑倒見之為大謬諸嘆而不能嘿已者也夫父子一體惟命同之故母疾其指兒心懸駭者同氣之感也其同无間矣故唯得其歡心孝之盡也父隆則子貴子貴則父尊故孝之為貴貴能立身行道永光厥親若匍匐懷神日御三牲而不能令万物尊已舉世我賴以之養親其榮近矣夫緣督以為經守柔以為常形名兩絕親我交忘養親之道也既已明其宗且復為客言其次者夫忠孝名不並立潁叔違君書稱純孝石碏戮子武節乃全傳之能仕父教之忠策名委質二乃辟也然則結纓公朝者子道廢矣何則見危授命逝不顧親皆名注史筆事標教首記注者豈復以不孝為罪故諺曰求忠臣必於孝子之門明其雖小違於此而大順於彼矣且鯀放殛裔而禹不告退若令委堯命以尋父屈至公於私

感斯一分之小善非大者遠者矣周之秦伯遠棄骨肉託跡殊域祝髮文身存亡不反而論稱至德書著大賢誠以其忽南面之尊保冲虛之貴三讓之功遠而毀傷之過微也故能大革夷俗流風垂訓夷齊同餓首陽之下恤孤竹之胤仲尼目之為仁賢評當者寧復可言悖德乎梁之高行毀容守節宋之伯姬順理忘生並名冠烈婦德範諸姬秉二婦之倫免愚悖之譏耳率此以談在乎所守之輕重可知也昔佛為太子棄國學道欲全形以向道恐不免維縶故釋其鬚髮變其章服既外示不反內脩簡易於是捨華殿而即曠林解龍衮以衣鹿裘遂垂條為宇藉草為茵去櫛梳之勞息湯沐之煩損馳騖之響塞欲動之門目遏玄黃耳絕婬聲口忘甘苦意放休慼心去於累匈中抱一載平營魄內思安般一數二隨三止四觀五還六淨遊志三四出入十二門禪定拱默山停淵淡神若寒灰形猶枯木端坐六年道成號佛三六達通正

覺無上雅身丈六金色焜耀光遏日月聲協八風相三十二好姿八十形偉群有神足無方於是遊步三界之表恣化無窮之境迴天舞地飛山結流存亡倏忽神變綿邈意之所指無往不通大範羣邪遷之正路衆魔小道靡不遵服于斯時也天清地潤品物咸亨蠢蠕之生浸毓靈液枯槁之類改瘁為榮還照本國廣敷法音父王感悟亦昇道場以此榮親何孝如之於是後進之士被服弘訓思濟高軌皆由父母不異所尚承歡心而後動耳若有昆弟之親者則服養不廢既得弘脩大業而恩紀不替且令逝沒者得福報以生天不復顧歆於世祀斯豈非兼善大通之道乎夫東鄰宰牛西鄰禴祀殺美黍稷周尚明德興亶之期於茲著矣佛有十二部經其四部專以勸孝為事慇懃之旨可至矣而俗人不詳其源流未涉其場肆便瞽言長說輙生攻難以熒燭之見疑三光之威蹄隟之滴怯淵海之量以誣罔為辯以果敢為名可謂狎大

人而侮天命者也

宗居士炳荅何承天書難白黑論

何與宗書

近得賢從中郎書說足下勤西方法事賢者志大豈以万劫為奢但恨短生無以測冥靈耳治城慧琳道人作白黑論乃為衆僧所排擯賴蒙值明主善救得免波羅夷耳既作比丘乃不應明此白徒亦何為不言足下試尋二家誰為長者吾甚昧然望有以佳悟何承天白

宗荅何書

所送琳道人白黑論辭情致美但吾闇於照理猶未達其意既云幽冥之理不盡於人事周孔疑而不辯釋氏辯而不實然則人事之表幽闇之理為寂廓然唯空為猶有神明耶若廓然唯空衆聖莊老何故皆云有神若有神明復何以斷其不實如佛言今相與共在常人之域料度近事猶多差錯以陷患禍及博弈麤藝注意研之或謂生更死謂死實生近事之中覩未見有常得而無喪者何以決斷

天地之外億劫之表冥冥之中必謂所辯不實耶若推據事不容得實則疑之可也今人形至麁人神實妙以形從神豈得齊心之所感崩城殞霜白虹貫日太白入昴氣禁之醫心作水火冷熱輒應況今以至明之智至精之志專誠妙徹感以受身更生於七寶之土何為不可實哉又云拂豪空樹無傷垂蔭之茂堆材盡空無損輪煥之美貝錦以繁彩發華和羹以鹽梅致旨以塞本之教文不然矣佛經所謂本無者非謂衆緣和合者空也垂蔭輪煥處物自可有耳故謂之有諦性本無矣故謂之無諦吾雖不悉佛理謂此唱居然其安自古千變万化之有俄然皆已空矣當其感有之時豈不常有也必空之實故俄而得以空耶亦如惠子所謂物方生方死日方中方睨死睨之實恒發明於未生未中之前矣愚者不覩其理唯見其有故齊侯攝爽鳩之餘偽而泣戀其樂賢者心與理一故顏子庶乎屢空有若無實若虛也自顏以下則各

隨深淺而味其虛若又喻下紲不能自清於至言以傾愛覺之惑亦何常無騎騄於一毫豈當反以一火增塞而更令變嗜好之欲乎乃去明無常增渴癃之情陳苦偽篤覺辰之慮其言過矣又以舟壑塘驅之論已盈耳於中國非理之奧故不舉為教本謂剖析此理更由指掌之民夫舟壑潛謝佛經所謂見在不住矣誠能明之則物我常虛豈非理之奧耶蓋悟之者寡故不以為教本耳支公所謂未與佛同也何為以素聞於中國而蔑其至言哉又以效神光無徑寸之明驗靈變無纖分之實徒稱無量之壽孰見期頤之叟諸若此類皆謂於事不符夫神光靈變及無量之壽皆由誠信幽奇故將生乎佛土親映光明其壽無量耳今役於邪見慢誕靈化理固天隔當何由覩其事之符乎夫心不貪欲為十善之本故能俯絕地獄仰生天堂即亦服義蹈道理端心者矣今內懷虔仰故礼拜悔罪達夫無常故情無所恡委妻子而為施豈有

邀於百倍復何得乃云不由恭肅之意不乘無吝之情乎泥洹以無樂為樂法身以無身為身若本不希擬亦可為憎軌逸之慮肇好奇之心若誠飡仰則軌逸稍除而獲利於無利矣又何問利覺之俗乎又云道在無欲而以有欲要之俯仰之間非利不動何證佛之深哉夫佛家大趣自以八苦皆由欲來明言十二因緣使高妙之流朗神明於無生耳欲巡道者可謂有欲於無欲矣至於啓導麁近天堂地獄皆有影響之實亦由于公以仁活招封嚴氏以好煞致誅畏誅而欲封者必舍煞而脩仁矣勵妙行以希天堂謹五戒以遠地獄雖有欲於可欲實踐日損之清塗此亦西行而求郢何患其不至哉又嫌丹青眩媚釆之目土木誇好壯之心成私樹之權結師黨之勢要厲精之譽肆凌競之志固黑蝗之醜或可謂作法於諒其弊猶貪耳何得乃慢佛云作法於貪耶王莽竊六經以篡帝位秦皇因覲朝而搆阿房寧可復罪先王之礼

教哉又云宜廢顯晦之跡存其所要之旨示來生者蔽斷於道釋不得已請問其旨為欲何要必欲使脩利遷善以遂其性矣夫聖無常心就物之以為心耳若身死神滅是物之真性但當即其必滅之性與周孔并力致教使物無稟則遷善之實豈不純乎何誑以不滅欺以佛理使燒祝髮膚絕其胖合所過苗裔數不可量為害若是以傷盡性之義釋氏何為其不得已乎若不信之流亦不肯脩利而遷善矣夫信者則必耆域揵陁勒夷陁蜜笁法乘帛法祖笁法護于法蘭笁法行于道邃闕公則佛圖澄尸梨蜜郭文舉釋道安支遁林遠和上之倫矣神理風操似殊不在琳比丘之後寧當妄有毀人理落簪於不實人之化哉皆靈奇之實引綿邈之心以成神通清真之業耳足下籍其不信遠送此論且世之疑者咸亦妙之故自力白答以塵露衆情夫世之然否佛法都是人興喪所大何得相與共處以可否之間吾故罄其愚思制明

佛論以自獻所懐始成已令人書寫不及此信晚更遣信可聞當付往也

宗炳白

釋均善難　何承天

前送均善論并諸求雅旨來答周至又以為茲理興喪宜明不可但處以可否之閒吾雖不能一切依附亦不甚執偏見但求夜光於巨海正自未得耳以為佛經者善九流之別家雜以道墨慈悲愛施與中國不異大人君子仁為已任心無億必且以形像釆飾將諧常人耳目其為糜損尚微其所引益或著是以兼而存之至于好事者遂以為超孔越老唯此為貴斯未能求立言之本而眩惑於末說者也知其言者當俟忘言之人若唯取信天堂地獄之應因緣不滅之驗抑情菲食盡勤礼拜厭歡靡羅帳之蓋外弥登之坐淳于生所以大謔也論云衆聖老莊皆云有神明復何以斷其不如佛言答曰明有礼樂幽有鬼神聖王所以為教初不昧其有也若果有來生報應周孔寧當緘默而

無片言耶若夫嬰兒之臨坎凡人為之駭怛聖者豈猶不仁哉又云人形至麁人神實妙以形從神豈得齊終答曰形神相資古人譬以薪火薪弊火微薪盡火滅雖有其妙豈能獨傳又云心之所感崩城隕霜白虹貫日太白入昴氣禁之醫冷煖輒應專誠妙感以受身更生七寶之土何為不可哉答曰崩城隕霜貫日入昴不明來生之辭非今論所引也又見水火之禁異其能生七寶之鄉猶觀大冶鎔金冀其能自陶鑄終不能亦可知也又曰有諦無諦此唱居然甚安自古千變万化有俄然皆已空矣當其盛有之時豈不常有必空之實愚者不知其理唯見有答曰如論文當其盛有之時已有必空之實然則即物常空空物為一矣今空有未殊而賢愚異稱何哉昔之所謂道者於形為無形於事為無事恬漠冲粹養智怡神豈獨愛欲未除宿緣是畏唯見其有豈復是過以此嗤齊侯猶五十步笑百步耳又云舟壑潛謝佛經所謂見在不住

誠能明之則物我常虛

荅曰潛謝不住豈非自生入死自有入無之謂乎故其言曰有駭形而無損心有旦宅而無情死賈生亦云化為異物又何足患此達乎死生之變者也而區區去就在生慮死心繫無量志生天堂吾黨之常虛異於是焉又云神光靈變及無量之壽皆由誠信幽奇故聠其明令沒於邪見理固天隔荅曰今亦不從惕化者永其光明但求之於誠信者耳尋釋迦之教以善權殺物若果應驗若斯何為不見其靈變以曉邪見之徒豈獨不愛數十百万之說而若俄頃神光徒為化聲之辯竟無明於真智終年疲倦而不知所歸豈不哀哉又云內懷虔仰故礼拜悔罪達夫無常故情無所吝委妻子而為施豈有邀於百倍荅曰繁巧以興事未若除貪欲而息競遵戒以洗悔未若剪榮異以全朴況乃誘所尚以祈利忌天屬以要譽謂之無邀吾不信也又云涅洹以無樂為樂法身以無身為身若誠能資仰則

航逸稍除獲利於無利矣荅曰泥洹以離苦為樂法身以接善為身所以使資仰之徒不能自絕耳果歸於無利勤者何獲而云獲於無利耶此乃形神俱盡之證恐非雅論所應明言也又云欲此道者可謂有欲於無欲矣至若啓導麁近者有影響之實亦猶于公以仁活致封嚴氏以好煞致誅厲妙行以希天堂謹五戒以遠地獄雖有欲於可欲實踐曰損之塗此亦西行而求郢何患其不至

荅曰謂麁近為啓導比報應於影響不亦善乎但影響所因必稱形聲尋常之形安得八万由旬之影乎所滯若有欲於無欲猶是常滯於所欲夫耳目殊司工藝異業未伎所存慮猶不並是以金石克諧泰山不能呈其高鴻鵠方集寘秋不能傳其音而欲以有欲成無欲希望就日損雖云西行去郢茲遠如之何又云若身死神滅是物之真性但當與周孔并力致教何為誰以不滅欺以佛理使祝髮層絕其胖合以傷盡性之美荅曰華戎

自有不同何（者中國之人稟氣清和含仁抱義故周孔明性習之）教外國之徒受性對強貪欲忿戾故釋氏嚴五戒之科來論所謂聖無常心就之物性者也徵暴之戒莫若乎地獄誘善之歡莫美乎天堂將盡殘害之根非中庸之謂周孔則不然順其天性去其甚泰淫盜著於五刑酒事明乎周誥春田不圍澤見生不忍死五犯三驅釣而不網是以仁愛普洽澤及豚魚嘉礼有常俎耆老得食肉春耕秋收蠶織以時三靈格思百神咸秩方彼之所為者豈不弘哉又甄供灌之賞嚴疑法之罰述蒲宰之問為勸化之本演君萬之荅明來生之驗祐驗祐服盱衡而矜斯說者其處心亦悍矣論又稱耆陁尸槃神理風操不在琳比丘後足下既明常人不能料度近事今何以了其勝否於百年之前數千里之外耶若琳比丘者僧貌而天靈似夫深識真偽殊不肯忌經護師崇師幻說吾以是敬之孫興公論以竺法護之淵達于法蘭之純博足下欲比中何士也及楚英之脩仁寺笮融

之賙行鏇寧復有清真風操乎昔在東邑有道合沙門自吳中来深見勸辟甚有懇誠因留三宿相為説練形澄神之緣罪福起滅之驗皆有條貫吾拱聽讜言申旦忘寢退以為士所以立身揚名著信行道者實賴周孔之本子路稱聞之而未之能行唯恐有聞吾所行者多矣何遽捨此而務彼又尋稱情立文之制如来生之為奢究終身不已之哀悟受形之難稱毋聖人我師周孔豈欺我哉緣足下情篤故具陳始末想耆舊大智誨人不倦於此未嘿耳前已遣取明佛論遲尋至冀或朗然於心何承天白

荅何衡陽難釋白黑論

敬攬来論抑裁佛化畢志儒業意義撿著才筆辯覈善可以警策世情實中區之美談也觀足下意非謂制佛法者非聖也但其法權而無實耳未審竟何以了其無實令相與斷見事大計失得略半也靈化起於玄極之表其故糺結於幽寞之中曾無神人指掌相語徒信史之闕文於焚燒之

後便欲以廢頊神化相助寒心也夫聖人窮理盡性以至於命物有不得其所若已納之於隍令誑以不滅欺以成佛使髡道赭衣焚身燃指不復用天分以養父母夫婦父子之道從佛法已来涉河以西三十六國末暨中華絶此緒者億兆人矣東夷西羌或可聖賢及由余曰磾得来之類将生而不得生者多矣若使佛法無實納隍之酷豈可勝言及經之權為合何道而云欲以熇枉過正以治外國對強忿戾之民乎夫忿戾之類約法三章支賞見罰尚不信懼寧當復以即色本無泥洹法身十二因緣微塵劫數之言以治之乎禀此訓者皆足下所謂禀氣清和懐仁抱義之徒也資清和以疎微言厲義性以習妙行故遂能澄照觀法法照俱空而至於道皆佛經所載而足下所信矣至若近世通神令德若孫興公所讃八賢支道林所頌五哲皆時所共高故二子得以綴筆復何得其謂妄語乎孫稱竺法護之捌達于法蘭之淳博吾不

閑雅俗不知當比何士然法蘭弟子道邃未逮其師孫論云時以對勝流云謂康文秉也是護蘭二公當又出之吾都不識琳比丘又不悲世論若足下謂與文秉等者自可不後道邃猶當後護蘭也前評未為失言誠能僧貌天靈深識真偽何必非天帝釋化作故激厲以成佛耶白黑論未可以為誠實也来告所疑若實有来生報應周孔何故黙無片言此固偏見之恒疑也真宜所共明夫聖神玄發感而後應非先物而唱者也當商周之季民墜塗炭弒逆横流舉世情而感聖者乱也故六經之應治而已矣是以無佛言焉劉向稱禹貢九州盖述山海所記申毒之民偎人而愛郭璞謂之天竺浮屠所興雖此之所夷然万土星陳於太虛竟知孰為華哉推其偎愛之感故浮屠之化應焉彼之廉者雜有乱虐君臣治此之精者隨時抱道情佛事亦在雖可有禀法性於伊洛飡真際於洙泗苟史佚以非治道而不書卜商以背儒述而不

編縱復或存於復辟之外典復為秦王所燒周孔之無言未必審也夫玄虛之道靈仙之事世典未嘗無之而夫子道言遠見莊周之篇瑶池之宴乃從汲冢中出然則然之五經未可以塞天表之奇化也難又曰若即物常空空物為一空有未殊何得賢愚羃夫佛經所稱即色為空無復異空者非謂無有有而空耳有也則賢愚異稱空也則万異俱空夫色不自色雖色而空緣合而有本自無有皆如幻之所作夢之所見雖有非有將来未至過去已滅見在不住又無定有凡此數義皆玄聖致極之理以言斥之誠難朗然由此觀物我亦實覺其照然所以曠馬增洗汰之清也足下當何能安之又云形神相資古人譬之薪之足火薪弊火微薪盡火滅雖有其妙豈能獨存夫火者薪之所生神非形之所作意有精麁感而得形隨之精神極則超形獨存無形而神存法身常住之謂也是以始自凡夫終則如来雖一生尚麁苟有識向万劫不

没必習以清昇螟蛉有子蜾螺負之況在神明儲實稱之並升鐙王之座何為無期又疑釋迦以盡擁救物豈獨不愛十百万之說而答俄須神光不以曉邪見之徒

夫雖云善權感應顯昧各依罪福昔佛為衆說放光明皆素積妙誠故得神遊若時言成已者之荃故惕者可覩光明發由觀照邪見無緣瞻灑今覩經而不悛其惕先灑夫復何益若誠信之賢獨朗神照足下復何由知之而言者會復謂妄說耳恒星不見夜明也考其年月即佛生放光之夜也管幼安風夜泛海同侶皆没安於闇中見光投光赴島闔門獨濟夫佛無適莫唯善是應而致應若王祥郭巨之類不可稱說即亦見光之符也豈足下未見便無佛哉又陳周孔之感唯方佛為弘然此國治世君王之感耳但精神無滅寘運而已一生瞬息之中八苦備有雖尅儒業以整俄頃而未幾已滅三監之難父子相疑兄弟相截七十二子雖復升堂入室年

五十者曾無數人顏夭冉疾由醢子族賜滅其驗匡陳之苦豈可勝言忍飢弘道諸國乱流竟何所救以佛法觀之唯見其哀豈非世物宿緣所萃耶若所被之實理於斯猶未為深弘若使外率礼樂內循無生澄神於泥洹之境以億劫為當年豈不誠弘哉事不傳後理未可知幸勿據麁跡而云周孔則不然也人皆謂佛妄語山海經說死而更生者甚衆崐崘之山廣都之埜軒轅所之之國氣不寒暑鳳卵是食甘露是飲靡玗琪之樹赤朱泉之永食數中歲不死及化為黃能入于羽淵申生伯有之類丘明所說亦不少矣皆可擁此之麁以信彼之精者也承昔有道聞佛法而毀者必不嘗作蒲城之死士可矣當由所聞者未高故耶足下所聞者高於今猶可豹變也人是精神物但使歸信靈極粗稟教戒縱復微薄亦足為感感則弥升豈非脫或不滅之良計耶昔不滅之實事如佛言而神背心毀自逆幽司安知今生之苦毒者非往生之故

尒耶輕以獨見傲尊神之訓恐或自
貽伊阻也
佛經說釋迦文昔為小乘比丘而毀
大乘猶為此脩苦地獄經歷劫數況
都不信者耶復何以斷此經必虛乎
足下所詰前書中語為因琳道人章
句耳其意既已粗達不能復一二辯
荅所制明佛論已事事有通今付往
足下力為善尋具告中否老將死以
此續其盡耳此書至便倚索荅殊不
容恚宗炳白

何重荅宗
重告并省大論豈陣如項藉既足以
賊漢祖況弱士乎證辟堅明文辤搠
冨識欲廣其利釋施及凡民深知君
子之用心也足下方欲影嚮以神其
教故宜緘默成人之美但常謂外國
之事或非中華所務是以有前言耳
果今中外宜同余則陋矣敢謝不敏
雖然猶有所懷夫明天地性者不惑
惑於迂怪識盛衰之運者不役心於
理表儻令雅論不因善擢篤誨皆由
情發豈非通人之蔽哉未緣言對聊

以代面何承天白

弘明集卷第三

弘明集卷第三

校勘記

一　底本，金藏廣勝寺本。

一　七四四頁中三行「孫……論」，徑作「喻道論　晉孫綽」。

一　七四四頁中四行「宗……論」，徑無。又「居士」，清無。

一　七四四頁中五行「孫綽喻道論」，徑無。

一　七四四頁中一〇行「宿并」，諸本作「宿井」。

一　七四四頁中一四行第三字「寘」，資、磧、普、南、徑、清作「褰」。

一　七四四頁中一八行第三字「閒」，資、磧、普、南、徑、清作「聞」。

一　七四四頁下二行第二字「殃」，麗作「其殃」。

一　七四四頁下三行「五刑」，磧作「五形」。

一　七四四頁下四行第六字「同」，資、磧、普、南、徑、清作「司」。

一　七四四頁下七行第六字「賢」，資、磧、普、南、徑、清作「善」。

一　七四四頁下一七行首字「惢」，諸本作「驄」。

一　七四五頁上二行首字「牧」，諸本作「收」。

一　七四五頁上四行「正正」，資、磧、普、南、徑、清作「正卯」。

一　七四五頁上八行第九字「純」，資、磧、普、南、徑、清作「淳」。

一七四五頁上一〇行第五字「章」，諸本作「彰」。

一七四五頁上一八行第五字「至」，資、磧、普、南、徑、清作「至則」。

一七四五頁中二行「而熱」，資、磧、普、南、徑、清作「而教」。

一七四五頁中一一行「兩軍」，資、磧、普、南、徑、清作「兩君」。

一七四五頁中一三行第三字「常」，徑、清作「甞」。

一七四五頁中末行第七字「敷」，資、磧、普、南、徑、清作「敦」。

一七四五頁下一行第六字「脩」，資、磧、普、南、徑、清作「而修」。又「文殞」，資、磧、普、南、徑、清作「不殞」；麗作「文頻」。

一七四五頁下四行「甚所」，資、磧、普、南、徑、清作「所甚」。

一七四五頁下六行第九字「疾」，普、南、徑、清作「嚚」。

一七四五頁下八行「子貴」，諸本作「子貴子貴」。

一七四五頁下一〇行第八字「神」，諸本作「袖」。

一七四五頁下一四行第二字「已」，普、南作「五」。

一七四五頁下一六行第一〇字「之」，諸本作「曰子之」。

一七四五頁下一八行末字「逝」，資、磧、普、南、徑、清作「誓」。

一七四五頁下一九行第一一字「教」，麗作「孝」。

一七四六頁上一行「一分」，資、磧、普、南、徑、清作「一介」。

一七四六頁上四行第一一字「霊」，資、磧、普、南、徑、清作「虛」。

一七四六頁上六行末字「之」，資、磧、普、南、徑、清作「之上」；麗作「之下」。

一七四六頁上一三行「向道」，資、磧作「而遁」；普、南、徑、清作「遁」。

一七四六頁上一四行「不反」，資、磧、普、南、徑、清作「不及」。

一七四六頁上一九行「匈中」，南、徑、清、麗作「胷中」。又末字「平」，資、磧作「乎」。

一七四六頁上二〇行第二字「魄」，資、磧作「鼻」。

一七四六頁上末行「三六達通」，諸本作「三達六通」。

一七四六頁中一一行「之士」，資、磧、普、南、徑、清作「篤志之士」。

一七四六頁中一二行「父母」，資、磧、普、南、徑、清作「父老」。

一七四六頁中一三行第八字「親」，南、徑、清作「列」。

一七四六頁中一七行第四字「蕎」，諸本作「禴」。

一七四六頁中一九行第一三字「可」，諸本作「可謂」。

一七四六頁中二二行第六字「芸」，磧、徑、清、麗作「芒」。

一七四六頁下一行第三字「侮」，磧作「傅」。

一七四六頁下二行「宗……論」，徑無。又「居士」，清無。

一七四六頁下三行「何與宗書」，徑作「與宗居士書　宋何承天」；清作「何承天與宗炳書」。
一七四六頁下五行第五字「大」，資、磧、普、南、徑作「其大」。
一七四六頁下六行第八字「治」，普、南、徑、清作「冶」。
一七四六頁下一二行「宗答何書」，徑作「答何衡陽書　宗炳」，清作「宗炳答何承天書」。
一七四六頁下一三行第一〇字「情」，資、磧、普、南、徑作「清」。
一七四六頁下一四行第七字「達」，徑作「違」。
一七四六頁下一七行第二字「寂」，資、磧、普、南、徑、清作「取」。
一七四六頁下末行首字「覩」，諸本作「都」。
一七四七頁上四行第五字「齊」，諸本作「齊終」。
一七四七頁上八行第三字「土」，麗作「玉」。
一七四七頁上九行「堆材霊空」，資、磧作「堆材霊室」；普、南、徑、清作「離材霊室」。
一七四七頁上一一行「之教文」，資、磧、普、南、徑、清作「無之教又」；麗作「無之教文」。
一七四七頁上一二行「空也」，諸本作「皆空也」。
一七四七頁上一四行第一〇字「謂」，諸本作「諦」。
一七四七頁上一五行「其安」，資、磧、普、南、徑、清作「甚矣」；麗作「甚安」。
一七四七頁上二一行「而位」，資、磧、普、南、徑、清作「而泣」。
一七四七頁中一行第七字「虛」，諸本作「虛矣」。又第一〇字「喻」，資、磧、普、南、徑作「踰」。
一七四七頁中三行「火增塞」，磧、普、南、徑、清作「火增寒」；麗作「大增塞」。
一七四七頁中四行第四字「變」，資、磧、普、南、徑、清作「戀」。
一七四七頁中六行「塘駟」，麗作「唐肆」。
一七四七頁下一行「百倍」，麗作「百姓」。
一七四七頁下四行第三字「憎」，諸本作「增」。
一七四七頁下六行第三字「問」，資、磧、普、南、徑、清作「關」。
一七四七頁下一〇行第一一字「巡」，諸本作「此」。
一七四七頁下一五行首字「布」，諸本作「希」。
一七四七頁下二〇行末字「諒」，諸本作「涼」。
一七四七頁下末行「覲朝」，資、磧、普、南、徑、清作「朝覲」。
一七四八頁上四行「物之」，資、磧、普、南、徑、清作「萬物」；麗作「物之心」。
一七四八頁上九行及次頁中末行「胖合」，普、南、徑、清作「牉合」。

一　七四八頁上一二行第九字「嗜」，諸本作「耆」。
一　七四八頁上一五行第九字「遁」，徑、清、麗作「道」。
一　七四八頁中三行「宗炳白」下，徑有「答宗居士書」五字。
一　七四八頁中一一行「億必」，南、徑、清作「億念」。
一　七四八頁中一二行第一一字「靡」，諸本作「糜」。
一　七四八頁中一三行第三字「引」，資、磧、普、南、徑、清作「弘」。
一　七四八頁中一八行「羅帳」，麗作「寶稱」。
一　七四八頁中一九行第四字「登」，資、磧、普、南、徑、清作「鐙」；麗作「燈」。
一　七四八頁中二一行第四字「如」，麗作「實如」。
一　七四八頁下一行第一一字「坎」，資、磧、普、南、徑、清作「坑」。
一　七四八頁下二行第七字「猶」，資、磧、普、南、徑、清作「獨」。
一　七四八頁下一〇行第六字「所」，諸本作「所宜」。
一　七四八頁下一一行首字「異」，資、磧、普、南、徑、清作「冀」。次頁上二〇行第九字，諸本同。
一　七四八頁下一一行「大治」，諸本作「大治」。
一　七四八頁下一二行「能亦」，麗無。
一　七四八頁下一四行首字「化」，麗作「化之」。
一　七四八頁下一六行第三字「有」，諸本作「其有」。
一　七四八頁下一八行第四字「令」，資、磧、普、南、徑、清作「今」。
一　七四九頁上七行第九字「虗」，麗作「靈」。
一　七四九頁上一四行第七字「若」，諸本作「吝」。
一　七四九頁上一五行「疲役」，徑作「疲疫」。
一　七四九頁中二行第一〇字「善」，資、磧、普、南、徑、清作「苦」。
一　七四九頁中一六行末字「猶」，普、南、徑、清作「信」。
一　七四九頁中二二行第四字「誰」，磧作「設」；南、徑、清、麗作「詎」。又第一二字「使」，諸本作「使燒」。
一　七四九頁中末行「性之美」，資、磧、普、南、徑、清作「性之美」；麗作「性之義」。
一　七四九頁下三行「就之物徃」，資、磧、普、南、徑、清作「就物之性」；麗作「就之物性」。
一　七四九頁下四行「若乎」，資、磧、普、南、徑、清作「苦乎」。又末字「歡」，資、磧、普、南、徑、清作「勸」。
一　七四九頁下七行「事明乎」，磧、普、南、徑、清作「幸明子」；麗作「幸明乎」。
一　七四九頁下八行第三字「圍」，資、磧、普、南、徑、清作「團」。
一　七四九頁下一〇行「者老」，諸本作「老者」。

一　七四九頁下一四行「驗袥驗袥」，諸本作「驗袪」。

一　七四九頁下一五行「亦悍」，麗作「亦悞」。

一　七四九頁下一六行第六字「槩」，諸本作「梨之屬」。

一　七四九頁下一九行「天靈」，資、磧、普、南、徑、清作「天虛」。次頁下七行，普、南、徑、清同。

一　七四九頁下二一行第二字「幻」，資、磧、普、南、徑、清作「巧」。

一　七四九頁下末行第二字「中」，諸本作「中土」。

一　七五〇頁上二行第五字「合」，資、磧、普、南、徑、麗作「含」；清作「舍」。

一　七五〇頁上七行第二字「本」，資、磧、普、南、徑、清作「教」。

一　七五〇頁上九行「如來」，諸本作「知來」。

一　七五〇頁上一〇行至次行「稱再」，南、徑、清作「再稱」；麗作「再」。

一　七五〇頁上一一行「周孔」，南、徑、清作「周公」。

一　七五〇頁上一五行「答……論」，徑作「答何衡陽書宗炳」；清作「宗炳答何衡陽書」。

一　七五〇頁上一六行第二字「攬」，諸本作「覽」。

一　七五〇頁上二一行「起於」，資、磧、普、南、徑、清作「超於」。

一　七五〇頁中四行第六字「道」，諸本作「首」。

一　七五〇頁中六行「涉河」，諸本作「沙河」。又第一二字「未」，資、磧、普、南、徑作「末」。

一　七五〇頁中八行第六字「余」，普、南、徑、清作「金」。

一　七五〇頁中一一行第七字「狂」，資、磧、普、南、徑、清作「誑」。又末字「對」，資、磧、普作「則」。

一　七五〇頁中一三行第二字「支」，諸本作「交」。

一　七五〇頁中二〇行末字「支」，資、磧、普作「友」。

一　七五〇頁下一行首字「閑」，資、磧、普、南、徑、清作「關」。

一　七五〇頁下二行第九字「云」，資、磧、普、南、徑、清作「之」。

一　七五〇頁下三行第三字「康」，諸本作「庚」。

一　七五〇頁下一三行第七字「弒」，資、磧、普、南、徑、清作「殺」。

一　七五〇頁下一六行「而愛」，諸本作「而愛人」。

一　七五〇頁下二〇行第一〇字「治」，麗作「不治」。

一　七五〇頁下二一行第五字「情」，麗無。又「亦在」，諸本作「亦存」。

一　七五〇頁下末行「以背儒述」，資、磧、普、南、徑、清作「以皆儒術」。

一　七五一頁上五行「然之」，資、磧、普、南、徑、清作「治之」。

一　七五一頁上八行第一三字「空」，資、磧、普、南、徑、清無。

一　七五一頁上一八行「之足」，諸本

無。

一　七五一頁上末行第七字「尚」，麗作「向」。

一　七五一頁中一行第一二字「螺」，資、磧、普、南、徑、清作「贏」。

一　七五一頁中二行「隆寶稱」，資、磧、普、南、徑、清作「理隆寶積」；麗作「隆寶積」。又「鐙王」，清作「燈王」。

一　七五一頁中三行「以盡」，麗作「以善」。

一　七五一頁中四行第三字「十」，諸本作「數十」。

一　七五一頁中七行第四字「說」，麗無。

一　七五一頁中一二行第七字「謂」，資、磧、普、南、徑、清作「謂是」。

一　七五一頁中二〇行「眒息」，諸本作「瞬息」。

一　七五一頁中末行第三字「截」，資、磧、普、南、徑、清作「戮」。

一　七五一頁下一行第一三字「醯」，諸本作「醢」。

一　七五一頁下七行「不誠」，資、磧作「不識」。

一　七五一頁下一一行「所之」，資、磧作「不死」；普、南、徑、清作「之丘不死」。

一　七五一頁下一三行「之水」，資、磧、普、南、徑、清無。又「中歲」，諸本作「千歲」。

一　七五一頁下一五行第五字「擢」，資、磧、普、南、徑、清作「推」。

一　七五一頁下一六行第三字「昔」，南、徑、清作「音」。又第一一字「者」，資、磧、普、南、徑、清作「衽者」。

一　七五一頁下一七行第七字「可」，資、磧、普、南、徑、清作「可知」。

一　七五一頁下一八行至次行「豹變」，徑作「變豹」。

一　七五二頁上一〇行「盡耳」，徑、清作「書耳」。

一　七五二頁上一一行首字「容」，資、磧、普、南、徑、清作「密」。

一　七五二頁上一二行「何重答宗」，南作「何重答宗炳」；徑作「答宗居士書　何承天」；清作「何衡陽重答宗炳」。

一　七五二頁上一三行至次行「足以賊」，資、磧、普、南、徑、清作「足下以賤」。

一　七五二頁上一五行第七字「釋」，徑、清作「澤」。

一　七五二頁上一七行「常謂」，南、徑作「當謂」。

一　七五二頁上二一行「迳者」，諸本作「逕者」。

弘明集卷第四

梁揚都建初寺釋僧祐撰　集

何承天達性論　顏光祿延之難

達性論

夫兩儀既位帝王參之宇中莫尊焉天以陰陽分地以剛柔用人以仁義立人非天地不生天地非人不靈三才同體相須而成者也故能稟氣清和神明特達情綜古今智周万物妙思窮幽賾制作侔造化歸仁與能是為君長撫養黎元助天宣德日月淑清四靈來格祥風協律玉燭揚暉九穀盡秦陸產水育酸鹹百品備其膳羞棟宇舟車銷金合土絲紵玄黃供其器服文以礼度娛以八音庇物殖生罔不備設夫民用儉則易足易足則力有餘力有餘則志情泰樂治之心於是生焉事簡則不擾不擾則神明靈神明靈則謀慮審濟治之務於是成焉故天地以儉素訓民乾巛以易簡示人所以訓示慇懃若此之篤也安得與夫飛沉蠉蠕並為衆生哉若夫衆生者取之有時用之有道行火俟風暴畋漁候豺獺所以順天時也大夫不麛卵庶人不數罟行葦作歌宵魚垂化所以愛人用也庖廚不迩五犯是翼殺后畋祝孔釣不網所以明仁道也至於生必有死形弊神散猶春榮秋落四時代換奚有於更受形哉詩云愷悌君子求福不回言弘道之在已也三后在天言精靈之升遐也若乃內懷嗜欲外憚權教慮深方生施而望報在昔先師未之或言余固不敏罔知請事焉矣

釋何衡陽達性論　顏延之

前得所論深見弘慮崇致人道黜遠生類物有明徵事不愆義維情輔教足使異門掃軌況在蕲同豈忘所附徒恐琴瑟專一更失闡諧故略廣數條取盡後報足下云同體二儀共成三才者是必合德之稱非遭人之目然總庶類同號衆生亦含識之名豈上指之謚然則議三才者無取於氓隸言衆生者亦何濫於聖智雖情在序別自不患乱倫若能兩藉方教俱

舉達義節彼離文採此共實則可使倍宫自和揩符復合何詎怏怏執呂以毀律且大德曰生有万之所同同於所万豈得生之可異不異之生宜其為衆但衆品之中愚慧羣差人則役物以為養物則見役以養人雖始或因順終至裁殘㾌端萌起情嗜不禁生害繁慘天理贍滅皇聖哀其若此而不能頓奪所滯故設候物之教謹順時之經將以開仁育識反漸息泰耳與道為心者或不剤此而止又知大制生死同之榮落類諸區有識亦宜然然神理存沒儻異於枯荄變謝就同草木便當煙盡而復云三后昇遐精靈在天若精靈必在果異於草木則受形之論無乃更資來說將由三后粹善報在生天耶欲毀後生反立昇遐當毀更立固知非力所除若徒有精靈尚無體狀未知在天當何憑以立吾怯於庭斷故務求依放而進退思索未獲所安凡氣數之內無不感對施報之道必然之符言其必符何猜有望故遺惠者無要存功者

有期期存未善去惠乃至人有賢否則意有公私不可見物或期報因謂樹德皆要且經世恒談貴施者勿憤士子服義猶惠而不有況在聞道要更不得虛心而動必懷嗜事盡憚權耶曾不能引之上濟每駈之下淪雖深詣拔責亦已厚言不伐足下纓城素堅難為飛書而吾自居憂患情理兼訖近辱褒告欲其布意裁往釋慮不載值顏延之白

荅顏永嘉

敬覽芳訊研復淵旨區別三才步驗精粹宣演道心褒賞施士貫綜幽明推誠及物行之於己則美敷之於教則和殆無所間退尋嘉誨之來將欲令參觀斗極復迷反迋思或昧然未全曉洽故復重申本懷足下所謂共成三才者是必合德之稱上哲之人亦何為其然夫立人之道取諸仁義惻隱為仁者之表恥惡為義心之端牛山之木剪性於鑒斧恬漠之想汨慮於利害誠直滋其萌孽援其善心遂乃存而不算得無過與又云議三才者無取於眠餘言衆生者亦何濫於聖智既已聞命猶未知二塗當以何為判將伊顏下覆寧僑札上附企望不倦以枝末了必令兩藉俱舉宫和符合豈不盡善又曰大德曰生有万之所同同於所万豈得生之可異非謂不然人生雖均被大德不可謂之衆生譬聖人雖同稟五常不可謂之衆人寔取於不異之生必宜為衆哉來告云人則役物以為養物則見役以養人大判如此便是頓同鄙議至於情嗜不禁害生慘物所謂甚者泰者聖人固已去之又云以道為心者或不剤此而止請問不止者將自已不煞耶令受教咸同耶若自已不煞取足市鄽故是遠庖廚意必欲推之於編戶吾見雅論之不可立矣又云若同草木便當煙盡精靈在天將何憑以立夫神魄忽恍遊魂為變發揚悽愴亦子何否之仲由屈於知死賜也失於所問不更受形前論之所明言所憑之方請附夫子之對及施報之道必然之符當謂于氏高門侯積善之慶

博陽不伐賫乆俟之祚何關於後身
手又云經世恒談施者勿憶士子服
義惠而不有誠哉斯言微悵設報以
要惠說徒之所先悅報而為惠舉世
之常務疑經受累劫之罪勤施獲積
倍之報不似吾黨之為道者是以快
快耳知欲引之上濟亦甚所不惜但
丈夫處實者頗陋前識之華故不為
也若乃施非周急惠存功舉揆諸高明
亦有恥乎此吾率其恒心文而不化
內懟懼子未聽有所謂也何承天白

重釋何衡陽

薄從歲事躬斂山田田家節隙野老
為儔言止穀稼務盡耕牧談年計稱
無聞達義董獲微辯得用昭慰啓告
精至愈懃固給今復忘書往懷以輸
未述夫藉意探理不若析之聖文三
才之論故論當本諸三畫三畫既陳
中稱君德所以神致太上崇一元首
故前謂自非體合天地無以允應斯
弘研其清慮未肯存同猶以恐兼同
弃廣載不遺萬物之志誠為優贍恐
理位雜越疑陽遂衆若惻隱所發窮

博愛之量耻惡所加盡祐直之正則
上仁上義吾無閒然但情之者寡利
之者衆豫有其分未臻其極者不得
以配擬二儀耳今方使極者為師不
極者為資扶其敬讓去其忮爭令鍪
斧鑄刃利害寢端駈百代之民出信
厚之塗則何萌不滋何善不援而謚
以不等未值其意三才等列不得取
偏才之器衆生為號不可濫無生之
人故此去泯除彼甄聖智兩藉俱舉
盲在於斯若僑札未能道一皇王豈
獲上附伊顏猶共賴氣化宜乎下麗
二塗之判易於賾指又知以人生雖
均被大德不可謂之衆生辟聖人雖
同禀五常不可謂之衆人夫不可謂
之衆人以茂人者神明也今已均被同
衆復何諱衆同故當殊其特靈不應
異其得生徒忌衆名未鹆衆實得無
似蜀梁進畏卒不能避所謂役物為
養見役養人者欲言愚慧相傾惛筭
相制事由智出非出天理是以始矜
萌起終臭虧滅豈與足下並蓁百品
共其指歸凡動而善流下民之性化

而裁之上聖之功謹為垣防猶患踰
溢況乃冈不偹設以充侈志方開所
泰何議去甚故知滌物之談不得與
薄夫同憂樂然意偏好生情博所云
與道為心者博乎生情將使排虐卒
遂跖實莫夭利澤通天而不為惠庸
適恩止麛卵事法豺獺耶推此往也
非唯自已不復委咎市壥乎庖廚且
市庖之外非無御養神農所書中散
所述公理羨其事仲彥精其業是亦
古有其傳今聞其人何必以刲刳為
禀和之性爛瀹為翼善之具哉若以
編戶難齊憂鄙論未立是見二枎不
咸慮周德先王儻能申以遠圖要之
長世則日計可滿歲功可期精靈草
木果已區別遊魂之荅亦精靈之說
若雖有無形天下寧有無形之有顧
此惟疑宜見正定仲尼不荅有無未
辯足下既辯其有豈得同不辯之荅
雖子嗜學懼未獲所附或是曉晦塗
隔隱著事懸遂令明月發照世智限
心知謂必符之言體之極于冈講求
反意如非相盡或世人守璞受讓玉

而將譯胥奉俗還說國情苟未照盡請復其具申近釋報施首稱氣數者以為物無妄然各以類感感類之中人心為大心術之動犹歷所不能得及其積致于可勝原而當斷取世見據為高證莊周云莽鹵滅裂報亦如之孫卿曰報應之勢各以類至後身著戒可不敬與慈護之人深見此數故正言其本非邀其末長美遏惡及民大順濟有生之類入無死之地令慶周地物尊冠百神安宜祚極子胤福限鄉相而已常善以救善亦從之勢猶影表不應自來何言乎要惠悦報疑罪勤施似由近驗若情遠積德數故方罰矜功而濫各志賢遺存異義公私殊意已偕前白差不重云想處實陋華者復見其居厚去薄耳若施非周急惠而期譽乃如之人識道之靈惟子之恥丘亦恥之

重答顏永嘉

吾少信管見老而弥篤既言之難云將極腐方寸故頻馮訴颺以託辯嘲厚意垂懷慈以重釋稽證周明華辭博賭夫良玉時玷賤夫指其瑕望舒抱魄野人睨其缺豈伊好辯未獲云已復進請益之問庶以研盡所滯來告云三才之論故當本諸三畫三畫既陳中稱君德所以神致太上崇一元首若如論旨以三畫為三才則初擬地爻三議天位然而遐世無悶非厚載之目君子乾乾非蒼蒼之稱果兩儀同託亦何取於立人但爻在中和宜應君德耳又云惻隱窮博愛之量恥惡盡祐直之方則為上仁上義便是許體仁義者為三才尋又云僑札未獲上附伊顏冝其下羼則黃裳之人其猶不及雖曠之指高下無准故惑者未悟也夫陰陽陶氣剛柔賦性圓首方足霄貌匪殊惻隱恥惡悠悠皆是但衆體二儀必舉仁義為端耳知欲限以名器慎其所假遂令惠人絜士比性於毛羣庶幾之賢同氣於介族立象之意豈其然哉

又云已均被同衆復何諱衆同故當殊其特靈不應異其得生夫特靈之神既異於衆得生之理何嘗暫同生本於理而理異焉同衆之生名將安附若執此生名必使從衆則涅成之物亦將在例耶又云謹為垣防猶患踰溢况乃同不設備以充傍志方開所泰何識去甚足下始云皇聖設候物之教謹順時之經將以反漸息泰今復以方開所泰為難未詳此將難鄙議將譏聖人也又云而庖之外豈無御養神農所書中散所述何必以封剎為禀和爛瀹為翼善夫禋塵重桒宗社三牲曉薦豆俎以供賓客七十之老俟肉而飽豈得唯陳列草石取備上藥而已吾所憂不立者非謂洪論難持退嫌此事不可頓去於世耳又云天下寧有無形之有頑此惟疑冝見正定尋來旨似不嫌有鬼當謂鬼冝有質得無惑天竺之書說鬼別為生類故耶昔人以鬼神為教乃列于典經布在方策鄭僑吳札亦以為然是以雲和六變實降天神龍門九成人鬼咸格足下雅秉周礼近忽此義方詰無形之有為支離之辯乎

又云後身著戒可不敬與慈護之人

弘明集卷四 第十二張

[illegible]此數未詳所謂慈護者誰氏之
若援外書報應之說皆吾所謂權
教者耳凡雖求至理曾不析以聖言
多辨論依以相扶翼得無似以水濟
水耶又云物無忌然必以類感常善
以救善亦從之勢猶景表不慮自來
斯言果然則類感之物輕重必侔影
表之勢脩短有度致飾土木不發慈
愍之心順時搜狩未根惔虛之性夭
宮華樂焉賞而上昇地獄幽苦奚罰
而淪陷昌言窮軒輕立法無衡石一
至於此且阿保傳愛慎及溷腴良庖
提刀情怵毋族彼聖人者明並日月
化開三統若令報應必符亦何妨於
教而緘扃義唐之紀埋閉周孔之世
鑿結網罟興累億之罪仍制牲牢闢
長夜之罰遺彼天厨甘此芻豢曾無
拯溺之仁搆成納隍之酷其為不然
亘簡捌憲若謂窮神之智猶有所不
盡雖高情愛奇想亦未至於侮聖也
足下論仁義則云情之者少利之者
多言施惠則許其遺賢忘報在情既
少耽能遺賢利之者多曷云忘報若

弘明集卷四 第十三張

能推樂施之士以期欲仁之疇演忌
報之意引向義之心則義寔在斯求
仁不遠至於濟有生之類入無死之
地慶周世物尊冠百神斯旨宏誕非
本論所及無乃秦師將適行人言辯
乎豈其相迫居吾語子聖人在上不
與百神爭長有始有卒焉得無死之
地夫辯章幽明研精庶物及初結繩
終繁文教性以道率故絕親譽之名
犯違造化無傷博愛之量以畋以漁
養燕賢鄙三品之獲實充賓庖金石
發華筌籥協節醉酒飽德介茲万年
處者引日新之業仕者敷先王之教
識者明君澤被万物龍章表觀鳴玉
節趨斯亦堯孔之樂地也及其不遇
考槃阿閒以善其身煞鷄為黍綦寄
懷抱或負薪竄焉揚塵名於長世或
屠羊鼓刀凌高志於浮雲此又君子
之處心也何必陋積善之延祚希無
驗於來世生背當年之真懽徒疲役
而靡歸係風補景非中庸之美慕爽
股媛達通人之致躊躇揖讓終不並
立竊顏吾子措惠而適一也及蜀梁

二卅世人瞬旨之辭非本義所継故
不復具云
又釋何衡咠
聖慮難原神應不測中散所云中人
自竭莫得其端豈其淺岸所可探抽
徒以魏文火布見刊異世滕循鍛顯
取愧當時故於度外之事怯以意裁
耳足下已審其虛實方書之不朽獨
鑒堅精難復疑間聊寫餘懷依答條
釋事緯殃福義雜胡華雖存簡章自
至煩文過此以往余欲無言
答曰若如論旨以三畫為三才則初
擬地爻三議天位然而遯世無悶非
厚載之目君子乾乾非蒼蒼之稱果
兩儀同託亦何取於立人但爻在中
和宜應君德耳
釋曰聞之前學淳象始於叅畫兼卦
終於六爻叅畫立本三才之位六爻
未變群龍所經是以重卦之後則以
出處明之故遯世乾乾潛藏偕行聖
人適時之義兼之道也若以初爻非
地三位非天以為兩儀同託立人無
取未知足下前論三才同體何因而

弘明集卷第四 第十四張 集

生者猶受之繫說不執師訓何獨得
之複卦象之單象如義文之外更有
三才此自春秋新意吾無識焉且遯
世乾乾雖非覆載之名一體之中未
失卑高之實豈得以變動之辞發立
本之義又知以足在中和宜應君德
若徒有中和之足竟無中和之人則
足將何放若中和在德則不得人皆
中和體合之論固未可殊越
荅曰上仁上義便是許體仁義者為
三才尋又云儁札未獲上附伊顏宜
其下羼則黃裳之人其猶不及雖蹟
之指高下無准故惑者未悟
釋曰所云上仁上義謂兼總仁義之
極可以對饗天地者耳非謂少有恥
愛便為三才前釋已具恠復是問四
彼域中唯王是體知三此兩儀非聖
不居易老同歸可怪重惑棨東曾階
老儁札理不允备何由上附至位依
西方准墨伊顏未獲法身故當下羼
生品來論挾姤議釋故兩解此意冀
以取了反致辞貴聖作君師賢為目
資接暢神功影嚮大業行藏可共嘿

語亦同體分至此何負黃裳議者徒
見不得等位元首横生誚恨而不知
引之極地更非守節之情指斷如斯
何謂無准荅曰夫陰陽陶氣剛柔賦
性圓首方足霄貌匪殊惻隱恥惡悠
悠皆是但參體二儀必舉仁為端耳
釋曰若謂圓首方足必同恥惻之實
霄貌匪殊皆可參體二儀蹻跖之徒
亦當在三才之數耶若誠不得則不
可見攢目之同便與大人同列悠悠
之倫品量難齊既云仁者安仁智者
利仁又云力行近仁畏罪強仁若一
之正位將真偽相冒在周云天下之
善人寡不善人多其分若此何謂
皆是
荅曰知欲限以名器順其所假遂令
恵人絜士比性於毛羣庶幾之賢同
氣於介族立象之意豈其然乎
釋曰名器有限良由資體不倫雖欲
假之疑陽謂何含靈為人毛群所不
能同稟氣成生絜士有不得異象效
其靈非象其生一之而已無乃誙濩
荅曰已均被同衆云云特靈之神既

異於衆得生之理何嘗暫同生本於
理而理異焉同衆之生名將安附若
執此生名必使從衆則混成之物亦
將在例耶
釋曰吾前謂同於所万豈得生之可
異足下荅云非謂不然又曰奚取不
異之生必宜為衆是則去吾為衆而
取吾不異豈有不異而非衆哉所以
復云故當殊其特靈不應異其得生
耳今荅又謂得生之理何嘗暫同生
本於理而理異焉請問得生之理故是
陰陽耶吾不見其異而足下謂未嘗
暫同若有異理非復㸚苤耶則陰陽
之表更有受生塗趣三世詭宜豎立
使混成之生與物同氣豈混成之謂
若徒假生名莫見生實則非向言之
匹言生非生耶是有物不物李叟此
說或更有其義以無詰有頗為未類
荅曰謹為垣防云云始云皇聖設候
物之教謹順時之經將以反斵息泰
今復以方開所泰為難未詳此將難
鄙議為識聖人也
釋曰前觀本論自九穀已下至孔釣

不網始知高識謂有宰作皆出聖人躬為尸匠以率先下民也孤鄙拙意自謂每所施為動必有因聖人從為之節使不遲越此二懐之大断彼我所不同吾將節其奢派故有息泰之説足下方明脩設未知於何去甚而中荅又云所謂甚者聖人固已去之不了此意故近復以所泰為問荅云未詳誰難或自忘前報荅曰市庖之外云云夫禋瘞豆栗宗社三牲曉鄉豆俎以供賓客七十之老俟肉而飽豈得唯陳草石取脩上藥而已所憂不立者非謂洪論難持退兼此事不可頓去於世耳

釋曰神農定生周人脩教既唱粒食又言上藥既用犧牢又稱蘋蘩祭膳之道故無定方前舉市庖之外復有御養者指舊刳渝之滞以明延性不一非謂經世之事皆當取脩草石然茧蓁之功希至百齡芝菜之懿亟聞千歳由是言之七十之老何必謝恩於肉食但自封一域者捨此無術耳想不頓去於世猶是前釋所云不能頓奪所滞也始獲符同敢不歸美既知不可頓去或不謂道盡於此

荅曰天下寧有無形之有云云尋来旨似不嫌有鬼當冝有質得無惑天竺之書說鬼別為生類耶昔人以鬼神為教乃列于典經布在方策鄭僑吴札亦以為然是以雲和六變實降天神龍門九成人鬼咸格足下雅秉周礼近忽此義方詰無形之有為支離之辯乎

釋曰非唯不嫌有鬼乃謂有必有形足下不無是同處有復異是以比及質詰欲以求盡請捨天竺之說謹依中土之經又置別為生類共議登遐精靈體狀有無固然冝報定典策之中鬼神累方所不了者非其名号比獲三論每来益衆方鬼畢至竟末肯荅雖督告周博非解企渴無形之有既不匠立徒謂支離以為通說若以覈正為支離者將以浮湯為直達乎

荅曰後身著戒云云未詳所謂兹護者誰氏之子吾據外書報應之說皆吾所謂權教者耳凡講求至理曾不指之聖言多採謠恠以相扶翼得無似以水濟水乎

釋曰慈護之主計亦久聞其人責以誰子將以文殊釋氏知謂報應之說皆是權教權道隱深非聖不盡雖子通識應亦未見其極吾疲於推求而足下逸於獨了良有悉然若權教所言皆為欺妄則自然之中無復報應吾儒於孽決足下列於專斷亦又懼焉神高聽卑儞可誣哉想云聖言者必姫孔之語今之所談皆其信順之事而謂曾不指之復是未經詳思来論立姫廢釋故吾引釋符姫荅不越問未覺多採由余曰碑不生華壞何限九服之外不有窮理之人內外為判誠亦難乎若自信其度獨師耳目習識之表皆為謠恠則吾亦已矣

荅曰又云物無妄然必以類感云云斯言果然則類感之物輕重必侔景表之勢脩短有度致飾土木不發慈愍之心順時獀狩未根愫虛之性天宮華樂焉賞而上昇地獄幽苦奚罰而淪陷昌言窮軒輕立法無衡石一

至於此

釋曰景表之說以徵感報來意疑不必侔爍其無度即復除福應也福應非他氣數所生若滅福應即無氣數矣足下功存步驗而還伐所知想信道為心者必不至此若謂不慈於土木之謗有甚於順時之煞者無乃大負夫人之心黃屋玉璽非必堯舜之情崇居廣養豈是釋迦之意責天宮之賞求地獄之罰頗類昔人蚩夫之詰英布之問有味乎其言此蓋衆息心之所詳吾可得而略之

荅曰且阿保傳愛慎及溷腴良庖提刀情怵毋族被聖人者明並日月代開三統者令報應必符亦何妨於教而緘爵義唐之紀埋閉周孔之世聳結網罟與罘罝之罪仍制牲牢開長夜之罰遺彼天厨甘此芻豢曾無拯溺之仁攢成納隍之酷其為不然宜簡剗應若謂窮神之智猶有不盡雖高情愛奇想亦未至於侮聖

釋曰知謂報應之義緘義周之世以此推求為不符之證羲唐邈矣人莫之詳尚書所載不過數篇方言德刑之失違記禍福之源今帝典王策猶不書性命之事而徵關文以為古必無之斯亦師心之過也且信順殃慶咸列姬孔之籍謂之埋閉如小逞乎但言有遠近教有淺深故使智者與此而奪彼耶夫生必有欲欲必有求欲叢則爭求給則恬爭則相害恬則相安網罟之設將蠲害以取安乎且畋漁牲牢其事不異足下前荅已知牲牢不可頓去於今世復畋漁不可獨弃於古未為通類矣好生惡死惠下愈篤故有其死者順其情奪其生者逆其性至人尚矣何為犯順而居逆哉是知不能頓奪所滞故因為之制耳聖靈雖茂無以徹懞憕之心溺喪之民何可勝論罪罰之來將物自取之事遠難致不由天厨見遺物近易躭故常芻豢是甘拯弱出隍衆哲所共但化物不同非道之異不盡之譏亦如過當子長愛奇本不類此

荅曰足下論仁義則云情之者少利之者多言施惠則許其遺賢忘報在情既少熟能遺賢利之言多曷云志報若能推樂施之士以期欲仁之疇濱忘報之意引向義之心則義寔在斯求仁不遠

釋曰情仁義者寡利仁義者衆聞之莊書非直孤說未獲詳校遽見彈責夫在情既少利之者多不能遺賢曷云亡報實吾前後勤勤以為不得配擬二儀者耳復非雋論所應據正若樂施忘報即為體仁忘報而施便為合義可去欲字并除向名在斯不遠誰不是慕荅曰濟有生之類云云斯言宏誕非本論所及無乃泰師將適行人言肆乎

釋曰足下論挾姻釋吾亦荅兼戎周足下以此抑彼謂福極高門吾申彼釋此古慶周非物足下據此所見謂祚止公侯吾信彼所聞云尊冠百神本議是爭曷云不及夫論難之本以易奪為體失之已外輒云宏誕求理之塗幾乎塞矣師適言肆或不在此

荅曰豈其相迫居吾語子聖人在上不與百神爭長有始有卒焉得無死

之地云云

釋曰豈其相迫一何務德居吾語子又何壯䶣凡為物之長豈爭之所得非唯不爭必將下之不可見尊冠百神便謂與百神爭長無乃取之滕薩弃之體仁知謂物有始卒無不死之地求之域內實如來趣前釋所謂滕類諸區有識亦宜然者也至如山經所圖仙傳所記事関世載已不可原況復道絕恒情理隔常照必以於我不然皆當絕弃此又所不得安答曰夫辯章幽明研精庶物云云

弘明集卷第四　第二十四張　黄

釋曰遠省此章感陳列代文㥶體周頗善師法歌誦聖世足為繁聲討求道義未是要耳昔在幼壯徹涉羣紀皇王之軌賢智之迹側聞其略敢辱其詳惠示之篤實勤執事答曰何必陋積慶之延祚希無驗於來生蹲膜挹讓終不並足竊願吾子捨兼而尊一云釋曰不陋積慶已申信順之餘貫希來生亦具感報之說藻衮大家同用一體蹲膜揖讓何為不俱行一世理有可兼無謂宜捨

荅蜀羣二絲世人驛胃之辟非本論所繼故不復具云

弘明集卷第四　第二十五

釋曰近此數條聊發戲端亦猶越人問帀見探於前談肆業又之無想多恠然二卅為問欲以却編戶之疑沒而不荅誠有望焉足下連國靈從宏論風行吾幽生孤說每獲竊議此之不侔事有固然實由通才所共者理欲忘其煩貪復卷心

弘明集卷第四

弘明集卷第四

校勘記

一　底本，金藏廣勝寺本。七五八頁中至七五九頁上、七六〇頁中至七六〇頁下及七六二頁下共六版，原版殘缺，以麗藏本換。

一　七五八頁中三行「何……難」，[徑]無。

一　七五八頁中四行「達性論」，[資]、[磧]、[普]、[南]、[清]無；[徑]作「達性論　何承天」。

一　七五八頁中五行第五字「位」，[資]、[磧]、[普]、[南]、[清]作「住」。

一　七五八頁中一〇行第三字「蹟」，[徑]作「賾」。

一　七五八頁下二行第六字「候」；[徑]作「猴」。

一　七五八頁下五行「不絧」，[南]、[徑]、[清]作「不綱」。

一　七五八頁下六行「形弊」，諸本作「形斃」。

一　七五八頁下一三行「何衡陽」，[徑]無。又「顏延之」，[資]、[磧]、[普]、[南]無；[徑]作「宋顏延之」。

一　七五八頁下一五行第六字「徵」，諸本作「徽」。

一　七五九頁上一行末字「使」，諸本作「便」。

一　七五九頁上二行第二字「宮」，諸本作「害」。

一　七五九頁上四行第三字「万」，諸本作「方萬」。本頁下六行第五字，[普]、[南]、[徑]、[清]同。

一　七五九頁上七行第六字及本頁中

九行第一一字「裁」，資、磧作「栽」。

一　七五九頁上七行第一一字「起」，徑作「趍」。

一　七五九頁上一〇行第一二字「反」，資、磧作「及」。

一　七五九頁上二〇行第三字「以」，資、磧作「之」。又末字「放」，徑、清作「倣」。

一　七五九頁上末行「存功」，諸本作「在功」。

一　七五九頁中七行「不伐」，資、磧、普、南、徑、清作「不代」。又「纓城」，清、麗作「嬰城」。

一　七五九頁中一一行「答顔永嘉」，徑作「答顔光禄　何承天」；清作「何衡陽答顔永嘉」。

一　七五九頁中一二行第四字「訙」，磧、徑作「訊」。

一　七五九頁中一五行第五字「間」，資、磧、普、南、徑、清作「聞」。

一　七五九頁中二二行第三字「直」，資、磧、普、南、徑、清作「宜」。又第七字「孽」，資、磧、普、南、徑作「蘖」。

一　七五九頁下六行第五字「万」，資、磧作「萬方」。

一　七六〇頁上三行第一一字「悵」，資、磧、普、南、徑、清作「恨」；麗作「暢」。

一　七六〇頁上五行第一一字「勤」，資作「勸」。

一　七六〇頁上九行第一一字「舉」，資、磧、普、南、徑、清作「譽」。

一　七六〇頁上一〇行「文而」，諸本作「久而」。

一　七六〇頁上一一行「謂也」，資、磧、普、南、徑、清作「諧也」。

一　七六〇頁上一二行「重釋何衡陽」，徑作「重釋何衡陽顔延之」；清作「顔永嘉重釋何衡陽」。

一　七六〇頁上一七行「析之」，資、磧作「忻之」。

一　七六〇頁上一八行第五字「論」，諸本無。

一　七六〇頁上二〇行第一二字「允」，資、磧、普、南、徑、清作「元」。

一　七六〇頁上二一行首字「弘」，資、磧、普、南、徑、清作「弘知」。又「恐兼冏」，資、磧、普、南、徑、清作「兼容冏」；麗作「恐兼容冏」。

一　七六〇頁上二二行第一三字「贍」，徑作「瞻」。

一　七六〇頁中三行第七字「分」，諸本作「分而」。

一　七六〇頁中二一行「出非」，諸本作「出作非」。

一　七六〇頁中末行第八字「善」，諸本作「盖」。

一　七六〇頁下二行首字「溢」，諸本作「盗」。次頁下三行末字，南、徑、清同。

一　七六〇頁下六行第五字「夭」，南、徑、清作「反」。

一　七六〇頁下末行末字「玉」，資、磧、普作「王」。

一　七六一頁上二行第三字「其」，資、

磧、普、南、徑、清無。

一 七六一頁上一六行第九字「差」，南、徑、清作「若」。

一 七六一頁上二〇行「重答顏永嘉」。徑作「重答顏光祿 何承天」；清作「何衡陽重答顏永嘉」。

一 七六一頁上二二行末字「翮」，資、磧、普、南、徑、清作「融」。

一 七六一頁上末行首字「厚」，資、磧、普、南、徑、清作「厚故」。

一 七六一頁中一〇行第三字「君」，南、徑、清作「蓄」。

一 七六一頁中一一行第四字「祜」，資、磧、普、南、徑、清作「祐」。

一 七六一頁中一二行第二字「許」，資、磧、普、南、徑、清作「計」。

一 七六一頁中一四行「之指」，資、磧、普、南、徑、清作「之旨」。

一 七六一頁中一五行「賊性」，諸本作「賦性」。

一 七六一頁中一六行第五字「胥」，資、磧、普、南、徑、清作「容」。

一 七六一頁中一七行末字「耳」，資、磧、普、南、徑、清作「取」。

一 七六一頁下九行第一三字「封」，諸本作「刲」。

一 七六一頁下一〇行第四字「爛」，資、磧作「爛」。

一 七六一頁下一一行「曉薌」，資、磧作「曉薌」；普、南、徑、清作「膮膷」。七六四頁上一〇行同。

一 七六一頁下一二行第一〇字「别」，諸本作「列」。

一 七六一頁下二二行末字「乎」，資、磧無。

一 七六二頁上五行第七字「忌」，徑、清、麗作「妄」。

一 七六二頁上九行第六字「獀」，普、南、徑、清作「蒐」。

一 七六二頁上一一行第四字「昌」，資、磧、普、南、徑、清作「唱」。七六四頁下末行第四字同。

一 七六二頁上一三行第五字「毋」，資、磧、普、南、徑、清作「介」。七六五頁上一四行第四字同。

一 七六二頁上一四行第二字「開」，資、磧、普、南、徑、清作「關」。七六五頁上一五行首字同。

一 七六二頁上一七行第一〇字「此」，清作「比」。

一 七六二頁中一行「仁之」，徑作「人之」。

一 七六二頁中二行第四字「引」，麗作「别」。

一 七六二頁中五行第七字「泰」，資、磧作「泰」。

一 七六二頁中八行第一一字「及」，資、磧、普、南、徑、清作「反」。

一 七六二頁中一〇行「犯違」，資、磧、普、南、徑、清作「範圍」。

一 七六二頁中一六行「阿澗」，資、磧、普作「何澗」；南作「澗阿」。又「慕寄」，諸本作「聊寄」。

一 七六二頁中一八行第四字「刀」，清作「力」。

一 七六二頁中一九行第七字「陋」，

資、磧作「之」。

一　七六二頁中二一行「補景」，資、磧、普、南、徑、清作「捕影」。

一　七六二頁下一行「世人」，諸本作「甘人」。

一　七六二頁下三行「又釋何衡陽」，徑作「重釋何衡陽　顏延之」；清作「顏永嘉又釋何衡陽」。

一　七六二頁下五行「岸所可探」，諸本作「斥所可深」。

一　七六二頁下六行第五字「火」，諸本作「大」。又第一二字「循」，諸本作「修」。

一　七六二頁下九行第七字「間」，諸本作「問」。

一　七六三頁上二行「義文」，麗作「義文」。

一　七六三頁上八行末字「皆」，麗作「背」。

一　七六三頁上九行第七字「固」，資、磧作「同」。

一　七六三頁上一三行第二字「指」，磧、徑作「旨」。

一　七六三頁上一八行第四字「老」，普、南、徑、清作「者」。

一　七六三頁中五行及八行「胥貇」，資、磧、普、南、徑、清作「容貌」。

一　七六三頁中六行第一一字「仁」，資、磧、普、南、徑、清作「仁義」。

一　七六三頁中七行第一二字「惻」，資、磧、普、南、徑、清作「惻隱」。

一　七六三頁中一六行第九字「順」，資、磧、普、南、徑、清作「慎」。又末字「冷」，諸本作「令」。

一　七六三頁下五行第九字「万」，南、徑、清作「方」。

一　七六三頁下一三行第九字「照」，資、磧、普、南、徑、清作「煦」。

一　七六三頁下一四行「竪立」，資、磧、普、南、徑、清作「堅立」。

一　七六三頁下一九行第六字「防」，徑作「坊」。

一　七六四頁上一行第八字「有」，諸本作「凡有」。

一　七六四頁上二行第三字「尸」，麗作「師」。

一　七六四頁上九行「自忘」，普、南、徑、清作「自忌」。

一　七六四頁上一二行第一三字「所」，資、磧、普、南、徑、清作「而」。

一　七六四頁上一三行「熑此」，資、磧、普、南、徑、清作「嫌此」。

一　七六四頁上一八行「指舊」，資、磧、普、南、徑、清作「指奪」。

一　七六四頁上二〇行「芝茉」，徑、清、麗作「芝朮」。

一　七六四頁上末行第二字「不」，資、磧、普、南、徑、清作「不可」。

一　七六四頁中四行第七字「當」，資、磧、普、南、清作「當謂鬼」；徑作「嘗謂鬼」。

一　七六四頁中二一行第一三字「茲」，諸本作「慈」。

一　七六四頁下四行第九字「知」，資、磧、普、南、徑、清作「和」。

一　七六四頁下七行第九字「恶」，資、

磧、普、南、徑、清作「惡」。

一　七六四頁下一一行第五字「語」，資、磧、普、南、徑、清作「誥」。

一　七六四頁下一三行第八字「弘」，諸本作「引」。

一　七六四頁下一四行第七字「余」，資、磧、普、南、徑、清作「金」。

一　七六四頁下一六行第一二字「師」，徑作「思」。

一　七六四頁下二一行第六字「獀」，南、徑、清作「蒐」。

一　七六五頁上二〇行第一一字「有」，徑作「有所」。

一　七六五頁中二行首字「失」，資、磧、普、南、徑、清作「美」。

一　七六五頁中三行第七字「微」，資、磧、普、南、徑、清作「徵」。

一　七六五頁中五行第一三字「乎」，資、磧、普、南、徑、清作「并」。

一　七六五頁中八行首字「嘸」，資、磧、普、南、徑、清作「歎」。

一　七六五頁中一一行第九字「復」，資、磧、普、南、徑、清作「復謂」。

一　七六五頁中一二行「惠下」，資、磧、普、南、徑、清作「每下」。

一　七六五頁中一三行第四字「有」，資、磧、普、南、徑、清作「宥」。

一　七六五頁中一六行第一三字「溺」，諸本作「弱」。

一　七六五頁中一九行第九字「弱」，諸本作「溺」。

一　七六五頁中二一行第三字「遇」，資、磧、普、南、徑、清作「過」。

一　七六五頁中末行第八字「許」，徑作「詐」。

一　七六五頁下一行「之言」，資、磧、普、南、徑、清作「之者」。

一　七六五頁下六行第九字「詳」，資、磧、普、南作「許」。

一　七六五頁下一六行第九字「極」，徑作「及」。

一　七六五頁下一七行第六字「兆」，資、磧、普、南、徑、清作「兆之」。

一　七六六頁上六行第五字「知」，磧、南、徑、清作「和」。

一　七六六頁上一五行第五字「要」，諸本作「要說」。

一　七六六頁上一八行第九字「騐」，諸本作「驗」。

一　七六六頁上一九行第六字「足」，麗作「立」。又末字「尊」，資、磧、普、南、徑、清作「遵」。

一　七六六頁上二〇行「一云」，諸本作「一云云」。

一　七六六頁上二一行第四字「生」，資、磧、普、南、徑、清作「生之」。

一　七六六頁上二二行「一體」，資、磧、普、南、清作「一禮」。

一　七六六頁中一行第七字「世」，資、磧、普作「甘」；徑作「也」。

一　七六六頁中二行第三字「繼」，資、磧、普、南、徑、清作「經」。

一　七六六頁中四行第一二字「想」，資、磧、普、南、徑、清作「相」。

一　七六六頁中末行「悉心」，資、磧、普、南、徑、清作「息心」。

弘明集卷第五

梁楊都建初寺釋僧祐律師撰　墳

羅君章更生論

鄭道子神不滅論

遠法師沙門不敬王者論 五篇

遠法師沙門袒服論 何鎮南難并荅

遠法師荅桓玄明報應論

遠法師因俗疑善惡無現驗三報論

更生論　　羅君章

善哉向生之言曰天者何万物之摠名人者何天中之一物因此以談今万物有數而天地無窮然則無窮之變未始出於万物万物不更生則天地有終矣天地不為有終則更生可知矣

尋諸舊論亦云万兆懸定群生代謝聖人作易已備其極窮神知化窮理盡性苟神可窮有形者不得無數是則人物有定數彼我有成分有不可滅而為無彼不得化而為我聚散隱顯環轉於無窮之塗賢愚壽夭還復其物自然相次毫分不差與運泯

復不成不知遐哉邈乎其道冥矣天地雖大渾而不亂万物雖衆區已別矣各自其本祖宗有序本支百世不失其舊又神之與質自然之偶也偶有離合死生之變也質有聚散往復之勢也人物變化各有其性性有本分故復有常物散雖混淆聚不可亂其往弥遠故其復弥近又神質冥期符契自合世皆悲合之必離而莫慰離之必合皆知聚之必散而莫識散之必聚未之思也豈遠乎若者凡今生之為即昔生生之故事即故事於體無所厝其意與己冥各不自覺孰云覺之哉今談者徒知向我非今而不知今我故昔我耳達觀者所以齊死生亦云死生為寤寐誠哉是言

孫長沙書　　安國

省更生論括囊變化窮尋聚散思理既佳又指味辭致亦快是好論也然吾意猶有同異以今万物化為異形者不可勝數應理不失但隱顯有年載然今万化猶應多少有還得形者無緣盡當須冥遠耳目不復開遂然

後乃復其本也吾謂形既粉散知亦如之紛錯渾化為異物他物各失其舊非復昔日此有情者所以悲歎若然則足下未可拯以自慰

荅孫

獲書文略旨辞理亦兼情雖欣清酬未喻乃懷區區不已請尋前本本亦不謂物都不化但化者各自得其所化頹者亦不失其舊體執主陶是載混載判言然之至分而不可亂也如此豈徒一更而已哉將與无窮而長更矣終而復始其數歷然未能知今安能知更蓋積悲妄言諮求所通豈云唯慰聊以寄散而已矣

神不滅論　　鄭道子

多以形神同滅照識俱盡夫所以然其可言乎一世既以周孔為極矣仁義禮教先結其心神明之本絕而莫言故感之所體自形已還佛唱至言悠悠不信余墜弱喪思拔淪溺仰尋玄旨研求神要悟夫理精於形神妙於理寄象傳心粗舉其證庶鑒諸將悟遂有功於滯惑焉

夫形神混會雖與生俱存至於麤妙分源則有无區異何以言之夫形也五藏六府四支七竅相與為一故所為生當其受生則五常殊授是以支體偏病耳目手足无奪其為生一形之內其猶如茲況神體靈照妙統衆形形與氣息俱運神與妙覺同流雖動靜相資而精麤異源豈非各有其本相因為用者耶近取諸身即明其理庶可悞矣一體所資肌骨則痛癢所知爪髮則知之所絕其何故哉豈非肌骨所以為生爪髮非生之本耶生在本則知存生在末則知滅一形之用猶以本末為興廢況神為生本其源至妙豈得與七尺同枯戶牖俱盡者哉推此理也則神之不滅居可知矣客難曰子之辯神形盡矣即取一形之內知與不知精矣然形神雖麤妙異源俱以有為分夫所以為有則生為本既執有本已盡而資乎本者獨得存乎出生之表則廓然冥盡既冥盡矣非但无所立言亦无所立其識矣識不立則神將安寄既无所寄安

得不滅乎

荅曰子之難辯則辯矣未本諸心故有若斯之難乎夫万化皆有也榮枯盛衰死生代互一形盡一形生此有生之終始也至於水火則弥貫群生贍而不匱豈非火體因物水理虛順生不自生而為衆生所資因即為功故物莫能竭乎同在生域其妙如此況神理獨絕器所不隣而限以生表冥盡神無所寄哉因斯而談太極為兩儀之母兩儀為万物之本彼太極者渾无之氣而已猶能總此化根不變其一矧神明靈極有无兼盡者耶其為不滅可以悟乎

難曰子推神照於形表指太極於物先誠有其義然理貴厭心然後談可究也夫神形未甞一時相違相違則无神矣草木之无神無識故也此形盡矣神將安附而謂之不滅哉苟能不滅則自乘其靈不資形矣既不資形何理與形為生終不相違不能相違則生本是同斷可知矣

荅曰有斯難也形神有源請為子循

本而釋之夫火因薪則有火无薪則无火薪雖所以生火而非火之本火本自在因薪為用耳若待薪然後有火則燧人之前其无火理乎火本至陽陽為火極故薪是火所寄非其本也神形相資亦猶此矣相資相因生塗所由耳安在有形則神存无形則神盡其本惚恍不可言矣請為吾子廣其類以明之當薪之在火則火盡出火則火生一薪未敗而火前期神不賴形又如兹矣神不待形可以悟乎

難曰神不待形未可頓辯就如子言苟不待形則資形之與獨照其理常一雖曰相資而本不相關佛理所明而必陶鑄此神以濟彼形何哉

荅曰子之問日有心矣此悠悠之所惑而未暨其本者也神雖不待形然彼形必生必生之形此神必宅必宅必生則照感為一自然相濟自然相濟則理極於陶鑄陶鑄則功存功存則道行如四時之於万物豈有心於相濟哉理之所順自然之所至耳

難曰形神雖異自然相濟則敬聞矣子既辟神之於形如火之在薪薪无意於有火火无情於寄薪故能合用無窮自與化永非此薪之火移於彼薪然後為火而佛理以此形既盡更宅彼形形神去来由於罪福請問此形為罪為是形耶為是神耶若形也則大冶之一物耳若神也則神不自濟繫於異形則子形神不相資之論於此而躓矣

荅曰冝有斯問然後理可盡也所謂形神不相資則其異本耳既以為生生生之内各周其用苟用斯生以成罪福神豈自妙其照不為此形之用耶若其然也則有意於賢愚非志照而玄會順理玄會順理盡形化神宅形子不疑於其始彼此一理而性於其終耶

難曰神即形為照形因神為用斯則然矣悟既由感亦不在神神隨此形故有賢愚賢愚非神而神為形用三世周迴萬劫無筭賢愚靡始而功顯中路无始之理玄而中路之功未熟有在末之功而拔无始之初者耶若有嘉通則請後壐

荅曰子責其始有是言矣夫理无始終玄極無崖既生既作罪福徃復自然所生耳所謂聰明誠由耳目之本非聰明也所謂賢愚誠應有始既為賢愚无始可知矣夫有物也則不能管物唯無物然後能為物所歸若有始也則不然為終唯无始也然後終始無窮此自是理所不然不可徵事之有始而責神同於事神道玄遠至理無言髣髴其宗相與為悟而自末徵本動失其統所以守此一觀庶階其峯若肆辯覺辭余知其息矣

洪範說生之本與佛同矣至乎佛之所演則多河漢此溺於日用耳商臣極逆後嗣隆業顏冉德行早亥无聞周孔之教自為方内推此理也其可知矣請廣其證以究其義夫稟靈乘和體極淳粹堯生丹朱頑凶无章不識仁義瞽叟誕舜原生則非所育求理應傳美其事若茲而謂佛理為迂可不悟哉

桓君山新論形神（自譬以為君山未聞釋氏之教至於論形神已設薪火之辞後之言皆乃闇與之會故有取焉）余甞過故陳令同郡杜房見其讀老子書言老子用恬惔養

性致壽數百歲今行其道寧能延年却老乎余應之曰雖同形名而質性才幹乃各異度有强弱堅毳之姿焉愛養適用之直差愈耳辟猶炙㷂器物愛之則兒全乃久余見其旁有麻燭而炧垂一尺所則因以喻事言精神居形體猶火之然燭矣如善扶持隨火而側之可毋滅而竟燭燭无火亦不能獨行於虛空又不能後然其炧炧猶人之耆老齒墮髮白肌肉枯腊而精神不為之能潤澤內外周遍則氣索而死如火燭之俱盡矣人之遭邪傷病而不遇共養良醫者或强死死則肌肉筋骨常若火之傾刺風而不獲救護亦過滅則膚餘幹長焉余嘗夜坐飲內中然燭燭半壓欲滅即自日勅視見其皮有剥釳乃扶持轉側火遂度而復則維人身或有虧剥劇能養慎善持亦可以得度又人莫能識其始生時則老亦死不當自知夫古昔平和之世人民蒙美盛而生皆堅强老壽咸百年左右乃死死時忽如卧生者猶果物穀實久老則自

隨落矣後世遭變薄惡氣娶嫁又不時勤苦過度是以身生子皆俱傷而筋骨血氣不充强故多凶短折中年夭卒其遇病或疾痛惻怛然後終絶故咨嗟憎惡以死為大故昔齊景公美其國嘉其樂云使古而无死何若晏子曰上帝以人之殁為善仁者息焉不仁者如焉今不思勉廣日學自通以趍立身揚名如但貪利長生多求延壽益年則惑之不解者也或難曰以燭火喻形神恐似而非焉今人之肌膚時剥傷而自愈者血氣通行也彼蒸燭缺傷雖有火居之不能復全是以神氣而生長如火燭不能自補兒蓋其所以為異也而何欲同之應曰火則從一端起而人神氣則於體當從內稍出合於外若由外湊達於內固未必由端往也譬猶炭火之爇赤如水過度之亦小滅然復生焉此與人血氣生長肌肉等顧其終極或為灰或為炧耳曷為不可以喻哉余後與伯師夜爇脂火坐語鐙中脂索而炷燋秃將滅息則以示曉伯師

言人衰老亦如彼秃炧矣又為言前爇麻燭事伯師曰鐙燭盡當益其脂易其燭人老衰彼自蹷纘余應曰人既稟形體而立猶彼持鐙一燭及其盡極安能自盡易盡易之乃在人人之蹷驀亦在天天或能為他其肌骨血氣充强則形神枝而久生惡則絶傷猶火之隨脂燭多少長短為遲速矣欲鐙燭自益易以不能但從鍛旁脂以洙漬其頭轉側蒸幹使火得安居則皆復明焉及本盡者亦無以爇今人之養性或能使墮齒復生白髮更黑肌顏光澤如彼徙脂轉燭者至壽極亦獨死耳明者知其難求故不以自勞愚者欺惑而冀獲益脂易燭之力故汲汲不息又草木五穀以陰陽氣生於土及其長大成實實復入土而後能生猶人之與禽獸昆虫皆以雌交接相生生之有長長之有老老之有死若四時之代謝矣而欲變易其性求為異道惑之不解者也

沙門不敬王者論　　遠法師

晉成康之世車騎將軍庾冰疑諸沙

門抗禮万乘所明理何驟騎有㫭二家論名在本集至元興中太尉桓公亦同此義謂庾言之未盡與八座書云佛之為化雖誕以茫浩推乎視聽之外以敬為本此處不異蓋所期者殊非敬恭宜廢也老子同王侯於三大原其所重皆在於資生通運豈獨以聖人在位而比稱二儀哉將以天地之大德日生通生理物存乎王者故尊其神器而禮寔惟隆豈是虛相崇重義存君御而已沙門之所以生國存亦日用於理命豈有受其德而遺其禮沾其惠而廢其敬哉于時朝士名賢㫭者甚衆雖言未悟時並系有其美徒咸盡所懷而理蘊于情遂令无上道服毀於塵俗亮到之心屈乎人事悲夫斯乃交喪之所由千載之否運深懼大法之將淪感前事之不忘故著論五篇究叙微意豈曰淵壑之待晨露蓋是申其罔極亦庶後之君子崇敬佛教者或詳覽焉

沙門不敬王者論在家第一

原夫佛教所明大要以出處為異出處之人凡有四科其弘教通物則功侔帝王化兼治道至於感俗悟時亦無世不有但所遇有行藏故以廢興為隱顯耳其中可得論者請略而言在家奉法則是順化之民情未變俗迹同方內故有天屬之愛奉主之禮禮敬有本遂因之而成教本其所因則功由在昔是故因親以教愛使民知其有自然之恩因嚴以教敬使民知有自然之重二者之來寔由冥應應不在今則宜尋其本故以罪對為形罰使懼而後慎以天堂為爵賞使悅而後動此皆即其影響之報而明於教以因順為通而不革其自然也何者夫厚身在生以有封為滯累深固在我未忘方將以情欲為苑囿聲色為遊觀沉湎世樂不能自免而特出是故教之所檢以此為崖而不明其外耳其外未明則大同於順化故不可受其德而遺其禮沾其惠而廢其敬是故悅釋迦之風者輙先奉親而獻君變俗投簪者必待命而順動若君親有疑則退求其志以俟同悟

斯乃佛教之所以重資生助王化於治道者也論者立言之旨貌有所同故位夫內外之分以明在三之志略叙經意宣寄所懷

沙門不敬王者論出家第二

出家則是方外之賓迹絕於物其為教也達患累緣於有身不存身以息患知生生由於稟化不順化以求宗求宗不由於順化則不重運通之資息患不由於存身則不貴厚生之益此理之與形乖道之與俗反者也若斯人者自誓始於落簪立志形乎變服是故凡在出家皆遯世以求其志變俗以達其道變俗則服章不得與世典同禮遯世則宜高尚其跡夫然故能拯溺俗於沉流拔幽根於重劫遠通三乘之津廣開天人之路如令一夫全德則道洽六親澤流天下雖不處王侯之位亦已協契皇極在宥生生民矣是故內乖天屬之重而不違其孝外闕奉主之恭而不失其敬從此而觀故知超化表以尋宗則理深而義篤照泰息以語仁則功末而

惠淺若然者雖將面冥山而旋步猶或恥聞其風豈況與夫順化之民尸祿之賢同其孝敬者哉

沙門不敬王者論求宗不順化第三

問曰尋夫老氏之意天地以得一為大王侯以體順為尊得一故為万化之本體順故有運通之功然則明宗必存乎體極求極必由於順化是故先賢以為美談衆論所不能異異夫衆論者則義无所取而云不順化何耶

荅曰凡在有方同稟生於大化雖群品万殊精麁異貫統極而言有靈與無靈耳有靈則有情於化无靈則無情於化无情於化化畢而生盡生不由情故形朽而化滅有情於化感物而動動必以情故其生不絕生不絕則其化弥廣而形弥積情弥滯而累弥深其為患也焉可勝言哉是故經稱泥洹不變以化盡為宅三界流動以罪苦為場化盡則因緣永息流動則受苦无窮何以明其然夫生以形為桎梏而生由化有化以情感則神滯其本而智昏其照介然有封則所存唯

已所涉唯動於是靈轡失御生塗日開方隨貪愛於長流豈一受而已哉是故反本求宗者不以生累其神超落塵封者不以情累其生不以情累其生則生可滅不以生累其神則神可冥冥神絕境故謂之泥洹泥洹之名豈虛構也哉請推而實之天地雖以生生為大而未能令生者不化王侯雖以存存為功而未能令存者无患是故前論云達患累緣於有身不存身以息患知生生由於稟化不順化以求宗義存於此義存於此斯沙門之所以抗禮萬乘高尚其事不爵王侯而沾其惠者也

沙門不敬王者論體極不兼應第四

問曰歷觀前史上皇已來在位居宗者未始異其原本本不可二是故百代同典咸一其統所謂唯天為大唯堯則之如此則非智有所不照自无外可照非照有所不盡自无理可盡以此推視聽之外廓无所寄理无所寄則宗極可明今諸沙門不悟文表之意而惑教表之旨其為謬也固已全

矣若復顯然驗此乃希世之聞

荅曰夫幽宗曠邈神道精微可以理尋難以事詰既涉乎教則以因時為檢雖應世之具優劣萬差至於曲成在用感即民心而通其分分至則止其智之所不知而不關其外者也若然則非體極者之所不兼兼之者不可並御耳是以古之語大道者五變而形名可舉九變而賞罰可言此但方內之階差而猶不可頓設況其外者乎請復推而廣之以遠其類六合之外存而不論者非不可論論之或乖六合之內論而不辯者非不可辯辯之或疑春秋經世先王之志辯而不議者非不可議議之或乱此三者皆即其身耳目之所不至以為關揵而不關視聽之外者也因此而求聖人之意則內外之道可合而明矣常以為道法之與名教如來之與堯孔發致雖殊潛相影響出處誠異終期則同詳而辯之指歸可見理或有先合而後乖有先乖而後合先合而後乖者諸佛如來則其人也先乖而後

合者歷代君王未體極之至斯其流
也何以明之經云佛有自然神妙之
法化物以權廣隨所入或為靈仙轉
輪聖帝或為卿相國師道士若此之
倫在所變現諸王君子莫知為誰此
所謂合而後乘者也或有始創大業
而功化未就迹有參差故所受不同
或期功於身後或顯應於當年聖王
即之而成教者亦不可稱筭雖抑引
无方必歸塗有會此所謂乘而後合
者也若令乘而後合則擬步通塗者
必不自崖於一撿若令合而後乘則
釋迦之與堯孔歸致不殊斷可知矣
是故自乘而求其合則知理會之必
同自合而求其乘則悟體極之多方
但見形者之所不兼故或衆塗而駭
其異耳因兹而觀天地之道功盡於
運化帝王之德理極於順通若以對
夫獨絶之教不變之宗故不得同年
而語其優劣亦已明矣

沙門不敬王者論形盡神不滅第五

問曰論者以化盡為至極故造極者
必違化而求宗求宗不由於順化是

以引歷代君王使同之佛教令體極
之至以權君統此雅論之所託自必
於大通者也求之實當理則不然何
者夫稟氣極於一生生盡則消液而
同无神雖妙物故是陰陽之化耳既
化而為生又化而為死既聚而為始
又散而為終因此而推因知神形俱
化原無異統精麁一氣始終同宅宅
全則氣聚而有靈宅毀則氣散而照
滅散則反所受於大本滅則復歸於
無物反覆終窮皆自然之數耳孰為
之哉若令本則異氣數合則同化亦
為神之處形猶火之在木其生必並
其毀必滅形離則神散而罔寄木朽
則火寂而靡託理之然矣假使同異
之分昧而難明有无之說必存乎聚
散聚散氣變之捴名万化之生滅故
莊子曰人之生氣之聚聚則為生散則
為死若死生為彼徒苦吾又何患古
之善言道者必有以得之若果然耶
至理極於一生生盡不化義可尋也
荅曰夫神者何耶精極而為靈者也
精極則非卦象之所圖故聖人以妙

物而為言雖有上智猶不能定其體
狀窮其幽致而談者以常識生疑多
同自乱其為誣也亦已深矣將欲言
之是乃言夫不可言今於不可言之
中復相與而依俙神也者圓應无主
妙盡无名感物而動假數而行感物
而非物故物化而不滅假數而非數
故數盡而不窮有情則可以物感有
識則可以數求數有精麁故其性各
異智有明闇故其照不同推此而論
則知化以情感神以化傳情為化之
母神為情之根情有會物之道神有
冥移之功但悟徹者反本惑理者逐
物耳古之論道者亦未有所同請引
而明之莊子發玄音於大宗曰大塊
勞我以生息我以死又以生為人羈
死為反真此所謂知生為大患以无生
為反本者也文子稱黃帝之言曰形
有靡而神不化以不化乘化其變无
窮莊子亦云持犯人之形而猶喜之
人之形万物而未始有極此所謂知
生不
盡於一化方逐物而不

及者也二子之論雖未究其實亦嘗傍宗而有聞焉論者不尋方生方死之説而惑聚散於一化不思神道有妙物之靈而謂精麄同盡不亦悲乎火木之喻原自聖典失其流統故幽興莫尋微言遂淪於常教令談者資之以成疑向使時无悟宗之匠則不知有先覺之明冥傳之巧沒世靡聞何者夫情數相感其化無端因緣密搆潛相傳寫自非達觀孰識其變請為論者驗之以實火之傳於薪猶神之傳於形火之傳異薪猶神之傳異形前薪非後薪則知指窮之術妙前形（非後形則悟情數之感深惑者見形朽於一生便）以為神情俱喪猶覩火窮於一木謂終期都盡耳此曲從養生之談非遠尋其類者也就如來論假令神形俱化始自天本愚智資生同稟所受問所受者為受之於形耶為受之於神耶若受之於形凡在有形皆化而為神矣若受之於神是為以神傳神則丹朱與帝堯齊聖重華與瞽叟等靈其可然乎其可然乎如其不可固知冥緣之搆著於在

昔明闇之分定於形初雖靈鈞善運猶不能變性之自然況降茲已還乎驗之以理則微言而有徵効之以事可無惑於大通

論成後有退居之賓步朗月而宵遊相與共集法堂因而問曰敬尋雅論大歸可見殆无所間一日試重研究蓋所未盡亦少許處耳意以為沙門德式是變俗之殊制道家之名器施於君親固宜略於形敬今所疑者謂甫創難就之業遠期化表之功潛澤无現法之効來報玄而未應乃令王公獻供信士屈體得无坐受其德陷乎早計之累虛沾其惠同夫素餐之譏耶主人良久乃應曰請為諸賢近取其類有人於此奉宣時命遠通殊方九譯之俗問王當資以糇糧錫以轝服不荅曰然主人曰類可尋矣夫稱沙門者何耶謂其能發蒙俗之幽昏啓化表之玄路方將以兼忘之道與天下同往使希高者挹其遺風漱流者味其餘津若然雖大業未就觀其超步之跡所悟因已弘矣然則運通

之功資存之益尚未酬其始搢之心況荅三業之勞乎又斯人者形雖有待情无近寄視夫四事之供若蠲蚊之過乎其前者耳濡沫之惠復焉足語哉衆賔於是始悟冥塗以開轍為功息心以淨畢為道乃欣然怡衿詠言而退

晉元興三年歲次閼逢于時天子蒙塵人百其憂凡我同志僉懷輟流之歎故因述斯論焉

沙門袒服論　遠法師

或問曰沙門袒服出自佛教是禮與荅曰然問曰三代殊制其禮不同質文之變備於前典而佛教出乎其外論者咸有疑焉若有深致幸誨其未聞荅曰玄古之民大朴未虧其禮不文三王應世故與時而變因茲以觀論者之所執方內之格言耳何以知其然中國之所無或得之於異俗其民不移其道未止是以天竺國法盡敬於所尊表誠於神明率皆袒服所謂去飾之甚者也雖記籍未流茲土其始似有聞焉佛出於世因而為教明所行不左故應右袒何者將辯貴

賤必存乎位位以進德則尚賢之心生是故沙門越名分以背時不退已而求先又人之所能皆在於右若動不以順則觸事生累過而能復雖中賢猶未得況有下於此者乎請試言之夫形以左右成體理以邪正爲用二者之來各乘其本滯根不拔則事未愈應而形理相資其道微明世習未移應徵難辯袒服既彰則形隨事感理悟其心以御順之氣表誠之體而邪正兩行非其本也是故世尊以袒服篤其誠而閑其邪使名實有當敬慢不雜然後開出要之路道真性於久迷令淹世之賢不自絕於無分希進之流不惑塗而旋步於是服膺聖門者咸履正思順異跡同軌緬素風而懷古背華俗以洗心專本達變即近悟遠形服相愧理深其感如此則情禮專向修之不倦動必以順不覺形之自恭斯乃如來勸誘之外因斂麁之妙跡而衆談未諭或欲革之反古之道何其深哉

何鎮南難

見答問袒服指訓兼弘標末文於玄古資形理於近用使敬慢殊流誠服俱盡殆无間然至於所以明順猶有未同何者儀形之設蓋在時而用是以事有內外乃可以淺深應之李釋之與周孔漸世之與遺俗在於因循不同必无逆順之殊明矣故老明兵凶處右禮以喪制不左且四等窮奉親之至三驅顯王跡之仁在後而要其旨可見寧可寄至順於凶事表吉誠於喪容哉鄭伯所以肉袒亦猶許男輿櫬皆自以所乘者逆必受不測之罰以斯而證順將何在故率所懷想更詳盡令內外有歸

遠法師答

敬尋問旨蓋是闡其遠塗照所未盡令精麁並順內外有歸三復斯誨所悟良多常以爲道訓之與名教釋迦之與周孔發致雖殊而潛相影響出處誠異終期則同但妙迹隱於常用指歸昧而難尋遂令至言隔於世典談士發殊塗之論何以知其然聖人因弋釣以去其甚順四時以簡其煩三驅之禮失前禽而不吝網罟之設必待化而方用上極行葦之仁內延釋迦之慈使天下齊已物我同觀則是合抱之一毫豈有間於優劣而非相與者哉然自跡而尋猶大同於兼愛遠求其實則階差有分分之所通未可勝言故漸兼以進德令事顯於君親從此而觀則內外之教可知聖人之情可見但歸塗未啓故物莫之識若許其如此則袒服之義理不容疑來告何謂宜更詳盡故復究叙本懷原夫形之化也陰陽陶鑄受左右之體昏明代運有死生之說人情感悅生而懼死好進而惡退是故先王即順民性撫其自然令吉凶殊制左右異位由是吉事尚左進爵以厚其生凶事尚右哀容以毀其性斯皆本其所受因順以通教感於事變懷其先德者也世之所貴者不過生存生存而屈申進退道盡於此淺深之應於是乎在沙門則不然後身退己而不嫌卑時來非我而不辭辱卑以自牧謂之謙居衆人之所惡謂之順謙順

不失其大則日損之功易積出要之路可遊是故遁世遺榮反俗而動動而反俗者與夫方內之賢雖貌同而實異何以明之凡在出家者達患累緣於有身不存身以息患知生生由於稟化不順化以求宗推此而言固知發軫歸塗者不以生累其神超落世務者不以情累其生不以情累其生則生可絕不以生累其神則神可冥然則向之所謂吉凶成礼奉親事君者蓋是一域之言耳未始出於有封有封未出則是翫其文而未達其變若然方將滯名教以殉生乘万化而背宗自至順而觀得不日逆乎漸世之興遺俗指存於此

明報應論　荅桓南郡

遠法師

問曰佛經以殺生罪重地獄斯罰冥科幽司應若影響余有疑焉何者夫四大之體即地水火風耳結而成身以為神宅寄生栖照津暢明識雖託之以存而其理天絕豈唯精麁之間固亦无受傷之地滅之既無害於神亦由滅天地間水火耳

又問万物之心愛欲森繁但私我有己情慮之深者耳若因情致報乘感生應自然之道何所寄哉

荅曰意謂此二條是來問之關捷立言之津要津要既明則群疑同釋始涉之流或因茲以悟可謂朗滯情於常識之表發奇唱於未聞然佛教深玄微言難辯苟未統夫旨歸亦焉能暢其幽致為當依傍大宗試叙所懷推夫四大之性以明受形之本則假於異物託為同體生若遺塵起滅一化此則惠觀之所入智刃之所遊也於是乘去來之自運雖聚散而非我寓群形於大夢實處有而同无豈復有封於所受有係於所戀哉若斯理自得於心而外物未悟則悲獨善之無功感先覺而興懷於是思弘道以明訓故仁恕之德存焉若彼我同得心无兩對遊刃則泯一玄觀交兵則莫逆相遇傷之豈唯无害於神固亦無生可殺此則文殊案劒亦逆而道順雖復終日揮戈錯刃无地矣若然者方將託鼓舞以盡神運干鏚而

成化雖功被猶無賞何罪罰之有耶若反此而尋其原則報應可得而明推事而求其宗則罪罰可得而論矣甞試言之夫因緣之所感變化之所生豈不由其道哉无明為惑網之淵貪愛為衆累之府二理俱遊冥為神用吉凶悔吝唯此之動無明掩其照故情想凝滯於外物貪愛流其性故四大結而成形形結則彼我有封情滯則善惡有主有封於彼我則私其身而身不忘有主於善惡則戀其生而生不絕於是甘寢大夢昏於所迷抱疑長夜所存唯著是故失得相推禍福相襲惡積而天殃自至罪成則地獄斯罰此乃必然之數无所容疑矣何者會之有本則理自冥對地之雖微勢極則發是故心以善惡為形聲報以罪福為影響本以情感而應自來豈有幽司由御失其道也然則罪福之應唯其所感感之而然故謂之自然自然者即我之影響耳於夫玄宰復何物哉請尋來問之要而驗之於實難旨全許地水火風結而成身以

為神宅此則宅有主矣問主之居宅有情耶無情耶若云無情則四大之結非主宅之所感若以感不由主故處不以情則神之居宅无情無痛癢之知神(旣無知)宅又无痛癢以接物則是伐卉剪林之喻無明於義若果有情四大之結是主之所感也若以感由於主故處必以情則神之居宅不得無痛癢之知神既有知宅又受痛癢以接物固不得同天地間水火明矣因茲以談夫神形雖殊相與而化內外誠異渾為一體自非達觀孰得其際耶苟未之得則愈久愈迷耳凡稟形受觸莫盡然也受之旣然各以私變為滯滯根不拔則生理弥固愛源不除則保之亦深設一理逆情使方寸迷乱而況舉體都亡乎是故同逆相乘共生讎郄禍心未冥則搆怨不息縱復悅畢受惱情無遺憾(形聲旣著)影響自彰理無先期數合使然也雖欲逃之其可得乎此則因情致報乘惑生應但立言之旨本異故其會不同耳

問曰若以物情重生不可致喪則生情之由私戀之惑耳宜朗以達觀曉以大方豈得就其迷滯以為報應之對哉

答曰夫事起必由於心報應必由於事是故自報以觀事而事可變舉事以責心而心可反推此而言則知聖人因其迷滯以明報應之對不就其迷滯以為報應之對也何者人之難悟其日固久是以佛教本其所由而訓必有漸知久習不可頓廢故先示之以罪福罪福不可都忘故使權其輕重輕重權於罪福則銓善惡以宅心善惡滯於私戀則推我以通物二理兼弘情無所係故能尊賢容衆恕己施安遠尋影響之報以釋往復之迷迷情既釋然後大方之言可曉保生之累可絕夫生累者雖中賢猶未得豈常智之所達哉

三報論(因俗人疑善惡無現驗作)　遠法師

經說業有三報一曰見報二曰生報三曰後報見報者善惡始於此身即此身受生報者來生便受後報者或

經二生三生百生千生然後乃受受之無主必由於心心無定司感事而應應有遲速故報有先後先後雖異咸隨所遇而為對對有强弱故輕重不同斯乃自然之賞罰三報之大略也非夫通才達識入要之明罕得其門降茲已還或有始涉大方以先為著龜博綜內籍反三隅於未聞師友仁匠習以移性者差可得而言請試論之夫善惡興之其有漸漸以之極則有九品之論凡在九品非見報之所攝然則見報絕夫常類可知類非九品則非三報之所攝何者若利害交於目前而頓相傾奪神機自運不待慮而發發不待慮則報不旋踵而應此見報之一隅絕夫九品者也又三業殊體自同有定報定則時來必受非祈禱之所移智力之所免也將推而極之則義深數廣不可詳究故略而言之想參懷佛教者以有得之世或有積善而殃集或有凶邪而致慶此皆見業未就而前行始應故曰貞祥遇禍妖孽見福疑似之嫌於

是乎在何以謂之然或有欲匡主救時道濟生民擬步高跡志在立功而大業中傾天殃頓集或有棲遲衡門无悶於世以安步為輿優遊卒歲而時来无妄運非所遇道世交淪于其閑習或有名冠四科道在入室全愛體仁慕上善以進德若斯人也含冲和而納疾履信順而夭年此皆立功立德之行變疑嫌之所以生也大義既明宜尋其對對各有本待感而發逆順雖殊其揆一耳何者倚伏之勢定於在昔冥符告命潛相迴換故令禍福之氣交謝於六道善惡之報殊錯而兩行是使事應之際愚智同惑謂積善之无慶積惡之无殃感神明而悲所遇慨天喪之於善人咸謂名教之盡无宗於上遂使大道翳於小成以正言為善誘應心求實必至理之無此原其所由由世異典以一生為限不明其外其外未明故尋理者自畢於視聽之内此先王即民心而通其分以耳目為關楗也者如令合内外之道以求弘教之情則知理會

之必同不惑衆塗而駭其異若能覽三報以觀窮通之分則尼父之不答仲由顔冉對聖匠而如愚皆可知矣亦有緣起而緣生法雖豫入諦之明而遺愛未忘猶以三報為華苑或躍而未離于淵者也推此以觀則知有方外之賓服膺妙法洗心玄門一詣之感超登上位如斯倫疋宿殃雖積功不在治理自安消非三報之所及用茲而言佛經所以越名教絶九流者豈不以疎神達要陶鑄靈府窮原盡化鏡萬像於无像者也

弘明集卷第五

弘明集卷第五

校勘記

一　底本，金藏廣勝寺本。

一　七七一頁中三行至八行「羅君章……三報論」，徑無。

一　七七一頁中八行「因俗……現驗」，清無。

一　七七一頁中九行「羅君章」，徑作「宋羅含」。

一　七七一頁中末行第六字「相」，資、磧、普、南、徑、清作「貫」。

一　七七一頁下一行「不成」，資、磧、普、南、清作「不誠」；徑作「不識」。

一　七七一頁下六行「性性」，資、磧、普、南、徑、清作「往往」。

一　七七一頁下一一行「若者」，麗作「哉」。又末字「之」，資、磧、普作「之土」；南、徑、清作「之生」。

一　七七一頁下一三行第八字「各」，資、磧、普、南、徑、清作「終」。

一　七七一頁下一七行「孫長沙書

安國」，徑作「與羅君章書　宋孫盛」；清作「孫長沙安國與羅君章書」。
一　七七一頁下二〇行第八字「令」，資、磧、普、南、徑、清作「今」。
一　七七二頁上二行第五字「渾」，資、磧、普、南、徑、清作「混淆」。
一　七七二頁上四行末字「慰」，資、磧、普、南、徑、清作「慰也」。
一　七七二頁上五行「答孫」，徑作「答孫安國書　羅含」；清作「羅君章答孫安國」。
一　七七二頁上一〇行「乱也」，資、磧作「説也」。
一　七七二頁上一三行「妄言」，資、磧、普、南、徑、清作「忘言」。
一　七七二頁上一五行「鄭道子」，徑作「宋鄭道子」。
一　七七二頁上一六行第一一字「天」，資、磧、普、南、徑、清作「夫」。
一　七七二頁上一七行「一世」，資、磧、普、南、徑、清作「十世」。
一　七七二頁上二二行第一一字「庶」，磧作「無」。
一　七七二頁中三行末字「所」，諸本作「所以」。
一　七七二頁中一〇行「可悞」，諸本作「可悟」。
一　七七二頁中一二行第一三字「耶」，資、磧、普、南作「也生在本耶生之所本」。
一　七七二頁中一四行第五字「未」，諸本作「末」。
一　七七二頁中一九行第九字「失」，資、磧、普、南、徑、清作「夫」。
一　七七二頁中二〇行第三字「本」，資、磧、普、南、徑、清作「其本」。
一　七七二頁下一行末字「乎」，資、磧作「矣」。
一　七七二頁下四行第六字「乎」，資、磧、普、南、徑、清作「乎」。
一　七七二頁下五行「終始」，資、磧、普、南、徑、清作「始終」。又末字「瞻」，資、磧、普、南、徑、清作「贍」。
一　七七二頁下一二行第二字「无」，諸本作「元」。
一　七七三頁上九行第一一字及次行第二字「火」，資、磧、普、南、徑、清作「水」。
一　七七三頁上一六行第六字「曰」，資、磧、普、南、徑、清無。
一　七七三頁中一一行第六字「則」，資、磧、普、南、徑、清作「明」。
一　七七三頁中一五行「形子」，資、磧、普、南、徑、清作「此形子」。
一　七七三頁中一八行「惑亦不在」，南、徑、資、磧、普作「神或亦在」；清作「神惑亦在」。
一　七七三頁中二一行「未熟」，資、磧、普、南、徑、清作「未孰」。
一　七七三頁中二二行第二字「末」，普、南、徑、清作「未」。
一　七七三頁中末行第五字「後」，資、磧、普、南、徑、清作「從後」。
一　七七三頁下二行第九字「作」，諸本作「化」。

一七七三頁下三行「耳目」，諸本作「耳目耳目」。

一七七三頁下七行「不然」，諸本作「不能」。

一七七三頁下八行「不然」，資、磧、普、南、徑、清作「必然」。

一七七三頁下一一行首字「微」，諸本作「徵」。

一七七三頁下一七行「其義」，諸本作「其詳」。

一七七三頁下二一行正文「桓君山」，徑無。又夾註右「臣證以爲」，磧、普、南、清作「臣澄以爲」；徑無。又夾註左「於論形神已設」，徑無。

一七七三頁下二二行夾註左「取焉」，資、磧、普、南、清作「取焉爾」；徑作「於論形神已設故有取焉爾」。

一七七四頁上三行第一一字「毳」，資、磧、普、南、徑、清作「脆」。

一七七四頁上六行第三字「炘」，資、磧作「炬」；普、南作「炧」；徑、清作「灺」。一〇行首二字及本頁中二一行第六字，南、徑、清同。

一七七四頁上八行第八字「滅」，麗作「滅」。

一七七四頁上一〇行「炘炘」，磧作「炧炧」。本頁中二一行第六字同。

一七七四頁上一三行第七字「共」，普、南、徑、清作「供」。

一七七四頁上一四行第七字「常」，麗作「當」。又第一二字「剌」，資、磧作「賴」。

一七七四頁上一五行第六字「過」，資、磧、普、南、徑、清作「道」。

一七七四頁上一六行第七字「然」，資、磧、普、南、徑、清作「然麻」。

一七七四頁上一七行第二字「曰」，麗無。又第三字「勑」，麗作「整」。

一七七四頁上末行「生者」，諸本作「出者」。

一七七四頁中一行首字「隨」，諸本作「墮」。

一七七四頁中四行「終絶」，清作「中絶」。

一七七四頁中八行末字「自」，磧、普作「目」。

一七七四頁中二一行第三字「灰」，資、磧、普、南、徑、清作「炙」。

一七七四頁中二二行「伯師」，資、磧、普、南、徑、清作「劉伯師」。

一七七四頁下一行第九字「炵」，資、磧、普、南、徑、清作「燈」。

一七七四頁下三行第七字「彼」，資、磧、普、南、徑、清作「亦如彼」。

一七七四頁下九行第六字及一五行第一〇字「益」，資、磧、普、南、徑、清作「盡」。

一七七四頁下九行第一二字及一三行第九字「從」，資、磧、普、南、徑、清作「促」。

一七七四頁下一三行第三字「肌」，麗作「肥」。

一七七四頁下一八行第七字「之」，資、磧、普、南、徑、清無。

一七七四頁下一九行「雌交捼」，資、磧、普、南、徑、清作「雄雌交接」；

一[麗]作「雄雌交揆」。

一七七四頁下二二行「沙門不敬王者論」下，[經]有夾註「五篇并序」。又「遠法師」，[經]作「晉釋慧遠」。

一七七五頁上二行夾註右「名在」，[資]、[磧]、[普]、[南]、[經]、[清]作「各在」。

一七七五頁上五行第六字「此」，諸本作「此出」。

一七七五頁上一〇行第六字「禮」，[經]作「體」。

一七七五頁上一一行第四字「君」，[資]、[磧]、[普]、[南]、[經]、[清]作「弘」。又「生國」，[資]、[磧]、[普]、[南]、[經]、[清]作「生生資國」。

一七七五頁上二一行第七字「或」，[資]、[磧]、[普]、[南]、[經]、[清]作「式」。

一七七五頁上二二行「沙門不敬王者論」，[經]無。

一七七五頁上末行第一一字及頁中一行首字「處」，[資]、[磧]、[普]、[南]、[經]、[清]作「家」。

一七七五頁中四行末字「言」，[資]、[磧]、[普]、[南]、[經]、[清]作「言之」。

一七七五頁中九行第二字「其」，[麗]無。

一七七五頁中一〇行「知有」，[清]作「知其有」。

一七七五頁中一二行首字「形」，諸本作「刑」。

一七七五頁中一五行第六字「在」，諸本作「存」。又末字「深」，諸本作「根深」。

一七七五頁中一六行「固在我」，[資]、[磧]、[普]、[南]、[經]、[清]作「固存我」；[麗]作「因在我倒」。又第一三字「圜」，諸本作「囿」。

一七七五頁中一七行第五字「沉」，[資]、[磧]、[普]、[南]、[經]、[清]作「躭」。

一七七五頁中二二行第二字「獻」，[資]、[磧]、[普]、[南]、[經]、[清]作「敬」。

一七七五頁下五行「沙門……第二」，[經]作「出家二」。

一七七五頁下一五行末字「然」，[資]、[磧]、[普]、[南]、[經]、[清]作「然者」。

一七七五頁下二〇行「生生」，諸本作「生」。

一七七六頁上四行「沙門……第三」，[經]作「求宗不順化三」。

一七七六頁上八行第六字「求」，[資]、[磧]、[普]、[南]、[經]、[清]作「體」。

一七七六頁上一二行第一二字「有」，[資]、[磧]、[普]、[南]、[經]、[清]作「唯有」。

一七七六頁上一六行第一二字「生」，[資]、[磧]、[普]、[南]、[經]、[清]作「其生」。

一七七六頁上一七行第四字「弘」，諸本作「弥」。

一七七六頁中七行第四字「搆」，[資]、[磧]、[普]、[南]、[經]、[清]作「稱」。

一七七六頁中八行「不化」，[資]、[磧]、[普]、[南]、[經]、[清]作「不死」。

一七七六頁中一五行「沙門……第四」，[經]作「體極不兼應四」。

一七七六頁中二〇行「非照」，[資]、[磧]、[普]、[南]、[經]、[清]作「非理」。

一七七六頁中二一行首字「此」，[資]、[磧]、[普]、[南]、[經]、[清]作「此而」。

一　七七六頁中末行「之百」，資、磧、普、南、徑、清作「之文」。又末字「全」，資、磧、普、南、徑、清作「甚」。

一　七七六頁下一行第五字「然」，資、磧、普、南、徑、清作「然有」。

一　七七六頁下四行「之具」，資、磧、普、南、徑、清作「之見」。

一　七七六頁下一一行「其類」，資、磧、普、南、徑、清作「其旨」。

一　七七六頁下一五行第九字「之」，資、磧、普、南、徑、清作「之者」。

一　七七七頁上一行「之至」，資、磧、普、南、徑、清作「之主」。

一　七七七頁上一一行第四字「令」，麗作「今」。

一　七七七頁上一二行「撿若令」，資、磧、普、南、徑、清作「揆若令先」；麗作「揆若今」。

一　七七七頁上一三行第七字「歸」，資、磧、普、南、徑、清作「發」。

一　七七七頁上一九行第一〇字「故」，資、磧、普、南、徑、清作「固」。

一　七七七頁上二一行「沙門……第五」，徑作「形盡神不滅五」。

一　七七七頁上二二行第四字「者」，資、磧、普、南、徑、清作「旨」。

一　七七七頁中二行第五字「君」，資、磧、普、南、徑、清作「居」。

一　七七七頁中五行第一一字「之」，資、磧、普、南、徑、清作「之所」。

一　七七七頁中七行第一〇字「因」，資、磧、普、南、徑、清作「固」；麗作「故」。

一　七七七頁中一〇行第八字「大」，資、磧、普、南、徑、清作「天」。

一　七七七頁中一二行第五字「本」，資、磧、普、南、徑、清作「本異」。又第一〇字「合」，資、磧、普、南、徑、清作「合合」。

一　七七七頁中一三行末字「並」，資、磧、普、南、徑、清作「存」。

一　七七七頁下三行第二字「自」，資、磧、普作「目」。

一　七七七頁下五行末字「主」，資、磧、普、南、徑、清作「生」。

一　七七七頁下一二行第一〇字「初」，資、磧、普、南、徑、清作「物」。

一　七七七頁下二〇行第六字「持」，徑、清、麗作「特」。又末字「之」，資、磧、普、南、徑、清作「若」；麗作「之若」。

一　七七七頁下二一行第五字「物」，諸本作「化」。

一　七七八頁上一行首字「及」，諸本作「反」。

一　七七八頁上二行「方生方死」，資、磧、普、南、徑、清作「無方生死」。

一　七七八頁上八行「之巧」，資、磧、普、南、徑、清作「之功」。

一　七七八頁上一〇行末字「變」，資、磧、普、南、徑、清作「變自非達觀孰識其會」。

一　七七八頁上一四行小字左第四字「見」，諸本作「見形」。又「以爲」，資、磧、普、南、徑、清作「以謂」。又「俱喪」，磧、南作「共喪」。

一　七七八頁上一五行末字「曲」，資、磧、普、南、徑、清作「由」。

一　七七八頁上二一行第二字「爲」，資、磧、普、南、徑、清無。

一　七七八頁中二行「目然」，諸本作「自然」。

一　七七八頁中四行「大通」，資、磧、普、南、徑、清作「大道」。

一　七七八頁中一二行「今王」，麗作「令王」。

一　七七八頁中一四行第一〇字「同」，資、磧、普、南、徑、清作「貽」。

一　七七八頁中一七行第七字「王」，資、磧、普、南、徑、清作「王者以」。又第一二字「粮」，磧、南作「類」。

一　七七八頁中一九行第九字「胠」，資、磧、普、南、徑、清無。

一　七七八頁中末行第八字「因」，諸本作「固」。

一　七七八頁下三行第六字「夫」，磧、普作「天」。又「鷂鼓」，資、磧、普、南、徑、清作「蟭蚊」。

一　七七八頁下七行首字「昏」，磧、普、南作「二昏」。

一　七七八頁下九行第三字「流」，資、磧、普、南、清、麗作「旒」。

一　七七八頁下一〇行「遠法師」，資、磧、普、南作「遠法師　河鎮難并答遠法師」；徑作「釋慧遠」。

一　七七八頁下一九行「其道未止」，資、磧、普、南、徑、清作「故其道未亡」。

一　七七八頁下二一行「甚者」，資、磧、普、南、徑、清作「基者」。

一　七七九頁上八行首字「末」，資、磧、普、南、徑、清作「求」。

一　七七九頁上九行第四字「徵」，資、磧、普、南、徑、清作「微」。

一　七七九頁上一三行第一二字「道」，諸本作「導」。

一　七七九頁上一七行「專本」，資、磧、普、南、徑、清作「尋本」。

一　七七九頁上一九行第三字「礼」，資、磧、普、南、徑、清作「化」。

一　七七九頁上末行「何鎮南難」，徑作「難袒服論　何鎮南」。

一　七七九頁中一行「未文」，資、磧、普、南、徑、清作「末文」。

一　七七九頁中二行第一三字「識」，資、磧、普、南、徑、清作「誠」。

一　七七九頁中九行「復而」，諸本作「後而」。

一　七七九頁中一五行「遠法師答」，徑作「答何鎮南　釋慧遠」。

一　七七九頁中一六行第七字「聞」，資、磧、普、南、徑、清作「開」。

一　七七九頁下二行末字「延」，磧作「四」；南、徑、清作「匹」。

一　七七九頁下四行第八字「有」，資、磧、普、南、徑、清作「直有」。

一　七七九頁下六行「分之」，資、磧、普、南、徑、清作「分外之」。

一　七七九頁下七行「慈以」，資、磧、普、南、徑、清作「茲以」。

一　七七九頁下一一行第四字「何」，資、磧、普、南、徑、清作「記」。

一 七七九頁下一五行首字「即」，資、磧、普、南、徑、清作「既」。

一 七七九頁下二二行首字「嫌」，資、磧、普、南、徑、清作「謙」。

一 七八〇頁上一行第四字「大」，諸本作「本」。

一 七八〇頁上一六行「遠法師……南郡」，徑作「明報應論　拜問釋慧遠」；清作「遠法師答桓玄明報應論」。

一 七八〇頁中二行末字「感」，資、磧、普、南、徑作「惑」。

一 七八〇頁中三行「自然之道」，資、磧、普、南、徑、清作「則自然之迹順」。

一 七八〇頁中四行第八字「是」，資、磧、普、南、徑、清作「始是」。

一 七八〇頁中七行「未聞」，麗作「未聞之前」。

一 七八〇頁中八行「夫盲」，資、磧、普、南、徑、清作「夫指」。

一 七八〇頁中九行「爲當」，資、磧、普、南、徑、清作「當爲」。

一 七八〇頁中一一行第五字「焉」，諸本無。

一 七八〇頁中一二行「刃之」，資、磧、普、南、徑、清作「忍之」。

一 七八〇頁中二一行第一二字「亦」，諸本作「迹」。

一 七八〇頁中末行「干鋮」，資、磧、普、南、徑、清作「干鍼」。

一 七八〇頁下八行第四字「疑」，諸本作「凝」。

一 七八〇頁下一一行第一一字「變」，諸本作「戀」。次頁上一五行首字同。

一 七八〇頁下一二行「所迷」，資、磧、普、南、徑、清作「同迷」。

一 七八〇頁下二一行「玄宰」，南、徑、清作「主宰」。

一 七八〇頁下二二行第三字「物」，諸本作「功」。

一 七八一頁上一〇行「水火」，資、磧、普、南、徑、清作「水火風」。

一 七八一頁上一四行「觸莫」，資、磧、普、南、徑、清作「命莫不」。

一 七八一頁上一八行「郄禍」，資、磧、普、南、徑、清作「隙禍」；麗作「隙耦」。

一 七八一頁上二〇行首字「影」，諸本作「則影」。

一 七八一頁上二二行首字「惑」，資、磧、普、南、徑、清作「感」。

一 七八一頁中一二行第一三字及次行第五字「擢」，資作「推」。

一 七八一頁中一三行「則銓」，資、磧、普、南、徑、清作「則驗」。

一 七八一頁中二〇行「遠法師」，徑作「釋慧遠」。

一 七八一頁下七行「步大方以先」，資、磧、普、南、徑、清作「涉大方以先悟」。

一 七八一頁下一〇行「興之其」，資、磧、普、南、徑、清作「之興由其」；麗作「之興其」。

一 七八一頁下一一行第一一字「非」，

資、磧、普、南、徑、清作「非其」。

一　七八一頁下二〇行第五字「想」，資、磧、普、南、徑、清作「相」。

一　七八一頁下末行首字「貞」，資、磧、普、南、徑、清作「禎」。

一　七八二頁上五行「道世」，資、磧、普、南、徑、清作「世道」。

一　七八二頁上九行「之行」，磧、普、南、徑、清作「之舛」。

一　七八二頁上一一行「何者」，麗作「者何」。又「之勢」，資、磧、普、南、徑、清作「之契」。

一　七八二頁上一三行「六道」，資、磧、普、南、徑、清作「六府」。

一　七八二頁上一三行至次行「殊錯」，資、磧、普、南、徑、清作「舛互」。

一　七八二頁上一六行第四字「愚」，資、磧、普、南、徑、清作「遇」。又第七字「喪」，磧、普、南、徑、清作「殃」。

一　七八二頁上一七行「之盡」，資、磧、普、南、徑、清作「之書」。

一　七八二頁上一九行第一〇字「異」，資、磧、普、南、徑、清無。

一　七八二頁上二二行「也者」，諸本作「者也」。又「如令」，資、磧、普、南、徑、清作「如今」。

一　七八二頁中五行第三字「受」，資、磧、普、南、徑、清作「愛」。

一　七八二頁中八行「超登」，清作「起登」。

一　七八二頁中一〇行首字「用」，諸本作「因」。

弘明集卷第六　墳
梁楊都建初寺釋僧祐律師撰
道恒法師釋駮論
明僧紹正二教論
周剡顒難張長史融門律
謝鎮之析夷夏論

釋駮論　釋道恒

晉義熙之年如聞江左袁何二賢並商略治道諷刺時政雖未覩其文意者似依傍韓非五蠹之篇遂譏世之闕發五横之論而沙門无事猥落其例余恐眩曜時情永淪邪惑不勝憤悗之至故設賓主之論以釋之

有東京束教君子詰於西鄙傲散野人曰僕曾豫聞佛法冲邃非名教所議道風玄遠非器像所擬清虛簡勝非近識所闚妙絶群有非常情所測故每為時君之所遵崇貴達之所欽仰於是衆庶朋契雷同奔向咸共嗟詠稱述其善去若染漬風流則精義入微研究理味則妙契神用澡塵垢於胷心脫桎梏於形表超俗累於籠樊邈世務而高蹈淪真素則夷齊无以踰其操遺榮寵則巢許无以過其志味玄旨則顏冉无以参其風去紛穢則松喬無以比其潔信如所談則義無間然矣但今觀諸沙門通非其才群居猥雜未見秀異混若涇渭渾波泯若薰蕕同筵若源清則津流應鮮根深則條穎必茂考其言行而始終不倫究其本末幾无有校僕之所以致怪良由於此如皇帝之忘智據梁之失力皆在鑪錘之間陶鑄以成聖者苟道不虛行才必應器然沙門既出家離俗高尚其志違天属之親捨榮華之重毀形好之飾守清節之禁研心唯理屬已唯法投足而安蔬食而已使德行卓然為時宗仰儀容邕肅為物軌則然觸事蔑然无一可採何栖託之高遠而業尚之鄙近至於營求孜汲无暫寧息或墾殖田圃與農夫齊流或商旅博易與衆人竟利或矜恃醫道輕作寒暑或機巧異端以濟生業或占相孤虛妄論吉凶或詭道假權要射時意或聚畜委積

頤養有餘或抵掌空談坐食百姓斯皆德不稱服行多違法雖暫有一善亦何足以標高勝之美哉自可廢之以一風俗此皆无益於時政有損於治道是執法者之所深疾有國者之所大患且世有五横而沙門處其一焉何以明之乃大設方便鼓動愚俗一則誘喻一則迫脅云行惡必有累劫之殃修善便有无窮之慶論罪則有幽冥之伺語福則有神明之祐敦勸引導勸行人所不能行强逼切勒勉為人所不能為上減父母之養下損妻孥之分會同盡肴膳之甘寺廟極壯麗之美割生民之珎翫崇无用之虛費罄私家之年儲闕軍國之資實張空聲於將來圖無像於未兆聽其言則洋洋而盈耳觀其容則落落而滿目考現事以求徵並未見其驗真所謂繫影捕風莫知端緒亮僕情之所未安有識者之所巨惑若有嘉信請承下風脫有暫悟永去其滯矣

主人荅主人撫然有間慨尒長歎咄異哉子之所陳何其陋也夫鄙俗不

可以語大道者滯於形也曲士不可以辯宗極者局於名也今將為子略舉一隅自可思反其宗矣蓋聖人設教應器投法受量有限故化之以漸録善心於毫端忘鄙恡於丘壑片行之善永為身資一念之福終為神用始覆一簣不可責以為山之功方趣絕境不中窮以括囊之實然海之所以稱大者由無皦潔之清道之所以稱晦跡者以无赫然之觀夫慈親婉孌有心之所滯而沙門遺之如脫屣名位財色世情之所重而沙門視之如執糠可謂忍人所不能去斯乃標尚之雅趣弘道之勝事而云蔑然豈非妙賞之謂乎又且志業不同歸向塗乖岐逕分轍不相領悟未見秀異故其宜耳古人每歎才之為難信矣周号多士乱臣十人唐虞之盛元凱二八孔門三千並海內翹秀簡充四科數不盈十於中伯牛廢疾回也六極商也慳吝賜也貨殖予也難彫由也凶愎求也聚歛住不稱職仲弓雖騂出於犁色而舉世推德為人倫之

宗欽尚高軌為搢紳之表百代詠其遺風千載仰其景行至於沙門乃苦共剋節酷相凡礫斯豈君子弘通之道雅正之論哉此由或人入班輸之作坊不稱指南之巧妙但識拙者之傷手真可謂伏膺下流志存鄙劣昔承相問客俗言鵄梟食母寧有是乎客荅但聞慈烏反哺耳相乃悵然自愧失言今子處心將无似相之問也君子遏惡揚善反是謂何又云投足而安且林野蕭條每有寇盜之患城傍入出動嬰交遊之譏處身非所則招風塵之累婆娑田里則犯人間之論二三無可進退惟谷宇宙雖曠莫知所厝

又云蔬飡而已夫人間有不贍之匱山澤無委積之儲方宜取給復乘之以法所向九折於何得立若堂堂聖世而有首陽之餓夫明明時雍而有赴海之死客於雅懷何如然體无毛羽不可袒而無衣腹非匏瓜不可繫而不食自未造極要有所資年豊則取足於百姓時儉則肆力以自供誠

非所宜事不得已故蝮虵螫手斬以求全推其輕重蓋所存者大雖營一已不求無獲求之不必一塗但令濟之有理亦何嫌多方以為煩穢其欲域使不得妄動何故孰之甚乎昔伯成躬耕以墾殖沮溺耦作以修農陶朱商賈以營生於陵灌蔬以自供崔文賣藥以繼乏君平卜筮以補空張衡術數以馳名馬鈞奇巧以騁功此等直是違俗遁世之人耳未正見有遨然絕塵與物天隔而咸共嗟詠不毀於口然沙門之中迹超諸人恥與流輩動有万數至於體道神化超落人封非可等計而未曾致言何其黨乎宜共思校事實不可古今殊論衆衷異辞希簡為貴猥多致賤恐非求精覈理之談也云自可廢之以一風俗是何言與聖人不誣十室三人必有師資芳蘭並茂而欲蘊崇芟之不亦暴乎其中自有德宇淵邃器摽時望或翹楚皦潔栖寄清遠或禪思入微澄神絕境或敷演微言散幽釋滯或精勤福業勸化崇善凡出家之本

落駿抽簪之日皆心口獨擔情到懇
至雖生死弥淪玄途長遠要自驅策
必階於道金輪之榮忽若塵垢帝釋
之重蔑若粃糠始皆精誠乃有所感
自非一舉頓詣體備圓足其間何能
不有小失且當録其真素略舉玄黄
安渾舉一槩無復甄别不可以管蔡
之疊姬宗盡誅四罪之暴合朝流放
此何異人若頭風因欲并首俱焚患
在足刻遂欲通股全解不亦濫乎
夫無益於時政有損於治道夫弘道
者之益世物有日用而不知故老氏
云無為之化百姓皆曰我自然斯言
當矣是以干木高枕而魏國大治庚
桑善誨而猥壘歸仁沙門在世誠無
目前考課之功名教之外實有益於
冥近取五戒訓物非六經之疇遠以
八難幽嶮非刑法之疋請以三藏銓
罪非律令之流暢以般若辯惑非老
莊之謂道品无漏拔苦因緣則存而不
論周孔之教理盡形器至法之極兼
練神明精廣昇降不可同日而語其
優劣矣昔孛助化以道佐治國境晏

然民知其義年農委積物无疵癘非
益謂何云世有五横沙門處其一焉
凡言横者以其志无業尚散誕莫名
或慱易放蕩而傾竭家財或名挂編
户而浮游卒歲或尸禄素飡而莫肯
用心或執政居勢而漁食百姓或馳
竟進趣而公私並損或肆暴奸虐而
動造不軌斯皆傷教乱正大敗風俗
由是茍悦奮筆而遊俠之論興韓非
彈豪而五蠹之文作以之為横理故
宜然施之沙門不亦誣乎國家方上
與唐虞競巍巍之美下與豩周齊郁
郁之化不使箕潁專有傲世之賓商
洛獨標嘉遁之客甫欲大扇逸民之
風崇肅方外之士觀子處懷經略時
政乃欲踵亡秦虎狼之嶮術襲商君刻
薄之弊法坑焚儒典治无綱紀制太
半之稅家无游財設三五之禁備民
如賊天下嗷然人無聊生使嬴氏之
族不訖於三世二子之禍即戮於當
時臨刑之日方乃追恨始者立法之
謀本欲寧國靜民不憶堤防大峻反
不容己事既往矣何嗟之及云一則

誘喻一則迫脅且衆生緣有濃薄才
有利鈍解有難易行有淺深是以啓
誨之道不一悟發之由不同抑揚頓
挫務使從善斯乃權謀之警策妙濟
之津梁殊非誘迫之謂也
云罪則冥伺福則神祐夫含德至淳
則衆善歸焉易曰履信思順自天祐
之吉无不利又曰為不善於幽昧之
中鬼得而誅之豈非冥伺神明之祐
哉善惡之報經有成證不復具列云
會盡有膳寺極壯麗此修福之家傾
竭以儲將來之資殫盡自為身之大
計耳殆非神明歆其壯麗衆僧貪其
滋味猶農夫之播殖匠者之構室將
擇良材以求堂宇之飾精簡種子以
規嘉苗之實故稼穡必樹於沃壤之
地卜居要選於塽塏之處是以知三
尊為衆生福田供養自修己之功德
耳云割生民之珍翫崇无用之虚費
夫博施兼愛仁者之厚德崇飾宗廟
孝敬之至心世教若此道亦如之物
有損之而益為之必獲且浮財猶糞
土施惠為神用譬朽木之為舟乃濟

渡之津要何虛費之有哉欲端坐而望自然拱默以俙安樂猶無柯而求伐不食而徇飽焉可得乎苟身之不修巳為困矣何必乃蔽百姓之耳目擁天下之大善既自飲毒復欲酖人何酷如之可謂亡我陪彼相與俱禍是以盲聵瘖瘂之對幽冥弥劫之殃調達之報歷地獄無間之苦云磬私家之年儲闕軍國之資實聖王御世純風遐被振道綱以維六合布德網以籠群儁川無扣浪之夫谷无舍歎之士四民咸安其業百官各盡其分海內融通九州同貫戎車於是寢駕甲士却走以糞嘉穀委於中田倉儲積而成朽童稚進德日新黃髮盡於眉壽當共擊壤以頌太平鼓腹以觀盛化子何多慮之深搆憂時之不足不亦過乎云悵太官而腫口臨滄海而攝腹真子之謂也

云縶影捕風莫知端緒夫偽辯乱真大聖之所悲嗟時不識寶卞和所以慟哭然妙音希夷而體之者道冲虛簡詣而會之者德用遠能津梁頹溺

援幽極滯美濟當時化流無外故神暉一振則感動大千惠澤贊灑則九州蒙潤是以釋梵悟幽首而歸誠帝王望玄宗而委質八部挹靈化而洗心士庶覩真儀而奔至落落焉故非域中之名教肅肅焉殆是方外之宜執然垣牆峭峻故罕得其門器宇幽邃希入其室是以道濟弥綸而理與之乖德苞无際而事與之隔子執迷自畢浸齒不悟蓋有以也夫日月麗天而瞽者不覩其明雷電振地而聵者不聞其響是誰之過與而方欲謗宮商之音蔑文章之觀真過之甚者昔文鱗改視於初曜須跋開聽於後緣子何辜之不幸獨懷疑以終年比衆人所悲寔可悲之所先於是逡巡退席悵然自失良久曰聞大道之說弥貫古今大制因緣窮理盡性立履不為當年弘道不期一世可謂原始會終歸於命矣僕實滯寢長夜未達其旨故每造有封今幸聞大夫之餘論結解疑散豁然醒覺若披重霄以覩朗日發蒙蓋而悟真慧僕誠不敏

敬奉嘉誨矣

正二教（道士有為夷夏論者故作此以正之）　明徵君（僧紹）

及聞殊論鋭言置家有懼誣聖將明其歸故先詳正所證二經之句庶可兩悟幽津

論稱道經云老子入関之于天竺維衛國國王夫人名曰清妙老子因其晝寢乘日之精入清妙口中後年四月八日夜半時剖右腋而生墮地即行七步舉手指天曰天上天下唯我為尊三界皆苦何可樂者於是佛道興焉（事在玄妙內篇此是漢中真典非穿鑿之書）正曰道家之指其在老氏二經敷玄之妙備乎莊生七章而得一盡虛无聞形變之奇彭殤均壽未覩無死之唱故恬其天和者不務變常安時處順夫何取長生若乘日之精入口剖腋年事不符託異合說稱非其有誕議神化秦漢之妄施延魏晉言不經聖何云真典乎

論稱佛經云釋迦成佛已有塵劫之數或為儒林之宗國師道士（此皆成實正經非方便之說也）

正曰佛經之宗根明極教而三世無得俗證覺道非可事顯然精深所會定慧有徵於內緣感所應因果无妄於外夫釋迦發窮源之真唱以明神道之所通也故其練精研照非養正之功微善階極異殆庶自崖道濟在忘形而所貴非全生生生不貴存存何功忘功而功著寂滅而道常出于无始入乎無終靡應非身塵劫非遐此其所以為教也

論曰二經之旨若合符契

正曰夫佛開三世故圓應无窮老止生形則教極澆淳所以在形之教不議殊生圓應之化爰盡物類是周孔老莊誠帝王之師而非前說之證既開塞異教又違符合之驗矣

論曰道則佛也佛則道也

正曰既教有方圓豈覩其同夫由佛者固可以權老學老者安取同佛苟挾競慕高撰會雜妄欲因其同樹邪去正是乃學非其學自溺道蠹祇多不量見恥守器矣

論曰其入不同其為必異各成其性

不易其事又曰或照五典或布三乘在華而華言化夷而夷語又曰佛道齊乎達化而有夷夏之別

正曰寂感遂通在物必暢佛以一音隨類受悟在夷之化豈必三乘教華之道何拘五教冲用因感既夷華未殊而俗之所異孰乖聖則雖其入不同然其教自均也

論曰端委搢紳諸華之容也剪髮緇衣群夷之服也

正曰將求理之所貴宜先本禮俗沿襲異道唯其時物故君子豹變民文先革顓孫膺訓袁志學般夫致德韶武則禪代異典後聖有作豈限夷華況由之極教必拘國服哉是以繫其恒方而迷深動蹟矣水陸既變致遠有節舟車之辟得无翩乎而刻舩守株固以兩見所歸

論曰下弃妻孥上廢宗祀嗜欲之物咸以禮申孝敬之典獨以法屈悖德犯順曾莫之覺又曰全形守祀繼善之教也毀貌易姓絕惡之學也理之可貴者道事之可賤者俗

正曰今以廢宗祀為犯順存嗜欲以申禮則是孝敬之典在我為得俗无必賤矣毀貌絕惡自彼為鄙道无必貴矣受俗拘舊崇華尚禮貴賤迭置義成獨說徒欲蠹溺於凡覩豈期卒埋於聖言耶

論曰泥洹仙化各是一術佛号正真道稱正一一歸无死真會無生

正曰侯王得一而天下貞莫識仙化死而不亡者壽不論無死億說誣濫辞非而澤大道既隱小成斯起誠哉是言其諸誣詭倍慢欲以苟濟其違求之聖言固不容識矣今之道家所教唯以長生為宗不死為主其練暎金丹飡霞餌玉靈升羽蛻尸解形化是其託術驗之而竟无覩其然也又稱其不登仙死則為鬼或召補天曹隨其本福雖大乘老莊立言本理然猶可無違世教損欲趣善乘化任往忘生生存存之旨實理歸於妄而未為亂常也至若張葛之徒又皆離以神變化俗怪誕惑世符呪章劾咸託老君所傳而隨稍增廣遂復遠引佛

教證成其偽立言研雜師學无依考
之典義不然可知將令真妄渾流希
悟者永惑莫之能辯誣亂已甚矣
客既忘於佛老之正猶未值其津今
將更粗言其一隅而使自反焉夫理照
研心二名教兩得乃可動靜兼盡所
遇斯乘也老子之教蓋修身治國絶
棄貴尚事正其分虛无為本柔弱為
用內視反聽深根寧極渾思天元恬
高人世皓氣養和失得无變窮不謀
通致命而俟達不謀已以公為度此
學者之所以詢仰餘流而其道若存
者也安取乎神化無方濟世不死哉
其在調霞羽化精變窮靈此自繕積
前成生甄異氣故雖記奇之者有之
而言理者不由矣稽之神功爰及物
類大若麟鳳悟瑞小則雀雉之化夫
既一受其形而希學可致乎至乃顏孔
道隣親資納之極固將仰靈塵而止
欲從末由則分命之不妄有推之可
明矣故仲尼貴知命而必有所不言
伯陽去奇尚而固守以无為皆將以
抑其誕妄之所自來也然則窮神盡

教固由之有宗矣道成事得各會之
有元矣夫行業者於前前生而强學
以求致其功積集成於素昇而攅慕
以妄易其為首燕求越其希至何由
哉故學得所學而學以成也為其可
為而為可致也則夫學鏡生靈中天
設教觀象測變存而不論經世之深
孔老之極也為於末有盡照窮緣殊
生共理練偽歸真神功之正佛教之
弘也是乃佛明其宗老全其生守生
者蔽明宗者通然靜上大方乃雖蔽
而非妄動由其宗則理通而照極故
必德貴天全自求其道崇本資通功
歸四大不謀非然守教保常孔老之
純得所學也超宗極覽尋流討源以
有生為塵毒故息敬於君親不驚議
其化異不執方而駭奇妙寂觀以拓
思功積見而要來則佛教之粹明於
為也故夫學得所學則可以資全生
靈而教尊域中矣明為於為將乃滅
習反流而邈天人矣過此以徃未之
或知洗慮之得其將在茲

張融門律　周剡難

吾門世恭佛舅氏奉道道也與佛逗
極无二寂然不動致本則同感而遂
通逢迹成異其猶樂之不治不隅五
帝之秘禮之不襲不弔三皇之聖豈三
與五皆殊時故不同其風異世故不一
其義安可輙駕庸愚誣問神極吾見
道士與道人戰儒墨道人與道士獄
是非昔有鴻飛天首積遠難皃越人
以為鳧楚人以為乙人自楚越耳鴻
常一鴻乎夫澄本雖一吾自俱宗其
本寫迹既分吾已翔其所集汝可専
尊於佛迹而無侮於道本

書與二何兩孔周剡山茨

少子致書諸遊生者曰張融白烏哀
鳴於將死人善言於就暮須既病盛
生衰此亦魂晋幾氣況驚舟失拖於
空壑山足无絆於澤中故視陰之間
雖寸每遠不幾其從也欲使魄後餘
意繩墨弟姪故為門律數風其一章
通源二道今奏諸賢以為何若

答張書并問張

周剡山茨歸書少子曰周顒頓首懃
製來班承復峻其門則恭子無踞誠

不待𠔥敬尋本有測高心雖神道所歸吾知其主然自釋之外儒綱為弘過此而能與仲尼相若者黃老實雄也其教流漸非無邪弊素樸之本義有可崇吾取捨舊懷粗有涇渭與奪之際不至朱紫但畜積抱懷未及曆言耳途軌乖順不可謬同異之間文宜有歸辯來旨謂致本則同似非吾所謂同時殊風異又非吾所謂異也久欲此中微舉條裁幸因雅趣試共極言且略如左遲聞深況

通源曰道也與佛逗極无二寂然不動致本則同感而遂通逢迹成異

周之問曰論云致本則同請問何義是其所謂謂本乎言道家者豈不以二篇為主言佛教者亦應以般若為宗二篇所貴義極虛無般若所觀照窮法性虛无法性其寂雖同位寂之方其旨則別論所謂逗極无二者為逗極於虛無當无二於法性耶將二塗之外更有異本儻虛無法性其趣不殊乎若有異本思告異本之情如其不殊願聞不殊之說

通源曰殊時故不同其風異世故不一其義吾見道士與道人戰儒墨道人與道士獄是非昔有鴻飛天首積遠難覓越人以為鳧楚人以為乙人自楚越耳鴻常一鴻乎夫澄本雖一吾自俱宗其本鴻跡既分吾已翔其所集

周之問曰論云時殊故不同其風是佛教之異於道也世異故不一其義是道言之乖於佛也道佛兩殊非鳧則乙唯足下所宗之本一物為鴻耳驅馳佛道无免二失未知高鑒緣何識本輕而宗之其有旨乎若猶取二教以位其本恐戰獄方興未能聽訟也若雖因二教同測教源者則此教之源每沿教而見矣自應廠中環杖悠然目擊儒墨閭閻從來何諍苟合源共是分跡雙非則二跡之用宜均去取奚為翔集所向勤務唯佛專氣抱一無謹於道乎言精旨遠企聞後要

通源曰汝可專遵於佛跡而无侮於道本

周之問曰足下專遵佛跡无侮道本

吾則心持釋訓業愛儒言未知足下雅意佛儒安在為當本一末殊為本末俱異耶既欲精探彼我方相究涉理類所關不得無請重與周書并荅所問

張融白吾未能忘身故有情身分外既化極魄首復為子弟畱地不欲使方寸舊都日夜荒沒平生所困橫塩而草所以製是門律以律其門非佛與道門將何律故告氣緩命憑魄申陰數感卜應通源定本實欲足下發予奇意果能翔牘起情妙見正析既起所志今為子言

周之問曰論云致本則同請問何義是其所謂本乎

荅彼周曰夫性靈之為性能知者也道德之為道可知者也能知而不知所可知非能知之義可知而不為能知所知非夫可知矣故知能知必赴於道可知必知所赴而下士畱情波照鼓欲彖神精明駈動識用沉藹所以倒心下灌照隔於道至若伯陽專氣致柔停虛任魄載營抱一居凝通

静静唯通也則照无所没魄緒停虛故融然自道足下欲使伯陽不静寧可而得乎使静不泊道亦于何而可得今既静而兩神神静而道二吾未之前聞也故逗極所以一為性遊前簡且韻猖狂曠不能復行次戰思定弭守内但數生霊以竦志庶足下冈象以㧕珠是以則帝属五而神常一皇有三而道无二㲋乙之交定者鴻之乎吾所以直其繩矣

周之問曰言道家者豈不以二篇為主言佛教者亦應以般若為宗二篇所貴義極虛無般若所觀照窮法性虛無法性其寂雖同住寂之方其旨則別

荅彼周曰法性雖以即色圖空虛无誠乃有外張義然𤦺會其所中足下當加以半思也至夫遊無蕩思心塵自拂思以無蕩一舉形上是雖忘有老如奮釋然而有忘釋不代老當其神地悠悠精和坐廢寂然以湛其神遂通以冲其用登其此地吾不見釋家之與老氏涉其此意吾孰識老氏

之與釋家逗極之所以无二親情故妙得其一矣直以物感既分應物難合令万象與視聽交錯視聽與万象相揖著之既已深却之必方淺所以並下之翁且蔵即色順其所有不震其情尊其所无漸清其順及物有潛去人時欲無既可西風畫舉而致南精夕夢漢魂中寐不其可乎若卿謂老氏不盡乎无則非期於得意若卿謂盡無而不盡有得意復爽吾所期卿若疑老氏盡有而不亮以教則釋家有盡何以峻迹斯時卿若以釋家時宜迹峻其猶老氏時峻此迹逗極之同兹焉余意

周之問曰論去時殊故不同其風是佛教之異於道也世異故不一其義是道言之乖於佛也道佛兩殊則㲋則乙

荅彼周曰非㲋則乙迹固然矣迹固其然吾不復荅但得其世異時殊不宜異其所以之異

周之問曰未知高鑒緣何識本

荅彼周曰綜識於本已吐前牘吾與

老釋相識正如此正復是目擊道斯存卿欲必曲䩭其辞吾不知更所以自訟

周之問曰若猶取二教以位其本恐戰獄方興未能聽訟也

荅彼周曰得意有本何至取教

周之問曰若雖因二教同測教源者則此教之源每沿教而見矣

荅彼周曰識哉有是言吾所以見道来一於佛但吾之即此言别有奇即耳

周之問曰自應廢巾𤦺杖悠然目擊儒墨闇闇從来何諍

荅彼周曰虞芮二國之鬪田非文王所知也砕白玉以泯鬪其别有尊者乎況夜戰一鴻妄軍㲋乙斯自廢巾之空負頭上𤦺杖之自誣掌中吾安得了之哉

周之問曰苟合源共是分迹雙非則二跡之用宜均去取奚為翔集所向勤務唯佛專氣抱一无謹於道乎

荅彼周曰應感多端神情數廣吾不翔翮於四果卿尚無疑其集佛吾不翔翮於五通而於集道復何悔且實

聖宜本迹匪情急別吾已有所集方
復移其翔者耶鄉得其無二於兩楹
故不峻督其去取
周之問曰吾則心持釋訓業愛儒言
未知足下雅意佛儒安在為當本一
末殊為本末俱異耶
荅彼周曰吾乃自元混百聖同投一
極而近論通源儒不在議足下今極
其儒當欲列儒圍道故先屬垣耳隙
思潛師夜以遂啚擒天城恐難外之
險非子所躋則吾見師之出不見其
入也吾已謂百聖同所投何容本末
俱其異更以歷勢倒兵恣鄉智勇吾
之勇智自縱横湊出
周重荅書并周重問
周顒頓首夫可以運寄情抱非理何
師中外聲訓登塗所奉而使此中介分
然去留无薄是則怏怏失路在我奚
難足下善欲言之吾亦言之未已也
輙復往研遲承來指
通源曰法性雖以即色圖空虛无誠
乃有外張義所以苦下之翁且藏即
色順其所有不震其情尊其所无漸

清其順
周之問曰苦下之藏即色信矣斯言
也更恐有不及於即色容自託以能
藏則能藏者廣或不獨出於厲鄉耳
夫有之為有物知其有無之為无人
識其无老氏之署有題无出斯域是
吾三宗鄙論所謂取捨驗馳未有能
越其度者也佛教所以義奪情靈言
詭聲律蓋謂即色非有故擅絕於群
家耳此塗未明在老何續但紛紛揣
沸皆由著有迁道淪俗茲焉是患既
患由有滯而有性未明矯有之家因
崇無術有性不明雖則巨蔽然違誰
尚靜涉累實微是道家之所以有裨
弘教前白所謂黃老實雄者也何舊
說皆云老不及聖若如斯論不得影
響於釋宗矣吾之位老不至乃然夫
大士應世其體無方或為儒林之宗
或為國師道士斯經教之成說也乃
至宰官長者咸託身相何為老生獨
非一跡但未知涉觀淺深品位高下
耳此皆大明未啓權接一方日月出
矣爝火宜廢无餘既說衆權自寢足

下猶欲抗遺燎於日月之下明此火
與日月寢源既情崇於日月又無侮
於火本未知此火本者將為名乎將
或實哉名而已耶本道安在若言欲
實之日月為實矣斯則事盡於一佛
不知其道也通源之旨源與誰通
通源曰當其神地悠悠精和坐廢登
其此地吾不見釋家之與老氏涉其
此意吾孰識老氏之與釋家又曰今
既靜而兩神神靜而道二吾未之前
聞也又曰伯陽尊氣致柔停虛任魄
魄緒停虛故融然自道也又曰心塵
自拂一舉形上
周之問曰足下法性雖以即色圖空
虛无誠乃有外張義竊謂老釋重出
對分區野其所境域無過斯言然則
老氏之神地悠悠日悠悠於有外釋家
之精和坐廢每坐廢於色空登老氏
之地則老氏異於釋涉釋氏之意則釋
氏殊於老神既靜而不兩靜既兩而
道二足下未之前聞吾則前聞之矣
苟然則魄緒停虛是自虛其所謂虛
融然自道亦非吾所謂道若夫心塵

自拂一舉形上皆或未涉於大方不敢以通源相和也

通源曰足下欲使伯陽不靜寧可而得乎使靜而不泊道亦于何而不得

周之問曰甚如來言吾亦慮其未極也此所謂得在於神靜失在於物虛若謂靜於其靜非曰窮靜䰟於其䰟不亦盡䰟吾所許也无所間然

通源曰若卿謂老氏不盡乎無則非相期於得意若卿謂盡无而不盡有得意復爽吾所期

周之問曰盡有盡无非極莫備知無知有吾許其道家惟非有非无之一地道言不及耳非有非无三宗所蘊儻餘瞻慮唯足下其盻之念不使得意之相爽移失於有歸耳

通源曰非皀則乙跡固然矣跡固其然吾不復荅又曰吾與老釋相識正如此正復是目擊道斯存又曰得意有本何至取教又曰誠哉有是言吾所以見道來一於佛

周之問曰足下之所目擊道存得意有本想法性之真義是其此地乎佛

教有之足下所取非所以何至取教也目擊之本即在教跡謂之皀乙則其鴻安漸哉諸法真性老無其旨目擊高情无存老跡旨跡兩亡索宗无所論所謂無悔於道本當無悔於何地哉若謂探道家之跡見其來一於佛者則是真諦實義沿文可見矣將沿於道章而得之乎為沿於德篇而遇之也若兩無所沿而玄得於方寸者此自足下懷抱與老釋而為三耳或可獨樹一家非老情之所敢建也

通源曰虞芮二國之鬪田非文王所知也斯自㡀巾之空負頭上環杖之自誣掌中吾安能了之哉

周之問曰足下謂苦下之且蔵即色則虛空有闕矣足下謂法性以即色圖空則法性為備矣今有人於此操環杖而言法性㡀巾之士執虛无而來請曰尒不同我吾與尒鬪足下從容倚棘聽斷於其間日皆不可也謂其㡀巾空負於頭上環杖自誣於掌中以足下之精明持達而判訟若斯良虞芮之所以於邑也

通源曰吾不翔翮於四果卿尚無疑其集佛吾翮不翔於五通而於集道復何晦

周之問曰足下不翔翮於四果猶勤集於佛教翮不翔於五通何獨弃於道跡乎理例不通方為彼訴

通源曰當欲列儒圖道故先屬垣耳隙

周之問曰足下通源唯道源不及儒吾固疑其闕是以相訪但未知融然自道唯道能融將道之融然循儒可會耶雖非義本縱言宜及想釋本暇幸惠餘音

余尋周張難問雖往復積卷然兩家位意理在初番故略其後文旨存義本

謝鎮之書與顧道士

謝鎮之白敬覽夷夏之論辯擢一源詳據二典清辭斐暐宮商有體玄致亹亹其可味乎吾不崖管昧竭闚幽宗苦思探賾无階毫釐但鏡復逾三味消鄙惑聊述所懷庶聞後擇

論始云佛是老子老子是佛又以仙化比泥洹長生等无死爰引世訓以符玄教纂其辭例蓋以均也未識剪

華廢祀亦猶虽讙鳥聒非所宜効請試論之案周孔以儒墨為典老莊以辯教明筌此皆開漸近方未備洪拓也且虽鳥殊類化道本隔夫欲言之宜先究其由故人參二儀是謂三才三才所統豈分夷夏則知人必人類獸必獸群近而徵之七珎人之所愛故華夷同貴恭敬人之所厚故九服攸敦是以關雎之風行乎四國況大化所陶而不洽三千哉若據經而言蓋聞佛興世也古昔一法万界同軌釋迦文初修菩薩時廣化群生於成佛而有其土預霑慈澤皆來生我國我聞浮提也但久迷生死隨染俗流競失正路未悟前覺耳以聖人俯三達之智各觀其根知區品不同故說三乘而接之原夫真道唯一法亦不二今權說有三殊引而同歸故遊會說法悟者如沙塵極沉濟或无出此法是以當來過去無邊世界共斯一揆則知九十有五非其流也明矣彼乃始言其同而末言其異故知始之所同者非同末之所異者非異將非

謬擊瓦釜濫諧黃鍾耶豈不誣哉至如全形守祀戴冕垂紳披毡繞貝埋塵焚火正始之音婁羅之韻此俗禮之小異耳今見在鳥而鳥鳴在獸而獸呴抗報万之一音感異類而殊應便使夷夏隔化一何混哉舟枯車溺可以辟彼夫俗禮者出乎忠信之薄非道之淳修淳道者務在反俗俗既反道則可淳反俗之難故宜祛其甚泰祛其甚泰必先墮冠削髮方衣去食墮冠則無世飾之費削髮則无笄櫛之煩方衣則不假工於裁制去食則絕想嗜味此則為道者日損豈夷俗之所制及其敷文奧籍三藏四含此則為學者日益豈華風之能造又云佛經繁顯道經簡幽推此而言是則幽者鑽仰難希顯則涉求易望簡必不足以示理繁則趣會而多津佛法以有形為空幻故忘身以濟眾道法以吾我為真實故服食以養生且生而可養則吸日可與千松比霜朝菌可與万椿齊雪耶必不可也若深體三界為長夜之宅有生為大夢之

主則思覺寤之道何責於形骸假使形之可練生而不死此則宗本異非佛理所同何以言之夫神之寓形猶於逆旅苟趣舍有宜何戀戀於蓬宇哉夫有知之知可形之形非聖之體雖復堯孔之生壽不盈百大聖泥洹同於知命是以永劫以來澄練神明神明既澄照絕有無名超四句此則正真終始不易之道也又刻船者祈心於金質守株者期情於羽化故封有而行六度疑滯而茹靈芝有封雖乖六度之體為之或能濟物凝滯必不羽化即事何足蕪人尋二源稍迹曠局異懷居然優劣如斯之流非可具詰彼皆自我之近情非通方之宏識則知殊俗可以道甄哀哉玄聖既遐斐然競興可謂指虽迹為蒼文餌螯乳為醍醐良可哀也佛道汪洋智量不可以言窮應迹難以形測其辯有也則万相森陳若干峙立其指无也則泰山空盡與秋毫俱散運十力以摧魔弘四等以濟俗抗波若之法炬何幽而不燭潛三昧之法威何遠

而不伏寧疑夷夏不効哉
重書與顧道士
謝鎮之白猥辱反釋究詳淵況既和
光道佛而涇渭釋李觸類長之爰至
碁弈敷佛弥過精盲愈昧夫飾揩賀
珎曜夜不集所謂馳走滅迹跳動息
影焉可免乎循雅論所據正以垂鳥
異類夷夏殊俗余以三才均統人理
是一俗訓小殊法教大同足下答云
存乎周易非胡書所擬便謂素旗巳
舉不復申撿玄旍為素麾異乎曹子
之觀旗輙復略諸近要以標大歸
然髻珠雖隱暮四易顯聊以寄讜儻
不貽忤夫太極剖判兩儀妄攡五陰
合興形識謬彰識以流淶因結形以
愛滯緣生爰皇之前民多專愚專愚
則巢居穴處飲血茹毛君臣父子自
相胡越猶如禽獸又比童蒙道教所
不入仁義所未移及其沉欲淪波觸崖
思濟思濟則祈善祈善則聖應夫聖者
何耶感物而遂通者也夫通不自通
感不自感感恒在此通每自彼自彼
而言懸鏡高堂自此而言万像斯歸

故知天竺者居娑婆之正域處淳善
之嘉會故能感通於至聖土中於三
千聖應既彼聲被則此覩日月之明
何假離朱之察聞雷霆之音奚事子
野之聽故卑高殊物不嫌同道左右
兩儀无害天均無害天均則雲行法
教不嫌同道則兩施夷夏夫道者一
也形者二也道者真也形者俗也真
既猶一俗亦猶二盡二得一宜一其
法滅俗歸真必其違俗是以如來制
軌玄劫同風假令孔老是佛則為韜
光潛導圭救偏心立仁樹義將順近
情是以全形守祀恩接六親攝生養
性自我外物乃為盡美不為盡善蓋
是有崖之制未鞭其後也何得擬道
菩提比聖牟尼佛教敷明要而能愽
則精疎兩汲精疎兩汲則對柔一致
是以清津幽暢誠規可准夫以規為
圓者易以手為圓者難將不捨其所
難從其所易耶道家經籍簡陋多生
穿鑿至如靈寶妙真採撮法華制用
尤拙及如上清黄庭所尚服食咀石
飡霞非徒法不可効道亦難同其中

可長唯在五千之道全无為用無為
用未能遣有遣有為懷靈芝何養佛
家三乘所引九流均接九流均接則
動靜斯得禪通之理是三中之一耳
非其極也禪經微妙境相精深以此
締真尚不能至今云道在無為得一
而已無為得一是則玄契千載玄契
千載不俟高唱夫明宗引會導達風
流者若當廢學精思不亦怠哉豈道
教之筌耶敬尋所辯非徒止不解佛
亦不解道也
反乱一首聊酬啓齒
乱曰運徃兮韜明玄聖兮幽翳長夜
兮悠悠衆星兮晳晳大暉灼兮昇曜
列宿奄兮消蔽夫輪桷兮殊材歸數
繩兮一制苟専迷兮不悟增上驚兮
遠逝下和慟兮淵側豈偏尤兮楚厲
良箭羨兮波若焉相責兮智慧

弘明集卷第六

丙午歲高麗國大藏都監奉
勅雕造

弘明集卷第六

校勘記

一 底本，麗藏本。

一 七九〇頁上三行至六行「道恒……夏論」，徑無。

一 七九〇頁上五行末字「律」，資、磧、普、南、清作「論」。

一 七九〇頁上六行末字「論」下，清有「并書與顧道士」。

一 七九〇頁上七行「釋駁論 釋道恒」，徑作「釋駁論并序 晉釋道恒」。

一 七九〇頁上一四行第八字「詰」，諸本作「詰」。

一 七九〇頁上二〇行第五字「善」，諸本作「美」。又第九字「潰」，資、磧作「清」。

一 七九〇頁中一行第八字「淪」，諸本作「論」。

一 七九〇頁中六行第五字「雜」，徑作「維」。

一 七九〇頁中九行「无有」，諸本作「有無」。

一 七九〇頁中一八行第二字「何」，徑作「何其」。又第五及第一一字「之」，徑無。

一 七九〇頁下一行第六字「抵」，諸本作「指」。

一 七九〇頁下一一行「强逼」，諸本作「逼强」。

一 七九〇頁下一九行第四字「繫」，徑作「擊」。

一 七九〇頁下二二行「主人答」，徑無。又第六字「撫」，磧、清作「憮」。又第九字「間」，諸本作「聞」。

一 七九一頁上一〇行第一二字「慈」，諸本作「怨」。

一 七九一頁上一六行第三字「岐」，資、磧作「此」，又第六字「轍」，清作「輙」。

一 七九一頁上二二行第八字「住」，諸本作「任」。

一 七九一頁中七行首字「承」，諸本作「丞」。

一 七九一頁中一〇行第一一字及一六行首字「又」，清無。

一 七九一頁中一四行第九字「谷」，資、磧作「咎」。

一 七九一頁中一六行第三字及本頁下七行第一〇字「蔬」，資、磧作「踈」。

一 七九一頁中二一行第九字「非」，徑作「亦」。

一 七九一頁下三行「但令」，徑作「但合」。

一 七九一頁下五行首字「域」，普、南、徑、清作「役」。

一 七九一頁下七行末字「崔」，徑、清作「雀」。

一 七九一頁下一二行第一二字「人」，諸本作「之」。

一 七九二頁上二行第六字「淪」，諸本作「綸」。次頁中八行第一一字同。

一 七九二頁上四行第八字「皆」，諸

本作「者」。

一　七九二頁上九行第二字「何」，諸本作「無」。

一　七九二頁上一六行至一七行「益於寘」，諸本作「冥益」。

一　七九二頁中一行第七字「農」，諸本作「豊」。

一　七九二頁中四行第三字「易」，徑作「奕」。

一　七九二頁中九行第三字「苟」，諸本作「茍」。

一　七九二頁中一三行第六字「箕」，資、磧、普作「基」。

一　七九二頁中一六行第一四字「君」，諸本作「韓」。

一　七九二頁中二二行第九字「憶」，諸本作「意」。

一　七九二頁下一〇行第八字「成」，諸本作「誠」。

一　七九二頁下一二行第三字「倚」，諸本作「儲」。

一　七九二頁下一五行第二字「貞」，諸本作「楨」。

一　七九二頁下一六行第三字「苗」，諸本作「穀」。

一　七九三頁上三行第五字「佝」，徑作「狗」。

一　七九三頁上七行第九字「幽」，諸本作「經幽」。

一　七九三頁上一〇行首字「純」，諸本作「淳」。

一　七九三頁上一四行「田倉」，諸本作「田食」。

一　七九三頁上末行第七字「德」，諸本作「得」。

一　七九三頁中二行第九字「惠」，諸本作「睿」。

一　七九三頁中八行第二字「希」，徑作「稀」。

一　七九三頁中一一行第五字「不」，諸本作「莫」。

一　七九三頁中一六行第二字「人」，諸本作「人之」。

一　七九三頁中一七行第三字「悵」，資、磧、普、南作「帳」。

一　七九三頁中一八行「大制」，諸本作「大判」。又末字「履」，諸本作「理」。

一　七九三頁下二行正文「正二教」，徑作「正二教論」；清作「明徵君僧紹正二教」。又正文「明徵君」，徑作「南齊明」。

一　七九三頁下一三行第二字「指」，諸本作「旨」。

一　七九三頁下一四行第九字「虛」，諸本作「靈」。

一　七九四頁上六行第三字「微」，清作「徵」。

一　七九四頁上八行「出于」，諸本作「出乎」。

一　七九四頁上一六行首字「開」，諸本作「關」。

一　七九四頁中一行「三乘」，諸本作「三乘教」。

一　七九四頁中七行第六字「異」，資、磧、普作「畢」。又第一三字「入」，諸本作「人」。

一　七九四頁中一一行第一〇字「先」，諸本作「無」。七九八頁上九行第一〇字同。

一　七九四頁中二〇行及本頁下二行「之典」，諸本作「三典」。

一　七九四頁下四行第五字「舊」，諸本作「奮」。

一　七九四頁下五行第七字「溺」，諸本作「粥」。又「卒埋」，諸本作「本理」。

一　七九四頁下一〇行第一一字「億」，諸本作「臆」。

一　七九四頁下一二行第七字「倍」，南、徑、清作「謗」。

一　七九四頁下一六行第六字「之」，諸本無。

一　七九四頁下二一行第一三字「雜」，諸本作「離」。

一　七九四頁下二二行第一二字「劾」，諸本作「効」。

一　七九五頁上二行第九字「令」，資、磧、普作「今」。

一　七九五頁上五行第六字「一」，諸本無。

一　七九五頁上六行第四字「名」，諸本無。

一　七九五頁上八行第五字「正」，諸本作「止」。

一　七九五頁上一〇行第四字「皓」，磧、徑、清作「浩」。

一　七九五頁上一四行第六字「化」，諸本作「蜕」。

一　七九五頁上二〇行第三字「未」，諸本作「末」。

一　七九五頁中三行「者於前前」，諸本作「著於前」。

一　七九五頁中五行第一〇字及次頁上一三行第一二字「成」，諸本作「誠」。

一　七九五頁中一〇行第五字「佛」，普、南、徑、清作「神」。

一　七九五頁中一六行「不驚」，諸本作「不敬」。

一　七九五頁中一七行末字「拓」，諸本作「祐」。

一　七九五頁中末行「張……難」，資、磧、普作「張融門律　周剡顒難」；南作「張融門論　周剡顒難」；徑作「門論　南齊張融」；清作「周剡顒難　張長史融門論」。

一　七九五頁下三行第二字及次頁上一三行第一〇字「逢」，諸本作「達」。

一　七九五頁下三行「不治」，諸本作「不淞」。

一　七九五頁下四行「不弔」，諸本無。

一　七九五頁下五行第二字「五」，諸本作「此」。

一　七九五頁下六行第一〇字「問」，資、磧、普、南、清作「調」；徑作「綢」。

一　七九五頁下八行及次頁中三行「天首」，諸本作「天道」。同行及次頁中四行「難皃」，諸本作「難亮」。

一　七九五頁下一一行及次頁中六行「本瀉」，諸本作「本鴻」。

一七九五頁下一二行首字「尊」，諸本作「遵」。

一七九五頁下一八行第七字「其」，諸本作「不」。

一七九五頁下一九行第一一字「風」，諸本作「感」。

一七九五頁下二一行「答張書并問張」，徑作「難張長史門論并問答三首、南齊周顒」；清作「周顒答張長史書并問」。

一七九六頁上一行第六字「本」，諸本作「同本」。

一七九六頁上六行「抱懷」，諸本作「懷抱」。

一七九六頁上七行第一三字「間」，諸本作「聞」。

一七九六頁上一五行第五字「謂」，諸本無。

一七九六頁上一八行「同位」，南、徑、清作「同住」。

一七九六頁上二〇行第二字「極」，諸本作「極極」。

一七九六頁中一行第六字「故」，清作「固」。

一七九六頁中一二行「二失」，諸本作「二乖」。

一七九六頁下二行第三字「佛」，資、磧、普作「位」。

一七九六頁下四行至五行「重與……所問」，徑作「答周顒書張融」；清作「張長史重與周顒書」。

一七九六頁下七行第四字「魄」，諸本作「魂」。

一七九六頁下一一行第四字「卜」，南、徑、清作「十」。

一七九六頁下一二行第一三字「祈」，諸本作「析」。

一七九六頁下一三行首字「起」，諸本作「赴」。

一七九六頁下二一行第四字「条」，諸本作「喿」。

一七九六頁下二二行第六字「照」，諸本作「昭」。

一七九七頁上三行第七字「不」，諸本作「而不」。

一七九七頁上五行第一四字「前」，諸本無。

一七九七頁上九行末字「之」，諸本無。

一七九七頁上二〇行「不代」，諸本作「不伐」。

一七九七頁上二一行第二字「地」，資、磧、普、南、清作「也」。

一七九七頁上末行及次頁下八行「涉其」，諸本作「陟其」。

一七九七頁中三行第二字「今」，諸本作「令」。

一七九七頁中六行及次頁中首行「清其」，諸本作「情其」。

一七九七頁中一七行第一三字「則」。諸本作「非」。

一七九七頁下一〇行首字「來」，諸本作「未」。

一七九七頁下一三行第六字「芮」，磧、南作「芮」。七九九頁中末行第三字同。

一七九七頁下一五行第八字「軍」，

諸本作「巾」。

一　七九七頁下末行「何悔」，諸本作「何晦」。

一　七九八頁上一行第九字「吾」，諸本作「五」。

一　七九八頁上一三行第六字「歷」，諸本作「瀝」。

一　七九八頁上一五行「周……問」，徑作「重答張長史書　周顒」，清作「周顒重答張長史書并重問」。

一　七九八頁上一六行末字「何」，徑作「可」。

一　七九八頁中六行第一〇字「无」，諸本作「無無」。

一　七九八頁中七行第一二字「末」，普、南、徑、清作「夫」。

一　七九八頁中一〇行第一〇字「續」，諸本作「績」。

一　七九八頁中一四行末字「裨」，諸本作「埤」。

一　七九八頁中一五行第一三字「何」，資、磧作「王何」；普、南、徑、清作「正何」。

一　七九八頁下一行第四字「抗」，徑作「坑」。

一　七九八頁下二行第四字「寢」，諸本作「通」。

一　七九八頁下四行「本道」，諸本作「道本」。

一　七九八頁下一七行第八字「日」，諸本作「自」。

一　七九八頁下一九行第五字「氏」，諸本無。又第九字「涉」，資、磧、普作「氏」。

一　七九八頁下末行第九字「謂」，諸本作「聞」。

一　七九九頁上一〇行首字「相」，諸本作「想」。

一　七九九頁上一五行「餘贍」，諸本作「贍餘」。

一　七九九頁中五行第一一字「悔」，諸本作「侮」。

一　七九九頁中八行第一三字「遇」，南作「過」。

一　七九九頁中九行「玄得」，諸本作「玄德」。

一　七九九頁中一一行「建也」，諸本作「逮也」。

一　七九九頁中一九行第一一字「鬪」，諸本作「闕」。

一　七九九頁中二二行第八字「持」，諸本作「特」。

一　七九九頁下七行第一四字「耳」，諸本無。

一　七九九頁下九行第二字「固」，諸本作「因」。

一　七九九頁下一〇行第一二字「循」，諸本作「修」。

一　七九九頁下一一行末字「暇」，諸本作「多暇」。

一　七九九頁下一四行首字「位」，南、徑、清作「立」。又末字「本」，資、磧、普、南作「本折夷夏論謝鎮之」。

一　七九九頁下一五行「謝……士」，徑作「與顧道士書折夷夏論謝鎮之」；清作「謝鎮之折夷夏論書與顧道士」。

七九九頁下一六行第一二字「擢」，清作「摧」。

七九九頁下一七行第九字「宮」，清作「官」。

七九九頁下一九行第三字「思」，諸本作「不思」。

七九九頁下二〇行首字「味」，諸本作「未」。又第八字「懷」，諸本作「疑」。

七九九頁下二一行第一三字及末行第九字「以」，諸本作「似」。

八〇〇頁上一行第三字「犯」，資、磧、普、南、徑作「祀」；清作「杞」。又「虫讙鳥聒」，諸本作「虫諠鳥聒」。

八〇〇頁上二行首字「誡」，諸本作「試」。

八〇〇頁上三行首字「辨」，諸本作「棄」。又第九字「近」，諸本作「遊」。又「脩洪拓」，諸本作「猶洪祐」。

八〇〇頁上一一行第三字「佛」，諸本作「佛之」。

八〇〇頁中五行「抗報」，資、磧、普、南作「允報」；徑、清作「允執」。

八〇〇頁中一一行第四字「則」，諸本無。

八〇〇頁中一三行第三字「想」，諸本作「情想於」。

八〇〇頁中二一行「吸日」，普、南、徑、清作「及日」。

八〇〇頁下二行第一一字「宗」，諸本作「老宗」。

八〇〇頁下一五行第二字「誥」，諸本作「詰」。

八〇〇頁下二〇行「若千峙立」，資、磧作「若十峙並立」；普、南、徑、清作「若千峙並立」。

八〇一頁上二行「重……士」，徑作「重與顧道士書并頌謝鎮之」。

八〇一頁上五行第九字「愈」，諸本作「踰」。又第一一字「夫」，資、磧、普作「失」。又末字「賀」，諸本作「貿」。

八〇一頁上六行第五字「集」，諸本作「售」。

八〇一頁上八行第五字「殊」，諸本作「外」。

八〇一頁上一六行第五字「爰」，南、徑、清作「義」。

八〇一頁上一八行首字「相」，諸本作「相視」。又「童蒙」，諸本作「蒙童」。

八〇一頁上一九行第一〇字「沉」。諸本作「妉」。

八〇一頁中一〇行「其違」，諸本作「及其」。

八〇一頁中一六行末字「愽」，諸本作「博要而能博」。

八〇一頁中一八行第九字「可」，諸本作「易」。

八〇一頁中二一行第九字「採」，資、磧作「探」。

八〇一頁下一行第一三字「無」，諸本作「全無」。

一八〇一頁下二行第四字「違」，諸本作「遣」。

一八〇一頁下一〇行第三字「筌」下，徑有夾註「一作全」；清作「全」。

一八〇一頁下一三行「乱曰」，諸本作「頌曰」。

一八〇一頁下一五行第七字「夫」，南、徑、清作「天」。

一八〇一頁下一七行第七字「渊」，諸本作「荆」。

一八〇一頁下末行「第六」，徑作「六終」。

弘明集卷第七　　　　墳

梁楊都建初寺釋僧祐律師撰

朱昭之難夷夏論
朱廣之諮夷夏論
慧通法師駁夷夏論
僧敏法師戎華論

難顧道士夷夏論　　常侍朱昭之

見足下高談夷夏辯商二教條勒經旨寔然玄會妙唱善同非虛言也昔應吉甫齊孔老於前吾賢又均李釋於後万世之殊塗同歸於一朝歷代之疑爭怡然於今日賞深悟遠蠲慰者多益世之談莫過於此至於各言所好便復肝膽楚越不知甘苦之方雖二而成體之性必一乃互相攻激異端遂起往反紛頻斯害不少惜矣初若登天光被俗表末如入測明夷輝淪夫導師失路則迷塗者衆故忘其淺昧遽相牽拯今先布其懷未陳所恨想從善如流者不惜乖於一往耳山川悠遠良話未期聊寄於斯以代覿對情旗一接所釋不淺朱昭之白

夫聖道虛寂故能圓應无方以其無方之應故應無不適所以自聖而撿心本無名於万會自會而為稱則名號以為之彰是以智无不周者則謂之為正覺道无不順者則謂之為聖人開物成務无不達也則謂之為道然則聖不過覺覺不出道君可知也何須遠求哉但華夷殊俗情好不同聖動因故設教或異然曲禮淨戒數同三百威儀容止又等三千所可為異政在道佛之名形服之閒耳達者尚復以形骸為逆旅衮冕豈足論哉所可為嫌祇在設教之始華夷異用當今之俗而更兼治遷流變革一條宜辯耳今當言之聖人之訓動必因順東國貴華則為衮冕之服禮樂之容屈申俯仰之節衣冠簪佩之飾以弘其道蓋引而近之也夷俗重素故教以極質髡落徽容衣裳不裁閑情開照期神曠劫以長其心推而遠之也道法則採餌芝英餐霞服丹呼吸太一吐故納新大則靈飛羽化小則輕强无疾以存其身即而効之也三

者皆應之感之一用非吾所謂至也夫道之極者非華非素不即不殊无遠无近誰捨誰居不偏不黨勿毀勿譽圓通寂寞假字曰無妙境如此何所異哉但自皇羲以來各弘其方師師相傳不相関涉良由彼此兩足无復我外之求故自漢代以來淳風轉澆仁義漸廢大道之科莫傳五經之學弥寡大義既乖微言又絶衆妙之門莫遊中庸之儀不覩禮術既壞雅樂又崩風俗寢頓君臣无章正教凌遲人倫失序於是聖道弥淪天運遠被玄化東流以茲係世黜所先習欣所新聞革面從和精義復興故微言之室在在並建玄詠之賓處處而有此可以事見非直布之空談將無物不可以終否故受之以同人故邪意者夫聖人之撫百姓亦猶慈母之育嬰兒始食則餌以甘肥甘肥既厭復改以脂蜜脂蜜既厭則五體休和內外平豫為益至矣不其然乎理既然矣而攅唐非毀妄想分別是未悟環中不可與義二賢推盪往反解材之勢縱復

得解非順理之作順理析之豈待推盪足下發源開端明孔老是佛結章就議則與奪相懸何搢紳華跽為諸華之容稽首佛足則有狐蹲之貶端委疊折為侯甸之恭右膝著地增狗跽之厚請問若孔是正覺釋為邪見今日之談吾不容聞許為正真何理鄙諸既虧畏聖之箴又忘無苟之禮取之吾心所恨一也又云全形守祀繼善之教毀貌易姓絶惡之學是商臣之子有繼善之功覆鄭毀落有絶惡之志推尋名實為恨二也又云下弃妻帑上廢宗祀夫鬼神之理冥寞難明故子路有問宣尼不釋當由生死道殊神緣難測豈為聖不能言良恐賢不能得三達之鑒照之有在足下已許神化東流而復以喪祭相乘與奪無定為恨三也又云切法可以進謙弱賖法可以退夸强三復此談顛倒不類夫謙弱易回可以賖和而進夸强難化應以苦切乃退隱心撿事不其然乎米糠在目則東西易位偏著分心則辞義殊惑所言乘當為恨

四也又云抑則明者獨進引則昧者覺前夫道言真實敬同高唱覆載万物養育衆形而云明者獨進似若自私佛音一震則四等兼羅三乘同順天龍俱靡而云昧者覺前亦又近誣探蹟之談而忘生瘡疣游辞放發為恨五也又云佛是破惡之方道是興善之術破惡之方吾无閒然夫惡止善行乃法教所以興也但未知興善術術將誰然若善者已善奚用興善善者非善人非興善則興善之名義无所託今道者善也復以興善取之名義太為繼富不以振惡為教偏矣大道兼弘而欲局之為恨六也又云殘忍剛愎則師佛為長慈柔虛受則服道為至夫摧伏勇猛迴靡殘暴實是牟尼之巨動不乘於惠旨但道力剛明化功弥遠成性存存恩无不被梟鴟革心威无不制而云唯得虛受太為淺略將無意淪偏著不悟狹劣傷道耶披尋第目則先誡臆說建言肆論則不覺情遷分石難持為恨七也又云八象西戎諸典廣略兼陳金

剛般若文不踰千四句所弘道周萬法麁妙兩施繁約共有典法細識科禮等碎精麁横生言乖乎實為恨八也又云以國而觀則夷虐夏温請問炮格之苦豈康笁之刑流血之悲詎齊晉之子剺剔之苦害非左衽之心秋露含垢匪海濱之士推撿性情華夷一揆虛設温嚴為恨九也又云博弈賢於慢遊講誦勝於戲謔尋夫風流所以得傳經籍所以不廢良由講誦以得通諮求所成悟故曰學而不講是吾憂也而方之戲謔太為慢德請問善誘之筌其將安寄初未得意而欲忘言為恨十也有此十恨不能自釋想望君子更為申之謝生亦有彖差乏下攻之已密且專所請不復代匠

疑夷夏論語頋道士　朱廣之

朱廣之叩頭見與謝常侍往復夷夏之論辯章同歸之義可簡見通微清練之談也至於躭尚端冕之飾屏破翦落之素申以鞶蹝之恭厚以狐蹲之肅抂東華人杜絕外法舟車之喻

雖美平恕之情未篤致會之源既坦筌寄之塗方壅然則三乘之悟寘望玆土六度之津於今長詇披經翫理悵怏良深謝生貶没仙道褒明佛教以羽化之術為浮濫之說殘形之為履眞之文徒知已指之為指不知彼指之無殊豈所以通方得意善同之謂乎僕夙漸法化晚味道風常以崇空貴無宗趣一也蹄網雙張義无偏取各隨曉人唯心所安耳何必龍袞可襲而瓔珞難乘者哉自負來多務研斆沉替緘卷巾牘奄逾十載幼習前聞零落頓盡蘊志空年闕瞻靡階每獨慷慨遥夜輒啓且忘寐而清心遠信纏苦弥篤若夫信不沿理則輕泛无主轉詣之實因斯而起是以罄率狂管書述鄙心願重為啓誨斆導厥疑廣之叩頭

論云鞶蹝罄折侯甸之恭也狐蹲狗踞荒流之肅也疑曰夫邦殊用隔文自難均至於各得所安由來莫辯侯甸之容所言官矣狐狗之目將不獨傷

論云若謂其致既均其法可換者而

車可涉川舟可行陸乎必不可也疑曰夫法者所以法情情非法也法既無定由情不一不一之情所向殊塗對柔並馳華戎必同是以長川浩漫無當於此矣平原遠陸豈取於彼耶舟車兩乘何用不可

論云既不全同又不全異下弃妻孥上廢宗祀疑曰若夫廢祀於上不能絕弃於下此自擬異入同非同者之過也寧可見犁牛不登宗廟之用而永棄於牢餼之具耶

論云嗜欲之物皆以禮伸孝敬之典獨以法屈悖德犯順曾莫之覺疑曰若悖德犯順无施而可慈敬惠和爾地而通是以損饍行道非微亟之宅服冕素飡非養正之方屈申之望可相絕於此矣

論云理之可貴者道也事之可賤者俗也今捨華效夷義將安取若以其道邪道固符合矣若以其俗邪俗則天乖矣疑曰至道虛通故不嚮而尊俗无不滯故不黜而賤賤者不能无累尊者自然天足天足之境既符俗

累之域亦等道符累等又誰惡故俱是聖化惟照所惑惑盡明生則彼我自忘何煩遑遑捨傲之際耿介於華夷之間乎

論云無生之教賒无死之化切切法可以進謙弱賒法可以退夸强疑曰无生即無死无死即無生名反實合容得賒切之別耶若以跡有差降故優劣相懸者則宜以切抑强以賒引弱故孔子曰求也退故進之由也兼人故退之致教之方不其然乎

論云佛教文而博道教質而精精非麁人所信博非精人所能疑曰夫博聞强識必緣照遠廣毅修善行必因理入微照明則理无不精理精則明無不盡然則精博同功相為利用博猶精也豈麁人所能信精猶博也豈弘通所獨闕

論云佛言華而引道言實而抑抑則明者獨進引則昧者覺前疑曰夫華不隔理則為達鑒所陶實未屆虛故為鑽賞所業陶有序者為資昧耶為待明耶若其資昧則明不獨進若必

待明則昧不獲前若明昧俱得何須抑引妙況難章所宜更辯

論云佛經繁而顯道經簡而幽幽則妙門難見顯則正路易遵遵正則歸塗不迷見妙則百慮咸得疑曰簡則易從云何難見繁則難理豈得易遵遵正則歸塗不迷可以階道之極雖非幽簡自然玄造何假難明之術代茲易曉之路哉

論云若殘忍剛愎則師佛為長慈柔虛受則服道為至疑曰夫邪見狂道法所不存慈悲喜捨漸錄喜則能受捨亦必虛虛受之義宵然復會未知殘愎之人更依何法若謂所受者異則龖成刻舩何相符之有乎

論云佛是破惡之方道是興善之術又以中夏之性不可效西戎之法疑曰興善之談美矣匆效之言誨矣意所未安請問中夏之性與西戎之人為夏性純善戎人根惡如令根惡則於理何破使其純善則於義可興故知有惡可破未離於善有美可興未免於惡然則善惡參流深淺厥別故

羅雲慈恵非假東光桀跖囚虐豈鍾西氣何獨高華之風鄙戎之法耶若以此善異乎彼惡殊乎此惡則善本乖寧得同致

論云蹲夷之儀僂羅之辯猶蟲讙鳥聒何足述傲疑曰夫禮以申敬樂以感和雖敬由禮申而禮非敬也和同樂感樂非和也故上安民順則玉帛停筐風淳俗泰則鍾鼓輟響又鍾帛之運不與二儀並位蓋以拯頹攉時不得已而行耳然則道義所存无係形容苟造其反不嫌殊周全孤蹲虎踞孰曰非敬敬以申心孰曰非禮禮敬玄符如徒捨含識之類人標其所貴貴不在言言存貴理是以鱗鳳懷仁見重靈篇狌狌能語受蚩禮章未知之所論義將何取若執言損理則非知者所據若仗理忘言則彼以破相明宗故李叟之常非名欲所及維摩靜默非巧辯所追撿其言也彼我俱遣尋其旨也老釋无際俱遣則濡沫可遺無際則不貪高貴何乃遠望波若名非智慧便相挫贓比類蟲鳥

研復逾日未悟鄙懷且方俗殊韻豈
專胡夏近唯中邦齊魯不同權與俶
落亦古今代述以其无妨指録故傳
授世習彼若非也則此未為是如其
知也則彼不獨非既未能相是則均
於相非相兹漢音流入彼國復受重
譯之尤爲聒之誚婁羅之辯亦可知
矣一以此明達槩可齊兩去兼除不
其通乎夫義奥淵微非所宜參誠欲
審方玄匠聊申一往耳傾心遲佇遲
聞後裁

駁顧道士夷夏論　治城惠通

余端夏有隙亡事忽景披顧生之論
照如發矇見辯異同之原明是非之
越辞豈義顯文華情奥每研讀忘倦
慰若萱草真所謂洪筆君子有懷之
作也然則察其旨歸疑笑良多辟猶
盲子採珠懷赤菽而反以為獲寶聶
賓聽樂聞驢鳴而悦用為知音斯盖
吾子夷夏之談以為得理其幸甚焉
見論引道經益有昧如昔老氏著述
文指五千其餘淆雜並淫謀之説也
而别稱道經從何而出既非老氏所

創寧為真典庶更三思儻袪其惑論
云孔老非佛誰則當之道則佛也佛
則道也以斯言之殆迷厥津故經云
摩訶迦葉彼稱老子光淨童子彼名
仲尼將知老氏非佛其亦明矣實猶
吾子見理未弘故有所固執然則老
氏仲尼佛之所遣且宣德示物禍福
而後佛教流焉然夫大道難遵小成
易習自往古而致歎非来今之所慨
矣老氏著文五千而穿鑿者衆或述
妖妄以迴人心或傳淫虐以振物性
故為善者寡染惡者多矣僕謂搢紳
之飾罄折之恭殯葬之禮斯盖大道
廢之時也仁義所以生孝敬所以出
矣智欲方起情僞日滋聖人因禁之
以禮教制之以法度故禮者忠信之
薄取乱之首也既失無為而尚有為
寧足加哉夫剪髮之容孤蹲之敬水
况之俗僕謂華邑之不足奢貨財之
不可守亦已信矣老氏謂五色所以
令人目盲多藏秘之後失故迺剪髮
玄服損財去世讓之至也是以太伯
无德孔父加焉斯其類矣夫胡跪始

自天竺而四方從之天竺天地之中
佛教所出者也斯乃大法之整肅至
教之齊嚴吾子比之狐蹲厥理奚微
故夫凶鬼助惡强魔毁正子之謂矣
辟猶持匏欲减江海側掌以蔽日月
不能損江海之泉掩日月之明也至
夫太古之初物性猶純無假禮教而
能緝不施刑罰而自治死則葬之中
野不封不樹喪制无期哀至便哭斯
乃上古之純風良足効焉子欲非之
其義何取又道佛二教喻之舟車夫
有識聞之莫不莞尒而笑僕謂天道
不言聖人无心是以道由人弘非道
弘人然則聖人神鑒靡所不通智照
寧有不周而古指其專一不能兼濟
辟猶靈暉朝覲稱物納照時風夕灑
程形賦音故形殊則音異物異則照
殊日不為異物而殊照風不為殊形
而異音將知其日一也其風一也稟
之者不同耳吾子以為舟車之喻義
將焉允然夫大教無私至德不偏化
物共旨導人俱致在戎狄以均響處
胡漢而同音聖人寧復分地殊教隔

寓異風豈有夷耶寧有夏耶昔公明儀為牛彈清角之操伏食如故非牛不聞不合其耳也轉為蚉䖟孤犢之聲於是奮耳掉尾蹀躞而聽之今吾子所聞者盖蚉䖟之音也夷夏之別斯言何存又云下弃妻帑上廢宗祀嗜欲之物皆以禮申孝敬之典獨以法屈夫道俗有晦明之殊內外有語默之別至於宗廟享祀禘祫皇考然則孝敬之至世莫加焉若乃煙香夕臺韻法晨宮礼拜懺悔祈請无輟上逮歷劫親屬下至一切蒼生若斯孝慈之弘大非愚瞽之測也夫國資民為本君恃民而立國之以寧民之力推如來談似為空設又云剃船桑門守株道士空爭大小互相彈射披撫華論深釋文嬋尋文求義於何允歸夫外道淫奔弥齡積紀沉晦不還淪惑寧反遊涉壃鄉泛越壃落公因聖術私行淫乱得道如之何斯可恥昔齊人好獵家貧大庾窮年馳騁不獲一獸於是退而歸耕今吾子有知歸耕得筭又云大道既隱小成乎起辯

訥相傾孰與正之夫正道難毀邪理易退辭若輕羽在高遇風則飛細石在谷逢流則轉唯泰山不為飄風所動磐石不為疾流所迴是以梅李見霜而落葉松栢歲寒之不凋信矣夫淫妖之術觸正便挫子為大道誰為小成想更論之然後取辯若夫顏回見東野畢之馭測其將敗子貢觀邾魯之風審其必亡子何無知若斯之甚故摽愚智之別撰賢鄙之殊聊舉一隅示子望能三反又云泥洹仙化各是一術佛号正真道稱止一一歸無死真會无生無生之教賒无死之教切斯盖吾子聰辯能言鄙夫戇以加之然則泥洹滅度之說著乎正典仙化入道之唱理將安附老子云生生之厚必之死地又云天地所以長且久者以其不自生也夫忘生者生存存生者必死死道將屆故謂之切其殊切乎嗟曰指南為北自謂不惑指西為東自謂不蒙子以必死為將生其何反如之故潛君斷粮以修仙術僕聞老氏有五味之誠而无絕穀

之訓矣是以鐔鍼不食君子誰重蛙蟒穴藏聖人何貴且自古聖賢莫不歸終吾子獨云不死何其濫乎故舜有蒼梧之墳禹有會稽之陵周公有改葬之篇仲尼有兩楹之奠曾參有啓足之辞顏回有不幸之歎子不聞乎豈謬也哉昔者有人未見騏驎問嘗見者曰驎何類乎荅云驎如驎也問者曰若嘗見驎則不問也而云驎如驎何耶荅云驎麏身牛尾鹿蹄馬背問者乃曉然而悟今吾子欲見驎耶將不見告又云道經簡而幽幽則妙門難見僕謂老教指乎五千過斯以外非復真籍而道文重顯愈深疑惟多是虛託研辞空稱巽句辟周人懷鼠以賀璞鄭子觀之而且退斯之謂矣尋此而言將何剋允又云殘忍剛愎則師佛為長慈柔虛受則服道為易矣故老子云強梁者不得其死吾將以為學父故人所以敷行誡籍顯著文教將為愚瞽之故非為賢哲之施矣違之者必凶順之者必吉夫強梁剛愎之人下愚之類也大教慈

慇方便為之將非虛學耶慈柔虛受僕謂宜空談今學道反之陳黃書以為真典佩紫錄以為妙術士女無分閨門混乱或服食以祈年長或對狡以為瘵疾慈柔之論於焉何託又道迹密而微利用在已故老子云吾所以有大患者為吾有身及吾无身吾有何患老氏以身為大患吾子以軀為長保何其乖之多也夫後身而身先外身而身存惟玄在已未知此談以何為辯又玄妻羅之辯各出彼俗自相領解猶垂喧鳥聒何足述効僕謂餌辛者不知辛之為辛而无羨於甜香悅臭者不覺臭之為臭而不就椒蘭猶吾子論好婬偽穿有想於大法夫聖教妙通至道淵博既不得謂之為有亦不得謂之為無无彼我之義並異同之說矣夫言猶射也若苦之離弦非悔恨所及子將慎言乎而玄垂喧鳥聒義則何依近者孫子猖狂顯行无道妖婬喪禮殘逆廢義賢士同志而愚夫輟為迴心歎疇盈室悉侶填門墟邑有痛切之悲路陌有罪苦之怨夫天道惡盈鬼神福謙然後自招淪喪

戎華論折顧道士夷夏論　廣陵釋僧敏

昔維摩者內乘高路功亮事外龍隱人間志揚淵海神灑十方理正天下故乃跡臨西土協同幽唱若語其靈變也則能令乾巛倒覆促延任意若語其真照也則忘慮而幽凝言絕者也如此之人可謂居士未見君稱居士之意也君今七慢之岳未摧五欲之谷未填慧陽之日未曜无明之雲未晴永寘之風未息夜遊之迷未旋君既解猶常品而山号居士乎貧道遙飡器量知君未堪斯據此雖大法之淺号而亦未易可當矣省君夷夏論意亦具照來心貧道淺學夭壇希喎識玆況而此所論者才无玩文之麗無鑒幽之效照无寸光澤無露潤万塗斯闕有何義哉而復內秉莊思獲心闇計輕弄筆墨仰卜聖言或淈道佛合同或論深淺為異或説神邦優劣或毀清正賓實夫苦李黌子而枝折蘖大謀唱而受梟此皆是上世之成制後賢之遠近矣今將示君道佛之名義異也夫佛者是正靈之別号道者是百路之都名老子者是一方之哲佛據萬神之宗道則以仙為貴佛用漏盡為研仙道有千歲之壽漏盡有无窮之靈故妙絕杳然千歲之壽故乘龍御雲御雲乘龍者生死之道也杳然之靈者常樂永淨也若斯者故能旋璣並應跡臨王城宮踈繞闕總委重軒故放彼万國擯越三空龍飛華館整駕道場於是初則唱於鹿菀次則集於天宮中則播於靈鷲後則肩於熙連故乃巨光遐照白日覆暉華軒四蓋梵駕天垂九天齊歌群仙悟機敢豫有覺莫不雲會歸焉惟有周皇邊覇道心未興是以如來使普賢威行西路三賢並導都東故經云大士迦葉者老子其人也故以詭教五千翼匝周世化緣既盡迴歸天竺故有背關西引之邈人華因之作化胡經也致令寡見之衆詠其華焉君未詳幽旨輙唱老佛一乎人間大聖現儒林之宗便使莊孔周老斯皆

是佛若然者君亦可即老子耶便當
五道群品无非是佛斯則是何言與
真謂夸父逐日必渴死者君言夷夏
論者東有驪濟之醜西有羌戎之流
北有乱頭被髮南有剪髮文身姬孔
施禮於中故有夷夏之别華者東盡
於靈境西則窮于幽鄉北則予於溟
表南則極乎空闇如來扇化中土故
有戎華之異也君責以中夏之性效
西戎之法者子出自井坂之渕未見
江湖之望矣如經曰佛據天地之中
而清導十方故知天竺之土是中國
也周孔有雅正之制如來有超俗之
慁雅正制故有異於四夷超俗慁故
不同於周孔制四夷故八方推德慁
加周孔故老子還西老子還西故生其群戎四
夷推德故踰增其迷夫正禮叵易真
法莫移正禮叵易故太伯則於吴越而整
服真法莫移故佛教則東流而无改
緣整服故令裸壤翫裳法無改故使
漢賢落髮翫裳故使形逼中夏落髮
故使仰齊西風形逼中夏故使山藏
而空慢遠齊西風故使

近見者莫不信也若謂聖軌无定應
隨方異者太伯亦可裸步江東君今
亦可未服裳耶故雖復方類不同聖
法莫異君言義將安取謂取正道也
於是道指洞玄為正佛以空空為宗
老以太虛為奥佛以即事而渕老以
自然而化佛以緣合而生道以符章
為妙佛以講導為精太虛為奥故有
中无無矣即事而渕故解物斯奥矣
自然而化故霄堂莫登矣緣合而生
故尊位可昇矣符章為妙故道无靈
神矣講導為精故研尋聖心矣有中
無无故道則非大也觸物斯奥故聖
路遐曠也霄堂莫登故去去徒勞也
尊位可昇故智士亡身也道无靈神故
傾顏何求也研尋聖心故沙門雲興也
介乃故知道經則少而淺佛經則廣
而深道經則尠而穢佛經則弘而清
道經則濁而漏佛經則素而貞道經
則近而闇佛經則遠而明君深服改
素實希高風也首冠黃巾者卑鄙之
相也皮草苫頂者真非華風也貶符
賣籙者天下邪俗也搏頰扣齒者倒

惑之至也反縛伏地者地獄之貌也
符章合氣者姧狡之窮也斯則明闇
巳顯真偽巳彰君可整率疋侶佪涉
清衢貪道雅德内顧同奉聖真豈有
惡乎想必不逆允於佳示耳

弘明集卷第七

弘明集卷第七

校勘記

一　底本，金藏廣勝寺本。八〇九頁中一版，原版殘缺，以麗藏本換。

一　八〇九頁中三行至六行「朱昭……華論」，徑無。

一　八〇九頁中六行第二字「敏」，資、磧、普、南、清作「愍」。

一　八〇九頁中七行第七字「論」，徑作「論并書」。又「常侍朱昭之」，徑作「宋朱昭之」。

一　八〇九頁中一四行「甘呰」，徑作「苦甘」。

一　八〇九頁中一五行「攻激」，徑作「攻擊」。

一　八〇九頁中一六行第八字「頻」，徑作「類」。

一　八〇九頁中一七行第九字「末」，磧、普、南、徑、清作「未」。

一　八〇九頁中一九行第七字「今」，磧、普、南、徑、清作「令」。

一　八〇九頁下三行第八字「自」，資、磧、普、南、徑、清作「物自」。

一　八〇九頁下九行第三字「因」，資、磧、普、南、徑、清作「常因」。

一　八〇九頁下一一行「道佛」，徑、清作「佛道」。

一　八〇九頁下一三行第五字「祇」，徑作「秖」。

一　八〇九頁下一五行「言之」，資、磧、普、南、徑、清作「之言」。

一　八〇九頁下一九行「閑情」，麗作「閑情」。

一　八一〇頁上一行「感之」，磧、普、南、徑、清無。

一　八一〇頁上三行第五字「捨」，徑作「舍」。

一　八一〇頁上一二行「弥淪」，諸本作「弥綸」。

一　八一〇頁上一三行「以茲係世」，資、磧、普、南、徑、清作「以慈係世仁衆生民」；麗作「以茲係世衆生」。

一　八一〇頁上一六行第五字「直」，資、磧、普、南、徑、清作「真」。

一　八一〇頁上二二行首字「唇」，磧、南、麗作「脣」。又「妄想」，資、磧、普、南、徑、清作「妄相」。

一　八一〇頁中八行第六字「箴」，麗作「藏」。

一　八一〇頁中一〇行第六字「姓」，徑作「性」。

一　八一〇頁中一三行首字「帑」，清作「拏」。

一　八一〇頁下六行首字「瞔」，磧、麗作「蹟」；徑作「頤」。又第五字「忘」，諸本作「妄」。

一　八一〇頁下九行末字「術」，諸本作「之術」。

一　八一〇頁下一一行第四字「人」，諸本作「又」。

一　八一〇頁下一三行第一二字「偏」，資、磧、普、南、徑、清作「徧」。

一　八一〇頁下一七行第六字「動」，諸本作「勳」。又第一〇字「恵」，資、磧、普、南、徑、清作「慧」。

一八一〇頁下二二行第九字「石」，麗作「名」。

一八一一頁上二行「典法」，麗作「曲法」。

一八一一頁上五行第二字「格」，諸本作「烙」。

一八一一頁上七行第九字「土」，諸本作「士」。

一八一一頁上一一行第七字「所」，資、磧、普、南、徑、清作「以」。

一八一一頁上一八行「疑……士」八字，徑作「諮顧道士夷夏論并書」。又第五字「語」，諸本作「諮」。又「朱廣之」，徑作「宋朱昭之」。

一八一一頁上二〇行第九字「可」，諸本作「可謂」。

一八一一頁上二一行第七字「躭」，資、磧、普、南、徑、清作「聃」。

一八一一頁中五行第一三字「之」，諸本作「之唱」。

一八一一頁中一〇行第五字「人」，資、磧、普、南、徑、清作「入」。

一八一一頁中一一行第九字「裁」，諸本作「哉」。

一八一一頁中一二行第四字「替」，南、徑、清作「潛」。又「十載」，資、磧、普作「千載」。

一八一一頁中一四行第九字「且」，資、磧、普、南、徑、清作「旦」。

一八一一頁中一六行第五字「誚」，資、磧、普、南、徑、清作「墮」。

一八一一頁中二〇行末字「文」，資、磧、普、南、徑、清作「乂」。

一八一一頁中二二行第六字「官」，諸本作「當」。

一八一一頁下八行「宗杞」，磧作「宗神」。

一八一一頁下一四行第一三字「和」，資、磧、普、南、徑、清作「縱和」。

一八一一頁下一五行第一一字「微」，諸本作「徵」。

一八一二頁上一行第一〇字「又」，諸本作「又誰美」。

一八一二頁上三行第一二字「夵」，諸本作「介」。

一八一二頁上一九行「抑抑」，諸本作「析析」。

一八一二頁上二二行第六字「陶」，資、磧、普、南、徑、清作「陶業」。又第一一字及末行第六字「資」，資、磧、普、南、徑、清作「質」。

一八一二頁中一二行「喜捨」，諸本作「喜捨是所」。又第一一字「喜」，資、磧、普、南、徑、清作「喜心」。

一八一二頁中一八行「言誨矣」，資、磧、普、南、徑、清作「誨」；麗作「言侮矣」。

一八一二頁中二一行第一二字「可」，資、磧、普、南、徑、清作「何」。

一八一二頁中二二行第一一字「美」，諸本作「善」。

一八一二頁中末行「厥別」，資、磧、普、南、徑、清作「互列」；麗作「互別」。

一八一二頁下三行「彼惡」，麗作「彼善彼惡」。又第一三字「善」，諸本作「善惡」。

一　八一二頁下七行末字「同」，資、磧、普、南、徑、清作「因」。

一　八一二頁下九行第五字「俗」，清作「浴」。又第一〇字「輟」，清作「報」。

一　八一二頁下一二行「周全」，麗作「同今」。又第一二字「狐」，資、磧、普、南、徑、清作「祇」。同行末字至次行首字「虎踞」，資、磧、普、南、徑、清作「虔跪」；麗作「狗踞」。

一　八一二頁下一四行第四字「如」，資、磧、普、南、徑、清作「如何」。

一　八一二頁下一七行第一二字及次頁中二二行第三字「損」，資、磧、普、南、徑、清作「捐」。

一　八一三頁上四行「彼若」，資、磧、普、南、徑、清作「若其」。

一　八一三頁上五行首字「知」，諸本作「是」。

一　八一三頁上六行「非相」，諸本作「非想」。

一　八一三頁上八行第六字「違」，諸本作「蓮」。又第一一字「厷」，資、磧、普、南、徑、清作「若」。

一　八一三頁上一二行第七字「論」，徑作「論并書」。又「治城」，磧、普作「治城」；徑作「宋釋」；清無。

一　八一三頁上一四行第四字「曚」，磧、普、南、徑、清作「蒙」。

一　八一三頁上一五行首字「越」，諸本作「趣」。又第八字「情」，資、磧、普作「清」。

一　八一三頁上一七行第七字「盲」，資、磧、普、南、徑、清作「指」。

一　八一三頁上二〇行第一二字「幸」，諸本作「乖」。

一　八一三頁上二二行第二字「指」，麗作「只」。

一　八一三頁中一七行第二字「取」，麗無。

一　八一三頁中一八行末字「水」，資、磧、普、南、徑、清作「永」；麗作「外」。

一　八一三頁中一九行第七字「邑」，諸本作「色」。

一　八一三頁中二一行第七字「秘」，磧、普、南、徑作「必」。

一　八一三頁中末行第五字「加」，資、磧、普、南、徑、清作「嘉」。

一　八一三頁下三行末字「微」，資、磧、普、南、徑、清作「徽」。

一　八一三頁下五行第五字「欲」，徑作「以」。

一　八一三頁下八行第二字「綃」，磧、普、南、徑、清作「緝正」。

一　八一三頁下九行第七字「制」，徑作「至」。

一　八一四頁上六行第四字「存」，資、磧、普、南、徑、清作「在」。

一　八一四頁上一三行第八字及一四行第九字「之」，資、磧、普、南、徑、清作「之所」。

一　八一四頁上一四行第一二字「民」，麗作「刀民」。又末字「力」，資、磧、普、南、徑、清作「力也」。

一八一四頁上一七行第五字「文」，磧、普、南、徑、清作「久」。

一八一四頁上一九行第一〇字「堙」，資作「壇」。

一八一四頁上二一行第七字「大」，資、磧、普、南、徑、清作「犬」。

一八一四頁中八行第四字「畢」，資、磧、普、南作「車」；徑、清無。

一八一四頁中一二行「止一」，諸本作「正一」。

一八一四頁中一五行「加之」，資、磧、普、南、徑、清作「如之」。

一八一四頁中一八行首字「且」，資、磧、普、南、徑、清無。

一八一四頁中一九行第六字「死」，資、磧、普、南、徑、清作「死子」。

一八一四頁中二二行第九字「君」，資、磧、普、南、徑、清作「居」。

一八一四頁下三行第一〇字「其」，資、磧、普、南、徑、清作「斯」。

一八一四頁下五行第一一字「墓」，諸本作「夢」。

一八一四頁下八行首字「旹」，資、磧、普、南、徑、清作「常」。

一八一四頁下一一行「欲見」，麗作「見欲」。

一八一四頁下一五行第六字「研」，諸本作「妍」。次頁下五行第六字，清、麗同。

一八一四頁下一九行第二字「易」，徑、清作「至」。

一八一四頁下二〇行第六字「父」，資、磧、普、南、徑、清作「文」。

一八一五頁上一行「非虛學」，資、磧、普、南、徑、清作「非虛耶學文」。

一八一五頁上三行第六字「録」，清、麗作「錄」。

一八一五頁上四行「犴狡」，資、磧、普、南、徑、清作「淫姣」；麗作「淫狡」。

一八一五頁上七行第八字「身」，資、磧、普、南、徑、清作「身也」。又末字「有」，資、磧、普、南、徑、清作「又有」。

一八一五頁上二〇行第五字「義」，徑作「意」。

一八一五頁上二二行第三字「而」，資、磧、普、南、徑、清作「而已」。又第六字「輟」，資、磧、普、南、徑、清作「輒」。

一八一五頁上末行末字「罪」，資、磧、普、南、徑、清作「羅」；麗作「罹」。

一八一五頁中一行第七字「惡」，資、磧、普、南、徑、清作「損」；麗作「禍」。

一八一五頁中三行「廣陵」，徑作「宋」；清無。

一八一五頁中一四行第一一字「此」，資、磧、普、南、徑、清作「然此」。

一八一五頁中一六行第一〇字「淺」，諸本作「踐」。又第一二字「大」，資、磧、普、南、徑、清作「天」。

一八一五頁中二〇行第五字「弈」，諸本作「弄」。

一八一五頁中二二行第六字「賓」，麗作「虛」。

一　八一五頁下一行「遠近」，資、磧、普、南、徑、清作「遠匠」；麗作「般鑒」。

一　八一五頁下六行「之靈」，諸本作「之靈無窮之靈」。

一　八一五頁下九行「城宮踈繞」，麗作「城寘踈嶢」。

一　八一五頁下一〇行第二字「總」，磧、普、南、徑、清作「細」；麗作「捻」。

一　八一五頁下一四行首字「覆」，資、磧、普、南、徑、清作「寢」。

一　八一五頁下一五行「有覺」，諸本作「有緣」。

一　八一五頁下一七行「都東」，諸本作「東都」。

一　八一五頁下二〇行「人華」，諸本作「華人」。

一　八一五頁下二二行「乎人」，資、磧、普、南、徑、清作「人乎」。

一　八一五頁下末行「莊孔周老」，徑作「周孔莊老」。

一　八一六頁上三行第一〇字「者」，諸本作「者也」。

一　八一六頁上六行第一一字「華」，諸本作「戎華」。又末字「盡」，麗作「則盡」。

一　八一六頁上七行第二字「靈」，諸本作「虛」。又第一二字「予」，資、磧、普、南、徑、清作「吊」；麗作「逾」。

一　八一六頁上八行第六字「空」，資、磧、普、南、徑、清作「牢」。

一　八一六頁上一二行第四字「十」，磧、普、南作「子」。

一　八一六頁上一五行第六字「制」，麗作「制及」。

一　八一六頁中四行第九字「取」，諸本作「取者」。

一　八一六頁中九行第一〇字「解」，諸本作「觸」。

一　八一六頁中二〇行第一二字「深」，諸本作「染」。

一　八一六頁中二二行「皮草」，諸本作「皮革」；又第八字「真」，資、磧、普、南、徑作「莫」。

一　八一六頁下一行第八字「地」，資、磧、普、南、徑、清作「他」。

一　八一六頁下五行第九字「佳」，資、磧、普、南、徑、清作「往」。

弘明集卷第八　　墳

梁楊都建初寺釋僧祐律師撰

玄光法師辯惑論

記室劉勰滅惑論

僧順法師析三破論

辯惑論序　　釋玄光

夫大千遐邈萬化无際塵遊夢境染惑聲華緣想增靄奚識明政由淳風漓薄使衆魔紛覺矣若矯詐謀榮必行五逆威强導矇必施六極重氣靈滿致患非一念東吴遭水仙之厄西夷載鬼卒之名閩藪畱種民之穢漢葉感思子之歌忠賢撫歎民治淩歇攪地沙草寧數其罪消流末學莫知宗本世教訛辟詭蔽三寶老鬼民等詠嗟盈路皆是炎山之煨燼河洛之渣滓淪滑險難余甚悼焉聊詮往迹庶鏡未然照迷童於玄鄉顯妙趣於塵外休風寘被彼我情判豈是言聲所能攄寫

禁經上價是一逆

夫玄籍雲舒貫空有之美聖賢功績何莫由斯實學者之淵海生民之日月所以波崙菩薩慈悲等照震聲光於炎塗弭塵賊於險澤汎靈舟於信風接浮生於苦水聞道諸經製雜凡意教迹邪險是故不傳悖哉道化空被禁錮觀今學者不顧嚴科但得金帛便與其經貪者造之至死不覩貪利无慈逆莫過此又其方術穢濁不清乃扣齒為天鼓咽唾為醴泉馬屎為靈薪老鼠為芝藥資此求道焉能得乎昔秦皇漢武不獲輕身使徐福公孫遠寘雲波析候通仙影響无陳夫閑心祛欲則事與道隣豈假驟涉之勞咽唾嗑齒者乎

妄稱真道是二逆

夫質懋纖霞者言神丹之功開明淨智者必蕩花之氣雖保此為真而未能无終況復張陵妄稱天師既侮慢人鬼即身受報漢興平末為蟒虵所噏子衡奔尋无處畏負清議之報識乃假設權方以表靈化之迹生縻鵠足置石崖頂謀事辯畢剋期發之到建安九年遣使告日正月七日天師

昇玄都米民山獠蟻集閩外雲臺治民等稽首再拜言伏聞聖駕玄都日等長辞蔭接尸塵方享九幽方夜衡入久之乃出詭稱日吾旋賀辰華佘各還所治淨心持行存師念道衡便穷抽遊胃鵠直衝虚空民獠愚惷僉言登仙䟦死利生欺罔天地

合杰釋罪是其三逆

夫滅情去欲則道心明真群斯班姓妄造黃書呪癩无端以伏輕諳呪曰天羃羃玄成日月明出窈窈入寘寘系入真氣通神氣布道氣行姦邪鬼賊皆消士視我者盲聽我者聾敢有謀畾我者反受其殃我寺而彼四至甲子詔為醮錄男女媟合尊卑不別五吳陸修靜復勤行此乃開命門抱真人嬰兒迴戲龍虎作如此之勢用消灾散禍其可然乎其可然乎漢時儀君行此為道䰡魅乱俗被斥燉煌後至孫恩侠蕩滋甚士女溷漫不異禽獸夫色塵易染愛結難消況交氣丹田延命仙穴肆兵過玉門之禁變態窮龍虎之勢生无忠貞之節死有青庭之苦誠願明天撿鏡斯輩物我端清莫負冥詥

侠道作乱是其四逆

夫寘宗難曉聲華易惑緣累重淵嶽

德輕風靄如黃巾等亥爲望漢室反易天明罪悉伏誅次有子魯復稱鬼道神祇不佐為野麋所突末後孫恩復稱紫道不以民賤之輕欲畾帝貴之重作雲響於幽竇發妄想於空玄水仙惑物枉殺耄稚破國壞民豈非兇逆是以宋武皇帝惟之慨然乃龍飛千里虎步三江掩撲群妖不勞浹辰含識懷懽草木春光

章書伐德是其五逆

夫至化餘塵不可誣蔽詮謚靈䰟務依明德道无真體妄逐妖空輙言東遷達七祖文意淺薄乞免轄沙石長行醉酒浸故如此頌贈寧非陋僻又作道鬼夫聖智窮微有念斯照何煩祭酒擔費紙墨若必須辞訴然後判者始知道君无玄鑒之能天曹無天眼之照三官疲於謹案伺吏勞於討捕聞其奏章本擬急疾而戊辰之日上必不達不達太上則生民枉死嗚呼哀哉實為五逆

畏鬼帶符非法之極第一

夫真心殞順者妖忤革其氣是以至

聖高賢无情於萬化故能洞遊金石卧宿煙霞此純誠感通豈佩帶使然哉其經辞致夸慢鬼蔽云左佩太極章右佩崐吳鐵指日則停暉擬鬼千里血若受黃書赤章言即靈仙硍㲲入靖不朝太上至於使六甲神而跪拜清廟如郭景純亦玄仙流楚清度尼竟不免災愚癡顛倒豈識儀節聞其著符昔時軍標張角黃符子魯戴絳盧悚紫標孫恩孤虛並矯惑王師終滅人鬼

制民課輸欺巧之極第二

夫五斗米教出自天師後生邪濁復立米民世人厭畏是以子明杜恭俱因魔嶙又塗炭齊者事起張魯氐夷難化故制斯法乃驢輾泥中黃鹵泥面擿頭懸撲挺埴使熟此法指在邊垂不施華夏至義熙初有王公其次貪寶憚苦竊省打拍吳陸修靜甚知源僻猶渥揆頷懸摩而已癡僻之極幸勿言道

解厨墓門不仁之極第三

夫開闔大施與物通美左道餘氣乃墓門解厨矜身奥食懷吮班之態昔張子魯漢中解福大集祭酒及諸鬼

卒鬼卒鬼民鬼吏鬼道此是子魯壓於民美作此名也又天師係師嗣師及三女師此是張魯自稱美也又道姑道男官女官道父道母神君種民此是合炁之後贈物名也又米民米姓都功祭酒此是荒時稱化名也又貧道三洞法師長安僧權作此名也又先生道民仙公王祿陵陵戊王靈期作也又道士犧賊制酒米賊此是世人之所目也又法師都講侍經者是陸修靜傍佛依世制此名也又天公地公及稱目安太平之道五斗米道大道鬼道鬼神師君此作賊時假威名也又際東陵大將五利將軍陣有第十三眞目節漢武之末不復稱之也酣進過常遂致酋逸醜聲
遐布遠達岷方劉璋教曰夫靈仙養
命猶節松霞而厚身嗜味奚能尚道
子魯聞之憤恥意深罰其掃路世傳
道士後會標以防斯難兼御厨令酒
限三升漢末已來謂為御酒至王靈期
削除疊目先生道民並其賑錫雖有
五利之貴更為妖物之名

度厄苦生虛妄之極第四

夫貧危秋蔕命薄春氷業風吹蕩
蓬迴化境所以景公任於緣命孫子
記為行尸迷徒湫學不識大方至有
疾病衰禍妄甚妖祟之原渕鬼鬻以
為灾渡危厄於遐川爚釣星於懸礁
雪丹章於華山乃贓驕肩貌譔詛寘
鬼云三官使者已送光歸逝者故然
空喪辭貨斯實祭酒頑巾猾之利蚕
食百姓公私並損致使火宅驚於至
聖歸歌動於人思矣

夢中作罪頑癡之極第五

夫天屬化始乃識照為原棄捨身命
草木非數然大地丘山莫非我故壓
滄川濇漫皆是我淚血以此而觀誰非
親友或夢見先亡輙云變怪夫人鬼
雖別生滅固同恩愛之情時復影響
群邪無狀不識逆順召食鬼吏兵奏
章斷之割截幽靈單心誰照幸願未
来勿尚迷言使天堂无輟食之思氷
河靜宍念之聲

輕作寒暑凡侫之極第六

夫渕黙心口者万行之真德而塵界
衆生率無慈愛尨凡邪侫符章竟作
懸門怗户以誑愚俗高賢有識未之
安也造黄神越章用持殺鬼又制赤
章用持殺人趣悅世情不計殃罪陰
謀懷嫉經有舊准死入鐵鉗大獄生
出鴟鵙瘖瘂精散惛朽淪離永刼誰
知斯乎差鬼民華道相不然事之宜
質夫諫剌雖呰智者甘聞故略致言
幸試三思能拂迹改畠即與大化同
風矣良其不革請俟明德倫照聲曲
以曉長夜豈是今日弱辞所陳哉

滅惑論　　　東莞劉記室勰

惑造三破論者義諮庸近辞體鄙陋
雖至理定於深識而流言惑於淺情
委巷陋說誠不足辯又恐野聽將謂
信然聊擇其可採略標雅致

三破論云道家之教妙在精思得一
而无死入聖佛家之化妙在三昧禪
通無生可冀諂死為泥洹
未見學死而不得死者也

滅惑論曰二教真偽煥然易辯夫佛
法練神道教練形形器必終㝵於一
垣之裏神識無窮再撫六合之外明
者資於无窮教以勝患闇者戀其必
終誑以仙術極於餌藥慧業始於觀
禪禪練真識故積妙而泥洹可冀藥
駐偽器故精思而翻騰无期若廼棄
妙寶藏遺智養身據理尋之其偽可
知假使形翻天際神闇鳶飛戾天寧
免為鳥夫泥洹妙果道惟常住學死
之談豈析理哉

三破論云若言太子是教主主不落
鬚而使人剃頭主不弃妻使人断種

實可笑哉明知佛教是滅惡之術也伏聞君子之德身體髮膚受之父母不敢毀傷孝之始也

滅惑論曰太子弃妻落髮事顯於經而反白為黑不亦罔乎夫佛家之孝所苞蓋遠理由乎心無繫於髮若愛髮弃心何取於孝昔泰伯虞仲斷髮文身夫子兩稱至德中權以俗內之賢宜修世禮斷髮讓國聖哲美談況般若之教業勝中權菩提之果理妙克讓者哉理妙克讓故捨髮取道業勝中權故弃迹求心准以兩賢无缺於孝鑒以聖境夫何怪乎

第一破曰入國而破國者誑言說偽興造无費苦剋百姓使國空民窮不否助國生人減損見人不蚕而衣不田而食國滅人絕由此為失日用損費無纖毫之益五灾之害不復過此

滅惑論曰大乘圓極窮理盡妙故明二諦以遣有辯三空以標无四等弘其勝心六度振其苦業誑言之訕豈傷日月夫塔寺之興聞揭靈教功立一時而道被千載昔禹會諸侯玉帛万

國至于戰伐存者七君太始政阜民户殷盛赤眉兵乱千里无煙國滅人絕寧此之由宗索之時石穀十万景武之世積粟弘腐非秦末多沙門而漢初無佛法也驗古准今何損於政

第二破曰入家而破家使父子殊事兄弟異法遺弃二親孝道頓絕憂娛各異歌哭不同骨血生讎服屬永弃悖化犯順无昊天之報五逆不孝不復過此

滅惑論曰夫孝理至極道俗同貫雖內外跡殊而神用一揆若命綴俗因本修教於儒礼運棄道果固弘孝於梵業是以諮親出家法華明其義聽而後學維摩標其例豈志本哉有由然也彼皆照悟神理鑒燭人世過駟駕於格言逝川傷於上哲故知瞑息盡養无濟幽靈學道拔親則冥苦永滅審妙感之无差辯勝果之可必所以輕重相權去彼取此若乃服制所勝施事由追遠礼雖因心抑亦沿世昔三皇至治堯舜所慕死則衣之以薪葬之中野封樹不修豈斬无紀豈

可謂三皇教民弃於孝乎爰及五帝衣服制燦然未聞堯舜執禮追責三皇三皇无責何獨疑佛佛之无服理由拔苦三皇廢喪事沿淳樸淳之不疑而拔苦見尤所謂朝三暮四而喜怒交設者也明知聖人之教觸感圓通三皇以淳撲无服五帝以沿情制喪釋迦拔苦故弃俗反真檢迹異路而玄化同歸

第三破曰入身而破身人生之體一有毀傷之疾二有髡頭之苦三有不孝之逆四有絕種之罪五有生之體從誠唯學不孝何故言哉誠令不跪父母便競從之兒先作沙弥其母後作阿尼則跪其兒不礼之教中國絕之何可得從

滅惑論曰夫棲形稟識理定前業入道居俗事繫因果是以釋迦出世化洽天人御國統家並證道跡未聞世界普同出家良由緣感不一故名教有二搢紳沙門所以殊也但始拔塵域理由戒定妻者愛累髮者形飾愛累傷神形飾乖道所以澄滅愛累修

道弃飾理出常均教必翻俗若乃不跪父母道尊故也父母礼之尊道故也礼新冠見母其母拜之嘉其備德故屈尊礼卑也介胄之士見君不拜重其秉武故尊不加也緇弁輕冠本无神道介胄凶器非有至德然事應加恭則以母拜子勢宜停敬則臣不跪君禮典世教周孔所制論其變通不由一軌況佛道之尊標出三界神教妙本群智玄宗以此加人實尊冠胄冠胄反礼古今不疑佛道加敬將欲何怪

三破論云佛舊經本云浮屠羅什改為佛徒知其源惡故也所以詺為浮屠胡人凶惡故老子云化其始不欲傷其形故髠其頭名為浮屠況屠割也至僧禕後改為佛圖本舊經云喪門喪門由死滅之門云其法无生之教名曰喪門至羅什又改為桒門僧禕又改為沙門沙門由沙汰之法不足可稱

滅惑論曰漢明之世佛經始過故漢譯言音字未正浮音似佛桒音似沙

聲之誤也以圖為屠字之誤也羅什語通華戎識兼音義改正三豕固其宜矣五經世典學不因譯而馬鄭注說音字互改是以於穆不記課師資於周頌允塞晏晏乖聖德於堯典至教之深寧在兩字得意忘言莊周所領以文害志孟軻所譏不原大理唯字是求宋人申束豈復過此

三破論曰有此三破之法不施中國本正西域何言之哉胡人无二剛强無禮不異禽獸不信虛無老子入関故作形像以教化之又云胡人麁獷欲斷其惡種故令男不娶妻女不嫁夫一國伏法自然滅盡

滅惑論曰雙樹晦跡形像代興固巳理積无始而道被无窮者也按李叟出関運當周季世閑賢隱故徃而忘歸接輿避世猶滅其迹況適外域孰見其蹤於是奸猾祭酒造化胡之經理拙辞鄙廝隸所傳尋西胡怯弱北狄兇熾若老子滅惡弃德用刑何愛兇狄而反滅弱胡遂令獯狁擴行毒流万世豺狼當路而狐狸是殊淪滑

為酷覆載无聞商鞅之法未至此虐伯陽之道豈其然哉且未服則設像無施信順則拏戮可息既服教矣方加極刑一言失道衆偽可見東野之語其如理何

三破論云蓋聞三皇五帝三王之徒何以學道並感應而未聞佛教為是九皇忽之為是佛教未出若是佛教未出則為邪偽不復云云

滅惑論曰神化變通教體匪一靈應感會隱現无際若緣在妙化則菩薩弘其道化在麁緣則聖帝演其德夫聖帝菩薩隨感現應殊教合契未始非佛固知三皇以来感滅而名隱漢明之教緣應而像現矣若迺三皇德化五帝仁教此之謂道似非太上義農敷治未聞奏章堯舜緝政寧肯盡符湯武採暴豈當餌丹五經典籍不齒天師而求援聖帝豈不悲哉

三破論云道以氣為宗名為得一尋中原人士莫不奉道今中國有奉佛者必是羌胡之種若言非耶何以奉佛

滅惑論曰至道宗極理歸乎一妙法

真境本固无二佛之至也則空玄無形而万象並應寂滅無心而玄智弥照幽數潛會莫見其極冥功日用靡識其然但言象既生假名遂立胡言菩提漢語曰道其顯跡也則金容以表聖應俗則王宮以現生拔愚以四禪為始進慧以十地為階揔龍鬼而均誘涵蠢動而等慈權教无方不以道俗乖應妙化无外豈以華戎阻情是以一音演法殊譯共解一乘敷教異経同歸経典由權故孔釋教殊而道契解同由妙故胡漢語隔而化通但感有精麁故教分道俗地有東西故國限内外其弥綸神化陶鑄群生無異也用能振拔六趣揔攝大千道惟至極法惟寂尊然至道雖一岐路生迷九十六種俱号為道聽名則邪正莫辯驗法則真偽自分案道家立法厥品有三上標老子次述神仙下襲張陵太上為宗尋柱史嘉遯實惟大賢著書論道貴在无為理歸靜一化本虛柔然而三世弗紀慧業靡聞斯迺尊俗之良書非出世之妙經也

若乃神仙小道名為五通福極生天體盡飛騰神通而未免有漏壽遠而不能無終功非餌藥德沿業修於是愚狡方士偽託遂滋張陵米賊述紀昇天葛玄野竪著傳仙公愚斯惑矣智可同歟今祖述李叟則教失如彼憲章神仙則體劣如此上中為妙猶不足筭况效陵魯醮事章符設教五斗欲極三界以蚊負山庸詎勝乎標名大道而教甚於俗舉号太上而法窮下愚何故知耶貪壽忌夭含識所同故肉芝石華譎以翻騰好色觸情世所莫異故黃書御女誑稱地仙肌革盈虛群生共愛故寶惜涕唾以灌靈根避災苦病民之恒患故斬縛魑魅以快愚情憑威恃武俗之舊風故吏兵鉤騎以動淺心至於消災婬術厭勝姧方理穢辭厚非可筆傳事合氓故比屋歸宗是以張角李弘毒流漢季盧悚孫恩乱盈晉末餘波所被寔蕃有徒爵非通侯而輕立民戶瑞無虎竹而濫求租稅糜費產業蠱惑士女運屯則蝎國世平則蠹民傷政

萌乱豈與佛同且夫涅槃大品寧比玄上妙清金容妙相何羨鬼室空屋降服天魔不慕幻邪之詐淨修戒行豈同畢券之醜積弘誓於方寸孰與藏官將於丹田響洪鍾於梵音豈若鳴天鼓於脣齒狡以形迹精麁已懸霄以至理真偽豈隱若以麁笑精以偽謗真是瞽對離珠日我明也

荅道士假稱張融三破論十九條　釋僧順

論云涅洹是死未見學死而得長生此滅種之化也

釋曰夫生生之厚至於無生則張毅單豹之徒是其疋矣是以儒家云人莫不愛其死而患其生老氏云及吾無身吾有何患莊周亦自病痛其一身此三者聖達之流叵以生為患夫欲求无生莫若涅洹者无為之妙稱談其跡也則有王官雙樹之文語其實也則有常住常樂之說子方輪迴五道何由聞涅槃之要或有三盲摸象得象耳者爭云象如播簸得象鼻者爭云象如舂杵雖獲象一方終不全象之實子說涅洹是死真摸象之

一旨矣

論云太子不廢妻使斷種

釋曰夫聖實湛然跡有妻應太子納妃於儲貳者蓋欲示人倫之道已足遂能弃茲大寶忽彼恩愛耳至如諸天夕降白驥飛城十号之理斯在何妻子之可有哉且世之嬌穉為累最深飢寒則生於盜賊飽暖則發於驕奢是以癘婦夕產急求火照唯恐似已復更為癘凡夫之種若癘產焉經云一切衆生皆有佛性仰尋此旨則是佛種捨家從道弃癘就佛為樂為利寧復是加子迷於俗韻滯於重惑夢中之夢何當曉矣

論云太子不剃頭使人落髮

釋曰在家則有二親之愛出家則有嚴師之重論其愛也髮膚為上稱其嚴也剪落為難所以就剃除而歡若辝父母而長往者蓋欲去此煩惱即彼无為髮膚之戀尚或可弃外物之徒有何可惜哉不輕髮膚何以尊道不辝天屬何用嚴師辟如喪服出紲大宗則降其本生隆其所後將使此

子執人宗廟之重割其歸顧之情還本政自一朞非恩之薄所後朞申三年實義之厚禮記云出必降者有受我而厚其例矣經云諸天奉刀持髮上天不剃之談是何言也子但勇於穿鑿怯於尋旨相為慨然

論云子先出家母後作尼則敬其子失禮之甚

釋曰出家之人尊師重法弃俗從道寧可一概而求且太子就學父王致敬漢祖善嘉令之言以太皇為臣魏之高貴敬齊王作私晉之褚后臣厭父於公庭引此而判則非疑矣

論云剃頭為浮圖

釋曰經云浮圖者聖瑞靈圖浮海而至故云浮圖也吳中石佛泛海鑑來即其事矣今子毀圖像之圖為刑屠之屠則泰伯端委而治故无慙德仲雍剪髮文身從俗致化遭子今日必罹吠聲之尤事有似而非非而似者外書以仲尼為聖人內經云尼者女也或有謂仲尼為女子子豈信之哉猶如屠圖之相類亦何以殊

論云喪門者死滅之門也

釋曰門者本也明理之所出入出入從本而興焉釋氏有不二法門老子有衆妙之門書云禍福无門皆是會通之林藪機妙之淵宅出家之得其義矣喪者滅也滅塵之勞通神之解即喪門也桒當為乘字之誤耳乘門者即大乘門也煩想既滅遇物斯乘故先云滅門末云乘門焉且八万四千皆稱法門奚獨喪桒二門哉

論云胡人不信虛無老子入關故作形像之化也

釋曰原夫形像始立非為教本之意當由滅度之後係戀罔已栴檀香像亦有明文且仲尼既卒三千之徒永言興慕以有若之貌似夫子坐之講堂之上令其講演門徒諮仰與往日不殊曾參勃然而言曰子起此非子之座推此而談思仰可知也羅什法師生自外方聰敏淵博善談法相縕負佛經流布關輔詮以真俗二名驗以境照雙寂振无為之高風激玄流於末悟所謂遣之至於無遺也子

謂胡人不信虛无誠非篤論君子且强理有優劣不係形像子以形像而語不亦攻乎異端

論云剃頭本不求佛為服亞胡令中國人不以正神自訓而取頑胡之法

釋曰夫六戎五狄四夷八蠻不識王化不聞佛法者辟如畜生事均八難方今聖主隆三五之治闡一乘之法天人同慶四海訢訢蚑行喙息咸受其賴喘蠕之虫自云得所子胱不自思厝言云云宜急緘其舌亦何勞提耳

論云沙門者沙汰之謂也

釋曰息心達源号曰沙門此則練神濯穢反流歸本即沙汰之謂也子欲毀之而義愈美真可仰之弥高鑚之弥堅者也

論云入國破國

釋曰夫聖必緣感无徃非應結繩以後民澆俗薄末代王教挻揚堯孔至如妙法所沾固助俗為化不待刑戮而自淳無假楚撻而取正石主師澄而興國古王諮勅以隆道破國之文從何取詭

論云入家破家

釋曰釋氏之訓父慈子孝兄愛弟敬夫和妻柔備有六睦之美有何不善而能破家唯聞末學道士有赤章呪詛發擿陰私行壇被髮呼天引地不問親踈規相慼殺此即破家之法矣

論云入身破身

釋曰夫身之為累甚於桎梏老氏以形骸為糞土釋迦以三界為火宅出家之士故宜去菁華弃名利悟逆旅之難常希寂滅之為樂流俗之徒反此以求全即所謂殺生者不死生生者不生也近代有好名道士自云神術過人剋期輕舉白日登天曾未數丈横墜於地迫而察之正大鳥之雙翼耳真所謂不能奮飛者也驗滅士於即事不旋踵而受誅漢之張陵誑詷貢高呼曰米賊亦被夷剪入身破身無乃角弓乎

論曰歌哭不同者

釋曰人哭亦哭俗内之寔跡臨喪能歌方外之坦情原壤喪親登木而歌孔子過而不非者此亦是名教之一

方耳

論云不朝宗者

釋曰孔子云儒有上不臣天子下不事公侯儒者俗中之一物尚能若此况沙門者方外之士乎昔伯成子高子州交伯但希玄慕道以不近屑人事

論云剃頭犯毀傷

釋曰鬚膚之解具於前荅聊更略而陳之凡言不敢毀傷者正是防其非僻觸冒憲司五刑所加致有殘缺耳今沙門者服膺聖師遠求十地剃除鬚髮被服法衣立身不乖揚名得道還度天屬有何不可而入毀傷之義守文之徒未達文外之旨耳輪扁尚不移術於其兒子何言哉

論云出家者未見君子是避役

釋曰噫唉何子之難喻耶左傳云言者身之文莊周云言不廣不足以明道余欲无言其可得乎夫出家之士皆靈根宿固德宇淵深湛乎斯照確乎不拔者也是以其神凝其心道超然遐想宇宙不能點其胷懷澹介无寄塵垢何能攪其方寸割慈親之重

恩弃房攏之歡愛虛室生白守玄行禪或捉陁林野委身餧獸或靜節蔬飡精心無怠將勤求十方超登无上解脫天羅銷散地網扡百福於未萌濟蒼生於万劫斯實丈夫之宏啚非吾子所得闚闚也避役之談是何言歟孔子願喙三尺者雖言出於口終不以長舌犯人則子之喙三丈矣何多口之為異傷人之深哉

論云三丁二出一何無緣者

釋曰無緣即是緣无緣生有緣即是緣有緣起何以知其然耶世有闔門入道故曰緣有緣起有生不識比丘者故曰緣无緣生十六王子同日出家隨父入道是則緣之所牽闔門損至何其宜出二之有哉无緣者自就无緣中求反諸已而已矣子方永墜無間遑復論此將不欲倒置干戈乎若能返迷殊副所望

論云道家之教育德成國者

釋曰道有九十六種佛為寂尊梵志之徒蓋是培塿假使山川之神能出雲雨者亦是有國有家之所祀焉其

云育德成國不无多少但廣濟无邊永拔塗炭我金剛一聖巍巍獨雄夫太極剖判之初　巳自有佛但于時衆生因緣未動故宜且昧名稱何以言之推三皇以上何容都无礼易則乾坤兩卦履豫二爻便當與天地俱生雖曰俱生而名不俱出者良由機感不發施用未形其理常存其跡不著耳中外二聖其揆一也故　法行云先遣三賢漸誘俗教後以佛經革邪從正李老之門釋氏之偏裨矣經云處處自說名字不同或為儒林之宗國師道士或寂寞无為而作佛事金口所說合若符契何為東西跳梁不避高下耶嗟乎外道藉我智慧資我神力遂欲撓乱我經文虔劉我教訓人之無良一至於此也

論云道者氣也

釋曰夫道之名以理為用得其理也則於道為備是故沙門号曰道人陽平呼曰道士釋聖得道之宗彭聃居道之末得道宗者不待言道而道自顯居道之末者常稱道而道不足辟如仲尼博學不以一事成名游夏之

徒全以四科見目莊周有云生者氣也聚而為生散而為死就如子言道若是氣便當有聚有散有生有死則子之道是生滅法非常住也嘗聞子道又有合氣之事願子勿言此真辱矣莊子又云道在屎溺此屎溺之道得非吾子合氣之道乎

弘明集卷第八

弘明集卷第八

校勘記

一　底本，金藏廣勝寺本。

一　八二二頁中，原版殘缺，以麗藏本換。

一　八二二頁中三至五行「玄光……三破論」，徑無。

一　八二二頁中六行「辯惑……玄光」，清無。又第四字「序」，徑作「并序」。

一　八二二頁中一八行第八字「玄」，資、磧、普、南、徑、清作「互」。

一　八二二頁中二一行第五字及本頁下一五行第五字「是」，徑無。

一　八二二頁中末行第二字「玄」，資、磧、普、南、徑、清作「言」。

一　八二二頁下二行「聲光」，資、磧、普、南、徑、清作「電光」。

一　八二二頁下三行第二字「炎」，麗作「冥」。又第五字「塵」，資、磧、普、南、徑、清作「魔」。

一　八二二頁下四行第七字「水」，資、磧、普、南、徑、清作「海」。

一　八二三頁上三行第九字「享」，麗作「亨」。

一　八二三頁上四行第一一字「賀」，諸本作「駕」。

一　八二三頁上六行「愚惷」，資、磧、普、南、徑、清作「愚戇」。

一　八二三頁上八行、二二行及本頁中一〇行「是其」，徑無。

一　八二三頁上一一行夾註右第四字「明」，資、磧、普、南、徑、清作「俱」。又夾註左末字「敢」，麗作「感」。

一　八二三頁上一二行夾註右第七字「系」，資、磧、普、南、徑、清作「受」。又第一九字「爲」，資、磧、普、南、徑、清作「冥」。

一　八二三頁上一二行夾註左第四字「娉」，資、磧、普、南、徑、清作「媟」。又第一〇字「五」，諸本無。又第一六字「勤」，資、磧、普、南、徑、清作「勤勤」。

一　八二三頁上一五行「鯱魁」，資、磧、普、南、徑、清作「鯱魅」；麗作「魁魅」。

一　八二三頁上一六行第九字「佒」，資、磧、普、南、徑、清作「佚」。

一　八二三頁上一八行末字「玉」，磧、南作「王」。

一　八二三頁上末行第二字「冥」，麗作「真」。

一　八二三頁中一〇行第三字「伐」，資、磧、普、南、徑、清作「代」。

一　八二三頁中一三行第九字「贈」，資、磧、普、南、徑、清作「贍」。

一　八二三頁中一八行首字「眼」，麗作「明」。

一　八二三頁中二二行第五字「非」，資、磧、普、南、徑、清作「妖」。又記數「第一」，徑作「一」，下至次頁中一二行「第六」例同。

一　八二三頁下四行「崐吳」，徑作「昆吾」。

一　八二三頁下五行第一〇字「即」，諸本作「即是」。又第一三字「硍」，諸本作「硠」。

一　八二三頁下一四行首字「因」，資、磧、普、南、徑、清作「困」。

一　八二三頁下一五行第七字「輾」，資、磧、普、南、徑、清作「驟」。

一　八二三頁下一六行「㨙挺」，磧、南作「抑埏」；普、徑、清作「柳埏」；麗作「㨙埏」。

一八二三頁下一九行首字「渥」，諸本作「遟」。
一八二三頁下二〇行及二二行「墓門」，資、磧、普、南、徑、清作「纂門」。
一八二三頁下二一行第三字「閭」，諸本作「閻」。
一八二三頁下二二行「矜身奧食」，資、磧、普、南、徑、清作「矜身與食」。又第一〇字「吪」，資、磧、普、南、徑、清作「唬」；麗作「吪」。
一八二四頁上一行夾註右「於氏」，麗作「於氏」。
一八二四頁上二行夾註右「姑道」，麗無。又右第九字「官」，資、磧、普、南、徑、清作「冠」。又右「氏以」，諸本作「民」。又夾註左「米姓」，磧、徑、清作「米性」。
一八二四頁上三行夾註左「秣陵」，資、磧、普、南、徑、清作「秣陵」。
一八二四頁上五行夾註右第一七字「君」，資、磧、普、南、徑、清作「若仙」。
一八二四頁上六行夾註右第四字「未」，諸本作「末」。
一八二四頁上一〇行第五字「摽」，諸本作「舉標」。又第一三字「令」，麗作「命」。
一八二四頁上一二行「先生」，徑作「先王」。
一八二四頁上一八行第八字「柰」，諸本作「祟」。
一八二四頁上一九行第九字「熗」，資、磧、普、南、徑、清作「詹」。末字「癅」，資、磧、普、南、徑、清作「溜」。
一八二四頁上二〇行第九字「鬚」，資、磧、普、南、徑、清作「鞏」。又第一三字「詎」，諸本作「詬」。
一八二四頁上二一行第九字「光」，麗作「先」。
一八二四頁上二二行第九字「禎」，資、磧、普、南、徑、清作「規」。
一八二四頁中一五行第三字「怗」，資、磧、普、南、徑、清作「貼」。
一八二四頁中一八行第一二字「大」，資、磧、普、南、徑、清作「火」。
一八二四頁下二行「東莞劉記室勰」，徑作「梁劉勰」。
一八二四頁下三行首字「惑」，麗作「或」。又末字「陋」，資、磧、普、南、徑、清作「拙」。
一八二四頁下八行末字「禪」，資、磧、普、南、徑、清作「神」。
一八二四頁下一五行「仙術」，麗作「飛仙仙術」。
一八二四頁下一六行「積妙」，諸本作「精妙」。
一八二四頁下一九行第六字「天」，資、磧、普、南、徑、清作「無」。
一八二四頁下末行第五字「剃」，資、磧、普、南、徑、清作「髡」。
一八二五頁上一四行末字「僞」，麗作「爲」。
一八二五頁上一五行末字「否」，諸本無。
一八二五頁上一六行第七字「見」，

一　南、徑、清作「況」。

一　八二五頁上二一行第一二字「訕」下，徑有夾註「一行訕」；清作「訕」。

一　八二五頁中一行第一〇字「太」，資、磧、普、南、徑、清作「更」。

一　八二五頁中三行「宗索」，麗作「亥嬰」。

一　八二五頁中四行第六字「弘」，諸本作「紅」。

一　八二五頁中一三行第八字「棄」，資、磧、普、南、徑、清作「粟」。又第一一字「固」，麗作「同」。

一　八二五頁中一六行第八字「理」，資、磧、普、南、徑、清作「理而」。

一　八二五頁中一七行首字「篤」，磧、南、徑、清作「馬」。又「暝息」，資、磧、普、南、徑、清作「瞬息」。

一　八二五頁中一八行第三字「无」，麗作「則無」。

一　八二五頁中二〇行第五字「摧」，資、磧、普、南、徑、清作「推」。

一　八二五頁中二一行首字「勝」，諸本無。又第七字「礼」，麗作「祀」。

一　八二五頁中二二行第九字「慕」，資、磧、普、南作「墓」。

一　八二五頁下二行首字「衣」，諸本無。

一　八二五頁下四行「淳之」，諸本作「淳樸」。

一　八二五頁下五行第五字「尤」，資、磧、普作「光」。

一　八二五頁下一二行「生之」，資、磧、普、南、徑、清作「亡」。

一　八二五頁下一三行第二字「識」，資、磧、普、南、徑、清作「誠」。

一　八二五頁下二〇行第一一字「一」，磧、普、南、徑、清作「二」。

一　八二五頁下末行「澄滅愛累」，諸本作「澄神滅愛」。

一　八二六頁上三行第一一字「嘉」，資、磧、普、南、徑、清作「喜」。

一　八二六頁上一〇行第四字「智」，諸本作「致」。

一　八二六頁上一一行第三字「反」，磧、普、南、徑、清作「及」。

一　八二六頁上末行第九字「似」，資、磧、普作「以」。

一　八二六頁中四行第八字「於」，資、磧、普、南、徑、清作「昭」。又第一一字「記」，資、磧、普、南、徑、清作「祀」。

一　八二六頁中五行「晏晏」，資、磧、普、南、清作「晏安」；徑作「宴安」；麗作「安安」。

一　八二六頁中六行第九字「忘」，清作「志」。

一　八二六頁中一〇行第二字「正」，資、磧、普、南、徑、清作「止」。

一　八二六頁中一二行第五字「以」，諸本作「之」。

一　八二六頁中一六行第二字「積」，資、磧、普、南、徑、清作「精」。又第一一字「也」，資、磧、普、南、徑、清作「矣」。

一　八二六頁中二一行第一二字「刑」，麗作「形」。

一八二六頁中末行第一二字「殊」，諸本作「誅」。

一八二六頁下一七行末字「盡」，資、磧、普、南、徑、清作「書」。

一八二六頁下一八行第四字「採」，資、磧、普、南、徑、清作「抒」；麗作「禁」。

一八二六頁下一九行第六字「援」，資、磧、普、南、徑、清作「授」。又「悲哉」，麗作「非哉」。

一八二七頁上四行第六字「象」，資、磧、普、南、徑、清作「萬象」。

一八二七頁上六行第四字「俗」，麗作「俗也」。

一八二七頁上一五行「用能振拔」，資、磧、普、南、徑、清作「固能拯拔」。

一八二七頁中四行第二字「挍」，諸本作「狡」。

一八二七頁中一九行首字「坁」，資、磧、普、南、徑、清作「⿰口氏庶」；麗作「泯庶」。

一八二七頁中末行第四字「乇」，資、磧、普、南、徑、清作「⿺辶乇」。

一八二七頁下二行「上妙」，資、磧、普、南、徑、清作「妙上」；麗作「上大」。

一八二七頁下五行第二字及一八行第八字「官」，資、磧、普、南、徑、清作「宮」。

一八二七頁下八行「離珠」，徑、清作「離朱」；麗作「离朱」。

一八二七頁下九行首字「答」，清作「僧順法師答」。又「答道士假稱張融」，徑作「釋」。又夾註「十九條」下，徑有「本論道士假張融作」。又「釋僧順」，資、磧、普作「僧順法師」；南作「釋僧順法師」。

一八二七頁下一七行「泥洹」，諸本作「泥洹泥洹」。

一八二七頁下一八行「王官」，諸本作「王宮」。

一八二七頁下二一行「播簸」，諸本作「簸箕」。

一八二七頁下二二行「春杵」，南、徑、麗作「舂杵」。又末字「不」，資、磧、普、南、徑、清作「不得」。

一八二八頁上二行第八字「使」，諸本作「使人」。

一八二八頁上三行第五字「寶」，諸本作「實」。

一八二八頁上九行第八字「急」，資、磧、普、南、徑、清作「忽」。

一八二八頁上一四行末字「矣」，資、磧、普、南、徑、清作「哉」。

一八二八頁上一八行第一三字「歡」，麗作「欽」。

一八二八頁中一行第一一字「願」，諸本作「顧」。

一八二八頁中三行末字「受」，資、磧、普、南、徑、清作「愛」。

一八二八頁中一一行第六字「令」，麗作「命」。

一八二八頁中一二行「作私」，麗作「於私室」。又第一一字「諸」，諸本作「儲」。

一八二八頁中一九行第七字「俗」，

徑作「容」。

一　八二八頁中二〇行首字「罹」，資、磧、普、南、徑、清作「羅」。

一　八二八頁下五行第一二字「之」，諸本作「之人」。

一　八二八頁下一三行第一三字「之」，資、磧、普、南、徑、清無。

一　八二八頁下一七行「講演」，資、磧、普、南、徑、清作「説法」。

一　八二八頁下二〇行第六字「外」，資、磧、普、南、徑、清作「殊」。

一　八二九頁上一行末字「且」，麗作「自」。

一　八二九頁上五行第二字「人」，資、磧、普、南、徑、清作「人士」。

一　八二九頁上九行第一一字「咏」，磧、普、南作「喘」。

一　八二九頁上一五行第五字「愈」，資、磧、普、南、徑、清作「逾」。

一　八二九頁上一九行第一〇字「挻」，麗作「誕」。

一　八二九頁上二〇行第二字「妙」，徑作「沙」。又第一三字「刑」，資、磧、普、南、徑作「形」。

一　八二九頁中五行第一一字「引」，資、磧、普、南、徑、清作「叩」。

一　八二九頁中六行第三字「規」，資、磧、普、南、徑、清作「覩」。

一　八二九頁中一〇行第七字「菁」，磧、普、南、徑、清作「奢」。

一　八二九頁下六行「交伯但」，麗作「支伯且」。又第一〇字「以」，資、磧、普、南、徑、清作「似」。

一　八二九頁下一六行第一〇字「是」，資、磧、普、南、徑作「皆是」。

一　八二九頁下末行第六字「攪」，資、磧、普作「攪」。

一　八三〇頁上二行第三字「投」，磧、普、南、徑、清作「頭」。又第九字「餧」，資、磧、普、南、徑、清作「餒」。

一　八三〇頁上三行「十方」，諸本作「十力」。

一　八三〇頁上五行「丈夫」，諸本作「大丈夫」。

一　八三〇頁上六行「閒関」，資、磧、普、南、徑、清作「閒」；麗作「開関」。

一　八三〇頁上七行第四字「顧」，資、磧、普、南、徑、清作「顧」。

一　八三〇頁上八行「三丈」，資、磧、普、南、徑、清作「三尺」。

一　八三〇頁上九行第五字「異」，資、磧、普、南、徑、清作「累」。

一　八三〇頁上一六行首字「損」，資、磧、普、南、徑、清作「頓」。

一　八三〇頁上二二行第七字「假」，麗作「爾假」。

一　八三〇頁中三行第六字「初」，麗作「初也」。

一　八三〇頁中八行第一一字「存」，資、磧、普、南、徑、清作「在」。

一　八三〇頁中九行第一一字「故」，麗作「故立」。

一　八三〇頁中一七行末字「也」，諸本無。

一　八三〇頁中二一行第三字「末」，麗作「未」。

趙城縣廣勝寺

弘明集卷第九　墳

梁楊都建初寺釋僧祐律師撰

大梁皇帝立神明成佛義記（并表與沈績作序注）

蕭琛難范縝神滅論

曹思文難范縝神滅論（并二啓詔答）

大梁皇帝立神明成佛義記（吳興沈績作序注）

夫神道冥默宣尼固已絕言心數理妙柱史又所未說聖非智不周近情難用語遠故也是以先代玄儒談遺宿業後世通辯亦論滯來身非夫天下之極慮何得而詳焉故惑者聞識神不斷而全謂之常聞心念不常而全謂之斷云斷則迷其性常云常則惑其用斷惑其用斷或因用疑本謂在本可滅因本疑用謂在用弗移莫能精求乎起倫執乃使天然覺性自沒浮談

聖主稟以玄符御茲大寶覺先天垂則觀民設化將恐支離詭辯攝義橫流微叙繁絲伊誰能振釋教遺文其將喪矣是以著斯雜論以弘至典績早念身空插心內教每飡法音用忘寢疾而闇情難曉觸理多疑至於佛性大義頓迷心路既天語遠流預同撫觀方夜獲開千祀永曙分除之疑朗然俱徹竊惟事與理亨無物不識用隨道合奚心不辯故行雲俳佪猶感美音之和游魚踊躍尚賞清絲之韻況以入神之妙發自天衷此臣所以儛之蹈之而不能自已者也敢以膚受謹為注釋豈伊錐管用窺天奧庶幾固惑所以釋焉

夫涉行本乎立信（臣績曰夫愚心闇必發大明明不皦起起必由行行必由自修修必由信信者憑師伏理无違之心也故五根以一信為本四信以不違為宗宗信既立万善自行善造果謂之行）信立由乎正解（臣績曰夫邪正不辯將何邪信故立信之本資乎正解）解正則外邪莫擾（臣績曰一心正則万邪滅矣是知內懷正見則外邪莫動）信立則內識无疑（臣績曰識者心也故成實論云心意識體一而異名心既信矣將何疑乎）然信解所依其宗有在（臣績曰依者憑也夫安心有本則枝行自從有本之言顯乎下句）何者源神明以不斷為精精神必歸妙果（臣績曰神而有盡寧謂神乎故經云吾見死者形壞體化而神不滅隨行善惡禍福自追此即不滅斷之義也不化同草木則豈精乎以其不斷故終歸妙極憑心此地則觸理皆明則於衆理何不成信解之宗此之謂解）妙果體極常住精神不免无常

臣績曰妙果明理已足所以體極常精神涉行未滿故之不免遷變無常者前滅後生剎那不住者也臣績曰剎那是天竺國音迅之名也生而即滅寧有住乎故淨名歎曰比丘即時生老滅矣若心用心於攀緣前識必異後者斯則與境俱往誰成佛乎臣績曰夫心隨境動是其外用後雖續前終非實論故知神識之性湛然不移湛然不移故終歸於妙果經云心為正因終成佛果臣績曰略語佛因其義有二一曰緣因二曰正因緣者万善是也正者神識是也万善有助發之功故曰緣因神識是其正本故曰正因既云終成佛果斯驗不斷明矣又言若無明轉則變成明案此經意理如可求何者夫心為用本本一而用殊殊用自有興發一本之性不移臣績曰淘汰塵識本則明明闇相易謂之變也若前去後來非之謂也一本者即无明神明也臣績曰神明本闇即故以無明為因尋無明之稱非太虛之目土石無情豈无明之謂臣績曰夫別了善惡匪心不知明審是非匪情莫識太虛無情故不明智土石無心寧辯解惑故知解惑存乎有心愚智在乎有識既謂无明則義在矣故知識慮應明體不免惑惑慮不知故曰无明臣績曰明為本性所以應明識涤外塵故內不免免面不了乃謂无明因期致稱豈盲空也哉而无明體上有生有滅生是其異用无明心義不改臣績曰既有其體便有其

用非淪辨非用用有興發辨無生滅將恐見其用異便謂心隨境滅臣績曰惑者迷其辨用故不斷猶何者夫辨之與用不辨不即辨无用故云不辨用義非辨故云不即見其不辨而迷其不即不即便謂心隨境滅故繼無明名下加以住地之目此顯無明即是神明神明性不遷也臣績曰無明係以住地蓋是斥其迷識而抱惑之徒未曾喻也何以知然如前心作無間重惡後識起非想妙善善惡之理大懸而前後相去甚迥斯用果無一本安得如此相續臣績曰不有一本則用无所依而惑者見其類續為一故舉大善斥其相續之迹也是知前惡自滅惑識不移後善雖生闇心莫改臣績曰未嘗以善惡生滅斷其本也故經言若與煩惱諸結俱者名為無明若與一切善法俱者名之為明豈非心識性一隨緣異乎臣績曰若善惡互起豈謂俱乎而恒對其言而常迷其旨故舉此要文以曉羣惑也故知生滅遷變酬於往因善惡交謝生乎現境臣績曰生滅因於本業非現境使之然善惡生於今境非本業令其耳而心為其本未曾異矣臣績曰雖復用由不同其本莫異也以其用本不斷故成佛之理皎然隨境遷謝故生死可盡明矣臣績曰成佛皎然據其本也生死可盡曰其用也若用而无本則滅而不成若本而无用則成無所滅矣也

難神滅論序

蕭琛

內兄范子真著神滅論以明無佛自謂辯摧衆口日服千人予意猶有惑焉聊欲薄其稽疑詢其未悟論至今所持者形神所訟者精理若乃春秋孝享為之宗廟則以為聖人神道設教立禮防愚杜伯關弓伯有被介復謂天地之間自有怪物非人死為鬼如此便不得詰以詩書校以往事唯可於形神之中辯其離合脫形神一體存滅罔異則范子奮揚蹈厲金湯邈然如靈質分途興毀區別則予剋敵得雋能事畢矣又予雖明有佛而體佛不與俗同尒兼陳本意係之論左焉

神滅論

問荅者論本客主之辭也難者今之所聞

問曰子云神滅何以知其滅耶

荅曰神即形也形即神也是以形存則神存形謝則神滅也

問曰形者无知之稱神者有知之名知與無知即事有異神之與形理不容一形神相即非所聞也

荅曰形者神之質神者形之用是則形稱其質神言其用形之與神不得

相異

難曰今論形神合體則應有不離之論證而直云神即形形即神形之與神不得相異此辯而無徵有乖篤論矣子今據夢以驗形神不得共體當人寢時其形是无知之物而有見焉此神遊之所接也神不孤立必憑形器猶人不露處須有居室但形器是穢闇之質居室是蔽塞之地神反形內則其識微惛惛故以見為夢人歸室中則其神壅壅故以明為昧夫人或夢上騰玄虛遠適万里若非神行便是形往耶形即不往神又不離復焉得如此若謂是想所見者及其安寐身似僵木氣若寒灰呼之不聞撫之無覺既云神與形均則是表裏俱勌即不外接聲音寧能內興思想此即形靜神馳斷可知矣又疑凡所夢者或反中詭遇（趙簡子夢童子倮歌而吳入郢晉小臣夢負公登天而負公出諸廁是也）或理所不容（呂錡夢射月中之吳后夢腸出繞閶門之類是也）或先覺未兆（呂姜夢天名其子曰虞曹人夢眾君子謀欲亡曹之類是）或假借象類（蔡茂夢禾失為秩王濬夢三刀為州之類是也）或即事所無（胡人夢舟越人夢騎之類是也）

或乍驗乍否（殷宗夢得傅說漢文夢獲鄧通驗也否事眾多不復具載也）此皆神化茫眇幽明不測易以約通難用理捡不許以神遊必宜求諸形內恐塊尒潛靈外絕覲覿雖復扶以六夢濟以想因理亦不得然也

問曰神故非質形故非用不得為異其義安在　答曰名殊而體一也

問曰名既已殊體何得一

答曰神之於質猶利之於刀形之於用猶刀之於利利之名非刀也刀之名非利也然而捨利無刀捨刀无利未聞刀沒而利存豈容形亡而神在也

難曰夫刀之有利砥礪之功故能水截鮫鱷陸斷兕虎若窮利盡用必摧其鋒鍔化成鈍刃如此則利滅而刀存即是神亡而形在何云捨利无刀名殊而體一耶刀利既不俱滅形神則不共亡雖能近取於譬理實乖矣

問曰刀之與利或如來說形之與神其義不然何以言之木之質無知也人之質有知也人既有如木之質而有異木之知豈非木有其一人有其二耶

答曰異哉言乎人若有如木之質以為形又有異木之知以為神則可如来論也今人之質質有知也木之質質无知也人之質非木質也木之質非人質也安在有如木之質而復有異木之知

問曰人之質所以異木質者以其有知耳人而無知與木何異

答曰人无無知之質猶木无有知之形

問曰死者之形骸豈非無知之質耶

答曰是無知之質也

問曰若然者人果有如木之質而有異木之知矣

答曰死者有如木之質而無異木之知生者有異木之知而無如木之質

問曰死者之骨骸非生者之形骸耶

答曰生形之非死形死形之非生形區已革矣安有生人之形骸而有死人之骨骸哉

問曰若生者之形骸非死者之骨骸死者之骨骸則應不由生者之形骸不由生者之形骸則此骨骸從何而至

答曰是生者之形骸變為死者之骨

歡也

問曰生者之形骸雖變爲死者之骨骸豈不因生而有死則知死體猶生體也

答曰如因榮木變爲枯木枯木之質寧是榮木之體

問曰榮體變爲枯體枯體即是榮體如絲體變爲縷體縷體即是絲體有何咎焉

答曰若枯即是榮榮即是枯則應榮時凋零枯時結實又榮木不應變爲枯木以榮即是枯故枯無所復變也又榮枯是一何不先枯後榮要先榮後枯何耶絲縷同時不得爲喻

問曰生形之謝便應豁然都盡何故方受死形綿歷未已耶

答曰生滅之體要有其次故也夫欻而生者必欻而滅漸而生者必漸而滅欻而生者飄驟是也漸而生者動植是也有欻有漸物之理也

難曰論云人之質有知也木之質无知也豈不以人識凉燠知痛痒養之則生傷之則死耶夫木亦然矣當春則

榮在秋則悴樹之必生拔之必死何謂無知今人之質猶如木也神留則形立神去則形廢立也即是榮木廢也即是枯木子何以辯此非神知而謂質有知乎凡万有皆以神知无以質知者也但草木昆虫之性裁覺榮悴生死生民之識則通安危利害何謂非有如木之質以爲形又有異木之知以爲神耶此則形神有二居可別也但木禀陰陽之偏氣人含一靈之精照其識或同其神則異矣骨骸形骸之論死生授受之説義既前定事又不經安用曲辯哉

問曰形即神者手等亦是神耶

答曰皆是神分

問曰若皆是神分神應能慮手等亦應能慮也

答曰手等有痛癢之知而无是非之慮

問曰知之與慮爲一爲異

答曰知即是慮淺則爲知深則爲慮

問曰若尒應有二慮慮既有二神有二乎

答曰人體唯一神何得二

問曰若不得二安有痛癢之知而復

有是非之慮

答曰如手足雖異總爲一人是非痛癢雖復有異亦總爲一神矣

問曰是非之慮不關手足當關何地

答曰是非之慮心器所主

問曰心器是五藏之心非耶

答曰是也

問曰五藏有何殊別而心獨有是非之慮

答曰七竅亦復何殊而司用不均何也

問曰慮思無方何以知是心器所主

答曰心病則思乖是以知心爲慮本

問曰何知不寄在眼等分中耶

答曰若慮可寄於眼分眼何故不寄於耳分也

問曰慮體无本故可寄之於眼分眼自有本不假寄於他分

答曰眼何故有本而慮无本苟无本於我形而可遍寄於異地亦可張甲之情寄王乙之軀李丙之性託趙丁之體然乎哉不然也

難曰論云形神不殊手等皆是神分此則神以形爲體體全即神全體傷

即神缺矣神者何識慮也今人或斷
手足殘肌膚而智思不乱猶孫臏刖
趾兵略愈明膚浮解腕儒道方謐此
神與形離形傷神不害之切證也但
神任智以役物託器辟如人之有宅
東閣延賓南軒引景北牖招風西攄
映月主人端居中霤以收四事之用
焉若如來論口鼻耳目各有神分一
目病即視神毀二目應俱盲矣一耳
疾即聽神傷兩耳俱應聵矣今則不
然是知神以為器非以為體也

又云心為慮本慮不可寄之他分若
在於口眼耳鼻斯論然也若在於他
心則不然矣耳鼻雖共此體不可以
相雜以其所司不同器器用各異也
他心雖在彼形而可得相涉以其神
理均妙識慮齊功也故書稱啓尒心
沃朕心詩云他人有心予忖度之齊
桓師管仲之謀漢祖用張良之筞是
皆本之於我形寄之於他分何云張
甲之情不可託王乙之軀李丙之性
勿得寄趙丁之體乎
問曰聖人之形猶凡人之形而有凡聖
之殊故知形神異矣
荅曰不然金之精者能照穢者不能
照能照之精金寧有不照之穢質又
豈有聖人之神而寄凡人之器亦無
凡人之神而託聖人之體是以八彩
重瞳勛華之容龍顏馬口軒皐之狀
此形表之異也比干之心七竅並列
伯約之膽其大如拳此心器之殊也
是以聖人區分每異常品非唯道革
群生乃亦形超万有凡聖均體所未
敢安

問曰子云聖人之形必異於凡敢問
陽貨類仲尼項籍似帝舜項孔陽知
革形同其故何耶
荅曰珉似玉而非玉鶡類鳳而非鳳
物誠有之人故宜尒項陽貞似而非
實以心器不均雖貞无益也
問曰凡聖之殊形器不一可也聖人
負極理無有二而音殊姿陽文異狀
神不係色於此益明
荅曰聖與聖同同於聖器而器不必
同也猶馬殊毛而齊逸玉異色均美
是以晉棘楚和等價連城驊騮盜驪
俱致千里
問曰形神不二既聞之矣形謝神滅
理固宜然敢問經云為之宗廟以鬼
饗之何謂也
荅曰聖人之教然也所以從孝子之
心而厲偷薄之意神而明之此之謂矣
問曰伯有被甲彭生豕見墳素著其
事寧是設教而已耶
荅曰妖恠茫茫或存或亡強死者衆
不皆為鬼彭生伯有何獨能然乍人
乍豕未必齊鄭之公子也
問曰易稱故知鬼神之情狀與天地
相似而不違又曰載鬼一車其義云何
荅曰有禽焉有獸焉飛走之別也有
人焉有鬼焉幽明之別也人滅而為
鬼鬼滅而為人則吾未知也
難曰論云豈有聖人之神而寄凡人
之器亦无凡人之神而託聖人之體
今陽貨類仲尼項籍似帝舜即是凡
人之神託聖人之體也珉玉鶡鳳不
得為喻今珉自名珉玉實名玉鶡号
鷄鶡鳳曰神鳳名既殊鳳稱貞亦奕
實今舜重瞳子項羽亦重瞳子非有

珉玉二名唯覩重瞳相類又有女媧蛇軀皐陶馬口非直聖神入於凡器遂乃託乎虫畜之體此形神殊別明闇不同茲益昭顯也若形神為一理絶前因者則聖應誕聖賢必產賢勇怯愚智悉類其本即形神之所陶甄一氣之所孕育不得有堯睿朱嚚瞍頑舜聖矣論又云聖同聖氣而器不必同猶馬殊毛而齊逸今毛復是逸器耶馬有同毛色而異駑駿者如此則毛非逸相由體無聖器矣人形骸无凡聖之別而有貞脆之異故遐靈栖於遠質促神寓乎近體則唯斯而已耳向所云聖人之體盲直語近舜之形不言器有聖智非矛盾之說勿近於此惑

問曰知此神滅有何利用

答曰浮屠害政桑門蠹俗風驚霧起馳蕩不休吾哀其弊思拯其溺夫竭財以赴僧破產以趨佛而不恤親戚不憐窮匱者何耶良由厚我之情深濟物之意淺是以圭撮涉於貧友吝情動於顏色千鍾委於富僧歡懷暢

於容髮豈不以僧有多稌之期友无遺秉之報務施不關周急立德必於在己惑以茫昧之言懼以阿鼻之苦誘以虛誕之詞欣以兜率之樂故弃縫掖襲橫衣廢俎豆列瓶鉢家家弃其親愛人人絶其嗣續至使兵挫於行閒吏空於官府粟罄於惰游貨殫於土木所以姦宄佛勝頌聲尚擁惟此之故也其流莫已其病無垠若知陶甄稟於自然森羅均於獨化忽焉自有怳尔而無來也不御去也不追乘夫天理各安其性小人甘其壟畝君子保其恬素耕而食食不可窮也蠶以衣衣不可盡也下有餘以奉其上上無為以待其下可以全生可以養親可以為己可以為人可以匡國可以霸君用此道也

難曰佛之有无寄於神理存滅既有往論且欲略言今指辯其損益語其利害以弼夫子過正之談子云釋氏蠹俗傷化費貨損役或者為之非佛之尤也五教本以好生惡殺修善務施好生非正欲繁育鳥獸以人靈為

重惡殺豈可得緩宥逋逃以哀矜斷察修善不必瞻丈六之形以忠信為上務施不苟使單財土木以周急為美若絶嗣續則必法種不傳如並起浮圖又亦種殖無地凡且猶知之況我慈氏寧樂尒乎今守株桑門迷瞀俗士見寒者不施之短褐愚者不錫以糠豆而覺聚无識之僧爭造衆多之佛親戚弃而不眄祭祀廢而不修良繒碎於刹上丹金靡于塔下而謂為福田期以報業此並體佛未深解法不妙雖呼佛為佛豈曉歸佛之旨号僧為僧寧達依僧之意此亦神不降福予無取焉夫六家之術各有流弊儒失於僻墨失於蔽法失於峻名失於訐咸由祖述者失其傳以致泥溺今子不以僻蔽誅孔墨峻訐責韓鄧而獨罪我如來貶茲正覺是忿風濤而毀舟檝今悖逆之人無賴之子上罔君親下虐儔類或不忌明憲而乍懼幽司憚閻羅之猛畏牛頭之酷遂悔其穢惡化而遷善此之益也又罪福之理不應殊於世教背乎人情

若有事君以忠奉親唯孝與朋友信如斯人者猶以一眚掩德蔑而弃之哉犯虫魚陷于地獄斯必不然矣夫忠莫踰於伊尹孝莫尚乎曾參伊公宰一畜以膳湯曾子烹隻禽以養點而皆同趍炎鑊俱赴鋒樹是則大功沒於小過奉上反於惠下昔弥子矯駕猶以義弘免戮嗚呼曾謂盂匠不如衛君子乎故知此為忍人之防而非仁人之誠也若能鑒彼流宕疊不在佛觀此禍福悟數關誘思息末以尊本不拔本以極末念忘我以弘法不後法以利我則雖曰未佛吾必謂之佛矣

難范中書神滅論　曹思文

難神滅第一 并啓詔荅

范荅第一

重難神滅第二 重啓詔荅

難范中書神滅論

論曰神即形也形即神也是以形存則神存形謝則神滅也

難曰形非即神也神非即形也是合而為用　者也而合非即矣生則合而為用死則形留而神逝也何以言之昔者趙簡子疾五日不知人秦穆公七日乃寤並神遊於帝所帝賜之鈞天廣樂此其形留而神遊者乎若如論言形滅則神滅者斯形之與神應如影響之必俱也然形既病焉則神亦病也何以形不知人神獨遊帝而欣歡於鈞天廣樂乎斯其寐也魂交故神遊於胡蝶即形與神分也其覺也形開遽遽然周也即形與神合也神之與形有分有合合則共為一體分則形亡而神逝也是以陵空子而言曰骨肉歸復于土而魂氣無不之也斯即形亡而神不亡也然經史明證灼灼也如此寧是形亡而神滅者乎

論曰問者曰經云為之宗廟以鬼饗之通云非有鬼也斯是聖人之教然也所以達孝子之心而厲偷薄之意也

難曰今論所云皆情言也而非聖旨請舉經記以證聖人之教孝經云昔者周公郊祀后稷以配天宗祀文王於明堂以配上帝若形神俱滅復誰配天乎復誰配帝乎且無臣而為有臣宣尼云天可欺乎今稷無神矣而以稷配斯是周旦其欺天乎果其无稷也而空以配天者即其欺天矣又其欺人也斯是人之教教以欺妄也設欺妄以立教者復何達孝子之心厲偷薄之意哉原尋論旨以無鬼為義試重詰之曰孔子菜羹瓜祭祀其祖禰也禮云樂以迎來哀以送往神既無矣迎何所迎神送无矣送何所送迎來而樂斯假欣於孔貞送往而哀又虛涙於丘體斯則夫子之祭祀也欺僞滿於方寸虛假盈於廟堂聖人之教其若是乎而云聖人之教然也何哉

思文啓竊見范縝神滅論自為賓主遂有三十餘條思文不惟闇蔽聊難論大旨二條而已庶欲以傾其根本謹冒上聞但思文情用淺匱懼不能徵折詭經仰黷

天照伏追震悸謹啓

所難二條當別詳覽也

右詔荅

答曹録事難神滅論

難曰形非即神也神非即形也是合而為用者也而合非即也

答曰若合而為用者明不合則无用如蛩駏相資廢一則不可此乃是滅神之精據而非存神之雅决子意本欲請戰而定為我援兵耶

難曰昔趙簡子疾五日不知人秦穆公七日乃寤並神遊於帝所帝賜之鈞天廣樂此形留而神逝者乎

答曰趙簡子之上賓秦穆之上遊帝既云耳聽鈞天居然口嘗百味亦可身安廣夏目悅玄黃或復披文繡之衣控如龍之轡故知神之須待既不殊人四肢七竅每與形等隻翼不可以適遠故不比不飛神無所闕何故憑形以自立

難曰若如論旨形滅神滅者斯形之與神應如影之必俱也然形既病焉則神亦病也何以形不知人神獨遊帝

答曰若如來意便是形病而神不病也今傷之則病是形痛而神不痛也惱之則憂是形憂而神不憂也憂慮痛形已得之如此何用勞神於无事勞神於无事耶曹以為生則合而為用則病癈同故死則形留而神遊則故遊帝與形不同

難曰其寐也魂交故神遊於胡蝶即形與神分也其覺也形開遽遽然周也即形與神合也

答曰此難可謂窮辯未可謂窮理也子謂神遊胡蝶是真作飛虫耶若然者或夢為牛則負人轅輈或夢為馬則入人跨下明旦應有死牛死馬而無其物何耶又腸繞昌門此人即死豈有遺其肝肺而可以生哉又日月麗天廣輪千里無有自來矣一旦實之良足偉也明結想霄坐周天海神昏於內妄見異物豈莊生實乱南園趙簡真登閶闔鄒外茅蕭㻂亦以夢為文句甚悉想就取視也

難曰延陵窆子而言曰骨肉歸于土而魂氣無不之也斯即形亡而神不止也

答曰人之生也資氣於天禀形於地是以形銷於下氣滅於上氣滅於上故言無不之者不測之辞耳豈必其神與知耶

難曰今論所云皆情言也而非聖旨請舉經記以證聖人之教孝經云昔者周公郊祀后稷以配天宗祀文王於明堂以配上帝若形神俱滅誰配天乎復誰配帝乎

答曰若均是聖達本自无教教之所設寔在黔首黔首之情常貴生而賤死死而有靈則長畏敬之心死而無知則生慢易之意聖人知其若此故廟祧壇墠以篤其誠心肆筵授几以全其罔已尊祖以窮郊天之敬嚴父以配天明堂之享且忠信之寄心有地强梁之子玆焉是懼所以聲教煦於上風俗淳于下用此道也故經云為之宗廟以鬼享之言用鬼神之道致玆孝享也春秋祭祀以時思之明厲其追遠不可朝死夕亡也子貢問死而有知仲尼云吾欲言死而有知則孝子輕生以殉死吾欲言死而無知則不孝之子弃而不葬子路問事鬼神夫子云未能事人焉能事鬼適言以鬼享之何故不許其事耶死而有

知輕生以殉是也何故不明言其有而作此悠漫以荅耶研求其義死而无知亦已審矣宗廟郊社皆聖人之教迹彝倫之道不可得而廢耳

難曰且無臣而為有臣宣尼云天可欺乎今禝无神矣而以禝配斯是周旦其欺天乎既其欺天又其欺人斯是聖之教以欺妄教以欺妄以教何達孝子之心厲偷薄之意哉

荅曰夫聖人者顯仁藏用窮神盡變故曰聖達節而賢守節也寧可求之蹄筌局以言教夫欺者謂傷化敗俗道人非道耳苟可以安上治民移風易俗三光明於上黔黎悅於下何欺妄之有乎請問湯放桀武伐紂是殺君非耶而益子云聞誅獨夫紂未聞殺君也子不責聖人放殺之迹而勤勤於郊禝之妄乎郊丘明堂乃是儒家之淵府也而非形神之滯義當如此何耶

難曰樂以迎來哀以送往云云

荅曰此義未通而自釋不復費辭於無用禮記有斯言多矣近寫此條小

恨未周也

思文啓始得范縝荅神滅論猶執先迷思文試料其理致衡其四證謹冒奏聞但思文情識愚淺无以折其鋒銳仰塵

聖鑒伏追震悚謹啓

具一二縝既背經以起義乖理以致談滅聖難以聖責乖理難以理詰如此則言語之論略成可息

右　詔荅

重難范中書神滅論

論曰若合而為用者明不合則无用如蛩巨之相資廢一則不可此乃是滅神之精據而非存神之雅決子意本欲請戰而定為我援兵也論又云形之於神猶刀之於利未聞刀沒而利存豈形止而神在又申延陵之言即形消於下神滅於上故云无之也又云以禝配天非欺天也猶湯放武伐非殺君也子不責聖人放殺之迹而勤勤於郊禝之妄耶

難曰蛩蛩巨虛是合用之證耳而非

形滅即神滅之據也何以言之蛩非虛也虛非蛩不止相即也今引此以為形神俱滅之精據又為救兵之良援斯倒戈授人而欲求長存也悲夫斯即形滅而神不滅之證一也論云形之與神猶刀之於利未聞刀沒而利存豈容形止而神在雅論據形神之俱滅唯此一證而已愚有惑焉何者神之與形是二物之合用即論所引蛩巨相資也是今刀之於利是一物之兩名耳然一物兩名者故捨而則無利也二物之合用者故形止則神逝也今引一物之二名徵二物之合用斯差若毫釐者何千里之遠也斯又是形滅而神不滅之證二也又申延陵之言曰即是形消於下神滅於上論云形神是一體之相即即今形滅於此即應神滅於形中何得云形消於下神滅於上而云无不之乎斯又是形滅而神不滅之證三也又云以禝配天非欺天也猶湯放桀武伐紂非投君也即是權假以除惡乎然唐虞之君无放伐之患矣若乃運非太

弘明集卷第　九　第三十七張　墳字号

平世值三季擢假立教以救一時故擢褸以配天假父以配帝則可也然有虞氏之王天下也禘黄而郊嚳祖顓而宗堯既淳風末弥時非權假而令欺天冈帝也何乎引證若斯斯人是形滅而神不滅之證四也斯四證既立而根本自傾餘枝葉庶不待風而靡也

論曰樂以迎来哀以送往此義不假通而自釋不復費於无用禮記有言多矣又丈夫言欺者謂傷化敗俗耳苟可以安上治民復何欺妄之有乎

難曰前難云迎来而樂是假欣於孔貟送往而哀又虛淚於丘體斯實鄙難之雲梯弱義之鋒的在此言也而荅者曾不惠解唯云不假通而自釋請重之日依如論旨既已許孔是假欣而虛淚也又許褸之配天是捐无以為有也宜且云亡而為有虛而為盈泰交象之所不占而格言之所攸弃用此風以扇也何得不傷茲俗於何不敗而云可以安上治民也何哉論云已通而昧者未悟聊重往詰測

閒提耳

弘明集卷第九

弘明集卷第九　第三十八張　墳

弘明集卷第九

校勘記

一　底本，金藏廣勝寺本。

一　八三六頁中三行至五行夾註「大梁……詔答」，徑無。

一　八三六頁中五行夾註「并二啓詔答」，清作「并詔啓答各二」。

一　八三六頁中六行「大梁皇帝」，徑無。又夾註「吴興……注」，徑作「并沈績序注梁武帝」。

一　八三六頁中八行「聖非」，資、磧、普、南、徑、清作「非聖」。

一　八三六頁中一〇行「亦論」，資、磧作「易淪」；普、南、徑、清作「亦淪」。

一　八三六頁中一四行第四字「惑」，徑、清無。又「其用斷惑」，資、磧、普、南、徑、清無。

一　八三六頁中一八行第二字「主」，普、南、徑、清作「王」。

一　八三六頁中一九行第七字及次頁

一 中一行正文第二字「怨」，諸本作「恐」。

一 八三六頁中二〇行首字「微」，資、磧、普、南、徑、清作「徵」。

一 八三六頁中二一行「製茲」，諸本作「著斯」。

一 八三六頁中末行「疾而」，麗作「食而」。

一 八三六頁下二行第七字「誥」，麗作「詰」。

一 八三六頁下八行第一二字「庸」，諸本作「膚」。

一 八三六頁下一一行夾註右第三字「闇」，資、磧、普、南、徑、清作「闇識」。（此卷夾註較多，以下按各行之左、右出校，不再註明夾註二字）。又左第三至四字「必由」，諸本作「不」。

一 八三六頁下一三行右「行善」，諸本作「行行善」。

一 八三六頁下一四行右「邪信」，諸本作「取信」。

一 八三六頁下一五行右「一心正」，資、磧、普、南、徑、清作「信一心者」。

一 八三六頁下一八行左第八字「言」，資、磧、普、南、徑、清作「旨」。

一 八三六頁下二一行右「自追」，資作「不自追」。又左第九字「豈」，資、磧、普、南、徑、清作「豈曰」。

一 八三六頁下二二行左第六字「何」，諸本作「何行」。

一 八三六頁下末行右「謂解」，諸本作「謂也」。

一 八三七頁上三行右「迅之」，諸本作「迅速之極」。

一 八三七頁上六行左第一〇至一三字「湛然不移」，資、磧、普、南、徑、清無。

一 八三七頁上一〇行左第三字「既」，資、磧、普、南、徑、清作「經既」。

一 八三七頁上一四行右「淘汰」，資、磧、普、南、徑、清作「淘汏」。又左「非之謂也」，資、磧、普、徑、清作「非變之謂」；南作「非之謂」。

一 八三七頁上一九行左「在矣」，資、磧、普、南、徑、清作「在心矣」。

一 八三七頁上二一行左「免面」，諸本作「惑惑而」。又「因期」，諸本作「因斯」。

一 八三七頁上二二行正文第一〇字「生」，諸本作「生滅」。

一 八三七頁中一行右第二字「非」，諸本作「語用非體」。又左末字「滅」，資、磧、普、南、徑、清作「滅者也」。

一 八三七頁中二行左「斷精」，磧、普、南、徑、清作「能精」。

一 八三七頁中三行左末二字至四行右「迷其不即不即」，諸本作「不即迷其不即」。

一 八三七頁中六行左第四字「識」，資、磧、普、南、徑、清作「體」。

一 八三七頁中一一行右第三字「其」，資、磧、普、南、徑、清無。

一 八三七頁中一八行右第二字「因」，

資、磧、普、南、徑、清作「由」。

一　八三七頁中二一行右末字「扶」，徑、清作「狀」。又左末字「曰」，諸本作「由」。

一　八三七頁中末行「難神滅論序　蕭琛」，徑作「難神滅論　并序　本論范縝作　梁蕭琛」；清作「蕭琛難范縝神滅論并序」。

一　八三七頁下一行第五字「真」，資、磧、普、南、徑、清作「縝」。

一　八三七頁下一〇行第一二字「廧」，諸本作「厲」。

一　八三七頁下一五行「神滅論」及夾註，徑無。

一　八三八頁上三行首字「論」，諸本無。

一　八三八頁上一三行第七字及一七行首字「即」，諸本作「既」。

一　八三八頁上二〇行左「是也」，資、磧、普、南、徑、清作「之類是也」。又「之吴」，南、徑、清作「之兔吴」。

一　八三八頁上二一行右「閭門」，資、磧、普作「昌門」。又左「曾人」，麗作「曹人」。

一　八三八頁上二二行左「士曾」，資、磧、普、南、徑、清作「亡曾」，麗作「亡曹」。又右「禾失」，資、磧、普、南、徑、清作「夢禾失」。

一　八三八頁中三行第七字「不」，資、磧、普、南、徑、清作「若不」。

一　八三八頁中四行「怨魂」，諸本作「恐塊」。

一　八三八頁中九行第一一字「刀」，資、磧、普、南、徑、清作「刃」。下至一九行第三字同。

一　八三八頁中一八行第八字「於」，資、磧、普、南、徑、清無。

一　八三八頁下九行「有有」，麗作「有」。

一　八三八頁下一六行「骨骸」，資、磧、普、南、徑、清作「骨骼」。下同。

一　八三九頁上一四行「何耶」，資、磧、普、南、徑、清作「何也」。

一　八三九頁中一〇行第一〇字「風」，資、磧、普、南、徑、清作「氣」。

一　八三九頁中一八行「非之」，徑作「非知」。

一　八三九頁中二一行第五字「應」，徑作「因」。又第七字「慮」，諸本作「二慮」。

一　八三九頁下三行首字「攁」，諸本作「癢」。

一　八三九頁下四行末字「地」，諸本作「也」。

一　八三九頁下一〇行第一〇字「司」，資、磧、普、南、徑、清作「所」。

一　八三九頁下二二行第九字「乎」，諸本作「手」。

一　八四〇頁上三行第六字「膚」，麗作「盧」。

一　八四〇頁上四行第六字「偒」，諸本作「傷」。

一　八四〇頁上五行「託器」下，諸本有「以通照視聽香味各有所憑而思識歸乎心器」十八字。

一　八四〇頁上六行第四字「賓」，諸本作「賢」。

一八四〇頁上七行第一〇字「收」，資、磧、普、南、徑、清作「牧」。

一八四〇頁上一五行第一〇字「器」，資、磧、普、南、徑、清無。

一八四〇頁中六行第一二字「畢」，磧、麗作「臯」；普、南、徑、清作「皡」。

一八四〇頁中九行第二字「以」，資、磧、普、南、徑、清作「以知」。又第八字「異」，資、磧、普、南、徑、清作「絶」。

一八四〇頁中一三行第四字「仲」，資、磧、普作「神」。又「舜舜」，資、磧、普、南、徑、清作「虞帝舜」；麗作「帝舜舜」。又末字「知」，諸本作「智」。

一八四〇頁中一七行第二字「以」，資、磧、普、南、徑、清作「似」。

一八四〇頁中一九行「而立旦」，麗作「而且」。

一八四〇頁中二二行第一二字「色」，諸本作「色而」。

一八四〇頁下六行第四字「偷」，資、磧、普、南、徑、清作「渝」。

一八四〇頁下九行第一一字「強」，麗作「理」。

一八四〇頁下二二行第一〇字「鳳」，諸本無。

一八四一頁上二行「非直」，資、磧、普作「作直」；南、徑、清作「作真」。

一八四一頁上三行第四字「乎」，資、磧、普、南、徑、清作「于」。

一八四一頁上六行第八字「即」，資、磧、普、南、徑、清作「既」。次頁下四行第九字同。

一八四一頁上八行第一一字「氣」，資、磧、普、南、徑、清作「器」。

一八四一頁上一三行第一一字「則」，資、磧、普、南、徑、清無。

一八四一頁上一四行第一〇字「旨」，資、磧、普、南、徑、清作「指」。又第一三字「近」，麗作「丘」。

一八四一頁上一八行第七字「乘」，資、磧、普、南、徑、清作「桑」。又第九字「蠱」，諸本作「蠹」。

一八四一頁上一九行第三字「不」，磧、普作「於」。

一八四一頁上二〇行第三字「赴」，資、磧、普、南、徑作「趣」；清作「趨」。

一八四一頁中一行首字「於」，磧、普、南作「不」。

一八四一頁中二行及本頁下三行「周急」，資、磧、普、南、徑、清作「周給」。

一八四一頁中三行第三字「惑」，資、磧、普、南、徑、清作「又惑」。

一八四一頁中四行至五行「弃縫」，資、磧、普、南、徑、清作「捨逢」。

一八四一頁中七行第一二字「淤」，諸本作「游」。又末字及本頁下三行第七字「單」，諸本作「殫」。

一八四一頁中一二行第三字「人」，諸本無。

一八四一頁中一三行首字「畒」，諸本作「畝」。

一八四一頁中二一行「或者」，資、磧、普、南、徑、清作「此惑者」。

一八四一頁中二二行「五教」，諸本作「佛之立教」。

一八四一頁中末行第五字「正」，資、磧、普、南、徑、清作「止」。

一八四一頁下二行第六字「瞻」，徑作「贍」。

一八四一頁下三行首字「上」，資、磧、普作「止」。

一八四一頁下四行第二字「若」，資、磧、普、南、徑、清作「若悉」。

一八四一頁下五行第五字「種」，資、磧、普、南、徑、清作「播」。又第九字「凡」，資、磧、普、南、徑、清作「凡人」。

一八四一頁下七行「愚者」，資、磧、普、南、徑、清作「遇餒者」；麗作「遇飢者」。

一八四一頁下一四行第七字「夫」，資、磧、普、南、清作「失」。

一八四一頁下一六行第三字「詐」，資、磧、普、南、徑、清作「許」。又第七字「述」，磧、普、南作「迷」。

一八四一頁下一七行第一二字「水」，資、磧、普、南、徑、清作「許」；麗作「詐」。

一八四一頁下一九行「悖逆」，麗作「逆悖」。

一八四一頁下二〇行「卞虛」，資、磧、普、南、徑、清作「下虗」；麗作「下虛」。

一八四一頁下二二行第一〇字「此」，資、磧、普、南、徑、清作「此佛」。

一八四一頁下末行第一一字「皆」，諸本作「背」。

一八四二頁上三行首字「哉」，南、徑、清、麗作「裁」。

一八四二頁上四行「伊公」，資、磧、普、南、徑、清作「若伊公」。

一八四二頁上九行第四字「子」，徑、麗無。

一八四二頁上一〇行第九字「鑒」，徑作「鑿」；麗作「監」。

一八四二頁上一一行「悟教開」，資、磧、普、南、徑、清作「識悟教」。

一八四二頁上一二行第七字「拯」，麗作「極」。

一八四二頁上一五行首字至一八行夾註末字「難……答」三十三字，徑無。清作「曹思文難范中書神滅論并詔啓答各二」。

一八四二頁上一九行「難……論」，徑作「難神滅論并啓詔」。

一八四二頁中四行第一一字「遊」，徑作「逝」。

一八四二頁中一一行第二字「神」，資、磧、普、南、徑、清作「然神」。

一八四二頁中一二行「陵空子」，資、磧、普、南、徑、清作「延陵窆子」；麗作「延陵喪子」。

一八四二頁中一四行第六字「止」，資、磧、普、南、徑、清作「亡」。下至次行第一一字同。

一八四二頁中一六行第二字「乎」，資、磧、普、南、徑作「也」。

一　八四二頁中一九行第一一字「偷」，資、磧、普、南、徑作「渝」；清作「喻」。下至八四四頁上九行第七字同。

一　八四二頁下一行第一一字及二行首字「臣」，資、磧、普、南、徑、清作「神」。

一　八四二頁下五行第七字「人」，徑、清作「聖人」。

一　八四二頁下九行第四字「禮」，資、磧、普、南、徑、清作「記」。

一　八四二頁下一〇行第九字「送」，諸本作「既」。

一　八四二頁下一二行「祭祀」，資、磧、普、南、徑、清作「祭禮」。

一　八四二頁下一三行首字「欺」，資、磧作「斯」。

一　八四二頁下一八行第一〇字「以」，資、磧、普、南、徑、清作「以此」。

一　八四二頁下二〇行首字「微」，南、徑、清、麗作「徵」。

一　八四二頁下二一行第二字及次頁下一四行末字「煦」，資、磧、普、南、徑、清作「照」。

一　八四二頁下二二行首字「所」，徑作「詔答所」。

一　八四二頁下末行「右詔答」，資、磧、普、南、清作「右詔謹答」；徑無。

一　八四三頁上一行「答……論」，徑作「答曹舍人并啓詔梁范縝」。

一　八四三頁上五行第二字「駵」，諸本作「蛩」。又第三字「駈」；麗作「巨」。

一　八四三頁上一一行「上遊」，資、磧、普、南、徑、清作「遊上」。

一　八四三頁上一三行第四字「夏」，諸本作「厦」。

一　八四三頁上一八行第九字「神」，資、磧、普、南、徑、清作「則神」；麗作「即神」。

一　八四三頁上一九行第五字「影」，資、磧、普、南、徑、清作「影響」。

一　八四三頁上二〇行末字「帝」，資、磧、普、南、徑、清作「帝所」。

一　八四三頁上二二行第六字及本頁中二行夾註左第二字「病」，資、磧、普、南、徑、清作「痛」。

一　八四三頁中一行首字「痛」，資、磧、普、南、徑、清作「痛廢」。

一　八四三頁中二行「勞神於無事」，諸本無。又夾註左第五字「故」，諸本作「也」。

一　八四三頁中一一行「昌門」，資、磧、普、徑、清作「閶門」。

一　八四三頁中一三行「千里」下，諸本有「無容下從匹（「匹」，麗作「返」。）婦近入懷袖（「袖」，南作「神」。）夢幻虛假」。又第七字「無」，資、磧、普、南、徑、清無。

一　八四三頁中一六行第七字「鄃」，徑作「邪」；麗作「郢」。

一　八四三頁中一七行第七字「就」，麗作「孰」。

一　八四三頁中一八行「空子」，資、磧、普、南、徑、清作「窆子」，麗作「喪子」。又「于上」，資、磧、普、南、徑、清作「復于土」。

一　八四三頁中一九行「形止」，資、磧、普、南、徑、清作「形亡」。下至次頁下一二行同。

一　八四三頁中二〇行「止也」，資、磧、普、南、徑、清作「亡也」。

一　八四三頁中末行「無无」，諸本作「無不之無」。

一　八四三頁下一行「神與」，資、磧、普、南、徑、清作「有神與」；麗作「神興」。

一　八四三頁下五行第一三字「誰」，資、磧、普、南、徑、清作「復誰」。

一　八四三頁下一三行第三字「天」，資、磧、普、南、徑、清無。又第一一字「之」，資、磧、普、南、徑、清作「之人」。

一　八四三頁下一五行第八字「周」，資、磧、普、南、徑、清作「用」。

一　八四三頁下一七行第一〇字「以」，資、磧作「地」。

一　八四三頁下二一行第一一字「之」，諸本無。

一　八四四頁上五行第五及第九字「巨」，磧、南、徑、清作「袖」。

一　八四四頁上八行第二字「聖」，諸本作「聖人」。又第八字至第一二字「教以欺妄以」，資、磧、普、南、徑、清、麗作「以欺忘爲」；麗作「欺妄以」。

一　八四四頁上一一行第七字「覽」，諸本作「賢」。

一　八四四頁上一三行首字「道」，諸本作「導」。

一　八四四頁上一六行「盂子」，諸本作「孟子」。

一　八四四頁中七行首字「具」，徑作「詔答具」。

一　八四四頁中一一行「右　詔答」，資、磧、普、南、清作「右　詔謹答」；徑無。

一　八四四頁中一二行「重……論」，徑作「重難神滅論　曹思文」。又末字「論」，資、磧、普作「驗」。

一　八四四頁中一四行第三字「巨」，資、磧、普、南、徑、清作「駈」。下同。

一　八四四頁中一七行第六字「刀」，資、磧、普、南、徑、清作「刃」。

一　八四四頁中一八行首字「初」，諸本作「利」。

一　八四四頁中一九行第一二字「无」、資、磧、普、南、徑、清作「無不」。

一　八四四頁中末行第六字、本頁下二行首字及第三字「虚」，資、磧、普、南、徑、清作「驢」。

一　八四四頁下二行「非蛍不止」，諸本作「非蛍也今滅蛍蛍而駈驢不死斬駈驢而蛍蛍不亡非」。

一　八四四頁下七行及一二行「形止」，麗作「形亡」。

一　八四四頁下一〇行「也是」，資、磧、普、南、徑、清作「是也」。

一　八四四頁下一一行末字「而」，資、磧、普、南、徑、清作「刃」；麗作「刀」。

一　八四四頁下一三行第一〇字「名」，資、磧、普、南、徑、清作「名以」。

一　八四四頁下一七行第一三字「即」，資、磧、普、南、徑、清無。

一　八四四頁下二一行第一二字「殊」，資、磧、普、南無。

一　八四四頁下二二行第二字「投」，資、磧、普、徑、清作「弑」；南、麗作「殺」。

一　八四五頁上二行第七字「父」，資、磧、普、南、徑、清作「文」。

一　八四五頁上五行首字「今」，徑作「令」，又末字「人」，諸本作「又」。

一　八四五頁上七行第八字「餘」，資、磧、普、南、徑、清作「其餘」。

一　八四五頁上一〇行末字「言」，資、磧、普、南、徑、清作「斯言」。

一　八四五頁上一七行第三字「之」，資、磧、普、南、徑、清作「言之」。又第八字「盲」，諸本作「旨」。

一　八四五頁上一八行第一三字「捐」，諸本作「指」。

一　八四五頁上二〇行第二字「厺」，資、磧、普、南、徑、清作「斯」；麗無。

一　八四五頁上二一行「何得」，資、磧、普、南、徑、清作「玆化何得」。

一　八四五頁上二二行「何哉」，麗作「慈化何哉」。

一　八四五頁上末行末字「測」，諸本作「側」。

弘明集卷第十　　　　墳

梁楊都建初寺釋僧祐律師撰

大梁皇帝勅荅臣下神滅論

莊嚴寺法雲法師與公王朝貴書 并公王朝貴荅

大梁皇帝勅荅臣下神滅論

位現致論要當有體欲談无佛應設賓主標其宗旨辯其短長来就佛理以屈佛理則有佛之義既躓神滅之論自行豈有不求他意妄作異端運其隅心鼓其騰口虗畫瘡疣空致詆呵篤時之虫驚疑於往来滯甕之鼃河漢於遠大其故何也淪蒙怠而爭一息抱孤陋而守井幹豈知天地之長久溟海之壯闊孟軻有云人之所知不如人之所不知信哉觀三聖設教皆云不滅其文浩慱難可具載止舉二事試以為言祭義云惟孝子為能饗親禮運云三日齋必見所祭若謂饗非所饗見非所見違經背親言誠可息神滅之論朕所未詳

莊嚴寺法雲法師與公王朝貴書

主上荅臣下審神滅論今遣相呈夫神妙寂寞可知而不可說義經丘而未曉理涉旦而猶昏　主上凝天照本襲道赴機垂荅臣下旨訓周審孝享之禮既彰桀懷曾史之慕三世之言復闡紂協波崘之情豫非草木誰不歌歎希同挹風猷共加讚也釋法雲呈

臨川王荅

得所送勅荅神滅論伏覽淵旨理精辞詣二教道叶於當年三世棟梁於今日足使迷途自反妙趣愈光遅近寫對更具披揩蕭宏和南

建安王荅

辱告恵示勅荅臣下審神滅論天識照遠聖情淵發伏覽玄微實曉庸昧猥能存示深承篤顧偉和南

長沙王荅

恵示勅荅臣下審神滅論睿旨淵凝機照深邈可以筌蹄惑見訓誘蒙心鑽仰周環洗滌塵慮遂能存示戢眷良深蕭淵業和南

尚書令沈約荅

神本不滅久所伏膺神滅之談良用

駭惕近約法師殿内出亦蒙勅荅臣下一本懽受頂戴尋覽忘疲豈徒伏斯外道可以永摧魔衆孔釋兼弘於是乎在實不刊之妙旨万代之舟航弟子亦即彼論微歷疑覈比展具以呈也沈約和南

光禄領太子右率范岫荅

岫和南伏見詔旨荅臣下審神滅論叡照淵深動鑒機切敷引外典弘益内教發蒙啓滯訓誘未悟方使四海禀仰十方讃抃異見杜口道俗同欣謹加習誦寤寐書紳恵以逮示深承眷憶范岫和南

丹陽尹王瑩荅

辱告伏覽勅旨神不滅義睿思機深天情雲發標理明例渙若氷消指事造言共如日照用啓蒙愚載移瞽蔽凡厥含識莫不挹佩謹以書紳奉之沒齒弟子王瑩和南

中書令王志荅

辱告伏覽勅荅臣下神滅論旨高義愽照若發蒙弟子夙奉釋教練服舊聞有自来矣非唯雷同遠大贊激天

旨而已且垂荅二解廞伏心靈藻燭聞見更不知何以闡揚玄猷光彰聖述且得罔象不涸於其貞內外无紛如之滯寔懷嘉抃猥承末示佩眷唯深王志和南

右僕射袁昂荅

辱告并伏見勑荅臣下審神滅論奉讀循環頻醒昏縛夫識神冥寞其理難窮輿在庸愚豈能探索近取諸骸內尚日用不知況乎幽昧理歸惑解仰尋聖典既顯言不无但應宗教歸依其有就有談有猶未能盡性遂於不無論無斯何遠矣自非神解獨脫機鑒絕倫何能妙測不斷之言深悟相續之旨兼引喻二證方見神在皦然求之三世不滅之理弥著可謂鑽之弥堅仰之弥高者也方使衆惑塵開群迷反路伏誦无斁儛蹈不勝弟子袁昂和南

衛尉卿蕭昺荅

辱告并伏見詔荅臣下審神滅論夫三世雖明一乘玄遠或有偏蔽猶執異端聖上探隱索微凝神繫表窮理

盡性包括天人內外辯析辞旨典奧豈直群生靡惑實亦闡提即曉方宣揚四海垂範来世恵使聞見唯深佩服孫子蕭昺頓首和南

吏部尚書徐勉荅

天旨所荅臣下神滅論一日粗蒙垂示辱告重送伏加研讀窮理盡寂精義入神文義兼明趣深俗表仰詳三世皎若發蒙非直謹加誦持輙令班之末悟恵示承眷至弟子徐勉和南

太子中庶陸杲荅

杲和南伏覽勑旨荅臣下審神滅論夫從無住本在黙阻思伏如来蔵窅絕難言故使仲初建薪火之執恵遠廣然滅之難傳疑衆談蹐論曠稔宸聰天縱聖照生知了根授藥隨方運便逐乃辯礼矯枉指孝示偶良由迷發俗學便澆俗以況道惑資外文即就外以明內任言出奇因所據理固以城塹三世負荷群生現在破闇當来掴綱一牘之閒于何不利片言之益豈可覶縷生因曩慶至德同時預奉餘論頂戴踊躍恵示不遺深抱

篤念陸杲和南

散騎常侍蕭琛荅

弟子琛和南辱告伏見　勑旨所荅臣下審神滅論妙測機神發揮禮教實足使淨法增光儒門敬業物悟緣覺民思孝道人倫之本於茲益明詭經亂俗不撝自壞誦讀藻抃頂戴不勝家弟闇短招愆今在比理公私煎懼情慮震越无以仰贊洪謨對揚精義奉化開道伏用竦怍眷逮覃示銘佩仁誘弟子蕭琛和南

二王常侍沈緘荅

辱告伏見勑旨荅臣下審神滅論聖思淵凝天理孤絕辯三世則釋義明擧二事則孝道暢塞鑽鑿之路杜異途之口足使魔㡧永淪正峯長峻弟子伏膺至道遵奉天則喜躍之心寧復恒准王沈緘和南

太子中舍陸煦荅

猥辱遠告伏見至尊荅臣下審神滅論俯仰膜拜俳佪空首竊聞聖惟一揆唐虞未有前言知幾其神今日獨奉梁詔道載則万有擠其淪迷德壽則

九服揚其照薙方可振民育德百年均其攝受勞民動物千古咸其折伏法師智深决定受持之持僉允志洽通敏承神之神諧克陸煦和南

黄門郎徐緄荅

緄和南辱告并逮示勑荅神滅論伏覽測盲跡心蕩累竊惟希夷之本難尋妙審之源莫覩自非上聖無以談其宗非夫至睿焉能道其極皇上窮神體寂鑒道居微發德音則三世自彰布善言而千里承響誠叶禮敬義感人祇理扇玄風德被幽顯悠悠巨夜長昏儵曉蠢蠢愚生一朝獨悟勸厲死之潛功澍法流於日用鴻名永播愁實方馳迷滯知反淪疑自息弟子歸向早深倍兼抃悦輒奉以周旋不敢去墜但蠡測管窺終懷如失耳徐緄和南

侍中王暕荅

柾告并奉覽勑荅臣下審神滅論聖旨玄照啓寤群蒙義顯幽微理宣寂昧夫經述故身之義繫敘遊䰟之談愚淺所辯巳為非滅况復睿思弘遠

盡理窮微引文證典煥然氷釋肉眼之人度恭迴向惑累之衆悛改淨心發明既往訓導將來伏奉測教欣蹈罔已王暕和南

侍中柳惲荅

辱告惠示勑昕荅臣下神滅論夫指歸無二宗致本一續故不斷釋訓之弘規入室客聲孔經之深旨中外兩聖影響相符雖理在固然而疑執相半伏奉測旨照若發蒙願會玄趣窮神知寂惻情盡狀天地相似千載闕疑從春氷而俱泮一世顛倒與浮雲而共開衽誦環佪永用懸解存及之願良以悲戢弟子柳惲頓首白

常侍柳憕荅

辱告惠示勑荅臣下審神滅論測盲冲邈理窮幾奧竊以修因趣果神无兩識由道得滅佛唯一性般人示民有知孔子祭則神在或理傳妙覺或義闡生知而楊墨紛綸徒然穿鑿凝滯遂往特棰名教聖情玄覽證无間然振領持綱舒張毛目抑揚三代汲引同歸實假雙法朗然无导伏奉循

環疑去俱盡来告存及悲抱唯深抑憕頓首白

太子詹事王茂荅

茂和南辱告伏見勑旨荅神滅論頂戴欣躍不及抃儛神理悠曠雖非建言所極列聖遺文炳然昭著莫不撫抃度襟式遵彝典豈可妄陳虛矯厚誣前誥謂来緣之不期棄享薦之至禮迷路茫茫歸塗靡薄皆空一到有悔無追主上含明體聖妙窮真假發義照辞舟航淪溺豈唯天人讚仰信亦諸佛迴光弟子夙昔捿心本憑淨土數延休幸豫逢昌世方當積累来因永陶兹誘藻悦之誠非止今日未獲衽敘常深翹眷比故修詣此白無由王茂和南

太常卿庾詠荅

辱告惠示至尊勑荅臣下神滅論伏覽未周煙雲再廓竊惟蠕動有知草木無識神滅瞽論欲以有知同此无識乃謂種智亦與形骸俱盡此實理之可悲自非徳合天地均大域中屬反流之日值歛化之幾則二諦之言

無以得被三世之談幾乎息矣聖上愍此四生方論六道研校孔釋共相提證使窮陸知海幽都見日至言與秋陽同朗群疑與春氷俱釋雖發論弘道德感冲襟而豫聞訓誘術欣前業法師服膺法門深同此慶謹當讚味吟誦始終无斁弟子庾詠和南

豫章王行事蕭昂荅

辱告宣示勑荅臣下審神滅論聖旨披析使惑者廢然神之不滅著於通誥理既眇默故致有迷主上識照知来鑒踰蔵往摘幾外之妙思攻異端之妄説又引禮經取驗虛實孝敬之道於此方弘孤子蕭昂頓首和南

太中大夫庾曇隆荅

辱告伏見主上荅臣下審神滅論旨蒙啓悟燎今照朗夫至理虛寂道趣空微上聖極智乃當窮其妙實下凡浮生自不辯其玄渊如聞立論者經典垂訓皆是教跡至於在佛故書詭恠難以理期此則言語道斷仰勞聖思為臣下剖釋群情豈不欣讚銘抱明旨抱用始終法師與誨弥增慙戢

弟子庾曇隆和南

太子洗馬蕭靡荅

惠示勑荅臣下審神滅論披覽未周情以抃悦主上凝神天縱將聖多能文奥不刊辭溢繫表義證周經孝治之情爰著旨誂釋典大慈之心弥篤謹置之坐隅陳之机杭寢興鑽閲永用書紳班示不遺戢眷良厚弟子蕭靡和南

御史中丞王僧孺荅

辱告惠示送主上所荅群臣仰諮神滅論伏覽循環載深鑽奉發蒙祛蔽朗若披雲竊以事緼難形非聖莫闡理寂區位在愚成惑若非神超繫表思越幾前豈能燭此微言若聞金石洞茲妙境曾靡榛蹊諭之以必薦示之以如在使夫持論者不終泪於遥蹤專謬者无永沉於惑海積奉渊暮執不懽肅裁此酬白不申繫儛王僧孺呈和南

黄門侍郎王揖荅

辱告惠示勑荅臣下審神滅論夫昊蒼玄默本絶言議性與天道固亦難

聞而爰育之仁依方感動開誘之教必事降設矜局蛙於井谷哀危聴於寸陰思發神衷言徹理鏡引據前經文約旨遠凝神寂翳一理能貫墳典紛綸一言以蔽顯列聖之潛旨决終古之滯惑存滅由斯而曉孝敬因茲而隆信是以警誡重昏儀範百代所謂聖暮洋洋嘉言孔彰者也弟子既懃辨理弥懵知音遂得預聞道訓頂覲妙藻式抃下陳永垂聖則弟子王揖和南

吏部郎王泰荅

一日曲蒙譏私預聞苑中書有神形偕滅之論斯人逕廷不近人情直以下才未能折五鹿之角辱告垂示聖旨微引孝道發揚冥致謹當尋誦永祛蒙惑弟子王泰頓首和南

侍中蔡樽荅

辱告去宣勑旨荅諮神滅論夫神理玄妙良難詖辯雖復前聖眷言後英猶惑天旨爰釋皎若發蒙固以陵万古而擅奇悟方来以不朽伏奉朝聞載深抃躍謹以書紳永祛迷滯蔡樽

和南

建康令王仲欣答

仲欣白辱告惠示詔所答臣下神滅論伏讀渊麗抃不勝躍皇帝叡性自天機神獨遠五禮外照三明内暎金輪徐轉則道濟八紘玉積既陳則孝隆七廟開慧日於清漢垂法雲於大千如在之義重闡茲晨常住之明永證来刼故以德冠百王聲高万古弟子摽心法門崇信大典儛蹈之誠獨深鳬藻王仲欣和南

建安王外兵叅軍沈績答

弟子績和南垂示勑答臣下神滅論伏深欣躍弟子竊惟道不自弘弘實由人人須其識識須其位周易所稱聖人大寶曰位豈其意乎然或位而不人或人而不位三者云倫其理至難故宣尼絶筆於獲麟孟軻反身於天爵誠無其位也嗚呼真化殆將淪没今天子以仁聖感明擾至尊之位盖曾山可以衆煦飄其和不可移也鍾鼓可以鶏犳乱其鳴不可閒也将使㤞㤞黔首濟其長夜自非德合天

地誰能若斯弟子早沐靈風既聞之矣然而鷰雀之集猶或相昏飛蓬之門尚自交攝聖旨爰降辞高理愜敦以人天之善誠以莫大之形一言作訓内外俱悦夫以孺子入井凡民猶或傷之況乃聖慈御物必以隱惻為心耶能指白馬之非白猶見屈於中庸至於神享機外志存弘化魍魎摧其類舌焉足道哉神蹟天貴本非窺觀遂能存示用甦冥德弟子沈績和南

祠部郎司馬筠答

辱告并垂示勑答臣下審神滅義伏讀周流式歌且儛夫識慮沉隱精靈幽妙近步元以追凡情不能測外聖知其若此所以抑而不談故涉孔父其尚惛經姬公其未曙而碌碌之徒妄理信目錐畫管窺異見鋒起茍徇離賢之名遂迷霄霜之實愚惑到此深可矜傷我皇道被幽顯明踰日月窮天地之極盡終始之奥忌播紫之妨朱氣珉雉之乱鳳王爰發聖衷降茲雅義信足以光揚妙覺拯厥沉泯近照性靈之極遠明孝德之本實使異

學翦其邪心向方篤其羡慕謬以多幸豫奉陶鈞沐澤飲和有兼慶躍流通曲被佩荷弥深司馬筠和南

豫章王功曹叅軍沈緄答

緄和南弟子竊以為交求之道必取與為濟至於續蒙不告則空致衝衝倏忽之觀殆將可息所以自絶諮受崇深莫窺誠自愧也徒以闇識因果脩局誠冀履霜不退堅氷可至耳而法師弘心山藪幸能蔵疾雖未昇堂遂招以法流杜東去吕渴馬於滮泉不待鞭策而至矣垂示上答臣下神滅論晨宵伏讀用忘疲寢攡斯法棟導彼迷流天屬既申三世又辯鬼神情狀於焉可求然謂海實廣廣孰能知謂天盖高高不可測聖論鉤深旨起繫表蒙情易駘悪能是空銘末示終愧鑽仰弟子沈緄和南

建安王功曹王緝答

惠示勑答臣下審神滅論竊以神者冥黙歷聖未傳宣尼猶稱不言荘生空攡其語求之方策良歎交深謬覯令論天思渊發妙旨凝深至理既弘

孝機兼極信乏蹈超万古照燭來今
弟子生屬昌辰豫觀聖藻既氷渙於
懷抱信曉惑於隨便凡厥靈知孰不
鑽仰矧伊蒙蔽激抃良深王緝和南
右衛將軍韋叡荅
至理虛寂冥晦難辯言有似无言無
實有妙於老談精於釋教辞炳金書
文光王牒者由來尚矣主上道括宇
宙明並日月隱顯之機必照有无之
要已覽遂垂以明論訓析臣下導誘
既深訓義方洽凡在有心孰不慶幸
蒙示天製謹加讀誦垢盇雲消特兼
恒抃法師果深昔緣日會今法離五
欲而入八解去三界而就一乘復得
豫聞德音弥足欣讚惠告沾及戢佩
寔深韋叡和南
廷尉卿謝綽荅
綽和南辱告蒙示勅荅臣下審神滅
論伏覽淵謨用清魂府既排短說實
啓群疑竊惟人生冣靈神用不極上
則知來藏往次乃隣庶入幾以此觀
之理无可滅是以儒申其祀佛事大
慈照其生緣內外發明已足祛滯況

復天誨諄諄引諭弥博弘資始於黔
黎道識業於精爽固令開曚出障坐
測重玄異端既絕正路斯反論者懃
其壘守范氏悟其膏肓豫在有識孰
不繫贊但弟子徒懷遊聖終懵管窺
頂奉戴躍永懽魔誘謝綽和南
司徒祭酒范孝才荅
弟子孝才和南逮示勅旨荅臣下審
神滅論竊以彭生豕立各現齊公元
伯纓垂事高漢史且斬籌為喻義在
必存神之不滅法俗同貫欲滅其神
內外俱失所謂管闚穹極寧辯西東
蠡度滄溟安知舃鼸天旨弘深慇懃
於妙象聖情隱惻流連於饗祭豈直
經教增隆實使蒙愚悟道眷逮所覃
曲垂須及銘茲訓誘方溢寸心弟子
范孝才和南
常侍王琳荅
辱告惠示至尊荅臣下審神滅論謹
罄庸管恭覽聖製聲溢金石理洞淵
泉義貫六文言該三世足使僻學知
宗迷途識反弟子生幸休明身叨渥
澤復得傾耳天作拭目神藻鳧抃之

誠良無紀極猥恵須逮銘躍唯重弟
子王琳荅
庫部郎何炟荅
炟和南辱所賜書并垂示荅臣下審
神滅論竊聞神其如在求前王而未
測住常住其不移徒伏膺而方曉鑽
仰淵秘渙尒氷開故知紛綸聖跡不
由一道參差動應本自因時今澆流
已息无明將啓物有其機教惟斯發
篤孝治之義明覺者之旨預有靈識
誰不知慶豈炎昊所得爭衡非軒唐所
能覺奕巍巍至德莫或可名昭然大
道於斯為極何炟和南
豫章王主簿王筠荅
筠和南辱告垂示上荅臣下審神
滅論竊聞僾然有見禮典之格言
今則不滅法教之弘旨但妙相虛玄
神功凝靜自非體道者豈能默領其
宗不有知機者无由冥應其會聖王
迹洞万機心遊七淨哀愍群生嫗煦
庶物滌彼盖纏罰以解慧祛其蒙惑
躋之仁壽信大哉為君善於智度者
也弟子世奉大法家傳道訓而學淺

行跡封累猶軫既得飡稟聖教豫聞弘誘一音得解万善可偕抃躍之情無以辟說弟子王筠和南

倉部郎孫挹答

辱告惠示勑荅臣下審神滅論伏奉欣仰喜不自支夫江海渊曠非井竈所達泊然入定豈外道可能以一毛不動則衆邪退散舟航既濟而彼岸超登聖后體蘊二儀德兼三代撫霊機而摠極秉上智以調民發号施令則風行草偃臨朝尊默而化動如神隆五帝以比蹤超万刧其方永猶復振金聲於指掌降妙思以發蒙理既仰而方深趣弥鑽而踰遠均寶珠於无價齊蓮華之不塵孝敬被乎群黎訓範光於先聖蚑行喘息同識斯權翾飛蠕動共陶茲慶班告末臨用深榮荷謹頂受書紳永啓庸惑弟子孫挹和南

丹陽丞蕭眎素答

辱告并伏見勑荅臣下審神滅論性與天道稱謂理絕曠劫多幸猥班妙訓接足頂受惟敬載懷竊謂神道寂

寘法海難邊是以智積麻葦而未測識了色塵而猶昧豈其庸末所能激仰然自惠雲東漸寶舟南濟歲序綿長法音流遠明君良宰雖世能宗服至於躬挹玄源親體妙極者竟未聞焉是以兩諦八解獨闕皇言九部三明空蕪國學嗚呼可為歎息者也竊尋神滅之起則人出捊伽經名衞世雖義屈提婆而餘俗未弭故使群疑異學習以成見若不稟先覺之教實終累於後生聖上道濟天下機洞无方虎觀與龍宮並闕至德與實相齊尊故能符俗教而諦真道即孝享以弘覺性照此因蒙拔茲疑網雖復牟尼之彔軟巧說孔丘之慱約善誘昌以喻斯巍巍乎十善已行金輪何遠法師稟空慧於曠生習多聞於此世法輪轉而八部雲會微言發而天人攝受故能播戒香於鳳闈藻覺葩於聖側信矣哉能以佛道聲令一切聞者也弟子無記釋葴不遠孔門雖願朝聞終慙夕薄庶緣無盡之法兼利人我耳疾寒甫佘心悳惛悖謹力裁白不

識詮次傾遲諮展親承至教也弟子蕭眎素頓首和南

中書郎伏暅荅

猥垂班示至尊所荅臣下審神滅論伏奉渊旨頓袪群疑天情獨照妙鑒懸覽故非凡愚所可鑽仰然常師管見亦竊懷佳求今復稟承教義遠尋經旨重規疊矩信若符契法師宣揚厰理弘贊聖言方使二教同歸真俗一致豫得飡沐誨誘陶染至化抃擊下風實兼舞蹈遲比諮覲乃盡拎誠臨白欣佩不知裁述伏暅呈

五經博士賀瑒荅

辱告垂示勑荅臣下審神滅論鑽仰反復誦味循環故知妙蘊機初事隔凡淺神凝繫表義絕庸情皇上叡覽通幽性與天道所以機見英遠獨悟超深述三聖以遵未曉摽二事以洗偏惑故係孝之旨愈明因果之宗弥暢崛山粹典即此重彰洙水清教於茲垂朗辟諸日月無德踰焉弟子雖寘傾多蔽謬奉格言研求妙趣猶知蹈舞法師宣揚至道光闡大猷猥惠

未及益增銘荷弟子賀瑒呈
太子中舍人劉洽荅
厚告奉覩勑旨所荅臣下審神滅論
伏披素札仰瞻玄談文貫韶夏義測
文繫囊括典經牢籠述作弘彼正教
垂之方簡希夷卓尒難得而聞斟酌
賢聖剖破毫髮兼通內外之塗語過
天人之際矣自非體茲至德思與神
會豈能深明要道人知企及謹書諸
紳永以為珮玲乎既入照若發蒙比
故修詣共申講復也弟子劉洽損
首呈
五經博士嚴植之荅
厚告伏見勑旨荅臣下審神滅論夫
形分涉麁或微隱難悟況識理精密
豈迷見能曉所以斷常交鶩一異竟奔
若中道居懷則欲流可反二邊滯意彼
岸長乖神滅之論斯彰實重仰賴聖
主棟梁至教明詔爰發朗若披雲非
直寘符訓典俯弘孝義蓋妙達生源
幽窮行本使執禮之性戢霜露而弥
篤研神之識仰禪悅而增心皆當習
忍慧途斷流惑海弟子早標素心未知

津濟伏讀懽欣充遍身識猥惠存㫺
荷眷唯深嚴植之呈
東宮舍人曹思文荅
厚送勑書弟子適近亦親奉此旨弛
中書遂迷滯若斯良為可慨聖上深
懼黔黎致惑故垂折衷之詔此旨一
行雖復愚闇之識了知神不滅矣弟
子近聊就周孔以為難今附相簡願
惠為一覽之折其詭經不尋故東展
此不多白弟子曹思文和南
秘書丞謝舉荅
厚告惠示勑荅臣下審神滅論竊聞
語曰万物紛糺則懸諸天象衆言殽舛
則折乎聖理照自古事蔚在茲辰伏尋
敕訓垂文義深陶鑄稱象匪臻希微
孰識綸幽至極盡性窮神愍斯六蔽
哀此四執黜小言之乱道極徑行於
夷路旨肆而隱義婉而章博約載弘
廣大悉備一音半偈顯茲悟拔慧日
正水盪此塵迷俾宗與有歸教思攸
在異端自杜誙善知息疑繫表於繩
初導禪流於苦海豈伊含孕三藏冠
冕七籍而已哉弟子幸邀至運側承

格誘沐流歡擊奉以書紳謝舉白
司農卿馬元和荅
厚告須示勑旨垂荅臣下審神滅論
竊聞標機之旨非凡所窺符神之契
唯仁是極故衆教俳佪理詣於惇善
群經委曲事盡於開濟伏惟至尊先
天製物體道裁化理絕言初思包象
外攻塞異端闡導歸一万有知宗人
天仰式信滄海之舟梁玄霄之日月
也神滅之論宜所未安何者前聖摛
教抑引不同括而言之理實无二易
云積善之家必有餘慶積惡之家必
有餘殃孝經云生則親安之祭則鬼
享之雖未顯論三世其旨已著薪盡
火滅小乘權教妙有湛然究竟通說
因情即理理實可依且慎終追遠民
徳歸厚有國有家歷代由之三才之
寶不同降情神滅之為論妨政寔多
非聖人者无法非孝者無親二者俱
違難以行於聖世矣弟子庸之懵於
至道濫蒙須訪所據凡淺荷惕之誠追
以無厝弟子馬元和和南
公論郎王靖荅

垂示聖旨咨臣下審神滅論伏惟至
尊垂拱巖廊遊心万古居无棄日道
勝唯機旻訪群下恢弘孝義睿藻測
玄妙理深極自非克明儁齊之君就日
望雲之主豈有剖判冥寂明章雅論
闡大聖於須史定俗疑於俄傾非唯
理洞宸衷亦以義切臣子舍和飲德之
邦衣裳道素之域莫不傾首仁澤沐
浴唐風弟子江淮孤生不學无術雖
復從師北面一經不明縱憶舊文豈
伊歸五經紛綸事類弘博神明之
旨其義多端至如金石絲竹之響公
旦代武之說寧非聖旨且祭義而談
尤為顯據若論无神亦可无聖許其
有聖便應有神神理炳然豈容寂絕
弟子所見庸淺无以宣揚至澤既涉
訪逮輒率所懷弟子王靖和南
散騎侍郎陸任太子中舍陸倕咨
辱告惠示至尊所咨臣下審神滅論
昔者異學爭塗孟子抗周公之法小
乘乱道龍樹陳釋迦之教於是楊墨
之黨舌舉口張六師之徒轍乱旗靡
言神滅者可謂學僻而堅南路求燕

北轅首楚以斯適道千里而遥聖上
愍其迷途爰奮天藻鉤深致遠盡化
知神俾此因蒙均斯永釋陳兹要道
同彼月照弟子並以凡薄始竊恩紀
纓冕則天之朝忝捉稽古之論賛幸
之誠獨加踴躍猥須告逮謹用書紳
陸任倕呈
領軍司馬王僧恕咨
辱告惠示勅旨咨臣下審神滅論甚
哉理之大也斯寧寸管之所見言性之
可聞而隨類儻遇怡然蒙釋奉戴周
旋以次以誦法師德邁當今聲標万
古知十之談每會起予之富必酬想
闡弘聖旨煥然雲消耶弟子學慙聚
螢識非通見何能仰賛洪輝宣揚妙
範者歟但論者執一惑之情修一往
之轍固不可以語大方焉知致遠必
泥哉夫幽明之理皎然不差因果相
起義無獨立形滅自可以草為儔神
明常隨緣而在所以左氏有彭生豕
見尚書則祖考來格禮云若樂九變
人鬼可得礼矣結草之報豈其遂滅
元規所夢何得無神神明不滅著之

金口丘尼所說弥有多據若丈雖五
千詩乃三百得其理者自可一言而
蔽故不復煩求廣證夫三聖雖有明
教百家常置弘理而尚使狂簡斐然
成章攻乎異作今皇明體照幽寂識
洞內外以前聖之久遠感異端之妄
興霈然爰發乃垂眷翰使闡提一悟
遂獲果通閻浮執惑豁然洗滯况復
搢紳之士為益因其弘哉弟子忝道
無紀法師許其一簣遂能班逮神藻
使得豫沐清風載懽載儛无以自辟
戢銘兼深弥其多矣弟子王僧恕頓
首和南
五經博士明山賓咨
辱告惠示勅旨咨臣下審神滅論源深
趣遠豈庸鬼所測隨類得解或亦各
欣其所見奉以周旋不勝儛躍法師
學窮一時道叶千載起予之說寄在明
德想弘宣妙旨无復遺蘊耶弟子業
謝專經智非通識豈能仰述淵猷讃
揚風教論者限以視聽豈達曠遠目
覩百年心惑三世謂形魄既亡神魂
俱滅斯則既違釋典復乖孔教矣焉

可與言至道語其妙理者哉夫明則有禮樂幽則有鬼神是以孔宣垂範以知死酬問周文立教以多才代終詩稱三后在天書云祖考來格且濠上英華著方生之論柱下叡哲稱其鬼不神為薪而火傳交辭而生謝此皆陳之載籍章其明者也夫緣假故有滅業造故无常是以五陰合成終同煙盡四微虛攝會均火滅竊謂神明之道非業非緣非業非緣故雖遷不滅能緣能業故苦樂殊報此能仁之妙唱搢紳之所仰也雖教有殊途理還一致今棄周孔之正文背釋氏之真說未知以此將欲何歸正法住世尚有斷常之說況象法已流而无異端之論有神不滅乃三聖同風雖典籍著明多歷年所通儒碩學並未能值皇上智周空有照極神源爰發聖衷親染神翰弘獎至教啓悟重昏令夫學者永祛疑惑眷逮不遺使得豫養風訓沐浴頂戴良兼欣戢明山賓和南

通直郎庾黔婁答

孝經云生則親安之祭則鬼饗之

樂記云明則有禮樂幽則有鬼神

詩云肅雍和鳴先祖是聽

周官宗伯職云樂九變人鬼可得而禮

祭義云入戶愾然必有聞乎其歎息之聲

尚書云若尒三王有丕子之責

左傳云鮌神化為黃能伯有為妖彭生敢見

右七條

弟子生此百年早聞三世驗以衆經求諸故實神鬼之證既布中國之書菩提之果又表西天之學聖教相符性靈無泯致言或異其揆唯一但以聖人之化因物通感抑引從急與奪隨機非會不言言必成務非時不感感惟濟物而參差業報取捨之塗遂分往還緣集論悟之情相殊猥其小識晦茲大旨滯親聞見莫辯幽微此揄枋所以笑九万赤縣所以駭大千故其宜也若斯之倫遂構穿鑿駕危辯鼓偽言扇非學是謂異端故宣尼之所害也我皇繼三五而臨万機紹七百以御六辯勳格無窮道還淳粹

經天緯地之德左日右月之明皇王之所未曉群聖之所不備億兆之所宜通將來之所必至莫不究其玄波而達其幽致者也伏覽神論談冠真俗三才載朗九服移心蚑行蠢蠕猶知儛蹈況在生靈誰不抃節弟子少穐下帷尤蔽名理既符夙志竊深踊躍至於百家恢恠所述良多捜神靈鬼顯驗非一且般若之書本明斯義既魔徒所排輙无兼引自非格言孰能取正略說七條皆承經典辭猶秋毫之憑五嶽鯛氏之附六軍敢瀝微塵祇增悚汗弟子庾黔婁和南

太子家令殷鈞答

近厚告恵示主上所勑臣下審神滅論性與天道誠不得聞徒覩二諦兼通三聖俱闡片言折妙半字含靈辞存五禮之中旨該六合之外辟河海之紀地猶日月之麗天伏讀歡愉媿影相慶何者弟子夙陶玄化及長不虧常恐識業未弘中塗迴枉或端然靜念心翱翔而靡薄或吐言設論時見屈於辯聰夫大道甚夷而黎元好

徑咸用此也今猥奉神旨照若發蒙
且服且誦永為身寶數日來公私牽
挽還輙顉卧未即白荅銜眷弥深般
鈞和南
秘書郎張緬荅
尋三世昞然二果昭著安可惑六塵
而不曉迷五塗而長沒以為形謝神
滅骸亡識朽此外道之邪見豈可御
瞿曇之正法所謂輕陳一旅敵堂堂
之鋒輙馳駑駘與騏驥而並行恐長
劫有盡領𡍼方至一身死壞復受一
身精神无託人畜隨緣涅槃明文瑞
應高說主上聖照幽深鏡察潭遠辟
兩祭而知不滅喻妄作於背親義隨
八引而升入言比性道而難聞弟子
少遊弱水受戒樊鄧師白馬寺期法
師曇為談生死之深趣亟說精神之
妙旨尒來師心絕此疑想復覩斯判
益破魔塗非但閱觀於今方結緣於
後徒知歸信闇比求名猥惠沾示深
承眷篤弟子張緬和南
五經博士陸㨗荅
㨗白逮告垂示勑荅臣下審神滅論

伏讀天旨昭鏡塵蒙弟子門宗三寶
少奉道訓雖識歸至教識暗玄津謹
尋內外群聖開引殊文如來說三乘
以標一致言二諦以悟滯方先王詮
五禮以通愛敬宣六樂以導性靈或
顯三世以徵因果或明誠感以驗應
實豈可頓排神源永絕緣識者哉若
然則善惡之報虛陳祭敬之設為妄
求之情理其可安乎而昧惑之徒尚
多偏執是以聖明玄覽遊神妙門動
言出理皎若朝暉發文顯證朗如霄
燭頓足開建愚惛慆信凡鄙者也伏
習詔旨綜撿心源謹裁還白不宣拤
撝弟子陸㨗呈
楊州別駕張翻荅
辱告伏見勑荅臣下審神滅論盛旨
窮機微言合道生知出六儒之首自
然該十聖之外至如感果之規理照
三世孝饗之範義貫百王妙會與春
氷等釋至趣若秋旻共朗足使調闡
變情䟽跖移志反澆風於遂古振淳
波乎方冊英聲茂實與不可尚法師
精理之秀擅高日下俱沐聖化獨遊

神明深鑒道蘊洞識宗塗弟子昔聞
師說悟太儒之旨今偶昌時奉不滅
之訓信以照晳未蒙紓洗塵蓋足蹈
手儛言象豈能勝張翻和南
太子左率王珎國荅
辱告伏見勑荅臣下審神滅論神之
不滅經典明文即心語事皎然在理
論神有滅實所駭歎天照淵凝妙旨
周博折彼異端弘茲雅範信可以朗
悟冥塗棟梁千載矣伏覽懽戴竊深
罔極比故諸屢遲獲諮申王珎國呈
領軍將軍曹景宗荅
枉告所宣荅神滅勑理周万古旨包
三世六趣長迷於此永悟五道恒疑
曉若發蒙自非鑒窮八解照侔十号
排罔逸俗安得如此奉佩書紳敢違
寢食法師識蹈有境學詣无生稽揚
之善幾如東里披玩周環用志所疾
曹景宗白荅
光祿勳顏繕荅
猥枉明詔須述勑旨審神不滅以荅
臣下理擴顯然表裏談妙所以惠見
獨宣舟梁合舉夫目所不覩帷屏為

備耳所不聞遐迩致擁不得以不門不見便謂无聲無物令欲詰内教當仗外書外書不殊内教茲現書云魂氣無所不之佛經又曰而神不滅既内外符同神在之事无所多疑疑其滅者即蜉蝣不知晦朔蟪蛄之非春秋寧識大椿之永久日月之无窮主上聖明超古微妙通神在三之首有諡孝饗之理斯光蒼生管見巳晦而復曉晚俗淪真既迷而更悟弟子宿植逢幸豫從飡道授心慈氏歸敬誠深唯㬥來緣可期載懷凫藻而巳弟子顏繕呈

五經博士沈宏荅

弟子宏稽首和南厚告伏覽勑荅臣下審神滅論夫唯幾難曉用晦易昏自非凝神斯鑒探賾斯朗豈能拯重霧於有惑豈能運獨見於无明竊惟大聖御寓上德表物踵法雲以湛潤開慧日而增暉遠比滇海近辟井幹輿令遂古孰能識乎此焉至如經喻雀飛瓶在火滅字存禮云非類弗歆祭乃降祉且夢蘭以授鄭穆結草以抗杜

弘明集卷第十 第三十四張 逸

回凡此群例不可悉紀又五道迩往六度同歸皆神之顯驗不滅之幽旨但郗克躡足豈從邯鄲比蹤盧敖捷至寧與若士齊跡今仰墜天璪俯逮闇提所謂若披重霧以攀合辟出幽夜而覩燭龍短綆汲綃望瀾覘海實歡喜頂戴若无價寶珠沈宏稽首和南

建康平司馬褧荅

厚告惠示勑難滅性論竊以慈波洪被道冠衆靈智照淵凝理絶群古七禪八恵之辯三空四諦之微故以爍乎載籍炳於通誥也所以優陁云喻如百首齊音同讚妙覺尚不能言万分之一矣夫業生則報起因往則果來雖義微而事著亦理幽而證顯自近可以知遠尋迹可以探遐辟如日月懸天無假離婁之目鳴鍾在耳不勞子期之聽而議者自昏迷途難曉苟徇所懷坐顛坑穽伏覽皇上令旨理妙辞縟致極鉤深究至寂而更闡啓幽途以還晰雖復列聖齊鑣群經聯舆靈山金口禪水玉舌

弘明集卷第十 第三十五張 墳

終不能捨此以求通達茲而得正信哉澡江漢之波塵滓以滌導德齊礼還風反化法俗兼通於是乎在付比言展方盡述讚弟子司馬褧呈

左丞丘仲孚荅

伏覽勑旨荅臣下審神滅論聖照淵深包括真俗理超繫表義冠群識鑚奉神猷伏深抃蹈惠示存眷丘仲孚白

弘明集卷第十

丙午歲高麗國大藏都監奉

勑雕造

弘明集卷第十 第三十六張 墳

弘明集卷第十

校勘記

底本，麗藏本。

一　八五三頁上三行至四行夾註「大梁……朝貴答」，經無。

一　八五三頁上五行「大梁……論」，經作「勑答臣下神滅論　梁武帝」。

一　八五三頁上一〇行第一一字「疣」，諸本作「痏」。

一　八五三頁上一二行第一〇字「淪」，資、磧作「論」。又末字「爭」，磧作「淨」。

一　八五三頁上二〇行首字「誠」，諸本作「語」。

一　八五三頁上二一行「莊嚴寺法雲法師」，經無。又「公王」，經作「王公」。又末字「書」下，資、磧、普、南有夾註「并公王朝貴六十二人答」；經有夾註「并六十二人答梁釋法雲」；清有夾註「并公王朝貴答」。

一　八五三頁上末行「主上」，經作「主人」。

一　八五三頁中三行末字「審」，諸本作「密」。

一　八五三頁中六行第一二字「讃」，諸本作「弘讃」。

一　八五三頁中七行與八行之間，資、磧、普有「公王朝貴答」五字。

一　八五三頁中八行「臨川王答」，經作「答　臨川王宏」。

一　八五三頁中一三行「建安王答」，經作「答　建安王偉」。

一　八五三頁中一五行第六字「發」，諸本作「察」。又「玄微」，諸本作「玄徽」。

一　八五三頁中一六行第九字「偉」，經作「蕭偉」。

一　八五三頁中一七行「長沙王答」，經作「答　長沙王淵」。

一　八五三頁中二二行「尚書……答」，經作「答　梁沈約」。

一　八五三頁下六行「和南」，諸本作「呈」。八五四頁下三行同。

一　八五三頁下七行「光禄……答」，經作「答　范岫」。以下例同。

一　八五三頁下八行第八字「答」，諸本作「所答」。

一　八五三頁下九行第八字「切」，資、磧作「忉」；普、南、經、清作「初」。

一　八五三頁下一七行第三字「共」，諸本作「赫」。

一　八五四頁上三行第九字「其」，諸本無。

一　八五四頁上四行「承末」，諸本作「惠來」。

一　八五四頁上八行「冥寞」，諸本作「冥漠」。

一　八五四頁上九行第三字「奥」，諸本作「粤」。

一　八五四頁上一三行第五字「何」，諸本作「可」。

一　八五四頁上二〇行「蕭禺」，諸本作「蕭昺」。

一　八五四頁上二二行第七字「玄」，諸本作「教」。

一八五四頁中四行第五字「禺」，諸本作「昺」。

一八五四頁中八行第八字「超」，資、磧作「起」。又「仰詳」，諸本作「詳求」。

一八五四頁中一一行「陸果」，普、南、徑、清作「陸杲」。

一八五四頁中一二行首字「果」，普、徑作「杲」。

一八五四頁中一四行第一二字「恵」，諸本作「宣」。

一八五四頁中一六行第九字「授」，諸本作「墜」。

一八五四頁中一八行「便澆俗以」，諸本作「使俗以洗」。

一八五四頁中一九行「出奇」，諸本作「出以出奇」。

一八五四頁中二二行第七字「生」，普、徑作「王」。

一八五四頁下八行第一〇字「比」，普、南、徑、清作「北」。

一八五四頁下九行「洪鬠」，徑作「洪漢」。

一八五四頁下一〇行第四字「開」，諸本作「聞」。

一八五四頁下一二行「二王……答」，徑作「答　王彬王緘」。

一八五四頁下一七行第六字「遵」，諸本作「預」。

一八五四頁下一八行「和南」，諸本作「頓首和南」。

一八五四頁下一九行「中舍」，資、磧、普、南、清作「庶子」。

一八五五頁上一行第八字「可」，諸本作「旨」。

一八五五頁上六行第六字「并」，磧、普、南、徑、清作「非」。

一八五五頁上九行第八字「道」，諸本作「導」。

一八五五頁上末行第五字「已」，諸本作「詳已」。

一八五五頁中一行及次頁上一〇行「煥然」，徑、清作「涣然」。

一八五五頁中一一行第四字「惆」，諸本作「測」。

一八五五頁中一三行第二字「共」，諸本作「俱」。

一八五五頁中二一行第二字「遂」，諸本作「逐」。又第四字「特」，諸本作「將」。又第一二字「證」，諸本作「理證」。

一八五五頁中二二行首字「然」，諸本無。

一八五五頁中末行第七字「法」，諸本作「祛」。

一八五五頁下一行第一一字「挹」，諸本作「抱」。

一八五五頁下五行第三字「躍」，諸本作「歡」。

一八五五頁下七行首字「抃」，諸本作「枉」。

一八五五頁下一四行第四字「玆」，諸本作「慈」。

一八五五頁下一五行第一〇字「修」，諸本作「循」。

一八五五頁下一六行首字「由」，諸

本作「伸」。

一　八五五頁下一八行第七字「勑」，諸本無。

一　八五六頁上六行末字「讃」，資、磧、普、南、清作「鑽」。

一　八五六頁上一八行「下凡」，諸本作「步」。

一　八五六頁上一九行第六字「其」，諸本作「深達」。

一　八五六頁上二〇行第一二字「故」，諸本作「胡」。

一　八五六頁上末行第四字「用」，資、磧、普作「周」。又第九字「典」，諸本作「曲」。

一　八五六頁中一五行第一二字「聞」，諸本作「開」。

一　八五六頁中一六行第八字「諭」，諸本作「踰」。

一　八五六頁中一八行第一〇字「積」，諸本作「預」。

一　八五六頁中二〇行「和南」，諸本無。

一　八五六頁下二行第五字「矝」，諸本作「矜」。

一　八五六頁下四行第七字「寂」，諸本作「杳」。

一　八五六頁下六行「因茲」，諸本作「同茲」。

一　八五六頁下八行「洋洋」，諸本作「揚揚」。又第九字「彰」，諸本作「章」。

一　八五六頁下一〇行第九字「垂」，諸本作「佩」。

一　八五六頁下一二行「吏部郎」，資、磧、普、南作「吏部侍郎」。

一　八五六頁下一四行首字「偕」，資、磧作「潛」。又「逕迂」，諸本作「逕侹」。

一　八五六頁下一五行「之角」，諸本作「之角耳」。

一　八五六頁下一六行「微引」，諸本作「徵引」。

一　八五六頁下一八行「蔡樽」，諸本作「蔡傳」。末行同。

一　八五六頁下二一行第三字「天」，諸本作「斅」。

一　八五七頁上二二行「間也」，諸本作「聞也」。

一　八五七頁上末行「憔憔」，諸本作「惵惵」。

一　八五七頁中一行第一〇字「霊」，諸本作「虚」。

一　八五七頁中四行第一一字「形」，諸本作「刑」。

一　八五七頁中五行第五字「悦」，諸本作「闃」。

一　八五七頁中九行第八字「蹟」，諸本作「賾」。

一　八五七頁中一〇行第七字「寘」，諸本作「寡」。

一　八五七頁中一一行第三字「郎」，資、磧、普、南、清作「郎中」。

一　八五七頁中一二行第一三字「義」，清作「論」。

一　八五七頁中一六行第三字「惛」，諸本作「昏」。

一 八五七頁中一七行首字「妄」，諸本作「忘」。又末字「佝」，徑作「狗」。

一 八五七頁中一八行第五字「遂」，資、磧、普、南作「逐」。又「雪霜」，諸本作「霜露」。

一 八五七頁中一九行第八字「被」，諸本作「貫」。

一 八五七頁中二〇行「盡終始」，諸本作「以盡始終」。

一 八五七頁中二一行「妨朱氣」，諸本作「妨熏朱器」。又「珉雉」，普、徑、清作「雉珉」。

一 八五七頁中二二行第四字「足」，諸本作「之」。

一 八五七頁下一行「向方」，諸本作「四方」。

一 八五七頁下二行第五字「鈞」，資、磧、普、徑作「均」。

一 八五七頁下六行第六字「續」，普、南、徑、清作「瀆」。又「衝衝」，普、南、徑、清作「憧憧」。

一 八五七頁下七行「倏忽」，諸本作「儵魚」。

一 八五七頁下八行首字「崇」，資、磧作「豈」。

一 八五七頁下九行「脩局誠」，諸本作「循循局誠」。

一 八五七頁下一七行第七字「惡」，諸本作「恧」。

一 八五七頁下二〇行末字「者」，諸本作「一」。

一 八五七頁下二二行「良歎」，諸本作「歎昧」。

一 八五八頁上一行第七字「蹈」，諸本作「韜」。

一 八五八頁上四行第九字「良」，諸本作「寔」。

一 八五八頁上六行第一一字「似」，普、南、徑作「以」。

一 八五八頁上八行「光王」，諸本作「稽玉」。

一 八五八頁上一三行首字「恒」，諸本作「懽」。又第九字「曰」，諸本作「因」。

一 八五八頁上二一行「庶入」，資、磧作「於庶」。

一 八五八頁上二二行第八字「儒」，諸本作「巨儒」。又第一二字「佛」，諸本無。

一 八五八頁中二行第二字「道」，諸本作「導」。

一 八五八頁中五行「繫贊」，諸本作「擊讚」。

一 八五八頁中八行「和南」，諸本作「和南啓告」。

一 八五八頁中九行第一〇字「各」，諸本作「名」。

一 八五八頁中一二行第三字「俱」，諸本作「成」。

一 八五八頁中末行「天作」，資、磧、普、南、徑作「天土」；清作「天上」。

一 八五八頁下三行「郎何炟」，資、磧作「郎中何炟」；普作「郎中何炯」。

一 八五八頁下四行首字「炟」，磧作「炟」；普作「炯」。

一 八五八頁下六行第八字「徒」，諸

本作「徙」。又第一二字「方」，諸本無。

一　八五八頁下一九行「聖王」，諸本作「聖主」。

一　八五八頁下二〇行第二字「洞」，諸本作「同」。

一　八五八頁下二二行首字「躋」，諸本作「濟」。

一　八五八頁下末行「大法」，諸本作「法言」。

一　八五九頁上七行第三字「泊」，資、磧、普作「怕」。又「可能以」，諸本作「能干故」。

一　八五九頁上八行末字「超」，諸本作「斯」。

一　八五九頁上一二行末字「振」，諸本作「震」。

一　八五九頁上一六行第二字「光」，諸本作「侔」。

一　八五九頁上一七行第一〇字「末」，諸本作「未」。

一　八五九頁中六行「是以」，諸本作「是使」。

一　八五九頁中六行「明空」，諸本作「藏偏」。

一　八五九頁中八行第七字「楞」，諸本作「樓」。

一　八五九頁中一〇行第七字「稟」，普、南、徑、清作「禀於」。又「之教」，普、南、徑、清無。

一　八五九頁中一二行第二字「與」，資、磧作「聿興」。

一　八五九頁中一四行第五字「因」，諸本作「困」。

一　八五九頁中一五行「孔丘」，諸本作「孔文」。又第一三字「曷」，磧作「竭」。

一　八五九頁中一七行「此世」，諸本作「此運」。

一　八五九頁中一九行「葩於聖」，諸本作「花於宸」。

一　八五九頁下七行「佳求」，清作「往求」。

一　八五九頁下一四行「鑚仰」，徑作「讚仰」。

一　八五九頁下一六行「凡淺」，諸本作「凡識」。

一　八六〇頁上二行第五字「人」，資、磧、普、南、清無。

一　八六〇頁上一六行第二字「迷」，諸本作「庸」。

一　八六〇頁上一八行第九字「彰」，諸本作「障」。

一　八六〇頁中一三行「衆言散」，資、磧作「言淆」；普、南、徑、清作「立言淆」。

一　八六〇頁中一四行第四字「聖」，磧作「皇」。又第六字「照」，諸本作「昭昭」。又第一三字「辰」，諸本無。

一　八六〇頁中一七行「徑行」，諸本作「經行」。

一　八六〇頁中一八行「婉而章」，諸本作「宛而彰」。

一　八六〇頁中二〇行首字「正」，諸本作「心」。

一　八六〇頁下一行第四字「流」，諸本作「泳」。又末字「白」，諸本作「和南」。

一　八六〇頁下八行第七字「導」，諸本作「道」。

一　八六〇頁下一一行第一三字「二」，普、南、徑作「一」。

一　八六〇頁下一二行第一一字「惡」，諸本作「不善」。

一　八六〇頁下一七行第三字「厚」，諸本作「厚禮」。

一　八六〇頁下一八行第五字「情」，諸本作「清」。

一　八六〇頁下一九行第八字「孝」，資、磧、普作「孝悖」；南、徑、清作「孝悌」。

一　八六一頁上四行「妙理深」，諸本作「理深樞」。又「克明」，諸本作「聰明」。

一　八六一頁上一五行「神理」，諸本作「理且」。

一　八六一頁上二二行第一〇字「徙」，諸本作「徒」。

一　八六一頁中三行「冰釋」，資作「水陳」；磧作「法水」。

一　八六一頁中四行第一一字「始」，諸本作「沾」。

一　八六一頁中六行第四字「加」，諸本作「知」。

一　八六一頁中七行第二字「任」，諸本無。

一　八六一頁中一五行第一三字「揚」，諸本作「猷」。

一　八六一頁中一六行第一二字「修」，諸本作「循」。

一　八六一頁中一七行末字「必」，諸本作「恐必」。

一　八六一頁中一九行「草爲俦」，諸本作「草木爲籌」。

一　八六一頁中二二行第一三字「遂」，諸本作「逐」。

一　八六一頁下二行末字「而」，資、磧、普、徑作「而以」。

一　八六一頁下六行首字「洞」，諸本作「周」。

一　八六一頁下一一行「載懽載」，諸本作「頂戴歡」。

一　八六一頁下一八行「之說寄在」，諸本作「之寄允在」。

一　八六二頁上一行第七字「其」，資、磧、普、南、徑無。

一　八六二頁上七行第六字「章」，諸本作「彰彰」。

一　八六二頁上一五行第九字「已」，普、南、徑作「也」。

一　八六二頁中六行第五字「尒」，諸本作「示」。又「丕子」，諸本作「太子」。

一　八六二頁中八行第二字「敢」，諸本作「豕」。

一　八六二頁中一二行「西天」，諸本作「西方」。

一　八六二頁中一七行第一二字「猥」，諸本作「狎」。

一　八六二頁中二〇行第九字「逐」，諸本作「遂復」。

一八六二頁中二一行第五字「扇」，諸本作「煽」。

一八六二頁下三行第一一字「㔾」，諸本作「邑」。

一八六二頁下八行第三字「於」，諸本作「如」。又第七字「恠」，資、磧、普作「恢」。

一八六二頁下一〇行第三字「徒」，諸本作「從」。

一八六二頁下一三行第四字「汗」，諸本作「忏」。

一八六二頁下一五行第九字「勑」，諸本作「答」。

一八六二頁下一七行第一二字「含」，諸本作「合」。

一八六二頁下二二行第四字「翺」，諸本作「翔」。

一八六三頁上一二行第五字「託」，諸本作「異」。

一八六三頁上一五行第四字「廾」，諸本作「舛」。

一八六三頁上一七行第四字「談」，諸本作「設」。

一八六三頁上一八行第二字「盲」，諸本作「言」。又「師心」，諸本作「歸心」。

一八六三頁上一九行第四字「塗」，諸本作「徒」。又第七字「閱」，諸本作「閒」。又第一一字「方」，資、磧、普、徑作「方欲」。

一八六三頁中八行首字「然」，諸本無。

一八六三頁中一二行「惛惬」，諸本作「昏慝」。

一八六三頁中一九行第八字「貫」，南、徑作「實」。

一八六三頁中二二行第九字「奥」，磧、南、清作「粤」。次頁上二〇行末字同。

一八六三頁下二行第五字「儒」，資、磧、普、南、清作「傳」；徑作「傅」。

一八六三頁下三行「哲宏」，諸本作「哲希」。

一八六三頁下六行第九字「審」，諸本無。

一八六三頁下八行「神有」，諸本作「有神」。

一八六三頁下九行第九字「雅」，諸本作「教」。

一八六三頁下一七行第一三字「裕」，諸本作「揄」。

一八六三頁下二二行第五字「顯」，諸本作「昞」。又「惠見」，諸本作「慧現」。

一八六三頁下末行「合舉」，諸本作「含氣」。

一八六四頁上一行末字「門」，諸本作「聞」。

一八六四頁上二行第九字「今」，資、磧、普作「令」。

一八六四頁上八行「在三」，諸本作「三世」。

一八六四頁上一〇行第六字「真」，諸本作「冥」。

一八六四頁上一七行末字「雰」，資、磧、普作「雲」。

一八六四頁上一九行第三字「寓」，資、磧、普、徑作「宇」。又第八字「踴」，諸本作「垂」。

一八六四頁中一行第五字「例」，諸本作「列」。

一八六四頁中二行末字「盲」，資、磧、普作「音」。

一八六四頁中六行第五字「靦」，諸本作「眄」。又「汲淵」，諸本作「爰汲」。

一八六四頁中一二行「八悳」，諸本作「八慧」。

一八六四頁中一七行第七字「迹」，諸本作「邇」。

一八六四頁中一八行「離婁」，諸本作「离朱」。

一八六四頁中二一行第三字「今」，諸本作「令」。

一八六四頁中二二行第三字「更」，徑作「異」。

一八六四頁中末行第二字「鏕」，磧、南、徑作「鑣」。又第一二字「水」，南、徑、清作「冰」。

一八六四頁下三行末字「比」，南、徑、清作「此」。

一八六四頁下七行第二字「包」，南、徑、清作「句」。又第一一字「冠」，諸本作「貫」。

一八六四頁下八行第九字「示」，諸本作「示戢」。

弘明集卷第十一　　增

梁揚都建初寺釋僧祐律師撰

何令尚之荅宋文皇帝讚揚佛教事
高明二法師荅李交州淼難佛不見形事 并李書
司徒文宣王書與孔中丞稚珪釋疑惑 并牋書
恒標二公荅姚主勸罷道書 并書
僧䂮僧遷鳩摩荅姚主奏 并書
遠法師荅桓玄勸罷道書 并書
釋僧巖荅劉青州勸還俗書 并劉住反六首

何令尚之荅宋文皇帝讚揚佛教事

元嘉十二年五月五日有司奏丹陽尹蕭摹之上言稱佛化被于中國已歷四代塔寺形像所在千計進可以繫心退足以招勸而自頃世以來情敬浮末不以精誠為至更以奢競為重舊宇頹圮曾莫之修而各造新搆以相誇尚甲地顯宅於茲殆盡林竹銅綵靡損无極違中越制宜加檢裁不為之防流遁未已請自今以後有欲鑄銅像者悉詣臺自聞與造塔寺精舍皆先詣所在二千石通發本末依事列言本州必須報許然後就功其有輒鑄銅制輒造寺舍者皆以不承用詔書律論銅宅材瓦悉沒入官奏可是時有沙門慧琳假服僧次而毀其法著白黑論衡陽太守何承天與琳比狎雅相擊揚著達性論並拘滯一方詆呵釋教永嘉太守顏延之太子中舍人宗炳信法者也檢駮二論各万餘言琳等始亦往還未抵蹟乃止炳因著明佛論以廣其宗帝善之謂侍中何尚之曰吾不讀經比復无暇三世因果未辯致懷而復不敢立異者正以前達及卿輩時秀率皆敬信故也范泰謝靈運每云六經典文本在濟俗為治耳必求性靈真奧豈得不以佛經為指南耶顏延年之折達性宗少文之難白黑明佛汪汪尤為名理並足開奬人意若使率土之濱皆純此化則吾坐致太平夫復何事近蕭摹請制未令經通即已相示委卿增損必有以式遏浮淫无傷弘奬者乃當著令耳尚之對曰悠悠之

徒多不信法以臣庸蔽猶秉愚對懼以闇薄貽黕大教今乃更荷褒拂非所敢當至如前代群賢則不負明詔矣中朝已遠難復盡知渡江以來則王導周顗宰輔之冠蓋王濛謝尚人倫之羽儀郗超王坦王恭王謐或号絕倫或稱獨步韶氣貞情又為物表郭文謝敷戴逵等皆置心天人之際抗身煙霞之間亡高祖兄弟以清識軌世王元琳昆季以才華冠朝其餘范汪孫綽張玄殷覬略數十人靡非時俊又炳論所列諸沙門等帛曇邃者其下輩也所與比對則庾元規自邃以上護蘭諸公皆將亞迹黄中或不測人也近世道俗較談便尔若當備舉夷夏爰逮漢魏奇才異德胡可勝言寧當空失性靈坐棄天屬淪惑於幻妄之說自陷於无徵之化哉　陛下思洞機表慮玄象外鈎深致遠无容近取於斯自臣等以降若能謹推此例則清信之士無乏於時所謂人能弘道豈虛言哉慧遠法師嘗云釋氏之化无所不可適道固自教源濟俗亦為要務世主若能剪其訛偽奬其

驗實與皇之政並行四海幽顯協力共敦黎庶何成康文景獨可奇哉使周漢之初復兼此化頌作刑清倍當速耳竊謂此說有契理與何者百家之鄉十人持五戒則十人淳謹矣千室之邑百人修十善則百人和厚矣傳此風訓以遍寓內編戶千万則仁人百万矣此舉戒善之全具者耳若持一戒一善悉計為數者抑將十有二三矣夫能行一善則去一惡一惡既去則息一刑一刑息於家則万刑息於國四百之獄何足難措雅頌之興理宜倍速即 陛下所謂坐致太平者也論理則其如此徵事則臣復言之前史稱西域之俗皆奉佛敬法故大國之衆數万小國數百而終不相兼并內屬之後習俗頗弊猶甚淳弱罕行煞伐又五胡亂華以来生民塗炭冤橫死亡者不可勝數其中設獲蘇息必釋教是賴故佛圖澄入鄴而石虎煞戮減半澠池寶塔放光而苻健椎鋸用息蒙遜反噬无親虐如豺虎末節感悟遂成善人法逮道人力

兼万夫幾亂河渭面縛甘死以赴師厄此非有他敬信故也

夫神道助教有自来矣雷霆所擊著兩恒事及展廟遇震而書為隱慝禁紂之朝冤死者不可稱紀而周宣晉景獨以淫刑受崇撿報應之數既有不符徵古今之例袛更增惑而經史載之以彰勸誡万一影像猶去深功豈若佛教青言義則有可然可信之致孝事實又無巳乘巳妄之咎且觀世大士所降近驗並即表身世衆目共覩祈求之家其事相繼所以為勸誡所以為深功豈當與彼同日而談乎而愚闇之徒苟遂毀讟忽重殉輕滯小迷大恚僧尼之絶胖育疾像塔之豐朱紫此猶生民荷覆載之德日用而不論吏司苦徑瘵之勞有時而証慢恵琳承天蓋亦然耳蕭暮啓制臣亦不謂全非但傷盡道俗寅在無行僧尼而情貞難分未可輕去金銅土木雖糜費滋深必福業所寄復難頓絶臣比思為斟酌進退難安今日親奉德音實用夷泰時吏部郎羊玄保在座

進曰此談蓋天人之際豈臣所宜豫竊恐秦楚論强兵之術孫吳盡吞并之計將無取於此耶帝曰此非戰國之具良如卿言尚之曰夫禮隱逸則戰士怠貴仁德則兵氣衰若以孫吳為志苟在吞噬亦无取堯舜之道豈唯釋教而已帝悅曰釋門有卿亦猶孔氏之有季路所謂惡言不入於耳

高明二法師荅李交州淼難佛不見形事 并李書

夫道處清虛四大理常而有法門妙出群域若稱其巧能利物度脫无量為教何以不見真形於世直空說而無實耶今正就尋西方根源伏願大和上垂懷允納下心無惜神誥弟子李淼和南

釋道高白奉垂問至聖顯晦之迹理味淵博辭義昭洗敬覽反覆弥高德音使君垣牆崇邃得門自難輙罄愚管罔象玄珠夫如來應物凡有三焉一者見身放光動地二者正法如佛在世三者像教髣髴儀軌髣髴儀軌應今人情人情感像孰為見哉故淨名

經云善解法相知衆生根至於翅頭末城龍華三會人情感見孰為隱哉故法華經云時我及衆僧俱出靈鷲山壞佉之宮豁然可期西方根源何為不覩而世之疑者多謂經語不符闇寄情少咸以不覩生滯夫三皇五帝三代五霸姬旦孔丘刪詩制禮並聞史籍孰覩之哉釋氏震法鼓於鹿園夫子揚德音於鄒魯皆耳眼所不得俱信之於書契若不信彼不患疑此既能了彼何獨滯此使君聖思淵遠洞鑒三世願尋壽量未盡之教近取定光儒童之迹中推大通智勝之集以釋衆人之幽滯若披重霄於太陽貧道言淺辭拙語不宣心冀奉見之日當申之於論難耳謹白

李和南旋省雅論位序區別辭況沖美欣會良多所謂感化異時像正殊俗援外以映内徵文以驗實敬範來趣無所間然然夫受悟之由必因鑒觀闇寄生疑疑非悟本若書契所在異代齊解万世之後可不待聖而師矣若乃聲迹並資言像相濟大義既

弘明集卷第十一　第七張　墳

乖儒墨競興豈徒正信不朗將亦誇誤增疊得不取證於示見印記以自固乎大聖以無窮之恵垂不請之慈何為悋昭昭之明晦倍尋之器絶群望於洹洹之後興罪垢於三會之先蒭狗空陳其能悟乎儀像虛設其能信乎至於帝王姬孔訓止當世來生之事存而不論故其隱見廢興權實莫辯今如來軌業彌貫三世慈悲普潤不得以見在為限群迷求解不可以滅盡致窮是以化度不止於篇籍佛事脩列於累方問今之所謂佛事者其焉在乎若如雅況所信在此所驗在彼而聖不世出孔釋異塗即事而談因非矛盾矣其可相驗乎未能默廢聊復寓言幸更詳究遅覩清釋

釋道高白重奉深誨義華旨遠三讀九思方服淵致故知至理非庸近能測微言奧辯非鄙訥所參今謹率常淺麁陳所懷夫万善為教其途不一有禪宴林藪有修德城傍或曲躬彈指或歌頌言詠皆耳眼所共了為者亦无量斯則受悟之津由闇寄之稱

弘明集卷第十一　第八張　墳

何必受悟於因鑒觀何必闇寄其則生疑疑亦悟本請當論之疑則求解解則能悟悟則入道非本如何雖儒墨之競興九流之是非乃爝火之不息非日月之不輝何急急於示現而促促於同歸哉今不因季俗无證驗以徵誠亦不謬大聖悋昭昭之光明而世之疑者据以不覩形遂長迷於大夢橫沉淪而溺生死先儒往哲有舊訛途無異轍輒述而不作夫三身扱誠必感感則俱見不感不見其有見者以告不見其不見者會不信見聖人何嘗不在群生何常不見哉聞法音而稱善蒭狗非謂空陳覩形像而曲躬靈儀豈為虛設姬孔救頹俗而不瞻何暇示物以將来若丘旦生遇於結繩則明三世而不已問今佛事其焉在乎伍首合掌莫非佛事但令深悟有方殊途同歸耳前疏所引彼此疑信者正為世人不見便謂無佛故取不見周孔為其成准耳此乃垂拱而相隨豈矛盾之謂哉使君生知無假素氣天然居大寶之地

弘明集卷第十一　第九張　墳

滯類脫之息流浪義苑涉驟書園吐
納餘暇優遊永日德音既宣莫不側
聽貧道學業麁淺弘慙簡札上酬誘
時懼塵盛藻追增悚愧流汗霡霂謹白
李和南雅論明受悟之津要自疑得
闇寄有餘無取鑒觀鞠躬讚誦咸足
屆道覽復往況弥覩淵賾然所謂像
法乎正求悟理麁借筌會旨无假示
延此固姬孔所以垂訓輝光所以垂
示表則取之世典綽焉足矣放光動地
徒何為乎若正信不止於俯仰而佛
事備舉於形聲大覺所由妙其色涉
未之可基其始故知信者必以儒墨致
疑學者將由无證自悔悋明无咎於
三五潛景道德恕於十号矣豈不然
乎又所謂姬孔務棪頹季无暇來生
設在結繩三世自明亦又不然七經
所陳義兼未來釋典敷載事正緣報
故易去積善餘慶積惡餘殃經去無
我无造無受者善惡之業亦不亡此
則緣教常緩兼訓已弘豈謂所務在
此所闕在彼哉來論雖美故自循環
之說耳望復權新演異以洗古今之

滯使夷路坦然積㝵大通也深願大
和上垂納毫欵弟子李淼謹呈
釋法明白旦論爰降敬覽移日馥若
幽蘭清若蕙風貧道器非霜穎運非
庖生動爭理間獨蹤疑族良由辭訥
旨滯劇難星陳愚謂貳闇寄奇鑒觀
示見鞠躬歌讚感動靈變並趣道之
津梁清升之嘉會故宜寄觀雙舉疑
驗雨行豈得罷絕示見頓漏神來齊
軌姬孔同範世訓放光動地徒為空
言夫法身凝寂妙色湛然故能隱顯
順時行藏莫測顯則乘如而來隱則
善逝而去即言求旨何恣十号哉餘
暉所映足光季俗信者豈以熒燭增
疑正向且白黑比肩塔像經書弥滿世
界學者豈以无證自悔又引七經義
兼未來積善餘慶積惡餘殃雖新新
生滅交辟代謝善惡之業不得不受
此乃過明三世愈亮七經徵翰檢實
則聞命矣前論去帝王姬孔訓止當
世來生之事存而不論故其隱見廢
興權實莫辨似若矛盾義將安寄當
仁不讓伏聽淵賾前疏粗述至聖況

浮而義据未照辭況未泯謹更詳究
共弘至道夫群生長寢於三有衆識
永惛於六塵潛移為吞噬之主相續
為迴轉之輪形充逆旅之館神當過
態之賓往來三惡而苦楚經離八難
而酸辛欣樂蹔娛憂畏永劫一身死
壞復受一身雖世智辯聰群書滿腹
百家洞了九流必達知死生有命富
貴在天鬼神莫之要聖哲不能豫未
免諓見以翳情疑似以千慮寄懷於至
精投誠於符呪執邪以望正存偽以待
真遲迴於兩心躊躇於二逕放光動
地其可見乎所以玄籍流布列筌待
機機動必感感而後應者也自有捿
志玄宅下操淵達逾明一生若朝露
辯三世之不虛繼轡於清真之術緞
控於濁偽之衢植德耘邪而荅蔚樹
福灌正而扶疏苦節竟辰於寸陰索
已爭逝於來榆懷誠抱向感而遂通
豈不親映光榮而覩其靈變哉若耳眼
所自了或通夢之所見如漢明因夢
以感聖大法於是而來遊帝主傾誠以
歸德英豪歛衽以服化沙門齊肩於

王公僧尼直躬於天子九十六種孰
為高哉宋武皇帝始登帝位夢一道人
提鉢就乞因而言曰君於前世施夷衞
佛一鉢之飰居得斯位遣問嚴公徵
其虛實嚴公即送七佛經呈聞吳主
孫權初疑佛法無驗當停罷省遂獲
舍利光明照宮金鐵不能碎爐冶不
能融今見帝京建初寺是吳郡有石
佛浮身海水道士巫師人從百數符
章鼓儛一不能動黑衣五六朱張數
四薄尔奉接遂相勝舉即今見在吳
郡北寺淳誠至到者莫不有感朱張連
世奉佛由覩驗致郭文舉栖崇三寶正
信堅明手探虎鯁深識安危蘭公拂
嚴雪於猛獸護公感枯泉而洪流並
高行逸群清神邁俗皆有異迹世咸
記焉自茲以外不可勝論貧道必情
學業迄于白首孤陋寡聞彰於已誠直
言朴辞未必可採不允當伏懃悚謹白
荆州宗居士造明佛論稱伯益述山
海申毒之國偎人而愛人郭朴傳古
毒即天竺浮啚所興浮啚者佛啚也劉向列仙
叙七十四人在佛經學者之管闚於斯

又非漢明帝而始也道人澄公仁聖
於石勒虎之世謂虎曰臨淄城中有
古阿育王寺處猶有形像承露盤在
深林巨樹之下入地二十餘丈虎使使
者依圖掘求皆如言得阿余王者阿育王也姚略
叔父為晉王於河東蒲坂故老所謂
阿育王寺處見有光明鑿求得佛骨
於石函銀匣之中光曜殊常隨路迎
覩於灞上比丘今見辛寺由此觀之
有佛事於齊晉之地久矣所以不說
於三傳者亦猶干寶孫盛之史无語
稱佛妙化實彰有晉而盛於江左也
文宣王書與中丞孔稚珪釋疑惑并牋答
覽君書具一二每患浮言之妨正道
激烈之傷純和亦已久矣孟子有云
君王無好智君王无好勇智之過生
乎患禍所遵正當仁義為本今因修
釋訓始見斯行之所發措念履行欲
卑高同其美且取解脫之喻不得不
小失存其大至於形外之間自不足
及言真俗之教其致一耳取之者未
達故横起異同君云積葉抽信便是
言行相舛豈有奉親一毀一敬而云

大孝未之前聞夫仁人之行非殘害
加其美廉絜之操一不藉貪竊成其
德如此則三歸五戒豈一念而可捨
十善八正寧暫想之可貴未見輕其
本而能重其末所謂本既傾矣而後
枝葉從之今云二途離異何得相順
此言故是見其淺近之談耳君非不
覩經律所辯何為偏志一方埋沒通
路夫士未常離俗施訓即世之教可
以知之若云斯法空成詭妄更增疑惑
應當毀滅就即因而言閨門孝悌者
連鄉接黨竟有幾人今可得以无其
多絓諸訓誥經史箴誡悉可焚之不
君今遲疑於內教亦復與此何殊哉
所以歸心勝法者本不以礼敬摽其
心競仰祗崇者不以在我故忘物今
之懇懃尅已者正為君輩之徒耳欲
令相與去憍矜除慢傲節情慾制貪
求修禮讓習謙恭奉仁義敦孝悌課
之以慱施廣之以泛愛賞之以英賢
拔之以儁異復何慙於鬼神乎孜孜
策勵良在於斯雖未能奉遵亦意不
志之今未有夜光之投而按劍已起

欲相望於道德寧不多愧當由未見此情故常信期心耳在懷則不然每恐其不及司徒之府本五教是勸方共敦斯美行以率下欲使詭妄諂佞望門而自新浮僞蕩逸踐庭而變迹等彼息心之舘齊此无慾之臺不亦善乎一則仰順宸極普天之慈二則敬奉儲皇垂愛之善宵旦而警惕者正患此心無遂耳悠悠之語好自多端其去願善故言未知傷化之重儻令詭事以忠孝佞悦以仁義虛投以禮讓假往以方直乃至一日尅己天下歸仁况能旬朔有餘所望過矣本自開心所納正恐此矯不多如其此煩未廣故鄙薄深慨君正應規諫其乖開發未達去何言傷孝本語損義基於悒有懷非所望也若此事可華則欣聞餘善又去未必勸人持戒當令善由下發必如此而弘教者放勖須四凶革而啓聖虞舜待商均賢而德明如斯而遂美其可望乎君之此意則應廣有所析便當詰堯以土階之儉嘉離宮之麗貶禹以茅茨之陋崇阿房

之貴恥汲黯之正容榮祝鮀之媚色其餘節義貞信謙恭之德皆當改途而反面復何行之可修也凡聞於言必察其行覩於行必求於理若理不乖而行不越者請无造於異端且殊塗同歸未必昇然一貫頃亦多有與君此意同者今寄言此紙情不專一有厝心於疑妄國君普宣示之略言其懷無見騁驌翰迹易煩終不盡意比見君別更委悉也

夫以人心之不同猶若其皃豈其容一而等其智乎鑒有待之參差足見情靈之乖殊矣一得其志者非言談之所盡一背其途者豈游說之所翻見君雖復言面委盡而不及此處者良由彼我之見既異幸可各保其方羌無須搆是非攅起謗議耳插心入信者前良不無此志今以劝善之為樂故挫憍傲以待物君若以德越往賢聖逾前修智超羣類位極人貴者自可逍遥世表以道化物高尚其懷无求自足而退做前良恐未能懸絕空東兩途獨異勝法若悠悠相期本不

及言意在不薄為復示期懷耳比面別一二近聊有此釋滯兩卷想於外已當見之今送相示若已覽者付反幸無勞形目脫未覩者為可一歷意本不期他翻正是自釋疑滯耳君見之必當撫掌也蕭子良疏

孔稚珪書并答

稚珪啓民早奉明公提拂之仁深蒙大慈弘引之訓恩奬所駈性命必盡敢瀝肝髓乞照神矜民積世門業依奉李老以冲静為心以素退成行迹踣万善之淵神期至順之宅民仰攀先軌自絕秋塵而宗心所向猶未敢墜至於大覺明教波若正源民生平所崇初不違背常推之於至理理至則歸一置之於極宗宗極不容二自仰稟明公之訓憑接明公之風導之以正乘引之以通戒使民六滯頓祛五情方旭迴心頂礼合掌願持民齋敬歸依早自淨信重律輕條素巳半合所以未變衣鉢眷眷黃老者實以門業有本不忍一日頓棄心世有源不欲終朝悔遁既以二道大同本

不敢惜心迴向實故言稱先棄門不忍棄門志耳豈不思樂方廣懃志一乘況仰資明公齊礼道德加須奉誦明公清信至制箋注子序万門朗與德品宣玄言雖頑逹心不覺醉更未測明公善誘之妙一至如此博約紛綸精暉照出欲罷尚其不能欲背何以免向而昔而前民固不敏而今而後斯語請事民之愚心正執門範情於釋老非敢異同始和追尋民門昔皆明一同之義經以此訓張融融乃著通源之論其名少子少子所明會同道佛融之此悟出於民家民家既尔民復何尋始乃遲遲執迹今輒兼敬以心一不空棄黄老一則歸師正覺不期一朝霍然大悟悟之所導奉自明公不勝踊躍之至謹啓事以聞復竊研道之異佛止在論極未盡耳道之論極極在諸天佛乃鄙此不出三界斯則精麁遠近實有懸於大方矣然尋道家此教指設機權其猶仲尼外典極唯天地蓋起百姓所見二儀而已教本因心取會万物用其所見

順而遵之當其遵地俱窮妙物故老子之橐籥維摩之无我合德天地易家有大極所以因物之崇天仍崇之以極妙而至極終有地固測予於天表老子亦云有物混成先天地生已是道在天外稍不以天為道也何異佛家羅漢亦指極四果方至勝鬘自知有餘地道之宗天極猶佛有羅漢果佛竟不止於羅漢道亦於天未息甫信道之所道定與佛道通源矣民今心之所歸輒歸明公之一向道家戒善故與佛家同耳兩同之處民不苟捨道法道之所異輒婉輒入公大乘請於今日不敢復位異同矣服膺之至謹啓下誠伏願採其未悔亮其始位退自悔始自恭自懼謹啓

十一月二十九日州民御史中丞孔稚珪啓

珪啓得示具懷甚有欣然理本无二取捨多途諍論云云常所慨也但在始通道則宜然戮而學者則未可君但廣尋諸經不患淪滯其迹也比面别一二蕭公荅曰君此書甚佳宜廣示諸未達者

道恒道摽二法師荅僞秦主姚略勸罷道書（并姚主書）

姚主書與恒摽二公

卿等樂道體閑服膺法門皦然之操義誠在可嘉但朕臨四海治必須才方欲招肥遁於山林搜沉滯於屠肆況卿等周旋篤舊朕所知盡各挹幹時之能而潛獨善之地此豈朕求賢之至情卿等兼弘深趣耶昔人有言國有驥而不乘方惶惶而更索是之謂也今勅尚書令顯便奪卿等二乘之福心由卿清名之容室賛時益世豈不大哉苟心存道味寧係白黑望體此懷不可以守節為辭奉去月二十八日詔勅尚書令奪道恒道摽等法服承命悲懼五情失守俯仰慙惶无地自厝恒等誠才質闇短染法未久所存既重眷慕亦深猥蒙優詔襃飾過美聞喻誨勵言理備至但情之所安實懷罔已法服之下誓畢身命兼少習佛法不閑世事徒發非常之舉終无殊異之功雖有拔能之名而無益時之用

未見幾毫之補將有山岳之損竊為陛下不取也光武尚能縱嚴陵之心魏文全管寧之操抑至尊之高懷遂疋夫之微志在宥群方靡不自盡況陛下以道御物兼弘三寶使四方義學之士華於京師新異經典流乎遐迩大法之隆於茲為盛方將闡揚洪化助明振暉嗣祇洹之遺響扇靈鷲之餘風建千載之軌摸為後生之津塗而恒等豈可獨屈於明時不得申其志願伏願鑒其元元之情特垂曠蕩通物之理更賜明詔聽遂微心則銜恩九泉感德累刼不勝戰悚謹奏以聞省所奏具意今所以相屈者時所須也不復相推本心以及於此煩懃懃廣自料理吾之情趣想卿等以體之在素不復煩言便可奉承時命勉菩薩之蹤耳道恒等近自陳寫真悟聖鑒重奉明詔不蒙矜恕伏讀悲惶若无神守陛下仁弘覆載使物悅其性恒等少習法化愚情所樂皆以微命與法服俱盡而過恩垂及眷忘其陋勸弘菩薩兼濟之道然志力有限實

所不堪非徒餘年省自求免直過懷所存私懷必守伏願鑒恕一往之誠不責偏執之咎特賜恩旨聽遂微心屢延明詔隨用悚息不勝元元之至謹重奏以聞

得重奏一二具之情事具如前詔但當開意以從時命无復煩鄭重也

道恒等愚意所執具如前表精誠微薄不能感悟聖心累承還詔未蒙慈恕俯仰憂怖无復心情陛下道懷虛納養物無際願開天地之恩得遂一分之志愚守之誠畢命無辜分受違詔之愆甘引无恨屢干聖聽追用悚息不任罔極之情謹奏以聞

僧䂮僧遷鳩摩耆婆三法師荅姚主書停恒摽奏 并姚主書

姚主與鳩摩耆婆書

別以數旬旋有思想漸暖比自何如小虜遠舉更無處分正有憒然耳万事之殷須才以理之近詔道恒等令釋羅漢之服尋菩薩之跡想當盤桓耳道无不在法師可勸進之苟廢其

尋道之心亦何必須尔也致意遷上人別來何似不審䂮統復何如多事不能一二為書恒等亦何煩諸上人勸其令造菩薩行

姚主與僧遷等書

省疏所引一二具之朕以為獨善之美不如兼濟之功自守之節未若拯物之大雖子陵頡頏於光武君平傲岸於蜀肆周當辝祿於漢朝杜微稱聾於諸葛此皆偏尚耿介之士耳何足以關默語之要領高勝之趣哉今九有未乂黔黎荼蓼朕以寡德獨當其弊思得群才共康至治法師等雖潛心法門亦毗世宣教縱不能導物化時勉人為治而遠美辝世之許由近高散跡於謝敷若九河横流人盡為魚法師等雖毗世宣教亦安施乎而道恒等伏膺法訓為日久矣然其才用足以成務故欲枉奪其志以輔闇政耳若福報有徵佛不虛言拯世急病之功濟時寧治之勳恐福在此而不在彼可相誨喻時副所望

僧䂮僧遷法服法支鳩摩耆婆等求

止恒標罷道奏

蓋聞太上以道養民而物自是其次有德而天下治是以古之明王審違性之難御悟任物之易因故堯放許由於箕山陵讓干木於魏國高祖縱四皓於終南叔度辞蒲輪於漢世晉國戴逵被褐於剡縣謝敷羅髮於若耶蓋以適賢之性為得賢也故上有明君下有韋帶逸民之風垂訓於今矣今道標恒等德非圓達分在守節且少習玄化伏膺佛道一往之誠必志匪席至於敷演妙典研究幽微足以啓悟童稚助化功德使物識罪福則有濟苦之益苟佛不虛言標等有弘毗耶之訓矣竊聞近日猥蒙優詔使釋法服將翟翠翅於寒條之上曜芙蕖於重冰之下斯誠陛下仁愛愷悌寬不世之恩然䂮等眷眷竊有愚心以陛下振道德之綱以維六合恢九德之網以羅四海使玄風扇千載之前仁義陶万世之後宇宙之外感純德以化寬九域之內肆玄津以逍遥足夫无滿甆之

怨嫠婦无停緯之歎此實所以垂化海內所以仰賴愚謂恒標雖區區一介守所見為小異然故在羅綱之內即是陛下道化之一臣昔孛佐治十二年未聞釋奪法衣形服世義苟於時有補袈裟之中亦有弘益何足復奪道與俗違其適性昔巢由抗節堯許俱高四皓匪降上下同美斯乃古今之一揆百代之同風且德非管仲不足華軒堂阜智非孔明豈足三顧草廬願陛下放既往之恩從其微志使上不過惠下不失分則皇唐之化於斯而在箕潁之賓復見今日矣䂮等庸近獻愚直言懼觸天威追用悚息僧䂮等言

廬山慧遠法師答桓玄勸罷道書并桓玄書

桓玄書

夫至道緬邈佛理幽深豈是悠悠常徒所能習求沙門去棄六親之情毀其形骸口絕滋味被褐帶索山栖枕石永乖世務百代之中庶或有一髣髴之間今世道士雖外毀儀容心過俗人所談道俗之際可謂學步邯鄲

匍匐而歸先聖有言未知生焉知死而令一生之中困苦形神方求真冥黃泉下福皆是管見未體大化迷而知反去道不遠可不三思運不居人忽焉將老可復追哉聊贈至言幸能納之

遠法師答

大道淵玄其理幽深銜此高旨實如來談然貧道出家便是方外之賓雖未踐古賢之德取其一往之志削除飾好落名求實若使幽冥有在故當不謝於俗人外似不盡內若斷金可謂見形不及道哀哉哀哉帶索枕石華而不實管見之人不足羨矣雖復養素山林與樹木何異夫道在方寸假練形為真卞和號慟於荊山患人不別故也昔聞其名今見其人故庄周悲慨人生天地之間如白駒之過隙以此而尋孰得久停豈可不為將來作資言學步邯鄲者新則无功失其本質故使邯人匍匐而歸百代之中有此一也豈渾同以通之貧道已乖世務形權於流俗欲於其中化未化

者雖復沐浴踞于玄玄柰疑結何一世之榮劌若電光聚則致離何足貪哉淺見之徒其惑可謂下士聞道大而笑之真可謂迷而不反也貧道形不出人才不應世是故毀其陋質被其割截之服理未能心冥玄化遠存大聖之制豈捨其本懷而酬高誨貧道年與時頹所患未痊乃復曲垂光慰感慶交至檀越信心幽當大法所寄豈有一傷毀其本也將非波旬試嬈之言辞拙寡闇力訓高命盖是不逆之懷耳

僧巖法師辞青州刺史劉善明舉其秀才書 齊劉善明荅

貧道弱齡出家早違俗務遊心釋風志乖孔教雖復道場未即故亦沫訓緬矣方將委質餘齡庶超九劫之功分肌哺鴿情存乘雲之馭寧能垂翼中田反跡籠樊捨夫塗中之適嬰茲廟堂之累哉且夫官人以器位必須才未有叨越分之舉終能保其榮也今輒奉還板命願收過恩无令曹公重歎王舟再勲輔秀之名非所剋堪釋

僧巖呈

荅僧巖道人

莊篇有弱喪之誄釋典有窮子之迷每讀其書為之長慨敬慎疑慮揚名後史仰顯既重俯弘為大遠尋聖言斯教為㝡近取諸身實迷情理瞿曇見此亦當莫逆於心況君辯破秋毫識洞今古裂冠不疑拔本不悞幽冥相駁遐迩致驚昔呂尚抱竿於八十之年志釣由時未遇君況淪未及暮能有美若人耳如其不尒豈不悲哉僕忝莅梓蕃庶在明灰覲貢帝庭必盡才懃故欲通所未通屈所未屈如来告紛紜有乖真唱苟為誕説豈所期耶昔王祥蕪採沂側耳順始應州命公孫弘牧豕海上白首方充鄉舉終能致位元台朝天變地道暢當年聲流万載君意何如敬布腹心想更圖之劉君白荅

僧巖重荅

紆辱還誨優旨仍降徵莊援釋理據皎然徒欲伏義辯情未由也已雖高義出衆微言入神鄙懷所執猶或可

曉何者夫知人者哲自審者明忘分昧進良所未安昔咸直應命終獲械名之慙導祖聘能卒招揚鵠之恥若遺我欲效彼追蹤王呂恐曝鰓龍津點額衆矣道與盜同罪舉失其才亦賓主交鄙可不慎乎又禮去非指玉帛孝乎豈止保膚故割肌无識於前代斷髮有加於曩辰斯盖斬手全軀所存者大夫何恠哉願貸愚執賜遂陋衿釋僧巖呈　重荅

重獲来簡始見玄解皎然之悟可謂相視而笑矣君識鑒衆流智訣理與每撿感應之源窮尋分石之説何常不句句破的洞盡義宗而苟自謙光乖其側席仍踵覆車无悔敗轍非知之難行之不易也夫去國三年見似家人者喜作客日久寧不悲心今擔捨重擔而安坐棄羈祲如還家對孔懷之好敦九族之美趣門欣欣為樂已甚況復文明御運姬邵協政思賢讃道日旲忘飡以君之才弘君之德帶玉聲朝披錦振遠功濟世猷名揚身後與夫髡剪之辱鰥絕之苦豈可同

年而語哉相與郢闊久要頗練深志若隱展翕之賢恐招感氏不忠之責故力疾題心重敷往白歲云暮矣時不相待君其勉之勿有噬臍之悔劉君白荅

僧巖重書

比日之事為可聊作一樂不謂恩旨綢繆芳音驟屆勞誨之厚一至於斯伏讀未周媿汗交集然鄙志區區已倫前欵且巖之壯也猶後於人今既耄矣豈能有為夫以耄耋之年指麾成務此自蒼靈特援假首人功協佐龍飛之英翼賛革命之主今欲以東畝之農夫西園之杼叟側景前光条蹤古列無異策駑足以均騂驑轚澤雉以雙鸞鵠斯之不倫寧俟深察昔子泰伏命撫節公孫預報知深士身靡悔今日過賞德粹兩賢正恨年邁崎嶇命急溘汜吞炭倒戈永與願隔臨紙惻愴罔識所陳幸收過眷不復翻覆釋僧巖呈重荅

君談天語地神情如鏡抽毫拂簡智思入淵而紉失理根蹭蹬皓髮惜君

弘明集卷第十一　第三十一張　墳

之才恒用歎息君雖心在雲上而形居坎下既與黃雀為群恐沒鸑鷟之美故率弓帛之禮屈應賓主之舉徽櫝三枉陋札再訓苟自謙冲固辭年耄度君德方享元吉未能俯志者正當遊翔擇木待擒桐竹實耳鄙命輕召曷足降哉數揖清風肅從所尚本畐既來栽還慙惆劉君白荅

弘明集卷第十一

乙巳歲高麗國大藏都監奉

勅雕造

弘明集卷第十一　第三十二張　墳

弘明集卷第十一

校勘記

一　底本，麗藏本。

一　八七三頁上二行撰者，諸本(不含石，下同)作「梁釋僧祐撰」。以下各卷同。

一　八七三頁上三行至一一行「何令……六首」，徑無。

一　八七三頁上五行第四字「事」，清作「書」。次頁下一〇行第二字同。

一　八七三頁上七行夾註末字「書」，資、磧、普、南、清作「答」。

一　八七三頁上一一行夾註右「并劉」，資、磧、普、南、清作「并劉答」。又夾註左首字「反」，清作「復」。

一　八七三頁上一二行「何令……事」，徑作「答宋文帝讚揚佛教事　宋何尚之」。

一　八七三頁上一二行第一一字「揚」，資、磧、南無。

一　八七三頁上一三行「五日」，諸本

作「乙酉」。

一　八七三頁上一四行第三字「謩」，諸本作「摹」。次頁中一八行第九字同。

一　八七三頁上一六行首字「繫」，諸本作「擊」。

一　八七三頁上一八行第四字「阤」，諸本作「圮」。

一　八七三頁上一九行第二字「跨」，諸本作「誇」。又第四字「甲」，諸本作「申」。又第一二字「林」，諸本作「材」。

一　八七三頁上二〇行第二字「靡」，諸本作「糜」。

一　八七三頁中一〇行第一三字「蹟」，資、磧、普、南作「蹟」；徑、清作「績」。

一　八七三頁中一二行第九字「不」，諸本作「少不」。

一　八七三頁中一八行「明佛」，諸本作「論明佛法」。

一　八七三頁中二〇行首字「濱」，資、磧、普、徑作「賓」。

一　八七三頁中二一行第四字「謩」，諸本作「摹之」。又第八字「令」，諸本作「全」。

一　八七三頁下一行第一〇字「猶」，諸本作「獨」。又第一三字「對」，諸本作「勤」。

一　八七三頁下一四行第七字「惡」，諸本作「亞」。

一　八七三頁下一七行第三字「夭」，諸本作「夭」。

一　八七三頁下二三行第九字「固」，資、磧、普、南作「因」。

一　八七四頁上三行第一一字「形」，諸本作「刑」。

一　八七四頁上一二行第一〇字「措」，諸本作「錯」。

一　八七四頁上一三行第三字「位」，諸本作「倍」。

一　八七四頁上一九行末字「設」，諸本作「誤」。

一　八七四頁上二一行「滙池寶塔」，諸本作「洮池塔」。

一　八七四頁中二行首字「阨」，資、磧、南、徑、清作「範」；普作「厄」。

一　八七四頁中四行第一三字「匿」，徑作「慝」。

一　八七四頁中六行第四字「滛」，諸本作「深」。又第七字「崇」，徑、清作「祟」。

一　八七四頁中七行末字「史」，諸本作「文」。

一　八七四頁中八行及一三行「深功」，諸本作「深切」。

一　八七四頁中一四行第七字「讟」，諸本作「黷」。

一　八七四頁中一五行第九字「疾」，磧作「嫉」。又第一三字「豊」，諸本作「費」。

一　八七四頁中一七行第五字「裡」，資、磧、普、南作「堙」。

一　八七四頁中二一行首字「縻」，諸本作「糜」。又第三字「滋」，資、磧、普作「玆」。又第一一字「難」，諸本作「難得」。
一八七四頁中末行第五字「泰」，南、清作「奉」。
一八七四頁下二行第八字「之」，磧、南無。
一八七四頁下九行至次行夾註「高明……李書」，徑作「與高明二法師難佛不見形書宋李淼」。
一八七四頁下一三行第一一字「直」，諸本作「真」。
一八七四頁下一六行與一七行之間，徑有「答李交州書　宋釋道高」。
一八七五頁上四行第二字「蠰」，磧、普、南、徑、清作「儴」。
一八七五頁上九行第八字「鄂」，諸本作「隙」。
一八七五頁上一〇行第二字「俱」，南作「慎」。
一八七五頁上一三行第八字「推」，南作「摧」。
一八七五頁上一六行與一七行之間徑有「與道高法師書　李淼」。

一八七五頁上一七行首字「李」，諸本作「李淼」。次頁上五行首字同。
一八七五頁上二一行末字「在」，諸本作「存」。
一八七五頁中一六行與一七行之間，徑有「重答李交州書　釋道高」一行。
一八七五頁中二二行「頌言」，諸本作「讚頌」。
一八七五頁下五行「不煇」，諸本作「不暉」。
一八七五頁下六行「不罔」，諸本作「不同」。
一八七五頁下七行第二字「徴」，磧、普、南、徑、清作「徵」。又第九字「怯」，諸本作「裕」。
一八七五頁下八行第六字「裾」，諸本作「据」。
一八七五頁下一〇行首字「說」，諸本作「答旣」。
一八七五頁下一一行第四字「感」，諸本無。

一八七五頁下一三行「何常」，諸本作「何嘗」。
一八七五頁下一六行第三字「瞻」，諸本作「贍」。
一八七五頁下二〇行第二字「引」，諸本作「引」。
一八七五頁下二一行「其成」，諸本作「其繩」。
一八七六頁上一行第五字「恖」，諸本作「思」。又第一一字「驟」，諸本作「步」。
一八七六頁上二行首字「納」，諸本作「握」。
一八七六頁上三行第八字「引」，諸本作「彌」。
一八七六頁上四行與五行之間，徑有「與道高法師書　李淼」一行。
一八七六頁上九行至次行「垂示表則」，諸本作「不表」。
一八七六頁上一三行「可基其」，諸本作「所基」。
一八七六頁上一八行第一二字「正」，

諸本作「止」。

一八七六頁中二行第五字「毫」，諸本作「亮」。

一八七六頁中二行與三行之間，徑有「答李交州書宋釋法明」一行。

一八七六頁中四行第五字「蕙」，諸本作「惠」。

一八七六頁中五行第一〇字「族」，磧、普、南、徑、清作「駭」。

一八七六頁中一三行「十號」，諸本作「於十號」。

一八七六頁中一五行「且白」，磧、普、南、徑、清作「旦日白」。

一八七六頁下六行第一一字「劫」，諸本作「勤」。

一八七六頁下一一行首字「精」，諸本作「糈」。

一八七六頁下一五行「泅達逾」，諸本作「幽淵」。

一八七六頁下二〇行「光榮」，諸本作「光彩」。

一八七六頁下二一行首字「所」，諸本作「所不」。

一八七七頁上三行第一四字「夷」，諸本作「維」。

一八七七頁上四行「居得」，諸本作「今居」。

一八七七頁上六行第七字「無」，諸本作「有靈」。

一八七七頁上一〇行第一二字「朱」，資、磧、普、南作「未」。一二行第一三字，磧、普、南同。

一八七七頁上一六行第六字「神」，諸本作「身」。

一八七七頁上一七行末字「情」，諸本作「惰」。

一八七七頁上一八行「已誠」，諸本作「已誡」。

一八七七頁上一九行「不亢」，諸本作「懼不允」。又第一一字「伏」，諸本作「伏追」。

一八七七頁上二一行「慱古」，諸本作「注申」。

一八七七頁上二二行夾註左「佛凾」，諸本作「那凾」。

一八七七頁上末行第八字「經」，諸本無。

一八七七頁中四行「二十」，諸本作「三十」。又末字「使」，諸本無。

一八七七頁中五行夾註，徑無。

一八七七頁中九行第九字「辛」，徑作「存新」；清作「新」。

一八七七頁中一一行第七字「干」，磧、普、南、徑、清作「于」。

一八七七頁中一三行「文宣王……并牋答」，徑作「與孔中丞書二首南齊蕭子良」。

一八七七頁中一六行「勇智」，諸本作「勇勇智」。

一八七七頁中二二行第一〇字「葉」，資、磧、普、南、徑作「業」。

一八七七頁下一行「夫仁人」，磧、普、南作「失人仁」；徑、清作「夫人仁」。

一八七七頁下三行第九字「豈」，諸本作「豈得」。

一八七七頁下四行「可貴」，諸本作「可遺」。

一八七七頁下六行第九字「離」，資、磧、普、南、徑作「雖」。

一八七七頁下九行「未常」，磧、普、南、徑、清作「未嘗」。

一八七七頁下一八行首字「令」，徑作「今」。

一八七八頁上四行第八字「下」，諸本作「無」。又第一二字「妄」，諸本無。

一八七八頁上五行第四字「新」，諸本作「殄」。

一八七八頁上一〇行第三字「故」，諸本作「政」。

一八七八頁上一二行首字「往」，徑、清作「枉」。

一八七八頁上一四行第四字「苦」，諸本作「若」。

一八七八頁上一六行末字「悒」，諸本作「邑」。

一八七八頁中一行第一一字「陁」，諸本作「鮀」。

一八七八頁中五行第一三字「且」，諸本作「真」。

一八七八頁中八行首字「有」，諸本作「者」。

一八七八頁中一一行「夫以人」，磧、普、南、清作「夫人」；徑作「又夫人」。

一八七八頁中一七行「羌無湏」，諸本作「差無須空」。

一八七八頁中二一行第一二字「尚」，諸本無。

一八七八頁中二二行第六字「倣」，諸本作「於」。

一八七八頁下四行第五字「目」，資、磧、普、南作「自」。

一八七八頁下七行「孔……答」，徑作「答蕭司徒書三首南齊孔稚珪」。

一八七八頁下一〇行第八字「矜」，諸本作「襟」。

一八七八頁下一一行第一〇字「素」，資、磧、普、南作「表」。

一八七八頁下一九行第一三字「齋」，諸本作「齊」。

一八七八頁下二一行第八字「眷」，諸本無。

一八七九頁上一行第八字「故」，諸本作「顧」。又「棄門」，諸本作「業直」。

一八七九頁上四行「箋注」，諸本作「淨住」。

一八七九頁上一〇行第九字「和」，資作「移」；磧、普、南、徑、清作「私」。

一八七九頁上一五行第一二字「師」，諸本作「依」。

一八七九頁上一六行「奉自」，諸本作「舉自」。

一八七九頁上一七行第一〇字「啓」，徑作「啓又」。頁中一六行末字同。

一八七九頁上一八行第一〇字「極」，諸本作「極極」。

一八七九頁中一行第三字及第七字「遵」，資、磧、普、南、徑作「尊」。

一八七九頁中四行第一一字「予」，諸本作「于」。

一八七九頁中九行第一一字「未」，諸本作「不」。

一八七九頁中一五行第七字「未」，諸本作「末」。

一八七九頁中一九行「珪啓」，諸本無。

一八七九頁中末行「蕭公答曰」，徑作「答孔中丞書　蕭子良」。

一八七九頁下二行至四行「道恒……二公」，徑作「與恒標二公勸罷道書　後秦主姚略」。

一八七九頁下七行「沉滯」，諸本作「陸沉」。

一八七九頁下一五行第三字「可」，諸本無。又第九字「奉」，徑作「答秦主書　釋道恒道標奉」。

一八七九頁下一六行第九字「道」，諸本無。

一八八〇頁上三行第八字「抑」，諸本作「折」。

一八八〇頁上一三行末字「奏」，徑作「奉」。

一八八〇頁上一四行第三字「省」，徑作「詔恒標二公　姚略省」。

一八八〇頁上一五行「懃懃」，諸本作「慇懃」。

一八八〇頁上一八行第四字「耳」，徑作「耳重答秦主　釋道恒道標」。

一八八〇頁中一行第一三字「過」，諸本作「愚」。

一八八〇頁中五行與六行之間，徑有「詔恒標二公　姚略」。

一八八〇頁中七行第一〇字「煩」，諸本作「煩於」。

一八八〇頁中七行與八行之間，徑有「重答秦主　釋道恒道標」。

一八八〇頁中九行第九字「承」，諸本作「蒙」。

一八八〇頁中一三行末字「千」，諸本作「紆」。

一八八〇頁中一六行至一八行「僧䂮……書」，徑作「與鳩摩羅耆婆書　姚略」。

一八八〇頁中一八行「鳩摩」，諸本作「鳩摩羅」。

一八八〇頁中二〇行末字「万」，諸本作「頃万」。

一八八〇頁中末行首字「耳」，諸本作「耳然」。

一八八〇頁下三行第九字「何」，資、磧、普、徑作「可」。

一八八〇頁下四行末字「行」，磧、普、南、徑、清作「之行」。

一八八〇頁下五行「姚主……書」，徑作「與僧遷等書　姚略」。

一八八〇頁下八行第八字「頑」，諸本作「頑」。

一八八〇頁下九行第六字「當」，諸本作「黨」。

一八八〇頁下一一行第三字「開」，諸本作「闕」。

一八八〇頁下二一行第一一字「恐」，諸本作「功」。

一八八〇頁下末行至次頁上一行

「僧䂮……道奏」，〔經〕作「答秦主書釋僧䂮等」。

一　八八一頁上二行末字「次」，諸本作「須」。

一　八八一頁上五行「干木」，諸本作「放杖」。

一　八八一頁上六行末字「世」，諸本作「世者」。

一　八八一頁上七行第四字「達」，諸本作「遠」。又第一二字「罹」，〔資〕、〔磧〕、〔普〕、〔南〕作「離」；〔經〕作「羅」。

一　八八一頁上一七行「芙蕖」，諸本作「扶渠」。

一　八八一頁中三行首字「介」，諸本作「分」。

一　八八一頁中八行「同美」，諸本作「同矣」。

一　八八一頁中一六行至一七行「廬山……書」，〔經〕作「與遠法師書晉桓玄」。

一　八八一頁中一七行首字「桓」，〔南〕、〔清〕作「初桓」。

一　八八一頁中二二行第一三字「心」，諸本作「而心」。

一　八八一頁中末行第四字「談」，諸本作「謂」。

一　八八一頁下二行「真寘」，諸本作「冥冥」。

一　八八一頁下四行第二字「反」，〔磧〕、〔普〕作「及」。

一　八八一頁下七行「遠法師答」，〔南〕、〔清〕作「次遠法師答」；〔經〕作「答桓南郡書　晉釋慧遠」。

一　八八一頁下一一行首字「餝」，〔磧〕、〔南〕作「飾」。又「有在」，〔經〕作「有枉」。

一　八八一頁下二〇行第一一字「則」，諸本無。

一　八八一頁下二二行第六字「渾」，〔南〕、〔經〕、〔清〕作「混」。

一　八八二頁上一行「于云云」，諸本作「傲」。

一　八八二頁上三行第七字「惑」，諸本作「惑哉」。

一　八八二頁上一三行至一四行夾註「僧巖……明答」，〔經〕作「辭劉刺史舉秀才書　齊釋僧巖」。

一　八八二頁上一四行夾註「明答」，〔資〕、〔磧〕、〔普〕、〔南〕、〔清〕作「明答之」。

一　八八二頁上末行第六字「輔」，諸本作「補」。

一　八八二頁中二行「道人」，〔經〕作「法師書　濟劉君白」。

一　八八二頁中八行「不悮」，諸本作「不悟」。

一　八八二頁中二〇行「僧巖重答」，〔經〕作「與劉刺史書　釋僧巖」。

一　八八二頁下二行第八字「戚」，諸本作「成」。

一　八八二頁下四行第一二字「鰓」，〔經〕、〔清〕作「腮」。

一　八八二頁下五行第五字「道」，諸本作「盜所盜器」。

一　八八二頁下一〇行及次頁上二一行「重答」，〔經〕作「答僧巖法師書劉君白」；〔清〕作「劉君白重答」。

一　八八二頁下一九行第八字「趣」，諸本作「趙」。

一　八八二頁下二〇行第九字「邵」，磧、普、南、徑、清作「召」。

一　八八二頁下二一行第三字「昊」，諸本作「仄」。

一　八八三頁上二行第七字「恐」，資、磧、普、南、徑作「怨」。

一　八八三頁上六行「僧巖重書」，徑作「與劉刺史書　釋僧巖」。

一　八八三頁上一一行末字「麾」，磧、普、南、徑作「摩」。

一　八八三頁上一二行第八字「援」，諸本作「授」。又第一一字「八」，諸本作「失」。

一　八八三頁上一三行第一一字「今」，資、磧、普、徑作「令」。

一　八八三頁上一七行「知深亡」，諸本作「智伯漆」。

一　八八三頁上一八行第二字「悔」，徑作「侮」。又末字「邁」，諸本作「逼」。

一　八八三頁中五行第三字「君」，諸本作「君齒」。又第六字「享」，諸本作「亨」。

弘明集卷第十二　　墳

梁楊都建初寺釋僧祐律師撰

試僧事

余所撰弘明並集護法之論然爰錄書表者蓋事深故也尋沙門弊世爵祿弗縻漢魏以來歷經英聖皆致其禮莫求其拜而庾君專威妄起異端桓氏疑陽繼其浮議若何公莫言則法相永沉遠上弗論則僧事頻盡望古追慨安可不編哉易之蠱爻不事王侯禮之儒行不臣天子在俗四民尚有不屈況弃俗從道焉責臣禮故不在於休明而頻出於季運也至於恒標辞略遠公距玄雖全已非奇然亦足敦勵法要日燭既痞俗之談予作三撤亦摧魔之説故兼載焉

與釋道安書　　習鑿齒

興寧三年四月五日鑿齒稽首和南承應真履正明白内融慈訓兼照道俗齊蔭宗虛者悟無常之旨存有者達外身之權清風藻於中夏鸞響厲乎八冥玄味遠猷何勞如之弟子聞不終朝而雨六合者弥天之雲也弘淵源以潤八極者四大之流也彼真无為降而万物賴其澤此本无心行

而高下蒙其潤況哀世降步愍時而生資始繫於度物明道存乎練俗乗不疾之輿以涉无遠之道命外身之駕以應十方之求而可得玉潤於一山氷結於一谷望閬風而不迴儀擯此世而不誨度者哉且夫自大教東流四百餘年矣雖藩王居士時有奉者而真丹宿訓先行上世道運時遷俗未僉悟藻悦濤波下士而已唯肅祖明皇帝實天降徳始欽斯道手畫如來之容口味三昧之旨戒行峻於巖隱玄祖暢乎无生大塊既唱万竅怒呺賢哲君子靡不歸宗日月雖遠光景弥暉道業之隆莫盛於今豈所謂月光首寂將生真土靈鉢東遷忽驗于兹乎又聞三千得道倶見南陽明學開士陶演真言上考聖達之誨下測道行之驗深經並往非斯而誰懷道邁訓舍兹孰降是以此方諸僧咸有傾想目欣金色之瑞耳遲无上之箴老幼等願道俗同懷繫詠之情非常言也若慶雲東徂摩尼迴曜一躡七寶之座暫視明誓之燈雨甘露於

豐草植栴檀於江湄則如來之教復崇於今日玄波逸響重蕩濯於一代矣不勝延豫裁書致心意之蘊積曷云能暢弟子襄陽習鑿齒稽首和南

廣闡譽賢堂頌序亦云齋經
明皇帝雅好佛道手摹靈像

譙王書論孔釋

佛教以罪福因果有若影響聖言明審令人寒心然自上古帝皇文武周孔典謨訓誥靡不周備未有明述三世顯叙報應者也彼衆聖皆窮理盡性照曉物緣何得忍視陷溺莫肯援接曾无一言示其津逕且釣而不綱弋不射宿博碩肥腯上帝是享以此觀之益所難了想二三子揚搉而陳使剖然有證祛其惑焉

張新安荅

仰復淵旨匪迹伊教術惟未造鞠躬汎對竊以為遂通資感涉悟藉緣誠微良因則河漢滋惑故待問擬乎撞鍾啓發俟於悱憤夫妙覺窮理乃聖乃神光景燭八維覞仰觀九有然而運值百齡肓均万劫者豈非嘉緣未攝故革化莫孚哉是以聖靈輟軌斯

文莫載靡得明微理歸指序宗致祇以微顯婉成潛徙寘遠好生導三世之源積善啓報應之蹤綱宿昭仁蒐苗弘信既以漸漬習成差滯日祛然後道暢皇漢之朝訓敷永平之祀物無韡熒人斯草偃寔知放華猶昏文宣未旭非盲睽以異通諒理均而俱蹟者附會玄遠孰裏冒言謬犯不韙輕率狂簡

與禅師書論踞食　鄭道子

夫聖人之訓修本祛末即心為教因事成用未有反性違形而篤大化者也雖復形與俗異事高世表至於拜敬之節揖讓之禮由中所至道俗不殊也故齋講肆業則備其法服礼拜有序先後有倫敬心內充而形肅乎外稽首至地不容企踞之礼斂衽于拜事非偏坐所豫而以踞食為心用遺儀為斂麁事理相違未見其通者也夫有為之教義各有之至若般舟苦形以存道道親而形踈行之有理用之有本踞食之教義无所弘進非苦形退貽慢易見形而不及道者失

其恭肅之情而啓駭慢之言豈聖人因事為教章甫不適越之義耶原其所起或出於殊方之性或於矯枉之中指有所救如病急則藥速非服御長久之法也夫形教相稱事義有倫既其制三服行礼拜節以法鼓列以次序安得企踞其間整慢相背者哉在昔宜然則適事所至一日之用不可為永年之訓理可知也故問仁者衆而復礼為本今禅念化心而守迹不變在理既未於用又麁苟所未達敢不布懷鄭君頓首

與王司徒諸人書論道人踞食　范伯倫

范泰敬白公卿諸賢今之沙門坐有二法昔之祇洹似當不然據今外國言語不同用舍亦異聖人隨俗制法因方弘教尚不變其言何必苦同其制但一國不宜有二一堂寧可不同而令各信偏見自是非彼不尋制作之意唯以雷同為美鎮之無主遂至於此无虛於受人有用於必執不求魚兎之實競攻筌蹄之末此風不革難乎取道樹王六年以致正覺始明

玄宗自敷高座皆結加趺坐不偏踞也坐禪取定義不夷俟踞食之美在乎食不求飽此皆一國偏法非天下通制亦由寒鄉无絺綌之禮日南絶氈裘之律不可見大禹解裳之初便謂无復章甫請各兩捨以付折中君子范泰區區正望今集一食之同過此已往未之或知禮以和貴僧法尚同今廾齋堂對聖像如神在像中四雙八輩義无去異自務之情寧可試斁不我釋公往在襄陽偏法已來思而不變嘗有其旨是以投錫秉車義存同衆近禪師道場天會亦方其坐豈非存大略小理不蒸舉故耶方坐無時而偏踞有時自方以恒適異為難嘗變取同為易且主人降已敬賔有自來矣更諮義公了不見酬是以敬白同意以求厥中顧惠咳唾之餘以弊怯弱之情

釋慧義荅范伯倫書

祇洹寺釋慧義等五十人敬白諸檀越夫沙門之法政應謹守經律以信順為本若欲違經反律師心自是此

弘明集卷第十二　第七張

則大法之深患穢道之首也如來制戒有開有閉開則行之无疑閉則莫之敢犯戒防沙門不得身手觸近女人凡持戒之徒見所親漂溺深水視其死亡无敢救者於是世人謂沙門無慈此何道之有是以如來為世譏嫌開此一戒有難聽救如來立戒是晝一之制正可謹守而行豈容以意專輙改作俗儒猶尚謹守夏五莫敢益其月者將欲深防穿鑿之徒杜絶好新樂異之容而况三達制戒豈敢妄有通塞范檀越欲令此衆改偏從方求不異之和雖貪和之為美然和不以道則是求同非求和也祇洹自有衆已來至於法集未嘗不有方偏二衆既无經律為證而忽欲改易佛法此非小事實未敢高同此寺受持僧祇律為日已久且律有明文說偏食法凡八議若无无偏食之制則無二百五十矣亡食不得置於牀上所弃之食置於右足邊又亡不得懸足累脛此豈非偏食之明證哉戒律是沙門之秘法自非國主不得預聞

弘明集卷第十二　第八張

今者檀越疑惑方偏欲生興廢貧道不得不權其輕重略舉數條示其有本甘受宣戒之罪佛法通塞繼諸檀越通則共獲護法之功塞必相與有滅法之罪幸願三思令幽顯无恨

荅義公

荅曰前論已包此通上人意强氣猛弗之尋耳戒以防非无非何戒故愚惑之夫其戒隨俗變律華夏本不偏企則聚骨交脛之律故可得而略手食之戒无用匙筯之文何重偏坐而輕乎手食律不得手近女人尋復許親溺可援是為凡夫之疑果足以改聖人之律益知二百五十非自然定法如此則固守不為全得師心未足多恡夏五闕文固守不為疑明慎所見苟了何得顧衆而動企之為義意在宜進欲速則事不得行端坐則不安其居時有倨傲之夫故非禮法所許一堂兩制上人之同泯焉莫逆弟子之和了然單獨何敢當五十大陣是用畏敵而默庶乎上善之救

范伯倫與生觀二法師書

弘明集卷第十二　第九張

外國風俗還自不同提婆始來義觀之徒莫不沐浴鑽仰此蓋小乘法耳便謂理之所極謂无生方等之經皆是魔書提婆末後說經乃不登高座法顯後至泥洹始唱便謂常住之言衆理之最般若宗極皆出其下以此推之便是無主於内有闇輙變辭之於射後破奪先則知外國之律非定法也

偏坐之家无時而正高座說法亦復企據外國之食多用於手誠无匙筯慧義之徒知而不改至於偏坐永為不懃同自為矛盾其誰能解弟子意常謂與人同失賢於自伐其是推心樂同非敢許以求直今之奉法白衣決不可作外國被服沙門何必皆守偏法

論據食表　　范伯倫

臣言陛下體達佛理將究其致遠心遐期研精入微但恨起予非昔對揚未易臣少信大法積習善性頗聞餘論髣髴玄宗往者侍座過蒙眷誘意猥辭訥不能有所運通此之為恨畢世无已臣近難慧義據食蓋區區樂

同之意不敢求長於人側飡下風已達天聽臣請此事自一國偏法非經通永制外國風俗不同言語亦異聖人不變其言何獨苦改其用言以宣意意達言忘儀以存敬敬立形廢是以聖人因事制戒隨俗變法達道乃可無律思夫其防弥繁用捨有時通塞惟理膠柱守株不以疎乎今之沙門匠之善誘道無長一各信所見勘能虛受乃至競異於一堂之内不和於時雍之世臣竊恥之況於異臣者乎司徒弘達悟有理中不以臣言為非今之令望信道未篤意无前定以兩順為美不斷為大侯此而制河可清矣慧嚴道生本自不企慧觀似悔始位伏度聖心已當有在今不望明詔孫發但令聖旨粗達宰相則下觀而化孰曰不允皇風方當遠暢文軌將就大同小異雖微漸不可長青青不伐將尋斧柯故宜自近及遠令无思不服江左中興高座來遊愛樂華夏不言此制釋公信道窮篤不替其節思而不改容有其旨羅什卓犖不羈

不正可測落髮而不偏據如復可尋禪師初至詣闕求通欲以故林入據理不可開故不許其進後東安衆集果不偏食此即先朝舊事臣所親見者也謹啓

臣言陛下近遊祇洹臣固請碑讚如憶髣髴有許法駕既旋臣輙仰刊碑上日皇帝讚正此三字而已專輙之罪思臣所甘至於記福冥中未知彼齊若賜神筆數字臣死且不朽以之弘獎風尚有益而無損万機

朕有未暇聖旨自可援之左史侍衞之臣寧無自効之心稗諶世叔何遠之有可不勞聖慮亦冤旒之意也臣事久謝生塗已盡區區在心唯來世而已臣受恩深重祿賜有餘自度終无報於聖世已矣蓋首並結草之誠願陛下哀而弗責臣言

詔知與慧義論據食近亦粗聞卒意不異來旨但不看佛經无緣制以所見耳不知慧嚴去何道生便是懸同慧觀似未肯悔其始位也比自可與諸道人更求其中耶祇洹碑讚及不

憶相許既非所習加以無暇不獲相
酬甚以為恨

重表

臣言奉被明詔悚懼屏營管穴偏見
不足陳聞直以事已上達不寧寢默
令勑又令更求其中是用猖狂復申
本懷臣謂理之所在幸可不以文害
意五帝不相襲禮三王不沿其樂革
命隨時其義並大莊周以今古譬舟
車孟軻以專信書不如無書是故證
羊非直聞斯兩用大道之行天下為
家臣之區區一堂之同而況異俗偏
制本非中庸之教義生觀得象弘接
聖旨脫有下問望其依理上酬不敢
以多自助取長於人慧觀答臣都无
理據唯褒臣以過言貶臣以千非推
此疑其必悔未便有反善怙辭臣弘
亦謂為然慧義弘陣已崩走伏路絕
侍此為救難乎自免況復司契在上
道辞知窮臣近難慧觀輙復上呈如
左臣以愚鄙將智而耄豈惟言之不
中深懼不覺其惛侍衛之臣實時之
望既不能矜臣此意又不能誨臣不

逮此皆臣自招之自咎而已伏願
陛下錄其一往之至不以智拙為罪
復敦冒昧千穢竊恃古典不加刑之年

尚書令何充奏沙門不應盡敬

晉咸康六年成帝幼冲庾冰輔政謂
沙門應盡敬王者尚書令何充等議
不應敬下禮官詳議博士議與充同
門下承冰旨為駮尚書令何充及僕
射褚翼諸葛恢尚書馮懷謝廣等奏
沙門不應盡敬

尚書令冠軍撫軍都鄉侯臣充散騎
常侍左僕射長平伯臣翼散騎常侍
右僕射建安伯臣恢尚書關中侯臣
懷守尚書昌安子臣廣等言世祖武
皇帝以盛明革命肅祖明皇帝聰聖
玄覽豈于時沙門不易屈膝顧以不
變其修善之法所以通天下之志也
愚謂宜遵承先帝故事於義為長庾
冰重諷旨謂應盡敬為晉成帝作詔
夫万方殊俗神道難辯有自來矣達
觀傍通誠當无怪況阿跪拜之禮何
必尚然當復原先王所以尚之之意
豈直好此屈折而坐遊槃辟哉固不

然矣因父子之敬建君臣之序制法
度崇禮秩豈徒然哉良有以矣既其
有以將何以易之然則名禮之設其
无情乎且今果有佛耶將无佛耶有
佛耶其道固弘无佛耶義將何取繼
其信然將是方外之事方外之事豈
方內所體而當矯形骸違常務易禮
典弃名教是吾所甚疑也名教有由
來百代所不廢昧且丕顯後世猶殆
殆之為弊其故難尋而今當遠慕芒
昧依俙未分弃禮於一朝廢教於當
世使夫凡流傲逸憲度又是吾之所
甚疑也縱其信然縱其有之吾將通
之於神明得之於胷懷耳軌憲宏模
固不可廢之於正朝矣凡此等類皆
晉民也論其才智又常人也而當因
所說之難辯假服飾以凌度抗殊俗
之傲禮直形骸於万乘又是吾所弗
取也諸君並國器也悟言則當測幽
微論治則當重國典苟其不然吾將
何述焉

尚書令何充及褚翼諸葛恢馮懷謝
廣等重表

尚書令冠軍撫軍都鄉侯臣充散騎
常侍左僕射長平伯臣奐散騎常侍
右僕射建安伯臣恢尚書關中侯臣
懷守尚書安昌子臣廣等言詔書如
右臣等闇短不足以讚揚聖旨宣暢
大義伏省明詔震懼屏營輙共尋詳
有佛無佛固非臣等所能定也然尋
其遺文鑽其要旨五戒之禁實助王
化賤昭昭之名行貴冥冥之潛操行
德在於忘身抱一心之情妙且興自
漢世迄于今日雖法有隆衰而弊无
妖妄神道經久未有比也夫詛有
損也況必有益臣之愚誠實願塵露
之微增潤嵩海區區之況上畀皇極
令一令其拜遂壞其法令修善之俗
廢於聖世習實生常必致愁懼隱之
臣心竊所未安臣雖矇蔽豈敢以偏
見疑誤聖聽直謂世經三代人更明
聖令不為之制无虧王法而幽冥之
格可无壅滯是以復陳愚誠乞垂省
察謹啓
成帝重詔
省所陳具情旨幽昧之事誠非寓言

所盡然其較略及大人神常度粗復
有分例耳大都百王制法雖質文隨
時然未有以殊俗參治恢誕雜化者
也豈曩聖之不達來聖之宏通哉且
五戒之才善粗擬似人倫而更於世
主略其禮敬耶禮重矣敬大矣為治
之綱盡於此矣萬乘之君非好尊也
區域之民非好卑也而卑尊不陳王
教不得不一二之則乱斯曩聖所以
憲章體國所宜不惑也通才博採往
倫其事修之家可矣修之國及朝則
不可斯豈不遠也省所陳果亦未能
了有之與無矣縱其了猶謂不可以
參治而況都无而當以兩行耶
尚書令何充僕射褚裒等三奏不應
敬事
臣等雖誠闇蔽不通遠旨至於乾乾
夙夜思修王度寧苟執偏管而乱大
倫直以漢魏逮晉不聞異議尊卑憲
章無或暫虧也今沙門之慎戒專專
然及為其礼一而已矣至於守戒之
篤者亡身不吝何敢以形骸而慢禮
敬哉每見燒香呪願必先國家欲福

祐之隆情無極已奉上崇順出於自
然禮儀之簡蓋是專一守法是以先
聖御世因而弗革也天網恢恢踈而
不失臣等慺慺以為不令致拜於法
無虧因其所利而惠之使賢愚莫敢
不用情則上有天覆地載之施下有
守一修善之人謹復陳其愚淺願蒙
省察謹啓于時庾冰議寢竟不施敬
桓玄與八座書論道人敬事
玄再拜白頓首八日垂至舊諸沙門
皆不敬王者何庾雖已論之而並率
所見未是以理相屈也庾意在尊主
而理據未盡何出於偏信遂淪名體
夫佛之為化雖誕以茫浩推于視聽
之外然以敬為本此處不異蓋所期
者殊非敬恭宜廢也老子同王侯於
三大原其所重皆在於資生通運豈
獨以聖人在位而比稱二儀哉將以
天地之大德曰生通生理物存乎王
者故尊其神器而禮寔惟隆豈是虛
相崇重義存君御而已哉沙門之所
以生生資存亦日用於理命豈有受
其德而遺其禮沾其惠而廢其敬哉

既理所不容亦情所不安一代之大事宜共求其衷想復相與研盡之比八日令得詳定也桓玄再拜頓首敬謂

八座荅　此一首出故事

中軍將軍尚書令宜陽開國侯桓謙等惶恐死罪奉誨使沙門致敬王者何庾雖論竟未究盡此是大事宜使允中實如雅論然佛法與堯孔殊趣禮教正乖人以髮膚為重而髡削不疑出家弃親不以色養為孝土木形骸絕欲止競不期一生要福万劫世之所貴已皆落之禮教所重意悉絕之資父事君天屬之至猶離其親愛豈得致禮万乘勢自應廢弥歷三代置其絕羈當以神明无方示不以崖撿視聽之外或別有理令便使其致恭恐應革者多非惟拜起又王者奉法出於敬信其理而變其儀復是情所未了即而容之乃是在宥之弘王令以別荅公難孔國張敞在彼想已面諮所懷道寶諸道人並足酬對高旨下官等不識佛理率情以言愧不足覽謙等惶恐死罪

桓玄與王令書論道人應敬王事

沙門抗禮至尊正自是情所不安一代大事宜共論盡之今與八座書向已送都今付此信君是宜任此理者遲聞德音

王令荅桓書

領軍將軍吏部尚書中書令武岡男王謐惶恐死罪奉誨及道人抗禮至尊并見與八座書具承高旨容音之唱辭理兼至近者亦粗聞公道未獲究盡尋何庾二旨亦恨不悉以為二論漏於偏見无曉然應心處真如雅誨夫佛法之興出自天竺宗本幽遐難以言辯既涉乎教故可略而言耳意以為殊方異俗雖所安每乖至於君御之理莫不必同今沙門雖意深於敬不以形屈為禮迹充率土而趣超方内者矣是以外國之君莫不降禮良以道在則貴不以人為輕重也尋大法宣流為日諒久年踰四百歷代有三雖風移政易而弘之不異豈不以獨絕之化有日用於陶漸清約之風無害於隆平者乎故王者恭已不

恨恨於缺户沙門保真不自疑於誕世者也承以通生理物存乎王者孝諸理歸實如嘉論三復德音不能已已雖欲奉酬言將無寄猶以為功高者不賞惠深者忘謝雖復一拜一起亦豈足荅濟通之德哉公眷眄未遺猥見逮問輙率陳愚管不致嫌於所奉耳願不以人廢言臨白反側謐惶恐死罪

桓難

來示云沙門雖意深於敬而不以形屈為禮難曰沙門之敬豈皆略形存心懺悔礼拜亦篤於事爰暨之師逮于上座與世人揖跪但為小異其制耳既不能忘形於彼何為忽儀於此且師之為理以資悟為德君道通生則理宜在本在三之義豈非情理之極哉

來示云外國之君莫不降禮良以道在則貴不以人為輕重也

難曰外國之君非所宜喻而佛教之興亦其指可知豈不以六夷驕强非常教所化故大設靈奇使其畏服既

畏服之然後順軌此蓋是大懼鬼神福報之事豈是宗玄妙之道耶道在則貴將異於雅旨豈得被其法服便道在其中若以道在然後為貴就如君言聖人之道道之極也君臣之敬愈敦於禮如此則沙門不敬豈得以道為貴哉

來示云歷年四百歷代有三而弘之不異豈不以獨絕之化有日用於陶漸清約之風无害於隆平者乎

難曰歷代不革非所以為證也曩者晉人略無奉佛沙門徒衆皆是諸胡且王者與之不接故可任其方俗不為之檢耳今主上奉佛親接法事事異於昔何可不使其禮有准日用清約有助于教皆如君言此蓋是佛法之功非沙門傲誕言之所益也今篤以枉敬將無弥濃其助哉

來示云功高者不賞惠深者忘謝雖復一拜一起豈足答濟通之恩

難曰夫理至无酬誠如來示然情在罔極則敬自從之此聖人之所以緣情制禮而各通其寄也若以功深惠

重必略其謝則釋迦之德為是深耶為是淺耶若淺耶不宜以小道而亂大倫若深耶豈得彼肅其恭而此絕其敬哉

公重答

難曰沙門之敬豈皆略形存心懺悔禮拜亦篤於事哉

答曰夫沙門之道自以敬為主但津塗既殊義无降屈故雖天屬之重形禮都盡也沙門所以推宗師長自相崇敬者良以宗致既同則長幼咸序資通有係則事與心應原佛法雖曠而不遺小善一分之功報亦應之積毫成山義斯著矣

難曰君道通生則理應在本在三之義豈非情理之極哉

答曰夫君道通生則理同造化夫陶鑄敷氣功則弘矣而未有謝惠於所稟厝感於理本者何良以冥本幽絕非物象之所舉運通理妙豈粗迹之能酬是以夫子云可使由之不可使知之此之謂也

難曰外國之君非所應喻佛教之興

亦其指可知豈不以六夷驕强非常教所化故大設靈奇使其畏服

答曰夫神道設教誠難以言辨意以為大設靈奇示以報應此寔影響之實理佛教之根要今若謂三世為虛誕罪福為畏懼則釋迦之所明殆將无寄矣常以為周孔之化救其甚弊故言迹盡乎一生而不開万劫之塗然遠探其旨亦往往可尋孝悌仁義明不謀而自同四時之生殺則矜慈之心見又屬抑仲由之問亦似有深旨但教體既殊故此處常昧耳靜而求之殆將然乎殆將然乎

難曰君臣之敬愈敦於禮如此則沙門不敬豈得以道在為貴哉

答曰重尋高論以為君道運通理同三大是以前條已粗言意以為君人之道竊同高旨至於君臣之敬則理盡名教今沙門既不臣王侯故敬與之廢耳

難曰歷代不革非所以為證也曩者晉人略无奉佛沙門徒衆皆是諸胡且王者與之不接故可任其方俗不

為之撿耳

荅曰前所以云歷有年代者政以容養之道要當有以故耳非謂已然之事無可改之理也此蓋言勢之所至非懂然所據也故人不接王者又如高唱前代之不論或在於此耶

難曰此蓋是佛法之功非沙門傲誕之所益今篤以極敬將无弥濃其助哉

荅曰敬尋来論是不誣佛理也但傲誕之迹有虧大化誠如来誨誠如来誨意謂沙門之道可得稱異而非傲誕今若千載之末淳風轉薄横服之徒多非其人者敢不懷愧今但謂自理而黙差可遺人而言道耳前荅云不以人為輕重微意在此矣

難曰若以功深恵重必略其謝則釋迦之德為是深耶為是淺耶若淺耶不宜以小道而乱大倫若深耶豈得彼肅其恭而此弛其敬哉

荅曰以為釋迦之道深則深矣而瞻仰之徒弥篤其敬者此蓋造道之倫必資行功行功之美莫尚於此如斯乃積行之所因来世之關鍵也且致

敬師長功猶難抑況擬心宗極而可替其禮哉故雖俯仰累劫而非謝恵之謂也

桓重難

省示猶復未釋所疑因来告復粗有其難夫情敬之理豈容有二皆是自内以及外耳既入於有情之境則不可得無也若如来言王者同之造化未有謝恵於所稟厝感於理本是為功玄理深莫此之大也則佛之為化復何以過茲而来論云津塗既殊則義無降屈宗致既同則長幼咸序資通有係則事與心應若理在已本德深居極豈得云津塗之異而云降屈耶宗致為是何耶若以學業為宗致者則學之所學故是發其自然之性耳茍自然有在所由而稟則自然之本居可知矣資通之悟更是發瑩其末耳事與心應何得在此而不在彼

又云周孔之化救其甚弊故盡於一生而不開万劫之塗夫以神奇為化則其教易行異於督以仁義盡於人事也是以黄巾妖惑之徒皆赴者如

雲若此為實理行之又易聖人何縁舍所易之實道而為難行之末事哉其不然也亦以明矣將以化教殊俗理在權濟恢誕之談其趣可知又云君臣之敬理盡名教今沙門既不臣王侯故敬與之廢何為其然夫敬之為理上紙言之詳矣君臣之敬皆是自然之所生理篤於情本豈是名教之事耶前論已云天地之大德日生通生理存乎王者茍所通在斯何得非自然之所重哉又云造道之倫必資功行積行之所因来世之關鍵也擬心宗極不可替其敬雖俯仰累劫而非謝恵之謂請復就来旨而借以為難如来告是敬為行首是敦敬之重也功行者當計其為功之勞耳何得直以珎仰釋迦而云莫尚於此耶恵無所謝達者所不惑但理根深極情敬不可得无耳臣之敬君豈謝恵者耶

公重荅

奉告并垂難具承高旨此理微緬至難厝言又一代大事應時詳盡下官才非拔幽持之研折且妙難精詣益

增莊惑但高音既臻不敢黙已輙復率其短見妄酬來旨无以啓發容致祇用反側願復詢諸道人通才竊其不逮公去宗致為是何耶若以學業為宗致者則學之所學故是發其自然之性耳苟自然有在所由而稟則自然之本居可知矣今以為宗致者是所趣之至道學業者日用之筌蹄今將欲趣彼至極不得不假筌蹄以自運耳故知所假之功未是其絶處也夫積學以之極者必階麁以及妙魚獲而筌廢理斯見矣公以為神奇之化易仁義之功難聖人何緣舍所易之實道而為難行之末事哉其不然也亦以明矣意以為佛之為教與內聖永殊既去其殊理則无並今論佛理故當依其宗而立言也然後通塞之塗可得而詳矣前荅所以云仁善之行不煞之旨其若似可同者故引以就此耳至於發言抗論律經所歸固難得而一矣然愚意所見乃更以佛教為難也何以言之今內聖所明以為出其言善應若影響如其不

善千里違之如此則善惡應於俄頃禍福交於目前且為仁由己弘之則是而猶有弃正而即邪背道而從欲者矣況佛教喻一生於彈指期要終于永刧語靈異之無位設報應於未兆取之能信不亦難乎是以化暨中國悟之者尠

故本起經云正言似反此之謂矣公去行功者當計其為功之勞何得直以祢仰釋迦而去莫尚於此耶請試言曰以為佛道弘曠事數弥繁可以練神成道非唯一事也至於在心无勸於事熊勞祢仰宗極便是行功之一耳前荅所以去莫尚於此者自謂擬心宗轍其理難尚非謂礼拜之事便為无取也但既在未盡之域不得不有心於希通雖一分之輕微必終期之所須也

公去君臣之敬皆是自然之所生理篤於情本豈是名教之事耶敬戢高論不容間然是以前荅去君人之道竊同高旨者意在此也至於君臣之敬事盡揖拜故以此為名教耳非謂

相與之際盡於形迹也請復重申以盡微意夫太上之世君臣已位自然情愛則義著化本于斯時也則形敬蔑聞君道虛運故相忘之理泰臣道冥陶故事盡於知足因此而推形敬不與心為影響殆將明矣及親譽既生茲禮乃興豈非後聖之制作事與時應者乎此理虛邈良難為辯如其未允請俟高尚

桓重書

來難手筆甚佳殊為斐然可以為釋疑處殊是未至也遂相攻難未見其已今復料要明在三之理以辯對輕重則敬否之理可知想研微之功必在砦拼耳八日已及今與右僕射書便令施行敬事尊主之道使天下莫不敬雖復佛道無以加其尊豈不盡善耶事雖已行無豫所論宜究也想諸人或更精析耳可以示仲文

重難

比獲來示并諸人所論並未有以釋其所疑就而為難殆以流遷今復重申前意而委曲之想足下有以頓白

南斉

馬之變知辯制之有耳夫佛教之所重全以神為貴是故師徒相宗莫二其倫凡神之明闇各有本分分之所資禀之有本師之為功在於發悟譬猶荆璞而瑩拂之耳若質非美玉琢磨何益是為美惡存乎自然深德在於資始拂瑩之功寔已末焉既懷玉自中又匠以成器非君道則无以申遂此生而通其為道者也是為在三之重而師為之末何以言之君道兼師而師不兼君教以弘之法以齊之君之道也豈不然乎豈可以在理之輕而奪宜尊之敬三復其理愈所疑駭制作之旨將在彼而不在此錯而用之其弊弥甚想復領其趣而貴其事得之濠上耳

公重荅重虧嘉誨去佛之為教以神為貴神之明闇各有本分師之為理在於發悟至於君道則可以申遂此生通其為道者也尒為師无該通之美君有兼師之德弘崇主之大禮折在三之深淺實如高論實如高論下官近所以脫言鄙見至於往反者緣顧問既

華不容有隱乃更成別辯一理非但習常之惑也既重研妙旨理實恢邈曠若發曚於是乎在承已命庾桓施行其事至敬時定公私幸甚下官瞻仰所悟義在擊節至於濠上之誨不敢當命也

廬山慧遠法師荅桓玄書沙門不應敬王者書 書并桓玄二首

桓玄書與遠法師

沙門不敬王者既是情所不了於理又是所未諭一代大事不可令其體不允近八座書令示君君可述所以不敬意也此便當行之事一二令詳遣想君必有以釋其所疑耳王領軍大有任此意近亦同遊謝中面共諮之所據理殊未釋所疑也令郭江州取君荅可旨付之

遠法師荅

詳省別告及八座書問沙門所以不敬王者意義在尊主崇上遠存名體徵引老氏同王侯於三大以資生運通之道設宜重其神器若推其本以尋其源咸禀氣於兩儀受形於父母

則以生生通運之道為弘資存日用之理為大故不宜受其德而遺其禮沾其惠而廢其敬此檀越立意之所據貧道亦不異於高懷求之於佛教以尋沙門之道理則不然何者佛經所明凡有二科一者處俗弘教二者出家修道處俗則奉上之禮尊親之敬忠孝之義表於經文在三之訓彰于聖典斯與王制同命有若符契此一條全是檀越所明理不容異也出家則是方外之賓迹絶於物其為教也達患累緣於有身不存身以息患知生生由於禀化不順化以求宗求宗不由於順化故不重運通之資息患不由於存身故不貴厚生之益此理之與世乖道之與俗反者也是故凡在出家皆隱居以求其志變俗以達其道變俗則服章不得與世典同禮隱居則宜高尚其跡夫然故能拯溺俗於沉流拔幽根於重劫遠通三乘之津廣開人天之路是故内乖天屬之重而不違其孝外闕奉主之恭而不失其敬若斯人者自誓始於落簪

立志成於暮歲如令一夫全德則道洽六親澤流天下雖不處王侯之位固已協契皇極大庇生民矣如此豈坐受其德虛霑其惠與夫尸祿之賢同其素飡者哉檀越須者以有其服而无其人故澄清簡練容而不雜此命既宣皆人百其誠遂之弥深非言所喻若復開出處之迹以弘方外之道則虛衿者挹其遺風漱流者味其餘津矣若澄簡之後猶不允情其中或真僞相冒涇渭未分則可以道廢人固不應以人廢道以道廢人則宜去其服以人廢道則宜存其禮禮存則制教之旨可尋跡廢則遂志之歡莫由何以明其然夫沙門服章法用雖非六代之典自是道家之殊制俗表之名器名器相涉則事乖其本事乖其本則禮失其用是故愛夫禮者必不虧其名器得之不可虧亦有自来矣夫遠遵古典者猶存告用之餼羊餼羊猶可以存禮豈況如来之法服耶推此而言雖无其道必宜存其禮禮存則法可弘法可弘則道可尋此古今

所同不易之大法也又袈裟非朝宗之服鉢盂非廊廟之器軍國異容戎華不雜剔髮毀形之人忽廁諸夏之禮則是異類相涉之象亦竊所未安檀越奇韻挺於弱年風流邁於季俗猶參究時賢以求其中此而推之必不以人廢言貧道西垂之年假日月以待盡情之所惜豈存一已苟吝所執盖欲令三寶中興於命世之運明德流芳於百代之下耳若一旦行此佛教長淪如来大法於茲泯滅天人感歎道俗革心矣貧道幽誠所期復將安寄緣眷遇之隆故坦其所懷執筆悲懣不覺涕泗横流

桓太尉荅并詔侍沙門敬事

知以方外遺形故不貴為生之益求宗不由順化故不重運通之資又云内乘天屬之重而不違其孝外闕奉主之恭而不失其敬若如来言理本无重則無緣有致孝之情事非資通不應復有致恭之義君親之情許其未盡則情之所寄何為絕之夫累著在於心滯不由形敬形敬盖是心之

所用耳若乃在其本而縱以形敬此復所未之諭又云佛教兩弘亦有處俗之教或澤流天下道洽六親固以協讚皇極而不虛沾其德矣夫佛教存行各以事應因緣有本必至无差者也如此則為道者亦何能違之哉是故釋迦之道不能超白淨津梁雖未獲須陁故是同國人所蒙耳就如来言此自有道深德之功固非今之所謂宜教者所可擬議也来示未能共求其理便使大致慨然故是未之論也想不惑畱常之滯而謬情理之用耳

桓楚許道人不致禮詔

門下佛法宏誕所不能了推其篤至之情故寧與其敬耳今事既在已苟所不了且當寧從其略諸人勿復使禮也便皆使聞知　十二月三日

侍中臣嗣之給事黄門侍中臣袁恪之言詔書如右神道冥昧聖詔幽遠陛下所弘者大爰逮道人奉佛者耳率土之民莫非王臣而以向化法服便抗禮万乘之主愚情所未安拜起

之禮豈虧其道尊卑大倫不宜都廢若許其名教之外闕其拜敬之儀者請一斷引見啓可紀識謹啓

何緣尒便宜奉詔

太亨二年十二月四日門下通事令史臣馬範侍中臣嗣之言啓事重被明詔崇中挹之至履謙光之道愚情眷眷竊有未安治道雖殊理至同歸尊親尊親法教不乘老子稱四大者其尊一也沙門所乘雖異跡不超世豈得不同乎天民陛下誠欲弘之於上然卑高之禮經治之典愚謂宜俯順群心永為來式請如前所啓謹啓

置之使自已亦是兼愛九流各遂其道也侍中祭酒臣嗣之言重被詔如右陛下至德圓虛使吹万自已九流各徇其美顯昧並極其致靈澤幽流无思不懷群方所以資通天人所以交暢臣聞佛教以神慧為本導達為功自斯已還蓋是緩麁之用耳神理緬邈求之於自形而上者虔肅拜起无虧於持戒若行道不失其為恭王法齊敬於率土道惡兼隆內外咸得矣

臣前受外任聽承踈短乃不知去春已有明論近在直被詔便率其愚情不懼允合還此方見斯事屢經神筆宗致悠邈理析微遠非臣駑鈍所能擊讚沙門抗禮已行之前代今大明既昇道化无外經國大倫不可有闕請如先所啓攝外施行謹啓

自有內外兼弘者何其於用前代理卿區區惜此更非讚其道也侍中祭酒臣嗣之言重奉詔自有內外兼弘者聖旨𢿶通道冠百王伏讀仰歎非愚淺所逮尊主枉法臣下之節是以拳拳頻執所守明詔超邈遠略常均臣闇短不達追用愧悚輒奉詔付外宣攝遵承謹啓

元始元年十二月二十四日上

廬山慧遠法師與桓玄論料簡沙門書（并桓玄教）

桓玄輔政欲沙汰衆僧與僚屬教

夫神道茫昧聖人之所不言然惟其制作所弘如將可見佛所貴無為慇懃在於絕欲而比者凌遲遂失斯道京師竟其奢淫榮觀紛於朝市天府

以之傾匱名器為之穢黷避役鍾於百里逋逃盈於寺廟乃至一縣數千猥成屯落邑聚遊食之群境積不羈之衆其所以傷治害政塵滓佛教固已彼此俱弊寔汙風軌矣便可嚴下在所諸沙門有能申述經誥暢說義理者或禁行修整奉戒無虧恒為阿練者或山居養志不營流俗者皆足以宣寄大化亦所以示物以道弘訓作範幸兼內外其有違於此者皆悉罷遣所在領其戶籍嚴為之制速申下之并列上也唯廬山道德所居不在搜簡之例

遠法師與桓太尉論料簡沙門書

佛教凌遲穢雜日久每一尋思憤慨盈懷常恐運出非意混然淪湑此所以夙宵歎懼忘寢與食者也見檀越澄清諸道人教實應其本心夫涇以渭分則清濁殊流枉以正直則不仁自遠推此而言符命既行必二理斯得然令飾偽取容者自絕於假通之路信道懷真者无復負俗之嫌如此則道世交興三寶復隆於茲矣貧道所

以寄命江南欲託有道以存至業業之隆替寔由乎人值檀越當年則是貧道中興之運幽情所託已寔之在昔是以前後書疏輒以憑寄為先每尋告慰眷懷不忘但恐年與時乖不盡檀越盛隆之化耳今故諮白數條如別疏經教所開凡有三科一者禪思入微二者諷味遺典三者興建福業三科誠異皆以律行為本檀越近制似大同於此是所不疑或有興福之人內不毀禁而迹非阿練者或多誦經諷詠不絕而不能暢說義理者或年已宿長雖无三科可記而體性貞正不犯大非者凡如此輩皆是所疑令尋檀越所遣之例不應問此而外物惶惑莫敢自寧故以別白夫形跡易察而真偽難辯自非遠鑒得之信難若是都邑沙門經檀越視聽者固無所疑若邊局遠司識不及遠則未達教旨或因符命濫及善人此袁其深憂若所在執法之官意所未詳又時無宿望沙門可以求中得令送至大府以經高覽者則於理為弘想檀

越神慮已得之於心直是貧道常近之情故不能不及耳若有族姓子弟本非役門或世奉大法或弱而天悟欲弃俗入道求作沙門推例尋意似不塞其清塗然要須諮定使洗心向味者无復自疑之情昔外國諸王多參懷聖典亦有因時助弘大化扶危救弊信有自来矣檀越每期情古人故復略叙所聞

支道林法師與桓玄論州符求沙門名籍書

隆安三年四月五日京邑沙門等頻首白夫標極有宗則仰之者至理契神寘則沐浴弥深故尼父素室顏氏流漣豈不以道隆德盛直往忘反者哉貧道等雖人凡行薄奉修三寶愛自天至信不待習但日損功德撫心增愧賴聖主拓王復躬弘其道得使山居者騁業城傍者閑通緣皇澤曠灑朽幹蒙榮然沙門之於世也猶虛舟之寄大壑耳其来不以事退亦乘閑四海之內竟自無宅邦乱則振錫孤遊道洽則欣然俱萃所以自遠而

至良有以也將振宏綱於季世展誠心於百代而頃頻被州符求抄名籍煎切甚急未悟高旨野人易懼抱憂實深遂使禪人失靜勤士廢行喪精絕氣達旦不寐索然不知何以自安伏願明公扇唐風於上位待白足於其下使懷道獲濟有志俱全則身亡體盡畢命此矣天聽殊邈或未昺簡謹以上聞伏追悚息

天保寺釋道盛啓齊武皇帝論撿試僧事

天保寺釋道盛啓昔者仲尼養徒三千學天文者則戴圓冠學地理者則履方履楚莊周詣哀公曰盖聞此國有知天文地理者不少請試之哀公即宣令國內知天文者著圓冠知地理者著方履来詣門唯有孔丘一人到門無不對故知餘者皆為竊服矣釋迦興世說四諦六度制諸戒威儀舍利弗等皆得羅漢故知大法非為无宗但自佘已来人根轉鈍去道玄遠習惑經心若能儁意則合律科不佘皆是竊服者伏願陛下聖明深恕此

理弗就凡夫求聖人之道昔鄭子産稱曰大賢尚不能无失為申徒嘉所識況今末法比丘寧能无失若不无失必起惡心寺之三官何以堪命國有典刑願勅在所依罪治戮幸可不乱聖聽盛雖耄病遠慕榜木敢以陳聞伏紙流汗謹啓

弘明集卷第十二

丙午歲高麗國大藏都監奉

勅雕造

弘明集卷第十二　第卌三張　增

弘明集卷第十二

校勘記

一　底本，麗藏本。

一　八九一頁上三行至頁中一行「習鑿……試僧事」，徑無。

一　八九一頁上六行及九行「攄食」，資、磧、普、南、清作「踞食」。

一　八九一頁上九行第一〇字「反」，清作「復」。一三行夾註左第二字、一七行第六字同。

一　八九一頁上一三行「王令」，清作「王謐」。

一　八九一頁上一六行第三字「詔」，清作「許」。又「不復敬天子」，清作「不致禮詔」。

一　八九一頁中二行第一三字「爰」，徑、清作「援」。

一　八九一頁中六行第五字「其」，徑作「相」。

一　八九一頁中一一行第六字「頻」，諸本作「類」。

一　八九一頁中一三行「予作」，諸本作「即仙」。

一　八九一頁中一五行第六字「習」，徑作「昏習」。又末字「齒」下，清有「與釋道安書」。

一　八九一頁中二〇行第九字「勞」，磧、普、南、徑、清作「榮」。

一　八九一頁中二一行首字「不」，諸本作「天不」。

一　八九一頁中二二行末字「真」，諸本作「直」。

一　八九一頁下五行末字「損」，資、磧、普、清作「指」，南、徑作「措」。

一　八九一頁下一三行「怒呺」，諸本作「俱怒呼」。

一　八九一頁下一五行第四字「首」，磧、普、南、徑、清作「道」。

一　八九一頁下一八行第九字「並」，諸本作「普」。

一　八九一頁下二一行第二字「葴」，諸本作「箴」。

一　八九一頁下末行第九字「誓」，諸

本作「哲」。

一　八九二頁上六行「譙王……釋」，資、磧、普、南、清作「譙王書論孔釋并張新安答」；徑作「與張新安論孔釋書　譙王」。

一　八九二頁上九行第一二字「明」，諸本無。

一　八九二頁上一一行第一三字「授」，諸本作「援」。

一　八九二頁上一二行第一三字「網」，諸本作「綱」。

一　八九二頁上一四行第二字「益」，諸本作「蓋」。

一　八九二頁上一六行「張新安答」，徑作「答譙王論孔釋書　張新安」。

一　八九二頁上二〇行第一〇字「覺」，諸本作「學」。

一　八九二頁上二一行第八字「[illegible]」，諸本作「獱」。

一　八九二頁上末行第三字「革」，諸本作「業」。

一　八九二頁中一行第七字「微」，諸本作「徵」。

一　八九二頁中二行第四字「婉」，諸本作「婉而」。又第一〇字「好」，諸本作「之」。

一　八九二頁中三行第一一字「綱」，諸本作「網」。

一　八九二頁中四行第二字「苗」，資、徑、清作「畂」。

一　八九二頁中六行第三字「[illegible]」，資、徑、清作「韗」。

一　八九二頁中七行第一〇字「通」，磧、普、南、徑、清作「逋」。

一　八九二頁中一〇行「與禪師書論踞食」，徑作「與沙門論踞食書」。

一　八九二頁中一三行第七字「異」，諸本作「乖」。

一　八九二頁中一四行第九字「中」，諸本作「申」。

一　八九二頁中一六行末字「乎」，磧、普、南、清作「于」；徑作「於」。

一　八九二頁中一七行末字「于」，諸本作「十」。

一　八九二頁下六行「其制」，諸本作「制其」。又第六字「行」，諸本作「行其」。

一　八九二頁下一一行第六字「末」，資、磧、普、南、徑作「未」。

一　八九二頁下一三行「與王……倫」，徑作「與王司徒諸公論沙門踞食書　宋范泰」。

一　八九二頁下二〇行第四字「以」，諸本作「此」。

一　八九二頁下二一行第九字「用」，諸本作「同」。

一　八九三頁上二行「踞食之」，諸本作「據之食」。

一　八九三頁上五行首字「氈」，資、磧、普、南、清作「旃」。

一　八九三頁上九行第八字「像」，諸本作「像堂」。

一　八九三頁上一〇行「自務」，諸本作「自矜」。

一　八九三頁上二〇行「釋……書」，徑作「答諸檀越書　宋釋慧義等」。

一八九三頁上二二行第七字「政」，諸本作「正」。

一八九三頁中一一行第七字「容」，諸本作「客」。

一八九三頁中一九行第八字「元」，諸本無。

一八九三頁下一行第二字「者」，諸本作「諸」。

一八九三頁下二行第四字「摧」，諸本作「推」。

一八九三頁下六行「答義公」，徑作「重答法師慧義等書　范泰」；清作「范伯倫答義公」。

一八九三頁下七行「答曰」，徑無。

一八九三頁下一二行第二字「乎」，諸本無。

一八九三頁下一九行第五字「倨」，諸本作「踞」。

一八九三頁下二一行第二字「了」，諸本作「子」。

一八九三頁下末行「范伯倫……書」，徑作「與生觀二法師書　范泰」。

一八九四頁上一一行第二字「據」，諸本作「踞」。下至本頁下一九行第七字同。又第五字「之」，諸本無。又第九字「於」，諸本無。

一八九四頁上一四行第八字「伐」，諸本作「代」。

一八九四頁上一六行末字「法」，諸本作「俗」。

一八九四頁上一七行「論……倫」，徑作「論沙門踞食表三首　范泰」，清作「范伯倫論踞食表」。

一八九四頁中三行第一一字「語」，諸本作「論」。

一八九四頁中一〇行第一一字「内」，資、磧、普、南作「甘」；徑、清作「間」。

一八九四頁中一六行第六字「己」，資、磧、普作「凡」。

一八九四頁下一行第二字「正」，諸本無。又第四字「測」，資作「不測」。

一八九四頁下二行第一二字「林」，諸本作「牀」。

一八九四頁下六行「臣言」，資、磧、普、南、清作「重表臣言」；徑作「又臣言」。

一八九四頁下七行第九字「旋」，諸本作「遊」。

一八九四頁下九行至次行「彼齊」，諸本作「攸濟」。

一八九四頁下一二行首字「朕」，諸本作「脱」。又第九字「援」，諸本作「笑喛」。

一八九四頁下二〇行第一一字「緣」，諸本作「經」。

一八九四頁下末行「及不」，諸本作「乃不」。

一八九五頁上三行「重表」，徑作「又」。

一八九五頁上四行「管穴」，諸本作「營穴」。

一八九五頁上九行「今古」，諸本作「古今」。

一八九五頁上一三行「義生」，諸本作「生義」。又第一二字「象」，諸本作「蒙」。

一　八九五頁上一六行「干非」，磧、徑作「于非」。

一　八九五頁上一七行第一一字「怗」，諸本作「怗」。

一　八九五頁中二行第一一字「智」，諸本作「知」。

一　八九五頁中三行末字「年」，南、徑、清作「耳」。

一　八九五頁中四行「尚書令何充」，徑無。又末字「敬」下，資、磧、普、南、清有夾註「并詔五首」；徑有「表有序（有序二字作夾註）晉何充等」。

一　八九五頁中九行第三字「翜」，諸本作「翌」。下同。

一　八九五頁中一八行末字至次行末字「庚……詔」，徑作「代晉成帝沙門不應盡敬詔　晉庚冰」。

一　八九五頁中二一行第九字「阿」，諸本無。

一　八九五頁下二行第四字「袟」，磧、徑作「秩」。

一　八九五頁下九行「丕顯」，磧、普、南、清作「不顯」。

一　八九五頁下二二行至末行「尚書……重表」，徑作「沙門不應盡敬表　何充等」。

一　八九六頁上四行「安昌」，諸本作「昌安」。

一　八九六頁上一〇行第一〇字「情」，諸本作「清」。

一　八九六頁上一二行第九字「比」，諸本作「其比」。又第一二字「誼」，南、徑、清作「詛」。

一　八九六頁上一三行第三字「况」，資、磧、普、南、清作「呪」；徑作「祝」。

一　八九六頁上一四行第六字「海」，諸本作「岱」。又第一二字「畢」，諸本作「俾」。

一　八九六頁上一六行第六字「實」，諸本作「俗」。

一　八九六頁上一七行第九字「矇」，諸本作「矇」。

一　八九六頁上二二行「成帝重詔」，徑作「重代晉成帝沙門不應盡敬詔　庚冰」。

一　八九六頁中三行第一〇字「恢」，諸本作「怪」。

一　八九六頁中四行第八字「来」，諸本作「而來」。

一　八九六頁中一〇行末字「徃」，諸本作「往往」。

一　八九六頁中一一行第八字「矣」，資、磧、普、南、徑作「以」。

一　八九六頁中一五行至一六行「尚書……敬事」，徑作「重奏沙門不應盡敬表　何充等」。

一　八九六頁中一八行第四字「修」，諸本作「循」。

一　八九六頁下九行「桓玄……事」，徑作「與八座論沙門敬事書　桓玄」。

一　八九六頁下一二行第七字「相」，諸本無。

一　八九六頁下二〇行第二字「故」，諸本作「敬」。

一八九六頁下末行第四字「遺」，磧、普、南、徑、清作「遣」。

一八九七頁上三行「敬謂」，諸本無。

一八九七頁上四行「八座……事」，徑作「答桓玄論沙門敬事書 晉桓謙等」。

一八九七頁上七行第四字「竟」，諸本作「意」。

一八九七頁上八行第六字「然」，諸本作「誨然」。又「堯孔」，諸本作「老孔」。

一八九七頁上一五行「示不」，諸本作「亦不」。

一八九七頁上二二行「不識」，諸本作「不諳」。

一八九七頁中一行「桓玄……王事」，徑作「與王中令難沙門應敬王事桓玄」。又「桓玄」，資、磧、普、南、清作「桓玄書」。又「王令」，清作「王謐」。又「王事」下，資、磧、普、南、清有夾註「并王令(「王令」，清作「王謐」)答往復八道」。

一八九七頁中四行第一一字「任」，諸本作「在」。

一八九七頁中六行「王令答桓書」，徑作「答桓太尉 王謐」；清作「王謐答桓玄書」。

一八九七頁中七行第一三字「剛」，諸本作「岡」。

一八九七頁中一二行第九字「懕」，諸本作「猒」。

一八九七頁中末行第一二字「恭」，磧、普、南作「供」；資、徑、清作「拱」。

一八九七頁下一行「悢悢」，徑作「恨恨」。

一八九七頁下二行「存乎」，資、磧、普、南、徑作「在乎」。

一八九七頁下一〇行「桓難」，徑作「難王中令 桓玄」；清作「桓玄難」。

一八九七頁下一二行第三字「禮」，徑作「體」。次頁中一〇行首字同。

一八九七頁下二二行第四字「指」，徑、清作「旨」。

一八九八頁上一行第一一字「大」，諸本作「本」。

一八九八頁上七行首字「道」，諸本作「道在」。

一八九八頁上一七行第八字「言」，諸本無。

一八九八頁中三行末字「絶」，資作「施」；磧、普、南、徑、清作「弛」。

一八九八頁中五行「公重答」，徑作「答桓太尉 晉王謐」；清作「王謐重答」。

一八九八頁中一一行第一三字「感」，諸本作「成」。次頁中一二行第一二字同。

一八九八頁下一行第三字「指」，磧、普、南、徑、清作「旨」。

一八九八頁下八行「万劫」，諸本作「万物」。

一八九八頁下一〇行「自同」，諸本作「自周」。

一八九八頁下一一行第六字「属」，諸本作「屢」。

一八九九頁上五行第二字「⿰忄畫」，磧、普、南、徑、清作「畫」。又第七字「故」，諸本作「胡」。

一八九九頁上八行第七字「祏」，徑作「氏」。

一八九九頁上一二行第三字「若」，諸本作「若以」。

一八九九頁中四行「桓重難」，徑作「難王中令　桓玄」；清作「桓玄重難」。

一八九九頁中五行首字「省」，徑無。

一八九九頁下一〇行第二字「理」，諸本作「理物」。

一八九九頁下二〇行「公重答」，徑作「答桓太尉　王謐」；清作「王謐重答」。

一八九九頁下二一行第五字「難」，資、磧、普、徑作「重難」。

一八九九頁下末行「持之」，資作「特之」；磧、普、南、徑、清作「特乏」。

一九〇〇頁上一行第六字「音」，諸本作「旨」。

一九〇〇頁上二行第八字「旨」，諸本作「誨」。

一九〇〇頁上二〇行「律經」，諸本作「津涇」。

一九〇〇頁中八行第一二字「謂」，磧、普、南作「議」。

一九〇〇頁下四行第九字「忘」，諸本作「妄」。又末字「道」，諸本作「遇」。

一九〇〇頁下五行第八字「足」，諸本作「之」。

一九〇〇頁下一〇行「桓重書」，徑作「與王中令書　桓玄」。

一九〇〇頁下一五行第三字「⿰木片」，諸本作「愈析」。

一九〇〇頁下一九行第五字「更」，諸本作「更有」。

一九〇〇頁下二〇行「重難」，徑作「重難王中令　桓玄」；清作「桓玄重難」。

一九〇〇頁下末行第一〇字「下」，諸本無。

一九〇一頁上七行第一〇字「末」，資作「未」；磧、普、南、徑、清作「求」。

一九〇一頁上八行首字「自」，南、徑、清作「在」。

一九〇一頁上一七行「公重答」，徑作「重答桓太尉　王謐」；清作「王謐重答」。

一九〇一頁上二〇行第五字「尒」，諸本作「示」。

一九〇一頁中三行第四字「矇」，磧、普、南、徑、清作「蒙」。

一九〇一頁中七行至八行夾註「盧山……二首」，徑無。

一九〇一頁中九行「桓玄……法師」，徑作「與遠法師書　桓玄」。

一九〇一頁中一一行「命其」，諸本作「令其」。

一九〇一頁中一二行第三字「近」，諸本作「近與」。

一九〇一頁中一三行第九字「之」，諸本作「之於」。

一　九〇一頁中一六行第一一字「今」，諸本作「令」。
一　九〇一頁中一八行「遠法師答」，經作「答桓太尉書　釋慧遠」。
一　九〇一頁中二二行第四字「設」，諸本作「故」。
一　九〇一頁下一八行第六字「則」，諸本無。
一　九〇一頁下二〇行首字「俗」，諸本作「族」。
一　九〇二頁上四行第六字「霑」，諸本作「沾」。
一　九〇二頁中三行第一一字「廁」，經作「廝」。
一　九〇二頁中八行第一三字「厺」，諸本作「恪」。
一　九〇二頁中一三行第一〇字「坦」，資作「垣」；經、清作「殫」。
一　九〇二頁中一五行及夾註「桓太尉……敬事」，經作「重答遠法師書　桓玄」。
一　九〇二頁下四行末字「教」，諸本作「敬」。
一　九〇二頁下七行第一一字「淨」，諸本作「淨於」。
一　九〇二頁下一一行第六字「使」，諸本無。
一　九〇二頁下一四行「桓楚……禮詔」，經作「許沙門不致禮詔　桓玄」；清作「桓玄許道人不致禮詔并答往反五首」。又「禮詔」下，資、磧、普、南有夾註「并答往反五首」。
一　九〇二頁下一八行「聞知」下，經有「答桓玄詔　晉卞嗣之袁恪之」。
一　九〇二頁下一九行第三字「臣」，經作「臣卞」。
一　九〇三頁上三行與四行之間，經有「詔　桓玄」。
一　九〇三頁上四行與五行之間，經有「答桓玄詔　馬範卞嗣之」。
一　九〇三頁上七行第四字「中」，諸本作「沖」。又第八字「履」，磧、普、南、經作「復」。
一　九〇三頁上九行第二字「親」，經作「君」。
一　九〇三頁上一三行及本頁中七行「謹啓」下，經有「詔桓玄」。
一　九〇三頁上一五行「道也」下，經有「答桓玄詔　卞嗣之」。又第一三字「詔」，諸本作「明詔」。
一　九〇三頁上二二行第三字「持」，諸本無。
一　九〇三頁中九行「道也」下，經有「答桓玄詔　卞嗣之始元元年十二月二十四日」。
一　九〇三頁中一一行「伏讀」，諸本作「伏讚」。
一　九〇三頁中一六行至一八行夾註「元始……玄教」，經無。
一　九〇三頁中一八行夾註「并桓玄教」，資、磧、普、南、清作「并桓玄書」。
一　九〇三頁中一九行「桓玄……教」，經作「與僚屬沙汰僧衆教　桓玄」。
一　九〇三頁中一九行第九字「僧」，資、磧、普無。

一 九〇三頁下六行第二字「所」，諸本作「此」。

一 九〇三頁下七行至次行「阿練」，諸本作「阿練若」。下同。

一 九〇三頁下一一行首字「遣」，諸本作「道」。

一 九〇三頁下一四行「遠法師……書」，徑作「與桓太尉論料簡沙門書 釋慧遠」。

一 九〇三頁下一九行「正直」，磧、普、南、徑、清作「直正」。

一 九〇四頁上一行末字「業」，諸本無。

一 九〇四頁上四行第一四字「每」，南、徑作「毋」。

一 九〇四頁上末行第六字「覽」，諸本作「鑒」。

一 九〇四頁中一〇行至一一行「支道林……籍書」，徑作「與桓太尉論州符求沙門名籍書 晉釋支遁」。

一 九〇四頁中一五行第二字「漣」，諸本作「連」。

一 九〇四頁中一九行第一〇字「通」，磧、普、南、徑、清作「道」。

一 九〇四頁下二行第一二字「抄」，諸本作「沙門」。

一 九〇四頁下一〇行至一一行「天保……僧事」，徑作「啓齊武帝論撿試僧事 齊釋道盛」。

一 九〇四頁下一二行「天保寺釋道盛啟」，徑無。

一 九〇四頁下一四行及一七行「方扆」，諸本作「方屡」。

一 九〇四頁下一八行首字「門」，磧、南、清作「問」。

一 九〇四頁下一九行第一〇字「諸」，諸本無。

一 九〇四頁下二一行第一三字「玄」，諸本作「懸」。

一 九〇五頁上四行第二字「必」，諸本作「每」。

一 九〇五頁上六行「榜木」，磧、普、南、清作「謗木」；徑作「謗未」。

趙城縣廣勝寺

弘明集卷第十三　墳

梁楊都建初寺釋僧祐律師撰

郗嘉賓奉法要

顔延之庭誥二章

王該日燭

奉法要　郗中書

三自歸者歸佛歸十二部經歸比丘僧過去見在當来三世十方佛三世十方經法三世十方僧每礼拜懺悔皆當至心歸命并慈念一切衆生願令悉得度脱外國音稱南无漢曰歸命佛者漢音曰覺僧者漢音曰衆五戒一者不殺不得教人殺常當堅持盡形壽二者不盜不得教人盜常當堅持盡形壽三者不婬不得教人婬常當堅持盡形壽四者不欺不得教人欺常當堅持盡形壽五者不飲酒不得以酒為恵施常當堅持盡形壽若以酒為藥當權其輕重要於不可致醉醉有三十六失經教以為深誡不殺則長壽不盜則常泰不婬則清淨不欺則人常敬信不醉則神理明治已行五戒便修歲三月六齋歲三齋者正月一日至十五日五月一日至十五日九月一日至十五日月六齋者月八日十四日十五日二十三日二十九日三十日凡齋日皆當魚肉不御迎中而食既中之後甘香美味一不得嘗洗心念道歸命三尊悔過自責行四等心遠離房室不著六欲不得鞭撻罵詈乘駕牛馬帶持兵仗婦人則兼去香花脂粉之飾端心正意務存柔順齋者普為先亡見在知識親屬并及一切衆生皆當因此至誠各相發心心既感發則終免罪苦是以忠孝之士務加勉勵良以兼之功非徒在己故也齋日唯得專惟玄觀講誦法言若不能行空當習六思念六思念者念佛念經念僧念施念戒念天何謂念天十善四等為應天行又要當稱力所及勉濟衆生十善者身不犯殺盜婬意不嫉恚癡口不妄言綺語兩舌惡口何謂不殺常當矜愍一切蠕動之類雖在困急終不害彼凡衆生危難皆當盡心營救隨

弘明集卷第十三第二張　墳字

其水陸各令得所擬有爲已煞者皆不當受何謂爲盜凡取非已有不問小大及莅官不清皆謂之盜何謂爲婬一切諸著普謂之婬施之色欲非正匹偶皆不得犯

弘明集卷第十三　第三張　墳

又私竊不公亦兼盜罪所謂嫉者謂妬忌也見人之善見人有得皆當代之懽喜不得有爭競憎嫉之心所謂恚者心懷忿恨藏結於內所謂癡者不信大法疑昧經道何謂妄言以无爲有虛造無端何謂綺語文飾巧言華而不實何謂兩舌背向異辭對此言彼何謂惡口謂罵詈也

或云口說不善之事令人承以爲罪亦爲惡口凡此十事皆不得覬起心念是爲十善亦謂十戒五戒撿形十善防心事有踈密故報有輕重凡在有方之境捴謂三界三界之內凡有五道一曰天二曰人三曰畜生四曰餓鬼五曰地獄全五誡則人相備具十善則生天堂全一誡者則亦得爲人人有高卑或壽夭不同皆由誡有多少反十善者謂之十惡十惡畢犯則入地獄抵突强梁不受忠諫及毒心內盛殉私欺紿則或墮畜生或生虵虺慳貪專利常苦不足則墮餓鬼其罪若轉少而多陰私情不公亮皆墮鬼神雖受微福不免苦痛此謂三塗亦謂三惡道

弘明集卷第十三　第四張　墳

色痛痒思想生死識謂之五陰凡一物外有形可見者爲色失之則憂惱爲痛得則歡喜爲痒未至逆念爲思過去追憶爲想心念始起爲生想過意識滅爲死曾關於心戢而不忘爲識識者經歷累劫猶萌之於懷雖昧其所由而滯於根潛結始自毫釐終成渕岳是以學者務慎所習

五蓋一曰貪婬二曰瞋恚三曰愚癡四曰邪見五曰調戲別而言之求欲爲貪躭著爲婬外發爲瞋內結爲恚繫於縛著觸理倒惑爲愚癡生死因緣癡爲本一切諸著皆始於癡地獄苦酷多由於恚

經云卒鬬煞人其罪尚輕懷毒陰謀則累劫弥結无解脫之期六情一名六衰亦曰六欲謂目受色耳受聲鼻受香舌受味身受細滑心受識識者即上所謂識陰者也五陰六欲蓋生死之原本罪苦之所由消御之方皆具載衆經

弘明集卷第十三　第五張　墳

經云心作天心作人心作地獄心作畜生乃至得道者也亦心也凡慮發乎心皆念念受報雖事未及形而幽對冥構夫情念員速倏忽无間機動毫端遂充宇宙罪福形道靡不由之吉凶悔吝定於俄頃是以行道之人必慎獨於心防微慮始以至理爲城池常領本以禦末不以事形未著而輕起心念豈應言出乎室千里應之莫見乎隱所慎在形哉

異出十二門經云人有善恒當掩之有惡宜令彰露夫君子之心无適無莫過而無悔當不自得宜其任行藏於所遇豈有心於隱顯然則教之所施其在常近乎原夫天理之於罪福外泄則愈輕內結則弥重既跡著於人事必有損於冥應且伐善施勞有生之大情匿非文過品物之所同善著則跡彰跡彰則譽集苟情係沮勸

而譽集於外蔵丢之心必盈乎内且人之君子猶天之小人況乎仁德未至而名浮於實獲戾幽冥固必然矣夫苟非備德必有不周坦而公之則興事而散若乃負理之心銘之懐抱而外修情貌以免人尤收集俗譽大誣天理自然之釁得不愈重乎是以莊生云為不善於幽昧之中鬼神得而誅之且人之情也不愧於理而愧乎物僭著則毀至毀至而恥生情存近復則弊不至積恃其不彰則終莫悛革加以天釁内充而懼其外顯則幽慮万端巧防弥密窮年所存唯此之務天殃物累終必頓集蓋由不防萌謀始而匿非揚善故也

正齋經云但得説人百善不得説人一惡説人之善善心便生説人之悪便起忿意意始雖微漸相資積是以一善生巨億万善一悪生巨億万悪古人云兵家之興不過三世陳平亦云我多陰謀子孫不昌引以為教誡足以有弘然齊楚享遺嗣於累葉頻冉靡顯報於後昆既已著之於事驗

不俟推理而後明也且鯀殛禹興晧鮒異形四罪不及百代通典括王御世猶無淫濫況乎自然玄應不以情者而令罪福錯受善惡无章其誣理也固亦深矣且秦制收帑之刑猶以犯者為主主嬰其罰然後責及其餘若釁不當身而殃延親屬以茲制法豈唯聖典之所不容固亦申韓之所必去矣是以泥洹經云父作不善子不代受子作不善父亦不受善自獲福惡自受殃至矣哉斯言允心應理然原夫世教之興豈不以情受所存不止乎已所及弥廣則誡懼愈深是以韜理實於韞韇每申近以斂麁進无鬻於懲勸而有適於物宜有懷之流宜略其事而喻深領幽旨若乃守文而不通其變殉教而不達教情以之處心循理不亦外乎夫罪福之於逆順固必應而无差者也苟昧斯道則邪正無位寄心无准矣至於考之當年信漫而少徵理無僭違而事不恒著豈得不歸諸宿緣於之来世耶是以有心於理者審影響之難誣廢事

謐而實冥達天網之宏疎故期之於靡漏悟運往之无間浿万劫於一朝括三世而玄同要終歸於必至豈以顯昧敗心淹遠革慮哉此實始信之根至而業心所深期也

十二門經云有時自計我端政好便當自念身中无所有但有肝膓胃肺骨血屎溺有何等好復觀他人身中惡露皆如是若慳貪意起當念財物珎寶生不持来死不俱去而流遷變化朝夕難保身不久存物无常主宜及當年施恩行恵贍之以財救疾以藥終日欣欣務存營濟若瞋恚意起當深生平等兼護十戒差摩竭云菩薩所行忍辱為大若罵詈者黙而不報若撾捶者受而不挍若瞋怒者慈心向之若謗毀者不念其惡法句又云受辱心如地行忍如門閫地門閫蓋取其藏垢納汙終日受踐也成具經日彼以四過加己則覺知口之失也報以善言和語至誠不飾四過者上之所謂兩舌惡口妄言綺語也夫彼以惡来我以善應苟心非木石理无

不感但患處之不恒弘之不積耳苟
能每事思忍則悔吝消於見世福報
顯於將来
賢者德經云心所不安未常加物即
近而言則忠恕之道推而極之四等
之義四等者何慈悲喜護也何謂為
慈愍傷衆生等一物我推己恕彼願
令普安愛及昆虫情無同異何謂為
悲博愛兼拯雨涙惻心要令實功潛
著不直有心而已何謂為喜歡悅柔
軟施而無悔何謂為愛護隨其方便
觸類善救津梁會通務存弘濟能行
四等三界極尊但未能冥心无兆則
有數必終是以本起經云諸天雖樂
福盡亦喪貴極而天道與地獄對門
成具又云福者有苦有盡有煩勞有
往還泥洹經曰五道无安唯无為快
經稱行道者先當捨世八事利衰毀
譽稱譏苦樂聞善不喜聞惡不懼信
心天固沮勸无以動其志埋根於中
外物不能干其慮且當年所遇必由
宿緣宿緣玄運信同四時其来不可
禦其去不能止固當順而安之悅而

畢之精懃增道習期諸妄形報既廢
乃獲大安耳夫理本於心而報彰於
事猶形正則影直聲和而響順此自
然玄應孰有為之者哉然則契心神
道固宜期之通理務存遠太虛中正
已而無希外助不可接以卑瀆要以
情求此乃晉懷之關捷學者所宜思
也或謂心念必報理同影響但當求
已而已固无事於幽冥原經教之設
蓋所以悟夫求已然求已之方非教
莫悟悟乎教則功由神道欣感發中
必形於事亦由詠歌不足係以手儛
然則奉而尊之蓋理所不必須而情
所不能廢國宜繼已深體教育忘懷欣
想將以已引物自同乎衆所以固新
涉之志而令寄懷有擬經云生苦老
苦病苦死苦怨憎會苦恩愛别離苦
所求不得苦遇此諸苦則宜深惟緣
對兼覺魔僞開以達觀弘以等心且
區區一生有同過隙所遇雖殊終歸
枯朽得失少多固不足計誒以數塗
則此心自息又苟未入道則休戚迭
用聚散去来賢愚同致是以經云安

則有危得則有喪合會有離生則有
死蓋自然之常勢必至之定期推而
安之則無往不夷
維摩詰云一切諸法定意生形然則
地動於始事應乎末念起而有慮息
則無意之所安則觸遇而夷情之所
导則無往不滯因此而言通滯之所
由在我而不在物也若乃懼生於心
則疊乘於外外疊既乘内懼愈結苟
患失之无所不至矣是以經稱丈夫
畏時非人得其便誠能住心以理天
關内固則人鬼罔閒緣對自息不有
無以纓衆邪不能襲
四非常一曰无常二曰苦三曰空四
曰非身少長殊形陵谷易處謂之无
常盛衰相襲欣極必悲謂之為苦一
切万有終歸於无謂之為空神无常
宅遷化靡停謂之非身經稱處或樂
之地覺必苦之對蓋推代謝於往復
審樂往則哀来故居安慮危夕惕榮
觀若夫深於苦者謂之見諦達有心
則有滯有滯則苦存雖貴極人天地
兼崇高所乘愈重矜著弥深情之所

樂於理愈苦故經云三界皆苦無可樂者又云五道衆生共在一大獄中苟心係乎有則罪福同貫故揔謂三界為一大獄佛問諸弟子何謂无常一人曰一日不可保不可保是為無常佛言非佛弟子一人曰食頃不可保是為無常佛言非佛弟子一人曰出息不報便就後世是為无常佛言真佛弟子夫无常顯證日陳於前而万代同歸終莫之悟无瞬息之安保永世之計懼不在交則每事殆懈以之進德則功無覆簣以之治心則惰其所習是以有道之士指寸陰而惜逝恒自强於鞭後業興時覺惟日不足則乱念無因而生緣對靡由而起六度一曰施二曰戒三曰忍辱四曰精進五曰一心六曰智慧積而能散潤濟衆生施也謹守十善閑邪以誡誡也犯而不校常善下已忍辱也懃行所習夙夜匪懈精進也專心守意以約御衆一心也凡此五事行以有心謂之俗度領以兼忘謂之道惠本起經云九十六種道術各信所事皆

樂安生孰知其惑夫欣得惡失樂存哀亡蓋弱喪之常滯有生所感同然冥力潛謝非矜戀所留對至而應豈智用所制是以學者必歸心化本領觀玄宗玩之珎之則衆念自廢廢則有忘有忘則緣絶緣報既絶然後入於無生既不受生故能不死是以普耀經云无所從生靡所不生於諸所生而無所生泥洹經云心識靜休則不死不生心為種本行為其地報為結實猶如種殖各以其類時至而生不可遏也種十惡戒善則受生之報具於上章加種禪等四空則貫極天道四空及禪數經具載其義從第一天至二十八天隨其事行福轉倍增種非常禪皆有著无則得羅漢泥洹不忌有為不係空觀遇理而冥无報無寄為无所種既無所種故不受報廓然玄廢則佛之泥洹泥洹者漢曰無為亦曰滅度維摩詰曰彼六師者說倚為道從是師者為住諸見為墮邊際為歸八難不得離生死道也雖玄心屢習而介然動猶均彼六師同

滯一有況貪生倚想報我捍化雖復福踰山河貴極三界倚伏旋還終墜罪苦豈獲寧神大造泊然玄夷哉夫生必有情天勢率至不宅於善必在於惡是以始行道者要必有寄寄之所因必因乎有有之所資必資乎煩是以經云欲度空中造立宮室終不能成取佛國者非於空也然則五度四等未始可廢但當即其事用而去其忮心歸佛則解佛无歸於戒則无功於戒則禪諦與五陰俱冥末用與本觀同盡雖復衆行兼陳固是空中行空耳或以為空則無行行則非空既已有所無乃失空乎夫空者忘懷之稱非府宅之謂也无誠無矣存无則滯封有誠有矣兩忘則玄解然則有无由乎方寸而無係於外物器象雖陳於事用感絶則理冥豈滅有而後無階損以至盡哉由此言之有固非滯滯有背宗反流歸趣任本則自暢是以開士深行統以一貫達万像之常冥秉所寓而玄領知來理之先空恒得之於同致悟四色之无朕順本際

而偕發審衆觀之自然故雖行而靡跡方等深經每泯一三世而未常謂見在為有則空中行空盲斯見矣

庭誥二章　顏光禄延之

達見同善通辯異科一曰言道二曰論心三曰校理言道者本之於天論心者議之於人校理者取之於物從而別之由塗參陳要而會之終致可一若夫玄神之經窮明之說義兼三端至無二極但語出戎方故見猜世學事起殊倫故獲非恒情天之賦道非老胡華人之禀靈豈限外内一以此思可無臆裁

為道者蓋流出於仙法故以練形為上崇佛者本在於神教故以治心為先練形之家必就深曠支飛靈餱丹石粒芝精所一還年却老延華駐采欲使體合纁霞軌遍天海此其所長及偽者為之則忌災祟課粗願混士女乱妖正此其巨蠹也治心之術必辞親偶閑身性師淨覺信緣命所以反壹无生剋成聖業智邈大明志狭恒劫此其所貴及詭者為之則籍髡

落狎菁華傍榮聲謀利論此其甚誣也物有不然事无弊衡石曰陳猶患差忒況神道不形固衆端之所假未能體神而不疑神無者以為靈性密微可以積理知洪變欻怳可以大順待照若鏡天蕭若窺測能以理順為人者可與言有神矣若乃罔其真而責其弊是未加心照耳

日燭　王該

尋夫至道之典暢生死之源標善惡之報啓淩化之津訓戒明白縷羅備矣然信言不美文繫辞宕累冥絶昧重㴱隅浪是以學者未得其門或未之晤意聊採咸池之遠音適為里巷之近曲假小通大儻可接俗助天揚光号曰日燭

陶先覺之宏誥啓玄管於靈門周大虚以遊眺究漭蕩而無垠履地勢於方局冠負天於覆盆緬三界之寥廓邁二氣之烟熅尋太造之冥本測化育之幽根形假四大而泡散神妙万物而常存彼良民之達分故哀生而怡魂

夫含氣之倫其神无方蠢介之類其質无常寄若水勢託若火光隨行纏緜迭枯迭芳往来出沒冥冥泄泄洪海環流大變輪迴乘波遠漂濟未曷階宛轉三塗之中沉滯八難之圍愍众竅之無期悼容作之有歸瞻崇德之可速鑒聚凶之宜遲期成務之易覯匪先見之動微五福廸於履是六極搆於蹈非理感自然冥對玄疑福兮誰造禍兮孰興水運鍾甲人道惡矜豐困豐積祉緣謙外僅殦正而鬼退丈夫邪而魅淩覽形聾之兩偶考休咎之雙徵理投思而合契迹望目而相應若負轉之抱規猶直楯之附繩倉犬出於帝父黃能咨於聖子聿徵化而不救奚天屬之云恃諒求福之在躬信為人之在巳咨吸其靡常知忽往其何止彼非人之什岌豈无氣之所始悲婉孌之夭祖還託生於家承昔鞠育而懷抱今屠刳以為礼神居妙而恒我形受變而易體末一旬而相忘可長歎而流涕夫闡愚其皆然匪伊人之獨介察寡孕於嘉類

悟繁產於重冢喻零霖其猶希若翻
囊之倒米為蹈躡以日日誰識依而
達倚匪余情之能測謬聞之以如是若
夫倒置之族矇矇徒生兵風既至忽
然潛征神道雖昧鬼法尤明俳佪佛
刹俎彼鐵城霄絕望舒晝无曜靈身
造荇葽之檻足蹈炎炭之庭刀兵霜
鋋以積刃劍林翹鋒而嘯精陶銅汪
洋以海涌巨鑊波沸而雷鳴閻王領
閱卒傍執叙三扔一舊百千累羅鴉
鴉利觜煌煌火車銳釘攙槍狡狗疑
于淫徒燋於幻柽飢囚枯於塵沙資
輕妙之靈質益痛殲之易加永煩寃
以弥劫安斯酷之可過三六峻冈不
可列纏千條殊劚万端異稆靡喘息
而不經俄聿来而忘宇予略一朝以
言之將終年而震棘爰有五德无玷
十淑道全夕陽造逝麼卅九天寶殿
晃昱高搆虛懸瓊房蕙百瑶户寧千
金門煥水精之朗玉巷爓琉璃之鮮
珠樹列於路側鸞凰鳴於條間芳華
神秀而發藻香風靈飄而飛烟想衣
斐亹以被軀念食苾芳以盈前彼秀

和之長邁永一日而萬年无事為以
干性常縱容於自然暎光蘂之爍爍
眇輕騰之翩翩究妙音之至樂窮有
生之遐延捨陋世而上濟伴超倫之
高還然夫饗茲舊德日用玉食厥土
不毛冈施稼穡積畜雖多焉有不竭
齡祚雖脩終焉歸滅三災起而宮宇
散七證至而天祿絕會大秋以孝落
混椿菌之无別是以如来大聖三達
洞照哀我困矇曉了道要善擁瀯落
或麁或妙如溟海之運流若天日之
乘曜上士虛懷忘其言中才貞志執
其教教无定方適物所由宜陸以車
應水以舟敷設玄玄廣術悠悠駒末
塞乎三百要指在乎一幽握累玄之
綱領遺毛目於丝袠宏籠大訓展我
智分治无不均質有利鈍虛往實歸
各足方寸愚黠並誘龍鬼俱化万塗
藥歸一由般若辟彼濟海非舩莫過
驅万動於道場畢无為而息駕本夫
三乘之始同歸一无才照各異致用
叅殊應真忘有而求空遂躭空而恬
愉緣覺亮累於知微爰遷玄而不居

雖妙迹其再喪猶有遺而未虛開士
解物於都盡作無存其焉除悟之豁
於鑒先體之冥乎意初理重深而絕
韻疇兌諒而葉諸自古在昔先民有
遇堂堂蔭暎躬受聖喻喁喁群黎耳
目仰注或發矇於一咳或革面於一
哺並因言而後化未有人而不度善
逝迄今道運轉衰大教雖存味之者希
栴檀與蕙蕕同芬夜光與熠燿齊暉
于氏超世綜體玄指嘉遁山澤仁感
虎兕護公證寂道德淵美微吟穹谷
枯泉漸水閑叟登霄衛係軌咸淡泊
於無生俱脫骸而不死今則支子特
秀領握玄標大業冲粹神風清蕭一
言發則蘊滯披三番著則重冥照見
之足以洗鄙吝聞之可以落矜驕遊
濯流以逸契詠遂初於東睾何深味
以抽衷輕大寶於秋毫道風之所扇
蕩深遠之所逍遙才不難則賢不貴
愚不笑則聖不高遠聲見陋於近耳
孰能忘味於聞韶哉奚適非道何之
无神理有精麁物有炁真大居細君
小為碩臣羽翁翁乎金翅甲屬屬乎

須倫兩義宗於太極衆星繫於北辰
是以九十六種枝條繁張輕遺重根
踈廢靜王具曰與聖各擅一方或移
山而住流或倏忽於存亡命天衣之
采粲嚅靈厨之芬芳曜叔振㨱之冕
共化礫石之琳琅竭變幻之搖奇惜
有待之无長斯乃數内之甘醇不如
至之糟糠者也逮乎列仙之流練形
之疋熊經鳥伸呼吸太一夕飡渝陰
與素月朝挹陽霞與朱日赤斧長生
於服丹涓子飜飛於餌术安期久視
於松豪豊人輕舉於栢實彼和液之
所深足技年而住質中不夷而外猗
徒登雲而殞卒俱括囊以堅然固同
門而共出理未升於顔堂永封望乎
孔室貴乎能飛則蛾蜍高翬奇乎難
老則龜蛇修考伊逆振之遊氣唯心
玄之可寶存形者不足與論神狎俗
者未可與言道道乎奚言無問无對
諮者叩窮應者負内嘿之斯通語焉
則匱當於素珠與講道吾成罔象與
无謂杌然寂泊玄酬有箴宗鐫浮饗
莫悟寘音希之弥錯搜之愈沉郢人

其逝為誰匠椹設筌蹄乎淵眘俟魚
兎乎川林儻得意於談表共目擊而
廢心无運睒儵往矣斯復忍立賢達
忽如涉宿千師誕化肇過一六慈氏
方隆卭期仁育執玄數遼瞥若眴目
雲轡雖迳緣桓靡窮彼无本摽我有
始終假步灼電之末託息石飈之中
知畏塗而驚寢迷塵欲之致我替遠
勝而埜近謂賒儉而交豈不防枯於
未飈既零落於勁風思反蔕而更秀
結万悔其胡充是以大撍之徒燒指
穿石寘期無待志與心歡峻智壍崇
慧辟拔神劒揮戒戟想將萌而夷斬
情向兆而翦剌掃六賊於曾中休五
道之長役拱已内治揔持法忍三世
都寂一心谿盡寄耳无用寓目莫准
塵隨空落織與虛隕廓焉靈悟因擢
作尹普濟安度大悲誰愍託蘧廬以
和光常遊君子寘泯任天行與物化
如蹈水之无軌若乃妙變神奇理不
思議大千僻於指掌芥子含於須弥
四海宅於毛孔七寶永於劫移可信
而不可尋可由而不可知非談詠之

所宣惡亳素之能披善乎優陁之言
也使夫智者滿於天下人有百頭頭
有百舌舌解百義辯才辞逸合茲人
以讚道猶万分而未一唯覺覺之相
歎乃敷暢而彰悉矧愚昧之固陋託
狂簡而仰述抗螢燭之炯炯欲增暉
以毗日者歟嗟乎方外靈藏奢遐誕
宕衆妙淵玄群奥无量小成不籍大
言攢喪川德可厚乎何不有驚聽洪
鍪駭耳崇阜夏典載其掌握荒經列
其户牖周旣達而未盡信齊諧之小
醜見鵬鵾而摽大不覩鳥王與魚母
呼噫嗜奇槃之事積籍眇漫焉可
𦋺記伊皇覽之普綜足探幽而體異
何近嬾於割玉又碩謌乎火織況下
期而束教趣堯孔之權餌常專專而
守撿懼越蹈於所伺並廢理以譏言
莫觸類以取意徒宏博而繁攡更益
猜而致忌悟飾智之愕物故收輪而
輟思寄一隅於拫指俟體信於明識
者乎

弘明集卷第十三

弘明集卷第十三

校勘記

一　底本，金藏廣勝寺本。

一　九一三頁中三行至五行「郗嘉賓……日燭」，徑無。

一　九一三頁中四行第五字「誥」，資、磧、普、南、清作「詰」。

一　九一三頁中五行第三字「日」，麗作「日月」。

一　九一三頁中六行「郗中書」，徑作「晉郗超」；清作「郗中書嘉賓」。

一　九一三頁中一九行第七字「摧」，資、磧、普、南、徑、清作「推」。

一　九一三頁下九行第五字「撻」，資、磧、普、南、徑、清作「撾」。

一　九一三頁下一三行「各相發心心」，資、磧、普、南、徑、清作「玄想感發心」。

一　九一三頁下一四行末字「兼」，諸本作「兼拯」。

一　九一三頁下末行「害彼」，資、磧、普、南、徑、清作「害彼利己」。又第六字「危」，麗作「厄」。

一　九一四頁上一行第八字「擬」，諸本作「疑」。

一　九一四頁上七行第一一字「得」，資、磧、普、南、徑、清作「德」。

一　九一四頁上一三行首字「言」，諸本作「説」。

一　九一四頁中一行第六字「突」，磧、南、清作「揆」。

一　九一四頁中二行「殉私」，資、磧、普作「徇私」；徑作「狗私」。又第七字「殆」，徑作「紿」。

一　九一四頁中四行「若轉」，資、磧、普、南、徑、清作「差輕」。

一　九一四頁中七行至次行「一物外」，資、磧、普、南、徑、清作「一切外物」。

一　九一四頁中九行第三字「得」，資、磧、普、南、徑、清作「得之」。

一　九一四頁下三行「御之」，資、磧、普、南、徑、清作「禦之」。

一　九一四頁下六行第八字「也」，徑、清無。

一　九一四頁下一一行首字「必」，資、磧、普、南、徑、清作「毋」。

一　九一四頁下一二行「禦末」，資、磧、普、南、徑、清作「御末」。

一　九一四頁下一三行第六字「應」，諸本作「唯」。

一　九一五頁上一行第四字「於」，清作「而」。

一　九一五頁上四行第六字「必」，資、磧、普、南、徑作「安」。

一　九一五頁上六行第五字「貌」，資、磧、普、南、徑、清作「懇」。

一　九一五頁上八行第三字「云」，資、磧、普、南、徑、清作「亦云」。

一　九一五頁中一行第一〇字「骸」，資、磧、普、南、清作「縣」，徑作「鯀」。又末字「盻」，資、磧、普、南、徑、清作「紓」。

一　九一五頁中五行「牧帑」，磧、南、徑、清作「收孥」；麗作「牧孥」。

一　九一五頁中一四行第六字「贛」，

徑、清作「櫝」。

一 九一五頁中一九行第二字「固」，徑作「故」。

一 九一五頁中二二行「於之」，諸本作「推之」。

一 九一五頁下一行「實冥」，諸本作「冥寄」。又「天綱」，諸本作「天網」。

一 九一五頁下四行第六字「遠」，麗作「速」。

一 九一五頁下五行第二字「至」，資、磧、普、南、徑、清作「主」。

一 九一五頁下一二行第九字「乏」，資、磧、普、南、徑、清作「之」。

一 九一五頁下一六行第八字「挍」，資、磧、普、南作「交」。

一 九一五頁下一八行第一一字「地」，諸本作「地及」。

一 九一五頁下一九行第一一字「也」，清無。

一 九一六頁上九行「拯雨涙」，諸本作「拯雨淚」。

一 九一六頁上一五行第八字「天」，磧、普、南、徑、清作「無」。

一 九一六頁上二〇行第一一字「埋」，資、磧、普、南、徑、清作「理」。

一 九一六頁中一行第三字「精」，麗無。又第一〇字「妄」，資、磧、普、南、徑、清作「妄心」；麗作「忘心」。

一 九一六頁中七行「閑揵」，諸本作「閑鍵」。

一 九一六頁中一一行第四字「乎」，諸本作「因乎」。

一 九一六頁中一四行第五字「國」，諸本無。

一 九一六頁中一五行第八字「同」，資、磧、普、南、徑、清作「周」。

一 九一六頁中二二行「休戚」，磧、南、清、麗作「休感」。

一 九一六頁下四行第九字「定」，資、磧、普、南、徑、清作「從」。

一 九一六頁下一二行第一一字「自」，資、磧、普作「自思」。又「不有」，諸本作「萬有」。

一 九一六頁下一三行第三字「纓」，清、麗作「嬰」。

一 九一六頁下二二行末字「地」，麗作「位」。

一 九一七頁上五行第九至一一字「不可保」，資、磧、普、南、徑、清無。

一 九一七頁上一四行第九字「興」，資、磧、普、南、徑、清作「與」。

一 九一七頁上一九行「不絞」，諸本作「不校」。又「下己」，磧、普、南、徑、清作「下人」。

一 九一七頁中一行「安生」，資、磧、普、南、徑、清作「生安」。

一 九一七頁中二行第一二字「戚」，諸本作「感」。

一 九一七頁中三行第六字「矜」，麗作「務」。

一 九一七頁中一二行「十惡」，資、磧、普、南、徑、清作「十善」。

一 九一七頁中一六行「禅皆」，資、磧、普、南、徑、清作「禅諦背」；麗作「禅皆諦背」。

一 九一七頁中一七行末字「報」，諸

本作「執」。頁下一行第九字，資、磧、普、南、徑、清同。

一　九一七頁中末行第八字「動」，諸本作「微動」。

一　九一七頁下七行第五字「度」，諸本作「於」。

一　九一七頁下一〇行「佛則解佛无」，麗作「於佛則無解於佛」。

一　九一七頁下一四行第二字「所」，資、磧、普、南、徑、清作「行」。

一　九一七頁下二〇行第二字「有」，諸本作「有則」。又第八字「狂」，諸本作「根」。

一　九一七頁下末行第一一字「朕」，清作「联」；麗作「暎」。

一　九一八頁上二行「未常」，磧、普、南、徑、清作「未嘗」。

一　九一八頁上四行「庭語」，資、磧、普、南、徑、清作「庭詰」。又「光禄」，徑無。

一　九一八頁上一〇行第九字「戎」，資、磧、普、南、徑、清作「梵」。

一　九一八頁上一二行第二字「老」，資、磧、普、南、徑、清作「羌」。

一　九一八頁上一六行第一〇字「支」，資、磧、普、南、徑、清作「及」。

一　九一八頁上一七行第六字「一」，諸本作「以」。

一　九一八頁上一九行第九字「祟」，諸本作「祟」。又第一一字「粗」，麗作「租」。

一　九一八頁上末行末字「髠」，資、磧、普、南、徑、清作「髮」。

一　九一八頁中一行末字「也」，資、磧、普、南、徑、清無。

一　九一八頁中二行第六字「无」，徑、清作「無不」；麗作「無終」。

一　九一八頁中六行第四字「蕭」，資、磧、普、南、徑、清作「肅」。

一　九一八頁中七行第一三字「責」，諸本作「青」。

一　九一八頁中一二行第八字「繁」，資、磧、普、南、徑、清作「繁」。

一　九一八頁中一四行第五字「採」，資、磧、普、南、徑、清作「抒」。

一　九一八頁下四行第九字「波」，資、磧、普、南、徑、清作「彼」。

一　九一八頁下六行首字「仚」，諸本作「企」。又第七字「容」，磧、普、南、徑、清作「客」。

一　九一八頁下七行第一〇字「期」，諸本作「斯」。

一　九一八頁下一一行第三字「困」，徑、清、麗作「因」。

一　九一八頁下一四行第六字「轉」，資、磧、普、南、徑、清作「輪」。

一　九一八頁下一五行「黃能」，麗作「黃熊」。又第一〇字「咨」，資、磧、普、南、徑、清作「資」。

一　九一八頁下一七行第一一字「吸」，資、磧、普、南、徑、清作「吹吸」；麗作「次吸」。

一　九一八頁下二二行第一二字「閒」，磧、普、南、徑、清作「闕」。

一　九一九頁上一行末字「翻」，資、磧、普、南、徑、清作「幡」。

一九一九頁上五行至六行「佛剎」，諸本作「中陰」。

一九一九頁上七行第一三字「兵」，諸本作「岳」。

一九一九頁上八行第一〇字「嘯」，資、磧、普、南、徑、清作「肅」。

一九一九頁上一〇行第九字「舊」，諸本作「奮」。

一九一九頁上一一行末字「疑」，資、磧、普、南、徑、清作「擬」；麗作「凝」。

一九一九頁上一八行「陽造」，徑作「惕苦」。

一九一九頁上二二行第四字「發」，諸本作「粲」。

一九一九頁上末行「苾芳」，諸本作「芬芳」。又末字「義」，資、磧、普、南、徑、清作「曦」。

一九一九頁中四行「上濟」，資、磧、普、南、徑、清作「上躋」。

一九一九頁中一二行首字「乘」，諸本作「垂」。又第一二字「貞」，資、磧、普、南、徑、清作「負」。

一九一九頁中一四行第一〇字「術」，資、磧、普、南、徑、清作「衍」。又「駉末」，磧、普、南、徑、清作「駉未」。

一九一九頁中一六行第七字「岂」，資、磧、普、南、徑、清作「網」。

一九一九頁下二行第二字「物」，資、磧、普、南、徑、清作「拘」。

一九一九頁下七行第六字「後」，資、磧、普、南、徑、清作「陵」。

一九一九頁下一〇行第一〇字「遁」，徑作「遯」。

一九一九頁下一一行第五字「證」，資、磧、普、南、徑、清作「澄」。

一九一九頁下一二行第三字「漸」，資、磧、普、南、徑、清作「漱」。又第九字「衛」，諸本作「衛度」。

一九一九頁下一三行末字「特」，資、磧、普、南作「持」。

一九一九頁下一四行第九字「粋」，資、磧、普、南、徑、清作「粹」；麗作「梓」。又第一三字「蕭」，麗作「肅」。

一九一九頁下一五行「三番」，資、磧、普、南、徑、清作「三幡」。

一九一九頁下一六行末字「遜」，資、磧、普、南、徑、清作「孫」。

一九一九頁下一七行第一一字「睾」，資、磧、普、南、徑、清作「皐」。

一九一九頁下二二行第九字「彦」，資、磧、普、南、徑、清作「産」。

一九一九頁下末行第六字「旀」，麗作「族」。

一九二〇頁上二行第一二字「遺」，資、磧、普、南、徑、清作「道」。

一九二〇頁上三行「各擅」，資、磧、普、南、徑、清作「各鎮」。

一九二〇頁上五行第一〇字「叔」，麗無。

一九二〇頁上六行首字「共」，資、磧、普、南、清作「恭」；麗作「暴」。又「共化」，徑作「化恭化」。又第一二字「掘」，資、磧、普、南、清作「堀」；徑作「崛」。

一　九二〇頁上八行首字「至」，諸本作「至道」。

一　九二〇頁上九行第六字「伐」，磧、普、南、徑、清、麗作「伸」。又第一三字「渝」，資、磧、普、南、徑、清作「榆」。

一　九二〇頁上一三行第二字「深」，資、磧、普、南、徑、清作「染」。

一　九二〇頁上一四行首字「徒」，徑作「徙」。又第五字「殯」，磧、南、徑、清、麗作「殞」。又第一二字「⿱夗灬」，資、磧、普、南、徑、清作「卵」。

一　九二〇頁上一六行第九字「蜍」，諸本作「蝶」。

一　九二〇頁上一七行第一二字「氛」，麗作「氣」。

一　九二〇頁上二一行第五字「素」，麗作「玄」。

一　九二〇頁上二二行第三字「机」，麗作「几」。又末字「饗」，資、磧、普、南、徑、清作「響」。

一　九二〇頁中五行第三字「邵」，諸本作「仰」。

一　九二〇頁中六行首字「雲」，諸本作「靈」。

一　九二〇頁中七行第五字「灼」，資、磧、普、南、徑、清作「炯」。

一　九二〇頁中九行第六字「賒」，資、磧、普、南、徑、清作「奢」。

一　九二〇頁中一〇行「未飈」，資、磧、普、南、徑、清作「未飄」；麗作「末飈」。

一　九二〇頁中一二行第六字「侍」，諸本作「待」。又「歡峻」，麗作「積浚」。

一　九二〇頁中一三行第四字「神」，資、磧、普、南作「津」；徑、清作「律」。

一　九二〇頁中一五行第二字「之」，徑、清作「而」。

一　九二〇頁中一六行第一〇字「用」，諸本作「明」。

一　九二〇頁中一九行「君子」，磧、南、清作「君乎」；麗作「居乎」。

一　九二〇頁中二一行第五字「僯」，麗作「舉」。

一　九二〇頁下九行第四字「川」，麗作「坤」。又第六字「可」，資、磧、普、南、徑、清作「之」。

一　九二〇頁下一〇行第三字「耳」，麗作「目」。

一　九二〇頁下一二行「鵬鷃」，資、磧、普、南、徑、清作「鵬鯤」。又第八字「不」，麗作「而」。

一　九二〇頁下一三行第五字「桀」，麗作「傑」。

一　九二〇頁下一五行第三字「嫌」，資、磧、普、南、徑、清作「願」。又第六字「玉」，麗作「王」。又「火熾」，麗作「火纖」。

一　九二〇頁下一六行首字「期」，諸本作「斯」。

一　九二〇頁下一九行第一三字「輸」，諸本作「翰」。

弘明集卷第十四　墳

梁楊都建初寺釋僧祐律師撰

竺道爽檄太山文
釋智靜檄魔文
釋寶林破魔露布文
釋僧祐弘明論後序

竺道爽檄太山文

沙門竺道爽敢告太山東岳神府及都錄使者蓋玄元創判二儀始分上置琁璣則助之以三光下設后土則鎮之以五岳陰陽布化於八方万物誕生於其中是以太山據青龍之域衡霍處諸陽之儀華陽顯零班之境恒筏列幽武之賓嵩峙皇川之中鎮四瀆之所墳此皆稟氣運實无邪之穢神道自然崇正不僞因天之覆順地之載敦朴方直澹然玄淨進道四運之端退履五教之精内韜通微之資外朗道德之明上達虛无下育蒼生含德潛通无遐不徹遊步九崖翱翔玄闕故能形無正始呼吸陰陽握攬乾巛推步八荒夫東岳者龍春之初清陽之氣育動萌生王父之位南箕北斗中星九天東王西母无極先君乘氣鳳翔去此幽玄澄於太素不在人間蕩消衆穢其道自然而何妖祥之鬼魍魎之精假東岳之道託山居之靈因游魂之狂詐惑俗人之愚情彫匠神典僞立神形本无所記末無所經外有害生之毒氣内則百鬼之流行晝則穀飯成其勢夜則衆邪處其庭此皆狼虵之群梟鏻之虛聲自三皇創基傳載于今歷代所崇未覩斯響也故零征記日夫神正者則潛曜幽昧上騰高象下戲玄闕逍遥雲影龍翔八極風與雨施化若雷電行厨不設百味自然含蕊棗素澤潤蒼生恩過二養惠若朝陽應天而食不害衆命此乃靈翔之妙飾清虛之神道若神不正者則于於万物因時託響傳惑俗聽成袄散朴激動人心傾財極殺斷截衆命枉害中年徂其骨肉精神離迸痛傷元氣東岳之神豈此之謂也故枕中誡日含氣蠢蠕百虫勿嬰无食鳥卵中有神靈天

无受命地庭有形祖稟二儀焉可害生此皆逆理違道本經群民含慈順天不殺況害牲羊而飲其血以此推之其非神也

又五岳真神則精之候上法琁璣下承乾巛稟道清虛无音無響敬之不以歡慢之不以慼千譽万毀神无增損而汝猶稱假託生人因虛動氣殺害在口順之則賜恩違之則有禍進退謟僞求无賢軌毀辱真神非其道也故黄羅子經玄中記日夫自稱山岳神者必是蟒虵自稱江海神者必是黿鼉魚鱉自稱天地父母神者必是猫狸野獸自稱將軍神者必是熊羆虎豹自稱仕人神者必是猨猴猳玃自稱宅舍神者必是犬羊豬犢門户井竈破器之屬鬼魅假形皆稱為神驚恐万姓淫鬼之氣此皆經之所載傳之明驗也自汝妖祥漸踰六載招來四遠靡不響應送疾而往者如小水歸海獲死而還者哀呼盈路重者先土便太竿盡輕者易降自稱其福若使重患難濟則汝无恩中容之疾

非汝所救二者無效焉可奉事乃令群民投心歸命既無良醫善藥非散驗之能降經旬歷月曾无影報以此推之有何證驗又國大元桓王及封錫六國之懿節三台之輔光讚皇家黎元慈悅天禍謬加體嬰微疾謂汝之衹能感靈德故宣德信命詣汝神殿獻薦三牲加贈珎異若汝聖道通乾致妙者何不上啓九皇下諮后土參集百靈顯彰妙術使國良輔消疾獲安既无響應乃奄薨遐驗此虛妄焉足奉哉

又昔太山石立社移神靈降象遐舊万代此則乾坤之所感顯為時瑞汝託稱其聖既不能興雲致雨以表神德品妖邪以擯真道正使汝能因盤動箸舉柸盡酒猶為鬼幻非為真正況无其徵有何神也又太山者則閻羅王之統其土幽昧與世異靈都錄使者降同神行定本命於皇記察都籍於天曹群惡无細不捨纖善小而无遺揔集魂靈非生人應府矣而何弊鬼詐稱斯旨横恣人間欺殆万端

弘明集卷第十四 第四張 墳

蓬林之樹烏鵲之野翕動遠近列于祠典聚會男女樹俗之心穢氣外疊梟聲遠布毒鍾王境為害滋甚夫雲霧蔽天群邪翳正自汝妖異多所傷害吾雖末流儕階三服每覽經傳而覩斯孽推古驗今邪不處正吾將蕩穢光揚聖道告到嚴鈞魅黨還遊塚墓飡果飲泉足生之路既令群民絕傾財之困鳥獸无羅網之卒若復頑戀望飡不去者吾將宣集毗沙神王悉羅子等授以金剛乇真師勇武秋霜陵動三千威猛難當曜戈明劒擬則摧山降龍伏魔靡不稽顙汝是小鬼敢觸三光鵠毛入炭魚行鑊湯傾江滅火朝露見陽吾念仁慈愍汝所行占此危殆慮即傷心速在吾前復汝本形長歸万里滄浪海邊勿復稽留明順奉行

撤魔文

釋智靜

釋智靜頓首頓首明將軍輪下相與玄塗殊津人天一統宗師雖異三界大同每規良會申展曩積而標榜未宣所以致隔今法王御世十方思順

弘明集卷第十四 第五張 墳

靈綱方申絃網弥紐大通有期高會在近不任翹想並書諭意耳

夫時塞有通否終則泰千聖相尋群師迭襲昔我皇祖本原天王體化應符龍飛初域仗權形以附万邦奮惠柯以覆六合威蕩四邪掃清三有方當杌宏綱於八區絙靈網於宇宙夷靜七荒寧一九土而冥宗不孚異容擬靜重明寢暉虛舟覆浪故令蠛邪番興梟見暴起黷染真塗塵惑清衆虐鍾蒼生毒流万劫懷道有情異心同忿我法王承運應期理乱上承高胄下託群心秉天旗以籠三千握聖畾以隆大業雲起四宮鷹翔天竺降神迦維為時城塹綏撫黎元善安卿士獎導群情慰喻有疾嚴慧柯於衛中被神甲於身外懸十八之无辜哀三空之路絕志匡大荒必平多難百域千邦高伏風化承君不忌重迷自覆深攝愚懷故守偽見狼據欲天鵄鳴神關叛溪壘塲杌距靈節謂大位可登弘規可敗覽茲二三遂為歎息昔大道統世群方影附有偽癡天魔

弘明集卷第十四 第六張 墳

不遵正節干忤聖聽陳擾神應領卒塞虛權形万變精甲照曦霜戈拂域靈鼓覚興響衝方外矯步陸梁自謂强盛王師一奮群邪弥喪衆迷革心望風影伏况君單將驍然介士无方衆不成旅而欲違背陵虐華邑綦奪靈權騰邈寂勝以為乔真可不謬乎今釋迦統世道隆先刧妙化蕩蕩神羅遠御智士雍雍雲笮盖世武夫龍跳控弦万隊協略應真奇謀超拔故命使持節前鋒大將軍閻浮都督歸義侯薩陁獨禀天奇蒙塵玄鏡神高須弥猛氣籠世善武經文忠著皇闕領衆四十万億揚鑣首路使持節威遠大將軍四天都督忉利公導師武勝摽群文超絃謀妙思絶塵心栖夢表憂時忘身志必𢕌世領衆百万億鸞飛天衢使持節征魔大將軍六天都督兜率王解脫月妙思虛玄高步塵表略竝童真功侔九地悼愍三塗忿若縱害援劒慷慨龍迴思奮領衆四百万億雲迴天門使持節通微大將軍七天都督四禪王金剛藏朗質

睒曄金顏遐燭恩過九錫力傾山海右眄則濛汜飛波左顧則扶桑落曜德无不照威无不伏領衆七百万億虎眄須弥使持節鎮域大將軍九天都督八住王大維摩詰奇筭不思法柯遠振體含神姿權踰万變呼吸則九服雲從叱咤則十方風靡哀彼下民無辜酸楚領衆九百万億飲馬虛津使持節覽後大將軍十三天都督小千諸軍事九住王大文殊承冑遐元形曄三界胤自紫宮神高體大應適千塗玄笇万計群動感於一身衆慮靜於一念深抱慈悲情兼四攝領衆若塵翱翔斯土使持節匡教大將軍録魔諸軍事群邪校尉中千王觀世音智略淵深慧柯遠振明達四通朗鑒三固或託迹群邪曜奇鋒起或權形二九息彼塗炭揮手則鐵圍摧巖嘘氣則浮雲頽崿能為万方不請之友領衆不思仗戈虎嘯使持節布化大將軍三界都督補處王大慈氏妙質縱綱天姿標傑體踰金剛心籠塵表猛氣衝雲慧柯遠奮無生轉於冑

中權智應於事外志有所規无往不就威恩雙行真俗並設領衆八万四千嚴警待命勇出之徒充溢大千金剛之士弥塞八極咸思助征席卷六合乘諸度之寶軒守八正之脩路跨六通之靈馬控虛宗之神轡彎四禪之勁弓放權見之利箭鳴驥桓桓輕步矯矯奉命聖庭曾无有闕貴郎導師勝子五百幽鑒天命来授王化聖上開衿感氣歸順皆授名爵封賞列土功侔舊臣聲盖万域而君何心横生異計偃蹇荒邊規固常位毒害勃於蒼生災禍流於永刧可不哀哉可不謬哉君昔因時為物所惑狂迷君心投危外竄百行一忽賢達常失久謂君覺知返愚歸罪象魏束身抽簪同遊群儁以道自懽榮名終始如何攝愚守謬倫安邪位託凝山以自高恃見林以遊息躭六欲之穢塵翫邪迷以怡性建憍慢之高幢引无明之兇陣闊步荒塗輕拤神器盜慕天宮抗衡日月恐不果哉舉手而瞰三光把土以填巨海雖擬心虛摽事之難

就將軍殖福玄津原承弥遠華貌肆
然群情屬目豎責之基易登由来之
功可惜君可及往修来翻然歸順謝過
朱門以道齊好家國並存君臣同顯
身名獲安曉㠯達觀眷屬晏然可不
美哉今王師剋舉十方翹轡手提法
羅齊儛群聖道柯曜於前驅靈鼓振
於後隊神鍾一叩十方傾覆海浪飛
波陸原涌沸于斯之時須弥籠於一
塵天地迴於一車無動安於左衿妙
樂曜於右手神力若斯豈可當也我
法王體道仁慈不忍便襲擢停諸軍
暫壹靈轡臨路遣書庶迴迷駕君可
早定良圖面縛歸闕委命皇庭逍遥
玄境隆名內暉遊形外寄上方即任
非君而誰夫恵尚識機明貴免禍窮
而知反君子所美斯乃轉禍之高秋
取功之良節昔夏桀無道殷王致伐
商紂首乱周武建師此即古今之著龜
將軍之明識相與雖乖於當年風流
宜同於道味人天崎嶇何足致隔想便
霍然隨書致命所以竊痛其辞委曲徃
文者不欲令蘭芳夏凋脩柯摧穎深致

弘明集卷第十四　第十張　噴

思言善自量筭无使君身傾筐三趣
莫令六天鞠生稊稗造頻眄目助懐
惕然臨路遣書諸情多憒言不藉意

破魔露布文　　釋寶林作

賢劫大千微塵年五濁鼎沸刋現壽
百齡日使持節都督恒沙世界諸軍
事征魔大將軍淨州刺史十地王㠯
金剛藏使持節都督八万波羅蜜諸
軍事破結將軍領魔蠻校尉大司馬
梵州刺史八地公㠯解脫月等稽首
和南上
聖朝尚書謹案夫六合同曜靈之鑒
群流歸百谷之王万化均于空玄衆
奇宗於一智斯蓋理有宗極之統物
無殊趣之會是以如来越重昏而孤
興蔚勤功於曠刧曜三塗之高明拔
洪癡於始造窮聖德之區奧究无生
之虛致覽物化之樞機握宏德之統
綱至若英姿挺特神光赫弈雖復千
暉並照固巳絕矣身殊万狀而非衆
體合至妙而不一應出五道而非生
示入形止而非滅希夷恍惚无名無
像莫測其深靡知其廣應群感而不

弘明集卷第十四　第十一張　噴

勞周万動而常靜歷恒沙以倏忽撫
八荒於俄須兩儀頹陷而不恚力負
潛移而不易吸大火而不燋懐洪流
而不溺乹巛不足以語其德文玄不
足以明其道㠯包六合不可以稱其
大妙入无間不可以名其小尒乃亭
毒蒼生化萬始毋无欲無為而无不
為翺翔于應變之塗逍遥于有無之
表挺達群聖之端恬澹涅槃之域二
乘韜思於重忘之致十住息慮於動
靜之機梵王咨嗟以歸德帝釋伏膺
而歆位其為聖也亦巳極矣於是應
定光之遐記驗大通之畐錄出五道
而龍興超帝皇以命世道王三界德
被十方鐵甸恒沙都邑大千偃九定
之閑室登七覺之雲觀濯八解之清
池遊捴持之廣苑尒乃居慈悲之殿
處空同之坐衮龍衆好天官頂相左
輔弥勒之流右弼文殊之疋前歌大
方之雅頌後儛四攝之鑾拂衛以八
住體虛疋士侍以四果卓落通仙三
臺唯聖六府唯賢尒乃宣教婭孔宰
守虞唐揚威湯武州牧三皇其為化也

弘明集卷第十四　第十二張　噴

坦八正之平衢開三乘之通津列無
為之妙宅濟大苦於勞塵秪三惡之
嶮路啓懽樂於天人爵以果任之位
祿以甘露之飡功巨者賞以淨土之
封勳小者指以化城之安此乃超百
王之洪業太平之至始也五趣官身
之清朝四生士位之宗極而群迷遇
嶮背真弥曠欣濡沫之近足忘江湖
於遠全故魔王波旬植愚根於曠始
積迷心于妄境泛三染之洪波入邪
見之稠林至乃竊拤神器假僞冒真
夸王天宮分列嶽土制命六天縱肆
偏威內以三公諸毒御相九結外以
軍將六師戎卒四兵內行跋扈不忌
皇憲自瑩光爭暉天照故乃須者
抗行神威揚兵道樹震雷公霹靂之
聲列擔山吐火之衆又持世致惑於
靜室波崙悲號於都肆斯皆癡狂縱暴
虧于聖節作乱中夏為日久矣聖皇
悼昏俗之聵瞽悲弱喪以增懷將拯
群邪以沓見會几流而同津於是命
將大勢之徒蕑卒金剛之類茹金嚼
鐵之夫銜氷蹈火之士勇卒塵沙驍

雄億万星流風發龍騰魔境置軍万
全之策逼寢必死之野而魔賊不袪
敢執臺荆之蠢尒抗宗稽之逋傲建
麾於自憍之地結固於雲迷之嶮傍唐
重複侠疊鱗次且其形勢也則癡山
嶒峨固其前愛水浩汗張於後邪林
蔚薈蒙其左癡淵渕玄帶其右塵勞
之卒犲視於交境六師之將虎步於
長逵望若雲起蔽天霧塞六合其為
盛也開闢罕有臣等於是承聖朝之
遐威出超畧之奇略蓋以高竿之籠
弥以玄策之圖精騎千重步卒万帀
遊師翳野乇塞要害使前將軍檀那
望慳魔以直進後軍毗耶戁懈卒於
其後禪那略游騎於其左尸羅防密
豻於其右外軍漚和浪騎隊於平原
之上走短兵於詰屈之下陳虎旅而
高驟設危機於幽伏中軍般若握玄
樞之妙鑒把戰勝之奇術控億兆之
雄將擁塵沙之勁卒於是衆軍響應
万塗竟進感動六合聲震天地雄夫
奮威浪奔白刃之光奪於曦曜法鼓之
音乱於雷震勤馬趦趄以騰擲迅象

飛控以馳驅揮弓烟舉而雲興慧箭
雨瀑以流虛鞭以假名之策蹙入無
有之原研以師子之吼剌以芒空之
音揮干將而乱斬動戈矛而覺捷横
塵尸以被野流勞血於長川崩癡山
之磋峨竭愛水之洪流窮憍於諸見
之窟挫高於七慢之橶於是魔賊進
無抗鱗之用退无怖脱之隱慮盡路
窮迴遑靡據魔王面縛於麾庭群將
送命於軍門諸天電卷以歸化迷徒
風馳於初暉皇威掃蕩其猶太陽之
撲晨霜注洪流以滅火故使万世之
逋寇土崩於崇朝中華之昔難肅清
於俄頃斯誠聖皇神會之奇功曠代
著世之休烈雖昔殷湯建雲功於夏
郊周武掃清氛於商野斯乃上古之
雄奇豈以得齊於聖勳臣輒奉宣皇猷
緝慰初附安以空同之宅充以八解
之流防以戒善之禮習以六度之風
者年耆悟其即真於新唱弱喪者始
聞歸與之音夫應天順罰春秋之道
興功定乱先王所美元惡以賓柾從
聖憲六合句明廓清宇內玄風遐扇

率土懷慶朝有康哉之歌野有樂郊之詠功高道大非見所表聖慮幽深非言能宣粗條皇威奇筭之方又列衆軍龍驤之勢電驛星馳謹露布以聞臣等誠惶以抃

余以講業之暇聊復永日寓言假事庶明大道冀好遲之流不遠而復經云涅槃無生而无不生至智無照而无不照其唯如來乎戰勝不以干戈之功略地不以兵强天下皇王非處一之尊羣臣非桓文之貴丘旦之教於斯遠矣聃周之言似而非當故知宗極存乎俗見之表至尊王於真鑒之裏中人躊躇於无有之間下愚驚笑於常迷之境今庶覽者捨河伯秋水之自多遠遊于海若之淵門不束情於近教而駭神于荒唐之說也

弘明論後序　　釋僧祐

余所集弘明為法禦侮通人雅論勝士妙說摧邪破惑之衝弘道護法之塹亦已備矣然智者不迷迷者乖智若導以深法終於莫領故復撮舉世典指事取徵言非榮華理歸質實庶

迷塗之人不遠而復總釋衆疑故曰弘明論云

夫二諦差別道俗斯分道法空寂包三界以等觀俗教封滯執一國以限心心限一國則耳目之外皆疑觀等三界則神化之理常照執疑以迷照群生所以永淪者也詳檢俗教並憲章五經所尊唯天所法唯聖然莫測天形莫窺聖心雖敬而信之猶蒙蒙不了況乃佛尊於天法妙於聖化出域中理絶繫表肩吾猶驚怖於河漢俗士安得不疑駭於覺海哉既駭覺海則驚同河漢一疑經說迂誕大而無徵二疑人死神滅无有三世三疑莫見真佛無益國治四疑古无法教近出漢世五疑教在戎方化非華俗六疑漢魏法微晉代始盛以此六疑信心不樹將溺宜拯故較而論之若疑經說迂誕大而無徵者蓋以積劫不極世界無邊也今世咸知百年之外必至万歲而不信積万之變至於曠劫是限心以量造化也咸知赤縣之表必有四極而不信積極之遠復

有世界是執見以判太虛也昔湯問革曰上下八方有極乎革曰无極之外復無極无盡之中復無盡朕是以知其無極无盡也上古大賢據理訓聖千載符契懸與經合井識之徒何知得異夫以方寸之心謀已身而致謬圓分之眸隔牆壁而不見而欲侮尊經背聖說誣積劫同世界可為愍傷者一也若疑人死神滅无有三世是自誣其性靈而蔑棄其祖禰也然則周孔制典昌言鬼神易曰游魂為變是以知鬼神之情狀既情且狀其无形乎詩云三后在天王配于京升靈上昊豈曰滅乎禮云夏尊命事鬼敬神大禹所以寧虛誕乎書稱周公代武云能事鬼神姬旦禱親可虛罔乎苟亡而有靈則三世如鏡變化輪迴孰知其極俗士執禮而背叛五經非直誣佛亦侮聖也若信鬼於五經而疑神於佛說斯固聾瞽之徒非議所及可為哀矜者二也若疑莫見真佛无益國治則禋祀望秩亦宜廢棄何者蒼蒼積空誰見上帝之貌茫茫累

塊安識后稷之形民自躬稼社神何力人造墉暇蜡鬼奚功然猶盛其犧牲之費繁其歲時之祀者豈不以幽靈宜尊而教民美報耶况佛智周空界神凝域表上帝成天緣其陶鑄之慈聖王為人依其亭育之戒崇法則六天咸喜廢道則万神斯怒今人莫見天形而稱郊祀有福不覩金容而謂敬事無報輕本重末可為震懼者三也若疑古无佛教近出漢世者夫神化隱顯孰測始終哉尋羲皇緬邈政績猶湮彼有法教亦安得聞之昔佛圖澄知臨淄伏石有舊像露盤揵陁勒見盤鵄山中有古寺基墌衆人試掘並如其言此万代之遺徵晉世之顯驗誰判上古必无佛乎列子稱周穆王時西極有化人来入水火貫金石反山川移城邑乘虛不墜觸實不礙千變万化不可窮極既能變人之形又且易人之慮穆王敬之若神事之若君觀其靈跡乃開士之化大法萌兆已見周初感應之漸非起漢世而封執一時為歎息者四也若疑

弘明集卷第十四　第十九張　墳

教在戎方化非華夏者則是前聖執地以定教非設教以移俗也昔三皇無為五帝德化三王禮刑七國權勢地常諸夏而世教九變今反以至道之源鏡以大智之訓感而遂通何往不被夫禹出西羌舜生東夷孰云地賤而弃其聖丘欲居夷聃適西戎道之所在寧選於地夫以俗聖設教猶不繫於華夷况佛統大千豈限化於西域哉案禮王制云四海之內方三千里中夏所據亦已不曠伊洛本夏而鞠為戎墟吳楚本夷而翻成華邑道有運流而地无恒化矣且夫厚載無疆寰域異統北辰西北故知天竺居中今以區區中土稱華以距正法雖欲距塞而神化常通可為悲涼者五也若疑漢魏法微晉代始盛者道運崇替未可致詰也尋沙門之修釋教何異孔氏之述唐虞乎孔修五經垂範百王然春秋諸侯莫肯遵用戰代蔑之將墜于地爰至秦皇復加燔燼豈仲尼之不肖而詩書之淺鄙哉迩及漢武始顯儒教舉明經之相崇

弘明集卷第十四　第二十張　贊

孔聖之術寧可以見輕七國而遂廢於後代乎案漢元之世劉向序仙云七十四人出在佛經故知經流中夏其来已久逮明帝感夢而傅毅稱佛於是秦景東使而攝騰西至乃圖像於開陽之觀藏經於蘭臺之室不講深文莫識奥義是以楚王修仁潔之祠孝桓建華蓋之祭法相未融唯神之而已至魏武英鑒書述妙化孫權雄略造立塔寺晉武之初機緣漸深耆域耀神通之跡竺護集法寶之藏所以百辟搢紳洗心以進德万邦黎獻刻意而遷善暨晉明叡悟秉一揆神手畫寶像表觀樂覽既而安上弘經於山東什公宣法於関右精義既敷實相弥照英才碩智並驗理而伏膺矣故知法雲始於觸石慧水基乎濫觴教必有漸神化之常限感應因時非緣如何故儒術非愚於秦而智於漢用與不用耳佛法非淺於漢而深於晉明與不明耳是知五經恒善而崇替隨運佛化常熾而通塞在緣一以此思可無深惑而執疑莫悟可

弘明集卷第十四　第二十一張　孝

為痛悼者六也夫信順福基迷謗禍門而況蒙蒙之徒多不量力以已所不知而誣先覺之遍知以其所不見而罔至人之明見鑒達三世反号邪僻專拘目前自謂明智於是迷疑塞智謗讟盈口輕議以市重呰顯誹以賈幽罰言无錙銖之功慮无毫釐之益逝川若飛藏山如電一息不還奄然後世報隨影至悔其可追夫神化茫茫幽明代運五道變化于何不足天宮顯驗趙簡秦穆之錫是也鬼道交報杜伯彭生之見是也修德福應殷戊宋景之驗是也多殺禍及白起程普之證是也現世幽微備詳典籍來生冥應布在尊經但緣感理奧因果義微微難領故略而不陳前哲所辯闕鏈已正輕率鄙懷繼之于末雖文匪珪璋而事足鑿鑑惟愷悌君子自求多福焉

弘明集卷第十四

乙巳歲高麗國大藏都監奉

勑雕造

弘明集卷第十四　第十二張　墳

弘明集卷第十四

校勘記

一　底本，麗藏本。

一　九二六頁上三行至六行「笁道……後序」，徑無。

一　九二六頁上六行「後序」，資、磧、普、南無。

一　九二六頁上七行「竺……文」，徑作「檄太山文　釋笁道爽」。

一　九二六頁上一四行第二字「茷」，諸本作「岱」。

一　九二六頁上二〇行第二字「舍」，磧、徑作「含」。

一　九二六頁中一行第九字「生」，諸本作「芽」。

一　九二六頁中二行「中星」，諸本作「中皇」。

一　九二六頁中七行第一〇字「本」，諸本作「元」。

一　九二六頁中一九行「俗聽成袄」，諸本作「於俗沮成」。

一　九二六頁中二〇行末字「組」，諸本作「殂」。

一　九二六頁中末行第五字「嬰」，諸本作「癭」。

一　九二六頁下一行首字「元」，諸本作「無」。又第八字「祖」，諸本作「粗」。

一　九二六頁下四行「其非」，諸本作「非其」。

一　九二六頁下九行第一三字「禍」，諸本作「禍咎」。

一　九二七頁上一行「二者」，諸本作「三者」。

一　九二七頁上二行第四字「心」，諸本作「身」。

一　九二七頁上五行首字「錫」，諸本作「陽」。

一　九二七頁上六行第二字「无」，諸本作「元」。又「天禍」，諸本作「天福」。

一　九二七頁上九行首字「軋」，諸本作「乾坤」。

一 九二七頁上一一行第一〇字「趧」，徑作「逝」。

一 九二七頁上一七行第四字「柸」，諸本作「杯」。

一 九二七頁上二一行「不捨」，諸本作「不拾」。

一 九二七頁上末行第一二字「殆」，南、徑、清作「紿」。

一 九二七頁中八行第一一字「令」，諸本作「今」。又末字「絶」，諸本作「無」。

一 九二七頁中一三行第二字「推」，諸本作「推」。又第一一字「頽」，磧、徑作「頽」。

一 九二七頁下一行第六字「綱」，磧、普作「網」。

一 九二七頁下一行第八字「紐」，諸本作「絙」。

一 九二七頁下二行第九字「諭」，磧作「喻」。

一 九二七頁下五行第六字「仗」，諸本作「節」。

一 九二七頁下六行「三有」，諸本作「三六」。

一 九二七頁下七行「宏綱」，諸本作「横縱」。又第九字「靈」，諸本作「紘」。

一 九二七頁下九行「凝靜」，諸本作「擬位」。又第七字「虛」，諸本作「靈」。又第一三字「蟻」，諸本作「蟻聚」。

一 九二七頁下一〇行第二字「興」，諸本作「興玆」。又第八字「染」，資作「深」。

一 九二七頁下一八行「必平多」，諸本作「靖安平」。

一 九二七頁下二一行「叛涣」，磧、普、南、徑、清作「畔換」。

一 九二七頁下二二行第一一字「遂」，諸本作「遠」。

一 九二八頁上一行第三字「正」，諸本作「改」。又第六字「忤」，諸本作「迕」。

一 九二八頁上二行「塞虛」，諸本作「歸區」。

一 九二八頁上五行「介士无方」，諸本作「一介士無方尋」。

一 九二八頁上七行第九字「忝」，諸本作「氣」。

一 九二八頁上一一行第九字「軍」，諸本作「軍鑒」。

一 九二八頁上一二行第五字「陁」，諸本作「陀波崙」。

一 九二八頁上一四行第四字「四」，諸本無。又第九字「鑣」，諸本作「鑣」。

一 九二八頁上一六行第六字「紘」，諸本作「宏」。

一 九二八頁上二一行「援劒」，諸本作「校却」。

一 九二八頁中五行第五字及一〇行第八字「王」，諸本作「王士」。

一 九二八頁中六行第五字「含」，諸本作「合」。

一 九二八頁中八行第四字「酸」，諸本作「三」。

一九二八頁中九行第五字「覽」，諸本作「鑒」。

一九二八頁中一一行「三界」，諸本作「三曜」。

一九二八頁中一二行第五字「笇」，磧、南作「弄」。

一九二八頁中一四行第七字「土」，諸本作「在」。

一九二八頁下三行第三字「警」，資、磧、普、南作「驚」。又「充溢」，諸本作「充逸」。

一九二八頁下四行「助征」，徑、清作「助往」。

一九二八頁下八行「貴郎」，諸本作「貴邪」。

一九二八頁下一〇行第九字「授」，諸本作「受」。

一九二八頁下一二行「荒邊」，磧、普、南、徑、清作「邊荒」。

一九二八頁下一三行第四字「災」，諸本作「天」。

一九二八頁下一六行第四字「知」，諸本作「智」。

一九二八頁下一六行「象魏東身」，諸本作「象季來身」。

一九二八頁下一七行「自懽」，資、磧、普、南、徑作「自權」。

一九二九頁上二行第七字「責」，諸本作「胄」。

一九二九頁上三行「可惜」，諸本作「可借」。又第六字「反」，諸本作「改」。

一九二九頁上五行第六字「目」，資作「自迷」；磧、普、南、徑、清作「迷」。

一九二九頁上六行「十方」，諸本作「十萬」。

一九二九頁上九行首字「波」，諸本作「流」。

一九二九頁上一〇行「一車」，諸本作「一粟」。又「左衿」，磧、普、南、徑、清作「左衽」。

一九二九頁上一六行第三字「而」，諸本作「是」。又「患尚」，諸本作「慧當」。

一九二九頁上一八行「無道」，諸本作「背主」。

一九二九頁上一九行第一三字「之」，諸本無。

一九二九頁上二一行「宜同於道」，諸本作「同」。

一九二九頁上二二行首字「霍」，諸本作「懽」。又第三字「隨」，諸本作「通」。

一九二九頁上末行首字「文」，磧、南、徑、清作「反」。又「摧頡」，諸本作「摧頽」。

一九二九頁上末行末字至頁中一行首字「致思」，諸本作「思致」。

一九二九頁中一行第一二字「筐」，諸本作「匡」。

一九二九頁中三行「多憒」，諸本作「多憤」。

一九二九頁中一四行第一二字「之」，諸本作「之地」。

一九二九頁中一八行末字「統」，諸

本作「紘」。

一　九二九頁中二二行第四字「止」，諸本作「亡」。

一　九二九頁下一七行第一〇字「居」，諸本作「戴」。

一　九二九頁下一八行「天官」，諸本作「天冠」。

一　九二九頁下二一行第四字「疋」，諸本作「之」。

一　九三〇頁上三行第一二字「任」，諸本作「伯」。

一　九三〇頁上六行「至始」，諸本作「至治」。

一　九三〇頁上七行第六字「士」，諸本作「土」。又末字「遇」，諸本作「愚」。

一　九三〇頁上一五行第三字「自」，諸本作「自火」。

一　九三〇頁上一八行末字「㬥」，諸本無。

一　九三〇頁中三行第一〇字「䌯」，磧、普、南、徑、清作「繪」。

一　九三〇頁中四行第九字「於」，諸本無。

一　九三〇頁中五行第一一字「也」，諸本無。

一　九三〇頁中六行「嶒嶶」，諸本作「嵯峨」。又第一〇字「張」，磧、南、徑、清作「漲」。

一　九三〇頁中一七行第四字「短」，諸本作「逗」。

一　九三〇頁中末行第六字「勤」，諸本作「鞦」。

一　九三〇頁下四行第一三字「捷」，諸本作「偃」。

一　九三〇頁下五行「勞血」，徑、清作「膋血」。

一　九三〇頁下六行第二字「磋」，諸本作「嵯」。

一　九三〇頁下九行「魔庭群將」，諸本作「魔庭群旅」。

一　九三〇頁下一二行首字「撲」，資作「熼」；磧、普、南、徑、清作「熼」。又「滅火」，諸本作「滅熸火」。

一　九三〇頁下一五行第五字「烈」，資、磧、普作「列」。

一　九三一頁上一行末字「郊」，諸本作「哉」。

一　九三一頁上五行末字「扸」，諸本作「下」。

一　九三一頁上七行第七字「逕」，諸本作「迷」。

一　九三一頁上九行「不照」下，諸本有「無生無照一切皆成成無成而無不成」十五字。

一　九三一頁上一一行末字「且」，諸本作「姐」。

一　九三一頁上一四行「无有」，諸本作「有無」。

一　九三一頁上一五行第九字「今」，諸本作「令」。

一　九三一頁上一七行「荒唐」，諸本作「長廣」。

一　九三一頁上一八行「引明……僧祐」，徑作「弘明集」。

一　九三一頁上二〇行「邪破」，南作

「破邪」。
一 九三一頁中五行「觀等」，諸本作「等觀」。
一 九三一頁下一行「太虛」，資作「太極」。
一 九三一頁下三行第三字及第一〇字「無」，諸本作「無無」。
一 九三一頁下四行末字「訓」，諸本作「詶」。
一 九三一頁下六行首字「知」，諸本作「智」。
一 九三一頁下一七行第三字「土」，磧、徑作「亡」。
一 九三二頁上一行第五字「稷」，諸本作「祇」。
一 九三二頁上四行第四字「而」，諸本無。
一 九三二頁上一一行第一二字「皇」，諸本作「農」。
一 九三二頁上末行第七字「爲」，徑、清作「可爲」。
一 九三二頁中三行第一〇字「刑」，諸本作「形」。又「摧勢」，諸本作「權勢」。
一 九三二頁中四行第二字「常」，諸本作「當」。
一 九三二頁中一五行「區區」，諸本作「區分」。
一 九三二頁中二一行首字「代」，諸本作「伐」。
一 九三二頁下二行首字「於」，諸本無。
一 九三二頁下六行第二字「開」，諸本作「闕」。
一 九三二頁下七行第二字「文」，諸本作「文故」。
一 九三二頁下一〇行「造立」，諸本作「崇造」。
一 九三二頁下一三行首字「獻」，諸本作「憲」。
一 九三二頁下一七行「基乎」，諸本作「流于」。
一 九三二頁下一八行第一一字「限」，諸本無。
一 九三二頁下二一行「是知」，諸本作「故知」。
一 九三三頁上一〇行「不足」，磧、普、南、徑、清作「不之」。
一 九三三頁上一一行「天宮」，徑作「天官」。
一 九三三頁上一三行第二字「戊」，諸本作「代」。
一 九三三頁上一四行第一〇字「微」，諸本作「徵」。
一 九三三頁上一六行第四字「微」，諸本作「微奥」。
一 九三三頁上一七行第六字「輕」，諸本作「聊」。

廣弘明集卷第一　典

唐麟德元年西明寺沙門釋道宣撰

自大夏化行布流東漸懷信開道代有澆淳斯由情混三堅智昏四照故使澆薄之黨輕舉邪風淳正之徒時遭佞辯所以教移震旦六百餘年獨夫震虐三被殘屏禍不旋踵畢顧前良殃咎已形取笑天下且夫信爲德母智寔聖因肇祖道元終期正果㩀斯論理則內傾八慢之惑覈此求情則外蕩六塵之蔽蕭然累表非小道之登臨廓尒高昇乃上仁之翔集然以時經三代弊五滓之沉淪識蒙邪正銓人法之天網是以內教經緯立法依以攝機外俗賢明垂文論以弘範昔梁鍾山之上定林寺僧祐律師學統九流義包十諦情敦慈救志存住法詳括梁晉列辟群英留心佛理攡叙篇什撰弘明集一部一十四卷討顔謝之風規捴周張之門律辯駮通議極情理之幽求窮較性靈誠智者之高致備于秘閣廣露塵心然智者

不迷迷者非智故智士興言舉首而通標領迷夫取悟繁詞而啓神襟若夫信解之來諒資神用契必精爽事襲玄模故信有三焉一知二見三謂愚也知謂生知佩三堅而入正聚愚謂愚曳滯四惑而溺欲塵化不可遷下愚之與上智中庸見信從善其若流哉是以法湮三代並惟寡學所纏故得師心獨斷禍集其計向若披圖八藏綜文義之成明尋繹九識達情智之迷解者則正信如皎日五翳雖掩而逾光矣余博訪前叙廣綜弘明以爲江表五代三寶載興君臣士俗情無異奉是稱文國智藉文開中原周魏政襲昏明重老輕佛信毀交貧致使工言既申佞倖斯及時不乏賢剖心特達脫穎拔萃亦有人焉然則昏明乎顯邪正相師㩀像則雲泥兩分論情則倚伏交養是以六術揚於佛代三張冐於法流皆大士之權謀至人之適化也斯則滿願行三毒之邪見淨名降六欲之魔王咸開通引之殊途各立向背之弘轍今且㩀其

行事決滯冐徒喻達蒙泉跡通性海至如殺讓之攡崔浩禍福皎然鄭鶚之抗周君成敗俄頃姚安著論抑道在於儒流陳琳綴篇揚釋越於朝典此之諷議涅而不緇墜在諸條差難綜緝又梁周二武咸分顯晦之儀宗魏兩明同乘弘誘之略沈休文之慈濟顔之推之歸心詞采卓然迥張物表嘗以餘景試為舉之弊於庸朽綜集牢落有漢陰博覩沙門繼贊成紀顧惟直筆即而述之命族題篇披圖藻鏡至若尋條揣義有悟賢明孤文片記攟而附列名曰廣弘明集一部三十卷有梁所撰或未討尋略隨條例銓目歷舉庶得程諸未覩廣信釋紛擬人以倫固非虛託如有隱括覽者詳焉

歸正篇第一　明佛爲大聖凡俗攸歸　二儀三五不足師敬

辯惑篇第二　明正邪手舉任若相陵　較而考定不勞龜鏡

佛德篇第三　皇覺睹命開濟在緣　從其化迹言行攸別

法義篇第四　賛乘獨運攝受迷津　得其趣者必照疑舉

僧行篇第五　紹繼聖種人斯弘道　名零三寶實副一歸

慈惻篇第六　在生所重厚身寶命　恕己則憐慈為覺本

誡功篇第七（情寄懲約縱則惰陵　欲階聖檢匪斯不振）
啓福篇第八（福号樂門日用斯貴　准酌乘時行而不著）
滅罪篇第九（罪為推折起必快心　履水難收悔往相習）
統歸篇第十（泰正閑邪據道成德　神解既暢陳詞詠歌）

序曰夫邪正紛紜愚智繁雜自非極聖焉能兩開所以欲主天魔猶能變為佛相況餘色有孰可言哉固知一洲萬國一化千王手興廢立不足論評是以九十六部宗上界之天根二十五諦討極計之冥本皆陳正朔号三寶於人中咸稱大濟敷四等於天下又有曾邦孔氏導禮樂於九州楚國李公開虛玄於五岳匪稱教主皆述作於先王贊時體國各臣吏於機務斯並衢分限域（謂流沙以東孔老之化及葱河以西異部之所統也）辯御乖張理路天殊居然自別何以明其然耶故西宇大夏衆計立於我神東華儒道大略存於身國孰解妄想流愛纏綿於九居倒情從滯祛除於七識致令惑網覆心莫知投向昏波漾目寧辯歸依不可効尤務須反本原夫小道大道自古常談大聖小聖由來共述至於親承面對

曾未覺知雷同體附相從奔競故有剋念作聖狂哲手稱即斯為論未契端極昔皇覺之居舍衛二十五年九億編户逆從太半素王之在赤縣門學三千子夏義而致疑顏回獨言莫測以斯論道又可惑焉夫以會正名聖無所不通根塵無礙於有空陶冶莫滯於性欲形不可以相得擬金姿之四八心不可以智求乖不共之二九斯止一人名佛聖也故能道濟諸有幽顯咸所歸依自餘鴻漸天衢之所未陟且自方域位殊義非叨僭若夫天無二日國無二王惟佛稱為大聖光有万億天下故今門學曰盛無國不仰其風教義聿脩有識皆參其席彼孔老者名位同俗不異常人祖述先王自無教訓何得比佛以相抗乎且據陰陽八煞之略山川望祑之祠七衆委之若遺五戒捐而不顧觀此一途高尚自足投誠況有聖種賢蹤則為天人師表矣是知天上天下惟佛為尊六道四生無非苦者身心常苦義畢驅馳不思此懷妄存高大大而

可大則不陷於有為既履非常固可歸於正覺有斯事類故敢序之云尒

廣弘明集歸正篇第一

梁弘明集歸正目録

明僧紹正二教論　謝鎮之折夷夏論
朱昭之難夷夏論　朱廣之諮夷夏論
釋慧通駁夷夏論　釋僧敏戎華論
何尚之荅宋文佛教
譙王論孔釋教　并張荅

唐廣弘明集歸正篇總目

子書商太宰問孔子以佛為聖人
老子符子明以佛為師
漢顯宗開佛化本傳　後漢書郊祀志
吴主孫權論佛化三宗
宋文帝集朝宰叙佛教
元魏孝明召釋老門人述宗
元魏書釋老志　南齊江淹遂古篇
北齊顏之推歸心篇　梁阮孝緒七録序
北齊王邵齊志明佛教
梁高祖捨事道詔　北齊宣帝廢道詔
隋釋彥琮通極論

廣弘明集歸正篇第一之一

商太宰問孔子聖人　出列子

子書中以佛為師 廣弘明集卷第一 第七張 典 出老子符子
漢法本內傳　未詳作者
後漢郊祀本志　出范曄後漢書
吳主孫權論佛化三宗　出吳書
宋文集朝宰敘佛教前集略　出高僧傳
元魏孝明述佛先後　出魏書

商太宰問孔子聖人一　列禦寇一云吳太宰

太宰嚭問孔子曰夫子聖人歟對曰丘也博識强記非聖人也又問三王聖人歟對曰三王善用智勇聖非丘所知又問五帝聖人歟對曰五帝善用仁義聖非丘所知又問三皇聖人歟對曰三皇善用時聖非丘所知太宰大駭曰然則孰為聖人乎夫子動容有間曰丘聞西方有聖者焉不治而不亂不言而自信不化而自行蕩蕩乎人無能名焉據斯以言孔子深知佛為大聖也時緣未升故默而識之有機故舉然未得昌言其致矣

子書中佛為老師二

老子西昇經云吾師化遊天竺善入泥洹符子云老氏之師名釋迦文

余尋終古三五帝皇有事西奔窣閒東遊故軒轅遊華胥之國王劭云即 廣弘明集卷第一第八張 典 天竺也又陟崐崘之墟即香山也老子迹沉扶風史述於流沙而道家諸記皆西升崐丘而上天矣以事詳之並從於佛國也故伯益述山海申毒之國偎人而愛人郭璞傳古者曰申毒即天毒也浮圖所興今聞之說曰地殷土中物壞琛麗民博仁智俗高理學立德厚生何資諸夏古稱愛人之國世挺賢聖之人豈虛構哉

漢顯宗開佛化法本傳三　未詳作者

傳云明帝永平三年上夢神人金身丈六項有日光寤已問諸臣下傅毅對詔有佛出於天竺乃遣使往求備獲經像及僧二人帝為立佛寺畫壁千乘万騎繞塔三匝又於南宮清涼臺及高陽門上顯節陵所圖佛立像并四十二章經緘於蘭臺石室廣如前集牟子所顯

傳云時有沙門迦攝摩騰竺法蘭位行難測志存開化蔡愔使達請騰東行不守區域隨至雒陽曉喻物情崇明信本帝問騰曰佛法出世何以化不及此荅曰迦毗羅衛國者 廣弘明集卷第一第九張 典 三千大千世界百億日月之中心也三世諸佛皆在彼生乃至天龍鬼神有願行者皆生於彼受佛正化咸得悟道餘處衆生无緣感佛佛不往也佛雖不往光明及處或五百年或一千年或一千年外皆有聖人傳佛聲教而化導之廣說教義文廣故略也傳云永平十四年正月一日五岳諸山道士朝正之次自相命曰天子弃我道法遠求胡教今因朝集可以表抗之其表略曰五岳十八山觀太上三洞弟子褚善信等六百九十人死罪上言臣聞太上无形無名无極无上虛无自然大道出於造化之前上古同尊百王不易今陛下道邁羲皇德高堯舜竊承陛下弃本追末求教西域所事乃是胡神所說不參華夏願陛下恕臣等罪聽與試驗臣等諸山道士多有徹視遠聽博通經典從元皇已來太上群錄太虛符祝無不綜練達其涯極或策使鬼神或吞霞飲氣或入火不燒或履水不溺或白日昇天或

隱形不測至於方術無所不能頗得
與其比校一則聖上意安二則得辯
真偽三則大道有歸四則不亂華俗
臣等若比對不如任聽重决如其有
勝乞除虚妄勑遣尚書令宋庠引入
長樂宫以今月十五日可集白馬寺
道士等便置三壇壇别開二十四門
南岳道士褚善信華岳道士劉正念
恒岳道士桓文度岱岳道士焦得心
嵩岳道士吕惠通霍山天目五臺白
鹿等十八山道士祁文信等各賫靈
寶真文太上玉訣三元符録等五百
九卷置於西壇茅成子許成子黄子
老子等二十七家子書二百三十五
卷置於中壇饌食奠祀百神置於東壇
帝御行殿在寺南門佛舍利經像置
於道西十五日齋訖道士等以柴荻
和檀沉香為炬遶經泣曰臣等上啓
太極大道元始天尊衆仙百靈今胡
神乱夏人主信邪正教失蹤玄風墜
緒臣等敢置經壇上以火取驗欲使
開示蒙心得辯真偽便縱火焚經經
從火化悉成煨燼道士等相顧失色

大生怖懼將欲昇天隱形者無力可能
禁劾鬼神者呼策不應各懷愧恧南
岳道士費叔才自憾而死太傅張衍
語褚信曰卿等所試無驗即是虚妄
宜就西來真法褚信曰茅成子云太
上者靈寶天尊是也造化之作謂之
太素斯豈妄乎衍曰太素有貴德之
名無言教之稱今子說有言教即為
妄也信默然時佛舍利光明五色直
上空中旋環如盖遍覆大衆映蔽日
光摩騰法師踊身高飛坐卧空中廣
現神變于時天雨寶花在佛僧上又
聞天樂感動人情大衆咸悦歎未曾
有皆遶法蘭聽說法要并吐梵音歎
佛功德亦令大衆稱揚三寶說善惡
業皆有果報六道三乘諸相不一又
說出家功德其福最高初立佛寺同
梵福量司空陽城侯劉峻與諸官人
士庶等千餘人出家四岳諸山道士
吕惠通等六百二十人出家陰夫人
王婕妤等與諸宫人婦女二百三十
人出家便立十寺七所城外安僧三
所城内安尼自斯已後廣矣傳有五

卷略不備載有人疑此傳近出本無
角力之事案吴書明費叔才憾死故
傳為實録矣

後漢書郊祀志四　出范曄漢書

志曰佛者漢言覺也將以覺悟羣生
也統其教以脩善慈心為主不煞生
類專務清淨精進者為沙門漢言息心
剔髮去家絶情洗慾而歸於無為
也又以人死精神不滅隨復受形所
行善惡後生皆有報應所貴行善以
練其精神練而不已以至無生而得
為佛也身長一丈六尺黄金色項中佩
日月光變化無常無所不入故能化
通万物而大濟羣生也有經書數千
卷以虚无為宗包羅精粗無所不統
善為宏闊勝大之言所求在一體之
内所明在視聽之表歸依玄微深遠
難得而測故王公大人觀生死報應
之際無不懔然自失也魏書云其佛
經大抵言生生之類皆因行業而起
有過去當今未來三世也其脩道階
次等級非一皆緣淺以及深藉微以
為著率在於積仁順蠲嗜慾習虚靜

而成通照也　六去

吳主孫權論叙佛道三宗五　出吳書

孫權赤烏四年有康居國大丞相長子弃俗出家為沙門厥名僧會姓康氏神儀對正遊化為任時三國鼎峙各擅威權佛法久被中原未達江表會欲道被未聞化行南國初達建鄴營立茅茨設像行道吳人初見謂為妖異有司奏聞吳主曰佛有何靈驗耶會曰佛晦靈迹垂餘千載遺骨舍利應現無方吳主曰若得舍利當為立塔經三七日遂獲舍利五色耀天剖之逾堅燒之不然光明出火作大蓮花照曜宮殿目主驚嗟希有瑞也信情大發因為造塔度人立寺以其所住為佛陁里又以教法初興故名建初寺焉下勑問尚書令闞澤曰漢明已來凡有幾年佛教入漢旣久何緣始至江東澤曰自漢明永平十年佛法初來至今赤烏四年則一百七十年矣初永平十四年五岳道士與摩騰角力之時道士不如南岳道士褚善信費叔才等在會自憾而死門徒弟

子歸葬南岳不預出家無人流布後遭漢政陵遲兵戎不息經今多載始得興行又曰孔丘李老得與佛比對不澤曰臣聞魯孔君者英才誕秀聖德不羣世号素王制述經典訓奬周道教化來葉師儒之風澤閏今古亦有逸民如許成子原陽子莊子老子等百家子書皆脩身自翫放暢山谷縱佚其心學歸澹泊事乖人倫長幼之節亦非安俗化民之風至漢景帝以黃子老子義體尤深改子為經始立道學勑令朝野悉諷誦之若以孔老二教比方佛法遠則遠矣所以然者孔老二教法天制用不敢違天諸佛設教天法奉行不敢違佛以此言之實非比對（今見章醮似俗酒脯棊琴行之）吳主大悅以澤為太子太傅　六去

宋文帝集朝宰論佛教六　出高僧等傳

文帝即宋高祖第三子也聰叡英博雅稱令達在位三十年甞以暇日從容而顧問侍中何尚之吏部羊玄保曰朕少來讀經不多比日弥復無暇三世因果未辯措懷而復不敢立異

者正以卿輩時秀率所敬信也范泰謝靈運常言六經典文本在濟俗為政必求性靈真奥豈得不以佛理為指南耶近見顏延之折達性論宗炳難白黑論明佛法汪汪尤為名理並足開奬人意若使率土之濵皆敦此化則朕坐致太平矣夫復何事尚之對曰悠悠之徒多不信法以臣庸蔽更荷褒拂非所敢當至如前代羣英則不負明詔矣中朝已遠難復盡知渡江已來則王導周顗庾亮王濛謝尚郗超王坦王恭王謐郭文舉謝敷戴逵許詢及亡高祖兄弟及王元琳昆季范汪孫綽張玄殷顗等或宰輔之冠蓋或人倫之羽儀或置情天人之際或抗迹烟霞之表並稟志歸依措心崇信其間比對則蘭護開潛深遁崇邃皆亞迹黃中或不測之人也慧遠法師甞云釋氏之化無所不可適道固自教源濟俗亦為要務竊尋此說有契理要若使家家奉戒則罪息刑清陛下所謂坐致太平誠如聖旨羊玄保進曰此談蓋天人之際豈臣

所宜預竊謂秦楚論强兵之事孫吳
盡吞併之術將無取於此也帝曰此
非戰國之具良如卿言尚之對曰夫礼
隱逆則戰士怠貴仁德則兵氣衰
若以孫吳為志苟在吞噬亦無取堯
舜之道豈惟釋教而已哉帝曰釋門
有卿亦猶孔門之有季路所謂惡言
不入於耳也自是文帝致意佛經及
見嚴觀諸僧輒論道義屢延殿曾躬
御地筵同僧列飯時有沙門竺道生
者秀出羣品英義獨拔帝重之嘗述
生頓悟義僧等皆設巨難帝曰若使
逝者可興豈為諸君所屈時顏延之
著離識論帝命嚴法師辯其同異往
返終日笑曰公等今日無愧支許之
談也云云

元魏孝明帝召佛道門人論前後七　出魏書

正光元年明帝加朝服大赦天下召
佛道二宗門人殿前齋訖侍中劉騰
宣勅請法師等與道士論議以釋弟
子疑網時清通觀道士姜斌與融覺
寺僧曇謨最對論帝曰佛與老子同
時不斌曰老子西入化胡佛時以充

侍者明是同時最曰何以知之斌曰
案老子開天經是以得知最曰老子
當周何王幾年而生周何王幾年
西入斌曰當周定王即位三年乙卯
之歲於楚國陳郡苦縣厲鄉曲仁里九
月十四日夜子時生至周簡王四年
丁丑歲事周為守藏吏簡王十三
年遷為太史至敬王元年庚辰歲
年八十五見周德陵遲與散關令
尹喜西入化胡斯足明矣最曰佛以
周昭王二十四年四月八日生穆王
五十二年二月十五日滅度計入涅
槃後經三百四十五年始到定王三
年老子方生生已年八十五至敬王
元年凡經四百二十五年始與尹喜
西遁據此年載懸殊無乃謬乎斌
曰若佛生周昭之時有何文記最曰
周書異記漢法本內傳並有明文斌
曰孔子既是制法聖人當時於佛迥
無文記何耶最曰仁者識同管窺覽
不弘遠案孔子有三備卜經謂天地
人也佛之文言出在中備仁者早自
披究不有此迷斌曰孔子聖人不言

而知何假卜乎最曰惟佛是衆聖之
王四生之首達一切含靈前後二際
吉凶終始不假卜觀自餘小聖雖曉
未然之理必藉蓍龜以通靈卦也侍
中尚書令元乂宣勅語道士姜斌論
無宗旨宜下席又問開天經何處得
來是誰所說即遣中書侍郎魏收尚
書郎祖瑩等就觀取經帝令議之太
尉丹陽王蕭綜太傅李寔衛尉許伯
桃吏部尚書邢欒散騎常侍溫子昇
等一百七十人讀訖奏云老子止著五
千文更無言說臣等所議姜斌罪當
惑衆帝加斌極刑三藏法師菩提流
支苦諫乃止配徙馬邑

廣弘明集卷第一

癸卯歲高麗國分司大藏都監奉
勅彫造

廣弘明集卷第一

校勘記

一 底本，麗藏本。

一 九三八頁上一行「卷第一」，徑作「序」；清作「卷序」。

一 九三八頁上二行撰者，資作「唐麟德元年終南山釋氏」；磧、普、南作「唐麟德元年終南山釋道宣撰」；徑、清作「唐終南山釋道宣撰」。

一 九三八頁上二行與三行之間，資、磧、普、南有「廣弘明集序」一行。

一 九三八頁上五行「淳正」，清作「浮正」。

一 九三八頁上八行第五字「形」，資作「刑」。

一 九三八頁上一四行「法之天」，徑、清作「天之法」。

一 九三八頁上一五行首字「依」，磧、普、南、徑、清作「衣」。

一 九三八頁中一行末字「而」，徑作「而心」。

一 九三八頁中二行「而啓」，諸本（不含石，下同）作「而方啟」。

一 九三八頁中五行「而入」，清作「而人」。

一 九三八頁中一五行「交貿」，資作「交質」。

一 九三八頁下一行「肙徒」，諸本作「胥陵」。

一 九三八頁下二行「擿崔浩」，磧、南作「拒崔皓」；資、普、徑、清作「拒崔浩」。

一 九三八頁下九行「景試」，諸本作「景誠」。

一 九三八頁下一〇行「繼贊」，諸本作「繫贊」。

一 九三八頁下一一行「命族」，諸本作「命帙」。

一 九三八頁下一五行「程諸」，諸本作「呈諸」。

一 九三八頁下一七行與一八行之間，清有「廣弘明集目録」一行。

一 九三八頁下一八行至次頁上四行篇目及夾註，徑作「廣弘明集歸正篇序」、「唐終南山釋道宣撰」。各一行。

一 九三八頁下一八行夾註左「師敬」，資、磧、普、南、清作「歸敬」。

一 九三八頁下二一行夾註右「迷津」，資、磧、普、南、清作「是津」。

一 九三八頁下末行正文「慈惻篇」，清作「慈濟篇」。又夾註左「憐恣」，磧、南、清作「憐慈」。

一 九三九頁上一行夾註右「憍陵」，資作「僑陵」。又夾註左「欲階」，南作「欲喈」。又「不振」，資、磧、普、南、清作「不震」。

一 九三九頁上三行夾註左「悔往」，資、磧、普、南、清作「悔性」。

一 九三九頁上四行夾註左「詠歌」，資、磧、普、南、清作「歌詠」。

一 九三九頁上四行與五行之間，資、磧、普、南有「廣弘明集歸正篇序」一行；清有「廣弘明集卷第一」、「唐終南山釋道宣撰」、「歸正篇序」

各一行。

一　九三九頁上五行「序曰」，徑無。

一　九三九頁上一二行「導礼樂」，資、磧、普、南、徑作「遵礼樂」；清作「尊礼樂」。

一　九三九頁上一三行「開虛」，資、普作「開靈」。

一　九三九頁中五行「三千」，諸本作「三虛」。

一　九三九頁中一四行「故今」，諸本作「故令」。

一　九三九頁下三行首字至次頁上六行末字「廣……書」，徑作「廣弘明集卷第一」、「歸正篇第一之一」、「唐終南山釋道宣集」各一行。

一　九三九頁下三行首字至末字「廣……一」，清作「歸正篇第一之一」。

一　九三九頁下四行至一〇行「梁弘明集……正篇捴目」，清無。

一　九三九頁下五行「之折」，磧作「之析」。

一　九三九頁下一一行首字至末字「子……人」，清作「商太宰問孔子聖人一」。

一　九三九頁下一二行首字至末字「老……師」，清作「子書中以佛爲老師二」。

一　九三九頁下一三行「立本傳」，清作「法本內傳三」。又末字「志」，清作「志四」。

一　九三九頁下一四行「佛化三宗」，清作「敘佛道三宗五」。

一　九三九頁下一五行「敘佛教」，清作「論佛教六」。

一　九三九頁下一六行首字至末字「元……宗」，清作「元魏孝明帝召釋道門人論述佛先後七」。

一　九三九頁下一七行至二二行「元魏……之一」，清無。

一　九三九頁下二二行「之一」，資、磧、普、南作「之一本傳十人」。

一　九三九頁下末行「太宰」，清作「大宰」。又「聖人」，資、磧、普、清作「聖人一」。

一　九四〇頁上一行至七行「子書中以……一云吳太宰」，清無。

一　九四〇頁上一行「爲師」，資、磧、普、南作「爲師二」。

一　九四〇頁上二行「內傳」，資、磧、普、南作「內傳三」。

一　九四〇頁上三行「本志」，資、磧、普、南作「本志四」。

一　九四〇頁上四行「三宗」，資、磧、普、南作「三宗五」。

一　九四〇頁上五行「佛教」，資、磧、普、南作「佛教六」。

一　九四〇頁上六行「先後」，資、磧、普、南作「先後七」。

一　九四〇頁上六行與七行之間，資、磧、普、南有「元魏書釋老志第八　齊著作魏收」、「高聲志九　隋著作王邵」、「遂古篇十　梁侍中江淹」各一行。

一　九四〇頁上七行第九字「一」，徑作「出列子」。又第一〇字至小字左末字「列……宰」，徑無。

一九四〇頁上一〇行「三王」，磧作「三主」。

一九四〇頁上二〇行「子書中佛爲老師二」，資、磧、普、南、清作「子書中佛(「佛」，清作「以佛」)爲老師二　出老子符子」；徑作「佛爲老師　出老子符子」。

一九四〇頁中一行「王劭」，資、磧、普、徑、清作「王邵」。

一九四〇頁中七行「天毒」，諸本作「天竺」。

一九四〇頁中一一行「本傳三」，資、磧、普、南、清作「本內傳三」；徑作「本內傳」。

一九四〇頁中一二行「三年」，南、徑、清作「十三年」。

一九四〇頁中末行「佛法」，諸本作「法王」。

一九四〇頁下六行「一千」，南、徑、清作「二千」。

一九四〇頁下一五行「同尊」，諸本作「同遵」。

一九四〇頁下一六行「義皇」，諸本作「羲皇」。

一九四〇頁下二二行第九字「或」，諸本無。

一九四一頁上一九行「太極」，清作「大極」。

一九四一頁中二行「禁刻」，諸本作「禁効」。

一九四一頁中七行「行曰」，諸本作「衍曰」。又「太素」，磧、南作「大素」。

一九四一頁中二二行「十寺」，諸本作「十所寺」。

一九四一頁下四行第七字「四」，徑無。

一九四一頁下一五行「精粗」，南作「精短」。

一九四一頁下一六行「宏闊」，南作「宏閲」。

一九四一頁下一七行「深遠」，南作「㴱遠」。

一九四二頁上二行第一一字「五」，徑無。

一九四二頁上一〇行「垂餘千載」，諸本作「出千餘載」。

一九四二頁中四行「君者」，資作「老者」。

一九四二頁中六行「澤閏」，諸本作「澤潤」。

一九四二頁中一一行「義體」，資作「義艷」。

一九四二頁中一八行第一〇字「六」，徑無。

一九四二頁下五行「汪汪」，諸本作「深」。

一九四二頁下六行「之濵」，諸本作「之賓」。

一九四二頁下九行第八字「至」，諸本作「之至」。

一九四二頁下一四行「般顗」，諸本作「般覬」。

一九四二頁下一七行「心崇」，諸本作「心歸」。

一九四三頁上三行「良如」，清作「良如」。

一　九四三頁上一七行「召佛」，徑、清作「帝召釋」。又「前後七」，徑作「佛先後」；清作「佛先後七」。

一　九四三頁中一二行「五十二」，諸本作「五十三」。

一　九四三頁下一行「卜乎」，磧作「十乎」。

一　九四三頁下七行「魏收」，南作「魏牧」。

一　九四三頁下一四行「配徙」，資作「配徒」。

廣弘明集卷第二　　典

大唐西明寺沙門釋道宣撰

歸正篇第一之二

元魏書釋老志　齊著作魏收

高齊書述佛志　隋著作王邵

魏書釋老志

大人有作司牧生民結繩以往書契所紀義軒已還至於三代墳典之迹爲秦所焚漢採遺籍復若山丘固使六家七略班馬區異釋氏之學聞於前漢武帝元狩中霍去病獲昆邪王及金人率長丈餘帝以爲大神列於甘泉宫燒香礼拜此則佛道流通之漸也及開西域遣張騫使大夏還云身毒天竺國有浮圖之教哀帝元壽中景憲受大月氏王口授浮圖經後漢明帝夢金人項有日光飛行殿庭傅毅始以佛對帝遣郎中蔡愔博士秦景等使於天竺寫浮圖遺範仍與沙門迦攝摩騰竺法蘭還雒陽又得經四十二章及釋迦立像帝令畫工圖之置清涼臺及顯節陵上緘經於蘭臺石室浮圖或言佛陁聲相轉也譯云淨覺言滅穢成明道爲聖悟也凡其經旨大抵言生生之類皆因行業而起有過去當今未來歷三世識神常不滅也凡爲善惡必有報應漸積勝業陶冶麁鄙經无數劫藻練神明乃致无生而得佛道也其間階次心行等級非一皆緣淺以至深藉微而爲著率在於積仁順蠲嗜慾習虛靜而成通照也故其始脩心則依佛法僧謂三歸若君子之三畏也又有五戒去煞盜婬妄言飲酒大意與仁義礼信智同亦奉持之則生天人勝處虧犯則墜鬼畜諸苦又善惡生處凡有六道焉

諸服其道者則剃落鬚髮釋累辭家結師資遵律度相與和居治心修淨行乞以自給謂之沙門或曰桑門亦聲相近也其根業各差謂之三乘聲聞緣覺及以大乘取其可乘運以至道爲名也上根者脩六度進万行拯度億流弥歷長遠登覺境而號爲佛也本号釋迦文此譯能仁謂德充道

俻堪濟万物也降於天竺迦維羅衛
國王之子生於四月八日夜從母右
脅而出姿相超異者三十二種天降
嘉瑞亦三十二而應之以二月十五
日而入涅槃此云滅度或言常樂我
淨明无遷謝及諸苦累也又云諸佛
有二義一者真實謂至極之體妙絶
拘累不得以方處期不可以形量限
有感斯應體常湛然二權應者謂和
光六道同塵万類生滅隨時脩短應
物形由感生體非實有權形雖謝直
體不遷但時无妙感故莫得常見耳
斯則明佛生非實生滅非實滅也佛
既謝往香木焚尸靈骨分碎大小如
粒擊之不壞焚亦不焦而有光明神
驗謂之舍利弟子収奉謁香花致敬
慕建宮宇謂之為塔猶宗廟也故時
稱為塔廟者是矣於後百年有王阿
育者以神力分佛舍利役諸鬼神造
八万四千塔布於世界皆同日而就
今雒陽彭城姑臧臨淄皆有阿育王
寺蓋承其遺迹焉而影迹爪齒留
於天竺中途來往者咸言見之初說

教法後皆著録綜覈深致无所漏失
故三藏十二部經如九流之異統其
大歸終以三乘為本後有羅漢菩薩
相繼著論贊明經義以破外道皆傍
諸藏部大義假立外問而以內法釋
之傳於中國漸流廣矣漢初沙門皆
衣赤布後乃易以雜色至於微言隱
義未之詳究有沙門常山衛道安性
聰敏日誦万餘言研求幽旨慨无師
匠獨坐靜室十有二年覃思構精神
悟妙賾以前出經多有舛駮乃正其
乖謬尒後沙門傳法大著中原
魏先建國出於玄朔風俗淳一與西
域殊絶故浮圖聲教未之得聞及神
元與魏晉通聘文帝在洛陽昭成在
襄國脩究南夏佛法之事太祖平
中山經郡國見沙門皆致敬禁軍
旅无有所犯有沙門僧朗與其徒隱
于泰山帝致書以繒素氈罽鉢錫為
礼令猶号朗公谷焉天興元年下詔
曰夫佛法之興其來遠矣濟益之功
冥及存没神蹤遺法信可依憑其勅
有司於京城建飾容範脩整宮舍

信向之徒有所居止是歲作五級佛
圖耆闍崛山及須弥山殿加以繢飾
別構講堂禪房及沙門座莫不嚴
具焉
太宗踐位亦遵先業京邑四方建立
圖像仍令沙門敷導民俗皇始中趙
郡沙門法果戒行精至開演法籍太
祖詔徵以為沙門統綰攝僧徒言多
允愜供施甚厚太宗崇敬弥加於前
永興中前後授以輔國宜城子忠信
侯安城公之号皆固辞帝常親幸其
居以門狹小不容輿輦更廣大之年
八十餘太常中卒帝三臨其喪追贈
老壽將軍趙胡靈公初果年四十始
為沙門有子曰猛詔令襲果所加爵
太宗所述沙門事文多不載
世祖即位亦遵太祖太宗之業每
引高德沙門與共談論四月八日轝
諸佛像行於廣衢帝親御門樓臨觀
散花以致礼敬世祖平赫連昌得沙
門惠始本張氏清河人聞羅什出經
詣長安見之觀習禪定於白渠北晝
則入城聽講夕還處靜三輔有識者

多宗之劉裕滅姚泓留子義真鎮長安真及僚佐皆敬重焉後義真之去長安也赫連屈局追敗之道俗少長咸見坑戮惠始身被白刃而體不傷屈局大怒召始於前以所佩寶劒自擊之又不能害乃懼而謝罪後至京都多所訓導人莫測其迹世祖重之每加礼敬自初習禪至於沒世五十餘年未嘗寢卧跣行泥塵初不汙足色愈鮮白世号白脚阿練自知終期齋潔端坐僧徒滿側凝泊而絕停尸十日容色如一死十餘年開殯改塟初不傾壞舉世異之送塟者六千餘人莫不感慟中書監高允為傳頌其德迹冢上立石精舍圖像存焉

世祖雅好莊老諷味晨夕而留於春秋銳志武功雖歸宗佛法敬重沙門而未覽經教深求緣報之旨及得寇謙之道以清靜无為有仙化之證遂信行其術司徒崔浩奉謙之道尤不信佛與帝言數加誹毀謂虛誕為世費帝以其辯博頗信之會蓋吴反於杏城關中騷擾帝西伐至長安入寺中

觀馬沙門飲從官酒入其便室見有財產弓矢及牧守富人所寄藏物蓋以万計帝先忿沙門非法浩時從行因進其說下詔誅長安沙門焚破佛像勅留臺下四方一依長安行事又詔曰彼沙門者假西戎虛誕妄生妖孽非所以齊一政化布淳德於天下也自王公已下有私養沙門者皆送過期不出沙門身死容者誅一門時恭宗為太子監國素敬佛道頻表陳刑煞之濫又非圖像之罪再三帝不許乃下詔曰昔後漢荒君信惑邪偽妄假睡夢信胡妖鬼以乱天常自古九州无此也誇誕大言不本人情叔季之世闇君乱主莫不眩焉由是政教不行礼義大壞鬼道熾盛視王者之法蔑如也自此已来繼代禍乱天罰極行生民死盡五服之内鞠為丘墟千里蕭條不見人跡皆由於此朕承天緒屬當窮運之弊欲除偽定真復義農之政其一切盪除胡神滅其蹤迹庶无謝於風氏矣自今已後敢有事胡神及造其形像泥人銅人者門誅

雖言胡神問今胡人若有若无皆是前代漢人无賴子弟劉元真呂伯強之徒接乞胡之誕言用老莊之虛假附而益之皆非真實至使王法廢而不行蓋大姦之魁也世有非常之人能行非常之事非朕孰能去此歷代之偽物有司宣告在所諸有佛圖形像及胡經皆擊破焚除沙門無少長悉坑之是歲真君七年三月也恭宗言雖不用然猶緩宣詔書遠近豫知各得為計京邑四方沙門多亡匿而免者其金銀寶像經論大得秘藏至於土木寺塔聲教所及皆畢除毀

集論者曰帝本戎馬之鄉素絕文義之迹既參軍事所往誅殄惟斯為政餘无涉言故繁史官恥述過也屬崔結客擁莫識佞辯遂行誅除時以為一代之快意也不久癘及追悔无由視崔浩若仇讎淫刑酷毒為天下同笑也

初浩與寇謙同從苦與浩爭浩不從謙曰卿即今促年壽滅門户矣至真君十一年浩誅備五刑時年七十帝頓

悔之然業已行難中悑復恭宗潛欲興之未敢言也時法令寬弛存信之家奉事沙門竊法服誦者𣪠矣至十三年二月因癘而崩子晃謚死而孫立焉

撿別傳浩非毀佛法宗尚天師寇謙之學仙道也妻郭氏敬信釋典誦金對般若浩取焚之捐灰於廁及幽執檻車送于城南使衛士十人行溲其上呼聲噭噭聞于行路浩曰斯吾投經之現報也初浩得肆其佞誅戮釋門深文加謗昌言下詔以為妖鬼之大魁也帝未委之可謂非常之人能行非常之事信矣浩門既誅清河崔氏无遠近及范陽盧氏太原郭氏河東柳氏皆浩之親姻也盡戮其族詩云讒人罔極交亂四國驗矣集論者曰自古三公之加刑者斯家酷也豈非根其飾詐邪佞濫毒仁祠致癘及躬无由自免顯戮讒排密悔前僁剋已復礼固難則矣不自責於闇惑方乃作虐它人終非靜過畢為噬臍者所及昔龍逢之遭夏桀比干之剖殷辛炮

烙以樹嚴刑酒池以悅目妄時人豈謂為正化也縱而飾非廢而唱善及後南巢被放白旗懸首无有代者身自當之國除身喪无所追收禍不旋踵自貽伊戚沿斯已後代代率然禪讓之道魏文開其實錄覈於終古堯舜其猶病諸故佛經曰二儀尚殞國有何常斯至言也世祖若能撫躬反問本錄幽都礼義之所不行慈濟由來莫識不知昔乘何業奄有中原如何忽此昏凶行茲傲虐事不可也用此自勵追悔絕乎

時有沙門玄高者空門之秀傑也通靈感衆道王河西涼平東歸太武信重為太子晃之師也晃孝敬自天崇仰佛法崔寇得倖於帝恐晃攝政或見危逐密讒於帝謂有異圖可不先慮帝乃信之便幽太子於深宮帝夢其祖父執劒怒曰太子仁孝忠誠允著如何信讒帝寤集朝臣以述之諸雄伯曰太子无事枉見幽辱帝又信之以真君五年正月下詔曰朕承祖宗重光之緒思闡鴻業恢隆万代武

功雖昭而文教未暢非所以崇太平之治也今域內安逸百姓富昌宜定制度為万世之法夫陰陽有往復四時有代序授子任賢安全相付所以休息疲勞式固長久古今不易之令典也可令皇太子嗣理万機總統百揆更舉賢良以備列職擇人授任而黜陟之其朝士庶民皆稱臣於太子太子崔浩又諂云太子前事實有謀心但結高公道術故令先帝降夢如此物論事迹難明若不早除必為巨害帝又納之即幽太子死之又収高葬城南縊之即宋元嘉二十一年也尒夜門人莫知其死忽有光明繞塔入房有聲曰吾已逝矣弟子等奔赴尸所請告遺訣高㸌然起坐曰大法應化隨緣感衰感衰在迹理恒湛然但念汝等不久復當如我耳汝等死後法當復興善自脩心无令後悔言已便卧而絕崔浩讒辭既深能令父猜其子乃至幽死況沙門乎

太武以真君十三年二月五日崩太子先已幽死吳王以九日即位改元永

平十月一日吳王又崩帝孫諱濬即位
改元興安是爲文成帝也廟号高宗
然佛教遠大光明四海此洲万國無
王不奉魏北雖除南宋弥盛稱爲真
君明主不亦惑乎猜子而信賊目孰
可悼乎感癘而自嬰禍斯酷甚乎民
思返政存立非一

興安元年高宗踐極下詔曰夫爲帝
王者必祗奉明靈顯彰仁道其能惠
著生民濟益羣品者雖在往古猶序
其風烈是以春秋嘉崇明之礼祭典
載功施之族況釋教如來功濟大千
惠流塵境尋生死者歎其達觀覽文
義者貴其妙門助王政之禁律益仁
智之善性排撥羣邪開演正覺故前代
已來莫不崇尚亦我國家常所尊事
也世祖太武皇帝開廣邊荒德澤遐
被沙門道士善行純誠如惠始之倫
无遠不至風義相感往往如林夫山
海之深怪物多有姧婬之儔得容假
託諸寺之中致有兇黨是以先朝因
其毀釁戮其有罪有司失旨一切禁斷
景穆皇帝每爲慨然値軍國多事未

追脩復朕承鴻緒君臨万邦思述先
志以隆斯道今制諸州城郡縣於衆
居之所各聽建佛圖一區任其財用
不制會限其有好樂道法欲爲沙門
不問長幼出於良家性行素篤鄉里
所明者聽出家率大州五十小州三
十人足以化惡就善播揚道教也於
即天下承風朝不及夕往時所毀圖
寺並還脩復佛像經論皆得顯出于
時罽賓王種沙門師賢者東遊涼城
又遊京下值罹佛難權假醫術而守道不
改於脩復日即爲沙門同輩五人帝
親爲下髮賢爲僧統去去

興光元年勅有司於五級大寺爲太
祖已下五帝鑄釋迦文像五軀長一
丈六尺用赤金二十五万斤

沙門曇曜帝礼爲師請帝於京西武
州西山石壁開窟五所鐫佛像各一
高者七十尺次六十尺彫飾奇偉冠
於万代今時見者傳云谷深三十里
東爲僧寺名曰靈巖西頭尼寺各鑿
石爲龕容千人已還者相次櫛比石
崖中七里極高峻佛龕相連餘處時

有斷續佛像數量孰測其計有一道
人年八十礼像爲業一像一拜至于
中龕而死尸殭伏地以石封之今見
存焉莫測時代在朔州東三百里恒
安鎮西二十餘里往往來者述之誠
不思議之福事也

皇興元年高祖孝文誕載於恒安北
臺起永寧寺七級佛圖高三百餘尺
基架博敞爲天下第一又於天宮寺
造釋迦文像高四十二尺用赤金十万
斤黃金六百斤又搆三級石佛圖高
十丈榱棟楣楹上下重結大小皆石
鎮固巧密爲京華壯觀

延興元年顯祖獻文禪位於太子僧
蓋一名宏即孝文也年五歲聰聖玄
覽窮神知幾既初踐位顯祖移御北
苑崇光宮繞習玄籍建鹿野佛圖於
苑中之西山去崇光右十里巖房禪
室僧居之

承明元年顯祖太上皇崩造建明寺
尔後建福度僧立寺非一

太和十六年下詔每年四月八日七
月十五日聽大州一百人爲僧尼中

州五十下州二十人著令以為常準

太和十九年帝幸徐州白塔寺顧諸王侍臣曰此寺近有名僧嵩法師者受成實論於羅什後授淵法師淵又授登紀二法師朕每翫成實可以釋人深情故至此寺道登雅有義業高祖眷賞恒侍講論於禁內及卒帝悼惜施帛千疋設一切僧齋京城七日行道下詔曰朕師登法師奄至徂背痛怛摧慟不能已已比藥治慎喪未容即赴便准師義哭諸門外緇素榮之西域沙門跋陁者有深道業帝所敬重詔於少室山陰立少林寺以居之公給衣供

二十一年五月詔曰羅什法師可謂神出五才志入四行者也今常住寺猶有遺蹤欽悅循迹情深遐迩可於舊堂所為建三級佛圖又見逼昏虐為道殄軀既暫同俗礼應有子胤可推訪以聞當加叙接先是立監福曹又改為昭玄備有官屬以斷僧務即如今同文寺崇玄署是也高祖時知名沙門有道順慧覺僧意慧紀僧範

道辯慧度智誕僧顯僧義僧利並以義行重焉

有魏孝文聖天子也五歲受禪十歲服冕太和十八年遷都於洛二十年改姓為元氏文章百篇冠絕終古初登詔誥假手有司太和已後並自運筆前後諸帝不能及之如僧行篇所下詔也

世宗即位下詔曰緇素既殊法律亦異故道教彰於互顯禁勸各有所宜其僧犯煞人已上罪者依俗格斷餘犯悉付昭玄以內律僧制判之

永平元年詔遣沙門慧生使西域採經律涉七載正光三年冬還所獲經論一百七十部景明初世宗詔大長秋卿准代京靈巖寺石窟於洛南伊闕山為高祖文昭皇太后營石窟二所去地三百一十尺後以斬山太高費功難就奏移就下平去地一百尺南北一百四十尺永平中為世宗造石窟一凡三所從景明元年至正光四年二十四載方成用功八十万二千三百六十六

肅宗熙平中於城內起永寧寺靈太后親率百僚表基立剎塔有九層高四十餘丈費用不可勝計景明寺塔亦其亞也尒後官私寺塔其數甚衆神龜元年司空尚書令任城王澄奏寺塔漸多妨民居事略云如來闡教多約山林今此僧徒戀眷城市豈湫隘是經行所宜浮諠是栖禪之地當由利引其心莫能自止且住者既失其真造者或損其福乃釋氏之糟糠法門之社鼠內戒所不容王典所宜弃矣奏可未幾天下喪乱加以河陰之禍朝士死者復捨其家為寺禁令不復行焉興和二年詔以鄴城舊宮為天平寺世宗已來至武定末沙門知名者有慧猛慧辯慧深僧暹道銀僧獻道晞僧深慧光慧顯法榮道長並見重道俗自魏有天下至於禪讓佛經流通大集中國凡四百一十五部合一千九百一十九卷正光已後天下多虞王役尤甚於是所在編戶相從入道假慕沙門實避調役猥濫之極自中國有佛法未之有也略計僧尼二百

餘万其寺三万有餘流轝不歸一至於此識者所以太息矣

道家之原出於老子其自言也先天地生以資万類上處王京為神王之宗下在紫微為飛仙之主千變万化有德不德隨感應物厥迹无常授軒轅於峨嵋教帝嚳於牧德大禹聞長生之决尹喜受道德之旨至於丹書紫字昇玄飛步之經玉石金光妙有靈洞之說不可勝紀其為教也咸蠲去邪累澡雪心神積行樹功累德增善乃至白日昇天長生世上是以秦皇漢武甘心不息勞心竭事所在追求終莫之致退恨於後故有欒大徐氏之誅然其道惑人効學非一靈帝置華蓋於濯龍設壇場而為礼及張陵受道於鵠鳴因傳天宮章本千有二百弟子相授其事行齋祠跪拜各有成法於是三元九府百二十官一切諸神咸所綂攝又稱劫數頗竊佛經及其切終稱天地俱壞其書多有禁秘非其徒不得輒覽至於化金銷玉行符勑水奇方妙術万等千條

上云羽化飛天次稱消灾滅禍故好異者往往而尊事之初文帝入竇於晉從者云登仙伊闕太祖好老子之言誦詠不倦天興中儀曹郎董謐上服食仙經數十篇乃置仙人博士立仙坊煮練百藥封西山以供其薪蒸令死罪者服之多死无驗太祖猶特脩焉太醫周澹苦其煎採之役欲廢其事陰令妻貨仙人博士張曜妾得曜隱罪曜懼死因請自辟穀太祖許之給曜資用為造靜堂於苑中給洒掃民二家而練藥之官仍為不息久之太祖意少懈乃止

世祖時道士寇謙之字輔真南雍州刺史讚之弟也早好仙道脩張魯之術服食餌藥歷年无効有仙人成公興傭作謙家後謙之筭七曜惘然不了興曰何為不釋謙之曰我學筭累年近筭周髀不合興令依言布之俄尒便決謙嘆伏欲師事興固辭求為謙之弟子未幾與入華山居石室興採藥與謙服不復飢又共入嵩高山石室曰當有人將藥來得但食莫疑

尋有人將藥至皆是毒虫臭物謙之懼走興還具問便歎息曰先生未仙正可為帝王師耳興事謙七年便曰不得久留明中應去至期果卒見兩童子一持法服一持錫杖及鉢至興尸所興欻然而起著衣持鉢執杖而去

謙之守志嵩岳以神瑞二年十月遇大神乘雲駕龍導從百靈集於山頂稱太上老君謂謙之曰自天師張陵去世已来地上曠職上谷寇謙之文身直理吾故授汝天師之位賜汝雲中新科二十卷自開闢已来不傳於世汝宣吾新科清整道教除去三張偽法租米錢稅及男女合氣之術大道清虛寧有斯事專以礼度為首加之以服食閉練使玉女九疑十二人授謙導引口訣遂得辟穀氣盛顏色鮮麗弟子十餘人皆得其術

太常八年十月有牧土上師李普文来嵩岳云老君之玄孫也昔居代郡桒乾漢武時得道為牧土宮主領治三十六土人鬼之政地方十八万里

其中為方万里者有三百六十方遣弟子云嵩岳所統廣漢方万里以授謙之作誥云云録圖六十卷真經付汝輔佐北方泰平真君出天宮靜輪之法能興造克就則起登真仙矣

又云地上生民末刼垂及行教甚難男女立壇宇朝夕礼拜云云

又云二儀之間有三十六天天別三十六宮宮有一主其赤松王喬韓終張安世劉根張陵近世仙者並為翼從命謙之典羣仙為支

又云佛者昔於西胡得道在三十二天為延真宮主勇猛苦教故其弟子皆髡形染衣斷絶人道天上衣服悉然始光年中初奉其書獻之世祖乃令謙之止於張曜辟穀之所供其食物朝野聞之若存若亡未全信也崔浩獨異其言因師事之受其法術上䟽賛明其事曰臣聞聖王受命則有天應而河洛圖書寄言於虫獸之文未若今日人神接對手筆粲然辞旨深妙自古无此昔漢高英聖四皓

猶或耻之不為屈節今清德隱仙不召自至斯誠陛下侔蹤軒黃應天之符也豈可以世俗常談而忽上靈之命臣竊懼之世祖欣然時年九歳乃使謁者奉玉帛牲牢祭嵩岳迎致其餘弟子在山中者於是崇奉天師立道壇顯揚新法布告天下道業大行浩事天師甚謹拜礼人或譏之

于時中岳道士三十餘人至起天師道場京之東南重壇五層依新經制度給道士百二十人衣食齋肅祈請六時月設厨會數千人

謙之奏曰陛下以真君御世建靜輪天宮開古未有應登受符書以彰聖德世祖從之至道壇受符録備法駕旗幟盡青以從道家之色也自後諸帝即位皆如之恭宗見謙之奏造靜輪天宮必令高不聞雞犬聲與上天神交接功役万計經年不成乃言於世祖曰人天道殊甲高定分今謙之欲要以无成之期說不然之事財力費損百姓疲勞无乃不可乎必如其言未若因東山万刃之崖為功差易

帝深然之但為崔浩賛成難違其意沉吟久之曰吾亦知其无成事既尒何惜五三百功真君九年謙之卒葬以道士之礼諸弟子以為尸解變化而去靜輪天宮竟不成便止

時京兆韋文秀隱中岳世祖徵問方士金丹事對曰神道幽昧變化難測可以闇遇難以預期臣昔受於先師未之為也世祖重其豪族温雅遣與尚書崔賾詣王屋山合丹竟不成

時方士至者前後數十人皆出名行

河東祁纖好相人世祖賢之拜纖上大夫

潁陽絳略聞喜吴劭導引養精年百餘歳神氣不衰恒農閻平仙博覽百家不能達意然辞對可録帝授官固辞

扶風魯祈遭赫連虐避地寒山教授數百人好方術少嗜慾

河東羅崇之餌松脂不食五穀云受道中條山有穴通崐崘蓬莱得見仙人往来帝令還鄉立壇祈請詔河東給所須崇入穴百步遂窮名還有司以誣罔不道奏罪之世祖赦之以

開待賢之意
東萊王道翼隱韓信山四十餘年斷粟食麦通經章符録不交時俗顯祖令青州刺史召赴都仍守本操遂令僧曹給衣食終身太和十五年詔曰夫至道无形虛寂為主自有漢已後置立壇祠先朝以其至順可歸為立寺宇昔京城之內居舍尚希今者里宅櫛比人神猥湊非所以祗崇至法清敬神道可移於都南桒乾之陰岳山之陽永置其所給戶五十以供齋祀之用仍名為崇虛寺可召諸州隱士員滿九十人遷洛移鄴踵如故事其道壇在南郊方二百步以正月七日七月七日十月五日壇主道士哥人一百六十人以行拜祠之礼諸道士罕能精至又无才術可高武定六年有司執罷之河東張遠遊河間趙靜通等齋文襄王別置館京師重其道術而礼接焉
余撿天師寇謙之叙陳太上老君所言同夫蓬萊之居海下崑崙之飛浮天上也

又云三十六土万里為方三百六十等何異張角之三十六方乎案後漢皇甫嵩傳云鉅鹿張角自稱大賢郎師奉事黃老行張陵之術用符水呪法以治百病遣弟子八人使於四方行化道法轉相誑惑十餘年間衆數十万自青徐幽冀荊揚兖豫八州之民莫不必應遂置三十六方方猶將軍之号也大方万餘人小方六千人訛言蒼天死黃天當立歲在甲子天下大吉以白土書京邑寺門作甲子字中平元年三月五日內外俱起皆著道士黃服戴黃巾或煞人祠天于時賊徒數十万衆初起潁川作乱天下並為皇甫嵩討滅餘燼不滅今猶服之

齊書述佛志　著作王劭

邵曰釋氏非管窺所及率尒妄言之又引列御寇書述商太宰問孔子聖人事又黃帝夢遊華胥氏之國華胥氏之國在佛神遊而已此之所言疑歸於佛石符姚世經譯遂廣善欲柔伏人心故多寓言以方便不知是何

神怯浩蕩之甚乎其說人身善惡世事因緣以慈悲喜捨常樂我淨書辯至精明如日月非正覺孰能證之凡在順首莫不歸命達人則慎其身口脩其慧定平等解脫究竟菩提及僻者為之不能通理徒務費竭財力功利煩濁猶六經皆有所失末之深也已矣

廣弘明集卷第二

廣弘明集卷第二

校勘記

一 底本，金藏廣勝寺本。

一 九四八頁中二行撰者，資、磧、普作「唐終南山釋氏」；南作「唐終南山釋氏道宣撰」；徑作「唐終南山釋道宣集」；清作「唐終南山釋道宣撰」。卷第三同。

一 九四八頁中四行首字至五行末字「元……邵」，徑無。

一 九四八頁中四行「志 齊著作魏收」，清作「志八」。又「魏收」，資、磧、普、南作「魏牧」。

一 九四八頁中五行「志 隋著作王邵」，清作「志九」。

一 九四八頁中六行「魏書」，徑無；清作「元魏書」。又第五字「志」，資、磧、普、南、清作「志八」。又「齊著作魏收」，資、普作「齊魏牧」；磧、南作「齊著作魏牧」；徑作夾註「出魏書」。

一 九四八頁中八行「所紀」，資、磧、普、南、徑、清作「所絶」。

一 九四八頁中一一行「昆邪王」，資作「琨瑘玉」；磧、普作「琨瑘王」；南作「琅瑘王」。

一 九四八頁中一二行「大神」，資、磧、普、南、徑、清作「天神」。

一 九四八頁中一四行第四字「開」，資、磧、普作「關」。

一 九四八頁下六行「刼藻」，資、磧、普、南、徑、清作「形澡」。

一 九四八頁下一四行首字「人」，資、磧、普、南、徑、清無。

一 九四八頁下末行「本號」，資、磧、普、南、徑、清作「本師」。

一 九四九頁中三行首字「大」，南作「太」。

一 九四九頁中七行「微言」，南作「徵言」。

一 九四九頁中八行末字「性」，磧、普、南、徑、清作「性識」。

一 九四九頁中一三行「魏先」，資、磧、普、南、徑、清作「魏先王」。

一 九四九頁中一九行「氈罽」，資、磧、普、南、徑、清作「氈毯」。

一 九四九頁下八行「統綰」，資、磧、普、南、徑、清作「爲統綰」。

一 九四九頁下一三行「太常」，資、磧、普、南、清作「大常」。

一 九四九頁下一六行夾註左「不載」，資、磧、普、南、清作「不載也」。

一 九四九頁下末行「人城」，諸本（不含石，下同）作「入城」。

一 九五〇頁上三行「屈局」，資、磧、普、南、徑、清作「屈弖」。五行同。

一 九五〇頁上一〇行「愈鮮白世號」，資、磧、普、南、徑、清作「踰鮮白世號曰」。

一 九五〇頁上一五行第二字「家」，諸本作「家」。

一 九五〇頁上一九行「清静」，資、磧、普、南、徑、清作「清淨」。

一 九五〇頁上二一行第二字「與」，資、磧、普、南、徑、清作「每與」。

一 九五〇頁上二二行「於杳」，普、南、徑、清作「於沓」。

一 九五〇頁上末行第二字「閞」，資、磧、普、南、徑、清作「關」。

一 九五〇頁中一行第二字「馬」，麗作「焉」。

一 九五〇頁中二行「弓矢」，磧作「弓天」。

一 九五〇頁中一〇行「頻表」，資、磧、普、南作「頴表」。

一 九五〇頁下八行第一二字「無」，資、磧、普、南、徑、清作「無論」。

一 九五〇頁下一一行「亡匿」，資、磧、普、南、清作「士匿」。

一 九五〇頁下一七行首字「結」。諸本作「浩」。

一 九五〇頁下一八行「追悔」，資、磧、普、南、徑、清作「追悔者」。

一 九五〇頁下二一行「同從」，資、磧、普、南、清作「同徒」；徑作「之同徒」。

一 九五〇頁下二二行首字「謙」，徑作「謙之」。又第四字「即」，諸本無。又「年壽」，資、磧、普、南、徑、清作「年受戮」。

一 九五〇頁下末行末字「頍」，諸本作「頗」。

一 九五一頁上一行第四字「業」，資、磧、普、南、徑、清作「事」。

一 九五一頁上二行「法令」，磧作「法今」。又「寬弛」，資、磧、普、南、徑、清作「寬施」。

一 九五一頁上八行「般若」，資、磧、普、南、徑、清作「般若經」。

一 九五一頁上末行「比干」，麗作「比于」。又「辛炮」，資、磧、普、南、徑、清作「辛立炮」。

一 九五一頁中一行「酒池」，資、磧、普、南、徑、清作「設酒池」。

一 九五一頁中五行第六字「沿」，資、磧、普、南、徑、清作「降」。

一 九五一頁中一一行第六字「玆」，磧作「慈」。

一 九五一頁中一七行「密讒」，資、磧、普、南、徑、清作「遂密讒」。

一 九五一頁中二一行「帝又」，資、磧、普、南、徑、清作「又帝」。

一 九五一頁下二行「宜定」，資、磧、普、南、徑、清作「宜從」。

一 九五一頁下六行「嗣理」，資、磧、普、南、徑、清作「副理」。

一 九五一頁下一〇行末字「物」，資、磧、普、南、徑、清作「勿」。

一 九五一頁下一二行「平城」，徑作「平域」。

一 九五一頁下一五行「奔赴」，資、磧、普、南、清作「崩赴」。

一 九五二頁上三行「万國」，麗作「方國」。

一 九五二頁上四行「魏北」，資、磧、普、南、徑、清作「北魏」。

一 九五二頁上一〇行「雖在」，資、磧、普、南、徑、清作「雖存」。

一 九五二頁上一一行「風烈」，資、磧、普作「風列」。

一 九五二頁上二二行「毀疊」，諸本

作「瑕釁」。

一　九五二頁中六行「五十」，資、磧、普、南、徑、清作「五十人」。次頁上一行同。

一　九五二頁中二二行「榔北」，資、磧、普、南、徑、清作「於北」；麗作「榔比」。

一　九五二頁下七行「孝文」，資、磧、普、南作「孝孝」；徑、清作「孝武」。

一　九五二頁下一〇行「四十二」，諸本作「四十三」。

一　九五二頁下一九行第二字「僧」，諸本作「禪僧」。

一　九五二頁下二〇行「太上皇」，麗作「大上皇」。

一　九五三頁上一行末字「准」，磧作「唯」。上一一行第六字磧、南同。

一　九五三頁上一二行「西城」，諸本作「西域」。

一　九五三頁上一七行「猶有」，資、磧、普、南、徑、清作「獨有」。又「循迹」，資、磧、普、南、徑、清作「修迹」。

一　九五三頁上一九行第三字「弥」，資、麗作「珎」。

一　九五三頁中二一行「一凡」，資、磧、普、南、徑、清無。

一　九五三頁中二二行「用功」，資、磧、普、南、徑、清作「用工」。

一　九五三頁下一六行「道銀」，資、磧、普、南、徑、清作「道欽」。

一　九五四頁上八行「之决」，徑、清作「之訣」。

一　九五四頁上一五行第八字「人」，資、磧、普、南、徑、清作「於人」。

一　九五四頁中六行「煑練」，徑作「煮鍊」。

一　九五四頁中一〇行「自辭」，諸本作「自辟」。

一　九五四頁中一二行「仍爲」，資、磧、普、南、徑、清作「乃爲」。

一　九五四頁中一三行「太祖」，資、普、作「木祖」。

一　九五四頁中一五行第六字「也」，資、磧、普、南、徑、清無。

一　九五四頁中一九行「近筭周髀」，麗作「延筭周體」。

一　九五四頁中二一行「與入」，麗作「興」。

一　九五四頁下三行首字「正」，麗作「止」。

一　九五四頁下一二行第六字「授」，資、磧、普、南作「教授」。

一　九五四頁下二二行「漢武」，資、磧、普、南、徑、清作「漢武帝」。

一　九五五頁下三行「功真君」，資、磧、普、南、清作「工真君」；徑作「工真元」。

一　九五五頁下七行「神道」，資、磧、普、南、徑、清作「神通」。

一　九五五頁下一四行首字「頻」，麗作「穎」。

一　九五五頁下二〇行「倏山有穴通」，資、磧、普、南作「修山有穴道」；徑、清作「倏山有穴道」。

一　九五六頁上一六行「哥人」，資、磧、普、南、徑、清作「高人」；麗作「歌人」。

一　九五六頁上一八行「司執」，資、磧、普、南、徑、清作「司報」。

一　九五六頁上一九行第六字「𪗋」，諸本作「齊」。

一　九五六頁中三行第八字「張」，磧無。

一　九五六頁中一五行第一三字「熸」，資、磧、普、南、徑、清作「潛」。

一　九五六頁中一七行「齊書」，徑無；清作「高齊書」。又「佛志」，資、磧、普、南、清作「佛志第九」；徑作「佛志」并夾註「出齊書」。又「著作」，資、磧、普、南、清作「隋著作」；徑作「隋」。

一　九五六頁下一行第一一字「身」，資、磧、普、南、徑、清作「身心」。

一　九五六頁下四行「順首」，資、磧、普、南、徑、清作「黔首」。

趙城縣廣勝寺

廣弘明集卷第三　典

大唐西明寺沙門釋道宣撰

歸正篇第一之三

遂古篇　梁侍中江淹

歸心篇　北齊光禄顔之推

七録序　梁處士阮孝緒

遂古篇　梁侍中江淹

僕嘗為造化篇以學古制今觸類而廣之復有此文兼象天問以遊思云爾

聞之遂古大火然兮水亦溟涬無涯边兮女媧練石補蒼天兮共工所觸不周山兮河洛交戰寧深淵兮黄炎共鬬涿鹿川兮女妓九子為民先兮蚩尤鑄兵幾千年兮十日並出堯之閒兮羿迺斃日事豈然兮常娥奔月誰所傳兮豐隆騎雲為靈仙兮夏開乘龍何因緣兮傅說託星安得宣兮夸父鄧林義亦艱兮尋木千里烏易論兮穆王周流往復旋兮河宗王母可與言兮青鳥所解露誠亶兮五色玉石出西偏兮崐崘之墟海北閒兮去彼宗周万二千兮山經古書乱編篇

兮郭釋有兩未精堅兮上有罡氣道家言兮日月五星皆虛懸兮倒景去地出雲烟兮九地之下如有天兮土伯九約寧若先兮西方蓐收司金門兮北極禺强為常存兮帝之二女遊湘沅兮霄明燭光尚焜煌兮太一司命鬼之元兮山鬼國殤為遊魂兮迦維羅衛道最尊兮黄金之身誰能原兮恒星不見頗可論兮其說彬炳多聖言兮六合之内理常渾兮幽明詭怪令智惛兮河圖洛書為信然兮孔甲豢龍古共傳兮禹時防風處隅山兮春秋長狄生何邊兮臨洮所見又何緣兮蓬萊之水淺於前兮東海之波為桑田兮山崩邑淪寧幾千兮石生土長必積年兮漢鑿昆明灰炭全兮魏開濟渠螺蚌堅兮白日再中誰使然兮北斗不見藏何間兮建章鳳闕神光連兮未央鍾虡生花鮮兮銅為兵器秦之前兮丈夫衣綵六國先兮周時女子出世間兮班君絲履遊太山兮人鬼之際有隱淪兮四海之外孰方圓兮淼沮肅愼東北邊兮長

臂兩面亦乘船兮東南倭國皆文身兮其外黒齒次裸民兮侏儒三尺並為隣兮西北丁零又烏孫兮車師月支種類繁兮馬蹄之國善騰奔兮西南烏弋及罽賓兮天竺于闐皆胡人兮條支安息西海濵兮人迹所極至大秦兮珊瑚明珠銅金銀兮琉璃馬腦来雜陳兮車渠水精莫非真兮雄黄雌石出山垠兮青白蓮花被水濵兮宮殿樓觀並七珎兮窮陸溟海又有民兮長股深目豈君臣兮丈夫女子及三身兮結胷反舌一臂人兮跂踵交脛與羽民兮不死之國皆何因兮茫茫造化理難循兮聖者不測況庸倫兮筆墨之暇為此文兮薄蔡雷電聊以忘憂又示君兮　梁典云江淹位登金紫初淹年六歲能屬文為詩最長有遠識愛奇尚年二十以五經授宋諸王待以客礼初年十三而孤貧採薪養母以孝聞及梁朝六遷侍中夢郭璞索五色筆淹與之自是為文不工人謂其才盡然以不得志故也有集十卷深信天竺緣果之文

余撿其行事與傳同焉綴述佛理不多録其別篇知明貴之雅志耳

家訓歸心篇　北齊光祿顔之推

三世之事信而有徵家業歸心勿輕慢也其間妙恉具諸經論不復於此少能讚述但懼汝曹猶未牢固略重勸誘耳

源夫四塵五陰剖析形有六舟三駕運載群生万行歸空千門入善辯才智慧豈徒七經百氏之博哉明非堯舜周孔老莊之所及也内外兩教本為一體漸極為異深淺不同内典初門設五種之禁與外書（仁義禮智信）五常符同仁者不殺之禁也義者不盜之禁也礼者不邪之禁也智者不酒之禁也信者不妄之禁也至如畋狩軍旅醼饗刑罰因民之性不可猝除就為之節使不淫濫耳歸周孔而背釋宗何其迷也

俗之謗者大抵有五其一以世界外事及神化无方為迂誕也其二以吉凶禍福或未報應為欺誑也其三以僧尼行業多不精純為姦慝也其四

以糜費金寶減耗課役為損國也其五以縱有因緣而報善惡安能辛苦今日之甲利益後世之乙乎　為異人也今並釋之于下云

釋一曰夫遥大之物寧可度量今人所知莫若天地天為精氣日為陽精月為陰精星為万物之精儒家所安也星有墜落乃為石矣精若是石不可有光性又質重何所繫屬一星之徑大者百里一宿首尾相去數万百里之物數万相連闊狹縱斜常不盈縮又星與日月光色同耳但以大小為其等差然而日月又當石耶石既牢密烏兎焉容石在氣中豈能獨運日月星辰若皆是氣氣體輕浮當與天合往来環轉不得錯違其間遲疾理寧一等何故日月五星二十八宿各有度數移動不均寧當氣墮忽變為石地既滓濁法應沉厚鑿土得泉乃浮水上積水之下復有何物江河百谷從何處生東流到海何為不溢歸塘尾閭渫何所到沃焦之石何氣所然潮汐去還誰所節度天漢懸指

那不散落水性就下何故上騰天地初開便有星宿九州未劃列國未分翦疆區野若為躔次封建以来誰所制割國有增減星无進退災祥禍福就中不差懸象之大列星之數何為分野止繫中國昴為旄頭匈奴之次西胡東夷彫題交阯獨棄之乎以此而求迄無了者豈得以人事尋常抑必宇宙之外乎

凡人所信唯耳與目自此之外咸致疑焉儒家說天自有數義或渾或蓋乍穹乍安計極所周竟維所屬若所親見不容不同若所測量寧足依據何故信凡人之臆說疑大聖之妙旨而欲必无恒沙世界微塵數劫乎而鄒衍亦有九州之談山中人不信有魚大如木海上人不信有木大如魚漢武不信弦膠魏文不信火布胡人見錦不信有蟲食樹吐絲所成昔在江南不信有千人氈帳及来河北不信有二万石船皆實驗也世有祝師及諸幻術猶能履火蹈刃種瓜移井倏忽之間千變万化人力所為尚能

如此何妨神通感應不可思量千里寶幢百由旬座化成淨土踊出妙塔乎

釋二曰夫信謗之興有如影響耳聞眼見其事已多或乃精誠不深業緣未感時儻差闌終難獲報耳善惡之行禍福所歸九流百氏皆同此論豈獨釋典為虛妄乎項託顏回之短折伯夷原憲之凍餒盜跖莊蹻之福壽齊景桓魋之富強若引之先業冀以後生更為實耳如以行善而偶鍾禍報為惡而儻值福徵便可怨尤即為欺誑則亦堯舜之云虛周孔之不實也又安所依信而立身乎

釋三曰開闢已来不善人多而善人少何由悉責其精潔乎見有名僧高行棄而不說若覩凡僧流俗便生非毀且學者之不勤豈教者之為過俗僧之學經律何異士人之學詩礼詩礼之教格朝廷之士略无全行者經律之禁格出家之輩而獨責无犯哉且闕行之臣猶求祿位毀禁之侶何慚供養乎其於戒行自當有犯一被法服

已墮僧數歲中所計齋講誦持比諸白衣猶不啻山海也

釋四曰內教多途出家自是其一法耳若能誠孝在心仁惠為本須達流水不必剃落鬚髮豈令罄井田而起塔廟窮編戶以為僧尼也皆由為政不能節之遂使非法之寺妨民稼穡无業之僧空國賦算非大覺之本旨也抑又論之求道者身計也惜費者國謀也身計國謀不可兩遂誠臣徇主而棄親孝子安家而忘國各有行也儒有不屈王侯高尚其事隱有讓王辭相避世山林安可計其賦役以為罪人也若能皆化黔首悉入道場如妙樂之世禳佉之國則有自然稻米无盡寶藏安求田蠶之利乎

釋五曰形體雖死精神猶存人生在世望於後身似不連屬及其歿後則與前身猶老少朝夕耳世有魂神示見夢想或降僮妾或感妻孥求索飲食徵須福祐亦為不少矣今人貧賤疾苦莫不怨尤前世不修功德以此而論可不為之作地乎夫有子孫自

是天地間一蒼生耳何預身事而乃愛護遺以基趾況於巳之神爽頓欲棄之乎故兩跡得其一隅累代詠而弥光矣

凡夫朦蔽不見未来故言彼生與今生非一體耳若天眼鑒其念念隨滅生生不斷豈可不怖畏耶又君子處世貴能克巳復礼濟時益物治家者欲一家之慶治國者欲一國之良僕妾臣民與身竟何親也而為其勤苦脩德乎亦是堯舜周孔虛失愉樂一人脩道濟度幾許蒼生免脫幾身罪累幸熟思之

人生居世須存顧俗計樹立門戶不得悉棄妻子一皆出家但當兼脩行業留心讀誦以為来世資糧人身難得勿虛過也

七錄序　梁處士阮孝緒

日月貞明匪光景不能垂照嵩華載育非風雲无以懸感大聖挺生應期命世所以匡濟風俗矯正彝倫非夫丘索墳典詩書礼樂何以成穆穆之功致蕩蕩之化也哉故鴻荒道喪帝

昊興其文畫結繩義隱皇頡肇其文字自斯以往沿襲異宜功成治定各有方冊正宗既殄樂崩礼壞先聖之法有若綴旒故仲尼歎曰大道之行也與三代之英丘未逮也而有志焉夫有志以為古文猶好也故自衛反魯始立素王於是刪詩書定礼樂列五始於春秋興十翼於易道夫子既亡微言殆絕七十並喪大義遂乖逮乎戰國俗殊政異百家競起九流互作嬴正疾之故有坑焚之禍至漢惠四年始除挾書之律其後外有太常太史博士之藏內有延閣廣內秘室之府開獻書之路置寫書之官至孝成之世頗有亡逸乃使謁者陳農求遺書於天下光祿大夫劉向及子俊歆等讎校篇籍每一篇巳輒錄而奏之會向亡哀帝使歆嗣其前業乃徙溫室中書於天祿閣上歆遂總括群篇奏其七略及後漢蘭臺猶為書部又於東觀及仁壽閣撰集新記校書郎班固傅毅並典秘籍固乃因七略之辭為漢書藝文志其後有著述

者袁山松亦錄在其書魏晉之世文籍逾廣皆藏在秘書中外三閣魏秘書郎鄭默刪定舊文時之論者謂為朱紫有別晉領秘書監荀勗因魏中經更著新簿雖分為十有餘卷而總以四部別之惠懷之乱其書略盡江左草創十不一存後雖鳩集淆乱以甚及著作佐郎李充始加刪正因荀勗舊簿四部之法而換其乙丙之書沒略眾篇之名總以甲乙為次自時厥後世相祖述宋秘書監謝靈運丞王儉齊秘書丞王亮監謝朏等並有新進更撰目錄為七志其中朝遺書收集稍廣然所亡者猶太半焉齊末兵火延及秘閣有梁之初缺亡甚眾爰命秘書監任昉躬加部集又於文德殿內別藏眾書使學士劉孝標等重加校進乃分數術之文更為一部使奉朝請祖暅撰其名錄其尚書閣內別藏經史雜書華林園又集釋氏經論自江左篇章之盛未有踰於當今者也孝緒少愛墳籍長而弗倦卧病閑居傍无塵雜晨光纔啓

緗囊已散宵漏既分綠袠方擁猶不能窮究流略探盡秘奧每披錄內省多有缺然其遺隱記頗好搜集凡自宋齊以來王公搢紳之舘苟若蓄聚墳籍必思致其名簿凡在所遇若見若聞挍之官目多所遺漏遂捴集衆家更為新錄其方內經記至于術技合為五錄謂之內篇方外佛道各為一錄謂之外篇凡為錄有七故名七錄昔馬子長記數千年事先哲懸其勤雖復稱為良史猶有摺拾之責況捴括群書四万餘卷皆討論研覈標判宗旨才愧疎通學慙博達靡班嗣之賜書微黃香之東觀儻欲尋檢內寡卷軸如有疑滯傍無沃啓其為紕繆不亦多乎將恐後之罪予者豈不在於斯錄如有刊正請俟君子昔劉向挍書輙為一錄論其指歸辯其訛謬隨竟奏上皆載在本書時又別集衆錄謂之別錄即今之別錄是也子歆探其指要著為七略其一篇即六篇之捴最故以輯略為名次六藝略次諸子略次詩賦略次兵書略次數術略

次方技略王儉七志改六藝為經典次諸子次詩賦為文翰次兵為軍書次數術為陰陽次方技為術藝以向歆雖云七略實有六條故立圖譜一志以全七限其外又條七略及漢藝文志中經簿所闕之書并方外之經佛經道經各為一錄雖繼七志之後而不在其數今所撰七錄斟酌王劉王以六藝之稱不足標榜經目改為經典今則從之故序經典錄為內篇第一劉王並以衆史合于春秋劉氏之世史書甚寡附見春秋誠得其例今衆家記傳倍於經典猶從此志實為繁蕪且七略詩賦不從六藝詩部蓋由其書既多所以別為一略今依擬斯例分出衆史序記傳錄為內篇第二諸子之稱劉王並同又劉有兵書略王以兵字淺薄軍言深廣故改兵為軍竊謂古有兵革兵戎治兵用兵之言斯則武事之捴名也所以還改軍從兵兵書既少不足別錄今附于子捴以子兵為稱故序子兵錄為內篇第三王以詩賦之名不兼餘制故改

為文翰竊以頃世文詞捴謂之集變翰為集於名尤顯故序文集錄為內篇第四王以數術之稱有繁雜之嫌故改為陰陽方技之言事无典據又改為藝術竊以陰陽偏有所繫不如數術之該通術藝則濫六藝與數術不逮方技之要顯故還依劉氏各守本名但房中神仙既入仙道醫經經方不足別創故合術技之稱以名一錄為內篇第五王氏圖譜一志劉略所无劉數術中雖有歷譜而與今譜有異竊以圖畫之篇宜從所圖為部故隨其名題各附本錄譜既注記之類宜與史體相參故載于記傳之末自斯以上皆內篇也

釋氏之教實被中土講說諷味方軌孔籍王氏雖載于篇而不在志限即理求事未是所安故序佛法錄為外篇第一仙道之書由來尚矣劉氏神仙陳於方技之末王氏道經書於七志之外今合序仙道錄為外篇第二王既先道而後佛今則先佛而後道蓋所宗有不同亦由其教有淺深也凡

內外二篇合為七録天下之遺書秘記庶幾窮於是矣

有梁普通四年歲惟單閼仲春十有七日於建康禁中里宅始述此書通人平原劉杳從余遊因説其事杳有志積久未獲操筆聞余已先著鞭欣然會意凡所抄集盡以相與廣其聞見實有力焉斯亦康成之於傳釋盡歸子順之書也

古今書録

七略書三十八種六百三家一万三千二百一十九卷

五百七十二家亡三十一家存

漢書藝文志書三十八種五百九十六家一万三千三百六十九卷

五百五十二家亡　四十四家存

袁山松後漢藝文志書

八十七家亡

晉中經簿四部書一千八百八十五部二万九百三十五卷

其中十六卷佛經書簿少二卷不詳所載多少

一千一百一十九部亡

七百六十六部存

晉元帝書目四部三百五帙三千一十四卷

晉義熙四年秘閣四部目録

宋元嘉八年秘閣四部目録一千五百六十四帙一万四千五百八十二卷（五十五帙四百三十八卷佛經也）

宋元徽元年秘閣四部書目録二千二十帙一万五千七十四卷

齊永明元年秘閣四部目録五千新足合二千三百三十二帙一万八千一十卷

梁天監四年文德正御四部及術數書目録合二千九百六十八帙二万三千一百六卷（秘書丞殷鈞撰秘閣四部書少於文德書故不録其數也）

新集七録內外篇圖書凡五十五部六千二百八十八種八千五百四十七帙四万四千五百二十六卷（六千七十八種八千二百八十四帙四万三千六百二十四卷經書二百三種二百六十三帙八百七十九卷圖符）

內篇五録四十六部三千四百五十三種五千四百九十三帙三万

七千九百八十三卷（三千三百一十八種五千五百六帙三万七千一百八卷經書一万三十五種一百八十七帙七百七十五卷圖也）

外篇二録九部二千八百三十五種三千五十四帙六千五百三十八卷（二千七百五十九種二千九百七十八帙六千四百三十四卷經書七十八帙一百四卷符）

七録目録　經典録　內篇一

易部本四種九十六帙五百九十卷

尚書部二十七種二十八帙一百九十卷

詩部五十二種六十一帙三百九十八卷

禮部一百四十種二百一十一帙一千五百七十卷

樂部五種五帙二十五卷

春秋部一百一十一種一百三十九帙一千一百五十三卷

論語部五十一種五十二帙四百一十六卷

孝經部五十九種五十九帙一百四十四卷

小學部七十二種七十二帙三百一十三卷

右九部五百九十一種七百一十帙四千七百一卷

記傳錄　內篇二

國史部二百一十六種五百九帙四千五百九十六卷

注歷部五十九種一百六十七帙一千二百二十一卷

舊事部八十七種一百二十七帙一千三十八卷

職官部八十一種一百四帙八百一卷

儀典部八十種二百五十帙二千二百五十六卷

法制部四十七種九十五帙八百八十六卷

僞史部二十六種二十七帙一百六十一卷

雜傳部二百四十　一種二百八十九帙一千四百四十六卷

鬼神部二十九種三十四帙二百五卷

土地部七十三種一百七十一帙八百六十九卷

譜狀部四十三種四百二十三帙一千六十四卷

簿錄部三十六種六十二帙三百四十八卷

右十二部一千二十種二千二百四十八帙一万四千八百八十八卷

子兵錄．　內篇三

儒部六十六種七十五帙六百三十卷

道部六十九種七十六帙四百三十一卷

陰陽部一種一帙一卷

法部十三種十五帙一百一十八卷

名部九種九帙二十三　卷

墨部四種四帙一十九卷

縱橫部二種二帙五卷

雜部五十七種二百九十七帙二千三百三十八卷

農部一種一帙三卷

小說部十種十二帙六十三卷

兵部五十八種六十一帙二百四十五卷

右一十一部二百九十種五百五十帙三千八百九十四卷

文集錄　內篇四

楚辞部五種五帙二十七卷

別集部七百六十八種八百五十八帙六千四百九十七卷

揔集部十六種六十四帙六百四十九卷

雜文部二百七十三種四百五十一帙三千五百八十七卷

右四部一千四十二種一千三百七十五帙一万七百五十五卷

術技錄　內篇五

天文部四十九種六十七帙五百二十八卷

緯讖部三十二種四十七帙二百五十四卷

曆筭部五十種五十帙二百一十九卷

五行部八十四種九十三帙六百一十五卷

卜筮部五十種六十帙三百九十卷

雜占部十七種十七帙四十五卷

刑法部四十七種六十一帙三百七卷

醫經部八種八帙五十卷

經方部一百四十種一百八十帙一
千二百五十九卷
雜藝部十五種十八帙六十六卷
右十部五百五種六百六帙三千七
百三十六卷
佛法錄 三卷　外篇一
戒律部七十一種八十八帙三百
三十九卷
禪定部一百四種一百八帙一百
七十六卷
智慧部二千七十七種二千一百
九十帙三千六百七十七卷
疑似部四十六種四十六帙六十卷
論記部一百一十二種一百六十
四帙一千一百五十八卷
右五部二千四百一十種二千五百
九十五帙五千四百卷
仙道錄　外篇二
經戒部二百九十種三百一十八
帙八百二十八卷
服餌部四十八種五十二帙一百
六十七卷
房中部十三種十三帙三十八卷

符圖部七十種七十六帙一百三卷
右四部四百二十五種四百五十九
帙一千一百三十八卷
文字集略一帙三卷 序錄一卷
正史刪繁十四帙一百三十五卷 序錄一卷
高隱傳一帙十卷 序例一卷
古今世代錄一帙七卷
七錄一帙一十一卷
雜文一帙十卷
聲緯一帙十卷
右七種二十一帙一百八十一卷阮孝
緒撰不足編諸前錄而載於此
孝緒陳留人宋中領軍歆之曾孫祖
慧真臨賀太守父彥太尉從事中郎
孝緒年十三略通五經大義隨父為
湘州行事不書南紙以成父之清年
十六丁艱終喪不服綿纊雖蔬食有
味即吐之在鍾山聽講母王氏忽有
疾孝緒於講座心驚而反合藥須生
人蔘自採於鍾山高嶺經日不值忽
有鹿在前行心怪之至鹿息處果
有人蔘母疾即愈齊尚書令王晏通
家權貴來候之傳呼甚寵孝緒惡

之穿籬而逃晏有所遺拒而不納嘗
食醬而美問之乃王家所送遂命覆
醢及晏被誅以非黨獲免常以鹿林
為精舍環以林池杜絕交好少得見者
御史中丞任昉欲造之而不敢進睨
鹿林謂其兄履曰其室則邇其人甚
遠太中大夫殷芸贈以詩任昉止之
曰趣舍苟異何用相干於是朝貴絕
於造請惟與裴貞子為交 貞子即子野之諡
天監十二年秘書監傅昭薦焉並不
到天子以為苟立虛名以要顯譽自
是不復徵聘故何瀩孝緒並得遂其
高志南平元襄謂履曰昔君大父舉
不以來遊取累賢弟獨執其志何也
孝緒曰若麏麚盡可縶取何以異夫
騄驥哉王作二闕及性情義並以示
之請為潤色世祖著忠臣傳集釋氏
碑銘丹陽尹錄妍神記並先簡居士
然後施行鄱陽忠烈王孝緒姊夫也
及諸子歲時致饋一无所受嘗自筮
死期云與劉著作同年是秋劉杳卒
孝緒睨曰吾其幾何數旬果亡年五
十八皇太子遣使弔祭賵贈甚渥子

廣弘明集卷第三　第二十四張　典字号

恕道述先志固辭不受門人謚曰文貞處士

孝緒博極羣書無一不善精力强記學者所宗著七録削繁蕪諸書一百八十一卷並行於世編次佛道以為方外之篇起於此矣

廣弘明集卷第三

廣弘明集卷第三

校勘記

一　底本，金藏廣勝寺本。九六一頁中原版殘，以麗藏本換。

一　九六一頁中四行至六行「遂古篇……阮孝緒」，徑無。

一　九六一頁中四行「遂古篇」，清作「遂古篇十」。七行同。

一　九六一頁中五行「歸心篇」，清作「家訓歸心篇十一」。

一　九六一頁中六行「七録序」，清作「七録序十二」。

一　九六一頁中七行「遂古篇」，資、磧、普、南作「遂古篇第十」；徑作「遂古篇　并序」。同行「侍中」，徑無。

一　九六一頁中一〇行末字「辺」，資、磧、普、南、徑、清作「邊」。

一　九六一頁中一一行「練石」，徑作「煉石」。

一　九六一頁中一三行「爲民」，資、磧、普、南、徑、清作「爲氏」。

一　九六一頁中二〇行末字「玉」，南作「王」。

一　九六一頁中二一行「北間」，資、磧、普、南、徑、清作「此間」。

一　九六一頁下五行「之二」，麗作「之一」。

一　九六一頁下六行「湘沅」，資作「湘沇」。又第八字「尚」，資、磧、普、南、徑、清作「向」。

一　九六一頁下一〇行「内理」，資、磧、普、南、徑、清作「内心」。

一　九六一頁下一一行首字「恠」，資、磧、普、南、徑、清作「性」。

一　九六一頁下一七行「再中」，資作「冉中」。

一　九六一頁下一九行「鍾虡」，資、磧、南作「鍾簴」；普作「鍾簴」；徑、清作「鍾簴」。

一　九六二頁上一行第四字「亦」，資、磧、普、徑作「赤」。

一　九六二頁上四行第一〇字「善」，麗作「若」。

一　九六二頁上一六行第一〇字「亏」，資、普、南、徑、清作「乎」。

一　九六二頁中三行「歸心篇」，清作「歸心篇十一」。又「光禄」，徑無。

一　九六二頁中四行「家業」，資、磧、普、南、徑、清作「家素」。

一　九六二頁中一一行「老莊」，磧、南作「者莊」。

一　九六二頁中一三行夾註「仁義禮智信」，資、磧、普、南、徑、清作「仁義」。

一　九六二頁下一行「縻費」，磧作「糜費」；資、普作「麋費」。

一　九六二頁下三行「乙乎」，麗作「乙乎乙乎」。

一　九六二頁下五行首字「釋」，徑無。次頁中四行首字、一五行首字及頁下三行首字、一七行首字同。又第六字「大」，資、磧、普、南、徑、清作「天」。

一　九六二頁下九行「所繫」，徑作「所鑿」。

一　九六二頁下一六行「偝違」，資、磧、普、徑作「偕違」。又末字「疾」，磧、普、南、徑、清作「速」。

一　九六二頁下一八行第一二字「墮」，資、磧、普、徑作「墜」。

一　九六二頁下一九行「沆厚」，資作「沉原」。

一　九六二頁下二二行「塘尾」，徑作「墟尾」。

一　九六三頁上二行「未劃」，資、磧、普、南、徑、清作「未畫」。

一　九六三頁上六行「止繫」，資作「上繫」。

一　九六三頁上一二行「計極」，諸本作「斗極」。又「周笎」，資、磧、普、南、徑、清作「周苑」。

一　九六三頁中二行「踊出」，資、磧、普、南、徑、清作「踊生」。

一　九六三頁中六行第五字「簡」，資、磧、普、南、徑、清作「間」；麗作「簡」。

一　九六三頁中二一行「獨責」，資、磧、普、南、徑、清作「獨貴」。

一　九六三頁下一行「比諸」，資作「皆諸」。

一　九六三頁下一〇行「兩遂」，磧、普、南、清作「兩道」。

一　九六三頁下一九行末字「示」，資、磧、普、徑作「亦」。

一　九六三頁下末行「作地」，資、磧、普、南、徑、清作「作福地」。

一　九六四頁上一行「何預」，資、磧、普、南、徑、清作「何以」。

一　九六四頁上二行「基趾」，磧、普、南、徑、清作「基址」。

一　九六四頁上一四行第六字「存」，諸本(不含石，下同)無。

一　九六四頁上一八行「七録序」，資、磧、普、南、清作「七録序十二」。又「處士」，徑無。

一　九六四頁上二二行「丘索」，磧、南、徑作「丘素」。

一　九六四頁中一行「文晝」，諸本作「文畫」。

一　九六四頁中六行「古文」，資作「古

一　九六四頁中八行「十翼」，資作「十翊」。

一　九六四頁中一〇行首字「乎」，資、磧、普、徑作「于」。又「俗殊」，資、磧、普、徑作「殊俗」。

一　九六四頁中一六行「光禄丈夫」，資、磧、普、徑作「命光禄大夫」；南、清、麗作「光禄大夫」。又末字「仍」，資、磧、普、南、徑、清作「俊」；麗作「伋」。

一　九六四頁中一八行「哀帝」，資、磧、普、南、徑、清作「喪帝」。

一　九六四頁下一三行「目録」，資、磧、普、南、徑、清作「目録宋秘書殷淳撰大四部目儉又依別録之體撰」。

一　九六四頁下一八行第五字「接」，資、磧、普、南、徑、清作「校」。

一　九六五頁上三行「其遺」，資、磧、普、南、徑、清作「其遺文」。

一　九六五頁上四行第一一字「苟」，資、磧、普、南、徑、清作「苟能」。

一　九六五頁上七行「經記」，資、磧、普、南、徑、清作「經史」。

一　九六五頁上一〇行「馬子長」，諸本作「司馬子長」。

一　九六五頁上一四行「徵黄」，諸本作「微黄」。

一　九六五頁上一六行「予者」，麗作「子者」。

一　九六五頁上二〇行末字「搌」，麗作「探」。

一　九六五頁上二二行「輯略」，麗作「撮略」。

一　九六五頁中二行第一一字「兵」，資、磧、普、南、徑、清作「兵書」。

一　九六五頁中四行「故立」，資、磧、普、南、徑、清作「故別立」。

一　九六五頁中五行「及漢」，資、磧、普、南、徑、清作「及二漢」。

一　九六五頁中一三行「此志」，資作「心志」；普作「比志」。

一　九六五頁中一四行「諸部」，資、磧、普、南、徑、清作「詩部」。

一　九六五頁中二一行末字「子」，資、磧、普、南、徑、清作「子末」。

一　九六五頁下一行「項世」，資、磧、普、南、徑、清作「頃世」；麗作「傾世」。

一　九六五頁下四行首字「故」，資、磧、普、南、徑、清作「故改」；麗作「改」。

一　九六五頁下九行「術技」，資、磧、普、南、清作「故技」。

一　九六五頁下二二行「王既」，資、磧、普、南、徑、清作「王則」。

一　九六六頁上九行「子順」，資、磧、普、南、徑、清作「子慎」。

一　九六六頁上一六行「五十二」，資作「七十二」。又「家存」，資作「家存二十八家在」。

一　九六六頁中三行首字「一」，磧作「二」。

一　九六六頁中七行夾註左末字「也」，資、磧、普、南、徑、清無。

一　九六六頁下一行夾註左「三百」，南、麗作「二百」。

一　九六六頁下二行夾註右「一万」，諸本作「一百」。
一　九六六頁下五行夾註右第九字「二」，磧、普、南、徑、清作「五」。
一　九六六頁下六行夾註右「經書」，磧、普、南、徑、清作「經書七十六種」。又夾註左「四卷符」，資、磧、普、南、徑、清作「卷符圖」。
一　九六六頁下八行第三字「本」，資作「大」。
一　九六六頁下二二行「三百」，麗作「二百」。
一　九六七頁上二行「一卷」，資、磧、普、南、徑、清作「一十卷」。
一　九六七頁上一一行「五十」，資、磧、普、南、徑、清作「五十二」。
一　九六七頁上二二行「四十三」，資、磧、普、南、徑、清作「四十二」。
一　九六七頁中二行「四十八」，磧、普、南、徑、清作「三十八」。
一　九六七頁中七行「三十」，磧、普、南、徑、清作「四十」。
一　九六七頁中一三行「一十九卷」，麗作「一十卷」。
一　九六七頁中二一行「五十」，資、磧、普、南、徑、清作「五十三」。
一　九六八頁上一行末字「一」，麗無。
一　九六八頁上八行「三十九」，資、磧、普、南、徑、清作「二十九」。
一　九六八頁中八行「七録」，磧、普、南、徑、清作「序録」。又「一帙」，資、磧、普、南、徑、清作「二帙」。
一　九六八頁中一〇行「十卷」，資、磧、普、南、徑、清作「一卷」。
一　九六八頁下四行「杜絶」，磧、普作「社絶」。
一　九六八頁下一〇行「監傅」，資、磧、普、徑作「監傳」。
一　九六八頁下一六行「情義」，徑作「請義」。
一　九六八頁下末行「賵贈」，資、磧、普、南、徑、清作「賻贈」。
一　九六九頁上三行第三字「愽」，磧、普、南、徑、清作「甚愽」。

廣弘明集卷第四　　典

大唐西明寺沙門釋道宣撰

歸正篇第一之四

捨事李老道法詔　梁高祖武皇帝

廢李老道法詔　北齊高祖文宣皇帝

通極論　隋沙門釋彥琮

捨事李老道法詔　梁武

梁高祖武皇帝年三十四登位在政四十九年雖億兆務殷而卷不釋手內經外典罔不厝懷皆為訓解數千餘卷而儉約自節羅綺不緣寢處虛閑晝夜無怠致有布被莞席草屨葛巾初臨大寶即備斯事日惟一食永絕辛羶自有帝王罕能及此舊事老子宗尚符圖窮討根源有同妄作帝乃躬運神筆下詔捨道文曰維天監三年四月八日梁國皇帝蘭陵蕭衍稽首和南十方諸佛十方尊法十方聖僧伏見經云發菩提心者即是佛心其餘諸善不得為喻能使眾生出三界之苦門入無為之勝路故如來漏盡智凝成覺至道通機德圓取聖

發慧炬以照迷鏡法流以澄垢啟瑞迹於天中爍靈儀於像外度群迷於慾海引含識於涅槃登常樂之高山出愛河之深際言乖四句語絕百非應迹娑婆王宮誕相步三界而為尊普大千而流照但以機心淺薄好生厭怠遂乃湛說圓常亦復潛輝鶴樹閻王滅罪婆藪除殃若不逢遇大聖法王誰能救接在迹雖隱其道無虧弟子經遲迷荒耽事老子歷葉相承染此邪法習因善發棄迷知返今捨舊醫歸憑正覺願使未來生世童男出家廣弘經教化度含識同共成佛寧在正法中長淪惡道不樂依老子教暫得生天涉大乘心離二乘念正願諸佛證明菩薩攝受弟子蕭衍和南于時帝與道俗二万人於重雲殿重閣上手書此文發菩提心至四月十一日又勑門下大經中說道有九十六種惟佛一道是於正道其餘九十五種名為邪道朕捨邪外道以事正內諸佛如來若有公卿能入此誓者各可發菩提心老子周公孔子等雖是如

來弟子而化迹既邪止是世間之善不能革凡成聖其公卿百官侯王宗族宜反偽就真捨邪入正故經教成實論云若事外道心重佛法心輕即是邪見若心一等是無記性不當善惡若事佛心強老子心弱者乃是清信言清信者清是表裏俱淨垢穢惑累皆盡信是信正不信邪故言清信佛弟子其餘諸信皆是邪見不得稱清信也門下速施行

至四月十七日侍中安前將軍丹陽尹邵陵王上啟云臣綸聞如來嚴相巍巍架于有頂徽妙色身蕩蕩顯乎無際假金輪而啟物託銀粟以應凡砥波若之利刀斷涅槃之妙果況生死之苦海濟常樂於彼岸故能降慈悲雲垂甘露雨七處八會教化之義不窮四諦五時利益之方無盡並冰清日盛霧豁雲除熸火翳毛塵熱自靜可謂入俗化於蒙底出世冥此真如使稠林邪逕之人景法門而無倦渴愛聾瞽之士慕探賾而知迴道樹始於迦維德音盛于京洛恒星不

（廣弘明集卷第四　第四張　曲　至）

見周鑒娠徵滿月圓姿漢感霄夢五法用傳万德方兆華俗潛啓竟扇高風資此三明照迷途之失悪兹七覺拔長夜之苦屬值皇帝菩薩應天御物負扆臨民含光宇宙照清海表垂無礙辯以接黎庶以本願力攝受衆生故能隨方逗藥示權因顯崇一乘之旨廣十地之基是以万邦迴向俱稟正識幽顯靈祇皆蒙誘濟人興等覺之願物起菩提之心莫不翹勤歸宗之境悅懌還源之趣共保慈悲俱脩忍辱所謂覆護饒益橋梁津濟者矣道既先被民亦化之於是應真飛錫騰虛接影破邪外道堅持正國伽藍精舍實剎相望講會傳經德音盈耳臣昔未達理源稟承外道如欲湏甘果翻種苦栽欲除渴之反趣鹹水今啓迷方粗知歸向受菩薩大戒戒節身心捨老子之邪風入法流之真教伏願天慈曲垂矜許謹啓

至四月十八日中書舍人臣任孝恭宣勑云能改迷入正可謂是宿植勝因宜加勇猛也

（廣弘明集卷第四　第五張　曲）

廢李老道法詔　北齊高祖文宣皇帝

昔金陵道士陸脩靜者道門之望在宋齊兩代祖述三張弘衍二葛郗張之士封門受籙遂妄加穿鑿廣制齋儀縻費極繁意在王者遵奉會梁祖啓運下詔捨道脩靜不勝其憤遂與門人及邊境亡命叛入北齊又傾散金玉贈諸貴遊託以襟期冀興道法帝惑之也於天保六年九月乃下勑召諸沙門與道士學達者十人親自對校于時道士祝諸沙門衣盋或飛或轉祝諸梁木或横或竪沙門曽不學方術默無一對士女擁両貴賤移心並以靜徒為勝也諸道士等雀躍騰倚魚睨雲漢高談自矜誇衒道術仍又唱言曰神通權設抑挫强禦沙門現一我當現二令薄示小術並辭退屈事亦可見

帝命上統法師與靜角試上統曰方術小伎俗儒恥之况出家人也雖然天命令拒豈得無言可令最下坐僧對之即往尋覓有僧佛雋乃一名曇顯者不知何人遊行無定飲噉同俗時有放言標悟宏遠上統知其深量私與之交于時名僧盛集顯居末坐酣酒大醉昂兀而坐有司不敢召之以事告於上統上曰道士祭酒常道所行止是飲酒道人可共言耳可扶轝將來於是合衆皆憚而怯上統威權不敢有諫乃兩人扶顯令上高座既上便立而含笑曰我飲酒大醉耳中有所聞云沙門現一我當現二此言虛實道士曰有實顯即翹一足而立云我已現一卿可現二各無對之顯曰向祝諸衣物飛揚者我故開門試卿術耳命取稠禪師衣盋祝之諸道士一時奮發共呪一無動搖帝勑取衣乃至十人牽舉不動顯乃令以衣置諸梁木又令祝之都無一驗道士等相顧無賴猶以言辯自高乃曰佛家自号為内内則小也謂我道家為外外則大也顯應聲曰若然則天子處内定小百官處外定大矣靜與其屬緘口無言帝自驗藏否便下詔曰法門不二真宗在一求之正路寂泊為本祭酒道者世中假妄俗人未悟仍有祇崇麴櫱

（廣弘明集卷第四　第六張　曲）

是味清虚焉在瞿脯斯甜慈悲永隔上異仁祠下乖祭典皆宜禁絶不復遵事須勒遠近咸使知聞其道士歸伏者並付昭玄大統上法師度聽出家未發心者可令染剃尒日斬首者非一　自謂神仙者可上三爵臺令其投身飛逝皆砕屍塗地偽妄斯絶致使齊境國無兩信迄于周時隋初漸開其術至今東川此宗微末無足抗言帝諱洋即元魏丞相高歡之第二子也嫡兄澄急慢為奴所害洋襲其位代為相國魏曆將窮洋築壇於南郊埊遇大横大吉漢文之卦也乃鑄金像一寫而成魏妝為禪文魏帝署之即受其禪為大齊也凡所行履不測其愚智委政僕射楊遵彥帝大起佛寺僧尼溢滿諸州冬夏供施行道不絶時稠禪師箴帝曰檀越羅剎察治國臨水自見帝從之覩羣羅剎在後於是遂不食肉禁鷹鷂去官漁屠辛葷悉除不得入市帝恒坐禪竟日不出礼佛行繞其疾如風受戒於昭玄大統法上面掩地令上履髮而授焉先

是帝在晉陽使人騎駝勑局寺取經函使問所在帝曰任駝出城及出奄如夢至一山山半有佛寺羣沙弥遥曰高洋駝來便引見一老僧拜之曰高洋作天子何如曰聖明曰尒來何為曰取經函僧曰洋在寺嬾讀經令北行東頭与之使者及命初帝至谷口木井佛寺有捨身癡人不解語忽謂帝曰我去尒後来是夜癡人死帝尋崩於晉陽

通極論　　隋沙門釋彥琮

原夫隱顯二途不可定榮辱真俗兩端孰能刊同異所以大隱則朝市匪諠高蹈則山水無悶空非色外天地自同指馬名不義裏肝膽可如楚越或語或默良喻語默之方或有或無信絶有無之界若夫雲鴻振羽孔雀謝其遠飛淨名現疾比丘憚其高辯發心即是出家何關落髮棄俗方稱入法豈要抽簪此即染淨之門攤賓而莫曉倚伏之理吉凶而未悟遂使莊生宗齊一之論釋子說會三之旨大矣哉諒為深遠寔難鈎致竊聞陰

陽合而万物成鹹淡和而八珎美何廢四時恒序五味猶别以此言之豈真俗之混淆隱顯之云異或有寡聞淺識則欲智陵周孔徽庸薄宦便將位比帝王强自大以立身謂一人而已矣不信有因果遂言無佛法輕毀涅越踐蔑沙門愚襲腐儒戲招冥禍或有始除俗服狀如德冠天人纔掛僧名意似聲高海域儼然尊處許為極聖豈知十纏猶障三學靡聞不隨機而接物竟抱愚而自守悲夫二子殊途一何躊駮高懷達士孰可然哉冀欲解紛挫銳假設旗鼓雖復俱有抑揚終以道為宗致其猶五色綺錯近須弥而會同万像森羅依虛空而總集歸根自紜紜之物吞谷實茫茫之海斯誠光賛於佛道述奬於玄門庶令無我無邪允謙允敬式貽後進論之云尒有梵行先生者高尚塵俗獨栖丘壑英明遊九天之上志氣籠八宏之表藉茅枕石落髮灰心糞衣殊羊續之袍繩牀異管寧之榻自隱淪西岳數十年矣確乎不拔澹然无為每

而歎曰窮則獨善其身達則兼濟天下但蒼生擾擾繫以愛羅不可自致清昇坐觀塗炭復須棄置林藪分衛人間於是屈迹暫遊方踐京邑次於灞上有行樂公子者控龍媒於汴水飛鸖蓋於浮雲綿衣侯服薰風合氣王勒金鞍爭光炫日定知擲菓之愛是屬潘生剖袖之寵已迷漢帝接軒城隅陪曹王之席連鑣池側退山公之賞道逢先生怯而問曰先生貞若燕趙之士駮如吴越之賓容色似困陳蔡衣製不関楚魯徐行任視細語頻眉瓦鉢恒持異顏回之瓢器錫音乍振殊原憲之藜杖此地未之覩我嘗所不聞敢問先生何方而至

先生靜默良久徐而對曰觀子馳騁於名利荒昏於色聲戴天猶不測其高履地尚不知其厚吾聞埳井之內本無吞舟之鱗榆枋之間詎有垂雲之翼吾非子之徒與其可識乎試當為子言之幸子暫留高聽吾師也德本深攝樹自三祇之初妙果獨高成於百劫之末惣法界而為智竟虛空

以作身寧惟氣稟二儀道周万物而已斯故身無不在量極規矩之外智無不為用絶思議之表不可以人事測豈得以處所論將啓愚夫之視聽須示真人之影迹其猶谷風之隨嘯虎慶雲之逐騰龍感應相招抑惟常理於是降神兜率之宮垂像迦毗之域氏曰瞿曇種稱刹利俗名悉達道字能仁乃白淨王之太子也冢世則輪王迭襲門風則聖道相因地中三千既殊於雒邑國朝八万有踰於鷲嶺宗親藉甚孰可詳焉暨吾師生也坤形六動方行七步五淨雨花滿國二龍灑水遍空神瑞畢臻吉徵惣萃觀諸百代曾未之有然復孕異堯軒產殊禹契至如黒帝入夢之兆白光滿室之徵徒曰嘉祥詎可擬議身邊則金色一丈眉間則白毫五尺開万字於胷前躡千輪於足下大略以言三十有二非可以龍顏虎鼻八采雙瞳方我妙色校其昇降者也雖復呂公之相高帝世謂知人若辟私陋之視吾師未可同日於是崇業大寶正位少

陽甲觀洞開龍樓迴建至如多才多藝允文允武非關師保自因天骨或於太子池臨泛之辰博望苑馳射之際力格香象氣冠神功試論姐發曹丕莫之與擬漢盈夏啓寧足涉言又王宿衛甚嚴喻視弥篤九重禁闥聲聞則四十里三時寮殿娛靈則二万人然以道性恬凝志頤冲固雖居三惑之境不昳一心之節歷王城之四門哀老病之三苦乃自嗟曰人生若此在世何堪脫屣尋真其於斯矣于時桃則新花落雨青春始仲月則半輪任闇永夜方深觀妓直之似橫尸悟宮闈之如敗冢天王捧白馬而踰城給使持寶冠而詣闕雖復秦世簫史周時子晉許由洗耳於箕山莊周曳尾於濮水方茲去俗何其蔑如是以仙林始抽簪之地禪河起苦行之迹沐金流之淨水遊道場之吉樹食假獻糜座因施草於是十力智圓六通神足魔兵席卷大業尅成獨稱焉佛是吾師也法輪則奈國初轉僧侶則憍陳始度至於迦葉兄弟目連明

友西域之大勢東方之遍吉二十八天
之主一十六國之王莫不服道而傾
心飡風而合掌於是他化宮裏乃弘
十地者闍山上方會三乘善吉談無
得之宗淨名顯不言之旨伏十仙之
外道制六羣之比丘胷前則吐納江
河掌內則搖蕩山谷論刼則方石屢
盡辯數則微塵可窮斯乃三界之大
師万古之獨步吾自庸才談何以盡
縱使周公之制禮作樂孔子之述易
刊詩子賜之言語商偃之文學爰及
左元放葛孝先河上公柱下史並馳
之於方內何足道哉自我含靈福盡
法王斯逝遂使北首提河春秋有八
十矣應身粒碎流血何追爭決最後
之疑覺奉臨終之供嗚呼智炬消慈
雲滅長夜諸子誠可悲夫於是瞻相
好於香檀記筌蹄於貝葉三藏受持
四依補處而我師風無墜於斯乎但
世道紛華群情矯薄人代今古曁于
像運既當徂北稍復東漸所以金人
夢劉莊之寢摩騰佇蔡愔之勸遺教
之流漢地創發此焉迄今五百餘年

矣自後康僧會竺法維佛圖澄鳩摩
什繼踵來儀盛宣方等遂使道生道
安之侶慧嚴慧觀之徒並能銷聲掛
冠翕然歸向緇門繁熾焉可勝道吾
少長山東尚素王之雅業晚遊關右
慕黃老之玄言俱是未越苦河猶淪
火宅可久可大其惟佛教也歟遂乃
希前代之清塵仰群英之遠迹歸斯
正道拔自沉泥本号離慾之逸民摧
邪之大將吾之儔黨其謂此乎公子
蹙頞而言曰觀先生之辯雖可談天
然其所說何太迂誕竊尋佛本啓化
之辰當我宗周之運自云娑婆惣攝
靡所不歸或復光照無際聲振有頂
或復八部雲臻十方輻湊計天竺去
我十万里餘俱在須弥之南並是閻
浮之內那忽此間士庶無至佛所如
來亦何獨萮不賜餘光弗生我秦漢
靡載我墳籍詳此二三疑惑逾甚僕
聞貞不絕俗隱不違親所以和光於
塵裏披蓮於火內至若東帶垂纓無
妨脩德留鬚長鬢足可閑居且道本
虛通觸無不是何棄於冠簪專在於

錫鉢竊以不傷遺體始著孝心莫非
王臣終從朝命今既赭衣髡髮未詳
其罪不仕天子無乃自高敢諮先生
請當辯析
先生曰吾聞大音不入於俚耳其驗
茲乎猶欲以寸管窺天小螺量海而
我法門出曼非吾子之能極吾且仰
憑神力更為言之吾師化道含弘靈
鈞遠被但衆生緣薄自為限礙耳何
聞佛威之不大聖澤之無均其猶日
月垂像麗天雷霆發音動地而簡於
聾瞽豈光微聲小者哉然佛遊舍衛
有餘二紀三億之家猶不聞見何怪
邊地十万里乎竊以周孔之生本惟
華夏之邑夷狄不信其理何耶至於
東方朔之昇天淮南王之入籙然乘
鸞排霧世有其人欲不長於神仙猶
嗇之而弗載寡辯味吾師之道術書
之於惇史乎況值秦皇焚典經籍不
全何容守此局文遂無大見然有或
彼正真甘茲隨俗未悟身之非潔豈
達命也无常服說則數重不止慳貪
則一毛難落屑屑頑民可悲之甚吾

廣弘明集卷第四　第十六張　功

已无保於形骸誰有營於炫好鬚鬟既剪我心自伏衣惟壞色愛情何起所以五緩而持想六時而繫念蕭然物外是曰逆流竊聞夏禹跰川則有勞手足墨翟利物則不恡頂踵煞身以成仁餓死而存義此並有違於大孝然猶盛美於群書況吾養性栖玄立身行道方欲廣濟六趣高希万德豈學子拘之於小節顧在膚髮之間哉翁逐榮名餘事從北面之朝也其若効淺祿微唯勞諂走功高無服位極常懼危溢不安千仞棄珠一何賤寶但火內之蓮非吾所發涤而不涤何尒能知公子曰先生强誇華以飾非譏牆洪而不掃請聽逆耳之篤論略條其弊也四焉僕聞玉樹不林於蕪葭威鳳不群於鷰雀先生道雖微妙門人獨何膚猥或形陋族微或類卑神闇无三端可以叅多士无十畝可以為疋夫惰王事之不閑耻私門之弗立寄逃役於佛寺之內纔容身於法服之下見人不能叙寒溫讀經不解正音義豈知高心於百姓背禮於

廣弘明集卷第四　第十七張　畄

二親非所以自榮其弊一也僕聞采椽土堦之儉唐堯之所以字民瓊室玉臺之盛商辛之所以敗俗況如來行惟少欲德本大悲只應宴坐於塚間經行於樹下何宜餝九層之刹建七寶之臺不愍作者之勞不慚居者之逸非所以自約其弊二也僕聞无自伐功老聃之極教不讃已德惟佛之格言勞謙則君子終吉尅讓則聖人上美必若內德充盛自然外響馳應賔侶坐致揄揚豈況佛心澄靜亡諸得失之各如何獨許世尊之号不欲推人然彼群經莫二之宗各談第一之稱自生牟楯將何以通非所以自遜其弊三也僕聞情存兩實心慎四知方曰通人之雅懷廉士之高節或散之於宗族或棄之於山水況玄道清淨反俗沙門而復縱无猒之求貪有為之利勸俗人則令不留髓腦論䞋施則便无讓分毫或勝貴經過或上客至止不將虛心而接待先陳出手之倍數此乃有識之同疾海內之共知非所以自廣其弊四也僕直

廣弘明集卷第四　第十八張　典

言雖苦可為藥石惟先生高見覽以詳之

先生曰吾子不笑何謂道耶子但好其所以同寧知其所以異徒欲扡毀未損金剛吾道弘遠豈可輕矣吾聞万機斯揔聖皇所以稱大百川是納巨壑所以為深王則不聯於細民海則無遺於小水況吾師大道曠无不濟有心盡攝未簡惡親自當品戒德之小大混族類之高下故有除糞庸人翻涉不生之位應書貴士倒墜无間之獄內秘難識外相孰知子何自擅為銓衡吾未相許為水鏡若但以貞取人失之遠矣遂使斜向伏驥之語長者悟沙弥之說且復窮通有運否泰無恒或始榮而後辱或初微而後盛異轍紛輪可略言也至如立錐无地非慕堯舜之德餘尚不絕豈傅湯武之聖詎知呑并六國其先好馬牧人約法三章則惟亡命亭長樊灌起販屠之肆伊呂出厨釣之閒歷代因脩高門相襲遂為四海強族五陵貴氏冠冕陵雲風流蓋世豈若朝

陽晞露羨皐絲之難留宿草負霜淚
鏤蟻之莫別是知用與不用虎鼠何常尋末
窮夲人倫一槩鄒忽輕以乘軒蕤茲
甕牖雖復才方周旦亦何足覩嘗試
言之朝市虛煩身心空獘智者同棄
賢人共鄙但覺斯懷之可入所以避
地而歸來吾則猒來苦而知昨非子
便躭往欲而惑今是寧自安貧樂道
少賤多能奚用太廟之犧牛豎子之
烹鴈吾今素質自居默念無雜不假
導於仁義豈乱想於繁華固亦騎遺
北壯自忘䐪膳詎守寒温之小才音
義之薄技　脩心可以報德何局定
省之儀弘化可以接引寧止俯仰之事
此吾所謂一勝也吾師空閑樂處不
惟聚落輕微矜納豈獨珠瓔是以栖
形五山遊神三住或受童土或飡馬
麦讃淨心之小施譏雜相之多捨庶
令藉此而建善根因茲而表誠信斯
自東脩大體供養恒式豈佛身之欲
須乃含生之達志但以凡俗難悟憍
嫉未除覺獻名實利双多福所以王
槃高剎掩日聳於半天繡桷飛甍連

雲披於寓內爭名好尚善將焉在著
相寘識遂及乎斯雖乖至真之理足
感榮華之樂生民惟此為功如來亦
何抑說此吾所謂二勝也吾聞談无
價之奇寶奚欲拯貧讚不死之神香
只將愈疾但衆生信邪巫之狂藥捨
正覺之甘露困毒已深懷迷自久吾
師之出世也本許救濟為功知我者
希无容緘默使物識真以迴向何是
非而最若夫二佛不並於世兩日不
共於天敢号无等庶弘至教非如君
子之小聖事謙讓之風者已然至理
同歸遂情異說是經稱最名應宜聞
此吾所謂三勝也吾聞不超四民之
利莫致百送之金但大患未亡有待
須養吾稱乞士則受之以知足子名
施主則傾之以國城何容責我之貪
非不自揣己之慳蔽是驗分財相得
獨應管鮑乎吾聞天王武庫出給尚
不由自下况吾師福物與寧獨任凡
僧本雖四輩而來今屬三寶而用為
道興供義乖行福既為十方常住非
日私擬諸己自專則法律不許請衆

則和合无由子何德以能消吾何情而敢
擅只懼我之同各豈欲貪利者哉竊以粒
重七斤投水則炟火騰沸飯餘一鉢与人則
群類充滿佛猶无怯於飢犬寧有惜
於人焉是知輙用固以招愆迴施許
而獲益真是衆生之薄福判非吾師
之福心至如餓鬼不覩川流病人不
覺美味罪關於餓病豈流味之无也
竊聞功自事主粟帛不次而酬勳明
王責躬蒼旻不言而効德子不能自
慨之無感専謗吾師之不恵持此饕
餮何以為人至若鄭侯傾産於交遊
田君布心於賓客空規豪蕩之聲勢
詎擬福田而攉揚此吾所謂四勝也
吾雖言不足而理有餘子但驚所未
聞惑於不見吾之所說子可悟矣公
子曰先生雖高談自雪終類守株所
論報應何其悠眇僕聞開闢混元分
剖清濁薄淳異禀愚聖派流至如
首足之方圓翔潛之鱗羽命分脩短
身名寵辱莫非自然之造化詎是宿
業之能為竊見景行不虧夭身世而
嬰禍狂勃无禮竟天年而享福遭隨

若斯因果何驗且氣息則聚生散死形神則上歸下沉万事寥廓百年已矣何憂天宫誰為地獄庸人之所信達士未之言先生猶惑繫風請更量也先生曰公子辯士哉見何膚淺所談不踰百世所歷無越八荒誰能曉果報之終期察回緣之本際不可局凡六識因聖三明者也吾聞播植百穀非獨水土之功陶鑄四生詎正陰陽之力既有根於種類亦无離於集起竊見或體合夫妻子孫不孕或身非鰥寡男女莫均至於螢飛蟬化蜂巢蟻卵非搆兩精之產豈從二藏之任若但稟之於乾坤人亦奚賴於父毋一須委運慈孝何歸是知回自忝耄果方環乎支分三報星羅万品或今身而速受或来世而晚成此理必然亦何而朽竊以賞罰不濫王者之明法罪福无舛業道之大功政治則五刑罰禄位賞幽祇則三塗罪人天福目前可以為監誡豈伊吾之搆虚論哉子未陷囹圄誰信有廷尉不遊倣宗便謂无鬼府但善惡積成則殃慶有餘

被之茂典尒所未悉至如疏勒涌泉之應大江横石之感羊公白玉郭巨黄金騐摽鮑宣之馬珠降噲叅之鶴爰及宣王之崩於杜伯襄公之懼於彭生白起甘死之徵李廣不侯之驗陸抗殃則遺後郭恩禍則止身斯甚昭著孰言冥杳雖有知无知六經不說然祭神祭鬼三代攸傳必也死而寂寥何求存以仁行无宜弃儒墨之小教失幽明之大理子可惜良才太甚愚僻早須歸悔體我真言

公子曰先生雖懸河逸辯猶有所蔽僕聞天生蒸民剛柔為匹所以變化形器含養氣靈婚姻則自古洪規嫁娶則列代恒礼罪應不關於子胤道亦无礙於妻妾遂使善惠許賣花之約妙光納施珠之信衆香六万尚日法師毗耶二千猶名大士何獨曠茲仇偶擁此情性旡龍有悔其欲如之品物何以生佛種誰因續此先生之一蔽也僕聞猛獸為暴民之葉毒垂含傷物之性所以順氣則秋獮除害則夏苗天道之常何罪而畏至於牛

豕充犧羔鴈備礼運屬廚人之手體葬嘉賓之腹本天所生非此焉用然復烏殘自死斑聽內律如何關養形命空作土塵此先生之二蔽也僕聞天列箕星地安泉郡酒之為物其来尚久銷愁適性獨可茲乎所以嵇阮七賢興情於斗石之量勛華兩聖盛德於鍾壷之飲管則藉此而談玄于則因茲而斷獄聞諸往哲未嘗不醼但自持之於禮何用阻衆獨清此先生之三蔽也僕聞八政著民天之食五味資道器之身降茲呼吸風霞餌飲芝露敢為生類罔不由之自可飽食用心無廢於道業何假持齋倦力有乏於勤脩此先生之四蔽也先生若改斯蔽僕亦慕焉先生曰吾聞剛强難化固當尒耳子之蔽乎自不知其蔽吾之通也子豈識其通由此觀之未可與言道也竊以鄙言无遜尚避至親邪行不仁猶懃先達然其男則纔離縲紲孿飛以求娶女則僅辭乳哺怨空房而感情爲貪小樂公行世礼積習生常混然誰恠此而无耻尤類鶉鶄勿將

群小之制晳敢非高尚之敦雅且晳
者昏也事寄昏成明非呂顯之栽範
諒是庸鄙之危行獨有展禽抑下之
操可以厲嬉夫彭祖獨卧之術可以
養和性斯固播之於良書美之於方
策況乃吾師之成教也弘淨行之宗
經豈復順彼邪風嬰茲欲網將出六
天之表猶无㩦妓妾既超四空之外
焉可挾妻孥惟有二果白衣繫業通
許床居士精而難混但品物之生自
有緣託何必待我之相配方嗣於吾
師獨不聞同一化生士无女業咸昇
四大法喜資形所謂一通也吾聞生
死去來本同步蠖顯晦上下无異循
環業之所運人畜何准是以衛姐蜀帝
之徒牛哀伯奇之類狐為美女狸作
書生抑亦事歸難思豈易詳也竊以
持戒無畏鬼龍含德不懼蜂蠆怖鴿
投影猛虎越江我善則報之以明珠
人惡則應之以毒氣諒由息之生煞
豈禽獸惟害物耶雖復飛走別形惜
身莫異輪迴无始誰非所親恕己為
喻亦何不忍詎可宰有生之血肉充無

用之肌膚至若死而歸土物我同致
所以黃不食黿孔猶覆醢況吾仁慈
之隱惻孰甘美於肥鮮但五律漸開
雙林永制此吾所謂二通也吾聞酒
池牛飲著乎在昔雖百六數窮亦乱
國斯起三十五失抑有由之但今身
酩酊是焉可驗來生幽暗將復何已
至如文舉之罇不空玄石之眠難悟
蓋惟躭酒之枉客咼可以論至道哉
但使深酣則過多微醺則愆薄欲言
飲而無災未之有也往賢之所嚴誡
良以此乎縱不開物命亦無宜舉酌
此吾所謂三通也吾聞戒自禁心齋
唯齊志可謂入道之初行教民之本
法但支立而已身亦何知若縱情嗜
欲終為難滿所以節限二時足充四
大覺翳螳之附後見野狼之對前危
亡之期既切渴乏之情遂緩自忻道
勝而肥何嗟食短而惓竊以帝王之
祠宗廟夫子之請伯陽猶須絶味辛
葷清居齋室況吾欲亡身而訪道寧
復留心於美膳者哉此吾所謂四通也
莫謂子所不能謂吾為蔽吾之所辯

幸子擇以從之公子於是接足叩頭
百體皆汗魂飛膽喪五色無主既如
蹈虎復似見龍怳焉若狂莫知所對
先生摩頂勞曰吾惟慜物子何怖耶
公子稍乃自安泣而對曰僕本生下
邑無聞大覺之名稟性踈野翺踵外
邪之見不遇先生幾將禍矣比承下
風之末精義入神仰恃大慈追收前
失請容剃落受業於先生之門也先
生曰子悟迷知返善矣哉

廣弘明集卷第四

癸卯歲高麗國分司大藏都監奉
勑彫造

廣弘明集卷第四

校勘記

一 底本，麗藏本。

一 九七三頁上二行撰者，資、磧、普作「唐終南山釋氏」；南作「唐終南山釋氏道宣撰」；徑、清作「唐終南山釋道宣撰」。

一 九七三頁上四行首字至六行末字「捨……琮」，徑無。

一 九七三頁上四行「法詔　梁高祖武皇帝」，清作「法詔十三」。

一 九七三頁上五行「法詔　北齊高祖文宣皇帝」，清作「法詔十四」。

一 九七三頁上六行「通極論　隋沙門釋彥琮」，清作「通極論十五」。

一 九七三頁上七行「捨事李老道法詔　梁武」，資、磧、普、南作「捨事李老道法詔十三　梁武帝」；徑作「梁武帝捨事道法詔」；清作「捨事李老道法詔十三　梁高祖武皇帝」。

一 九七三頁上九行「卷不釋手」，徑作「手不釋卷」。

一 九七三頁上末行「智凝」，南作「智疑」。

一 九七三頁中三行第四字「含」，磧作「舍」。

一 九七三頁中五行「王宮」，諸本（不含石，下同）作「示生淨飯王宮」。

一 九七三頁中六行「普大千」，諸本作「道樹成光普大千」。

一 九七三頁中七行「遂乃」，資、磧、普、南作「自期二月當至雙林示乃」；徑、清作「自期二月當至雙林遂乃」。又「亦復」，諸本作「且復」。

一 九七三頁中八行「逢遇」，諸本作「逢值」。

一 九七三頁中一二行「生世」，諸本作「世中」。

一 九七三頁中一四行第五字「中」，諸本作「之中」。

一 九七三頁中二一行第一一字「道」，諸本無。

一 九七三頁下一一行「至四月」，徑作「上武帝捨事道法啟　并敕邵陵王綸　天監三年四月」。

一 九七三頁下一五行第八字「收」，諸本作「牧」。

一 九七三頁下一九行「冰清」，磧、普、南、徑、清作「水清」。又「塵熱」，資作「塵埶」。

一 九七三頁下二〇行「宾此」，徑作「寘此」。

一 九七四頁上一五行「講會」，諸本作「講道」。

一 九七四頁上二一行首字「至」，徑無。

一 九七四頁中一行首字至末字「廢……帝」，徑作「齊高祖廢道法詔」。又「法説」，資、磧、普、南、清作「法詔十四」。

一 九七四頁中三行第一三字「郗」，磧作「郄」。

一 九七四頁中五行「縻費」，磧、南、徑作「糜費」。

一 九七四頁中九行「帝惑之也」，徑

作「高帝惑之」。

一 九七四頁中一三行「士女」，諸本作「士人」。

一 九七四頁中一九行「帝命」，諸本作「帝令」。

一 九七四頁下三行「有司」，磧、南作「右司」。

一 九七四頁下四行「上曰」，諸本作「上統曰」。

一 九七四頁下一六行「祝之」，諸本作「呪衣」。

一 九七四頁下一八行「謂我」，磧、南、清作「詺我」；資、普、經作「名我」。

一 九七四頁下二〇行「外定」，諸本作「外爲」。

一 九七四頁下二一行「自驗」，諸本作「目驗」。

一 九七四頁下末行「鞠蘗」，資、普作「鞠鞾」；磧作「鞠𮘩」。

一 九七五頁上一行「瞿脯斯甜」，諸本作「朐脯斯甘」。

一 九七五頁上八行「周時」，諸本無。

一 九七五頁上一一行「急慢」，資、磧、普、南、清作「急性」；經作「性急」。

一 九七五頁上一四行「魏收」，南作「魏牧」。

一 九七五頁上一八行第一三字「察」，諸本無。

一 九七五頁中六行「何爲」，諸本作「何如」。

一 九七五頁中一一行「通極論」，磧、普、南、清作「通極論十五」；經作「通極論　并序」。又「隋沙門」，經無。

一 九七五頁中一三行第四字「刊」，磧、南、經、清作「判」。

一 九七五頁中一四行「山水」，諸本作「山林」。

一 九七五頁中一五行「義裹」，資、普作「義裏」。

一 九七五頁中一七行「振羽」，資、磧、普、經作「震羽」。

一 九七五頁下七行「越踐」，諸本作「曰賤」。

一 九七五頁下九行「許爲」，諸本作「詳爲」。

一 九七五頁下一二行第五字「踳」，經作「蹐」。

一 九七五頁下一五行末字「而」，磧、南、經、清作「以」。

一 九七五頁下一八行「式貽」，磧作「或貽」。

一 九七五頁下二〇行末字「宏」，經、清作「紘」。

一 九七六頁上一行首字「而」，經作「自」。

一 九七六頁上六行末字「玉」，諸本作「璁」。

一 九七六頁上九行第八字「鑢」，資、磧、普、經、清作「鑣」。

一 九七六頁上一三行第五字「異」，諸本作「無異」。

一 九七六頁上一四行首字「殊」，磧、普、南、經、清作「何殊」。

一 九七六頁上一八行「蹈井」，諸本作「坎井」。

一九七六頁上一九行「榆枋」，諸本作「榆枌」。

一九七六頁中一二行「鷲嶺」，諸本作「稽嶺」。

一九七六頁中一九行「千輪」，資作「千論」。

一九七六頁下三行「馳躬」，諸本作「馳射」。

一九七六頁下一四行「宮闈」，諸本作「宮闥」。

一九七六頁下二一行「席卷」，清作「廣卷」。

一九七七頁上七行首字「河」，徑、清作「湖」。

一九七七頁上一一行「刊詩」，磧作「詩」；南、徑、清作「刪詩」。

一九七七頁上一三行首字「之」，資、磧、普、南、清作「驅」；徑作「馳」。

一九七七頁上一九行「於斯乎」，諸本作「特恃斯乎」。

一九七七頁中一行「竺法維」，諸本作「竺法護」。

一九七七頁中六行「苦河」，南作「若河」。

一九七七頁中二二行「長鬢」，諸本作「長髮」。

一九七七頁中末行「棄於」，諸本作「必絶棄於」。

一九七七頁下七行「出夐」，磧作「夐」；徑、清作「夐出」。

一九七七頁下七行末字「仰」，資作「卯」。

一九七八頁上一行「鬢髮」，諸本作「鬚髮」。

一九七八頁上七行第九字「況」，諸本無。

一九七八頁上一〇行第三字「逐」，磧、普、南作「遂」。

一九七八頁上一一行「功高無暇」，諸本作「無暇功高」。

一九七八頁上末行「正音」，諸本作「立正」。

一九七八頁中一四行「牟楯」，諸本作「矛盾」。

一九七八頁下七行「不聮」，諸本作「不耻」。

一九七八頁下八行「無遺」，諸本作「無逆」。

一九七八頁下一七行「紛輪」，諸本作「紛綸」。

一九七八頁下一八行「餘畄」，諸本作「餘苗」。

一九七九頁上一行第五字「皂」，徑作「早」。

一九七九頁上九行「犧牛」，諸本作「犧牲」。

一九七九頁上一〇行「烹鴈」，普作「享鴈」。

一九七九頁上一六行「矜納」，磧、普、南、徑、清作「務納」。

一九七九頁上一七行「三住」，諸本作「三經」。

一九七九頁上二一行「但以」，諸本作「便以」。

一九七九頁中一五行「百送」，資作「百篋」；磧、普、南、徑、清作「百鎐」。

一九七九頁中二〇行「福物」，諸本作「福物取」。

一九七九頁下一行「无由」，諸本作「無由不知」。

一九七九頁下四行「飢犬」，資、磧、南作「飢大」。

一九七九頁下五行「人焉」，諸本作「餓烏」。

一九七九頁下六行「判非」，南、徑、清作「則非」。

一九七九頁下一〇行首字「王」，南、徑、清作「主」。

一九七九頁下一四行第六字「擢」，磧、南、徑、清作「推」。

一九七九頁下一六行第三字「於」，諸本作「於所」。

一九七九頁下一七行「自雪」，清作「白雪」。

一九七九頁下二二行「夭身」，磧、南作「天身」。

一九七九頁下末行「享福遺隨」，諸本作「饗福遺墮」。

一九八〇頁上五行「膚淺」，諸本作「庸淺」。

一九八〇頁上九行「詎正」，諸本作「詎止」。

一九八〇頁上一八行第四字「而」，徑作「可」。

一九八〇頁中九行「无宜」，徑作「无寧」。

一九八〇頁中一〇行「太甚」，磧作「大甚」。

一九八〇頁下三行第六字「琥」，徑作「虎」。

一九八〇頁下二〇行第一三字「羡」，資作「美」。

一九八一頁上二行「昏成」，資作「昏惑」。

一九八一頁上一三行「所謂」，諸本作「此吾所謂」。

一九八一頁上一四行「同步」，諸本作「方步」。

一九八一頁中六行「今身」，諸本作「令身」。

一九八一頁中八行「之眠」，諸本作「之瞑」。

一九八一頁中一一行「無災」，諸本作「無失」。

一九八一頁中一四行「入道」，清作「八道」。

一九八一頁中一八行「渴乏」，諸本作「飢渴」。

一九八一頁下一行「叩頭」，資、普作「呪頭」。

一九八一頁下三行首字「蹈」，諸本作「料」。

趙城縣廣勝寺

廣弘明集卷第五　　典

大唐西明寺沙門釋道宣撰

辯惑篇第二

俗之惑者大略有二初惑佛為幻僞善誘人心二惑因果沉冥保重身世且佛名大覺照極機初審性欲之多方練病藥之權道故能俯現金姿垂丈六之偉質流光遍燭通大千而闡化致使受其道者獲證塵砂內傾十使之纏外蕩八魔之弊故能履水火而無礙攝龍鬼而怡神三明六通暢靈襟之妙術四辯八解演被物之康衢其道顯然差難備敘至於李叟稱道纔闡二篇名位周之史目門學周之一吏生於厲鄉死於槐里莊生可為實錄秦佚誠非妄論而史遷褒之乃云西遁流砂漢景信之方開東夏道學尒後宗緒漸布終淪滯於神州絕智守雌全未聞於環海蒙俗信度飾詐揚真乃造老子化胡等經比擬佛法四果十地劫數周循結土為人觀音侍老黃書度命赤章厭祝斯言孟浪無足可稱方欲凌佛而跨法僧矯俗而為尊極通鑒遠識者自絕生常瑣學迷津者或同墜溺且道德二篇消子所說伯陽為尹而傳是則述而不作至於四果以下全非道流斯乃後學門人廣開衢術言輒引類翻累本宗故神仙傳云無識道士妄傳老子代代為國師者濫也葛洪可謂生知之士千載之一遇也諸餘碌碌等駑齊驅佛經無敘於李聃道書多涉於釋訓人流慕上古談之常言惡居下徒令俗之行事所以隨有相狀無不擬儀道本氣也無像可圖今則擬佛金姿峙列天堂地獄連寫施行五戒十善曾無異迹終是才用薄弱不能自立宗科竊經盜義倚傍稱道至如揚雄太玄逌然居異抱樸論道邀尒開權莊惠之流可為名作南華近出亦足命家豈若上皇之元寄耶漢徹之號剖生左腋用比能仁之儀斯途衆矣具如後顯又俗惑三際之業時輕四趣之報人死極於生亦其知何至由斯淪滯出竟無緣若不統敘

長迷逾遠深嬾繁妄何得略之又序曰夫解惑之生存乎博見義舉傳聞聞詭信為難辯舟師故四不壞淨位居入流之始一正定聚方稱涉正之域餘則初染輕毛隨風揚扇不退漆木雖磨不磷是以辯惑寔正開於悟達之機宅形安道必擬揩明之德自法流震旦信毀相陵多由臆斷師心統決三際必然之事乃謂寓言六道昭彰之形言為虛指夫以輪迴生死隨業往還依念念而賦身逐劫劫而傳識所以濠上英華著方生之論柱下睿哲稱其鬼不神可謂長時有盡生涯不窮為父既化黃熊漢王變為蒼犬彭生豕見事顯齊公允伯纓垂名高漢史斯迷衆矣難備書紳無識之倫妄生推詭便言三后在天勸誘之高軌陳祭鬼饗孝道之攉猷斯則乖人倫之典謨越天常之行事詭經亂俗不足言之若夫繫述遊魂之談經敘故身之務昭穆有序祖尊重親追遠慎終由來之同仰戢霜興感列代之彝倫安有捐擲所生專存諸己

攢陳無鬼之論自許有身之術前集已論今重昌顯固須讎挍名理尋討經論卷部五千咸經目閱義通八蔵妙識宗歸若斯博詣事絕迴惑竊以六因四緣乖善惡而成業四生六道紹升沉之果報茲道坦然非學不達豈可信凡庸之臆度排大聖之明略哉況復列十度之仁舟濟大心於苦海分四諦之階級導小智之邪山三學以統兩乘四輪而摧八難梗概若此無由惑之又以寺塔崇華糜費於財事僧徒供施叨臨於福田過犯滋彰譏嫌時俗通汙佛法咸被湮埋故周魏二武生本幽都赫連兩君俞惟獫狁鄉非仁義之域性絕陶甄之心擅行殲殄誠無足怪今疏括列代編而次之庶或迷沒披而取悟序之云尒

梁弘明集辯惑篇目錄

唐廣弘明集辯惑篇捴目

廣弘明集辯惑篇第二之一　卷五

辯道論　魏陳思王曹植子建
聖賢同軌老聃非大賢論　晉秘書監孫盛安國
老子疑問反訊　晉孫盛
均聖論　齊常侍沈約（陶隱居難並解）

辯道論　魏曹植

夫神仙之書道家之言乃云傅說上為辰尾宿歲星降為東方朔淮南王安誅於淮南而謂之獲道輕舉鉤弋死於雲陽而謂之尸逝柩空其為虛妄甚矣哉中興篤論之士有桓君山者其所著述多善劉子駿嘗問人言誠能抑嗜慾闔耳目可不衰竭乎時庭中有一老榆君山指而謂曰此樹無情慾可忍无耳目可闔然猶枯槁腐朽而子駿乃言可不衰竭非談也君山援榆喻之未是也何者余前為王莽典樂大夫樂記云文帝得魏文侯樂人竇公年百八十兩目盲帝奇而問之何所施行對曰自年十三而失明父母哀其不及事教以鼓琴目不能導引不知壽得何力君山論之曰頗得少盲專一內視精不外鑒之助也先難子駿以內視無益退論竇公

便以不覽證之吾未見其定論也君山又曰方士有董仲君者繫獄陽死數日目陷蟲出死而復生然後竟死生之必死君子所達夫何喻乎夫至神不過天地不能使蟄蟲夏遊震雷冬發時變則物動氣移而事應彼仲君者乃能藏其氣尸其體爛其膚出其蟲無乃大怪乎世有方士吾王悉所招致甘陵有甘始廬江有左慈陽城有郗儉始能行氣導引慈曉房中之術儉善辟穀悉號三百歲本所以集之於魏國者誠恐斯人之徒接姦詭以欺衆行妖慝以惑人故聚而禁之甘始者老而有少容自諸術士咸共歸之然始詞繁寡實頗竊有怪言若遭秦始皇漢武帝則復徐福欒大之徒矣桀紂殊世而齊惡姦人異代而等偽乃如此耶又世虛然有仙人之說仙人者黨猱猨之屬與世人得道化為仙人乎夫雉入海為蛤燕入海為蜃當其徘徊其翼差池其羽猶自識也忽然自投神化體變乃更與黿鼈為羣豈復自識翱林薄巢垣屋之

娛乎而顧為匹夫所惘納虛妄之詞信眩惑之說隆禮以招弗目傾産以供虛求散王爵以榮之清閑館以居之經年累稔終無一効或殁於沙丘或崩乎五柞臨時雖誅其身滅其族紛然足為天下笑矣然壽命長短骨體强劣各有人焉善養者終之劣擾者半之虛用者殀之其斯之謂歟

植字子建魏武帝第四子也初封東阿郡王終後謚為陳思王也幼含珪璋十歲能屬文下筆便成初無所改世間術藝無不畢善邯鄲淳見而駭服稱為天人也植每讀佛經輒流連嗟翫以為至道宗極也遂製轉讀七聲升降曲折之響故世之諷誦咸憲章焉嘗遊魚山聞空中梵天之讚乃摹而傳于後則備見梁法苑集然統括道源精究仙録詐妄尤甚故著論以詳之

聖賢同軌老聃非大賢論　晉孫盛安國

頃獲閑居復申所詠仰先哲之玄微考大賢之靈衢詳觀風流究覽行止高下之辯殆可髣髴夫大聖乘時故

迹浪於所因大賢次微故為大聖而舒卷所因不同故有揖讓為干戈迹乖次微道亞故行藏之軌莫異亦有龍虎之從風雲形聲之會影響理固自然非召之也是故箕文同兆元吉於虎兕之吻顏孔俱否逍遥於匡陳之間唐堯則天稷契翼其化湯武革命伊呂贊其功由斯以言用舍影響之論惟我為尒之談豈不信哉何者大賢庶幾觀象知器觀象知器豫籠吉凶豫籠吉凶是以運形斯同御治因應對接群方終保元吉窮通滯礙其揆一也但欽聖樂易有待而享欽冥而不能冥悅寂而不能寂以此為優劣耳至於中賢第三之人去聖有間故冥體之道未盡自然運用自不得玄同然希古存勝高想頓足仰慕淳風專詠至虛故有栖峙林壑若巢許之倫者言行抗轡如老彭之徒者亦非故然理自然也夫形躁好靜質柔愛剛瀆所常習悅所希聞世俗之常也是以見偏抗之辞不復尋因應之適覩矯誑之論不復悟過直之失

耳案老子作為聖教同者是代大匠斲駢拇枝指之喻其說乎聖教者是遠救世之宜違明道若昧之義也六經何常闕虛靜之訓謙沖之誨哉孔子曰述而不作信而好古竊比於我老彭尋斯言也則老彭之道以籠罩乎聖教之內矣且指說二事而不非實言也何以明之聖人淵寂何不好哉又三皇五帝以下靡不制作是故易象經墳爛然炳著棟宇衣裳為時而興安在述而不作乎故易曰聖人作而萬物覩斯言之證蓋指說老彭之德有以縣歸類已形迹之處所耳亦猶匿怨而友其人左丘明耻之丘亦耻之豈若於吾言無所不說相體之至也且顏孔不以導養為事而老彭養之孔顏同乎斯人而老彭異之凡斯數者非不亞聖之迹而又其書往往舛盾粗列如左大雅搢紳幸袪其弊感又不達老聃輕舉之言為欲著訓戎狄宜導殊俗乎若欲明宣導殊類則左衽非玄化之所孤遊非嘉遁之舉諸夏陵遲敷訓所先聖人之教自近及遠未有

輔張避險如此之遊也若懼禍避地則聖門可隱商朝曾邪有無如者矣苟得其道則遊刃有餘觸地元吉何違天心於戎貊如不能然者得无庶於朝隱而祈仙之徒乎

昔裴逸民作崇有貴無二論時談者或以為不虛達勝之道者或以為矯時流遁者余以為尚無既失之矣崇有亦未為得也道之為物惟怳與忽因應無方惟變所適值澄淳之時則司契垂拱遇萬動之化則形體勃興是以洞鑒雖同有無之教異陳聖致雖一而稱謂之名殊自唐虞不希結繩湯武不擬揖讓夫豈異哉時運故也而伯陽以執古之道以御今之有逸民欲執今之有以絶古之風吾故以為彼二子者不達圓化之道各矜其一方者耳

老子疑問反訊　晉孫盛

道經云故常無欲以觀其妙故常有欲以觀其徼此兩者同出而異名同謂之玄玄之又玄衆妙之門

舊說及王弼解妙謂始徼謂終也夫

觀始要終覩妙知著達人之鑒也既
以欲澄神昭其妙始則自斯以已宜
恙鎮之何以復須有欲得其終乎宜
有欲俱出妙門同謂之玄若然以往
復何獨貴於無欲乎
天下皆知美之為美斯惡已皆知善
之為善斯不善已
咸以為夫美惡之名生乎美惡之實
道德淳美則有善名頑嚚聾昧則有
惡聲故易曰惡不積不足以滅身又
曰美在其中暢於四支而發於事業又
曰韶盡美矣未盡善也
然則大美大善天下皆知之何得云
斯惡乎若虛美非美為善非善所美
過美所善違中若此皆世教所疾聖
王奮誠天下亦自知之於斯談
不尚賢使民不爭不貴難得之貨使
人不盜常使民無知無欲使知者不
敢為
又曰絕學無憂唯之与阿相去幾何
善之与惡相去何若　下章云善人
不善人之師不善人善人之資不貴
其師不愛其資雖智大迷咸以為民

苟無欲亦何所師於師哉既相師資
非學如何不善師善非尚賢如何貴
愛既存則美惡不得不彰非相去何
若之謂又下章云人之所教我亦以
教人吾言甚易知而天下莫能知
又曰吾將以為教父承斯談也未為
絕學所云絕者堯孔之學耶堯孔之
學隨時設教老氏之言一其所尚隨
時設教所以道通百代一其所尚不
得不滯於適變此又闇弊所未能通
者也
道沖而用之又不盈和其光同其塵
咸以為老聃可謂知道非體道者也
昔陶唐之莅天下也無曰解哉則維
昭任眾師錫疋夫則馭然授禪豈非
沖而用之光塵同彼哉伯陽則不然
既處濁位復遠導西戎行止則昌狂
其迹著書則矯誑其言和光同塵固
若是乎余固以為知道體道則未也
道經云三者不可致詰混然為一繩
繩兮不可名復歸於無物無物之象
是謂忽怳
下章云道之為物惟怳与忽忽兮怳

兮其中有象怳兮忽兮其中有物此二
章或言無物或言有物先有所不宜
者也
執古之道以御今之有　上章執者
失之為者敗之而復云執古之道以
御今之有或執或否得無陷矛盾之
論乎
絕聖弃知民利百倍
孫盛曰夫有仁聖必有仁聖之德迹
此而不崇則陶訓焉融仁義不尚則
孝慈道喪老氏既云絕聖而每章輒
稱聖人既稱聖人則迹焉能得絕若
所欲絕者絕堯舜周孔之迹則所稱
聖者為是何聖之迹乎即如其言聖
人有宜滅其迹者有宜稱其迹者稱
滅不同吾誰適從
絕仁弃義民復孝慈
若如此談仁義不絕則不孝不慈矣
復云居善地与善仁不審与善仁之
仁是向所云欲絕者非耶如其是也
則不宜復稱述矣如其非也則未詳
二仁之義一仁宜絕一仁宜明此又所
未達也若謂不聖之聖不仁之仁則

教所誅不假高唱矣

退至莊周云聖人不死大盜不止又曰田常竊仁義以取齊國夫天地陶鑄善惡無育各稟自然理不相關梟鴟縱毒不假學於鸞鳳豺虎肆害不借術於麒麟此皆天質自然不須外物者也何至凶頑之人獨當假仁義以濟其姦乎若乃冒頓弑父鄭伯盜鄭豈復先假孝道獲其終害乎而莊李掊擊殺根毀駮正訓何異疾盜賊而銷鑄干戈覩食噎而絕弃嘉穀乎後之談者雖曲為其義辯而釋之莫不艱乇於煞聖困躓於忘親也

知我者希則我貴矣

上章云聖人之在天下也百姓皆注其耳目師資貴愛必彰萬物如斯則知之者安得希我知希者何必貴我即己之身見貴九服何得佩實抗言云貴由知希我斯蓋欲抑動恒俗故發此過言耳聖教則不然中和其詞以理訓導故曰在家必聞在邦必聞也是聞必達也不見善而無悶潛龍之德人不知而不慍君子之道衆好

之必察焉衆惡之必察焉既不以知多為顯亦不以知少為貴誨謗綽縕理中自然何与老聃之言同日而語其優劣哉

禮者忠信之薄而亂之首前識者道之華而愚之始是以大丈夫處其厚不處其薄處其實不處其華也

孫盛曰老聃足知聖人禮樂非玄勝之具不獲已而制作耳而故毀之何哉是故屏撥禮學以全其任自然之論豈不知叔末不復得返自然之道直欲申己好之懷然則不免情於所悦非注心救物者也非惟不救乃獎其弊矣或問莊老所以故發此唱蓋与聖教相為表裏其於陶物明訓其歸一也盛以為不然夫聖人之道廣大悉備矣猶日月懸天有何不照者哉老氏之言皆紋於六經矣寧復有所愆之俟佐助於聃周乎即莊周所謂日月出矣而爝火不息者至於虛誕譎怪徼詭之言尚拘滯於一方而攢稱不經之奇詞也

王侯得一以為天下貞貞正也

下章云孰知其極其無正正復為奇善復為妖

尋此二章或云天下正或言無正既云善人不善人師而復云為妖天下之善一也而或師或妖天下之正道一也而云正復為奇斯反鄙見所未能通也盛字安國士晉為給事中秘書監少遊涉墳素而以史籍為懷故曰賢聖玄邈得諸言表而仁愛自我陶染庶物漸漬之功莫過乎經史著晉陽春秋三十餘卷評老氏中賢之流故知為尹述書乃祖承有據稱子云老子就涓子學九仙之術尋乎導養斯言有徵至於聖也則不云學故語曰生知者上學知者次王何所位與達鴻猷故班固序人九等之例孔丘等為上上類例皆是聖李耳等為中上類例皆是賢聖有至聖亞聖賢有大賢中賢並以神崇有利鈍故智用有漸頓也盛叙老非大賢取其閑放自牧不能兼濟於天下坐觀周衰遁於西裔行及秦壞死於扶風葬於槐里非遁天之仙信矣

均聖論　　齊沈約休文

自天地權輿民生攸始遐哉眇邈無得而言焉無得而言因有可言之象至於太虛之空曠無始之杳冥豈唯言象莫窺良以心慮事絕及天地數尔来宅其中毫端之泛鉅海方斯非辟然則有此天地以来猶一念也我之所久莫過軒羲而天地之在彼太虛猶軒羲之在彼天地蠉蝡之徒惟謂赫胥為遠何其瑣瑣為念之局耶世之有佛莫知其始前佛後佛其道不異法身湛然各由應感感之所召跨大千而咫尺緣苟未應雖踐跡而弗覩娑婆南界是曰閻浮葱嶺以西經塗密迩緣運未開自尚理隔何以言之夏殷以前書傳簡寡周室受命經典備存象寄狄鞮隨方受職重譯入貢怱括要荒而八蠻五狄莫不愚鄙文字靡識訓義不通咸納贄王府登樂清廟西國密塗厥路非遠雖葉書横字胡華不同而深義妙理於焉自出唐虞三代不容未有事獨西限道未東流豈非區區中國緣應未啓求其

會歸尋其旨要寧尚四夷之樂同日而語乎非為姬公所遺蓋由斯法宜隱故也炎昊之世未火未粒宍食皮衣仁惻之事弗萌懷抱非宍非皮死亡立至雖復大聖殷勤思存救免而身命是資理難頓奪是宜導之以漸稍啓其源故燧人火化變腥為熟腥熟既變蓋佛教之萌兆也何者變腥為熟其事漸難積此漸難可以成著迄乎神農復垂汲引嘉穀肇播民用粒食噍腹充虛非宍可飽則全命減煞於事弥多自此以降矜護日廣春蒐免其懷孕夏苗取其宮穀秋獮冬狩所害誠多頓去之難已備前說周孔二聖宗條稍廣見其生不忍其死聞其聲不食其宍草木斬伐有時麛夘不得妄犯漁不竭澤佃不燎原釣而不綱弋不射宿宍食蠶衣皆須耆齒牛羊犬豕無故不煞此則戒有五支又開其一也逮乎酣醟于酒婬迷乎色詭妄於人攘濫自已外典所禁無待釋教四者犯人人為含靈之首一者害獸獸為生品之末上聖開宗

宜有次第亦由佛戒煞人為業最重也內聖外聖義均理一而蔽理之徒封著外教以為烹羊豢豕理固宜然或者又云若如釋氏之書咸有緣報之業則禹湯文武並受刳剔周公孔子俱入鼎鑊是何迷於見道若斯之篤耶試尋斯證可以有悟矣

華陽先生難

鎮軍均聖論　　山民陶隱居仰諮

論云前佛後佛其道不異周室受命象寄狄鞮隨方受職西國密塗厥路非遠唐虞三代不容未有事獨西限道未東流非為姬公所遺蓋由斯法宜隱燧人火粒變腥為熟蓋佛教之萌兆周孔二聖宗條稍廣見生不忍其死聞聲不食其肉草木斬伐有時麛夘不得妄犯又戒有五支四者犯人人為含靈之首一者害獸獸為生品之末內聖外聖義均理一諮曰謹案佛經一佛之興動踰累刧未審前佛後佛相去宜幾釋迦之現近在莊王唐虞夏殷何必已有周公不言恐由未出非関宜隱育王造塔始敬王之

世既閻浮有四則東國不容都寘矣子自以華礼興教何宜乃譏夷法故歎中國失礼求之四夷亦良有別意且四夷之樂裁出要荒之際投諸四裔亦寄迹危羽之野禹迹所至不及河源越裳白雉尚稱重譯則天竺罽賓久與上國殊絕衰周以後時或有聞故鄒子以為赤縣於寓內止是九中之一耳漢初長安乃有浮圖而經像眇昧張騫雖將命大夏甘英遠届安息猶弗能宣譯風教闡揚斯法必其發夢帝庭乃稍就興顯此則似如時致通閡非關運有起伏也若必以緣應有會則昔之淳厚群生何辜今之澆薄群生何幸假使斯法本以救澆者夫為罪莫過於煞肉食之時煞孰甚焉而方俟火粒甫為教萌於大慈神力不有所躓乎若粳粮未播煞事難息未審前時過去諸佛復以何法為教此教之萌起在何佛無四戒犯人為報乍輕一煞容歟受對更重首輕末重亦為未達夫五人之道曰仁與義周孔所云聞聲不食斬伐

有時者蓋欲大明仁義之道於鳥獸草木尚曰其然況在乎人而可悖虐非謂內惕崇方意在緣報觀迹致似論情碩乖不審於內外兩聖其事可得是均以不此中条差難用頓悟謹偹以諮洗碩具啓諸蔽

難云釋迦之現近在莊王唐虞夏殷何必已有周公不言恐由未出非開宜隱育王造塔始敬王之世閻浮有四則東國不容都無答曰釋迦出世年月不可得知佛經既無年歷注記此法又未東流何以得知是周莊之時不過以春秋魯莊七年四月辛卯恒星不見為據三代年既不同不知外國用何曆法何因知魯莊之四月是外國之四月乎若外國用周正耶則四月辛卯長曆惟是五日了非八日若用殷正耶周之四月殷之三月用夏正耶周之四月夏之二月都不与佛家四月八日同也若以魯之四月為證則日月參差不可為定若不以此為證則佛生年月無證可尋且釋迦初誕唯空中自明不云星辰不見

也瑞相又有日月星辰停住不行又云明星出時墮地方行七步初無星辰不現之語與春秋恒星不現意趣永乖若育王造塔是敬王之世閻浮有四此道已流東國者敬王以来至於六國記注繁密曽無一槩育王立塔非敬王之時又分明也以此而推則釋迦之興不容在近周世公旦之情何得未有難云夫子自以華禮興教何宜乃譏夷法故歎中國失禮求之四夷亦良有別意答曰弘教次第前論已詳不復重辯

難云四夷之樂裁出要荒之際投諸四裔亦寄迹危羽之野禹跡所至不及河源越裳白雉尚稱重譯則天竺罽賓久與上國殊絕衰周以後時或有聞故鄒子以為赤縣於寓內止是九州中之一耳漢初長安乃有浮圖而經像眇昧張騫雖將命大夏甘英遠届安息猶弗能宣譯風教必其發夢帝庭乃稍興顯此則似時有通礙非關運有起伏也答曰本以西域路近而大法不被此蓋由緣應未發

非謂其塗為遠也其路既近而此法

永不東流若非緣應未至何以致此及後東被皆由緣應宜發通硋各有其時前論已盡也

難曰若必以緣應有會則昔之淳厚群生何辜今之澆薄群生何幸假使斯法本以救澆者夫為罪莫過於煞肉食之時煞戮甚焉而方俟火粒甫為教萌於大慈神力不有所躓乎若粳粮未播煞事難息未審前時過去諸佛復以何法為教此教之萌起在何佛無四戒犯人為報乍輕一煞宮獸受對更重首輕末重亦為未達夫立人之道曰仁與義周孔所云閒賢不食斬伐以時者蓋欲大明仁義之道於鳥獸草木尚曰其然況在乎人而可悖虐非謂內惕亰方意在緣報覩迹或似論情頓乖不審於內外兩聖其事可得是均以不此中參差難用頓悟謹備以諮洗願具啓諸蔽

荅曰民資宍食而火粒未啓便令不肉教豈得行前論言之已具不復重釋衆生緣果所遭各有期會當昔佛教未被是其惡業盛時後之閒法是

其善業萌時善惡各有其時何関淳厚之與澆薄五支之戒各有輕重非煞戒偏重四支並輕且五業雖異而互相發起犯人之戒人重故先出犯獸之戒獸輕故後被訓記之道次第宜然周公孔子漸弘仁惻前論已詳請息重辯若必以釋教乖方域之理外此自一家之學所不敢言

廣弘明集卷第五

廣弘明集卷第五

校勘記

一　底本，金藏廣勝寺本。

一　九八六頁中二行撰者，資、磧、普、南作「唐終南山釋氏道宣撰」；徑、清作「唐終南山釋道宣撰」。

一　九八六頁中三行「辯惑篇第二」，資、磧、普、南作「辯惑篇第二之一」；徑、清作「辯惑篇序」。

一　九八六頁中一一行第四字「攝」，資、磧、普、南、徑、清作「懾」。

一　九八六頁中一九行「信度」，資、磧、普、南、徑、清作「信受」。

一　九八六頁下七行「無識」，徑作「無說」。

一　九八六頁下一七行「迢然」，徑作「超然」。

一　九八六頁下一八行第五字「莊」，資、磧、普、南、徑、清作「道莊」。

一　九八七頁上二行首字「曰」，徑無。

一　九八七頁上三行「闇託」，資、磧、

普、南、徑、清作「閒記」。

一　九八七頁上二一行「昭穆」，資作「韶穆」。又「祖尊」，資、磧、普、南、徑、清作「尊祖」。

一　九八七頁中一二行首字「事」，資、磧、普、南、徑、清作「帛」。又「叨臨」，諸本(不含石，下同)作「叨濫」。

一　九八七頁中一八行至次頁上四行夾註左「梁弘明集……難并解」，徑作「辯惑篇第二之一」、「唐終南山釋道宣集」各一行。

一　九八七頁中一八行「梁弘明集辯惑篇目録」，清作「辯惑篇總目」。

一　九八七頁中一九行至頁下三行「斗融……揔目」，清無。

一　九八七頁下六行首字「昏」，清無。

一　九八七頁下八行「惑解」，清作「惑解上下」。

一　九八七頁下一一行首字「周」，清無。一二行首字及第七字、一三行至一五行首字同。

一　九八七頁下一七行首字「唐」，清無。下至二〇行首字同。

一　九八七頁下一七行「少卿」，磧、普、南、清作「仲卿」。又夾註「并答」，資、磧、普、南、清作「并書」。

一　九八七頁下一九行第九字「法」，資、磧、普、南、清作「佛法」。

一　九八七頁下二一行至二二行「昏戴安……折疑論」，資、磧、普、南、清無。

一　九八七頁下末行首字至夾註末字「廣……五」，清作「辯惑篇第二之一」。

一　九八八頁上一行「魏陳思王曹植子建」，清無。

一　九八八頁上二行「昏秘書監孫盛安國」，清無。

一　九八八頁上三行「昏孫盛」，清無。

一　九八八頁上四行「齊常侍沈約」並夾註「陶隱居難并解」，磧、南作「齊常侍沈約」；清無。

一　九八八頁上四行與五行之間，資、磧、普有「列代王臣滯惑解二十五人」一行。

一　九八八頁上五行「魏曹植」，清作「魏陳思王曹植子建」。

一　九八八頁上二〇行末字「不」，資、磧、普、南、徑、清作「又」。

一　九八八頁上二二行「精不」，資、磧、普、南、徑、清作「情不」。

一　九八八頁中五行「夏遊」，資、磧、普、南、徑、清作「夏潛」。

一　九八八頁中一一行第一一字「本」，資、普、徑、清作「卒」。

一　九八八頁中一五行第九字「頗」，清作「頁」。

一　九八八頁中二〇行第七字「雉」，麗作「雀」。又「鴿燕」，徑作「蜃燕」；麗作「蛤雉」。

一　九八八頁中二一行「爲蜃」，徑作「爲蛤」。

一　九八八頁下一行「悯納」，資、磧、普、徑作「調納」。

一　九八八頁下一四行「道宗」，資、磧、

普、南、徑、清作「道之宗」。

一　九八八頁下二〇行「聖賢同軌」，徑無。又「大賢論」，資、磧、普、南作「大聖論第二」；徑作「大聖論」；清作「大賢論第二」。又「安國」，徑無；清作「昏秘書監孫盛安國」。

一　九八八頁下二二行「霊衢」，資、磧、普、南、徑、清作「靈術」。

一　九八九頁上二行「捐讓」，資作「悒讓」。

一　九八九頁上二一行第四字「潰」，資、磧、普、南、徑、清作「讀」。

一　九八九頁中二行「拇枝」，資、磧、普、南、徑、清作「拇敲」。

一　九八九頁中五行「於我」，磧、南、徑、清作「我於」。

一　九八九頁中七行「而不」，資、普、徑作「而已」。

一　九八九頁中末行「自近」，南作「目近」。

一　九八九頁下一行首字「輧」，資、磧、普、南、徑、清作「譸」。

一　九八九頁下四行第二字「天」，南作「夫」。

一　九八九頁下五行「祈仙」，資、磧、普、南、徑、清作「神仙」。

一　九八九頁下七行「虛達」，徑作「達虛」。

一　九八九頁下一〇行「澄淳」，資、磧、普、徑作「澄渟」。

一　九八九頁下一三行「殊自」，資、磧、普作「殊目」。

一　九八九頁下一九行「反訐」，資、磧、普、南、清作「反訊第三」。又「昏孫盛」，徑作「孫盛」；清作「昏祕書監孫盛安國」。

一　九九〇頁上八行第四字「夫」，徑無。

一　九九〇頁上一一行「暢於四支而」，徑作「而暢於四支」。

一　九九〇頁上一六行「奮誠」，徑作「奮誠」。

一　九九〇頁上一八行「不盜」，磧、普、南、徑、清作「不爲盜」。

一　九九〇頁上一九行「敢爲」，清作「敢爲」并夾註「此亦道經語也」。

一　九九〇頁上末行「雖智」，麗作「雖知」。

一　九九〇頁中三行「不彰」，資、磧、普、南、徑、清作「不障」。

一　九九〇頁中一二行「又不」，磧、普、南、徑作「或不」。

一　九九〇頁中一五行「授禪」，資、磧、普、南、徑、清作「禪授」。

一　九九〇頁中一六行「同彼」，資、磧、普、南、徑、清作「同波」。

一　九九〇頁中一七行「遠導」，資、普、徑作「遠遁」。又「昌狂」，資、磧、普、南、徑、清作「猖狂」。

一　九九〇頁中二〇行「道經云」，徑無。

一　九九〇頁下四行「上章」，磧、普、南、徑、清作「下章」。

一　九九一頁上二行首字「退」，資、磧、普、南、徑、清作「逮」。

一　九九一頁上一七行第七字「戕」，

磧作「故」。

一　九九一頁上一八行第一一字「佩」，麗作「背」。

一　九九一頁中三行「何與」，徑作「可與」。

一　九九一頁中一一行第六字「未」，諸本作「末」。

一　九九一頁中一三行「注心」，資、磧、普、南、徑、清作「浪心」。

一　九九一頁中一四行第四字至二二行末字「或……也」與頁中末行至頁下七行「王侯……通也」，徑互置。

一　九九一頁中一四行「莊老」，徑作「老莊」。

一　九九一頁中一六行「歸一也」，資、磧、普、清作「歸一也矣」；南作「歸一也已」；徑作「歸一也」。

一　九九一頁中一七行第四字「矣」，徑無。

一　九九一頁中一八行「皆絞」，資、磧、普、南、徑、清作「皆駮」；麗作「皆效」。

一　九九一頁中二〇行「息者」，資、磧、普、南、徑、清作「息者也」。

一　九九一頁中二一行「僞詭」，資、磧、普、南、徑、清作「矯詭」。

一　九九一頁下七行「士昏」，諸本作「仕昏」。

一　九九一頁下八行「墳素」，磧、普、南、徑、清作「墳索」。

一　九九二頁上一行「均聖論」，資、磧、普、南、清作「均聖論第四」。又「齊沈約休文」；徑作「齊沈約」；清作「齊常侍沈約休文」。

一　九九二頁上二一行「胡華」，資、磧、普、南、徑、清作「華梵」。

一　九九二頁中五行「救免」，徑作「牧免」。

一　九九二頁中二〇行「逮乎」，資、磧、普、南、徑、清作「逮于」。

一　九九二頁下五行「剞剔」，資、磧、普、南、徑、清作「刲剞」。

一　九九二頁下六行「迷於」，資、磧、普、南作「述於」。

一　九九二頁下八行至九行「華陽……仰諮」，徑作「難均聖論　陶隱居」。

一　九九二頁下一四行「變腥」，資、磧、普、南、徑、清作「變生」。

一　九九三頁上一行第一三字「寔」，麗作「無」。

一　九九三頁上六行「越嘗」，資、普、徑、清、麗作「越裳」。本頁下一五行同。

一　九九三頁上八行「止是」，資、普作「上是」。又末字「九」，資、磧、普、南、徑、清作「九州」。

一　九九三頁上一六行「澆者」，資、磧、普、南、徑、清作「濟者」。

一　九九三頁上一九行「難息」，資、磧、普、南、徑、清作「難以息」。

一　九九三頁上二二行「未重」，資、普、徑、清、麗作「末重」。

一　九九三頁中三行「意在」，清作「意有」。

一　九九三頁中四行「碩乖」，麗作「頓乖」。

一　九九三頁中六行與七行之間，徑有「答陶華陽　沈約」一行。

一　九九三頁中八行「未出」，資、磧、普、南作「來出」。

一　九九三頁中一七行「惟是」，資、磧、普、南、徑、清作「推是」。

一　九九三頁下二行第八字「方」，資、磧、普、南、徑、清無。

一　九九三頁下一七行「鄀子」，資作「郗子」。

一　九九三頁下一九行第三字「經」，資、磧、普、南、徑、清無。又「大夏」，南、清作「及夏」。

一　九九三頁下二一行第三字「帝」，麗作「遆」。

一　九九四頁上一四行「孔所」，南作「孔孟」。

一　九九四頁中六行「訓記」，資、磧、普、南、徑、清作「訓誡」。

廣弘明集卷第六　　典

大唐西明寺沙門釋　道宣撰

辯惑篇第二之二

列代王臣滯惑解上

有唐太史傅弈者本宗李老猜忌釋門滔圖婪剪用達其鄙武德之始上書具述既非經國當時遂寢弈不勝其憤乃引古來王臣訕謗佛法者二十五人撰次品目名為高識傳一袠十卷抄於市賣欲廣其塵又加潤飾增其罪狀王於張曾擾於漢中黃巾反於天下斯並李門勃逆皆覆而不顯非謂篤論之文乎若夫城高必頹木秀斯拔恠我清峻故有異道嫉之示足恠其鄙悉未見廝徒阜隷有加惱辱明非目翳何事屏除故因其立言仍隨開諭此則古來行事釋判天分未廣見者謂為新致聊陳舊解略顯由途資此神開可稱高識又傳氏烹識才用寄人集叙時事廢興太半坑殘焚蕩之事可号非政所須沙汰括撿之條斯寔王化之本故僧條俗格代代滋彰此乃禁非豈成除毀傳氏通入廢限是謂披毛之夫終淪塗炭可悲之甚矣弈學周子史意在誅除搜揚列代論佛法者莫委存廢通跡二十五人大略有二初則崇敬佛法恐有媱穢故須沙汰務得住持二則憎嫉昌顯危身挾怨故須除蕩以暢胷襟初列住持王臣一十四人傳弈高識傳通列為廢除者今簡別是興隆之人

宋世祖　唐高祖　王度　顏延之
蕭摹之　周朗　虞愿　張普惠
李瑒　衛元嵩　顧歡　邢子才
高道讓　盧思道

二列毀滅王臣一十一人傳弈高識傳列為高識之人今尋乃是廢滅者

魏太武　周高祖　蔡謨　劉晝　陽衒之
荀濟　章仇子陁　劉惠琳　范縝　李緒
傅弈減省除滅半之　王文同

初序沙汰僧衆者夫以稊稂之穢青田榮華之弊白首者良有以也故六群之過興舍衛十濫之偽起毗離大聖因立條章无學由而正犯遂有七擯量其小失四法拔其大愆張綱目而示三千顯律儀而陳八万故得正像咸稱有道內外同号無虛自法漸王門金科之刑無墜僧羅海岳藏疾之際滋章舉統以法繩之烹鮮之儀可覩隨機以時勸勉揑泥之喻自隣人誰無過垂珠之誡有津醌迹易欣掩耳之夫難覩所以宋唐兩帝王顏等賢鑒物性之昏明曉時緣之淳薄縱釋門之紛蕩則淄澠一亂彈僧徒之得失則涇渭殊流斥貪競之鄙夫毀藏積之僧淳存高尚之道德延重惠以攝人至如漢魏齊梁之為政也恢恢天網取漏吞舟察察王政事兼苛濫所以大弘佛法通濟於五乘誘洽明時陶漸於清濁使濁者知歸令自新於大造清者容養悟適化之多方其猶大赦天下逋逃因之攺容忘瑕納衆羣小以之遷善堯舜豈非聖主而化不及丹朱漢祖焉樂亂階而亮貫高之逆孔門季路雖僻而預升堂釋種達多乃邪而參清衆是知擢道抑揚神機利用或取或縱事出乘時後序除廢三寶意者夫以保形存

命有生之所貴重財愛食鄙俗之共珍故位稱大寶無以權於死王力拔青山莫有亡於老病斯佛教也故四山常逼王位非常三相恒遷生涯有數斯實録也俗有讖記之傳不知由何而得或云口授或述符圖虛然顯密布露士俗竊以五運更襲帝者一人自餘凡叟誰之顧録周祖已前有忌黑者云有黑人次膺天位故齊宣惶怖欲誅稠禪師稠以情問云有黑人當臨天位稠曰斯浪言也黑無過漆漆可作耶齊宣安解手煞第七弟渙故可笑也周太祖初承俗讖我名黑泰可以當之既入關中改為黑皂朝章野服咸悉同之令僧衣黃以從讖緯武帝雄略初不齒之張賓定霸元嵩賦詩重道疑佛將行廢立有實禪師者釋門之望帝亦欽重私問後運是誰應得實曰非僧所知帝曰如讖所傳云黑者應得僧多衣黑竊有所疑實曰僧但一身誰所狀異決非僧也帝曰僧非得者黑者是誰實曰至尊大人保信浪語外相若聞豈言

至聖黑者大有老烏亦黑大豆亦黑如是非一可亦得耶帝聞有姓烏姓竇者假過誅之元其情本疑意在釋遂即蕩除魏太武本是戎鄉素無文墨八歲登位一信崔浩故兩帝厚身信讒信讖陵殘佛化自取殃及旋踵更興由時來不在人力故經傳云佛化惟遠終於六萬歲時住持小聖功在九億无學不可削也綦毋讖已下上事諸賢並挾私忿於僧有隙發憤忘身何況佛法拯筆而書罪狀深文而掛刑網竟賊以驚視聽姚胡而動王目且律令條章未若凝脂之密滔滔天網自有陷目之夫言賊斯即盜科述姚乃當死例書表咸云姚賊未識姚賊是誰可謂匿名之書足投諸火如須勘撿虛迹自形前後上事雖有十賢旨濟一夫老有才用自餘連寫未足人聞傅弈後來謂自脫穎言无典據才氣虛劣瓦礫云實賢愚所輕然素本無道門起家貧賤投僧乞貸不遂所懷蓄憤致嫌固其本志武德之始西來入京投道士王歸歸道

左之望都邑所知見其飢寒延居私宅歸通人也待以上賓三數日間遂通其婦入堂宴語曾不避人歸有兄子為僧寺近歸宅因往見之弈大瞋怒僧便告歸歸初不信曰傅弈道士我將接在宅豈為不軌耶僧曰如若有疑可一往視相將至宅果如所言歸捲氣而旋歸有女聟為果殺常以為言弈既竊妻而傅姚不可弄矣如唐吏部唐臨冥報所傳神為泯人固其宜哉如別所顯

隋大業八年天子在遼有王文同者郊東王堡人也夙與僧爭水磑之利勅令巡問軍實乃矯詔集僧三木加身考令立反并令引邑議同謀遂誅翦僧徒於河間郡煞道俗近一千人傳符達於蒲州酷聲遍於天下時實愛為河東太守以狀奏聞帝大怒於河間戮之未及加刑百姓臠之生噉乃及於土地以此反例下述反僧亦相符此煞初因僧起謗毀佛法咸因宿忿不思累劫之溺而欲一時之快泄在帝目非關上事非位不謀已如

前各徒為舉以終隨唐會故集者隨
傳叙之庶後葉之龜鏡也

後魏世祖　周高祖　宋世祖　唐高祖
趙王度　晉蔡謨　宋顏延之
宋蕭摹之　宋周朗　宋虞愿
魏張普濟　魏李瑒　齊劉晝
魏楊衒之

後魏世祖太武皇帝初立道學置道壇廢佛宗

帝姓託跋氏諱伏釐後名燾鮮卑胡人之别種也西晉之亂有託跋盧據有朔方晉就封為代王盧孫捨翼犍或云珪部落逾盛衆十万北連雲中西據陰山雲中南去漢塞四千里以東晉孝武太元初南至朔東三百里平城為都二十餘歳依華造殿宗事佛道登位三十四年至晉帝隆安中第三主託跋燾立時年八歳尚在幼冲信任司徒崔浩浩尤不信佛情重李老仙術以道德經授帝令諷味因便重之登位二年召天下方士有道士寇謙之者道門之魁傑也自云於嵩高值天尊飛下召謙賜以天師之

号令奉太平真君置靜輪天宮可獲仙道列辟聞之若遺而浩深信之帝由是於平城郊置道場方二百步重層崇峻并備厚礼具如釋老志所述後改号太平真君以遂寇謙之道命也因蓋吴作亂関中有沙門畜弓矢浩便進說以吴通謀遂誅長安沙門焚破佛像四方亦然惟留臺下至真君七年遂一切蕩除坑僧破像自以為得志也為讒所黷幽煞太子恶疾殃身方族崔浩何嗟及矣不久為閹人宗愛所煞便崩其孫嗣立即開佛法天下大明

第六帝孝文是稱文祖改姓為元改代為魏去胡服定官名衣冠華夏移都河洛佛法大興然世祖勇於武略怯於文雄輕於自審重於信偽而弃叙為命世之明后寔誣也我尋弃按撿列代上事言及釋門者大略五焉前已顯之今重昌辯一以業運冥昧報果交加二以教指俗偽終歸空滅三以寺宇崇麗顧陵嫉之四以僧有雜行抄掠財色五以僧本緑俗位隆抗礼

五相雖惑多以雜行者為言焉斯不達之曲士也夫出家者取其發足超方形心異俗執持聖種震懾魔王天帝尚来下拜龍神無不奉者非無五三雜行犯法貪心婆娑於色味貪饕於名利斯等行乖佛化正法稊稗涅槃謂為禿人梵網呼為大賊戒海如尸不納僧俵財法絶之斯禁顯然妄各於佛深不可也至如俗士紀目有國常有行貞絜者重之為貪競者罪之不可以見一士乖僻合國並誅一官濁濫舉朝同剪斯不可也事見後魏書及十六國春秋世祖見一寺過起通國斬僧無問少長一時殘戮可謂虜官長也判事雷同弃引以為明略明者迯矣又以見僧受供享礼頻繁自不能拔妒而增狀僧為福田奉之自獲其報官是攝政禄之以感其功令王賜自下讓禄者是誰俗施僧財不受者常有無禄之官不聞於國受俸之士充牣九州豈以一士受賕朝迁為之廢務一僧濫施釋門由此致嫌又不可也是知清濁異途道俗

通有咎畫繩糺於失法詳刑科處於重輕斯俗政也戒律以撿於七非擯罰以正於三格僧制以遮其外犯法令以勗其內心此佛教也是則道俗律令具足光明昭彰於四俗顯昌於五衆有何不盡須尒上言所以上帝高居於九重躬鑒四海列辟靡監於王事職司其憂尒非其司妄行干政徒爲濫職何用當官故後之上事希有從之者故經說四依擬分爲濫人識難辯法智易明何得見一僧行過上累佛宗見一戒歿虧便輕正法止可以道廢人以人不弘道也不可以人廢道以道高出天人抑又詳之今以五常撿人何人能具五孝撿士何士備之讀易而忽陰陽講礼而存倨傲闇君賊臣代代常有尸禄亂政時時更繁孔門三千顏生獨爲德行君人二十九代唐堯常據言初略述繞詳則釋門藻鏡者躬矣

二周祖武皇帝志存道學躬受符錄猜忌佛門

帝姓宇文氏諱邕太祖魏丞相黑泰

之第三子也族本鮮卑元魏之末太祖扶魏平陽王西頓関中經魏四帝二十三年薨世子洛陽公受魏禪稱周當年被廢立弟寧都公爲帝四年崩謚明帝兒小立弟魯國公爲帝即高祖也改号保定元年深諱獨斷猜忌爲心晦迹親踈以蒙智術保定六年改元天和前後經于一紀大冢宰晉國公宇文護太祖之猶子也躬受遺詔輔翼帝圖雄略控御光時佐國恐有廢立便引入內煞之并子十人族大臣六家改元建德誅除雄武摧翦扞城慮遠權衡英威自若而能克己勵精露懷臣下布袍菲食勞謙自持躬履行陣步涉山谷故得士卒之心死而不猒時有讖記忌於黑衣謂沙門中次當襲運故帝初大信佛以事逼身遂行廢蕩以建德三年納道士張賓佞辯便滅二教更立通道觀用暢本懷至建德五年平齊既訖自以爲滅法之福祐也改元宣政至五月因癘而崩於雲陽子贇嗣位煞齊王父子十人正月一日改元大成

禪位其子衍改元大象自号天元皇帝便開佛法然則禍深福淺過奄其功明年五月崩謚曰文宣後年正月改元大定二月內禪位有隋故弈述云觀武帝爲政果決能斷此其志也既除妖邪之教惟務强兵五年之間大勳斯集盛矣其有成功也集者曰弈云無佛則国安祚遠如何周祖誅除纔了凶崩忽臨則弈爲狂矣然則武帝惟武曾不遑疑隨心快意便行誅戮宮𡴭毀佛歎惘已深祚促曆移固其宜矣況復癘及其身呼嗟何及殃鍾禍集又可悲凉乃以正佛爲妖邪指僞道爲師奉闇君荒主豈待夏躬固謚法之司魏周滅法之主俱爲武者不亦宜乎餘有除毀相狀感於苦報如別具述

三宋世祖孝武皇帝沙汰僧徒并致敬事

帝姓劉氏諱駿文帝之第三子也爲父討逆斬兄劭於南郊并子三十一人自立改元孝建二年誅荊義宣大明二年誅王僧達父子有罪人高闍反事及沙門曇摽下詔曰佛法訛

替沙門混雜未足扶濟鴻教而專成逋藪加以奸心頻發凶狀屢聞敗道亂俗人神交忿可付所在精加沙汰後有違犯嚴其誅坐遂設諸條禁自非戒行精苦並使還俗詔雖嚴重竟不施行先是晉成帝時庾氷專政欲令沙門致敬王者何充王謐等駁議不同及桓玄篡位復述前議俱不果行備如別述世祖以大明六年使有司奏議令僧致敬既行刳斮之虐鞭顏皴面而斬之人不勝其酷也且僧拜非經國之典亦不行之大明八年崩子業立尋為明帝所奪而傳弈叙為高識之帝濫刑何識之可高耶倏忽絕嗣身名俱滅可為殷鑒矣梁蕭子顯述曰宋氏自稱水德承運曲千正位八君卜年五紀四絕嫡三号中興閱閻禍難相陵骨肉何可言哉

四大唐高祖太武皇帝沙汰釋李二宗詔帝以武德末年僧徒多僻下詔澄簡肅清遺法非謂除滅尤為失旨故詔云朕膺期馭宇興隆教法深思利益情在護持使玉石區分薰蕕有

辯長存妙道永固福田正本澄源宜從沙汰斯正詔也而弈叙為滅法則誣君罪惘值容養寛政網漏吞舟故存其首領耳餘如後述

弈又引元魏尚書令任城王澄奏議不許邑里更造伽藍妨人居住又引尚書令高肇奏僧祇戶粟散給貧人閱其表奏無除毀狀但在匡政理教除其僻險斯之詳糺弘護之規諫乎

五後趙中書太原王度奏議序石虎下書問曰佛号世尊國家所奉閭里小人無爵秩者為應得事佛不又沙門皆應高絜貞正行能精絜然後可為道士今沙門甚眾或有奸宄避役多非其人可料簡詳議度奏以王者郊祀天地祭奉百神故礼有恒饗佛生西域非中華所奉漢氏初得其道惟聽西域胡人立寺都邑魏承漢制趙由舊章請趙人不聽詣寺已為沙門者遣還初服朝士多同此議虎下詔曰度議佛是外神非諸華所奉朕出邊戎宜從本俗夫制由上行永世作則苟允事無虧何拘前代其夷趙為

道士樂事佛者悉聽餘有弈為潤飾多陳妖詐道家之書僞妄自昔黃書合氣士女媱行赤章厭禱幽明乱起是知妄作者凶亂俗者致罪有餘矣何者弈云佛圖澄令弟子遊說郡國支遁之徒為其股肱翻三玄妙旨文飾邪教斯言訕謗天地不容何者佛圖澄者得聖之人也乳孔流光不假燈炬之照瞻鈴映掌坐觀成敗之儀兩主奉之若神百辟敬之如佛預啓東儲之貳前表石葱之禍及難生嫉現諫虎以刑濫法深享壽不遥斯言甚切而弈乃云令虎煞姪取其帝位何斯言之過歟又云支遁之徒為其羽翼晉氏南度止一道林雖是同時江山胡越安得散身奔北股肱趙朝又云翻三玄妙旨文飾邪教此亦虛言何得妄指且道之述作止在五千自餘千卷都是虛詐備詳魏日姜斌事乎然則自忖者審謂僧亦然且佛之教義綸綜有歸前後文理無相乖競尋縡道經濫竊何甚不能自立一義並傍佛宗或四果十地連寫

内經或地獄天堂全書佛言斯並葉行之外沉報因之盛則也問以位行皆級則事逾河漢如何叙集圖傳迷俗亂真無纖毫以助化有山岳之貢犯狂没卒歲又可悲夫

六蔡謨字道明陳留人晉太常彭城王紘表以肅祖好佛道手畫形像於樂賢堂經歷寇難而堂猶存宜勅著作感使作頌顯宗出紘表博議謨曰佛者夷人惟聞變夷從夏不聞變夏從夷先帝天縱多才耶畫此像未是大晉盛德之形容今欲發王命勅史官上稱先帝好佛之志下為夷狄作一像之頌於義有疑焉康帝即位拜司徒永和四年五月詔書下固執不就上疏乞骸骨及孝宗臨軒徵謨不至(自旦至中昃)太后詔罷朝公卿奏送謨廷尉以正刑書謨率子弟素服詣廷尉待罪詔免為庶人便杜門不出斯並對恢之鄙夫井坎之固量也而弃叙為紙日未為篤論何者謨之諷議為據神州一域以此為中國也佛則通據閻浮一洲以此為邊地也即日而

叙斯國東據海岸三方則無無則不可謂無邊可見也此洲而談四周環海天竺地之中心夏至北行方中無影則天地之正國也故佛生焉況復隈封所及三千日月萬億天地之中央也惟佛所統非謨能曉且庸度生常保局永執自以古同謂家自為我土樂人自以為我民良不足怪也中原嵩洛土圭測景以為中也乃是神州之別中耳至時餘分不能定之江表島夷地卑氣厲情志飛揚故曰揚州晉氏奔之更稱文國變夷從夏斯言有由則孔子居九夷非陋也且有德則君人無道則勃亂故夏禹生於西羌文王長於東夷元魏託跋宗族北狄並君臨瀆岳嚮明南面豈以生不在諸華而逆其風化也至如由余西戎孤臣秦穆因而覇立日磾獯狁徵類漢武納而位存故知道在則尊未拘於夷夏也蔡謨鏗固自守未曰通人非詔違命負罪殿廢正刑可矣抑又詳之盈尺徑寸之珠璧本惟絶域窮神達理之睿聖不限方維故崆峒

非九州之限崑崙乃五竺之地而黃帝軒轅並西奔而趣之李老尹喜又接武而登之斯何故耶知可歸矣且見機而作無俟准的至如夏桀之為政也焚黃圖誅龍逢秦正之酷暴也燒經籍坑儒士時俗傳之無道之君也然埏埴塼瓦非曰桀功起予皇帝未尊呂德然累葉盛行義須褒貶古人有言堯舜未必全聖桀紂何能極愚然而並歸咎於夏殷尊嚴於唐虞者偏黨不倫之詭經也蔡氏褊隘何足可稱

唐特進鄭公魏徵榮有百條其一條曰問經佛興行早晚得失

荅珠星夜殞佛生於周辰白馬朝來法興於漢世故唐堯虞舜靡得詳焉孔子周公安能述也然則法王自在變化無窮納須弥於芥子之中覆日月於蓮華之下法雲惠雨明珠寶船出諸子於火宅濟群生於苦海砮得砥則截骨而斷筋車得膏則馬利而輪疾誠須精心迴向絜志歸依宜信傳殺之言無從蔡謨之儀斯國之重

臣也可謂高識有歸　故太宗敬而制碑手書其石袝塋于昭陵為万代之摸楷也蔡謨年事俱盡功用罕施自揣無能固辭於公政可也而叙華夷事喘未曰通人又不足可稱焉

七顔延之瑯琊人有文章好飲酒放逸不護細行宋元嘉中遷太常沙門慧琳以才學迴拔為太祖所賞每升獨榻之礼延之嫉焉曰此三台之座豈可使刑餘居之帝變色弃叙之為名士斯可知也以琳得寵於文帝延之非叅政之能官嫉而譏之既不預朝廷退居里閈子峻為楊州刺史乘軒還宅延之負杖避而譏之不營產業布衣蔬食獨遊野外時弃以其不叅朝賢亦顯論所不及豈不以無預獨榻之榮嫉琳而謂刑餘也餘如達性論所評議也然顔公著論褒贊佛衣鉢杖通佛影迹通佛頂齒爪通攝多至如通佛二疊不然皆置言高拔羣英之所摸楷者刑餘之言一時之貶琳耳其四論並見宋陸澄續法論

八蕭摹之蘭陵人宋元嘉十二年為丹陽尹奏稱佛化被於中國已歷四代塔寺形像所在千計進可以繫心退足以招勸自須已来敬情浮末不以精誠為至更以奢競為重違中越制宜加撿裁不為之防流遁未已請令後鑄銅像造塔寺先詣所在陳事列言待報聽造觀斯奏状抑止奢競非曰除滅斯寔住持之相居然昌顯矣

九周朗汝南人宋世祖時仕廬陵内史上書曰自釋氏流教其来有源舒引容潤既亦廣矣而假糅醫術託以卜數外刑不容内教不悔而横天地之閒莫之糺察今宜申嚴佛律裨重國令其疵惡顯著者悉宜罷遣餘則隨其藝行各為之條例使禪義經誦人能其一食不過蔬衣不出布若更度者則令先習義行本其神心必能草腐人天竦精以往者雖侯王家子亦不宜拘意同前矣

第十虞愿會稽人仕宋明帝為中書善容止直忤言帝好弈頗廢政事愿曰堯以此教丹朱非人主所好帝怒令

曳下殿初無懼色二三日復召来明帝以所居故第起湘宮寺製置宏壯愿曰此寺穿掘傷蝼蟻塼瓦焚蟲豸勞役之苦百姓筋力販妻貿子呼嗟滿路佛若有知念其有罪佛若無知作之何益忤旨出守晉安此寔大慈之本懷得佛之遺寄而弃謂為除彈匪其意乎

十一張普濟常山人善百家之説太和中遷諫議大夫至孝明立不親視朝過崇佛法郊廟之事多委有司營造寺像略無休息乃上諫略云伏願淵慎威儀万邦作式躬致郊廟之虔親紆朔望之礼則一人有慶兆民賴之然後精進三寶信心如来道由化深故諸漏可盡法隨礼積故彼岸可登書奏不報濟諫如此而弃弄筆妄加荒穢之婬僧遊於宮内迹行非法凡是妃主莫不通婬百姓苦之而上不覺斯言姧蕩何得妄施宮禁有限防衛有則擅言婬僻縱筆妄陳據太史之任揔清慎之機專擒私憤顯行輕毁梟能食毋君子恥聞亭曰栢人漢

后夜適非狂非酔斯言難玷但弃自行媱穢其黨例有妻孥故李耳李思王之編戶張衡張魯天師子孫宗胤顯然無宜不有不知今日道士何為効僧遠財絶色清高獨往不拘俗累甚可怯也故弃重其財色毀僧同之如老子化胡經云既化胡王令尹喜為佛性強梁者毀形絶好斷其妻娶不令紹嗣故名沙門自餘軟善任從其本則妻子不絶也約斯論事觀中道士衣冠容制不異俗流妻子承嗣義依道法不可怯也是以仙童玉女侍老君之側黃庭朱戶述命門之事深欲擬僧斯蹤難泯遂行流謗固其然哉

十二李瑒道人魏延昌末為高陽王友于時人多絶戶為沙門瑒上言曰禮以教世法導將來跡用既殊區流亦別故三千之罪莫大於不孝不孝之大無過於絶祀然則絶祀之罪大莫甚焉安得輕縱背禮之情而肆其向法之意也寧有弃堂堂之政而從鬼教乎靈太后責以鬼教謗毀佛法

瑒曰竊欲清明佛法使道俗無通非敢排弃真學妄為訾毀且鬼神之名皆是通靈達稱三皇五帝皆号為鬼易曰知鬼神之情狀周公自美亦云能事鬼神禮曰明則有禮樂幽則有鬼神佛非天非地本出於人應世導俗其道幽隱名之為鬼愚謂非謗靈太后不罪後遇害於河陰詳瑒上言欲沙汰僻左非為疵謗矣

十三劉晝渤海人才術不能自給齊不仕之著高才不遇傳以自況也上書言佛法詭誑避役者以為林藪又詆訶淫蕩有尼有優婆夷實是僧之妻妾損胎煞子其狀難言今僧尼二百許万并俗女向有四百餘万六月一損胎如是則年族二百万戶矣驗此佛是疫胎之鬼也全非聖人亦言道士非老莊之本藉佛邪說為其配坐而已詳晝此言殊塵聽視尊言墮胎煞子豈是正士言哉孔子見人一善而忘其百非鮑生見人一惡而終身不忘弘隘之迹斷可知矣在哲之心相去遠矣然則天下高尚沙門有逾百万財色不顧名位莫緣斯德隱

之妄張媱煞一年誅二子沙門且然一歲有二男編戶誰是吐言孟浪未足廣之而弃重為正諫及後上事還陳此略考校則劉晝之門人矣

十四陽衒之北平人元魏末為秘書監見寺宇壯麗損費金碧王公相競侵漁百姓乃撰洛陽伽藍記言不恤衆庶也後上書述釋教虛誕有為徒費無執戈以衛國有飢寒於色養逃役之流僕隸之類避苦就樂非脩道者又佛言有為虛妄皆是妄想道人深知佛理故違虛其罪故又廣引財事乞貸貪積無猒又云讀佛經者尊同帝王寫佛畫師全無恭敬請沙門等同孔老拜俗班之國史行多浮險者乞立嚴勑知其真偽然後佛法可遵師徒無濫則逃兵之徒還歸本役國富兵多天下幸甚衒之此奏大同劉晝之詞言多庸猥不經周孔故雖上事終委而不施行而弃羨之徹於府俞致使浮遊浪宕之語俗寫不遺斯乃曲士之流辭非通人之留意也

廣弘明集卷第六

癸卯歲高麗國分司大藏都監奉
勑彫造

廣弘明集卷第六

校勘記

一　底本，麗藏本。

一　九九九頁上二行撰者，資、磧、普作「終南山釋氏」；南作「終南山釋氏道宣撰」；徑作「唐終南山釋道宣集」；清作「唐終南山釋道宣撰」。下至卷第八同。

一　九九九頁上四行首字「列」，徑、清作「叙列」。

一　九九九頁上五行第五字「傅」，南作「傅」。

一　九九九頁上六行第九字「鄙」，諸本（不含石，下同）作「部」。

一　九九九頁上一四行「惟我」，諸本作「推我」。

一　九九九頁中六行「二則」，諸本作「其二則」。

一　九九九頁中九行第一二字「是」，諸本無。

一　九九九頁中一四行「二列」，資、磧、普、南作「一列」。

一　九九九頁中一六行「魏大武」，諸本作「魏太武」。

一　九九九頁中一八行小字「減省除減半之」及正文「王文同」，徑無。

一　九九九頁下四行第四字「章」，諸本作「彰」。

一　九九九頁下七行第四字「夫」，諸本作「失」。

一　一〇〇〇頁上二行「王力」，諸本作「生力」。

一　一〇〇〇頁上一三行「俗識」，磧作「俗識」。

一　一〇〇〇頁中二一行「素本無」，諸本作「奕素本」。

一　一〇〇〇頁中末行末字至頁下一行首字「道左」，諸本作「左道」。

一　一〇〇〇頁下九行第八字「傅」，資、磧、普、徑作「傳」。

一　一〇〇〇頁下一五行第四字「云」，諸本作「臣」。

一　一〇〇〇頁下二〇行第一二字「反」，諸本作「及」。

一　一〇〇〇頁下二一行第一三字「咸」，磧、普、南、徑、清作「感」。

一　一〇〇〇頁下二二行「之快」，諸本作「泄之」。

一　一〇〇一頁上二行「後葉」，資作「後業」。

一　一〇〇一頁上一二行第一二字「捨」，磧、普、南、徑、清作「什」。

一　一〇〇一頁上一八行第六字「燾」，磧作「壽」。

一　一〇〇一頁上二二行首字「土」，資、磧、普、徑作「士」。

一　一〇〇一頁中一一行「方族」，磧、普、南、徑、清作「方族誅」。

一　一〇〇一頁中一五行第七字「定」，磧、南作「祖」。

一　一〇〇一頁中一七行「文雄」，徑作「文雅」。

一　一〇〇一頁下三行「震懾」，清作「震攝」。

一　一〇〇一頁下一一行第二字「不」，

諸本無。
一 一〇〇二頁上八行首字「監」，磧、
徑作「豎」。
一 一〇〇二頁上一九行「擬言」，資、
磧、普、南、清作「據其言」；徑作
「擬其首」。
一 一〇〇二頁上二一行「二周」，徑
作「周高」；清作「周」。又「符録」，
諸本作「符籙」。
一 一〇〇二頁中一〇行「控御」，諸
本作「攝御」。
一 一〇〇二頁中一四行「布袍」，磧、
普作「常袍」。
一 一〇〇二頁中末行「齊王」，普作
「齊三」。
一 一〇〇二頁下二行第一三字「奄」，
諸本作「掩」。
一 一〇〇二頁下一〇行第三字「惟」，
徑作「雄」。
一 一〇〇二頁下一一行「欺惘」，諸
本作「欺誷」。
一 一〇〇二頁下一三行「正佛」，諸
本作「指正佛」。
一 一〇〇二頁下一八行首字「三」，
徑、清無。
一 一〇〇二頁下一九行首字「敬」，
磧、普、南、徑、清作「政」。
一 一〇〇三頁上六行「庚氷」，普作
「庚水」。
一 一〇〇三頁上一一行「跛面」，磧、
普、南、徑、清作「皴面」。
一 一〇〇三頁上一四行「之帝」，徑
作「帝之」。
一 一〇〇三頁上一六行「曲干」，諸
本作「典午」。
一 一〇〇三頁上一七行「卜年」，磧、
普、南、徑、清作「十年」。
一 一〇〇三頁上一八行「閑間」，諸
本作「間關」。
一 一〇〇三頁上一九行首字「四」，
徑、清無。
一 一〇〇三頁中三行「罪惘」，磧、普、
南、徑、清作「罪罔」。
一 一〇〇三頁中八行第六字「除」，
資、磧、普作「餘」。
一 一〇〇三頁中九行末字「乎」，磧、
普、南、徑、清作「矣」。
一 一〇〇三頁中一〇行首字「五」，
徑、清無。
一 一〇〇三頁中一四行「奸宄」，南
作「姦宄」。
一 一〇〇三頁中一八行第五字「胡」，
諸本無。
一 一〇〇三頁下九行第五字「瞻」，
磧、普、南、徑、清作「占」。
一 一〇〇三頁下一三行第七字「令」，
南作「今」。
一 一〇〇三頁下一八行第五字「指」，
諸本作「旨」。又第九字「述」，磧
作「迷」。
一 一〇〇四頁上六行首字「六」，徑、
清無。
一 一〇〇四頁上一一行第九字「耶」，
諸本作「聊」。
一 一〇〇四頁上末行「即目」，資作
「即自」。

一　一〇〇四頁中六行第一三字「度」，諸本作「庶」。

一　一〇〇四頁中七行第七字「以」，諸本無。

一　一〇〇四頁中二〇行「鏗固」，諸本作「堅固」。

一　一〇〇四頁中二二行「珠壁」，諸本作「珠璧」。

一　一〇〇四頁下八行首字「未」，磧、普、南、徑、清作「末」。

一　一〇〇四頁下一一行「猵隘」，諸本作「褊隘」。

一　一〇〇四頁下一四行「經佛」，諸本作「佛經」。

一　一〇〇四頁下二二行「向絜」，諸本作「向執」。

一　一〇〇五頁上四行「固辝」，資作「之固辭」；磧、普、南、徑、清作「而固辭」。

一　一〇〇五頁上六行首字「七」，資、磧、普、南作「七宋」；徑、清作「宋」。

一　一〇〇五頁上七行首字「逸」，諸本作「達」。

一　一〇〇五頁上一三行首字「預」，徑作「頂」。又第七字「閈」，南作「開」。又第九字「峻」，資作「竣」；磧、普、南、徑、清作「皴」。

一　一〇〇五頁上一五行第一二字「彥」，諸本作「諺」。

一　一〇〇五頁上一六行第五字「亦」，磧、普、南、徑、清作「而」。

一　一〇〇五頁中一行首字「八」，徑、清無。

一　一〇〇五頁中八行「奔竟」，徑作「奢競」。

一　一〇〇五頁中一〇行首字「九」，徑、清無。又末字「內」，諸本作「王」。

一　一〇〇五頁中一六行第五字「各」，徑作「合」。

一　一〇〇五頁中二一行「第十」，徑、清無。又「仕宋明帝」，資作「士宋明帝」；磧、普、南、徑、清作「事宋明」。

一　一〇〇五頁下一行「曳下」，磧、普、南、徑、清作「拽下」。

一　一〇〇五頁下二行第二字「以」，諸本作「以下」。

一　一〇〇五頁下四行第一〇字「販」，南作「敗」。又第一二字「賀」，諸本作「貨」。

一　一〇〇五頁下九行「十一」，磧、普、南作「十一魏」；徑、清作「魏」。

一　一〇〇五頁下二一行「妄陳」，諸本作「陳妄」。

一　一〇〇六頁上一行第一三字「弈」，資、磧、普、南作「弃」。

一　一〇〇六頁上三行首字「王」，南作「正」。

一　一〇〇六頁上七行「化胡」，磧作「化明」。

一　一〇〇六頁上一六行「十二」，資、磧、普、南作「十二魏」；徑、清作「魏」。

一　一〇〇六頁上一八行「區流」，諸

本作「區分」。

一〇〇六頁上二〇行第七字「祀」，諸本作「嗣」。第一一字同。

一〇〇六頁上二一行第二字「甚」，南作「其」。

一〇〇六頁中一〇行「十三」，徑、清無。

一〇〇六頁中一一行「仕之」，資、普、南、徑、清作「士之」。又「自況」，資作「自説」。

一〇〇六頁中一三行「淫蕩」，諸本作「謠蕩」。

一〇〇六頁中一七行「亦言」，諸本作「之言」。

一〇〇六頁中二二行第三字「忘」，磧、普、南作「志」。

一〇〇六頁下五行「十四」，徑、清無。

一〇〇六頁下一二行第一〇字「故」，諸本作「啟」。

一〇〇六頁下一六行「嚴勑」，資、磧、普作「嚴勒」；南、徑、清作「嚴勤」。

一〇〇六頁下一九行「痡猥」，資作「痛猥」。

一〇〇六頁下二一行第二字「俞」，諸本作「窬」。

趙城縣廣勝寺

廣弘明集卷第七　典

大唐西明寺沙門釋　道宣　撰

辯惑篇第二之三

敘列代王臣滯惑解下

梁荀濟　齊章仇子陀
周衛元嵩　宋劉慧琳
齊顧歡　魏邢子才
涼高道讓　齊李公緒
隋盧思道　唐傅弈

十五荀濟潁川人後居江左博涉衆書志調矯俗初與梁武布衣相知及帝登位仕不及之濟負氣曰會眉鼻上磨墨作檄耳帝深不平之梁州刺史陰子春左遷濟作大詩贈之文傳時俗或稱于帝者帝曰箇人雖有才乱俗好反不可用濟以不得志常懷悒怏二十餘載見帝信重釋門寺像崇盛便于時上書論佛教貪淫奢侈妖妄又譏造同泰寺營費太甚必為灾患其表略以三墳五典帝皇之稱首四維六紀終古之規摸及漢武祀金人黃新以建國桓靈祀浮啚閹豎

以控權三國由茲鼎峙五湖仍其荐食衣冠奔於江東戎教興於中壞使父子之親隔君臣之義乖夫婦之和曠友朋之信絕海内散乱三百年矣濟所控詞述於僻者至於貞槩絕俗固莫敘之斯偏黨也述金人之初降致黃新之慕等並安擬也至如周斬紂首豈見佛經秦坑儒士非関釋化禮崩樂壞未覩浮啚戰國無主何関僧偽乃云綱紀之乱何能乱之夫婦父子何人不是但妄言耳不足述之然濟極言悃僧深嘗佛者統知上書必不會旨亦知不能排除佛法直是恨帝不拔於微流無榮官於朝廷也所以鄙詞罵僧深文毀佛其實寄意詈於上帝也後之醜詞並擬斯矣

濟表云詟古之詔未聞崇邪之命重沓歲時禘祫未嘗親享竹脯麵牲欺誣宗廟違黃屋之尊就蒼頭之役朝夕敬妖怯之胡鬼曲躬供貪婬之賊禿耽信邪胡諂祭淫祀恐非聰明正直而可以福祐陛下者也濟吐斯言故動怒也梁祖享祀於晦朔四時交易

於温清流滌動於日下興言賦於孝
思故景陽臺至敬殿咸陳文祖獻后
之奠何得言未甞親享故反前事肆
情罵之竹脯麵牲用替犧粟蘋藻礿
祭豈惟有梁之時丞尊就卑乃万代
之希有遺若脫屣豈百王之虛搉哉
自非行捴八恒位隣上忍安能行慈
絕慾於蔵年長齋竭誠於終事哉
又曰臣請言得失推按是非案釋氏
源流本中國所斥投之荒裔以御魑
魅者也乃至舜時竄檮杌於三危左
傳允捕言姓之姦居于瓜州是也杜預
以允姓陰戎之別祖与三苗俱放於
三危漢書西域傳塞種本允姓之戎
世居燉煌為月氏迫逐遂住葱嶺南
奔又謂懸度賢豆身毒天毒仍訛轉
以塞種為釋種其實一也允姓与三
苗比居教迹和洽其釋種不行忠孝
仁義貪詐甚者号之為佛佛者戾也
或名為勃勃者乱也而陛下以中華
之盛冑方尊姚石羌胡之軌躡竊不
取一也案允姓之居燉煌西戎也懸
度賢豆等南梵也西戎即叙禹貢所

傳懸度巳下皆濟加謗不讀三史奚
以定之尋夫懸度乃北天之險地乘
索而度也賢豆天竺仁風所行四時
和於玉燭土絕流霜七衆照於金鏡
神幾猛利人傳天語字出天文終古
至今無相篡奪斯是地心号中國也
人行忠孝何謂無之濟之所言同田
巴罪三皇非五帝者詎可聞哉又案
釋迦出戎剖脇而誕摩耶遂殂事符
梟鏡年長爭立內不自安背父叛君
逆節彌甚違多投石難陁引弓變革
常道自餓形骸安能濟物聚合兇徒
易衣削鬟設言虛詐不足承稟九十
六道此道最貪叶彼濫愚衆多崇信
至如瑠璃誅釋瞿曇路左覩之在生
親尚不存既歿疎何能救斯即不行
忠孝若天下習之陛下則無以自憂
不取者二也尋經剖脇而誕義出前
經以懷天師功德大故非諸人供可
以奉之又知母人命將終故生七日
已上報天中然則脇誕背剖此亦有
之不同梟鏡如何濫委引弓投石事
出權行叛君逆節一何誣謗自餓以

化外道變俗以靜貪門而去諸道佛
道最貪全成毀訾誅國而不護國示
葉難亡君舉與廣之理路無沒濟巧於
合會補聚成文斯曰有才不妨無狀濟
又去今僧尼不耕不偶俱斷生育傲
君陵親違礼損化一不經也觀濟此
言專擬帝躬深知僧尼絕慾用則起
斥帝行之無容顯論寄僧罵上也又
去凡在生靈夫婦配合產育男女胡
法反之多營泥木專求布施寧非臣
叛二不經也濟之不經斯事顯也胡
法不婬胡從何有泥木布施舉事見
識然佛之非胡乃為天種胡乃戎類
本異梵鄉猶言神州号為漢地今
檢漢者止可方于梁漢雖曰初封帝
都在於京洛自餘吳楚未曰中華陸
渾觀戎又戎變夏矣惟佛一法教絕
色心胡梵二種生生常習
濟去斯胡矯詐自稱大覺而比丘徒
黨行婬教子僧尼悉然害螻蟻而起
浮圖費財力而構堂宇若令尼能照
而故縱婬教便是詐稱慈悲徒能照

而不能救又是大覺於羣生无益而天下不覺三不經也斯又巨謗之大佐通人達士豈其言哉猥曲醜事豈照此矣然大盜取國天下之罪人行婬煞子自是佛法之賊濁現則擯於四國將來則沉於三途而謂僧尼悉然加誣之太甚世又云大覺無慈又云於生無益斯並以愚量智以聖齊凡抗大覺之成化失淳人之弘善可謂螗蜋有拒輪之勇井蛙滯坎穽之心哉

濟云胡法慳貪惟財是與直是行三毒而宮万方未見修六度而隆三寶四不經也且財食厚生貪夫之所没積而能散廉士之恒情六度檀捨為初惟佛宗而立位三寶佛為教主乃正覺之流慈無佛法安知六度之功絕慈風豈識三寶為正化濟以不得其志没齒陷之但增貪覽以咎人未顯獸身以祛滯俗中恒士尚不虛言濟寔鄙夫輕馳才筆獨不聞顧雍拜方户封家人不知葛亮受三郡賞庫無尺絹謝安平百万賊㨾然改容能仁捨四有帝遺如涕涶斯實錄也況復

捨身受身觀三界如牢獄惟財惟食誠八難之毒虵衣盋自隨若鳥之遊空府去留無滯類鳧之泛長川此等之徒名沙門也故經云僧無犯戒不清淨者若反於此不名為僧豈得以賊臣虐主等襍與唐虞稱莠荆棘比嘉苗及美木夫立言設諫清濁兩分全恫以昏冤都奄諸麁理不可也于時有梁之為政也仁育為初帝則絕慾蔬食僧則詞林義窟冒行繩黙足可投畀豺虎矣通人為論理則統之去瑕掩過士之恒務故曾之儒行惟孔一人濫吹竊服時惟傾國僧之真為權實難分惟佛得知餘存視聽故濟不達無足煩論恨其早被火灰面陳豈不知返

濟云佛家遺教不耕墾田不貯財穀乞食納衣頭陁為務今則不然數十万衆無心蘭若從教不耕者衆天下有飢乏之憂遠教設法不行何須此法進退未為盡理五不經也然濟知有遺教則知有蘭若之徒未知教有張弛豈委三寶基業但佛德宏大[illegible]

供尚自下臨僧田福廣神壊義當上踊教有開合隨根制宜不可局以糧粒用道以通利物故經云若我弟子如法脩行如来白毫相中无量功德百千万分取一分供我弟子受用無盡故知為道出家為道興供為道而受為道弘福道本虛通非俗籌議故受四事還宗佛德經云如法受施千金納之必垂佛化杯水不許何得妄言惟貪財食又經云住我施受入闇無見反此而行如空無盡者是也是知心外無境見境是惑使供施隨心積散非外經云六度在心不在事斯正言也引證可知

濟云涅槃發問世尊滅後經教若為得知波旬經別觀此發問則瞿曇存日門徒不能分辯真偽況中華避役姧詐之侶焉不迷惑者尋濟此言全非有識文明滅度魔佛難分豈述佛世門人不識經中三種四依考定魔佛邪正非濟所知彼亦不迷又云中華避役姧侶焉不迷惑者斯是謗言誠非所解非避役者堪能辯之尒何不論

掩善揚惡專為務也涅槃經云避役
出家無心志道我當罷令還俗為王
策使斯正言也如何不錄以上之
濟又引涅槃闍王害父耆婆叙狀佛
以理除令其迷解俗惟事結惑網逾深
故以陰界入中求父不得本惟妄想
謂父實人横生圖害取其重位若先
達解知父本空何心挺逆國亦非有
由佛開化達悟妄心追悔懃謝獲无
相信濟不達此以事徵理斥天子注
經讖且下逆乱謂佛說无父无父須除
執迹毀教不足怯其愚闇也餘有瑣
碎似像之事比擬繁論固同此例又
引張融苑續三破之論前鎮備肆有抗融
續之詞見於後述乃云融續立論無
能破之是虛言也
濟云自古帝師諸侯賓友千載一逢
猶如旦暮賢明希世宇宙獨立今乃
削髮千群不臣万衆稱為帝師未之
可也姚石玉食三千佛寺瓊宫八百
供敬厚矣終獲磨骸屠滅宋齊已降
茲懲前失餘有罵僧醜詞足可埒
耳畢寄詛帝之語同狂萦之寓言焉

又曰僧出寒微規免租役無期詣道
志在貪婬竊盜華典傾奪朝權凡有
十等一曰營繕廣厦僭擬皇居也二
曰興建大室壯飾胡像僭比明堂宗
祐也三曰廣譯妖言勸行流布轢
帝王之詔勅也四曰交納泉布賣天
堂五福之虛果奪大君之德賞也五
曰稱徵叔贖免地獄六極之謬殃奪
人主之刑罰也六曰自稱三寶假託
四依坐傲君王此取威之術也七曰
多建寺像廣度僧尼此定霸之基也
八曰三長六紀四大法集此別行正
朔密行徵發也九曰設樂以誘愚小
俳優以招遠會陳佛土安樂斥王化
危苦此變俗移風徵租稅也十曰法
席聚會邪謀變通稱意贈金毀破遣
謗此呂尚之六韜秋策也凡此十事
不容有一萌兆微露即合誅夷今乃
恣意流行排我王化方又擊鴻鍾於
高臺期閙庭之箭漏掛旛蓋於長刹
放充庭之鹵簿徵玉食以齋會雜王
公之享燕唱高越之贊唄象食舉之
登歌黨功德則比陳詞之祝史受覲

施則等束帛之等差設威儀則効旌
旆之文物凡諸舉措竊擬朝儀六六
陛下方更傾儲供寺万乘擬附庸之
儀肅拜僧尼三事執陪臣之礼寵既
隆矣侮亦劇矣臣不取者四也
觀濟所列十條同歸一偽牽引猶合
增動帝心素達帝之機神深銜帝之
不齒無何以通蓄憤假謗以暢面讖
言雖若自意寔輕侮何者上列僧偽
無惡不揚言帝重之明帝無識斯則
獨夫闇主不言自刑飾詞覆詐迹昌
露矣故曰知人惟難（今審難知知）其難者千
載惟一梁祖深知濟情無堪從政故
曰有才而好反豈徒言哉然則後之
上事皆則濟之才辯相去懸矣故呈
拙矣
濟云陛下以因果有必定之期報應
無遷延之業故崇重像法供施弥隆
勞民伐木燒掘螻蟻損傷和氣豈顧
大覺之慈悲乎胡鬼堪能致福可廢儒
道釋尭足能除禍屏絕干戈今乃重
閑以脩不虞擊柝以爭空地煞螻蟻
而營功德既乖釋典崇妖邪而行諂

叅又爵名教五尺牧豎猶知不疑四
海之尊義無二三其德臣為陛下不
取五也詳濟以事微理今則以理通
事夫因果報應事同影響若不信因
前果後則不謂形動影隨物理顯然
如何致惑伐木掘地天常之舊規造
寺興供人倫之厚敬勞民損蟻何帝
无之是以福不日貧四俗不辭勞役
罪不及他百蟲死而非罪謂正法為
妖書以絜齋為諂祭斯並幽明之所
切齒賢聖之所哀矜然濟不知岳瀆
大神奉佛而祈福賜天地靈聖拜首
而請玄章故能峙立宇宙之中獲四
无畏獨居空有之界具四辯才非濟
所知或知而故謗以動帝情也
濟曰秦正受誑於三山漢徹見欺於
五利信順妖訛一至於此不察情偽
豈懲前失又引五事明宋齊兩代重
佛敬僧國移廟改者但是佛妖僧偽
姧詐為心墮胎殺子昏婬亂道故使
宋齊磨滅今宋齊　寺像見在陛
下承事則宋齊之變不言而顯矣今
僧尼坐夏不煞螻蟻者愛含生之命

也而微君父妄仁於蚰蟲也墮胎殺
子反養於蚊虻也夫易者君臣夫婦
父子三綱六紀也今釋氏君不君乃
至子不子綱紀紊亂矣濟引宋齊信
佛而早亡斯欺帝也何獨毀（佛亦毀神祇）夫
運葉廢興天之常數禪讓放誅有國
變通前王自享於萬年後帝無宜而
取位此乃交謝之恒理生滅之大期
何得執一代之常存而迷百王之革
運都不可也齊宋諸帝所以重佛敬
僧者知帝位之有由故銜恩而酬厚
德也又知帝位之無保故行因而仰
長果也昔因既短不可延以万年故
有梁之受禪也今因未就不可即因
而成果故受報於未來也是則業運
相循四序無失如何輕佛無報應乎
若輕無報應則郊廟諸神昊天圓立
地祇方澤山川望秩一切須除豈獨
佛僧濫受誣枉乃云墮胎殺子令存
好仇尒亦好仇何為干政自不見也
書奏梁武大怒集朝士將加顯戮濟
密逃於魏欲虐靜帝事露為齊文襄
燒殺之年八十餘矣濟所行非理妄

逞才術干政冒榮負智自滅古云不
在其位不謀其政濟布衣之人而謀
廟堂之事濫矣佛行仁化無損王臣
守戒絜心除邪滅惑此佛教也故三
學八正以導出家六度四弘用開士
俗其中通局適化隨緣悟達為宗餘
非佛意而濟不識正行之士專述亂
業之夫以偽排真以邪陵正以寡代
衆以僻亂全禍不謀身密陳無上之
典餘殃不盡終被焚身之（梁朝）可悲矣
十六章仇子陁者魏郡人齊武平中
為儒林學士于時崇重佛法造制窮
極凡厥良沃悉為僧有傾竭府藏充
佛福田俗士不及子陁微官固非所
幸乃上疏陳曰帝王上事昊天下字
黎庶君臣夫婦綱紀有本自魏晉已
來胡妖亂華背君叛父不妻不夫而
姧蕩奢侈控御威福坐受加敬輕欺
士俗妃主晝入僧房子弟夜宿尼室
又云臣不惶不恐不避鼎鑊輒沐浴
輿櫬奉表以聞有十餘紙書奏帝
震怒欲煞之高那肱曰此漢覓名欲
得死陛下若斫伊頭落漢術内可長

禁令自死從之經二年周武平齊出之隋初猶存不測其終今讀子陁表奏惟述僧之妖婬蓄積財事更無別致吐言繁重隨事廣張無識者謂上事極多通瞻者止惟二轍謂財色也大同荀濟之言才理雲泥不及千時魏齊兩代名僧若林舉十繞以縮之立昭玄以司之清衆暐如不可陷溺子陁家素貧煎投庇莫從形骸所資惟衣与食因此終宴長弊飢寒嫉僧厚施致陳抗表終被抑退不遂其心可謂潛潛漢博士詞費而無錔撿傳弃又加粉墨言轉浮碎為下愚者所笑何況上達者哉

十七衛元嵩本河東人遠祖從官遂家于蜀梁末為僧陽狂浪宕周氏平蜀因尒入関天和二年上書略云唐虞之化無浮圖以治國而國得安齊梁之時有寺舍以化民而民不立者未合道也若言民壞不由寺舍國治豈在浮圖但教民心合道耳民合道則安道滋民則治立是以齊梁競像法而起九級遍雲唐虞憂庶人而累土階接地然齊梁非無功於寺舍而祚不延唐虞無宇有業於浮圖而治得久但利民益國則會佛心耳夫佛心者以大慈為本安樂含生終不苦役黎元虔敬泥木損傷有識蔭益無情而大周啓運繁歷應圖總六合在一心齊日月之雙照養四生如厚地覆万姓同玄天實三皇之中興豈兆民之始遇成五帝之新立慶黎庶之逢時豈不慕唐虞之勝風遺齊梁之末法為請造平延大寺容貯四海万姓不勸立

曲見伽藍僞安二乘五部夫平延寺者無選道俗罔擇親踈受潤黎元等元持毀以城隍為寺塔即周王是如來用耶色作僧房和夫妻為聖衆推令德作三綱遵耆老為上座選仁智充執事求勇略作法師行十善以伏未寧示無貪以斷偷劫於是衰衣露養孤生足鰥夫寡婦矜老病免貧窮賞忠孝之門伐凶逆之黨選清簡之士退諂佞之臣是則六合無怨紂之類八荒有哥周之詠飛沉安其巢穴水陸任其長生斯可為万姓是一部衆僧四海則是平延大寺云云

嵩此上言有所因也曾讀智論見天王佛之政令也故立平延然述佛大慈令生安樂斯得理也事則不尒夫妻乃和未能絕慾城隍充寺非是聖基故不可也即色為空非正智莫曉即凡為聖豈凡下能通故須兩諦雙行二輪齊運以道通俗出要可期

嵩云不勸立曲見伽藍者以損傷人畜故也若作則弃諸佛大慈昔育王造塔一日而役万神今造浮圖累年而損財命況復和土作泥埤瓦成日為草虫而作火劫助蝼蟻而起天灾仰度仁慈未應垂許斯誠誠也故比丘造房先除妨難有損命者必不得

為重物起慈即為仁塔理極正矣事罕行之

又云請有德貧人免丁輸課無行富僧輸課免丁輸課免丁則諸僧必望停課爭斷慳貪貧人免丁衆人必望免丁競脩忠孝此則興佛法而安國家實非滅三寶而危百姓也有十五條愍是事意勸行平等非滅佛法

勸不平等　是滅佛法勸行大乘　勸念貧窮
勸捨慳貪　勸人發露　勸益國民
勸獠為民　勸久和合　勸恩愛會
勸立市利　勸行敬養　勸寺無軍
勸蘗壹藏　勸少立三藏　勸僧訓僧
勸敬大乘誡

上列事條反則滅法順則興教并陳表狀及佛道二論立主客論小大嵩以理通我不事二家惟事周祖以二家空立其言而周帝親行其事故我事帝不事佛道立詞煩廣三十餘紙大略以慈救為先彈僧奢泰不崇法度无言毀佛有叶真道也故唐吏部唐臨冥報記云云

十八劉慧琳秦郡人出家住揚都治

城寺有才學為宋廬陵王所知著均善論（一云白黑論）其論難窮通後法義篇備之矣大較云但知六度与五教並行信順与慈悲齊立殊塗同歸不得守其發足之轍也

十九范縝南郡人少孤貧學於沛國劉瓛而卓越不羣在門下積年芒屩布衣徒行而危言高論盛稱無佛有於自然其詞亦備後法義篇沈休文難之故不煩載

二十顧歡吳郡人以佛道二教乎相非毀歡著夷夏論以統之略云在佛曰實相在道曰玄牝道之大象即佛之法身佛則在夷故為夷言道既在華故為華語獨立不改絕學無憂曠劫諸聖共遵斯一老釋未始分迷者分未合億善遍（脩脩遍成聖）雖十号千稱終不能盡然其文中抑佛而揚道斯門人也不足評之又張融門律意亦同歡前集已詳後更略引亦備法義篇且佛則金姿丈六道則白首同凡佛則捨王位道則臣王者佛化無國不有道則不出神州佛則塔遍閻浮道

則家居槐里全不同也何得輒引以擬倫乎

二十一邢子才河間人士魏著作郎遷中書黃門郎以為姓人不可保謂元景曰卿何必姓王元景變色子才曰我亦何必姓邢能保五世耶然佛是西域聖人尋已冥滅使神更生安能勞苦今世邢子才為後身張阿得耶亦有難解如法義篇自尋之

二十二高道讓者涼書述云釋氏之化聞其風而悅之義生天地之外詞出耳目之表斯獎教之洪致九流之一家而好之既深則其術亦高而圖寺極壯窮海陸之財造者弗恡金碧殫生民之力豈大覺之意乎然至敬无文至神不飾未能盡天下之牲故祭天以璽栗未能極天下之文故藉神以槀秸尚有其誠則蘋藻侔於百品明德匪馨則享牛下於礿祭而況鷲山之術彼岸之奇而可以虛求乎乃有浮遊都鄙避苦逃劇原其誠心百裁一焉既朱紫一乱城社狐鼠織大法之精華損農蚕之要務執契者

不以為患當衡者不以為言有國者宜鑒而節之此則讓為護法之紀臣矣弄又何為裁之可謂高識之人而載于高識之傳者可也

二十三李公緒趙郡人通經史善陰陽見有喪之家憂齋供福利便曰佛教者脫略父母遺蔑帝王捐六親捨礼義黜衣髡剔自比刑餘妄說炫惑権利是親陰陽名墨雖紕繆苛察而四時節用有取至如茲術則傷化託幽滋為鬼道惜哉舉國皆迷彼衆我寡悲哉吾之死也福事一切罷之棄華即戎有識不許弟槩字季節屬文讀佛經脚指夾之斯比邊士俗自保尊執之大魁者惜哉生為徒生無上善以資神死為徒死有下惡以沉報冥冥隨業反本何期來際莫知現在焉識与夫羣畜愚叟奚以異哉

二十四盧思道范陽人士齊為黃門郎周武平齊詣京師作西征記略云姚興好佛法羅什譯經論佛畐遍海内士女為僧尼者十六七糜費公私歲以巨萬帝獨運遠略罷之強國富

民之上策也又作周齊興亡論略云周祖始位大冢宰宇文護太祖之猶子也負圖作宰親受顧命周祖高居深視一朝折首凡厥黨與咸見夷戮乃棄奢淫布公道屏重肉躬大布始自六官被於九服以為釋化立教本貴清淨近世已來糜費財力遂下詔削除之亦前王之所未得也思道為論紀其糜費罷之則謂强國富民之策斯一代之小識未達大之弘略也夫佛法之行化也要在清神滅惑也彼費財崇福者知身命財終歸散滅徒為保愛此厚生守財之奴也故俗云多藏厚亡積而能散石崇以財色而受誅穀辛亦同之而早戮自古咸尒溢於見聞而不能止者乃貪惑使之然也

昔漢武壽陵秦皇終隴財寶充牣畢被侵開何若捨貪積而興上福以崇景仰之至剋形骸而從道化以襲全正之極者可也不然藏積空勞自他形神捘計晨夕无暇身死名滅卒從他手今昔如此習俗相仍略舉近

代齊代之行福也寺塔崇盛僧衆雜聚不能節之以道縱其淆乱斬斛律明月虛聽讖詞周軍聞便解甲齊后斯闇主也權守國資不能周給宇文既破帑藏充盈不觧身用銜紲而詣軍門財寶並為周有周祖既廢二教自以為万代之上策也西平東討無往不尅以為滅法之廟略也固天宥之統叔齊餘泉貨鳩拾素是貪國継續全希一旦獲之填胷滿目連手運帛棲斬長途斯為大盜之滅國乃以為興師之盛業也生滅得失曾不籌權瞥前快意莫慮於後我既破他他亦破我自古恒尒無得不思周祖謂以萬代常存與天地而齊壽也窮討巖穴務存藏積守儉保素尅已勵俗亦万代之一人也當年崩背而其子用之大張文物高陳聲勢即開佛法以從百姓之　歡心又顯勝相用呈大國之威雄也立四皇后表八柱國前後鹵簿隊仗倍常各二十四自古皇王莫之比擬立允宣政禪位小兒時在縕褓正位斯及自号天元皇

帝也春秋方富未許喪身不盈一載又從万古見小不立后父控衡曆移運從隋高受禪位及國財並為隋有斯可師也而不師之隋雖重法廣陳寺塔至於財事無足稱言故使蓄積穀帛遍於國中倉庫殷實不能散施故福門雖開示存而已及煬帝之末天下沸騰郊壘風驚縱旬霧結初登位也哥帝德而曰万年後陵遅也咸面罵而揚諸各倉廩資於群盜糜爛者無窮形骸執於賊目百辟困於黔首舉斯以統無得守株佛之誠言信而可驗何以知其然耶自古登臨無不高稱萬歲歲之有萬斯即有期況減於萬何代不有既前王不守於萬固知後帝義不逾之各取万歲今何所在五運相襲可不鏡諸是以明后英賢知五家之必散上智高識鑒三堅之可循已用之財如影之相逐未用之物不可賜及慈親所以於國於家遺之如脫屣若財若命棄之若遺壓疰嚴性識使早備法身成就善權務律祭諸有欺至教也餘諸幻有知

何所論故經云劫燒終訖乾巛洞燃須弥巨海都為灰揚天龍人鬼於中凋喪二儀尚殞國有何常如斯法句可以尋真自外凡鄙固非其務

二十五傅弈北地泥陽人其本西涼隨魏入代齊平入周士通道觀隋開皇十三年与中山李播請為道士十七年事漢王及諒反遷于岐州皇運初授太史令武德四年上減省寺塔僧尼益國利民事十一條高祖聞之竟不行下弈乃多寫表狀遠近流布京師諸僧作破邪論以抗之如後所列

弈表云一僧尼六十已下簡令作民則兵强農勸　易曰男女搆精萬物化生此則陰陽父子天地大象不可乖也今衛壯之僧婉孌之尼失礼不婚夭胎煞子減損户口不亦傷乎今佛家違天地之化背陰陽之道未之有也請依前條尋老子至聖尚謁帝王孔丘聖人猶跪宰相况道人無取德義未隆下忽公卿抗衡天子如臣愚見請同老孔弟子之例拜謁王臣編於朝典者弈奏如此未足理論出

處殊途不可一述易稱搆精佛則絕慾固知李氏道門相結伉儷日夕共會順易陰陽不順則与佛何殊若順固其恒俗何為學僧守靜絕慾無為以事討論經綿自顯如上已述迷者未尋且李耳子孫遍於天下張陵餘湌散列諸州祖宗遺緒如何輙異若異其先斯為絕嗣三千之罪莫有高之况復黃書眼氣三五七九之經上下相和四眼二舌之教不可削也佛教不介慾是過京先必戒之方袪俗滯此則佛道之分途也高識者體之

又云請同孔老門人拜謁王臣者不知弈出此語何以自陳毀僧傲親抗君非為忠孝自知道士常拜君親如何自見道士從僧抗礼不能自化其類何用彈人實而言之道士由来拜謁竊形濫吠冒入出俗之儔致有黃巾乃張角之風也法儀抗礼是緇徒之範也至如李老之服本襲朝章冠屣同蘭臺太史揖讓等大夫之儀也如何門人高抗先師之位卯則沙門之法都不可也會逢寬政豈不縄之

以法懲刻於何逃責但弈上事碎乱不經或言胡佛邪教退還西域或云三万户州且存一寺不足校也

一弈云大唐丁壯僧尼二十万衆共結胡心可不備豫之哉請一配之則年產十万此亦劉生之古計也無用陳之如前已顯斯則女子帶甲鮮夫執戈餌敵負國一何可笑又大唐寺籍佛道二衆不滿七万如何面欺上帝二十万衆弈斯即自刑無勞他處

二明寺作草堂土舍則秦皇漢武為有德之君良以佛継奢侈寺塔八万四千此國効之又增其倍几百士庶暗愁往罪虛規来福浪說天堂地獄詛我華人至如秦皇阿閣漢武甘泉古迹宮觀不過十數史官書之号曰無道曾不言佛無道過之又引張融三破之言廣如前集今重顯之佛之化也依樹為家形戢有累權開小室寺塔崇廣信心所營請僧福用非僧課造至如天堂地獄善惡之報殊焉品類區分升沉之義天別不知道經往往亦述地獄須覈天堂有幾地獄

廣弘明集卷第七　第二十七張

何所云云
故道步虛云天人同其顏飄颻入紫微
七祖生天堂我身白日外如是非一
述天堂不許僧云是誰過乎
三明請滅寺塔則民安國治者曰奺
胡虛說造寺之福庸人信之乃營寺
塔小寺百僧大寺二百以兵率之五
寺强成一旅總計諸寺兵多六軍假
食生民國家大患請三万户州且留
一寺又引自古已來僧反十餘自餘
死黨至今猶在請必除濫用消胡氣
浹旬之閒宇宙廓清弈奏如此妄述
兵多于時二衆不滿七万半為尼女
豈等大國之六軍乎又云反僧兇黨
猶在者僧之從逆為俗所拘一身獨立
如何動衆虛引飾詐乱俗惘君天地
不容故早磨滅又統詳之賊臣酷吏
何代不無濁濫當官何時不有竟放
四兇非由事佛弈既絕嗣豈是僧風不
可以臣逆節舉朝同誅一僧為過全
宗族滅弈奏狀曰望即依行明明作
辟固絕其議
四明僧尼衣布省齋則貧人不飢蚕

廣弘明集卷第七　第二十八張　典字号

無横死者目閉佛戒僧尼糞掃衣五
綴鉢坐中一食獨坐山中清居禪誦
此佛之章法也若煞蚕作衣佛戒不
許今則知佛理虛故生違犯此是苗濟語餘
則鄙罵惡類斯下之言不足聞也
五明斷僧尼居積則百姓豐滿將士
皆富
六明帝王無佛則大治年長有佛則
虐政祚短者
七明封周孔之教送与西域胡必不
行者
八明統論佛教虛多實少
九明隱農安匠市廓處中國冨民饒者
十明帝王受命皆革前政者
十一明直言忠諍古來出口禍及其身
者此之十一條通縣甚衆為存詞費約
同諸與解奏之高祖覽之大悅詔廢
諸州寺塔至九年六月四日後上謂
曰你大直奏事怕我人今日後勿懼
貞觀六年又上書令僧吹螺不合擊
鍾又言佛法妖偽勑示蕭瑀瑀曰傅
弈非聖人者無法弈駮曰瑀先祖已
來不事宗廟專崇胡鬼非孝者無親

廣弘明集卷第七　第二十九張　典字号

因集佛教入中華已來士人識見高
遠有駮議其妖惑者為高識傅云弈
傅如此云高祖從其言而廢寺者斯
惘君也豈有四年上事九年方廢省
諸州寺塔乎竟無此詔如何信之一
條假詐万途可悉弈身死後出傳貨
之言雖矯詔無命可死又云上書不
許擊鍾斯妄作也經云擊鼓戒兵鳴
搥集衆又云撞擊佛鍾斯非教耶又
述蕭瑀不事宗廟專事胡佛斯面欺
於宰伯也梁典云高祖七廟每祭畢
涕泗滂沲是何言也今京師東西兩
弟俱有宗廟四時饗祀相仍即目義
不濫聽私為此傳又可笑也止可誑
緣邊小識未足以示中華惜哉淨識
一從汙涂頓令沉滯反本何期上所
列人亦如前評興亡太半隨類詳焉
檢唐臨冥報記云云太史令傅弈自
武德初至貞觀十四年常誹毀佛僧
以其年秋暴病卒初弈与道士傅仁
鈞薛賾善後傳陸俱受官仁鈞先亡
賾夢見鈞曰先所負錢可付泥人賾
問誰耶曰即傅弈也是夜少府馮長

命夢丞在一處多見是先（亡命問佛等罪福之事有實乎昱曰）定實也又問如傅弈生平不信佛死受何報荅曰傅弈已配越州作泥人矣長命且入殿庭見薛賾說所夢賾又說之二夢符合臨在其側同塈嘆之賾即送錢付弈并說所夢後數日而弈卒案泥人者謂泥犁中人也泥犁即地獄之別名矣八大地獄在於地下餘諸雜獄散在山中海内而受苦也深可痛哉

廣弘明集卷第七

廣弘明集卷第七

校勘記

一　底本，金藏廣勝寺本。頁中原版缺，頁下原版殘，以麗藏本補換。

一　一〇一一頁中四行至九行「叙列……傅弈」，徑無。

一　一〇一一頁中六行末字「琳」，資、磧、普、南、清作「琳范縝」并夾註「一篇看文」。

一　一〇一一頁中一〇行「十五」，徑、清作「梁」。又「慱涉」，清作「博步」。

一　一〇一一頁中一一行「梁武」，資、磧、普、南、徑、清作「梁武帝」。

一　一〇一一頁中一二行「會眉」，資、磧、普、南、徑、清作「會盾」。

一　一〇一一頁中末行「黄新」，徑、清作「莽新」。頁下七行同。

一　一〇一一頁下一行「五湖」，南、徑、清作「五胡」。

一　一〇一一頁下四行「散乱」，資、磧、普、南、徑、清作「殽乱」。

一　一〇一一頁下一二行「佛者」，磧作「佛百」。

一　一〇一一頁下一六行首字「詈」，資、磧、普、南、徑、清作「罵」。

一　一〇一一頁下一八行末字「欵」，資、磧、普、南、徑、清作「歎」。

一　一〇一二頁上一行「温清」，資、普、南、徑、清、麗作「温凊」。

一　一〇一二頁上四行第一一字「粟」，清、麗作「栗」。

一　一〇一二頁上一〇行「以御」，資作「以祛」。

一　一〇一二頁上一一行「三危」，資、磧、普、南、徑、清作「三峗」。一四行同。

一　一〇一二頁上一五行「燉煌」，磧、南作「燉煌」。

一　一〇一二頁上二二行「燉煌」，資、普、徑、麗作「燉煌」。

一　一〇一二頁中一行「三史」，磧、南作「一史」。

一　一〇一二頁中八行首字「巴」，資、

磧、普、南、徑、清作「龍」。

一〇一二頁中一〇行「梟鏡」，磧、普、南、徑、清作「梟獍」。二二行同。

一〇一二頁中一一行「逆節」，資、磧、普、南、徑、清作「逆節」。

一〇一二頁中一三行「虛詐」，資、磧、普、南、徑、清作「虛誕」。

一〇一二頁中一九行第三字「懷」，磧、普、南、徑、清作「壞」。

一〇一二頁中二〇行「將終」，資、磧、普、南、徑、清作「將欲終」。

一〇一二頁中二一行「背剖」，麗作「背割」。

一〇一二頁下三行「理路」，南作「埋路」。又「無没」，資、磧、普、南、徑、清作「蕪没」。

一〇一二頁下四行「合會」，資、磧、普、南、徑、清作「全會」。又「補貼」，資作「補帖」。又末字「濟」，徑無。

一〇一二頁下七行「旨專」，資、磧、普、南、徑、清作「指專」。

一〇一二頁下一一行「非臣」，資、磧、普、南、徑、清作「非巨」。

一〇一二頁下二二行「搆堂宇」，資、磧、普、南、徑、清作「角堂宇」。

一〇一三頁上四行「大盜」，南作「大道」。

一〇一三頁上六行「將來」，資、磧、普、南、徑、清作「來報」。

一〇一三頁上七行「太甚」，資、磧、普、南、徑、清作「大甚」。

一〇一三頁上一〇行第六字「穽」，資、磧、普、南、徑、清作「井」。

一〇一三頁上一一行「濟云」，徑作「又云」。頁中一七行、頁下一五行、次頁上一七行、次頁下一七行同。

一〇一三頁上一五行末字「乃」，資、磧、普、南、徑、清作「及」。

一〇一三頁上二一行「方户」，諸本(不含石，下同)作「萬户」。又「三郡」，資、磧、普、南、徑、清作「三都」。

一〇一三頁中八行第三字「惆」，磧、普、南、徑作「調」；清作「調」。又第八字「奄」，麗作「掩」。

一〇一三頁中一一行「投俾」，資、普、徑、麗作「投畀」。又「豺虎」，資作「獸虎」。

一〇一三頁中二〇行第六字「逶」，資、磧、普、麗作「違」；南、徑、清作「遺」。

一〇一三頁中末行「張弛」，資、磧、普作「張施」。

一〇一三頁下一九行「文明」，磧、南作「入明」。

一〇一四頁上四行首字「濟」，南、徑無；麗作「齊」。又第三字「引」，資、磧、普、南、徑、清作「云」。

一〇一四頁上八行「何心」，麗作「何必」。

一〇一四頁上九行「追悔」，資、磧、普、南、徑、清作「退悔」。

一〇一四頁上一〇行「相信」，諸本作「根信」。

一〇一四頁上二一行第七字「庿」，資、磧、普、南、徑、清作「苗」。

一〇一四頁上二二行末字「埯」，諸本作「掩」。

一〇一四頁中三行「廣厦」，資作「廣夏」。

一〇一四頁中四行「壯飾」，資、磧、普、徑作「莊飾」。

一〇一四頁中五行「祐也」，資、磧、普、南、徑、清作「祀也」。

一〇一四頁中六行「四曰」，資作「四曰日」。又「泉布」，資作「帛布」。

一〇一四頁中二一行首字「放」，麗作「倣」。

一〇一四頁下四行「三事」，南作「二事」。

一〇一四頁下八行「無何」，資、磧、普、南、徑、清作「無可」。

一〇一四頁下一一行「自刑」，諸本作「自形」。

一〇一四頁下一二行「露矣」，資、磧、普、南、徑、清作「露形矣」。

一〇一四頁下一四行第一二字至一五行首字「則後之上」，資作「後所之上」；磧、普、南、徑、清作「後所上之」。

一〇一五頁上八行「目資」，諸本作「自資」。

一〇一五頁中一行「妄仁」，麗作「忘仁」。

一〇一五頁中六行「廢與」，諸本作「廢興」。

一〇一五頁中一三行第六字「旣」，諸本作「既」。

一〇一五頁中一七行「圓立」，諸本作「圓丘」。

一〇一五頁中一九行第一三字「令」，資、磧、普、南、徑、清作「今」。

一〇一五頁下一行「負智」，資、磧、普、南、徑、清作「圓智」。

一〇一五頁下八行末字「代」，南、徑、清、麗作「伐」。

一〇一五頁下一一行「十六」，徑、清作「齊」。

一〇一五頁下一四行第一一字「宦」，資、磧、普、南、徑、清作「官」。

一〇一六頁上一行第五字「從」，資、磧、普、南、徑、清作「徒」。

一〇一六頁上五行「通瞻者」，諸本作「通贍者」。

一〇一六頁上一二行「澹澹」，磧、普、南、徑、清作「澹」。

一〇一六頁上一五行「十七」，徑、清作「周」。

一〇一六頁上一七行末字「唐」，資、磧、普、南、徑、清作「唐虞無佛圖而國安齊梁有寺舍而祚失者未合道也但利民益國則會佛心耳夫佛心者大慈爲本安樂含生終不苦役黎民虔恭泥木損傷有識蔭益無情今大周啓運遠慕唐」。

一〇一六頁上一九行小字右第一字「則」，資、磧、普、南、徑、清作「則國」。又小字右第二三字「覺」，磧、普、徑作「竟」。又小字左第六字「遭」，諸本作「連」。

一　一〇一六頁上二〇行小字右末字至二一行小字右第一七字「但……情」，磧、普、南、徑、清無。

一　一〇一六頁上二一行小字左第一三字「之」，資、磧、普、南、徑、清作「而」。

一　一〇一六頁上二二行小字左「未法」，諸本作「末法」。

一　一〇一六頁中二行第四字「受」，麗作「愛」。又第四字至第一一字「受……毀」，資、磧、普、南、徑、清無。又「元持」，麗作「無持」。又「周王」，諸本作「周主」。

一　一〇一六頁中三行第一五字「衆」，麗作「衆勤用蠶以充户課供政課以報國恩」。

一　一〇一六頁中五行第一四字至七行第一二字「於……臣」，資、磧、普、南、徑、清無。

一　一〇一六頁中六行第五字「夫」，麗作「夫配」。又「凶迹」，麗作「凶逆」。

一　一〇一六頁中七行第三字「選」，麗作「進」。又「是則」，麗作「使」。

一　一〇一六頁中八行「哥周」，資、磧、普、南、徑、清作「歌周」。

一　一〇一六頁中九行第二字至第一九字「斯……寺」，諸本無。

一　一〇一六頁中一二行第二字「令」，資、磧、普、南、徑、清作「含」。

一　一〇一六頁中一六行「二輪」，清作「三輪」。

一　一〇一六頁中二一行「天灾」，麗作「水灾」。

一　一〇一六頁下一行第九字「塔」，磧作「荅」。

一　一〇一六頁下四行第五字「丁」，麗作「丁富僧」。

一　一〇一六頁下五行「衆人」，麗作「則衆人」。

一　一〇一六頁下一一行第六字「夂」，諸本作「人」。

一　一〇一六頁下一二行第末字「軍」，諸本作「軍人」。

一　一〇一六頁下一三行第一二字「勸」，麗作「勸立」。

一　一〇一六頁下一五行「興教」，資、磧、普、南、徑、清作「興道」。

一　一〇一六頁下二〇行「彈僧」，資、磧、普、南作「禪僧」。

一　一〇一六頁下末行「十八」，徑、清無。

一　一〇一七頁上二行「善論」，資、磧、普、南、徑、清作「聖論」。

一　一〇一七頁上六行「十九」，徑、清無。

一　一〇一七頁上一〇行第五字「煩」，資、磧、普、南、徑、清作「繁」。

一　一〇一七頁上一一行「二十」，徑、清無。

一　一〇一七頁中一行第二字「家」，諸本作「冢」。

一　一〇一七頁中三行「二十一」，資、磧、普、南作「二十一魏」；徑、清作「魏」。

一　一〇一七頁中四行「姓人」，資、磧、

普、南、徑、清作「婦人」。

一〇一七頁中九行第一〇字「自」，南作「目」。

一〇一七頁中一〇行「二十二」，徑、清作「涼」。

一〇一七頁中一九行「享牛」，諸本作「烹牛」。

一〇一七頁中二一行第一一字「原」，清作「宗」。

一〇一七頁下五行「二十三」，資、磧、普、南作「二十三齊」；徑、清作「齊」。

一〇一七頁下九行「苛察」，磧、普、南、徑、清作「奇察」。

一〇一七頁下一九行「二十四」，資、磧、普、南作「二十四隋」；徑、清作「隋」。又第一二字「爲」，資、磧、普、南、徑、清無。

一〇一七頁下二二行「縻費」，磧、普、南、徑、清作「糜費」。次頁上七行、九行同。

一〇一八頁上五行第一〇字「内」，資、磧、普、南、徑、清作「内」。

一〇一八頁上六行「六官」，諸本作「六宮」。

一〇一八頁上七行「清淨」，資、磧、普、南、清作「清静」。

一〇一八頁上一〇行第八字「未」，徑作「非」。

一〇一八頁上二〇行「景仰」，資、磧、普、南、徑、清作「敬仰」。

一〇一八頁中八行「廟略也」，資、磧、普、南、徑、清作「妙略也」。

一〇一八頁中九行第四字「收」，磧、普、南、徑、清作「牧」。

一〇一八頁中一三行「擬目」，資、磧、普、南、徑、清作「疑目」。

一〇一八頁中末行「正位」，麗作「王位」。

一〇一八頁下三行第二字「徔」，麗作「從」。

一〇一八頁下九行第三字「哥」，資、磧、普、南、徑、清作「歌」。

一〇一八頁下一〇行「縻爛」，資、磧、普、南、徑、清作「糜爛」。

一〇一八頁下一九行第九字「如」，資、磧、普、南、徑、清作「則如」。

一〇一九頁上五行「二十五」，資、磧、普、南作「第二十五唐」；徑、清作「唐」。又「泥陽人」，南、徑、清作「范陽人」。

一〇一九頁上六行「入代」，資作「入伐」；磧、普、南、徑、清作「人伐」。

一〇一九頁上八行第六字「諒」，資、磧、普、南、徑、清作「涼」。

一〇一九頁中二行「固知」，徑作「四知」。

一〇一九頁中二一行「大夫」，磧、南作「大天」。

一〇一九頁下二行「或云」，資、磧、普、南、徑、清作「云或」。

一〇一九頁下四行第四字「大」，南、徑、清無。

一〇一九頁下八行「又大唐」，資、磧、普、徑、清作「入大唐」；南作

「入唐」。

一〇一九頁下一三行第一一字「几」，諸本作「凡」。

一〇一九頁下二〇行「請僧」，資、磧、普、南、徑、清作「請增」。又第一二字「用」，資、磧、普、南、徑、清作「田」。

一〇二〇頁上三行第一三字「非」，資、磧、普、南、徑、清作「乃非」。

一〇二〇頁上五行第一三字「由」，清作「曰」。

一〇二〇頁上六行「角營」，資、磧、普、南、徑、清作「爭營」。

一〇二〇頁上一五行第七字「逆」，諸本作「逆」。

一〇二〇頁中六行第八字「則」，資、磧、普、南、徑、清作「利」。

一〇二〇頁中七行「皆富」，資、磧、普、南、徑、清作「皆富者」。

一〇二〇頁中一二行第三字「統」，清作「純」。又「實少」，資、磧、普、南、徑、清作「實少者」。

一〇二〇頁中一三行「安匠」，資、磧、普、南、徑、清作「安近」。

一〇二〇頁中一五行「忠諍」，資、磧、普、南、徑、清作「忠諫」。

一〇二〇頁中二二行第一三字「祖」，清作「相」。

一〇二〇頁下二行「傳云」，資、磧、普作「傳云」。

一〇二〇頁下一五行「小識」，資、磧、普、南、徑、清作「小議」。

一〇二〇頁下二一行「仁鈞」，資、磧、普作「傳鈞」；南作「傳釣」；徑、清作「傳鈞」。

一〇二〇頁下末行「少府」，資、磧、普、南、徑、清作「少傳」。

一〇二一頁上一行「夢又」，資、磧、普、南、徑、清作「又夢」。又第九字「是」，資、磧、普、南、徑、清無。又小字右第二字「命」，資、磧、普、南、徑、清作「長命」。

廣弘明集卷第八　　典

大唐西明寺沙門釋道宣撰

辯惑篇第二之四

擊像焚經坑僧詔　魏太武

大集道俗廢立二教議　周武

二教論　釋道安

擊像焚經坑僧詔　元魏世祖太武帝

帝諱燾以明元帝泰常八年即位時年八歲尚在幼沖賓政所由惟恃台輔時司徒崔浩尤不信佛帝訪國事每以為懷言佛法虛誕為俗費害黃老仙道可以存心浩既雅信仙道授帝老經隨言信用曾無思擇即立道壇四追方士當時佛法隆盛浩內嫉之常求瑕釁會蓋吳反於杏城關中騷動帝乃西伐時浩從焉既至長安有沙門種麥於寺中御騶牧馬帝入觀馬從官入其便室見有弓矢出以奏聞帝怒曰此非沙門所用當與蓋吳通謀規害人耳命有司案誅一寺閱其財產及州郡牧守富人所寄藏物蓋以萬計詔乃焚破佛像勅留臺

下四方一依長安行事太平真君五年帝年二十有九春秋方富盛於武功崔浩邪謀相接交扇方士仙觀日有登臨釋門清衆將事殲殄又下詔曰愚民無識信僞惑妖私養師巫挾藏讖記沙門之徒假西域虛誕坐致妖孽非所以一齊政化布淳德於天下也自王公以下至於庶人有私養沙門者限今年二月十五日過期不出沙門身死容止者誅一門時恭宗為太子監國素欲佛法頻上表陳刑殺沙門之濫又非圖像之罪令罷其道杜諸寺門世不修奉土木丹青自然毀滅如是再三不許時有沙門玄高者空門之秀傑也太子晃師之晃敬事如佛崔浩得倖於帝恐晃攝政或見危逐密譏於帝晃有異圖若不先慮後悔無及又晃結納玄高高又通靈鬼物善得人心可不猜耶帝初不從後且幽之又夢其先祖云太子無事又問百官咸云太子仁孝枉見幽辱帝乃出晃以政歸之浩又重譖帝信之便幽死晃於禁中縊高於郊南浩

得志於朝廷也列辟莫敢致言便以太平真君七年三月下詔一切蕩除所有圖像胡經皆擊破焚毀沙門無少長悉坑之斯並崔浩之意致也及後帝遘癘惱浩被族誅呼嗟長慨無所及矣事迹如前釋老志廣之

周滅佛法集道俗議事

周高祖猜忌為心安忍嫌隙大冢宰晉國公護權衡百揆決通庶政帝竊嫉之恐有陵奪因護入內親自誅之并大臣六家並從族滅帝以得志於天下一無所慮也然信任讖緯偏以為心自古相傳黑者得也謂有黑相當得天下猶如漢末訛言黃衣當王以黃代赤承運之像言黑亦然所以周太祖挾魏西奔衣物旗幟並變為黑用期訛讖之言斯亦漢光武之餘命也昔者高洋之開齊運流俗亦有此謠洋言黑者稠禪師黑衣天子也將欲誅之會稠遠識悟而得免脩如別說故周祖初重佛法下禮沙門並著黃衣為禁黑故有道士張賓譎詐因上私達其黨以黑釋為國忌以黃老

廣弘明集卷第八　第四張　與

為國祥帝納其言信道輕佛親受符
録躬服衣冠有前僧衛元嵩與賓屑
齒相扇惑動帝情云僧多怠惰貪逐
財食不足欽尚帝召百僧入內七宵
行道時既密知各加懇到帝亦同僧寢
處覘候得失或為僧讀誦或讚唄礼
悔僧皆懔厲莫不訝帝之微行也既
期已滿無何而止至天和四年歲在己
丑三月十五日勑召有德衆僧名儒道
士文武百官二千餘人帝御正殿量
述三教以儒教為先佛教為後道教最
上以出於無名之前超於天地之表
故也時議者紛紜情見乖各不定而
散至其月二十日依前集論是非更
廣莫簡帝心帝曰儒教道教此國
常遵佛教後來朕意不立僉議如何
時議者陳理無由除削帝曰三教被
俗義不可俱至四月初更依前集必
須極言陳理無得面從　又勑司隸
大夫甄鸞詳度佛道二教定其深淺
辯其真偽天和五年鸞乃上笑道論
三卷用笑三洞之名至五月十日帝大
集群臣詳鸞上論以為傷蠹道法

廣弘明集卷第八　第五張　與

帝躬受之不恡本圖即於殿庭焚蕩
時道安法師又上二教論云內教外
教也練心之術名三乘內教也救形
之術名九流外教也道無別教即在
儒流斯乃易之謙謙也帝覽論以問
朝宰無有抗者於是遂寢乃經五載
至建德三年歲在甲午五月十七日
初斷佛道兩教沙門道士並令還俗
三寶福財散給臣下寺觀塔廟賜給
王公餘如別述于時衛王不忍其事
直入宮燒軋化門攻帝不下退至虎
牢捉獲入京父子十二人并同謀者
並誅

二教論　沙門釋道安

歸宗顯本第一
儒道昇降第二
君為教主第三
詰驗形神第四
仙異涅槃第五
道仙優劣第六
孔老非佛第七
釋異道流第八
服法非老第九

廣弘明集卷第八　第六張　與

教指通局第十一
依法除疑第十二

歸宗顯本第一

有東都逸俊童子問於西京通方先
生曰僕聞風流傾墜六經所以緝修
誇尚滋彰二篇所以述作故優柔弘
潤於物必濟曰儒用之不匱於物必
通曰道斯皆孔老之神功可得而詳
矣近覽釋教文博義豐觀其汲引則
恂恂善誘要其指趣則亹亹茲良然
三教雖殊勸善義一塗迹誠異理會
則同至於老嗟身患孔歎逝川固欲
後外以致存生感往以知物化何异
釋典之猒身無常之説哉但拘滯之
流未馳高觀不能齊天地於一指均
是非乎一氣致令談論之際每有不
同此所謂匿摩尼於胎鷇掩大明於
重夜傷莫二之純風塞洞一之玄指
祈之弥劫奚可值哉敬請先生為之
開闡
通方先生曰子之問也激矣哉可謂
窮辯未盡理也僕雖不敏嘗疑上國
服膺靈章陶風下席今當為子略陳

其要夫万化本於無生而生生者无生三才兆於无始而始始者无始然則无生无始物之性也有化有生人之聚也聚雖一體而形神兩異散雖質別而心數弗亡故救形之教教稱為外濟神之典典号為內是以智度有內外兩經仁王辯內外二論方等明內外兩律百論言內外二道若通論內外則該彼華夷若局命此方則可云儒釋釋教為內儒教為外備彰聖典非為誕謬詳覧載籍尋討源流教唯有二寧得有三何則昔玄古朴素墳典之誥未弘淳風稍離丘索之文乃著故包論七典統括九流咸為治國之謨並是脩身之術故藝文志曰儒之流蓋出於司徒之官助人君順陰陽明教化者也遊文於六經之中留意於五德之際祖述堯舜憲章文武宗師仲尼其道最高者也

道家者流蓋出於史官清虛以自守卑弱以自持此君人者南面之術合於堯之克讓易之謙謙是其所長也

陰陽家者流蓋出於羲和之官敬順昊天曆象日月星辰敬授民時此其所長也

法家者流蓋出於理官信賞必罰以輔禮制易曰先王以明罰勅法此其所長也

名家者流蓋出於禮官古者名位不同禮亦異數孔子曰必也正名乎名不正則言不順言不順則事不成此其所長也

墨家者流蓋出於清廟之官茅屋採椽是以貴儉養三老五更是以兼愛選士大射是以上賢宗祀嚴父是以有鬼此其所長也

縱橫家者流蓋出於行人之官孔子曰誦詩三百使乎四方不能專對雖多亦奚以為又曰使乎使乎言其當權事制宜受命而不受詞此其所長也

雜家者流蓋出於議官兼儒墨合名法知國體之有此見王治無不貫此其所長也

農家者流蓋出於農稷之官播五穀勸耕桑以足衣食故八政一曰食二曰貨此其所長也若泒而別之則應有九教若總而合之則同屬儒宗論其官也各王朝之一職談其籍也並皇家之一書子欲於二代之內令九流爭川大道之世使小成競辯豈不上傷皇極莫二之風下開拘放鄙蕩之獘真所謂巨蠹淵猷眩曜朝野矣佛教者窮理盡性之格言出世入真之軌轍論其文則部分十二語其旨則四種悉檀理妙域中固非名号所及化擅繫表又非情智所尋至於遣累落筌陶神盡照近超生死遠證涅亘播闡五乘接群機之深淺該明六道辯善惡之昇沉寘期出世而理無不周迹比王化而事無不盡能博能要不質不文自非天下之至慮孰能與斯教哉雖復儒道千家墨農百氏取捨驅馳未及其度者也惟釋氏之教理富權實有餘不了稱之曰權无餘了義号之為實通玄善誘何成妙賞子謂三教雖殊勸善義一余謂善有精麁優劣宜異精者超百化而高昇麁者循九居而未息安可同年而

語其勝負哉又玄教迹誠異理會則同爰引世訓以符玄教此蓋悠悠之所昧未暨其本矣教者何也詮理之謂理者何也教之所詮教若果異理豈得同理若必同教寧得異筌不期魚蹄不為兔將為名乎理同安在夫厚生情篤身患之誠遂興不悟遷流逝川之歎乃作並是方內之至談諒非踰方之巨唱何者推色盡於極微老氏之所未辯究心窮於生滅宣尼又所未言可謂瞻之似盡察之未極者也故涅槃經曰分別色心有无量相非諸聲聞緣覺所知且聲聞之与菩薩俱越妄想之鄉菩薩則惠兼九道聲聞則獨善一身其猶露潤之方巨壑微塵之比須弥況凡夫識想何得齊乎故淨名曰无以日光等彼螢火若夫以齊而齊不齊者未齊矣以齊而齊於齊者未齊焉余聞善齊天下者以不齊而齊天下者也何須哀岳實淵然後方平續鳧截鶴於焉始等此蓋猶夫之野議豈達士之貞觀故陵曰紫實眛朱狂斯濫哲請廣其

類更曉子懷上至天子下至庶民莫不資色心以成軀稟陰陽以化體不可以色心是等而便混以智愚安得以陰陽義齊則同之貴賤此之不可至理皎然雖强齊之其義安在

儒道昇降第二 儒道六典道止兩篇 昇降二事儒彰四史

問曰先生涇渭孔釋清濁大懸与奪儒道取捨尤濫史遷六氏道家為先班固九流儒宗為上討其祖述並可命家論其憲章未乖典式欲言俱非情謂未可儻其都是何宜去取答曰塗軌乖順不可无歸朱紫之際久宜有在漢書十志並是古則藝文五行豈今始有農為治本史遷不言安毀縱橫官典俱漏故孟堅之撰今古褒其是子長之論曩見貶其非是以前漢書曰史遷序墳籍則先黃老後六經論遊俠則退處士進姦雄述貨殖則崇勢利羞貧賤此其為弊也

後漢書曰太史令司馬遷採左氏國語刪世本戰國策據楚漢春秋列時事上自黃帝下訖獲麟作本紀世家列傳書表凡百三十篇而十篇缺焉

至於採經摭傳分散百家之事甚多疎略不如其本務欲以多聞廣載為功論義淺而不篤其論術學也則崇黃老而薄五經輕仁義而賤守節此其甚弊傷道所過極刑之咎也又晉書禮樂志曰世稱子長史記奇而不周奇謂博古遠達而謂弊於儒道儒道既弊聖教不興何王摹之尚道發儒惑亂天下變風毀俗遂使魏晉為之陵遲四夷交侵中國微矣此皆國史實錄之文奚獨可異按其得失詳列与志取捨昇降何豫鄙懷

問老子之教蓋脩身治國絕棄貴尚論大道則為三才之元辯上德則為五事之本猶陶埏之成造譬橐籥之不窮先生何為抑在儒下

答曰余聞恬志大和者不務變常安時處順者不求反古故詩曰不愆不忘率由舊章惟藝文之盛易最優矣吾子謂老与易何若昔宓羲氏仰觀象於天俯察法於地近取諸身遠取諸物於是始作八卦以通神明之德以類万物之情文王重六爻孔子弘

十翼故曰易道深矣人更三聖世歷

三古故繫詞曰易有太極是生兩儀
易說曰夫有形生於无形故曰有太
易有太初有太始有太素
太易者未見氣也
太初者氣之始　太始者形之始
太素者質之始
本氣形質而未相離故曰混沌視之
不見聽之不聞循之不得故曰易也
孝經說曰奇者陽節偶者陰基得陽
而成合陰而居數相配偶乃為道也
故曰一陰一陽之謂道陰陽不測謂
之神此而遐瞻足贒於老也
子謂仁由失德而興禮生忠信之薄
安其所習毀所不見且大樂與天地
同和大禮與天地同節豈在飾敬之
年責報之歲哉然老氏之旨本救澆
浪虛柔善下修身可矣不上賢能於
治何績既扶易之一譔便是儒之一
派幸勿同蒸棄五德
君為教主第三（世謂孔老為弘教之人訪之典謨則君為教主）
問敬尋懸製剖析離合去派而別之
應有九教絕而合之同一儒宗採求

理例猶謂未當何者名雜鄧尹法条

悝商墨出由胡農與野老斯皆製通
賢達不可以為教首孔老聖歟可以
命教故九流之中唯論其二儒教道
教豈不婉哉
荅曰子之問也似未通遠夫帝王功
成作樂治定制禮此蓋皇業之盛事
也而左史記言右史記事事為春秋
言為尚書百王同其風万代齊其軌
若有位無才猶虧弘闡有才无位灼
然全闕昔周公攝政七載乃制六官
孔老何人得為教主孔雖聖達无位
者也自衛迴輪始弘文軌正可修述
非為教源县婁在朝本非諧贊出周
入秦為尹言道無聞諸侯何況天子
既是仙賢固宜雙缺道屬儒宗已彰
前簡
問孔子問禮於老聃則師資之義存
矣又論語孔子自稱吾述而不作信
而好古竊比於我老彭子云孔聖而
云老賢比類之義義將焉在褒貶乖
衷諒為侮聖
荅曰余既庸昧奚敢穿鑿廢智任誠

唯依誥典嵇子云老子就涓子學九

仙之術尋乎練餌斯或有之至於聖
也則不云學論語曰生而知之者上
學而知之者次依前漢書品孔子為
上上類皆是聖以老氏為中上流並
是賢又何晏王弼咸云老未及聖此
皆典達所位僕能異乎孔子曰吾無
常師問禮於老聃斯其義也有問農
云吾不如老農又問圃云吾不如老
圃入太廟每事問豈農圃守廟之人
而賢於孔丘乎竊比逖詞斯其類也
故知他評近實自謙則虛侮聖之談
恐還自累（孔子問樂於長弘學琴於師襄子豈弘子之流皆賢於孔子乎聖人之迹於斯可見）
問曾隱公者蓋是讓國之賢君而人
表評為下下老子者乃無為之大聖
漢書品為中上故知班彪父子詮度
險巇先生何乃引之為證荅曰吾子
近取杜預之談遠忽春秋之意隱公
者桓公之庶兄也桓公幼小攝行政
事及桓長大歸政桓公雖能歸政不
能去猜譖毒於是縱橫遂為桓公所
弒既不自全陷弟不義讓國之美竟

復何在此而非下孰有下乎漢書之評於是乎得且孔子受命遂号素王未聞戴籍稱老為聖言不開典君子所尠問尚書云惟狂克念作聖惟聖罔念則狂子云聖也則不開學是何言歟

答曰孔語生知學言積習向者論儒未云釋也上智下愚本不隨化中庸之類乃順化遷聖可為狂則非上智狂可為聖復非下愚書辯狂聖皆中庸也老子曰絕聖棄智民利百倍此蓋中才之聖非上智也

詰驗形神第四 形神之教初篇已言今則詰之驗其典證也

問曰先生云救形之教教稱為外救尋雅論寔為未允易云知幾其神乎寧得雷同七典皆為形教釋辯濟神義將安在答曰書稱知遠遠極唐虞春秋屬詞詞盡王業至若禮樂之敬良詩易之温潔皆明夫一身豈論三世固知教在於形方者未倫洪祐示逸乎生表者存而未識易曰幾者動之微也能照其微非神如何此言神矣而未辯練神練神者閑情閑照期神

曠劫幽靈不亡積習成聖階十地而逌明邁九宅而高蹈此釋教所弘也經曰濟神拔苦莫若脩善六度攝生淨心非事故也

仙異涅槃第五 仙明延期之術不无其終涅槃常住之果居然乘異

問釋稱涅槃道言仙化釋云无生道稱不死其揆一也何可異乎答曰靈飛羽化者並稱神丹之力无疾輕强者亦云餌服之功良哉不知繕績前成生甄異氣壽夭由因脩短在業佛法以有生為空幻故忘身以濟物道法以吾我為真實故服餌以養生生不貴存存何勣縱使延期不能无死故莊周稱老子曰古者謂之遁天之形始以為其人今則非人也尚非遁天之仙故有秦佚之弔死扶風藍槐里涅槃者常恒清涼无復生死心不可以智知形不可以像測莫知所以名强謂之寂其為至也亦以極哉縱其雙林息照而靈智常存體示闍維而舍利恒在雖復大椿遐壽以彭年為殤非想多劫與无擇對户凡聖理懸動寂天異焉可同時而辯昇降哉

吾子何為扤餘燎於日月之下而欲與羲和爭暉至於猶也何至甚乎

道仙優劣第六 道以恬虛寡慾優在符於讃德仙則餌服紛紜劣在徒勤无効

問先生高談壽夭繕績前生業果雖詳芝丹仍略且道家之極極在長生呼吸太一吐故納新子欲劣之其可得乎

答老氏之旨蓋虛无為本柔弱為用渾思天元恬高人世浩氣養和得失无變窮不謀通達不謀己此學者之所以詢仰餘流其道若存者也若乃練服金丹餐霞餌玉靈升羽蛻尸解形化斯皆尤乖老莊立言本理其致流漸非道之儔雖記奇者有之而言道者莫取昔漢武好方抜遂有欒大之妖光武信讖書致有桓譚之議書為方抜不入墳流人為方士何關雅正吾子曷為捨大而從小背理而趣誕乎

孔老非佛第七 佛生西域孔氏高推商宰致問列子書記

問西域名佛此云覺西言菩提此云為道西云泥洹此言无為西稱般若

此翻智慧准此斯義則孔老是佛無為大道先已有之

荅曰鄙俗不可以語大道者滯於形也曲士不可以辯宗極者拘於名也案孟子以聖人為先覺聖中之極寧過佛哉故譯經者以覺翻佛覺有三種自覺覺他及以滿覺孟軻一辯豈具此三菩提者案大智度論云無上慧然慧照靈通義翻為道道名雖同道義尤異何者若論儒宗道名通於大小論語曰雖小道必有可觀致遠恐泥若談釋典道名通於邪正經曰九十有六皆名道也聽其名則真偽莫分驗其法則邪正自辯菩提大道以智度為體老氏之道以虛空為狀體用既懸固難影響外典無為以息事為義內經無為無三相之為名同實異本不相似故知借此方之稱翻彼域之宗寄名談實何疑之有准如茲例則孔老非佛何以明其然者昔商大宰問於孔丘曰夫子聖人歟對曰丘博識強記非聖人也又問三王聖人歟對曰三王善用智勇聖非丘所知又問

五帝聖人歟對曰五帝善用仁信聖非丘所知（又問三皇聖人歟對曰三皇善用時聖非丘所知大宰大駭曰然則）孰者為聖孔子動容有間曰西方之人有聖者焉不治而不亂不言而自信不化而自行蕩蕩乎民無能名焉若老氏必聖孔何不言以此校之理當推佛（老子西昇經云天下大術佛術第一又西昇經云吾師化由天竺善入泥洹又符子曰老氏之師名釋迦文直就道書咸皆師佛）

釋異道流第八（出世三乘域中四大懸如天地異過塵嶽）

問後漢書云佛道神化興自身毒（案山海經西方有天毒國郭景純注云即天竺國也而漢書西域傳云天竺國一名身毒國也）詳其清心釋累之訓空有兼遣之宗道書之流也以此推之則道教收佛又佛經云一切文字悉是佛說非外道書而先生高位釋教在儒道之表將不自局而近誣聖乎

荅曰吾子援引漢書而問余亦還以漢書而荅後漢西域傳曰張騫之著天竺惟云地多濕暑斑勇之列身毒正言奉佛不殺而精文善法導達之功靡所傳記余聞之後說也其國則殷平中土玉燭和氣靈智之所降集賢懿之所挺生神迹詭怯則理絕人

區感驗明顯則事出天外而騫超無聞者豈其道閉往運數開將業乎不然何經典之甚也漢自楚英始盛齋戒之祀桓帝又修華蓋之飾將微義未譯但神明之耶且好仁惡煞蠲獘崇善所以賢達君子多受其法焉然好大不經奇譎无已雖鄒衍談天之辯莊周蝸角之論未足以槩其万一尋漢書之錄兼而有徵取其微義未譯則去道書之流談其神奇感驗則言理絕天表惟四蔵膽博二諦詮陳揔論九道則无非佛說別明三乘則儒道非流此乃在我之明證非吾子之清決乎

服法非老第九（絕聖棄智老氏之心黃巾榮服張家之法）

問經云釋迦成佛已有塵劫之數或為儒林之宗或為國師道士固知佛道寘如符契又清淨法行經云佛遣三弟子振旦教化儒童菩薩彼稱孔丘光淨菩薩彼稱顏淵摩訶迦葉彼稱老子先生辯異似君自私荅曰聖道虛寂圓應无方无方之應逗彼群品器量有淺深感通有厚薄故令无

僊之僊僊遍十方无言之言言充八極應實塵砂大略有二八相感成雙林現滅斯其大也攏入六道晦迹塵光斯其小也小則或畫卦以御時或播殖以利世或修征以定亂或行禮以誠物或談无而傲榮或說有而重爵何為老生獨非一迹故須弥四域經曰寶應聲菩薩名曰伏羲寶吉祥菩薩名曰女媧但今之道士始自張陵乃是鬼道不關老子何以知之李膺蜀記曰張陵避病瘧於丘社之中得咒鬼之術書為是遂解使墨後為大虵所噏弟子妄述昇天後漢書稱沛人張魯母有姿色兼挾鬼道往來劉焉家益州刺史劉焉遂任魯以為督義司馬魯遂與別部司馬張脩將兵掩煞漢中太守蘇固斷絕斜谷煞漢使者魯既得漢中遂煞張脩而并其衆焉於漢為逆賊戴黃巾服黃布褐

魯字公旗初祖父陵順帝時客於蜀學道鶴鳴山中造作符書以惑百姓受其道者輙出米五斗故世謂之米

賊陵傳其子衡衡傳於魯魯自號天師君其來學者初名鬼卒後号祭酒祭酒各領部衆多者名曰治頭皆教以誠信不聽欺妄有病但令首過而已諸祭酒各起義舍於同路同路縣亭置米肉以給行旅食者量腹取足過多則鬼能病人犯法者先加三令然後行刑不置長吏以祭酒為治民夷信向之朝廷不能討遂就拜魯鎮夷中郎將通其貢獻自魯在漢垂三十年獻帝建安二十年曹操征之至陽平魯欲舉漢中降其弟衛不聽率衆數万拒關固守操破衛斬之魯聞陽平已陷將稽顙歸降閻圃說曰今以急往其功為輕不如且依巴中然後委質功必多也於是乃奔南山左右欲悉焚寶貨倉庫魯曰本欲歸命國家其意未達今日之走以避鋒銳非有惡意遂封藏而去操入南鄭甚嘉之又以魯本有善意遣人慰安之魯即与家屬出逆拜鎮南將軍封閬中侯而張角張魯等本因鬼言漢末黃衣當王於是始服之曹操受命以黃代赤黃

巾之賊至是始平自此已來遂有茲弊至宋武帝悉皆斷之至寇謙之時稍稍還有今既大道之世風化宜同小巫巾色寔宜改復且老子大賢絕棄貴尚又是朝目服色寧異古有專經之學而无服彔之殊黃巾布衣出自張魯國與明文豈虛也哉夫聖賢作訓弘裕溫柔鬼神嚴厲動為寒暑老子誠味祭酒皆飲張製鬼服黃布則齊真為皎然急緩可見自下略引張氏數條妄說用懲革未聞或禁經止價（陸云先論云道家諸經制雜凡意教迹邪陰是故不傳但得金帛便与其經貪者造之至死不發貪利无慈逆莫過此又其方術穢濁不清乃有扣齒為天鼓咽唾為醴泉馬屎為靈薪老鬼為芝藥貴此求道焉能得乎）

或妄稱真道（蜀記曰張陵入鶴鳴山自稱天師漢嘉平末為猫牠所噏子衡奔出尋毛所畏負清議之誰乃假設權方以表靈化之迹生麋鵠足置石崖頂到光和元年遣使告曰正月七日天師昇玄都米民山獠遂因長傳販死利生遂莫此之甚也）

或合氣釋罪（妄造黃書呪癩无端乃開命門抱真人嬰兒龍迴虎戲備如黃書所說三五七九天羅地網士女溷漫不異禽獸用消災禍其可然乎）

或挾道作亂（黃巾鬼道毒流漢室孫恩求仙禍延皇晉破國宰民惑亂天下）

或章書伐德（逐逵七祖亡兇譖沙擯賣紙筆奏章太上戊辰之日）

上必不達不達太上則生民枉死嗚呼哀哉
或畏鬼帶符古佩太極章古佩民吾鐵指日則停嗶擬鬼千里血若受黃書赤章即是靈仙
或制民輸課罰記曰受其道者輸米肉布絹器物紙筆薦席五綵後生邪濁增立米民
或解除墓門左道餘氣墓門解除春秋二分祭竈祠社冬夏兩至祀祠同俗先受治錄兵符社契皆言軍將吏兵都无教戒之義
或苦妄度厄塗炭齋者事起張魯驢輾泥中黃土塗面摘頭懸御埏埴使熟至義熙初有王公朝省去打拍吳陸修靜猶混額反縛懸頭而已資此度厄何癡之甚
或夢中作罪夢見先亡都六變法當食鬼神軍將吏兵奏章斷之
或輕作凶佞造黃神越章用持煞鬼又造赤章用持煞人輒悅世情不計殃罪陰謀讀嫉凶邪之甚
斯皆三張之鬼法豈老子之懷乎自於上代爰至符姚皆呼衆僧以為道士至寇謙之始竊道士之号私易祭酒之名事蕳姚書略可詳究然法行經者无有人黜雖入疑科未傷弘旨摩訶迦葉釋迦弟子稟道闡猷詎希方駕三張符錄詭託老言捃採謡詞以相扶助復引寶談證其虛說嗚呼可歎幸深察焉

問欲尋道家厥品有三者老子无為二者神仙餌服三者符錄禁厭就其

章式大有精麁麁者猒人煞鬼精者練尸延壽更有青録受須金帛王侯受之則延年益祚庶人受之則輕健少疾君何不論惟貶鄙者

荅曰子之所言何其陋矣惟王者興作非詐力所致必有靈命以應天人至於符瑞不無階降上則河圖洛書次則龜龍麟鳳此是帝皇之符籙也今大周馭宇膺曆受圖出震為神電軒流景上宣衢室下闢靈臺列彼三光摇玆二柄而德侔終古動植効靈仁並二儀幽明薦祉故真容表相不假尋於具茨澄照淵猷無惑求於象罔宰龍語默彈猒名言超絶有無逈踰彼此苗狗万機不可謂之為有孝慈兆庶不可謂之為无四海一家不可謂之為彼九州遼曠不可謂之為此故遊之者莫測其淺深蹈之者未窮其厚薄加以三足九尾赤雀緑龜嘉瑞相尋不時而至玆乃大道弘仁光盈四表慶靈揔萃厚祚无疆豈聖德之清寧天朝之多士尚信鬼録之談猶傳巫覡之說者哉昔神賜綿田

若始求田之義民供趙雀由初受爵之徵此皆委巷鄙言子從所不許也然皇帝之尊極天人之義王者之名盡霸功之業當受命神宗廓風化於寰宇封禪山岳報成功於天地不見鬼言隱經綸之始曾无詭說達致遠之宗徒訛惑生民敗傷王教真俗擾動歸正無從惟孔子貴知命伯陽去奇尚奚取鬼符望致其壽若言受之必益令佩符道士恙可長年無録生民並應短壽事既不徵何道之有

明典真僞第十兩經寶談為真三洞誕謀為僞

問老經五千最為淺略上清三洞乃是幽深且靈寶其經天文玉字超九流越百氏儒綩道家豈及此乎

荅老子道經朴素可崇莊生内篇宗師可領暨玆巳外製自凡情黄庭元陽採掠法華以道換佛改用尢拙靈寶創自張陵吳赤烏之年始出上清肇自葛玄宋齊之間乃行尋聖人設教本為招勸天文大字何所詮談始自古文大小兩篆以例求之都不相似陽平鬼書於是乎驗晉元康中鮑

靖造三皇經被誅事在晉史後人諱之改為三洞其名雖變厥躰尚存猶明三皇以為宗極斯皆語出凡心寔知非教不關聖口豈是典經而張葛之徒皆雜符禁化俗佐誕違爽無為哀哉吁何乃指魚迹欲比倉文以毒乳而方甘露乎（依張魯蜀記凡有二十四治而陽平一治最為大者今道士上章及奏符啟皆稱陽平重其本故也以上清為洞玄靈寶為洞真三皇為洞神故曰三皇）

問道經幽簡本接利人佛經顯博源拔鈍士窮理徹事皎然可見

荅曰釋典洸洸幽顯並蘊玄章浩浩廣略俱通大智度曰為利人略說為解義故為利人廣說為誦持故為鈍人略說為誦持故為鈍人廣說為解義故（如般若一部數有萬或千或百餘乃）數十周智典既然餘經皆尒通言博在其鈍何誣之甚香城金簡龍宮玉牒天上人間釋典何量八音部表其數无邊十二談之罄無不盡可謂詩篇三百蔽者一言以此例之廣略可見詳其道經三十六部廣則定廣无略可收即是純鈍何利之有廣而可略則非定廣略而可

廣則非定略釋典之深於是乎在

教旨通局第十一（典康世治而不出生死為局近北王化而遠期出世為通）

問姬孔立教可以安上治民移風易俗老莊談玄可以歸淳反素息尚無為為化足矣何假胡經又替抽鬚削毀容易姓可以化彼強夷不可施之中夏其猶車可陸運不可汎流船可水行不宜陸載佛經怯誕大而無徵怖以地獄則使怯者寒心誘以天堂則令愚者虛企豎說塵劫尚去不遥傍談沙界猶言未遠或說貧由慳至富藉施來貴因恭恪賤興侮慢慈仁不煞則壽命延長多殘掠獵則年筭減夭尋討去云離相符允竊見好施不害貧而早終慳貪多煞富而長壽禪戒苦節嬰羅疥患抗殘至廣封賞始隆信謂苦惱由惑而生爵祿因煞而得其猶種角生葦毋子爭張牛毛生蒲因果不類雖言業報无以愜心徒說將来何殊繫影未若陶甄稟於自然森羅均於獨化忽焉自有怳尒而無吉凶任運離合非我人死神滅其猶若燈膏明俱盡知何所至胡勞步

騁於空談之際馳騁於无驗之中若

曰異哉子之所陳何其鄙也果以拘繩窗井封守一方故耳孟子曰人之所知未若人之所不知信矣吾當告子古之明大道者五變而形名可舉九變而賞罰可言所以方內階漸猶未可頓者也至於鈎弋順時禁四民之暴三驅之禮顯王迹之仁可謂美矣未盡善也尋先王制作局云家寓天分十二野極流沙地列九州西窮黑水談遺過去辯略未来事盡一生未論三世豈聖達之不知信嘉緣之未攡釋迦發窮源之真唱演大炙之洪慈上極聖人下及蜎蠕等行不煞仁人之至也若乃道包真俗義冠精靈移仁壽於菩提從教義於權實使宗歷者悟空空之旨存有者進戒定之權於是慧光遐炤莊王因觀夜明靈液方津明帝以之神夢（春秋左傳曰莊王七年歲次甲午四月辛卯夜恒星不見星隕如雨即周莊王十年也在王別傳曰王遂即易筮之云西域銅色人出世所以夜明非中夏之灾也案佛經如來四月八日入胎二月八日生亦二月八日成道生及成佛皆於元明而去出世即成佛年也周以十一月為正春秋四月即夏之二月也依

元生用正与夏同杜預用晋曆筭辛卯二月五日也安共董奉忠用會晋筭即二月七日用前周曆筭即二月八日也又依什法師年紀及石挂銘並为春秋符同如來周桓王五年歲次乙丑生桓王二十三年歲次癸未出家荘王十年歲在甲午成佛裏王十五年歲在甲申歲度王今一千二百五年

良謂遂通資感悟涉藉緣運值百齡齊均万刧於是秦景西使而摩滕東逝道暢皇漢之朝訓敷永平之祀物无僭萤人斯草偃始知放華猶昏而文宣未旭者也吾子初云其同而未識其異故知始之所同者非同未之所異者非異何則脩淳道者務在反俗俗既可反道則可淳反俗之謨莫先剃落而削鬚毀容事存高素辞親革愛趣聖之方袪嗜慾於始心忘形骸於終果何眷戀乎三界豈留連於六道太伯文身斷髮匪是西夷范蠡易姓改名寧非東夏近讓千乘論語稱其至德遠辭九宅寧羅氏族之拘故阿含經曰四姓出家同一釋種莊子舟車之喻辭以古今猶禮有損益樂有相沿吾子何為濫去國土惟聖教無方不以人天乖應妙化无外

豈以華戎阻情是以一音演唱万品齊悟豈以夷夏而為隔哉維摩經曰佛以一音演說法衆生隨類各得解夫纖介之惡歷刧不亡毫釐之善永為身用但禍福相乘不无倚伏得失相襲輕重叓傳福成則天堂自至罪積則地獄斯臻此乃必然之數無所容疑若造善於幽得報於顯世謂陰德人咸信矣造惡於顯得報於幽斯理盡然寧不信也易曰積善必有餘慶積惡必有餘殃而商臣肆惡乃獲長壽顔子庶幾而致早終伯牛含沖和而納疾盜跖抱凶悖而輕強斯皆善惡無徵生茲網惑若無釋教則此塗永躓矣

經曰業有三報一者現報二者生報三者後報現報者善惡始於此身苦樂即此身受生報者次身便受後報者或二生或三生百千万生然後乃受受之无主必由於心心无定司必感於事緣有強弱故報有遲速故經曰辟如負債強者先牽此因果之賞罰三報之弘趣自非通才達識罕得其

門世或有積善而得殃或有凶邪而致慶此皆現業未熟而前報已應故曰貞祥遇禍妖孽享福疑似之嫌於是乎在斯則顔子短壽運鍾在昔今之積德利在方將盜跖長年訓於往善今之肆惡衰在未來注曰楚穆王字商臣楚成王之太子世有煞父之愆謚之為穆名實之差起於此矣此皆生後二報非現報也故經曰雜業故雜受如歌利王之刖羼提現被霹靂末利夫人供養須菩提見為王后若斯之流皆現報也子云多殘為富貴之因持戒為患疾之本經有成通可得而言矣或有惡緣發善業多煞而致爵或有善緣發惡業多禪戒而獲病病從惡業而招豈脩善而得貴從善業而興非坑殘所感故論曰是緣不定非受不定受定者言因不可變也其猶種稻得稻必不生麦麦雖不生不可陸種地為緣也稻即因矣然因果浩博諒難詳究依經成言略標二種一者生業二者受業俱行十善同得人身生業也貧富貴賤聡鈍短長

受業也故施獲大富慳致貧窮忍得端正瞋招醜陋相當因果也惟業報理微通人尚昧愚不能及邪見是興或說人死神滅更無來生(斷見也)或云聚散莫窮心神無間(常見也)或言吉凶苦樂皆天所為(他因外道)或計諸法自然不由因得(無因外道)果以禍福之數交謝於六府苦樂之報迭代兩行遂使遇之者非其所對乃謂名教之書無宗於上善惡報應无徵於下若能覽三報以觀窮通之分則尼父不荅仲由斷可知矣是故文子稱黃帝之言曰形有靡而神不化以不化乘化其變无窮又嬴博之葬曰骨肉歸乎地而神氣無不之釋典曰識神無形假乘四虵形無常主神無常家斯皆許馳六道之明證形盡一生之朗說未能信經希詳軒詰因茲而觀佛經所以越六典絕九流者豈不以踈神達要陶鑄靈府窮原盡化水鏡無垠者矣

依法除疑第十二(法有常揩人無定則若能依法則衆疑自除)

於是童子愀然而怒曰僕聞釋典沖深非名教所議玄風悠邈豈器象所

該故深遺風流者脫形梏於始心研窮理味者蕩心塵於終慮抗志與夷皓齊蹤潔已與嚴鄭等跡忽榮譽去嗜慾然釋訓稍陵競為奢侈上減父母之資下損妻孥之分齋會盡肴膳之甘塔寺極莊嚴之美罄私家之年儲費軍國之資實然諸沙門秀異者寡受茲重惠未能報德或墾植田圃與農夫等流或估貨求財與商民爭利或交託貴勝以自矜豪或占筮吉凶殉於名譽遂使澄源漸濁流浪轉渾僕所以致恠良在於斯覬欲清心佛法鑽仰餘風覩此悵然洗心無託先生憮然而笑曰余聞鱗介之物不達皐壤之事毛羽之族豈識流浪之形類異區分固其宜耳惟十性斟博含生等有二諦該深物我斯貫辯有也則九道森然談空也則万像斯寂故般若曰色即薩婆若薩婆若即色然色是無知之頑質薩婆若諸佛之靈照論有居然無別言無一而莫異極矣哉極矣哉老氏之虛無乃有外而張義釋師之法性乃即色而遊玄遊

玄不礙於器象何緣假之可除即色而冥乎法性則境智兩俱寂般若曰不壞假名而說諸法實相維摩曰但除其病而不除法信哉此道孰可違乎故能拯溺俗於沉流拔幽根於重劫遠開三乘之津廣闢天人之路夫大士建行以檀度為先標牓宗極以塔寺為首施而有報匪旋虛費悳而有德豈曰空為且精微稍薄華侈漸興失在物懷何關聖慮故崇軒玉璽非兜率之心琴居蔬食豈釋迦之意今大周馭寓淳風遐被振道網於六合布德網於八荒川無扣浪之夫谷無含難之士四民咸安其業百官各盡其分嘉穀委於中田倉庫積而成朽方將擊壤以頌太平鼓腹而觀盛化吾子何拘妄慮窮竭古人歎曰才之為難信矣孔門三千並海內翹秀簡充四科數不盈十其中伯牛惡疾回也夭極商也慳悋賜也貨殖求也聚斂由也凶愎而舉世推載為人倫之宗欽尚高軌為搢紳之表百代慕其遺風千載仰其景行至於沙門苦

相駁節蓋駿庸徽世人之所重而沙門遺之如脫屣名位財色有情之所滯而沙門視之如秕糠斯乃忍人所不能忍去人所不能去可謂超世之津梁弘道之勝趣也錄其脫俗之誠足消四事探其高尚之迹可報四恩況優於此者乎夫崐山多玉尚有礫沙浮水豈金寧無土石沙門之中禪禁寔多不無五三缺於戒律正可以道廢人不應以人廢道子何覩此遂替釋教故經曰依法不依人依智不依識不可見紂跖之蹤而忽堯孔之軌覽謂違之迹而忘妙德之風今當為子振言其致三乘俱出生死而幽駕大有淺深九流咸明宇內冲賾寧無揔別儒經曰夫孝德之本教之所由生也既云德本道高仁義之迹教之由生墳典因之以弘然則同歸而殊塗一致而百慮孝慈為揔子何惑焉儒之為統子何疑焉於是童子莞然而悅曰夫栢梁之搆興乃知茅茨之庂陋仰日月之弥高何丘陵之可匹覩真筌之遼廓覺世訓之為近尋二經之實談悟三張之詭妄佛生西域形儀罔覩教流東土得聽餘音然神蹤曠遠理乖稱謂因果寂遼信絕名言今以淺懷得聞高論銷疑散滯渙若春氷始知釋典茫茫該羅二諦儒宗硌硌揔括九流信驗常談無得而稱者矣僕誠不敏謹承嘉誨

廣弘明集卷第八

癸卯歲高麗國分司大藏都監奉

勑彫造

廣弘明集卷第八

校勘記

一 底本，麗藏本。

一 一〇二七頁上四行至七行「擊像……太武帝」，徑作「叙元魏太武廢佛法事」。

一 一〇二七頁上四行「魏太武」，清無。

一 一〇二七頁上五行「大集……周武」，資、磧、普、南作「滅佛法集道俗議事周武」；清作「滅佛法集道俗議事」。

一 一〇二七頁上六行「釋道安」，清無。

一 一〇二七頁上一八行「便室」，諸本（不含石，下同）作「僧室」。

一 一〇二七頁中三行首字「功」，普作「功人」；南、徑、清作「功又」。

一 一〇二七頁中一三行第二字「杜」，諸本作「杜」。又「土木」，資、磧作「土不」。

一　一〇二七頁中一五行「空門」，諸本作「定門」。

一　一〇二七頁中一七行第四字「逐」，資、磧、徑、清作「遂」。

一　一〇二七頁中二〇行第二字「後」，諸本無。

一　一〇二七頁下七行「周滅……議事」，資、磧、普、南作「滅佛法集道俗議事七」；徑作「叙周武帝集道俗議滅佛法事」。又首字「周」，清無。

一　一〇二七頁下八行「隙大」，諸本作「郄太」。

一　一〇二八頁上二行首字「録」，諸本作「錄」。

一　一〇二八頁上六行第六字「戉」，磧無。

一　一〇二八頁上二二行第九字「至」，諸本無。

一　一〇二八頁中八行首字「初」，普、南、徑、清作「刎」。

一　一〇二八頁中一三行第五字「論」，徑作「論」并夾註「十二篇」。又「沙門」，徑無。

一　一〇二八頁中一四行至頁下二行，「歸宗……第十二」，徑無。

一　一〇二八頁中末行和頁下一行之間，資、磧、普、南、清有「明典真僞第十」一行。

一　一〇二八頁下一〇行「指趣」，諸本作「旨趣」。又第一二字「玆」，普、南、徑、清作「慈」。

一　一〇二八頁下一三行末字「弃」，資、磧作「并」。

一　一〇二八頁下一四行第三字「之」，徑無。

一　一〇二八頁下一八行「純風」，資、磧、普、南、徑作「淳風」；清作「諄風」。

一　一〇二九頁上一六行首字「儒」，諸本作「儒家」。

一　一〇二九頁中一一行「五更」，資、磧作「五叓」。

一　一〇二九頁下一行第九字「泒」，徑作「派」。

一　一〇二九頁下四行「皇家」，南作「星家」。

一　一〇二九頁下一五行第一一字「盡」，南作「書」。

一　一〇三〇頁上一四行「惠兼」，資、磧作「慧兼」。

一　一〇三〇頁中四行「同之」，諸本作「使同」。

一　一〇三〇頁中一一行第二字「謂」，南作「諸」。又第五字「儻」，諸本作「讜」。

一　一〇三〇頁中二二行「世家」，諸本作「三十家」。

一　一〇三〇頁下五行「甚弊」，諸本作「大弊」。又「極刑」，諸本作「極形」。

一　一〇三〇頁下一五行「陶埏」，普作「陶挻」。

一　一〇三〇頁下一九行首字「忘」，諸本作「亡」。

一　一〇三一頁上八行「本氣」，普、南、

徑、清作「夫氣」。又「混沌」，諸本作「渾混」。

一　一〇三一頁上九行第七字「循」，諸本作「修」。

一　一〇三一頁上一二行末字至一三行首字「謂之」，南、徑、清作「之謂」。

一　一〇三一頁上一三行第五字「遐」，資、磧作「避」。

一　一〇三一頁上一六行第二字「和」，磧作「知」。

一　一〇三一頁上一八行「虛柔」，資、磧作「靈柔」。

一　一〇三一頁上一九行「便是」，諸本作「更是」。

一　一〇三一頁上二二行「懋製」，諸本作「哲製」。

一　一〇三一頁中一三行「修述」，南作「修術」。

一　一〇三一頁中一四行第五字「且」，諸本無。

一　一〇三一頁中一九行「自稱」，諸本作「自稱曰」。

一　一〇三一頁中二〇行「於我」，諸本作「我於」。

一　一〇三一頁中二二行首字「衷」，諸本作「中」。

一　一〇三一頁下三行末字「上」，諸本作「上也」。

一　一〇三一頁下四行第六字「次」，諸本作「次也」。

一　一〇三一頁下七行第五字「位」，南作「謂」。

一　一〇三一頁下一三行小字右「長弘」，普、南、徑、清作「萇弘」。

一　一〇三一頁下一四行小字右「孔子」，諸本作「孔丘」。又左末字「見」，諸本作「見也」。

一　一〇三二頁上四行「克念」，普作「克令」。

一　一〇三二頁上五行第一一字「開」，諸本作「闢」。末行第一一字同。

一　一〇三二頁中五行小字右「仙明」，徑作「先明」。

一　一〇三二頁中九行「繕績」，諸本作「善積」。頁下五行同。

一　一〇三二頁中一三行「存存」，南、清作「存存存」。又第六字「何」，南作「不」。

一　一〇三二頁中末行末字「哉」，諸本無。

一　一〇三二頁下二行「義和」，諸本作「曦和」。

一　一〇三二頁下九行首字「答」，資、磧、普、徑作「答曰」。

一　一〇三二頁下一五行第八字「記」南作「寄」。

一　一〇三三頁上五行「聖中」，普、南徑、清作「聖王」。

一　一〇三三頁上八行第一一字「論」，諸本作「譯」。

一　一〇三三頁上一一行第六字「雖」，諸本無。又「必有」，資、磧作「心有」。

一　一〇三三頁上一二行首字「泥」，資、磧作「溺」。

一〇三三頁上二〇行「明其然者」，資、磧、普、南、清作「明其然」；徑作「名其然」。

一〇三三頁上二一行「愽識」，諸本作「愽聞」。

一〇三三頁中二行小字右末字「用」，磧、普、南、徑、清作「因用」。

一〇三三頁中三行「爲聖」，諸本作「爲聖人乎」。又第九字「曰」，諸本作「曰丘聞」。

一〇三三頁中七行小字左「府子曰」，諸本作「符子曰」。

一〇三三頁中八行小字右末字「直」，諸本作「今」。

一〇三三頁中一一行小字左「一名」，諸本作「又名」。

一〇三三頁中一九行「斑勇」，資、普、徑作「班勇」。

一〇三三頁中二一行「説也」，普、南、徑、清作「記也」。又末字「則」，清作「中」。

一〇三三頁中末行第二字「誌」，諸本作「哲」。

一〇三三頁下四行第六字「又」，普、南、徑、清作「大」。

一〇三三頁下一五行小字左「葉服」，諸本作「禁厭」。

一〇三三頁下一六行「釋迦」，徑作「釋家」。

一〇三三頁下二〇行首字「丘」，南作「子」。

一〇三三頁下二二行第二字「虚」，磧作「虎」。

一〇三四頁上五行「修征」，諸本作「修正」。

一〇三四頁上一五行第六字「劉」，磧無。

一〇三四頁中八行「治氏」，諸本作「治民」。又末字「之」，諸本無。

一〇三四頁下一三行小字右第七字「貪」，南作「宝」。又左行第八字「乃」，南無。

一〇三四頁下一六行小字右第七字「尋」，諸本作「尋屍」。又末字「乃」，磧作「及」。

一〇三四頁下一七行小字左「山獠」，資、磧、普、徑、清作「之山獠」；南作「之山僚」。

一〇三四頁下一八行小字右第三字「此」，諸本作「過此」。

一〇三四頁下一九行小字右第五字「兒」，諸本作「呪」。又小字左「龍迴」，諸本作「廻龍」。

一〇三四頁下末行第四字「伐」，諸本作「代」。

一〇三五頁上三行小字右首字「里」，南作「異」。

一〇三五頁上八行小字左末字「櫛」，資、磧作「棉」；普、徑作「柳」；南、清作「栁」。

一〇三五頁上九行小字右第九字「有」，諸本無。又第一二字「朝」，諸本作「期」。

一〇三五頁上一一行小字左第八字「輙」，諸本作「取」。

一〇三五頁上一六行第四字「事」，

南、經、清作「曹」。

一〇三五頁上一九行第六字「錄」，諸本作「錄」。末行第一〇字、頁中二行第八字、頁中二二行第一三字，頁下一〇行第一三字同。

一〇三五頁上末行第一三字「就」，磧作「視」。

一〇三五頁中一四行「彈猷」，諸本作「彈壓」。

一〇三五頁中末行第一三字「[号帀]」，普、南、經、清作「號」。

一〇三五頁下一行第一一字「由」，南作「田」。

一〇三五頁下三行第四字「之」，普、南、經、清作「之號」。又末字「名」，資、磧、普、經作「名大」。

一〇三五頁下一四行「禁經」，普、南、經、清作「尊經」。

一〇三五頁下一六行首字「答」，諸本作「答曰」。

一〇三六頁上一二行「洸洸」，諸本作「汪汪」。

一〇三六頁上一六行小字左「階益」，諸本作「皆益」。

一〇三六頁上一八行「釋典」，普、南、經、清作「經典」。

一〇三六頁中二行「教旨」，諸本作「教指」。又小字左第二字「比」，南作「北」。

一〇三六頁中一三行第七字「多」，經無。又第一〇字「獵」，諸本作「漁獵」。

一〇三六頁中一六行「疷患」，諸本作「疾患」。

一〇三六頁中一七行「信謂」，普作「信請」。

一〇三六頁中末行第三字「燈」，南作「爐」。

一〇三六頁下三行「一方」，清作「一万」。

一〇三六頁下七行「釣弋」，諸本作「鉤七」。

一〇三六頁下九行「先王」，諸本作「先生」。

一〇三六頁下二〇行小字左「周莊王」，諸本作「周之莊王」。

一〇三六頁下二一行小字右第四字「王」，諸本無。又左行第二字「世」，諸本作「也」。

一〇三七頁上二行小字左第一三字「柱」，磧、南作「枉」。

一〇三七頁上四行小字左「甲申」，諸本作「甲申丙」。

一〇三七頁上五行小字左「年」，諸本作「年也」。

一〇三七頁上八行「道暢」，磧作「道陽」；南作「道揚」。

一〇三七頁上一一行末字「末」，清作「未」。

一〇三七頁上一四行第四字「落」，清作「洛」。

一〇三七頁上末行「聖教」，諸本作「聖化」。

一〇三七頁下三行「貞祥」，諸本作「禎祥」。

一〇三七頁下九行「二報」，磧、普、

南、徑、清作「一報」。

一〇三七頁下一一行「王后」，徑作「皇后」。

一〇三七頁下二一行「成言」，諸本作「誠言」。

一〇三八頁上四行「來生」，資作「來也」。

一〇三八頁上五行夾註「見也」，資作「也見」。

一〇三八頁上八行第八字「兩」，磧、普、南、徑、清無。

一〇三八頁上一二行「有糜」，諸本作「有縻」。

一〇三八頁上一三行第九字「化」，諸本無。

一〇三八頁上一四行「無不」，諸本作「不無」。

一〇三八頁上一八行首字「誥」，諸本作「昊」。

一〇三八頁上二一行小字右第四字「揩」，諸本作「楷」。又小字左末字「除」，資作「除心」；磧、普、南、徑、清作「除也」。

一〇三八頁下一二行第一〇字「振」，諸本作「震」。

一〇三八頁下一四行「含難」，諸本作「含歎」。

一〇三八頁下一五行「委於中」，諸本作「秀於中」。

一〇三八頁下二〇行第三字「夭」，諸本作「六」。

一〇三八頁下二一行「凶愎」，諸本作「凶頑」。又「推截」，諸本作「推戴」。

一〇三八頁下末行「千戴」，磧、普、南、徑、清作「千截」。

一〇三九頁上一行第七字「微」，諸本作「徽」。

一〇三九頁上六行第一〇字至七行第六字「可……夫」，磧作「色是無知之頑質薩婆若諸」。

一〇三九頁上七行第一三字至八行第九字「礫……沙」，磧作「居然無別言無一而莫異極」。

一〇三九頁上二二行末字「匹」，諸本作「窄」。

一〇三九頁中六行第九字「駭」，諸本作「侅」。

趙城縣廣勝寺

廣弘明集卷第九　典

大唐西明寺沙門釋道宣撰

辯惑篇第二之五

笑道論　其文廣抄取可笑者

臣鸞啓奉　勅令詳佛道二教定其先後淺深同異臣不揆疏短謹具錄以聞臣竊以佛之與道教迹不同出沒隱顯變通亦異幽微妙密未易詳度且一往相對佛者以因緣為宗道以自然為義自然者无為而成因緣者積行乃證守本則事靜而理均違宗則意悖而教僞理均則始終若一教僞則无所不為案老子五千文辭義俱偉諒可貴已立身治國君民之道冨焉所以道有符書厭詛之方佛禁怯力背哀之術彼此相形致使世人疑其邪正此豈大道自然虛寂无為之意哉濟以後人背本妄生穿鑿故也又道家方術以昇仙為神因而誑惑偷潤目下昔徐福欺妄分國於夷丹文成五利妖僞於漢世三張詭惑於西梁孫恩攙擾於東越此之巨蠹自

古稱誣以之正政政多邪僻以之導民民多詭惑驗其書典卷卷自違論其理義首尾无取昔行父之為人也見有禮於其君者敬之如孝子之養父母見无禮於其君者惡之如鷹鸇之逐鳥雀宣尼云君子之事上也進思盡忠退思補過將順其美匡救其惡故上下能相親也春秋傳曰君所謂可而有否焉臣獻其否以去其否臣亦何人奉　勅降問敢不實荅其道德二卷可為儒林之宗所疑紕繆者去其兩端請量刪定案五千文曰上士聞道勤而行之中士聞道若存若亡下士聞道大笑之不笑不名為道臣輒率下士之見為笑道論三卷合三十六條三卷者笑其三洞之名三十六條者笑其經有三十六部戰汗上呈心魂失守謹啓

大周天和五年二月十五日前司隸母極縣開國伯臣甄鸞啓

笑道論卷上

造立天地一　年号差舛二　元為天人三　結土為人四

五佛並出五　五練生尸六
觀音侍老七　佛西法陰八

笑道論卷中

日性不同九　崐崘飛浮十
法道立官十一　稱南无佛十二
鳥跡前文十三　張騫取經十四
日月普集十五　太上尊貴十六
五穀命鑿十七　老子作佛十八
勑使罪祟十九　事邪求道二十
邪炁乱政二十一　誅木枯死二十二

笑道論卷下

北方礼始二十三　害親求道二十四
延生年符二十五　椿與劫齊二十六
隨劫生死二十七　服丹金色二十八
改佛為道二十九　偷佛因果三十
道經未出言出三十一　五億重天三十二
出入威儀三十三　道士奉佛三十四
道士合炁三十五　諸子道書三十六

造立天地

一太上道君造立天地初記稱老子以周幽王德衰欲西度關與尹喜期三年後於長安市青羊肝中相見老子乃生皇后腹中至期喜見有青

羊肝者因訪見老子從母懷中起頭鬚皓首身長丈六戴天冠捉金杖將尹喜化胡隱首陽山紫雲覆之胡王疑妖鑊煮而不熱老君大瞋考煞胡王七子及國人一分並死王方伏令國人受化髡頭不妻受二百五十戒作吾形香火礼拜老子遂變形左目為日右目為月頭為崑山髮為星宿骨為龍肉為狩腸為蛇腹為海指為五岳毛為草木心為華蓋乃至兩腎合為真要父母

臣鸞笑曰漢書云長安本名咸陽漢祖定天下將都雒邑因婁敬之諫乃歎曰朕當長安於此因亦名之周幽未有何得老子預知長安與尹喜期乎又案三天正法混沌經云混沌之始清氣為天濁氣為地便有七曜万像之形其來久矣豈有化胡之後老子方變為日月山川之類乎　若介者是則幽王之前天地未生万物云何道經有三皇五帝三王乎然則天地起自幽王矣　又造天地記云崑崙山高四千八百里上有玉京山大羅

山各高四千八百里三山合則高一万四千四百里又廣說品云天地相去万万五千里計紫微宮在五億重天之上是則高於崑崙山數百万里而老君以心為華蓋肝為青帝宮脾為紫微宮頭為崑崙山不知老君何罪倒豎於地頭在下肝在上以顛倒故見亦倒乎以長安為度關之年幽王為開闢之歲將以化物詎可承乎

二年号差舛者道德經序云老子以上皇元年丁卯下為周師无極元年癸丑去周度關　笑曰古先帝王立年无号至漢武帝創起建元後王因之遂至今日上皇孟浪可笑之深

又文始傳云老子從三皇已來代為國師化胡又云湯時為錫壽子周初郭叔子既為國師應傳典籍何為不述但列伊尹傅說呂望康邵之人乎而傳說者惟注老子為柱下史道家注為周師便是俗官如何史傳不說又上皇元年歲在丁卯計姬王一代七百餘年未聞上皇之号撿諸史傳皆云老子景王時度關魯哀十六年

孔丘卒即周敬王時敬王即景王之
子景王即幽王之後一十餘世此則
孔老同時而化胡經乃云幽王之日
度關不聞更返何得與孔子相見乎
化胡又云為周柱史七百年計周初
至幽王止有三百餘年何得妄作然
上皇之年道門說号故靈寶云我於
上皇元年半劫度人其時人壽万八
千歲如何起取半劫前号將來近世
用乎一何可笑且上皇无極並是无
識穿鑿作者欲神其術仍以年号加
曰冀有信者從之
又云代代為國師葛洪神仙序中具說
已佐尋聖人既出迮救為先而夏桀
陵虐塗炭生民成湯武丁思賢者渴
老子何以賢君不輔虐政不師脩身
養性自守而已期頤將及自知死至
潛行西度獨為尹說直令讀誦不勸
授人身死關中墳隴見在秦佚弔之
三號而出究前傳經後人妄論雖曰
尊崇翻成辱道
三炁為天人者太上三元品云上元一
品天宮元炁始凝三光開明青黃之

炁置上元三宮第一宮名玄都元陽
七寶紫微宮則有青元始陽之氣惣
主上真自然王宮靈寶上皇諸天帝
王上聖大神其宮皆五億五万五千
五百五十五億万重青陽之炁其中
神仙官僚人衆各有五億五万乃至
如上万重皆結自然青元之炁而為
人也其九宮重數官僚人衆皆同紫
微目笑曰三天正法經云天光未朗
蔚積未澄七千餘劫玄景始分九炁
存焉一炁相去九万九千九百九十里
青炁高澄濁淈下降而九天真王元
始天王生於九炁之中炁結而形焉
便有九真之帝皆九天清炁凝成九
宇之位三元夫人從炁而生在洞房
宮玉童玉女各三千而侍以天為父以炁
為母生於三元之君又紫靈寶罪根
品云太上道君礼元始天尊門十善
等法於是天尊命台神仙各說因緣
恒沙得道已成如來其未成者亦如
恒沙　又元始傳云天堂對地獄善
者昇天惡者入地若以此說理則不
然何者元始天王及太上道君諸天

神人皆結自然清元之炁而化為之
本非脩戒而成者也彼本不因持戒
而成者何得令我獨行善法而望得
之乎
又案度人本行經云太上道君言我
无量劫度人无數元始天尊以我因
緣之勳賜我太上之号推此有疑如
有无生成品云空為万物母道為万
物父此則先有於道乃有衆生然此
為道之父非衆生所作道既如此衆
生何用脩善而作乎　又道生万物生
物之初是則始也我既始生未有漆習
何得有六道四生苦樂之別乎又不
可也又云衆生神識本來自有非道
生者道既能生万物神識豈非物乎
又不可也
四結土為人者三天正法經云九炁
既分九真天王乃至三元夫人三元之
君太上道君於是而形逮至皇帝始
立生民結土為像於曠野三年能言
各在一方故有傖秦夷羌五情合德
五法自然承上真之炁而得為人也
目笑曰三元品善惡葉對皆由一身

又文始傳云若婚姻不孝死入地獄受五苦八難後生六畜邊夷之中推此而言乖違太甚且皇帝土像之日經于三年上真炁入乃能言語此上清之炁與太上同源論先未有惡善何為入土像中即墮八難為蠻夷乎此土為像先亦无因云何造作之後乃有中邊之別乎又上真之炁為癡為黠若其癡也不應入土能言如其黠也應識五苦八難如何不樂善樂而貪為苦難乎推此諸條可笑之深也

五明五佛竝興者文始傳云老子以上皇元年下為周師无極元年乘青牛薄板車度關為尹喜說五千文曰吾遊天地之間汝未得道不可相隨當誦五千文万遍耳當洞聽目當洞視身能飛行六通四達期於成都喜依言獲之既訪相見至罽賓檀特山中乃至王以水火燒沉老子乃坐蓮花中誦經如故王求哀悔過老子推尹喜為師語王曰吾師号佛佛事无上道王從受化男女髡鬚不娶於妻

无上道承佛威神委尹喜為罽賓國佛号明光儒童　目笑曰廣說品云始老國王聞天尊說法與妻子俱得須陁洹果清和國王聞之與群目造天尊所皆白日昇天王為梵炁首号玄中法師其妻聞法同飛為妙梵天王後生罽賓号憤陁力王煞害无道玄中法師須化度之化生李氏之胎八十二年剖左腋生而白首經三月乘白鹿與尹喜西遊隱檀特二年憤陁至飛見便燒沉老子不死王伏便剃鬚改衣姓釋名法号沙門成果為釋迦牟尼佛至漢世法流東秦又文始傳老子化胡推尹喜為師而化胡消氷經云尹喜推老子為師也　文始傳云吾師号佛佛事无上道　又云无上道承佛威神委尹喜為佛推此衆逢師弟亂矣何名教之存乎　又化胡消氷經皆言老子化罽賓身自為佛廣說品憤陁力王老之妻也得道号釋迦牟尼佛即秦漢所流者玄妙篇云老子入關至天竺維衛國入於夫人清妙口中至後年四月八日　剖

左腋而生舉手曰天上天下惟我為尊三界皆苦何可樂者尋罽賓一國乃有五佛俱出一是尹喜号儒童者二是老子化罽賓者三老子之妻憤陁王号釋迦者四老子在維衛作佛亦号釋迦五白淨王子悉達作佛復号釋迦案文始傳云五百年一賢千年一聖今五佛竝出不覺煩乎若言聖人能分身化物說經亦必多方何為老化則多經惟二卷不變至於儒童尹喜憤陁佛經无聞於今但是白淨王子所說以此推之老喜為佛虛妄可曝且老經秘說不許人聞前後相沓誠有遠意然老能作佛止是一人道士不知奉佛惑之甚矣如父為道士豈以道人子為道士豈以道人故而不認其父乎

六五練生尸者五練經云滅度者用色繒天子一疋公王一丈庶民五尺上金五兩而作一龍庶民用鐵五色石五枚以書玉文通夜露埋深三尺女青文曰九祖幽魂即出長夜入光明天供其厨飯三十二年還其故形

而更生矣臣笑曰三元品中天地大
水三官九府九宮一百二十曹罪福
功行考官書之无有差錯善者延壽
惡者奪筭豈有不因業行直用五尺
繒而令九祖幽䰟入光明天三十二年
還故形耶不然之談於斯可見計五
練之文出天地未分之前至今亦應
用者則三十二年後穿冢而出也耳
目所知何為羲皇已來不聞道士死
尸九祖從地出者耶不然之狀又可
笑也今郊野古冢亦有穴開焉非道
士祖父更生之處乎亦可啓齒

七觀音侍道者有道士造老像二菩
薩侍之一曰金剛藏二曰觀世音又
道士服黃布帔或似服帊通身被
之偷佛僧袈裟法服之相其服黃帔
乃是古賢之衣横被加前兩帶者今
悉削除學僧服像　臣笑曰案諸天
內音八字文曰梵形落空九重推前
天真皇人解曰梵形者元始天尊於
龍漢之世号也至赤明年号觀音矣
又案蜀記云張陵避瘧丘社中得呪
鬼之術自造符書以誑百姓為大虵

所吞弟子恥之云白日昇天陵子衡
為係師衡子魯為嗣師以祖妖法惑
亂天下漢書云劉焉以魯為督義司
馬遂煞漢中太守蘇固便得漢中鬼
道化人時傳黃衣當王魯遂令其部
衆皆著黃衣巾帔代漢之徵自尔至
今黃服不絕像服沙門良可悲也且
立身之本忠孝為先子像父侍天地
不立觀音極位大士老子不及大賢
而令祖父立侍子孫是不孝也又襲
張魯逆人之服是不忠也既挾不忠
不孝何足瞻焉

八佛生西陰者老子序云陰陽之道
化成万物道生於東為木陽也佛生
於西為金陰也道父佛母道天佛地
道生佛死道因佛緣並一陰一陽不
相離也佛者道之所生大乘守善道
者自然无所從生佛會大坐法地方
也道會小坐法天圓也道人不兵者
乃是陰炁女人像也故不加兵役道
作兵者可知道人見天子王侯不拜
像女人深宮不干政也道士見天子
守令拜者以干政為臣僚也道會飲

酒者无過也佛會不飲以女人飲酒
犯七出也道會不齋以主生生須食
也佛會持齋以主死死不食也又以女
人節食也道人獨坐以女人守一也
道士聚宿故无所制也

臣笑曰文始傳云道生東木男也佛
生西金女也今以五行推之則金能
剋木木以金為官鬼金以木為妻財
推此則佛是道之官鬼道是佛之妻
財也　又云道生佛者理則不然陰
陽五行豈有生金之木故知道不生
佛道人大坐以是道之官府道士小
坐以上逼於官也道人不兵租者以
本王種故免也道士廝賤兵租是常
道經若此若免兵租便違道教又靈
寶大誡云道士不飲酒不干貴如何
故違犯大誡乎後之紛紛全无指的
又云道士以齋為死法故不齋者何
不飽食終日養此形骸而興絕粒服
炁以求長生之術乎卒不見之終為
捕影之論矣又云道人獨卧道士聚
宿據此合氣黃書不可妄乎

九日月周徑者文始傳云天去地四

十万九千里日月直度各三千里周
迴六千里天地午子相去九千万万
里夘酉四隅亦尔轉形濟苦經云崑崙
山高一万五千里
臣笑曰依濟苦經云天地相去万万
五千里與前文始全所不同　文始傳
云日月周圍六千里徑三千里據法
則圍九千里如何但止六千耶又天圓
地方道家恒述今四隅與方等量則
天地俱圓矣化胡云佛法上限止極
三十三天不及道之八十一天上也又云
崑山九重重相去九千里山有四面
面有一天故四九三十六天第一重帝
釋居之今計崑山高一万五千里而
有九重重高九千則高八万一千而
言万五千者何太乖各大可笑也
十崑崙飛浮者文始傳云万万億万
万歲一大水崑崙飛浮尔時飛仙迎取
天王及善民安之山上復万万億歲
大火起尔時聖人飛迎天王及人安
于山上
臣笑曰濟苦經云天地刧燒洞然空
蕩清炁為天濁炁為地乃使巨靈胡

亥造立山川日月如前崑山飛浮容
可迎人安山之上若天地洞然山為
火焚義不獨立如何迎取王人安山
上乎
又度人妙經云五億重天之上大羅之
天有玉京山災所不及計太上慈愍
何不迎之以在玉京乎若留死不迎
是不慈也若不能迎是欺詐也又度
人本行經云道言我隨劫生死然太
上道君居大羅之上災所不及猶云
隨劫生死自餘飛仙如何迎取天王
善人安于岦令免死者深大愚騃又
可笑也
十一法道天置官者五符經云中黃
道君曰天生万物人為貴也人身苞
含天地无所不法立天子置三公九
卿二十七大夫八十一元士九州百
二十郡千二百縣也膽為天子大道
君脾為皇后心為太尉左腎為司徒
右腎為司空封八神及齋為九卿珠樓
神十二胃神十二三焦神三合為二
十七大夫四支神為八十一元士合
之百二十以法郡數也又肺為尚書

府肝為蘭臺府　臣笑曰撿道經
州縣之名文似近代所出古縣大而
郡小見于春秋及周書洛誥今反以
郡大於縣是則非春秋已前道經乎
誣罔迷謬不可觀而可笑也
十二稱南无佛者化胡經云老化胡
王不受其教老子曰王若不信吾南
入天竺化諸國其道大興自此已南
無尊於佛者胡王猶不信受曰若南
化天竺吾當稽首稱南无佛又流沙
塞有加夷國常為劫盜胡王患之使
男子守塞常憂因号男為憂婆塞女
子又畏加夷所掠兼憂其夫為夷所
困乃因号憂婆夷　臣笑曰胡言南
无此言歸命亦云救我胡言憂婆塞
此言善信男也憂婆夷者云善信女
也若以老子言佛出於南便云南无
佛者若出於西方可云西无佛乎若
言男子守塞可名憂塞女子憂夫恐
夷可名為憂夷未知婆者復可憂其
祖母乎如此依字釋詁醜拙困辱大
可笑也
十三鳥跡前文者洞神三皇經稱西

域仙人曰皇文者乃是三皇已前鳥跡之始文章也又云三皇者則三洞之尊神大有之祖炁天皇主炁地皇主神人皇主生三合成德万物化生

臣笑曰南極真人問事品稱靈寶真文三十六卷在玉京山玄臺玉室真文大字滿中天地淪沒劫成万壞真文獨明此之真文即三洞文也三皇即三洞之尊神必不在三洞之後尒時未有鳥獸何得云三皇已前鳥跡之始文也若以伏羲為三皇者案淮南子云皇帝使倉頡觀鳥跡造文字此則止在皇帝之時何得云三皇已前鳥文之始乎

十四張騫取經者化胡經曰迦葉菩薩云如來滅後五百歲吾來東遊以道授韓平子白日昇天又二百年以道授張陵又二百年以道授建平子又二百年以授干室尒後漢末陵遲不奉吾道至漢明永平七年甲子歲星晝現西方夜明帝夢神人長一丈六尺項有日光旦問群臣傅毅曰西方胡王太子成道号佛明帝即遣張

騫等窮河源經三十六國至舍衛佛已涅槃寫經六十万五千言至永平十八年乃還

臣笑曰漢書云張陵者後漢順帝時人客學於蜀入鶴鳴山為蚰所吞計順帝乃是明帝七世之孫理不在明帝之前百餘年也又云明帝遣張騫尋河源者此亦妄作案漢書張騫為前漢武帝尋河源云何後漢明帝復遣尋耶不知騫是何長仙乎代代受使一何苦哉又可笑其妄引也

十五日月普集者諸天内音第三宗飄天八字文曰澤落覺菩臺緣大羅千天真皇人解曰澤者天中山名衆龍所宿落覺者道君之内名菩臺者真人之隱号玉臺處澤山之陽三万日月明其左右羅漢月夫人大劫既交諸天日月會玉臺之下大千世界之分天下改易大千洞然　臣笑曰濟苦經云乾巛洞然之後乃使巨靈胡亥造山川女中造日月崑山南三十兆里復有崑山如是次第有千崑山名小千界復有千小千名中千界

復有千中千名一大千世界計大千世界中有百億日月又經云大劫既交天地改易日月星辰无有存者若其普集則百億俱來何為但三千而至若餘不集者為是災所不及為是本界闕少若必少者地上凡人尚蒙日月之照天上福勝如何獨无照乎又日月之下乃是欲界下人不名大羅上界災所不及今不來者理其然乎將知造此經者惟聞大千之名遂於日月之數故其然哉

十六太上尊貴者文始傳稱老子與尹喜遊天上入九重白門天帝見老便拜老命喜禮天帝相礼老子曰太上尊貴魁日引見太上在玉京山七寶宮出諸天上㝠㝠冥冥清遠矣

臣笑曰神仙傳云吳郡沈羲白日登仙四百年後還家說云初上天時欲見天帝尊貴不可見遂先見太上在正殿坐男女侍數百人如此狀明則知太上劣於天帝矣言太上尊貴治在衆天之上者妄也今據九天生神章太上住在玄都宮也其玉清宮在

玄都之上何童宮復在玉清之上便
高玄都兩重矣而老子云太上治在
泉天之上者何謬如斯
十七五穀為剗命之鑿者化胡經云
三皇修道人皆不死上古時天生甘
露地生醴泉食飲𩟄中古來天生五
炁地出五味食之延年下古世薄天
生風雨地養百獸人捕食之吾傷此
際故嘗百穀以食兆民於是三皇各
奉粟五斗為信求世世子孫不經五
穀生神州　目笑曰五符經云三仙王
告皇帝曰人所以壽考者不食五穀
故也大有經曰五穀剗命之鑿臭五
藏命促縮此粮入腹无希久壽汝欲
不死腸中无屎五府經云黃精者三
陽之炁上太清宮食之甘美又長生
也未解老子何不嘗此而嘗五穀腐
人之腸乎又三皇者皆神人也何以
不令子孫王於長生之國而以五斗
穀請子孫王於神州求剗命腐腸
之短壽乎又可笑耳
十八老子作佛者玄妙內篇老子入
關往維衛國入清妙夫人口中後剖

左脇生行七步曰天上天下惟我為
尊於是乃有佛法　目笑曰化胡經云
老化罽賓一切奉佛老曰却後百年
兜率天上更有真佛託生舍衛白淨
王宮吾於尒時亦遣尹喜下生從佛
号曰阿難造十二部經老子去後百
年舍衛國王果生太子六年苦行成
道号佛字釋迦文四十九年欲入涅
槃老子復見於世号迦葉在雙樹間
為諸大衆請啓如來三十六問訖佛
便涅槃迦葉菩薩焚燒佛屍取舍利
分國造塔阿育王又起八万四千塔
即以事推老子本不作佛若作佛者豈
可老還自燒老尸而起塔耶且可一
笑且老子諸經多云作佛或作國師
豈可天下國師與佛必待伯陽乎度人
化俗要須李耳耶若云佛不能作要須
道者從始炁巳來獨一老子不許餘
人悟大道而為國師耶是則老為自伐
惟我能也然佛經人人行行皆得佛
果道經不述惟一老君如何佛教如
此之弘道經如斯之隘乎且妄言虛
述首尾无據蜀記張陵虵嚙而注白

日昇天漢書劉安伏鉞乃言長生不
死道家誣老子作佛詐可怪哉
又造天地經云西化胡王老子變形
而去左目為日右目為月案玄妙經
云老子乘日精入清妙口中是則老
子乘一日之精而入口也計大道洞
神何所不在乃要憑一精而入胎乎
若必藉精精依於首若乘頭入兩眼
俱來今乃乘一眼而入使成偏見之
大道乎亦可笑也
十九勅瞿曇遣使者老子化胡哥曰
我在舍衛時約勅瞿曇身汝共摩訶
薩賷經來東秦歷落神州界迫至東
海間廣宣世尊法教授諸俗人與子
威神法化道滿千年年滿時當還慎
莫戀東秦无令天帝怒太上蹋地瞋
目笑曰案瞿曇者即釋迦也化胡經
云周莊王初三年太歲丙辰白淨王
子既得正覺号佛釋迦老子見其去
世恐人懈怠復下多羅聚落号曰迦
葉覲近於佛焚尸取骨起塔分布若
如上文釋迦未生不得預遣瞿曇往
東土也如其巳生成佛者中間无容

得受迦葉之約勅无千年之使乎豈有菩薩親侍於佛而勅佛為使乎又周莊一政止有一十五年无年乙酉全无丙辰本初之号何謬如斯足令掩耳亦使太上蹋地而瞋乎

二十以酒脯事邪求道者度人妙經稱三界魔王各有哥辭誦之百遍名度南宮千遍魔王保迎万遍飛昇大空過三界登仙公又玄中精經道士受誡符錄置五岳位設酒脯再拜目笑曰覩身大誡云道學不得祠祀鬼神及向礼拜既是欲界魔王未度諸有焉能誦通百遍度南宮耶又案三張之法春秋二分祭社祠竈冬夏兩至同俗祠祀兵符社契軍將吏兵都无戒勸之文此之神社為神為道若是神者道士不拜如其道也不設酒脯豈有口誦魔言身行礼祭求出三界量可悲夫

二十一佛邪乱政者化胡經佛興胡域西方金炁剛而无礼神州之士劾其儀法起立浮啚處處尊尚背本趣末辭言迂蕩不合妙法飾雕經像以

誑王目致天下水旱兵革相伐不過十年災變普出五星失度山河崩竭王化不平皆由佛乱帝主不事宗廟庶人不享其先所以神祇道炁不可復理　目笑曰智慧罪根品云元始天尊曰我於上皇元年半劫度人延命万八千年我去後人心頹壞淫祀邪神煞生禱祈更相殘害自取夭傷壽无定年以此推之淫祀邪神万神歎喜炁與道合應獲福利云何命促壽无定年又漢明以前佛法未行道炁隆盛何乃兵戈屢作水旱相尋兩血山崩飢荒荐集更有桀紂炮烙生靈自明帝後佛法行來五百餘年寧有姚災虐政甚於前者以今驗古誰有誑欺事彰竹帛不可掩也竊馬乃庸疎頗尋兩教道法謙退行為以顯佛真佛法澄正存理而開物性若不如此適道則可笑煞人

二十二樹木聞誡枯死者老子百八十戒重律云吾戒大重向樹說之則枯向畜說之則死　又靈寶經云玄素之道古人修之延年益壽今以修

之消年損命

又道士受三五將軍禁厭之法有怨憎者癲狂殞命　又度國王品東方開明拓真神身著黑幘有玄文身廣百步頭柱天主食邪魔口容山朝食五百暮噉三千十十五　五合衣吞目笑曰三元大誡云天尊說十誡十善等法无量人得道誡云不得懷惡心聞誡不信得罪今樹木无情不慮獲罪起謗何須戒之令枯若必枯死此則有知若有知者聞法應悟然无此理何用斯言公知令人修則損命災毒已行大道寬容撿而不撿致令殃延後代而不収錄之耶

又案三張之術畏鬼科曰左佩太極章右佩昆吾鐵指日則停空擬鬼千里血又造黃神越章煞鬼朱章煞人或為塗炭齋者黃土泥面驢展泥中懸頭著柱打拍使熟自晉義熙中道士王公期除打拍法而陸修靜猶以黃土泥額反縛懸頭如此淫祀眾望同哭又案漢婕妤帝疑其詛對曰若鬼神有知不受无理之詛如其无知詛

之何益故不為此以事推測常人之智尚識達之況鬼有靈聰明正直而受愚猒者未之有也今覩其文詞義无取有同俗巫解奏之曲何期大道若此容而不非乎將不軌嗜糟汁湎湣終歲以理推誠豈得尔耶

二十三起礼北方為始者依十誡十四持身經云北方礼一拜北方為始東向而周十方想見太上真形

且笑曰文始傳云老子與尹喜遊天上喜欲見太上老曰太上在大羅天玉京山極幽遠可遥礼闕遂不見而還以此推之玄都玉京太上所住今在上方何不以上為首而浪礼北方耶然道生東陽也何不東方為始佛生西陰也北亦陰也前已鄙之今復尊重而前礼乎又罪根品云太上道君同陽舘中稽首礼元始天尊問十善等法此誡乃天尊所說何以不礼天尊而想見太上乎捨本逐末誰之咎也

二十四宮親求道者老子消氷經云老子語尹喜曰若求學道先去五情一父母二妻子三情色四財寶五官爵若除者與吾西行喜精銳因斷七人首持來老笑曰吾試子心不可為事所煞非親乃禽獸耳伏視七頭為七寶七尸為七禽喜疑反家七親皆存又造立天地記云老子化胡胡王不伏老子打煞胡王七子國人一分

且笑曰三元誡云道學不得懷挾惡心不孝父母不愛妻子計喜所煞父母如知是幻何得懷疑反視如其實心依誡懷惡已犯重罪何況斬二親之首乎又胡王不伏煞其七子亦以甚矣又煞國人一分何斯不仁之深乎若作法於後代則令求道者皆煞二親妻子矣又不可以一王不伏而濫誅半國之人乎進退二三可笑怯也

二十五延生符者三元品云紫微宮青延生符書八方則八氣應之便成人毀符以燒者人隨焰化為炁其文四万劫一出

且笑曰文始傳云万億万億歲一大水崑崙飛浮有仙飛迎天王善人安之山上乃至前　万万歲天地混沌如鷄子黄名曰一劫案大水之日天人不死不應迎之山上

又濟苦經乹巛洞然之後潰然空蕩計一劫之時人物不存其延生符四万劫乃出豈可四万劫中絕无天人幽幽冥冥何其　遠也又万万止是一億億億止是一兆止言一億兆年而云万億万億者蓋新學造經不知數之大小耳

二十六椿與劫齊者洞玄東方青帝頌曰九五不常居天地有傾危大劫終一椿百六乘運迴　且笑曰大水既漂崑崙飛浮後有大火金鐵融地无草乃至万万億歲天地如鷄子黄搃名一劫然椿是世木以世火燒之則灰值劫火便絕而言大劫齊椿者一何謬歟亦可笑矣

二十七隨劫生死者如度命妙經云大劫交周天崩地淪欲界滅无太平道經佛法華大小品周遊上下十八天中在色界內至大劫交其文乃没其玉清上道三洞神經真文玉字出於元始在二十八天无色界上大羅

玉京山玄臺災所不及故自然之文與運同生同滅能奉之七祖生天轉輪聖王代代不絶

目笑曰度人本行經云道言自元始開光以来赤明元年經九千餘億劫度人无量我隨劫生死世世不絶恒與靈寶同出經久劫終九炁改運託胎洪氏積三千餘年至赤明開通歲在甲子誕於扶力蓋天復與靈寶同出度人元始天尊以我因緣賜我太上之号在玄都玉京以此推之真文在玉京災所不及而云自然之文與運同生同滅豈非災也

又云我與靈寶同時出没又云我隨劫生死計靈寶運滅太上隨太端長生不死此為妄也又玉京在衆天之上存者玉京玉臺斯為色界色界非災所不及理合可疑一切形色无有常玉京豈存又赤明甲子之号殊同河漢之寶矣

二十八服丹成金色者神仙金液經云金液還丹太上所服而神今燒水

銀還復為丹服之得仙白日昇天求仙不得此道徒自苦耳燒丹成水銀燒水銀成丹故曰還丹昔韓終服之面作金色

又佛身黄金色者蓋道法驗也令身內外剛堅如金故号佛金剛身也

目笑曰文始傳云太上老子太一元君此二聖亦可為一身金液經云太一者惟有中黄丈夫及太一君此二仙人主也飲金液昇天為大神調陰陽矣

尋韓終未服金液止是常人既服昇天即老君是也而老君為太上万真之主何所不能而乃須金液後調陰陽乎

又太一大神成者多少調陰陽者復須幾人若言服者皆得何其多耶又丹與水銀遍地皆有火燒成丹作之不難何為道士不服白日昇天為天仙之主而辛苦叩齒歷過一生良可哀哉若不服者明知為丹所悮故捕影之談耳

又云佛身金色由丹所成此乃不須行因一任丹得邪見之重可為悲夫

二十九偷改佛經為道經者如妙真偈云假使聲聞衆其數如恒沙盡思共度量不能測道智

目笑曰此乃改法花佛智為道智耳自餘並同諸文非一昔有問道士顧歡荅靈寶妙經天文大字出於自然本非法華乃是羅什妄與僧肇改我道經為法華也且靈寶偷於法華可誑東夏法華之異靈寶不殊西域今譯人所出不爽經文以此推之故知偷改為實且佛經博約詞義宏深千卷百部无重文者不同老經自无別計倚傍佛經開張卷部且五千之文全无及佛佛之八藏亦不論道自餘後作皆竊佛經後自明之不廣其類是以古来賢達諷誦佛經至今流傳代代不絶道法必勝何不誦持舉國總括誦道誰是故知非可為准的

三十偷佛經因果者度王品云天尊告純陁王曰得道聖衆至恒沙如来者莫不從凡積行而得也十仙者无數亦有一興而致一仙位復有積功而登由功高則一舉功甲則十昇有階

級從歡喜至法雲相好具足於是諸

王聞說即得四果
又度身品昆乾子於天尊所聞法獲
須陁洹果
又文始傳老子在罽賓彈指諸天王
羅漢五通飛天俱至遣尹喜為師得
道菩薩為老子作頌
臣笑曰佛之與道教迹不同變通有
異道以自然為宗佛以因緣為義自然
者无為而成因緣者積行乃證是以
小乘列四果之揩大乘有十等之位
從凡入真具有經論未知道家所列
四果十仙名與佛同修行因緣未見
其說然道家所修吸炁冲天飲水證
道閻法飛空餌草尸解行業既殊證
果理異但說天有五重或三千六千
或八十一天或六十大梵或三十六天
或五億五万餘天或九真天王九炁
天君四方炁君三九三天九宮天曹
王清大有玄都紫微三皇太極諸如
此類理有所緣豈有虛張自取矯異
請說此天為重為横為虛為實服何
丹草而獲此天既所未詳則徒為虛指

更來可笑矣

三十一道經未出言出者案玄都道
士所上經目取宋人陸修靜所撰者
目云上清經一百八十六卷一百一十
七卷已行始清已下四十部六十九
卷未行於世檢今經目並云見在乃
至洞玄經一十五卷猶隱天宮今檢
其目並注見在
臣笑曰修靜宋明時人太始七年因
勑而上經目既云隱在天宮尒來一
百餘年不聞天人下降不見道士上
昇不知此經從何至此昔文成以書
飯牛詐言王母之命而黃庭九陽
以道換佛張陵創造靈寶吳赤烏時
始出上清起於葛玄宋齊之間乃行
鮑靜造三皇事露而被誅文成書飯
牛致戮於漢世今之學者又踵其術
又可悲乎漢書張曾祖父陵桓帝時
造符書以惑衆受道者出米五斗俗
謂米賊陵傳子衡衡傳子曾号曰三
師三人之妻為三夫人皆云白日昇
天初受道名鬼卒後号祭酒妓郵之
甚穿鑿濫行皆此例矣

三十二五億重天者文始傳云天有

五億五万五千晉犖董地亦如之厚
一万里四角有金柱金軸方圓三千
六百里神風持之以四海為地脉天
地山川河漢通炁風雲皆從山出
臣笑曰三天正法經云天光未明七
千餘刧玄景始分九氣存焉九真天
王元始天王稟自然之胤置九天之
号上中下真真為一元元有三天上
元宮即太上大道君所治計一天相
去九万九千九百九十里則九天相
去七十九万九千九百二十里一里
有三百步一步有六尺則有一十四
億三千九百八十五万六千尺以五
億重天分之則天天相去二尺豈有
厚万里之地上載二尺之天乎
文始傳云老子引四天王大衆皆身
長丈六短者丈二計人大而天小何
以自容常卧不起愕然大怪
三十三道士出入儀式玄中經說道
士執簡者用金玉廣一寸長五寸五
分執之為況中古王執朝師君下古
金玉隱執雜木長九寸名為手簡執

以去慢誡於道士若入王宮聚落人
室在舍外十步著巾帔執況而入勿
有側背出舍外脫巾帔著素服行勿
自顯損道法若入俗家整威儀執簡
坐勿使俗佐道士行百里外執杖巾
帔香爐銅灌鉢釪出家之具自隨威
儀具足得十種功德
臣笑曰自然經云道士巾褐帔法褐
長三丈六尺三百六十寸法年三十
六旬年有三百六十日一身兩角角
各有六條兩袖袖各六條合二十四
條法二十四炁二帶法陰陽中兩角
法兩儀乃至冠法蓮花巾也自然經
既有科律何以不依乃法張魯黃巾
之服違律而無識也
三十四道士奉佛者化胡云願將優
曇花頭燒栴檀香供養千佛身稽首
礼定光
又云佛生何以晚泥洹何以早不見
釋迦文心中大懊惱
又大誡云道學當念遊大流景宮礼
佛　臣笑曰敷齋經天尊令右玄㚖
曰釋迦文以轉輪生死法化世使天

老右玄真人以仙度之道不死之大法
又老子序云道主生佛主死道忌穢
佛不忌道屬陽生忌穢佛則反之據
此清濁天分死生大判何為不念清
虛大道而願生死穢惡佛乎古昔毀
太宰問孔子聖人孔答三皇五帝三
王及丘俱不聖也西方之人有聖者
焉故知孔子以佛為聖不以道為聖
也化胡云天下大術佛術第一昇玄
云吾師化遊天竺符子曰老氏之師
名釋迦文此道齋經又云稱仙梵天
稱佛隱文外國讀經多是梵天道士
所好梵即佛也此即學佛久矣由稱
梵也又靈寶三十二天大梵隱語天
各八字誦之万遍即飛行七祖同昇
南宮此又道士學佛之證也然道士
止知學梵亦不知梵是何佛愚而信
之亦應有福不知可笑以不
三十五道士合炁法真人內朝律云
真人曰凡男女至朔望日先齋三日
入私房詣師所立功德陰陽並進日
夜六時此諸猥雜不可聞說又道律
云行炁以次不得任意排醜近好抄截

越次又玄子曰不萬戾得度世不嫉
妬世可度陰陽合乘龍去云云
臣笑曰臣年二十之時好道術就觀
學先教臣黃書合炁三五七九男女
交接之道四目兩舌正對行道在於
丹田有行者度厄延年教夫易婦惟
色為初父兄立前不知羞耻自稱中
炁真術今道士常行此法以之求道
有所未詳
三十六諸子為道書者玄都經目
云道經傳記符圖論六千三百六十
三卷二千四十卷有本須紙四万五
十四張其一千一百餘卷經傳符圖
其八百八十四卷諸子論其四千三
百二十三卷陸修靜錄有其數目及
本並未得
臣鸞笑曰道士所上經目陸修靜目
中見有經書藥方符圖止有一千二
百二十八卷本無雜書諸子之名而
道士今列二千餘卷者乃取漢藝文
志目八百八十四卷為道之經論據
如此狀理有可疑何者至如韓子孟
子淮南之徒並言道事又有八老黃

白之方陶朱變化之術翻天倒地之符辟兵煞鬼之法及藥方呪猒得為道書者可須引來未知連山歸藏易林太玄黃帝金匱太公六韜何以不在道書之例乎修靜目中先諸子今乃剩安不知何據且去年七月中道士所上經目止注諸子三百五十卷為道經今云八百餘卷何以前後不同又人之有惡惟恐人知己之有善處人不見故道士自書云不受道戒者不得讀道經即如此狀恐人知其醜乎若以諸子為道書者人中諸子悉須追取何得遺之且道士引例我老子道德本是諸子今尊為經流例相附有何過歟若尔則知老子黃子諸子之流如何得與儒流七經而相抗乎班固先六經後二篇序道為中上賢類斯實錄矣

又陶朱者即范蠡也既事越王勾踐君臣囚吳石室嘗屎飲尿亦以甚矣今尊崇其術不亦昧乎

又蠡子被戮放齊何為不行父術變化而自免乎

又造天地經老子託幽王皇后腹即幽王之子也身為柱史即幽王之目也化胡云老子在漢為東方朔若審尔者幽王為犬戎所煞豈可不愛君父與神符令不死乎

又漢武窮兵疲役中國天下戶口至減太半老子為方朔者何忍不與辟兵辟穀之符猒人呪鬼之方以護漢國乎眼看流弊若此无心取救將非欺誑謬乎

又襲投道經目錄乃有六千餘卷興論見本止有二千四十卷餘者虛指未出將非鉛墨未備致經本未成乎自餘孟浪紛綸无　足更廣

廣弘明集卷第九

廣弘明集卷第九

校勘記

一　底本，金藏廣勝寺本。

一　一〇四五頁中二行撰者，資、磧、普、南作「唐終南山釋氏道宣撰」；徑作「唐終南山釋道宣集」；清作「唐終南山釋道宣撰」。卷第十同。

一　一〇四五頁中四行「笑道論……笑者」，資、磧、普、南、清作「笑道論九其文廣抄取可笑者上中下共三十六條」；徑作「笑道論凡三十六條并啟周甄鸞」。

一　一〇四五頁中九行「宗道」，資、磧、普、南、徑、清作「宗道者」。

一　一〇四五頁中一二行第四字「悖」，資、磧、普、南、徑、清作「勃」。

一　一〇四五頁中一四行第六字「已」，資、磧、普、南、徑、清作「矣」。

一　一〇四五頁中二〇行「徐福」，磧作「徐富」。

一　一〇四五頁下一七行「戰汙」，諸

本(不含石，下同)作「戰汗」。

- 一〇四五頁下一八行「謹啓」，徑無。
- 一〇四五頁下一九行首字「大」，南、徑、清無。
- 一〇四五頁下二一行首字至次頁上一八行末字「笑……六」，徑無。
- 一〇四五頁下二二行「造立天地」，南作「造天立地」。
- 一〇四五頁下末行首字「元」，資、磧、普、南、清作「氣」。
- 一〇四六頁上一九行末字「地」，資、磧、普、南、徑、麗作「地一」；清作「地第一」。
- 一〇四六頁上二〇行首字「一」，徑無。又「道君」，資、磧、普、南、徑、清作「老君」。
- 一〇四六頁中二行「天冠」，資作「天寇」。
- 一〇四六頁中五行第一一字「王」，資、磧、普、南、徑、清作「胡王」。
- 一〇四六頁中七行第三字「形」，資、磧、普、南、徑、清作「形像」。
- 一〇四六頁中八行「崑山」，資、磧、普、南、徑、清作「崑崙山」。
- 一〇四六頁中一四行「周幽」，資、磧、普作「周幽至」；南、徑、清作「周幽王」。
- 一〇四六頁下一〇行首字「二」，徑無。又第六字「者」，徑作「二」。
- 一〇四六頁下一二行「度關」，清作「廣關」。又「笑曰」，資、磧、普、南、徑、清作「臣笑曰」。
- 一〇四六頁下一六行「周初」，資、磧、普、南、徑、清作「周初爲」。
- 一〇四六頁下一八行首字「述」，徑作「逆」。
- 一〇四六頁下一九行「柱下史」，資作「柱下吏」。
- 一〇四六頁下末行「魯哀」，資、磧、普、南、徑、清作「魯哀公」。
- 一〇四七頁上一四行「已恡辱」，資、磧、普、南、徑、清作「前」。
- 一〇四七頁上一五行第一三字「若」，徑作「君」。
- 一〇四七頁上二二行「三炁爲天人者」，徑作「炁爲天人三」。又第二字「炁」，麗作「元」。
- 一〇四七頁上末行「天宮」，清作「天官」。
- 一〇四七頁中二行「貳微宮」，資、磧、普、南、徑、清作「貳微宮明」。
- 一〇四七頁中三行「玉宮」，資、磧、普、南、徑、清作「王宮」。
- 一〇四七頁中一五行首字「宇」，磧、普、南、徑、清作「字」。又「夫人」，磧、普、南、徑、清作「天人」。
- 一〇四七頁中一七行「罪根」，資、磧、普、南、徑、清作「罪報」。
- 一〇四七頁中二一行「元始」，資、磧、普、南、徑、清作「文始」。
- 一〇四七頁中二二行「以此」，資、磧、普、南、徑、清作「如此」。
- 一〇四七頁下一七行「四結土爲人者」，徑作「結土爲人四」。
- 一〇四八頁上一行第二字「文」，

麗作「元」。

一〇四八頁上三行「太甚」，資、磧、普、南、徑、清作「大甚」。

一〇四八頁上四行第一三字「此」，清作「北」。

一〇四八頁上一三行首字至第七字「五……者」，徑作「五佛并出五」。

一〇四八頁上一七行「當誦」，資作「當請」。

一〇四八頁中三行「始老」，南、徑、清作「始者」。

一〇四八頁中八行「化生」，資、磧、普、南、徑、清作「乃化生」。又「李氏」，資、磧、普、南、徑、清作「李氏女」。

一〇四八頁中一五行第一二字「也」，資、磧、普、南、徑、清無。

一〇四八頁中一七行第九字「尹」，資、磧、普、南、徑、清無。

一〇四八頁下一三行第三字「曝」，磧、普、南、徑、清作「笑」。

一〇四八頁下一四行第八字「老」，資、磧、普、南、徑、清作「老子」。

一〇四八頁下一六行首字至第四字「土豈以道」，資、磧、普、南、徑、清無。

一〇四八頁下一八行「六五練生尸者」，徑作「五練生尸六」。

一〇四九頁上一行末字「大」，資、磧、普、南、徑、清無。

一〇四九頁上八行第一三字「也」，磧、普、南、徑、清無。頁下三行第一二字同。

一〇四九頁上一〇行第八字「耶」，資、磧、普、南、徑、清無。

一〇四九頁上一三行「七觀音侍道者」，徑作「觀音侍老七」。

一〇四九頁上一五行「布帔或似」，資、磧、普、南、徑、清作「巾帔或以」。

一〇四九頁上一九行「九重」，磧、普、南、徑、清作「九靈」。

一〇四九頁中一三行「八佛生西陰者」，徑作「佛生西陰八」。

一〇四九頁下四行「獨坐」，資、磧、普、南、徑、清作「獨卧」。又「女人」，資、磧、普、南、徑、清作「女人等」。

一〇四九頁下五行第七字「所」，資、磧、普、南、徑、清無。

一〇四九頁下一五行第一三字「又」，磧、南作「入」。

一〇四九頁下二二行「可妄乎」，磧、普、徑作「亦妄乎」。

一〇四九頁下二二行至二三行之間，資、磧、普、南、清有「笑道論卷中」。

一〇四九頁下末行「九日月周徑者」，徑作「日徑不同九」。

一〇五〇頁上三行「四隅亦爾」，資、磧、普、南、徑、清作「西隅亦令」。

一〇五〇頁上一二行「崑山」，資、磧、普、南、徑、清作「崑崙山」。一四行及本頁中一行同。

一〇五〇頁上一六行第九字「各」，

磧、普、南、徑、清作「角」；麗作「各」。

一　一〇五〇頁上一七行「十崑崙飛浮者」，徑作「崑崙飛浮十」。

一　一〇五〇頁上一九行「億歲」，資、磧、普、南、徑、清作「億萬萬歲」。

一　一〇五〇頁中一行首字「亥」，麗作「交」。

一　一〇五〇頁中九行末字「太」，麗作「大」。

一　一〇五〇頁中一〇行第一〇字「所」，資作「中」；磧、普、南、徑、清作「火」。

一　一〇五〇頁中一二行「愚騃」，資、磧、普、南、徑、清作「愚駭」。

一　一〇五〇頁中一四行首字至第八字「十……者」，徑作「法道立官十一」。

一　一〇五〇頁下六行首字至第七字「十……者」，徑作「稱南无佛十二」。又第一二字「老」，資、磧、普、南、徑、清作「老子」。

一　一〇五〇頁下八行「化諸國」，資、磧、普、南、徑、清作「教化諸國」。

一　一〇五〇頁下一八行第一三字「乎」，磧、南作「子」。

一　一〇五〇頁下末行「十三鳥跡前文者」，徑作「鳥跡前文十三」。

一　一〇五一頁上四行首字「主」，清作「王」。

一　一〇五一頁上九行「之後」，資作「之從」。

一　一〇五一頁上一五行「十四張騫取經者」，徑作「張騫取經十四」。

一　一〇五一頁上一九行第五字「以」，資、磧、普、南、徑、清作「以道」。又第七字「干」，資、磧、普、徑作「千」；麗作「午」。

一　一〇五一頁上二一行第一三字「一」，徑無。

一　一〇五一頁上末行「號佛」，資、磧、普、南、徑、清作「佛號」。

一　一〇五一頁中六行第四字「是」，徑無。又第九字「之」，徑、清無。次頁上一三行第一一字同。

一　一〇五一頁中一〇行「何長」，磧、普、南、徑、清作「何長壽」。

一　一〇五一頁中一一行第五字「又」，資、普、徑無。

一　一〇五一頁中一二行「十五日月普集者」，徑作「日月普集十五」。

一　一〇五一頁中一八行首字「交」，麗作「災」。

一　一〇五一頁中二一行「崑山」，南作「昆山」。二二行同。

一　一〇五一頁下四行「三千」，資、磧、普、南、徑、清作「三萬」。

一　一〇五一頁下九行第八字「今」，資、磧、普、南、徑、清作「今所」。又「理其然」，資、磧、普、南、徑、清作「理在然」。

一　一〇五一頁下一二行「十六太上尊貴者」，徑作「太上尊貴十六」。

一　一〇五一頁下一五行「玉京」，資作「王京」。

一　一〇五一頁下一七行「沈義」，資、

一 磧、普、南、徑、清作「沈義」。
一 一〇五一頁下一九行「天帝」，資、
磧、普、南、徑、清作「天帝天帝」。
一 一〇五一頁下二〇行第六字「侍」，
資、磧、普、南、徑、清作「侍立」。
一 一〇五二頁上一行「童宮」，徑、清、
麗作「重宮」。
一 一〇五二頁上四行「十七五穀爲
剢命之鑿者」，徑作「五穀命鑿十
七」。
一 一〇五二頁上五行「古時」，資、磧、
普、南、徑、清作「古之時」。
一 一〇五二頁上六行「中古」，資、磧、
普、南、徑、清作「中古世」。
一 一〇五二頁上一〇行「不經」，諸
本作「不絶」。
一 一〇五二頁上一二行「考者」，資、
磧、普、南、徑、清作「老者」。
一 一〇五二頁上一三行第一一字
「之」，資、磧、普、南、徑、清無。
一 一〇五二頁上一四行首字「蔵」，
麗作「穀」。

一 一〇五二頁上一六行「太清宮」，
資、磧、普、南、徑、清作「入太清之
宮」。
一 一〇五二頁上二〇行首字「穀」，
磧、普、南、徑、清作「之穀」。
一 一〇五二頁上二一行「笑耳」，資、
磧、普、南、徑、清作「笑也」。
一 一〇五二頁上二二行「十八老子
作佛者」，徑作「老子作佛十八」。
一 一〇五二頁中三行首字「老」，資、
磧、普、南、徑、清作「老子」。
一 一〇五二頁中一〇行「請啓」，資、
磧、普、南、徑、清作「啟請」。
一 一〇五二頁中一一行第一二字
「取」，資、磧、普、南、徑、清作「收
取」。
一 一〇五二頁中二〇行「行行」，資、
磧、普、南、徑、清作「修行」。
一 一〇五二頁中末行「虵嗽而注」，
資、磧、普、南、徑、清作「被蛇嗽注
而」。
一 一〇五二頁下一行「劉安」，資作

「鄧安」。
一 一〇五二頁下四行第一〇字「月」，
磧作「凡」。
一 一〇五二頁下八行第一二字「入」，
資、磧、普、南、徑、清作「入者」。
一 一〇五二頁下九行第一〇字「使」，
資、磧、普、南、徑、清作「便」。
一 一〇五二頁下一一行「十九勑瞿
曇遣使者」，徑作「敕使瞿曇十九」。
又第一三字「哥」，諸本作「歌」。次
頁上七行第八字同。
一 一〇五二頁下一三行第八字「落」，
資、磧、普、南、徑、清作「洛」。
一 一〇五二頁下一八行「白淨王」，
資、磧、普、徑作「白淨三」。
一 一〇五三頁上六行「二十以酒脯」，
徑無。又「道者」，徑作「道二十」。
一 一〇五三頁上八行末字「大」，資、
磧、普、南、徑、清作「天」。
一 一〇五三頁上一〇行「符録」，資、
磧、普、南、徑、清作「符籙」。
一 一〇五三頁上一〇行第一一字

「脯」，資、磧、普、南、徑、清無。

一〇五三頁上一六行首字「吏」，麗作「交」。

一〇五三頁上一九行「量可」，資、磧、普、南、徑、清作「諒可」；麗作「良可」。

一〇五三頁上二〇行「二十一佛邪乱政者」，徑作「佛邪乱政二十一」。又第一一字「經」，資、磧、普、南、徑、清作「經云」。次頁下三行第四字同。

一〇五三頁上二二行「專尚」，資、磧、普、南、徑、清作「專尚佛經」。

一〇五三頁上末行「辞言」，資、磧、普、南、徑、清作「言辭」。

一〇五三頁中五行首字「理」，徑作「埋」。

一〇五三頁中二〇行「二十二……死者」，徑作「戒木枯死二十二」。

一〇五三頁中末行「今以」，諸本作「今人」。

一〇五三頁下四行「黑幘」，磧、普、南、徑、清作「黑衣」。又「玄文身」，資、磧、普、南、徑、清作「赤文足」。

一〇五三頁下六行「十十五五」，麗作「五十五」。

一〇五三頁下九行小字右「不信」，麗無。又小字左「生謗」，資、磧、普、南、徑、清作「生謗生謗皆」。

一〇五三頁下一七行第七字「越」，麗作「赤」。

一〇五三頁下一八行第一二字「展」，資、磧、普、南、徑、清作「輾」；麗作「驟」。

一〇五三頁下二一行末字「望」，麗作「滛」。

一〇五三頁下末行末字「詛」，資、磧、普、南、徑、清作「請」。

一〇五四頁上三行「詞義」，磧、南作「訶義」。

一〇五四頁上六行與七行之間，資、磧、普、南、清有「笑道論卷下」。

一〇五四頁上七行「二十三……始者」，徑作「北方禮始二十三」。

一〇五四頁上一五行第九字「不」，資、磧、普、南、徑、清作「不從」。

一〇五四頁上二〇行「遂末」，諸本作「逐末」。

一〇五四頁上二二行「二十四害親求道者」，徑作「害親求道二十四」。又「消氷」，磧作「消水」。

一〇五四頁中八行第一二字「懷」。磧作「壞」。

一〇五四頁中一七行「二十五延生符者」，徑作「延生年符二十五」。

一〇五四頁中一八行「青延生符」，資、磧、普、南、徑、清作「有延生符爪」。

一〇五四頁中二一行「万億万億」，資、磧、普、南、徑、清作「萬萬億億」。頁下八行同。

一〇五四頁中二二行「天王」，清作「大王」。

一〇五四頁中末行第六字「前」，麗作「前前」。

一〇五四頁下七行「億億億」，資、

磧、普、南、徑、清作「億億」。

一〇五四頁下一〇行「二十……齊者」，徑作「椿與刧齊二十六」。

一〇五四頁下一八行「二十……死者」，徑作「隨刧生死二十七」。

一〇五五頁上一行首字「玉」，磧作「王」。

一〇五五頁上一一行「元始」，麗作「无始」。

一〇五五頁上一二行「玉京」，資、磧、普、南、徑、清作「玉京之山」。

一〇五五頁上二二行「二十……色者」，徑作「服丹金色二十八」。

一〇五五頁中七行「二聖」，資、磧、普、南、徑、清作「三聖」。

一〇五五頁中九行「大神」，資、磧、普、南、徑、清作「天神」。

一〇五五頁中一三行第九字「須」，資、磧、普、南、徑、清作「須服」。

一〇五五頁中末行第四字「任」，麗作「炷」。又「悲夫」，資、磧、普、南、徑、清作「悲矣」。

一〇五五頁下一行「二十……經者如」，徑作「改佛爲道二十九」。

一〇五五頁下一一行第四字「實」，資、磧、普、南、徑、清作「靈寶」。

一〇五五頁下一九行「三十偷佛經因果者」，徑作「偷佛因果三十」。

一〇五五頁下二二行第一三字「切」，資、磧、普、南、徑、清作「刧」。

一〇五六頁上一一行第七字「拂」，麗作「差」。

一〇五六頁上一二行「真具」，資、磧、普、南、徑、清作「聖具」。又末字「列」，資、磧、普、南、徑、清作「引」。

一〇五六頁上一七行末字「天」，資、磧、普、南、徑、清作「天或三十三天」。

一〇五六頁上一九行「三九」，諸本作「三元」。

一〇五六頁上二〇行「大有」，資、磧、普、南、徑、清作「太有」。

一〇五六頁中二行「三十……出者」，徑作「道經未出言出三十一」。

一〇五六頁中四行「一十」，徑作「二十」。

一〇五六頁中六行「見在」，資、磧、普、南、徑、清作「見存」。

一〇五六頁中九行「宋明」，資、磧、普、南、徑、清作「宋明帝」。

一〇五六頁中一二行「以書」，資、磧、普、南、徑、清作「書以」。

一〇五六頁中一三行「九陽」，諸本作「元陽」。

一〇五六頁中一四行「吴未烏」，諸本作「吴赤烏」。

一〇五六頁下一行「三十……天者」，徑作「五億重天三十二」。

一〇五六頁下二〇行「三十……儀式」，徑作「出入威儀三十三」。

一〇五七頁上二行第一一字「况」，磧、普、南、徑、清作「簡」。

一〇五七頁上一六行「三十四道士奉佛者」，徑作「道士奉佛三十四」。又「胡云」，資、磧、普、南、徑、清作「胡經云」。頁中九行及次頁中三行同。

一　一〇五七頁上二一行第一〇字「大」，資、磧、普、南、徑、清作「大梵」。

一　一〇五七頁中五行「古昔」，資、磧、普、南、徑、清作「故昔」。

一　一〇五七頁中一九行「三十……炁法」，徑作「道士合氣三十五」。

一　一〇五七頁中二〇行第四字「凡」，資、磧、普、南、徑、清作「禮」。

一　一〇五七頁下九行末字「詳」，磧、普、南、徑、清作「諍」。

一　一〇五七頁下一〇行「三十……書者」，徑作「諸子道書三十六」。

一　一〇五七頁下一七行第二字「鷩」，徑、清無。

一　一〇五七頁下末行第七字「言」，磧、普、南、徑、清作「不言」。

一　一〇五八頁上六行第二字「剩」，資、磧、普、南、徑、清作「乘」。又第八字「且」，南作「目」。

一　一〇五八頁上二〇行第三字「因」，磧作「困」。

一　一〇五八頁中四行第一三字「愛」，資、磧、普、南、徑、清作「授」。

一　一〇五八頁中七行首字「滅」，諸本作「減」。又「老子」，麗作「稱老子」。

一　一〇五八頁中一〇行「謬乎」，資、磧、普、南、徑、清作「之謬乎」。

一　一〇五八頁中一一行第二字「説」，資、磧、普、南、徑、清無。

一　一〇五八頁中一三行第一二字「未」，徑作「末」。

廣弘明集卷第十　典

大唐西明寺沙門釋道宣撰

辯惑篇第二之六

周祖廢二教立通道觀詔　周武帝
周祖平齊召僧叙廢立抗拒事　釋慧遠
周祖巡鄴請開佛法事　任道林
周天元立對衛元嵩上事　王明廣

周祖廢二教已更立通道觀詔　周帝宇文邕

武帝猜忌黑衣愛法黃老欲留道法擯滅佛宗僉議攸同咸遵釋教帝旨情日久殊非本圖會道安法師上二教論無聞道法意殊不伏無奈理通衆口義難獨留遂二教俱除憤發於內未逾經月下詔曰至道弘深混成無際體苞空有理極幽玄但岐路既分派源逾遠淳離樸散形器斯乖遂使三墨八儒朱紫交競九流七略異說相騰道隱小成其來久矣不有會歸爭驅靡息今可立通道觀聖哲微言先賢典訓金科玉篆秘賾玄文所以濟養黎元扶成教義者並宜弘闡一以貫之俾夫翫培塿者識嵩岱之隆嵒守磧礰者悟渤澥之泓澄不亦可乎所司量置員數俸力務異恒式主者施行

于時員置百二十人監護吏力各有差並選釋李門人有名當世者著衣衎笏履名通道觀學士有前沙門京兆樊普曠者彭亨謫詭調笑動人帝頗重之召入通道雖被抑退常翦鬚留鬢帝問何事去留曠曰臣學陛下二教雖除猶存通道鬢為俗飾故留鬚非俗教故遣帝曰俗有留鬚上加以冠何言非教曠曰無鬚之士豈是教乎臣預除之加冠何損帝笑之自尒常淨剃鬚者冠纓領人有問者曰我患熱也云云

周祖平齊召僧叙廢立抗拒事　沙門釋慧遠

周武帝以齊承光二年春東平高氏召前修大德並赴殿集帝升御座序廢立義云朕受天命寧一區宇世弘三教其風逾遠考定至理多愆陶化今並廢之然其六經儒教文弘政術禮義忠孝於世有宜故須存立且自真佛無像遙敬表心佛經廣嘆崇建

圖塔壯麗修造致福極多此實无情何能恩惠愚人嚮信傾竭珍財徒為引費故須除蕩故凡是經像皆毀滅之父母恩重沙門不敬悖逆之甚國法不容並退還家用崇孝俗朕意如此諸大德謂理何如于時沙門大統等五百餘人咸以王威震赫決諫難從閑内已除義非孤立衆各默然下勑催荅並相顧无色俛首垂淚有慧遠法師聲名光價乃自惟曰佛法之寄四衆是依豈以杜言謂能通理遂出對曰陛下統臨大域得一居尊隨俗致詞憲章三教詔云真佛无像誠如天旨但耳目生靈賴經聞佛藉像表真今若廢之无以興敬帝曰虚空真佛咸自知之未假經像遠曰漢明已前經像未至此土含生何故不知虚空真佛帝時无荅遠曰若不藉經教自知有法者三皇已前未有文字人應自知五常等法當時諸人何為但識其母不識其父同於禽獸帝又无荅遠曰若以形像无情事之无福故須廢者國家七廟之像豈是有

情而妄相尊事帝不荅此難乃云佛經外國之法此國不須廢而不用七廟上代所立朕亦不以為是將同廢之遠曰若以外國之經非此用者仲尼所說出自魯國秦晉之地亦應廢而不行又以七廟為非將欲廢者則是不尊祖考祖考不尊則昭穆失序昭穆失序則五經无用前存儒教其義安在若尒則三教同廢將何治國帝曰魯邦之与秦晉封域乃殊莫非王者一化故不類佛經七廟之難帝无以通遠曰若以秦魯同遵一化經教通行者震旦之与天竺國界雖殊莫不同在閻浮四海之内輪王一化何不同遵佛經而今獨廢帝又无荅遠曰詔云退僧還家崇孝養者孔經亦云立身行道以顯父母即是孝行何必還家帝曰父母恩重交資色養棄親向踈未成至孝遠曰若如是言陛下左右皆有二親何不放之乃使長役五年不見父母帝曰朕亦依番上下得歸侍奉遠曰佛亦聽僧冬夏隨緣修道春秋歸家侍養故目連乞食

餉母如来搭棺臨葬此理大通未可獨廢帝又无荅遠抗聲曰陛下今恃王力自在破滅三寶是邪見人阿鼻地獄不簡貴賤陛下何得不怖帝勑然作色大怒直視於遠曰但令百姓得樂朕亦不辭地獄諸苦遠曰陛下以邪法化人現種苦業當共陛下同趣阿鼻何處有樂可得帝理屈言前所圖意盛更无所荅但云僧等且還有司録取論僧姓字帝已行虐三年関隴佛法誅除略盡既克齊境還准毀之尒時魏膺東川佛法崇盛見成寺廟出四十千並賜王公充為第宅五衆釋門減三百万皆復軍民還歸編户融刮佛像焚燒經教三寶福財簿録入官登即賞賜分散蕩盡帝以為得志於天下也未盈一年癘氣内蒸身瘡外發惡相已顯无悔可銷遂隱於雲陽宫纔經十日尋尒傾崩天元嗣曆於東西二京立陟岵寺置菩薩僧用開佛化不久帝崩國運移革至隋高祖方始大通如後所顯近見大唐吏部尚書唐臨冥報記云外

廣弘明集卷第十　第六張　興字号

祖隋文僕射齊公親見文帝問死者還活人云初死見周武帝云為我相聞大隋天子昔与我共食倉庫玉帛亦我儲之我今為滅佛法極受大苦可為我作功德也文帝出勅普及天下人出一錢為之追福焉

周高祖巡鄴除殄佛法有前僧任道林上表請開法事

周建德六年十一月四日上臨鄴宮新殿内史宇文昂上士李德林奴上書人表于時任道林以表上之上士覽表曰君二教也聖主機辯特難酬荅可思審之對曰主上鋒辯名流十方林亦早聞正以聞辯故來得辯无爽云云乃引入上階御座西立詔曰卿既上事助吾治政朕甚嘉尚可條別自申勿廣詞費林乃上安撫齊餘省減賦役事帝倫納之又曰林原搢弘佛道向且專論俗政似欲謟附君人其實天心護法自釋氏弘訓權應无方智力高奇廣宣正法救兹五濁特拔三有人中天上六道四生莫不歸依迴向受其開悟自漢至今踰五

廣弘明集卷第十　第七張　興字号

百載王公卿士遵奉傳通及至大周頻令廢絶陛下治襲前王化承後帝何容偏於佛教獨不師古如其非善先賢久滅如言有益陛下可行廢佛之義臣所未曉詔曰佛生西域寄傳東夏原其風教殊乖中國漢魏晉世似有若无五胡亂治風化方盛朕非五胡心无敬事既非正教所以廢之奏曰佛教東傳時過七代劉淵篡晉元非中夏以非正朔稱為五胡其漢魏晉世佛化已弘宋趙苻燕久習崇盛陛下耻同五胡盛修佛法請如漢魏不絶其宗

詔曰佛義雖廣朕亦嘗覽言多虛大語好浮奢罪則憙推過去无福則指未來事者无徵行之多惑論其勸善未殊古禮研其斷惡何異俗律昔嘗為廢所以暫學決知非益所以除之奏曰理深語大非近情所測時遠事深寧小機欲辯豈以一世之局見而非久遠之通議封迷忽悟不亦過乎是以佛理極於法界教射通於外內談行自他俱益辯果常樂无為樹德

廣弘明集卷第十　第八張　興字号

恩隆天地校道廣利无邊見奇則神通自在布化則万國同歸救度則慈親等濟慈愛則有識无傷戒除外惡定止心非慧照古今智窮万物若家行此則民无不治國國脩之則兵戈无用今雖不行何虧求益因重奏曰臣聞孝者至天之道順者極地之養所以通神明光四海百行之本孰先孝者昔世道將傾魏室崩壞太祖奮威補天夷難創啓王業陛下因斯鴻緒遂登皇極君臨四海德加天下追惟莫大終莫見報何有信己心智執固自觧倚恃爪牙任繼王力殘壞太祖所立寺廟毀破太祖所事靈像休廢太祖所奉法教退落太祖所敬師尊且父母床几尚不敢損觸況父之親事輙能輕壞國祚延促弗由於佛政治興毀何關於法豈信一時之慮招万世之譏愚臣冒死特為不可

詔曰孝道之義寧非至極若專守執惟利一身是使大智權方反常合道湯武伐主仁智不非尾生守信禍至身滅事若有益假違要行儻非合理

雖順必剪不可讓巳一名令四海懷惑外
乖太祖内潤黔元　令沙門還俗省
侍父母成天下之孝各各自活不惱
他人使率土獲利捨戎從夏六合同
一即是揚名万代以顯太祖即孝之
終也何得言非
奏曰若言壞佛有益毀僧益民昔太
祖康曰玄　鑒万理智括千途必佛
法損化即尋除蕩寧肯積年奉敬
興遍天下又佛法存日損處是何自
破巳来成何利潤若實无益寧非不
孝詔曰法興有時道亦難准制由上
行王者作則縱有小利尚須休廢況
佛无益理不可容何者敬事无徵招
感无効自救无聊何能益國自廢巳
来民役稍希租調年增兵師日盛東
平齊國西定妖戎國安民樂豈非有
益若事有益太祖存日屢嘗討齊何
不見獲朕壞佛法若是違害亦可亡
身既平東夏明知有益廢之合理義
无更興
奏曰自國立政惟貴於道制化養民
寧高於德止見道消國衰未有兵强

祚久是以虐紂恃衆禍傾帝業周武
修德福集皇基夫差驕戰遂至滅身
勾踐以道危而更安以此論之何関
壞佛退僧方平東夏直是毀佛當此
託定之時偶然斯會妄謂壞法有益
若尒湯伐有夏文王滅崇武王誅紂
秦并天下赤漢滅項此等諸君豈由
壞佛自後交論譏毀人法或以抗礼
君親或謂妄耕佛性或譏辯析色心
或重見作非業或指身本陰陽朴皆
隨難消解帝雖攡難重疊三番五番
窮理盡性林則无疑不遣有難斯通
帝曰御言業不弃理凡有入聖之期
性非業外道有通凡之趣此則道无
不在凡聖該通是則教无孔釋虛崇
如是之言形通道俗徒加剃翦之飾
是知帝王即是如来宜停丈六王公
即是菩薩省事文殊耆年可為上座
不用賓頭仁惠真為檀度豈假棄國
和平第一精僧寧勞布薩貞謹即成
木叉何必受戒儉約實是少欲无假
頭陁蔬食至好長齋豈煩斷穀放任
妙同无我何藉解空忘功全適大乘

寧希波若文武直是二智不觀空有
權謀徑成巧便豈待變化加官真為
授記无謝證果爵禄交獲天堂何待
上界罸戮見感地獄不指泥犁以民
為子可謂大慈四海為家即同法界
治政以理何異救物安樂百姓寧殊
拔苦翦罸残害理是降魔君臨天下
真成得道汪汪何殊淨土濟濟豈謝
迦維御悵異見妄生偏執即事而言
何處非道
奏曰伏承聖旨義博言深融道混俗
移尊散執乃令觸處乘真有情俱道
物我感適千徒齊一美則美矣愚臣
尚疑若使至道惟一則无二可融若
理恒外内則自可常别若一而非一
則半是半非二而无二則乍道乍俗
是則緇素錯亂儒釋失序外内交雜
上下參倫何直遠沉清化亦是近惑
民俗是以陰陽同氣生煞恒殊天地
齊形高卑常異不可以其俱形而使
陽煞即事永无此理虛言難可成用
所以形齊氣一可得言同生煞高卑

義无不別故使同而不同一而不一道俗之理有齊无与无為自別又若王名雖一凡聖天殊形事儆同寔挾全異是故儒釋与无始俱興道俗共天地同化若欲泯之為一正可以道廢俗如其俱益於世則兩理幽顯齊明今則興一廢一真成不可

詔曰卿言道俗天殊全乖內外亦可道應自道无預於俗釋應自釋莫依儒王道若惟道道何所利佛若獨佛化有何功故道俗相資儒釋更顯卿不因朕言卿欲何論是以內外抑揚廢興彼此今國法不行王法所斷廢興在數常理无違義无常興廢有何咎

奏曰仰承聖旨如披雲覩日伏聽勅訓實如聖說道不自道非俗不顯佛不自佛惟王能興是以釋教東傳時經五百弘通法化要仮王力方知道藉人弘神由物感佛之威毀功歸聖旨道有興廢義无恒久法有隱顯理難常存比來已廢義无即行休斷既久興期次及興廢更迭理自應機並從世運不亦宜乎

詔曰帝王之法善決取捨明斷去就審鑒同異妙察非常朕於釋教以濬恩於府內校量於今古驗之以行事竿之以得失理非常而不要文高奇而无用非无端而棄廢何愛憎於儒釋

奏曰弘法之本必留心於達人通化之首要存志於正道勿見忤已以惡者懷之以疎隔容己以美者歡心以親近是則自惑於所見自乱於所聞不可數聞有謗正之言遂便信納從唱而和乘生是非尋討懲短日懷憎薄是則以偽移真衆聲惑志故令當疎者更進之當親者更遠之遂使談論偏駮取捨專非斯乃害真之禍患喪德之媒累於是帝不荅乃更開異途以發論端問曰朕聞君子舉厝必合於禮明哲動止要應於機比頻賜卿食言不飲酒食肉且酒是和神之藥肉為充肌之膳古今同味卿何獨鄙若身居喪服禮制不食即如今賜自可得食可食不食豈非過耶奏曰貪財惑色貞夫所鄙好膳嗜美廉士所惡割情從道前賢所歎抑欲崇德往哲同嗟況肉由煞命酒能乱神不食是理寧可為非

詔曰肉由害命斷之且然酒不損生何為頓制若使无損計罪无過言非飲粱食飯亦應得罪而實不尒酒何偏斷奏曰結戒隨事得罪據心內躭因害食之即罪酒性非損過由獘神餘處生過過生由酒斷酒即除所以遮制不同非謂酒體是罪

詔曰罪有遮性酒體生罪今有耐酒之人能飲不醉又不獘神亦不生罪此人飲酒應不得罪斯則能飲无過不能招咎何闕斷酒以成戒善可謂能飲耐酒常名持戒少飲即醉是大罪人

奏曰制過防非本為生善戒是止善身口无違緣中止息遮性兩斷乃名戒善今耐酒之人既不亂神未破飲戒實理非罪正以飲生罪酒外違遮教緣中生犯仍名有罪以升不飲猶非持戒

詔曰大士懷道要由妙解至人高達

廣弘明集卷第十　第十五張

貴其不執融心与法性齊寬肆意共
虛空同量万物无不是善美惡何有
非道是則居酒肆肉之中寧能有罪
帶婦懷兒而遊豈言生過故使太子
取婦得道周陁以捨妻沉淪淨名以
處俗高達身子以出家愚執是故善
者未可成善惡者何足言惡禁酒斷
肉之奇殊乖大道

奏曰龍虎以鱗牙為能猨鳥以超翔
為才君子以解行為道賢拈以真
實成德故使內外稱奇緇素高尚若
惟解而无行同沙井之非聞專虛而
不實似空雲而无雨是以匠万物者
以繩墨為正御天下者以法理為本
故能善防邪萌防察姧究故使一行
之失痛於剖肌一言之善重於千金
若使心根妙解則居惡為善神智虛
明處罪成福亦可務自賤質居天重
任迴聖揔尊處臣卑下是則君臣雜
亂上下倒錯即事不可古今未有何
異詞談忠孝身恒投逆語論慈措形
常殺盜口閑百技觸事无能言適万
里足不出戶斯皆情切事奢虛高无

廣弘明集卷第十　第十六張　字

用是以才有大而无用理有小而必
適執此為道誠難取信

詔曰執情者未可論道小智者難与
談真是以井坎之魚寧知東海深廣
鷃雀蕃翔詎羨鵬鳳之遊斯皆固小
以違大趣守文以害通途若以我我
於物无物而非我以物物於我无我而
非物我既不異於物物復焉異於我我
物兩忘自他齊一虛心者是物无不
同遺功者无事而不可

奏曰仰承聖旨名義深博宗源浩汗
究察莫由事等窺天誰測其廣又同
測海寧識其深

若以小小於大无大而不小
以大大於小无小而非大
大无不大則秋毫非小小
小无不小則太山非大大
故使大大非大小小小非小大
是則小大異於同大小同於異无大
小之異同何小大之同異
方知非異可異同寧有同可同異
無同可同異非異同
無異可異同无同異

廣弘明集卷第十　第十七張　字

是故无同而同非同无異而異非異
何同異而可異同非異同而可同異
帝遂不荅於是君臣寂然不言良久

詔乃問卿何寂寞乃欲撤有歸无勿
以談不適懷遂息清辯

奏曰古人當言而懼發言而憂是以
古有不言之君世傳忘功之士所以
息言表知非為不適

詔曰至人无為未曾不為知者（不言未曾不言）
亦有鸎鵡言而无用鳳皇不言成軌
木有无任得存鴈有不鳴致死卿今
取捨若為自適又曰士有一言而知
人有目擊而道存亦有覩色審情復
有聽言辯德朕与卿言為日既久其
間旨趣寧不略委卿可為朕記錄在
所申陳令諸世人知朕意焉是則助
朕何愧忠誠

林以佛法淪陷冒死申請帝情較執
不遂所論辯論雖明終非本意承長
安廢教後別立通道觀其所學者惟
是老莊好設虛談通申三教兼因義
勢登明釋部乃表鄴城義學沙門十
人並聰敏高明者請預通道觀上覽

表即曰御入通道觀大好學无不有至論補已大為利益仍設食訖曰御可裝束入關衆人前却至五月一日至長安延壽殿奉見二十四日帝往雲陽宫至六月一日帝崩天元登祚在同州至九月十三日長宗伯岐公奏訖帝允許之日佛理弘大道極幽微興施有則法須研究如此累奏恐有稽違奏曰臣本申事止為興法數啓懇懃惟願早行今聖上允可議曹奏泼上下合和定无異趣一日須行天下稱慶臣何敢言至大成元年正月十五日

詔曰弘建玄風三寶尊重特宜修敬法化弘廣理可歸崇其舊沙門中德行清高者七人在正武殿西安置行道二月二十六日改元大象又勅佛法弘大千古共崇豈有沉隱捨而不行自今以後王公已下并及黎庶並宜修事知朕意焉即於其日殿嚴尊像具修虔敬于時佛道二衆各詮一大德令昇法座勸揚妙典遂使人懷无畏下吐微言佛理汪汪沖深莫測

道宗深泊清淺可知挫銳席中王公嗟賞至四月二十八日下詔曰佛義幽深神奇弘大必廣開化儀通其修行崇奉之徒依經自檢運道之人勿須翦髮毀形兼大道宜可存鬚髮嚴服以進高趣令選舊沙門中懿德貞潔學兼沖博名實灼然聲望可嘉者一百二十人在陟岵寺為國行道擬欲供給資須四事无乏其民間禪誦一无有㝵惟京師及洛陽各立一寺自餘州郡猶未通許周大象元年五月二十八日任道林法師在同州衛道虎宅修述其事呈上內史沛公宇文譯親覽小內史臨涇公宇文弘披讀掌礼上士誌跋行恭姿尋都上士叱寂臣審覆

周天元立有上事者對衛元嵩

前僧王明廣大象元年二月二十七日王明廣答衛元嵩上破佛法事鄴城故趙武帝白馬寺佛圖澄孫弟子

王明廣誠惶誠恐死罪上書

廣言為益州野安寺偽道人衛元嵩既峯辯天逸卸是飾非請廢佛圖滅

壞僧法此乃偏辭惑上先至難明大國信之諫言不納普天私論兆庶佐聖誠哉不便莫過斯甚廣學非幼敏才謝生知嘗攬一志之言頗讀多方之論訪求百氏復審六經驗考嵩言全不狀會嗚呼佛法由來久矣所悲今日枉見陵遲夫諂諛苟免其身者國之賊也直言不避重誅者國之福也敬憑斯義敢死投誠件對元嵩六條如左

伏惟天元皇帝開四明達四聰暫降天威微迴聖慮一垂聽覽恩罰之科伏待刑憲謹上

臣廣謹對詩云无德不報无言不詶雖則膚虛聞諸先達至道絕於心慮大德出於名聲君子不出浮言諸佛必為萬論去迷破執開道群冥天人師敬由來久矣善言教物凡聖歸仁甘露蘭芝誰其見德縱使堯稱至道不見金夢平陽舜号无為尚闕瑞光蒲坂悲夫虛生易死正法難聞淳勝之風頗遭諂曲之言難用若使齊梁坐興佛法國祚不隆唐虞豈為葉於

僧房皇宗絕嗣人飢菜色詐闡梁史浮天水宮著自堯年金道何必唐虞之邦民壞豈止齊梁之域至如義行豈國寶毀為起非勞禮廢窮年土階處之為逆故傅毅云世人稱美神農親耕堯舜茅茨蓋褒之言非先王之道也齊梁塔寺自開福德因豈責交報之祐故曾子曰人之好善福雖未至去禍遠矣人之為惡禍雖未至去福遠矣抱朴子曰賢不必壽愚不必殘善无近福惡无交禍焉責斯近驗而速棄大徵者乎今古推移質文代變治國濟俗義貴適時悲恐唐虞之勝風言是不獨是齊梁之末法言非不獨非臣廣又對詩云有覺德行四國順之造化自然豈關人事六天勸請万國歸依七處八會之堂何量豈千僧之寺不有大賢誰其致敬不有大聖誰其廢止涅槃經云不棄他財物常施惠一切造招提僧房則生不動國詩經既顯庶事有由不合佛心是何誣詶寺稱平延萬乃妄論佛立伽藍何名曲見斯乃校量過分而奪非餞

執行何異布鼓而笑雷門對天庭而誇蟻穴勸以夫妻為聖衆苟恣婚婇言國主是如來與崇諂說清諫之士如此異乎何別魏陵之見交寵勸楚王奪子之妻宰嚭求於近利為吳主解蒼蒼之夢心知不順口說美辭彼信邪言由斯滅國九萬必為過罪僧官駈擯恣著恥辱謗言因生釁累破寺恐理不申扇動帝心尊為佛曲取一人之意埋沒三寶之田凡百聞知孰不歎惜有佛法來永久无際天居地止所在尊崇前帝後王誰不重異獨何此國而賤者哉昔卞和困楚孔子厄陳方今擬古恐招嗤論

臣廣又對佛為慈父調御天人初中後善利安一切自潛神雙樹地動十方髮授四天軀分八國涅槃經云造像若佛塔猶如大栂指常生歡喜心則生不動國明知資父事師自關古典束脩發起孔教誠論亘有衛尚擯加非難入堂不死豈勝不言昔唐堯則天之治天有逆水之災周置宗廟之禮廟无降雨之力如謂塔无交福以過則歸亦可天廟靈求例應停棄若以理推冥運潛天廟之恩亦可數窮命也豈堂塔而能救設使黃公縮地曾子迴天不禁必死之人豈續已休之命命而不定福也能排義異向論必須慈祐至如通吉像前病癩歸之得愈祇洹精舍平服殘患之人濟苦攘災事多非一更訓餘難不復廣論若夫道不獨備德无不在千途一致何止內心至若輸伽之建寶塔百鬼助以日功雀離之起浮圖四天狀其夜力大矣哉感天地動鬼神外修无福是何言也此若誤負抑作民或嗟勞義出苞容能施忘倦若必元由塔寺敗國窮民今既廢僧負應卒富儉困城市更甚昔年可由佛之者也鬼非如敬謂之為諂拜求社樹何哉良多若言社樹為鬼所依資奉而非各亦可毀塔為佛住持修營必應如法若言佛在虛空不屬泥木亦應鬼神冥寂豈在樹中夫順理濟物聖教尤開非義饒益經言不許頗有天宮佛塔撤作橋梁之據繡像幡經用衣服

血之脈天下日日飢窮百姓年年𤌤悴鬼神小聖尚或巨欺諸佛大靈何容可負詩云旻天不駿其德降喪飢饉此之謂也更別徃代功臣今時健將干戈討定清息遐方生乃偏受榮勲朱門紫室死則多使民夫樹廟興墳榮死煞生崇虛損實有勞无益初未涉言況釋迦如來道被三千化隆百億前瞻无导後望誰勝能降外道之師善伏天魔之黨不用寸兵靡勞尺刃五光遍照无苦不消四辯橫流怨蒙安樂為將為師名高位大寺存廟立義有何妨土龍不能致雨尚遵之以求福涅佛縱使不語敬者豈得无徵昔馬鄉慕蘭孔父夢周故人重古敬遵舊德況三世諸佛風化理同就使弥勒初興不應頓棄釋迦遺法臣廣又對令无行富僧從課有理有德貧僧奪寺无辜至如管蔡不臣未可姬宗悉戮卜商鄙恡詎可孔徒頓駈牧馬童兒先去乱群之馬放牛豎子由寵護群之牛莊子曰道无不在契之者通適得佐焉未合至道

唯此而已至如釋迦周孔堯舜老莊𥿻致雖殊宗歸一也豈得結繩之世孤稱正治剃髮之僧獨名權道局執之情甚矣齊物之解安寄老子曰上士聞道勤而行之中士聞道若存若亡下士聞道大笑毀之乞嵩既是佛法下士偷形法服不識荊珎謀量和寶醜辞出自偽口不遜貴於筆端若使閑西之地少有人物不然之書誰肯信也廣嘗見逃山越海之客東夷北狄之民昔者慕善而來今以破法流散可謂好利不愛士民則有離亡之咎矣然外國財貨未聞不用外國師訓獨見不枉天下佐望事在於此廣既誠在念忠信為心理自可言早望申奏但先皇別解可用嵩言已往難追遂事不諫三年久矣三思乃言有一可從乞尋改格

臣廣又對竊以山苞蘭艾海蘊龍蚍美惡雜流賢愚乱處若龍蚍俱寵則无別是非若蘭艾並挫誰明得失若必存留有德簡去不肖一則有潤家風二則不惑群品三則天无違善之

識四則民德歸厚矣我大周應千載之期當万基之位述礼明樂合地平天武列文昭龔真明俗賢僧國器不弊姚民之兵聖衆歸住豈獨龜茲之陣或有慈悲外援聡辯內明開㪍大乘舟航黎庶或有禪林戢翼定水游鱗固守淨囊堅持忍鎧或有改形從服為興常人雖雖无端還同愚俗之嵩乞蘭差當有理夫天地至功有時動靜日月延緒猶或短長今莊老之學人間罕遇若使合國共行必應違式者罪何以得知現見時人受行儒教剋已服礼觸事多違礼云簞𥮉不食未見與肉而求菜者乎爵盈不飲未見危滿而不勸者礼極飲不過三未見酣酒而不醉者天子不合圍諸侯不掩群庶民不覺夘𪻐既少涤玄門不閇掩圍之事舉目盡見覺夘之民復去何彼不合礼不罷儒服者乎夫化由道洽政以礼成榮辱所示君子刑罰所御小人䪥野芸田之法禾莠須分條柰　初　樹豈當盡詮𢕁又對忠臣孝子義有多途何必躬耕租丁

為上礼云小孝用力中孝用勞大孝不匱沙門之為孝也上順諸佛中報四恩下為含識三者不匱大孝一也是故詩云愷悌君子求福不回若必六經不用反信浮言正道廢虧竊為不願若迺事親以力僅稱小孝推丁奉上忝是庸民施僧敬像俱然合理以篤向背銓揣自妨上言惕人敬石名作凝僧敬像還成愚俗姑妻愛子畜生亦解詠懷勉念何其陋哉孝經云身體髮膚受之父母不敢毀傷孝之始也立身行道揚名於後世以顯父母孝之終也若言沙門出家即涉背親之議亦可曾參事於孔丘便為不孝之子夫以道相發聞之聖典未偕合礼僧有何愆老子曰四象不行大象无以暢五音不聲大聲无以至若欲永滅二乘亦可大乘无以暢至當若志明出家不悔志若不明悔何必是昔丁公入漢先獲至點之殘馬母叛姜自招覆水之迹是驗敗國之師不任忠臣之用違夫之婦終失貞潔之名嵩本歸命釋迦可言善始厭道

還俗非是令終與彼變女亂日計將何別天无長惡何久全身背真向俗取返何殊請簡僧立寺者廣開金玉異邪在人共寶玄儒別義邀逢同遵豈必孔生自國便欲師從佛處遠邦有心捐棄不勝爭切輒陳愚見是非之理不敢自專昔孔丘辭逝廟千載之規摹釋迦言往寺万代之靈塔欲使見形尅念面像歸心敬師忠主其義一也至如丁蘭束帶孝事木母之形无盡解瓔奉承多寶佛塔聆尋曠古遐想清塵既種成林於理不越又案礼經天子七廟諸侯五廟大夫卿士各有階級故天曰神祭天於圜丘地曰祇祭地於方澤人曰鬼祭之於宗廟龍鬼降雨之勞牛畜挽犁之効田或立形村邑樹像城門豈況天上天下三界大師此方他方四生慈父威德為百億所遵風化為万靈之範故善人迴向若群流之歸溟渤大光攝受如兩曜之伴衆星自月支遺影鄰竭灰身舍利遍流祇洹遂造乃賢乃聖憑茲景福或尊或貴與此雅安

忽使七層九級頹龕墜構四戶八窓可无於失道不令而治形教隨時損益至理不言而得經像自可令行通人達士隨方顯用異真明俗聖感應時若待太公為卿相千載无太公要得羅什為師訓万代无羅什法不自顯弘必由人豈使大周法輪永滅聖上六條御物九德自明曲理莫施直言必用昔秦始皇發孔丘墓禍鍾三曰魏太武滅僧伽藍灾起七年崔皓之說可知衛嵩之言難用仁者不損他自利智者不樂禍邀名尤蕃天喪无祐只然一罷人身當生何處廣識謝指南言慙信正此如不對恐傷衆善夫怨人之短者庸之行也念存物德者仁之智也今僧美惡假令相半豈宜融擯一切不留普天失望率土嗟傷愚謂此途未光周德何為敬儒士以顯尊重賤釋子以快其意賤金貴石有何異乎計王道蕩蕩豈理應然土以負水而平木以受繩故直明君納諫不諱達士好聞其非智不輕怒下愚之見得申仁不輕絕三寶之

田頃立天无不覆地載寬勝山苞海納何所不容十室之内必有忠信一國之裏可无賢僧伏惟 天元皇帝舉德納賢招英簡儁去煩就省州存一寺山林石窟隨屨聽居有舍利者選令起塔其寺題名周中興寺從此總之據以問之寂之侶息言以求通内外兼益公私无損即是道俗幸甚玄儒快志隨周之帝葉垂百王大象之君光於四海天高聽遠輕舉膚言氣悖魄浮以生目死乞降雷電之威布其風雨之德謹上二月二十七日納言韓長鸞受書内史上大夫歸昌公宇文譯内史大夫拓跋行恭等問廣曰佛晶澄晋乃三百年人觀卿不過三十達栅上聖弟子不乃謬乎廣答曰其或繼周者雖百世亦可知先師雖復三百許年論時不過十世何足可惑譯曰允論所上曲見伽藍害民損國卿今欲立有何意見廣答曰桀紂失國豈士歸周亡國破家不由佛法内外典籍道俗明文自古及今不可停棄是故請立

譯又問齊君高偉豈不立佛法國破家亡摧殘若此

廣答曰齊君失國有兩義不由佛法一則曆數有窮開闢已來天下未見不亡之國二則寵罰失中君子惡居下流是以歸周不由佛法

譯又問經者胡書幻妄何得引為口實廣又答曰公謂佛經為妄廣亦謂孔教不真譯又問卿據何為驗言孔教不真

廣答曰莊周有孔子之行古往事固已陳芻狗由使百代歌其遺風千載詠而不絶適聽諸子未見一人名佛幻妄矣

譯又問丁蘭木母卿引不類何者昔人蹴頓木母木母為之血出高祖破寺已來涅佛石像何為出血廣答昔夏立九鼎以鎮九州一州不静則一鼎沸九州不静則九鼎都沸比來見二國交兵四方擾動不見一鼎有沸今日殿前尚依古立鼎獨偏責涅木石像不出血即便停棄

三月一日 勅賜飲食預坐北宫食訖

駕發還京

皇帝出北宫南門与上書人等面辭受拜拜訖内史託跋行恭宣 勅旨日月雖明猶衆星輔曜明王至聖亦尚臣下匡救

朕以闇德卿等各獻忠謀深可嘉尚文書既廣卒未尋究即當披覽别有檢校卿等並宜好住至四月八日内史上大夫宇文譯宣 勅旨佛教興來多歷年代論其至理實自難明但以世漸澆浮不依佛教致使清淨之法變成濁穢高祖武皇帝所以廢而不立正為如此朕今情存至道思弘善法方欲簡擇練行恭脩此理今形服不改德行仍存廣設道場欲行善法王公已下並宜知委

廣弘明集卷第十

廣弘明集卷第十

校勘記

一　底本，金藏廣勝寺本。

一　一〇六六頁中四行首字至七行末字「周……廣」，徑無。

一　一〇六六頁中四行第六字「立」，清作「已更立」。又第一〇字「詔」，資、磧、普、南、清作「詔十」。八行第一二字同。又「周武帝」，清無。

一　一〇六六頁中五行「詔事」，資、磧、普、南作「詔事十一」；清作「拒事十一」。又「釋惠遠」，清無。

一　一〇六六頁中六行「請開佛法事任道林」，清作「除殄佛法任道林請開佛法事十二」。又第九字「事」，資、磧、普、南作「事十二」。

一　一〇六六頁中七行「對衛元嵩上事王明廣」，清作「王明廣上事對衛元嵩十三」。又第一〇字「事」，資、磧、普、南作「事十三」。又「王明廣」，資作「王廣明」。

一　一〇六六頁中八行「周祖……文邕」，徑作「叙周武帝更興道法事先並廢二氏今更興道法」。又「周帝」，清作「周武帝」。

一　一〇六六頁中一四行首字「内」，資、磧、普、南、徑、清作「内外」。

一　一〇六六頁中一六行「分派」，資、磧、普、南、徑、清作「分流」。又第八字「撲」，資、磧、普、南、徑、清作「樸」。

一　一〇六六頁中一九行第五字「息」，資、磧、普、南、徑、清作「安自」。

一　一〇六六頁下五行「選釋」，資、普、南、徑、清作「選擇」。

一　一〇六六頁下七行「彭亨」，磧、普、南、徑、清作「憉悙」。

一　一〇六六頁下八行第五字「入」，磧作「人」。

一　一〇六六頁下一五行「云云」，徑無。

一　一〇六六頁下一六行「周祖……惠遠」，徑作「叙釋慧遠抗周武帝廢教事」。又「釋惠遠」，磧、南、清作「慧遠」。

一　一〇六六頁下二一行第一一字「文」，資、磧、普、南、徑作「之」。

一　一〇六七頁上五行第一一字「俗」，磧、普、南、徑、清作「始」；麗作「治」。

一　一〇六七頁上一五行第一二字「蔕」，諸本（不含石，下同）作「帝」。

一　一〇六七頁中一行第五字「尊」，資、磧、普、南、徑、清作「遵」。

一　一〇六七頁中一九行「如是」，資、磧、普、南、徑、清作「如來」。

一　一〇六七頁下一八行「身搶」，諸本作「身瘡」。又「无悔可銷」，資、清作「無悔可措」；徑作「悔無可措」。

一　一〇六七頁下一九行「十日」，諸本作「七日」。

一　一〇六八頁上一行「隋文」，資、磧、

普、南、徑、清作「隋左」。

一〇六八頁上四行第三字「儲」，磧作「諸」。

一〇六八頁上七行首字至八行末字「周……事」，徑作「叙任道林辯周武帝除佛法詔」。

一〇六八頁上八行「法事」，磧、普、南作「法事十二」；清作「佛法事十二」。

一〇六八頁上一四行「早聞」，資、磧、普、南、徑、清作「早聞矣」。

一〇六八頁上一七行第二字「自」，磧、普、南、徑、清作「目」。

一〇六八頁上一九行末字至二〇行首字「君人」，資、磧、普、南、徑、清作「宮父」。

一〇六八頁上二二行「三有」，南作「二有」。

一〇六八頁中一五行第五字「罪」，徑作「有罪」。又第七字「憙」，徑無。

一〇六八頁下一行第五字「授」，資、磧、普、南、清、麗作「授」；徑作「受」。

一〇六八頁下四行第三字「心」，資、磧、普、南、徑、清作「内心」。

一〇六八頁下五行「修之」，資、磧、普、南、清作「修行之」；徑作「行此」。

一〇六八頁下六行第五字「離」，資、磧、普、南、徑、清作「雖」。

一〇六八頁下九行「孝者」，資、磧、普、南、徑、清作「此孝」。

一〇六八頁下一二行「莫見」，諸本作「身無」。

一〇六八頁下一四行第四字「寺」，南無。

一〇六九頁上八行「康曰」，資、磧、普、徑作「康日」。

一〇六九頁上一七行「西定」，資、磧、普、南、徑、清作「西之」。

一〇六九頁中一行首字「祚」，清作「作」。

一〇六九頁中六行第一〇字「祟」，資、磧作「宋」。

一〇六九頁中二〇行末字「成」，徑作「戒」。

一〇六九頁中二二行「放任」，南、徑、清作「放生」。

一〇六九頁中末行第一二字「逼」，資、磧、普、南、徑、清作「過」。

一〇六九頁下二行「徑成」，資、磧、普、南、徑、清作「終成」。

一〇六九頁下六行「救物」，資、磧、普、南、徑、清作「匡救」。

一〇六九頁下八行「汪汪」，麗作「汪汪」。又「淨土」，資、磧、普、南、徑、清作「於淨土」。又末字「謝」，資、磧、普、南、徑、清作「謝於」。

一〇六九頁下一三行「感適」，諸本作「咸適」。

一〇六九頁下一九行「民俗」，資、磧、普、南、徑、清作「氓俗」。

一〇六九頁下二〇行第五字「常」，資、磧、普、南、徑、清作「當」。

一　一〇七〇頁上一〇行「儒王」，資、徑、清作「儒生」；麗作「於儒」。

一　一〇七〇頁上一八行第一二字「方」，磧、南、徑、清作「是」。

一　一〇七〇頁上一九行第一〇字「盛」，資、磧、普、南、徑、清作「成」。

一　一〇七〇頁中五行「无端」，資作「無矯」。

一　一〇七〇頁中八行第三字「要」，南作「存」。

一　一〇七〇頁中九行第二字「懷」，清作「懷」。

一　一〇七〇頁中一四行「遂便」，諸本作「遂使」。

一　一〇七〇頁中一六行「喪德」，資、磧、普、南、徑、清作「喪懷」。

一　一〇七〇頁中二〇行「充肌」，徑作「充飢」。

一　一〇七〇頁下九行第一二字「除」，資、磧、普、南、徑、清作「除過」。

一　一〇七〇頁下一七行第一三字「止」，南、徑、清作「正」。

一　一〇七〇頁下一九行「破飲」，資、磧、普、南、徑、清作「破餘」。

一　一〇七一頁上五行「取婦」，資、磧、普、南、徑、清作「以取婦」。

一　一〇七一頁上九行「鱗牙」，資、磧、普、南、徑、清作「銛牙」。

一　一〇七一頁上一二行第一一字「閏」，資、磧、普、南、徑、清作「潤」。

一　一〇七一頁上一八行首字「明」，麗作「明則」。

一　一〇七一頁中二行首字「適」，麗作「通」。

一　一〇七一頁中一六行「不大」，資、磧、普、南、徑、清作「不小」。

一　一〇七一頁中一七行「不小」，資、磧、普、南、徑、清作「不大」。

一　一〇七一頁下一三行「目擊」，磧作「目繫」。

一　一〇七二頁上八行「累奏」，徑作「屢奏」。

一　一〇七二頁上一二行第六字「何」，南無。

一　一〇七二頁上二一行「各詮」，麗作「各銓」。

一　一〇七二頁上二二行「勸揚」，資、磧、普、南、徑、清作「歎揚」。

一　一〇七二頁上末行「乎吐」，資、磧、普、南、徑、清作「伸吐」。又「汪汪」，資、磧、普、南、徑、清作「汪洋」。

一　一〇七二頁中六行第五字「令」，資、磧、普、南、徑、清作「今」。

一　一〇七二頁中一三行「虎宅」，資、磧、普、南、徑、清作「虔宅」。

一　一〇七二頁中一四行首字「譯」，諸本作「澤」。

一　一〇七二頁中一七行「周天元……元嵩」，徑作「叙王明廣請興佛法事」。又末字「嵩」，資、磧、普、南、清作「嵩十三」。

一　一〇七二頁中一八行「前僧王明廣」，徑無。

一〇七二頁中一九行「王明廣……法事」，徑無。

一〇七二頁中二二行第二字「言」，清無。

一〇七二頁中末行第二字「峯」，資、磧、普、南、徑、清作「鋒」。

一〇七二頁下一行「先至」，資、磧、普、南、徑、清作「先主」。

一〇七二頁下三行首字「誠」，資、磧、普、南、徑、清作「是誠」。

一〇七二頁下五行「復審」，徑作「覆審」。

一〇七二頁下六行第二字「狀」，磧、普、南、徑、清作「符」。

一〇七二頁下一一行第二字「惟」，徑作「願」。

一〇七二頁下一五行「庸虛」，資、磧、普、南、徑、清作「庸愚」。

一〇七三頁上六行「裹之言」，資作「衰代之言」；磧、普、南、徑作「衰周之言」；清作「依周之言」；麗作「裹代言」。

一〇七三頁上一三行第八字「悲」，資、磧、普、南、徑、清作「悲夫」。

一〇七三頁上一七行第一二字「豈」，資、磧、普、南、徑、清作「豈止」。

一〇七三頁上一九行「財物」，資、磧、普、南、徑、清作「人財」。

一〇七三頁上二〇行末字「詩」，麗作「諸」。

一〇七三頁中一二行「尊崇」，資、磧、普、徑作「遵崇」。

一〇七三頁中一三行「而賤者」，資、磧、普、南、徑、清作「賤而者」。

一〇七三頁中一九行第一三字「閑」，資、磧、普作「開」。

一〇七三頁中二〇行「孔教」，資作「引教」。又第九字「論」，徑作「倫」。

一〇七三頁中二一行「不死」，資、磧、普、南、徑、清作「不禮」。

一〇七三頁下一行第一一字「例」，磧作「倒」。

一〇七三頁下二行「以理」，徑作「以禮」。又第九字「庿」，南作「妙」。

一〇七三頁下八行第二字「穰」，資、磧、普、南、徑、清作「禳」；麗作「攘」。

一〇七三頁下二一行末字「尢」，麗作「元」。

一〇七三頁下二二行首字「開」，資作「關」。

一〇七三頁下末行第一三字「衣」，麗作「充」。

一〇七四頁上三行「旻天」，資、磧、普、南、徑、清作「浩浩旻天」。

一〇七四頁上一二行「爲師」，資、普、南、徑、清、麗作「爲帥」。

一〇七四頁上一五行第七字「蘭」，諸本作「藺」。又第一三字至一六行首字「人重古」，麗作「重古人」。

一〇七四頁中一行「發致」，麗作「教迹」。

一〇七四頁中八行第八字「貴」，

磧、南、徑、清作「賁」。

一〇七四頁中一四行第一〇字「在」，麗作「出」。

一〇七四頁中一五行首字「誠」，資、磧、普、南、徑、清作「志誠」。

一〇七四頁中一八行「改格」，磧、南、徑、清作「改革」。

一〇七四頁中末行「達善」，磧、普、南、徑、清作「譴善」。

一〇七四頁下二行「万基」，磧、南、徑、清作「萬機」。

一〇七四頁下三行「武列」，徑作「武烈」。

一〇七四頁下四行「姚民」，資、磧、普、南、徑、清作「姚氏」。

一〇七四頁下七行第三字「守」，徑作「水」。又末字「逭」，資、磧、普、南、徑、清作「换」。

一〇七四頁下一三行「服礼」，徑、清作「復禮」。

一〇七四頁下一四行第一〇字「乎」，徑無。

一〇七四頁下一五行末字「三」，資、磧、普、南、徑、清作「三爵」。

一〇七四頁下二二行第五字「初」，南作「初」；麗作「切」。

一〇七五頁上一八行「至嵩」，資、磧、普、南、徑、清作「元嵩」。

一〇七五頁中一行第九字「嬖」，麗作「嬖」。

一〇七五頁中一〇行第五字「如」，南作「於」。

一〇七五頁中一七行首字「田」，資、磧、普、南、徑、清作「猶」；麗作「由」。

一〇七五頁中一九行第七字「遵」，磧、南、徑、清作「尊」。

一〇七五頁下七行第六字「豈」，南作「宫」。

一〇七六頁上四行第八字「煩」，資、磧、普、南、徑、清作「繁」。

一〇七六頁上五行「隨處」，資、磧、普、南、徑、清作「隨便」。

一〇七六頁上八行第一三字「隆」，南作「降」。

一〇七六頁上九行「帝業」，資、磧、普、南、徑、清作「帝葉」。

一〇七六頁上一二行「二月二十七日」，徑無。

一〇七六頁上一三行第一三字「譯」，麗作「澤」。下同。

一〇七六頁中五行第一〇字「中」，資、磧、南、徑、清作「忠」。

一〇七六頁中七行「何得」，磧、南、徑作「何時」。

一〇七六頁中九行第七字「問」，磧、南、清作「問曰」。

一〇七六頁中一二行「猶由」，南作「向猶」。

一〇七六頁中一七行「廣荅」，資、磧、普、南、徑、清作「廣荅曰」。

一〇七六頁下四行第五字「猶」，資、磧、普、南、徑、清作「猶假」。

一〇七六頁下九行末字「典」，諸本作「興」。

一〇七六頁下一四行第一三字

「今」，資、磧、普、南、徑、清作「令」。

一　一〇七六頁下一五行「廣設」，資、磧、普、南、徑、清作「敬設」。又第一二字「欲」，資、磧、普、南、徑、清作「敬」。

中華大藏經（漢文部分）

校勘凡例

一 《中華大藏經（漢文部分）》的底本以《趙城金藏》爲主；《趙城金藏》缺佚，則以《高麗藏》等作底本。各卷所用底本的名稱及涉及底本的其他問題，均在校勘記的第一條中説明。

一 《中華大藏經（漢文部分）》選用的參校本共八種，即《房山雲居寺石經》（石）、宋《資福藏》（資）、《影印宋磧砂藏》（磧）、元《普寧藏》（普）、明《永樂南藏》（南）、明《徑山藏》（徑）、《清藏》（清）、《高麗藏》（麗）。

一 校勘記中的「諸本」，若底本爲金藏，即包括石、資、磧、普、南、徑、清、麗全部八種校本；若底本爲麗藏，則包括石、資、磧、普、南、徑、清全部七種校本。其他情况若用「諸本」，校勘記中則另加説明。

一 校勘採用底本與校本逐字對校的办法，只勘出經文中的異同及字句錯落，一般不加評注。參校本若有缺卷，或有殘缺、漫漶等字迹無可辨認者，則略去不校，校勘記亦不作記録。

一 一經多卷，經名、譯者、品名出現同樣性質的問題，一般只在第一卷出校，並注明以下各卷同；分卷不同時，以底本爲主出校。

一 古今字、異體字、正俗字、通假字及同義字，一般不出校。如：

古今字：宍（肉）；猗（倚）；距（跋）；鉾（矛）；誼（義）等。

異體字：腜（槃）；剎（刹）；皃（貌）；惱（惱）；㝵（碍、礙、閡）等。

正俗字：恡（悋）；滴（渧）；體（躰）；剌（刾）；閉（閇）等。

通假字：惟（唯）；嫉（疾）；頻（嚬、顰）；揣（摶）；尠（鮮）等。

同義字：言（曰）；如（若）；弗（不）等。